Clásicos para el siglo XXI

ediciones**carena**

Clásicos para el siglo XXI

PASCUAL UCEDA PIQUERAS

1617-2017

EL TESTAMENTO HETERODOXO DE CERVANTES EN EL PERSILES

Primera edición: noviembre de 2017

© Pascual Uceda Piqueras, 2017
© De esta edición, Ediciones Carena, 2017

Ediciones Carena
c/ Alpens, 31-33
08014 Barcelona
T. 934 310 283
www.edicionescarena.com
info@edicionescarena.com

Diseño de la colección: Silvio García-Aguirre
www.cartonviejo.net
Diseño de la cubierta: Rocío Morilla
www.rociomo.com
Maquetación: Raül Bellés

DEPÓSITO LEGAL: B 25537-2017
ISBN 978-84-16843-95-4

Impreso en España - Printed in Spain

PASCUAL UCEDA PIQUERAS

1617-2017

EL TESTAMENTO HETERODOXO DE CERVANTES EN EL PERSILES

ÍNDICE

SEGUNDO CÍRCULO: LIBROS III Y IV (hasta cap. 11 incluido)

TERCER CÍRCULO: LIBRO IV (cap. 12 -14)

PRÓLOGO AL LECTOR Y CONCLUSIONES

PRÓLOGO

Algunas veces la crítica literaria, emulando al dios Cronos de la mitología griega, engulle también a sus propios hijos víctima de un miedo irracional difícil de definir. Quizás fuera este el caso del propio Cervantes, que, tras su exitoso alumbramiento literario en el siglo XVII fue devorado por el tiempo en el XVIII para volver a aparecer como gloria nacional a fines del XIX y principios del XX. El Zeus de la mitología (emulando al dios olímpico en su papel de libertador de sus hermanos engullidos), personificado en nuestras letras por Azorín, Unamuno y Ortega y Gasset, obró el milagro de su resurrección. Sirva este ejemplo preliminar como evidencia palmaria de la volubilidad de la crítica, que es capaz de ver en un autor a un genio y pasado el tiempo a su contrario, para volver a instalarlo después no en cualquier sitio, sino en el Olimpo de las Letras Hispanas.

No es justo ni ético, sin embargo, responsabilizar a la crítica de semejante atropello. Y no lo es porque la crítica es una víctima más que, como la obra y el propio autor, son todos devorados por ese tiempo implacable que se empeña en borrar de los hombres la memoria de un pasado idílico. Centrándonos ahora en el tema que nos ocupa, somos de la opinión de que *Los trabajos de Persiles y Sigismunda. Historia septentrional,* pudo haber corrido la misma suerte que su autor: aclamado, denostado y resurgido victorioso. Nos encontramos, queremos pensar, en la tercera fase de ese proceso.

Pero no ha de arrogarse este trabajo el protagonismo de tamaña empresa. Entre otras cosas, porque la maquinaria de resurrección o restitución ya fue puesta en funcionamiento hace algunas décadas. Tan solo aspiramos, continuando la parábola mecánica, a limpiar y engrasar con nuestros razonamientos las antiguas piezas que vienen siendo objeto de continuas revisiones periódicas sin hallarse causa aparente de su desajuste; persuadidos de que una buena puesta a punto dotará al motor de la finura que lo hizo tan famoso y alabado en su tiempo.

Hemos comenzado esta prólogo hablando de un mito y, a renglón seguido, hemos pasado a hablar de la ciencia y sus mecanismos. Ciertamente, esta brusquedad conceptual podría sorprender ya desde el principio, tanto por su tradicional oposición (*mythos / lógos*[1]) como por la naturaleza filosófica del contexto en que funcionan ambos conceptos, solo en apariencia alejados de la obra cervantina que nos ocupa, generalmente interpretada desde una perspectiva realista. En cualquier caso, argumentar nuestra hipótesis desde estos dos conceptos, tradicionalmente opuestos, como lo son la ficción y la realidad, constituye en esencia una declaración de intenciones. Es decir, nuestro trabajo partirá de la consideración de que *Los trabajos de Persiles y Sigismunda. Historia septentrional,* se revela como una obra de naturaleza simbólica; es decir, pergeñada a la manera en que los poetas de la Antigüedad clásica componían sus obras.

Porque, según manifestó Cervantes en su dedicatoria al conde de Lemos en la segunda parte del *Quijote,* nos encontramos ante un libro que: "ha de ser o el más malo o el mejor que en nuestra lengua se haya escrito". Esta afirmación podría interpretarse en su sentido más literal como un juicio estético sobre la obra, sin embargo, no se descarta un planteamiento más ambicioso; es decir, que el propio autor quisiera prevenirnos de los problemas que va a plantear al lector la recepción de su obra, sabedor de los riesgos que comporta la alegoría para su correcta comprensión. Pues, ¿acaso no habría motivos suficientes para condenar un libro que no se entiende?

Pero pasar del *mythos* al *lógos* nunca fue gratuito. Las carencias propias del lenguaje a la hora de explicar ciertas nociones propias de otras esferas de la percepción tuvieron, desde siempre, sus consecuencias en la comprensión del mensaje, produciendo, por lo común,

---

[1] "En su segunda acepción, <<mitología>> resulta un hablar de los mitos; un discurrir y teorizar sobre lo mítico para intentar comprenderlo; es una explicación de lo que los mitos significan. Es una hermenéutica, más o menos científica. solo para este uso se podría hablar de una <<mezcla de contrarios>> o una <<fusión de lo antagónico>> en la palabra, formada de *mythos* y *lógos*, como ha dicho A. Jolles." García Gual, 1992, p. 27.

visiones sesgadas, parciales, intencionadas o erróneas de aquello que se simboliza[2]. Y ello debido, sobre todo, al uso de la alegoría como recurso estilístico para la expresión de lo inefable empleado en la mayor parte de los libros sapienciales y/o sagrados de todos los tiempos.

Y de alegorías queremos hablar, pero no de un modo solo testimonial, sino asumiendo ya desde el principio el papel preponderante que este recurso retórico tuvo en la Antigüedad clásica y en la que fuera la póstuma obra de Cervantes, escrita con arreglo a esos modelos griegos.

Sabemos de los riesgos derivados de la cualidad plurisignificativa que puede asumir el texto simbólico, según sea la perspectiva de quien ejerce de hermeneuta, de los presupuestos de los que parta o de la finalidad que se persiga. La independencia de criterio o la ausencia de contaminación doctrinal son, en la práctica, una utopía. Solo se nos ocurre un procedimiento para evitar, en lo posible, caer en tales errores, y es recurrir a las fuentes o a los inicios como garante de la pureza de su mensaje. Juzgamos, en cualquier caso, que Cervantes podría haber pensado de igual modo estructurando su obra en base a unos esquemas mitológicos determinados.

Sabedor, pues, de las dificultades que habría de tener la recepción de "la mejor o la peor" de sus obras, tanto en su época como en las que siguieron, Cervantes optó, sin embargo, por ese lenguaje universal y complejo que, si bien habría de tornarse oscuro conforme avanzaran los tiempos y el pensamiento del hombre evolucionara hacia ese deseo casi enfermizo de racionalizar el universo circundante, siempre podría descodificarse a través de unos modelos imperecederos que permanecen a salvo en las tradiciones más arraigadas de la cultura occidental.

El sentido alegórico-simbólico será, en tal caso, el objeto de este trabajo. Argumentaremos, apoyados en los investigadores que nos han precedido, en los tratadistas de la materia mitológica (antiguos y modernos), en los libros sapienciales, en las doctrinas religiosas de la época de Cervantes, en la biografía del genial escritor, en la literatura afín y en el sentido de la lógica emanada del propio texto, la posibilidad de que exista un mensaje a varios niveles (histórico, religioso, político, moral, místico-gnóstico y artístico), distinto del más "celebrado" (su argumento literal), serpenteando entre las páginas del libro, asomándose sin tapujos en determinados momentos de la narración o hundiéndose irremisiblemente en las profundidades de una simbología cuyo sentido ya nadie recuerda.

Porque creemos que, ahora que se cumple el IV centenario de su publicación (1617-2017), no debe demorarse más la tarea de analizar el *Persiles* desde la propia naturaleza alegórico-simbólica de su discurso. Al fin y al cabo, como decía Juan Goytisolo, premio Cervantes 2014: "Cervantear es aventurarse en el territorio incierto de lo desconocido con la cabeza cubierta con un frágil yelmo bacía".

---

[2]   "El estudio de los mitos se constituye en una <<ciencia>> de su interpretación, una ciencia hermenéutica un tanto insegura y variable según los tiempos." García Gual, 1992, p. 28.

INTRODUCCIÓN

1. Una aproximación a los estudios sobre el *Persiles*

Ya desde la primera biografía consagrada a Cervantes, la célebre *Vida de Cervantes* de Gregorio Mayáns y Siscar, publicada en 1737, se empieza a emitir dudas sobre la legibilidad del texto y, al menos a partir de Bouterwek, en 1804, y Simonde de Sismodi, en 1813, en cuanto a la calidad literaria y filosófica del *Persiles*. Los juicios quedan ya establecidos de tal manera a finales del siglo XIX, que las enciclopedias de la época afirman como verdad adquirida que esta obra, a pesar del éxito que tuvo en el momento de su aparición, fue un fracaso artístico, y, en 1880-82, quien es considerado el mayor crítico español de todos los tiempos y por añadidura el mayor historiador del pensamiento filosófico y estético de España, Marcelino Menéndez Pelayo, declara que Cervantes, después de haber escrito su genial *Don Quijote*, se habría descarriado en una tentativa de creación de una obra erudita que sería en parte la obra indigesta e ilegible de la "debilidad senil" del gran autor del *Quijote*.

La inercia del tiempo no hizo otra cosa que hacer acopio de volumen de una crítica cada vez más consolidada en sus primeros planteamientos. No de otra forma contribuye Miguel de Unamuno con su *Historia y novela*, uno de sus ensayos escritos para el diario argentino *La Nación*, y publicado en 1912 con el título *Contra esto y aquello,* donde con referencia a las novelas de Zola, que aborrece, añade:

> Dejo a salvo, claro está, aquellas novelas en que el cuerpo es soporte de pensamientos más hondos, como sucede en el *Quijote* ¿Quién que lea esta obra inmortal con admiración y fervor crecientes puede soportar el *Persiles*, del mismo Cervantes, ejemplar típico de la novela novelesca?[3]

Le sigue a la zaga la primera edición crítica del norteamericano Rudholph Schevill y del español Adolfo Bonilla, aparecida en 1914, donde ambos confiesan el error de no saber a menudo lo que el ilustre autor habría querido decir: "Todo esto sería de perlas si lo entendiésemos..."[4].

En este de orden de cosas, para la crítica posterior no supuso ningún esfuerzo adherirse a estos planteamientos al amparo de la autoridad de los afamados hispanistas. La condena del *Persiles*, como libro fracasado en lo estético y de pensamiento nulo o endeble, fue unánime, como también lo fue el juicio negativo de su lectura. Aquí la crítica, ávida de luces inmediatas con las que poder explicar los intrincados tejidos cervantinos, sacó partido del generalizado fracaso del *Persiles*, estableciendo la común hipótesis de la existencia de un dualismo en la obra de Cervantes, que habría producido un texto genial, el *Quijote,* pero que por lo demás no habría dejado más que obras de segundo orden como las *Novelas ejemplares,* o de difícil lectura como el *Persiles*. Hipótesis que Fitzmaurice-Kelly[5] expone en 1904 como algo probado que no admite discusión.

A partir de aquí se van sumando despropósitos y desatinos, ajenos los críticos, entre otras cosas, a la evidencia declarada por el propio Cervantes, quien, como ya señalábamos en el prólogo en referencia a la dedicatoria al Conde de Lemos en su *Quijote* de 1615, nos ponía en sobre aviso acerca de la diferente valoración a que daría lugar su obra según fuera la perspicacia y la competencia, en cuanto al saber de su época, del lector.

Así, pues, ignorando la evidencia de esta declaración cervantina, no sorprenden opiniones como la de que el *Persiles* es el fruto de la "debilidad senil de su autor". Pero no es necesario acudir al desacertado juicio de Menéndez Pelayo como ejemplo de esa falta de entendimiento ante la postrera creación de Cervantes, pues, otras corrientes de opinión, ya más elaboradas y actuando ahora desde presupuestos contrarios (el *Persiles* no es una obra sin sentido), tratan de ganar para una causa ideológica determinada un discurso que ya se reconoce portador de un segundo lenguaje; contribuyendo de este modo a una nueva condena del libro, la que se deriva

---

[3]   Unamuno, 1958, pp. 1205-1211, 1208.

[4]   Schevill / Bonilla, 1914, 2 vols., I, pp. v-xlvi, xvii.

[5]   Fitzmaurice-kelly, James, *Littérature espagnole* (1898), Paris, Librairie Armand Colin, 1904.

de constreñir su sentido a las proclamas religiosas que constituyen el basamento de las argumentaciones más celebradas, como la católica-tridentina.[6]

En realidad, este posicionamiento catolizante no es nuevo. Fue Madame Le Givre du Richebourg quien, con su traducción del *Persiles* de 1738 (París), sentaba las bases de la posterior asimilación de la crítica en cuanto al carácter tridentino de la obra. En época moderna, fue el hispanista italiano Cesare De Lollis quien, con su libro *Cervantes reazionario*, publicado en 1924, propuso una interpretación del *Persiles* como representante de la Contrarreforma. No tardaron en dar la réplica distinguidos críticos como Américo Castro que, con su trabajo *El pensamiento de Cervantes* (1925), nos presenta el ideal cervantino como un conjunto multiforme de corrientes de la filosofía del Renacimiento; sin embargo, la perseverancia del exégeta tridentino acabó posicionándose, paradójicamente, ante la perspectiva más racional de Américo Castro.

Este fervor católico y/o contrarreformista, intencionadamente alambicado y extraído del *Persiles,* fue utilizado por la crítica como una especie de expresión piadosa de la reconversión del Cervantes erasmista del *Quijote*. El hispanista alemán Ludwig Pfandl pasa por ser el iniciador de esta recuperación del sabio Cervantes por una exégesis o causa católica. En España, esa misma línea interpretativa la desarrolla Joaquín Casalduero en su obra *Sentido y forma de "Los trabajos de Persiles y Sigismunda"* (1947), que constituye la visión interpretativa que mayor influencia ha tenido en las investigaciones contemporáneas posteriores. El gran éxito de la hipótesis de Casalduero supuso un serio revés a las iniciativas conducentes a la apertura de nuevas posibilidades interpretativas. En palabras de Michael Nerlich:

> En otras palabras, a la "debilidad senil" sin más diagnosticada por Menéndez Pelayo, Pfandl, Casalduero *e tutti quanti* han añadido "la debilidad religiosa", lo que ha llevado a un abandono apriorístico del texto por la investigación no católica al juzgar inútil la lectura de una obra de una religiosidad tan elemental como fastidiosa, atestiguada por la investigación católica, cuyas apreciaciones se ven hoy no solo reproducidas en las historias de la literatura española más famosas, sino – lo que es aún peor- también en manuales escolares y en las enciclopedias de uso general.[7]

La inercia del tiempo y la opinión consolidada de afamados críticos que se han ido sucediendo, han dado aspecto definitivo a una figura prototípica difícil de cuestionar en que se ha convertido la interpretación del *Persiles*. En nuestra opinión, los modernos exégetas de esta novela parten, en diferente grado y, por supuesto, no todos, en busca de lo que piensan que deberían hallar en el libro, ya que sus ilustres predecesores han dicho que tal cosa habrían de encontrar en él; y lo encuentran, guiados, sin apenas advertirlo, por esas mismas proclamas tendenciosas difundidas desde los años veinte del siglo XX como verdades exegéticas de la investigación cervantista.

Pero, a pesar de las dificultades, otros posicionamientos se han ido abriendo camino alejados de las proclamas tridentinas en ese titánico esfuerzo por esclarecer el mensaje del *Persiles*.

Todas las corrientes exegéticas que se han ocupado del libro póstumo de Cervantes han sido recogidas por Nerlich agrupadas con un criterio cronológico,[8] que, por parecernos adecuado, reproduciremos esquemáticamente a continuación:

1.) Un primer momento de la crítica lo conforma todo un conjunto de opiniones en las que se defiende una idea de rechazo del *Persiles*, en cuanto que fracaso estético y desacertada encadenación de relatos incomprensibles. A esta corriente se suma Mayáns y Síscar, Bouterwek, Sismondi y Menéndez Pelayo.

---

[6] Según recoge Carlos Romero: "En la historia del pensamiento religioso de Cervantes se han notado tres épocas: en la primera, el catolicismo asume formas combativas, casi agresivas; en la segunda, se presenta más atenuado, muestra una clara tendencia a la <<interiorización>>; en la tercera, en fin, resulta evidente una activa ortodoxia, de signo -¿hace falta decirlo?-tridentino. Ahora bien, puesto que el *Persiles* (siquiera a primera vista) no es otra cosa que la exaltación de un catolicismo en cierto modo <<reformado>> -y, a su modo, triunfante-, ¿no parecería más lógico pensar que ha sido escrito íntegramente en los últimos años de la vida del autor?" Romero Muñoz, 2004, p. 24.

[7] Nerlich, 2005, p. 15.

[8] Nerlich, 2005, pp. 33-38.

2.) Una segunda etapa de la crítica se caracteriza por defender todo lo contrario de lo postulado en la anterior; esto es, la perfecta cohesión de un mensaje atendiendo a un criterio de oportunidad, como ejemplo del fervor tridentino de un Cervantes arrepentido de su pasado erasmista. La nómina la encabeza Casalduero, Avalle Arce, Forcione y hoy, sobre todo, Carlos Romero Muñoz.

3.) Un tercer momento arranca de los años sesenta, de las reflexiones de Bouterwek sobre la relación Heliodoro-Cervantes y la cuestión del género al que pertenecía el *Persiles,* y que hoy en día esgrimen como principales paladines Lozano-Renieblas, Sacchetti y Marguet. Esta corriente se centra más en el discurso que en el mensaje ideológico, tratando de definir y precisar nuevas articulaciones narrativas.

4.) Una cuarta tentativa de aproximación al mensaje cervantino inmerso en el *Persiles* fue la aplicación del psicoanálisis por parte de la investigación norteamericana, especialmente orientado al papel de la mujer en Cervantes. Destaca aquí El Saffar y Armas Wilson. Resultan muy reveladoras, en esta corriente, las diferentes matizaciones filosóficas e históricas presentes en la obra crítica de Julio Baena.

5.) Una última corriente, la quinta, aglutina a una serie de críticos que se oponen radicalmente a la opinión más difundida (la segunda corriente aludida, que podríamos denominar "la hipótesis academicista" por motivo de lo extendido de la misma y de la influencia de sus principales valedores). Es decir, la que cuestiona que el *Persiles* haya de ser interpretado en clave de "Cervantes arrepentido", que de erasmista de filiación pasa a convertirse en tridentino fervoroso. Su nómina va desde el genial precursor, Américo Castro, hasta Mercedes Blanco, Christian Bouzy, David Castillo, etc.; pasando por Maurice Molho, Michael Nerlich e incluso, por opiniones revisadas y/o modificadas realizadas con anterioridad, por investigadores de renombre como Jean Canavaggio y Michel Moner (estos últimos, si no expresan abiertamente su disconformidad, si al menos reparan en la escasa sostenibilidad textual de las primeras convicciones y certezas vertidas sobre la exégesis persilesista).

Existen otras corrientes interpretativas, sin duda. La variedad de recursos literarios y la riqueza semántica son tan abundantes que la cuestión no se agota con este intento de sistematización. Obedece, eso sí, a un esfuerzo por sintetizar el extenso panorama de la crítica en relación a la exégesis del *Persiles*.

2. El pensamiento ideológico de Cervantes

Comenzaremos esta breve incursión en el pensamiento de Cervantes desde la escasa repercusión que en nuestra época despierta el libro que, en opinión del propio autor (y en la nuestra), podría considerarse "o el más malo o el mejor que en nuestra lengua se haya compuesto", porque, ¿cómo poder llegar a pensar que un héroe de la batalla de Lepanto, humanista de la época, cautivo en Argel, corredor infatigable por los caminos peninsulares, luego escritor de éxito y terciario al final de sus días, pudo dedicarse, con las últimas fuerzas de una vida que él mismo sentía que ya se le escapaba, a la redacción de un texto inmenso aunque, como buena parte de la crítica ha venido considerando, no serio o de connotación carnavalesca? Creemos que, haciendo únicamente uso de su biografía, bastaría para disuadir a cualquiera de considerar tal hipótesis; pero mucho nos tememos que en este caso las *obras no hayan de ser amores*, y serán, por tanto, *las buenas razones*, las que en contra del dicho popular tengamos que utilizar para defender nuestros juicios.

Y buenos argumentos no habrían de faltarle a un humanista de la talla de nuestro autor, que, en el ejercicio de su íntima vocación, se vería abocado a la divulgación de su nada convencional visión del mundo en beneficio de una sociedad necesitada de su luminoso discernir. Pensemos que en aquella época la única difusión de acontecimientos y opiniones se hacía a través de la literatura (por supuesto el teatro y la poesía quevediana, entre otras), y siempre tamizada en España, sobre todo a partir del concilio de Trento, por la censura teocrática. La fórmula empleada para ello (que ya gozaba de una larga tradición) y así no ser presa de una Inquisición siempre vigilante, será la de utilizar un contexto abstracto (alegórico), materializado en la narración por un tiempo remoto y un espacio fabuloso (como así opera el género de la novela bizantina o neo-griega), no exento de verosimilitud, para verter sobre él un mensaje concreto.[9]

El resultado es un juego complejo de discursos entremezclados, donde se suceden y fusionan referencias históricas, versiones mitológicas, alusiones simbólicas, proclamas religiosas, situaciones inverosímiles, continuas intromisiones de diferentes narradores, etc. El riesgo que se corre de no ser entendido es alto; pues, el lector, para poder interpretar los mensajes, deberá tener cierta competencia en cuanto a saberes de la época (a más conocimientos mayor grado de comprensión).

No resulta, pues, una casualidad, que esa facultad descodificadora se haya difuminado con el paso del tiempo y prevalezcan opiniones tendentes a priorizar la perspectiva estética sobre la profunda o simbólica.

Pero veamos de dónde surgen las profundidades de una obra que, según la opinión de algunos críticos, como Michael Nerlich, podría estar a la altura de la *Divina Comedia* de Dante.

La crítica ha pasado de puntillas por uno de los episodios que más abiertamente nos hablan del pensamiento filosófico-espiritual de Cervantes. Nos referimos al hecho de que tanto él como toda su familia tomasen el hábito de la Orden Tercera de San Francisco[10]. Este acontecimiento, de gran importancia no solo para nuestro autor sino también para la comprensión de su obra (sobre todo las dos últimas, la segunda parte del *Quijote* y el *Persiles*), nos lleva al menos a formularnos dos preguntas ineludibles: ¿qué impulsó a Cervantes a asumir esta trascendente decisión?, y, ¿cómo pudo influir este acontecimiento en su última obra, el *Persiles*?

Para responder a estas preguntas habría que hacer previamente un análisis lo más detallado posible de la evolución de la doctrina espiritual que vino a desembocar en la Orden de los franciscanos, cuyos votos como tercero, como se sabe, fueron contraídos por Cervantes en los últimos días de su vida. En tal caso, resulta que esta circunstancia vital se consideraría la única prueba documental que avala, más allá de los indicios que apuntan a su posible erasmismo influenciado por el que pudo ser su maestro López de Hoyos, la verdadera esencia del pensamiento filosófico-religioso de nuestro autor. Por razones obvias, sin embargo, no emprenderemos aquí ese estudio en profundidad, que podría constituir el motivo de otro monográfico paralelo. Nos atendremos, eso sí, a perfilar los rasgos esenciales que esta corriente espiritual pudo transmitir a la evidente vocación humanista que despliega nuestro autor en su obra.

Porque, hablar de la Orden franciscana consiste en referirse a uno de los movimientos religiosos más importantes en la historia del cristianismo que, desde el siglo XIII, luchaba por la reforma de la espiritualidad de acuerdo con los ideales de la cristiandad primitiva, y todo apunta a que Cervantes lo conocía bastante bien. Creadas para los dos sexos, las congregaciones inspiradas en la regla de San Francisco de Asís, llamadas terciarias, afiliadas a las órdenes religiosas, permitieron a los fieles comprometerse sin respetar los tres votos de obediencia, caridad y pobreza, y viviendo en la sociedad una vida piadosa y caritativa sin dejar de ejercer un oficio y casándose.

Un sucinto repaso por la historia nos llevará hasta los basamentos filosóficos sobre los que se asienta este movimiento cristiano, donde su fundador, San Francisco de Asís, nos ofrece una evidente prueba de los "subterráneos" de su doctrina a través de la adopción de la misma señal distintiva que utilizara San Antonio Abad[11] antes que él y con similares intenciones: el símbolo de la *tau* (T), última letra del alfabeto hebreo y la decimonovena del griego, que, antes de ser utilizada por los primeros cristianos, fue el símbolo del dios Mithra de los persas y del dios Jano de los etrusco-romanos.

Vemos, pues, cómo a través del simbolismo que más representa al movimiento franciscano (la letra *tau*), nos introducimos en las antiguas raíces del pensamiento mítico grecolatino. El símbolo de la *tau*, por lo tanto, podría considerarse como el nexo de unión más evidente entre la

---

[9] En palabras de Michel Moner: "La actitud adoptada por Cervantes, así como la que tuvieron que adoptar cantidad de escritores, científicos e intelectuales frente a la arbitrariedad del poder y de la censura, no tenia por qué relacionarse con el vicio de la *hipocresía*, sino mas bien con una autentica virtud social, propia del hombre prudente y avisado: *la disimulación.*" Moner, 2000, p. 603.

[10] Miguel de Cervantes pronunció sus votos definitivos el 2 de abril de 1616, pocos días antes de morir.

[11] Fue un monje cristiano (251-356) considerado como el fundador del movimiento eremítico. Su señal distintiva en forma de *tau*, (llamada también cruz de san Antón) pasó a representar el símbolo de la elevación cristiana a través de esas prácticas eremíticas.

13

Orden franciscana, a la que recordemos perteneció Cervantes, y el cristianismo primitivo de origen pagano (gnosticismo).

Sea como fuere, esta misma heterodoxia que parece informar a la corriente franciscana desde sus inicios, y que no es otra cosa que el deseo de reivindicar la herencia de un pasado espiritual (cristianismo primitivo), protagoniza, ya en época próxima a nuestro autor, un movimiento revolucionario dentro del seno de la Iglesia con fines similares (o paralelos) a los de la Reforma luterana: la vuelta a la pureza de los comienzos del cristianismo.

Y, desde esta perspectiva, habría que interpretar a la corriente mística de los alumbrados españoles: movimiento místico-religioso de base - como no podría ser de otro modo - en la Orden franciscana, que a su vez se engloba dentro de la corriente europea de los iluminados y que en España tuvo su origen en pequeñas ciudades de Castilla alrededor de 1511. Los alumbrados españoles fue una corriente religiosa de carácter reformista que parece tener su origen en los beguinos. En el siglo XIV se llamaba *beguino* o *beato* a toda persona con inclinaciones ascéticas. Porque los "franciscanos espirituales", al principio, eran unos verdaderos celadores de la regla franciscana, pero a partir de las primeras décadas del siglo XIV, influenciados por las ideas apocalípticas y por algunos preceptos de la doctrina de Pedro Juan Olivi[12], se fueron revelando contra la comunidad franciscana y contra las normas dictadas por el Pontífice. Eran partidarios de imitar la pobreza extrema de Jesucristo y de sus discípulos. A partir del siglo XIV la Inquisición comenzó a perseguir a los franciscanos espirituales, que eran acusados de beguinos (pues el ascetismo era visto con cierto recelo muy próximo a la herejía). Algo parecido ocurrió en el siglo XVI con la palabra alumbrados[13], que empezó a emplearse a las personas inclinadas a la extrema espiritualidad.

Y hasta aquí la síntesis del panorama espiritual que confluye en la vertiente heterodoxa de la orden franciscana y por extensión en los terciarios de San Francisco. De este sucinto análisis podemos sacar tres conclusiones: que la Orden franciscana propugnaba una vuelta a la pureza de la religión, que sufrió persecución por enfrentarse a los dogmas establecidos y que Cervantes, como franciscano, conocería a fondo los ideales y los orígenes de su Orden.

Abordaremos ahora la cuestión de la supuesta filiación erasmista, muy debatida por la crítica. Si hacemos un recorrido por las obras de Erasmo de Rotterdam, comprobaremos que su lectura provocó en España tres consecuencias básicas: el prestigio de los estudios clásicos o de las Humanidades, la acentuación de la piedad interior y personal, y una renovación de los estudios de las Sagradas Escrituras que, en suelo peninsular, se encontraban en franco retraso frente a Europa.

La actitud filosófica y humana de Erasmo, que podríamos calificar como el justo medio, y su aversión a condenas tajantes de las ideas y opiniones contrarias, hizo que su figura y sus escritos ofrecieran múltiples posibilidades interpretativas. Para unos, el humanista holandés fue un hereje que preparó con su tesis la Reforma luterana. Otros, por el contrario, pensaron que había fundamentado las bases de una auténtica y profunda renovación de la Iglesia, que ciertamente era necesaria e inaplazable. Finalmente, un tercer grupo lo consideró como un sabio humanista, indiferente a cualquier confesión religiosa concreta, sea luteranismo o catolicismo.

Por otro lado, Erasmo propugnaba una religiosidad íntima y personal mediante la cual el hombre pudiera comunicarse directamente con Dios. Lo importante es la actitud interior, los sentimientos personales. Por el contrario, critica duramente las prácticas religiosas externas: peregrinaciones, visitas a reliquias, ayunos, abstinencias, etc.

Gracias al emperador Carlos V, el erasmismo pudo superar la consideración de herejía en 1527. Pero la muerte de Erasmo, en 1536, determina que en España se prohíba la difusión de sus obras y dos años después el auge del erasmismo inicia una decidida decadencia; aunque no

---

[12]   Pedro de Juan Olivi o Pedro Olieu nació en Sérignan (Hérault), en la diócesis de Béziers, hacia el año 1248. Precisamente en una región en donde la presencia cátara y la memoria de la cruzada contra los albigenses habían tenido fuerte raigambre. Al cumplir doce años, hacia 1260, tomó el hábito franciscano en el convento de Béziers. Posteriormente fue enviado a París para perfeccionar sus estudios.

[13]   Marcelino Menéndez Pelayo cita en su libro *Historia de los heterodoxos españoles* el nombre de algunas de las ilustres personalidades que sufrieron el acoso (o cárcel) de la Inquisición por ser sospechosas de alumbrados: Fray Luis de Granada, Juan de Ávila, San Ignacio de Loyola, Santa Teresa de Jesús y sus monjas "descalzas", San Juan de la Cruz, San José de Calasanz (fundador de las Escuelas Pías), Baltasar Álvarez (místico), D. Juan de Ribera (Beato Patriarca de Valencia).

desaparecerán del todo sus huellas literarias o intelectuales, pues, entre otras muchas figuras relevantes de la época, estas podrían atisbarse en el propio Cervantes, quien, en el curso de su formación[14], pudo tener por maestro a Juan López de Hoyos[15], ilustre erasmista.

Surge, pues, la pregunta acerca de la filiación erasmista de Cervantes. La crítica, en este punto, suele decantarse, como ya venimos sosteniendo, por su negación en favor de un catolicismo reformado (La Contrarreforma). Sin embargo, un número creciente de críticos consideran a nuestro autor como a un cristiano influido, en diferente grado, por un erasmismo todavía latente, que solo por conveniencia se adhiere a los modos del catolicismo oficial de la España de su madurez y vejez.[16]

Ahora bien, en tal caso, ese presunto erasmismo "atenuado" que podría atribuírsele a Cervantes solo lo seria en cuanto a la subordinación de esa corriente de pensamiento a otra de mayor altura que la contiene: el Humanismo.[17]

Nos hallaríamos, pues, ante un Cervantes dueño de una ideología que sería el fruto de un sincretismo religioso heterodoxo de base erasmista-franciscana, heredero del Humanismo del siglo XV; el cual, ya habría sido objeto, a su vez, de un particular proceso sincrético al fundir en su seno la religión cristiana y el Humanismo Clásico.

En resumen, nosotros abogamos por la hipótesis de que Cervantes fue un destacado y personalísimo humanista. Su ideología, volcada enteramente en el *Persiles* y en el *Quijote* como resumen y conclusión de su visión del hombre y del universo, fue el fruto de la confluencia de sus vivencias "extremas" y sus lecturas, que le llevaron a una síntesis de dos corrientes de pensamiento fundamentalmente: el cristianismo heterodoxo que cristaliza en su filiación como tercero de San Francisco y el Humanismo de su época (tránsito del Renacimiento al Barroco) a través de las diferentes obras a las que pudo tener acceso (especialmente las obras de Erasmo y los erasmistas así como las traducciones de Ficino de Platón y los neoplatónicos) tanto en

---

[14] En relación a la formación humanística del joven Miguel de Cervantes, Miguel Alarcos Martínez reconoce la ausencia documental que la avale, aunque, esta puede reconocerse en sus textos (*Coloquio de los perros*), que, en tal caso, señalarían la posibilidad de la estancia cervantina en los Estudios de Gramática de los jesuitas: "Al respecto dice J. M. Nuñez que 'en el caso de Cervantes, cuyos datos biográficos nos resultan poco conocidos, se ha supuesto que recibiría educación en el Colegio de Sevilla o tal vez en el de Córdoba, a partir de una escena de *El coloquio de los perros*, en la que Berganza, uno de los canes contertulios, describe cómo acompañaba al Estudio de Gramática de estos religiosos a un hijo de un comerciante burgués'. Igualmente a partir de ese pasaje y su mención a unos *Adagios*, que no serían exactamente los de Erasmo, los críticos se preguntan cuáles habrían sido los estudios seguidos por Cervantes, y sobre este punto J. M. Núñez supone que nuestro escritor 'habría llegado al menos a la clase de Humanidades, que es donde se estudiaba este materia'; esto es los *Adagios*, los cuales, a tenor de las nuevas *Constituciones de la Universidad de Gandía* (1565); aparecen como objeto de estudio en la clase de mayores, que incluya tanto Humanidades como Retórica; pues se dice expresamente que *en este aula havra de hablar latin y se haga guardar exactissimamente.*" Alarcos, 2014, n. 5, p. 280.

[15] Según recoge Sliwa: "El 3 de octubre de 1568, en conmemoración de la muerte de Isabel de Valois, tercera esposa <<ders Friedensfürsten>>, Miguel escribió una copla, cuatro redondillas y una elegía que fueron impresos en septiembre de 1569, en la *Relación de las exequias de la Reina de la Reina Isabel*, volumen publicado por el maestro Juan López de Hoyos ('-1583), donde éste llamó a Cervantes <<mi amado discípulo>>.Se ignora, ¿cuándo Cervantes llegó a ser alumno de López de Hoyos, si había recibido la enseñanza privada o si sirvió como ayudante a López de Hoyos, rector del Estudio de la Villa?" Sliwa, 2006, p. 253.

[16] De esta opinión se muestra Marcel Bataillon cuando expresa lo que sigue : "Porque ver en Cervantes "el típico representante de la época de la Contrarreforma", el hombre que se adhiere sin reservas, y sin reflexionar en nada más allá, a las *Regulae* de San Ignacio, es desconocer que la obra de Cervantes plantea problemas que no plantea la de un Lope de Vega, y es, al mismo tiempo, hacerse de la Contrarreforma una idea simplista." Bataillón, 1966, p. 785.

[17] Larroque define el humanismo de Cervantes a través de la visión crítica de algunos de los más eminentes estudiosos sobre la cuestión planteada: "Entre estos planteamientos sugeridos o analizados por interesantes autores en relación al humanismo Cervantista y que constan en la Publicación indicada, menciono ya resumidamente a algunos de ellos. Américo Castro, en su *Pensamiento de Cervantes*, le atribuye ≪una inteligencia olímpicamente superior y una profunda familiaridad con las corrientes mas avanzadas e ilustradas del humanismo europeo≫ y ≪así forja Cervantes un sistema ético≫ en el contexto del pensamiento Renacentista. Anthony Close en sus artículos de la citada publicación, nos recuerda también ≪la aspiración de Cervantes a armonizar el cristianismo con los estudios humanísticos y el Sermón de la montaña con la moral socrática y estoica para llevar a cabo, de acuerdo con estos ideales, una reforma radical de la vida cristiana en todas sus esferas: eclesiástica, política, laica y pedagógica≫ y nos habla también de ≪la grandeza esencial de Cervantes, su tolerancia y humanidad≫. Y Lázaro Carreter nos dice que cuando Cervantes escribe en sus obras los conocidos refranes cervantinos, lo hace precisamente ≪por la exaltación que de ellos hicieron los humanistas, como manifestación admirable de lo natural≫." Larroque, 2000, p. 351.

15

España[18] como en Italia. No debemos olvidar el resto de las lecturas que dieron forma a su personal Humanismo, cuya huella vislumbramos en las "dos columnas" de su creación, *El Quijote* y *El Persiles*: Dante (*La Divina comedia*), Petrarca (*Canzoniere*), Boccaccio (*El Decamerón*), Sannazaro (*La Arcadia*), Ludovico Ariosto (*Orlando Furioso*), Cicerón (*El Sueño de Escipión*), Francesco Colonna (*El Sueño de Polífilo*), Torcuato Tasso (*Jerusalén liberada*), Fray Luis de León, Garcilaso de la Vega, San Juan de la Cruz, Santa Teresa, entre otros; y, ocupando un lugar preferente, los libros de caballería. Finalmente, a sus lecturas habría que sumar su rica, variada y "extrema" experiencia vital: necesario laboratorio en donde su ideal humanista tomará la forma definitiva a través de esa ¿doble? obra maestra que hoy podemos admirar: *El Persiles,* y, su "hermana especular", *El Quijote*[19].

3. La historicidad en el *Persiles*

Tal vez, el mismo título de este capítulo suscite un sentimiento de escepticismo al amparo, una vez más, de la opinión más generalizada de la crítica. Trabajos como el de Lozano-Renieblas[20] defienden la ausencia de sentido historicista en el *Persiles,* basado en la primacía de los criterios estéticos a la hora de abordar la comprensión de la obra cervantina. Para la estudiosa, el mundo que se despliega sería una evocación de lugares irreales del lejano septentrión, y, en todo caso, los escenarios que se narran consistirían en cronotopos de la novela de aventuras barroca, los cuales no remiten ni a un pasado ni a un presente histórico.

Nosotros, que daremos prioridad al estudio del *Persiles* desde una perspectiva profunda más que a la literal, creemos que la gran riqueza plurisignificativa de esta obra no debe constreñirse a la presencia de determinados clichés estéticos. Conscientes, por tanto, de esa riqueza de significaciones que vienen a confluir en el *Persiles*, no descartaremos *a priori* la existencia de determinados cronotopos; ahora bien, entendidos como un formante o elemento más a tener en cuenta en el conjunto de recursos estilísticos utilizados por nuestro autor para aludir a una realidad histórica, en este caso siguiendo los modelos propios del género bizantino.

Juzgamos, por consiguiente, que entre los muchos sentidos que enriquecen esta obra existe uno de carácter historicista inmerso en la ficcionalidad que sustenta la narración, que debe de ser analizado más allá de la simple constatación del fenómeno estético al que se adscribe.

Realizar una interpretación historicista del *Persiles* conlleva un doble proceso hermenéutico. Por un lado, debemos encontrar la clave descodificadora que nos pueda traducir el texto a un

---

[18] Juzgamos muy apropiada la relación de obras que propone Sliwa en la formación del joven Cervantes, que, a pesar de que confiesa que sus lecturas son casi imposibles de determinar, ofrece una extensa lista de títulos a los que nuestro escritor es muy posible que tuviera acceso. Concluye el crítico finalmente: " En resumidas cuentas, <<la formación de Cervantes consistiría en una educación humanística a nivel preuniversitario, a la cual se vendría añadir un autodidactismo, gracias al cual adquirió un conocimiento íntimo de la literatura española e italiana, poesía, ficción, teatro, historia, preceptiva literaria, y otras obras didácticas>>" Sliwa, 2006, pp. 249-251.

[19] En nuestra opinión, *El Quijote,* libro en el que Cervantes trabajó (2ª parte) a la vez que lo hacía en el *Persiles,* solo puede explicarse en toda su hondura partiendo del *Persiles*; con ello pretendemos afirmar que ambas obras obedecerían a un mismo objetivo temático, no en vano, en los dos casos se trata de un viaje de autoconocimiento o iniciación. En resumen, pues el tema daría para un volumen monográfico, podríamos suscitar la existencia de una relación especular (noción metafísica procedente del pensamiento renacentista) como principal nexo que une a los dos grandes creaciones de Cervantes; la más famosa, la más próxima a nuestra forma de pensar y desenvolvernos en la sociedad, la más comentada por la crítica, *El Quijote*, **parte de la realidad** consustancial al hombre de su tiempo, con sus riquezas y sus miserias, con intención de escapar (la locura de don Quijote) a esa superficialidad que frena el gran proyecto humanístico del hombre de todos los tiempos: la liberación de su alma. Pero fracasa y regresa a su casa vencido por el peso de una sociedad lastrada por una visión limitada (el cura y el bachiller) de las posibilidades del hombre. Finalmente, el caballero don Quijote solo logra apearse de su caballo para morir...No ocurrirá lo mismo en el *Persiles*, donde el héroe/caballero Periandro logrará, por su propia voluntad, esfuerzo y decisión, apearse de su cabalgadura (el salto del caballo de Crátilo); lo cual, desde el simbolismo humanista, significa el triunfo del héroe ante las mismas adversidades que causaron la derrota de don Quijote. *El Persiles*, en tal caso, triunfa donde fracasa *El Quijote;* **partiendo de lo fabuloso** triunfa en la realidad.

[20] Lozano-Renieblas, Isabel, *Cervantes y el mundo del "Persiles",* Alcalá de Henares, Centro de Estudios Cervantinos, 1998.

nivel de sentido actual; por otro, implica la correcta aplicación de esas claves a los diferentes contextos diegéticos que se suceden en el texto. Y eso es, en definitiva, lo que trataremos de demostrar a través del análisis que emprenderemos de todo el libro: señalar los lugares del texto en donde nuestro autor podría estar contándonos "otra historia", y practicar, sobre esos materiales narrativos que aparecen alegorizados o "disimulados" dentro de los diferentes episodios, la oportuna descodificación.

La *Historia septentrional*, a la que se refiere Cervantes desde el mismo título de su obra, podría señalar a la historia extraoficial no contada literalmente; la cual, se articularía con arreglo a unos parámetros que no son los propios de la historia realista con los que la crítica actual viene sentando, generalmente, las bases de sus opiniones sobre el *Persiles*.

Comoquiera que el concepto de *historia* que aquí estamos sugiriendo está íntimamente relacionado con el tipo de discurso que le sirve de vehículo: el alegórico (mítico-simbólico), y, dado que emplearemos todo el capítulo siguiente en analizar esa cuestión, solo nos referiremos ahora a los dos componentes que, desgajados del pensamiento renacentista y materializándose en la estética barroca, constituyen los dos polos que en el *Persiles* estructuran el concepto de *historia* en relación a un criterio de verdad suprema y/o universal: macrocosmos y microcosmos.

Quizás, el lector actual acostumbrado a una interpretación más acorde con una visión "objetivista" de la realidad, estime que podría significar una aberración aplicar estos conceptos desgajados del pensamiento neoplatónico a una obra tradicionalmente calificada de ortodoxa desde la atalaya de la crítica moderna. Sin embargo, estamos convencidos de que a poco que se aparte de esas proclamas tendenciosas y libere su juicio de la *autoritas*, podrá, al menos, suscitar una duda razonable: ¿qué mensaje podría informar mejor a una novela de género bizantino puro (según la intención manifestada por Cervantes de seguir el modelo de Heliodoro), que el propio pensamiento de la Antigüedad griega a través de filósofos como Demócrito, Platón y los neoplatónicos, que son los que impulsaron los conceptos de macrocosmos y microcosmos?

Nuestro concepto de *historia* aplicado a la póstuma obra de Cervantes, que es griega más allá de una simple etiqueta, se articularía en función de esta doble noción que, en sí misma, constituye la forma que tenían en la Antigüedad no solo de entender el universo circundante sino también de interaccionar con él. Consecuente con este especial modo de percibir y relatar la historia, nuestro autor nos presentará dos mundos o perspectivas posibles compartiendo el mismo discurso: uno externo o macrocósmico que remite tanto al pasado remoto de la Humanidad (libros I y II) como al presente que rige sobre la sociedad de su época (libros III y IV); y otro interno o microcósmico centrado en los procesos psicológicos que tienen lugar en una conciencia concreta (los diferentes personajes que aparecen a lo largo del libro para contarnos su historia personal).

En resumen, y a pesar de las lógicas reservas que pueda suscitar en un principio una idea tan ambiciosa, juzgamos -como así pretendemos demostrar- que Cervantes no sólo ofrece determinadas concesiones a la historia desde una perspectiva literal; sino que, además, dota también a su obra de un sentido historicista -nos atreveríamos a decir- de clara intención universalista, que se despliega a través de ese segundo lenguaje (alegórico-simbólico) y que podría segmentarse en varios niveles temporales en función de los conceptos de macrocosmos y microcosmos.

4. La interpretación alegórica en el *Persiles*

Decir que Cervantes alegoriza no es suficiente, aunque en algunos trabajos críticos pueda dar la impresión de que sí lo sea. Como si el hecho de haber observado el fenómeno retórico llevase implícito la comprensión del texto y las intenciones de su autor. Porque el logro estético no es el objetivo de la alegoría, sino su instrumento. Dar cuenta de los mitos y leyendas que serpentean entre las líneas del *Persiles* es prueba de la sagacidad del investigador, como también lo es el hecho de relacionarlos con otros similares aparecidos en obras coetáneas, anteriores o incluso posteriores, y asignarles un valor universal en referencia a los diferentes argumentos narrativos. Pero si el investigador no decide saltar la barrera del *por qué* más allá de la literalidad, de forma inexorable, está abocado a defender la tesis que más acuerdo genera y menos riesgos conlleva: la esteticista.

Y es que el relato alegórico despliega un mundo en extremo sutil, que plantea al lector un doble ejercicio de deleite y "trabajo" para su completa aprehensión. Por ello, el nivel de exigencia del *Persiles* es tan alto que no permite hoy en día a un lector medio o instruido apreciarla como se merece, y, por la misma razón, esa dificultad constituirá la causa de su paulatino abandono (incluso condena) del acervo cultural de una sociedad cuya decadencia moral/espiritual corre en paralelo -nos atreveríamos a decir- a la recepción de la obra póstuma de Cervantes.

Porque hoy en día nuestros escritores ya no utilizan el recurso de la alegoría, no al menos a la manera y en el grado en que se hacía en época de Cervantes, entre otras cosas, porque ya no hay necesidad de ello. Por un lado, la "libertad de expresión" ha cercenado la agudeza de nuestros autores contemporáneos, que en la mayor parte de los casos ya no se ven precisados a forzar el ingenio para codificar sus proclamas más allá del desafío retórico que plantea la utilización de tal recurso estilístico. Por otro lado, la necesidad de hallar la "verdad" a través del discurso no es ya una prioridad vital, en unos tiempos de descreimiento generalizado caracterizado por la necesidad de satisfacer necesidades más perentorias.

En una época en que la dificultad es sinónimo de pérdida de tiempo, la literatura se convierte en otro bien de consumo que debe ofrecerse en las mejores condiciones al consumidor. Suscitar la posibilidad de que los "trabajos bizantinos" que nos presenta Cervantes puedan generar algún tipo de interés en una sociedad como la nuestra no deja de ser una utopía. Afortunadamente no siempre fue así, y nos queda, junto con la obra de Cervantes, otros muchos testimonios que prueban el interés de un público, al menos, más sensibilizado artísticamente.

Y esta tradición literaria onírico-mitológica, como acceso a verdades trascendentes, está presente en las obras clásicas que inspiraron a Cervantes a escribir la suya propia. Recordemos, en este sentido, la más celebrada: la *Historia etiópica*[21] de Heliodoro de Émesa, paradigma de un género, la novela bizantina o neo-griega, al que pertenecería la obra de Cervantes. Comoquiera que la relación entre ambas obras ha sido ya muy estudiada, no ahondaremos sobre ello por considerar suficientemente probada la deuda del *Persiles* con la novela griega de Heliodoro. Ahora bien, se nos permitirá realizar unos breves apuntes en relación a la naturaleza alegórica del discurso que se despliega en *Las Etiópicas*. Porque el género al que se adscribe este tipo de novelas no constituye una simple etiqueta nacida de la necesidad de agrupar los textos en función de la presencia de una serie de rasgos estéticos más característicos; pues, en nuestra opinión, aunque el modelo diegético es importante, más relevante serán sus contenidos: que son los que marcarán la diferencia entre una obra -digamos- pseudobizantina (vulgarización de la materia clásica) como lo sería *El peregrino en su patria* de Lope de Vega y otra incontestablemente neo-griega (de un clasicismo puro) como lo es *El Persiles* de Cervantes.[22]

---

[21]   "La *Historia etiópica* es la novela antigua ideal que alcanza más celebridad en el Renacimiento y es la que influye más poderosamente en el surgimiento de la ficción en prosa en lenguas vernáculas (la historia combinada de amor y aventuras) a partir de su traducción, primero al latín, en 1552, por S. Warschewicki, y luego, o directamente del griego, al francés, por el abate Jacques Amyot. A estas traducciones siguen inmediatamente, la anónima en castellano de Amberes, 1554, y la italiana de Leonardo Ghini, que es la que pudo haber utilizado Cervantes [...]. la traducción al castellano de Fernando de Mena, publicada en Alcalá de Henares y que es la que conocemos hoy sobre todo por la reimpresión de 1954, es posterior a la de Amberes en unas tres décadas." Salgado, 2003, p. 948.

[22]   Para ilustrar mejor lo que decimos nos apoyaremos en la opinión de M. J. Hidalgo de la Vega, que, en relación al género literario que nos ocupa, le asigna la siguiente filiación conceptual: "El desarrollo y el auge sobre la sociedad greco-romana de las religiones orientales, religiones de misterios y de salvación, fue, de hecho, una expresión de la fusión de los diversos pueblos, realizada bajo la orientación del helenismo y contribuyó a una importante renovación de la ideología religiosa. A partir del siglo II. d. C. estas doctrinas religiosas eran una característica relevante del pensamiento greco-romano, fundiéndose con los distintos sistemas filosóficos y con otras formas de pensamiento, como la superstición, la magia, el hermetismo, etc. En el universo literario hay un tipo de obras, diversas y diferentes, que participan de todas estas manifestaciones culturales con unos objetivos muy concretos, según nuestra opinión, de renovación y de control ideológico; todo ello expresado por un proceso complejo y contradictorio. Entre estas corrientes literarias podemos encuadrar a las novelas greco-romanas, cuyos elementos esenciales ya se encuentran en la *Weltanschauung* del mundo helenístico, y, de hecho, sus orígenes remontan a la época alejandrina, como prueban las evidencias que poseemos [...]. Posiblemente sea la novela de Heliodoro, *Las Etiópicas*, la que más claramente refleje lo que antes hemos indicado, y que exprese de forma evidente su sentido religioso-mistérico en torno al culto sincrético a Helios. Sobre los mitos de esta divinidad no se sabe mucho, pero esta novela es un testimonio más o menos representativo de tal culto mistérico, de origen sirio, tierra rica en tradiciones religiosas. Los cultos solares se adaptaban bien a todas las variables teológicas e interpretaciones de los filósofos, y básicamente a la tradición pitagórica. Concretamente la influencia del neo-

Pero no podemos olvidar otras novelas que gozan de un estatus menos influyente (al margen de la polémica sobre su incursión o no al género neo-griego), como es el caso de *Las cosas increíbles más allá de Tule*, de Antonio Diógenes, a pesar de que la crítica se muestre (en general) reacia a considerar la influencia de esta obra en el *Persiles* por motivo de su publicación por A. Schottus (traducción al latín del epítome que hizo Focio del original en griego) en 1606; pues ello significaría que Cervantes, por el escaso margen de un año (publicación de la primera parte del *Quijote* en 1605), no podría haberla utilizado, dado que ¿ya tendría terminados los libros I y II del *Persiles*?[23]

También, ahora desde la preceptiva literaria, encontramos en la teoría estética de Alonso López Pinciano un refrendo del interés de Cervantes por el empleo o reelaboración que hace de los relatos mitológicos y/o legendarios, pues en relación al género de los libros de aventuras peregrinas señala lo siguiente:

> "Los filósofos antiguos quisieron enseñar y dieron la doctrina en fabulosa narración, como quien dora una píldora [...]; el oro de la sciencia los antiguos filósofos figuraron en la fábula, y al útil de la doctrina añadieron el deleite de la imitación poética"[24].

Y, en otro momento de la obra aludida, tercia El Pinciano acerca del aprovechamiento de este tipo de narraciones:

> "a lo menos, ninguno tiene mayor deleite trágico y ninguno en el mundo añuda y suelta mejor que él; tiene muy buen lenguaje y muy altas sentencias; y, si quisiesen exprimir alegoría, la sacarían de él no mala"[25].

De este modo, vemos cómo ya El Pinciano, desde su atalaya doctrinal, nos alerta acerca de la existencia de un contenido alegórico en las obras del género al que pertenece el *Persiles*, nada desdeñable. Incluso, podríamos remitirnos a la interpretación que de la obra de Heliodoro hizo el filósofo neoplatónico Filipo en el siglo V. Este comentarista emplea, como ya es tradicional, el diálogo en su exégesis narrativa, combinando la interpretación moral y la alegórica.

La alegoría, pues, se presenta como un elemento discursivo al servicio de la narración, cuya presencia sería necesaria en la novela griega.[26]

---

pitagorismo de Apolonio de Tiana en *Las Etiópicas* ha sido muy estudiada." Hidalgo de la Vega, 1988, pp. 175-177.

[23] Al margen de esta polémica en torno al momento concreto de la redacción de los dos primeros libros del *Persiles*, *Las cosas increíbles más allá de Tule* muestra, como muy bien estudia Alarcos, además de las evidentes similitudes en relación a Tule y a la recreación de una geografía septentrional (única en el género bizantino junto con el *Persiles*) presente también en la obra de Virgilio, una característica narrativa que, en nuestra opinión, señalaría directamente a la obra cervantina. Nos referimos, en palabras de Alarcos, a que: "las innovaciones de *Las cosas increíbles más allá de Tule* estriban en una estructura narrativa, atomizada en torno a una serie de círculos concéntricos o cajas chinas"(Alarcos, 2014, p. 252); lo cual, no solo redundaría en un paralelismo con la estructura laberíntica que nosotros venimos señalando en el *Persiles*. sino que, de manera más concreta, apuntaría a factores más precisos en relación a la ubicación y disposición de determinadas técnicas narrativas. Es el caso de los tres núcleos narrativos que Alarcos distingue en Diógenes y que se corresponderían, a grandes rasgos, con los tres círculos con los que nosotros estructuramos la obra de Cervantes; así como el paralelismo que constituye el flashback de Dinias en el primer núcleo narrativo, en donde relata su viaje desde Oriente a Tule (¿Occidente?), con la historia analéptica de Periandro, donde también se relata un viaje desde esos mismos orígenes (que aquí la alegoría los sitúa en el tiempo más que en el espacio) y que, igualmente, se desarrollaría en la primera parte o círculo de nuestra estructura. Por último, coincidiendo ahora con el final de ambas obras, viene a situarse un elemento diegético en el que se suscita una misma imagen de "extrema longevidad"; que en el *Persiles* informa las últimas líneas de la obra a modo de cierre: "y vivió en compañía de su esposo Persiles hasta que biznietos le alargaron los días, pues los vio en su larga y feliz prosperidad" (pp. 713-714), y que en el libro de Diógenes se explica a la postre con el hallazgo,"siglos después, de las inscripciones, en las que ambos caracteres figuran con un cómputo de vida que excede los límites lógicos de todo mortal y que, por tanto, les asigna una hiperbólica longevidad" Alarcos, 2014, n. 8, pp. 252-253.

[24] Pinciano, *Philosophia Antigua Poética*, vol. 1, p. 210.

[25] Pinciano, *Philosophia Antigua Poética*, vol. III, p. 167.

[26] Según recoge Timothy Freke y Peter Gandy: "La idea de que las enseñanzas místicas podían cifrarse en historias míticas era fundamental en los misterios paganos. El pitagórico judío Filón llama a la alegoría "el método de los misterios griegos". El filósofo pagano Demetrio escribe: "Lo que es claro y manifiesto es fácil de despreciar, como se desprecia a los hombres desnudos. Por tanto, también los misterios se expresan en forma de alegoría". Macrobio, así mismo, escribe: "la exposición sencilla y desnuda de sí misma repugna a la naturaleza. Desea que sus

Porque juzgamos que el ánimo de Cervantes, ya en el ocaso de su vida, no estaba para nimiedades, y, en tal caso, la que fuera "la mejor o la peor de sus obras" llevaba su sello más personalísimo: su testamento vital. A la luz de estas consideraciones, no parece ser el *Persiles* ningún tipo de catecismo ilustrado por un alma devota, arrepentida o timorata a punto de expirar; sino todo lo contrario: la afirmación de unos ideales sólidamente consolidados, la "voz" de la herencia de sus mayores (la tradición greco-romana) y la última "lanzada" (tras *El Quijote* contra los molinos) del "caballero medieval" contra esa Modernidad que amenaza con tragarse la esencia de lo que somos.

Por fortuna para las sucesivas generaciones de lectores del *Persiles*, no todos los críticos se sumaron al –digamos– "acuerdo tácito" que agrupó a buena parte de la crítica cervantista; esto es, la aludida exégesis literalista-contrarreformista. Mario Roso de Luna (también Nicolás Díaz de Benjumea[27]), que tercia con un breve estudio al respecto[28], manifiesta, en relación a la afirmación de Cervantes de que el *Persiles* sería "la mejor o la peor de sus obras", lo siguiente: "la mejor si llegaba a entenderse su simbolismo, acaso velado para escapar a la censura inquisitorial, y la peor o más absurda en el caso contrario, cual acontece con todas las leyendas."[29]

No hace falta, sin embargo, tener que retroceder un siglo para dar cuenta de la naturaleza simbólica del último texto de Cervantes. Críticos como Edward C. Riley abogan por una lectura alegórica del *Persiles,* pues: "parece pedir una lectura metafórica por encima de la literal".[30] También A. Gagliardi, que expone su visión del texto alegórico como imagen de la realidad psíquica del hombre,[31] o Julio Baena.[32]

Y eso es, en nuestra opinión, lo que con gran "trabajo" (sobre el lenguaje) Cervantes trató de reflejar en su obra final: la búsqueda del significado total como única forma posible de transmitir la Verdad (con mayúscula).

Pero Cervantes no fue el primero en emprender la empresa de la búsqueda literaria de esa pretendida Verdad universal. La tradición es larga en este sentido. Como recoge Baena:

> Así, hermeneutas de profesión que también son poetas (por ejemplo fray Luis de León), y que nunca publican sus poesías, aunque sí sus otros libros, componen estos libros en una forma que obsesivamente quiere ser abarcadora de todo significado posible, incluso recurriendo al efecto de palimpsesto. Así son, por ejemplo, *De los nombres de Cristo* y *Exposición del Libro de Job*; libros totalmente representativos del renacimiento y de la exégesis bíblica *simultáneamente*, para no hablar de los textos de San Juan de la Cruz, que en prosa explican según los cuatro *sensi* la poesía del propio San Juan de la Cruz. (…). Sí existe, por lo tanto, al menos parcialmente, una tradición, y hasta unos textos, en español, con suficientes características *totalitarias* en su alegorisis como para ocupar el lugar donde Wilson los echa de menos.[33]

---

secretos se traten por medio de mitos. Así, los misterios mismos se esconden en los túneles de la expresión figurada, para que ni siquiera a los iniciados se les pueda presentar la naturaleza desnuda de tales realidades, sino que solo una élite pueda conocer el secreto real, por medio de la interpretación que proporciona la sabiduría, mientras que el resto se contenta con venerar el misterio, protegido de la banalidad por aquellas expresiones figuradas." Freke / Gandy, 2000, pp. 149-150.

[27]   Díaz de Benjumea, Nicolás, *La estafeta de Uganda, o aviso de Cid Asam-Ouzad Benenjeli sobre el desencanto del Quijote,* Londres, Imprenta de J. Wertheimer y Cª, 1861.

[28]   Dentro del contexto del tema wagneriano de Tristán e Isolda en: Roso de Luna, Mario, *Wagner, mitólogo y ocultista,* Pueyo, 1917.

[29]   Roso de Luna, 1917, p. 226.

[30]   Riley, 1997, p. 60.

[31]   "También la escritura se convierte en imagen de la constitución del hombre, de su dualismo. La belleza de estas escrituras alegóricas consiste esencialmente en la simetría entre el orden sensible y el inteligible. Pensamiento e imaginación. El hombre es doble, sensibilidad e intelecto, y en la actuación de las dos partes es posible comprender también el placer estético de la imaginación y, el más trascendente, del intelecto. En la manera en que Cervantes se reconoce totalmente en esta obra suya, hipotecando el futuro, tiene ante sí un lector complementario y capaz de entrar en sintonía con su humanidad." Gagliardi, 2004, p. 411.

[32]   "En el caso del *Persiles*, es posible una lectura cuádruple desde el primer capítulo. Forcione alude a la posibilidad de tal lectura (*Christian Romance*) refiriéndose a los sentidos anagógico y tropológico, pero no insiste en ello, a pesar de que reconoce que el propio texto del *Persiles* ofrece nada menos que un sumario de los *sensi* tradicionales según los cuales debe leerse el mismo *Persiles* (106)." Baena, 1996, p. 78.

[33]   Baena, 1996, p. 83.

Cervantes franciscano, y, según nuestra hipótesis, también humanista, no fue ajeno ni a esta hermenéutica de los textos sagrados ni a la más antigua tradición gnóstico-mitológica. Consecuente con sus creencias y en su decidido afán de registrador no solo de la realidad de su tiempo sino de las tradiciones heredadas de épocas pasadas, esconde tras la estructura literaria de la peregrinación (en su versión alegórica, como peregrinación interna y no externa) o, lo que es lo mismo, del viaje iniciático[34], esa aproximación abnegada al conocimiento de sí mismo y del Todo[35].

A lo largo de la introducción que da comienzo a este trabajo hemos tratado de constatar la evidencia de una segunda lectura coherente en las páginas del *Persiles,* mucho más compleja y de más "altos vuelos" que los que se vienen señalando. Planteábamos, pues, la posibilidad de que existiera un mensaje mítico/filosófico serpenteando entre las páginas del libro, asomándose sin pudor en determinados momentos de la narración o hundiéndose sin remisión en las profundidades de una simbología cuyo sentido ya pocos recuerdan. Un mensaje que parece debatirse entre un mundo imaginario y otro real o verosímil; aunque, en realidad, esta bipartición solo sea un espejismo: uno más en una obra cuajada a base de imágenes especulares de naturaleza mítica, que se revela contra la voluntad de esa crítica siempre necesitada de soluciones unívocamente racionales o realistas.

5. Algunas consideraciones sobre la estructura de la obra

Uno de los temas sobre los que más acuerdo ha habido y menos controversia ha suscitado en la crítica de los últimos años tiene que ver con la bipartición estructural de *Los trabajos de Persiles y Sigismunda. Historia septentrional* en dos grandes bloques temáticos: el Norte (libros I y II) y el Sur (libros III y IV).

No vamos a negar la funcionalidad de la tradicional estructuración bipolar de la novela, pues opinamos que los planteamientos no son del todo desacertados, siempre que consideremos que parten desde una perspectiva literal o realista. Ahora bien, ¿acaso creemos que esta estructuración Norte/Sur, con todas las connotaciones posibles que queramos señalar, responde a los múltiples interrogantes que han venido a crear ese clima de desconcierto que tradicionalmente rodea a la última obra de Cervantes? Pensamos que no. La estructuración del *Persiles* con arreglo a esos dos polos geográficos no solo es insuficiente sino, desde una perspectiva profunda, errónea. Y es aquí, precisamente, donde queremos incidir, pues juzgamos que para la correcta interpretación del *Persiles* debe superarse este modelo básico como proyección de una idea realista y lineal de la novela, para adoptar otro nuevo en función de un planteamiento simbolista y holístico o circular.[36]

---

[34] "La iniciación era un proceso secreto que transformaba profundamente el estado de conciencia de quien aspiraba a ella. El poeta Píndaro revela que <<un iniciado en los misterios conoce el final de la vida y su principio, que es un don de Dios>>. Lucio Apuleyo poeta-filósofo, escribe su experiencia de iniciación y dice que es un renacimiento espiritual que celebró como su cumpleaños, una experiencia por la que sentía una <<deuda de gratitud>> que <<no esperaba poder saldar jamás>>". Freke / Gandy, 2000, p. 35.

[35] "En el centro de la filosofía pagana hay una percepción de que todas las cosas son Una. Los misterios pretendían despertar en el iniciado una experiencia sublime de este hecho. Salustio declara: <<toda iniciación pretende unirnos con el mundo y con la deidad>>. Plotino describe al iniciado como alguien que trasciende su limitado sentido de sí mismo, como un ego independiente que experimenta la unión mística con Dios." Freke / Gandy, 2000, p. 36.

[36] Sorin Marculescu se aproxima a nuestra idea de estructura cuando expresa lo que sigue: "El universo del *Persiles* me parece más inteligible si lo consideramos, igual que al universo en que nosotros mismos existimos, como a uno no lineal, es decir como a un todo holístico dentro del cual todo está interconexionado, y donde se da, a pesar de la fuerte impresión de desorden, un orden sutil, presente tanto en las partes, como en el todo, superior a todas éstas. A la luz de estas consideraciones preliminares podremos mirar de una manera más adecuada, creo yo, el problema de la bipartición de la novela, de larga fecha y estérilmente discutida. La primera mitad (libros I y II) trascurre en regiones septentrionales, en una geografía en gran medida, diríamos hoy, imaginaria, pero plenamente acreditada en su tiempo (véanse verbigracia los trabajos de Carlos Romero e Isabel Lozano-Renieblas) por las fuentes eruditas aprovechadas con buena fe por Cervantes y sus contemporáneos; la segunda mitad (libros III y IV) se consuma en la zona meridional (Portugal, España, Francia e Italia), generalmente muy bien conocida por Cervantes (salvo tal vez el reino de Francia, donde la imprecisión del itinerario se parece a la vaguedad de las nieblas nórdicas); surge de aquí la impresión de realismo, y de creciente autenticidad de los tipos y lugares. Muchísimos críticos siguen aún hoy en día sosteniendo que la parte más valiosa de la novela es, por esta razón, precisamente la segunda mitad, pagando Cervantes en la primera un duro tributo a la descabellada fantasía y flojedad de los tipos." Marculescu, 2004, pp. 516-517.

Y en esa dirección, creemos, deben orientarse nuestros esfuerzos si queremos llegar a entender el *Persiles* en toda su hondura de significados. Se hace necesario, en tal caso, aplicar un modelo de estructura más funcional con arreglo a los parámetros alegórico-simbólicos que intervienen en una obra de género bizantino o neo-griego.

En este sentido, y en nuestro afán de ofrecer un esquema estructural válido conforme al pensamiento de Cervantes, abogaremos por esa visión circular que venimos proponiendo, pues es la que mejor se adapta a este modelo narrativo, a caballo entre el mito y la historia, que parece caracterizar al *Persiles*. Incluso, podríamos matizar el esquema que queremos aplicar en relación a un símbolo muy concreto: el laberinto, como idea de profundidad, complejidad, trabajo y sacrificio, que define a grandes rasgos la narración persilesista.

Y de laberintos, pues, tenemos que hablar. En principio, debemos constatar que este símbolo con el que identificamos la obra póstuma de Cervantes no es fruto de la arbitrariedad, sino que se justifica cuando se analiza la doble naturaleza propia de todo signo. Por lo tanto, en el plano de la forma, su conveniencia a la hora de representar esa idea de profundidad que sugiere el *Persiles* estaría justificada por el empleo de unas técnicas narrativas basadas en la construcción laberíntica, que son las propias de la novela bizantina o neo-griega.[37] En cuanto al plano del contenido, el trasfondo de la novela o tema se corresponde, como venimos apuntando, con el viaje de iniciación o "búsqueda del conocimiento", que también remite a otro laberinto: el de Teseo y el Minotauro.

No resulta inadecuado, por las razones expuestas, ver en el símbolo del laberinto la clave del pensamiento de Cervantes, preocupado en su última obra por dirigir a sus héroes hacia ese Norte que se hace centro en lo más profundo de ese holograma universal.

Así, pues, desde una perspectiva alegórico-simbólica, podemos distinguir en el *Persiles* una estructura formada por tres círculos concéntricos:
- PRIMER CÍRCULO. Libros I y II: tierra/mundo sensible.
- SEGUNDO CÍRCULO. Libros III y IV (hasta cap. 11): cielo/mundo intelectual.
- TERCER CÍRCULO. Libro IV (cap 12-14): centro/unión.

El primer círculo se caracterizaría por el predominio de los elementos narrativos que remiten al mundo físico o material; es decir, los más apegados a la noción de *tierra*, en detrimento de los elementos que aluden al mundo idílico o espiritual. Por ello, la tierra, como materialización del aspecto físico de la naturaleza humana, será el símbolo de esta primera fase del viaje (iniciático) que realizan los protagonistas, y, los sentidos humanos, como exteriorización de esa naturaleza apegada a lo terreno, el *escenario* alegórico-simbólico en donde dirimir este primer enfrentamiento terrenal: la lucha por dominar las pasiones.

En relación al concepto de *tierra* que hemos utilizado para caracterizar esta primera fase o círculo de nuestra estructura, argumentaremos, en cuanto a lo paradójico que pueda resultar el hecho de aplicar esa noción al viaje por mar que informa la totalidad de estos dos primeros libros, que la *tierra* hay que entenderla aquí en relación a una escala metafísica (lo que está debajo del cielo) y no simplemente física (la engañosa percepción de que el agua/mar es lo contrario de la tierra). Por ello, el viaje náutico en el *Persiles*, de gran tradición desde época grecorromana (*La Odisea, La Eneida, Etiópicas, etc.,*), estaría perfectamente justificado a la hora de escenificar alegóricamente el concepto *tierra*; tanto en su aspecto físico, pues el agua se encuentra sobre la corteza terrestre, como en el espiritual, por esa idea de zozobra e inestabilidad propias de estas singladuras y de las *otras* que se gestan en las profundidades de la mente del místico.

En general, en los libros I y II se percibe un desarrollo de los elementos de naturaleza física, en relación a ese "mundo terreno" al que venimos aludiendo (el percibido a través de los cinco

---

[37] Este sentido laberíntico se manifiesta en la disposición que adoptan título y capítulos en la obra, según recoge Aurora Egido: " El título completo de la obra no solo abre el capítulo primero, repitiéndolo parcialmente en el veintiuno del primer libro, sino que lo cierra, engarzándolo con el principio del libro II que, sin embargo, evitará la reiteración al final, lo mismo que el tercero. Dado que el cuarto y último recogerá completo el capítulo al principio y lo repetirá casi por entero en el colofón, nos damos cuenta de que, en este punto, además de la simetría existente entre los libros uno y cuatro, dos y tres respectivamente, domina, en todos los casos, el enunciado de los "trabajos" de Persiles y Sigismunda (patente en los inicios de todos los libros y en los finales de dos de ellos) sobre el de "peregrina historia", que aparece al final del segundo, y sobre el de "historia", que se da en el tercero." Egido, 2004, p. 21.

sentidos); aunque ello, sin embargo, no signifique la exclusión de elementos más sutiles (el "mundo intelectual/espiritual"), sino un menor afloramiento de estos últimos.

En el segundo círculo, como ya avanzábamos, lo intelectual se impone a lo sensible. Los libros III y IV informan, con la exclusión de los últimos capítulos, la totalidad de este segundo nivel o círculo.

Al igual que ocurría en la primera fase de esta estructura, aquí también las fronteras entre lo físico y lo intelectual o extrasensorial se distorsionan y los círculos se superponen; sin embargo, a pesar de esa ausencia de límites radicales, se aprecia un punto de inflexión que marca un antes y un después en la evolución del proceso iniciático que la dimensión alegórica del viaje de los protagonistas, Periandro y Auristela, nos transmite: el episodio del caballo de Cratilo[38], al final del libro II. En resumen, del trabajo sensorial, desarrollado en el primer círculo a través de la lucha por someter y erradicar las pasiones, se pasa al trabajo propiamente intelectual, caracterizado por esa nueva conciencia que han adquirido los personajes que protagonizan sus correspondientes historias personales (sobre todo el protagonista masculino, Periandro).

Finalmente, en este segundo círculo seremos testigos de un gran número de revelaciones de todo tipo; desde las de naturaleza científica (cosmológicas) hasta las históricas (determinados secretos de estado dentro de la monarquía de los primeros Austrias), pasando por las de carácter religioso-espiritual (misterios del gnosticismo, Roma, etc.).

El tercer círculo de nuestra estructura consiste en una representación de ese centro del laberinto mitológico, que en la obra se desarrolla en los últimos capítulos del libro IV (entre el capítulo 12 y el 14). Unas pocas páginas, algo casi insignificante en relación con el volumen que ocupan los dos círculos anteriores. Ahora bien, ¿no estamos hablando de un centro? ¿No nos referimos a ese lugar central como si fuera un punto? La escasa extensión narrativa de esta tercera fase, en relación con las anteriores, estaría en consonancia, pues, con esa idea de centralidad aludida. Cervantes nos ofrece múltiples referencias de este ónfalo o *axis mundi* a lo largo del relato: "Como están nuestras almas en continuo movimiento, y no pueden parar ni sosegar sino en su centro, que es Dios, para quien fueron criadas" (p. 429), "Nuestras almas, como tú sabes, y como aquí me han enseñado, siempre están en continuo movimiento y no pueden parar si no es en Dios como en su centro" (p. 690), "si no es pensando en ti, que eres mi centro, no tendría sosiego el alma mía" (p. 639). Deducimos, de estos fragmentos, que en el *Persiles* existe una clara concepción circular en el desarrollo idealizado del argumento, donde se transmite una clara intención de alcanzar un *centro* como fin de ese proceso de *búsqueda trascendente* que anima a todos los personajes.

Porque este círculo central se ocupará del final del recorrido de la pareja de protagonistas, Periandro-Persiles y Auristela-Sigismunda, percibido como esa unión mística que marca el final de los procesos conducentes a la iluminación del místico a través del conocimiento de sí mismo; aunque no haya de ser este, sin embargo, un final efectivo a la manera en como suele ser percibirlo desde una perspectiva literal o realista, sino tan solo la sensación de un nuevo comienzo dentro de esa idea de retorno que proyecta la imagen universal del laberinto.

---

[38]   Aunque no se descarta que pudiera tratarse una coincidencia, la única diferencia entre el nombre asignado al caballo y el famoso *Diálogo* de Platón es, solo, de un acento ortográfico (Cratilo y *Crátilo*). Dado que Cervantes nunca nombra en el *Persiles* de manera arbitraria y siendo aceptada por la crítica en general la relevancia de este episodio en el contexto de toda la obra, podría considerarse que Cervantes nombra a su caballo en relación a Platón para expresar, alegóricamente, que son las ideas del filósofo griego las que hay que "montar" para tener el valor de arrojarse al abismo de la "búsqueda" inmemorial. Esta hipótesis se refuerza en el sentido de que, fundamentalmente, El *Crátilo* de Platón es un tratado sobre el origen de los nombres (436e): "Afirmamos que los nombres nos manifiestan la esencia del universo en el sentido de que éste se mueve, circula y fluye."

PRIMER CÍRCULO: LIBROS I Y II

Introducción. El viaje por mar: el sentido de la navegación

Una vez manifestadas las intenciones de Cervantes para esta primera parte o "círculo" - de los tres que señalábamos como estructura básica y/u holística -, hagamos una incursión en ese contexto mítico que nos propone su autor y comprobemos hasta qué punto el "viaje por mar" condiciona los dos primeros libros del *Persiles*.

Y para ello nos desplazaremos al capítulo noveno de este primer libro, pues fue este y no otro el lugar escogido por Cervantes para manifestar, en toda su hondura, el sentido que habría de darse a su "navegación":

> Mar sesgo, viento largo, estrella clara,
> camino, aunque no usado, alegre y cierto,
> al hermoso, al seguro, al capaz puerto
> lleven la nave vuestra, única y rara.
>
> En Scilas ni en Caribdis no repara
> ni en peligro que el mar tenga encubierto,
> siguiendo su derrota al descubierto,
> que limpia honestidad su curso para.
>
> Con todo, si os faltara la esperanza
> del llegar a este puerto, no por eso
> giréis velas, que será simpleza.
>
> Que es enemigo amor de la mudanza
> y nunca tuvo próspero suceso
> el que no se quilata en la firmeza (p. 222).

No entraremos ahora en el análisis exhaustivo de este poema de manifiesta temática marinera, sino que, a medida que se vayan sucediendo los capítulos en nuestro análisis, iremos abordando los diferentes aspectos que aquí se sugieren codificados en relación al contexto alegórico que le es afín. Ahora bien, sí adelantaremos dos cuestiones en relación a este soneto:

a) La primera tiene que ver con el contenido o sentido que el citado poema sugiere, que, en lo esencial, consistiría en un resumen del camino que Cervantes ha elegido –el ideal cristiano– para ilustrar la necesidad de todo hombre de dar un sentido ético a su vida. Pero, aún podríamos elevar el sentido (del tropológico al anagógico) que una lectura atenta de este poema comporta si, como expresa Antonio Ruiz Casado parafraseando a Mario Roso de Luna en su análisis sobre este punto: "es interpretado como la marcha augusta de la Nave de nuestra Alma bogando hacia al Ideal oculto".[39]

b) En cuanto a la segunda cuestión, que ahora tiene que ver con la forma, nos hallamos ante la evidencia literal de un viaje mítico que se relacionaría con el más mítico de los viajes griegos: la *Odisea* de Homero. Esta relación es manifiesta no solo por el tono poético propio de estas singladuras, sino por las referencias concretas a dos monstruos mitológicos con los que tiene lidiar Ulises: Scila y Caribdis.

De este primer acercamiento a ese mundo marinero que, en nuestra opinión, conformaría la estructura profunda de los dos primeros libros del *Persiles*, podríamos extraer la siguiente consideración preliminar: el periplo marinero entre islas no es algo original propio de esta obra, pues goza de una larga tradición que entronca con la tradición grecolatina.[40] Si bien, el hecho de que Cervantes se sirviera de esos modelos literarios que se remontan a los antiguos mitos

---

[39]   Cruz Casado, 2004, p. 322.

[40]   De esta opinión se muestra partidaria Aurora Egido cuando aduce lo siguiente: "Pero al lado de la variante religiosa, es evidente que Cervantes tuvo plena conciencia de la tradición pagana. Más allá de la teoría de la navegación en *Los trabajos y los días* de Hesíodo, vinculados al mito de Pandora y al de Prometeo, fueron las figuras de Ulises y Hércules las que gozaron de una mayor tradición relativa al tema que nos ocupa como muestra, entre otras obras, la comedia de Luis Belmonte *Los trabajos de Ulises*." Egido, 2004, p. 32.

(Odiseo, Hércules, etc.) no le resta un ápice de originalidad a su obra; pues aquí se actualiza el viaje de iniciación de origen griego y, lo que sí resulta uno de sus mayores logros, se fusiona con el cristianismo imperante de su época en una suerte de simbiosis magistral capaz de contentar a las dos facciones ideológicas tradicionalmente enfrentadas (ortodoxia y heterodoxia).[41]

Porque la fábula marítima obedece a un esquema antiquísimo, que las antiguas civilizaciones asimilaron y se esforzaron en trasmitir a las siguientes generaciones. Las imágenes de la navegación forman parte de nuestro *inconsciente colectivo* – término instaurado por Carl G. Jung-. De este modo, los pormenores de la singladura, la nave, el viento, el oscuro y tenebroso océano, las islas..., remiten siempre a ese universo infinito que nos envuelve y al deseo del hombre por recorrerlo, por abarcarlo, por fundirse con él en una especie de retorno a los orígenes. Existe una frase, atribuida a Pompeyo, que constituye una síntesis de lo que queremos decir:

"Navegar es necesario- vivir no es necesario". [42]

El académico y teólogo Olegario González de Cardedal desgrana el contenido ético de la citada frase, cuando, en su artículo "NAVEGAR ES NECESARIO – VIVIR NO ES NECESARIO", argumenta:

> Navegar es salir de la tierra firme en que por naturaleza estamos aposentados, considerar que lo posible inmenso no supervisable ni dominable merece más la pena que lo conocido dominable, que ya no tiene para nosotros más enigmas ni promesas. Navegar es otorgar primacía a la libertad en riesgo frente a la espontaneidad segura; al peligro antes que a la seguridad; al que construye con el futuro por delante confiado a él antes al que se limita a las ya sabidas combinaciones del pasado. Navegar es ejercer la libertad, aceptando determinaciones y resistencias, fiado en la posibilidad de alcanzar una meta porque está seguro de que existe; y en cualquier caso porque se está convencido de que el empeño siempre merece la pena y el gozo, porque es acreditador de una profunda necesidad humana. Quien navega por alta mar, llegue a puerto en la otra ribera o tenga que regresar al punto de partida, ha logrado su premio. La recompensa a ciertos actos y formas de vida no les adviene de fuera, al final, sino les va acompañando desde el principio y revertiendo sobre la persona mientras van siendo realizados. La actividad superior tiene el fin en sí misma y no espera una obra o efecto resultante del hacer, que advenga al final.[43]

Al final de su artículo llega a la siguiente conclusión:"Después de lo dicho ya será patente que navegar es necesario para el hombre, convirtiéndosele en su gozoso, doloroso y glorioso quehacer, mientras que el vivir le está ya dado sin más por Dios." [44]

Y en este sentido filosófico, juzgamos, debemos interpretar las líneas básicas por las que discurre el desarrollo argumental de esta primera parte del *Persiles*. Por supuesto, no habremos de olvidar los matices, pues ellos serán los que nos indiquen, de manera más o menos precisa, los diferentes aspectos que se vayan incardinando en pos de esa idílica navegación.

Para reforzar el sentido de "navegación" como alegoría de esa lucha del hombre en su camino de perfección, recurriremos ahora al diccionario de símbolos de Juan Eduardo Cirlot, que, en su entrada "Nave", leemos:

---

[41]   Como dice Gagliardi: "Cervantes se apropia de la tradición humanística laica y unifica el viaje de Ulises filósofo y el peregrinaje cristiano. Ya, en la *Comedia,* Dante en la ascensión de su camino a Dios a través de las vías del otro mundo intenta la gran síntesis. También el *Persiles* es una comedia. Una vía, vivida completamente en la tierra, prospecta una vicisitud humana, entre la tragedia de la isla de los bárbaros y Roma, y comporta la vía de la perfección intelectual y de la beatificación." Gagliardi, 2004, p. 401.

[42]   A través de Plutarco. *Vidas paralelas.* "Encargado Pompeyo de la organización y dirección del avituallamiento de Roma, envió legados y amigos a muchos lugares. Él mismo se embarcó hacia Sicilia, Cerdeña y Libia, procediendo a la recogida de cereales. Cuando ya estaban los barcos a punto de zarpar, se desencadenó un viento fuerte y los marineros no se atrevían a hacerse a la mar: Entonces Pompeyo subió el primero a las naves, dio orden de levar ancla y gritó: ¡Navegar es necesario-vivir no es necesario!. Gracias a su audacia y celo, secundados por la buena suerte, llenó de trigo los mercados y el mar de navíos, de forma que las provisiones fueron suficientes incluso para los pueblos más allá de Roma y de Italia, como una fuente inagotable, cuyas aguas fluyen hasta los extremos de la tíerra". Plutarco, *Vidas paralelas*, tomo V, L, 13.

[43]   González de Cardedal, 1996, pp. 373-374.

[44]   González de Cardedal, 1996, p. 391.

Si las aguas oceánicas simbolizan el inconsciente, también aluden a la sorda agitación del mundo exterior. La idea de que se precisa haber surcado el mar de las pasiones para alcanzar el Monte de la Salud, es la misma que hemos comentado al referirnos a los peligros del navegar.[45]

Es decir, aquí Cirlot ahonda en el sentido alegórico del concepto para trasladarlo a la experiencia ascética y/o iniciática. La zozobra de la navegación, como venimos sosteniendo, constituiría la forma tradicional de expresar la lucha por someter o vencer a las pasiones humanas.

En resumen, el concepto de navegación que conforma el contexto en el que va a desarrollarse la acción de los Libros I y II del *Persiles* vendría dado por un estado mental y no por un escenario real, no por ello exento de cierta verosimilitud; aunque ambas formas de percibir "el viaje" (realidad y ficción) sean complementarias e incluso necesarias para la comprensión de la noción mística de "navegación".

1. LIBRO PRIMERO

1.1. El comienzo del *Persiles in medias res* o el mito de Teseo saliendo del centro del laberinto

Voces daba el bárbaro Corsicurvo a la estrecha boca de una profunda mazmorra, antes sepultura que prisión de muchos cuerpos vivos que en ella estaban sepultados (p. 127).

Como vemos, el comienzo del *Persiles* clama a "voces" - además de las del bárbaro Corsicurvo- una paternidad mitológica y/o legendaria o, al menos, la presencia de un discurso alegórico; a no ser que nos decantemos por considerar la posibilidad de que Cervantes se ciña a la literalidad del texto y, en tal caso, no contemplemos más realidad que la que se desprende del estricto sentido literal, lo que nos llevaría a una concepción absurda del discurso.

Mucho se ha escrito en relación a este impactante y visual "alumbramiento persilesista", pues la riqueza de elementos diegéticos que se conjugan ha dado lugar a las más diversas teorías; donde siempre subyace ese íntimo deseo del crítico por encontrar la clave que dé sentido a esta mito-historia que nos propone el genio de Cervantes.

Comenzaremos el análisis de este primer libro con una cita de Agustín Redondo, cuya interpretación coincide, en lo fundamental, con nuestra visión mítica de la *Historia septentrional*:

El *Persiles* empieza por un nacimiento monstruoso: un ser sale de la tierra madre. El *regressus ad uterum* anterior al nacimiento parece insertar al relato en un tiempo mítico, el de los orígenes, el del caos primitivo en que todo era confusión y antagonismo, según lo evocan tanto Ovidio como fray Luis de León.[46]

Existe en la exégesis del *Persiles* una serie de lugares comunes en donde la crítica se hace fuerte a la hora de emprender, a partir de esos puntos de consenso, su análisis realista de un discurso claramente contradictorio, complejo y profundamente barroco-renacentista. Es el caso del acuerdo generalizado que existe en relación al comienzo *in medias res*,[47] que es el propio según el canon bizantino. Son menos, sin embargo, los que abogan por los inicios *ab ovo*,[48] si nos atenemos al significado profundo de los hechos que se narran: un "nacimiento". Finalmente, muy pocos llegan a concebir la posibilidad de que se trate de una obra con "dos caras"; es decir, que se conjuguen los dos tipos de comienzos que hemos mencionado atendiendo a la perspectiva literal (*in medias res*) o bien a la alegórica (*ab ovo*). Como recoge Julio Baena:

---

[45] Cirlot, 1992, p.322.
[46] Redondo, 2004, p. 74.
[47] Técnica literaria consistente en comenzar la narración en medio de la historia.
[48] El inicio de la narración coincide con el comienzo de la historia.

26

solo leyendo el discurso dado por el significante (por el alegorizante) podemos hablar de comienzo *in medias res*. Si se lee el significado (el alegorizado), tenemos el caso más paradigmático de comienzo *ab ovo*.[49]

Nosotros, aunque coincidimos en sentido lato con Baena en este doble comienzo que hemos señalado, quisiéramos añadir un matiz que podría complementar lo ya analizado por este crítico. Nos referimos al inicio *ab ovo* que señala Baena desde una perspectiva profunda o alegórica (un nacimiento que podría interpretarse desde un plano físico y espiritual) y, en concreto, al "estado previo del "neonato" (Periandro-mancebo) antes de su "alumbramiento" (ahora desde una perspectiva místico-gnóstica exclusivamente) que, según los postulados platónicos, se correspondería con un estado de transición: de"muerte" (feto u hombre en estado de pasividad espiritual) a "prisión" (neonato u hombre iniciando su estado de actividad espiritual impulsado por la necesidad de liberar su alma).

Desde esta deducción, lo que estamos señalando es la posibilidad de que el *Persiles* no comience ni *in medias res* ni *ab ovo,* sino que lo haga *post morten*;[50] es decir, que en el inicio de la obra se describa una muerte, la de Corsicurvo, como experiencia trascendente previa al nacimiento.

Dentro de esta perspectiva, podríamos realizar una primera interpretación de lo alegorizado en estos dos primeros párrafos que abren el texto cervantino en función de esa perspectiva místico-gnóstica derivada directamente de la filosofía de Platón. Nos referimos al "nacimiento" de la sabiduría: el alumbramiento o iluminación.

Comoquiera que, en buena lógica, nada habría de ser alumbrado si previamente no estuviere antes apagado; así creemos que procede Cervantes en los comienzos de su obra, mostrándonos un antro oscuro, primitivo y sepulcral, donde un ser, y por extensión una sociedad, un imperio o incluso una civilización que ha vivido de espaldas durante generaciones a su propia liberación (por eso "antes tumba que prisión de muchos cuerpos vivos que en ella estaban sepultados"), irrumpe con una fuerza sobrehumana ("y aunque su terrible y espantoso estruendo cerca y lejos se escuchaba [p. 127]") reclamando su espacio en un "universo inteligente" ("de nadie eran entendidas articuladamente las razones que pronunciaba sino de la miserable Cloelia"[p. 128]).

La alegoría, en tal caso, que se desprende de la diégesis, se aviene a la perfección a la perspectiva múltiple que persigue Cervantes, y no solo al comienzo de este primer libro sino también a lo largo de toda la obra; pues, como si fuera un traje reversible, sirve tanto para vestir a la historia individual como a la colectiva. Es decir, según pretendemos demostrar, la experiencia real, el ritual iniciático de la peregrinación, el diálogo profundo del peregrino consigo mismo, su lucha final "a muerte" con su *alter ego*, es lo que aparece idealizado conformando la historia de Periandro; pero, además, y compartiendo el mismo espacio argumental, nos encontraremos con otra historia paralela que se nutre de la recreación de determinados mitos que remiten a un tiempo primordial: la reivindicación de un pasado lejano cuya referencia septentrional lo sitúa, nos atreveríamos a decir, más allá de la época en que fue redactada la *Odisea* de Homero.

Esta doble articulación exegética es advertida, con matices, por algunos críticos persuadidos de la necesidad de dotar al *Persiles* de un ámbito referencial mucho más rico del que que ha venido considerándose por regla general. Y, en esta línea situamos a Michel Moner, quien, sobre esas primeras voces que anuncian el "nacimiento" de Periandro, argumenta lo siguiente:

> O sea que los comienzos del Persiles presentan una alta concentración de indicios metatextuales que permiten leerlos como una doble metáfora continuada: por un lado, del engendramiento del texto como secuencia de voces por descifrar (pasaje del sonido al sentido: de las <<voces ininteligibles>> a <entendidas razones>>) y por otro lado, del nacimiento del personaje (pasaje de la oscuridad a la luz) como una marioneta manipulada por el narrador.[51]

---

[49]   Baena, 1996, p. 46.

[50]   Después de la muerte. Expresión propia que utilizamos para señalar que el comienzo de la narración, desde una perspectiva profunda o simbólica, constituye la descripción de un proceso místico de muerte como anuncio del subsiguiente nacimiento espiritual.

[51]   Moner, 1997, p. 45.

Una vez señalada nuestra finalidad exegética, vayamos al texto y comprobemos hasta qué punto la historia de Periandro se revela, por un lado, como un completo manual de iniciación según la ciencia de los antiguos griegos (Pitágoras y Platón).

Y, puesto que no existe parto natural sin la presencia de una mujer, Cervantes introduce a Cloelia[52], la mujer que, con Corsicurvo, protagoniza ese "nacimiento" místico-primigenio del héroe Periandro. Porque Cloelia personifica aquí, según la doctrina platónica, al alma del mundo o inteligencia universal, que además habita en esos espacios profundos: en la misma cueva arquetípica en donde el mancebo-Periandro será alumbrado al conocimiento, de ahí su presencia y su ayuda al héroe para que pueda salir al exterior.

De manera preliminar, podríamos avanzar (desde una perspectiva simbólica) que en el primer párrafo que abre el *Persiles* se nos presenta al "ser espiritual" antes de su nacimiento; es decir, una especie de alumbramiento místico que entroncaría con el modo descrito por Platón de la encarnación del alma (la luz) en la materia inanimada (los cuerpos). Veamos, en este sentido y con la finalidad de justificar el pensamiento que se desprende del discurso cervantino, lo que manifiesta Platón en el *Fedón* por boca de Sócrates, en respuesta a Cebes sobre la necesaria existencia de la reencarnación:

> - Luego convenimos aquí también que los vivos proceden de los muertos no menos que los muertos de los vivos, y, siendo esto así, parece que hay indicio suficiente de que las almas de los muertos existan en alguna parte, de donde vuelvan a la vida.[53]

Y, esta misma doctrina platónica parece aplicar Cervantes en estos comienzos de su obra al presentar el alma "universal" o la luz (Cloelia) que, desde las profundidades de la tierra (la cueva-mazmorra), vuelve a encarnarse gracias a la inquebrantable decisión del hombre que toma conciencia de sí mismo (Corsicurvo), alumbrando o izando al mancebo (todavía innominado en razón de su estatus de no-iniciado o no-nacido) como alegoría de su nacimiento a la luz o conocimiento.

Incluso la necesidad del comienzo del discurso *in medias res* (junto al *ab ovo*) se justificaría en relación a la filosofía de Platón y a la concepción circular que nosotros hacemos de la estructura profunda de la novela-epopeya. Responde nuevamente Sócrates:

> Si no hubiera una correspondencia constante en el nacimiento de unas cosas con el de otras como si se movieran en círculo, sino que la generación fuera en línea recta, tan solo de uno de los dos términos a su contrario, sin que de nuevo doblara la meta en dirección al otro, ni recorriera el camino en sentido inverso, ¿no te das cuenta de que todas las cosas acabarían por tener la misma forma, experimentar el mismo cambio, y cesarían de producirse?[54]

De este modo, nos reafirmamos en la idea de que el *Persiles* no comienza con un nacimiento sino con una muerte: el estado previo en que se encuentra Periandro "sepultado" en la cueva-mazmorra antes de ser "alumbrado", gracias al sacrificio del bárbaro Corsicurvo (pues Cervantes no vuelve a citarlo en ningún episodio posterior, salvo para certificar que "se ahogó en el pasaje de Periandro"[p. 155]) y a la atadura (la unión con la luz) de Cloelia desde la profundidad de la cueva.

Y, tras este estado de muerte alegórico que constituye toda la descripción del primer párrafo, Cervantes ya puede hacer nacer a su héroe.[55] Y lo hará de una forma harto reveladora: mediante

---

[52] El personaje en cuestión debe ser interpretado en función de su actuación en ese punto diegético, pues, nada se sabe de quién es realidad Cloelia ni tampoco al autor le interesa decirlo. Por ello, el crítico debe centrarse en el escenario que Cervantes ha creado para la ocasión, y no en las incoherencias que puedan derivarse - sobre todo al mezclar el plano literal y el alegórico - del conocimiento que, avanzada la novela-epopeya, tengamos de Cloelia.

[53] Platón, *Fedón. Fedro*, (72a), p. 59.

[54] Platón, *Fedón. Fedro*, (72a-b), pp. 59-60.

[55] Dodds sitúa estos procesos trascendentes, que se sugieren del sentido alegórico que nosotros atribuimos al episodio aludido, dentro del contexto de la antigua religión griega:"La pureza, mas bien que la justicia, se ha convertido en el medio cardinal de salvación. Y como es un yo mágico, no un yo racional, el que tiene que limpiarse, las técnicas de la señal *kátharsis* no son racionales, sino mágicas. Podían consistir únicamente en ritos, como los de los libros órficos que Platón denuncia por su efecto corruptor . O podían servirse del poder de encantamiento de la música, como en la *katharsis* atribuida a los pitagóricos, que parece una evolución de ensalmos primitivos (ἐπωδαί).

el propio discurso del bárbaro dirigido a la única persona que puede entenderle: "- Haz ¡Oh Cloelia!"(p. 128). Las similitudes aquí con las primeras palabras proferidas en el *Génesis* por Dios: "Haya Luz", resultan muy sugerentes; lo cual se traduciría en la voluntad de Cervantes de identificar al "supremo acto creador" con un proceso verbal-intelectual ("Haz" = "Haya"), y, por otro, asimilaría a Cloelia con la personificación de esa "luz" dispensadora de la vida ("¡Oh Cloelia!"= "Luz").

En tal caso, las razones "entendidas articuladamente" por el personaje femenino que asume el papel de madre-*partenos* debido a la facultad de crear que se deduce de la frase: "Haz ¡Oh Cloelia!", nos conduce a esa imagen mítica de la inteligencia (Atenea-Partenos/Minerva) como diosa de la sabiduría y de los procesos conducentes a la elevación (como así se reflejará en la imagen de Corsicurvo izando al mancebo) de las almas.

Lo que sigue a continuación es un complejo proceso de "nacimiento", en donde convergen dos vectores de la misma intensidad pero de sentido contrario: la muerte y la resurrección. Podríamos denominarlo como: *un nacimiento en movimiento*. Es decir, dado que el propio Cervantes nos indica con posterioridad que Corsicurvo "se ahogó en el pasaje de Periandro", sin especificar nada más, es de suponer que murió en algún momento del posterior traslado en la balsa de madera. Sin embargo, el hecho de que antes de embarcar sean cuatro en vez de cinco los bárbaros que salen de la isla (que sería lo correcto contando con Corsicurvo), nos induce a pensar que Corsicurvo se haya podido "ahogar" antes de embarcarse ¿A dónde nos conduce esta deducción? ¿Quizá a pensar que Cervantes, nada más comenzar su obra, y por ello fresco, no cansado y menos aún acuciado por su avanzada senectud, se equivocó a la hora de contar los bárbaros que intervenían en el episodio? Algunos críticos no dudarían en afirmarlo. Pero Cervantes, en pleno apogeo de sus facultades mentales, no se equivocó a la hora de contar los bárbaros que intervienen en esta historia, sino que, en nuestra opinión, hizo "ahogar" a Corsicurvo en el único "pasaje" posible: el del nacimiento del mancebo-Periandro.

Nos referimos al episodio de la extracción del mancebo de las profundidades de la cueva-mazmorra, pues, la imagen de estos dos personajes unidos por la cuerda (Corsicurvo y el mancebo) hasta llegar a juntarse el uno con el otro, posee ciertas connotaciones que sugieren la visión de la unión de los contrarios; en donde Corsicurvo representaría al hombre provisto de su doble naturaleza: humana (CORSI = bárbaro) y divina (CURVO = imagen geométrica de la divinidad), cuyo esfuerzo al traccionar de la cuerda de la que pende el "mancebo" podría interpretarse como el afán del hombre que sabe que solo con "trabajo" puede sacarse (liberarse) el alma (encarnada en el "mancebo" por la mediación de Cloelia) de las profundidades de sí mismo.

Ahora bien, ¿qué papel asumiría el "mancebo" en esta transfiguración? La complejidad y pluralidad de sentidos que convergen en los diferentes elementos que intervienen en la diégesis, y que será una de las constantes que rijan la narración, también alcanza a la figura del "mancebo"; pues, podríamos considerarlo, dentro de este esquema filosófico, bien como sujeto activo-espiritual, o bien, como sujeto pasivo-animal. En el primero de los casos, como sujeto espiritual, la alegoría nos situaría dentro del símil obstétrico que caracteriza a este *pasaje* del rescate de Periandro - el izado del "mancebo" como símil del tránsito del neonato a través del canal del parto, unido al cordón umbilical -, y que de forma muy ilustrativa analiza Julio Baena cuando expresa que "el nacimiento de Periandro solo es *nacimiento* en el sentido de ser parto"[56]. En este contexto alegórico, juzgamos que el "mancebo" sería la personificación del feto dentro del útero materno. Por ello, la alegoría nos llevaría a señalar a la cueva como al útero de la Gran Madre (la Tierra), como así se representa en los antiguos ritos iniciáticos desde épocas remotas. En el segundo caso, como sujeto animal, el "mancebo" asumiría el papel de "víctima propiciatoria" en el sacrificio que deberá realizar el bárbaro Corsicurvo como parte fundamental de su proceso de iniciación: la muerte de su "lado" animal (CORSI = bárbaro) para poder elevarse en dirección (PERI-ANDRO = hombre alrededor de...) a la luz (AURISTELA = "estrella dorada").

En la diégesis podemos encontrar puntuales referencias a este doble proceso de muerte y nacimiento. De las que aluden a este último no trataremos, pues Baena las recoge de manera

---

O podían envolver también una *áskesis* [de tradición chamanística], la practica de un modo especial de vida." Dodds, 1997, pp. 150-151.
[56]   Baena, 1996, p. 48.

magistral en el capítulo 2 de su libro ya mencionado. Nos ocuparemos aquí de las menos - o nada - analizadas: las de la muerte. Veamos, pues, cómo "muere" Corsicurvo, dando así un comienzo *post morten* a la novela-epopeya al objeto de poder "resucitar" en Periandro.

Comoquiera que la muerte entraña siempre una connotación violenta, pues, en sus líneas básicas, consiste en la irrupción de un nuevo estado que destruye al anterior, percibimos cómo el mismo comienzo del *Persiles* es ya una manifestación sintomática del acto de morirse: "Voces daba el bárbaro Corsicurvo"[57]. Otra expresión que alude al "trance fatal" sería: "aunque su terrible y espantoso estruendo cerca y lejos se escuchaba"(pp. 127-128), donde, no solo se expresaría la tragedia en curso, sino que, además, se aludiría a un tránsito que parece traspasar este mundo ("cerca") para alcanzar otros superiores ("lejos").

Pero si en el primer párrafo Cervantes expresaba el hecho de morirse, como si proviniese de alguien que se resistiera a perder la vida (las voces de Corsicurvo), en el segundo nos mostrará a un moribundo diferente: a aquel que ha aceptado su muerte y se entrega a ella con resignación ("el mancebo").

Continuando en esta misma línea, en la expresión: "así como está, ligadas las manos atrás" (p. 128), vemos la imagen mítica del cordero preparado para el sacrificio.[58] Y en el siguiente párrafo, ahondando en este fin inmolatorio, es donde el autor se muestra más oscuro a la par que revelador de la experiencia ritual que se está llevando a cabo:

> él y otros cuatro bárbaros tiraron hacia arriba; en la cual cuerda, ligado por debajo de los brazos, sacaron asido fuertemente a un mancebo (p. 128).

En primer lugar, tenemos que mencionar que el simbolismo del número 4 se corresponde, tradicionalmente, con los cuatro elementos formantes de la materia,[59] a la cual se sumaría el quinto elemento, Corsicurvo. También, el número 5 (cuatro más uno) se relaciona con la idea de libertad y apertura mental, asociado alegóricamente a la muerte mística[60]. En tal caso, son cinco los bárbaros que tiran de la cuerda -con Corsicurvo-, lo cual nos remite, como decimos, al simbolismo de la muerte iniciática del personaje. Otro hecho que nos llama la atención es la ambigüedad de la frase: "sacaron asido fuertemente a un mancebo", pues, el participio *asido* denota una acción de agarrarse con las manos (asido a), y, dado que este tenía las manos atadas atrás y no podría "asirse"[61] a la cuerda ("Lo primero que hicieron los bárbaros fue requerir las esposas y los cordeles con que a las espaldas traía ligadas las manos" [p. 128]), resulta incorrecto su uso en este contexto, a no ser que se acepte *asido* por *atado*.

Advertida la ambigüedad o "error" deliberado cometido por nuestro autor,[62] podríamos conjeturar, pues no es la primera vez que utiliza este procedimiento encriptatorio, que Cervantes pretenda llamar la atención del lector sobre ese punto para advertirle de la presencia del sentido

---

[57]   Estas mismas voces que "abren" la novela-epopeya, además de simbolizar los gritos del ser en trance de morir, también simbolizarían los de la madre en trance de parir. Como dice Baena: "De hecho lo primero que encontramos en el primer capítulo son las manifestaciones externas del comienzo del parto: los dolores, manifestados por los gritos de la madre, por las voces del bárbaro Corsicurvo (que, entre otras cosas, representa a la naturaleza humana en su estado más animal)". Baena, 1996, p. 50.

[58]   Símbolo de la mansedumbre en la iconografía tradicional y del animal escogido con frecuencia para los sacrificios religiosos.

[59]   En relación a los cuatro elementos, sabemos que en la época del Renacimiento Marsilio Ficino se interesó por esa cuestión, traduciendo tratados platónicos, neoplatónicos y pitagóricos, como el *Timeo* de Platón; donde expone que Dios había dividido la materia en cuatro elementos, que se corresponden con cuatro propiedades en el espíritu humano: fuego (espíritu-intelecto), aire (la intelegencia), agua (el alma) y tierra (la Naturaleza). Según la tradición filosófica, esos cuatro elementos y sus combinaciones constituían la esencia de toda la materia que había sido creada.

[60]   Más adelante, en el capítulo veintidós de este primer libro, cuando analicemos el pasaje de los "juegos" en la isla del rey Policarpo, veremos el sentido iniciático que adquieren las CINCO competiciones deportivas que se mencionan.

[61]   "Asir: tomar o coger con la mano, y, en general, tomar, coger, prender". DRAE. Es decir, el sentido del término va ligado a su capacidad de agarrarse con las manos.

[62]   En relación a la gran cantidad de presuntos errores observados en el texto por generaciones de críticos en diferentes épocas, debería considerarse la posibilidad de que tal aparente error no sea tal, sino un recurso empleado por Cervantes al servicio de la disimulación del mensaje: "Cometiendo estos <<errores>> Cervantes sigue una técnica que los cabalistas conocían bien. De hecho en la misma *Torah* hay algunas curiosidades que los exegetas modernos no judíos consideran <<errores>>, pero que son llamadas de atención que la Cábala explica muy satisfactoriamente." Peradejordi, 2005, pp. 16-17.

alegórico que debe considerar en la descripción que se hace del mancebo. En esta línea, puesto que el participio *asido* es el causante del desajuste y sabiendo que el autor es muy dado a los juegos fónicos de palabras, comprobamos que apenas hay diferencia entre los parónimos *ASIDO* y *ASADO*. Este recurso formal aboga en favor de nuestra hipótesis, en el sentido de que *asado* pudiera referirse al sacrificio ritual de un animal, que, como se sabe, tenía que ser finalmente asado en el altar de los sacrificios (holocausto). Y aún podríamos hacer un apunte final a esta frase, pues la palabra *mancebo,* con la que se identifica a Periandro saliendo de la gruta-mazmorra, podría adquirir también una nueva connotación derivada de la palabra *recebo*; en relación a la alimentación intensiva del ganado antes de ser sacrificado[63], o de la palabra *cebo,* como alimento o sustancia para atraer a una presa[64]. Es decir, que jugando con las relaciones de sentido en función del parecido fónico de las palabras – que será un recurso muy utilizado por nuestro autor a lo largo de todo el *Persiles* como mecanismo encriptatorio de determinados mensajes de especial sensibilidad-, cabría la posibilidad de hacer una interpretación de esta cita en relación a la circunstancia de un "animal" que ha sido sacrificado en un ritual: *sacaron asido **(asado)** fuertemente a un mancebo **(cordero)***[65].

Nuevos indicios podrían confirmar cuanto decimos, pues la referencia que hace el narrador a la edad del mancebo[66] resulta bastante sorprendente: "al parecer de hasta diez y nueve o veinte años" (p. 128). En primer lugar, nos asalta la precisión con la que el narrador es capaz de adivinar la edad del mancebo con un margen tan estrecho. En segundo, nos choca el hecho de que se muestre la intención de señalar el límite de esa edad ("de hasta"). Es decir, el narrador es capaz, en un primer momento y sin examinarlo exhaustivamente ("al parecer"), no solo de acertar con la edad del mancebo ("entre diez y nueve y veinte años") sino también de atreverse a constatar que no puede tener más años de los que dice ("de hasta"). En tal caso, juzgamos, dado lo insólito de los hechos que se narran, que Cervantes nos querría decir otra cosa. Por ello, y volviendo al símil ovino que hemos deducido en el párrafo anterior, apuntaremos que hoy se denomina *cordero* al animal de menos de un año, de cualquier especie del género o*vis*, cuyo peso no sobrepase los 25 kilos, que es el peso máximo para el consumo de estas especies. No debe olvidarse, sin embargo, que ese peso en época de Cervantes fuese menor (¿19 o 2O kilos?); pues, según la entrada *CORDERO* del Diccionario de Autoridades, tomo II (1729): "El recental, carnero o oveja, que no ha cumplido un año", el límite temporal es lo que define la especie cárnica y no el peso, que, en razón de la modernas técnicas de engorde, sería menor al actual. En tal caso, opinamos, como a continuación trataremos de justificar, que Cervantes podría referirse en esta frase a la víctima del holocausto, trastocando, de manera aproximada, las magnitudes de tiempo (años del mancebo) por las de peso: *de hasta diez y nueve o veinte kilos*.

Además, si en este primer capítulo asistimos a la escenificación alegórica del holocausto en la figura del héroe masculino (el mancebo-Periandro), en el siguiente, Cervantes no se olvida de relatarnos, y así completar el sentido en relación al andrógino primigenio[67], la otra mitad de la representación: el holocausto, ahora, de la heroína femenina, Auristela:

> Asieron al momento del mancebo muchos bárbaros, sin más ceremonia que atarle un lienzo por los ojos, le hicieron hincar de rodillas, atándole por detrás las manos. El cual, sin hablar palabra, como un manso cordero, esperaba el golpe que le había de quitar la vida (p. 152).

---

[63] Esta misma idea, asociada al término "mancebo", vuelve a repetirse en la página 152: "mandó que al momento se sacrifique aquel mancebo, de cuyo corazón se hiciesen los polvos de la ridícula y engañosa prueba"(p. 152).

[64] En este sentido, la imagen del mancebo izado con una cuerda se asimila con la del cebo en el extremo del sedal del pescador.

[65] Es inevitable, aquí, realizar un paralelismo entre lo expresado alegóricamente en esta cita y la imagen mítica del Cordero de Dios (*Agnus Dei*) en relación a la figura de Jesús de Nazaret. También, entre los hebreos, se alude al sacrificio consumido por el fuego: el holocausto.

[66] Confesamos, en este punto, que no sabemos a qué se refiere Carlos Romero cuando explica el significado de la expresión "*al parecer",* que da entrada a nuestra cita, y que califica de un "auténtico tranquillo cervantino"(n. 4, p. 128).

[67] Como se verá en este episodio, Auristela, al estar disfrazada de hombre y Periandro de mujer, crea una confusión sexual en la identidad de los protagonistas que constituye el fundamento alegórico de esta referencia mitológica.

En tal caso, el nexo íntimo que habrá de unir a los dos protagonistas queda constatado, pues, desde los mismos comienzos de la obra: materializado en la circunstancia de compartir ambos la misma experiencia trascendente (el sacrificio ritual); aunque, bien es cierto, difiera la seriedad expresada en el primer caso (el mancebo-Periandro) con el tono cómico del segundo (Auristela disfrazada de mancebo). Sea como fuere, el sacrificio máximo, aquel que fue ritualizado en la tradición hebrea a través del holocausto, se revela ya desde el principio de la narración como uno de los principales pilares sobre los que habrá de asentarse todo el proceso iniciático protagonizado alegóricamente por el doble personaje Periandro-Auristela.

Un inciso quisiéramos hacer antes de proseguir, en relación al simbolismo numérico antes citado (la edad del mancebo) pero con un sentido diferente; pues, como venimos apuntando, la riqueza de significados que despliega el relato alegórico es una nota característica de esta última obra de Cervantes. En esta ocasión, comprobamos que los números expresados para referir la edad del mancebo remiten a los capítulos en los que Periandro contará toda la aventura retrospectiva que desembocará en su experiencia trascendente de la salida de la cueva/prisión al comienzo del libro.

De este modo, observamos que es entre el capítulo diez del libro II, cuyo título nos avisa de manera explícita de lo que va a acontecer: "*Cuenta Periandro el suceso de su viaje*" (p. 340), donde comienza a narrarse la historia que luego terminará en el veinte: "y con esto, y con lo que a mi hermana le queda por decir, quedaréis satisfechos de casi todo aquello que acertare a pediros el deseo en la certeza de nuestros sucesos"(p. 419). Aunque, antes de llegar al capítulo veinte, el narrador nos dejará una oportuna referencia en el capítulo diez y nueve en relación a una más que pertinente reflexión acerca de su edad :"-Sí, como tengo pocos, tuviera muchos años"(p. 414).

En conclusión, los números 10, 19 y 20, que son los mismos que emplea el narrador para fijar la edad del mancebo al comienzo de la obra, se corresponden perfectamente con los capítulos en los que Periandro realiza el relato intradiegético de su propia experiencia vital hasta llegar al punto climático que se correspondería con el "nacimiento" en la cueva/prisión que da comienzo a la obra. Lo cual significa, además de una evidente intención de regresar a los orígenes del ser escenificado en ese particular útero materno o cueva-madre, una velada intención de Cervantes de informar al lector de que el mancebo que se extrae de la cueva-prisión a modo de víctima propiciatoria para un sacrificio ritual (el cordero) constituye el símbolo de la dura experiencia gnóstica (el viaje iniciático que se narra) del personaje que cuenta su propia historia entre los capítulos diez, diez y nueve y veinte del segundo libro: "al parecer de hasta diez y nueve o veinte años" = *al aparecer desde el capítulo **diez** y el **nueve** (19) hasta el **veinte***.

En este sentido, podría afirmarse que el episodio del caballo de Cratilo narrado en el capítulo veinte del libro II a modo de conclusión de esta primera parte o círculo, constituye el antecedente inmediato o causa directa que propicia el "re-nacimiento" místico del héroe del interior de la cueva-prisión que se relata al comienzo del capítulo primero del libro I.

Pero volvamos a esos indicios textuales que aluden a la muerte ritual de Corsicurvo. Continuando la cita en la que el narrador revela la edad aproximada del mancebo, nos informa ahora de su apariencia: "vestido de lienzo basto, como marinero, pero hermoso sobre todo encarecimiento" (p. 128). Dado que este fragmento es inmediato al anterior ("al parecer de hasta diez y nueve o veinte años"), si el narrador -como nosotros apuntábamos- acababa de referirse alegóricamente al "cordero sacrificado", ahora, conforme se van acortando las distancias en el izado y puede vislumbrarse mejor al mancebo, la imagen que se proyecta a través del vestido apunta a una mayor identificación del sacrificado con la figura que mejor puede encarnarlo: un peregrino ("vestido de lienzo basto"), cuya peregrinación, que será expresada alegóricamente a través de todo el relato retrospectivo de Periandro que comienza en este capítulo 1, remite al tradicional viaje por mar. De ahí la comparación que utiliza el narrador al final de su descripción: "como marinero, pero hermoso sobre todo encarecimiento".

En tal caso, advertimos que nos encontramos en un punto climático del relato: la puesta en escena de la transformación de Corsicurvo en Periandro a través de lo símbolizado por el mancebo "atado" por Cloelia. Pues bien, en nuestra opinión, este izado "íntimo" protagonizado por esos cuatro bárbaros más el bárbaro protagonista (Corsicurvo) debería interpretarse desde una perspectiva místico-iniciática, que tendría lugar no en un escenario concreto o realista como el descrito literalmente en este pasaje, sino en las profundidades de la mente de un peregrino y conformado a base de elementos simbólicos e imaginarios que remiten a una realidad trascendente. En este contexto sapiencial, los cinco bárbaros tirando de la cuerda representarían la alegoría de los cinco sentidos empeñados en la extracción de esa luz, como símbolo del conocimiento (el mancebo, "cuyos cabellos, que, como infinitos anillos de oro puro, la cabeza le cubrían"[p. 128]), del interior de sí mismo (la cueva-mazmorra).[68]

Y, tras el izado ("el parto luminoso") del mancebo ("el neonato"), Corsicurvo desaparece de la narración como entidad individual, quedando sus reminiscencias sobre la nueva identidad del héroe recién nacido, pero sublimadas o idealizadas. Es el caso, como ya se vio, de los ropajes del mancebo cuando ya casi este llega a juntarse con Corsicurvo: "un vestido de lienzo basto"; donde, además de remitir -como decíamos- a la indumentaria de un peregrino-monje, se atisba ya la simbiosis que se está produciendo entre el bárbaro en trance de desaparecer ("basto") y el nuevo héroe que renace ("lienzo"), en relación ahora a la naturaleza simbólica de los tejidos.

Recalando de nuevo en el campo semántico de la marinería aplicado al discurso cervantino, el hecho de que el narrador defina al mancebo "recién nacido" como de marinero, no solo enlaza conceptualmente con la identificación de Periandro y con el desarrollo de la singladura descrita en su relato re-introspectivo; sino que, además, sirve al autor para señalar la simbiosis con Corsicurvo, que también es marinero (bárbaro), así como para dejar constancia de su "muerte marinera" (que será por ahogamiento) como parte de ese proceso iniciático que venimos apuntando, y que Cervantes lo expresará - como ya avanzábamos - unas cuantas páginas más adelante: "Corsicurvo, el bárbaro que se ahogó en el pasaje de Periandro".

De todo lo dicho hasta ahora en relación a este "alumbramiento" que polariza los comienzos de la obra, la referencia mitológica, casi obligada, sería el mito de la caverna de Platón. A este le sumaríamos el de Atenea/*Partenos*, en lo que respecta a su "parto/nacimiento maravilloso" de la cabeza de Zeus y, ya en un contexto mítico posterior y/o cristianizado, podríamos añadir a la Virgen de la Cabeza[69]; cuya explícita referencia capital nos remite no solo al mito de Atenea, sino a la referencia directa que se hace del lugar (bóveda craneal como símil de la cueva-mazmorra) en donde reside la voluntad del hombre (los cinco bárbaros como los cinco sentidos trabajando-izando al mancebo) de trascender o elevarse (como Periandro). Sin olvidar toda la tradición judeo-cristiana que venimos apuntando.

Ahora bien, el relato mitológico que contiene a todos los anteriores y constituye en sí mismo un compendio de todo el proceso iniciático sería el mito de Teseo y el Minotauro. En este contexto legendario, en donde Teseo se dispone a salir del laberinto una vez sacrificado el Minotauro en su mismo centro, Cervantes nos sitúa a su héroe Periandro saliendo de las profundidades de la tierra, una vez se ha declarado vencedor en la prueba del caballo de Cratilo (al final del libro II). Es decir, desde una perspectiva místico-gnóstica, el héroe Periandro ya es digno de iniciar su segunda etapa del camino del conocimiento (la salida del laberinto o vía iluminativa, que dará comienzo en el libro III con la llegada de los "peregrinos" a Portugal), tras haber sorteado con éxito los correspondientes sacrificios que jalonan la "vía purgativa" (narrados ficcionalmente en los libros I y II) o vencimiento de las pasiones humanas que culminan con el mítico salto del caballo al abismo helado.

Y si hay algo caracteriza a la entrada mítica de Teseo en el laberinto es la obligada ayuda de Ariadna, que, con su hilo atado al héroe, impide que este se pierda en el recorrido de vuelta por los sinuosos corredores que serpentean el Dédalo universal.

Cervantes, perfecto conocedor del mito y de su aplicación-interpretación en un plano místico-gnóstico, no se olvidó de incluir este "hilo" en la escena que abre su obra póstuma: la cuerda con la que es izado el mancebo-Periandro. Y no por otro motivo Cloelia (asumiendo el papel del espíritu femenino-madre universal: Ariadna) se encarga, tras el requerimiento de Corsicurvo, de atar bien al mancebo antes de ser elevado desde el fondo de la cueva.

En cualquier caso, dado que no pretendemos basar nuestras deducciones en interpretaciones más o menos personales y/o subjetivas de los símbolos y los mitos que de forma directa o

---

[68]   Baena lo interpreta de este modo: "La alegoría de los cuatro bárbaros, brevemente asumida, es la siguiente: al nacer, el hombre está sujeto (las ataduras de Periandro) a las tres sujeciones clásicas: *Natura, Fortuna y Amor*. Estas ataduras (podemos llamarlas 'las pasiones', introduciendo así una lectura tropológica – véase capítulo *Analogías)* llevan al hombre a la deriva, sin otra dirección que la del cuarto término, ese invento renacentista que se añade al paradigma clásico: el *tiempo*." Baena, 1996, p. 69.

[69]   Que será aludida literalmente en el c. 6, libro III, p. 487; y que nosotros analizaremos en el capítulo 3.4.

indirecta son aludidos en la narración cervantina, intentaremos analizar la cuestión desde una posición más comprometida o realista. En este sentido, no debemos olvidar que nos hayamos describiendo un proceso ritual. Un rito mistérico velado al profano desde la más remota antigüedad y de cuya referencia nos han quedado los relatos míticos de algunas divinidades relacionadas con esos cultos iniciáticos, como los misterios de Eleusis o los ritos órficos. Y en esta dirección se expresa Piskunova cuando manifiesta:

> Los misterios órficos e isídicos, que en muchos aspectos están reflejados en la novela griega, se basan en el ritual de la iniciación, que incluía tales etapas como la muerte temporal, el paso del Alma a través de las tinieblas hacia la luz, la resurrección a la vida eterna, la unión de la pareja mística en bodas místicas después de la separación. Análogas son las etapas del desarrollo de la trama de la novela bizantina. El proceso de su cristianización empezó ya en la Edad Media y el Renacimiento (especialmente en las obras de Marsilio Ficino, Giovanni Pico della Mirandola y gracias al descubrimiento del Corpus Germeticum).[70]

No abriremos aquí una nueva línea de investigación en este sentido - que dejaremos para los especialistas en ese campo- pues nos parece probada la relación que se establece entre estos rituales mistéricos de la Antigüedad griega y el sentido profundo inmerso en los relatos que emanan de la órbita del género bizantino/neo-griego[71]. Tan solo nos referiremos, por motivo de su presencia en el texto del *Persiles*, a la puntualización expresa que hace Cervantes acerca de la composición de la cuerda que sirve en su relato para izar al mancebo: "Descolgó en esto una gruesa cuerda de cáñamo"(p. 128).[72]

El mito del laberinto, como hemos podido comprobar, está perfectamente escenificado en el episodio que da comienzo al *Persiles*, por lo que no nos extenderemos más sobre este punto.

Tras este inciso aclaratorio, seguiremos el texto de Cervantes en busca de esas referencias alegóricas que evidencian la experiencia trascendente en curso. Es el caso de:

> -Gracias os hago, ¡oh inmensos y piadosos cielos!, de que me habéis traído a morir adonde vuestra luz vea mi muerte, y no adonde estos escuros calabozos, de donde agora salgo, de sombras caliginosas la cubran. Bien querría yo no morir desesperado, a lo menos porque soy cristiano, pero mis desdichas son tales que me llaman y casi fuerzan a desearlo (p. 129).

---

[70]   Piskunova, 2004, p. 847.

[71]   Sirva de ejemplo de lo que decimos lo que de forma tan evidente se expresa en las *Etiópicas* de Heliodoro: "Pero los sacerdotes y los iniciados en los misterios cambian la significación de las palabras [...]. Estas personas versadas en la física y en la teología, no revelan a los profanos el sentido oculto de estas alegorías, se las cuentan como fábulas y las exponen como mitos". Heliodoro, *Etiópicas*, pp. 320-321.

[72]   Nos referimos a la hipótesis que podría suscitarse a partir del análisis de la composición del cáñamo. Como es sabido, el cáñamo es considerado la fibra textil de origen vegetal más larga, más suave y resistente; especialmente apta para la elaboración de cordajes de gran resistencia. Ahora bien, menos conocido, parece, es la circunstancia de que la planta de la que se obtiene el cáñamo sea el *cannabis* (El cáñamo y la marihuana son plantas similares, obtenidas de diferentes cruces y selecciones que dieron lugar a variedades con características diferentes. La marihuana es una variedad de cáñamo en la que se ha potenciado la concentración de tetrahidrocannabinol). Esta circunstancia, convenientemente situada en el contexto iniciático-ritual que sugiere la imagen trascendente que abre la novela-epopeya, podría contribuir a la correcta exégesis del episodio en el que nos encontramos; pues nos plantea la posibilidad de que Cervantes supiera que el extracto psicoactivo de la planta fuese empleado en esos antiguos ritos iniciáticos (desde el 3.000 a J.C., está documentada la utilización del cannabis en las ceremonias religiosas de las antiguas civilizaciones) como un *necesario compañero* o particular "Hilo de Ariadna "con el que poder transitar ese espacio "entre los dos mundos": el que media entre el "cerca" y el "lejos" señalado por Cervantes.
Dentro del contexto de la aplicación de determinadas plantas con propósito curativo-trascendente (con efectos psicotrópicos) al modo practicado por los chamanes, tenemos numerosos ejemplos de su utilización por los protagonistas masculinos de las diferentes narraciones a las que Cervantes tuvo acceso. Por ejemplo, en el *Sueño de Polífilo*: "Ante tales y tantos espantos que me asaltaban, pensaba cómo podría hallar allí, entre hierbas tan diversas, la mercurial **moly** con su raíz negra, como ayuda y medicamento. Y luego decía: Esto no es la muerte, pero ¿qué es sino una maligna dilación de ella, tan deseada por mí?" (Colonna, *Sueño de Polífilo*, pp. 88-89). Incluso en las *Etiópicas* de Heliodoro: "- Traigo -dijo- la **planta**; aplícatela, Teágenes, como remedio en tus heridas; pero ahora es preciso prepararnos a recibir otras heridas y asistir a una lucha encarnizada tan grande, como la que antes habías visto." (Heliodoro, *Etiólpicas*, p. 99). En ambos casos, Polífilo y Teágenes son protagonistas de sendos relatos trascendentes, en donde la mediación de la "planta" será crucial para el éxito de su experiencia vital, conveniente alegorizada como un combate del que penden sus vidas.

Si observamos el párrafo que sigue a continuación de esta cita comprenderemos mejor el alcance de lo expresado. Dice el narrador al respecto: "Ninguna destas razones fue entendida de los bárbaros, por ser dichas en diferente lenguaje del suyo" (p. 129). En tal caso, el texto podría interpretarse, además de literalmente (los bárbaros no se entienden con Periandro porque no hablan su lengua), en el sentido de que lo proferido por el personaje no tiene una explicación lógico-literal; pues, ¿cómo entender de manera cabal a alguien que da las gracias por ser asesinado en un sitio en vez de en otro, cuando lo que realmente importa es el hecho de morirse? En este sentido, cabría plantearse la posibilidad de que lo que no entiendan los bárbaros constituya el verdadero sentido de las palabras proferidas por Periandro, porque se trataría, en nuestra opinión, del lenguaje de los iniciados en los misterios del gnosticismo: el simbólico y/o alegórico.

Obviamente, el hecho de dar las gracias a los cielos por morir a la luz del sol y no en el interior de la cueva-mazmorra habría de confundir el buen juicio de esos bárbaros, que no entenderían el deseo que tenía de morirse, sea del modo que fuere. Por ello, todo indica a que el reo (el mancebo) se esté refiriendo a otro tipo de muerte distinta a la física, de la que sin duda esos bárbaros (legos) no habrían de tener conocimiento.

De este modo, juzgamos, desde una perspectiva claramente platónica, que lo que hace Periandro es expresar su alegría por haberse liberado de esas primeras cadenas que lo sujetaban a lo terrenal; pues, su salida a la luz consistiría en la culminación de esa primera fase que venimos señalando del proceso iniciático en curso.

En este sentido, el miedo que expresa Periandro a morir en los "escuros calabozos", del cual se ha librado gracias a su celebrado "alumbramiento", podría aludir, sin abandonar la preceptiva de Platón, no al miedo a morir físicamente, sino al pavor que le provoca la idea de no poder conseguir la anhelada trascendencia espiritual en esta vida; pues, ello significaría, según la teoría platónica de la metempsicosis[73], repetir nuevamente el proceso en vidas sucesivas hasta el feliz alumbramiento.

Resulta inquietante la única nota aclaratoria que introduce Romero en este párrafo tan evidente, si se lee el *Persiles* -digamos- en "clave platónica", que, a la hora de interpretar la palabra *desesperado* en la frase: "Bien querría yo no morir desesperado", la relaciona con una hipotética idea de suicidio del protagonista ("matarse a sí mismo, suicidarse". [n. 7, p. 129]). Nosotros, que no invalidamos la explicación literal aportada por este crítico -aunque difícil de ajustar no solo en este contexto sino en todo el *Persiles*-[74], interpretamos, sin embargo, que Periandro no quiere morir "desesperado" en relación a *no morir sin esperanza;* que sería el estado de quien muere sin haber tenido la posibilidad de trascender en vida.

En tal caso, ese intento de "abandonarse", que de forma literal sí podría interpretarse como la causa que empuja a esa aparente idea de suicidio ("pero mis desdichas son tales que me llaman y casi fuerzan a desearlo"), obedecería, no a la desesperación propia del suicida sino a quien se sabe poseedor de un conocimiento que le obliga a buscar la "muerte mística" (antesala de la iluminación o re-nacimiento) en la misma frontera de la muerte física[75]. Porque Periandro se confiesa cristiano y, por ello, no solo no puede suicidarse sino que tiene la obligación de resistir

---

[73]   La idea de que el alma va mudando de cuerpo de forma sucesiva hasta la definitiva liberación.

[74]   Hidalgo de la Vega alude a lo incorrecto de atribuir una idea de suicidio en los diferentes sucesos que, en apariencia, así podrían sugerirlo en *Las Etiópicas* de Heliodoro: "Connotaciones mistéricas se expresan en el peregrinar que el mismo Caricles tiene que recorrer y de cuyos avatares merece la pena resaltar dos hechos [...]. El segundo es el viaje que hace a Egipto después de sus desgracias familiares y para escapar de la tentación de un suicidio (II, 29, 4-5). Los teólogos de Delfos le dicen que este acto es impío. Estos teólogos son citados en el *De defectu oraculorum* de Plutarco, y serán los personajes que el autor designa con el nombre de δσιοι = los puros. Hay que recordar que el suicidio igualmente le está prohibido a la *mystes-Psique* en la fábula de Apuleyo. La religión de Helios, que asume a las demás religiones, no permite el suicidio". Hidalgo de la Vega, 1988, p. 181.

[75]   En el catarismo (variante del cristianismo primitivo condenado por la Iglesia), la gran prueba iniciática era el *consolament,* que según Lucienne Julien: " transformaba al creyente en iniciado por los tres sellos de la veracidad, de la castidad y de la humildad. Se preparaba la ceremonia con mucha antelación, puesto que el recipiendario debía, en primer lugar, llevar una vida ascética durante tres días; luego ayunaba cuarenta días antes de la fecha de entrada en la orden [...]. Las iniciaciones en la Edad Media se hacían en dos fases: el postulante meditaba en una cueva, donde tomaba conciencia de los elementos tierra y agua; luego era llevado a la cumbre de una montaña, donde se le presentaba el simbolismo del aire y el fuego [...]. Su misión humana consistía en tejer la *vestidura de luz,* el cuerpo espiritual que el hombre había perdido con ocasión de la caída y que había que reconquistar a lo largo de las vidas sucesivas, a través de las múltiples reencarnaciones hasta la perfección". Lucienne, 1995, pp. 153-155.

ante las adversidades propias de su camino de iniciación (materializado a través de la peregrinación ritual). Más aún: tiene que luchar por su vida para poder llegar a liberar su alma de las "cadenas terrestres".

En conclusión, Periandro, tal y como se nos dice en el texto, no quería "morir desesperado", y por eso su creador, Cervantes, habría de dedicar muchos "trabajos" para que a su héroe no le ocurriese lo mismo que a su antecesor en el cargo, don Quijote (en el mismo papel de héroe lanzado, por diferentes caminos, a la búsqueda espiritual); pues, este sí murió desesperado por no haber "desencantado a Dulcinea" (no liberó su alma encerrada tras intentarlo a través de su viaje iniciático por los caminos de la Mancha"), tras sucumbir a los embates de la ciencia materialista personificada en la figura del bachiller Sansón Carrasco y al pensamiento mundano encarnado en el personaje de su escudero Sancho, que lo llevaron de vuelta a su casa.

1.2. El "bárbaro flechero" o la alegoría del destino de la Humanidad

Siguiendo, pues, en esta línea exegética que proponemos como lectura alegórica que se inicia con esa triple perspectiva (*post mortem - in medias res - ab ovo*), tenemos que señalar, como muy bien observó Baena en su libro aludido, que lo que sigue a continuación a este "nacimiento" del "mancebo" del interior de la cueva-mazmorra es la expresión alegórica del bautismo de Periandro, aludido mediante la corta y frustrada singladura que termina en naufragio.

Dentro de este contexto, Baena señala un doble proceso o nacimiento dúplice de Periandro: el físico, expresado con el nacimiento literal o parto que se materializa figuradamente con la extracción del mancebo de la cueva; y el religioso, representado por el episodio del naufragio como alegoría del bautismo cristiano.[76]

Sin embargo, y a pesar del gran acierto de Baena a la hora de detectar este doble proceso alegórico, nosotros creemos que todavía podríamos añadir algo más. En principio, el sentido obstétrico que se desprende del relato cervantino sirve para contextualizar esa idea de *nacimiento de un nuevo ser*, que luego se especificará a través del rito del bautismo. Estos dos "nacimientos" señalados por Baena (obstétrico y rito bautismal), además, se fundirían en la narración con un tercero que habría de constituir, en sí mismo, un ritual de mayor carga conceptual que el más popular rito del bautismo por inmersión. Nos referimos al bautismo por el fuego o por el Espíritu Santo.

Para situar correctamente la naturaleza místico-gnóstica que atribuimos a este doble bautismo[77], recordemos lo que expresa Juan el Bautista en el *Evangelio de Lucas* (Lucas 3: 16):

> respondió Juan, diciendo a todos: Yo a la verdad os bautizo en agua, pero viene uno más poderoso que yo, de quien no soy digno de desatar la correa de su calzado; él os bautizará en Espíritu Santo y en fuego.

Y es en este sentido, juzgamos, que habría de interpretarse este "doble nacimiento" de Periandro: el físico u obstétrico y el espiritual -en nuestra opinión- doble (bautismo por el fuego y por el agua).

Dado que el ritual del bautismo acuático entraña la inmersión o la ablución, en buena lógica, el bautismo ígneo debería consistir en un rito similar aunque cambiando la naturaleza del elemento agua por el de fuego. En tal caso, y dado a que el Sol es el símbolo ígneo por antonomasia, no resultaría arriesgado suponer que el postulante que habría de recibir el bautismo por el fuego experimentase una suerte de ritual por exposición solar.

En el "resurgir" de Periandro de la cueva-mazmorra relatado en el texto encontramos determinadas imágenes que aluden a ese velado "bautismo por el fuego"[78], del que sabemos que

---

[76] "Según la más ortodoxa de las interpretaciones católicas y aun no católicas, el "segundo nacimiento" del cristiano es su bautismo, y no en vano se representa así, como un salir de las aguas, en el *Persiles*, frente a un salir de la tierra, que era el primer nacimiento biológico." Baena, 1996, p. 61.

[77] "El bautismo era un rito fundamental en los misterios. Ya en los himnos homéricos se dice que la pureza ritual era la condición para alcanzar la salvación y que se bautizaba a las personas para borrar todos sus pecados anteriores". Freke / Gandy, 2000, p. 57.

[78] "En los misterios, con todo, la purificación por el bautismo no la efectuaba solo el agua, sino también el aire y el fuego. Lucio Apuleyo nos dice que antes de que lo considerasen digno de acercarse a la divinidad tuvo que

existe en la doctrina cristiana al mismo nivel (al menos en el cristianismo primitivo) que el bautismo por el agua, según se desprende -entre otros- del testimonio de Juan el Bautista.

En esta línea, encontramos en las alusiones a los cabellos anillados (circulares) y dorados del héroe una alegoría de ese "bautismo solar" (ígneo): "luego le sacudieron los cabellos, que, como infinitos anillos de puro oro, la cabeza le cubrían" (p. 128). Porque resultaría absurdo, además de poco verosímil, realizar la descripción de un reo que ha permanecido tres días en el interior de una mazmorra de este modo, a no ser –como es el caso- que su autor pretendiera informarnos de que el primer contacto del prisionero con la luz del sol haya de ser interpretado como una especie de "baño solar" o ¿"bautismo por el fuego"?. En este contexto alegórico, pues, "los cabellos dorados" simbolizarían la victoria de la cabeza (la inteligencia) sobre las pasiones terrenales (el cuerpo). Por ello, Cervantes hace hincapié en el aspecto anillado-curvo (asociado a la divinidad) y dorado (asociado a la pureza) de los cabellos del mancebo: imagen de una corona y símbolo máximo de la pureza espiritual.

También, ese mismo renacimiento por el fuego o por la luz del sol lo encontramos en: "- Gracias os hago, ¡oh inmensos y piadosos cielos!, de que me habéis traído a morir adonde vuestra luz vea mi muerte"(p. 129); donde, en nuestra opinión, Cervantes ha podido expresar- entre otras cosas - el concepto del "bautismo solar" en relación a una idea de "culminación de un camino de iluminación" que, en el *Persiles*, halla su paralelo en todo el relato retrospectivo de Periandro que podría ser referido desde la imaginación de un peregrino que se dirige caminando a ¿Santiago de Compostela? Los elementos textuales sobre los que basamos esta afirmación son los siguientes:

1. La circunstancia de "dar gracias a los cielos" por haberle guiado a su destino denota una clara alusión al "Camino celeste o de las Estrellas"[79] como referencia estelar (La Vía Láctea) para los peregrinos que se dirigían - y aún se dirigen - por esta antigua ruta septentrional hasta ese lugar mítico (el Finisterre gallego) en el que la "última tierra"(el *finisterrae*) se junta con el océano.

2. La luz[80], en cuanto a la manifestación del poder de los cielos, ha de interpretarse en relación al sol. En este sentido, el hecho de que el mancebo (peregrino) haya sido "traído a morir adonde vuestra luz vea mi muerte", revela, en primer lugar, la realización de un camino previo hasta llegar a ese lugar en donde tendrá lugar el ritual ("traído a morir"); y, en segundo, la intención del caminante de fundirse con esa misma luz que ha de iluminarle en su renacer ¿Y qué lugar más adecuado para conseguir ese propósito trascendente que el punto geográfico más alejado del Occidente cristiano desde donde se aprecia la también muerte-el ocaso del sol? ("adonde vuestra luz vea mi muerte").

3. El anuncio de la muerte, como el final de ese recorrido ritual que se corresponde con la iluminación espiritual, constituye una declaración de intenciones de la peregrinación compostelana; pues, según venimos constatando, la ruta jacobea es interpretada como un camino de muerte y resurrección: un recorrido ritual hasta la tumba del apóstol Santiago, seguida de un renacimiento espiritual que se completa con la prolongación de la ruta hasta el océano (el Finisterre).

En resumen, un ritual iniciático llevado al límite físico y que se correspondería, desde una estricta perspectiva alegórica, con todo lo referido sobre la peregrinación a Compostela y más allá.

A continuación, el relato se adentra, con un mayor despliegue diegético y lujo de detalles que el empleado para expresar alegóricamente el aludido "bautismo por el fuego", en el medio

---

<< viajar a través de todos los elementos >>. Escribe Servio: << Toda purificación se efectúa o bien por el agua o por el fuego o por el aire; así pues, en todos los misterios encuentras estos tres métodos para purificar. O bien te desinfectan con azufre ardiente o te lavan con agua o te ventilan con viento; esto último es lo que se hace en los misterios dionisíacos". Freke / Gandy, 2000, p. 58.

[79] Sobrenombre por el que también es conocido el Camino de Santiago que atraviesa el norte de la península ibérica de este a oeste, y que se correspondería con el "reguero" de estrellas que en esa misma dirección cruza el firmamento estrellado y que constituye, según venimos aduciendo, la imagen de nuestra Galaxia vista desde la tierra.

[80] El concepto de *luz* fue adoptado por la estética renacentista como símbolo de la esencia universal: "De acuerdo con la teoría platónica, reinterpretada por la Academia de Ficino, la belleza no está en la propia materia, que por sí misma no tiene cualidades, sino en el influjo divino que tiene su fuente en Dios y desciende a los elementos después de atravesar los cielos, en forma de resplandor luminoso. La luz constituye un círculo de perfección y en él las fuerzas de arriba hacia abajo y viceversa tienen una actividad constante. Esa actividad permite la armonía universal."Suárez, 2015, p. 102.

acuático[81]: escenario en donde Cervantes nos describirá el proceso ritual del bautismo por el agua a través del episodio del naufragio y posterior salvamento del mancebo ¿Acaso una imagen del nuevo Moisés salvado de las aguas?

Comoquiera que Baena[82] interpreta con acierto los elementos que en la diégesis aluden alegóricamente al rito de la inmersión acuática (balsa, ataduras, naufragio, salvamento, etc.), a él nos remitimos para clarificar este concepto; por lo que no nos extenderemos en ello más que para abordar un punto en donde juzgamos que Cervantes nos ofrece un mensaje cuya profundidad debe ser matizada. Nos referimos al episodio en el que uno de los cuatro bárbaros apunta con una flecha a Periandro:

> Saltaron luego en los maderos y pusieron en medio dellos, sentado, al prisionero y luego uno de los bárbaros asió de un grandísimo arco que en la balsa estaba y, poniendo en él una desmesurada flecha, cuya punta era de pedernal, con mucha presteza le flechó y, encarando al mancebo, le señaló por su blanco, dando señales y muestras de que ya le quería pasar el pecho (p. 130).

El contexto en donde se sitúa el tema en cuestión es tratado de forma sistemática por Baena, aplicando al conjunto de los cuatro bárbaros que componen la tripulación de la balsa lo que él denomina: "forma geométrica del Persiles: n+1"[83]. En relación a ello, identifica Baena a este cuarto bárbaro flechero con:

> El cuarto bárbaro es alegóricamente el tiempo, que mueve a las otras tres fuerzas [Naturaleza-Fortuna-Amor], que es cualitativamente tan distinto de ellas como para haber sido, para los griegos, el ente anterior a todos los dioses: *Cronos* [...]. El tiempo es ese término (en este caso cuarto término) distinto e inaprehensible. Su iconografía es la del bárbaro con la flecha. La flecha apuntada contra el hombre [...]. Y la flecha, no es sino el más viejo de los símbolos del tiempo[84]

Certero, como vemos, también el "flechazo" del crítico a la hora de interpretar la figura del bárbaro arquero. Realiza más adelante Baena una interpretación de la flecha y su propósito, que le lleva desde la concepción adámica del hombre hasta el convencimiento de que la ironía y la providencia manejan ese arco a escala universal.[85]

Veamos, en este sentido, de qué arco viene esa flecha y a dónde nos ha de llevar. Para ello, volveremos a las *Sagradas Escrituras*, texto del que Cervantes, dada su filiación franciscana, tendría un buen conocimiento, y al que estaría obligado a recurrir si quería construir un argumento universalista en base a los comienzos de la civilización occidental. Leemos en *Génesis* 9:13:

> Mi arco he puesto en las nubes, el cual será por señal del pacto entre mí y la tierra.

Esta cita bíblica ha hecho verter muchos ríos de tinta a exégetas de todo tiempo y lugar. Incluso, en algunas traducciones de la *Biblia*, aparece el término *arcoíris* en vez de *arco* para darle un sentido más realista y acorde a nuestra obsesiva voluntad de reducir lo complejo y abstracto a una representación material u objetiva del concepto.

Recapitulemos: el mancebo ha salido de la mazmorra/cueva y celebra su particular renacer "por el fuego" (la luz del sol sobre su cabeza), primero, y "por el agua" (naufragio-inmersión), en segundo lugar. A continuación, los mismos bárbaros que en la alegorisis actúan en la extracción del mancebo de la cueva (alegoría del parto), asumirán también el papel de verdugos (alegoría del fatal destino del "recién parido").

De este intento por ordenar el abigarrado comienzo de esta obra subyace la voluntad de nuestro autor por simbolizar esos comienzos del hombre desde una triple perspectiva: física (el

---

[81]   Lo cual es comprensible, dada la oficialidad que el sacramento del Bautismo tenía y tiene en el seno de la Iglesia, por lo que no habría que temer a excederse en la recreación alegórica. Cosa que no ocurrirá con el bautismo por el fuego, que, olvidado o desechado por el catolicismo por su evidente conexión pagana o relación con el cristianismo gnóstico o primitivo, debería ajustarse a un mínimo de alusiones y observando una mayor oscuridad a lo alegorizado de forma más habitual.

[82]   Baena, 1996, pp. 45-64.

[83]   Baena, 1996, p. 68.

[84]   Baena, 1996, p. 70.

[85]   Baena, 1996, pp. 102-111

parto), mítico-histórica (el bárbaro arquero como personificación del tiempo en relación al destino del hombre y de la Humanidad) y gnóstica-espiritual (el rito de la muerte-resurrección como base de todas las religiones).

Hechas estas precisiones, volvamos al símbolo del arco y la flecha. Argumenta Baena al respecto:

> En el primer capítulo del *Persiles* el símbolo central era esa enorme, casi grotesca flecha que ocupa el centro del capítulo, el centro de la balsa, el centro del texto, el centro de la vida: una flecha que contra todo pronóstico (me importa subrayarlo), no se dispara, aunque está en el arco[86]

Dado que en el *Génesis* se nos habla de que el "arco" es el símbolo elegido por la divinidad para formalizar un pacto con los hombres – en la persona de Noé -, y que tal arco está situado en las nubes, cabría preguntarse, ¿a qué realidad apunta este símbolo y cómo es utilizado por Cervantes en los prolegómenos de su obra?

Comoquiera que no somos los primeros en señalar el interés de Cervantes por la astronomía/astrología, que no solo asoma literalmente en muchos pasajes de esta obra sino que incluso llega a estructurar en un plano profundo el devenir de episodios, acciones y personajes; nos remitiremos al extenso y bien documentado trabajo de Nerlich, cuando el mismo crítico, abrumado ante el "plan estelar" que parece regir todo el *Persiles,* se pregunta:

> ¿Y qué tendría que ver el *Persiles* con todo esto? Pues bien, por ejemplo el hecho de que Cervantes juega de un extremo a otro con las constelaciones según la concepción antigua (la configuración de siete estrellas) y el aumento de las constelaciones con otras estrellas de orden menor (o más alejadas) según los descubrimientos hechos por los nuevos astrónomos, y que sin comprender eso no se puede ni comprender la estructura estética ni el mensaje filosófico de *Los trabajos de Persiles y Sigismunda, historia septentrional.*[87]

Otros críticos, desde posiciones marcadamente ortodoxas, señalan también esa misma presencia de elementos cosmológicos en la obra de Cervantes – no solo en el *Persiles* -, aunque subyace siempre en ellos el hecho de buscar una explicación que se adecue a los planteamientos doctrinales o a los moldes más *políticamente correctos* según los postulados de la ciencia y no desde la visión de un hombre instruido del Barroco, como lo era Cervantes.

Nosotros, en ese intento de superar la barrera del tiempo que supone la adopción de una mentalidad acorde con el pensamiento de su autor, iremos más allá de esas concepciones que tanto limitan la recepción del mensaje cervantino; lo cual nos hará asumir, como ya venimos haciendo, unos riesgos derivados de la naturaleza subjetiva y/o mítica de los elementos que debemos emplear en su análisis.

En cualquier caso, la hipótesis cosmológica que vamos a defender en relación al aludido simbolismo del arco y la flecha, no dista mucho de las presentadas –y aceptadas- por otros críticos. Comenzando por el común acuerdo que existe a la hora de explicar la etimología de los nombres de Periandro y Auristela, en cuanto *a hombre que gira alrededor de la "estrella dorada"*; pasando por esa visión generalizada del norte estelar, que es centro y que también es Auristela en el *Persiles*; y, terminando –aunque con menor consenso, debido a su novedad y al gran salto que supone en la comprensión ideológica del *Persiles*– por la tesis defendida por Nerlich en relación a las constelaciones de la Osa Mayor y la Osa Menor.

Llegados a este punto, y habida cuenta de la influencia del mapa estelar en la narración persilesista, a la pregunta que nos hacíamos más arriba contestaremos que el arco y la flecha podrían aludir también a otra constelación: Sagitario. Esta afirmación, sin duda, nos haría adentrarnos en un terreno abonado a lo legendario, en donde el conocimiento antiguo suele enmascararse adoptando formas diversas que suelen pasar desapercibidas al observador/lector.

Con este propósito nos situaremos, de la mano nuevamente del *Génesis,* en esos comienzos postdiluvianos a los que podría referirse Cervantes con el naufragio de su rudimentaria balsa al comienzo de su relato. Desde esta perspectiva bíblica, el nacimiento alegórico de Periandro

---

[86]   Baena, 1996, p. 141.
[87]   Nerlich, 2005, pp. 137-138.

desde el interior de la cueva-prisión aludiría a la figura de Noé, cuya aventura náutica señalaría otro nacimiento a escala mayor: el de la civilización occidental en la tradición judeo-cristiana.

Este paralelismo que señalamos entre los dos tipos de "nacimiento" que operan en el texto a un nivel o sentido profundo, uno -dicho utilizando conceptos extraídos del pensamiento neoplatónico- a escala microcósmica (la iluminación individual del mancebo-Periandro) y otro macrocósmica (los comienzos de la civilización), no hubiera escandalizado, sin embargo, a los censores de su época en caso de haber sido advertido este segundo sentido; pues habrían visto en ello una alegoría de los comienzos de la Humanidad según la doctrina de la Iglesia (la historia de los descendientes de Noé tras el Diluvio Universal). Satisfecho, pues, el celo "inquisitorial" con el hallazgo alegórico, a nadie se le ocurriría pensar que el texto todavía podría reservar una sorpresa mayor: la que relaciona el relato bíblico del patriarca diluvial con el símbolo del "arco y la flecha" del texto cervantino.

Y, en este sentido, no debemos olvidar lo que decíamos más arriba: que la aventura de Noé se inscribe dentro del contexto bíblico del pacto del patriarca con Dios, donde, en resumen, la divinidad pone a disposición de Noé la "llave" de la civilización a cambio de una promesa de fidelidad al Creador, so pena de un nuevo final apocalíptico:

> Estableceré mi pacto con vosotros, y no exterminaré ya más toda carne con aguas del diluvio, ni habrá más diluvio para destruir la tierra" (*Génesis* 9: 11).

Como vemos, los términos de este pacto distan muy poco de otros similares procedentes de otras fuentes mitológicas, donde el dios de turno muestra igualmente su arrogante naturaleza omnipotente. Sin embargo, lo característico de este pacto es que queda refrendado mediante un símbolo en el firmamento estrellado: el arco. Lo cual, sin duda alguna, obliga a ambas partes a reconocer en los cielos el símbolo de lo pactado (una a colocarlo oportunamente y otra a reconocer su presencia), a riesgo de incumplir los términos del acuerdo:

> 14 Y sucederá que cuando haga venir nubes sobre la tierra, se dejará ver entonces mi arco en las nubes.15 Y me acordaré del pacto mío, que hay entre mí y vosotros y todo ser viviente de toda carne; y no habrá más diluvio de aguas para destruir toda carne. 16 Estará el arco en las nubes, y lo veré, y me acordaré del pacto perpetuo entre Dios y todo ser vivente, con toda carne que hay sobre la tierra. 17 Dijo, pues, Dios a Noé: Esta es la señal del pacto que he establecido entre mí y toda carne que está sobre la tierra.[88]

¿A dónde queremos ir a parar? Fundamentalmente, a destacar la importancia capital que tiene para el hombre en la tradición judeo-cristiana no olvidar "la señal" del pacto, pues ella, por sí misma, parece ser garante del destino de los hombres. Y eso es, juzgamos, lo que Cervantes esconde tras ese "grandísimo arco" y su "desmesurada flecha, cuya punta era de pedernal".

En cualquier caso, resalta en esta cita bíblica el interés de la divinidad por destacar la señal de ese pacto por encima incluso de los términos de lo pactado. Como si la propia marca celeste constituyese, de algún modo, la materialización efectiva de ese pacto. Por ello la punta de la flecha es de pedernal, porque el pacto se sitúa en época prehistórica o Neolítica, y por ello también se nos presenta un arco y una flecha desmesurados, porque sus dimensiones hacen referencia a magnitudes cosmológicas: las propias de una constelación celeste.

En conclusión, nosotros afirmamos que existe una relación de sentido entre el arco y la flecha que amenaza a Periandro en el interior de la balsa y la referencia estelar o cósmica que constituye la constelación de Sagitario:

> El hermoso mozo, que por instantes esperaba y temía el golpe de la flecha amenazadora, encogía los hombros, apretaba los labios, enarcaba las cejas, y con silencio profundo, dentro de su corazón pedía al cielo, no que le librase de aquel tan cercano como cruel peligro, sino que le diese ánimo para sufrillo (p. 130).

Y, puesto que el reo se encomienda "al cielo", es de suponer que sea en esas alturas donde pueda hallar algún tipo de consuelo o ¿comprensión? en relación a ese arco amenazador, que no parece que quiera herirle sino solo mostrarle su actitud amenazadora. Como vemos, esta cita del

---

[88]   *Génesis* 9: 14-17.

episodio de Periandro sería fácil de extrapolar al contexto bíblico aludido, en donde el "pacto" con la divinidad llevaría implícita la promesa de su cumplimiento (la flecha apuntada al hombre civilizador: Periandro/Noé), en cuanto a su compromiso de emprender la aventura de la civilización y cuyo sentido último habría de buscarse en el firmamento.

Todo, al parecer, nos remite al cielo como símbolo de la eternidad, en su papel de "notario" de la promesa de los hombres desde que se instauró, según el *Génesis*, el pacto con Noé. Por ello, el bárbaro flechero, personificación –según se vio– del Tiempo (Cronos), tensa su arco y apunta al Hombre; pero no para matarlo, sino, paradójicamente, para indicarle que ya está muerto (su destino sobre la Tierra está marcado en los cielos), a no ser que sea capaz de ¿*saber mirar a los cielos* para salvarse-renacer?:

> Viendo lo cual, el bárbaro flechero, y sabiendo que no había de ser aquel género de muerte con que le habían de quitar la vida, hallando la belleza del mozo piedad en la dureza de su corazón, no quiso darle dilatada muerte, teniéndole siempre encarada la flecha al pecho, y así, arrojó de sí el arco, y llegándose a él, por señas, como mejor pudo, le dio a entender que no quería matarle (p. 130).

De esta cita entendemos que el arco y la flecha no hay que interpretarlos en su literalidad (arma), sino desde una perspectiva trascendente: un instrumento universal o celeste al servicio de los designios de la divinidad. Porque esa flecha más que apuntar para matar lo hace para salvar. Y solo cuando el hombre comprende que la salvación se encuentra en su capacidad para interpretar la *señal del pacto en las nubes*, la divinidad se muestra benévola y "arroja de sí el arco"; dando a entender con ello que el hombre ha entendido el mensaje y que está listo para comenzar la aventura de la civilización.

Julio Baena, que realiza un minucioso trabajo sobre este episodio del bárbaro arquero, llega a unas conclusiones similares a las nuestras -dentro de las múltiples que puedan aplicarse- cuando afirma:

> Una cosa es "la verdadera muerte" que le van a dar (lo van a sacrificar una vez llegados a la isla), y otra cosa es la otra muerte dilatada, esperada que implica la flecha. La sintaxis de Cervantes pone a la muerte en relación con la flecha, por más que la semántica "deje claro" que la muerte preestablecida es ajena a la flecha.[89]

Porque esa muerte *dilatada* está basada, según el texto, en el hecho de permanecer la flecha continuamente encarada hacia su víctima. De este modo, se entiende que más que de un morir se trata de un sentimiento, prolongado en el tiempo, de *saber que se va a morir*. Lo cual produce una profunda angustia en el hombre que podría arruinar la empresa civilizadora en ciernes, por la futilidad de su sacrificio. Es preciso, pues, que el símbolo desaparezca – que el bárbaro arroje el arco – una vez advertido de su presencia ("hallando la belleza del mozo piedad en la dureza de su corazón"), para que el hombre pueda actuar con entera libertad y decidir el futuro de sí mismo y de la civilización.

En este punto, y de forma inexcusable, tenemos la obligación – si queremos llegar al fin de esta cuestión – de adentrarnos en el controvertido tema de la religión en época prehistórica. Poco se sabe, en verdad, de la religión que practicaban nuestros ancestros en la época en que Noé, según el *Génesis,* varaba su arca en algún elevado lugar del globo terrestre. Sin embargo, nos ha llegado el término *religión,* y no solo en relación a su sentido literal (cristianismo, judaísmo, islam, etc), sino en función a la etimología que señala en el término la presencia de esos primeros "pactos" del hombre con Dios. Porque el término *religión* - según acuerdo mayoritario- viene del latín *religare,* que quiere decir "volver a ligar o enlazar". Es decir, en la propia etimología del término se define perfectamente el objeto inicial de las religiones: volver a atar lo que un día estuvo unido (se supone que entre Dios y los hombres o, lo que es lo mismo, entre el cielo y la tierra).

La idea de "pacto", que hemos extraído del *Génesis* como referente bíblico del simbolismo de ese arco que amenaza a la figura del héroe-civilizador Periandro, está inmersa, pues, en el término *religión;* aunque hoy en día se haya olvidado su antigua acepción y se emplee

---

[89]   Baena, 1996, p. 109.

exclusivamente el término para definir, de forma genérica, a la colección organizada de creencias de un grupo social determinado.

Porque, si Periandro pedía al cielo ánimo para poder sufrir el peligro –y no para librarse de él, que sería lo normal desde una perspectiva realista- que supone la presencia del bárbaro flechero apuntando directamente a su pecho, es porque comprendía que no solo era imposible zafarse de su acoso, sino todo lo contrario: era necesario no hacerlo, o al menos no olvidarlo; pues el hecho mismo de implorar al cielo supone la vigencia efectiva del pacto con Dios, al cual el hombre civilizado/iluminado (Periandro) no puede renunciar so pena de volver a la barbarie y fracasar en su empresa civilizadora a escala universal.

Pero no debemos polarizar nuestros argumentos en relación a una sola fuente (el *Génesis*), pues ello impediría analizar los matices anejos al discurso que dotan al texto de esa riqueza plurisignificativa tan característica. En este sentido, retomaremos la figura mitológica de Cronos (el paso del tiempo), que personificado en el bárbaro flechero nos *va matando a todos sin matarnos del todo*[90], pues, como recoge Baena:

> Para eso se tienen los hijos, y los hijos de los hijos, porque solo en la posteridad puede caber felicidad alguna. Mientras se avanza, la flecha enorme del tiempo apunta contra nosotros".[91]

Porque no es la muerte de Periandro lo que está en juego, sino el futuro de la Humanidad. Y por este motivo, opinamos, Cervantes nos cuenta que el bárbaro flechero "no quiso darle dilatada muerte, teniéndole siempre encarada la flecha al pecho, y así, arrojó de sí el arco". El Tiempo ("El Arquero-Cronos"), pues, no quiere extinguir a la Humanidad, y apuesta por ella en un escenario que le es muy afín: el universo, entendido como la evolución de la civilización en relación al conocimiento (microcósmico y macrocósmico) que el hombre vaya adquiriendo del Cosmos.

Ahora bien, ¿cómo habríamos de interpretar la expresión "arrojó de sí el arco"? En este punto conviene que hagamos algunas precisiones –y concesiones nuevamente al mito-, que nos servirán para focalizar la cuestión desde el concepto de *La Tradición*. Manifiesta Paul Poësson:

> La tradición, esta trama que forma el cañamazo de la evolución de las civilizaciones y de la Humanidad, encierra los conocimientos esenciales que permiten comprender la razón y el porqué de las cosas..., tradición que contiene, en suma, las raíces de la sabiduría y el porqué de la moral.
> Frente al panorama histórico ilimitado, que hubiera podido asustar al hombre honesto de que hablamos, la Tradición presenta un sistema de observación milenario a cuya luz se ve latir el corazón de la Humanidad al ritmo de la Naturaleza. Así se ha puesto en evidencia la coincidencia de la Historia con el ritmo de la precesión de los equinoccios.[92]

No entraremos, tampoco en esta ocasión, en un estudio detallado de este conocimiento antiguo situado en los márgenes de la ciencia oficial aunque coexistiendo con ella. Es esta una labor para antropólogos y estudiosos de la Historia de la Ciencia. Sin embargo, dada la necesidad de aproximarnos al saber posible de un erudito en la época de Cervantes, consideramos, al menos, la oportunidad de referirnos a la Tradición en relación a la ciencia reservada a esas élites intelectuales de la antigüedad. Nos referimos, como así se dice en la cita de Poësson, al "ritmo de la precesión de los equinoccios". No escondemos, sin embargo, nuestras reservas ante esta afirmación; pues ello supondría la aceptación del conocimiento que se tendría de este movimiento de la Tierra en una época[93] en la que todavía se debatía entre la teoría heliocentrista de Copérnico o la geocéntrica de Tolomeo.

El descubrimiento del fenómeno de la precesión de los equinoccios se atribuye al astrónomo, geógrafo y matemático griego Hiparco de Nicea (190 a. C. - 120 a. C.); aunque algunos

---

[90]   En el mito de Cronos se cuenta que este dios devoró a sus propios hijos al nacer y que, cuando Zeus, el más pequeño de los hermanos que no corrió la misma suerte, llegó a adulto, hizo que su padre vomitase a sus hermanos con la ayuda de la oceánida Metis (la personificación de la inteligencia y la sabiduría).

[91]   Baena, 1996, p. 140.

[92]   Poësson, 1976, pp. 50-51.

[93]   "Pero recordemos que estamos en tiempos de la revolución cosmológica desencadenada por Copérnico, el polaco, fortalecida por Kepler, el checo alemán, y completada por el italiano Galileo en el momento de la redacción del *Persiles*". Nerlich, 2005, p. 137.

historiadores sostienen que este movimiento terrestre era ya conocido, al menos por el astrónomo babilonio Cidenas[94] (340 a. C.). En tal caso, nada impide pensar que este conocimiento fuese mucho más antiguo ¿Hasta dónde deberíamos remontarnos? ¿Quizá hasta Noé?[95]

No sería, pues, una temeridad, a la vista de los argumentos que estamos aportando, pensar que los términos de ese pacto, que desde antiguo parece haberse establecido con la divinidad –como de manera evidente se constata en la tradición judeocristiana- y que apunta a ese lazo mítico (el arco) entre la Tierra y el Cielo; aludiría a la responsabilidad que asume el hombre "primitivo" de estudiar el firmamento como medio eficaz de proporcionar el necesario conocimiento en aras de la evolución de la civilización.

Y en esta línea, entre lo mítico y lo real, debería interpretarse la escena del arquero apuntando a Periandro, que hemos segmentado respetando su orden en la frase para su mejor comprensión:

uno de los bárbaros asió de un grandísimo arco (p. 130).

Imagen, junto con la flecha, del símbolo de la constelación de Sagitario[96]; que sería la constelación que habría de observarse en el firmamento nocturno en la época en la que Cervantes sitúa la aventura del mancebo salvado del naufragio (¿los tiempos de Noé?). En cualquier caso, la datación la efectuamos en relación al conocimiento que demuestra Cervantes tener de los ciclos estelares derivado del movimiento de precesión terrestre.[97]

que en la balsa estaba

La balsa ha de entenderse aquí como el símbolo de la Tierra en su desplazamiento por el firmamento (el mar). En este contexto, el hecho de encontrarse el arco en el interior de la balsa

---

[94]   Estrabón y Plinio el Viejo hacen referencia a él. Fue el jefe de la escuela de astronomía de la ciudad babilónica de Sippar.

[95]   Paul Poësson argumenta al respecto: "Por ello, el hombre de la más remota antigüedad sabía, por haberlo observado, que cada mañana el Sol sale delante de la constelación de la esfera celeste que, en cierto modo, sirve de decoración teatral para la puesta en escena de la aparición sobre la Tierra del astro del día.

Sabía, igualmente, que el Sol parece estar animado cada mañana por cierto movimiento, y que no sale exactamente frente al mismo punto de la constelación que el día anterior.

Y el muy ladino había llegado incluso a darse cuenta de que en función de ese movimiento aparente, al cabo de treinta días el Sol cambia de constelación. Observó que transcurrida una sucesión normal de cuatro estaciones (en nuestras latitudes) durante las que el sol había salido sucesivamente frente a doce constelaciones distintas, no se asomaba delante de una decimotercera, sino que volvía a lanzar sus primeros rayos contra la que le había albergado doce treintenas de días antes.

Por lo tanto, el Sol parecía tener citas durante todo el año, en épocas idénticas, con cada una de las constelaciones. Esta sencilla observación puede ser efectuada por todo el mundo. En el transcurso de su vida, el ser humano es testigo cada año de esta ronda aparente del sol. Se escogió un día del año para registrar la reunión de la Tierra-Sol- Estrellas. De este modo fue designado el primer día de primavera, al salir de los rigores de la estación invernal, como punto de cita (punto vernal).

Lo que resulta fascinante es la observación que puede hacerse ese día a lo largo de los siglos. En efecto, si observamos cada año la salida del Sol el primer día de primavera nos damos cuenta de que, de un año a otro, el astro del día no aparece frente al mismo punto de la constelación. Se produce una diferencia (1º en 72 años). Y continuando con esta diferencia, el Sol pasa de una constelación a otra (30º) cada 2.160 años. Y de acuerdo con esta periodicidad, de grado en grado, el Sol debe dar la vuelta de las doce constelaciones (360º) en 26.000 años (25.920 años para facilitar el cálculo).

Lo que resulta sorprendente, como ya hemos dicho antes, es que los hombres de las épocas primitivas hayan tenido conocimiento de este ritmo." Poëson, 1976, pp. 51-52.

[96]   En esta tradición astrológica, la era de que se trate se identifica tanto por el signo/constelación correspondiente (Géminis, en relación al equinoccio de primavera), como por su contrario u opuesto (Sagitario, en relación al equinoccio de otoño) en el eje de ese imaginario "reloj cósmico" que marcaría las doce eras. Cualquiera de los dos símbolos se utilizaba en la antigüedad para referirse a ese período de tiempo sobre la tierra. En el caso que nos ocupa, la era real se correspondería con la constelación de Géminis (7.000 a. C. aprox.), aunque se utilice su contrario para identificarla (Sagitario) por motivo de ocupar esta el extremo superior del eje que ambas comparten, y así poder representar de manera coherente la referencia estelar (el arco = Sagitario) en relación a los cielos.

[97]   El llamado gran año, año platónico, o ciclo equinoccial, y que en la cita de Paul Poësson se decía que tenía una duración de 25.920 años (medida aproximada que, de manera más precisa, se corresponde con 25.776 años,), es el tiempo medio que tarda la Tierra en dar un giro "de penduleo" completo sobre sí misma y en sentido contrario al de la rotación terrestre. En la antigua astrología, la precesión de los equinoccios se consideraba, a diferencia de hoy, una constante muy importante.

43

podría interpretarse como que la Tierra se hallaba en la era de Géminis (7.000 a. C. aprox.), cuyo símbolo opuesto que ocupa la parte superior de ese esquema cósmico sería Sagitario o el arquero (según la tradición, ambos son utilizados de manera indistinta para referir a una misma época).

> y, poniendo en él una desmesurada flecha, cuya punta era de pedernal

El tamaño ("desmesurada") y el material ("pedernal") indican elementos formantes que no son propios del objeto en cuestión[98], por ello, deberemos interpretar la cita en sentido alegórico. El primer término aludiría al tamaño desmesurado: la gran extensión que ocupa la constelación de Sagitario (el arco) en el firmamento, y el segundo al material que caracteriza a toda una era: la época neolítica (punta de piedra) en la que se sitúa la era de Sagitario-Géminis según ese imaginario "reloj cósmico"[99] dividido en doce eras.

> con mucha presteza le flechó y, encarando al mancebo, le señaló por su blanco

Dada la cualidad de inverosímil de la escena que se está narrando, pues, aparte de lo que venimos aduciendo, no tiene sentido amenazar de ese modo a un reo maniatado sobre una rudimentaria balsa a merced de las olas, el mensaje correcto habremos de buscarlo en el trasfondo de esa literalidad o sentido profundo. En tal caso, nos reafirmamos en la idea de que podríamos estar asistiendo a la recreación de ese pacto bíblico que venimos señalando, donde el hecho de *flechar el arco* habría que interpretarlo como que la constelación de Sagitario se encontraba completamente formada en el cielo; es decir, que la señal del pacto de Dios (el arco flechado) anunciaría el fatal desenlace, y donde la flecha, presta a salir disparada, simbolizaría a ese tiempo-Cronos que ya apuntaba a la civilización.

> dando señales y muestras de que ya le quería pasar el pecho

Aquí entendemos que el "bárbaro flechero", en su papel de Cronos, avisa al hombre de que la era del arco y la flecha (Sagitario-Géminis), cuyas estrellas serían vistas en el cielo nocturno, podría ir acompañada por una serie de fenómenos anexos ("dando señas y muestras") que se dejarían sentir sobre la tierra antes del cataclismo diluvial.

> arrojó de sí el arco y, llegándose a él, por señas, como mejor pudo, le dio a entender que no quería matarle

La circunstancia de que el arquero (Cronos/Tiempo) se desprenda del arco y perdone la vida al mancebo-Periandro constituiría, *de facto*, la manifestación del poder de Dios, y, en nuestro contexto bíblico, la materialización del cumplimiento del pacto por parte la divinidad; pues, si con el Diluvio (¿era de Géminis?) no se extinguió la raza humana, otro tanto podría sucederle a los descendientes de Noé (¿Periandro?) una vez agotado ese largo tiempo (¿era de Sagitario?) que la inmensa flecha parece sugerir.

Pero también, la misma frase alude a la descomposición de la figura del arquero ("arrojó de sí el arco"), lo cual también podría interpretarse como que después del Diluvio la constelación de Géminis-Sagitario dejó de regir su periodo de 2.160 años sobre la tierra, inaugurando una época de resurgimiento de la civilización que dará lugar a nuevos períodos de tiempo en que el hombre, "por señas, como mejor pudo", es decir, a través del lenguaje simbólico, deberá saber interpretar los cielos para continuar su evolución.

---

[98] Del mismo parecer, aunque desde una perspectiva literalista, se muestra Romero cuando dice: "Las flechas con punta de pedernal (como los puñales de que se hablará más adelante) no son característicos del septentrión europeo en la época de la acción del *Persiles* (nota 11, p. 130).

[99] Dentro del pensamiento y de la estética renacentista, ocupaba un lugar destacado la imagen-función del hombre frente al Universo. En esta línea, Ana Suárez se aproxima a nuestro concepto de "reloj cósmico" cuando dice: "De acuerdo con el *Timeo* de Platón (a él atribuido, y única obra suya conocida directamente durante mucho tiempo), el movimiento giratorio del Universo y su forma perfecta (la esfera), representaban lo acabado y perfecto. Para él la imagen del Cosmos era parecida a la de un gran reloj con figuras. La capacidad del hombre para percibir el orden de los cielos, el origen de los movimientos, su progresión y sus distancias respondía a ese carácter de réplica de la divinidad, del gran Artista, que contenía la esencia humana." Suárez, 2015, p. 27.

1.3. Del "bárbaro flechero" a Taurisa o la alegoría del cambio de era cosmológica

En los comienzos del capítulo segundo, la primera intervención de un personaje femenino en la novela-epopeya no hace sino corroborar nuestra hipótesis "estelar"; pues, ocupando un camarote adjunto al del mancebo/Periandro (tras ser rescatado de su primer naufragio), Taurisa, sirviente que fue de la princesa Auristela, dice lo siguiente al referirse a su nacimiento:

> En triste y menguado signo mis padres me engendraron, y en no benigna estrella mi madre me arrojó a la luz del mundo; y bien digo arrojó, porque nacimiento como el mío antes se puede decir arrojar que nacer (p. 134).

Pero antes de analizar esta cita retrocedamos al momento del rescate del náufrago Periandro, cuyo suceso acontece cuando:

> Sentóse el fatigado joven y, tendiendo la vista a todas partes, casi junto a él descubrió un navío, que en aquel redoso del alterado mar como en seguro puerto se reparaba (pp. 131-132).

Es decir, desde la perspectiva cosmológica que venimos empleando, podríamos interpretar que con la rudimentaria balsa de seis maderos (alegoría de los primitivos comienzos de la singladura de la civilización humana) llega el mozo-Periandro a una embarcación cuya forma y tamaño (un navío) revela, al menos, un salto cualitativo en el estado del protagonista (Periandro-la Humanidad); que pasa, sucesivamente, de extraído de la mazmorra-cueva (la salida de la caverna podría señalar, dentro de una perspectiva macrocósmica, un hito capital en la evolución del hombre: el que media entre el Paleolítico y el Neolítico) a náufrago en una balsa (alegoría del Diluvio, cuya datación podría corresponderse con esa misma época del Mesolítico) y finalmente a la seguridad - aunque no exenta de peligros – de un navío (símbolo de la estabilidad característica del primer estadio de los comienzos de la civilización).

Los indicios que señalan, en esta última cita, la existencia de un segundo lenguaje o alegoría en relación al campo semántico estelar son:

1º. "sentóse". En cuanto al necesario estado de sosiego (se correspondería con el cambio de modo de vida de la especie humana en los comienzos de la civilización: de nómada a sedentario) que exige el estudio de los cielos como sinónimo de evolución.

2º. "el fatigado joven". En relación a las continuas migraciones ("fatigado") que caracterizaban a esas primeras ("joven") sociedades fundamentalmente nómadas.

3º. "tendiendo la vista a todas partes". Señalaría una fase preliminar en la observación del cosmos.

4º. "casi junto a él descubrió un navío". Es decir, en una primera fase del estudio de los cielos, el hombre distinguió y dio nombre a una de las constelaciones más antiguas y más grandes: el navío (*Argo Navis*)[100], que, además, atraviesa la Vía Láctea en el hemisferio sur y se corresponde en el hemisferio norte con una constelación de nombre muy evocador en nuestra obra: Perseus ¿Cómo no atribuir, en tal caso, un sentido cosmológico al hecho de que el narrador aluda en el texto a la circunstancia de que Periandro descubriese "junto a él" (Persiles-la constelación de Perseo) un navío (la constelación de *Argo Navis*)?

5º. "que en aquel redoso[101] del alterado mar". En este contexto cósmico, *redoso* remitiría a la imagen de nuestra galaxia en el firmamento, pues, vista desde la Tierra, podría proyectar la imagen como de una red blanquecina que, tendida desde un gran navío (la constelación *Argo Navis* se encuentra en el extremo de la Vía Láctea vista desde la tierra), produce la sensación de "atrapar" en su interior a esa inmensidad de cuerpos celestes agrupados en constelaciones; y, en cuanto a "alterado mar", ¿acaso no aludiría a ese otro océano cosmológico en donde la "redosa" Vía Láctea ejerce su función aglutinante?

---

[100] "Desde tiempos antiguos, Argo Navis se ha asociado con el arquetipo de un gran barco que cruza las aguas del diluvio, como lo hiciera Noé en su arca." Geofrey, 1998, p. 58.

[101] Romero, desde un planteamiento literal, intenta hallar el significado de este término, que no consigue, pues no aparece registrado en ningún diccionario. Por ello, justifica el hecho de que en algunas ediciones del *Persiles* aparezca *reposo* en vez de *redoso* (nota 12, pp. 131-132).

6º. "como en seguro puerto se reparaba". Podría señalar la ubicación del navío (la constelación de *Argo Navis*) en el extremo occidental de la Vía Láctea y antes de la constelación de *Canis Major*[102], que sería la constelación más occidental de ese "reguero" de estrellas visto desde la tierra; la cual, por tratarse de un lugar fronterizo, adquiriría el sentido de "puerto". No en vano, ¿acaso el Camino de las Estrellas no se corresponde sobre el terreno con el llamado Camino de Santiago? Y, en tal caso, ¿no constituye el Finisterre el final portuario de esa Camino terrestre como refrendo de ese otro puerto, igualmente situado en el extremo occidental celeste, que es la constelación de *Canis Major*?

Una vez hechas estas puntualizaciones, realizadas con el ánimo de justificar nuestros argumentos en defensa de una contextualización estelar, regresaremos a la cita con la que abríamos este capítulo.

Sin abandonar, pues, esta perspectiva cosmológica, asistimos en esa cita al relato del nacimiento que la propia Taurisa hace de sí misma; donde, en vez de referirlo de forma objetiva o convencional (fecha, lugar, padres, linaje, etc.), lo pone en relación directa con los astros (signo, estrella). De este modo, percibimos una manifiesta intención de Cervantes por situar cosmológicamente al personaje de Taurisa en relación a esos comienzos de la civilización a los que venimos aludiendo.

Romero, que interpreta las referencias astrológicas proferidas por Taurisa en relación a su nacimiento[103], no se sorprende, sin embargo, del hecho potencialmente significativo de que las primeras palabras pronunciadas en la novela-epopeya por un personaje femenino sean una referencia cosmológica, limitando su interpretación al tópico del destino funesto que tradicionalmente suele atribuirse a este tipo de sentencias, relacionado con el desdichado nacimiento literal del personaje en cuestión.

En este orden de cosas, la frase que inicia el discurso autobiográfico de Taurisa: "En triste y menguado signo mis padres me engendraron", señalaría directamente a un acontecimiento estelar. Dada la referencia del capítulo anterior a la era de Sagitario-Géminis, que vimos simbolizada en la figura del bárbaro flechero, podríamos interpretar que el nacimiento de Taurisa, en cuanto a su género femenino, simbolizaría el nacimiento de la civilización (que además se correspondería con la llegada de Periandro al navío, tras abandonar la rudimentaria balsa) en el momento en el que la era de Sagitario se hallaba en su tránsito final ("en triste y menguado signo").

Comoquiera que la frágil balsa de maderos en la que naufragaba el mancebo-Periandro -según decíamos- podría interpretarse como una alegoría de la precariedad de la civilización en la era de Sagitario-Géminis; ahora, en el relato de Taurisa, encontramos nuevas referencias a lo "inestable", aunque menos dramáticas, cuando dice: "en no benigna estrella mi madre me arrojó a la luz del mundo". Donde interpretamos que los tiempos de Taurisa, que son los que siguen a la era personificada por el bárbaro arquero, se definen en relación a la constelación/signo ("estrella") que rige esa etapa todavía "larvaria" (por ello "no benigna") de la civilización ("luz del mundo") sobre la Tierra ("mi madre").

Y es por ello que Taurisa, personificación de ese espíritu civilizador que anima los "nuevos tiempos" y que se corresponde con una época datada con magnitudes estelares (final de la era representada por la constelación de Géminis-Sagitario en relación al movimiento de precesión de los equinoccios), nos dice literalmente que: "mi madre me arrojó". En tal caso, el lector debería percatarse de que no se trata de un nacimiento natural o físico, ni siquiera terrestre como el representado por Periandro-mancebo en la cueva; sino que aquí la alegoría remite a los cielos: una especie de advenimiento desde las alturas para precipitarse (arrojarse) sobre el mundo, como muy bien se especifica luego en: "y bien digo arrojó, porque nacimiento como el mío antes se puede decir arrojar que nacer".

En conclusión, puesto que el nacimiento de Taurisa nos es relatado como una especie de emanación que parece provenir de los cielos para depositarse sobre la tierra, en este contexto

---

[102]   "El simbolismo de Canis Major y su estrella más brillante Sirio se remonta por lo menos al tercer milenio antes de nuestra era (...). Sirio se identificó con Anubis [en Egipto], el dios con cabeza de chacal, que hacía de guía de los muertos, como Hermes en Grecia". Geofrey, 1998, pp. 52-53.

[103]   *Signo, o sino menguado* equivale a ´últimos días de la presencia del sol en cada una de las doce casas del zodiaco"(n. 2, p. 134). "Es decir: la *estrella* (= él planeta´) que influyó en su nacimiento no estaba en posición favorable para el dolorido personaje" (n. 3, p. 134).

cosmológico, ¿acaso el nacimiento alegórico de este personaje no podría señalar al advenimiento de la siguiente era/constelación que, al aparecer en el firmamento estrellado, provocaría la ilusión de derramar sobre la tierra esa "luz" que los sabios de la antigüedad podrían interpretar como la manifestación de unos "determinados" ritmos terrestres?[104]

Obviamente, nos encontramos, una vez más, en la frontera entre la Historia y el Mito, que es, en definitiva, el camino propuesto por Cervantes para comprender su *Persiles*.

Sea como fuere, el relato que hace Taurisa sobre su propio nacimiento remite al comienzo de la era de Tauro, que, como se especifica en la cita de Poësson, se correspondería con el culto al símbolo del toro durante ese periodo de 2160 años; tanto en la civilización egipcia (buey Apis), como en la mesopotámica (toro alado), como en Creta (el Minotauro), como en la India (vaca sagrada).

En relación al significado que debemos atribuir al nombre Taurisa, si bien, Romero lo relaciona con la Taurisa que aparece en la *Diana enamorada* de Gaspar Gil Polo (n. 26, p. 141), nosotros, que no descartamos tal posibilidad, vemos también en el nombre una clara influencia derivada de la etimología de su significante; que señalaría, por un lado a la constelación de TAURO (TAUR-isa) y, por otro, al nombre del continente asiático (Taur-ASIA[105]). Es decir, juzgamos que en el propio nombre del personaje confluye un componente de naturaleza celeste (TAURO) y otro de naturaleza terrestre (ASIA). En tal caso, nos encontraríamos con que Taurisa sería la personificación del pacto mítico que venimos señalando como expresión de la estrecha relación del hombre con Dios (*religare*), que tanto interesaba plasmar a Cervantes como fundamento de esos principios que rigen el éxito de la evolución de la "civilización" (cielo) frente al lastre que supone el concepto de "barbarie" (tierra).

1.4. De Taurisa al reino de Policarpo o de la Era de Tauro a la de Aries

La "singladura" de Cervantes al timón de su *Persiles*, la de la Humanidad a través del tiempo, la mística del peregrino abrazado a su cayado (o, simbólicamente, atado al palo mayor de su propia nave como Ulises) y la de Periandro y Auristela comandando la expedición de estos nuevos argonautas, no ha hecho más que comenzar.

Situémonos, pues, en la diégesis y hagamos hablar al mito. Periandro, héroe legendario, ahora interpretando el papel de Prometeo, relega a Taurisa del sacrificio de ser vendida a los bárbaros como parte del plan del príncipe Arnaldo para enterarse del paradero de Auristela:

> - Todo está muy bien pensado - dijo Periandro -; pero yo soy de parecer que ninguna persona hará esa diligencia tan bien como yo, pues mi edad, mi rostro, el interés que se me sigue, juntamente con el conocimiento que tengo de Auristela, me está incitando a aconsejarme que tome sobre mis hombros esta empresa (p. 143).

En tal caso, el sacrificio es asumido por el héroe, cuyo relato viene a ser una versión del mito en donde se cuenta que Prometeo urdió el primer engaño contra Zeus al realizar el sacrificio de un gran buey (alegoría de la constelación-signo de Tauro>Taurisa), al objeto de conseguir el fuego celeste (el conocimiento o gnosis) para los hombres. Y el engaño expresado en la diégesis sigue en sus líneas básicas lo indicado por el mito; pues, si Periandro ofrece un disfraz de sí mismo para engañar a los bárbaros ("y, de muchos y ricos vestidos de que venía proveído, por si

---

[104] Argumenta Paul Poësson al respecto: "el hombre, desde los tiempos primitivos, tiene conciencia de este precioso reloj milenario. Vamos a echar una rápida ojeada a lo que permite suponerlo así.

Las doce constelaciones que presiden la salida del Sol son bien conocidas de todos. Figuran en la banda de la eclíptica, y sus nombre son Piscis, Acuario, Capricornio, Sagitario, Escorpión, Libra, Virgo, Leo, Cáncer, Géminis, Tauro y Aries.

Creemos útil añadir aquí que las observaciones realizadas según la precesión de los equinoccios no tiene nada en común con la Astrología de la que hemos hablado anteriormente y que utiliza puntos fijos, como fijos son los días, las estaciones, los meses, las generaciones, etc.

En el alba de los tiempos históricos, el faraón Menes, de la I dinastía, creó el país egipcio proclamándose "Hijo del Sol" (Leo en la precesión) e "Hijo de Escorpio" y tomó como representación divina la imagen de un toro. Este toro, buey Apis en Egipto, toro alado en Babilonia, vaca sagrada en la India, etc., fue venerado durante casi 2.160 años. Poëson, 1976, pp. 53-54.

[105] Precisamente, fue en Asia donde florecieron esas primeras civilizaciones fluviales que adoraban al toro (Tauro) como símbolo celeste.

hallaba a Auristela, vistió a Periandro, que quedó al parecer la más gallarda y hermosa mujer que hasta entonces los ojos humanos habían visto" [p. 143]), Prometeo ofrece a Zeus los huesos de la res sacrificada enfundados en su piel (otro disfraz). Por desgracia para ambos héroes, el engaño será advertido y no tendrán más remedio que robar lo que habían venido a buscar: el fuego celeste en el caso de Prometeo y Auristela en el de Periandro; es decir, dos "estrellas luminosas" en ambos casos.

Como podemos comprobar, el desarrollo de los acontecimientos que se relatan sigue, en sus aspectos más relevantes, esa concepción místico-gnóstica que caracterizaba este "arranque" civilizador de la Humanidad que venimos señalando desde este comienzo *post mortem-in medias res-ab ovo* del *Persiles;* en cuanto a la existencia de un pacto entre los dioses y los hombres basado en el sacrificio de estos últimos a cambio del conocimiento "celeste" (materializado en ese "arco en las nubes"). Y en este sentido deberíamos considerar las alusiones al "cordero" en el papel de víctima propiciatoria tanto en la figura de Periandro como en la de Auristela - según se vio -, así como la referencia a la presencia de la divinidad a través del personaje de Taurisa. Personificación, esta última, no solo de la existencia de unos ciclos temporales (la constelación de Tauro como representación de un orden universal basado en los movimientos cíclicos y eternos) como manifestación de la presencia de un Dios universal; sino también, de la especificidad del pacto, que quedaría definido por el sacrificio (de naturaleza espiritual) que debe afrontar la Humanidad en su camino por alcanzar el nivel de civilización óptimo y necesario para no ser castigado "nuevamente" con otro diluvio.

Pero Taurisa desaparece de la narración al final del capítulo tercero, despidiendo al héroe Periandro que se encamina a su misión en la isla bárbara, no volviéndose a tener noticia de ella hasta el capítulo diecisiete, donde el príncipe Arnaldo da cuenta a Auristela de la suerte del personaje:

> Taurisa, tu doncella, habrá dos días que la entregué a dos caballeros amigos míos que encontré en medio dese mar, que en un poderoso navío iban a Irlanda, a causa de que Taurisa iba muy mala y con poca seguridad de la vida, y, como este navío en que yo ando más se puede llamar de cosario que de hijo de rey, viendo que en él no había regalos ni medicinas que piden los enfermos, se la entregué para que la llevasen a Irlanda y la entregasen a su príncipe, que la regalase, curase y guardase hasta que yo mismo fuese por ella (pp. 236-237).

Para reaparecer en el capítulo veinte, aunque solo para morir:

> "Auristela quedó suspensa, quedó atónita, quedó más triste que la tristeza misma, y más cuando vino a conocer que la hermosa Taurisa estaba sin vida.
> - ¡Ay - dijo a esta sazón -, con qué prodigiosas señales me va mostrando el cielo mi desventura, que, si se rematara con acabarse mi vida, pudiera llamarla dichosa, que los males que tienen fin en la muerte, como no se dilaten o entretengan, hacen dichosa la vida! ¿Qué red barredera es esta con que cogen los cielos todos los caminos de mi descanso? (p. 259).

Cabe, pues, una pregunta preliminar: ¿dónde se ha metido Taurisa desde el capítulo tercero hasta el veinte, es decir, durante la casi totalidad del libro I?

Si analizamos la presencia del personaje Taurisa en este primer capítulo, comprobaremos que sus intervenciones diegéticas pueden resumirse en relación a tres momentos determinados: especificación de su nacimiento (capítulo segundo), intervención en la búsqueda de Auristela (capítulo tercero) y descripción de su muerte (capítulo veinte). Es decir, sus apariciones solo interesan a Cervantes como constatación de "algo" que nace, de "algo" que hay que buscar y de "algo" que muere.

Creemos, a la vista de los datos aportados, que este personaje no aparece de manera explícita porque se encuentra de forma implícita conformando el marco temporal en el que se desarrolla la acción; es decir, Taurisa, en su papel de testigo de los tiempos (era de Tauro-Escorpión, tras el relevo del "bárbaro flechero" que personificaba a la era de Sagitario-Géminis), no tiene más finalidad en la diégesis que la de avisar al lector de que se encuentra asistiendo al "nacimiento" de una nueva era para la civilización y que, por lo tanto, toda la aventura narrada en la "isla bárbara" hasta la muerte de Taurisa se corresponde con el relato de los acontecimientos de ese período remoto de los comienzos de la civilización, y cuya duración sabemos que es de 2.160 años.

De la cita que hemos reproducido del capítulo diecisiete, donde el príncipe Arnaldo le cuenta a Auristela la suerte que ha corrido Taurisa, sacamos las siguientes conclusiones:

- Primero. Que hacia el capítulo diecisiete de este primer libro se cuenta que Taurisa está enferma, lo cual, en el contexto cosmológico que nos encontramos, significa que la época o era de Tauro se acerca a su fin (corroborado en la diégesis por lo avanzado del libro I, pues, desde el capítulo segundo hasta el veinte, el espacio narrativo se articula en relación a este periodo de tiempo).

- Segundo. Podemos observar una alusión al próximo cambio cíclico en ciernes (de Tauro-Escorpión a Aries-Libra) en el transbordo que, a instancias de Arnaldo, hace Taurisa a un barco más noble ("como este navío en que yo ando más se puede llamar de cosario que de hijo de rey"), una vez advertido el estado de desahucio en el que se encontraba ("Taurisa iba muy mala y con poca seguridad de vida").

- Tercero. Asistimos a una sutil alegoría que apunta al carácter cíclico de las eras que se van sucediendo: "se la entregué [habla de Taurisa] para que la llevasen a Irlanda y la entregasen a su príncipe, que la regalase, curase y guardase hasta que yo mismo fuese por ella". Donde se da cuenta de que Taurisa se ha marchado (la constelación de Tauro pasa) acompañada de dos caballeros (alegoría de la constelación de Géminis, simbolizada por los dos gemelos o "dos caballeros" que, al preceder a Tauro en ese movimiento espacial sobre la eclíptica, da la impresión de que "la acompañan") que la llevarán hasta Irlanda[106], para ponerse bajo la protección de un príncipe (el universo inteligente que rige todos los movimientos en el cosmos) que la sanará o renovará (alegoría de los ortos estelares, que, tras su ocaso, son percibidos como un renacimiento cíclico), para volverla a recoger él mismo (el propio Arnaldo cerrará el capítulo recogiendo el cadáver de Taurisa, que significará el fin de la era de Tauro).

En cuanto a la cita del capítulo veinte -a continuación de la que acabamos de comentar-, que recoge el momento en que Taurisa "deja este mundo", precisaremos nuevas cuestiones:

- Primero. Observamos que el narrador no dice que Taurisa está muerta, sino que está "sin vida". Lo cual, en este contexto cosmológico, no es lo mismo; pues "morir" posee un sentido más totalizador que el hecho de "estar sin vida". El primer caso significaría la extinción completa de un determinado estado por cambio a otro diferente (alcance universal) y el segundo solo la falta de uno de sus constituyentes (alcance terrenal); pues, finaliza la vida ("sin vida", en relación a la Tierra) pero no su permanencia ("estar", en relación al Universo). Es decir, juzgamos que la circunstancia de hallarse Taurisa "sin vida" debe interpretarse como que la constelación de Tauro ya no rige sobre la Tierra (ha pasado), lo cual no quiere decir que haya muerto, pues ella seguirá su eterno recorrido por el espacio hasta volver a regir los designios de la Humanidad una vez se haya completado otro ciclo de 26.000 años.

- Segundo. En el comentario que realiza Auristela al percatarse de la fatalidad acaecida a su doncella Taurisa, se revela cierto interés por relacionar –como ya la propia Taurisa hizo al principio con el relato de su nacimiento- la "muerte" de Taurisa con los cielos: "- ¡Ay - dijo a esta sazón -, con qué prodigiosas señales me va mostrando el cielo mi desventura". Porque Auristela, encarnación del espíritu universal, siente profundamente el fin de la era que se despide en los cielos (Tauro-Taurisa); pues, sabe que "los males que tienen fin en la muerte, como no se dilaten o entretengan, hacen dichosa la vida", y el "reloj cósmico" avanza en contra del hombre mientras no asuma con valentía el compromiso de salir de la barbarie.

- Tercero. En cuanto a la frase que cierra la cita y que a modo de pregunta retórica se hace Auristela: "¿Qué red barredera es esta con que cogen los cielos todos los caminos de mi descanso?", recordemos lo que decíamos más atrás en relación al término *redoso,* y con el cual relacionamos el que ahora nos aparece en su forma sustantiva: *red.* Pues bien, no solo nos reafirmamos en lo que avanzábamos en aquel punto, sino que lo completamos con las precisiones que el propio personaje de Auristela hace de este término. En este sentido, el adjetivo "barredera" ("red barredera") precisaría el concepto *redoso* en relación a esa gigantesca "red de pesca" como metáfora de la visión que desde la tierra decíamos que se tiene de la Vía Láctea, atrapando en su movimiento "todos los caminos de mi descanso" o, según nuestra interpretación, todas las constelaciones cíclicas que, en cada período o era y según un orden

---

[106]   Irlanda no debe considerarse aquí en su sentido geográfico, sino como alegoría de una tierra primigenia en el devenir cíclico de la Tierra (Hibernia). Ver el capítulo 2.13., donde ofrecemos una detallada interpretación al respecto.

inmutable, rige los designios de la vida sobre la tierra posibilitando la evolución de la civilización, cuyo cenit constituiría el definitivo "descanso" de ese espíritu universal-Auristela.

Creemos, pues, que el sentido cosmológico, histórico y místico-gnóstico que hemos señalado en estos comienzos de la obra de Cervantes revela su intención de crear una obra total o universal a la manera en que los antiguos griegos pergeñaban sus legendarias narraciones: una invitación al lector a tomar conciencia de su doble naturaleza celeste y terrenal y una guía de cómo mirar a los cielos para no perder de vista nuestra propia esencia del ser, que será, en definitiva, lo que haga fracasar o coronar con éxito la larga empresa de la civilización humana.

1.5. Travestismo persilesiano o el andrógino mitológico

Comenzaremos el análisis de este capítulo con una cita de Piskunova, que, al realizar una comparación entre la novela las *Almas muertas* de Nicolai Gógol y el *Persiles,* nos introduce en la perspectiva gnóstico-alegórica que caracteriza a las obras que utilizan los modelos genéricos de la novela griega de la Antigüedad:

> Y aquí tenemos que recordar que tanto las "Almas muertas" como el "Persiles", creados ambos como "poemas épicos en prosa", están escritos siguiendo los modelos genéricos de la novela griega de la Antigüedad tardía, que en España tenía su prolongación en la ficción bizantina de aventuras peregrinas y en Rusia, como ya he dicho, en la novela masónica alegórica del siglo XVIII (M. Heráskov, Apollos y otr.). Y en lo que toca a la novela griega, o sea, a las ficciones de Heliodoro, Aquiles Tacio, Jenofonte de Éfeso, no se trataba de narraciones de entretenimiento designadas para el vulgo o de fábulas milesias. Según demuestran las investigaciones de los últimos veinte años, estas novelas tratan en imágenes simbólico-alegóricas los mismos temas y problemas que los Diálogos de Platón ("Fedro", "El Banquete"), las ·Moralias" de Plutarco, los Evangelios apócrifos y los tratados gnósticos y neoplatónicos...Hablaban de la unidad primaria del Mundo encarnado en la figura de Eroto-Andrógino, de la destrucción de esta unidad debido a la caída del Alma (Mujer) en el hondo del mundo material, de su ansia del regreso a su Padre celestial después de numerosas y difíciles pruebas espirituales.[107]

Como dice Piskunova, los sabios de la Antigüedad griega no realizaban sus obras para entretener, sino para enseñar un conocimiento a través de su lectura: "Hablaban de la unidad primaria del Mundo encarnado en la figura de Eroto-Andrógino".

En tal caso, el episodio de "travestismo" de Periandro constituiría una imagen evocadora del mito platónico, cuya presencia en el *Persiles* se constata en la firme y mutua atracción de Periandro por Auristela, que a su vez es la expresión literaria de la búsqueda por alcanzar ese estado primigenio del hombre: el andrógino.

Y a partir de ese cambio de ropajes, en los que Periandro se convierte en "la más gallarda y hermosa mujer que hasta entonces los ojos humanos habían visto" (p. 143), el episodio avanza con un dramatismo creciente aunque desde una estética visiblemente cómica[108]; lo cual produce el doble efecto de sorprender al lector con la rocambolesca situación y de ocultar bajo los efectos de esa comicidad la gravedad de la enseñanza platónica.

A continuación, y para no extraviar en exceso al lector que sepa ver en el texto algo más que un lance un tanto inverosímil, algo ridículo y bastante gracioso, Cervantes utiliza una serie de símbolos, perfectamente incardinados en la narración al punto de pasar desapercibidos –como suele ser norma en su estilo–, que nos hablan, precisamente, de ese segundo lenguaje que apunta a lo referido para el simbolismo del andrógino:

> El cual, a no pensar que era hermano de Auristela, el considerar que era varón le traspasara el alma con la dura lanza de los celos, cuya punta se atreve a entrar por las del más agudo diamante: quiero decir que los celos rompen toda seguridad y recato, aunque de él se armen los pechos enamorados. Finalmente, hecho la metamorfosis de Periandro, se hicieron un poco a la mar, para que de todo en todo de los bárbaros fueran descubiertos (pp. 143-144).

---

[107]   Piskunova, 2004, pp. 846-847.
[108]   Derivado de ese "travestismo" de Periandro para engañar a los bárbaros, con escenas que llegan a provocar la risa del lector, como es el caso señalado por Romero: "Curioso espectáculo, aún vestido de mujer (hace un momento que el desconocido le ha dicho, en castellano, <<hermosa doncella>>) "se echa al hombro" a Auristela, quien, por su parte, sigue vestida de hombre. Ya lo puso de relieve, hace un siglo y medio, Notter." (n. 19, p. 157).

En un principio, y antes de proceder a la exégesis de este fragmento, tenemos que destacar lo señalado por Romero en relación a la presencia de un narrador en primera persona:

> por primera vez, el yo del narrador se insinúa en el relato. No será la última, desde luego. Pero se debe declarar en seguida que lo de veras lo caracteriza no son estas –abundantes– intromisiones, sino más bien la tendencia a una objetividad tan perfecta como sea posible (n. 34, pp. 143-144).

En cierto modo, a nosotros, más que a definir objetivamente su descripción, la intromisión explicativa del narrador en primera persona nos parece que va en una dirección contraria; es decir, a enmascarar o desviar todavía más el texto subjetivo que se pretende glosar mediante una trivial explicación. Ello, además, produciría el efecto como de querer desvincular ambos discursos (el texto y su glosa) y provocar así en el lector un efecto de contraposición o choque entre dos discursos de naturaleza diferente: el que se corresponde con un sentido alegórico (texto subjetivo narrado en tercera persona) y el más evidente o literal (objetivo en primera persona). La intromisión del narrador, pues, no habría que entenderla como una simple explicación en sentido literal, sino como el deseo de Cervantes de avisar –de vez en cuando- al lector de que se halla leyendo una obra a dos caras: un anverso literal y un reverso alegórico.

Una vez realizada esta puntualización, vayamos al sentido de la cita en cuestión. Dado que el relato amoroso es el que tradicionalmente se ha utilizado a la hora de representar el tema mítico del andrógino primigenio, pues, en esencia, el alegorizado (la unión mística o trascendente) y el alegorizante (la unión de la joven pareja de enamorados) tienen la misma finalidad unitiva, en la cita que hemos seleccionado analizaremos algunas expresiones propias de ese sentimiento amoroso como indicadores de la metamorfosis en curso:

- "traspasara el alma con la dura lanza de los celos". Dada la tradicional tendencia al lenguaje poético que la expresión del sentimiento amoroso lleva aparejada, no nos resultaría difícil coincidir aquí con lo glosado por ese narrador cervantino en primera persona - según se vio -; ahora bien, no es menos cierto que también el místico recurre a las mismas expresiones amorosas en su intento por definir la trascendente unión de contrarios (el andrógino). Es decir, somos de la opinión de que Cervantes utiliza esta misma frase con dos sentidos diferentes: uno literal, en relación a la historia amorosa de los protagonistas (Periandro y Auristela), y otro alegórico para describir la unión mística primigenia (el andrógino). Comoquiera que el narrador ya nos ha dado cuenta del sentido literal a través de su glosa, nosotros nos centraremos en el alegórico. Así, pues, la lanzada que le traspasa el alma, dentro de este contexto místico-gnóstico, podría interpretarse como una evocación de la sufrida por el Cristo en la Cruz (andrógino en el momento de su expiración al unirse con su ser espiritual, según la filosofía platónica; o al unirse con su Padre, según la doctrina cristiana), que la padeció igualmente por amor a ese mismo género humano que le propinó la lanzada (simbólicamente, ¿el ritual del sacrificio del hermano por la posesión de la Bella-el alma: celos?).

- "agudo diamante". En este orden de cosas, y continuando en el mismo contexto gnóstico-cristiano de la frase anterior, interpretamos que esta metáfora podría señalar simbólicamente al cuerpo/materia del Cristo en la cruz ("diamante") perfeccionado o depurado ("agudo") de su carga mortal/impura[109]. Es decir, se nos describe un proceso místico en el que para lograr la unión del andrógino es necesario alcanzar un estado de pureza espiritual ("agudo diamante") antes de asumir el obligado sacrificio a la divinidad (la lanzada).

- "Finalmente, hecho el metamorfosis de Periandro, se hicieron un poco a la mar". Esta frase constituye una evidente declaración de intenciones de nuestro autor, pues no se preocupa ni siquiera de ocultar sus intenciones al manifestar literalmente que el "cambio de ropajes" (de hombre a mujer) que se ha operado en el personaje de Periandro consista claramente en una "metamorfosis"[110]. Expresión, esta, que consiste en una referencia de primer orden acerca de la experiencia metafísica en curso; donde, el final marítimo nos avisa de que el necesario cambio

---

[109] La cruz con diamantes que Cloelia dará a Auristela antes de morir, y que analizaremos en el capítulo 1.8., se relacionaría directamente con lo dicho en este punto.

[110] Recordemos, en este sentido, *Las metamorfosis* de Ovidio, en cuya obra se habría de inspirar Cervantes para componer su *Persiles*; no en vano, ambos libros narran la historia del mundo desde los comienzos hasta la época en que gobernaron los dos respectivos emperadores (Julio César en las *Metamorfosis* y Carlos V en los dos primeros libros del *Persiles*), combinando con libertad mitología e historia.

evolutivo en la conciencia del místico-peregrino se ha producido, aunque, la particularidad declarada de que solo "se hicieron un poco a la mar", nos avisa de que nos hallamos en una primera fase de ese proceso de transformación, al que sin duda le seguirán otros.

A continuación, aunque íntimamente ligado al tema del andrógino que nos ocupa, tenemos que destacar en este episodio el papel que desempeña el personaje secundario Bradamiro; pues, aunque Periandro y Auristela polarizan la atención en cuanto a que son los símbolos visibles de esa metamorfosis, es Bradamiro quien lleva el peso de la acción. No en vano, cuando este personaje vio a Periandro-mujer "hizo desinio en su pensamiento de escogerla para sí, sin esperar que las leyes del vaticinio se probasen o cumpliesen"(p. 150).

En general, la imagen que proyecta Bradamiro es la de un ser violento y anárquico, sin embargo, todo apunta a que Cervantes vuelva a jugar con las apariencias; pues, detrás de esa literalidad que ensalza el estereotipo del "violento", podría esconderse la figura del héroe que se revela contra el poder que le niega la libertad más preciada: la de la búsqueda espiritual. Si nos fijamos en la cita anterior, cuando el narrador nos dice que Bradamiro "hizo desinio en su pensamiento de escogerla para sí", no solo se refiere a la evidencia literal que transmite un deseo primario de posesión sexual; sino que alude también a la decisión ("desinio") adoptada por el personaje, fruto de una profunda reflexión ("en su pensamiento"), de tomar partido por la doctrina de la salvación de las almas personificada en la figura simbólica del "travestido" o andrógino ("escogerla para sí"), y ello "sin esperar que las leyes del vaticinio se probasen o cumpliesen". Es decir, Bradamiro no participará en el "cónclave" de elección del nuevo rey de la isla bárbara (que iba a realizarse a través de la ingesta de la sangre de Auristela-varón tras su planeado sacrificio), que es la condición indispensable para poder elegir a la mujer que le plazca; y se revelará contra esa práctica bárbara seducido por la belleza de Periandro-mujer (la doctrina espiritual inmersa en el andrógino). No resultaría extraño, pues, ver en esta conducta la manifestación de un espíritu disidente, que se resiste y se revela a realizar unos rituales bárbaros en cuanto a que están vacíos de contenido (porque ya no se entienden) y solo son formas externas poseedoras de un gran poder de sugestión (¿la bebida de la sangre y la comida del corazón de la víctima propiciatoria en relación a la eucaristía?).

Siguiendo nuestra hipótesis conducente a demostrar la verdadera naturaleza del concepto que se esconde tras la identidad del "inadaptado" Bradamiro, citaremos a Julio Baena, quien también vislumbra una conexión semántica entre el "violento" bárbaro y los hechos bíblicos en torno al sacrificio de Abraham, cuando expresa:

> La flecha que *no mata* a Periandro es exactamente la misma que *mata* a Bradamiro, como el cordero sacrificado por Abel es el mismo que Dios envía a Abraham para sacrificar a Isaac, según la tradición musulmana a que se refiere Girard.[111]

De la cita de Baena se entiende que el papel que asume Bradamiro en la narración es el de "víctima propiciatoria", lo cual se aleja exponencialmente del juicio más generalizado de la crítica, que apunta, como dice Romero: "a otros grandes <<violentos>> de la tradición occidental" (n.1, p. 150). No parece, en nuestra opinión, que sea muy correcto definir a este personaje por la presencia de un rasgo aparente de su carácter más que por el verdadero juicio de los hechos en que interviene.

Pero el *summun* de la aplicación de la perspectiva realista y/o literalista a la interpretación del texto, en las antípodas del pensamiento del Barroco, viene de la mano de quienes ven en la figura de Bradamiro "una declarada homosexualidad, más o menos <<primigenia>>"(n.2, p. 150). Romero -con nosotros – discrepa de esta perspectiva sexual, cuando añade: "A mi modo de parecer, del modo más gratuito (y, a estas alturas, ya de veras *poncif*) que imaginarse pueda". Y, en efecto, se trata de un exceso de imaginación que, sin embargo, no se proyecta como debiere en beneficio de la alegoría sutilmente elaborada por Cervantes.

Porque Bradamiro permanece en el banquete de pie, vigilante junto al mismo arco que simboliza la *¿defensa del antiguo pacto con Dios?* –según dijimos en páginas anteriores cuando analizábamos la figura del "bárbaro flechero" y su gigantesca flecha-, protegiendo al andrógino (Periandro-mujer) de la inquina de un mundo que aparece representado en esa comida de bárbaros ("por el suelo pieles curtidas, olorosas, limpias y lisas de animales, para que de

---

[111]   Baena, 1996, p. 110.

manteles sirviesen, sobre las cuales arrojaron y tendieron, sin concierto ni policía alguna, diversos géneros de frutas secas"[p. 151]). Esta imagen, sin necesidad de aplicar un gran esfuerzo imaginativo, nos remite al sacrificio del cordero (Periandro "travestido"), preparado para ser inmolado en una bárbara orgía de sangre que ya solo es espectáculo, pues se ignora el sentido que lo fundamenta y que lo relacionaba con el antiguo pacto con la divinidad (desde los tiempos de Noé). Sin embargo, el desvío o degeneración de la antigua religión (*religare*) no pasa desapercibido para el "ojo vigilante" (la presencia divina simbolizada en el arco), personificado en la figura del "pastor disidente": Bradamiro.

Y esa es, creemos, la función de Bradamiro en este episodio de Periandro "transmutado" en el andrógino: oficiar de "pastor" (sacerdote). Pero de "pastor disidente" (¿protestante?), como lo prueba el hecho de no querer asistir al banquete "eucarístico" de los bárbaros, cuya barbarie apuntaría a la obsesión de estos por preservar las antiguas ceremonias de sacrificio (las formas) carentes del significado que habría de dotarlas del verdadero sentido ritual (el conocimiento). De ahí la barbarie, pues de bárbaros es obrar un sacrificio sin el conocimiento efectivo que avale ese acto en apariencia brutal.

Nos encontramos, en nuestra opinión, ante la ceremonia-sacrificio de la eucaristía; donde Bradamiro no solo se niega a compartir mesa con ellos, sino también a participar en el sacrificio de "aquel mancebo, de cuyo corazón se hiciesen los polvos de la ridícula y engañosa prueba" (p. 152).

Agustín Redondo también relaciona el sacrificio que constituye la base de la profecía de los bárbaros con el sacramento de la eucaristía.[112]

Siguiendo este mismo contexto y por sorprendente que pudiera llegar a parecernos, dado el alto contenido herético que supone para la época su interpretación, podríamos afirmar que " la ridícula y engañosa prueba" sería la fórmula literaria - con los adjetivos colocados antepuestos al nombre para resaltar la mayor relevancia semántica de estos sobre aquel - empleada por Cervantes para referirse a la ceremonia de la eucaristía, y, en este sentido, todo este bárbaro episodio constituiría una crítica contundente hacia los Santos Misterios[113] del catolicismo de su época; los cuales, desprovistos del "misterio", que por definición es todo aquello que es muy difícil de entender, se convierte no solo en algo ridículo, sino también en un acto de barbarie consentida o aceptada como una práctica civilizada.

Pero la oportuna intervención de Cloelia salva al "manso cordero" (p. 152) de ser sacrificado, pues su desvelada identidad de mujer le salva. Periandro, presente, se funde en un abrazo con Auristela. Bradamiro, conmovido con los sollozos que entonaban ambos enamorados, aunque desconociendo el verdadero sentimiento que lo originaba, decide, por su cuenta, liberar a Periandro.

De lo que se cuenta a continuación, Bradamiro parece erigirse en adalid de la causa de los "enamorados espirituales"– aunque, en su sentido literal se aprecien causas más mundanas-, ratificando la unión con el gesto "pagano" del entrelazamiento de las manos[114], y donde su intermediación (los tres se cogen de las manos) manifiesta abiertamente el papel de "sacerdote disidente-protestante" que le venimos atribuyendo en este episodio:

> y, así, llegándose a los dos, asió de la una mano a Auristela y de la otra a Periandro y, con semblante amenazador y además soberbio, en alta voz dijo:

---

[112] "Nos estamos refiriendo, en primer lugar, a lo que implica la profecía de la isla bárbara (I, 2, pp. 137-138). Al ser capaz de ingerir bajo forma de polvos el corazón de un varón sacrificado – sangre y corazón van unidos -, el elegido se regenera, cobra un nuevo ser, adquiere una fuerza mágica y soberana que le permite no solo reinar sino regenerarse de otra manera en una virgen, bajo la forma del conquistador del mundo, como Zeus hiciera comer el corazón de Zagreus, engendrando luego a Dionisos en la diosa Sémele. Esta mitología de la sangre, purificadora y regeneradora, porque la vida nace de la muerte, recuperada por el Cristianismo con la sangre de Cristo, el sacramento eucarístico y el corazón de Jesús, está muy bien estudiada y documentada por los antropólogos." Redondo, 2004, pp. 80-81.

[113] Nombre por el que también se conoce al sacramento católico de la eucaristía. No olvidemos que una de las causas de discusión del Concilio de Trento, donde, como se sabe, se produjo la escisión de la Iglesia por la reforma protestante, fue la eucaristía.

[114] "la cantidad impresionante de bodas celebradas por simple apretón de manos impide creer que se trate de casualidad o de algo sin importancia, y menos aún si se tiene en cuenta que Periandro está perfectamente enterado de las costumbres matrimoniales". Nerlich, 2005, p. 573.

-Ninguno sea osado, si es que estima en algo su vida, de tocar a estos dos, aun en un solo cabello. Esta doncella es mía, porque yo la quiero, y este hombre ha de ser libre, porque ella lo quiere (p. 155).

A partir de la valiente defensa que hace Bradamiro del "andrógino", símbolo, a su vez, de la pureza de la antigua religión inmersa en aquel pacto con la divinidad que obligaba el estudio de los cielos (el arco) como fundamento del conocimiento de sí mismo y del Universo, la escena -literalmente- se "dispara" afectando a todos los personajes.

Para empezar, acaba con la vida del propio Bradamiro, que por ello se convierte en mártir de la causa de los "enamorados":

Apenas hubo dicho esto, cuando el bárbaro gobernador, indignado e impaciente sobremanera, puso una grande y aguda flecha en el arco y, desviándolo de sí cuanto pudo estenderse el brazo izquierdo, puso la empulguera con el derecho junto al diestro oído y disparó la flecha, con tan buen tino y con tanta furia que en un instante llegó a la boca de Bradamiro y se la cerró, quitándole el movimiento de la lengua y sacándole el alma, con que dejó admirados, atónitos y suspensos a cuantos allí estaban (p. 155).

Prestemos atención al desarrollo de estos acontecimientos, pues la aparatosa muerte de Bradamiro no tuvo que pasar desapercibida para el ojo entrenado de un lector barroco. Si, como venimos aduciendo, en este contexto místico-gnóstico al que nos ha llevado la alegoría, Bradamiro representaría a esa religión "verdadera", el bárbaro gobernador, autor de su asesinato, ¿no debería simbolizar a la facción contraria; es decir, al poder político en connivencia con una religión utilizada como instrumento de represión: la teocracia?

No resultaría una temeridad, a la luz de las deducciones que estamos aportando y de la importancia capital que habría de tener el tema en época de nuestro autor, suscitar la posibilidad de que Cervantes estuviere narrando en clave alegórica su propia visión de la problemática que centró el conflicto religioso entre católicos y protestantes y que desembocó en el concilio de Trento.

En cualquier caso, antes de decantarnos en este sentido, seguiremos analizando los elementos que aparecen en la narración que indican, al menos, la necesidad de seguir perseverando en esta línea.

Y, entre todos esos elementos diegéticos, destaca aquí el personaje al que el narrador - entre paréntesis y a modo de explicación- se refiere como una especie de brujo que ejerce una gran influencia entre las gentes que pueblan la isla bárbara, que son: "persuadidos, o ya del demonio[115], o ya de un antiguo hechicero[116] a quien ellos tienen por sapientísimo varón[117]" (pp. 137-138).

---

[115] En cuanto al apelativo de "demonio" con el que el narrador identifica a la figura del líder espiritual de esa comunidad bárbara, los cátaros, que practicaban un cristianismo gnóstico-primitivo que les costó su completo exterminio en el siglo XIII, denominaban a la Iglesia católica (causante de la su masacre y donde se estima que llegaron a perder la vida cerca de un millón de cátaros en el sur de Francia) la Iglesia de Satán o del Demonio.

[116] El sintagma "antiguo hechicero" es revelador de un sentido mucho más rico del que podría apreciarse a simple vista. Pues, para empezar, la anteposición del adjetivo (epíteto) revela un mayor peso conceptual de este sobre el sustantivo. Romero, que también se ha interesado por este adjetivo (nota 14, pp. 137-138.), no duda en calificarlo de cultismo, utilizado, como se sabe, para dar al discurso un estilo elevado. Ahora bien, ¿qué objeto tendría el hecho de caracterizar a un "brujo" mediante el empleo de un lenguaje culto? ¿Acaso un hechicero, dentro del presunto contexto tridentino en el que se halla inmersa la obra, sería merecedor de ello? ¿A qué obedecería, pues, esta intención de Cervantes por magnificar retóricamente una figura peyorativa? En nuestra opinión, creemos que las respuestas a estas preguntas se encuentra en el propio concepto que define al adjetivo "antiguo", pues, ¿qué "hechicero" podría ser más antiguo que uno que lleve más de dieciséis siglos (en época de Cervantes) ejerciendo el cargo de manera ininterrumpida entre "sus bárbaros correligionarios"? El hechicero, que además de antiguo posee la connotación de embaucador, ¿podría señalar a la figura de un líder espiritual que se perpetúa en el tiempo a través de un cargo sucesorio...?

[117] "Sapientísimo varón". Vuelve de nuevo Cervantes a elevar el tono de su discurso para definir al "brujo" de esa isla bárbara. Utilizando el mismo recurso de la anteposición, desvía el peso conceptual del sintagma hacia el adjetivo "sapientísimo", que pasaría a ser el núcleo semántico de la composición. Sin abandonar, pues, el mismo concepto que habíamos desarrollado en la nota anterior, cabría preguntarse: ¿quién podría ser considerado el más sabio de entre los sabios ("Sapientísimo varón") que aquel que incluso goza del dogma de la infalibilidad?

En cualquier caso, creemos que este intencionado sintagma, conjuntamente con los otros dos calificativos que nos proporciona el narrador ("demonio" y "antiguo hechicero") podrían conformar una versión del famoso refrán

Pero centrémonos ahora en el modo en cómo se produce el más capital de los pecados: el asesinato de Bradamiro. Sorprende el detalle con el que el narrador se recrea en los preparativos del disparo de la flecha, así como en los inusuales efectos de la herida sobre la víctima. Sin duda, este "lujo" descriptivo no es, en modo alguno, un simple alarde estético del autor; sino que obedece a razones de índole doctrinal sutilmente incardinadas en la narración.

Un detalle viene a enturbiar, aún más si cabe, la difícil tarea de descifrar un mensaje ya oscuro desde su origen. Nos referimos a que el arma que empuña el bárbaro gobernador para matar a Bradamiro es la misma que utilizó el "bárbaro flechero" en los comienzos de la obra para amenazar a Periandro-mancebo: "puso una grande y aguda flecha en el arco". En tal caso, parece que en este episodio el bárbaro gobernador es el dueño y señor del "arco y su flecha", con todo lo que ello representa. Ocurre, sin embargo, que si la primera de las flechas (la del bárbaro flechero) funcionaba como un "aviso amenazante" de un futuro cierto (¿el apocalipsis?), pero sin llegar a herir (pues en verdad, ese dios amenazante lo que quiere es salvar a la Humanidad a través del conocimiento); la segunda flecha (la que va a disparar el bárbaro gobernador) mata sin contemplaciones a quien se muestra defensor de la causa del "arco" (el pacto primigenio entre los dioses y los hombres, simbolizado aquí a través de la figura del andrógino: Periandro-Auristela "travestidos"). Es decir, deducimos de ello que el bárbaro gobernador representaría al falso custodio del "pacto" (¿la teocracia?), cuyo poder vendría de la cobertura proporcionada por quienes se arrogan un conocimiento equivocado del "arco" (el "sapientísimo varón") que, en lugar de utilizarlo como medio de salvación del hombre (el conocimiento o gnosis), lo emplea para matar, precisamente, al hombre (Bradamiro) que predica la verdadera salvación a través de la defensa del "andrógino".

La "equivocación" o desviación doctrinal en la que incurre el guardián (el bárbaro gobernador) de esa religión "primitiva" se sobreentiende con meridiana claridad cuando dice: "y, desviándole [el arco] de sí cuanto pudo estenderse el brazo izquierdo". Es decir, Cervantes parece decirnos que el asesinato de Bradamiro (defensor del andrógino o filosofía platónica de la unión de los contrarios) constituiría la prueba más evidente del camino equivocado (el desvío) que habría tomado la civilización en esa época en relación a su propia salvación ("desviándole [el arco] de sí").

Pero, si una religión desviada de sus principios fundacionales es capaz de asesinar a quien pretenda reconducirla de vuelta a sus orígenes, será mejor que se tenga cuidado con lo que se dice y, en este sentido, opinamos, debe interpretarse la siguiente cita: "puso la empulguera [el bárbaro gobernador] con el derecho junto al diestro oído". Pues, ¿qué otro sentido habría de tener esa intención de nuestro autor por relacionar mano y oído de manera tan visual? ¿Quizá la circunstancia de que "poner la empulguera con el derecho" podría interpretarse como que *se tiene derecho a disparar sobre Bradimiro o que la Ley* ("con el derecho") *le ampara en hacer sus designios por crueles que puedan parecer*? Porque, "diestro oído" podría aludir tanto al oído derecho como al "oído entrenado". En cualquier caso, la anteposición del adjetivo marca la preferencia por la opción alegórica, dado el grado de subjetividad del concepto. Es decir, juzgamos que Cervantes relaciona literalmente el "mecanismo" (la empulguera) que dispara la flecha con el "diestro oído" para conseguir un determinado efecto desde una perspectiva o sentido diferente al literal: *la flecha se dispara en cuanto la "herejía" llega a oídos del inquisidor.*

Y si todavía tuviésemos alguna duda acerca del motivo real de la muerte de Bradamiro, el lugar del impacto de la flecha habría de despejarla por completo: "y disparó la flecha, con tan buen tino y con tanta furia que en un instante llegó a la boca de Bradamiro y se la cerró". Como vemos, existe demasiada voluntad de "cerrar la boca" de Bradamiro; pues, el narrador nunca dice que la flecha lo mata, sino que solo le cerró la boca (el origen de la "herejía"), "quitándole el movimiento de la lengua" (la capacidad de expresarse o contar) y "sacándole el alma"(la capacidad de pensar e influir sobre las voluntades debido al terror que tal acto inspira).

Sorprende, a continuación, encontrarnos en este punto con noticias del "desaparecido" Corsicurvo, del cual se nos dice que fue: "el bárbaro que se ahogó en el pasaje de Periandro"(p. 155). Es decir, comprobamos que en este justo momento de la narración coincide: la muerte de

---

castellano: "Más sabe el diablo por viejo que por diablo". Donde los elementos coincidirían del siguiente modo: Más sabe ("Sapientísimo") el diablo ("Demonio") por viejo ("varón" "antiguo") que por diablo ("hechicero").

Bradamiro, el informe del "ahogamiento" de Corsicurvo, la entrada del hijo de Corsicurvo en el episodio y la muerte del bárbaro gobernador.

Porque la noticia de la suerte que ha corrido Corsicurvo constituye, sin duda, un punto importante a considerar en la comprensión de este clímax narrativo. Primero, resulta evidente la introducción de una idea de "renacimiento" del personaje al presentarnos, casi a la vez, su muerte ("se ahogó") y la aparición de su hijo (prolongación figurada de la vida de su progenitor) en el relato. Segundo, el hijo solo aparece para representar el papel de justiciero (vengar la muerte de Bradamiro) en defensa de los mismos ideales espirituales que revestían tanto a Bradamiro como a su propio padre Corsicurvo al inicio de la novela-epopeya: la defensa de la causa del andrógino.

Y, además, no deberíamos pasar por alto el detalle de que el hijo de Corsicurvo no emplea el arco y la flecha para consumar la venganza, sino el puñal de piedra, porque:

> pareciéndole ser más ligeros sus pies que las flechas de su arco, en dos brincos se puso junto al capitán y, alzando el brazo, le envainó en el pecho un puñal que, aunque de piedra, era más fuerte y agudo que si de acero forjado fuera (pp. 155-156).

Y no lo emplea porque el "arco", en manos de los personajes que representan la religión – podríamos así llamarla – "del espíritu"[118] (Bradamiro, Corsicurvo y su hijo), significaría otra cosa distinta o contraria a la idea de "instrumento de muerte", que es el uso que del "arco" realiza la facción que encabezaba el "bárbaro gobernador".

Comoquiera que no somos ajenos a la perplejidad que supone la aparición en la diégesis de ciertas armas que proceden de la Edad de Piedra, en un contexto protohistórico en donde ya se utilizaban los metales; señalaremos, además de todo lo argumentado hasta ahora en relación a ello, que el trabajo de la piedra simbolizaría una idea de pureza del camino evolutivo del Hombre, frente a los metales, que marcarían el comienzo del desvío de la Humanidad. No comentaremos, sin embargo, ninguna de las razones "esgrimidas" por algunos críticos para justificar el empleo de estas armas prehistóricas, pues, a pesar de su relativa pertinencia dentro del contexto literal, nos parecen, en general, fuera de la perspectiva alegórica a la que nos estamos refiriendo.

Porque el mensaje de salvación inmerso en esa religión de origen "lítico" tiene la ventaja de haberse conservado puro, frente a la falsa sensación de avance espiritual que supone siglos de especulación doctrinal, que, concilio tras concilio, ha desviado el mensaje originario inscrito en ese "arco" ancestral. Y esto es, a nuestro juicio, lo que Cervantes nos quiere decir cuando en boca de su narrador anuncia que el puñal de piedra "era más fuerte y agudo que si de acero forjado fuera"; no en vano, en su sentido literal resultaría absurda tal afirmación.

Lo que sigue después es el caos y la confusión. La violencia se enseñorea en el mundo y ya nada volverá a ser lo mismo. Es el relato del origen de la violencia. El olvido de la "verdadera religión"[119] o la desobediencia del "pacto" podría considerarse como la causa que motiva en el relato esa explosión de barbarie:

> sin respetar el hijo al padre, ni el hermano al hermano: antes, como si de mucho tiempo atrás fueran enemigos mortales por muchas injurias recibidas, con las uñas se despedazaban y con los puñales se herían, sin haber quien los pusiese en paz (p. 156).

Al final, la única solución posible viene de la mano de la destrucción por el fuego que todo lo purifica. El incendio de la isla bárbara marcará el fin de una era que, como si fuera una quema

---

[118] Los cátaros se autodenominaban como la Iglesia del Espíritu.

[119] La noción de "verdadera religión" que aquí presentamos podría asimilarse, aplicando la pertinente interpretación alegórica, a la practicada por el propio caballero Don Quijote; que, sin desdeñar la pureza de la religión (que él llama 'verdadera religión'), nos induce a pensar que el concepto constituya la experiencia íntima e individual (sin intermediarios) que el propio seguidor de esta doctrina haga del hecho religioso: "Caballero soy y caballero he de morir si place al Altísimo. Unos van por el ancho campo de la ambición soberbia; otros por el de la adulación servil y baja, otros por el de la hipocresía engañosa, y algunos por el de la verdadera religión; pero, inclinado de mi estrella, voy por la angosta senda de la caballería andante, por cuyo ejercicio desprecio la hacienda, pero no la honra." *DQ*, II, p. 521.

de rastrojos en beneficio de nuevas cosechas, posibilitará el nacimiento en la tierra de una nueva generación de seres y una nueva esperanza de evolución nacida del aprendizaje de sus errores.

Pero siempre hay esperanza para aquellos espíritus libres que no dejan de mirar a los cielos (el "arco" en las nubes), y así nos lo hace ver Cervantes cuando dice: "Y, en esta sazón tan confusa no se olvidó el cielo de socorrerles, por tan extraña novedad que la tuvieron por milagro"(p. 156). Pues, al momento, "un bárbaro mancebo[120] se llegó a Periandro y, en lengua castellana, que dél fue bien entendida, le dijo: -Sígueme, hermosa doncella"(p. 157).

Rescatados, pues, de entre las llamas, o, para decirlo a la manera mitológica, renacidos de sus propias cenizas como el Ave Fénix, la "hermosa doncella" y todos sus acompañantes son puestos a salvo. El "andrógino" y su "corte" son conducidos a un lugar mítico y fronterizo entre la realidad y la ficción, entre la vida y la muerte, entre la seguridad de la tierra y la incertidumbre de los inmensos espacios oceánicos: la cueva al borde del mar tenebroso.

1.6. La historia de Antonio el bárbaro español o un español entre bárbaros llamado Antonio

Antes de acometer el análisis de la historia de este personaje en cuestión, realizaremos un bosquejo del escenario en donde se desarrolla el episodio. Antonio Gagliardi analiza, de forma muy sintética e instructiva, la estructura de la isla bárbara en los siguientes términos:

> La isla de los bárbaros está dividida en dos partes contrapuestas. El cotejo entre la parte de la isla ocupada por los bárbaros y la otra donde se acoge a los fugitivos se convierte en la clave hermenéutica de toda la obra porque todos estos problemas se encuentran en síntesis extrema. Su escritura simbólica no se puede pasar por alto. Las simetrías son evidentes y deben permitir leer las respectivas diferencias.[121]

Estamos de acuerdo con Gagliardi en cuanto al señalamiento de la naturaleza simbólica o alegórica de esos dos espacios diferenciados: la isla habitable y la cueva junto al mar, y, en base a ello, nos aventuraremos a realizar una primera identificación desde una perspectiva social: la sociedad falsa-bárbaros y los fugitivos o disidentes-civilizados, respectivamente.

Pero la riqueza de la alegoría que se despliega en torno al tema de "la isla bárbara" implica nuevos sentidos a tener en cuenta. Es el caso de la percepción que suele tenerse de las nociones de *infierno* y *paraíso* como conceptos separados e incluso opuestos, pues, en este episodio, parece que comparten un mismo espacio de convivencia: la isla bárbara.[122]

Todo lo cual, nos lleva a una concepción del episodio en términos religioso-espirituales, donde los bandos enfrentados (residentes y fugitivos) podría representar a la perspectiva bipolar de una religiosidad emanada del mismo tronco común. De este modo, los bárbaros residentes personificarían la existencia de una religión acomodada en unas prácticas de las cuales han olvidado su sentido, que es precisamente la causa de su extrema crueldad: desprovisto el rito de su verdadero significado los misterios se convierten en puro teatro, es decir, un mero ejercicio de estética ritual centrado en la expresión de una conducta bárbara y reprobable; lo cual constituye una desviación que podría asimilarse al engaño del mundo de las apariencias o, dicho de manera mítica, a la visión del *infierno* sobre la tierra (la isla bárbara). Por otro lado, los disidentes-fugitivos que habitan en la cueva constituyen un grupo humano reducido que simboliza lo contrario de aquellos: desdeñan las manifestaciones externas de la religión, sabedores de que solo se trata de un acto de sugestión estética, centrándose en el aspecto interno de la misma; pues, a pesar del menor atractivo que representa para los sentidos, es allí donde ha de buscarse el mítico *paraíso* perdido.

---

[120]   El calificativo de este nuevo bárbaro que entra en escena denota su filiación espiritual, según venimos señalando.

[121]   Gagliardi, 2004, p. 402.

[122]   En palabras de Soupault: "Luego, se encuentran las islas creadas por una relación metonímica. La primera de la novela abarca la ambivalencia que refleja la dualidad tradicional de las islas, el infierno y el paraíso: la isla Bárbara. Es el colmo del horror que acosa a los héroes por la crueldad de sus habitantes y por el peligro que les amenaza a cada paso. Sin embargo, en el mismo territorio insular, surge un pequeño paraíso en la cueva-hogar de Antonio, el Bárbaro español, donde Persiles y Sigismunda van a ponerse a salvo." Soupault, 2004, p. 1006.

Ahora bien, todos los habitantes de la isla son bárbaros, lo cual se explica tanto en función de la época a la que se remonta la perspectiva cosmológica-temporal que venimos aplicando (era de Tauro: 4.000 al 2.000 a. C. aprox.), como a la circunstancia de que ambas facciones enfrentadas en la isla estén alumbradas, desde sus comienzos, por una misma religión primitiva (*religare*). Ocurre, sin embargo, que en el correr de las eras solo la corriente espiritual simbolizada por los "fugitivos" moradores de la cueva será la que conserve el mensaje original en toda su pureza. Andando en el tiempo, ese pensamiento mítico pudo cristalizar en una nueva religión destinada a alumbrar la nueva era que vendría a regir en el mundo bajo el símbolo de un pez (la era de Piscis): el cristianismo primitivo.[123]

Queda, pues, perfilado el contexto alegórico-espiritual en el que se va a desarrollar el episodio. Vayamos ahora al texto.

En primer lugar, analizaremos la aparición Antonio el bárbaro en el relato: "En esto vieron que hacia ellos venía corriendo una gran luz, bien así como cometa, o, por mejor decir, exalación que por el aire camina"(p. 158). Nos resulta del todo sorprendente que la crítica no haya recalado en la "luminosa" entrada de Antonio el bárbaro, pues, en efecto, como dice su hijo Antonio: "Este es mi padre, que viene a recibirme" (p. 158). Sin duda, no es necesario un gran esfuerzo de imaginación para ver aquí la imagen mítica del héroe Prometeo bajando el fuego sagrado de los cielos para dárselo a los recién llegados a su espacio-cueva. En un contexto próximo a la época de Cervantes, y en relación a la perspectiva religiosa que habíamos señalado más arriba, la llegada de Antonio simbolizaría la luz del conocimiento (inmersa en el cristianismo primitivo) que viene a guiar (salvar) a los verdaderos cristianos (Periandro, Auristela, Cloelia) en su camino hacia su casa/cueva (en relación a la iluminación alcanzada por los primeros ermitaños en esas grutas de los comienzos del cristianismo y anterior a él).

Nos detendremos, antes de proseguir con la figura de Antonio el bárbaro, con un preciso mensaje que muy sutilmente coloca Cervantes al final del capítulo cuarto, sobre el que tampoco – para nuestro desconsuelo, pues nos obliga a parecer atrevidos cuando lo que quisiéramos sería bogar por aguas ya surcadas por otros – nadie ha reparado. La situación tiene lugar en la boca de entrada a la cueva y en el momento en que la "intérprete" muestra su sorpresa al escuchar hablar a la esposa e hija de Antonio el bárbaro en "otra lengua de aquella que en la isla se acostumbraba":

> y cuando les iba a preguntar qué misterio tenía saber aquel lenguaje, lo estorbó mandar el padre a su esposa y a su hija que aderezasen con lanudas pieles el suelo de la inculta cueva. Ellas le obedecieron, arrimando a las paredes las teas; en un instante, solícitas y diligentes, sacaron de otra cueva que más adentro se hacía pieles de cabras y ovejas y de otros animales, con que se quedó el suelo adornado y se reparó el frío, que comenzaba a fatigarles (p. 159).

En este punto, debemos advertir que nos hallamos reproduciendo una situación similar a la relatada al comienzo de la novela-epopeya; es decir, junto a la boca de una cueva se encuentra nuevamente Cloelia, y la bárbara intérprete se sorprende de las voces de bienvenida (como las de Corsicurvo) que profieren las dos mujeres que salen de la boca de la gruta para recibir a los recién llegados, porque no las entiende ("de nadie eran entendidas las articuladas razones que pronunciaba sino de la miserable Cloelia").

¿Qué podría significar, por tanto, esta repetición deliberada de una similar situación a la que se reproduce al comienzo del *Persiles*? En nuestra opinión, esta "vuelta" al escenario original nos sitúa en la perspectiva simbólica; es decir, en relación a lo representado por el personaje de Cloelia – según se vio -, pero a un nivel más avanzado que al referido al comienzo del *Persiles* junto al bárbaro Corsicurvo. Esto lo prueba el hecho de que lo que sale de la cueva no es ahora un mancebo inerte atado con unas cuerdas (materia pasiva en estado primario), sino dos mujeres portando sendas luminarias en sus manos (materia activa en proceso de iluminación).

---

[123]   Según recoge Nerlich: " Sea como fuere, es innegable que todos estos episodios remiten claramente – para los lectores de la época de Cervantes – a comportamientos de un cristianismo primitivo, y más en particular aún en el episodio de la "isla bárbara", donde "Antonio el padre" y su hijo, llamado "Antonio el hijo" o (I v 158) "el mozo", viven con Ricla, su esposa y madre y Constanza, su hija y hermana, como anacoretas, pero en condiciones aún más primitivas que Renato, Eusebia y Rutilio, puesto que su domicilio es la *isla bárbara,* designada ya con este nombre como lugar de vida primitiva, es (159) "un anchísimo espacio o cueva, a quien servían de techo y de paredes las mismas peñas." Nerlich, 2005, pp. 463-464.

En segundo lugar, cuando el lector parece que va a enterarse, a través de la pregunta que la bárbara intérprete está a punto de proferir acerca de "qué misterio tenía saber ellas aquel lenguaje" (p. 159), Antonio el padre evita la ocasión de que la misma llegue a formularse con el acto de mandar a sus mujeres (madre e hija) a que aderezasen el rústico alojamiento. Entonces, el lector, ofuscado al comprobar que no hay respuesta a la expectación que el narrador ha suscitado, lee rápido el final del capítulo sin advertir, precisamente, que en el propio acto de acondicionar la cueva se encuentra la respuesta a esa pregunta.

¿Cuál es, pues, el "misterio" que supone "saber ellas aquél lenguaje"?, o, dicho de otro modo, ¿qué mensaje se esconde tras ese lenguaje alegórico o simbólico, que no entiende la bárbara intérprete a pesar de vivir en la misma isla y que el narrador ha encriptado sutilmente en un lugar del texto en el que muy pocos se fijarían? La respuesta no puede ser otra que la Tradición, entendida aquí como la transmisión de un saber antiguo desde los comienzos remotos de la Humanidad hasta la época en la que se narran estos acontecimientos. Y la forma de expresarlo no podría ser más evidente, pues el hecho de que Antonio el bárbaro mandase que "aderezasen con lanudas pieles el suelo de la inculta cueva", tiene el sentido de *aculturizar* (dispensar sabiduría o civilizar), precisamente, con el acto de cubrir el suelo desnudo ("inculto") con esas lanudas pieles[124]; que, a su vez, nos remite a la aventura mítica de Jasón y los Argonautas en busca de las más famosa de las pieles lanudas: el vellocino de oro.

No debemos pasar por alto que, en el acto de la enseñanza de la Tradición (la "aculturización" del suelo de la cueva y, por extensión, el proceso por el que la Humanidad, a través de ese símbolo lanar o vellocino, pasó de la barbarie a la civilización), es necesario iluminar ("las teas") a las sociedades que emergen (las "paredes" de esa cueva, en cuanto a su función sustentadora de la vida humana); pero no de cualquier modo, sino a través de una enseñanza muy concreta: la que se encuentra bajo el símbolo de la *tau*. Y no con mejor ocasión, creemos, Cervantes introduce la casi homófona "teas" (antorcha, luminaria, etc.) en relación a *taus*. Recordemos que la *tau* fue el símbolo de reconocimiento de los primeros cristianos, así como el distintivo de San Antonio Abad –del que hablaremos más adelante – y de San Francisco de Asís, Orden a la que pertenecía Cervantes como terciario.

Y algo más apuntaremos en lo que respecta a las "teas" (antorchas), pues, antes de que el grupo comandado por Antonio el padre llegase a la cueva: "Salieron, con teas encendidas en las manos, dos mujeres" (p. 159); lo cual podría interpretarse según lo manifestado por Freke y Gandy en relación a los misterios paganos de Eleusis y Mitra:

> Un icono común representa dos portadoras de antorchas a ambos lados de Mitra. Una de estas figuras apunta con su antorcha hacia arriba, lo cual simboliza la ascensión al cielo, y la otra apunta con la suya hacia abajo, lo cual significa el descenso al infierno. En los misterios de Eleusis también hay dos figuras que con sus antorchas señalan arriba y abajo respectivamente, de pie a ambos lados de Dionisos, pero en este caso son mujeres[125]

En función de lo expresado en esta cita, que parece evocar la actuación de esas dos mujeres en este fragmento que estamos analizando del *Persiles*, ¿acaso la frase de recibimiento de la muchacha no constituiría una alegoría del simbolismo de la antorcha apuntando hacia abajo: "-¡Ay, padre y hermano mío!"(p.159) = vínculo físico/tierra, y, del mismo modo, el saludo ahora de la mujer mayor no representaría a la antorcha apuntando hacia arriba:"- Seáis bien venido, regalado hijo de mi alma" (p. 159) = vínculo espiritual/cielo?[126]

Finalmente, el hecho de sacar de "otra cueva que más adentro se hacía pieles de cabras y ovejas y de otros animales, con que quedó el suelo adornado y se reparó el frío", podría interpretarse ahora en relación a un criterio de temporalidad. Es decir, en el sentido de que una cueva más profunda, desde donde coger los rudimentos que conforman la evolución de las civilizaciones simbolizadas en esas pieles de animales, alude no solo a un concepto genérico de

---

[124]   Nótese la acción del epíteto en clara alusión a este segundo lenguaje (subjetivo) que debe aplicarse en su interpretación.

[125]   Freke / Gandy, 2000, p. 76.

[126]   Un sentido similar podría encontrarse en las *Etiópicas*. Nos referimos a la intención manifestada por Cariclea de ser reconocida por Teágenes por el apelativo de "*antorcha*": "la palabra *antorcha*, en boca de Clariclea, y la de *palma*, en la de Teágenes, servirían también para reconocerse mutuamente", al objeto de "comunicarnos nuestros secretos en presencia de extraños". Heliodoro, *Etiópicas*, pp. 198-199.

anterioridad, sino que la enumeración detallada de animales y "de otros" que no menciona podría apuntar a la fórmula más antigua que se conoce para referirse al carácter cíclico del paso del tiempo, expresado a través de los símbolos zoomórficos que, según dijimos, constituirían ese "reloj cósmico" que la Tradición emplea en la medición de las eras mediante los signos que simbolizan las constelaciones.

Porque, cuando el narrador se refiere al beneficio de las pieles sobre el suelo de la cueva ("quedó el suelo adornado y se reparó el frío") interpretamos en ello la función benefactora que la Tradición tiene en la evolución de la civilización, que por un lado cubre la función estética ("suelo adornado": el arte en todas sus manifestaciones) y por otro la vital ("reparó el frío": el "fuego sagrado" o conocimiento proporciona el sustento para la vida, su mantenimiento y su perpetuación).

En resumen, juzgamos que Cervantes responde a la intención de la bárbara "interprete" por saber el misterioso lenguaje que habla la familia de Antonio el bárbaro – que, por cierto, es el castellano, lo cual revela también la voluntad de Cervantes de presentar a España y a su lengua como expresión del alma de un pueblo ancestral y depositaria de esa sabiduría que "alumbra" a todas las naciones de un Imperio sobre el que ejerce su influencia-, señalando los tres principios que definen la Tradición:

1º. El conocimiento de la Tradición se presenta como una transmisión de la sabiduría ininterrumpida en el tiempo, lo cual, se expresa en el episodio a través de la imagen de esa cueva que profundiza con nuevos espacios habitables; simbólicamente referidos a través de la presencia de las "pieles de cabras y ovejas y otros animales". Porque, la alegoría es aquí muy clara en relación a un tiempo pasado (la cavidad más profunda de esa cueva), que se simboliza con la piel de cabra o oveja (la era de Aries, desde el 2.300 a. C. al 200 a. C. aprox.); y, bastante más oscura, en relación ahora al juego anagramático que hace Cervantes a la hora de mencionar a esos "otros animales", pues, el término OTROS, modificando la posición de las letras, se convierte en TOROS. En tal caso, esos *toros animales* ("otros animales") señalarían directamente a la era inmediata anterior a Aries: Tauro, simbolizado por un toro (4.300 a. C. - 2300 a. C., aprox.).

2º. La Tradición es indispensable para la correcta evolución de la civilización, lo cual es sugerido a través de la función que esas pieles desempeñan en la cueva: adornar el suelo y reparar el frío (deleitar y enseñar).

3º. La Tradición implica un conocimiento o gnosis como base de cualquier religión que se adopte para mantener el ancestral "pacto" ("arco") con la divinidad; lo cual es manifestado mediante la utilización de esas teas encendidas (la iluminación a través de lo que significa el símbolo de la *tau*) que portan las dos mujeres.

A continuación, dejaremos que sea el propio Antonio el bárbaro quien, a través del propio relato que hace de sí mismo, nos indique las claves de su identidad.

En el texto se nos informa de lo siguiente: nació en una de las mejores provincias de España, hijo de hidalgos y de buena crianza, estudió gramática lo que le permitió dar el salto a las demás ciencias (erudito), pero se inclinó por la carrera de las armas (el tópico de las armas y las letras como ejemplo de varones esclarecidos). Sirvió como soldado en Flandes a las órdenes del emperador Carlos V y, tras su regreso victorioso, ocupó algún cargo de responsabilidad en la corte ("honróme el emperador"). Se relacionó en determinados círculos de poder ("tuve amigos") y, "sobre todo" – esto no debe dejarse pasar por alto, pues será una pista importante a la hora de identificar al personaje de ficción con alguien muy relevante en el mundo real– "aprendí a ser liberal y bien criado, que estas virtudes se aprenden en la escuela del Marte cristiano"(p. 162). Prosigue su autobiografía para contarnos que la fortuna lo "derribó de su cumbre", cayendo en desgracia a raíz de un lance de honor que le costó la vida a un "caballero" ("le di dos cuchilladas en la cabeza muy bien dadas"); lo cual motivó su huida, primero a Aragón – otra gran pista a la hora de esclarecer su identidad– y, tras un periodo corto de tiempo sirviendo de nuevo al Emperador en Alemania, después a Inglaterra a través de Portugal. Otro lance, ahora con un marinero inglés al que "fue forzoso darle un bofetón", trunca su llegada a Inglaterra y, tras un naufragio salpicado de episodios inverosímiles (isla de los lobos), llega a la isla bárbara donde conoce a la que será su esposa, Ricla, terminándose en este punto el relato de su vida pasada.

Añadiremos, a la biografía de Antonio el bárbaro, la suerte que correrá en los capítulos venideros, que se concreta en el abandono de la isla bárbara en compañía de su familia y del resto de personajes que componen el "escuadrón de peregrinos" en dirección a Roma. Su aventura diegética, sin embargo, terminará en Quintanar de la Orden (de Santiago, que, al parecer, evita decirse en el texto), donde él y su esposa Ricla pasarán juntos lo que les reste de sus vidas.

Después de esta breve exposición de los avatares del personaje que nos ocupa, podemos adelantar que existe una figura muy importante en la vida política de la época de Cervantes que, aparte de merecer por méritos propios ser citado por nuestro escritor, se corresponde de manera muy precisa con la descripción que el propio bárbaro hace de sí mismo: nos referimos a Antonio Pérez, secretario de estado de Felipe II.

Analicemos ahora la biografía de Antonio Pérez: nace en Valdeconcha (provincia de Guadalajara) en 1540 y muere en 1611 (coetáneo de Cervantes), hijo de Gonzalo Pérez[127], secretario del emperador Carlos V (por lo tanto, "de padres medianamente nobles; criáronme como ricos")[128], fue educado en las más prestigiosas universidades de su tiempo, como las de Alcalá de Henares, Salamanca, Lovaina y Padua. Aunque no participó en la guerra de Flandes, ni en otra, al mando de Carlos V (pues contaba con apenas 16 años cuando el emperador abdicó en su hijo, Felipe II), si tomó parte activa en las luchas políticas de la corte; donde, desde su militancia en las filas del bando Liberal (frente al Conservador), se dirimían los asuntos del Imperio. A la muerte de su padre ¿Gonzalo? en 1566, le sucedió al frente de la secretaria de estado de Felipe II. Tras el asesinato de Escobedo (secretario, a su vez, de D. Juan de Austria, que había ido a Madrid desde Flandes con algún propósito político), Antonio Pérez es señalado como autor/inductor del mismo; lo cual supone su fulminante caída. Huye en principio a Aragón, donde su particular Fuero le ampara, aunque más tarde le cuesta la vida a su protector, el Justicia mayor de Aragón Juan de Lanuza. Nueva huida, ahora a Francia, luego a Inglaterra y finalmente vuelta a Francia para acabar sus días.

Como vemos, existen importantes paralelismos que identifican a Antonio Pérez con el personaje de Antonio el bárbaro español. Unos son muy concretos, como cuando dice que: "aprendí a ser liberal y bien criado"(p. 162) (pertenencia a la facción Liberal de la corte); o cuando menciona su derribo de la cumbre por las cuchilladas en la cabeza a un caballero (de secretario de estado a prófugo de la justicia por un asesinato que se le atribuye); o incluso cuando alude a su huida a Aragón, en relación a ser este un lugar seguro: "donde respiré algún tanto de mi no vista priesa"(p. 166). Otras referencias son menos precisas, aludiendo a su biografía de manera más general, como su supuesta hidalguía, crianza, estudios, et. Ahora bien, nos surge una asincronicidad que podría invalidar cuanto decimos. Nos referimos al hecho de que, de forma expresa, se menciona que Antonio el bárbaro fue a la "guerra que entonces la majestad del César Carlo Quinto hacía en Alemania contra algunos potentados de ella"(pp. 162-163); lo cual supone, pues las fechas no se corresponden, que Antonio Pérez no pudo ser el personaje histórico aludido a través de la figura literaria del "bárbaro español"¿O quizá si?

Es de suponer que nuestro autor no habría de mostrarse excesivamente "generoso" a la hora de identificar a uno de los héroes de su novela-epopeya con un personaje odiado y perseguido por el "Régimen" como lo fuera Antonio Pérez, sobre todo, porque defender esta postura política, con ramificaciones erasmistas-protestantes, podría costarle algo más que el veto o la censura de su obra.

Una vez más, Cervantes, maestro del engaño y la disimulación a través del lenguaje, nos ofrece el perfil de un personaje doble. Es decir, juzgamos que tras la figura del bárbaro español se halla, en principio, la doble figura del "padre", Gonzalo Pérez, y del hijo, Antonio Pérez; ambos unidos en función del único papel que representan en esta escena: los dos son secretarios del Imperio español, el primero de Carlos V y el segundo de Felipe II. Lo cual justificaría tal unificación en un mismo personaje de ficción.

Porque Gonzalo Pérez, en su función de secretario de estado, sí estuvo acompañando a Carlos V en Alemania. Y no solo eso, sino que además de ser un gran humanista alumno de

---

[127]   Paternidad discutida, puesto que Gonzalo había sido ordenado sacerdote. Gregorio Marañón considera que hay indicios de que Antonio podía haber sido hijo natural del príncipe de Éboli (Ruy Gómez de Silva), en cuyas tierras se crió y cuya protección recibió en diversas ocasiones, presentándose Gonzalo Pérez a admitir su paternidad como favor al destacado aristócrata.

[128]   Nótese aquí la ironía de Cervantes acerca de la paternidad de Antonio Pérez, pues, cuando el narrador declara su ascendencia "medianamente noble", es fácil que estuviera aludiendo solo a la mitad de su "presunto" linaje por vía paterna (el príncipe de Éboli), pues de la madre nada se sabe.

Francisco de los Cobos[129], tradujo por primera vez de forma completa una obra de Homero: *La Ulisea*, publicada en 1556 en Amberes. Sin duda, este trabajo de traducción (¿y comprensión?) eleva su figura a uno de los puestos destacados del Humanismo de su época, de cuyo testimonio sapiencial pueda ser un *exlibris* aparecido en una de sus obras literarias. Es el caso referido por Saint-Hilaire, en relación a la costumbre del emperador Carlos V de rodearse de eruditos, en donde la simbología del laberinto estaba muy presente.[130]

Pero Antonio Pérez, el supuesto hijo de Gonzalo, en cuestiones de erudición no ha de quedarse a la zaga, pues no solo fue autor de unas *Cartas,* cuyo valor literario ya fue señalado en el siglo XVIII al ser incluido en el Catálogo del *Diccionario de Autoridades*; sino que, además, y con el fin de justificar su conducta, publicó *Relaciones* (París. 1598), bajo el "sugerente" pseudónimo - sobre todo en el contexto peregrino en el que tanto el personaje de Antonio el bárbaro como todo el *Persiles* se haya encuadrado - de *Rafael Peregrino*.

Dada la gran cantidad de información y "desinformación" que existe en torno a los turbios sucesos que rodearon al episodio de la caída en desgracia del secretario de estado de Felipe II, no podemos pronunciarnos con rotundidad en relación a cuáles habrían de ser los intereses de Cervantes a la hora de hacer partícipe a los dos "Pérez" (padre e hijo) de la misma identidad de Antonio el bárbaro; aunque, todo apunta -como ya avanzábamos - a que se deba a la función que ambos compartían al frente de la secretaría de estado en uno de los momentos más trascendentes no solo para la Historia de España sino para la del Occidente Cristiano.

Antonio Pérez fue detenido y apartado de su cargo como secretario de estado de Felipe II en 1579; sin embargo, dispuso de una libertad vigilada para moverse por Madrid hasta que fue detenido por segunda vez en 1585. Tras cinco años en prisión consigue escapar y huir a Aragón, desde donde se marchó definitivamente de España en 1591 para no regresar.

Puesto que en su segunda detención (1585) fue acusado de "tráfico de secretos y corrupción" y no por haber ordenado el asesinato de Escobedo (que fue posterior y bajo tortura), no resultaría descabellado pensar que detrás de tales acusaciones se hallase la figura de un "prudente" Felipe II, temeroso de que su hombre de confianza durante tantos años "tirase de la manta" dejando al descubierto al propio Monarca.

Nos hallamos en el contexto histórico próximo a la derrota de la Armada Invencible (8 -8- 1588), época de conspiraciones, de luchas intestinas en la corte, de traiciones, de venta de secretos de estado. El conflicto con Inglaterra centraba las aspiraciones hegemónicas del segundo de los "Austrias mayores". En este sentido, ¿acaso Cervantes no pretendería referirnos estos hechos personificados en la figura de Antonio el bárbaro, y que el "bofetón" al inglés y su posterior naufragio como consecuencia del mismo sea un correlato de lo que le ocurrió a la Armada Invencible junto a las costas de Irlanda? Pues, recordemos que Antonio el bárbaro, al igual que la Armada Invencible, parte de Portugal (Lisboa) hacia Inglaterra: "Vi a mis padres de noche; tornáronme a proveer de dineros y joyas, con que vine a Lisboa y me embarqué en una nave que estaba con las velas en alto para partirse en Inglaterra" (pp. 166-167).

¿Para partirse la nave en Inglaterra...? Puede que la ironía de Cervantes apunte directamente al desastre de la Armada Invencible. En cualquier caso, dentro del paralelismo que hemos establecido entre la historia y la ficción, podría parecer que Cervantes se muestra partidario de la defensa de Antonio Pérez frente la opinión acusatoria más generalizada; lo cual nos indicaría que el propio autor tendría su opinión personal de los hechos, que, para desconcierto de la crítica, parece contraria a la exhibida por el aparato del Estado con Felipe II a la cabeza: Antonio Pérez fue considerado un villano (condenado y prófugo de la justicia) y no un héroe (si consideramos como válida la asimilación con el personaje de Antonio el bárbaro).

Un indicio final queremos añadir en la identificación del personaje con su doble en la realidad, y es la circunstancia de que en el libro se dice que Antonio el bárbaro y su esposa Ricla se quedan finalmente en Quintanar de la Orden (capítulo noveno del tercer libro, p. 515),

---

[129] (1477-1547) Fue una de las personas más influyentes de su época. Secretario de Estado de Carlos V, fue sucedido por Gonzalo Pérez en el cargo. Entre otros títulos, destaca el de Comendador mayor de la Orden de Santiago.

[130] "Con el mismo propósito, Gonzalo Pérez sitúa en el centro de los siete círculos del laberinto que parece haberle servido de *exlibris* un insólito Minotauro con aires de centauro, con el índice cruzado ante los labios para indicar secreto. La divisa que lo acompaña, sacada de Isaías 30,15, no deja lugar a dudas: *IN SILENTIO ET SPE* ("En el silencio y en la esperanza [reside mi fuerza]"). Nota. Encontramos su emblema en la obra de Girolamo Ruscelli, le *Impresse illustri*, publicado en Venecia en 1584." Saint -Hilaire, 2008, p. 51.

dejando al resto del "escuadrón de peregrinos" seguir camino hacia Roma. Pues bien, el narrador alude a que se quedan en ese municipio en razón de ser el lugar de nacimiento de Antonio. Comoquiera que el personaje histórico (Antonio Pérez) no nace allí sino en Valdeconcha, provincia de Guadalajara, alguien podría denunciar una nueva falta de simetría aparente entre el personaje histórico y el de ficción, pues nacen en lugares físicamente distintos. Sin embargo, nosotros observamos una conexión, desde una perspectiva profunda, que nos hace considerar sus respectivos nacimientos como emanados de una misma naturaleza espiritual; pues, a la villa de Quintanar de la Orden (lugar de nacimiento de Antonio el bárbaro) le falta especificar que lo es de Santiago, que fueron sus legítimos dueños en la Edad Media y, en tal caso, se relacionaría semánticamente con Valdeconcha (valle o lugar de la concha) a través del simbolismo de la "concha" o vieira, que es el distintivo del apóstol Santiago y de todos los peregrinos que se dirigen a su tumba a lo largo del "septentrión peninsular"[131]. Resumiendo, los dos topónimos remiten al Camino de Santiago, lo cual nos hace suponer que ambos personajes participan de un origen común (su nacimiento) en relación a su filiación espiritual: ¿el seguimiento de una Tradición ancestral (*religare*) que encuentra su mayor realización en una antiquísima práctica penitente que ha llegado hasta la época de Cervantes con el nombre de "peregrinación a Santiago"?

La circunstancia de que Antonio el bárbaro termine sus días en el mismo lugar en que nació, constituye una prueba más del interés de Cervantes de presentarnos a su personaje como la alegoría del peregrino inmerso en el camino de peregrinación español por antonomasia (el Camino de Santiago), que después de un azaroso periplo vital (el laberinto) termine su singladura en ese mismo centro en donde, al igual que Periandro-mancebo, muere (Quintanar[132] también remite al número cinco, que, como ya hemos aducido al comentar el simbolismo numeral, señala al sacrificio máximo) y ve la luz para renacer de esa concha-Venus-Ricla (¿Valdeconcha = el valle de Venus?) a una vida diferente.

Demasiadas similitudes, según nuestro análisis, acercan la figura de ficción a su correspondiente histórico como para pensar que pueda tratarse de una simple coincidencia.

Pero nuestro autor no ha terminado de perfilar la dimensión histórica atribuible a su celebrado personaje español, pues vuelve a incardinar en la historia de Antonio el bárbaro otro referente real; aunque, en esta ocasión, no en relación a su papel político, como en el caso del doble Gonzalo-Antonio Pérez, sino a su especial relevancia espiritual: San Antonio Abad.[133]

Porque la figura histórica del Santo anacoreta podría apuntar directamente, a pesar del desfase temporal que supone, a nuestro personaje en cuestión. En tal caso, Cervantes podría haber dado forma a una figura literaria de una gran complejidad, en la que coincidirían personajes históricos de primer orden en cada uno de los campos manifestados (el poder temporal y el poder espiritual) con el objeto - en nuestra opinión - de revestir a Antonio el bárbaro de las cualidades (vicios y virtudes) del arquetipo del hombre (español) plenamente consciente de su época (la política de Estado) y de su papel trascendente en el universo (la importancia de la espiritualidad en la evolución de la civilización).

Pero no solo Antonio el padre podría asimilarse a San Antonio Abad, sino que también Antonio el hijo podría relacionarse con San Antonio de Padua.[134]

Nerlich lo resume de este modo:

> Es decir, el solo empleo de las denominaciones "Antonio el Padre" o también (II ii 289) "Antonio el Grande" así como "Antonio el Hijo" o también "Antonio el Mozo" para los dos

---

[131] El Camino de Santiago o Camino francés atraviesa el tercio norte de la península ibérica.

[132] En relación también al número cinco, existe en el catolicismo actual la advocación mariana de la Quinta Angustia, que se corresponde con el quinto dolor (de los siete que considera esta tradición) sufrido por la Virgen María en relación a la vida de Jesús. En concreto, este que hace el número cinco se corresponde, como no podría ser de otro modo, con la crucifixión y muerte de Nuestro Señor.

[133] De esta opinión se muestra Nerlich: " todos los atributos de los personajes de la familia de Antonio el Bárbaro remiten por una parte a....*Antonio el Padre o Antonius Abbas* (=Padre), o sea a *San Antonio o Antonio el Grande* (251 -356), el que pasó una gran parte de su vida en una cueva en el desierto" . Nerlich, 2005, p. 466.

[134] " Por otra parte *Antonio el Hijo o Antonio el Mozo* era el nombre con el que San Antonio de Padua o de Portugal, nacido en Lisboa en 1195 y muerto en Padua en 1231, miembro de la Orden de San Francisco "en la que fue recibido durante la vida misma de este Santo", fue venerado como santo en España. Había realizado misiones en Portugal, en Lisboa, y en Provenza, allí donde Cervantes lo envía en el *Persiles*, y su nombre está unido, por supuesto, a la orden de san Francisco de la que Cervantes se hizo miembro como terciario." Nerlich, 1996, p. 467.

españoles, padre e hijo, cristianos que vivían en la mayor sencillez en una cueva, predicando los principios de la fe cristiana, llevando únicamente pieles por vestimenta, debían automáticamente evocar en el lector del tiempo de Cervantes el recuerdo de Antonius Abbas o "Antonio el Padre", o también "Antonio el Grande", así como el de Antonio de Padua, venerado en España también con el nombre de "Antonio el Mozo", por no hablar del exilio y del regreso, así como de la evocación de Lisboa, lugar de nacimiento de "Antonio el Mozo" y de sus lugares de trabajo misionero franciscano. Y con todo ello, desde luego, el recuerdo de los cristianos primitivos, recuerdo grato a los franciscanos, a los erasmistas y a los protestantes.[135]

En tal caso, el personaje de Antonio el bárbaro se nos presenta como el prototipo de héroe-místico español. Luces y sombras confluyen en esta figura poliédrica, donde la tosquedad de alguna de sus aristas, como la defensa del honor a cualquier precio (las cuchilladas en la cabeza al caballero o el bofetón al inglés), no empaña el brillo de sus caras, como lo demuestra la subordinación de su persona al bien común (salva a los "peregrinos fugitivos" poniendo en riesgo su vida y la de su familia) y la defensa de unos ideales universales (su adscripción a la causa "peregrina" encabezada por el "andrógino" Periandro-Auristela). En ambos casos, el trasfondo histórico representado por las dos figuras dobles de los dos "padres": Gonzalo Pérez y San Antonio Abad (El *Padre*), y de los dos hijos: Antonio Pérez y San Antonio de Padua (el *Hijo*); constituiría el mejor espejo en donde contemplar la grandeza de este personaje salido de la genialidad de Cervantes.

Tras la presentación que hemos efectuado de Antonio el bárbaro, así como de su identificación con modelos reales a los que nuestro autor, por tal motivo, parece rendir un sentido homenaje, retomaremos la historia en el fuerte punto en que:

> "vino la noche escura; halléme solo en la inmensidad de aquellas aguas, sin tomar otro camino que aquel que le concedía el no contrastar contra las olas ni contra el viento. Alcé los ojos; encomendéme a Dios con la mayor devoción que pude; miré al norte, por donde distinguí el camino que hacía, pero no supe el paraje en que estaba (p. 168).

No supone una temeridad suscitar la posibilidad de que detrás de este pasaje se halle una síntesis lírica de la vía penitente que, desde épocas muy antiguas, utiliza la navegación – como ya venimos aduciendo - como expresión de lo inefable dentro de ese camino de iniciación-perfección. Y, dentro de la navegación, cabría esperar que el "naufragio" simbolizase una suerte de tránsito obligatorio para acceder a un grado más elevado dentro de esa "singladura espiritual". Pero no es la primera vez que nos encontramos con el relato de un náufrago a merced de los elementos. El mismo Periandro-mancebo comenzaba su andadura, ya libre, de ese modo. En tal caso, el binomio Periandro-Antonio el bárbaro participarían de una misma inquietud (naturaleza) espiritual en cuanto a que compartirían idéntica experiencia vital: el naufragio como símbolo del trance que conduce a la libertad del alma.

Otro elemento, de naturaleza simbólica, viene a sumarse a la ya extrema situación en la que se halla el náufrago a merced de las olas; cuyo sentido se hará más patente cuando Antonio, desesperado, suelte los remos de la barca. Nos referimos a la "noche oscura". Tampoco ahora nos ha de resultar excesivamente esquivo ver en esa "oscuridad" la presencia de un misticismo muy conocido para Cervantes, así como para toda la Literatura española, al que nuestro autor, es de suponer, recurriría para revestir y/o reforzar el carácter espiritual de su personaje más español. Es el caso de San Juan de la Cruz,[136] que, como se sabe, además de haber sido procesado por la Inquisición, tuvo gran amistad con Santa Teresa de Jesús (sospechosa de "alumbrada").

Coetáneo de Cervantes, San Juan de la Cruz escribe un poema (*Noche oscura del alma*) en que la "nocturna oscuridad" constituye el símbolo que identifica el escenario en donde se ha de llevar a cabo la búsqueda espiritual, en relación a esos estados de conciencia desde los que el místico parte en busca de la iluminación. En este sentido, creemos que el inicio del naufragio de

---

[135] Nerlich, 1996, pp. 468-469.

[136] La creencia de que Cervantes utilizaba las obras de San Juan de la Cruz como hipotexto para revestir determinados pasajes del Quijote de cierto misticismo, es una opinión que defiende Fernando Rielo. Dice Manfred Tietz: "De modo que Rielo no duda en afirmar: <<Cervantes es el gran místico desconocido en España, y tan místico como lo fuera San Juan de la Cruz>>". Tietz, 2011, p. 149.

Antonio el bárbaro narrado en el texto ("vino la noche escura") viene a dar testimonio del comienzo del famoso poema al que Cervantes rendiría un sentido homenaje: "En una noche escura...".

Y no solo aquí vemos un claro referente al poema del que fuera reformador de la Orden de Nuestra Señora del Monte Carmelo (que le costó prisión), sino que también lo observamos en las dos expresiones con pronombre enclítico que aparecen en la cita: "halléme", encomendéme"; las cuales, a su vez, remiten a otras dos del mismo poema: "Quedéme", "Olvidéme". Incluso podría establecerse una relación semántica entre ambas parejas de conceptos en función del lugar que ocupan en la experiencia mística poetizada; pues, si Cervantes los utiliza como expresión de un viaje (naufragio) que acaba de comenzar (como así se manifiesta en la diégesis), San Juan de la Cruz los sitúa al final de su composición, y, en esta ocasión, con el sentido de un "viaje" que ya ha terminado.

La interpretación que sugiere estos ajustados paralelismos es la de que Cervantes hace partir a su náufrago a un viaje (místico) ya transitado literariamente por San Juan de la Cruz; es decir, como si todos los episodios que han de concurrir en el personaje del "bárbaro español" pudiesen explicarse desde ese misticismo que se despliega en el poema y que finaliza con el estado de calma o paz interior que se alcanza cuando el místico llega al final de su experiencia ("Quedéme" y "Olvidéme"), tras haber sido previamente iniciado en Cervantes (halléme" y "encomendéme").

Y ya son cinco las identidades que se suman a este conjunto polifónico al que Cervantes alude en el *Persiles* con los apelativos de "español", "bárbaro" y "padre".

No debemos olvidar, pues, que nos encontramos ante un personaje que, al igual que hizo San Juan de la Cruz a través de su poema, nos está relatando su experiencia mística con un lirismo volcado en una dramática escena: el naufragio. En este sentido, y dado que no existe un verdadero misticismo sin un "trance crítico" que haga tambalear los cimientos de la percepción de la realidad del propio místico, Cervantes nos presenta a un Antonio rendido a su suerte:

> Seis días y seis noches anduve desta manera, confiando más en la benignidad de los cielos que en la fuerza de mis brazos, los cuales, ya cansados y sin vigor alguno del continuo trabajo, abandonaron los remos, que quité de los cálamos y los puse dentro de la barca, para servirme dellos cuando el mar lo consintiese o las fuerzas me ayudasen (p. 168).

El cual presenta, curiosamente, los síntomas propios de ese estado de "muerte mística": "Tendíme luego de largo a largo de espaldas en la barca"(p. 168), donde sería posible vislumbrar aquí la imagen de un difunto tendido ("de largo a largo") en el interior de su ataúd (la barca de madera).

A esta evocadora y emblemática imagen trascendente, habría que sumarle la circunstancia que supone encontrar un tercer pronombre enclítico ("Tendíme") encabezando la frase en perfecta relación semántica con los dos que le preceden; creando, con este juego de formas conjugadas, una especie de recorrido alegórico-verbal como expresión esquemática de las tres etapas que jalonan el camino iniciático del protagonista de la escena: "Halléme", "encomendéme" y "Tendime", en relación al lugar oscuro/nocturno desde el que se parte, recorrido ritual y final o muerte iniciática, respectivamente.

Luego, la expresión que alude, literalmente, a que se halla en el centro de dos mitades: "Y en mitad deste aprieto, y en medio de desta necesidad" (p.168), evoca la ilusión de encontrarse en el centro de un círculo (dos semicírculos o mitades); lo cual remite, una vez más, a ese momento crítico en el que el héroe mitológico se debate con el "monstruo" en el centro del laberinto (del ser). La propia explicación que ofrece el narrador sobre la experiencia que está viviendo: "(cosa dura de creer)" (p. 168), viene a refrendar, al menos, la rareza de su ocasión (dado los espacios fabulosos transitados por la mente del místico); incluso, la manifiesta intención de Cervantes de ofrecer esa explicación ("cosa dura de creer"), ¿no podría aludir irónicamente a lo contrario de lo que en su literalidad se presupone?; es decir, en vez de aplicar el sentido literal como "algo difícil de creer", ¿no cabría la posibilidad de interpretarse también como una *cosa* ("cosa") sobre la que durante ("dura") mucho tiempo se ha venido creyendo ("de creer") en determinados círculos heterodoxos abonados por el misticismo?

Lo que sigue a continuación es la consecuencia de ese estado de trance al que aludíamos: "me sobrevino un sueño tan pesado que, borrándome de los sentidos el sentimiento, me quedé dormido (tales son las fuerzas de lo que pide y ha menester la naturaleza)" (p. 168).

Vuelve el narrador (Antonio el bárbaro) a justificarse ante lo dicho, con el ánimo, es de suponer, de explicar cuál haya de ser la verdadera naturaleza de ese sueño/trance místico: "(tales son las fuerzas de lo que pide y ha menester nuestra naturaleza)". En este sentido, cabría preguntarse: ¿a qué naturaleza se está refiriendo? ¿A la física? Parece que en el contexto literal sería la adecuada; ahora bien, ¿no podría referirse también a la espiritual, pues, al entender Cervantes de la doble naturaleza humana (concepto pitagórico que cristaliza en Platón: cuerpo y alma) es plausible que utilizara esta cita en ambos sentidos? Nosotros así lo afirmamos, en tal caso, de una lectura literal se sobrentiende la alusión al sueño físico; sin embargo, desde una perspectiva profunda, la consideración del sueño como ese estado de conciencia alcanzado por el místico para operar su propia transformación resultaría adecuado. Porque la propia "naturaleza" humana siempre "pide", en mayor o menor medida, al hombre que participe de su "grandeza"; participación, esta, que exige el pago del pertinente peaje al aguerrido transitador-peregrino (el místico) de estos caminos abonados al gnosticimo: borrar "de los sentidos el sentimiento".

En conclusión, el "sueño", en el plano de la espiritualidad, sería un "estado de gracia" al que se accede de forma voluntaria y, por tanto, la cita apuntaría directamente a la experiencia extrasensorial del místico en mitad del trance iniciático ritual. El otro sueño, el del cuerpo, no es más que un proceso fisiológico.

Nuestra hipótesis exegética se reafirma cuando el narrador, en esa realidad frontera que precede al sueño profundo, comienza a describir los preliminares de ese "viaje" onírico como una especie de muerte progresiva (sensorial) que busca la extinción del yo:

> pero, allá en el sueño, me representaba la imaginación mil géneros de muertes espantosas, pero todas en el agua, y en algunas dellas me parecían que me comían lobos y despedazaban fieras, de modo que, dormido y despierto, era una muerte dilatada mi vida (p. 168).

En nuestra opinión, la expresión "muerte dilatada" se identificaría con el concepto de muerte mística o ritual.[137] No en vano, ya fue empleada por nuestro escritor en otro momento trascendente en los comienzos de la novela-epopeya:

> Viendo lo cual, el bárbaro flechero, y sabiendo que no había de ser aquel género de muerte con que le habían de quitar la vida, hallando la belleza del mozo piedad en la dureza de su corazón, no quiso darle dilatada muerte (p. 130).

Continuando con el análisis de la cita, queremos destacar el hecho de que el narrador, en el trance de esa muerte mística, no imagine una sino "mil géneros de muertes espantosas, pero todas en el agua". Ello produce un efecto intensificador de esa muerte, lo cual, no solo la separa de la simpleza de la muerte física (una sola muerte); sino que, además, la aproxima al concepto platónico de metempsicosis: la muerte-liberación del alma se produce tras una cadena de muertes físicas indeterminada dentro de esa rueda de reencarnaciones que preceden a la definitiva liberación del alma encerrada en el cuerpo físico.

Además, en el hecho de señalar que todas esas muertes se producen en el agua (símbolo universal de la vida), ¿no querría decirnos Cervantes con ello que el agua unifica y da sentido a todas esas muertes al constituirse en el único agente de esa muerte verdadera? Recordemos, en este sentido, que Cervantes confiesa en su *Prólogo al lector* del *Persiles* que él mismo muere de "hidropesía"; es decir, de una enfermedad - hoy en día calificada solo como un síntoma – que se caracteriza por la retención de líquidos (¿agua?) en las capas internas de la piel. Sobre este particular nos detendremos al final de este trabajo, cuando analicemos el complejo, sintético y críptico prólogo al lector que cierra la obra póstuma de Cervantes.

---

[137] Este mismo concepto aparece también en el *Sueño de Polífilo*, en un contexto trascendente similar: "Y luego decía: <<Esto no es la **muerte**, pero ¿qué es sino una **maligna dilación** de ella, tan deseada por mí?". Colonna, *Sueño de Polífilo*, p. 89.

Lo que sigue a continuación constituye una profundización dentro de ese sueño primero. La imagen que sugiere es la del héroe adentrándose en las profundidades del laberinto del ser, cuyas galerías inundadas de agua recorre montado en una frágil embarcación al capricho de las olas, hasta que una vez llegado a su centro: "Y en mitad deste aprieto, y en medio desta necesidad (cosa dura de creer), me vino un sueño tan pesado" (p. 168); lo cual, podría remitir a una obra conocida de Cervantes, *Sueño de Polífilo*, donde Colonna hace recorrer a su héroe un laberinto inundado, con similar intención iniciática,[138] hasta llegar al centro en el que la muerte aguarda al "nauta" desprevenido: "allá en el sueño, me representaba la imaginación mil géneros de muertes espantosas, pero todas en el agua, y en algunas dellas me parecía que me comían lobos y despedazaban fieras" (p. 168). Colonna alude también a esa misma muerte -digamos- "lobuna" mediante "el espantoso rótulo que hay sobre la entrada de la atalaya central, con esta expresión ática: [traducido: 'El lobo de los dioses es insensible']."[139]

Resulta obvio, pues, que no se trata del relato objetivo de un náufrago que nos quiere hacer creer que ha despertado de un sueño anterior, sino de otro más profundo surgido de un hipotético "despertar" dentro de ese mismo sueño inicial; lo cual, reviste a este nuevo relato onírico de unas connotaciones más profundas, en cuanto a que surgido del primero.

La imaginación invade ("dormido y despierto"), como no podría ser de otro modo, esos espacios vetados a la razón. Surge, en este sentido, un mundo ficcional como extensión de la metamorfosis que se está operando en la mente del místico.

Da comienzo, de este modo, el más profundo y revelador de los sueños. Donde, tras la tempestad que casi le cuesta la vida al personaje en la ficción, seguida de:

> no sé cuantos días y noches que anduve vagamundo por el mar, siempre más inquieto y alterado, me vine a hallar junto a una isla despoblada de gente humana, aunque llena de lobos(p. 169).

Porque el viaje imaginario que se está describiendo tiene su origen en las profundidades de la mente, que, por ello, se asemeja a un mar tenebroso; donde las ideas naufragan y buscan desesperadas esos lugares a salvo en el intelecto donde poder consolidarse para reinar sobre "la tiranía" que imponen los sentidos al resto del cuerpo. Las islas, pues, cabría interpretarlas como esas parcelas de la propia identidad en donde las ideas se desarrollan, se consolidan y dan la ansiada tregua al náufrago antes de continuar el camino propuesto.

Entra, de este modo, el discutido tema de las licantropías en el *Persiles*. Y la imaginación, desconectada de una crítica encasillada en su febril tarea de hallar una explicación objetiva-razonable en la menos "realista" de las obras de Cervantes; de pronto, parece activarse aduciendo al respecto las explicaciones más inverosímiles. Sobre todo, a raíz del discurso-advertencia que el lobo principal de la manada dirige a Antonio el bárbaro para que se marche[140]:

> "Español, hazte a lo largo y busca en otra parte tu ventura, si no quieres en ésta morir hecho pedazos por nuestras uñas y dientes. Y no preguntes quién es el que esto te dice, sino da gracias al cielo de que has hallado piedad entre las mismas fieras"(p. 170).

---

[138] "Luego dijo: <<Polífilo, subamos a esa elevada atalaya próxima al jardín.>> Y, quedándose abajo Thelemia, subimos por la escalera de caracol a la parte superior, donde se mostró, hablándome con divina elocuencia, un huerto de amplísima extensión en forma de intricado laberinto redondo, cuyos caminos circulares no se podían pisar, sino que eran navegables, porque en vez de haber calles aptas para el paso, corrían riachuelos de agua." Colonna, *Sueño de Polífilo*, pp 244-245.

[139] Colonna, *Sueño de Polífilo*, p. 248.

[140] La opinión de Gil López viene a ser representativa de la visión de la crítica literalista ante el suceso fabuloso en cuestión, que el estudioso lo interpreta del siguiente modo: "cabe barajar desde que fuera un brujo o una bruja transformada en lobo, como más adelante cuentan a Rutilio que ocurre, o bien que sea el mismo Diablo, tan políglota, como se dice que era e, incluso, hasta pudiera ser una reencarnación del individuo que retó a Antonio en su pueblo y al que éste replicó con dos cuchilladas mortales en la cabeza, de manera que, convertido ahora en fiera, prefiera permanecer en un discreto anonimato, antes que su paisano llegara a saber en qué había llegado a transmutarse; eso explicaría que hablase su lengua, así como ese pudor por que se conociera su identidad." Gil López, 2004, p. 423.

En nuestra opinión, la situación del "bárbaro español" frente a ese lobo principal que le invita a abandonar la isla no debería interpretarse desde otro contexto que no sea el alegórico-simbólico. En este sentido, la actitud del protagonista frente al extraordinario caso de licantropía propio de esa isla podría deducirse en relación a que sus ideas, que son las de los humanistas (reformadores cristianos), no encuentran acomodo en una isla despoblada de "gente humana"; es decir, de personas afines a un pensamiento apegado a lo espiritual (humanos), frente a los que se dejan arrastrar por su animalidad (lobos). Y para despejar las dudas que suscita esta interpretación, el narrador nos cuenta que el motivo de su despoblamiento es que allí reinan los "lobos"; lo cual habría de entenderse como que en esa isla triunfan las ideas que se esconden bajo el simbolismo del cánido, que, como ya se vio, aludiría directamente a la doctrina político-espiritual emanada de Roma, simbolizada en la figura de la loba Luperca.

Por ello, tras el intento de establecerse en la isla, su ilusión se desvanece; pues uno de los lobos, en perfecto español, le disuade de ello, no antes sin advertirle que sería brutalmente asesinado. Su huida no se haría esperar.

Comoquiera que ya hemos aludido a los paralelismos de la figura histórica de Antonio Pérez en relación al "bárbaro español", creemos que los sucesos relatados en esta "isla de los lobos" podrían señalar a la huida desesperada de España (por tanto, "tierra de lobos", en cuanto a su dependencia político-espiritual de Roma-la Loba) del secretario de estado de Felipe II, tras su acusación y encarcelamiento por el "asesinato" de Escobedo. En este sentido, hemos de recordar el papel fundamental que tuvo el reino de Aragón y su Justicia Mayor, Juan de Lanuza, en la salvación de Antonio Pérez. En el texto, la referencia velada a esta circunstancia histórica podría encontrarse en el lugar en el que aparecen los lobos:

> "Estando en esto, me pareció, por entre la dudosa luz de la noche, que la peña que me servía de puerto se coronaba de los mismos lobos que en la marina había visto y que uno de ellos (como es la verdad) me dijo en voz clara y distinta y en mi propia lengua: <<Español, hazte a lo largo y busca en otra parte tu ventura, si no quieres en esta morir hecho pedazos por nuestras uñas y dientes"(pp. 169-170).

Donde, "la peña que me servía de puerto se coronaba", podría ser una alusión geográfica a las tierras elevadas ("la peña") de la Corona ("se coronaba") de Aragón; pues su Fuero lo mantenía a salvo ("puerto") de la justicia castellana, que lo reclamaba sin éxito. Aunque, sin embargo, las opiniones se hallaban divididas en Aragón, pues, "se coronaba de los mismos lobos" (la Inquisición tenía allí los mismos poderes que en el resto de España). La referencia al Justicia de Aragón la hallaríamos en ese lobo que le dijo " en voz clara y distinta", es decir, sin falsedad y con un tono amistoso, "y en mi propia lengua", lo que haría referencia no solo a que ambos compartirían una misma identidad territorial: Aragón; sino, lo que sería bastante lógico, unos mismos ideales político-espirituales. Porque, como así explica el propio personaje entre paréntesis para reafirmarse en lo dicho: "uno de ellos (como es verdad)", remite a la justicia; pues, según las *Sagradas Escrituras*, la Verdad fue dada por Dios a Moisés en forma de Ley, con lo que la "verdad" del relato de Antonio el bárbaro aludiría a la Ley: el Justicia de Aragón.

Finalmente, ese "lobo amigo" le indica a nuestro personaje que allí tampoco estará a salvo, pero lo más relevante de su consejo es que le llama "Español"; es decir, en cierto modo, nuestro autor, a través de su personaje, nos quiere sugerir la idea de que el "lobo bueno"(el Justicia de Aragón) está indicando al lector cuál es la causa del infortunio del visitante: ser "Español", y por ello le dice: "hazte a lo largo y busca en otra parte tu ventura", en el sentido de que el "verdadero sentir" español ya no tiene cabida en una España que reniega, acosa y extermina (el poder teocrático, a través de su brazo ejecutor: la Inquisición) el pensamiento espiritual disidente que siempre existió en este *finisterrae* de Occidente (la península ibérica) y modeló la idiosincrasia de todo un pueblo.

En tal caso, una isla de lobos no será el mejor lugar para reimplantar la semilla de la civilización basada en la tolerancia y en el libre pensamiento; ya que la tiranía del "lobuno depredador" habría de frustrar cualquier tentativa en este sentido. Se impone, pues, una nueva singladura en busca de tierras menos hostiles para la causa - podríamos llamar del espíritu -, donde no volverá a faltar la tormenta que precederá a la calma de una nueva isla:

arrebatada mi barca en los brazos de una terrible borrasca, me hallé en esta isla, donde di al través con ella en la misma parte y lugar adonde está la boca de la cueva por donde aquí entrastes."(p. 170).

Pero esta segunda arribada tras su correspondiente borrasca, como si fuera una segunda etapa de una ceremonia ritual o viaje iniciático, señalará un punto climático tanto en la historia del "bárbaro español" como en la interpretación alegórica que se haga de ello; pues, un suceso capital viene a indicarnos la altura filosófica del discurso narrativo: la muerte de Cloelia.

En efecto, el relato si interrumpe en el momento en que el "bárbaro español" cuenta cómo llegó a la cueva de la marina, donde resalta el interés del narrador por enfatizar la decisión de abandonar la barca para adentrarse por ese lugar poco común en la nueva isla. Lo insólito de esa decisión nos alerta de la presencia de la alegoría, que ahora apunta, como ya avanzábamos, a una decisión trascendental: el momento de renunciar a la seguridad de la barca ("y aunque con la barca me llevaba el mar la vida"[p. 147]) para lanzarse a la incertidumbre ("me arrojé de ella") de esa isla-cueva. Porque la barca, desde una perspectiva individual o microcósmica, simbolizaría los esquemas existenciales que sustentan al individuo en su travesía por la vida. Por ello, cuando Antonio el bárbaro abandona la seguridad de su barca se interpreta que está renunciando a una conciencia caduca que ya no le sirve a sus fines trascendentes, prefiriendo la incertidumbre e incomodidad de la cueva; esto es, el camino de la pureza espiritual.

Y el óbito de Cloelia, situado de forma estratégica por el autor en este momento justo, es el refrendo de esa muerte ritual, que el propio personaje femenino antes de expirar se cuida muy bien de relatar con evidente y literal declamación apologética de los más ortodoxos planteamientos del catolicismo: "yo muero cristiana en la fe de Jesucristo y en la que tiene, que es la misma, la santa Iglesia Católica Romana."(p. 171). Es decir, la propia Cloelia se preocupa de que su muerte sea entendida de ese modo, ¿quizás porque Cervantes se percatara de que su personaje, el "bárbaro español", ya habría "dicho demasiado" y, en tal caso, fuera necesario contrarrestar los efectos con una imagen apologética y grandilocuente de la doctrina imperante?

Pero nuestro autor parece crecerse ante el peligro, pues, desde la misma llamada a la ortodoxia romana de la moribunda Cloelia, nos ofrece un discurso paralelo que plantea, al menos, una reflexión: si Cloelia muere en la fe de Jesucristo y en la que tiene la santa Iglesia Católica Romana, quiere decir que, al menos, hay dos formas de morir, a pesar de que la narradora especifique "que es la misma". Es decir, juzgamos que dos formas diferentes de morir señalaría aquí a dos formas distintas de concebir el cristianismo: ¿el primitivo y el romano? El "guiño" irónico final lo pone Cervantes al final del párrafo, cuando hace decir a Cloelia: "Y no te digo más, porque no puedo"(p. 171).

Y la muerte, nocturna ("cerró los ojos en tenebrosa noche"), como no podía ser de otro modo en este poema de San Juan de la Cruz reconvertido en "náutico relato" por el magisterio de nuestro autor, se llenará de agua; como aquella que habría de "ahogar" a Corsicurvo, o la que acabaría con la vida del propio Cervantes y con la de Antonio de Padua, ambos de hidropesía. Porque las aguas, como las vertidas ahora en forma de lágrimas hiperbólicas por el fallecimiento de Cloelia ("hiziéronse fuentes los de Periandro y ríos los de todos los circunstantes" [p. 171]), y la propia muerte, conforman un simbolismo muy cohesionado en el *Persiles*. Circunstancia, esta, sobre la que la crítica ya había recalado, aunque no con la precisión que la obra demanda.

Ante tal grado de desconcierto, al que nos lleva la abundante presencia "lacrimosa" en el texto, ¿acaso nadie ha atisbado, al menos, la posibilidad de que Cervantes pudiera estar refiriéndose al manido tema del viaje por mar de la literatura como símil de la vía penitente o peregrinación a través de la locución: *un mar de lágrimas*? Porque si de algo se nutre la penitencia es de las lágrimas del penitente. Siguiendo este esquema figurativo, *navegar por entre las propias lágrimas* consistiría en una alegoría que expresa la voluntad del hombre por adentrarse en los miserias de sí mismo como único modo de ahogarse (como Corsicurvo en su "pasaje" o como Cervantes con su hidropesía) y renacer de esas mismas aguas "bautismales" con un espíritu renovado.

Pero volvamos al texto, todavía bajo el influjo de la nocturnidad, donde, en relación a la difunta: "Ordenóse que otro día la sepultasen y, quedando en guarda del cuerpo muerto la doncella bárbara y su hermano, los demás se fueron a reposar lo poco que de la noche les faltaba."(p. 171). Es decir, desde una perspectiva alegórica, interpretamos que el "andrógino" en proceso de formación ("la doncella bárbara y su hermano") rendirá homenaje (velará) al "espíritu universal" (Cloelia) que yace muerto (sacrificado en pos de la evolución de un espíritu renacido) sobre las rocas de la marina (el altar de sacrificios).

Y al día siguiente fue enterrada y la sepultura marcada con "una cruz encima", como así lo había querido Auristela por razón de ser su sirvienta cristiana: "Auristela le rogó que le pusiese una cruz encima, para señal de que aquel cuerpo había sido cristiano" (p. 172) (repárese en que ahora no dice que fuera católica). Pero la cruz que haya de señalar la tumba no vendrá de cualquier sitio, sino de las profundidades de la cueva en donde Antonio el bárbaro o "el ermitaño" ha vivido su experiencia espiritual conforme a la doctrina – en palabras de Casalduero – de la "Iglesia de las catacumbas": "El español respondió que él traería una gran cruz que en su estancia tenía y la pondría encima de aquella sepultura" (p. 173); es decir, que esa cruz extraída de la cueva remitiría directamente al cristianismo primitivo.

Y el narrador vuelve a retomar la historia en la misma cueva que había servido como escenario al relato de la muerte de Cloelia. En tal caso, la narración del óbito podría interpretarse como una explicación – de ahí la interrupción – del profundo significado que se despliega en torno al simbolismo de la *cueva* en relación a la pureza del cristianismo de los primeros tiempos.

Luego, el recién desembarcado, como si fuera el primer explorador que pisa la arena de una playa virgen, comienza a describir las cosas que allí se encuentran. Pero antes, debemos hacer notar una circunstancia que tampoco ha sido muy comentada: si antes de la interrupción-muerte de Cloelia se nos decía que la barca le había dejado en el interior de una cueva por la que el mar entraba ("Llegó la barca a dar casi en seco por la cueva adentro"[p. 170]); ahora, una vez enterrada Cloelia y retomada la narración de su aventura, nos informa de que, al parecer, es desde dentro de la cueva cómo se accede (y no desde el mar) a ese "paraíso terrenal" que está describiendo: "entré aquí dentro, vi este sitio y parecióme que la naturaleza le había hecho y formado para ser teatro donde se representase la tragedia de mis esperanzas"(p. 173). Es decir, el relato literal se torna, una vez más, inverosímil, o, al menos, equívoco o ambiguo. Por ello, es necesario aplicar la perspectiva alegórica para encontrar un sentido coherente. Y, en este contexto imaginado o soñado la cueva funcionaría como una especie de túnel que comunicaría una "realidad" (dimensión o mundo posible) con otra superior o idílica, y cuyo acceso estaría ligado, precisamente, al simbolismo asociado a la muerte de Cloelia.

Porque una vez dentro de esa cueva, como reflejo de esa otra cavidad/bóveda que es su propia mente, la imaginación se dispara, y el narrador cuenta un mundo a la medida de lo que busca. Por ello, nos dice que la isla está despoblada de gente ("Admiróme no ver gente alguna, sino algunas cabras monteses y animales pequeños de diversos géneros"[p. 173]), pues, en esos mundos idílicos no hay personas de carne y hueso sino espíritus o esencias: personificaciones de ideas determinadas en relación al medio natural. Es el caso de las "cabras monteses", cuya falta de concierto genérico entre los dos nombres que componen el sustantivo compuesto es utilizada por Cervantes en su prolija y certera tarea nominativa. No queremos decir con ello que nuestro autor haya alterado las categorías gramaticales del nombre compuesto, pues es muy posible que ese fuera el modo correcto de referirse a esta raza caprina en particular; aunque sí podría haber aprovechado en su beneficio ese aparente desajuste gramatical.[141]

Así, pues, la aparente falta de concordancia genérica entre *cabras* y *monteses* podría aludir al interés de Cervantes a la hora de representar a un ser de naturaleza mitológica doble, mitad cabra (femenino) y mitad hombre (montañeros o monteses, masculino). En este sentido, la referencia mitológica nos situaría en la órbita de Pan, semidiós de los pastores y rebaños de la mitología griega, el cual, vivía en compañía de las ninfas ("animales pequeños de diversos géneros") en una cueva (al igual que Antonio el bárbaro) del Parnaso.

Identificado el lugar idílico a través de sus extraños moradores, nuevos detalles de la geografía del lugar nos da la oportunidad de hacernos una idea más exacta de la naturaleza de tal ubicación. En este orden de cosas, debemos anotar la voluntad casi febril del "bárbaro español" por "rodear todo" ese espacio narrativo-ficcional ("Rodeé todo el sitio", "habiéndolo

---

[141] "Las *cabras monteses* aparecen, p, ej. en Hernández de Velasco (trad. de la *Eneida*, XII, 759) y, todavía, en el *DA*. Era, en efecto, la forma usual de la época de C., cuando, con toda evidencia, montesa sonaba aún a vulgarismo. Ello no obsta, sin embargo, para que Lope de Vega, p. ej., use esta última al menos en *La campana de Aragón* (probablemente compuesta entre 1598 y 1600)". (n.6, p. 173).

rodeado todo" [pp. 173-174]), lo cual nos indica que el narrador transita un espacio que podríamos calificar de circular; pues, "rodear" significa *describir un círculo,* y "todo" haría referencia a un *espacio completo.* En tal caso, asistimos a la descripción de un espacio que se identifica con la superficie de un círculo que, en la preceptiva renacentista, constituiría la representación simbólica de la perfección del Universo sobre la Tierra.

Dado, pues, el carácter simbólico que atribuimos a este espacio imaginario, podría considerarse la posibilidad de que a través de los tránsitos circulares del personaje por la isla se estuviera aludiendo alegóricamente a un recorrido mental como imagen del laberinto ancestral o petaloideo: aquel que aparece en gran número grabados en las rocas de las costas gallegas y de otros litorales del septentrión europeo.

Y, tras el éxito del recorrido laberíntico a través de la cueva, le llega su recompensa:

> y la buena suerte y los piadosos cielos, que aún del todo no me tenían olvidado, me depararon una muchacha bárbara, de hasta edad de quince años, que, por entre las peñas, riscos y escollos de la marina, pintadas conchas y apetitoso marisco andaba buscando (p. 174).

A pesar de la amenidad que sugiere la aparición de la muchacha, no deberíamos pasar por el alto la circunstancia de que el "regalo celeste" de Antonio el bárbaro consiste en una niña menor de ("de hasta") quince años que, después de raptarla ("cogiéndola entre mis brazos, sin decirla palabra ni ella a mí tampoco, me entré por la cueva adelante y la truje a este mismo lugar donde agora estamos"[p. 174]) y de solazarse con ella ("Púsela en el suelo, beséle las manos, halaguéle el rostro con las mías, y hice todas las señales y demostraciones que pude para mostrarme blando y amoroso con ella"[p. 174]), volverá al día siguiente para convertirla en su "esposa" y vivir con ella en la cueva. Sin duda, el pasaje tuvo que escandalizar a los lectores de antes como a los de ahora, que se sentirían turbados ante la conducta réproba de un personaje de tan alta consideración.

Nos sorprende, a este respecto, que ningún crítico, tan escrupulosos en otros episodios ante las supuestas aberraciones que a veces se producen al interpretar de manera literal lo que no corresponde más que al campo de la alegoría[142], haya reparado en estos abusos tan manifiestos. Obviamente, esto sería un absurdo, pero no menos que otros que, siguiendo unos patrones similares, cuestionan de igual modo no solo la maestría de su autor sino, en ocasiones, también su buen nombre.

Nos hallamos, pues, ante un relato mitológico, una historia fabulosa aunque lo suficientemente atenuada de elementos externos tradicionales como para no dar la sensación de anacronismo, pues el nuevo género narrativo neo-griego así lo demandaba en su afán de actualización al barroquismo estético imperante en la época. Sin embargo, y a pesar de ese aparente (solo en las formas) anhelo de modernidad, resulta a veces necesario recurrir determinados comportamientos -digamos- poco decorosos para explicar experiencias sensoriales muy concretas.[143]

Pero vayamos a los detalles que evocan cuanto decimos. En primer lugar, la referencia a la edad de la "muchacha bárbara" (15 años) nos hace pensar en la imagen de una *virgen.* En segundo lugar, nos llama la atención la rareza de encontrarla sola en ese lugar, pues el propio Antonio el bárbaro había constatado que la isla estaba despoblada de gente. En este sentido, al igual que ocurría con el caso de las "cabras monteses", juzgamos que la "muchacha bárbara" más que a una realidad aludiría a un concepto y, en tal caso, vendría definido por aquello que ella misma está buscando: "que, por entre las peñas, riscos y escollos de la marina, pintadas conchas y apetitoso marisco andaba buscando."(p. 174). No en vano, el poético recurso del hipérbaton nos avisa de la naturaleza subjetiva de la frase; que, dado el contexto idílico que transmite la imagen de una virgen recogiendo conchas (el mito de Afrodita-Venus, diosa del amor en la mitología grecorromana), podría aludir a la personificación de ese espíritu amoroso que parece vagar por entre una costa accidentada en busca de su alimento más deseado: ¿quizás

---

[142]   Recordemos, a este respecto, la supuesta declaración de homosexualidad que algún crítico poco acertado vertió sobre la figura de Bradamiro, motivado por la defensa que hace del "andrógino"(el doble Periandro-Auristela), manifestado en la diégesis a través del "travestismo" de Periandro (capítulo 2.5).
[143]   La tradición mitológica grecorromana es abundante en este tema, recordemos, en este sentido, el frenesí amoroso de Zeus a la hora de buscar compañera para satisfacer sus instintos sexuales.

ese espíritu amoroso-universal (Ricla) que espera al peregrino (Antonio el bárbaro español-"apetitoso marisco") en esos riscos del *finisterrae* (el Finisterre de Galicia o Costa de la Muerte, situada en el extremo noroccidental de España), una vez completada su peregrinación (las "pintadas conchas")?

En este sentido, y a modo de imagen emblemática que evoca el conjunto de todo el episodio, podríamos señalar la referencia a esa "pintada concha" en una obra pictórica señera del Renacimiento: *El Nacimiento de Venus* de Botticelli. Trasladado a un sentido más prosaico, no resultaría arriesgado -como ya hemos sugerido más arriba- ver en ello la imagen del más español de los acompañantes (iniciados) de Periandro, recorriendo el también más español y septentrional de los itinerarios de iniciación (el Camino de Santiago) y llegando al final de su experiencia gnóstica (la cueva junto a las rocas de la marina: ¿el rocoso Finisterre?) donde recogerá de su interior al fruto de su trabajo (la luz del conocimiento = Ricla). No en vano, la concha o vieira ("pintadas conchas y apetitoso marisco andaba buscando") es el símbolo de la peregrinación jacobea por antonomasia.

En cuanto al alimento que la "diosa virgen" extrae de su pecho para dárselo al bárbaro español: " y sacando del seno una manera de pan hecho a su modo, que no era de trigo, me lo puso en la boca"(p. 174), podemos sacar también algunas conclusiones. Para empezar, el pan que le da a comer no es el usual ("una manera de pan hecho a su modo") ¿Acaso no se estará refiriendo al pan ácimo, ese que no lleva levadura y que por ello se considera puro, y que era consumido por los hebreos en la Pascua como recuerdo de la salida de Egipto de su pueblo? Además, existió una controversia que enfrentó a las Iglesias de Occidente y Oriente en la utilización del pan natural o el ácimo, y que finalmente se dirimió en el Concilio Vaticano II (1962-1965) con la autorización de utilizar el pan fermentado en las ceremonias de eucaristía. En cualquier caso, la referencia al pan ácimo se presenta como propia del cristianismo primitivo y la del pan con levadura como más en la línea del catolicismo tridentino.

Dado que el pan ácimo podía estar hecho de cualquier cereal, cuando se especifica que "no era de trigo", podría estar refiriéndose a que, en efecto, no se trataba del pan natural o común propio de las católicas celebraciones; sino que se correspondería con el consumido en épocas pasadas por las religiones abrahámicas y por ello fácilmente identificables con el apelativo de "bárbaro", a cuya expresión también responde la muchacha virginal dispensadora de ese alimento.[144]

En relación, ahora, al modo en cómo ese pan llega a la boca de Antonio el bárbaro, también tenemos algo que decir. Pues, el hecho de que sea extraído del pecho de la "muchacha virginal" posee unas connotaciones que lo acercan al concepto de AMOR. En tal caso, la imagen que nos transmite esta frase es la de que del interior del pecho de la "virgen" (el corazón) emana el "alimento" necesario (pan ácimo = alimento/doctrina cristiana primitiva) para salvar al hombre (el náufrago-peregrino Antonio el bárbaro). Esta misma visión podría definirse en su apariencia ritual como la dispensación de la eucaristía o comunión, a través del acto de acercarle el pan a su boca: "me lo puso en la boca".

En resumen, la escena nos transmite la idea de que Antonio el bárbaro "se alimenta" (comulga) directamente del espíritu cristiano primitivo que emerge desde las mismas profundidades de la cueva; lo cual, constituye un alegato en defensa de esa vuelta a la pureza de la antigua religión.

Acto seguido, la muchacha bárbara que, de la cita anterior, deducimos que podría actuar como una especie de "oficiante" o iniciadora en los antiguos misterios (Hierofante), vuelve a ejercer su oficio junto al "bárbaro español"; postulante, en tal caso, en busca de esa misma iniciación: "me asió por la mano y me llevó a aquel arroyo que allí está, donde ansimismo por señas, me rogó que bebiese."(p. 174). Es decir, continuando nuestra exégesis tendente a considerar el episodio en su sentido ceremonial, le indujo a tomar el "bautismo" del agua.

Al final de este doble ritual (Eucaristía y Bautismo), es el propio narrador quien desvela la naturaleza casi divina de su virginal acompañante: "Yo no me hartaba de mirarla, pareciéndome antes ángel del cielo que bárbara de la tierra"(p. 174).

---

[144]   Nosotros hemos encontrado una referencia al pan ácimo, aunque oportunamente disimulada a través de un anagrama, en el último capítulo de la novela (14, libro IV). Véase nuestro análisis en el apartado "Perspectiva microcósmica: la unión de Persiles y Sigismunda", en el capítulo 4.8.

Y, tras la despedida, al día siguiente regresó la muchacha para quedarse en la cueva junto a él. Con este final tan ceremonioso, Antonio - podríamos ya decir en vez de bárbaro - ¿el peregrino? daría por finalizado el relato alegórico de su iluminación espiritual en la cueva de la isla bárbara; al tiempo que cede el protagonismo del relato a su ya esposa Ricla, quien efectuará una extensa profesión de fe católica convertida en una tediosa enumeración de preceptos grandilocuentes que, por este mismo motivo, da la sensación de que estuviesen vacíos de contenido y que solo fuesen eso: sonidos litúrgicos. Ahora bien, tras este pueril alarde catecúmeno se halla una serie de mensajes subliminales que nos acercan, de forma inversa o irónica, a una revolucionaria y bien medida declaración de intenciones. Comenzaremos por:

> Es, pues, el caso -replicó la bárbara- que mis muchas entradas y salidas en este lugar le dieron bastante para que de mí y de mi esposo naciesen esta muchacha y este niño (p. 176).

Donde, las irónicas alusiones al acto sexual ("mis muchas entradas y salidas") se conjugan con la idea de "unión mística" ("para que de mí y mi esposo") que lleva implícita la experiencia eremítica ("en este lugar": la cueva donde habitaban) tendente a la concepción del andrógino ("esta muchacha y este niño").

Y continúa:

> Llamo esposo a este señor, porque, antes que me conociese del todo, me dio palabra de serlo, al modo que él dice que se usa entre verdaderos cristianos (p. 176).

En este caso, la cita viene a ratificar la naturaleza gnóstica de la experiencia que simbolizan ambos protagonistas, donde la bárbara personificaría al alma y Antonio el bárbaro al espíritu que lucha por liberarla. De este modo, se verifica el conjunto de virtudes necesarias para emprender el camino de iniciación espiritual a través del tradicional simbolismo del *caballero/señor* como sinónimo de "verdadero cristiano": caballero embarcado en la celestial cruzada por liberar su alma.

Sigue:

> Hame enseñado su lengua, y yo a él la mía, y en ella ansímismo me enseñó la ley católica cristiana (p. 176).

¿A qué lenguas se refieren? ¿A la española en cuanto a su papel de instrumento de evangelización en manos de Antonio el bárbaro? Casalduero así lo afirma y Romero lo secunda[145]. Sin desestimar estas apreciaciones, pues obedecen a un criterio puramente literal, aunque se pretenda dar un sentido alegórico-contrarreformista al conjunto de la frase; nosotros juzgamos que el mensaje de Cervantes apunta "más alto". Y, es precisamente en esas alturas espirituales donde encontraremos, en nuestra opinión, un sentido más ajustado a los conceptos que le interesan a nuestro autor; pues, en el contexto místico-gnóstico en el que se haya inmerso el episodio, la lengua hablada por un verdadero caballero-peregrino-andante no es otra que la Cábala[146], que será lo que enseñe a la bárbara. De igual modo, la lengua hablada por la bárbara a través del simbolismo que se revela de sus actos sería "el Conocimiento"; que, además, al fundirse con la Cábala daría origen a lo que podría entenderse como la "lengua perfecta" ("y en ella ansímismo me enseñó la ley católica cristiana"): la correcta interpretación alegórica de la ley católica cristiana por antonomasia: la Biblia.

---

[145]   "Casalduero (46) observa que el castellano sirve aquí de vehículo de la evangelización, como en las empresas de Indias: <<De la rusticidad a la discreción, a través de España>>" (n. 12, p. 176).

[146]   "CABALA, es cierta dotrina mistica entre los Judíos: la cual no se escribe, sino que de uno en otro, se va cóservando, tomandola de cabeça, y los que la professan, se llamá Cabalisticos, de la dicha raíz [hebrea], in piel." *Tesoro de la lengua castellana o española* de Sebastián de Covarrubias 1611.

"CABALA. s. j. Tradición, o doctrina recibida por tradición, cuya raíz es, o se toma del verbo Kibbel, escrito por Coph, y no por Caph, el cual en la conjugación Piel vale lo mismo que Recibió, o percibió enseñado de otro. En los antiguos sabios de los Hebréos se tenía (y en realidad era) esta doctrina por mui santa, como ahora se estiman las verdaderas tradiciones de la Iglesia. Los modernos Judíos la adulteraron y viciaron por medio de Anagramas, transposiciones y mutaciones de las letras Hebréas: y aun han llegado a mezclarla con supersticiones y adivinaciones Astrológicas y Mágicas, y con otras cosas vaníssimas, y la han hecho facultad indigna de que se ocupe en ella cualquiera hombre de Fe, de razón y de juicio." *Diccionario de Autoridades*, tomo II (1729).

Y terminamos "la católica profesión de fe" de la bárbara Ricla con la siguiente cita:

> Diome agua del bautismo en aquel arroyo, aunque no con las ceremonias que él me ha dicho que en su tierra se acostumbran; declarándome su fe como él la sabe, la cual yo asenté en mi alma y en mi corazón, donde le he dado el crédito que he podido darle (p. 176).

En un principio, se percibe el carácter disidente de Antonio el bárbaro, pues no ritualiza de igual modo los misterios que en su tierra remiten al bautismo. Lo cual podría interpretarse como la visión, nuevamente, de ese cristianismo primitivo; donde la declaración de "su fe como él la sabe", nos pondría otra vez en la pista de la justificación de sus creencias a partir del conocimiento ("como él la sabe") que tendría de los misterios de la fe ("declarándome su fe").

En la última parte de su relato "la bárbara"(Ricla) nos presenta un resumen simbólico del episodio. Su referencia a los tesoros/riquezas que se hallan en la isla (se refiere al espacio imaginario de la cueva, en cuanto a su localización dentro de ella): "le truje alguna cantidad de oro, de lo que abunda esta isla, y algunas perlas que yo tengo guardadas"(p. 177), son un claro indicio de la naturaleza espiritual del episodio; así como de la ganancia que supone la experiencia eremítica-peregrina que, para expresarla en términos extrapolables a una percepción objetiva, utiliza el símil del oro como el metal más puro (símbolo del bautismo del Espíritu Santo o por el fuego-sol) y las perlas (en relación al bautismo por el agua), de gran tradición en el folclore.[147]

Finalmente, el narrador revela el nombre de la que fuera la "muchacha bárbara" antes de convertirse en la esposa de Antonio el bárbaro: Ricla. Nerlich, que realiza un estudio etimológico del nombre, la define del siguiente modo:

> "la hermoSA RICLA", nombre que me parece evocar anagramáticamente el movimiento femenino franciscano de las CLARISAs, del que el *Autoridades* (ed. cit. I ii 369) dice: "Monjas de Santa Clara: del qual nombre está formada esta voz [...]"[148]

Identificado por Nerlich el nombre de Ricla, en relación a la congregación de religiosas que lleva ese nombre pero al revés, nuestras deducciones acerca del simbolismo de este personaje quedarían confirmadas; en relación a las corrientes heterodoxas (partidarias de una vuelta al cristianismo primitivo) que en época de Cervantes operaban, mayormente, a través de la Orden franciscana. El resto del capítulo 6 del libro I consiste en la salida de la isla en llamas con rumbo a una nueva isla.

Una vez asimilado lo acontecido en el episodio del "bárbaro español", da la impresión de que su aventura no ha terminado, de que su estancia en la isla bárbara debería interpretarse solo como una estación de paso; aunque, bien es cierto, no exenta del riesgo que comporta para la continuación de su viaje (la peregrinación) la gozosa felicidad cavernaria proporcionada por Ricla. Porque las islas, no lo olvidemos, tienen una connotación de temporalidad e inestabilidad que incita al cambio continuo (al movimiento). En tal caso, dado que fueron dos las tormentas y las islas salvadoras en sus respectivos naufragios, ¿por qué no completar con una tercera singladura un viaje iniciático que, tradicionalmente, suele constar siempre de tres y no dos etapas?

Y, precisamente, sobre esa salida demorada de la isla le pregunta Periandro a Antonio, pues, se extraña de que no se haya ido antes junto a su familia en una de esas barcas que vienen a vender "doncellas o varones para la vana superstición que habréis oído decir que en esta isla ha muchos tiempos que se acostumbra"(p. 179)[149]. Y lo hace en estos términos: "- ¿No ha usado el señor Antonio deste remedio en tantos años como ha que está aquí encerrado?" (p. 179).

La respuesta nos la da la propia esposa de Antonio el bárbaro, Ricla, cuando dice:

---

[147]   Son innumerables los cuentos sobre tesoros escondidos en lugares donde sufrió martirio un santo o en las cuevas donde habitaron ermitaños en busca de su iluminación. Por ejemplo, la leyenda de Santa Orosia, patrona de Jaca (Huesca) y mártir del cristianismo, cuyo nombre ya es en sí mismo una clara referencia al oro en relación al sacrificio máximo.

[148]   Nerlich, 2005, n. 44, p. 468.

[149]   La referencia a esos jóvenes (doncellas o varones) que han de ser sacrificados para "la vana superstición", constituiría una rememorización del mítico tributo que Atenas debía pagar al rey de Creta para ser devorados por el Minotauro (siete doncellas y siete varones cada nueve años).

- No - respondió Ricla -, porque no me han dado lugar los muchos ojos que miran para poder concertarme con los dueños de las barcas, y por no poder hallar escusa que dar para la compra (p. 179).

Interpretamos aquí que, según nuestro propio esquema alegórico que aboga por el humanismo renacentista (velado) de Cervantes, Ricla, en su papel de "mitad espiritual" de su esposo y por ello conciencia de Antonio el bárbaro, asume la autoría de la respuesta para contestar desde una perspectiva espiritual. Y, desde este contexto, responde que no se ha marchado antes de la isla bárbara (no da el paso siguiente en ese camino en pos de la liberación de su alma, que se traduciría en un compromiso todavía mayor con la causa espiritual) porque correría el riesgo de ser delatada "por los muchos ojos que miran" (la Inquisición) y, además, por no poder decir abiertamente ("no poder hallar escusa") a los regidores de la espiritualidad legalmente constituida (el catolicismo en connivencia con el poder: la teocracia) que los abandona en beneficio de la nueva-vieja espiritualidad. En cualquier caso, "los dueños de las barcas" que habrían de servir para la huida, ¿no aludirían alegóricamente al vehículo necesario para hacer circular esas ideas y extenderlas por entre las demás islas? Es decir, ¿no se podría estar haciendo alusión a esa religión surgida en los dominios del Imperio español de Carlos V (¿la isla de los lobos?), en respuesta a la degeneración y/o desvío en que había caído el catolicismo en cuanto a que heredero oficial del cristianismo: la Reforma? En tal caso, se comprendería la necesidad de salir de esa isla una vez la situación se tornase desfavorable para los que otrora gozaran de cierta impunidad (los erasmistas). Nos referimos al edicto promulgado por Carlos V tendente a derogar la tolerancia religiosa, que fue la causa que prendió la mecha de la *Protesta* de Espira en Alemania (1529).

Y así lo ratifica Antonio el bárbaro (la otra mitad mística de sí mismo a partir de su unión con Ricla: el andrógino), añadiendo, además, que no es el miedo a padecer mayores rigores lo que le frena en su huida ("y no por no fiarme de la debilidad de los bajeles"[p.180]), en relación, según nuestra opinión, a la manifiesta debilidad del bando reformista frente al católico.

No quisiéramos terminar este análisis de la historia de Antonio el bárbaro sin perfilar la última de las caras de esta -a partir de ahora- hexaédrica identidad; pues, de entre todos los perfiles históricos que hemos señalado como formantes del personaje "más español" del *Persiles*, quizás haya de ser el del propio Cervantes el que de manera más acusada sobresalga de entre el resto. No en vano, su biografía es muy similar, y el lance de las cuchilladas, sin duda, le delata; pues, nuestro escritor, como se sabe, sufrió un altercado de juventud que se saldó también con cuchilladas, y que fue lo que motivó su huida a Italia y su posterior vida de soldado de los Tercios.[150]

En conclusión, todo el relato de Antonio el bárbaro son muchas cosas en una, tantas, al menos, como aquello que represente cada uno de los personajes que hemos aludido formando parte de su personalidad. Pero si debemos destacar en este episodio la preeminencia de un tema por encima de los demás, nos decantamos por la aventura iniciática del protagonista; que no solo alcanza unas cotas de misticismo poético difíciles de superar en un relato alegórico, sino que, además, nos revela escenas muy significativas de ese viaje de iniciación cuya simbología (sobre todo la concha) apunta al itinerario "penitente" español por antonomasia: el Camino de Santiago.

El viaje, pues, que reemprenderá Antonio el bárbaro junto al recién formado "escuadrón de peregrinos", informará, dentro de esta perspectiva iniciática, la crónica de esa última etapa de su camino de iluminación; aunque, para Antonio-Ricla, el viaje termine antes de llegar a Roma: en ese ónfalo manchego como símbolo del laberinto que siempre nos devuelve al punto de origen (Quintanar de la Orden de Santiago).

---

[150]   De esta opinión es Martín de Riquer, quien lo interpreta de este modo: "Antonio de Sigura era intendente de construcciones reales, y su agresor es, sin duda alguna, nuestro escritor, quien algunas veces, en sus obras, narrará episodios inspirados en este lance de juventud, como la historia de Timbrio en *La Galatea* (libro II) y la del "bárbaro español" Antonio en el *Persiles* (lib. I, cap. 5). Martín de Riquer, 2003, p.41.

1.7. La historia de Rutilio o el fracaso de Roma frente a la verdadera espiritualidad

La historia de Rutilio viene a sumarse a la de Antonio el Bárbaro español, pues, a pesar de ser considerada como una historia no menos "increíble" (que Periandro reconoce como tal, a la par que verosímil, pues, como él mismo manifiesta: " En las que a nosotros nos han sucedido nos hemos ensayado y dispuesto a creer cuantas nos contaren, puesto que tengan más de lo imposible que de lo verdadero."[p. 184]), también podría interpretarse alegóricamente.

Vayamos al comienzo del relato de Rutilio, donde asoman tres datos que no deben dejarse pasar por alto: su nombre, su patria y su profesión:

> - Mi nombre es Rutilio; mi patria, Sena, una de las más famosas ciudades de Italia; mi oficio maestro de danzar, único en él y venturoso, si yo quisiera (p. 189).

Dice Romero acerca de su nombre: "Del latino Rutilus, ´de cabellos brillantes, pelirrojo´"(n. 1, p. 189). Esta información la completaremos con la de Leuker: "Rutilio tampoco se llamará así por casualidad. Su nombre, cuyo significado es ´el resplandeciente´, parece preanunciar su transformación en un hombre ejemplar." [151]

Estos dos críticos aluden al carácter brillante o luminoso del término, lo cual, al tratarse de un nombre propio elegido por Cervantes –como viene siendo habitual– "para la ocasión", transmite al personaje un sentido de luminosidad que bien podría aludir tanto a su personalidad como a la naturaleza de las acciones por él acometidas. Un nuevo análisis onomástico nos acercará más aún al centro de la cuestión. Dice Nerlich: Claudius RUTILIUS Namatianus, nacido en Narbona o Toulouse, último prefecto pagano de Roma, nombrado en 414, autor de un poema épico, *De reditu suo*, que cuenta el viaje de Roma a su tierra natal"[152]

En tal caso, esa cualidad de "resplandeciente" que atribuíamos al nombre habríamos de sumarla al carácter pagano que se extrae de la cita anterior. De este modo, si Cervantes nos presenta a Rutilio desde estos planteamientos - digamos - "luminosos", es porque, de manera consciente, pretende situar al lector dentro de un marco temático muy concreto, a fin de poder interpretar la historia que sigue de manera satisfactoria.

Se hace necesario, en este punto, recordar lo que dijimos en el capítulo 1.2., cuando analizábamos el pensamiento filosófico-espiritual de Cervantes en relación a los movimientos heterodoxos con base en la Orden franciscana, como el de los "alumbrados españoles"; cuyo nombre, por sí mismo, ya remite a esa cualidad luminosa inmersa en el nombre de Rutilio, y, cuya doctrina, enlazaría también con el paganismo propio de la Roma de Rutilius Namatianus.

Pero sigamos con la presentación del personaje. En relación a su lugar de nacimiento, de nuevo será Romero quien nos informe de que: "Sena, no Siena (como, a la italiana, decimos modernamente) es la forma 'castiza' española (y, antes, latina) de la ciudad toscana" (n. 2, p. 185). Ya sabemos, pues, de dónde viene Rutilio; sin embargo, la crítica en general, salvo Nerlich, no se ha interesado por saber por qué Cervantes lo hace venir, precisamente, de Siena (o de Sena) y no de otro lugar.

Porque, si el propio personaje alude a su patria (Siena) como a "una de las más famosas ciudades de Italia", ¿a qué fama se estará refiriendo Rutilio? Pues bien, para empezar, diremos que la leyenda atribuye la fundación de la ciudad de Siena a los hijos de Remo (hermano de Rómulo), Asquio y Senio. Por ello, la figura mitológica de la loba Luperca, que amantó a los gemelos fundadores de Roma, constituye también el emblema de esta ciudad. Tras estos comienzos míticos, Siena fue un asentamiento Etrusco, pues fue la Toscana la región de Italia donde ese antiguo pueblo se estableció (entre el 900 y el 400 a. J.C.). Ya en la Edad Media, el esplendor de Siena rivalizaba con el de Florencia.

A esta breve introducción histórica añadiremos que, en el siglo XIII, la que fuera la República de Siena lideraba, junto con Lucca, la facción gibelina en oposición a los güelfos de Florencia, cuyo enfrentamiento (conflicto secular entre los dos poderes universales: el Pontificado y el Emperador del Sacro Imperio Romano Germánico; güelfos y gibelinos, respectivamente), como se sabe, formó el telón de fondo de algunos episodios de la *Divina Comedia* de Dante.

---

[151]   Leuker, 2011, p. 89.
[152]   Nerlich, 2005, p. 459.

Pero no somos los únicos que hemos observado la injerencia del conflicto entre güelfos y gibelinos en el *Persiles*. Nerlich, en otro episodio de la obra[153], justifica la circunstancia de que los peregrinos no pasen por Florencia de camino a Roma y sí lo hagan por Milán, en relación a la defensa de la causa gibelina (Milán) frente a la güelfa (Florencia).[154]

Pero Siena no solo interesa a Cervantes por su indiscutible ocasión histórica (germen del conflicto que derivará en su época en las luchas entre católicos y protestantes), sino también por su arraigo espiritual y origen mítico de sus comienzos.

Decíamos más arriba que la estirpe legendaria de Siena se remonta a Remo, hermano de Rómulo, y que ambas ciudades están representadas por el mismo emblema de la Loba amamantando a los dos gemelos mitológicos. En tal caso, podría establecerse una relación en base a esta tradición, vigente aún incluso en nuestros días a través de las numerosas estatuas que rememoran su pasado tanto en Siena como en Roma. Es decir, por un lado Rómulo, fundador de Roma, y por otro Remo (y sus descendientes), fundador de Siena. Ambos personajes mitológicos son hermanos, pero también rivales, pues el mito de la fundación de Roma –el más extendido- recoge que, finalmente, Rómulo mató a golpes a Remo por traspasar los límites de la ciudad en el momento de la ceremonia de su fundación. Por tanto, podríamos establecer una relación de "desencuentro" entre ambas ciudades que se remonta a los comienzos del mito fundacional, donde Rómulo representaría la victoria del poder temporal (Roma) como dueño de los designios del hombre, y Remo asumiría el papel del "sacrificado" en beneficio de la civilización (sacrificado por Roma/Tierra, y por tanto mártir, entra en Siena/Paraíso). La loba Luperca, origen común de ambos personajes mitológicos, personificaría en este esquema cosmogónico a la dispensadora del alimento *que hace crecer a los pueblos* (la civilización); por lo que el relato que el propio Rutilio hace de su filiación y de su principal ocupación remitiría al enfrentamiento entre las facciones representativas de esos dos pueblos en conflicto desde la Antigüedad: güelfos y gibelinos, Florencia-Roma y Lucca-Siena, respectivamente.

Porque Rutilio, según se nos dice en el texto, se dirige a los recién embarcados "a grandes voces, en lengua toscana" (p. 182), y la Toscana, precisamente, es la región originaria donde se asentó el antiguo pueblo de los etruscos[155] (900 – 400 a. C.). En cualquier caso, podríamos relacionar esas nuevas "voces" del "bárbaro gallardo", dirigidas a los ocupantes de la barca, con las que profería Corsicurvo a la boca de la cueva-mazmorra; en ambos casos, sugiere un clamor de libertad espiritual o liberación (la cueva y la barca son símbolos que se relacionan con esa idea de salida-búsqueda de la libertad) proferido en ese lenguaje simbólico que solo puede entender Cloelia o, en este caso del episodio de Rutilio, las personas afines a ella (Periandro y compañía). La lengua toscana, pues, podría representar aquí al saber de los antiguos etruscos en relación a sus misterios espirituales, que serían los paganos[156]; es decir, ¿los mismos que habría de enseñar el prefecto pagano Rutilius Namantianus en Roma antes de la llegada del catolicismo?

En cuanto a la profesión declarada por el propio Rutilio como "maestro de danzar", creemos que, dado que tal información parece no tener otra función en la diégesis que la revestir al personaje de una frívola apariencia, Cervantes podría haberlo utilizado en sentido irónico; en tal caso, el "danzar" se interpretaría en sentido grave y no festivo como una especie de "movimiento ritual", es decir, una metáfora del desplazamiento armónico que conlleva

---

[153]   "Estuvieron cuatro días en Milán [...] Partiéndose de allí y llegaron a Lucca, ciudad pequeña pero hermosa y libre que, debajo de las alas del Imperio y de España, se descuella y mira serena esenta a las ciudades de los príncipes que la desean"(p. 610).

[154]   "me permito añadir también que por una parte Lucca y Florencia han existido siempre en una enemistad competitiva, cuando no belicosa, alimentada por las tendencias güelfas de Florencia y las convicciones gibelinas de Lucca, (porque Lucca, desde la Edad Media al Renacimiento, fue un punto fuerte gibelino, sino la capital gibelina sin más), y que por otra parte no hay ninguna explicación - de tipo psicológico, por ejemplo - en el texto cervantino para su paso por Lucca en vez de por Florencia." Nerlich, 2005, p. 522.

[155]   Pueblo con un componente mágico-ceremonial muy arraigado al que los romanos deben numerosas aportaciones, especialmente en el terreno de la religiosidad.

[156]   Un apunte haremos en relación al panteón al que se rendía culto en la *Antiqua Roma*. Los dioses de la ciudad, antes de que en el s. III a. C. unos eruditos griegos y romanos decidieran fabricar un pasado para Roma, eran solo tres: Júpiter, Marte y Jano-Quirino. De entre ellos, Jano era el dios solar que ocupaba el punto más alto del escalafón entre los dioses antiguos etrusco-latinos. Era el protector de los astrónomos y de los arquitectos, practicantes de disciplinas que, en la tradición, han estado ligadas y comparten un carácter iniciático.

emprender físicamente el camino de iniciación: la armonía que consigue el peregrino en su peregrinar, al ajustar, tras largas jornadas, los ritmos universales a su caminar. En cualquier caso, se nos dice que Rutilio era maestro en esa profesión, con lo que, a la vista de nuestras deducciones y otras que iremos aportando a continuación, no podemos descartar la posibilidad de que tras esa fachada cómico-festiva se halle la identidad de un verdadero "maestro espiritual" (peregrino-eremita).[157]

No es necesario, a la luz de la interpretación que hemos realizado sobre la figura del "maestro de danzar", extenderse en el papel que tuvieron las antiguas danzas rituales en la representación de los cultos paganos en todos los pueblos de la Antigüedad, incluidos los ritos de iniciación a los misterios, en los que el dios Jano (antecedente pagano del Santiago cristianizado en su función de guía de los peregrinos del camino del Conocimiento) ocupaba un puesto prioritario en la primitiva sociedad etrusco-romana.

De este modo, creemos que ha quedado suficientemente perfilada la personalidad que se esconde tras la presentación de un personaje, en apariencia, frívolo o poco serio. La heterodoxa filiación espiritual del "bárbaro italiano" condiciona toda la historia por él contada, imprimiendo a la misma un acentuado aire fabuloso que será el rasgo que más habrá de influir en la crítica a la hora de evaluar sus actuaciones en este episodio. No olvidemos, sin embargo, que es el propio Rutilio quien, ante lo extraordinario de su historia, avisa a su auditorio de que "no me habéis de dar crédito alguno"(p. 184); a lo que Periandro le responde con una clara afirmación de lo contrario:

> - En las que a nosotros nos han sucedido nos hemos ensayado y dispuesto a creer cuantas nos contaren, puesto que tengan más de lo imposible que de lo verdadero (p. 184).

Parece, pues, que Periandro es partidario de que la historia de Rutilio sea entendida como algo verídico, al menos, al mismo nivel que sus propias historias y las del resto de personajes que le acompañan.

Pero continuemos el relato y veamos cómo todos los elementos que se van conjugando en la diégesis no hacen sino reforzar nuestras hipótesis. Porque el relato de Rutilio constituye, en resumen, otra historia de amor malograda, donde se nos cuenta la desgracia en la que caerá el italiano danzante y su enamorada tras la decisión del padre de esta de casarla con un "caballero florentín". Ahora bien, de forma paralela, podríamos hacer también una lectura alegórica en relación al conflicto entre güelfos y gibelinos, según decíamos al comienzo de este capítulo. En este sentido, Rutilio representaría a la facción gibelina (Siena) y el "caballero florentín" a los güelfos (Florencia), y, el objeto en disputa, la bella hija del "caballero rico" de Siena, solo podría representar una cosa en este contexto de luchas por el poder enarbolando la bandera de la religión: la vía correcta para la salvación de las almas (la bella).

El episodio, visto desde esta perspectiva, se torna muy generoso a la hora de sumar elementos diegéticos a su comprensión; donde las alusiones al danzar juntos ("quiso que yo la enseñase a danzar"[p. 185]), con directas referencias a la unión de las almas ("rindió la suya a la mía"[p. 185]), no solo señala la presencia de una alegoría metafísica, sino que podría concretarse en algo más objetivo y -digamos-, "pedestre": ¿una velada alusión a un recorrido de peregrinación a pie? Los elementos que nos llevan a tal suposición son los siguientes:

1º). Se parte de una situación de conflicto interno. El peregrino comienza la peregrinación como único medio de reconciliarse o reencontrarse consigo mismo (el andrógino). En la historia de Rutilio el rito de la peregrinación se escenifica mediante la fuga con la amada, pues, quedándose en el mismo lugar perdería la oportunidad de conseguir unirse con ella.

2º). La iniciación, como la danza, es un proceso de aprendizaje, donde la peregrinación (avanzar bajo la influencia de los ritmos de la naturaleza) es una de sus principales vías desde tiempos muy remotos. Las características que, según Rutilio, definen a la danza, podrían aplicarse al antiguo ritual de la peregrinación: "gentileza" (carácter de gentil, en relación a rito pagano), "gallardía" (la valentía necesaria para asumir los riesgos y la dureza de la

---

[157] En este sentido mistérico, la actitud danzante que presenta el personaje de Rutilio nos sugiere la imagen bíblica del rey David danzando alrededor del arca de la Alianza en 2 Samuel 6: 13-14: "Cuando los que llevaban el Arca hubieron dado seis pasos, se sacrificó un toro y un carnero. David danzaba ante Yavé con todas sus fuerzas. David llevaba ceñido un efod de lino".

peregrinación) y "disposición" (ánimo bien dispuesto para afrontar el sacrificio y no sucumbir ante la adversidad).

3º). La cualidad de "bailes honestos más que en otros pasos"(p. 185), que señala Rutilio al caracterizar a su "danza", pone en relación directa el bailar con el caminar del peregrino; pues, peregrinar/danzar es la forma más honesta de caminar ("dar pasos").

4º). En la práctica de la peregrinación se persigue, mediante el movimiento rítmico del cuerpo al caminar, armonizar con los ritmos del alma ("Entré a enseñarle los movimientos del cuerpo, pero movíla los del alma" [p. 185]).

5º). Dado que, de manera expresa, se alude al viaje que emprende la pareja a Roma, hemos de suponer, en este contexto, que nos hallamos ante una evidente alusión a la peregrinación a Roma. Ahora bien, el hecho de que tal "viaje" resulte un fracaso para ambos (pues antes de llegar fueron apresados) exige una reflexión. Si, como sabemos, la facción de los güelfos era partidaria del pontificado de Roma en defensa del "monopolio" de la salvación de las almas, el fracaso que constituye el apresamiento de la pareja de camino a la Ciudad Eterna, ¿no podría interpretarse como que la peregrinación a Roma resulta infructuosa desde una perspectiva soteriológica, pues en vez de unir a la pareja de enamorados platónicos los condena a estar separados?

El final de este relato del "viaje" a Roma acaba con la sentencia a muerte de Rutilio, es decir, con la condena que hace el catolicismo a todo asomo de heterodoxia que suponga la búsqueda espiritual sin la obligada intermediación de la Iglesia de Roma (¿el cristianismo primitivo o gnosticismo?), según la interpretación en clave platónica que cabría deducirse de: "Su confesión y la mía, que fue decir que yo llevaba a mi esposa y ella se iba con su marido"(p. 186); donde se alude a la unión mística (los esposos) o andrógino primigenio. Y cuyo brazo ejecutor asoma tras la alegoría de ese juez inmisericorde que, debido a lo detallado de la instrucción ("obligó al juez, movió y convenció"), parece referirse a las fases de un largo proceso canónico más que una simple sentencia promulgada contra un enamorado díscolo que se ha fugado con su novia: ¿el tribunal de la Inquisición?

Lo que sigue a continuación también debe interpretarse como parte de ese proceso de iniciación del personaje, Rutilio, que ha tomado buena cuenta de que Roma (los responsables de la ruptura y condena de su amor idealizado) demuestra ser lo contrario de lo que aparenta. Es decir, Rutilio nos presenta el nuevo escenario romano de su reclusión como alegoría de esa "cárcel" (Roma) que supone someter su voluntad a una "falsa espiritualidad" que solo es pompa y que lo condena, de por vida, a no poder salir en busca de su amada ("el alma"). Pero aún hay esperanza para el peregrino Rutilio, aunque vendrá de la mano de un personaje siniestro: la hechicera.

Sin duda, la aparición de la hechicera en la historia de Rutilio contribuirá a tener una visión negativa del personaje, pues la relación con la bruja condena literalmente (que no alegóricamente) a Rutilio a los infiernos, impidiendo al lector plantearse otra posibilidad que no sea la de ver en el baile del italiano una especie de "danza macabra".

¿Qué papel habría de reservar Cervantes a la hechicera, que es capaz de sacrificar el sentido espiritual de este episodio condenándolo a la incomprensión? De manera preliminar y dentro de un contexto religioso-espiritual, creemos que nuestro autor introduce en este episodio a la hechicera como personificación del aspecto más heterodoxo y oculto que habría de informar al cristianismo primitivo desde la antigüedad: los misterios.

Pero vayamos al relato del episodio. La hechicera, presa como él en la misma cárcel, le enseña, desde esos mismos "subterráneos"(alegoría del conocimiento profundo), el modo en cómo ha de liberar definitivamente su espíritu (salir de la cárcel) para abrazar a su amada (que no es la hija del caballero rico de Siena en un sentido meramente físico, sino la idealización del sentimiento amoroso que despierta en el amante, por ello Cervantes no se molestó en buscar un nombre para ella). En tal situación, el "italiano danzante" no duda en dar el "sí de esposo" a la hechicera a condición de liberarlo de una muerte segura:

> viéndome yo atado y con el cordel a la garganta, sentenciado al suplicio, sin orden ni esperanza de remedio, di el sí a lo que la hechicera me pidió de ser su marido, si me sacaba de aquel trabajo (p. 186).

Lo cual, desde la superficialidad del texto, hace suponer que Rutilio sea un individuo de baja condición moral, que se ha dejado llevar por ese oscuro personaje (ha vendido su alma al diablo-hechicera) a cambio de salvar su vida.

Obviamente, esa es la imagen que a Cervantes le interesaría proyectar ante la mirada vigilante de los censores de turno; sin embargo, no debemos pasar por alto lo que se dice previamente a la ratificación de ese pacto entre el desahuciado y la hechicera, y que constituye, en nuestra opinión, una especie de "aviso a navegantes" para el lector descreído ante el excesivo valor que suele darse a lo más evidente:

> Finalmente, por abreviar mi historia (pues no hay razonamiento que, aunque sea bueno, siendo largo, lo parezca)" (p. 186).

Porque Cervantes hace interrumpir el relato al narrador para aportar esa explicación entre paréntesis justo antes de confirmarse "el pacto", como si pretendiese con ello dar un tiempo de reflexión al lector antes de que asista, turbado, al (en apariencia) oscuro trato protagonizado por el personaje, paradójicamente, más luminoso (excluyendo a la "sin par" Auristela) de este episodio: el "rutilante" Rutilio. En tal caso, la pertinencia de esa irrupción se justificaría en la intención de Cervantes de que el lector recabe en el correcto sentido que debe darle al relato del "italiano danzante", que redundaría en la idea de que: "(pues no hay razonamiento que, aunque sea bueno, siendo largo, lo parezca)"; es decir, que las verdades aparentes, aunque parezcan incuestionables en función de una larga tradición en la perseverancia de los argumentos que las avalan, no solo podrían ser falsas, sino que, incluso, ese mismo empeño por seguir justificando y alargar así los razonamientos que las sostienen, constituiría en sí mismo la prueba de su falsedad. No se excluye, además de esta percepción metatextual, una visión más cercana al texto; en el sentido de que la cita entre paréntesis podría interpretarse también como lo opuesto a lo referido en un antiguo dicho popular: "lo bueno, si breve, dos veces bueno".[158]Centrándonos ahora en el fragmento analizado, lo argumentado más arriba podría traducirse en la intención que tiene Cervantes de avisar al lector de que la aparente conducta "desviada" de Rutilio solo se trata de un ardid retórico; es decir, la necesaria utilización de la alegoría para transmitir verdades trascendentes que no pueden explicarse desde un discurso razonado o literal.

En cualquier caso, lo que aquí realmente interesa, desde el punto de vista del "viaje como iniciación", es constatar que el "peregrino-preso"(Rutilio) decide iniciar su nuevo camino espiritual (a través de lo simbolizado por la figura de la hechicera) desde la misma frontera de la muerte física: "viéndome yo atado y con el cordel a la garganta, sentenciado al suplicio, sin orden ni esperanza de remedio" (p. 186); es decir, la muerte simbólica-ritual que da acceso a todo proceso de iniciación espiritual, y cuyo ejemplo más notorio lo tenemos en la experiencia que abre el *Persiles* desde las profundidades de la cueva-prisión.

A partir de este momento, el relato se vuelve todavía más ambiguo y difícil, en consonancia con el carácter mistérico de su mensaje. Empezaremos analizando el momento íntimo en que se produce la liberación de sus "cadenas y sus cepos": "la noche del día que sucedió esta plática" (p. 186). Es decir, una clara referencia a esa "nocturnidad" convertida en un lugar común o espacio ignoto en el desarrollo de los procesos místicos, donde, de forma fabulosa (pues no se dice cómo lo ha hecho), la hechicera "rompería las cadenas y los cepos"(p. 186) poniéndolo en libertad lejos del presidio.

No habría de quedar, sin embargo, muy satisfecho nuestro autor con las "balizas exegéticas" colocadas en el texto (como la aducida más arriba) para uso del "lector amantísimo", pues juzgaría escasa la ayuda dispensada y alto el riesgo de que su mensaje no llegara a entenderse. Seguramente, esta fuera la causa por la que, a renglón seguido, nos sorprende con una afirmación, no exenta de ironía, acerca del modo en que habrá de interpretarse la actuación de Rutilio en este episodio. Nos referimos a su opinión acerca del papel de su libertadora: "Túvela, no por hechicera, sino por ángel que enviaba el cielo para mi remedio" (p. 186). En tal caso, como puede apreciarse, no solo no la identifica con un personaje afiliado a las huestes de lo oscuro, sino que la hace pertenecer a las de la luz ¿Ángel o demonio? ¿Acaso no pretendería

---

[158] Frase muy popularizada escrita por Baltasar Gracián en el *Oráculo manual y arte de prudencia* (Huesca: Juan Nogues, 1647), quien añadía: <<Y aun lo malo, si poco, no tan malo>>.

Cervantes decirnos que en este mundo de apariencias nada es lo que parece ser a simple vista, llegando incluso a polarizarse inversamente determinados aspectos de la realidad?

Difíciles, como vemos, se les ponen las cosas a los defensores a ultranza de la tesis tridentina del *Persiles* en este fuerte punto del relato, que ahora deberían de explicar por qué las brujas se consideran ángeles en la historia de Rutilio. Y, un ángel que se asemeja, en opinión del "maestro de danzar", a una hechicera, no debe considerarse una referencia –digamos– gratuita al servicio de la diégesis; menos aún sabiendo los riesgos que comporta el hecho de haber expresado esta idea en una época particularmente alertada en la corrección del menor asomo de herejía. Y ello, a pesar de que el fragmento sea de naturaleza irónica, de que el personaje que lo profiere pueda ser catalogado de hereje y de que, finalmente, la hechicera se convierta en loba y muera a manos del propio Rutilio.

Del análisis del siguiente fragmento trataremos de averiguar ahora el modo en que se produce la "doble" liberación de Rutilio:

> esperé la noche y, en la mitad de su silencio, llegó a mí y me dijo que asiese de la punta de una caña que me puso en la mano, diciéndome la siguiese. Turbéme algún tanto, pero, como el interés era tan grande, moví los pies para seguirla y hallélos sin grillos y sin cadenas, y las puertas de toda la prisión de par en par abiertas y los prisioneros y guardas en profundísimo sueño sepultados (pp. 186-187).

El interés de este fragmento parece centrarse en esa "caña que me puso en la mano", pues esta, junto a la intención de seguir a la hechicera, parece ser el instrumento libertador. Así, pues, trataremos de averiguar a qué tipo de "caña" se estaría refiriendo Rutilio, que tan beneficiosos efectos parece causar sobre los "reos".

No nos parece desacertada, desde una -paradójicamente- fabulosa interpretación literalista, la explicación que ofrece Romero al manifestar que: "para recorrer grandes distancias, magos y brujas podían servirse de ´una caña de siete nudos`, que tuviese dentro un pergamino virgen con ciertos signos y palabras" (n. 7, p. 186). Por desgracia, el análisis de este crítico no va más allá de la mera referencia textual, al aparecer el concepto desarrollado literariamente de manera similar en otra obra.

Nosotros, que ya habíamos advertido una similitud entre la historia narrada por Rutilio y el antiguo rito de la peregrinación, juzgamos que, pues no existe peregrino (jacobeo) sin concha que lo distinga, menos aún, sin cayado (báculo, bordón, bastón, palo o ¿"caña"?) con el que apoyarse en su caminar. En tal caso, la "caña" que utiliza Rutilio para ser guiado a su liberación podría aludir al obligado bastón del peregrino[159].

En relación, pues, a la "caña" como bastón de peregrino, encontramos nuevas referencias que refuerzan esta hipótesis en las continuas alusiones que aparecen en la cita con el sentido de caminar o iniciar el camino: "diciéndome la siguiese", "moví los pies para seguirla", "y hallélos (los pies) sin grillos y sin cadenas". Porque la "caña" asume en el relato fantástico la función de instrumento necesario en la teletransportación-liberación del reo-peregrino, por lo que la naturaleza del mismo debería revestirse de determinadas cualidades maravillosas. Y en este sentido podría interpretarse la "caña" ("una cañaheja por báculo") que protagoniza el episodio del gobernador Sancho Panza impartiendo justicia en su ínsula Barataria,[160] en cuyo interior se escondían diez escudos de oro, como si fuera un tesoro oculto en el interior del báculo.[161]

Del relato fabuloso de la huida, Romero -que ya había manifestado su postura realista en anteriores notas aclaratorias- nos ofrece ahora un comentario sarcástico que apunta a una concepción del episodio dentro de su habitual línea literalista; en esta ocasión, basado en su

---

[159]   El bastón o cayado, apoyo imprescindible del caminante, siempre acompañó a todos los personajes que a lo largo de la historia se han entregado a esta noble empresa de la peregrinación, desde Moisés, liberando al pueblo hebreo, hasta Santiago; que, en su papel de Santiago Matamoros, transforma simbólicamente su báculo en espada en su lucha por liberar a la Península de los infieles.

[160]   *DQ*, II, pp. 584-585.

[161]   En este episodio del *Quijote* se ha señalado la influencia de la tradición hebrea: "Bernardo Baruch ha sido, creo, el primero en descubrir que en el capítulo de los juicios que realiza Sancho en la ínsula Barataria se reproduce casi literalmente una página del tratado de *Nedarim* (25 a) del Talmud de Babilonia. Se trata de lo que se conoce como <<el incidente de la vara de Raba>>. La historia de las monedas ocultas en el báculo es una paráfrasis casi exacta de la de Raba." Peradejordi, 1997, 63.

parecido con el cuento de *Las Mil y una noches*, donde el manto de la hechicera sería un remedo de la alfombra voladora del relato oriental.[162]

Nosotros, que consideramos acertada la asimilación que hace Romero con el citado cuento oriental, consideramos, sin embargo, este episodio desde un planteamiento mucho más ambicioso que la mera literalidad, que apuntaría, una vez más, al relato alegórico tradicional como instrumento al servicio de la expresión de lo inefable. El "manto volador", pues, constituiría una metáfora de ese "vuelo místico" del peregrino en su afán de elevarse mediante el vuelo de su imaginación, a la par que sus pies armonizarían con su mente (¿la danza?) mientras transitan un itinerario calificado de "sagrado" (camino de peregrinación) desde épocas remotas.

Dentro de este contexto espiritual, opinamos que el el "vuelo místico", expresado a través del episodio maravilloso de la "manta voladora", podríamos hallarlo también, ajustado a su forma poética particular, en la obra de Santa Teresa de Jesús y de San Juan de la Cruz[163]; quienes podrían considerarse, como venimos apuntando, algo más que coetáneos de nuestro autor. Y, de ese modo, a caballo entre el akelarre literal y el alegórico éxtasis del místico, se expresa Rutilio cuando dice:

> cerré los ojos y dejéme llevar de los diablos (que no son otras las postas de las hechiceras) y, al parecer, cuatro horas o poco más había volado cuando me hallé al crepúsculo del día en una tierra no conocida (p. 187).

Donde la práctica de la meditación profunda ("cerré los ojos") le lleva a un estado de trance, simbólicamente expresado mediante unas imprecisas coordenadas espacio-tiempo que remiten a la visión de un universo inabarcable :"tierra no conocida" -"cuatro horas o poco más".

En cuanto a la acepción "postas", nos parece correcto la entrada del *Diccionario de Autoridades* que señala Romero: "caballos para viajes rápidos" (n. 9, p. 187). Menos acertado, sin embargo, consideramos la interpretación que hace posteriormente de ello; pues, realiza una suerte de metonimia donde "las postas" (cualidad brujeril) pasaría a ser, para nuestra sorpresa, sinónimo de hechicera. Continúa Romero la cita anterior: "La metáfora (brujas, postas del demonio) trae a la memoria la más conocida que llama a las mancebas de los curas *mulas del diablo*".

Confesamos que ignoramos el proceso por el que esos "caballos para viajes rápidos", que constituyen la metáfora del "hechizo-vuelo del místico" practicado por la bruja, llegan a constituirse para Romero en sinónimo de la propia hechicera. Porque, sin embargo, no repara el crítico en la primera acepción que define perfectamente y sin titubeos al concepto como: "caballos para viajes rápidos". Pues bien, nigromancias aparte, el *Persiles* es un libro en donde se habla de caballos, no solo rápidos sino incluso extraordinarios, como es el caso del caballo del rey Cratilo (como también ocurre en el *Quijote* con Clavileño). Pero aquí no abordaremos este tema tan extenso. Quedémonos, en principio, con la idea de "caballo" como símbolo del *tránsito a estados superiores de conciencia* (de aquí nace el simbolismo del "caballero-peregrino andante")[164]. Tampoco debemos olvidar, en relación a ese necesario viaje imaginario por los meandros de la mente (el laberinto) del místico-peregrino, la relación que se establece entre el cayado o bordón del peregrino y el caballo que debe acelerar su "viaje" ("las postas"): bordón viene del latín que significa mulo (*burdo -onis*).

---

[162] Según recoge Romero: "La caña agota aquí su eficacia en la liberación del prisionero. Para el vuelo, la bruja recurre al manto, pariente próximo de la alfombra de *Las Mil y una noches*"(nota 10, p. 187).

[163] Sobre todo en su poema *La noche oscura del alma*, donde además, la propia estructura de la obra se articula en función de las tres vías que rigen el proceso iniciático: vía purgativa, vía iluminativa y vía unitiva. En cierto modo, este esquema podría aplicarse a la estructura profunda del *Persiles*.

[164] En relación a la asimilación que proponemos, desde una perspectiva simbolista entre caballo y cábala (conocimiento esotérico), Peradejordi postula lo siguiente: "Para Vicente Espinel, amigo de Cervantes, el caballero no se llama así, como comúnmente se cree, porque <<anda y pelea a caballo>>. <<Si por esta razón fuera -escribe Espinel en el descanso séptimo de su *Vida de Marcos de Obregón*- también se llamará caballero al playero o arriero que trae caballas de la mar, y también se dice al que va en un jumento o acémila, que va caballero, que realmente no es caballo, y parece que en esa opinión es impropio>>, aunque este autor tan circunspecto no nos llegue a decir que un caballero es un cabalista. Por su parte Cervantes escribe que <<ni todos los que se llaman Caballeros, lo son del todo, que unos son de oro, otros de alquimia, y todos parecen caballeros pero no todos pueden estar al toque de la piedra de la verdad>>. (II-8)."Peradejordi, 1997, n. 21, p. 26.

Los acontecimientos que se suceden a continuación podríamos resumirlos de este modo: Rutilio se ha fugado de la prisión ("Tocó el manto el suelo"[p. 188]) gracias a la ayuda dispensada por la hechicera, la cual pretende cobrar sus servicios e intenta seducirlo ("abrazarme no muy honestamente"[p. 18]); pero él, al negarse y comprobar que en realidad no se trata de una mujer sino de una loba, asió un cuchillo "y con furia y rabia se le hinqué por el pecho a la que pensé ser loba" (p. 188).

En este fragmento de la historia de Rutilio, el suceso principal lo constituye el caso de licantropía que afecta a la hechicera. Comoquiera que el fenómeno ha sido tratado por diferentes críticos y desde una gran variedad de puntos de vista –no solo en relación con este episodio sino también en la historia de Antonio el Bárbaro y en otros lugares del *Persiles*-, no nos demoraremos en analizar el mayor o menor acierto de unos y de otros; sino que pasaremos directamente a realizar nuestro análisis desde una perspectiva alegórica.

Dentro de este contexto mítico-gnóstico, interpretamos que Rutilio ("maestro del danzar"), a través de los oportunos y heterodoxos "ejercicios espirituales" (simbolizados en la extraordinaria fuga), encuentra el verdadero camino de la "liberación de su alma" (de la prisión platónica en donde se halla recluida); que, a tenor de lo que se expresa en la diégesis, difiere notablemente de la vía soteriológica que por métodos digamos más ortodoxos ya había intentado antes, con resultado desfavorable, a través de lo alegorizado en su camino a Roma en compañía de su "innominada" amada.

Pero, aunque Rutilio ha conseguido escapar de la cárcel que le impedía emprender el "verdadero" camino de la salvación, su experiencia trascendente no acaba aquí; pues ahora le toca lidiar contra otro tipo de enemigo superior: él mismo. Porque, la misma fuerza que lo ha liberado puede ser también el peor rival al que tenga que enfrentarse, y, en este sentido, la "figura de lobo" podría cumplir esa función.

Arquetipo, pues, de la fuerza primaria y despiadada de la naturaleza animal (las pasiones que arrastran al hombre), la imagen del lobo podría remitir al iniciado en el camino del conocimiento consciente de su doble naturaleza animal y divina; por ello debe mostrarse tajante e inflexible, razón, esta, que explicaría por qué Rutilio le asesta ("con furia y rabia") una certera cuchillada en el pecho "a la que pensé ser loba". Porque el "maestro en el danzar" solo ve a la "loba" en lo profundo de su conciencia ("pensé"), pues es allí donde tiene lugar el sangriento combate del místico.

Y, como no podía ser de otro modo en esta *Historia septentrional,* el "vuelo místico" le ha llevado a Rutilio hasta los confines septentrionales, como así lo confirma un habitante de esas tierras con el que se tropieza: "Esta tierra es Noruega[165]" (p. 189). Es decir, parece que Noruega, en cuanto a que referente de ese mundo septentrional, podría funcionar en el relato como una especie de marca de autenticidad o "linaje"que aglutina a los personajes más "evolucionados espiritualmente" en el *Persiles,* como Rutilio. De este modo, podríamos avanzar una hipótesis acerca de la finalidad que tiene en este primer libro del *Persiles* la aparición de personajes que se van agregando al relato principal narrando su propia historia o "historias intercaladas": todos ellos podrían aportar el testimonio de su particular iniciación espiritual (los diferentes caminos).

Vuelve a salir el tema de las licantropías, ahora por boca del personaje noruego y en alusión a la gran cantidad de casos que se observan en esas tierras septentrionales. La alegoría, en este punto, se centra en el convencimiento de que en tierras septentrionales (metáfora de las regiones oscuras del intelecto en donde se lleva a cabo la experiencia iniciática, que, además, resultaría verosímil desde una perspectiva literal en el sentido de que en la Europa septentrional está muy extendida la tradición legendaria de los hombres-lobo) es donde los "buscadores de la espiritualidad" (gnósticos, ascetas, peregrinos, místicos, monjes, etc.) lidian entre ambas naturalezas: la animal o lobuna y la divina o espiritual, en pos de ese ideal trascendente.

---

[165]   El término Noruega constituye una referencia simbólica que representa al concepto *septentrional*, en cuanto a la generalizada opinión de considerarlo como un lugar frío y oscuro (ver Romero n. 19, p. 191) relacionado con esos espacios imaginarios en donde el místico aspira a la iluminación. Subordinada al sentido profundo o alegórico, su realidad geográfica solo opera en el relato al servicio de la necesaria verosimilitud. Pero, además, como viene siendo habitual en la dialéctica cervantina, sus connotaciones pueden ampliarse y emplearse en otros contextos semánticos más específicos, a los cuales nos referiremos en páginas sucesivas.

Romero - tratando de conservar la objetividad del crítico-editor- no se decanta aquí de forma explícita ante el fenómeno de la licantropía, aunque se inclina hacia la postura de lo que él denomina: "racionalismo consecuente de nuestro autor", dejando -eso sí- la puerta abierta a una posible interpretación alegórica del episodio; pues, cuando el noruego dice en relación a las transformaciones lobunas: "Como eso pueda ser, yo lo ignoro y, como cristiano que soy católico, no lo creo; pero la esperiencia me muestra lo contrario" (p. 189), afirma lo siguiente :

> La lacerante oposición entre una doctrina que niega sin la menor duda la existencia de fenómeno de la transformación y la *evidencia* - ¿es tal ?- del mismo ¿podría ser un eco, o un síntoma, de parecidos contrastes en la mente de C? Lo único que cabe afirmar es que, en el presente caso, la experiencia no constituye el criterio supremo de juicio, como lo era ya, en cambio para los "filósofos naturales" de la época (n. 14, p. 189).

Porque Romero no puede, aunque quiera, terciar en la polémica que él mismo ha relanzado desde el propio texto (el propio "noruego" se cuestiona la verdad o mentira de las licantropías); pues, para hacerlo habría que diferenciar primero el plano cognoscitivo en el que tiene lugar esa oposición, que no es el exclusivo de la realidad aparente o literalidad.

En este orden de cosas, sin embargo, nosotros nos decantamos por la veracidad de la transformación lobuna contada por Rutilio, aunque se trate de una verdad - digamos - "a la manera persilesista"; que es la propia que se desprende de un discurso de naturaleza sensorial (opuesto al racional u objetivo), pues, como dice el propio narrador del texto: "la esperiencia me muestra lo contrario".

No debemos pasar por alto el hecho de que el personaje noruego manifiesta literalmente su filiación religiosa a la hora de negar las licantropías: "como cristiano que soy católico"; lo cual, constituye no solo una clara proclamación de su doctrina (católico), sino una intención soterrada de separarla de la que emana (cristianismo). Esta voluntad de diferenciar ambas doctrinas o, al menos, de marcar las distancias a la hora de aludir a ciertas prácticas espirituales escondidas bajo el velo alegórico de la transformación lobuna (la lucha entre la doble naturaleza humana en el camino del conocimiento), nos pone en el punto de mira de la polémica que constituye el tema del episodio de Rutilio: la dicotomía entre la Iglesia de Roma (la verdad buscada en el mundo de las apariencias-literalidad: "que soy católico") y la Iglesia del espíritu (la verdad buscada en las profundidades de sí mismo-la alegoría: "como cristiano").

A continuación, el propio Rutilio, a raíz de la conversación con el habitante noruego, nos informa de un acontecimiento que tiene lugar en esas tierras septentrionales, el cual, para nuestro desconsuelo, ha sido poco o nada estudiado. Nos referimos a lo que en el texto se menciona como la llegada "del día grande":

> Así que esperar la claridad del sol por entonces era esperanza vana, y que también lo sería esperar yo volver a mi tierra tan presto, si no fuese cuando llegase la sazón del día grande, en la cual parten los navíos de estas partes a Inglaterra, Francia y España con algunas mercancías (p. 190).

Nosotros, en función de los elementos simbólicos que informan esta cita, vemos aquí una alegoría de lo que podría denominarse como el "rito nórdico de la peregrinación" (lucha espiritual que se libra en las profundidades-oscuridades de la mente del peregrino), donde el propio Rutilio ya piensa en ponerse en marcha; sin embargo, las particularidades climáticas del septentrión hacen imposible su partida. Es necesario, por lo tanto, esperar al "día grande" para poder comenzar la peregrinación, es decir, al momento del año en el que los rayos del sol inciden más tiempo sobre la tierra influyendo sobre el clima terrestre (¿una referencia al solsticio de verano?). En tal caso, ¿el texto nos podría estar revelando una información a tener en cuenta en relación a cuándo es el momento idóneo para iniciar la "antigua peregrinación"?[166]. Pero aún podríamos hallar en esta cita otra información igualmente importante en el contexto de las peregrinaciones: el lugar por donde discurrían las antiguas rutas de peregrinación en Europa.

---

[166] En la creencia de que si ese "día grande" (apogeo solar) es necesario para la navegación que pretenden llevar a efecto Rutilio y el personaje noruego, ¿no habrá de serlo también para esa otras "navegaciones" que tienen lugar en la psique del peregrino?

La referencias que nos proporciona el texto apuntan en este sentido: "parten los navíos de estas partes a Inglaterra, Francia y España". En tal caso, según nuestra perspectiva, se nos estaría señalando tres itinerarios o peregrinaciones de las que no teníamos noticia dentro del ámbito del catolicismo -que no fuera de él- ¿A qué rutas, pues, está aludiendo Cervantes a través de su "iniciado", "alumbrado" o "danzante" Rutilio? ¿Quizás a las balizadas mediante ciertos monumentos neolíticos que, extrañamente alineados siguiendo una dirección este-oeste en el norte europeo, podrían ser la prueba de la existencia de antiguos itinerarios de iniciación?[167]

La referencia, pues, a esos remotos ritos-peregrinaciones que estudiosos del tema como Charpentier señalan como propias del norte europeo, se corresponderían con el contexto septentrional que caracteriza a la aventura noruega de Rutilio; que, además, podrían refrendarse a través de la presencia de cultos similares en la religión de la Grecia Arcaica,[168] y que, a través del celtismo europeo, se fusionarán más tarde con el cristianismo dando lugar al monacato benedictino[169].

En los tres itinerarios aludidos[170], se trata de un recorrido antiquísimo balizado con monumentos megalíticos que se extienden en dirección de Este a Oeste hasta encontrarse con el océano: el mítico *finisterrae*.

Termina el capítulo octavo con el relato de la buena fortuna que supuso para Rutilio la llegada a esas tierras septentrionales (Noruega), donde su anfitrión, al que llega a calificar de amo y maestro, le acoge con gran hospitalidad y dispone sus recursos en su beneficio. Sin duda, las referencias a ese estado de felicidad constituye una alegoría de la "ganancia espiritual" que supuso para Rutilio la adopción de la "vía del espíritu" (septentrional) para la salvación de su alma. En este contexto, la especificidad de la profesión a la que se dedica el noruego (que luego enseñará a Rutilio), que es orífice, es una clara alusión al "trabajo espiritual"; pues, tradicionalmente, el oro ha sido el símbolo de esa ganancia y, además, la profesión de orífice, aparte de orfebre, podría relacionarse con la idea de "hacedor de oro o alquimista": oficio de gran tradición pagana y al que ni siquiera Felipe II, acuciado por una hacienda empobrecida, pudo zafarse en su desesperada búsqueda del preciado metal.[171]

---

[167] Dice Louis Charpentier al referirse a las antiguas peregrinaciones hacia el occidente europeo: " Pero lo más asombroso – y al mismo tiempo revelador – es que este eje de marcha en dirección Oeste, hasta el océano Atlántico, no es único en nuestro Occidente. Ni mucho menos, ya que se han descubierto al menos otros dos que son aún fácilmente reconocibles en las distribuciones de los monumentos megalíticos y en residuos toponímicos cuya fecha es imposible concretar de un modo serio.

Además del de Compostela, existe, en Inglaterra, un trazado que, desde los alrededores de Dover, lleva hasta los confines de la costa atlántica, exactamente a una ría de la costa norte de Cornualles.

En Francia está el que une Sainte-Odile, en Alsacia, con la punta extrema de Finisterre. (…).

Todas están, de un modo u otro, relacionadas con la leyenda del Grial, incluso renovada cristianamente. A dos de ellas les concierne la historia de Noé (Bretaña y Galicia); a dos les atañe el laberinto (Galicia y Cornualles)." Charpentier, 1974, p. 35.

[168] "Para el ≪Apolo Hiperbóreo≫ cf. Alceo, fr. 72 Lobel (2 B.)i; Pindaro, P i t . 10.28 ss.; Baquil. 3.58 ss.; Sof. fr. 870 N.; A. B. Cook, Z e u s , 11.459 ss. A. H. Krappe, C P h 37 (1942), 353 ss., ha demostrado con gran probabilidad que los orígenes de este dios deben buscarse en la Europa septentrional; se le asocia con un producto septentrional, el ámbar, y con un ave septentrional, el cisne salvaje; y su ≪antiguo jardín≫ se encuentra a la espalda del viento del Norte (porque, después de todo, la etimología obvia de ≪Hiperbóreo≫ es probablemente la exacta). Parece razonable suponer que los griegos, al oír hablar de él a misioneros como Abaris, lo identificaron con su Apolo (posiblemente por una semejanza en el nombre, si Krappe tiene razón al suponerle el dios de Abalus, la ≪isla de las manzanas≫, la Avalon medieval), y probaron esta identidad concediéndole un lugar en la leyenda del templo de Delos (Herod. 4.32 ss.)." Dodds, 1997, n. 36, p. 157.

[169] Recordemos que en el s. VI nace la orden contemplativa de san Benito (benedictinos), fundada por San Benito de Nursia, a la sazón, patrón de Europa. Posteriormente, San Benito de Aniane (s. IX), refunde la Orden de San Columbano (presente en Europa desde el s. VI) procedente de Irlanda y de claras reminiscencias druídicas, con la Orden de San Benito. Le seguirán las reformas cluniacense (s. X) y cisterciense (s. XII). Precisamente, se le debe a la orden cluniacense, a partir del siglo X, la completa cristianización (levantando monasterios, puentes e iglesias) de la ruta pagana de peregrinación que atravesaba el norte de la península ibérica y que, desde entonces, se conoció como Camino de Santiago. De los tres itinerarios iniciáticos aludidos, este fue el único que ha perdurado hasta nuestros días.

[170] Según Charpentier, cada una de las tres rutas seguiría, con más o menos fidelidad, un paralelo terrestre: "La ruta británica está situada algo por encima del paralelo 51° 18'", "La ruta francesa discurre desde Saint-Odile al extremo más alejado de Armórica. Sigue fielmente el paralelo 48° 27'", "El camino de Compostela está cerca del paralelo 42°". Charpentier, 1974, pp. 36-40.

[171] "Felipe II echó mano, como otros muchos reyes y príncipes de su tiempo, a un procedimiento lícito con el que se imaginaba poder producir oro, talmente oro, y no otro metal parecido con que pudiera ser subrogado por la

Vemos, pues, como argumentos que hoy en día podrían ser calificados de meras quimeras o supersticiones, hace cuatro siglos eran tenidos como algo digno de consideración dentro de la esfera de lo social, incluso, por el hombre más poderoso de su tiempo.

Son infinidad las leyendas que relacionan a los lugares donde se refugiaron y vivieron los ermitaños con tesoros escondidos. El folklore ha recogido y transmitido la imagen de la "iluminación" espiritual bajo el símbolo del oro, como ya hemos mencionado en otro lugar de este trabajo. En tal caso, la alegoría del "orífice" noruego que, como el propio Rutilio explica, pasa por ser su "amo y maestro", apuntaría hacia una especie de maestro ermitaño con el que Rutilio aprendería los beneficios del retiro espiritual.

Tras una época de convivencia y aprendizaje junto a su maestro noruego, ambos emprenden el gran viaje que venimos asimilando con ese "día grande", donde:

> a cabo de dos meses, corrimos una borrasca que nos duró cerca de cuarenta días, al cabo de los cuales dimos en esta isla de donde hoy salimos, entre unas peñas, donde nuestro bajel se hizo pedazos, y ninguno de los que en él venían quedó vivo, sino yo (p. 192).

El trágico fin de este viaje marcaría el término de otra etapa iniciática (la segunda, tras la primera simbolizada en la liberación de la hechicera o "doma de las pasiones"), donde Rutilio, poniendo en práctica las enseñanzas de su "maestro septentrional" (noruego), ha padecido la penitencia asociada alegóricamente al naufragio-tormenta de cuarenta días (los mismos que duró la más mítica de las tormentas, así como los días que permaneció Jesús en el desierto); y ahora, en completa soledad ("ninguno de los que en él venían quedó vivo, sino yo"), afronta la tercera fase de su etapa iniciática junto al resto del "escuadrón de peregrinos" a los que se agregará.

Pero, si sorprendente pudiera resultar la interpretación que hemos realizado del relato fabuloso de Rutilio desde una perspectiva microcósmica o individual (gnóstica-iniciática), en mayor grado nos asaltará la que proponemos a continuación desde una visión macrocósmica de esos mismos argumentos diegéticos. Porque, todo apunta a que la aventura maravillosa del "italiano danzante" constituya el relato del viaje a los comienzos de la civilización. Nos explicaremos.

Nuestra argumentación de los hechos comienza cuando Rutilio, extrañado ante el comportamiento de las gentes de esa ciudad noruega a la que es conducido, pues "andaban por las calles con palos de tea encendidos en las manos, negociando lo que les importaba. Preguntéle en el camino que cómo o cuando había venido a aquella tierra y que si era verdaderamente italiano" (p. 191). Como vemos, todavía reciente la experiencia fabulosa de la hechicera, la desconfianza del protagonista ante la insólita realidad que estaba viviendo estaba más que justificada. Ahora bien, ¿hacia dónde apuntaría el interés de Cervantes a la hora de hacer dudar a su personaje acerca de los orígenes de su interlocutor? ¿Qué finalidad habría de tener que nuestro autor haga que Rutilio se cuestione ese extraño mundo que está percibiendo en relación a la identidad de un italiano? En nuestra opinión, podría existir una motivación en ello: señalar el origen de la civilización a través de la referencia a la patria italiana del habitante noruego. Y cómo haya de ser esto así podríamos deducirlo del anagrama practicado sobre el topónimo Italia, pues, desechando las dos íes (-tal-a) nos quedaría ATLA, que constituiría la raíz del mítico continente desaparecido, la ATLÁ-ntida; cuya existencia real, como se sabe, fue bien documentada por Platón en sus *Diálogos*.

Se nos podrá objetar, en esta "bizantina" deducción, que de forma completamente discrecional desechamos las dos íes para cuadrar una expresión que satisfaga a nuestros intereses; y nada más lejos de la realidad, pues, asumiendo el método imaginativo que, fundamentalmente, es el que ha sido empleado por Cervantes en el pergeño de toda la fantástica aventura de Rutilio, creemos que la imagen que comporta el nuevo topónimo ATLA, flanqueado por las dos íes: I-ATLA-I (ITALIA), nos arroja una imagen muy sugerente: la que define Platón en relación a la situación del continente de la Atlántida pasadas las Columnas de

---

malicia; y siendo esto así, ¿qué se podría echar en cara al fundador de San Lorenzo de El Escorial sino la escasez de medios pecuniarios, que no estaba en su mano evitar y que le empujó a dar oídos a los alquimistas, nunca, sin embargo, muy persuadido de que sus ofrecimientos se cumpliesen, aunque a la relativa confianza en el buen éxito ayudara no poco la consideración de que, dado quien él era, no habían de atreverse a engañarle? Rodríguez Marín, 1927, p. 443.

Hércules[172] (¿simbolizadas en las dos íes situadas en los extremos formando parte del criptograma?)'

Pero las evidencias no terminan aquí, pues, no solo la referencia al "oficio de orífice" (p. 191) del "atlante-italiano" señala a esa Edad de Oro de los inicios de la civilización recogida por Hesíodo en el mito de las Edades; sino que, además, se nos informa de la existencia de un árbol genealógico que se remonta a los orígenes del asentamiento de la familia del italiano en tierras noruegas:

> Respondió que uno de sus pasados abuelos se había casado en ella, viniendo de Italia a negocios que le importaban, y a los hijos que tuvo les enseñó su lengua, y de uno en otro estendió por todo su linaje, hasta llegar a él, que era uno de los cuartos nietos. Y, así, como vecino y morador tan antiguo, llevado de la afición de mis hijos y mujer, me he quedado hecho carne y sangre de esta gente, sin acordarme de Italia ni de los parientes que allá dijeron mis padres que tenían (pp.191-192).

Porque ese antepasado, abuelo del personaje "noruego", podría señalar a una figura muy concreta: Enoc, cuya cuarta generación de descendientes ("cuartos nietos") no fue otra que la representada por Noé[173]. No en vano, se nos dice que vino de Italia (¿Atlántida?) "a negocios que le **importaban**"; es decir, puesto que sabemos que su profesión era la de "orífice", ¿no se trataría de una alegoría acerca de los intereses de aquellos míticos atlantes por la minería de oro con la finalidad de **importar** el mineral una vez extraído?

Pero el relato, tras cierto circunloquio más o menos alusivo a una remota prehistoria, vuelve a centrarse ahora en un acontecimiento que, después de las referencias que hemos dado en relación a la posibilidad de que Cervantes estuviera aludiendo al mítico continente de la Atlántida, no habrá de sorprendernos:

> En este tiempo se llegó el de llegar el día grande y mi amo y maestro (que así le puedo llamar) ordenó de llevar gran cantidad de su mercancía a otras islas por allí cercanas y a otras bien apartadas (p. 192).

Porque ese "día grande" que se anuncia y se prepara de antemano solo puede señalar a un acontecimiento: el Diluvio Universal, que podría expresarse de este modo:

> En fin, a cabo de dos meses, corrimos una borrasca que nos duró cerca de cuarenta días, al cabo de los cuales dimos en esta isla de donde hoy salimos, entre unas peñas, donde nuestro bajel se hizo pedazos, y ninguno de los que en el venían quedó vivo, sino yo (p. 192).

Resulta evidente la referencia a la borrasca de esos cuarenta días: "Diluvió por espacio de cuarenta días sobre la tierra" (Génesis, 3: 17), como también lo es la tradicional imagen del arca encallada en lo alto de un monte: "el día diecisiete del séptimo mes quedó anclada el arca sobre los montes de Ararat" (Génesis, 8: 4).

Pero la historia del "italiano danzante" continúa en el capítulo noveno, y lo hace de un modo muy impactante: con la imagen de un ahorcado:

> como la necesidad, según se dice, es maestra de utilizar el ingenio, di en un pensamiento harto extraordinario, y fue que descolgué al bárbaro del árbol y, habiéndome desnudado de todos mis vestidos, que enterré en la arena, me vestí de los suyos, que me vinieron bien, pues no tenían otra hechura que ser de pieles de animales, no cosidos ni cortados a medida, sino ceñidos por el cuerpo, como lo habéis visto (p. 193).

Aunque más adelante justifica el hecho de vestirse con las "pieles" del ahorcado por su intención de no despertar sospechas entre los bárbaros ("Para disimular la lengua, y que por ello no fuese conocido por extranjero, me fingí mudo y sordo"[p. 193]), no deja de ser un suceso de claras connotaciones simbólicas; pues, la figura del ahorcado en el "árbol del Conocimiento"

---

[172] Tradicionalmente el Estrecho de Gibraltar.

[173] Según el Génesis (5: 21-32), Enoc engendró a Matusalén, este a Lamec y finalmente este a Noé.

nos remite a esa imagen de la liberación del alma a través del sacrificio y la expiación de las culpas.

En este orden de cosas, puesto que la primera imagen que nos ofrece Rutilio de la isla bárbara es la figura del ahorcado, podríamos interpretarlo no solo como una especie de emblema que, a modo de bandera colgada de un mástil, señale la naturaleza mística de aquello que le aguarda en la isla; sino también, y de manera más concreta, como el símbolo del camino de transformación-evolución que identifique el proceso iniciático en el que se halla inmerso el "maestro en el danzar".

Continuando en esta línea, la circunstancia de vestirse con sus ropas aludiría al compromiso de asumir la nueva identidad del ahorcado (el sacrificio penitente), y, de igual modo, al efecto sinérgico derivado de aquel: a enterrar las suyas propias para despojarse de su antigua identidad. En tal caso, parece que asistimos a una especie de ritual trascendente: la imagen simbólica de la muerte del iniciado que, literalmente, significaría un despegue de lo terreno (colgado) a través del sacrificio de la carne.

Dado que la historia acontece en tierras septentrionales, no debemos olvidar el relato de un mito muy extendido por el norte de Europa. Nos referimos al relato fabuloso que está asociado al que es considerado como el dios principal de la mitología nórdica: Odín[174]. Pues bien, en el *Rúnatal*[175], se cuenta que Odín, para aprender el arte de las runas y de la adivinación (la gnosis), se colgó de un árbol atravesado por una lanza durante nueve días y nueve noches, en un sacrificio que ofrendó a sí mismo. Sin necesidad de mayores precisiones, podríamos avanzar que el citado relato nórdico narra el sacrificio de un dios (es de suponer que antes de que llegara a ser considerado como tal) en busca del Conocimiento. Y eso es, juzgamos, lo primero que se le ofreció a la vista a Rutilio en la isla bárbara: la imagen mítica de Odín ahorcado, ¿quizás como alegoría, en esa isla septentrional, del sacrificio ineludible que tiene que afrontar quien decida transitar el camino que conduce a la "iluminación", en este caso, según la tradición nórdica?

Porque Rutilio, que desde el momento en que se viste con las ropas del ahorcado se declara alegóricamente seguidor de las enseñanzas del "Odín septentrional", nos dice: "Desta manera he pasado tres años entre ellos" (p. 194), es decir, el tiempo que anduvo en la isla es un múltiplo de nueve[176], que fueron los "días"[177] que el dios permaneció colgado del árbol. Y bien parece que le aprovechó la estancia en la isla, pues, como dice a continuación: "noté su lengua y aprendí mucha parte de ella; supe la profecía que de la duración de su reino tenía profetizada un antiguo y sabio bárbaro a quien ellos daban gran crédito" (p. 194). Lo cual refuerza nuestra interpretación acerca del conocimiento asociado tanto a la experiencia de Rutilio como al mito de Odín, y que, como el propio narrador confiesa, señalaría a una antigua tradición: "la profecía"; que, por definición (R.A.E.) es: "el don sobrenatural que consiste en conocer por inspiración divina las cosas distantes o futuras". Llegados a este punto podríamos hacernos la siguiente pregunta: ¿acaso esa profecía no podría referirse a la antiquísima tradición pagana (el "antiguo y sabio bárbaro") que, como ya venimos aduciendo, conocía el movimiento de precesión terrestre a través del cual se comenzó a medir el tiempo a escala cósmica y observar así un comportamiento cíclico en relación a los cambios de era sobre la Tierra ("la profecía que de la duración de su reino tenía profetizada")?

---

[174] En relación a nuestra hipótesis de que la *Historia septentrional* del *Persiles* sea - entre otras cosas - el relato alegórico de una iniciación a través de un recorrido de peregrinación, constituye una importante contribución la circunstancia de que al dios Odín, como al apóstol Santiago, se le describe también como a un caminante: portando un cayado y transitando los caminos del mundo.

[175] El *Rúnatal* es una sección del *Hávamal*, que es uno de los poemas de la *Edda* poética. La fuente en la cual sobrevivió este texto es el *Codex Regius* y se cree que no fue escrito más allá del año 800.

[176] Se nos permitirá realizar la siguiente suposición. Y es la circunstancia de que 3 sea la tercera parte de 9. Esta obviedad nos sirve para reforzar el sentido iniciático de la experiencia de Rutilio en la "isla del ahorcado"; pues, dado que tradicionalmente son tres las fases que articulan todo el proceso de iniciación, el hecho de haber permanecido Odín nueve días colgado podría interpretarse, dado que ya tiene o ha alcanzado el estatus de divinidad, como que ha completado con éxito el ritual trascendente. En tal caso, Rutilio, que solo ha perfeccionado tres (tres años simbólicos), podría significar que en esa "isla bárbara" habría de cumplir con la tercera y última parte de todo el ritual, pues sabemos que ya ha cumplido con sus dos primeras.

[177] En los relatos míticos de la Antigüedad (incluida la *Biblia*), no debe interpretarse el cómputo del tiempo de una forma literal. Recordemos, en este sentido, los días de la creación del mundo referidos en el *Génesis*.

El episodio lo cierra Rutilio con prisa, en una especie de enumeración de acontecimientos sucesivos que evocan la imagen del que se siente trascendido y desea alcanzar su premio fuera de esas meridionales latitudes. En cualquier caso, hemos de dar crédito al conocimiento alcanzado por Rutilio en la isla bárbara; pues, como el mismo relata, la profecía que, al parecer, constituye el centro de todo lo aprendido y que señala la duración que "su reino tenía profetizada", se cumple con puntual rigor.

Finalmente, y una vez superada "la fase del ahorcado", Rutilio (como Periandro, que al final de su camino ya puede ser reconocido como Persiles-Perseo), que ya puede hacer honor a su nombre (ya brilla por sí mismo), acompañará al resto de personajes que conforman el "escuadrón de peregrinos" en calidad de "trascendido" y co-guía de la expedición:

> y agora espero en la del cielo, que, pues nos sacó de tanta miseria a todos, nos ha de dar, en este que pretendemos, felicísimo viaje (p. 194).

1.8. El legado de Cloelia: la cruz con diamantes y las dos perlas redondas

Hemos querido dedicar un capítulo a este controvertido asunto, pues, creemos que un análisis más exhaustivo del que hasta ahora se ha realizado sobre este particular podrá acercarnos a la correcta interpretación de un elemento diegético-simbólico que define, en gran medida, la orientación filosófico-espiritual que caracteriza a toda la obra.

Excepción aparte constituye la perspectiva cosmológica que Nerlich nos brinda a través de su análisis sobre este tema, y al que nos remitiremos cuando sea menester. Dice el crítico al señalar la importancia de estos dos símbolos:

> Lo menos que se puede decir es que "la cruz de diamantes y aquellas dos perlas", menospreciadas por la exégesis, juegan un papel importante en el *Persiles*, hasta el punto de que se debe hablar incluso de una dimensión cósmica de esas "joyas" de las que Cervantes – por boca de Periandro, Clodio e Hipólita – nos informa que son de un valor por encima del entendimiento humano.[178]

Nos sumamos a lo dicho por Nerlich, agregando a esa dimensión cósmica aludida por el crítico la dimensión metafísica o filosófica, tan próxima de aquella en época de Cervantes que no pueda entenderse la una sin la otra sino formando parte de un todo.

Lo primero que haremos será analizar la procedencia de estos dos objetos preciosos según se detalla en la diégesis:

> Diole Auristela a Periandro lo que Cloelia le había dado la noche que murió, que fueron dos pelotas de cera, que la una, como se vio, cubría una cruz de diamantes, tan rica, que no acertaron a estimarla, por no agraviar su valor, y, la otra, dos perlas redondas, asimismo de inestimable precio (p. 194).

En tal caso, la procedencia resulta evidente: eran de Cloelia. Surge, pues, la primera de las incongruencias: ¿qué hacen unas joyas que representan a la aristocracia en manos de un personaje socialmente bajo o plebeyo? No olvidemos que su posesión se revela en el *Persiles* como un símbolo no solo de riqueza sino de elevado estatus social.[179]

Por ello, si la posesión de tales objetos preciosos es revelador del elevado estatus del poseedor, de algún modo se nos quiere transmitir la idea de que la "grandeza" de los protagonistas (los príncipes Periandro y Auristela) emana o se relaciona con aquello que signifique Cloelia, en su papel de portaestandarte o mantenedor de los símbolos de esa misteriosa grandeza (la cruz y las dos perlas).

---

[178]   Nerlich, 2005, p. 392.

[179]   Como dice Romero: "La cruz de diamantes y las inestimables perlas reaparecerán varias veces a lo largo de la novela. Tienen, evidentemente, una importante función, no ya como elementos determinantes de una aparatosa escena de anagnórisis (que, en realidad, falta en el *Persiles,* al menos en los modos tradicionales del género), sino porque, mediante su oportuna exhibición, los protagonistas darán a entender (como ahora) a los presentes que son personas "de alto estado" (n. 5, pp. 194-195).

Dado que en páginas precedentes ya tratamos de la figura de Cloelia, no ha de sorprendernos, pues, que los dos objetos preciosos remitan a esa riqueza espiritual que caracteriza al concepto de "búsqueda" que encarnaba el propio personaje femenino, según vimos.

Una vez hemos señalado la procedencia de las joyas, hagamos otra cosa que la crítica ha pasado por alto, que es analizar la naturaleza de tales objetos simbólicos. Lo primero que debería sorprendernos es la extraña forma en que tales joyas son presentadas: recubiertas con una "pelota de cera". Esto, al menos en época de nuestro autor, bastaría para alertar al lector instruido de que el "envoltorio" utilizado para proteger las joyas no es el habitual o no se considera el apropiado; pues no nos consta que esta fuese la manera usual de guardar este tipo de alhajas.

En tal caso, sospechamos que cada una de estas dos joyas recubiertas de cera podrían significar otra cosa. Desde una perspectiva simbólica, que será la que utilicemos mayormente en este análisis, la cera, en relación a la joya, podría interpretarse como la materia grosera que encierra en su interior la esencia luminosa o brillante. Aplicado al contexto humano, la cera, que se caracteriza por su gran maleabilidad y por ser empleada como molde en la fabricación de objetos de metal, podría ser utilizada en este contexto como metáfora del hombre[180]. Siguiendo este esquema, la joya que se encuentra en el interior no puede simbolizar otra cosa que la esencia de esa divinidad encerrada en la materia: el alma. Explicado de este modo, no resultaría excesivamente peregrino establecer un paralelismo con la multitud de leyendas, cuentos y relatos fabulosos que inundan el folclore con alegorías literarias que vienen a describir el concepto que nosotros aquí estamos sugiriendo.

Una vez identificada la naturaleza simbólica de los objetos que estamos analizando, trataremos de precisar los conceptos poniéndolos en relación con otro objeto simbólico del cristianismo gnóstico-medieval, con la finalidad de poder definir mejor su función dentro del texto cervantino. Nos referimos a uno de los símbolos míticos más celebrados en la Edad Media en todo el Occidente cristiano: el Grial[181]. Con ello, pretendemos demostrar que las joyas que se citan en el *Persiles* podrían constituir una versión literaturizada de esta reliquia litúrgica del cristianismo convertida en símbolo arquetípico de la búsqueda espiritual.

Muy presente hubo de tener Cervantes el mito del Grial, pues, muchas de esas novelas de caballerías, que tanto influyeron en el no menos "peregrino" caballero Don Quijote, tienen por argumento, precisamente, la búsqueda del Grial[182] en sus múltiples manifestaciones. Partiendo, pues, de esta opinión generalizada, que haría del *Quijote* una suerte de "odisea meridional"(¿el libro especular del *Persiles*?), ¿cómo entonces no habría de asomar la "Copa" en esta *Historia septentrional*, última Tule de su camino literario y espejo donde celebrar la victoria definitiva de don Quijote?

Ahora bien, ¿dónde se halla la "Copa"? Si, por definición –con arreglo a las tradiciones y leyendas de la Edad Media dentro de la esfera del cristianismo primitivo–, el Grial es un recipiente y no considerásemos más que la forma externa de ese objeto, nuestra búsqueda acabaría siendo infructuosa. Sin embargo, no es el aspecto externo, el de la copa formidable, el que aquí nos interesa señalar. Como, de igual modo -según venimos constatando a través del análisis diegético-, tampoco le interesaba a Cervantes el aspecto externo de una religión vacía de contenido (el cristianismo literalista). En tal caso, de esta relación que se establece en el *Persiles* a un nivel o sentido profundo, podríamos deducir que habría de ser ese mismo contenido lo que hace al Grial constituirse como tal y no el objeto en sí en cuanto a simple recipiente o contenedor. Cervantes, decidido defensor de esas "interioridades" que entroncan con una tradición de largo recorrido, nos presenta ese contenido de naturaleza espiritual

---

[180]   Según el Génesis, también moldeado, aunque a partir del barro.

[181]   La introducción del mito del Grial en la literatura se debe a Chrétien de Troyes, que de las siete novelas que escribió seis de ellas están dedicadas al ciclo artúrico. La más importante fue *El cuento del grial* (1.180).

[182]   La versión cristiana de la leyenda del Santo Grial cuenta que fue la copa usada por Jesucristo en la Última Cena. Esta versión, seguramente, procedería de tradiciones orales que finalmente se plasmaron en la obra de Robert de Boron, *Joseph d´ Arimathie*, en el siglo XII, y con clara influencia de la obra de Chrétien de troyes. El argumento de esta obra consiste en la aparición de Jesús resucitado a José de Arimatea, al que le entrega el Grial con la misión de llevarlo a Britania. En adaptaciones posteriores se produce una refundición con la imagen del Grial atribuida por el apóstol San Juan, que adopta la forma de una copa con la función de recoger la sangre con agua que mana de la herida del costado de Jesús en la Cruz.

metamorfoseado en su obra a través de las joyas que Cloelia entrega a Auristela, y, esta a su vez, a Periandro.[183]

En cuanto al sentido que adquiere la cruz con diamantes en relación al simbolismo del Grial, deberemos hacer aún mayores precisiones (y concesiones a la imaginación) para acercarnos a su interpretación. Una vez asumida esta obligada praxis, diremos que la cruz, como instrumento de suplicio, nos transmite la imagen de la sangre como símbolo del sacrificio penitente que debe ser realizado por el iniciado en el desarrollo de esos "misterios rituales". Pero también, esa misma cruz con diamantes nos remite al simbolismo del fuego, pues, no solo el holocausto judío lo utilizaba en sus ofrendas o sacrificios de animales (el cordero tenía que ser asado en el altar de los sacrificios); sino que, además, la palabra crisol (recipiente en donde se funden los metales) viene del latín *crux, crucis* (cruz), que, aplicado a nuestro contexto místico-gnóstico, podría interpretarse como: instrumento necesario (el sacrificio de la Cruz) para transformar la materia impura (cera-hombre) en diamante (joya-espíritu).

¿Deberíamos considerar, pues, a estas joyas como una versión cervantina del mítico Grial? Dado que la tradición bíblica nos dice que la Copa se llenó con la sangre y el agua que manaba de la herida del costado del Crucificado[184] y, una vez argumentada la relación que se establece entre ambas parejas de símbolos (sangre - agua / cruz - perlas, respectivamente), nosotros pensamos que tal comparación podría tener fundamento.

En cualquier caso, y con el ánimo de despejar las lógicas dudas que suscita nuestra hipótesis, basada en la relación simbólica que existe entre las joyas (cruz y perlas) que Cloelia entrega a Auristela antes de morir como imagen de esa "Copa" (continente o cuerpo), y la otra que simboliza la esencia (sangre y agua) del Crucificado (contenido o alma); realizaremos un examen individualizado de cada uno de los objetos preciosos con la finalidad de intentar llegar al fondo de la cuestión.

Comenzaremos por la cruz con diamantes, lo cual nos conducirá a buscar cruces similares que incluyan algún tipo de joya adherida, como por ejemplo la cruz de Toulouse y la cruz de los nestorianos. Sin ánimo de querer agotar la búsqueda con estos dos ejemplos propuestos, observamos, sin embargo, un nexo que las une: ambas cruces son símbolos de un cristianismo primitivo, oportunamente denostado y condenado por la Iglesia católica desde sus comienzos, pues lo consideraba una herejía.

Como vemos, el comienzo de este análisis no podía ser más sugerente. En cualquier caso, es importante constatar el carácter primitivo del cristianismo que ambas cruces representan; pues, como analizaremos a continuación, cada una de ellas simboliza un cisma en el seno del cristianismo.

Sin ánimo de extendernos más de lo aconsajable, diremos que la cruz de Toulose era el símbolo del condado del mismo nombre situado en el sur de Francia, que, durante la Edad Media, fue víctima de uno de los mayores holocaustos religiosos de la historia del cristianismo. Nos referimos a los sucesos que causaron el exterminio de los cátaros[185] en el siglo XIII. Esta cruz, a diferencia de la citada en el *Persiles*, no lleva engastados diamantes sino perlas (tres en cada extremo de los brazos de la cruz).

La otra de las cruces que habíamos señalado simboliza al nestorianismo[186], que, a pesar de ser calificado como una herejía del cristianismo y ser desterrado del Imperio romano, continuó en la diáspora hasta nuestros días, debiéndoseles, entre otras proezas, la llegada del cristianismo a China o la transmisión al Islam de la cultura greco-romana (Aristóteles). Suele representase a

---

[183]   Un sentido similar podría atribuirse a las joyas que porta la protagonista femenina de la obra más estrechamente vinculada al *Persiles* (las *Etiópicas* de Heliodoro), Clariclea, especialmente su anillo: "regalo que mi padre hizo a mi madre cuando solicitó su mano; en el chatón hay incrustada una esmeralda *pantarba* en la cual hay grabados caracteres sagrados, y que posee una virtud sobrenatural que le da, según creo, el poder de alejar el fuego, haciendo a los que la llevan insensibles en medio de las llamas." Heliodoro, *Etiópicas*, p. 302.

[184]   Según el evangelio de San Juan 19:34: "pero uno de los soldados le atravesó el costado con una lanza, y seguidamente salió sangre y agua".

[185]   Los cátaros seguían una doctrina muy próxima al cristianismo primitivo, por lo que eran más cristianos que los que se autoproclamaban así mismos firmes defensores del cristianismo (católicos), a pesar de que la Iglesia lo negase y arrojase sobre ellos diferentes oleadas de Cruzadas para exterminarlos, fundamentalmente, porque aquellos no reconocían la intermediación de una Iglesia más interesada en lo terreno que en la salvación de las almas.

[186]   El nestorianismo fue propuesto por Nestorio, obispo de Constantinopla, pero en el concilio de Éfeso del 431 su doctrina fue calificada de herejía, al defender que Cristo era hombre y Dios, frente al obispo Cirilo de Alejandría, que defendió con éxito la tesis de la unicidad entre la persona humana y la divina de Cristo.

esta antigua cruz con dos perlas a los extremos de cada brazo y, en ocasiones, con gemas en su interior.

Y si la referencia a este tipo de cruces portadoras de "piedras" engastadas nos remite a la historia del cristianismo primitivo, condenado incomprensiblemente por el moderno catolicismo tridentino emanado de aquel (lo cual nos remite a esas tragedias mitológicas de la Antigüedad, en las que el hermano deseoso de poder terrenal asesina al más piadoso: Rómulo y Remo), el relato del *Persiles* seguirá esos mismos patrones en lo que respecta al enfrentamiento entre ambas posturas: por un lado, el catolicismo tridentino, que, como vencedor en esa lucha por el liderazgo del testimonio de Cristo, aparenta ser el protagonista argumental de la novela moderna; y, por otro lado, el cristianismo primitivo, que rige a la sombra de aquel sobre el verdadero discurso alegórico de la novela-epopeya cervantina.

En cuanto a los diamantes engastados en la cruz, podría interpretarse como una especie de *vía crucis*, es decir, una alegoría del recorrido penitente de purificación, donde el diamante simbolizaría la perfección alcanzada por la piedra vasta (el hombre) en su camino de perfección.

Llegados a este punto, será muy ilustrativo de lo que queremos proponer que veamos lo que dijo Guillermo de Tiro, cronista de las Cruzadas a Tierra Santa en el s. XII:

> Entre todos se convino y también por mandato del Papa el que, cuantos se obligaren por voto a hacer el camino, llevasen cosido en sus ropas el emblema salvífico de la cruz, llevando así sobre sus hombros la memoria de Aquel, cuyo lugar donde sufrió la pasión querían visitar (…). Incluso parecía cumplirse aquel mandato del Señor: "Quien quiera seguirme, niéguese a sí mismo, tome su cruz y sígame" (Mat. 16,24).[187]

Esta cita nos sirve para relacionar la cruz con diamantes con la peregrinación a Jerusalén. Porque, aunque nuestros dos protagonistas (Periandro y Auristela) no estén "peregrinando" a Tierra Santa, llevarán consigo el símbolo que la representa durante todo el viaje hasta Roma (solo en el último párrafo del *Persiles* Cervantes declara que Auristela se desprende de ella dándosela a Constanza). En tal caso, se nos podría achacar la falta de cohesión en nuestros argumentos, a tenor del desajuste entre el símbolo de la cruz que portan nuestros "peregrinos" y la presunta peregrinación a Roma (cuyo símbolo es la rosa de cuatro pétalos y no la cruz) que están realizando.

Surge, pues, en nuestro intento de hallar una correspondencia símbolo-peregrinación una nueva incongruencia: ¿por qué habrían de portar el distintivo de la peregrinación a Jerusalén (la cruz) unos peregrinos que, no solo no se comportan como tales, sino que además se dirigen a Roma en vez de a Jerusalén? No cabe duda de que, con los únicos datos aportados, la cuestión planteada no tendría posibilidad de responderse satisfactoriamente. Hagamos, pues, las preceptivas aclaraciones antes de responder a la pregunta que hemos suscitado.

Y, para ello, si nuestra interpretación alegórica, que parte del simbolismo de esas dos joyas para tratar de explicar la esencia del comportamiento de la pareja protagonista (Periandro-Auristela), pueda resultar novedosa, no menos parecerá la cosmológica; donde Nerlich no solo relaciona la "cruz de diamantes" con la constelación de la Osa Menor (una parte de ella) sino también con la Cruz del Sur:

> Una vez identificada la "máquina" como metáfora del Carro o de la *Osa* y con ello del Cielo, o sea del Universo, como sugiere el *Diccionario de Autoridades,* la "cruz de diamantes" adquiere otra dimensión porque no solamente CRUZ puede significar –en latín clásico- "timón" o "gobernalle", elemento absolutamente necesario del Carro, sino que sugiere igualmente la Cruz del Sur, formada por cuatro estrellas.[188]

La cosmología en el *Persiles,* como decíamos, es un elemento estructurador de la diégesis; pues las acciones y los personajes siguen unas pautas que vienen determinadas por las evoluciones de las estrellas en el firmamento -como bien explica Nerlich al referirse a las constelaciones de las dos *Osas*-. Sin embargo, un aspecto que no ha sido tratado por la crítica en general es la íntima relación que existe entre esa voluntad que tienen los personajes de "imitar" las evoluciones de las estrellas a través de sus acciones y el único recorrido de peregrinación

---

[187] Guillermo de Tiro, *Historias de Ultramar,* Tomo I, *El camino de Jerusalén* (Libros 1 al 8), p. 77.
[188] Nerlich, 2005, p. 393.

del orbe cristiano perfectamente balizado que ha llegado hasta nuestra época y que tiene, entre otros, el sugerente nombre de "Camino de las Estrellas". Sin duda, esta importante particularidad merece una reflexión, que de forma ineludible nos llevaría a plantearnos el *Persiles* de un modo completamente diferente a como se ha hecho durante estos últimos tiempos.

Y ya tenemos una segunda referencia simbólica a las peregrinaciones con la que identificar a esa cruz con diamantes; la cual, al brillar como las estrellas de la Vía Láctea, se proyectan sobre ese camino de penitencia (la cruz o Camino de Santiago) como jalones balizando un itinerario de iluminación.

Pero todavía la respuesta a la pregunta planteada más arriba ha de esperar al análisis de la otra joya que tan íntimamente acompaña a la cruz con diamantes, pues sin duda las dos perlas forman parte de esa misma resolución. No en vano, el simbolismo de la perla nos conduce a uno de los ejemplos más ilustrativos de alegoría metafísica, derivado, tanto de su naturaleza luminosa y/o brillante como del lugar en el que se encuentra: el interior de la concha en las profundidades del mar. En tal caso, su cosecha entrañaría un triple proceso no exento de complejidad: buscarla en el fondo marino, rasgar su concha y extraerla del interior. Operaciones, estas, fácilmente extrapolables al campo alegórico de las peregrinaciones, donde el peregrino que emprenda el viaje de su búsqueda (de la perla como símbolo de la iluminación de la materia) deberá comenzar primero con una inmersión en las profundidades de sí mismo (la singladura marítima tradicional y su correspondiente naufragio); pues, es en estas "oscuridades" donde el místico se abre camino entre la dura materia (rasga la concha) para extraer de ella la ansiada iluminación (la perla): ¿la misma alegoría representada a través de la pintura en *El nacimiento de Venus* de Botticelli?

Pero son dos las perlas entregadas por Cloelia, aunque ambas se hallen en un mismo envoltorio de cera. Es decir, existe una intención de unir las dos perlas en un único conjunto. Esto podría entenderse como una forma de proceder razonable, dada la misma naturaleza de los objetos que se guardan; sin embargo, en el contexto místico-alegórico en el que nos encontramos, no debemos olvidar el simbolismo numeral en relación al número dos (la pareja primordial), así como la intención de guardar la "doble joya" en un mismo molde de cera. En tal caso, y de modo preliminar, podríamos identificar a las dos perlas encerradas en su bola de cera como el símbolo de la unión amorosa a la que aspiran la pareja platónica Periandro-Auristela; los cuales las llevarán consigo durante toda la narración como expresión del necesario viaje que exige la consumación de su virtuoso amor: la unión del andrógino primigenio.

Ahondando en ese proceso unificador del andrógino y continuando la alegoría del Grial cristiano en relación al contenido de la mítica Copa, las perlas simbolizarían el agua (idealización de la sustancia más importante para la vida) al mismo nivel que la sangre lo hacía al fuego (el sacrificio solar que garantiza el renacimiento espiritual), según vimos más arriba. De este modo, nuestro "Grial persilesiano" quedaría completado a la manera en que se describe en las leyendas y narraciones que comenzaron a circular en la Edad Media a través de los libros de caballería: agua y sangre brotaban del costado de Cristo fundiéndose en un sólo licor dentro de la Copa, y agua (las dos perlas) y sangre (la cruz con diamantes) serán portadas por Periandro-Auristela hasta desaparecer de la narración metamorfeseadas en Persiles-Sigismunda.

En resumen, estas joyas operan en el *Persiles* de dos formas diferentes: en un plano literal y en otro profundo. En el primer caso lo harían a modo de pasaporte que avala la noble identidad de esos dos príncipes que se comportan como pobres peregrinos; en el segundo, constituirían por sí mismas la síntesis (el símbolo) del conocimiento ritual que debe aplicarse para la correcta salvación de las almas (la gnosis). En tal caso, el "Grial cervantino" quedaría definido por su continente (la copa), es decir, el lugar en donde será recogida la esencia de la experiencia gnóstica (las dos bolas de cera); y por su contenido (sangre y agua), esto es, lo simbolizado por la cruz con diamantes y las dos perlas.[189]

Llegados a este punto, poco parece que nos queda por decir acerca del simbolismo de estas joyas al servicio de la "novela" profunda. Sin embargo, convencidos de que en Cervantes nunca

---

[189] Repárese que en esta prefiguración Cervantes operaría de un modo inverso a como suele representarse el concepto de Grial; es decir, la Copa o tesoro se correspondería con el vil envoltorio de cera, mientras que los humores derramados por el Cristo, la sangre y el agua, lo hacen con las joyas que portan los enamorados.

se agotan completamente las posibilidades connotativas de sus relatos alegóricos, hagamos un último esfuerzo de comprensión.

Porque, si la cruz con diamantes simboliza –como ya explicábamos- la peregrinación a Jerusalén, y las dos perlas, de clara referencia a la concha del peregrino jacobeo, señalan a la peregrinación compostelana; aún nos faltaría, para completar el sentido de este triple esquema, la rosa o florón de cuatro pétalos que es el emblema distintivo de los romeros o peregrinos a Roma y del cual nada se dice en el *Persiles* ¿Dónde se halla, pues, la *rosa*?

Es esta una cuestión de importancia capital en el *Persiles*, y no precisamente por lo que se dice sobre ello, sino por lo que se calla. Y es aquí, precisamente, donde hayamos de dar respuesta a la pregunta que nos hacíamos más arriba; porque nuestros peregrinos aparentan ser falsos solo en relación a que Roma no es la meta de su peregrinación, sino solo un punto intermedio de la misma, pues el final, aunque no se explicite literalmente, no es otro que Jerusalén (bien es cierto que no se trata de la antigua ciudad de Oriente, sino de la Nueva Jerusalén, la de Occidente)[190].

Después de haber identificado a los dos "rutas sagradas" que, según nuestra opinión, son las que interesaban al Cervantes humanista en su defensa de un cristianismo puro; juzgamos que si en el texto no se alude al símbolo de la *rosa* es porque ya se encuentra materializada en la diégesis a través del "falso peregrinaje" a Roma. Es decir, que nuestro autor podría estar fomentando en su obra una ausencia intencionada del simbolismo de la *rosa* en cuanto a que testimonio "silenciado" (por razones obvias) de la "falsedad" de Roma y de su peregrinación.

Y, para dar testimonio de esa falsedad, Cervantes introduce un poco más adelante, en el c. 14, libro I, a un personaje que, de manera velada, ha de encarnar el símbolo de la peregrinación a Roma: Rosamunda: "-¡Oh Rosamunda o, por mejor decir, Rosa inmunda, porque munda, ni lo fuiste, ni lo eres, ni lo serás en tu vida, si vivieses más años que los mismos tiempos!" (p. 222).

En función de lo argumentado en relación a la consideración que habría de tener nuestro autor del peregrinaje a Roma frente al de Santiago y Jerusalén, mostraremos, a continuación, que la cuestión aquí planteada constituiría la punta del iceberg de una problemática que arranca de lejos y que enfrentaría a los dos bandos que se disputan desde antiguo el liderazgo del cristianismo.

Porque, sin duda, la peregrinación a Santiago de Compostela se había convertido para Roma, desde la Edad Media, en una peligrosa competencia que amenazaba con descabezar la capitalidad del cristianismo.[191] Y los temores no parecen infundados, pues, en el evangelio ¿apócrifo? de Tomás[192] podemos leer lo siguiente:

---

[190]   Esta interpretación que nosotros hacemos de la noción de *Nueva Jerusalén* se explicará en capítulos sucesivos. Como por ejemplo, en el 2.6.10., 3.1 y 4.9; así como en las conclusiones finales.

[191]   " En el 954 – y sin duda se han perdido o no se han encontrado aseveraciones más antiguas – la Corona rubricó esta inaudita concesión de privilegios: *Yo, Ordoño, príncipe y humilde siervo de los siervos del Señor, a Vos, ínclito y venerable padre Sisnando, obispo de nuestro patrón Santiago y pontífice de todo el orbe, os deseo eterna salud en Dios Nuestro Señor*. Siervo de Éste, sí, pero no de su vicario en Roma. Ahí queda eso: ya tenemos al mitrado del finisterre abanderándose con la Verdad universal, a los rudos monarcas del feto español entrando en la iglesia bajo palio, al Islam huyendo en desbandada, a las ranas pidiendo rey, ¿Justificaciones de tanta osadía? solo una y, si cabe, aún más audaz: que Santiago – protomártir, predilecto de Dios, hermano de Cristo e Hijo del Trueno – ocupaba un escalafón superior al de Pedro en la jerarquía de los apóstoles. En seguida el poder civil pondrá sobre jurisdicción clerical varias millas de tierra en torno al Castro Lupario: una zona franca para que en ella haga o deshaga el Cabildo sus mangas y capirotes. Los vecinos de la nueva ciudad solo rendirán cuentas al Primado y se supone que a Dios. Empieza la borrachera de los obispos compostelanos. A mediados del siglo XI, el Concilio de Reims tiene que excomulgar a Cresconio, acusándolo de exigir para su sede "la cúspide del hombre apostólico". Cien años más tarde, el magnífico Gelmírez – cuya égida cubre o abruma (cualquiera sabe) el momento cenital de la urbe – aspira también al orbe, viste su palacio con todo el oropel del pontificado, reparte púrpuras, nombra cardenales, calza a diario túnica y estola, acuña moneda, acapara los derechos metropolitanos del obispado emeritense, *manu militari* roba reliquias en Braga, (entre ellas el cuerpo de San Fructuoso), birla un despacho legacial a Toledo, obtiene la inmunidad para los que residan entre el Ulla y el Tambre, reúne concilios, llama a cruzadas, proclama emperador a Alfonso VII tras la misa de un domingo de Pentecostés y acoge a miles de peregrinos *apostolico more,* como solo el Papa podía hacerlo. Diego Gelmírez fue un megalómano, pero su locura pertenece a la época y a la demarcación. Compostela se engallaba frente a Roma y Jerusalén, creíase el Finisterre ombligo de la cristiandad y hasta los baturros, alentados por su ónfalo de Zaragoza, jugaban algún que otro naipe en las apuestas del imperio. Los rumores (verosímiles) sobre la presencia del Grial en el Cebrero de Galicia o en las cercanías de Jaca autorizaban a pensar que la palabra de Cristo no había caído en los surcos de la presunta Ciudad Eterna. Adelantándose a Quevedo, nadie buscaba a Jesús en Roma, sino en Compostela." Sánchez Dragó, 1985, p. 277.

Los discípulos dijeron a Jesús, << Sabemos que te marcharás de nuestro lado. ¿Quién será nuestro jefe?>>.

Jesús les dijo, << En cualquier sitio en que estéis, debéis acudir a Santiago el justo, para cuya causa llegaron a existir el cielo y la tierra>>.[193]

Y esto en lo que respecta a la peregrinación a Santiago de Compostela, que, al menos desde mediados del siglo X, ya le disputaba a Roma la capitalidad del "Imperio Cristiano". En cuanto a Jerusalén, que por su lejanía y por constituirse en un foco general de conflictos (el Islam, las Cruzadas, etc.) resultaba demasiado costoso de mantener, se quedó fosilizada en su papel de lugar más santo de la cristiandad, pero alejada definitivamente de las decisiones del mundo del catolicismo.

Porque Cervantes no era ajeno al estado al que había llegado la religión oficial de su tiempo (el catolicismo), producto de la evolución literalista de un pasado doctrinal que se negaba a retornar a sus orígenes (la Reforma). Pero no solo nuestro autor estaría al corriente de la evolución del catolicismo y de las "concesiones" doctrinales (y de otro tipo) que este movimiento religioso habría tenido que realizar a lo largo de su historia para perdurar junto al poder de turno; sino que, como así se atestigua a raíz de sus votos contraídos en la Orden tercera de San Francisco, también habría estudiado e "interiorizado" la doctrina cristiana más pura: aquella que le habría llevado a interpretar (¿quizás a experimentar?) la cita bíblica del evangelio de San Lucas (9: 28-29):

> **La transfiguración**. "Unos ocho días después de estos discursos, tomó consigo a Pedro, a Juan y a Santiago, y subió al monte a orar. Mientras Él oraba cambió el aspecto de su rostro, y sus vestidos se tornaron de una blancura resplandeciente.

Esta cita, de gran relevancia en la comprensión de los misterios del cristianismo, pues habla del embarazoso tema de la transfiguración de Jesús, apenas ha tenido repercusión en el ámbito doctrinal del catolicismo (lo cual se comprueba mediante la escasez de escenas alusivas a la Transfiguración en las iglesias, que era la forma de enseñar la doctrina a la gran masa del pueblo)[194].

Porque estamos hablando de la peregrinación, no solo como armazón argumental del *Persiles* sino como instrumento de reivindicación de una reforma del cristianismo que preconiza la vuelta a sus orígenes. Y así nos lo muestra Cervantes con sus peregrinos atravesando mares y continentes, revistiendo de universalidad un sacramento que desde épocas remotas fue utilizado como obligado mecanismo de elevación (salvación) espiritual. No de otro modo, peregrinar era en la antigüedad el ritual más importante utilizado en el sacrificio de la penitencia, que fue sustituida -como ejemplo de la desviación doctrinal del catolicismo hacia un "cómodo producto de consumo"- por el simple arrepentimiento.

Por ello, y porque creemos que el mensaje podría resultar incómodo a un clero romano desviado de sus orígenes, juzgamos que la cita de la Transfiguración según San Lucas esconde un mensaje demasiado incómodo a sus intereses como para ser difundido al mismo nivel que otros mensajes bíblicos más populares y menos comprometedores. Nosotros lo interpretamos de este modo: cada apóstol personificaría una fase en la gran peregrinación que supone la realización del "camino de la iluminación o conocimiento" (gnosis): Juan representaría a Jerusalén (Oriente), Santiago a Compostela/*finisterrae* (Occidente) y Pedro a Roma (punto de tránsito intermedio).

---

[192] En este evangelio gnóstico (datado en el siglo II, aunque otros investigadores lo sitúan en el siglo I), cuya autoría se atribuye a Tomás el "mellizo", "se pretende legitimar una reinterpretación de las enseñanzas de Jesús en clave radical y gnóstica y, al mismo tiempo, tender puentes hacia el judeocristianismo, que se apoyaba en la figura de Santiago". Vidal, 1991, p. 63.

[193] Vidal, 1991, p. 66.

[194] El pintor renacentista Rafael, fallecido a la temprana edad de 37 años, se atrevió con la escena de la "Transfiguración", aunque, al igual que le pasó a Cervantes con el *Persiles,* fue obra póstuma, incluso tuvo que ser terminada por su discípulo Julio Romano. Esta obra se encuentra en la octava sala (¿"ocho días después...", según la cita bíblica?) de la Pinacoteca del Vaticano. Rafael describe el instante preciso en que Cristo en la cima del Tabor se metamorfosea en Sol ante los tres discípulos que ha escogido.

Un apunte final haremos en relación al destino final que Cervantes ha reservado para las dos joyas que aquí nos ocupa. Porque la unidad que conformaban junto a sus portadores (Periandro-Auristela) se rompe al llegar a la aparente meta romana. Pero esa fractura se produce de un modo tan particular que su propio suceso podría constituir una de las mayores claves para entender el *Persiles* en su conjunto.

Si nos fijamos bien, de los dos símbolos o joyas que portaba Auristela, la cruz con diamantes se la da a Constanza y de las dos perlas nada se dice. Es decir, llegados al final de su aventura diegética –que se muestra incompleta en relación a la realidad manifestada por los personajes protagonistas, pues dicen que se vuelven a su patria septentrional–, existe una voluntad del autor de explicar qué ha sido y qué será del misterioso "tesorillo" que en tanta estima tenían y con tanto celo guardaron los ya "coronados" Persiles y Sigismunda. Ahora bien, ¿qué sentido habría de tener este proceder?

Vayamos por partes, en primer lugar, la cruz es entregada a Constanza, fundamentalmente, porque ella es la depositaria de las virtudes de Sigismunda y, dadas las circunstancias, también continuadora; pues persigue el mismo modelo idealizado de unión amorosa ("hasta dejarla casada con el conde su cuñado" [p. 713]) que ha permitido a Sigismunda unirse con Persiles. No en vano, su nombre, Constanza, remite a la virtud de la *constancia*, que, por definición es: "la virtud que nos conduce llevar a cabo lo necesario para alcanzar las metas que nos hemos propuesto, pese a dificultades o a la disminución de la motivación personal por el tiempo transcurrido. La constancia sustenta el trabajo en la fuerza de voluntad y en el esfuerzo continuo para llegar a la meta propuesta".

Llegados a este punto, nos encontramos con un conjunto de factores (la cruz como símbolo de la peregrinación a Jerusalén; el argumento del *Persiles* que gravita en torno a una "peregrinación"; el afán de la pareja protagonista por no desprenderse de esa cruz durante todo el viaje; la circunstancia de entregársela al llegar al final a Constanza, cuyo nombre alude a la principal cualidad del peregrino = la constancia, como si de una "carrera de relevos" se tratase; y la particularidad de deducirse la continuación de esa nueva peregrinación hasta Jerusalén, en el momento de terminarse la de Roma, de la circunstancia de recoger Constanza "el testigo" de esa "carrera inmemorial") que nos llevan a pensar que Cervantes nos está indicando que, aunque su libro ha terminado, el símbolo (la cruz de diamantes) debe seguir su curso en dirección a Tierra Santa: al lugar en el que el apóstol San Juan (el evangelista, uno de los tres predilectos que acompañó a Jesús al monte Tabor) nació (Jerusalén) y predicó su evangelio sobre la vida y la pasión de Jesús en la Cruz.

Pero Auristela nada dice de las dos perlas ¿A dónde han ido a parar? En este punto, Cervantes se muestra muy habilidoso en el arte de la fabulación, ¿o deberíamos de decir de la "Transfiguración"? Y, en verdad que el "proceso trascendente" pasaría desapercibido desde una lectura literal, si no tuviésemos en consideración el contexto gnóstico-alegórico por el que transita el relato; donde, de manera simbólica, cabría la posibilidad de imaginar que las perlas se hubiesen fundido con la personalidad de los peregrinos Periandro-Auristela, que, por tal motivo, se transfigurarían en los reyes Persiles-Sigismunda.

Cervantes, pues, conocedor de los intereses de la Iglesia de su tiempo, tenía el ingenio suficiente como para "endulzar" un relato excesivamente "amargo" a las apetencias de un clero que vivía de espaldas a la "verdadera" espiritualidad, más pendientes de una vida terrena de opulencia e injusticias.

En conclusión, las dos peregrinaciones "olvidadas" del catolicismo tridentino[195] que dan sentido al *Persiles*, Jerusalén y Santiago, aparecen simbolizadas en las dos joyas que constituyen el legado de Cloelia a los peregrinos Periandro y Auristela: la cruz con diamantes y las dos perlas; símbolo, a su vez, del Grial.

---

[195] Y, también, olvidadas del relato literal del *Persiles* (que no del alegórico), en cuanto al interés de Cervantes por mostrarse, solo de manera aparente, partidario de la preeminencia de la romería (y de todo lo que ello conlleva) frente a las "primitivas" y siempre amenazantes peregrinaciones a Jerusalén y Santiago.

1.9. La historia del portugués Sosa Coitiño o la canción del "buen morir de amor"

Y el tercero de los "sabios" hace su entrada en el *Persiles*. Su canto precede a su nombre y su melodía es tan apreciada que Periandro y Auristela: "con licencia de los demás que en su barca venían (aunque no fuere menester pedirla), hizo que el cantor se pasase a su barca" (p. 197).

En tal caso, surge la necesidad imperiosa de analizar la naturaleza de ese canto del portugués para saber, de una manera más aproximada, qué tipo de mensaje ha llegado a calar tan hondo en la pareja protagonista como para empatizar de ese modo tan evidente con él:

> Pero no lo juzgaron así Periandro y Auristela, porque le tuvieron por más enamorado que ocioso al que cantado había: que los enamorados fácilmente reconcilian los ánimos y traban amistad con los que conocen que padecen su misma enfermedad" (p. 197).

Porque el amor del que se nos habla en esta cita -sobre el que ya nos hemos pronunciado en otros lugares de este trabajo- no es el literal o propio de la literatura erótica-realista, sino un amor idealizado bajo el topos petrarquista de la "nave del amor", donde la pareja de enamorados escenifica las vicisitudes en la consecución de ese ideal amoroso de naturaleza universal.

La pista previa que revela el contenido místico-gnóstico de ese canto nos la da el propio narrador cuando dice: "Calló la voz y, de allí a poco, volvió a cantar en castellano"(p. 195). Pues, como venimos aduciendo, el empleo de la lengua castellana se considera, en un plano profundo, como una afinidad o sintonía entre los diferentes personajes que tienen una misma habilidad para comprender el lenguaje simbólico.

Antes de acometer el análisis del soneto que constituye el primer poema del *Persiles*, debemos confesar que si en la exégesis narrativa hemos efectuado las necesarias concesiones a la imaginación, oportunamente fundadas sobre los hechos y/o circunstancias que intervienen en los diferentes episodios; ahora, frente a las especiales peculiaridades del lenguaje poético, el análisis alegórico aumenta su dificultad exponencialmente, por lo que será necesario un mayor nivel de abstracción. No realizaremos, sin embargo, un exhaustivo análisis de la citada composición, en la creencia de que sobrepasaría los límites impuestos a este trabajo.

Es muy importante, también, no descontextualizar el poema del discurso simbolista que venimos aplicando, pues, desde la literalidad, apenas llegaríamos a vislumbrar no ya la hondura de ese mensaje sino incluso la belleza estética de la composición.

Debemos reparar también en la circunstancia de que sea, precisamente, Antonio el bárbaro quien perciba esos primeros compases en lengua portuguesa, "que él sabía muy bien"; pues, de este modo, se nos dice que ambos personajes "se entienden", además de en castellano, en portugués. Esto, sin duda, no tendría mayor relevancia ante una lectura literal; sin embargo, aplicando nuestra perspectiva alegórica -como a lo largo de este capítulo iremos exponiendo-, significaría un indicio capital en el reforzamiento de nuestra hipótesis, tanto la historicista como la simbólica; basada la una en la sintonía entre los reinos ibéricos de España y Portugal, y la otra, en la afinidad espiritual que caracteriza a ambos pueblos desde antiguo.

La circunstancia de que el caballero portugués cambie de su idioma natal al castellano a la hora de entonar sus versos, no deja de ser una ironía de nuestro autor en boca del enamorado, que, con este efecto, no solo logra ganarse al "grupo de peregrinos" muy sensibilizados (a pesar de ser septentrionales) con lo español, sino que, además, introduce su "denuncia amorosa" en castellano -digamos- para ser mejor entendido...

Reproducimos, a continuación, el canto del "portugués enamorado" acompañado por una orquesta muy particular: "volvió a cantar en castellano, y no a otro tono de instrumentos que al de remos que sesgadamente por el tranquilo mar las barcas impelían" (p. 195). Y, a continuación, acompasando su canto en castellano con el sonido de los remos, es decir, ¿expresando alegóricamente los procesos que conducen al místico-peregrino a su meta amorosa-trascendente?, entona el siguiente soneto:

> Mar sesgo, viento largo, estrella clara,
> camino, aunque no usado, alegre y cierto,
> al hermoso, al seguro, al capaz puerto
> llevan la nave vuestra, única y rara.

En Scilas ni en Caribdis no repara
ni en peligro que el mar tenga encubierto,
siguiendo su derrota al descubierto,
que limpia honestidad su curso para.

Con todo, si os faltara la esperanza
del llegar a este puerto, no por eso
giréis las velas, que será simpleza.

Que es enemigo amor de la mudanza
y nunca tuvo próspero suceso
el que no se aquilata en la firmeza (p. 196).

Previo a nuestro análisis, veamos qué dice al respecto Aurora Egido, que podría resumirse en una síntesis de las ideas que vienen informando la exégesis persilesista de estos últimos decenios, y que nosotros hemos agrupado en torno a tres temas fundamentales: el amor poético-petrarquista, la *peregrinatio vitae y* el ideal moralista-tridentino. Lo resume de este modo:

Éste [el poema] resumirá además del sentido de la peregrinación que la obra implica, pues habla de la nave que camina a puerto seguro sin pararse en escollos ni peligros. Entre Scila y Caribdis, la honestidad sigue su curso, amparada en los valores que toda la obra realza. De ese modo, el poema aúna el doble ideal, amoroso y moral, de Periandro y Auristela con el de este portugués derretido que morirá fiel a su destino de amante honesto y firme, llevando el amor *hereos* a sus últimas consecuencias. La voz de don Manuel sintetiza, como Cervantes hace con los poemas <<a lo humano>> en la *Galatea*, el sentido de la doble peregrinación vital y religiosa de los protagonistas, elevando la anécdota personal a la idea universal que la obra conlleva.[196]

Como vemos, Egido nos presenta un análisis bastante conservador de este clímax poético-narrativo de Cervantes, que, posiblemente, precise un mayor compromiso con una obra deudora de su tiempo (el Barroco) y de sus circunstancias (la gravedad del momento histórico y demás circunstancias que dieron lugar a la oportuna creación del *Persiles*).

Casalduero, en defensa de su visión ideológico-tridentina de la obra póstuma de Cervantes, afirma que en el soneto del portugués "se cristaliza el significado de todo el *Persiles*" (n. 13, p. 196); lo cual, más que un intento de desentrañar el mensaje de Cervantes, constituye una forma decorosa de esquivar un análisis más profundo de la composición.

Lozano-Renieblas tercia en la cuestión con un estudio crítico del poema, aunque centrado en la tarea desvincular el soneto de la órbita de la estética petrarquista:

Tres son las razones que me llevan a ello. La primera es que las imágenes centrales del poema no tienen el mismo sentido que en la tradición lírica petrarquista. La segunda es que el poema no se construye como un *phatos* lírico, sino como un *ethos*. Y por último, se percibe una disonancia entre el soneto y el contexto narrativo, esto es, el relato oral que cuenta la historia de Manuel, que requiere una explicación.[197]

El concienzudo trabajo de la estudiosa manifiesta finalmente su incertidumbre, que le lleva a plantearse la propia naturaleza del discurso persilesista:

Acaso hayamos demostrado que no se puede leer este poema en esa clave poética. Y acaso estemos ante el mismo problema que presenta el resto del *Persiles* y que aún está por resolver. ¿Cuál es la naturaleza de su palabra? ¿Estamos ante una simple estilización, sea cual sea la lectura por la que se opte, o por el contrario, el autor exploró en este soneto las sutiles posibilidades expresivas que le ofrecía la franja que separa la estilización de la parodia?[198]

---

[196]   Egido, 1997, p. 15.
[197]   Lozano-Renieblas, 2004, p. 302.
[198]   Lozano-Renieblas, 2004, p. 308.

Un compromiso mayor parece adquirir Ruiz Casado cuando dice, parafraseando a Nicolás Díaz de Benjumea: "el soneto "Mar sesgo, viento largo, estrella clara" es interpretado como la marcha augusta de la Nave de nuestra Alma bogando hacia el ideal oculto."[199]

Y, en esta línea, nos parece que deberíamos "bogar" también nosotros. Por ello, cejados en nuestro empeño de intentar aproximarnos al pensamiento de un hombre instruido del s. XVII, realizaremos una primera valoración del universo simbólico que se despliega ordenadamente en este soneto.

Comenzaremos fijándonos en el cuarteto que abre la composición. Dado que en su sentido profundo el soneto conforma, en nuestra opinión, una completa alegoría de la iniciación al conocimiento o gnosis (sin descartar otras interpretaciones), Cervantes sitúa ya en los primeros versos la sustancia básica primordial que compone la materia o cuatro elementos mencionados por Aristóteles: Agua ("Mar"), Aire ("viento"), fuego ("estrella") y tierra ("camino"). Una vez ha señalado la esencia que informa a la materia, a continuación, mediante los mismos adjetivos que acompañan al núcleo en cada uno de los sintagmas nominales ("Mar sesgo, viento largo, estrella clara"), el poeta nos propone una forma física en la que esa cuádruple esencia universal pueda manifestarse de manera ordenada (contraria al caos). Y lo consigue mediante alusiones geométricas que dibujan lo que parece ser la mitad de un cuadrado (representación geométrica de la materia), es decir, un triángulo rectángulo: línea oblicua[200] ("sesgo"), línea perpendicular[201] ("largo"), línea que marca el rumbo[202] ("clara"). En cuanto al sustantivo "camino", vemos cómo el autor ha prescindido de su correspondiente adjetivo, pues no tiene función en el esquema formal que hemos presentado.

Bajo este punto de vista, y dado el hipérbaton que altera el sentido de este cuarteto dotando al mismo de un alto grado de subjetividad, podría interpretarse que Cervantes nos está describiendo la composición de esa nave idílica en un lenguaje universal (geométrico); y así podría ser aludida cuando dice: "llevan la nave vuestra, única y rara".

Puesto que ya sabemos de qué nave se trata, ahora solo nos faltaría por saber cómo es esa travesía o camino idílico. Dice el "poeta enamorado" que es: "no usado, alegre y cierto", es decir, ¿solitario, satisfactorio y tan real como los que se pisan con los pies? En tal caso, ¿hacia dónde habría de conducir ese extraño camino? Responde el poeta enamorado: "al hermoso, al seguro, al capaz puerto", esto es -según nuestra interpretación-, ¿al lugar en donde resplandece la luz del conocimiento ("hermoso"), donde desaparecen todas las inseguridades ("seguro") y donde los espíritus se capacitan ("capaz ") para la entrada en la vida eterna o espiritual ("puerto")?

En el siguiente cuarteto nos encontramos con una referencia sobre la que ya habíamos llamado la atención: los monstruos/accidentes de Scila y Caribdis que son citados en la *Odisea* de Homero. Lo cual, nos servía, en páginas anteriores, para argumentar cierto interés por parte de Cervantes de rememorar no solo la obra del sabio ateniense, sino para un fin mucho más ambicioso: trazar un paralelismo entre las dos singladuras marineras.

En general, esta estrofa nos sitúa en los pormenores accidentados de la navegación "espiritual", por lo que debe entenderse en relación a la idea de que el "camino" no ha de detenerse por muchos y peligrosos obstáculos que salgan al paso, y que solo se deberá parar cuando la honestidad del caminante haya alcanzado tal grado de pureza que ya no sea necesario prolongar más la penitencia: "que limpia honestidad su curso para".

Los dos tercetos complementan el sentido de los cuartetos con algunas recomendaciones a la "navegación"; como es el hecho de no perder la esperanza ante la adversidad ("no giréis las velas") y el perseverar en la decisión adoptada (pues, "es enemigo amor de la mudanza/ y nunca tuvo próspero suceso/ el que no se quilata en la firmeza.").

Aunque un estudio más detallado del soneto desde esta perspectiva alegórica hubiera reafirmado con mayores argumentos nuestra hipótesis, creemos, sin embargo, que resulta

---

[199] Cruz Casado, 2004, p. 322.

[200] "*sesgo* significa, por una parte, oblicuo"(n. 8, p. 196).

[201] "*viento largo*= ' el que sopla perpendicular al rumbo que lleva la nave'." (n. 9, p. 196).

[202] Es de suponer, dada la frecuencia de su aparición en el *Persiles*, que la "estrella clara" del soneto aluda a la Estrella Polar o estrella del Norte, que es la referencia estelar que se utiliza en la navegación para trazar el rumbo y que en la diégesis parece regir también los movimientos y las aventuras de los personajes-peregrinos.

suficiente lo analizado; al menos, para presentar un perspectiva alternativa o diferente a la más extendida o generalizada.

Y, muy bien tuvo que "cantar" el enamorado portugués, pues: "Juntáronse las barcas, pasó el músico a la de Periandro y todos los della le hicieron agradable recogida"(p. 197). Lo cual supone un cambio de estado -y no solo de barca- en ese camino del Conocimiento en el que este personaje, al igual que los que le precedieron (Antonio el bárbaro y Rutilio), se halla inmerso: "-Al cielo, y a vosotros, señores, y a mi voz agradezco esta mudanza y esta mejora de navío" (p. 197). Y así lo agradece el portugués, porque su empeño y su manifiesta predisposición (su "voz") no es suficiente sin el concierto de la providencia ("Al cielo") y el auxilio de los que saben guiar esas "navegaciones"("a vosotros, señores").

Pero el nuevo pasajero, sin embargo, nos dice que viene herido de muerte:

> aunque creo que con mucha brevedad le dejaré libre [al navío] de la carga de mi cuerpo, porque las penas que siento en el alma me van dando señales de que tengo la vida en sus últimos términos (p. 197).

En tal caso, todo apunta a que el portugués recién embarcado no haya de ser el mejor compañero de viaje que uno pueda desear, habida cuenta de las estrecheces de la barca y de la tragedia que arrastra. ¿A qué obedecería ese deseo fervoroso del recién formado "grupo de nautas-peregrinos" por compartir el escaso espacio vital de la barca con un personaje no solo desconocido sino también literalmente melancólico y desahuciado?, pues, como se aprecia, literalmente (desde una perspectiva realista) no se sostiene esa decisión.

La razón poderosa que lo avala, aunque ya la habíamos esbozado, la completaremos con nuevas apreciaciones. Comenzando por el hecho de que el portugués se encuentre al borde de una muerte que debe considerarse desde un plano espiritual (amorosa) que, en el contexto místico-gnóstico del viaje de iniciación, constituye una de las mayores pruebas a superar en ese camino en busca del renacimiento espiritual. Por ello, creemos que es acogido en la barca "principal" con esa condescendencia que hace suponer no solo que ambos personajes se entiendan (hablen el mismo lenguaje, castellano y portugués = el lenguaje simbólico o de los iniciados), sino que compartan la misma espiritualidad.

Porque esa prueba límite que está experimentando el portugués es bien conocida por Periandro, que de este modo se revela como hierofante o sabio principal de la "escuadra de peregrinos":

> El alma ha de estar -dijo Periandro- el un pie en los labios y el otro en los dientes, si es que hablo con propiedad, y no ha de dejar de esperar su remedio, porque sería agraviar a Dios, que no puede ser agraviado, poniendo tasa y coto a sus infinitas misericordias (pp. 197-198).

No quiere, pues, "el sabio" Periandro que su nuevo huésped fracase en el intento; por ello lo acoge en su barca a la par que le enseña el misterio de la experiencia de la muerte mística -si se nos permite este intento de aproximación simbólico-conceptual- "a las puertas de sí mismo". Y la lección la da por muy válida el portugués, cuando dice: "- Todo es así -respondió el músico-, y yo lo creo, a despecho y pesar de las esperiencias que en el discurso de mi vida en mis muchos males tengo hechas" (p. 198).

Y ya todos, bogando juntos, llegan a una nueva isla despoblada, "aunque no de árboles, porque tenía muchos, y llenos de fruto que, aunque pasado de sazón y seco, se dejaba comer" (p. 198); donde, nos sorprende la referencia no solo a la cantidad de árboles sino también a la especie concreta, en función de la referencia que se hace a su fruto: el higo, que se mantiene "seco" en el árbol aunque extremadamente dulce ("pasado de sazón"). Porque la higuera no parece actuar en el relato como un mero adorno floral, sino que obedece a la intención de Cervantes por mostrarnos un escenario sapiencial en consonancia con el episodio que se está desarrollando.

La higuera, como se sabe, es la primera planta mencionada en la Biblia (*Génesis* 3: 7) y también una de las últimas (Apocalipsis 6: 13). Muy extendida por toda la tierra de Palestina, fue muy empleada por los profetas y evangelistas en sus profecías y parábolas. Es famosa aquella de la higuera plantada en una viña que, después de tres años sin dar frutos (Lucas 13, 1-9) estuvo a punto de ser arrancada, si no fuese por la perseverancia del viñador, que, a partir de entonces, la trabajó a conciencia. También son numerosas las profecías que señalan a la higuera como el símbolo de la destrucción del género Humano.

En fin, todo un contexto sapiencial y/o profético en base a las *Sagradas Escrituras* que ha sido pasado por alto, seguramente, porque la crítica realista no habrá relacionado la descripción de esa isla llena de árboles (¿una rememorización del Jardín del Edén?) con ese árbol en particular; o bien, porque siendo identificado el árbol no se sabría cómo concertar la historia de un moribundo de amores, como es el caso del "músico portugués", con la tradición bíblica inmersa en el simbolismo de la higuera.

Una vez cobijados en la isla (símbolo, también, del remanso intelectual) de "las higueras"[203] y "supliendo con mucho fuego la incomodidad del sitio" (p. 198) (la luz que proporciona el conocimiento justifica las incomodidades del "camino"), el "enamorado portugués" comienza a relatar la historia de su vida como si fuera el relato alegórico de un camino de iniciación; el cual, como no podría ser de otro modo dado el contexto gnóstico al que se adscribe el relato profundo, acaba con la "muerte mística" del protagonista.

Empieza Manuel de Sosa señalando su origen y linaje, para pasar a relatar la causa amorosa de su desgracia, que se ve acrecentada con su viaje de dos años a tierras de Berbería. Pero los males van en aumento y a su regreso asiste, creyendo que él mismo se desposaba con su amada Leonora, a las bodas de su prometida con "Dios". Tras finalizar su historia, el portugués finaliza también su vida terrena.

En verdad que todo lo que rodea a esta historia nos parece, si cabe, un tanto más exclusivo o diferente que el resto de lo narrado hasta ahora. Empezando por su brevedad y terminando por la circunstancia de la muerte del protagonista. Por lo cual, a pesar de ser considerada una historia en la misma órbita sapiencial que la de sus dos "sabios" predecesores (Antonio y Rutilio), no goza de la misma consideración, pues, en su literalidad, le imprime cierto halo de "fracasada" debido a ese funesto final.

Difícil se nos presenta, pues, esta nueva entrada en escena de un personaje "clave" cervantino. El "portugués enamorado" aparece y desaparece casi por arte de magia. Nos preguntamos si no perseguirá Cervantes un efecto igualmente mágico o deslumbrante con esta impactante y explosiva historia de amor "a la portuguesa". Porque, cuando decimos "a la portuguesa" no nos estamos refiriendo al tipo más común de erotismo propio de esas latitudes, sobre el que muchos críticos han basado la explicación del episodio; sino a los "amores platónicos" que se gestan al amparo de esas tierras de gran tradición mítica, que, como a continuación argumentaremos, tampoco en esta ocasión es lo mismo.

Hagamos un repaso del personaje y de su historia. Manuel de Sosa Coitiño[204] es un personaje noble, rico y virtuoso, natural de Lisboa y soldado de profesión. Se enamora de su vecina Leonora (no dejemos pasar el detalle que nos avisa de la distancia que separa a ambos amantes: "casi pared en medio"[p. 199]) de similar posición y virtudes a él, y "deseada de todos los mejores del reino de Portugal" (p. 199). De nuevo, se nos dice que esa vecindad fue la causa de su fácil enamoramiento. Tras una embajada en solicitud de matrimonio, el padre de Leonora se excusa en relación a su corta edad, aunque le da palabra de cumplir su petición en el plazo de dos años.

Durante ese espacio de tiempo, el caballero de la Orden de Cristo D. Manuel de Sosa es destinado como capitán general a una de las plazas fuertes que tiene el reino de Portugal en Berbería. Cumplido con éxito el servicio a su rey, regresa a Lisboa y se encuentra con que su amada es pretendida no ya por los principales del reino, sino incluso por los de fuera de él, príncipes y otros señores.

El padre de Leonora, que no podía demorar la verdad acerca de los sentimientos de su hija, convoca al caballero portugués en el monasterio de monjas de la "Madre de Dios"; pero no para

---

[203] La referencia al fruto "pasado de sazón y seco" nos indica que la fecha de arribada sería posterior al mes de agosto.

[204] Aunque estamos de acuerdo con la identificación que realiza Adrien Roig del "portugués enamorado"con el personaje histórico del mismo nombre que coincidió con Cervantes en su cautiverio en Argel (famoso luego bajo el nombre claustral de fray Luis de Sousa), defendemos, una vez más, la adecuación de la realidad del personaje, exclusivamente, a determinados (no a todos) pasajes del relato en la ficción, por lo que no debería forzarse la asimilación más allá de la estricta verosimilitud que demanda la dialéctica cervantina; pues, no todos los pasajes del episodio deben interpretarse en relación a un mismo criterio de objetividad, sino que nuestro autor se reserva un espacio a la -digamos- libre interpretación o interpretación alegórica. Véase, a este respecto, Roig, 2004, pp. 879-898.

desposar a su hija con el portugués, como cabría de esperar, sino con Dios, entrando de monja al citado convento.

Y hasta aquí el argumento del episodio, que hemos presentado en sus aspectos más básicos al objeto de proceder a su interpretación desde una perspectiva alegórica. Comoquiera que Cervantes introduce una serie de referencias históricas muy imprecisas entremezcladas con el relato ficcional, creemos que la voluntad del autor sería aludir a hechos históricos relevantes pero sin llegar a concretar ninguno de ellos. Este proceder obedece, en nuestra opinión, a su intención de fundamentar históricamente el argumento del episodio como soporte de un mensaje que no podía ni debía decirse de manera más clara. De este modo, juzgamos que en las referencias e indicios que se citan a continuación confluyen no una sino varias de esas circunstancias históricas que, en su conjunto, informan los cimientos sobre los que descansa el episodio del "portugués enamorado". Dicho esto, un primer antecedente podría señalar a nuestro personaje portugués de algún modo relacionado con la Orden del Templo de Jerusalén[205], en cuanto a su expresada filiación a la orden de los Caballeros de Cristo.

Las referencias textuales que nos han llevado a esta hipótesis son múltiples. Para empezar, la descripción que se hace del enterramiento de Manuel de Sosa es el propio de un caballero templario; es decir, "de mortaja su mismo vestido"(p. 206), sin ataúd y, al estar todo nevado, en vez de reposar su cuerpo directamente en la tierra lo hará sobre la nieve; lo que nos induce a crear la imagen de una inmensa y viva capa blanca alrededor de su cuerpo, que es la seña principal de la identidad del templario, junto a la cruz (que es de color rojo) "que le hallaron en el pecho en un escapulario"(p. 206).

Cervantes no se esconde en esta ocasión para decir al lector que el caballero portugués pertenece a la Orden de Cristo: "la que le hallaron en el pecho en un escapulario, que era la de Christus, por ser caballero de su hábito" (p. 206).

Esto, sin duda, nos pone en la pista de una especie de monje-soldado (¿como Cervantes: terciario y soldado en Lepanto?), al que la descripción del "portugués enamorado" sienta como un guantelete. O también, a una nueva versión de esos libros de caballerías de los que tanto gustaba leer nuestro escritor. Porque Manuel de Sosa se debate entre el amor a su amada Leonora (amor sublime o idealizado: la "llama" mística del monje) y el servicio a su rey en Berbería (el guerrero o caballero).

Pero a pesar de estos primeros indicios, todavía se nos plantean muchos interrogantes acerca de la vinculación del tema templario al episodio. Por ejemplo: ¿Qué papel cumpliría el Temple en esta obra de Cervantes? ¿Por qué en relación a Portugal? ¿Por qué habría de interesar a Cervantes este anacronismo histórico?

Para empezar a responder a estas preguntas tendremos que situarnos en la patria del personaje, Portugal, así como en el origen mítico de esta tierra que entronca con las tradiciones que ya analizamos cuando abordamos el concepto de *finisterrae* en relación a la singladura septentrional del *Persiles*.

Sea como fuere, en seguida el Temple se estableció en Portugal, donde además de gozar de los privilegios de una tierra ancestral, se asentaron en unos puertos estratégicos que sirvieron de escala a una futura flota templaria. Y allí permaneció el Temple tras su caída.[206]

En cualquier caso, se constata la filiación del caballero Manuel de Sosa Coitiño a la Orden de Cristo, heredera de la Orden del Templo de Jerusalén.

Y por aquí, precisamente, queremos seguir tirando del ovillo, pues, "la sin par Leonora" (p.203), que aquí es presentada como ese referente literario y semidivino que alumbra el camino de los legendarios caballeros andantes, no ha de andar - queremos remarcar la redundancia - muy lejos de estos idílicos postulados; dado que el caballero portugués (andante-templario) podría venerarla con la misma devoción con la que Antonio el bárbaro lo hacía al "objeto" de sus deseos: la virgen Ricla-Venus.

---

[205] Suprimida por el Papa Clemente V y reimplantada en 1318, siete años después de su extinción, por el rey D. Dionís en Portugal bajo el nuevo nombre de la Orden de Cristo.

[206] "El caso portugués es atípico en toda la aventura templaria, porque aquel reino fue el único de toda la Cristiandad que no se molestó en interrogar a sus templarios buscando posibles culpas e hipotéticas herejías, sino que, de hecho, prolongó *sine die* la pervivencia del Temple con solo cambiarle el nombre a la Orden y hacer el simulacro de asumir otra regla, la de Calatrava." García Atienza, 1991, p. 228.

Solo nos resta por saber a qué realidad conceptual alude la figura de Leonora, y, dado el contexto templario en el que está inmersa la aventura, solo se nos ocurre un referente: Jerusalén.

La elección no es arbitraria, sino que obedece al símbolo más representativo de la ciudad de Jerusalén: el león[207]. Leonora, desde la propia etimología de su nombre, podría representar al espíritu de esa Jerusalén celestial (la cruzada espiritual). No debemos olvidar, en este contexto bíblico, el papel preponderante que en el *Apocalipsis* desempeña el símbolo del león en cuanto a la *apertura del libro de los siete sellos*:

> Yo lloré mucho, porque no se había encontrado a nadie digno de abrir el libro y de leerlo. Uno de los ancianos me dijo: "Deja de llorar. he aquí que ha vencido el León de la tribu de Judá, el vástago de David, de suerte que él abrirá el libro y sus siete sellos".[208]

Lo cual, podría expresar la intención de Cervantes de manifestar una simetría entre el personaje de Leonora y la tribu de David en el *Apocalipsis*, en relación al simbolismo del león.

Y en este sentido podría interpretarse la primera alusión que hace el enamorado portugués de su amada en referencia a su linaje: "única heredera de sus bienes, que eran muchos, báculo y esperanza de la prosperidad de sus padres" (p. 199). Lo cual podría ser portador de una lectura paralela, ahora en clave alegórica. Es decir, Jerusalén (Leonora), única heredera del reino de Dios sobre la tierra, cuyo camino hacia ella ("báculo" o bastón) constituye la única esperanza del hombre ("esperanza de la prosperidad de sus padres") para alcanzar la gloria eterna. De estas simetrías podríamos conjeturar la presencia de una primera referencia a la peregrinación a Jerusalén, la más importante del cristianismo, una vez escenificada la de Santiago de Compostela en el episodio de Antonio el bárbaro y la de Roma en el de Rutilio.

En cuanto al nombre del protagonista, Manuel, cuyo étimo, de origen hebreo, significa "Dios está con nosotros"[209], ¿podría señalar a la consecución del ideal gnóstico (la unión con la amada-Dios con nosotros) descrita en el relato de su trágica relación con Leonora?

Pero ese dramático final que acabará con la vida del enamorado portugués no debe llevarnos a engaño; pues, en realidad se está escenificando un triunfo y no un fracaso: el del alma trascendida de Manuel el portugués a través del sacrificio de Leonora, que enterrará su alma enamorada entre los muros de un convento.

Pero vayamos por partes. Dado que la historia que se revela del relato alegórico es doble (referencias históricas y camino de Conocimiento), iremos abordándolas alternativamente según un criterio de oportunidad.

Al comienzo de la historia, el caballero portugués nos confiesa sus sentimientos y sus intenciones hacia Leonora, que, sin embargo, no le son plenamente correspondidos; pues, según el juicio de su padre, su hija no estaba todavía "madura" para ser entregada por esposa ¿Qué podría significar esta conducta desde una perspectiva alegórica? No resulta muy complicado ver aquí la imagen del iniciado (Manuel) que arde en deseos por alcanzar la iluminación (Leonora), aunque, sin embargo, todavía no esté preparado para ello ("La respuesta que trujo fue que su hija Leonora aún no estaba en edad de casarse"[p. 200]). En este sentido, pues, se justificaría la necesidad del héroe-peregrino por emprender un viaje de iniciación que le llevará a las tierras de Berbería, como alegoría de la peregrinación a Jerusalén; pues, ¿qué es Jerusalén sino ese "lugar mítico" que debe conquistarse finalmente para poder acceder a la iluminación? En tal caso, Leonora, cuyo nombre remite -según decíamos- al mismo león que representa a Jerusalén, ¿no podría considerarse de igual forma la personificación del objeto de la conquista del peregrino-enamorado? Finalmente, el destino trágico del caballero es la mejor prueba de que el portugués ha conseguido su objetivo iniciático, pues su "muerte" revela el renacimiento de su alma a través del simbólico y necesario sacrificio del cordero (su propia naturaleza animal).

---

[207]   El león es el símbolo de la tribu de Judá. Con el correr de los siglos, el León de Judá llegó a convertirse en el símbolo de Jerusalén, siendo adoptado tanto por las comunidades judías de Israel como por aquellas otras que viven en otras partes del mundo.

[208]   Apocalipsis 5: 4,5.

[209]   En la Biblia se nombra a Jesús de Nazaret bajo su forma original "Emmanuel". El nombre se popularizó sobre todo en el período de la Reconquista, ya que moros y judíos conversos bautizaron así a sus hijos para manifestar el testimonio sincero de su conversión de forma pública.

De la interpretación místico-gnóstica que hemos efectuado del episodio del portugués, uno de los elementos diegéticos que mayor peso aporta al sostenimiento de nuestra hipótesis es la noticia del obligado viaje a Berbería. Por ello, ampliaremos nuestro análisis sobre este particular. Veamos en qué términos se expresa el protagonista:

> Sucedió que, en este tiempo, mi rey me envió por capitán general a una de las fuerzas que tiene en Berbería, oficio de calidad y confianza (p. 200).

La marcha del caballero es una obligación impuesta por su Señor a las tierras que, supuestamente, pertenecerían al reino de Portugal en la franja costera llamada Berbería. Es decir, en una lectura literal, nada hace suponer que el suceso ocurrido no sea otra cosa que la prestación de un servicio de armas en un lugar remoto. Algo propio de la época y acorde a las circunstancias históricas. Ahora bien, ¿no podríamos hacer una lectura diferente de esa misma cita en un plano alegórico? Nosotros así lo afirmamos.

En primer lugar, nos parece adecuada la hipótesis referida por Romero (n. 5, p. 200) en relación a la identificación de un determinado monarca portugués coetáneo de Cervantes, pues nosotros también situamos la historia del portugués enamorado en un tiempo próximo al óbito de Don Sebastián de Portugal en la batalla de Alcazalquivir (4 de agosto de 1578); que, por tal razón, ¿acaso no invita a la correspondiente asimilación con el caballero portugués que, como Don Sebastián[210], pertenecía también a la Orden de los Caballeros de Cristo?

Pero, como decimos, a pesar de que la historicidad señalada por Romero al episodio del portugués nos parezca que vaya en buena dirección; juzgamos que los intereses de nuestro Genio de las Letras eran mucho más ambiciosos. Quizás en ello tenga que ver esa antigua milicia de monjes-soldado: la Orden del Temple y su heredera portuguesa la Orden de los Caballeros de Cristo.

En tal caso, el propio Manuel de Sosa nos dice que fue enviado a "tierra de moros" ("Berbería") en calidad de gobernador ("capitán general") a defender una fortaleza o ciudad fortificada ("una de las fuerzas").

Se hace necesario, pues, darle un sentido al episodio mucho más amplio y más en consonancia tanto con el texto simbólico como con el contexto histórico. Y esa búsqueda de un sentido panabarcador nos lleva, como ya venimos señalando, a Tierra Santa. Porque es allí -como venimos aduciendo- a donde habría de marchar alegóricamente el caballero portugués a defender la más fuerte de las plazas de la cristiandad: Jerusalén. Y ello a pesar de que, literalmente, la asimilación de Jerusalén con Berbería no sería correcta; pues, los territorios de Berbería no pasan de las costas de Libia. Nosotros, sin embargo, vemos dos factores que podrían suplir la falta de exactitud geográfica: la primera sería de orden formal, basada en la evidencia de que no nos hallamos ante un relato realista, sino solo verosímil, por lo que la proximidad geográfica entre Berbería y Tierra Santa sería suficiente para cumplir el requisito exigible; la segunda sería de orden simbólico, centrada en la similitud de sonidos entre el término BERBERÍA y BARBARIE, que agruparía a ambas expresiones en la identificación: barbarie > Islam-infieles > Berbería, ampliando de este modo la referencia semántica de Berbería a los territorios ocupados por el Islam.

Llegados a este punto, y una vez hemos establecido las oportunas conexiones de un relato cuyo simbolismo remite a esas cruzadas protagonizadas por los ancestros de los Caballeros de la Orden de Cristo (los templarios), seguramente, con la finalidad de asimilar de algún modo la actuación, ya más realista y en época posterior, del caballero portugués en el contexto geográfico genuinamente bereber; trataremos de realizar ahora la pertinente incursión histórica.

Y este análisis se centrará en un suceso del cual ya hemos hecho referencia: la batalla de Alcazalquivir (1578) que tuvo lugar en Marruecos, donde Don Sebastián de Portugal, apoyado por un pretendiente al trono de Marruecos, se enfrentó al otro pretendiente pereciendo en la batalla. Porque, como ya suscitábamos más arriba, la comparación entre la misión encomendada a Manuel de Sosa por ese rey "innominado" y los sucesos históricos de la batalla de Alcazalquivir presenta tal correspondencia que resulta imposible zafarse a la evidencia.

Los paralelismos observados hablan por sí mismos: la misión en tierra de Berbería coincide con el lugar de la batalla de Alcazalquivir (Marruecos); Don Sebastián parte a la batalla como

---

[210]   Como soberano, ocupaba el cargo de Gran Maestre.

comandante de las tropas ("capitán general"); el rey innombrable, ¿no podía identificarse con Felipe II, tío de Don Sebastián e inductor (como se supone, de la reunión que ambos mantuvieron en el monasterio de Guadalupe, previa a la batalla)[211] de la idea de una guerra africana en el joven rey portugués al objeto de apropiarse de su reino, como así fue?; la referencia a que Manuel de Sosa fuera enviado por su rey "a una de las fuerzas que tiene en Berbería", ¿no podría ser una alusión al poder imperial de Felipe II, enviando a su "vasallo", el rey de Portugal, a contener las fronteras de su imperio en el norte de África?; los dos años que dura la aventura del portugués, ¿no se corresponde con el período de tiempo que va desde su muerte en Alcazalquivir en 1578 hasta la coronación de Felipe II como rey de Portugal en 1580?; las promesas del padre de Leonora de esperar esos dos años para entregarle a su hija, ¿no aludiría a la famosa leyenda del "sebastianismo"?[212]; la circunstancia que relata el portugués a su llegada a Lisboa, de que: "hallé que la fama y hermosura de Leonora había salido ya de los límites de la ciudad y del reino y estendídose por Castilla y otras partes, de las cuales venían embajadas de príncipes y señores que la pretendían por esposa" (pp. 201-202), ¿no podría señalar a la lucha por los derechos al trono de Portugal que originó la muerte prematura de Don Sebastián, posicionándose por delante de los demás candidatos el rey de Castilla (España) Felipe II?

Pero continuemos con esa lectura a caballo entre la realidad histórica, el mito y la trascendencia espiritual. Porque, a partir de este punto, los acontecimientos se precipitan y la historia del "enamorado portugués" llega a su final. El escenario en donde se escenifica el drama no podría venir más a "cuento":

> LLegóse el día y yo fui, acompañado de todo lo mejor de la ciudad, a un monasterio de monjas que se llama de la Madre de Dios, adonde me dijeron que mi esposa, desde el día de antes, me esperaba: que había sido su gusto que en aquel monasterio se celebrase su desposorio, con licencia del arzobispo de la ciudad (p. 202).

Primero, se nos dice que la boda se va a celebrar en el monasterio de "La Madre de Dios"; cuyo nombre ha de interpretarse, precisamente, por lo que es: un sustantivo genérico. Es decir, que el monasterio, a través del nombre que se nos ofrece, no señalaría a un lugar concreto, sino que se identificaría con un conjunto de monasterios que comparten una misma cualidad emanada de aquello a lo que remita el nombre.[213]

Porque el concepto "Madre de Dios" señalaría a la cristianización del antiguo culto pagano de "La Madre Tierra". En tal caso, la ceremonia de casamiento oficiada en el convento de este nombre habría que interpretarla desde una perspectiva heterodoxa y/o templaria-portuguesa. Es decir, parece como si Cervantes nos quisiera mostrar una espiritualidad "paralela" a la oficialmente instaurada (catolicismo), cohabitando en los mismos lugares y usando de los mismos instrumentos (el cristianismo); aunque diametralmente opuesta en su concepción más profunda (la una literal y la otra simbólica). Incluso, podría suponerse una connivencia tácita del poder (la teocracia) con esa práctica dúplice que sería fomentada desde esas mismas instancias. Y en esta dirección podríamos seguir profundizando en esa historia velada, desechada de los anales de lo "políticamente correcto"; sobre todo, cuando apunta hacia uno de los paladines del catolicismo: el rey Fernando el Católico.

No debemos olvidar que nuestra Leonora era hija única, y cuyos padres procedían del antiguo linaje portugués de los Pereiras. Pues bien, pasando ahora de lo ficcional a lo histórico, sabemos que este antiguo linaje proviene de Galicia, concretamente de los Trastámara, y que pasó a Portugal con Ruy González Pereira, vasallo del rey Alfonso II de Portugal, que reinó entre 1211 y 1223.

---

[211] La conocida como las Vistas de Guadalupe, celebrada en diciembre de 1576.

[212] Dado que el cadáver no fue hallado o regresado a Portugal, se extendió la que fue conocida como la leyenda del "Sebastianismo", que señala un hipotético regreso del rey don Sebastián. A raíz de esta leyenda fueron varios los casos de suplantación que surgieron, algunos tan sonados como el del llamado "pastelero de Madrigal".

[213] García Atienza lo matiza de este modo: "Pero ese ideario, a lo largo de la Historia, ha tenido siempre su expresión simbólica. Y el Temple lo expresó en el Bierzo a través del establecimiento de un culto que, más allá de sus valores devocionales, significaba la expresión de una idea que el pueblo estaba comenzando a asumir desde poco tiempo atrás: la devoción por la Madre Tierra a través de una Madre de Dios que la simbolizaba." García Atienza, 1991, p. 100.

En este orden de cosas, tampoco debemos olvidar que la Casa de Trastámara fue una dinastía que reinó en Castilla, Aragón, Navarra y en Nápoles hasta 1555 (su último monarca fue Juana I "la Loca").

Es decir, los Pereiras y los Trastámara pertenecen al mismo linaje remoto, y no solo eso; sino que una tal Juana Pereira, noble portuguesa, fue amante, como así está documentado, del rey Trastámara Fernando el Católico, de cuya unión nació la bastarda María Blanca de Aragón y Pereira que, a la sazón, fue monja y abadesa del convento de Nuestra Señora de Gracia el Real de Madrigal (Ávila). A ello le sumaremos la circunstancia de que en ese mismo convento, cuando todavía era un palacio[214], vino a nacer la reina Isabel la Católica, también perteneciente a la Casa de Trastámara y de ascendencia portuguesa por línea materna (Isabel de Portugal, nieta del rey Juan I de Portugal).

De nuestra exposición histórica sacamos las siguientes conclusiones en relación al desarrollo diegético: primero, que los padres de Leonora pertenecen ambos al mismo linaje de los Pereiras (por diferentes ramas), por lo tanto, no habría razón para no suponer que ambos personajes pudieran ser asimilados a Juana de Pereira y al rey Fernando el Católico, ambos descendientes del linaje de los Pereiras; segundo, que Leonora, al igual que la hija bastarda fruto de los amores del Rey Católico y su amante portuguesa, se consagra a la vida monástica; tercero, que el catolicismo del rey Fernando queda cuestionado en relación al sacramento del matrimonio (tema muy recurrente en esta obra de Cervantes); cuarto, que el episodio de Leonora podría significar también el ocaso (María Blanca de Aragón falleció en 1550) del reinado de una Casa dinástica plenamente ibérica (los gallegos Trastámara, con Juana I en 1555), antes de la llegada de la casa de Austria; quinto, que el convento donde Leonora decide enclaustrarse ("de la Madre de Dios"), parece señalar, en efecto, al de Nuestra Señora de Gracia, pues, no solo alude a la misma imagen devota (La Virgen María), sino que también resulta ser la casa natal de la reina Isabel la Católica: **Madre del "Dios vivo"** el emperador Carlos V; y sexto, la relación entre España y Portugal, en cuanto a los pilares que sustentan el Estado/Imperio español (la monarquía), es de completa consanguinidad, por lo que debe fomentarse la unión, y no solo de fronteras, entre ambas naciones[215].

Todos estos hechos o circunstancias históricas, derivadas o deducidas de las "pistas" que Cervantes nos va dejando oportunamente en su obra son, en sí mismo, lo suficientemente importantes y comprometedoras como para justificar el empleo de un lenguaje alegórico o velado.

Pero, además, encontramos en el texto otras referencias que refuerzan nuestra hipótesis historicista. Por ejemplo, cundo el propio Manuel de Sosa dice: "- Llegué al monasterio, que real y pomposamente estaba adornado"(p. 202), donde nos resulta familiar la presencia de uno de esos "guiños" cervantinos que, de forma aparentemente distraída, a veces regala al lector atento. En este caso concreto, en relación a la identificación del monasterio de El Real ("que real") de Madrigal. O esa otra señal en relación al traje de novia-consagración de Leonora: "con saya entera a lo castellano"(p. 203); es decir, a la manera en que se vestía en el reino de Castilla, que es donde se encuentra ubicado el convento del Real de Madrigal (Ávila).

Como vemos, la riqueza de sentidos y alusiones a la realidad histórica son múltiples. Pero situémonos ahora en la iglesia de ese convento de la "Madre de Dios" (o de la "Madre Tierra" de los templarios, o incluso de la reina madre de ese "dios viviente" que fue el emperador Carlos V) y dejemos que sea ahora ese "mundo espiritual" quien asuma el protagonismo de lo que allí acontece.

Porque es el espíritu de Leonora lo que entra triunfalmente en el templo: "Hundíase el templo de música, así de voces como de instrumentos, y en esto salió por la puerta del claustro la sin par Leonora"(pp. 202-203). Y, no de otro modo será percibido en el relato la simbólica descripción de los vestidos y aderezos de la novia, que serán el reflejo de esa misma elevada espiritualidad que también remite a la Dulcinea del *Quijote* ("la sin par"):

---

[214]   El convento de Madrigal de las Altas Torres, antes de ser donado por Carlos V a la congregación de las agustinas, fue residencia de Enrique IV de Castilla y palacio donde vino al mundo su hija, Isabel I de Castilla en 1451.
[215]   En 1580 Felipe II es reconocido rey de Portugal, y en 1640 Felipe IV de España renuncia al trono portugués en favor de Juan IV de Portugal.

vestida de raso blanco acuchillado, con saya entera a lo castellano, tomadas las cuchillas con ricas y gruesas perlas. Venía forrada la saya en tela de oro verde; traía los cabellos sueltos por las espaldas, tan rubios, que deslumbraban los del sol y, tan luengos, que casi besaban la tierra; la cintura, collar y anillos que traía, opiniones hubo que valían un reino (p. 203).

Sin duda, la teatral descripción de las galas que recubren el cuerpo de Leonora tienen un carácter simbólico – dicho esto sin invalidar su referencia concreta a un tipo de adorno en el vestido, al objeto de producir determinados efectos visuales: brillos, destellos, etc-. Empezando por ese "raso blanco acuchillado", donde es clara la referencia al tópico del color blanco como símbolo de la pureza. Pero, además, nos encontramos con otros signos menos evidentes, como el tipo de tejido: el raso, que se caracteriza por su brillo. Ahora bien, ¿cómo podríamos conciliar esas "cuchilladas" sobre el "brillo de la pureza"? Cervantes no parece dejar nada al azar, y menos en estos momentos de especial significación, donde un pequeño detalle puede cambiar el sentido de toda una frase. Porque, en un contexto emblemático, un vestido de raso blanco acuchillado nos remite, sin demasiados esfuerzos, a la visión de un *manto blanco manchado de sangre*. Y, perseverando en esta línea simbólica, ¿acaso una capa blanca con un símbolo a base de bordes afilados en rojo, como si fueran cuatro cuchillas entrelazadas, no se correspondería con esa imagen de un manto "blanco acuchillado"? Nosotros afirmamos esta posibilidad, por ello sostenemos la hipótesis de que el vestido señalaría directamente a la capa blanca de los caballeros templarios (o la Orden de los Caballeros de la Cruz, como el portugués Sosa Coutiño) con su cruz roja paté formada a base de ¿aspas "acuchilladas"?

Porque Cervantes invita al lector a leer despacio: única forma de percibir toda la riqueza de un mensaje a varios niveles. Por ello, consciente de la dificultad, a veces repite la misma expresión con intención de frenar a ese lector en su alocada lectura. Es el caso de las "cuchilladas" que, a renglón seguido, nos las devuelve con el ánimo de "herir" intencionadamente nuestra atención: "tomadas las cuchilladas con ricas y gruesas perlas"(p. 203). Porque las perlas y las "cuchilladas" (la cruz paté) del vestido de Leonor nos sugieren la imagen de la Cruz de Toulose, que a su vez remitiría a la cruz con diamantes y las dos perlas que constituyen los objetos simbólicos más queridos de nuestros protagonistas (Periandro y Auristela).

En tal caso, desde una perspectiva iniciática, esta primera capa del vestido de Leonora funcionaría como una especie de resumen simbólico al mismo nivel del practicado sobre la cruz con diamantes y las dos perlas: las dos primeras fases del camino del Conocimiento o gnosis.

Siguiendo este esquema en relación a las tres fases o etapas de la iniciación tradicional, la siguiente capa o forro interior del vestido señalaría el acceso a la última fase del Conocimiento: "Venía forrada la saya en tela de oro verde"; pues el oro, como venimos aduciendo, constituye el símbolo de la ganancia espiritual.

La interpretación simbólica que hemos realizado del traje de la novia se completa con otros adornos estéticos: los cabellos (sol-oro, como así eran descritos los del mancebo Periandro a la salida de la cueva-mazmorra); los tres círculos de mayor a menor medida que, rodeando distintas partes de su cuerpo ("la cintura, collar y anillos que traía"), aludirían a las tres fases aludidas del camino del místico: purgativa (las pasiones = "cintura"), iluminativa (la decapitación mística = "collar") y unitiva (la alianza: "anillos" en los dedos).

A continuación, observamos en el comentario que cierra el conjunto de alabanzas del enamorado a su dama: "De mí sé decir que quedé tal con su vista, que me hallé indigno de merecerla, por parecerme que la agraviaba, aunque yo fuera el emperador del mundo "(p. 203), no solo que la identidad que se desprende del caballero portugués no estaría a la altura de lo que Leonora, ataviada con sus símbolos, representa; sino que, además, se suscita la idea de un hipotético emperador como ejemplo del *súmmum* de ese agravio, que consistiría para Manuel en no merecerla por esposa. Esta mención al "emperador", que pasaría desapercibida dado su utilización como un mero elemento formal utilizado en el discurso al servicio de la comparación que se quiere expresar, sin embargo, podría tener un papel menos marginal. Nos referimos a los méritos (derechos dinásticos y linaje) que ese mencionado emperador, ahora en un contexto histórico, podría tener para merecer a Leonora por encima de un vasallo suyo (el caballero portugués). Y esta suposición emanada del texto, podría concretarse en algo más real en relación a unos hechos históricos determinados: la creencia de que el rey de España Felipe II, por linaje "remoto" y por posición, tenía más derechos sobre el trono portugués que su sobrino

Don Sebastián; lo cual hallaría su correspondencia en la ficción, donde, el primero de los protagonistas de esta contienda dinástica que hemos planteado se escondería bajo el personaje del innombrable rey y ahora emperador, el segundo, asumiendo la personalidad del caballero portugués Manuel de Sosa, y, el objeto en discordia, Portugal (en su dimensión histórica-reino y espiritual-Nueva Jerusalén), aparecería personificada en la novia que todos pretenden desposar: Leonora.

Y, una vez la novia se encuentra ya prepara para la ceremonia unitiva, Cervantes nos regala, en nuestra opinión, una de las mayores ironías que informa todo la obra: la farsa del matrimonio del enamorado portugués con la bella Leonora:

> Estaba hecho un modo de teatro en mitad del cuerpo de la Iglesia, donde, desenfadadamente y sin que nadie lo empachase, se había de celebrar nuestro desposorio (p. 203).

Porque el concepto de *teatro*, en efecto, se corresponde con lo dicho por Romero: "teatro = tribuna, tablado" (n. 13, p. 203); pero, también, alude a una representación dramática, concretamente, en el contexto diegético en el que nos hallamos, a una farsa. Porque este tipo de acción cómica, no propiamente un género, pretende denunciar una realidad oculta: ¿la verdad que se esconde tras la muerte de Don Sebastián de Portugal en la batalla de Alcazalquivir? Todo parece apuntar en este sentido. Y, para ello, Cervantes nos presenta en este breve episodio cargado de un gran efecto teatral, a los protagonistas-contrayentes (Leonora-Portugal y Manuel-Don Sebastián) justo en lo alto de ese "teatro": más cadalso que tálamo de un matrimonio que fue sentenciado desde el mismo momento de su concepción.

Por ello, cuando se nos dice que "Estaba hecho un modo de teatro en mitad del cuerpo de la Iglesia", no resultaría una temeridad interpretarlo como que la Iglesia católica también participaría, junto con el adalid del catolicismo en el mundo, Felipe II, en ese supuesto complot para derrocar a Don Sebastián del trono, dejando el camino libre al monarca español en sus aspiraciones sobre Portugal. No en vano, la viabilidad del plan se justificaría desde el poder incontestable que tal alianza otorgaría a los presuntos firmantes: "donde, desenfadadamente y sin que nadie lo empachase, se había de celebrar nuestro desposorio" (p. 203).

Tras subir primero al "teatro" la novia, cuya visión provoca en el enamorado portugués un sentimiento de exaltación amorosa al punto de compararla con la diosa Diana, el drama se desata cuando el protagonista-narrador dice: "Subí yo al teatro pensando que subía a mi cielo y, puesto de rodillas ante ella, casi di demostración de adorarla"(p. 204). Donde se vislumbra una alegoría, no exenta de sarcasmo, de la realidad que venimos sugiriendo en relación al óbito del monarca portugués desde el mismo momento en que es proclamado rey de Portugal (coronación que se asimilaría a la farsa de su boda con Leonora).

La ironía se continúa con la expresión de esa vana felicidad que se promete a la nueva unión:

> "Vivid felices y luengos años en el mundo, ¡Oh dichosos y bellísimos amantes! Coronen presto hermosísimos hijos vuestra mesa y, a largo andar, se dilate vuestro amor en vuestros nietos. No sepan los rabiosos celos ni las dudosas sospechas la morada de vuestros pechos; ríndase la envidia a vuestros pies y la buena fortuna no acierte a salir de vuestra casa. Todas estas razones y deprecaciones santas me colmaban el alma de contento, viendo con qué gusto general llevaba el pueblo mi ventura (p. 204).

Luego Leonora coge de la mano a su presunto prometido, aunque no para casarse, como cabría esperar, sino para contarle que ya está casada con Dios. Justifica esta la ruptura del compromiso en la creencia de que no ha faltado a la cláusula de los dos años que su padre convino con el desdichado prometido, pues solo pasado ese tiempo accedió a su boda religiosa; como tampoco faltó a su propia cláusula, en la que le prometió: "que yo no tomaría otro esposo en la tierra sino a vos" (p. 204). En relación a ello, encontramos también dos causas de carácter histórico que se asimilarían a la respuesta de Leonora. La primera ya la hemos mencionado: los dos años que van desde la muerte de Don Sebastián hasta la proclamación de Felipe II como rey de Portugal; y, en cuanto a la segunda, también suscitada, señalaría a la naturaleza simbólica que adquiere la unión entre España y Portugal basada en la creencia en el "linaje divino-mesiánico" de Felipe II. Esto último justificaría lo aducido por Leonora a Manuel de Sosa, en el sentido de que, en efecto, el acceso de Felipe II al trono de Portugal (Leonora) podría considerarse como algo sujeto a la providencia divina, por lo que tal matrimonio no entraría dentro de la esfera de lo mundano.

Porque en el parlamento de Leonora a Manuel de Sosa, tratando de justificar su necesidad de renunciar al amor mundano en beneficio del amor celeste ("Jesucristo, Dios y hombre verdadero"[p. 204]), nosotros atisbamos la presencia de un manifiesto sentido irónico que aboga por todo lo contrario; es decir, por la causa -digamos- del "enamorado portugués", que es también la de Don Sebastián como paladín de la religión del espíritu (el gnosticismo-cristianismo primitivo) materializada en su militancia en la Orden de los caballeros de Cristo herederos de la Orden del Temple, los cuales consideraban simbólicamente a Portugal como el *finisterrae* y la puerta a ese reinstaurado templo de la Nueva Jerusalén.

Sea como fuere, la evidencia más visual de la validez de nuestra hipótesis centrada en la ironía de nuestro autor, la encontramos en la ceremonia de "casamiento de la monja Leonora con Dios"; donde, la descripción del ritual produce una sensación de fracaso o pérdida de lo que momentos antes se había descrito en toda su belleza y fuerza simbólica: "Calló, y al mismo tiempo la priora y las otras monjas comenzaron a desnudarla y a cortarle la preciosa madeja de sus cabellos"(p. 205). Es decir, la que antes "Subió" triunfante al "teatro" ahora "Calló"; la que se enseñoreaba vistiendo los símbolos representativos del "amor universal" -digamos- "a la portuguesa" (los del Temple: "vestida de raso blanco acuchillado") ahora es despojada de ellos; la que antes lucía "los cabellos sueltos por las espaldas, tan rubios, que deslumbraban los del sol y, tan luengos, que casi besaban la tierra" (p. 203), ahora son cortados sin remisión. Y nosotros nos preguntamos a la luz de cómo se está desarrollando este episodio: ¿no estará utilizando Cervantes el ceremonial de la profesión perpetua de la nueva monja de manera irónica, en el sentido de significar lo contrario, pues más bien parece la ejecución sumarísima de una condena que una celebración?

El final de la historia de Manuel de Sosa se resuelve con el relato de la despedida de la pareja, donde nosotros percibimos cierto vuelo metafísico en la partida del caballero portugués. Empezando por el ceremonioso contacto entre ambos ex-prometidos, que se describe como si fuera un ritual de transferencia simbólico-gnóstica: "hincándome otra vez de rodillas ante ella, casi por fuerza le besé la mano; y ella, cristianamente compasiva, me echó los brazos al cuello" (p. 205); donde no falta la preceptiva alusión final al "descabezamiento trascendente"[216] ("me echó los brazos al cuello"). El contraste entre el alma resignada o vencida de Leonora y la victoria espiritual (que se certificará con su muerte) de Manuel de Sosa podría evidenciarse en las expresiones que aluden a la actitud de cada cual: "Calló" y "Alcéme", respectivamente; que, en tal caso, constituirían la manifestación de esa transferencia o transmutación metafísica: la parte de sí mismo que debe morir para que la otra pueda elevarse.

En cuanto a la frase latina que cierra, ¿a modo de denuncia?, la opinión de Manuel de Sosa sobre lo que acaba de representarse: "y alzando la voz de modo que todos me oyesen, dije: *Maria optimam partem elegit*"(p. 205), podría estar relacionada, como así indica Romero[217], con Lucas 10, 41-42[218]. La circunstancia, pues, de ser una cita bíblica y además estar escrita en latín (idioma oficial de la Iglesia católica), podría esconder una evidente intención de nuestro autor: aludir a la identidad del culpable de los destinos tanto del propio caballero portugués (la muerte inducida del rey Don Sebastián) como de su amada Leonora (la catolización del reino de Portugal por parte de su nuevo monarca Felipe II): ¿la teocracia católica? En tal caso, la frase latina podría esconder las razones que habría de tener Felipe II a la hora de "prescindir" de su sobrino al frente de Portugal: *María ha elegido lo que más le conviene*; es decir, que Portugal habría sacrificado a su rey para unirse a la teocracia católica liderada por el rey de España (¿un asesinato justificado en función de la "razón de Estado"?).

El hecho de que Manuel de Sosa, completamente desahuciado ante la ignominia y después de pronunciar su confesión más sincera, nos diga que "me bajé del teatro" (p. 205), ¿acaso no

---

[216] El tema simbólico del descabezamiento del héroe en la senda del Conocimiento, derivado del mito del nacimiento fabuloso de Atenea, tendrá un largo recorrido en esta obra de Cervantes, que será referido alegóricamente en diferentes ocasiones y en sus diversas manifestaciones diegéticas: cuchilladas, colgados, decapitados o simplemente abrazados "amorosamente" por el cuello.

[217] "Ya S-B recuerdan la clara cita: Lucas 10, 41-42" (n. 16, p. 205).

[218] "41 Más el Señor le contestó: 'Marta, Marta, tú te preocupas y te apuras por muchas cosas, 42 y sólo es necesaria una. **María ha escogido la parte mejor**, que no se le quitará."

querría decir con ello que se apea de este mundo-teatro engañoso para regresar "acompañado de mis amigos" a otro donde habría de resplandecer la verdad y que él considera como "mi casa"?:

Y, dando un gran suspiro, se le salió el alma y dio consigo en el suelo (p. 205).

Leonora no tardará en seguir a su enamorado portugués. De lo cual nos enteraremos en el libro III, cuando los "peregrinos", tras visitar la tumba de Manuel de Sosa en Lisboa y leer su epitafio, preguntan por la suerte de la monja al "hombre portugués" que se ofreció de guía: "el cual la respondió que, dentro de pocos días que la supo [la muerte del caballero portugués], pasó desta a mejor vida, o ya por la estrecheza de la que hacía siempre, o ya por el sentimiento del no pensado suceso"(p. 437).

Las interpretaciones de la muerte de Leonora son tan diversas como las del propio episodio que la contiene. La astuta ambigüedad desplegada por Cervantes en este episodio ha conseguido revolver a la crítica, que busca desesperadamente su particular grial retórico en la forma de hacer coherente un discurso que no se adapta a la forma de la "Copa fabulosa".[219]

Nosotros, que no descartamos la viabilidad de esas conjeturas extraídas al nivel de la literalidad del texto, creemos, sin embargo, que nuestro escritor pensaba en la muerte de la protagonista del episodio del "enamorado portugués" con un fin más ambicioso; que, además, debería abordarse desde una doble perspectiva: histórica, como una especie de hurto de la Corona portuguesa a manos de la castellana; y espiritual, como la pérdida de la posibilidad del hombre de conseguir la salvación de su alma en esas tierras lusitanas del "fin del mundo", a raíz de la entrada de la teocracia imperialista de la mano de Felipe II.

Con esta historia del "portugués enamorado" Cervantes cierra un ciclo de tres aventuras realizadas por tres personajes diferentes. Tres místicos-iniciados que, en el lenguaje propio de la espiritualidad de la época (la alegoría), relatan al lector en primera persona los avatares de una triple aventura en la frontera de la verosimilitud. Tres "peregrinos", un español, un italiano y un portugués, que caminan por el mundo en pos del tesoro más preciado: la liberación de su alma, personificada en el texto en la dama idealizada de la literatura caballeresca y/o del "amor cortés".

En definitiva, de Santiago de Compostela (Antonio el bárbaro), pasando por Roma (Rutilio), hasta Jerusalén (Manuel de Sosa). Este podría ser el mensaje final que unificaría a esta trilogía -llamémosla- "de la liberación del alma" que abre la obra póstuma de Cervantes.

1. 10. Un nuevo comienzo desde Golandia tras el final de la era de Tauro

El peregrino-lector, que avanza con los personajes creados por Cervantes a través de este primer libro que da entrada a su *Persiles*, experimenta una suerte de ejercicio de interiorización al tratar de comprender el complejo universo de vivencias y casos en los que lo mejor y lo peor de nuestra condición humana parece cobrar vida y actuar, a través de determinados personajes, de manera completamente independiente. Esa necesaria profundización, como si fuera un instinto genético que nos impulsa a adentrarnos en ese laberinto del ser y del leer, implica también un viaje en el tiempo y en el espacio. Decididos a navegar por esas aguas, y, para no perdernos en esa travesía que se revela como universal, creemos que Cervantes no se ha olvidado de dejarnos algunas luminosas balizas espacio-temporales, pues el riesgo de extraviarse en el laberinto de una lectura literal es alto; tanto, como la posibilidad de que su libro deje de ser finalmente entendido.

Y lo que sigue a continuación, hasta casi acabar el libro I, es precisamente eso: el conocimiento de los ciclos universales como constatación, a medida que nuestra lectura-camino avanza hacia el final-centro de la obra, del paso del tiempo y de nuestra propia insignificancia en relación al universo que nos rodea.

---

[219]   Así, por ejemplo, la opinión de Armstrong-Roche, que se inspira en la cita literal de los motivos que le llevaron al fatal desenlace: " La formulación equívoca (¿se debe la muerte a la vida conventual o al remordimiento de Leonor?) permite matar dos pájaros de un solo tiro retórico. Se presta a leer como denuncia implícita de los peligros de la vida monástica y a la vez como un brochazo radicalmente humanizador de Leonor, recordándonos hasta qué punto se nos escapa la interioridad de la doncella en la narración de Sosa." Armstrong-Roche, 2011, p. 21.

Decíamos en el capítulo dedicado a Taurisa, que este personaje no cumplía una función diegética al mismo nivel que otros personajes que intervenían en los episodios, sino que su presencia era poco menos que testimonial. Y que, en ese sentido, Taurisa asumiría una especie de función deíctica en relación al paso del tiempo: la era de Tauro, tras la era de Géminis-Sagitario (el arco/arquero). Su muerte, por tanto, sería el indicador de que su tiempo ha terminado y de que una nueva era comienza en la tierra.

Y ese nuevo comienzo lo sitúa Cervantes en un escenario muy sugerente: la isla de Golandia. Pero Taurisa no habrá de morir todavía, aunque nos consta, según lo afirmado en el capítulo 17, que se encuentra agonizando en un buque al que fue confiada por Arnaldo; es decir, nos hallamos en esa frontera entre el fin de una era (Tauro) y el principio de otra (Aries), y de la que se saldrá definitivamente en el capítulo 20, que es donde se relata la muerte de Taurisa. Una época, pues, de tránsito, que podría corresponderse con otro personaje femenino que toma el relevo en esa personificación de los Tiempos: TRANSI-la.

De nuevos tiempos, pues, se nos está hablando, y no de nuevas tierras en sentido exclusivamente literal. Y Transila, personificación de ese tránsito temporal entre eras, será la que lidere la voz del grupo en ese primer contacto con la isla de Golandia.

Un dato a tener en cuenta para la identificación de Golandia como un elemento de naturaleza temporal-universal, se refiere a la inverosímil descripción literal de la isla que hace uno de sus moradores tras ser preguntada por Transila que, como no podía ser de otro modo, le contesta en el lenguaje universal de los símbolos; es decir, "en lengua que ella entendió":

> que no ocupaba más de una casa que servía de mesón a la gente que llegaba a un puerto detrás de un peñón que señaló con la mano (p. 207).

Pues bien, quizás deberíamos recordar que la "casa astrológica" es una de las doce divisiones en las que se divide la eclíptica (los 12 signos del zodiaco). En este sentido, cuando el personaje que responde a Transila dice que "no ocupaba más de", en realidad está aludiendo a esa particularidad segmentaria propia de cada signo-era, que se corresponde con un arco celeste de 30° y que tarda en desplazarse por el horizonte 2.160 años (el tiempo que dura cada una de las doce eras según se vio). También, la palabra "mesón", que asume la función de hospedaje de "la gente que llegaba", debe considerarse desde una perspectiva simbólica; lo cual se reafirma cuando unas páginas más adelante se nos dice que: "Tomaron su consejo y fuéronse al mesón, y hallaron que era capaz de alojar a una flota"(p. 212). Se nos permitirá cierta licencia a la hora de modificar la frase añadiendo solo algunos signos de puntuación: *Tomaron su consejo y fuéronse al mesón, y hallaron: ¡qué era!, capaz de alojar a una flota*, donde la alusión a la nueva "era" queda patente, así como su función de servir de puerto seguro a esa incipiente civilización ("una flota") ¿proveniente del cercano Diluvio?

Comoquiera que un mesón cumple la función de espacio donde se reúne la gente para comer y beber, creemos que este sería el sentido que habría de aplicarse al término; aunque, convenientemente idealizado en el contexto alegórico como un espacio sagrado o templo en donde celebrar los ritos más antiguos: la eucaristía.

Desde una lectura literal, vemos que Golandia podría identificarse también con una isla dentro de un marco geográfico, aunque sin determinar. Siendo esto así, encontramos verosímil la identificación que podría hacerse de Golandia con la Gotland de Suecia u otra isla de esa latitud norte, sobre todo en relación a la creencia que se tenía de que era la cuna de la estirpe goda, y así lo recoge Olaus Magnus en su *Historia de gentibus septentrionalibus* (n. 3, p. 207). Es decir, la Gotland de Olaus Magnus tendría una función similar a la que atribuye Cervantes a Golandia, pues, en ambos casos, serían el germen, como ahora analizaremos, de una civilización que extiende su cultura (¿superior?) a lugares de la tierra poco evolucionados.

Si el barco -según venimos interpretando- se considera el símbolo del tránsito celeste a través del tiempo, resulta que en el puerto de la isla de Golandia se correspondería con un lugar de remanso de ese viaje:

> Dieron gracias a Dios los de las barcas y siguieron por la mar a los que los guiaban por la tierra y, al volver del peñón que les habían señalado, vieron un abrigo que podía llamarse puerto y, en él, hasta diez o doce bajeles" (p. 208).

Lo cual no dejaría de ser una frase muy bien medida, pues, la circunstancia que se deriva de "volver del peñón", es la de aventurarse a predecir el futuro más allá del presente en el que venimos situando el relato (la era de Tauro). Y lo que se vislumbra cosmológicamente detrás de ese "peñón" es "un abrigo que podía llamarse puerto y, en él, hasta diez o doce bajeles"; es decir, a la constelación de Aries que hace la número diez de doce[220]después de la de Tauro. Por otro lado, dado que cada constelación celeste se corresponde con su período de tiempo o era en la tierra, encontraremos que dentro de la retórica de Cervantes empleada en el *Persiles*, que no escatima en recursos de todo tipo al servicio de la significación, el nombre que le ha dado al barco podría haber venido muy a cuento; pues, "bajeles"y *bajóles* son términos parónimos, en tal caso, si lo sustituimos en la frase: "hasta diez o doce *bajóles*", ¿no podría interpretarse como el acto simbólico de "bajar el cielo a la tierra", es decir, que en el momento en que se narra el relato (era de Tauro) todavía caben en el puerto (la tierra como lugar óptimo para el desarrollo de la civilización) tres eras más: Aries, Piscis y Acuario, hasta completar esas "diez o doce" que se citan?

Nerlich, que también relaciona el episodio narrado con los movimientos estelares, ofrece su propia versión en cuanto al simbolismo del "mesón":

> Yo pienso que es la audacia de su construcción cosmológica la que hace que la exégesis no haya visto que Cervantes, en el episodio de la isla de Golandia, ha erigido el "mesón" u "hospedaje" más inmenso imaginable (o justamente inimaginable): la casa del Señor, ecclesia cuyo techo es el firmamento, y la nave principal ("el mesón") con sus naves laterales, esos "bajeles" o "naves" que son entre 10 y 12, u 11 como los apóstoles, toda la tierra, o todo el universo.[221]

La circunstancia, pues, de hallar un único "mesón"-*ecclesia* en la isla que representa el comienzo de un nuevo "arranque civilizador", podría interpretarse como que lo más importante e imperecedero en esta aventura del género humano que se desprende del *Persiles* es que la religión siempre ha formado parte consustancial del hombre y, además, que siempre ha sido Una (*religare* = volver a unir).

En este orden de cosas, cabría preguntarse: ¿dónde queda aquí el catolicismo en medio de este planteamiento universalista? Si como bien dice Cervantes a través de su narrador, Golandia "era de católicos, pues estaba despoblada, por ser tan poca la gente que tenía" (p. 207), ¿acaso no podría interpretarse esta cita de forma irónica, en el sentido de que en aquellos tiempos remotos, la misma tierra que en época de Cervantes celebraba el triunfo del catolicismo, apenas contaba -digamos- con el germen de lo que luego será esa doctrina? Es decir, que nuestro autor podría estar tratando de expresar alegóricamente la verdadera realidad del catolicismo: es una religión relativamente reciente, por lo que no se entendería su estatus plenipotenciario o delegado de la divinidad.

En resumen, el mito que responde a la isla de Golandia se interpretaría en su papel de "lugar en el tiempo" y/o espacio sagrado en donde lo celeste y lo terreno se fusionan (una vez más), siguiendo los dictados emanados de ese antiguo "pacto" entre los hombres y los dioses, para anunciar el comienzo de una nueva era cosmológica.

1. 11. Y a Golandia llega el barco de Mauricio cargado de...

Pero la alegoría continúa a través de los sucesos que tienen como protagonista principal a la propia isla de Golandia. Porque, esa tierra primordial, según nos dice el narrador, apenas está poblada, y para que arranque una nueva era/civilización es necesario repoblar esa tierra con nuevas/viejas personas y sus no menos renovadas conciencias:

> Saltó en tierra, en hombros de Periandro y de los dos bárbaros, padre e hijo, la hermosa Auristela, vestida con el vestido y adorno con que fue Periandro fue vendido a los bárbaros por Arnaldo; salió con ella la gallarda Transila y la bella bárbara Constanza, con Ricla, su madre, y todos los demás de las barcas acompañaron este escuadrón gallardo (p. 208).

---

[220]   Dentro del esquema de la división del año platónico en doce eras.
[221]   Nerlich, 2005, pp. 175-176.

Y ese primer impulso civilizador viene, precisamente, de esa escuadra principal de siete personajes que, con ese rigor numeral parece que buscan el consenso de los astros (la Osa Menor, en cuanto a que en su interior se halla la Estrella Polar/Norte- Auristela) para validar, de algún modo, la preparación de una andadura que está regida por un destino superior o celeste.

Apenas han desembarcado los primeros siete (nos referimos al grupo de Periandro y Auristela), lo harán los segundos. Se trata del navío de Mauricio, cuya descripción nos informará alegóricamente de la naturaleza de aquello que llega a la isla:

> cuando estuvo junto, vieron que las hinchadas velas las atravesaban unas cruces rojas y conocieron que, en una bandera que traía en el peñol de la mayor gavia, venían pintadas las armas de Inglaterra (pp. 209-210).

Y esas velas hinchadas, que son las que empujan toda la estructura del navío, ¿no constituirán la alegoría de esa fuerza divina[222] que impulsa la voluntad civilizadora del hombre? No de otro modo, las velas llevan impresas el sello característico de los "paladines de la verdadera cristiandad", según vimos en la historia del portugués Sosa Coitiño: la Cruz del Temple. En este sentido, un velamen provisto de un sello tan característico debería impulsar un navío con un fin simbólico muy preciso: transmitir la herencia de la Antigüedad para que el hombre no olvide su compromiso con la divinidad (el pacto: *religare*) y pueda seguir evolucionando en la dirección correcta.

La información literal que se aporta acerca de la procedencia del navío, en relación a la bandera "que traía en el peñol de la mayor gavia", indica que se trata de un barco inglés. Ahora bien, dado que conocemos las armas del escudo de Inglaterra en época de Cervantes: tres leones de oro en campo carmesí,[223] el dato literal podría constituir un nuevo caso de "falso amigo" en la comprensión de la escena relatada; en el sentido de que si en apariencia se trata de un navío inglés, en su profundidad podría interpretarse en función de los símbolos que conforman esa bandera.

Y a esta deducción podría sumarse la demostración de fuerza de que hace gala el barco de Mauricio al llegar al puerto de Golandia: "Disparó, en llegando, dos piezas de gruesa artillería y luego hasta otra de veinte arcabuces" (p. 210); porque creemos atisbar, en esta marítima entrada triunfal, una alusión a la llegada del que fuera el protagonista de la gesta naval que tanto había marcado la vida de nuestro escritor: el héroe de Lepanto, don Juan de Austria.

Pensamos que en este contexto temporal podríamos enmarcar la llegada triunfal de ese barco que se acerca a Golandia. Porque esa nave simbolizaría la llegada de un exultante don Juan de Austria a gobernar los Países Bajos (1576) (¿Golandia?), precedido de su fama tras la gran victoria en Lepanto (1571). Y es, precisamente, "su impronta de Lepanto" (su fama) lo que arriba a las fabulosas costas del *Persiles*. En tal caso, los tres leones de la bandera de Inglaterra no señalarían al reino terrenal expresado de manera tan evidente, sino al propio don Juan de Austria, de manera simbólica, como al más perfecto heredero del trono de David: el león (triple) de la tribu de Judá.[224] Porque el león fue también el símbolo de la casa de Habsburgo, de la que él también era heredero (aunque hijo bastardo de Carlos V), en sus comienzos como condado en el siglo XI.

Trataremos de argumentar nuestras hipótesis a medida que el episodio vaya avanzando. Pero antes de comenzar el análisis de los personajes que intervienen nos fijaremos en un pequeño detalle que, disimulado en el discurso, podría aportar alguna luz al esclarecimiento de lo que acabamos de proponer. Porque Cervantes, que siempre deja pistas que revelan sus verdaderas intenciones, podría haber utilizado un pueril juego de palabras para referirse a la nacionalidad de la persona que comandaba la flota católica en la más famosa batalla naval contra los turcos: "y conocieron que, en una bandera que traía en el peñol de la mayor gavia" (pp. 209-210); donde, "la mayor gavia" aludiría al mayor de los tres contingentes que componía la flota de la

---

[222] Recordemos que el aire ("viento largo") es uno de los cuatro elementos primordiales que conformaban la alegoría de la nave en el soneto del "portugués enamorado".

[223] A partir de 1198, con en el rey Ricardo Corazón de León, que además participó en la tercera cruzada.

[224] Repárese en la imagen insólita en la que aparece don Juan de Austria retratado junto a un león en un cuadro pintado por Sánchez Coello en el monasterio de El Escorial.

Liga Santa (España, Estados Pontificios y la república de Venecia), que, como se sabe, estaba liderada por "una bandera que traía en el-peñol > ¿el español Don Juan de Austria, simbolizado en los tres leones que representaban el triunfo de la Liga Santa en Lepanto?

Una vez hemos contextualizado el episodio dentro del ámbito que rodea a la vida de don Juan de Austria, proclamado paladín de la cristiandad gracias a su victoria de Lepanto, veamos ahora qué es lo que transporta ese bajel en su interior, que nos lleva a considerarlo como el nuevo germen, junto el primer desembarco de la pareja protagonista, de esa renovada humanidad que parece querer asentarse en una nueva tierra de promisión:

> el primero que saltó, después de cuatro marineros que le adornaron con tapetes y asieron de los remos, fue un anciano varón, al parecer de edad de sesenta años [...]. Tras él bajó al esquife un gallardo brioso mancebo, de poco más edad de veinte y cuatro años [...]. Luego, como si los arrojaran, echaron de la nave al esquife un hombre lleno de cadenas y una mujer con él enredada y presa con las cadenas mismas: él, de hasta cuarenta años de edad y, ella, de más de cincuenta (p. 210).

Comenzaremos por analizar al mayor de todos ellos: Mauricio. Su edad avanzada para la época, sesenta años, es ya, en sí misma, reveladora del papel que asumirá en lo alegorizado: representante de las antiguas tradiciones que habrán de ser transmitidas a la siguiente generación o era. Y, comoquiera que Cervantes suele acompañar pictóricamente lo que no se aprecia en la literalidad, nos ofrece un imponente y sobrio retrato de Mauricio[225] de luto riguroso:

> vestido de una ropa de terciopelo negro que le llegaba a los pies, forrada en felpa negra y ceñida con una de las que llaman colonias de seda; en la cabeza un sombrero alto y puntiagudo, asimismo, al parecer, de felpa (p. 210).

Como puede apreciarse, toda la descripción que se nos ofrece del atuendo de este personaje se centra en dos aspectos fundamentales: el color negro de sus ropajes y la naturaleza de los tejidos. Es el caso de la felpa y el terciopelo que, a la sazón, están confeccionados a base de seda, y que nuestro autor vuelve a recalcar cuando dice que su ropa iba "ceñida con una de las que llaman colonia de seda."

Aunque, aparentemente no debería llamarnos la atención el hecho de que un personaje principal sea descrito con un ropaje acorde a su elevada condición, la circunstancia, casi obsesiva de nuestro autor, de utilizar los detalles de la indumentaria a modo de pistas que influyan decisivamente en la caracterización de determinados personajes, nos lleva a considerar este tipo de tejidos a base de seda (el terciopelo y la felpa) como un potencial indicador de lo alegorizado por Mauricio.[226]

Resulta muy revelador de lo que estamos proponiendo, la circunstancia de que sea el propio narrador quien se refiera a Mauricio con el sobrenombre de "el anciano de la felpa" (¿el anciano de la seda, en cuanto a que depositario de una sabiduría tradicional expresada en el ciclo biológico de estos insectos?); así como que la finalidad de su viaje no sea otra que la de encontrar a su hija Transila: "la TRANSI-ción hacia la nueva era".

Luego, Mauricio relatará su historia, donde destacamos, por la importancia de la referencia para el sentido cosmológico del episodio, el comienzo de la misma:

> En una isla, de siete que están circunvecinas a la de Hibernia, nací yo y tuvo principio mi linaje, tan antiguo, bien como aquel que es de los Mauricios, que, en decir este apellido, le encarezco todo lo que puedo (p. 212).

---

[225] Cuyo nombre de origen latino significa *moreno*.

[226] Se sugiere, pues, la posibilidad de que Cervantes tratara de asimilar al personaje con el ciclo biológico del gusano de seda, donde el color negro señalaría a la 5ª fase del ciclo de estos insectos; es decir, el estado de transición o metamorfosis en el interior del capullo de seda. Todo ello formaría parte del simbolismo que, tradicionalmente, se utiliza para referirse al proceso de renacimiento; lo cual, en el contexto que venimos sugiriendo, señalaría al personaje vestido con estos ropajes como una especie de símbolo de los nueva conciencia que se trataría de imponer en esa tierra simbólica de Golandia (los nuevos tiempos).

114

La crítica, en este punto, y debido a una referencia toponímica de alguna verosimilitud, ha decidido centrar sus esfuerzos en la búsqueda de una ubicación geográfica de esa isla de Hibernia[227] que se cita, obviando, en detrimento de la comprensión del significado del texto, el resto de los datos suministrados por el narrador.

Porque Irlandas, Escocias, Horcadas o Hébridas, todas estas islas nos parecen tan verosímiles en su referencia como innecesarias en su ubicación, pues, Cervantes, como venimos apuntando en la mayor parte de estos casos, no pensaba en un lugar en concreto, ni tampoco ello aportaría al texto una mayor significación a la que ya tiene por lo que simboliza. En este sentido, el relato literal o escenario geográfico insular, solo interesaría como decorado de la historia alegórica, que es la que realmente le preocupa construir a nuestro autor y sobre la que sí nos da unas "septentrionales" referencias de aquello que significa Hibernia.

Se nos disculpará, sin embargo, que no terciemos, de momento, sobre la isla en cuestión; pues, preferimos no aventurarnos en una identificación sobre la que aún no tenemos datos suficientes.

Nos quedaremos, eso sí, con la idea de que el lugar de procedencia de Mauricio (personificación, según vimos, de ese saber ancestral o Tradición) se sitúa en "una de esas siete islas que están circunvaladas"; en relación a una ubicación estelar o cosmológica que se correspondería con un grupo de siete eras o signos. Pero aún podríamos precisarlo más, pues, observamos que el propio nombre "Mauricio" resultaría ser un anagrama de la última de esas siete islas o eras: Acuario. MAURICIO > MI-aCUARIO > ¿mi casa astrológica?).

En tal caso, comoquiera que el propio personaje-narrador nos informa de que en ese espacio-tiempo ("isla" cosmológica) "nací yo y tuvo principio mi linaje", podríamos suponer que se está refiriendo a un comienzo temporal dentro de un ciclo de siete períodos o eras ("una de esas siete islas"), donde ACUARIO sería la primera. Y, por si hubiese alguna duda sobre el anagrama practicado sobre el nombre, Cervantes se encarga de disiparla asegurando que ese linaje es "tan antiguo, bien como aquel que es de los Mauricios, que, en decir este apellido, le encarezco todo lo que puedo" (p. 213). Y bien que habrá de encarecerlo, pues al juego retórico practicado le sumará otro todavía de mayor complejidad, según veremos más adelante.

En cuanto a la era que marca la constelación de Acuario, diremos que, en esa tradición antigua se suele referir a las eras mediante dos signos: el correspondiente y su opuesto equinoccial (distribuidos los doce signos ordenadamente alrededor de un círculo como si fuera un reloj); cualquiera de los dos signos puede representar ese período cosmológico sobre la tierra - como ya se vio cuando hablábamos de la precesión terrestre y el "reloj cósmico" en capítulos anteriores -, por ello, en el caso que nos ocupa, Cervantes ha utilizado el opuesto (Acuario) a la verdadera constelación que asomaría por el punto vernal[228] del horizonte terrestre: Leo. Lo cual se confirma, pues, realmente, son siete las eras que, empezando en Leo terminan en Acuario: Leo-Cáncer-Géminis-Tauro-Aries-Piscis-Acuario. Siendo esto así, podríamos interpretar el mensaje oculto de Cervantes como una noticia altamente sensible para su época, pues contraviene la datación oficial que la Iglesia tenía de la Historia del hombre en la tierra, además de otros datos que se derivan de este antiguo conocimiento.

Como vemos, la intención de Cervantes a través del nombre y circunstancias de este personaje, podría ser la de informarnos acerca de la existencia de un conocimiento tradicional tan antiguo como la civilización. Y esa Tradición, como un compendio del saber atesorado por la Humanidad en el curso de los tiempos, nos es presentado por Cervantes como uno de los instrumentos necesarios para la correcta "puesta en marcha" de un nuevo periodo evolutivo o era.

En cuanto a la declarada filiación de Mauricio como "cristiano católico", nos sumamos al juicio de Nerlich sobre este particular:

---

[227] Romero tercia en el asunto asumiendo la dificultad que plantea la identificación geográfica de *Hibernia*. No obstante, alude a que la *Irlanda* que se cita en el texto podría corresponderse con Hibernia, y que, el hecho de que en algún momento de la diégesis se las considere como islas diferentes podría ser debido a un error de Cervantes: "Ni será la última vez que ello ocurra en el *Persiles*. ¿Por descuido o -peor- por ignorancia?"(n.7, p. 213).

[228] En astronomía se denomina punto vernal o punto Aries al punto de la eclíptica a partir del cual el Sol pasa del hemisferio sur celeste al hemisferio norte, lo que ocurre en el equinoccio de primavera. Debido a la precesión de los equinoccios, este punto retrocede 50,290966" al año, lo que origina que el punto Aries señale cada 30º(2.160 años) a una nueva constelación hasta completar el ciclo completo o año platónico de 360º con las 12 constelaciones .

> Hablando claro: el catolicismo declarado de Mauricio sirve justamente para relativizar la importancia de pertenecer a una institución cristiana y para subrayar que el verdadero cristianismo no reside en tal pertenencia, sino en la ética.[229]

Porque el cristianismo de Mauricio es, fundamentalmente, al igual que el antiguo linaje al que él mismo pertenece, la referencia a la primitiva espiritualidad: la profunda (la ética en palabras de Nerlich), aquella que conforma a todas las religiones que han sido y que serán, y que nosotros relacionamos con el cristianismo primitivo o gnóstico (*religare*).

Pero sigamos analizando la carga de ese "barco cosmológico", que TRANSIta esos espacios intermedios (desde Golandia) antes de dar el relevo a la verdadera singladura que se corresponde con la era que va a comenzar.

Porque, si lo primero en bajar de ese navío "civilizador" ha sido la Tradición (Mauricio), lo segundo será quien haya de ostentar el poder temporal: Ladislao:

> un gallardo y brioso mancebo, de poco más edad de veinte y cuatro años, vestido a lo marinero, de terciopelo negro, una espada dorada en las manos y una daga en la cinta (p. 211).

Y en esta ocasión tampoco Cervantes habría de escoger un nombre al azar, pues, Ladislao, nombre de origen húngaro que significa "el que gobierna con gloria", podría interpretarse, dentro del contexto aludido, como el príncipe que gobierna siguiendo las directrices de lo representado por su acompañante y suegro Mauricio. Porque este nuevo personaje se nos presenta como el esposo de Transila, cuyo matrimonio no pudo consumarse por evitar la bárbara costumbre de su país (Inglaterra) de reservar la primera noche para la familia más allegada del novio (el antiguo derecho de pernada). La lógica huida de la joven esposa motiva el viaje de los dos parientes, que también abandonan esa isla depravada tras los pasos de Transila.

El drama literal está servido y el auditorio lector complacido por el alcance trágico del relato. Sin duda, el argumento se justifica por sí mismo y nadie esperaría otra cosa más de él. Sin embargo, intuimos la presencia de una lectura paralela y complementaria de la más evidente ¿A qué nos estamos refiriendo?

Para empezar, el atuendo de Ladislao "a lo marinero" está tejido con "terciopelo negro", como en el caso de Mauricio y en relación a su elevada alcurnia. Pero no solo -digamos- "el hábito hace al monje", sino que el narrador nos detalla también la personalidad del yerno de Mauricio: "gallardo y brioso mancebo", que son las cualidades prototípicas del "héroe" de todos los tiempos. Incluso, por su condición de "mancebo", que no tenía más de veinticuatro años, podríamos compararlo con ese otro héroe que, al comienzo del *Persiles*, asomaba por la "boca de una profunda mazmorra": el mancebo Periandro.

Recapitulando la información suministrada por el narrador sobre el personaje de Ladislao, sabemos que:

1. Se trata de un personaje principal. Seguramente un noble. Aunque no se descarta la habitual perspectiva poliédrica en relación a diferentes identidades.

2. El color negro de su atuendo está en consonancia con el de su acompañante Mauricio, con lo que compartiría con él una misma ideología (en función de la costumbre cervantina de expresar lo profundo o interno a través del simbolismo de lo externo: los ropajes).

3. Su tipología heroica (parecido con Periandro, vestido de marinero como los héroes de la tradición mitológica) unida a su naturaleza aristocrática, apuntaría a un personaje relevante (príncipe o rey) dentro de este contexto histórico.

4. Su edad nos muestra a un joven que todavía no es dueño de una personalidad completamente formada, con lo que se trataría, a su vez, de un príncipe inexperto y ambicioso.

5. Su nombre, Ladislao, nos señala a la figura de un gobernante muy principal: "el que gobierna con gloria". Además, dado el origen de su nombre, la relación podría establecerse con Hungría: reino donde fue implantada la reforma protestante de Lutero.

6. Se nos presenta en un momento dramático de su vida: cuando debe huir de su patria en busca de su amada esposa, la cual, acosada por una sociedad bárbara que no respeta ni el

---

229   Nerlich, 2005, 171.

sagrado sacramento del matrimonio impidiendo su unión PURA con su esposo, huye en busca de una Humanidad tolerante, sabia y consecuente: la civilización.

En conclusión, creemos que el personaje de Ladislao simbolizaría la imagen idealizada del "príncipe cristiano pro-reformista"[230], y, en tal caso, Cervantes solo podría pensar en un príncipe a la hora de perfilar, al menos, la cara más visible del personaje aludido: Don Juan de Austria, hermano bastardo del rey Felipe II.

Si hacemos un balance de los puntos que hemos señalado como formantes de la personalidad de Ladislao, hallaremos un acusado paralelismo con el personaje histórico que tanto pudo significar para Cervantes, en cuanto a que fue su comandante en el episodio que más marcó física, social y psicológicamente la vida de nuestro autor: la batalla de Lepanto.

Don Juan de Austria, "de poco más edad de veinte y cuatro años" (tenía veintiséis), logró la gran victoria sobre la flota turca en 1571. Es de suponer, que un éxito semejante sobre el "infiel", cuestionase en buena medida la imagen de un Felipe II deseoso de ese triunfo para sí. Además, el hijo bastardo de Carlos V necesitaba legitimar su linaje para poder satisfacer sus ambiciones como hijo del "César" ¿Y, qué mejor que tratar de conseguir la mano de una reina de las Islas Británicas, una reina perseguida y acosada como así parece mostrarlo con su actitud nuestra Transila del *Persiles*, o sea, María Estuardo reina de Escocia?

Y, en este sentido, creemos que debería interpretarse la aparición de Ladislao acompañado de Mauricio, los dos vestidos de negro. Porque, si estos dos personajes cervantinos vienen huyendo de la barbarie de Inglaterra y en busca de la civilización simbolizada en la hija-esposa de ambos (Transila), no resultaría muy arriesgado ver en ello las intenciones de la política de Felipe II; el cual, temeroso no solo de perder su liderazgo moral como adalid del catolicismo en Occidente, sino también su derecho a la sucesión al trono en la persona de su hijo, decidiera para su hermanastro un destino lo suficientemente aciago como para apagar la luz que amenazaba con eclipsarlo: don Juan morirá en 1578 en el cumplimiento de su misión en el gobierno de los Países Bajos.

Como vemos, Cervantes vuelve a utilizar su alegoría en varios planos temporales, pues de las referencias a un pasado remoto (el cambio de era) regresa a su presente para referirnos unas circunstancias que tienen su fundamento en ese pasado que se percibe como cíclico o sujeto a unos ritmos universales.

Y, en relación a ese lenguaje simbólico que utiliza nuestro autor para burlar la literalidad, debemos situar la manifiesta afición de Cervantes por la Cábala en sus múltiples variedades de juegos retóricos,[231] que, aplicada ahora sobre el nombre del personaje de Mauricio, nos revela un nuevo anagrama que lo relacionaría con el nombre de Martín Lutero y de Erasmo[232]. La relación se manifiesta aquí a un nivel de estructura fonológica: vocales y consonantes, que, además, se corresponde directamente con cada uno de los personajes mencionados. Doble, pues, se revela esta asimilación, en el sentido de que la doctrina protestante llega a la época de Cervantes de la mano de dos fuentes diferentes pero a su vez complementarias. Por un lado, la de Erasmo, considerada de mayor peso filosófico-conceptual, y que estaría representada por las consonantes (que son fonemas más complejos que las vocales, en relación al pensamiento más elaborado del personaje que lo representa) que integran el nombre de Mauricio: E**R**A**S** **M**O / **MU**R**IC**IO. En relación a la falta de correspondencia entre los fonemas /S/ (Era**s**mo) y /C/ (Mauri**c**io), podríamos aplicar cierta licencia en cuanto al fenómeno de asimilación fónica [s], [c] que viene caracterizando a ambos sonidos.

En el caso de Martín Lutero, señalaremos que ahora son las vocales las que completarán el nombre de Mauricio. Solo un fonema, en esta ocasión, parece que no cuadra en este esquema,

---

[230]   Quizás en referencia a la obra que el propio Erasmo de Rotterdan compuso en 1516 para la enseñanza del príncipe Carlos (futuro emperador Carlos V), del cual fue su preceptor: *Institutio principis christiani*.

[231]   Incluso en las *Etiópicas* de Heliodoro podemos hallar un ejemplo muy evidente de la utilización de este antiguo recurso cabalístico aplicado a los procesos nominativos: "Por lo demás, el Nilo no es otra cosa que el año, como su nombre lo prueba, porque las diferentes combinaciones de letras que la componen, tomadas con su valor numeral forman el total de trescientas sesenta y cinco unidades, número igual al de los días del año". Heliodoro, *Etiópicas*, p. 333.

[232]   Ambos personajes son considerados como los ideólogos de la Reforma. Aunque, si bien, Erasmo gozaba de una mayor influencia, elocuencia y habilidad como escritor; Lutero fue quien lideró el movimiento religioso en contra de la corrupción, la ignorancia y la desviación del catolicismo romano. El mayor prestigio de aquel era tal que la gente decía: "Erasmo puso el huevo y Lutero lo empolló".

pues sobraría una /i/ en la palabra Mauricio; aunque también podría convalidarse por una /e/, en razón de la regla gramatical que contempla el cambio del fonema /y/ (sonido [i]) por /e/ cuando tras la conjunción copulativa la siguiente palabra comienza por /i/ (por ello, nos atrevemos a señalar esta licencia en razón de las dos "ies" seguidas en MAURICIO = A-U-I-i/E-O). En tal caso, las vocales serían equivalentes en ambos nombres: **MARTÍN LUTERO / MAURE(i)CIO**.

Pero además de fundirse en el nombre de un personaje de la ficción, la figura de Lutero, junto con la de Erasmo, se deja entrever en otras actuaciones que caracterizan al personaje de Mauricio a lo largo de su intervención en el relato, como en el caso del celo que muestra a la hora de confesar que es "cristiano católico"; pues, así es como él mismo se definía y nunca renegó de ello: monje católico agustino.

Otro paralelismo lo hallamos en la pregunta que la propia Transila hace a su padre por motivo de su llegada a la isla de Golandia: "¿Quién trae a vuestras venerables canas y a vuestros cansados años por tierras tan apartadas de la vuestra?" (p. 211) , y que responderá Ladislao. En tal caso, resulta evidente que la pregunta señala a dos entidades diferentes que, como la historia nos señala al ser ambos coetáneos, se correspondería con las identidades de Erasmo y Lutero. En este sentido, puesto que el que trae/acompaña al anciano es el propio yerno, podríamos extraer la lógica conclusión de que Ladislao porta la sabiduría-conocimiento (la referencia a las canas y a las años de Mauricio es un tópico de la sabiduría) a esos nuevos tiempos o incluso tierras por "civilizar" ("tierras apartadas de la vuestra": ¿Los Países Bajos, en relación a don Juan de Austria?). Y la respuesta del esposo de Transila no hace sino corroborar las expectativas que ha generado la pregunta:

> Él y yo, dulcísima señora y esposa mía, venimos buscando el norte que nos ha de guiar adonde hallemos el puerto de nuestro descanso; pero, pues ya (gracias sean dadas a los cielos) le habemos hallado, haz, señora, que vuelva en sí tu padre Mauricio y consiente que de su alegría reciba yo parte, recibiéndole a él como a padre y a mí como a tu legítimo esposo (p. 212).

Lo primero que deja en claro su respuesta es la gran afinidad entre los dos personajes ("Él y yo"), que se materializa en los fines que ambos persiguen: "venimos buscando el norte", es decir, el ideal de la civilización. Pero esta misma interpretación a escala universal podría circunscribirse a un ámbito temporal más estrecho. Nos referimos al contexto histórico de la arribada de don Juan de Austria como gobernador de los Países Bajos, donde el hijo bastardo de Carlos V trataría de fundar en esas tierras del norte de Europa ¿una nueva Jerusalén? con arreglo a los preceptos del antiguo pacto con la divinidad; pero para ello primero necesita resucitar o reimplantar las ideas que habrán de guiar ese cambio: "haz, señora, que vuelva en sí tu padre Mauricio y consiente que de su alegría reciba yo parte, recibiéndole a él como a padre y a mí como a tu legítimo esposo".

Transila, pues, es un personaje importante en la simbolización de una historia que TRANSIta entre estos capítulos y el final del libro I: a caballo entre dos tiempos, un pasado remoto (donde, siguiendo su papel transitorio, asistirá como notario al final de la era cosmológica de Tauro y comienzos de la siguiente, Aries) y un presente próximo a la vida de nuestro escritor. Ya en el libro segundo, apenas interviene hasta que desaparece finalmente de la escena al final del capítulo veintiuno ("Es, pues, el caso que aquel mismo día se concertó que Renato y Eusebia se volviesen a Francia, llevando en su navío a Arnaldo, para dejalle en su reino; el cual quiso llevar consigo a Mauricio y a Transila" [p. 424]), dando lugar al desarrollo de la última era cosmológica que sirve de escenario a los libros tercero y cuarto del *Persiles*: el reinado de *Septentrio*[233] en la era de Piscis.

Y, por si no hubiese quedado claro el papel que desempeña en la alegoresis, solo tenemos que repetir lo que la propia Transila dice de sí misma durante su travesía hacia Golandia:

---

[233] Nos referimos al momento cosmológico en el que la Estrella Polar o *Septentrio* empieza a ocupar el lugar más próximo al norte geográfico: el centro de los centros (año 1.000 aprox. d. C.).

Lo que sé decir es que me trataron los cosarios con mejor término que mis ciudadanos, y me dijeron que no fuese melancólica, porque no me llevaban para ser esclava, sino para esperar ser reina y aun señora de todo el universo (p. 218).

Pero dejemos a Ladislao y sigamos con la carga de ese navío que, con leones por bandera y cruces en sus velas, ha llegado hasta Golandia portando "la semilla" de la nueva civilización.
Dice el narrador:

Luego, como si los arrojasen, echaron de la nave al esquife un hombre lleno de cadenas y una mujer con él enredada y presa con las cadenas mismas: él, de hasta cuarenta años de edad y, ella, de más de cincuenta; él brioso y despechado y, ella, melancólica y triste (p. 211).

La diferencia entre estos dos personajes y los que hemos analizado al principio es notoria. Para empezar, su condición de reos delata una naturaleza negativa, que se completa con la circunstancia de que son arrojados de la nave sin ningún escrúpulo. Es decir, en una primera aproximación, podríamos deducir que esta pareja simboliza el mal, en contraste con la de Mauricio y Ladislao que simbolizaría el bien. Sin embargo, y a pesar de ser considerados como deshechos o escoria de un mundo civilizado, Rosamunda y Clodio son tan necesarios como aquellos para la constitución de un nuevo orden (la civilización) y por ello han llegado también a Golandia.
Veamos qué dice Baena de esta pareja que, al menos en apariencia, encarna al mal:

Si Clodio es el Diablo, y Rosamunda es Mundo, ambos carnalmente juntos no son sino Carne, el tercer elemento de la trilogía de enemigos del alma. Clodio es "maledicente": es Satanás. Rosamunda disfraza su nombre de "rosa-inmunda" como Benengeli lo disfrazaba de "berenjena": Rosamunda es Mundo, concretamente Rosa-Mundo, vehículo del Anticristo (la rosa es símbolo de la cruz, cruz tras de la cual, como dice el refrán "está el diablo").[234]

La concepción del mal que personifica la pareja Rosamunda-Clodio es interpretada por Baena de manera teológica y, en cualquier caso, queda patente la naturaleza primordial (germen de toda civilización) de los conceptos que informan a estos dos personajes en la ficción.
Pero Rosamunda es un personaje, además de poliédrico -como la mayoría de los que tienen cierta relevancia en el *Persiles*- muy evocador y literario.
Detectamos, en principio, la presencia de una Rosamunda histórica que directamente podría deducirse de la simple lectura de la presentación que el propio Clodio hace de ella:

Sabed, señores - mirando a todos los circunstantes, prosiguió -, que esta mujer que aquí veis, atada como loca y libre como atrevida, es aquella famosa Rosamunda, dama que ha sido concubina y amiga del rey de Inglaterra, de cuyas impúdicas costumbres hay largas historias y longísimas memorias entre todas las gentes del mundo (p. 222).

Pues, a poco que se indague, encontraremos el nombre de Rosamunda Clifford como la favorita de Enrique II de Inglaterra, la cual, no solo sembró la discordia en ese reino enfrentando a los hijos contra su padre, sino la deshonra de su esposa legítima, Leonor de Aquitania. Esta historia real constituye un paradigma de cómo las pasiones pueden arruinar un reino. Si, además, los personajes son "ingleses" como aparentan ser los del *Persiles*, no se descarta que exista una relación con el episodio que nos ocupa.
Derivado de esta historia real, Rosamunda pasó a convertirse en heroína romántica celebrada por numerosos escritores[235], no solo en Inglaterra sino en toda Europa y durante siglos. Y la leyenda se extendió gracias a baladas medievales como *Fair Rosamund*. Diferentes versiones de esa misma fábula cuentan que el rey adoraba a Rosamunda, y que como era tan celoso hizo construir un palacio en forma de laberinto en el que era muy difícil entrar (Woodstock), con multitud de corredores y espejos que dificultaban el acceso. Leonor, que sabía que su esposo ocultaba allí a su amante, se adentró con un grupo de soldados y tras sortear un recorrido

---

[234]   Baena, 1996, p. 151.

[235]   Por ejemplo, Antonio Gil y Zárate, en *Rosamunda*, drama en cuatro actos, 1839.

balizado dio con Rosamunda recostada sobre un lecho. Según una de esas versiones, la agarró por los cabellos y la traspasó con su espada. En esta leyenda puede apreciarse cómo la historia real reconvierte a Rosamunda en un ser perverso (encarnación de los vicios) a imagen del Minotauro, pues, también ella habita en el interior de un laberinto-palacio a la espera del héroe (encarnado en el espíritu del león: Leonor, la mujer legítima del rey) que haya de sacrificarla.

Y si la historia real de Rosamunda Cliffor, como la leyenda laberíntica que se deriva de ella, tiene cabida en esa "Rosa inmunda" versionada por Cervantes, otro tanto habrá de ocupar el simbolismo que se desprende del nombre. Pues, si practicamos un juego de analogías y anagramas veremos que la palabra "rosa" se escribe *rose* en la mayor parte de idiomas europeos (francés, inglés y alemán) y, en tal caso, podríamos conformar con ella el anagrama EROS, dios del amor carnal o sexual. Es decir, en este contexto simbólico que hemos aplicado, Rosamunda, la impúdica mujer que sustituye en la leyenda inglesa al Minotauro cretense, sería la encarnación del triunfo de las pasiones sobre el espíritu. Dice Clodio de ella:

> - ¡Oh Rosamunda o, por mejor decir, Rosa inmunda, porque munda, ni lo fuiste, ni lo eres, ni lo serás en tu vida, si vivieses más años que los mismos tiempos! (p. 222).

En tal caso, Clodio no parece que se esté refiriendo a un personaje humano, dada las referencias universales (mundo, tiempos, etc.) que utiliza para caracterizar a Rosamunda; aunque, en este contexto diegético, no descartamos la posibilidad de que podría tratarse de una hipérbole con un fin meramente esteticista. Sea como fuere, ambos sentidos, el simbólico (el amor carnal) y el estiticista (hipérbole), tienen cabida en la interpretación del discurso: el primero en el plano profundo y el segundo en el literal. Pero el que a nosotros nos interesa es el primero de ellos.

Antes de plantear nuestra siguiente hipótesis, deberemos volver a practicar un nuevo ejercicio cabalístico o anagrama sobre la palabra "rosa". En este caso, partiremos de la idea de que la rosa es el símbolo universal del amor.

Y ese anagrama de cuatro pétalos o fonemas no es otro que la expresión del simbolismo de la rosa: AMOR, pero a la inversa: ROMA. En este contexto cabalístico, propio del pensamiento humanista y de la estética renacentista-neoplatónica, ¿acaso esta inversión literal no sería un reflejo de la que debería practicarse en el sentido profundo de ese mismo concepto? Siguiendo esta preceptiva especular, Roma habría que considerarla como lo contrario de *amor*; es decir, un anti-amor: Rosamunda > Rosa inmunda > Rosa invertida > AMOR al revés > ROMA.

¿Y, a dónde queremos ir a parar con esta nueva deducción? Fundamentalmente, a la identificación completa del sentido que se oculta tras el personaje de Rosamunda o "Rosa inmunda" -como dice Clodio-. Porque, si la "rosa" simboliza al amor e "inmunda" hace referencia a la perversión del mundo (las pasiones de la carne), ¿qué nos queda? Sin ánimo de escandalizar, solo encontramos una interpretación posible: Roma la ramera o, dicho de manera bíblica, la Prostituta de Babilonia.[236]

Y ese es el sentido que, en nuestra opinión, deberemos aplicar a un personaje cuya intervención en el relato podría resumirse de este modo: desechada de Inglaterra por su propio rey-amante es arrojada a la isla de Golandia, donde, siguiendo su instinto natural, intentará seducir con sus ya apagados encantos a esa nueva generación de hombres nobles y valerosos (el joven Antonio el hijo); aunque, fracasado en su intento, morirá de inanición en una cámara escondida en el interior de un navío.

La fábula que Cervantes ha construido alrededor del personaje de Rosamunda se aviene a la perfección al contexto socio-religioso que constituye, según venimos señalando, uno de los ejes argumentales de la novela-epopeya y reflejo en la realidad de esa gran línea divisoria de la Historia, no solo de Inglaterra sino de toda Europa: la Reforma Protestante.

Porque sobre 1540, cuando Lutero contaba con esos casi sesenta años (¿como Mauricio: "al parecer de edad de sesenta años"?), Enrique VIII de Inglaterra no solo andaba enfrascado en plena polémica protestante, sino que promulgó varias actas de separación con la Iglesia de Roma, así como su designación como cabeza suprema de la Iglesia de Inglaterra, que rubricó definitivamente Eduardo VI en 1553 con la ruptura con el catolicismo (el cisma de Inglaterra).

---

[236] En el Apocalipsis de San Juan (17,18) encontramos un evidente paralelismo entre la Prostituta de Babilonia y el personaje de Rosamunda del *Persiles*.

Pero esta fractura con Roma no debe atribuirse completamente al reinado de aquel afamado monarca, sino que fue una labor de casi tres siglos comenzada por Enrique II, el rey, según señalamos más arriba, que inaugura en la literatura el mito de Rosamunda a través de su adulterio con Rosamunda Clifford. Clodio podría estar aludiendo a las causas que motivaron aquel cisma cuando, "mirando a todos los circunstantes"(p.222), comenzó a relatar las fechorías de su compañera de encadenamiento:

> Ésta mandó al rey y, por añadidura, a todo el reino; puso leyes, quitó leyes; levantó caídos viciosos y derribó levantados virtuosos; cumplió sus gustos, tan torpe como públicamente, en menoscabo de la autoridad del rey y en muestra de sus torpes apetitos, que fueron tantas las muestras, y tan torpes y tantos los atrevimientos, que, rompiendo los lazos de diamantes y las redes de bronce con que tenía ligado el corazón del rey, le movieron a apartarla de sí y a menospreciarla en el mismo grado que la había tenido en precio (p. 223).

El papel del personaje de Rosamunda podría asimilarse, pues, a la personificación de un catolicismo que usó y abusó del verdadero cristianismo en beneficio de oscuros intereses diametralmente separados de los postulados de aquellos primeros cristianos. Cualquier manual de Historia nos podría señalar los paralelismos entre la fábula cervantina que aquí se propone y los hechos históricos que tuvieron lugar, con motivo del cisma de Inglaterra, entre 1540-1553.

La referencia, pues, al cisma en concreto podría deducirse de una de las frases de la cita anterior: "rompiendo los lazos de diamantes y las redes de bronce con que tenía ligado el corazón [¿de León?] del rey". Donde, en nuestra opinión, se estaría representando una ruptura religiosa a dos niveles: una luterana o reformista ("lazos de diamantes") y otra católica-romana ("redes de bronce").

En el primer caso, la metáfora "lazos de diamantes" haría referencia a una red tejida a base de elementos sutiles ("lazos") de gran valor ("diamantes"). En este sentido, y dado que nos hallamos dentro de un contexto religioso (el cisma), la citada "red", propia para atrapar a los peces[237] en su interior, podría asimilarse con el luteranismo; cuya "trampa" (la red a base de lazos) para coger las almas de los fieles, es decir, su doctrina, estaría más próxima a ese ideal preconizado por la verdadera religión (*religare*), de ahí que sea descrita de ese modo preciosista. Como se sabe, la doctrina de Lutero no llegó a implantarse en Inglaterra a pesar del carácter protestante de las reformas del monarca inglés y de su ruptura con el clero romano[238].

En el segundo caso, "las redes de bronce" constituye una expresión tosca y simple, a diferencia de la sutilidad y belleza de la anterior, que sugiere una idea menos elevada de aquello que se quiere representar. En tal caso, la "trampa" simbolizada ahora por esa red de sólido metal de bronce se revela como poco evolucionada, demasiado dura y de dudosa efectividad (el bronce es una baja imitación del oro); es decir, una descripción del catolicismo en época de Cervantes, que, en su tarea de procurarse las almas de los fieles (el concepto de red), no dudaría de emplear los medios más contundentes y efectivos.

En conclusión, queda patente, a través de la exégesis que hemos practicado sobre esa doble ruptura simbólica, la posibilidad de que Cervantes incluyera en su obra datos de gran relevancia histórica que, incluso, como es el caso, llegasen a constituir en su época momentos de gran trascendencia global.

Pero la riqueza del personaje de Rosamunda todavía nos ha de deparar nuevas sorpresas, aunque, para ello, necesitemos regresar de nuevo al plano simbólico. Porque este personaje podría también encarnar el objeto que define la peregrinación a Roma, al mismo nivel que los objetos preciosos que portan Periandro y Auristela y que identificaban a Santiago (las dos perlas) y a Jerusalén (la cruz con diamantes); aunque, obviamente, con una connotación completamente opuesta. No en vano, ¿qué mejor que la propia carne pecadora de Rosamunda

---

[237] La figura del "pez" fue el símbolo de los primeros cristianos, extraído, a su vez, de la representación de la era de Piscis.

[238] Enrique VIII mantuvo en su Iglesia anglicana una preferencia por la liturgia católica-romana, de modo que los reformadores protestantes no pudieron realizar prácticamente ningún avance en las doctrinas y prácticas de la Iglesia de Inglaterra durante su mandato. Sin embargo, durante el gobierno de su hijo, Eduardo VI (1547-1553), la Iglesia sí llegó a ser teológicamente protestante.

para simbolizar una peregrinación que se revela falsa y cuya meta constituye el paradigma de la materialización de las pasiones humanas?[239]

En este sentido, las connotaciones que se derivan en el *Persiles* de la peregrinación a Roma y que según nuestro criterio, en relación al episodio de Rutilio, apuntaban a su falsedad, se encuentran personificadas en la figura de Rosamunda; la cual, no solo se constituiría en un símbolo igualmente falso en razón de su naturaleza humana (perecedero) frente a la eternidad de lo representado por la cruz con diamantes y las dos perlas; sino que, además, la noticia de su fallecimiento es un indicio "profético" de su paulatina decadencia y de su próximo final: "Rosamunda, con los continuos desdenes, vino a enflaquecer de manera que una noche la hallaron en una cámara del navío sepultada en perpetuo silencio" (p. 263).

Para Cervantes, pues, el ocaso de lo representado por Rosamunda como desvío del verdadero cristianismo (el primitivo) es claro. Por lo tanto, nuestro autor se revelaría aquí partidario de reformar el catolicismo imperante, cada vez más alejado de las necesidades de sus fieles y, por la misma causa, cada vez más próximo a su final. Y esta misma idea que nosotros estamos esbozando podría reflejarse en el relato, donde ese enflaquecimiento de Rosamunda es síntoma de su progresiva extinción, que definitivamente terminará en "una cámara del navío sepultada en perpetuo silencio" ¿No nos sugiere ello la idea de una Iglesia católica arrinconada en el Vaticano (la nave principal del catolicismo), sepultada bajo los muros de su basílica (su doctrina) y prolongando un discurso vacío que ya solo es pompa y artificio?

En cualquier caso, Cervantes hace sepultar a Rosamunda en ese mismo mar ("Sirvióla el ancho mar de sepultura" [pp. 263-264]) que, en un sentido cosmológico-universal, la vio nacer: las profundidades del universo, de donde las religiones toman cuerpo, se desarrollan y mueren, siguiendo unos ritmos cíclicos que constituyen la esencia de toda espiritualidad. Y una misma sepultura marina asigna San Juan en el *Apocalipsis* a la Prostituta de Babilonia, cuando dice:

"Después un ángel fuerte tomó una piedra, como una gran piedra de molino, y la tiró al mar, diciendo: "Así, de un golpe, será tirada Babilonia, la Gran Ciudad, y no se la encontrará jamás."[240]

Con esta cita bíblica damos por finalizado esta breve introducción a uno de los personajes más fascinantes y reveladores del *Persiles,* Rosamunda, cuya profundidad, complejidad e influencia en el relato es directamente proporcional, como hemos intentado demostrar, a los hechos y circunstancias que caen en la órbita de lo simbolizado por la figura bíblica aludida.

Finalmente, el grupo de siete personajes que desembarca (contando los cuatro marineros: número simbólico que podría interpretarse como el grueso de esa civilización) en Golandia, se completa con ese otro encadenado que venía en el barco junto a Rosamunda: Clodio.

Este personaje, paradigma del maldiciente, se nos muestra bastante contradictorio; pues, su identificación histórica no solo se escapa de los márgenes que habíamos señalado como contexto temporal posible-verosímil, en relación a Rosamunda, con la cual venía encadenada (los acontecimientos que desembocaron en el cisma de Inglaterra, entre 1540 -1553), sino que también, su actuación, en relación a la figura histórica que a continuación presentaremos, parece representar lo contrario de lo que se esperaba de él.

Comoquiera que Clodio forma parte de esa carga simbólica que, junto al catolicismo, Inglaterra expulsa de su reino en esa época en la que dijimos que, aproximadamente, tienen lugar los acontecimientos que se deducen del relato alegórico, no encontramos una figura histórica que se ajuste a este contexto temporal. Ahora bien, dada la regla de la verosimilitud por la que se rige el texto cervantino, donde el dato aproximativo suple al objetivo, pensamos que no hay razón para sujetarse a unas fechas concretas; máxime cuando en el *Persiles* los hechos que se derivan de la alegoría son más importantes, imperecederos y universales que la simple referencia temporal que, como Cervantes se afana en presentarnos, se revela cíclica. Con esta licencia que no es tal sino regla de su discurso ficcional (la estricta verosimilitud),

---

[239] Este concepto de Roma como paradigma de la desviación del cristianismo verdadero o primitivo será desarrollado por Cervantes en el libro IV.
[240] Apocalipsis 18: 21.

podríamos sugerir, junto con Jean-Marc Pelorson[241], que el personaje de Clodio señalaría -nuevamente- a Antonio Pérez, secretario de Felipe II. Romero, en esta ocasión, se muestra moderadamente partidario de esta hipótesis, cuando dice:

> Pelorson nada prueba - ¿cómo habría podido hacerlo?- de manera incontrovertible, pero no es menos verdadero que nada se opone a su sensata hipótesis de que C. haya tenido presente a su ex-secretario al inventar a Clodio, allá por 1596-1598 (cuando, a mi parecer, redactaba la parte septentrional del *Persiles* y Pérez había publicado ya - con o sin nombre expreso - los más importantes libelos arriba aludidos), aunque proyectándolo en 1558, el año en que se desarrolla la acción de este segmento de la novela (Ap. VI, pp. 722-723).

Dataciones aparte, Romero se muestra partidario de la hipótesis señalada por Pelorson: de que Cervantes esté glosando un episodio de la vida del carismático ex-secretario de Felipe II. Nosotros, que, tras la lectura del episodio de Clodio también albergamos esa posibilidad, sin embargo, nos encontramos con la disyuntiva de que ya habíamos identificado a este personaje dentro de la rica personalidad que se despliega en torno a la figura de Antonio el bárbaro y, todo sea dicho, en circunstancias completamente diferentes a las que aquí se conjugan: gozando el personaje de un juicio positivo a la altura de la propia personalidad del "bárbaro español". En este orden de cosas y manifestado nuestro acuerdo con Pelorson, ¿cómo podríamos justificar de nuevo la presencia de Antonio Pérez en este episodio?

Si Cervantes exaltaba la figura del secretario de Felipe II en razón, entre otras, de su filiación "Liberal"[242], y ello, entre otras circunstancias, le daba pie para perfilar "heroicamente" al personaje de Antonio el bárbaro, ahora, sin embargo, en el episodio de Clodio obra de forma contraria; pues, considera que los medios difamatorios y/o desleales a los que se vio abocado el ahora ex-secretario por motivo de su caída en desgracia no justifican el fin propuesto: el triunfo del liberalismo o protestantismo. Por esta actitud difamatoria -según la creencia generalizada de los historiadores- Inglaterra negará el asilo a Antonio Pérez, teniendo este que marcharse de nuevo a Francia. De igual modo, en el texto, Clodio es desterrado de Inglaterra junto con Rosamunda.

En resumen, la unión de los dos reos en una sola cadena obedecería a la idea de que ambos han atentado contra una misma institución: la monarquía soberana. En el caso de Rosamunda, contra la idea "divina" de la misma (la religión) y, en el de Clodio, contra su poder temporal (el concepto de *monarquía universal*).

El final de Clodio, como lo fue el de Bradamiro, será una muerte simbólica: un flechazo en la boca. Lo cual, sin necesidad de mayores análisis, lo sitúa en la lista de personajes que perecen o son silenciados por decir y/o proclamar -digamos- una "verdad incómoda" o políticamente incorrecta. Y algo parecido le ocurre al que fuera secretario de estado de Felipe II, Antonio Pérez, que tras serle denegado su regreso a España se le intenta silenciar (es condenado a muerte), aunque sin éxito, pues exiliado en Francia publica sus obras obteniendo una moderada repercusión.

Un apunte, algo inquietante a la par que complejo, quisiéramos hacer aquí en relación a este poliédrico personaje histórico. Es el caso de que Antonio el hijo, heredero de las cualidades morales y filosóficas de su padre y, por tal motivo, considerados ambos desde esta perspectiva profunda como una misma entidad, sea el autor del mortal flechazo en la boca de Clodio. Y si llamamos la atención sobre esta circunstancia es por motivo de que, según nuestras deducciones, Clodio, al igual que Antonio el bárbaro (una de sus múltiples caras, según se vio), aludirían ambos al mismo referente histórico: el ex-secretario Antonio Pérez, solo que el "maldiciente" representaría su etapa decadente, frente a la etapa de apogeo personificada en la figura del "bárbaro español".

En resumen, nos hallaríamos ante dos actitudes contrarias de un mismo personaje histórico en relación a dos momentos diferentes de su vida, simbolizadas en dos figuras literarias opuestas.

---

[241]   Pelorson, Jean-Marc, *Persiles y Sigismunda*, Traducción, en *Oeuvres romanesques complètes,* Edition publiée sous la direction de Jean Canavaggio, París, Gallimard (Bibliothèque de la Pléiade), vol. II: 499-893 y 987-1046.

[242]   Tras la muerte del príncipe de Éboli, en 1573, Antonio Pérez pasó a encabezar la facción liberal y comenzó su asociación con Ana de Mendoza de la Cerda, princesa de Éboli.

El primer caso representaría a Antonio Pérez defensor de la causa -digamos- de la "religión verdadera" amparado (¿en connivencia?) por el poder temporal (en su función de secretario de estado de Felipe II): Antonio el bárbaro (padre e hijo); y, el segundo, señalaría a un Antonio Pérez movido por esos mismos objetivos pero ahora perseguido por ese mismo poder temporal (cesado en el cargo y desterrado): Clodio. Como vemos, el personaje permanecería fiel a sus principios y lo único que modificaría, por motivo de la cambiante situación, serían los medios para conseguirlos.

Desde este planteamiento, quizás podamos hallar la explicación que justifique la muerte de Clodio a manos de Antonio el hijo: ¿tan pernicioso para el correcto avance de la civilización puede ser imponer la mentira (Rosamunda) como denunciarla (Clodio)?

Y con Clodio damos por finalizado el desembarco en Golandia de los pasajeros venidos de esa idealizada, verosímil, aunque más que improbable Inglaterra insular. Siete entidades (cuatro marineros, Mauricio, Ladislao y el personaje doble Rosamunda-Clodio) que están en consonancia con esas seis estrellas más una doble que componen la constelación de la Osa Mayor y que, imitando su curso, se preparan para "volver a girar" de forma ininterrumpida alrededor de esa estrella del Norte (Auristela); a su vez, centro de ese laberinto circular y celeste que habrá de llevarlos desde Golandia a la conquista de esa Edad de Oro prometida.

1.12. La salida del navío de Arnaldo de Golandia o el Arca frente al Diluvio Universal

En el segundo párrafo del capítulo 18, el narrador, que ya había dado cuenta de la distribución del pasaje en los dos navíos que habrían de zarpar del puerto de Golandia, comienza relatando el augurio que el astrólogo Mauricio había vaticinado previamente:

> Hicieron agua aquella noche, recogiendo y comprando del huésped todos los bastimentos que pudieron, y, habiendo mirado los puntos más convenientes para su partida, dijo Mauricio que, si la buena suerte les escapaba de una mala que les amenazaba muy propincua, tendría buen suceso su viaje; y que el tal peligro, puesto que era de agua, no había de suceder, si sucediese, por borrasca ni tormenta del mar ni de tierra, sino por una traición, mezclada y aun forjada del todo de deshonestos y lascivos deseos (p. 238).

Porque, según parece, la suerte ya estaba echada antes de partir de Golandia. No en vano, la cita comienza con una inquietante frase cuyo sentido va más allá del cercano o literal que se desprende del hecho de zarpar: "Hicieron agua aquella noche"; pues, "hacer aguas" es una expresión que, además de partir, podría emplearse también con el sentido de hundimiento. Además, el acuoso vaticinio no provenía de una vulgar hechicera, sino del "científico" Mauricio: "porque ninguna ciencia, en cuanto a ciencia, engaña: el engaño está en quien no la sabe, principalmente la del astrología" (p. 219).

En tal caso, todo apunta a que Mauricio, tras el escrutinio de los cielos ("habiendo mirado los puntos más convenientes para su partida"), relaciona la posición de los astros con la partida de la embarcación del puerto de Golandia: ¿acaso la identificación de las señales en los cielos que vaticinan la inminente llegada de un suceso de consecuencias catastróficas en relación al final de una era determinada?

Sea como fuere, Mauricio previene a sus coetáneos-navegantes de que:

> el tal peligro, puesto que era de agua, no había de suceder, si sucediese, por borrasca ni tormenta del mar ni de tierra, sino por una traición, mezclada y aun forjada del todo de deshonestos y lascivos deseos. (p. 238)

En efecto, como así afirma Mauricio, el nefasto vaticinio no habrá de deberse a un fenómeno atmosférico habitual; sino que, por el tono mítico que se apunta como causa del mismo ("una traición, mezclada y aún forjada del todo de deshonestos y lascivos deseos"), señalaría a un suceso aislado o de naturaleza mitológica, pues las razones que se aportan como causa del mismo apuntan a esas fábulas en que los conflictos entre los hombres y los dioses (¿al desviarse los hombres del ideal civilizador?) provocan la cólera de estos en forma de castigo divino.

Comoquiera que solo existe traición cuando se trasgrede una confianza o los términos de una alianza o pacto, encontramos que el episodio que anuncia el naufragio del barco de Arnaldo podría interpretarse como una alegoría de la ira de Dios ante el incumplimiento del hombre de ese pacto inmemorial sobre el que venimos basando esta remota andadura o pseudohistoria cosmológica de la civilización. Porque, trasgredir el "pacto" significa en el *Persiles* desviarse (como el arco del gobernador de la isla bárbara) de ese camino que señala al norte, en cuanto a que representa la baliza dejada por la divinidad en el firmamento para guía de los *marineros (la Humanidad) en la más heroica de las singladuras (la aventura de la civilización)*. Por ello, resulta tan importante para Periandro y para el resto de personajes que componen el "escuadrón de peregrinos" no perder de vista ese Norte (ni en el cielo = Estrella Polar, ni en la tierra = Auristela), así como imitar el movimiento circular de las estrellas cercanas (las constelaciones de las dos *Osas*) como única evolución posible para llegar a su centro, haciendo valer ese antiguo dicho que dice que "lo semejante atrae a lo semejante".

Ante la certeza de la funesta predicción, Mauricio aconseja a Periandro que "mejor es arrojarnos en las manos deste peligro, pues no llega a quitar la vida, que no intentar otro camino que nos lleve a perderla" (p. 239). Ante esta afirmación del científico-astrólogo se vislumbra cierta intención de remitir al Diluvio Universal, donde Noé, al igual que Periandro, también fue avisado del inminente cataclismo: en ambos casos se prefiere hacerse a la mar antes que esperar la fatal acometida de las aguas.

La salida del navío de Arnaldo de Golandia dejando "el puerto desembarazado"(p. 239), constituye otra pista que podría señalar ese doble comienzo al que hemos aludido en diferentes ocasiones: el remoto o cosmológico y el de los pueblos godos. El último, nos remite a esa "vagina de tribus" de que nos daba cuenta Saavedra Fajardo al documentar los orígenes septentrionales (Gotland) de los pueblos godos. Y el primero, señalaría a la hipótesis que estamos desarrollando en este capítulo acerca de los comienzos de una nueva era tras el "inminente" cataclismo que se está avisando. En resumen, la salida del barco del puerto dejándolo "desembarazado" remite a la imagen de un parto. No en vano, el navío de Arnaldo llevaba en su interior "la semilla" de una nueva/vieja civilización.

Un nuevo escrutinio de los cielos nocturnos confirma a Mauricio en sus predicciones: "Puso los ojos en el cielo Mauricio y de nuevo tornó a mirar en su imaginación las señales de la figura que había levantado, y de nuevo confirmó el peligro que les amenazaba" (p. 240) ¿Y a qué figura podría estar refiriéndose, puesto que es evidente que nos hallamos ante un ejercicio de astrología judiciaria? Nosotros creemos que se trataría de la visión de la constelación que tradicionalmente identifica a una de las doce que anuncian la nueva era que está por venir. Por ello, el narrador afirma que "tornó a mirar en su imaginación", pues las figuras o signos zodiacales son representaciones imaginarias de determinadas agrupaciones de estrellas.

El hecho de que Mauricio dé la voz de alarma en repetidas ocasiones sin que se cumplan los pronósticos:"- ¡Traición, traición, traición! ¡Despierta, príncipe Arnaldo, que los tuyos nos matan!"(p. 240), sería señal de la dificultad que entraña precisar el momento exacto en que un acontecimiento vaticinado por la posición de las estrellas se haya de producir; pues, como dijimos, cada signo-constelación ocupa una porción de arco de 30º en la eclíptica y para apreciar el trascurso de un solo grado son necesarios 72 años.

A continuación, el canto de Rutilio en lengua toscana, pero "vuelto en lengua española", es una de las pruebas más evidentes del sentido alegórico de este episodio en relación al cataclismo vaticinado por Mauricio:

> Huye, el rigor de la invencible mano
> advertido, y enciérrase en el arca
> de todo el mundo el general monarca
> con las reliquias del linaje humano.

> El dilatado asilo, el soberano
> lugar rompe los fueros de la Parca,
> que entonces, fiera y licenciosa, abarca
> cuanto alienta y respira el aire vano.

> Vense en la excelsa máquina encerrarse
> el león y el cordero y, en segura
> paz, la paloma al fiero halcón unida;

sin ser milagro, lo discorde amarse:
que, en el común peligro y desventura,
la natural inclinación se olvida (p. 242).

Estamos de acuerdo con lo apuntado por Romero: "Si el soneto del enamorado portugués era para Casalduero la síntesis de todo el sentido del *Persiles*, este de Rutilio <<aclara el significado de cuantos se hallan en la nave>>(80)" (n. 9, p. 242). Claro que esta afirmación no deja de ser una generalización que el crítico no llega a precisar.

Nosotros, guiados por nuestro afán de acercarnos al pensamiento que se desprende del discurso cervantino, volveremos a asumir los riesgos inherentes a la interpretación de un poema de claras referencias simbólicas.

Lo primero que percibimos tras su lectura es que nos hallamos ante un soneto de evidentes reminiscencias bíblicas (como bien apunta Romero), donde, la simple mención del "arca" junto a símbolos-mitos que aluden a la destrucción, como la "Parca", nos ponen en la pista del tema que nos ocupa en este capítulo: la descripción de un cataclismo que marcaría el fin de una era.

Aurora Egido, que también percibe la silueta del Arca bíblica asomando por entre los versos cantados por Rutilio, interpreta con acierto el poema en su estricto sentido tropológico, sin embargo, parece descartar la posibilidad de que confluyan, junto con este, los otros sentidos que vienen siendo preceptivos en la exégesis tradicional según la teoría de los cuantro *sensi* de interpretación de los antiguos textos sacros.[243]

En tal caso, el análisis exegético que realizaremos vendrá determinado por este contexto bíblico. Así pues, observamos que la primera estrofa podría aludir a lo manifestado en el *Génesis* (6: 13,14). Advertida la ira de Dios ("Huye el rigor de la invencible mano, advertido") por el astrólogo Mauricio, solo queda refugiarse en el barco de Arnaldo como símbolo de la civilización que ha de ser salvada. A continuación, el soneto se refiere a un "general monarca" del mundo que gobierna sobre lo que habrá de quedar ("las reliquias") del "linaje humano".

Y si la primera estrofa se centraba en los trabajos previos (tiempo pasado), la segunda relata las consecuencias del cataclismo (tiempo presente del relato). Como en el caso anterior, también ahora el *Génesis* (6: 17) servirá de guión en la -digamos- "adaptación poética" que realiza Rutilio-Cervantes del Diluvio bíblico.

El dramatismo de la escena se deja sentir en cada uno de sus versos, donde la muerte ("la Parca") se convierte en la gran protagonista del relato alegórico. Consecuentes con nuestros argumentos y con la intención de demostrarlos, analizaremos cada frase y comprobaremos cómo el suceso apocalíptico se revela como un macrocósmico proceso de muerte y resurrección.

Comienza Cervantes señalando el lugar sobre el que recaerá la ira de Dios: "El dilatado asilo". Es decir, la alegoría se centra aquí en describir un lugar en permanente o prolongado riesgo de hecatombe ("dilatado"), que definiría la fragilidad de la permanencia del género humano sobre la tierra; lo cual, nos remite también a esa "dilatada muerte" de aquellos primeros personajes que asomaban en los comienzos de la novela-epopeya (mancebo-Periandro), siempre en riesgo permanente (manifestado literalmente con la imagen de esa flecha apuntada al pecho de Periandro: símbolo del destino "dilatado" de la Humanidad). Y, en cuanto al sustantivo "asilo", pospuesto para no restarle protagonismo al participio que soporta un mayor peso conceptual, aludiría, por definición, a un lugar de protección o amparo para las personas. En conclusión, "El dilatado asilo" se identificaría con un período prolongado de bonanza sobre la tierra, aunque con fecha de caducidad: "el soberano lugar rompe los fueros de la Parca".

Luego, se nos describen los pormenores de esa destrucción: "que entonces, fiera y licenciosa, abarca cuanto alienta y respira el aire vano". Sin duda, nuestro autor nos describe a una "bestia apocalíptica" ("fiera y licenciosa"), a la que no escatima de dotarla de vida propia a través de

---

[243]   "El poema, que habla del Arca de Noé, parece recoger al modo alegórico el sentido de salvación que ese peregrinaje por mar conlleva para unos protagonistas que salvan todos los obstáculos hasta llegar a la tierra de promisión. La idea de que tan excelsa máquina pueda encerrar al león con el cordero y a la paloma con el halcón afirma ese modelo bíblico que es suma armónica de contrarios en el *Persiles*, pero prueba también de la convivencia del mal y del bien en el mundo. La barca simbólica salva las reliquias del linaje humano contra los designios de la Parca, pues el amor hace que la discordia se acabe y que todo termine en perfecta armonía. El concepto platónico y los elevados versos del poeta toscano son recibidos, sin embargo, de modo diverso por el auditorio." Egido, 1997, p. 16.

una siniestra respiración: que al expeler su aliento extermina la vida ("abarca cuanto alienta"), y al inspirar se "traga" a las almas condenadas ("respira el aire vano").

Los dos tercetos que completan la composición, siguiendo la recomendación de Romero, remiten a Isaías (11, 6-9): "a propósito de los tiempos mesiánicos" (n. 9, p. 242). Ahora bien, el estudioso no se extraña del cambio de cita bíblica tan acusado que se ha operado en el interior del poema, que de la glosa que se hace del *Génesis* en los dos cuartetos se salta a Isaías en el primer terceto, sin un motivo aparente que lo justifique.

Comoquiera que Cervantes no se dedicaba a ir recogiendo argumentos con los que basar su discurso de una manera discrecional o meramente estética, nosotros opinamos que este cambio de relato bíblico a mitad de la composición obedece a concisas especificaciones que deben tenerse en cuenta en la interpretación del poema.

Porque, siguiendo el orden del *Génesis*, el soneto, después de referirse alegóricamente a la destrucción del Diluvio, tendría que haber concluido con alguna alusión a su fin (salida del arca: *Génesis* 8:15-22, etc.) en los dos tercetos que concluyen el poema. Bien es cierto que el primer terceto alude al pasaje mítico (animales) que habría de alojarse en el arca durante el Diluvio; sin embargo, el sentido de la expresión parece centrarse en lo insólito de la reunión de esas parejas de animales mortalmente enfrentadas, más que en el aspecto continuador de la vida animal mediante emparejamientos de la misma especie como así se recoge en *Génesis* 7: 2-3. Es decir, nosotros apreciamos que la pertinencia al hipotexto de Isaías señalada por Romero solo se cumple, en todo caso, en un plano formal, y en virtud de su parecido a la hora de mentar a las especies animales; pero que, en cuanto al sentido que se dimana del texto, Isaías (11: 6-9. "Carácter del Mesías y de su reino") no guarda ninguna relación semántica con la imagen del Diluvio bíblico que se nos está proyectando en los dos cuartetos ¿Qué podría significar, entonces, este aparente desajuste entre forma y contenido a la hora de referir a las *Sagradas Escrituras*? Fundamentalmente, que nuestro autor, creemos, para ocultar un mensaje demasiado sensible para la época, utilizó diferentes pasajes bíblicos en la composición de un poema (los dos cuartetos) de claras reminiscencias a un pasado apocalíptico (el Diluvio referido en la Biblia); pero que, sin embargo, trató de oscurecer el poema lo que pudo (los dos tercetos) en la expresión de un mensaje revelador: la repetición cíclica de ese mismo cataclismo en un tiempo que se halla encriptado en los símbolos representados por los animales que se citan en el soneto.

Es decir, juzgamos que el poema sería, en sentido lato, el anuncio de una profecía de carácter cíclica; que se atestigua en unos hechos del pasado (el Diluvio Universal) y que habrá de cumplirse puntualmente (pues no es otro el sentido de la expresión "excelsa máquina") en un futuro que se detalla mediante las insólitas expresiones zoológicas que se citan.

Llegados a este punto capital, cabría hacerse la siguiente pregunta: ¿qué significa realmente aquello que el "gnóstico" Rutilio dice que debe encerrarse "en la excelsa máquina": "el león y el cordero y, en segura paz, la paloma al fiero halcón unida"?

Surge, pues, una nueva pregunta: ¿por qué Rutilio elije, precisamente, esas parejas de animales y no otras? La respuesta a esta pregunta exige, a la par de las ya habituales concesiones a la imaginación, la consideración de que para los neoplatónicos-humanistas de la época del Barroco la "excelsa máquina" (el Universo) es la que mueve, como si fuera un reloj de precisión-precesión, los diferentes ciclos que influyen en la vida sobre la tierra. Esto nos lleva a uno de los temas "estrella" de la Tradición y sobre el que ya hemos hablado (y aún deberemos continuar, pues condiciona todo el *Persiles*): las eras cosmológicas en función del movimiento de precesión terrestre.

¿Pero, a qué profecía nos estamos refiriendo con la alusión a esas dos parejas de animales enfrentados? Nuestra respuesta aquí no deja lugar a dudas: a la de los "Siete sellos del Apocalipsis". Si los dos cuartetos del poema de Rutilio nos remiten a la "fatal inundación", los dos tercetos nos indican la naturaleza cíclica de la misma. Porque, los cuatro animales que se citan en Apocalipsis 4, 7: "El primero parecido a un león; el segundo a un toro; el tercero, tiene la cara parecida a la de un hombre, y el cuarto, parecido a un águila que vuela", conforma lo que en la iconografía católica ha dado en llamarse el *tetramorfos*.[244]

---

[244] Básicamente, el *tetramorfos* constituye un conjunto iconográfico habitual en el arte medieval, que consiste en la representación de los cuatro evangelistas (Marcos, Lucas, Juan y Mateo) simbolizados a través de elementos zoomorfos referidos en la visión del profeta Ezequiel (*Ezequiel* 1: 10), y, de forma similar, en el Apocalipsis de Juan (*Apocalipsis* 4: 1-9). Se ha sugerido que Ezequiel se inspiró en la astrología zodiacal babilónica, y que las cuatro

Ahora bien, se nos objetará que los cuatro animales que se mencionan en el soneto de Rutilio no se corresponden con las cuatro figuras zoomórficas del *tetramorfos*, por lo que no existiría tal asimilación. En relación a ello, no debemos olvidar la herejía que supondría para Cervantes expresarse de manera más clara, máxime en la revelación de un secreto -digamos- muy bien encriptado por la línea heterodoxa del cristianismo o cristianismo gnóstico. Porque el león, el cordero, la paloma y el halcón se asimilan con el león, el hombre, el toro y el águila, respectivamente. Cómo haya de ser este así no es algo difícil de suponer, siempre que no se limite el símbolo en su dimensión semántica. Es decir, el cordero se asimilaría a la imagen del hombre trascendido: Jesús (Juan 1: 29).[245] La paloma se relaciona con el fin del Diluvio y con el inicio de la nueva civilización (Génesis 8: 10-11)[246], cuyos comienzos postdiluvianos se sitúan en la era de Tauro (4.500 a. C. aprox.) expresados en el texto de Cervantes mediante el personaje de Taurisa. En tal caso, la asimilación de la paloma con el toro sería correcta, pues ambos representan, como acabamos de argumentar, a la era de Tauro. En cuanto al halcón, su correspondencia simbólica con el águila resulta ser más evidente, en cuanto a la natural similitud de ambas especies de rapaces.

En resumen, tendríamos que los cuatro animales del soneto se corresponden con los de la profecía de los "Siete sellos" del *Apocalipsis* de San Juan: león = león, cordero = hombre, paloma = toro, halcón = águila; y, a su vez, con las cuatro constelaciones que a nuestro autor interesaba simbolizar para poder señalar un momento cosmológico muy concreto: león = Leo, cordero-hombre = Acuario, paloma-toro = Tauro, halcón-águila = Escorpio. Y ahora es, precisamente, donde los emparejamientos que se expresan en el soneto de Rutilio tendrían su función a la hora de precisar el mensaje que nuestro autor nos querría transmitir; pues, la conciliación que se desprende de la unión de los contrarios: León / cordero y paloma / halcón, se corresponde con la conciliación -digamos- cosmológica que se da entre Leo – Acuario y Tauro – Escorpio, dentro de ese "reloj universal" o "rueda" de las doce constelaciones que completa un ciclo o año platónico (26.000 años aprox.).

¿Cómo debería interpretarse esta simbología, pues, donde Cervantes se revela como un perfecto conocedor del mensaje profético transmitido desde los antiguos pueblos babilónicos a través de la Biblia? En nuestra opinión, solo existe un modo, y apunta a la naturaleza cíclica y dúplice de esa "excelsa máquina" cuyo funcionamiento nuestro autor parece conocer a la perfección: cataclismo en la era de Leo (león) que se repetirá en su opuesta, la era de Acuario (cordero), hundiendo a la civilización en un caos del que saldrá en la era de Tauro (paloma) primero y en la de Escorpio (halcón) después.

En tal caso, se comprueba el objeto gnóstico del poema: Rutilio, "maestro en el danzar", entona un bello canto que complementa a su danza; en cuanto a que ambas disciplinas definen los ritmos por los que ha de guiarse el camino del conocimiento del microcosmos (la búsqueda de la iluminación) y del macrocosmos (el conocimiento de los ciclos cosmológicos).

Tras el soneto del italiano danzante, Antonio el bárbaro, Mauricio, Arnaldo y el propio cantor se enfrascan en una conversación que, partiendo del tema de la dedicación que haya de tener un verdadero poeta a su profesión, acaba centrándose en esos mundos trascendentes que constituyen el más alto objeto de la poesía: las metamorfosis, expresadas aquí a través de los casos de licantropía conocidos por Mauricio, así como los vividos por Rutilio o la transformación en cuervo del rey Arturo ("Artus") relatado por Arnaldo.

Y, en ese contexto idealizado o imaginado sobre el que Mauricio, en contra de lo que cabría esperarse de un astrólogo como él, ofrece los más escépticos argumentos, nos encontramos a este mismo personaje dando a continuación validez a un sueño profético sin ningún tipo de refrendo científico ni justificación. Sin duda, esta actitud de Mauricio no debe pasar desapercibida ¿A qué obedece, pues, esa intención de Cervantes de utilizar al único astrólogo reconocido de todo el grupo de personajes para refutar y explicar comportamientos subjetivos o inverosímiles desde el punto de vista de la lógica y de la razón (contrario a la intuición y a la

---

figuras zoomórficas representarían a cuatro constelaciones concretas: Tauro (el toro), Leo (el león), Escorpio (el águila) y Acuario (el hombre).

[245] "Al día siguiente, vio a Jesús que venía hacia él, y dijo: "He aquí el Cordero de Dios, que quita el pecado del mundo".

[246] "10 Esperó siete días más y de nuevo soltó la paloma fuera del arca. 11 A eso de la tarde volvió a él trayendo en su pico una rama tierna de olivo. Conoció así Noé que las aguas no cubrían ya la superficie de la tierra."

imaginación propia de astrólogos y visionarios), cuando él mismo nos sorprende con un sueño profético del que, sin aportar ninguna prueba "razonable" que lo justifique, nadie cuestiona su veracidad?

La respuesta, juzgamos, se hallaría en la voluntad de nuestro autor de dar validez -digamos-científica al vaticinio apocalíptico del que Mauricio lleva avisando desde que salieron de la isla de Golandia. Pues, si Mauricio se erige en una especie de juez ante los relatos de sucesos extraordinarios, primando en sus juicios un criterio de objetividad, ¿quién podría refutarle a él la certeza de uno de esos casos inverosímiles experimentado en su propia carne? Porque el sueño de Mauricio consiste, una vez más, en la premonición del aparente Diluvio que se avecina:

> me pareció ver visiblemente que, en un gran palacio de madera, donde estábamos todos los que aquí vamos, llovían rayos del cielo que lo abrían todo y, por las bocas que hacían, descargaban las nubes no solo un mar, sino mil mares de agua; de tal manera, que, creyendo que me iba anegando, comencé a dar voces y a hacer los mismos ademanes que suele hacer el que se anega; y aún no estoy tan libre deste temor que no me queden algunas reliquias en el alma (p. 248).

En tal caso, el mal augurio opera como una especie de último aviso ante la cercana catástrofe apocalíptica. Sin embargo, dos páginas más adelante nos enteramos de que, en efecto, el barco de Arnaldo se hunde; pero no por la causa que cabría esperar, sino por un sabotaje ¿Cómo deberíamos interpretar ahora este aparente desajuste entre lo que de forma tan obsesiva se ha anunciado como una catástrofe global y lo que en la realidad no es más que el producto de la codicia humana?

Creemos que lo que Cervantes querría transmitir al lector es la idea de que el hombre es el causante directo de su acción sobre la tierra, y por ello es capaz por sí mismo de arruinar su propia permanencia sobre ella. Ahora bien, la catástrofe iniciada por el hombre no excluye la sanción "divina", mucho mayor, anunciada por Mauricio, como más adelante comprobaremos en el mismo capítulo 18 pero del segundo libro[247]. Veamos, en este punto del relato, en qué términos se ha de producir ese suceso según la visión de Mauricio: "-¡Sin duda nos anegamos! ¡Anegámonos sin duda!" (p. 250).

La forma especular que utiliza Cervantes para expresar la "inundación" del barco se corresponde con el modo en que Rutilio nos informaba de esos ciclos cosmológicos, igualmente opuestos, que en momentos muy precisos parecen convulsionar al planeta; por lo que no se descarta una relación en este sentido.

Una vez confirmado el augurio, las aguas comienzan a cobrarse sus primeros tributos, pues, el barco de Arnaldo se hunde y todos se apresuran a abandonarlo. Una barca y un esquife acogerán al pasaje, que, como no podía ser de otro modo, se repartirá en grupos de siete náufragos en cada barca. El relato, pues, se ajusta al orden estelar que guía las evoluciones de los personajes. Sin embargo, la circunstancia del asesinato de uno de los marineros que había participado en el hundimiento del navío, así como el suicidio de su arrepentido matador, modifica el orden numérico de los embarcados en las naves; lo cual, podría ser la causa de la falta de "sintonía numeral-universal" del grupo de náufragos (7 y 5) con las estrellas de las dos *Osas* (7 y 7), y que se traducirá en la diégesis en una situación desfavorable o desviada: la pérdida de contacto entre el esquife y la barca.

El final de esta versión -digamos- "aminorada" del Diluvio bíblico es narrado con la llegada del esquife a tierra, donde la referencia del *Génesis* -ahora sí- a la intervención divina, que se manifiesta a través de un viento salvador: "Acordóse Dios de Noé y de todos los que estaban con él en el arca. Hizo pasar un viento sobre la tierra y bajaron las aguas."[248], es muy similar a la fórmula que utiliza Cervantes para relatar esa arribada de tintes universales: "Finalmente, el favor de los cielos se mezcló con los vientos, que poco a poco llevaron el esquife a la isla y les dio lugar de tomarle en la tierra en una espaciosa playa" (p. 253).

Pero el libro del *Génesis* no es la única fuente que en la tradición literaria de Occidente trata el asunto de un diluvio de consecuencias apocalípticas. Nos referimos al cataclismo que hundió el continente de la Atlántida, de cuya existencia nos enteramos -como ya señalamos-, entre

---

247 Analizada en el capítulo 3.6.6.
248 *Génesis* (8:1).

otros, por boca de Platón en algunos de sus *Diálogos* (*Crítias* y *Timeo*). Y si sacamos a colación el tema del mítico continente hundido es porque Cervantes nos deja una evidentísima pista que relaciona la llegada a tierra de los personajes que navegaban en el esquife con esa mítica raza, a la que alude en calidad de colonos, personificada en la figura de Antonio el hijo:

> Unos en brazos de otro desembarcaron. El mozo Antonio fue el Atlante de Auristela y de Transila, en cuyos hombros también desembarcaron Rosamunda y Mauricio, y todos se recogieron al abrigo de un peñón que no lejos de la playa se mostraba (p. 254).

Porque este pasaje podría contener un mensaje tan revelador que no habría de dejar impasible a un lector versado de su época. En principio, la alusión al "peñón" junto al que la barca tocó tierra podría señalar al peñón de Gibraltar (además de remitir al otro peñón del Génesis, el monte Ararat, donde quedó varada el arca de Noé). Y no es baladí esta suposición, pues, recordemos que la Italia de donde procedía el personaje noruego que acogió a Rutilio en esa mítica tierra septentrional se relacionaba cabalísticamente con la Atlántida de Platón; la cual, según el sabio ateniense por boca de Critias, estaba situada frente al estrecho de Gibraltar.

Porque el mito de la Atlántida no solo consiste en el relato de la existencia de un antiguo continente que se hundió, según Platón, porque los dioses decidieron castigar a los atlantes por su soberbia - nótese aquí que son causas similares a las señaladas tanto en el *Persiles* como en el *Génesis* para el Diluvio -; sino que, además, el mito de la Atlántida lleva aparejado la hipótesis de la historia de los comienzos de nuestra civilización mediante la colonización de este pueblo, en lógica desbandada a causa del cataclismo, de las tierras ribereñas más allá de su isla-continente.

Si analizamos con detalle la cita que hemos destacado más arriba, observaremos ciertos matices que avalan cuanto decimos. Por ejemplo, se nos informa de que el desembarco de los que iban en el esquife se hizo "Unos en brazos de otro". Esto, quizá, no debería llamar la atención, pues podría interpretarse en su literalidad como un acto de galantería del ya de por sí galante Antonio el hijo; ahora bien, ¿acaso un náufrago, en un estado físico lamentable, como el resto de sus acompañantes también náufragos, estaría para esas cursilerías? Obviamente no, además, se da el caso de que no solo desembarca sobre sus hombros a todo el pasaje femenino, sino incluso al masculino, Mauricio, lo cual es, todavía, más improbable en esas circunstancias.

En tal caso, puesto que la conducta del náufrago no parece ser muy realista, no descartaremos la presencia de otro sentido a aplicar a su lectura para que no pierda un ápice de la coherencia que le es debida. En este sentido, creemos que lo que Cervantes querría decirnos es que "Unos", en cuanto a su referencia indefinida, aludiría a una generalización de los pueblos que fueron rescatados/colonizados ("en brazos") tras el Diluvio por una civilización más avanzada ("otro"). Y, para precisar esta afirmación, se nos dice que "el mozo Antonio fue el Atlante", es decir, que el conjunto de rasgos que definen las grandes virtudes y conocimiento de este personaje se asimilaría a la participación que habría de tener aquella mítica raza en aquellos sucesos apocalípticos. Pero Cervantes, maestro en el uso de la polisemia, en su afán de crear diferentes mundos posibles contenidos en una sola expresión, no solo utiliza la figura mítica de Atlas para remitir a esa Atlántida desaparecida, sino que también lo usa como personaje mitológico: en relación al mito que cuenta cómo este titán asumió el castigo divino de cargar sobre sus hombros el peso del mundo (la responsabilidad de la civilización).

Y, en esta línea cabría interpretar esa voluntad de Antonio el mozo de cargar sobre sí a Auristela, Transila, Rosamunda y a Mauricio; o, dicho de otro modo, de asumir la responsabilidad de un nuevo comienzo a partir de los restos de la Humanidad que quedaron dispersos por el mundo tras el masivo hundimiento: la idea de evolución como fin en sí mismo (Auristela), la idea de transitar (Transila) a través de los tiempos para llegar a esa Edad de Oro, el conocimiento del mal derivado de la común percepción materialista o terrena (Rosamunda) y el conocimiento del bien a través del Conocimiento (Mauricio).

Sobre la responsabilidad que asumiría el pueblo atlante ante el liderazgo que habría de ejercer durante los comienzos de ese nuevo ciclo civilizador, podría constituir una completa alegoría del mismo el párrafo que sigue a continuación:

> Antonio, considerando que la hambre había de hacer su oficio y que ella había de ser bastante a quitarles las vidas, aprestó su arco, que siempre de las espaldas colgaba, y dijo que él quería ir a

descubrir tierra, por ver si hallaba gente en ella o alguna caza que socorriese su necesidad (p. 254).

Porque Antonio "el atlante" aparece aquí acuciado por la misma responsabilidad "divina" que Zeus infligió a Atlas, por ello, "aprestó su arco, que siempre de las espaldas colgaba [¿el "arco celeste" en relación al conocimiento cosmológico portado en el mito sobre los hombros o espaldas de Atlas?], y dijo que él quería descubrir tierra", es decir, marchó a colonizar las riberas en donde floreció una nueva civilización.

Nuevas referencias a otros mitos, como el de "Apolo" y "Dafne", "Midas" (p. 255), Fineo y las Arpías (p. 256), sitúan la escena en ese contexto de los comienzos de la Humanidad; donde el mal, encarnado en la figura de Rosamunda, tienta a Antonio el mozo con sus encantos y sus pasiones. Romero encuentra unas acertadas referencias al *Génesis* (39: 7-15) en: "¡No fuerces, oh bárbara egipcia, ni incites la castidad y limpieza deste que no es tu esclavo!" (p. 256).

En el capítulo 19 termina el relato del naufragio del barco de Arnaldo, que nosotros venimos asimilando con el Diluvio bíblico relacionado con el mito de la Atlántida de Platón, y, como no podía ser de otro modo, Cervantes lo concluye de la única forma en que la historia ha sellado la noticia de aquellos remotos acontecimientos: la Alianza de Dios con Noé inscrita en el *Génesis* (9: 16):

> El arco aparecerá en las nubes y yo, al mirarlo, me acordaré de mi Alianza perpetua entre Dios y toda alma que vive en cualquier carne sobre la tierra.

El arco, pues, permanentemente a la espalda de Antonio el mozo, constituirá la prueba fehaciente de que el "pacto" con la divinidad será observado con diligencia y su materialización sobre la tierra vendrá determinada por el párrafo que cierra el capítulo:

> Alzaron todas las manos al cielo y pusieron los ojos en la tierra, como admirados de su desventura (p. 257).

Donde, la acción de levantar las manos al cielo y posar, a continuación, "los ojos en la tierra", sugiere una forma muy visual de representar la Alianza descrita por Noé: volver a unir la tierra con los cielos (*religare*). Finalmente, Cervantes no quiere terminar este episodio sin antes informarnos de que el conocimiento de esta "ley inmutable" dejará a todos los personajes que han llegado en el esquife "como admirados de su desventura".

1.13. Los comienzos de la era de Aries simbolizada en la isla del rey Policarpo o el inicio *ab ovo* de la historia de Periandro-Persiles

Apenas el narrador nos da noticia del entierro de Taurisa -en relación, como ya dijimos, al final de la era de Tauro- y sin salirse del mismo párrafo, asoma en el texto la figura de un nuevo personaje mitológico encarnado en Antonio el mozo: Argos. Esto, en nuestra opinión, revela un mensaje muy a tener en cuenta, pues, si en páginas atrás Cervantes asimilaba a Antonio el hijo con la figura de Atlas, ahora lo hace con Argos[249]; es decir, puesto que ambos mitos remiten a un pasado remoto en relación a los comienzos (Atlas) y evolución (Argos) de la civilización, podríamos aventurarnos a sugerir que lo aludido podría ser considerado como un indicio de que en el texto nos hallamos ante el inicio de una nueva etapa o era cosmológica:

> Servíales de Argos el mozo Antonio, de lo que sirvió el pastor de Anfriso; eran los ojos de los dos centinelas no dormidas, pues por sus cuartos la hacían a las mansas y hermosas ovejuelas que debajo de su solicitud y vigilancia se amparaban (p. 263).

El narrador nos da cuenta, con esta hiperbólica comparación, del celo con el que Antonio el mozo custodia el honor de las tres bellas doncellas, Auristela, Transila y Constanza, rodeadas de corsarios.

---

[249] Según la mitología griega, Argos es un gigante de cien ojos mandado por Hera, esposa de Zeus, para vigilar a Io (convertida en una ternera blanca) y así evitar la infidelidad de su esposo.

131

Argos y Apolo[250], nada menos que la fuerza y la gran vista de un gigante y el poder de un dios solar, respectivamente, son necesarios para vigilar a esas tres damiselas que en el texto de Cervantes aparecen bajo la alegoría de "las mansas y hermosas ovejuelas". Sin duda, la elección de estos personajes míticos nos parece desproporcionada en relación al cometido (literal) a desarrollar por estos colosos; a no ser que, detrás de este aparente desajuste, se esconda una misión de una trascendencia superior.

Y es ahí, precisamente, en esos momentos en que el sentido literal del texto se tambalea, donde Cervantes introduce "el oro" (parafraseando al "Pinciano" al analizar los relatos mitológicos[251]) de su ciencia literaria. Porque las tres damas que debe custodiar el "bárbaro hijo" metido a pastor mitológico representan mucho más que la bucólica y delicada imagen que nos trasmite el texto. En nuestra opinión, simbolizarían el pasado, el presente y el futuro de la Humanidad; es decir, el legado de todo cuanto el hombre necesita saber para evolucionar hacia la civilización: el camino universal y eterno del espíritu (Auristela), su materialización en el presente (Transila) y su observancia futura (Constanza, como lo demuestra el hecho de ser depositaria, al final de la novela-epopeya, del objeto que simboliza la continuidad de la sabiduría tradicional: la cruz con diamantes).

Ahora sí, opinamos, tendría justificación la hiperbólica comparación cervantina; pues, en el personaje de Antonio el hijo (héroe colectivo y símbolo del compromiso civilizador) parece recaer la responsabilidad de cumplir los designios universales de la divinidad con el género humano. Por ello, Argos-Antonio el hijo necesitará "cien ojos" para vigilar a "Io"[252], donde interpretamos la alegoría como la necesidad del hombre de todos los tiempos de "mirar" al firmamento (que en la era en que se sitúan estos acontecimientos señalaría a Io, en relación a la constelación de Tauro, la cual sería completamente visible en el firmamento) y así vigilar la evolución cíclica de las estrellas (las doces constelaciones o signos) como base del conocimiento que permitirá la evolución hacia la civilización. En cuanto al otro idílico pastor de rebaños, Apolo ("el pastor de Anfriso"), diremos que, a pesar de ser un dios, el relato del mito nos informa de que tuvo que ejercer ese oficio de mortal (pastor) para cumplir la condena de un año impuesta por Zeus de vivir entre humanos por haber matado a los Cíclopes. Es decir, Cervantes, al asimilar a Apolo con Antonio el hijo, introduce el simbolismo solar de esa divinidad asociado a su papel de custodio del "rebaño". Naturalmente - como ya venimos apuntando -, el rebaño habría que interpretarlo como a la Humanidad que, como se sabe, inició su andadura histórica en las riberas de los ríos Tigris y Éufrates. En tal caso, el carácter fluvial de los orígenes de nuestra civilización encuentra su correlato mitológico en ese río "Anfriso" a donde Apolo "desciende" para "vigilar" la evolución de los hombres.

Como vemos, el análisis de los mitos que se mencionan reviste de coherencia los desproporcionados términos de la comparación sobre los que reparábamos en un principio desde una lectura exclusivamente literal. Sin embargo, aún podríamos seguir encontrando nuevas analogías de sentido en estos dos pastores mitológicos, Argos y Apolo, que nos llevarían a definir más concretamente el tipo de "ganado" que pastoreaban.

Dado que Argos (gigante) y Argo (constructor de la nave Jasón) son homónimos, podríamos sugerir que Cervantes utiliza el carácter polisémico del término para indicarnos un nuevo sentido a sumar al que ya habíamos constatado: la relación entre el viaje marítimo de los personajes del *Persiles* y la expedición de los Argonautas. Pero no solo a partir del mito de Argo(s) llegaríamos a dilucidar tal contexto legendario entre las páginas del *Persiles*, sino que, también, volviendo al "pastor de Anfriso" (Apolo), arribaríamos al mismo escenario mitológico;

---

[250]   *"El pastor de Anfriso* es Apolo, quien hizo pastar, en las riberas de este río, al rebaño de Admeto. (Notter recuerda que las palabras <<pastor ab Amphryso>> están en la *Geórgica II, 2*)" (n.6, p. 263).

[251]   "el oro de la sciencia los antiguos filósofos figuraron en la fábula". Pinciano, *Philosophia Antigua Poética*, p. 210.

[252]   En la mitología griega, Io es una doncella de la ciudad de Argos y sacerdotisa de Hera, que perseguida por Zeus terminó entregándose al dios; el cual, para salvarla de los celos de Hera, la convirtió en una ternera blanca. Pero la diosa exigió a su marido que se la entregase, ordenando posteriormente al gigante de cien ojos Argos Panoptes que la vigilara. A su muerte se transformó en una constelación celeste, que, por motivo de su forma de vaca, constituye, junto con el mito de Europa, una de las hipótesis que informa la instauración de la constelación de TAURO.

pues, según el relato del mito, el dueño del rebaño que pastoreaba Apolo era Admeto[253], el cual había participado también en la expedición de los argonautas.

De estas coincidencias se deduce la intención de Cervantes de aludir a un mismo y trascendental símbolo: el vellocino de oro. Pues, si nuestros personajes se embarcan en una aventura comandados por Periandro en busca de ese Norte-centro que es la "estrella dorada" (Auristela); el "viaje de los Argonautas" nos cuenta la expedición de Jasón, que, capitaneando la nave Argo, se embarca con sus argonautas en pos de esa otra "estrella dorada": el vellocino de oro. Percibido de este modo tal nexo de unión, ¿acaso este episodio del *Persiles* no debería interpretarse también como una nueva versión de esa mítica singladura griega? No en vano, el objeto de la búsqueda es muy similar en ambos casos ("estrella dorada"-Auristela y vellocino de oro). Pero el parecido formal no es suficiente argumento para justificar nuestros planteamientos. En primer lugar, porque si analizamos el símbolo del *vellocino de oro* en su sentido literal de ningún modo se sostiene la idea de que Jasón arriesgase su vida y la de sus argonautas por ir en busca de una piel de carnero, aunque esta fuese de oro puro. Y, si pecamos de simples al constatar esta obviedad es por motivo de reivindicar la necesidad de una interpretación alegórica de una obra (el *Persiles*) que parece pedirlo en cada frase; pues, como en el caso de la aventura de los argonautas, una lectura literal se revela completamente absurda o carente de sentido.

¿Qué simbolizaría, pues, el vellocino de oro y de qué modo encajaría en nuestra hipótesis cosmológica del *Persiles*? La respuesta no es muy complicada si aplicamos los mecanismos interpretativos que venimos empleando; es decir, las referencias a ese "reloj cósmico" en el cómputo de las eras cosmológicas medidas sobre las diferentes constelaciones o signos que se suceden a través de la eclíptica por motivo del movimiento de precesión terrestre. Y, en el caso que nos ocupa, nos encontramos con un vellón o piel de carnero que, de forma incuestionable, nos remite a ese animal como símbolo de Aries. En cuanto al complemento que acompaña al sustantivo "vellón" (de oro), la referencia simbólica al oro apunta al Sol como dios-regidor de los designios sobre la Tierra. Resumiendo, el "vellocino de oro" consistiría en un símbolo que podría representar la conquista y/o el tránsito correcto que debe experimentar la civilización (conforme a las leyes universales trasmitidas en el "pacto" con la divinidad) a través de la era Aries.

Y Antonio el hijo es el héroe designado por Cervantes para llevar a cabo la enorme empresa (o trabajo) de vigilar a las "mansas y hermosas ovejuelas" rodeadas de corsarios (entiéndase por "ovejuelas" a los pilares que deben sustentar a la civilización en la era de Aries).

Pero, además de la exégesis de naturaleza mitológica que hemos efectuado del episodio, esa misma voluntad de Cervantes de asimilar las cualidades del héroe Argos al personaje de Antonio el hijo podría establecerse, ahora exclusivamente en el plano de la forma, mediante el pertinente proceso compositivo: Argos + Antonio = Argantonio, último rey de Tartesos.

Con este nuevo dato que estamos aportando, extraído de los habituales procesos semánticos utilizados por nuestro autor para construir la historia profunda o tema real de la obra, el relato mitológico de los dioses daría paso una figura histórica; pues, Argantonio es el primer monarca histórico de la península ibérica citado por las fuentes de la Antigüedad.[254] Los historiadores sitúan su reinado entre el 630 y el 550 a. C.(final de la era de Aries), aunque se suscita la hipótesis de que el nombre aluda no a un rey sino a toda una dinastía. Y, aún podríamos sorprendernos más al comprobar que el nombre de Tartesos también remite a un río, como en el caso del mito de Apolo con el río Anfriso, donde acude el dios a vigilar a los hombres. Y ese río, que luego se llamará Betis por los romanos y Guadalquivir por los musulmanes, será el que dé nombre a la ciudad y al reino (Tartesos) que, casualmente, se data en una época que coincide con nuestra interpretación temporal y/o cosmológica de los hechos narrados en este episodio del *Persiles*: fines del segundo milenio a. C., es decir, el comienzo de la era de Aries. Sumaremos a todo ello, la expresa alusión que se hace en el texto cervantino del cometido tanto de Argos como de Apolo ("el pastor de Anfriso"), en relación al que debería desempeñar también Antonio el hijo: pastor. En este sentido, Tartesos, situada en el extremo meridional de la

---

[253]   Según el mito griego, Admeto fue rey de Feras, en Tesalia, famoso por su hospitalidad y justicia. Apolo escogió la casa de Admeto para cumplir su año de condena.
[254]   Anacreonte en el s. VI a. C. y Heródoto en el s. V a. C.

península ibérica, tiene una larga tradición ganadera (toros) que incluso persiste en la actualidad.

En resumen, la interpretación que hemos realizado de las relaciones analizadas en el texto, sugiere la existencia de un pasado remoto que imprime al relato un halo de autenticidad que, con las debidas reservas, podría extenderse a todo lo que hemos referido con anterioridad en relación a las eras cosmológicas; en el sentido de que nuestro autor estaría pergeñando su *Historia septentrional* en función del concepto de *verdad histórica* que le proporcionarían los dos tipos de fuentes posibles en razón de la antigüedad de los sucesos relatados en la alegorisis: los mitos y leyendas inmersas en la tradición y en los documentos históricos de la Antigüedad.

Quizás, este análisis que nos ha llevado a sugerir la posibilidad de que el texto esconda en su sentido profundo la idea cíclica de un nuevo comienzo en el devenir humano, halle su justificación en el hecho de que Cervantes haya titulado este capítulo veintiuno (lugar del texto en donde aparece la cita que estamos analizando) con el título mismo que encabeza la novela-epopeya: "de los Trabajos de Persiles y Sigismunda". Porque, desde una estricta perspectiva lógica-racional, repetir el título que da comienzo al libro revelaría una intención de señalar un nuevo comienzo, a escala inferior, dentro del contexto general de obra. En este sentido, ¿no pretendería Cervantes con ello advertirnos de que en este capítulo da comienzo no solo la historia de Periandro sino también la de nuestra Civilización Occidental? No en vano, como venimos aduciendo, en el simbolismo tradicional el comienzo de una era siempre viene representado por la escenificación de la muerte de la anterior:

> Auristela, Transila, Constanza y Ricla quedaron atónitas del suceso y, con callar, le admiraron, y, finalmente, con no pocas lágrimas enterraron a Taurisa (p. 262).

La evidencia que se desprende del relato literal sugiere una interpretación en ese sentido: el fin de la era de Tauro (Taurisa).

En el capítulo siguiente (el veintidós), el capitán del barco de corsarios comienza el relato de su historia que, como iremos analizando en sus aspectos más controvertidos a la par que esclarecedores, consiste en la descripción del escenario en donde se sitúa el inicio de la historia de Periandro, así como de los acontecimientos que generaron y dieron lugar al comienzo *in medias res* con el que nuestro autor abre el capítulo primero del *Persiles*.

Situémonos, pues, en el capítulo veintidós del primer libro. Comienza el relato del "capitán" con una descripción de los aspectos que definen la naturaleza de ese reino-isla del rey Policarpo en donde Periandro, aún sin identificarse como tal, empezará su aventura. Resalta aquí el interés del narrador por referir las peculiaridades de un reino que en nada se asemeja a la imagen de nuestras históricas monarquías hereditarias; sino que, más bien, se parece a una democracia regida por la virtud y la justicia, donde cualquier habitante puede llegar a ser rey si observa una conducta ejemplar y/o virtuosa. Es decir, Cervantes nos propone un gobierno utópico[255] para esta isla fabulosa que se encuentra "junto a la de Hibernia", y que, en palabras del propio narrador: "me dio el cielo por patria" (p. 265).

En una primera aproximación al texto, observamos que tanto la ubicación ("junto a la Hibernia") como la naturaleza celeste ("me la dio el cielo") de la isla nos induce a pensar en la posibilidad de que se nos esté refiriendo algún tipo de información de carácter cosmológico, lo cual se confirmaría con lo que el narrador dice a continuación: "Es tan grande que toma el nombre de reino"; donde la frase podría interpretarse no en parámetros exclusivamente espaciales (grande), que es lo primero que procesa nuestra percepción tras la lectura de esa frase, sino en términos universales (espacio-temporales), tras la pertinente incursión alegórica. En este sentido, la grandeza que manifiesta ese reino fabuloso podría hacer referencia a una magnitud cosmológica: los 2.160 años que la constelación permanece en el firmamento ocupando su lugar en la eclíptica (el tiempo que tarda en recorrer esos 30°), durante los cuales "reinaría" (influirá astrológicamente) sobre la tierra hasta la llegada de la siguiente era.

Recapitulemos. Puesto que es el cielo, según los ciclos estelares que se suceden por motivo de la llamada precesión de los equinoccios, quien señala las "nuevas tierras" o eras que ha de

---

[255]   "Baena (<<Baena ,Julio, *Los trabajos* [...]: la utopía del novelista>>, en *Cervantes*, 1988, VIII: 127-140) abre una puerta ya abierta cuando dice que la isla de Policarpo no tiene nombre porque es...una utopía, un <<no lugar>>" (nota 2, p. 265).

habitar el hombre sucesivamente en su aventura civilizadora, no parece una idea descabellada que Cervantes, conocedor de estos ritmos universales a través de la Tradición, situase literariamente la era de Aries en esa isla del rey Policarpo; pues, en efecto, es el cielo el que da ("dio el cielo por patria") el nombre a la era que ha de regir en la Tierra, esto es, el nombre de la constelación próxima a otra señalada bajo la denominación de Hibernia. En cuanto al significado de *reino*, dentro de este contexto cosmológico/espiritual, habría que interpretarlo desde una perspectiva diferente a la que empleamos habitualmente para referirnos a un reino real; es decir, en nuestra opinión, con un sentido próximo al señalado en la Biblia en el pasaje en que Jesús responde a Pilatos (Juan 18: 36): "Jesús respondió: "Mi reino no es de este mundo; si mi reino fuera de este mundo, mis súbditos lucharían para que yo no fuera entregado a los judíos. Pero mi reino no es de aquí". Es decir, un reino celestial o cosmológico que tendría su reflejo o materialización en la tierra a través de una era o ciclo determinada. Y, en esta línea, podría interpretarse la definición de *reino* que Cervantes pone en boca de ese capitán que está contando su historia:

> Finalmente, reino es donde se vive sin temor de los insolentes y donde cada uno goza lo que es suyo (p. 265).

Es decir, *reino* no como un lugar físico sino como un estado utópico "del ser y del estar", en donde reine la justicia y la equidad. Y esta alusión implícita al concepto de *justicia* que viene a identificarse plenamente con la definición de *reino*, tampoco es gratuita en este punto del relato; sino que podría obedecer a una bien medida intención de manifestar la presencia de un símbolo como expresión de un lugar en el tiempo, era o reino muy concreto: Libra (la balanza, símbolo a su vez de la justicia), que, por hallarse en el mismo eje (opuesto) dentro de ese esquema cíclico o "reloj cósmico", se considera complementario del signo de Aries y por ello necesario para identificar la era en cuestión.

Y, esta idea que estamos sugiriendo, de la definición de *reino* en relación a la era de Aries-Libra, vuelve a ser aludida por nuestro autor "a renglón seguido" como queriendo reafirmarse en su mensaje cosmológico: ">>Esta costumbre, a mi parecer justa y santa, puso el cetro del reino en las manos de Policarpo" (p. 266); donde todos los elementos de la frase podrían tener una función dentro de la idea que se pretende transmitir: *Este movimiento cíclico de las estrellas* ("Esta costumbre"), *que se aparece ante mi en el firmamento en su doble referencia equinoccial como Libra* ("justa") *y Aries* ("y santa": el cordero de Dios), *fija ahora su influencia sobre la tierra* ("puso el cetro del reino") *bajo el gobierno de Policarpo* ("en las manos de Policarpo").

Sin abandonar el esquema cíclico aludido, la posición que ocupa el signo de Libra (en el "reloj cósmico") junto al signo de Virgo podría constituir una prueba que ayude a esclarecer el sentido de la frase que abre el capítulo veintidós: "- Una de las islas que están junto a la de Hibernia me dio el cielo por patria". Donde interpretamos que esa Hibernia mítica, buscada sin descanso (y sin éxito) por la crítica en un mundo real, podría señalar a la representación de la era de Virgo en la ficción cervantina, cuya proximidad con el signo de Libra así lo testimonia.

Y para reforzar esta afirmación recurriremos a la etimología del nombre, pues, la palabra "Hibernia" no solo remite al nombre que daban los romanos a la isla de Irlanda (Tierra del invierno); sino que, además, deriva de *hibernus -a, -um*, que significa invernal o tempestuoso. Es decir, frío o hielo. En tal caso, esta "isla" cervantina se caracterizaría, precisamente, por la presencia de ese clima invernal o helado propio de esas latitudes septentrionales; pero, también, relacionado con las regiones del septentrión celeste[256]: donde una de las constelaciones que se suceden cíclicamente a través de la eclíptica (Virgo) señalaría, según el movimiento de precesión terrestre, el final en la tierra de un largo e intenso período invernal ¿Qué queremos decir con ello? Fundamentalmente, que Cervantes podría estar al corriente de este acontecimiento cosmológico que la tradición sitúa en la era de Virgo (13.000 a. C.).[257]

---

[256] Entendiéndose este como el firmamento visible desde el hemisferio norte.

[257] En relación al conocimiento que en la Antigüedad podría tenerse de estos ciclos cosmológicos, Paul Poësson argumenta lo siguiente: "Se realiza así la ronda de las doce constelaciones, efectuando una estación de 2.160 años bajo la égida de cada una de ellas. [...] Saber esto nos servirá de mucho, pues precisaría lo que la tradición señala en el calendario, a propósito de las épocas de los grandes cataclismos: - Glaciares en la era de Virgo." Poësson, 1976, pp. 55-56.

Una vez hemos salvado este, sin duda, controvertido escollo textual, seguiremos el relato que el capitán de corsarios nos propone y analizaremos el personaje que ostenta el mando en esa isla ¿Quién es ese Policarpo que se ha ganado con su virtud ostentar el cetro de ese "reino estelar"?

Para Carlos Romero Policarpo es: "Literalmente [hombre] que da (o que dé) muchos frutos"(n. 3, p. 266). Lo cual, nos parece correcto desde una lectura literal. Sin embargo, convencidos de la naturaleza plurisignificativa del texto cervantino, nosotros abordaremos la cuestión etimológica desde otras perspectivas. Para empezar, si Romero parece no tener dudas acerca del sentido literal que atribuye al nombre *Policarpo* es porque piensa que Cervantes lo creó de manera premeditada. Es decir, el autor conocía el significado del verbo latino *carpo -psi -ptum*, (recoger, etc...) y, de entre todas las diferentes acepciones, aplicó la que creyó más conveniente, que, a juicio de este crítico, es la que hemos citado. Ahora bien, ese mismo verbo, aplicando otra acepción, podría dar otro sentido al nombre Policarpo: [hombre] que difama, que acosa, que goza mucho, etc... Incluso, el verbo castellano "carpir", derivado del latino *carpere*, significa "Limpiar o escardar la tierra, quitando la hierba inútil o perjudicial". Esta última acepción nos aportaría el sentido de: [hombre] que desbroza mucho, lo cual, aplicado al contexto místico que venimos aduciendo, resultaría que Policarpo podría ser la personificación de la "vía purgativa" en un entorno determinado (en el sentido de arrancar las malas hierbas: las pasiones).

En tal caso, y viendo las numerosas posibilidades que dimanan de un mismo proceso etimológico, no nos parece muy objetiva la argumentación de Romero, y, sin embargo, sí bastante subjetiva. Y no es que no aceptemos su explicación, sino que, al contrario, la compartimos enteramente como parte de un proceso exegético, aunque no exclusivamente literal. Por ello, creemos que las dos explicaciones con base etimológica que hemos presentado podrían ser igualmente válidas, pues en las actuaciones de este personaje todas ellas tienen cabida.

Hechas estas matizaciones, aduciremos, y ahora sí con un criterio marcadamente subjetivo, que el verbo latino *carpo -psi -ptum*, en sentido poético, significa también "recorrer un camino" (*supremun iter carpo*, hacer el último viaje). Es decir, desde esta nueva perspectiva Policarpo pasaría a ser el hombre que recorre muchos caminos. Lo cual estaría en perfecta consonancia con el argumento "peregrino" que centra la obra.

Continuando en el análisis del sentido poético del término, cabalísticamente también podríamos dar una explicación del nombre "Policarpo"; pues, no es la primera vez -ni será la última- que Cervantes recurre a este recurso para nominar. En este sentido, comprobamos cómo de la raíz -CARP de Poli-CARP-o, distribuyendo los fonemas de otro modo tendríamos CAPR, que es la raíz latina de CAPR-EA-AE (cabra montés)[258].

Este nuevo anagrama nominativo nos sitúa en el contexto ovino/caprino que ya habíamos señalado cuando analizábamos los preliminares de la era de Aries (asimilada a "una de las islas que están junto a la de Hibernia"). Aplicando, pues, lo que acabamos de deducir, Policarpo podría interpretarse como: *el rey de la isla de las muchas (POLI) cabras (CARP>CAPR>CAPREA)*", lo cual, traducido al contexto que venimos señalando, representaría al regidor del poder temporal en la tierra en la era de Aries ("cabras monteses" y "ovejuelas"); y donde las "cabras" harían referencia a un sector de esa civilización todavía "asilvestrada" o semi-bárbara (por ello son "cabras montés" y no "ovejuelas", pues estas últimas son así denominadas por Cervantes para diferenciarlas de aquellas; en cuanto a que representan a un grupo humano avanzado espiritual, científica y moralmente en la era de Aries: el simbolizado por Auristela, Constanza y Transila, según se vio), aunque en correcta evolución.

Como vemos, una vez más, los sentidos nunca se agotan en una sola dirección o perspectiva, y, en el texto de Cervantes, este recurso polisémico se convierte en una norma que el exégeta nunca debe saltarse si quiere tener una visión panorámica del mensaje de su autor.

A continuación, la referencia expresa a los "juegos que los gentiles llamaban olímpicos" (p. 266) nos lleva, de forma inequívoca, a la Antigua Grecia. Esto se traduce en nuestro esquema

---

[258] En relación al término *cabra montés* remitimos a lo dicho en el capítulo 2.6., donde se analiza el concepto en: "Admiróme no ver gente alguna, si no algunas cabras monteses y animales pequeños de diversos géneros"(p. 173).

alegórico en que la isla que se halla junto a la de Hibernia, la de Policarpo, señalaría a la época en que floreció en la tierra esta civilización[259], y que se correspondería con la era de Aries.

Siguiendo la lectura del texto, vamos percibiendo la presencia de elementos diegéticos tomados del mito griego de Teseo y el Minotauro, en concreto los sucesos preliminares del relato mitológico; lo cual, constituye, antes que otra cosa, una unión argumental con los acontecimientos narrados al comienzo del libro I (El comienzo del *Persiles in medias res* o el mito del renacimiento del héroe desde el centro del laberinto), en una relación de causa (capítulo 22 del libro I y sucesivos de los libros I y II) y efecto (capítulo 1 del libro I).

Es decir, podríamos afirmar que el comienzo del relato de la historia de Periandro tiene lugar, precisamente, en el punto en que el capitán de corsarios cuenta que:

> vieron venir por mar un barco que le blanqueaban los costados el ser recién despalmado y le facilitaban el romper del agua seis remos que de cada banda traía, impelidos de doce al parecer gallardos mancebos, de dilatadas espaldas y pechos y de nervudos brazos. Venían vestidos de blanco todos, sino el que guiaba el timón, que venía de encarnado, como marinero (p. 267).

Porque si el comienzo de la novela-epopeya *in medias res* nos situaba al héroe Periandro saliendo del centro del laberinto (la cueva-prisión que simboliza la existencia mundana), a partir de ahora y hasta el fin del libro II -como ya habíamos avanzado-, se nos va explicar el modo en que el héroe pudo haber llegado hasta ese lugar mítico.

Pero dejemos, de momento, el mito griego y vayamos al texto ¿Qué representa, pues, ese barco que llega a las playas de la isla de Policarpo?, o, preguntado de otro modo, ¿qué simboliza esa nave que irrumpe con gran vigor en la era de Aries (la isla de Policarpo) para mostrar y enseñar su superioridad (la victoria en los Juegos Olímpicos) a toda una civilización (la Antigua Grecia)?

Dado que la civilización griega es considerada como la cuna de la civilización occidental, la respuesta a la pregunta que hemos planteado la contestaremos desde esa misma perspectiva civilizadora; es decir, que la arribada del barco de Periandro y su tripulación podría interpretarse como la llegada de un conocimiento superior al que ya poseían y que era necesario para la correcta evolución de sus moradores.

Pero ese "conocimiento marinero" que irrumpe con tanta fuerza en los albores de esa nueva era cosmológica debe explicarse, una vez más, desde dos planos diferentes aunque complementarios: el plano cosmológico y el plano humano (macrocosmos y microcosmos).

Analicemos la cita en cuestión. Desde una perspectiva cosmológica, la navegación que sirve de escenario al relato ficcional habría que interpretarla como un universo en constante movimiento, considerado, por su inmensidad, un símil de nuestros océanos terrestres. Pero no se trata aquí de cualquier parte del universo, sino de un sector del mismo en donde puede apreciarse -siguiendo el texto- como "le blanqueaban los costados" al barco. Es decir, somos de la opinión de que la referencia a la blancura con la que es percibida la nave podría ser una alegoría de la región celeste por donde discurre ese barco, que, al blanquear ambos costados, nos induce la idea de que la nave va como encarrilada o "a caballo" de esa blancura. Por supuesto, es necesario emplear la imaginación para acercarnos a estos conceptos que, de un modo más objetivo, permanecerían siempre ocultos tras el discurso literal. Advertida, pues, esta actitud que debe asumir el interpretador, cabría preguntarnos si nuestro autor no querría comunicarnos con ello algún tipo de información demasiado sensible para la época, habida cuenta del rigor desplegado por la Inquisición en materia astronómica[260]. En caso afirmativo, tendría sentido la actitud críptica de un Cervantes humanista deseoso de trasmitir su conocimiento a sus semejantes a pesar del peligro que ello suponía, y que nosotros interpretamos como que la Tierra, junto con nuestro sistema solar, se mueve a través de nuestra galaxia, la Vía Láctea: ese camino de estrellas que cruza el firmamento como si fuera un inmenso "río lechoso" que habría de "blanquear" a todo cuerpo celeste que sobre ella transite

---

[259] Algunos historiadores consideran que los primeros Juegos Olímpicos Antiguos se celebraron en el 776 a.C. en la ciudad de Olimpia. Esto supone, dentro del esquema cosmológico que venimos aplicando en la descodificación de una cronología universal o macrocósmica en el *Persiles*, que estos primeros juegos tuvieron lugar durante la época de apogeo de la era de Aries y poco antes de su declive.

[260] Recuérdese el caso reciente, para Cervantes, de Giordano Bruno, quemado por hereje en 1600.

137

(como el barco de Periandro, al que "le blanqueaban los costados"). Una información, sin duda, demasiado sensible para una época en la que la Iglesia defendía con poco escrúpulo la teoría del geocentrismo de Ptolomeo frente al heliocentrismo de Copérnico y Galileo.

En un sentido macrocósmico, pues, el barco "manchado" de blanco que arriba a las costas de la isla del rey Policarpo simbolizaría a la Tierra en su tránsito espacial, en un punto muy concreto de su trayectoria: la entrada en la era de Aries, según la precesión terrestre. Pero en el texto encontramos otras alusiones que sugieren una matización de ese suceso cosmológico, como podría ser la explicación que da el narrador (el capitán) sobre el blanqueo de los costados de la nave: "el ser recién despalmado",[261] o calafateado,[262] en relación a la noción marinera de preparar la embarcación para una nueva singladura; o, a escala cosmológica, afrontar un nuevo ciclo de navegación estelar durante otros 2.160 años, que son los que rige la era de Aries antes de pasar a la Piscis.

Porque, la circunstancia que se cita en el texto: "y le facilitaban el romper del agua seis remos que de cada banda traía, impelidos de doce al parecer gallardos mancebos", ¿acaso no remite al conocimiento de la sucesión de las eras cosmológicas (la precesión terrestre), donde, para la evolución de la civilización sobre la tierra (para facilitar "romper" las aguas en la navegación) es necesario poseer ese conocimiento cronológico al que se suele aludir con la mención del símbolo ("seis remos que de cada banda traía") y sus contrarios u opuestos ("impelidos de doce al parecer gallardos mancebos")? La alegoría apunta, en nuestra opinión, a esa otra navegación que "parece" realizar la Tierra a través de nuestra galaxia al ir atravesando esas doce regiones celestes o constelaciones que jalonan el recorrido circular de la eclíptica. Pero todo este ritmo y sincronización matemática no sería posible sin la presencia de un elemento que aporte el necesario equilibrio de fuerzas: el Sol, personificado en la diégesis en la figura del timonel vestido de "encarnado" (rojo o fuego).

En conclusión, juzgamos que la alegoría que reviste la escena de la arribada de Periandro no solo a la isla del rey Policarpo sino también a la novela-epopeya, podría interpretarse como la constatación de la llegada de la "luz del Conocimiento/barco" a la era cosmológica (Aries) en que se producen los acontecimientos narrados.

Una vez hemos analizado lo que podría interpretarse como una clase magistral de astronomía cervantina aplicada a la diégesis, abordaremos el mismo tema desde un plano microcósmico o humano. Comoquiera que, según venimos aduciendo, en la obra póstuma de Cervantes resulta muy frecuente la aplicación del concepto especular procedente del neoplatonismo renacentista, veremos cómo el conocimiento astronómico que acabamos de referir tiene su correspondencia en la conciencia de los personajes-peregrinos inmersos cada cual (y a la vez todos juntos) en su camino de iniciación.

Desde esta perspectiva, que remite a los postulados del gnosticismo, el barco y toda su tripulación formarían un conjunto homogéneo: un ente formado por la conciencia/inteligencia del hombre en busca de su iluminación. Y en este reducido espacio limitado a la conciencia individual, deberemos aplicar, siguiendo esa preceptiva especular, similares mecanismos (al menos "semejantes" en la forma) a los señalados en el plano del macrocosmos cervantino.

Centrándonos ahora en el análisis de la nave en cuestión, comprobaremos que se trata de un sincrético y armonioso conjunto de símbolos que reúne sobre sí mismo los aspectos que suelen emplearse para definir ese camino de sabiduría o conocimiento tradicional.[263] A ello, le sumaremos las connotaciones propias de las singladuras marineras, siempre turbadoras y amenazantes y muchas veces necesarias para la expresión de la inefable experiencia trascendente.

Si nos fijamos en la descripción del conjunto barco-tripulación percibiremos la presencia de tres tipos de espacios/entes en una sucesión que va de lo más externo a lo más interno, como si fueran capas que deban ir quitándose hasta llegar al "escondido" interior. De este modo,

---

[261]   "*depalmado* = untado (de brea, sebo, etc.)". (n, 6, p. 267).

[262]   Encontramos una similar intención simbólica en relación al calafateado de la barca en el *Sueño de Polífilo*: "La navecilla era una barca de seis remos, no de juncos sino sólida, y no estaba ennegrecida con pez, sino calafateada por dentro y por fuera con una mixtura preciosa en la que se mezclaban con ordenada cantidad benjuí, resina, almizcle, ámbar, algalia y estoraque." Colonna, *Sueño de Polífilo*, p. 450.

[263]   Recordemos, en este sentido, las tres fases tradicionales de la Gran Obra de la alquimia: negro, blanco y rojo; o de la mística cristiana: vía purgativa, vía iluminativa y vía unitiva.

tenemos: casco o costados, remeros y timonel. Cada uno de esos tres elementos diegéticos está marcado con un color: "blanqueaban">blanqueado, "blanco" y "encarnado", respectivamente. Es decir -según lo señalado en anteriores análisis-, una sucesión de colores que se corresponden con las diferentes etapas que ha de atravesar el postulante en su camino de iniciación o iluminación. Sin embargo, observamos una nota discordante en esta escala cromática: el negro no se contempla y en su lugar aparece un tono de blanco que sugiere la presencia de otro color diferente en su origen (¿negro? > "blanqueaban"). Este esquema que hemos propuesto en relación al origen "negro" de lo que luego se tornará blanco, dado que solo podemos suponerlo, podría invalidar nuestra hipótesis, a no ser que su autor pretendiera con ello aportarnos una información adicional. En tal caso, ¿por qué Cervantes, conocedor de la Tradición, no ha hecho mención al imprescindible color negro de manera literal, símbolo de la primera fase de la iniciación y presente en otros procesos filosóficos como la alquimia? ¿Por qué utiliza en su lugar un color intermedio o en proceso de colorearse ("blanqueaban")?

La cuestión debe responderse atendiendo a dos circunstancias complementarias: la primera, reside en el hecho de que el barco que gobierna Periandro estaba "recién despalmado", que es lo mismo que decir que estaba recién untado de brea, que, aunque en el texto se nos dice explícitamente que su aspecto blanqueado es por motivo de su reciente calafateado ("despalmado"), la referencia semántica apunta mayormente al color negro u oscuro de esta sustancia utilizada para calafatear embarcaciones. Es decir, a pesar de la evidencia literal o formal, la cita se revela portadora de otro sentido mucho más coherente en el plano del contenido, dando lugar a una intencionada paradoja: ¿le "blanqueaban los costados" a un barco recién ennegrecido con brea? En tal caso, parece como si Cervantes pretendiese llamar la atención del lector para que busque el verdadero sentido que se esconde tras esa aparente contrasentido ¿Y dónde buscar? En nuestra opinión, en las diferentes connotaciones etimológicas del término o sentido figurado que se halla en el participio "despalmado" (des-palma-do), que es el causante del desajuste semántico que hace "emblanquecer" lo que debería de ser solo negro. Quedémonos, pues, con la raíz léxica de ese participio (PALMA) y busquemos ahí el sentido propuesto por el autor.

Como es sabido, la hoja de palma se utiliza tradicionalmente en el simbolismo cristiano para representar la victoria del martirio (el triunfo del espíritu sobre la carne), que en la iconografía suele representarse con la muerte-sacrificio de un santo que siempre remite al luto o al color negro. Esta podría ser, creemos, la causa por la que Cervantes nos avisa de que el barco (la conciencia del neófito desde la perspectiva microcósmica) ha sido "recién despalmado"; lo cual, en este contexto alegórico, podría interpretarse como que el postulante o peregrino ha pasado con éxito la prueba decisiva que "corona" la primera etapa de su iniciación (la fase en negro o vía purgativa), por lo que ya es digno de pasar a la siguiente (vía iluminativa) e ir "blanqueando" lo que hasta hace muy poco era solo "negro".[264] Por esta razón, juzgamos, Cervantes nos cuenta que el barco, a pesar de haber sido "recién des-palmado" (ha finalizado la fase alquímica del *nigredo*), comienza a blanquearse.

La segunda circunstancia que complementa lo que acabamos de postular la encontramos en la propia naturaleza moral que caracteriza a los habitantes de la isla de Policarpo, donde, su elevada virtud revela un estado de evolución espiritual y/o de civilización que podría asimilarse al adquirido, ahora en el plano individual o microcósmico, en el curso de esa primera etapa del camino del conocimiento (la fase en negro). En tal caso, la nave que habría de desembarcar en esa isla debería traer un conocimiento superior al que ya poseen sus moradores. Por este motivo, creemos también que Cervantes prescinde del color negro en la barca de su héroe Periandro; pues, aludir a ese color significaría no solo una reiteración de algo que los habitantes de la isla de Policarpo ya habrían superado (el negro en cuanto a que símbolo de una virtud poco evolucionada o en primera fase evolutiva), sino un error en la transmisión del conocimiento tradicional, al confundir el mensaje que se halla tras la sucesión cromática que estructura simbólicamente el camino de elevación espiritual.

---

[264] Este mismo concepto que aquí hemos deducido en relación al carácter "despalmado" que presenta la embarcación-conciencia de Periandro, podría extrapolarse a la experiencia de Teágenes en las *Etiópicas*, que del mismo modo se hace reconocer ante Clariclea con el apelativo de "*palma*": "la palabra *antorcha*, en boca de Clariclea, y la de *palma*, en la de Teágenes, servirán también para reconocerse mutuamente." Heliodoro, *Etiópicas*, p. 199.

Los otros dos espacios/entes que interpretábamos como reflejo de esa "obra" celeste sobre la conciencia del individuo (microcosmos), los remeros y el timonel, plantean menos problemas en su identificación. Para empezar, los colores blanco y rojo con los que se identifican en el texto se corresponden, respectivamente, con las fases segunda (vía iluminativa) y tercera (vía unitiva) del proceso místico tradicional.

Una vez hemos terminado la exégesis de la cita (aunque sin descartar otras igualmente válidas y posibles, que sin duda otros críticos hallarán en ella) que, en nuestra opinión, se correspondería con el comienzo argumental, tanto literal como alegórico, de la historia personal de Periandro,[265] continuaremos analizando los datos que nos proporciona Cervantes del relato de esa mítica arribada:

> "- Señor, estos mis compañeros y yo, habiendo tenido noticia destos juegos, venimos a servirte y hallarnos en ellos, y no de lejas tierras, sino desde una nave que dejamos en la isla Scinta, que no está lejos de aquí"(pp. 267-268).

La ubicación de esa isla de Scinta, en su sentido estrictamente literal, se nos presenta tan esquiva como la otra de Hibernia. Aunque verosímil, dentro de ese contexto geográfico septentrional en relación a islas más sugerentes (Hibernia, Inglaterra, Bituania, etc.), no remite, sin embargo, a ninguna isla en concreto.

Porque si leyésemos el texto sin un objetivo declarado de antemano, observaríamos que el propio narrador-Periandro no dice que viene de su patria o de un lugar terrestre de naturaleza similar, que sería lo usual; sino que se limita a manifestar que ha llegado procedente de ¿una nave? ("venimos [...] y no de lejas tierras, sino desde una nave que dejamos en la isla Scinta"). Es decir, parece que a Cervantes no le interesa tanto expresar que vienen de un lugar en concreto (ubicación terrestre) como señalar el hecho de que llegan navegando procedentes de otra nave (ubicación marítima o, desde una perspectiva simbológica, estelar-espacial). Y la única referencia terrestre que se nos ofrece es la de una isla imaginaria en donde han atracado la nave mayor: Scinta.

En este orden de cosas, ¿por qué emplear nuestros esfuerzos en tratar de ubicar lugares imaginarios en un mapa? Scinta, pues, no debe interpretarse como un lugar ("que no está lejos de aquí") en un sentido geográfico o real; sino en relación a un tiempo o era cosmológica próximo a lo simbolizado por la isla del rey Policarpo (como ocurría con Hibernia).

Si nos situamos frente a ese "reloj cósmico" medidor de los ciclos temporales a escala celeste, observaremos que a un lado de la constelación/era de Libra (no debemos olvidar que los dos signos que se oponen en el mismo eje son los símbolos que tradicionalmente se consideran a la hora de referirse a una era cosmológica determinada) se encuentra Virgo (Hibernia, según se vio) y al otro Escorpión. Pues bien, según nuestra hipótesis cosmológica, esa proximidad que manifiesta el narrador-Periandro cuando dice que Scinta "no está lejos de aquí" podría señalar a la recién acabada (recordemos la reciente muerte de Taurisa) era de Tauro-Escorpión, y su nombre ser el resultado de otro juego de palabras o anagrama practicado sobre los sustantivos Escorpión-Tauro como símbolo identificador de esa era que acaba de terminar: e**S**-**C**or-p**I**-o**N**-**TA**-u-ro = S-C-I-N-T-A (Scinta).

Porque esos "navegantes" capitaneados por Periandro, como el propio narrador expresa en la cita que estamos analizando, no vienen de tierras lejanas sino de tiempos lejanos; pues el motivo que les hace moverse a través de esos "mares infinitos" o eras cosmológicas no es otro que el de servir y hallarse ("venimos a servirte y hallarnos en ellos") en un acontecimiento de primer orden tanto a nivel humano (los Juegos Olímpicos como alegoría de la transmisión de una sabiduría ancestral) como a escala universal: el hecho de que la civilización se halle en la era de Aries, es decir, ¿a tan solo una era (Piscis) de alcanzar la Edad de Oro en la era de Acuario?

---

[265] El "nacimiento" de Periandro del interior de la cueva, que se narra al comienzo de la novela, constituiría la imagen del héroe-peregrino justo en el trance de superar la primera de las fases (el *nigredo*) del camino del Conocimiento gnosis.

1.14. Los juegos "Olímpicos" de la isla del rey Policarpo: una alegoría del camino de iniciación

Como acabamos de constatar, los juegos "Olímpicos" desempeñan en la diégesis la función de señalar ese momento en la historia cíclica de la civilización en que tanto la Humanidad (macrocosmos) como el hombre individual (microcosmos), literalmente, "se la juegan". Es decir, estos juegos simbolizan la ocasión de un salto evolutivo capital en la evolución de la civilización y, para ello, es imprescindible la presencia de seres (conciencias) excepcionales (Periandro y sus tripulantes) que asuman la responsabilidad de transmitir la "técnica" necesaria para vencer en ellos y posibilitar el pertinente "salto evolutivo". En este contexto mítico-universal, los juegos representarían en el texto una especie de alegoría de los métodos que la divinidad (¿los dioses Olímpicos?) emplearía para relacionarse con su creación e impulsarla hacia sí mismo (Centro = Norte = Auristela). No en vano, ¿acaso esa antigua competición deportiva no tenía la finalidad de premiar a quién destacase entre todos los mortales por sus excepcionales cualidades físicas, en cuanto a referente en la tierra de la imagen más aproximada de la divinidad?, y, en este orden de cosas, un ser creado a imagen y semejanza de Dios[266], ¿no ha de tener la legítima ambición de aspirar a parecerse a su padre o creador? Porque, para Cervantes, que no debería ignorar esta vetusta filosofía formante de su pensamiento humanista, solo existe un modo de vencer en el -llamémoslo- "juego de la divinidad" (los juegos Olímpicos en la ficción cervantina) y es participando activamente en el Camino del Conocimiento: la gnosis.

Conscientes de lo atrevido de nuestra hipótesis, reforzaremos estos argumentos con alguna cuestión que parece haber pasado desapercibida para buena parte de la crítica. Nos referimos a la circunstancia de que sea Periandro el único de los marineros, venidos desde Scinta, que tome partido en los juegos, máxime cuando antes de comenzar la competición se nos describe la fortaleza de sus compañeros remeros ("doce al parecer gallardos mancebos, de dilatadas espaldas y pechos y nervudos brazos") en contraste con la "delicadeza" declarada de Periandro:

> mancebo de poca edad, cuyas mejillas, desembarazadas y limpias, mostraban ser de nieve y de grana, los cabellos, anillos de oro y cada una parte del rostro tan perfecta y, todas juntas, tan hermosas, que formaban un conjunto admirable (p. 267).

En conclusión, no resulta muy verosímil el hecho de presentar a un glorioso vencedor de los juegos bajo una apariencia afeminada[267] y desestimar o no aludir a la participación en los mismos de sus robustos y varoniles compañeros. Además, nos encontramos con la circunstancia excepcional de que el héroe participa en las cinco competiciones y las gana todas con gran ventaja[268]. En tal caso, la historia, sin llegar a ser inverosímil, no se sostiene desde una perspectiva realista, por lo que deberemos aplicar los procedimientos exegéticos que ya son habituales en nuestro análisis.

Y todo apunta a la consideración de aquello que represente el conjunto de Periandro y sus remeros. Porque, lo que ha desembarcado en la playa de la isla del rey Policarpo debe interpretarse como un solo ser, compuesto de 12 esforzados remeros (el cuerpo de esa entidad) y de un timonel (el alma-inteligencia de ese mismo ente colectivo): "Llegó con furia el barco a la orilla y el encallar en ella y el saltar todos los que en él venían en tierra fue una misma cosa." (p. 267). Es decir, esa unidad a la que nos referimos se manifiesta de manera explícita en el texto justo en el momento en que la embarcación toca tierra. Y, por si hubiese alguna duda acerca del sentido de unidad que caracteriza al grupo, en el momento en que se narra la competición de lucha se describe a Periandro con los mismos atributos físicos que los remeros que lo acompañan: "descubrió sus dilatadas espaldas, sus anchos y fortísimos pechos y los

---

[266] *Génesis* (1:26): "Después dijo Dios: Hagamos al hombre a nuestra imagen, según nuestra propia semejanza."

[267] Más adelante, en el relato de la competición de "lucha", el narrador nos ofrece un descripción de Periandro acorde con su masculinidad.

[268] Romero, tras constatar la influencia de otros juegos atléticos en las victorias de Periandro (como los juegos funerales en honor de Anquises, narrados por Virgilio en el libro V de su poema, o los juegos celebrados en Delos, de los que habla Heliodoro (IV)), concluye aduciendo que: "Las victorias de *este joven* del *Persiles* son quizá - o sin quizá - demasiadas" (nota 18, p. 271).

141

nervios y músculos de sus fuertes brazos" (pp. 269-270). Lo cual, reafirma la interpretación que hicimos del barco y sus marineros como símbolo de una entidad supra-humana provista, a imagen de toda creación universal, de un cuerpo (representado en el vigor físico de los doce remeros) y de un alma (reflejada en la delicadeza femenina del rostro del timonel).

Y esa es la razón por la que ninguno de los remeros participa en los juegos a título individual, sino formando parte de un conjunto homogéneo y evolucionado (cuerpo y alma) que aventaja de manera extraordinaria a los atónitos moradores de la isla. ¿Acaso no pretenderá Cervantes decirnos con ello que el factor de crecimiento evolutivo de la civilización depende de la correcta conjunción de esos dos constituyentes humanos?

Pero la alegoría de los juegos todavía nos reserva una gran sorpresa, pues, bajo la pueril apariencia de un concurso atlético se encuentra un doble programa simbólico: microcósmico y macrocósmico. En el primer caso nos encontramos con un sutil programa de iniciación compuesto de cinco pruebas que constituyen, en nuestra opinión, un resumen de los procesos gnósticos conducentes a la iluminación del místico-peregrino; el cual se compone de otros procedimientos menores, como así se sugiere en: "entre otras pruebas que no cuento" (p. 271). Y, en el segundo caso, nos hallamos con una especie de resumen del camino cíclico de la civilización en relación a las referencias cosmológicas. Nuestra interpretación de las cinco competiciones atléticas sería la siguiente:

1º). La carrera. En un contexto microcósmico representaría el necesario camino de peregrinación a recorrer, donde el héroe aventaja al resto de corredores porque emplea su inteligencia y no solo su fuerza para recorrerlo.

Pero desde una perspectiva macrocósmica la cuestión se presenta mucho más compleja, pues creemos que nos hallamos ante la expresión cabalística de la longitud del camino recorrido por la Humanidad medido en magnitudes temporales. Para empezar, llama la atención el papel de espectadores que el narrador asigna a los doce acompañantes de Periandro ("sus doce compañeros se pusieron a un lado, a ser espectadores de la carrera"[p. 268]), donde podríamos vislumbrar la imagen de las doce constelaciones que se suceden cíclicamente en la eclíptica para ser observadas (y "observar") desde la Tierra. El comienzo de la carrera: "Sonó una trompeta" (p. 268), también nos recuerda a los comienzos del *Apocalipsis* de San Juan (1: 10): "Caí en éxtasis el día del Señor y oí detrás de mí una voz potente como de trompeta". A continuación, el sistema mecánico utilizado para "dar la salida" a la carrera ("soltaron la cuerda") nos remite a esos otros comienzos de Periandro de las profundidades de la cueva-mazmorra; en donde, de igual forma, aparecían cinco bárbaros (cuatro y Corsicurvo) en relación a los cinco competidores que se habrán de medir aquí con Periandro. La particularidad -digamos- aérea que manifiestan esos cinco contrincantes en el momento de salida de la prueba ("arrojándose al vuelo los cinco"[p. 269]), es un claro indicio de la naturaleza celeste que representan; en el sentido de que la carrera lo es en relación al movimiento que se aprecia de las constelaciones por motivo de la precesión terrestre, y, por tanto, el número de corredores simbolizaría las cinco eras que han pasado desde el comienzo en Leo (Leo-Cáncer-Géminis-Tauro y la actual en la que se narra el episodio: Aries). Por último, tendríamos que destacar la intención de un Cervantes erudito que no da su conocimiento a cualquier precio, pues, lo que sigue en el relato, bien podría constituir la exposición de un problema matemático que apela a su resolución: "pero aún no habrían dado veinte pasos, cuando con más de seis se les aventajó el recién venido y, a los treinta, ya los llevaba de ventaja más de quince. Finalmente, se los dejó a poco más de la mitad del camino, como si fueran estatuas inmóviles" (p. 269). La carrera, pues, que ha recorrido Periandro se encuentra bastante definida desde esta perspectiva cosmológica, sobre todo si pudiéramos llegar a resolver el enigma matemático que plantea.

2º. La esgrima. Donde el simbolismo de "la espada negra" que utiliza Periandro: "Tomó el ganancioso la espada negra" (p. 269), nos remite, por un lado, a la vía andariega iniciática por antonomasia, el Camino de Santiago, pues se trata de un recorrido de muerte (hacia la tumba del Apóstol, por ello asociada semánticamente al color negro) que también recibe el nombre de Santiago de la Espada; y, por otro, a través de la descripción de las partes del cuerpo a las que se debe atacar para vencer a sus oponentes: "les cerró las bocas, moqueó las narices, les selló los ojos y les santiguó las cabezas" (p. 269), esto es, a los sentidos humanos. Es decir, interpretamos aquí que el peregrino que decida acometer el camino del conocimiento debe actuar con decisión (la espada) en esa carrera hacia su propia muerte mística ("negra"), donde deberá herir a sus propios sentidos (los puntos vitales a atacar), pues estos le ofrecen una visión engañosa o limitada de su verdadera naturaleza divina.

En relación a la expresión "les santiguó las cabezas", que en el relato de la lucha se corresponde con el último de los golpes asestados (¿el de "gracia"?), encontramos un paralelismo con el mito que narra el nacimiento maravilloso de Atenea (la sabiduría) -del que ya nos hemos ocupado *in extenso*-; pues, la expresión "santiguó" remite a un golpe de espada especialmente "santo" propinado en el lugar del cuerpo (la cabeza) en donde tradicionalmente se sitúa el alma-inteligencia ¿Quizá con la intención de despertarla?

3º. La lucha. En esta competición, donde dos contrincantes se oponen con la fuerza de su propia naturaleza física, encontramos un terreno abonado para la representación simbólica de la lucha del místico por vencer su propia naturaleza animal. Ocurre, sin embargo, que en el relato de los juegos el combate no consiste en derrotar al otro oponente, sino de vencer a seis. Ello nos induce a plantearnos la posibilidad de que, en realidad, esa lucha del místico por vencerse a sí mismo se estructure en una serie de fases sucesivas (¿seis?) que deben superarse para llegar a una séptima y definitiva,[269] con arreglo a un proceso trascendente que se revela como universal.[270]

En el texto, se reafirma la victoria simbólica de Periandro-peregrino (hombre-divino) en ese combate místico cuando dice: "y con destreza y maña increíble, hizo que las espaldas de los seis luchadores, a despecho y pesar suyo, quedasen impresas en la tierra." (p. 270), donde la victoria sobre los seis oponentes se entiende como una forma de doblegar la naturaleza terrena de esos luchadores, y, más profundamente, como un sometimiento de la propia; pues lo que interesa al penitente-peregrino es quitarse el "lastre terreno" para poder elevarse. Lo cual se comprueba cuando se nos dice finalmente que Periandro consigue que las espaldas (que es lo opuesto a los pechos-"despechos", con un sentido equiparable a las parejas de contrarios bien/mal, cielo/tierra) de sus contrincantes "quedasen impresas en la tierra".

4º. Lanzamiento de jabalina. En este punto, debemos incidir previamente en la naturaleza de esa "pesada barra" que habría de ser lanzada lo más lejos posible para ganar en la competición. De su escueta mención entendemos que se trata de una barra de metal (hierro, atendiendo a la cronología de los Juegos Olímpicos), lo cual, nos introduce en el simbolismo de la forja de los metales como alegoría de la vía de purificación del místico.[271]

Para empezar, deberíamos fijarnos en el comienzo del relato de la competición: "Asió luego de una pesada barra que estaba hincada en el suelo, porque era el tirarla el cuarto certamen"(p. 270); porque, sin necesidad de grandes esfuerzos imaginativos, podemos vislumbrar la presencia de todos los formantes de un mito muy popular: la leyenda de la espada Excalibur, dentro del mito del rey Arturo, su legítimo propietario. La imagen que se proyecta del fabuloso rey Arturo sacando la espada de la piedra podría asimilarse a lo referido en el texto: "barra pesada" = espada, "hincada en el suelo" = clavada en una piedra, "tirarla" =sacarla, "cuarto certamen" = cuarta certeza, Periandro = Arturo.

Pero la gesta legendaria del rey Arturo versionada por Cervantes con ese lanzamiento fabuloso de jabalina podría, a su vez, interpretarse dentro del plano de una realidad muy concreta: la peregrinación. Pues, tanto la circunstancia que se deriva del lanzamiento: salvar una larga distancia, como el hecho de que el mismo se haya realizado hacia el mar, constituye una alegoría del camino de penitencia por antonomasia: el Camino de Santiago. Y estos argumentos podrían completarse si tenemos en cuenta el sentido que atribuíamos a esa "barra" de metal en relación al mito de Hefesto y la forja de los metales; pues, así como en el proceso de forja del hierro, el mineral (el peregrino) es triturado y calentado (el efecto del sol) en la fragua (el

---

[269]   Dice Charpentier en relación a esas siete fases "penitentes"dentro de la ruta de peregrinación ibérica conocida como Camino de Santiago: "En el camino iniciático de Santiago hay siete puertas, siete desfiladeros de montaña, más o menos ásperos, más o menos difíciles de cruzar". Charpentier, 1974, p. 185.

[270]   Leemos en el *Sueño de Polífilo*: "Y dijo: <<Pienso yo, Polífilo, que no entiendes la naturaleza de este lugar admirable. Escucha: quien entra, no puede retroceder; como ves, aquellas atalayas distribuidas aquí y allá, distan siete vueltas unas de otras, y el mayor daño que sufren los que penetran aquí es que en la entrada de la atalaya central mora un dragón mortífero, voracísimo e invisible; y es muy peligroso, porque las personas que navegan confiadas por una y otra parte no lo pueden ver y, por tanto, circunstancia terrible, no lo pueden evitar." Colonna, *Sueño de Polífilo*, p. 245.

[271]   En mitología grecorromana, la alegoría de los metales nos ha llegado a través del mito de Hefesto-Vulcano.

camino) y golpeado para quitar las impurezas (el esfuerzo continuo), finalmente necesita endurecerse introduciéndose en el agua (la llegada al océano): la peregrinación al *finisterrae*.

5º. Tiro de ballesta. El hecho de constituir la quinta (recordemos el simbolismo del número cinco) y última de las pruebas nos pone en sobre aviso acerca de lo que vamos a encontrarnos:

> "Pusiéronle luego la ballesta en las manos y algunas flechas, y mostráronle un árbol muy alto y muy liso, al cabo del cual estaba hincada una media lanza y, en ella, de un hilo, estaba asida una paloma, a la cual habían de tirar no más de un tiro los que en aquel certamen quisiesen probarse." (p. 270).

Dentro de este mismo contexto gnóstico, la imagen que se nos trasmite de la "media lanza" hincada en lo más alto de "un árbol muy alto y muy liso" (¿una cruz?) y, unida a ella, "de un hilo, estaba asida una paloma" (el espíritu), constituye una alegoría de la crucifixión; concretamente, del momento último antes de expirar. En este sentido, la escena compondría un cuadro que simbolizaría el suplicio final del místico en su camino de iluminación.

Los disparos de los diferentes competidores da pie a nuestro autor para introducir diferentes comentarios acerca de este clímax trascendente, en el sentido de mostrar la diferente opinión que se tenía a la hora de interpretar esos misterios. De este modo, reserva el primer lugar de su crítica a los pretenciosos que alardean de la superioridad del conocimiento realista (engañoso) por encima del verdadero conocimiento de las leyes naturales o universales, cuando dice en relación a los competidores que fallan el tiro:

> "Uno que presumía de certero, se adelantó y tomó la mano, creo yo, pensando derribar la paloma antes que otro; tiró, y clavó su flecha casi en el fin de la lanza, del cual golpe azorada la paloma, se levantó en el aire; y luego otro, no menos presumido que el primero, tiró, con tan gentil certería que rompió el hilo donde estaba asida la paloma, que, suelta y libre del lazo que la detenía, entregó su libertad al viento y batió las alas con priesa."(p. 270).

Interpretamos aquí que Cervantes cuestiona a aquellos que se creen doctos ("Uno que presumía de certero", "otro, no menos presumido que el primero") y emplean sus vidas en una salvación de sus almas (la caza de la paloma) completamente errada o equivocada (como el tiro fallido); incluso, provocando con su ignorancia daños muy graves a una colectividad que, al seguirlos en sus juicios y proclamas, no perciben que roto "el hilo donde estaba asida la paloma", nadie podrá llegar a cazarla.

Al final, la flecha disparada por Periandro acertó a la paloma en pleno vuelo ganando el concurso de tiro. Es decir, Periandro recupera para los hombres la posibilidad de "cazar la paloma" (¿trascender espiritualmente?) a pesar de las malas expectativas (el hilo habría sido roto por los hombres presuntamente doctos y la paloma, libre, sería ya imposible de cazar ¿Quizá una alegoría de la rotura del pacto con la divinidad?) que había generado el hombre en su desviada evolución.

Pero no habrá de ser este un disparo al uso, sino que Cervantes, al objeto de informar al lector sobre el verdadero significado profundo de esa flecha y así recuperarlo de un más que posible extravío literal, nos describe la maravillosa trayectoria de la saeta hasta impactar con el ave:

> Pero él ya acostumbrado a ganar los primeros premios disparó su flecha y, como si mandara lo que había de hacer y ella tuviera entendimiento para obedecerle, así lo hizo, pues, dividiendo el aire con un rasgado y tendido silbo, llegó a la paloma y le pasó el corazón de parte a parte, quitándole a un mismo punto el vuelo y la vida (pp. 270-271).

Porque esa flecha no parece que se comporte como un objeto material e inanimado, sino que, más bien, se muestra como algo dotado de inteligencia, una prolongación o emanación de la voluntad victoriosa del peregrino Periandro (como si mandara lo que habría de hacerse y ella tuviera entendimiento para obedecerle). En tal caso, el simbolismo de la flecha y la mención al corazón traspasado de la paloma nos sitúa en un contexto muy específico: el mito de Apolo, dios solar asimilado a Cristo, que preside las iniciaciones y que utiliza las flechas como extensión de su poder amoroso.

Y con esta quinta prueba finaliza el relato del capitán sobre los juegos "Olímpicos" del rey Policarpo, ¿o deberíamos denominarlos: *las pruebas que deben superar los hombres de todo tiempo y lugar que aspiren a elevarse al Olimpo de los dioses?*

Periandro, brillante campeón de los juegos, nos sorprende al final del capítulo veintidós con un ejercicio de humildad que se halla a la altura del estatus sapiencial alcanzado, cuando puesto de rodillas ante su anfitrión Policarpo dice lo siguiente:

> "- Nuestra nave quedó sola y desamparada; la noche cierra algo oscura; los premios que puedo esperar (que, por ser de tu mano, se deben estimar en lo posible), quiero, ¡oh gran señor!, que los dilates, que con más espacio y comodidad pienso volver a servirte." (p. 271).

En esta cita, más que en cualquier otra que hayamos analizado, el gran vencedor de los juegos, Periandro, se revela como la personificación del espíritu civilizador que impulsa a los pueblos en pos de su evolución. Para empezar, nuestro héroe "solar" deja entrever en su discurso el aspecto cíclico al que está sometida la evolución de la Humanidad; pues, al manifestar que "Nuestra nave quedó sola y desamparada", hace referencia a un tiempo (era) pasado y a unas circunstancias apocalípticas (la "nave"/Tierra quedó "sola"/despoblada y "desamparada"/sumida en el caos). Pero el reino/era de Policarpo no se presenta más halagüeño, pues, como se dice en el texto, "la noche cierra algo oscura"; es decir, Periandro realiza un vaticinio acerca del infortunado destino que le aguarda a la civilización simbolizada bajo el signo de la "cabra montés" (PoliCARPo > CARPo > CAPRea > CABRA): la era de Aries.

Al final de su participación en el olímpico episodio, el héroe deja abierta la puerta a un posible retorno, y así lo expresa Periandro cuando dice: "con más espacio y comodidad pienso volver a servirte". Es decir, esta frase podría interpretarse en sentido cosmológico o macrocósmico como que el héroe (lo simbolizado por este personaje, según se vio) regresará cuando la era/constelación (Aries) haya "pasado" y la Humanidad avanzado tecnológicamente (por ello tiene sentido que se diga que vendrá "con más comodidad").

Sin duda, este final de la cita se revela harto inquietante, pues, con el anuncio de ese retorno de tintes "proféticos" por parte de Periandro, ¿acaso Cervantes no se estaría refiriendo a la venida cíclica de un nuevo Apolo salvador de la civilización occidental, de cuya llegada tenemos constancia documental en los comienzos de la era de Piscis (Jesucristo), esto es, después de la era de Aries?

Pero las reminiscencias textuales a un Cristo redentor no acaban con la figura del héroe vencedor de los juegos (Periandro-Apolo), ni con su promesa de una segunda venida a título de "salvador de la civilización" (como la Parusía para los cristianos); pues, en el párrafo que cierra el capítulo 22, nos encontramos con una expresión de clara influencia bíblica. Dice Sinforosa, prendada de la personalidad de Periandro, después de que este hubiera renunciado a los premios que le distinguen como único vencedor en los juegos:

> "- Cuando mi padre sea tan venturoso de que volváis a verle, veréis cómo no vendréis a servirle, sino a ser servido." (p. 272).

Esta frase, que parece haber pasado desapercibida también para la crítica, podría ser una versión (inversa) de Mateo (20:26-28):

> "No será así entre vosotros, sino que aquel de entre vosotros que quiera ser grande, que sea vuestro servidor; y el que quiera de entre vosotros ser el primero, que sea vuestro siervo. Como el Hijo del hombre no vino a ser servido, sino a servir, y dar su vida en redención de muchos".

En resumen, esta arribada de Periandro para participar en los juegos "Olímpicos" resulta ser una velada declaración de intenciones de nuestro autor, donde subyace la idea que venimos defendiendo de un planteamiento cíclico del devenir de la Humanidad serpenteando entre las páginas del *Persiles*: un pasado apocalíptico (Scinta > era de Escorpión/Tauro), un presente poco halagüeño (el de Policarpo = era de Aries) y un futuro cargado de incertidumbre (noticia del regreso del héroe civilizador en la era de Piscis, que es la siguiente en el "reloj cósmico" y se corresponde con el nacimiento de Cristo).

145

En la interpretación que hagamos de los capítulos correspondientes al libro segundo analizaremos cómo el mito de Teseo y el Minotauro (más adelante, también el de Perseo y Medusa) se incardina en la diégesis mediante una serie de paralelismos que, por un lado, nos servirá para justificar la cohesión argumental entre el principio literal de la novela-epopeya (*in medias res*)[272] y el verdadero inicio o comienzo alegórico de la historia de Periandro (*ab ovo*); y, por otro, nos ayudará a percibir cómo la profundidad del mensaje de Cervantes continúa articulándose en torno al mito del laberinto-peregrinación.

2. LIBRO SEGUNDO

Decíamos en páginas anteriores, que estos dos primeros libros nos muestran la experiencia vital de los diferentes héroes (Antonio el bárbaro, Rutilio y Manuel de Sosa y el propio Periandro) a través de este "laberinto bizantino" como expresión literaria del camino de liberación de las pasiones postulada por gnósticos y/o neoplatónicos. Situados, pues, en este contexto trascendente, la incertidumbre del viaje marítimo, el acecho permanente de la muerte, las brumas, las nieves, el frío, la ausencia de luz, el ambiente "septentrional" en general, constituye en su conjunto el escenario ideal o cronotopo que mejor ilustra ese viaje interior que tiene lugar en la conciencia del místico: el espacio por el que el héroe Periandro (Teseo) se adentra con la tajante decisión de liberar a la sin par Auristela (su propia alma encerada en la cárcel platónica), aunque para ello sea necesario previamente llegar al centro de ese recorrido fabuloso y derrotar al Minotauro.

Resulta muy revelador, por el paralelismo con el proceso iniciático que se desarrolla a lo largo del *Persiles* en relación al mito aludido de Teseo y el Minotauro (sobre todo en estos dos libros primeros), el diálogo que abre el *Fedón* de Platón, donde se cuenta la circunstancia de la muerte de Sócrates:

> FEDÓN. - ¿Ni siquiera os habéis enterado, entonces, de qué manera se llevó a cabo el proceso?
>
> EQUÉC. - Sí, eso nos lo ha contado alguien. Y nos extrañamos por cierto de que, acabado el juicio, hace bastante tiempo, muriera mucho después, según es evidente. ¿Por qué fue así Fedón?
>
> FEDÓN. - Hubo con él, Equécrates, una coincidencia: el día antes del juicio dio la casualidad de que estaba con la guirnalda puesta la popa del navío que envían los atenienses a Delos.
>
> EQUÉC. - Y ese navío, ¿qué es?
>
> FEDÓN. - La nave en la que, según dicen los atenienses, llevó Teseo un día a Creta a aquellas siete parejas, y no solo las salvó, sino que también el quedó a salvo. Hicieron entonces los atenienses, según se dice, el voto a Apolo de que si se salvaban llevarían todos los años a Delos una peregrinación; peregrinación esta que desde entonces envían siempre cada año al dios, incluso ahora. Pues bien, una vez que comienzan la peregrinación, tienen la costumbre de tener libre de impureza a la ciudad durante ese tiempo, y de no dar muerte a nadie por orden estatal, hasta que la nave llegue a Delos y regrese de nuevo a Atenas. Y esto, a veces, cuando por una contingencia los vientos los detienen, lleva mucho tiempo. La peregrinación comienza una vez que el sacerdote de Apolo corona la popa de la nave; y esta ceremonia, como digo, era la que casualmente se había celebrado a víspera del juicio. Por esta razón fue mucho el tiempo que pasó Sócrates en la prisión desde su sentencia hasta su muerte.[273]

La muerte de Sócrates, contada por Platón en el *Fedón*,[274] constituye uno de los testimonios escritos más contundentes, más descriptivo, más filosófico y más griego que podamos encontrar en referencia a la correcta interpretación alegórico-mitológica de la obra más bizantina de Cervantes.

---

[272]   Nos remitimos al capítulo que abre el análisis de este primer libro: El comienzo del *Persiles in medias res* o el mito de Teseo entrando en el laberinto.

[273]   Platón, *Fedón*, pp. 32-33.

[274]   "La concepción de la muerte que expone Sócrates en el <<Fedón>> es, según se cree, una concepción platónica, no socrática, en esencia. La actitud del filósofo ante la muerte y el suicidio (61c-63e), la consideración de la muerte como liberación del pensamiento (63c-67b), la esperanza de un buen fin de <<viaje>> (67b-68b), la doctrina de la supervivencia del alma (69e-72e), todo, en fin, supone un grado de elaboración extraordinario." Caro Baroja, 1985, n. 18, p. 148.

Por desgracia, nuevamente, ni el tiempo ni el espacio nos permitiría realizar un estudio comparativo completo sobre el *Fedón* y el *Persiles*, por lo que nos ceñiremos a la cita aludida y a algunos apuntes aislados que vayamos utilizando.

Limitados, pues, aunque suficientes a nuestros fines, lo primero que nos llama la atención de este texto del filósofo ateniense es la estrecha relación que se establece entre tres de los conceptos más caros a nuestra exégesis persilesista: la muerte-resurrección, la navegación y la peregrinación. En resumen, un compendio de los misterios que conducen al hombre a esa liberación platónica de la que hablamos; donde, al igual que en el *Persiles*, se comprueba esa unión que hace universal a los relatos literarios: un pasado glorioso (la gesta de Teseo), un presente heroico como ejemplo de la actualidad de lo que se cuenta (la muerte de Sócrates) y un futuro esperanzador (la promesa de una peregrinación/navegación anual a Delos)

En primer lugar, sorprende que Fedón se refiera a la muerte de su maestro como a un "proceso". Es decir, desde el principio, parece que Platón nos está avisando de que su *Diálogo* será una descripción del *proceso metafísico de morirse*, y no una simple rememorización del funesto final de su maestro. Lo cual nos acerca a la perspectiva iniciática, donde toda la experiencia místico-gnóstica conduce a ese final caracterizado por la pérdida de la antigua identidad ("muerte mística").

Comienza diciendo Fedón que el proceso de la muerte de Sócrates coincide con una singladura muy especial: la de la peregrinación a Delos. Lo cual nos lleva, de forma irrevocable, a la navegación de Periandro, entendida -según venimos manifestando- como una "peregrinación interior".

A continuación, ese mismo personaje da cuenta de que la citada singladura ritual es la causante de la demora de la "muerte" de Sócrates, y no solo eso, sino que, además, la marítima peregrinación constituye el recuerdo ritual de la mítica gesta de Teseo contra el Minotauro. En este punto, por manifestarse claramente la intencionalidad de Platón, queda constatada la relación entre el antiguo mito, la filosofía platónica inmersa en el mismo y la voluntad cervantina de subvertir este conjunto doctrinal, sutilmente alegorizado a través del relato de una peregrinación.

Recordemos, ahora en relación al mito del laberinto cretense, que son siete parejas (siete doncellas y siete jóvenes) lo que constituía el tributo a pagar al rey Minos cada nueve años para ser devoradas por el Minotauro. Ese era el gran drama (alegórico) que minaba la voluntad y la vida de los atenienses. Quizá, en esta circunstancia relatada en el mito se halle la alegoría de un mundo condenado a no poder liberarse de las cadenas que sujetan al hombre a la tierra -según la concepción platónica de las almas-; pues, en la mención a las siete parejas sacrificadas cada nueve años intuimos el fracaso de la civilización humana que, al ser devoradas cíclicamente y sin posibilidad de salvarse, revela la magnitud de esos eslabones que mantienen al hombre esclavo de su propia querencia terrenal (las pasiones). Teseo, como Periandro, príncipes ambos de sus propios reinos terrenales, acometerán el duro trabajo de vencer al monstruo (¿a sí mismos?) para devolver a las almas, mediante su ejemplo, la justa posibilidad de elevarse hacia la morada de los dioses.

Esta interpretación del libro póstumo de Cervantes en clave iniciática, constituye, en nuestra opinión, el argumento que daría sentido al título de nuestra obra: *Historia septentrional*.

Dado que el aspecto "septentrional" del *Persiles* ya fue abordado en capítulos precedentes, aquí solo contemplaremos la relación con el mito que nos ocupa. En este sentido, podríamos afirmar que la *Historia Septentrional* -advertida su relación con las siete parejas condenadas al sacrificio cíclico– representaría una alegoría de la historia de la Humanidad, en cuanto a que sometida a ese sacrificio simbólico; es decir, condenada a ser esclava de su propia animalidad o barbarie. Por ello, en los trabajos de ese héroe u hombre doble, Periandro-Auristela, para convertirse en Persiles-Sigismunda, vemos la intención de Cervantes (héroe también en cuanto a la altura de sus fines y a los riesgos contraídos) de ofrecer a sus lectores (dado el sentido universal de su obra, al mundo) los rudimentos necesarios para devolver la libertad a esa Humanidad esclavizada de sí misma, y que se simboliza numéricamente con los dos sietes (las parejas de jóvenes al sacrificio del Minotauro) .

Paradójicamente, lo que simboliza el fracaso de una civilización constituye también la salvación de la que está por venir. Pues, el doble siete, además de señalar el ignominioso tributo ateniense, identifica, según las acertadas y minuciosas descripciones de Nerlich en relación a las evoluciones de los personajes durante el recorrido, a las dos constelaciones de la Osa Mayor y

147

de la Osa Menor[275], que no solo se pueden observar durante todo el año en el hemisferio Norte y por ello se conocen desde la Antigüedad para la ayuda a la navegación; sino que se componen de siete estrellas cada una (las más visibles), que desde la tierra parecen girar en círculo alrededor de la Estrella Polar (según el *Vocabularium ecclesiaticum* de Santaella, también recibía el nombre de *Septentrio*), al coincidir esta con el eje de la Tierra.

No nos extendernos aquí más sobre este novedoso y sorprendente tema, pues más adelante volveremos sobre él, en este caso, para intentar explicar que el ¿error? más conocido que suele achacarse a Cervantes, la repetición de dos capítulos siete en el segundo libro, no es sino parte de una estructura que debe articularse en relación a esas dos *Osas* de siete estrellas cada una al objeto de que la narración pueda seguir girando a la manera -digamos- "septentrional".

Del relato del *Fedón,* continuando con la cita que estamos analizando de Platón, nos enteramos de que la peregrinación que se describe sigue un recorrido circular (un circuito); pues sale de Atenas, llega a Delos y regresa al mismo punto del que había partido. Se sitúa, pues, hacia la mitad del recorrido, el "lugar santo" en donde los peregrinos deben realizar sus ofrendas. Es decir, el recorrido que describe Platón se corresponde, en sus líneas más significativas, al de nuestros "peregrinos", que, saliendo de su patria septentrional llegan hasta el "lugar santo" de Lisboa para regresar a través de Roma de nuevo a Frislandia y Tule.

Pero no podemos olvidar el motivo real que impulsa esa peregrinación ateniense relatada al comienzo del *Fedón*: la conmemoración del triunfo de Teseo frente al Minotauro. Y esa victoria tuvo lugar, según el mito, en un sitio muy concreto: en el centro del laberinto. En tal caso, la singladura a Delos constituye una versión de la que debería hacerse a Creta, en cuyo laberinto se escenifica el drama final del mito referido por Platón.

Llegados a este punto deberíamos plantearnos la siguiente reflexión: ¿acaso el viaje del *Persiles* no sería también otra variante del antiguo mito cretense, cuya praxis, debidamente asimilada por las sucesivas religiones o cultos de carácter mistérico (como lo prueba la deuda del cristianismo con las antiguas religiones paganas), haya derivado, en su aspecto profundo, en las actuales peregrinaciones y en particular en la de Santiago de Compostela?

Porque peregrinar, como venimos aduciendo, es introducirse en ese laberinto mitológico como imagen del propio camino trascendente que de manera voluntaria se ha elegido emprender. Y el lector "comprometido"[276] del *Persiles*, también peregrino, llegado a este libro segundo comprueba cómo el itinerario de sus héroes se va estrechando y los obstáculos son más dificultosos y sus esperanzas menguan en la misma medida. El relato retrospectivo de Periandro, incardinado en el argumento principal junto con el resto de episodios que se van narrando, algunos de ellos igualmente intradiegéticos a su vez, proyecta en su conjunto esa imagen laberíntica donde los diferentes círculos o islas ("el espacio cerrado de la isla aparece a menudo asociado con una geometría circular, redonda, que coincide con ciertos espacios cerrados"[277]) se van sucediendo/conteniendo unos a otros en una especie de promoción o carrera hacia los círculos más internos. Y allí, en esa profunda oscuridad, ha de encontrarse ese centro, que es norte, que es paradógicamente luz y que es Auristela.

Pero vayamos al texto y tratemos de realizar un esbozo de las líneas generales por las que discurrirá la narración. Porque, si en el libro I la acción corre a un ritmo desenfrenado: la sucesión de extrañas singladuras, islas maravillosas y violentos naufragios; ahora, en el libro II, el movimiento se remansa y los espacios se acotan en estancias, facilitando un escenario que invita a la introspección a través del diálogo: "unos personajes que dialogan entre sí continuamente, y que muestran al lector esa permanente situación de conflicto entre su ser y su parecer".[278]

Y ese parón argumental se materializa en la diégesis en el episodio de las isla del rey Policarpo (comienza en el 22 del libro I y termina en el 18 del libro II); donde, tras numerosos capítulos en los que será puesta a prueba la voluntad y anhelo de perfección espiritual de Periandro-Auristela, se resolverá la cuestión en favor del héroe, que no dudará en saltar con su caballo al fondo del precipicio, quedando ambos, ante el estupor de todos, más sanos que antes del salto suicida: "Este verdadero *salto a las tinieblas*, practicado también simbólicamente en

---

[275]   Nerlich, 2005, pp. 109-147.

[276]   "lector amantísimo", según el propio Cervantes expresa al comienzo de su prólogo al lector.

[277]   Soupoult, 2004 p. 1008.

[278]   Baquero, 2004, p. 211.

ciertas iniciaciones ocultistas, doma al fin al caballo, el caballo de nuestro ego inferior y le torna manso como cordero".[279]

2.1. Muerte y resurrección / naufragio y salvamento: hacia el comienzo de la era de Piscis

Continuamos, en este libro II, con el relato de los trabajos del recién creado "escuadrón de peregrinos. En palabras de Aurora Egido: "De este modo, la obra avanza gracias a las coordenadas de la peregrinación y los trabajos, pues unos y otra resultan inseparables, lográndose así un sentido dinámico de la progresión vital y literaria"[280]

Y nada más dinámico que un "huracán furioso" (p. 281) para remover las "aguas universales", los barcos que por ellas transitan y las conciencias de quienes todo ello interiorizan. Porque, si ya nos sorprendía Cervantes con un comienzo impactante de su primer libro, ahora, en este segundo, no habrá de dejarnos indiferentes; pues aquí las "voces" se transforman en truenos y la "estrecha boca de la profunda mazmorra" se abre de manera colosal amenazando con tragarse todo lo que sobrenada en la superficie: *Donde se cuenta cómo el navío se volcó, con todos los que dentro dél iban* "(p. 279).

Advertido, pues, el "temporal místico" que se cierne sobre el texto, podremos valorar de manera objetiva las intenciones de nuestro autor desde la primera línea que abre este nuevo libro:

> Parece que el autor desta historia sabía más de enamorado que de historiador, porque casi le gasta todo en una definición de celos ocasionados, de los que mostró tener Auristela por lo que le contó el capitán del navío; pero en esta traducción (que lo es) se quita, por prolija y por cosa en muchas partes referida y ventilada, y se viene a la verdad del caso (p. 279).

Porque los conceptos de "amor" e "historia" que aquí se contemplan tienen que ver con la idealidad (alegoría) y la realidad (literalidad), respectivamente; por lo que la cualidad de "enamorado" atribuida al "autor desta historia" ha de entenderse en relación a su competencia en el tema amoroso más elevado: el espiritual, a través de la recuperación-traducción que hace Ficino de Platón, expresado en el texto de forma alegórica. Su opuesto, la cualidad de "historiador", es decir, el relato puntual de los hechos que describen los pormenores de las circunstancias que han desencadenado ese sentimiento de celos, parece que no tiene cabida en esta descripción; optando el narrador por no utilizar el modo habitual de narrar estos lances amorosos (propio de la novela pastoril), sino un simbolismo -digamos- más radical, natural o físico, que el propio narrador califica de "traducción". ¿Quizás queriendo dar a entender que va a liberar la expresión del velo de la tradicional alegoría pastoril para expresar los conceptos con una claridad pocas veces "ventilada"?

Porque Cervantes pretende otorgar un criterio de verdad a esta "traducción" ("se viene a la verdad del caso"); al parecer, más próxima al "caso" que nos ocupa (la lucha por dominar las pasiones) que a la forma más generalizada o utilizada de la literatura amorosa.

¿Y qué mejor "traducción" de esos "celos" que acucian a la pareja primordial (el andrógino en su proceso unitivo) que la descripción profunda de ese estado de caos que reina en la psique del místico, donde los elementos se resisten a la unión desencadenando las más violentas tormentas?

Comoquiera que ya fue analizado *in extenso* el sentido que se desprende de estas tempestuosas navegaciones que informan los relatos de "aventuras peregrinas", no volveremos sobre ello más que para constatar la presencia de ciertos elementos en la diégesis que nos remiten a esos aspectos puntuales de la experiencia mística que conforma alegóricamente la "historia real" (la lucha interna del peregrino).

Es el caso del interés que muestra el narrador por describir, en medio de la turbación de la violenta borrasca, el afán de ciertos marineros por abrazarse a un hipotético "madero que acaso la tormenta desclavó de la nave" (p. 279). Resulta evidente, en esta cita, la recreación de un escenario alegórico en relación al tópico de la salvación cristiana; donde, no solo la "nave" nos

---

[279]   Roso de Luna, 1917 p. 238.
[280]   Egido, 2004, p. 22.

remite al simbolismo de la Iglesia, sino que, además, las alusiones a la Cruz ("madero") como instrumento de resurrección (salvación) son manifiestas. Sin embargo, a pesar de la invitación alegórica a tomar partido de esta ortodoxa visión metafísica, encontramos en la frase un detalle que parece subvertir la idea general. Nos referimos a la circunstancia de que se nos podría estar describiendo un proceso inverso al que nos transmite la tradición cristiana literalista u ortodoxa; pues, el acto de desclavarse un madero de la nave que lo contiene, además de constituir una alegoría inversa de la crucifixión (clavamiento en la cruz), posee unas connotaciones que podríamos extrapolar al contexto filosófico. Porque, en sentido estricto, este "desclavamiento" constituiría un desprendimiento de un fragmento de materia de esa misma naturaleza (la madera del barco), que la fortuna pone a disposición del náufrago para no morir ahogado. Es decir, a tenor de lo expresado en la cita, no sería la crucifixión sino la "des-crucifixión" (la madera desclavada de la nave) lo que habría de garantizar la salvación del náufrago-peregrino; lo cual, nos lleva a la siguiente deducción: si tradicionalmente se considera a la Iglesia como la nave/barco de la civilización occidental en época de Cervantes, el hecho de desclavar de ella al madero que ha de proporcionar la salvación al náufrago, ¿no debería de interpretarse como que la verdadera salvación no está en la nave sino en el madero desclavado...? O sea, que paradójicamente la salvación (la espiritual) se halla fuera de la nave principal (la Iglesia), aunque participando de la misma esencia originaria (el madero desclavado = cristianismo primitivo): la incertidumbre del naufragio como alegoría del penitente en su camino de salvación.

Fuerte empieza, como vemos, este segundo libro, que apenas da tregua al lector todavía convaleciente del pasado naufragio del capítulo 19. Porque, si bien hemos comenzado interpretando la fastuosa tormenta desde una perspectiva microcósmica o afecta al individuo inmerso en su camino de conocimiento; no debemos obviar el reverso de la moneda que suele presentarnos nuestro autor como parte de un proceso que en su estética barroquizante siempre se revela doble: la perspectiva macrocósmica. Y, en este sentido, volveremos al comienzo de este capítulo para reinterpretar, ahora a escala universal, un discurso que parece describir un origen mítico o llegada de una nueva era:

> y se viene a la verdad del caso, que fue que, cambiándose el viento y enmarañándose las nubes, cerró la noche, escura y tenebrosa, y los truenos, dando por mensajeros a los relámpagos, tras quien se siguen, comenzaron a turbar los marineros y, así, a un mismo tiempo les cogió la turbación y la tormenta; pero no por esto dejó cada uno de acudir a su oficio y a hacer la faena que vieron ser necesario, si no para escusar la muerte, para dilatar la vida: que los atrevidos que de unas tablas la fían, la sustentan cuanto pueden, hasta poner su esperanza en un madero que acaso la tormenta desclavó de la nave, con el cual se abrazan y tienen a gran ventura tan duros abrazos (p. 279).

Y algo de verdad ha de llevar lo que se nos está relatando (una tormenta de alcance apocalíptico), cuando el propio Cervantes, en su papel de narrador omnisciente, nos alerta de la veracidad del suceso que se describe: "y se viene a la verdad del caso".

En nuestra opinión, no resultaría una incoherencia que en este punto del relato fuese introducido un mensaje de esta naturaleza, el cual, ya habría sido vaticinado por Mauricio con el naufragio del barco de Arnaldo (c. 19). En tal caso, nos hallaríamos ante el relato de una colosal tormenta profetizada al final del libro I a la que sucede el correspondiente resurgir civilizador de los comienzos del libro II.

Si nos fijamos en la descripción del suceso, el autor nos presenta un escenario fácilmente extrapolable al vivir cotidiano de un sociedad temprana caracterizada por esa idea de expansión y pillaje a través de escarceos de cabotaje (simbolizada en el barco de corsarios); y lo hace como si se estuviera relatando un acontecimiento esperado o en proceso de producirse ("cambiándose el viento y enmarañándose las nubes, cerró la noche, escura y tenebrosa, y los truenos, dando por mensajeros a los relámpagos, tras quien se siguen"), que sería percibido por la población ("comenzaron a turbar los marineros y, así, a un mismo tiempo les cogió la turbación y la tormenta") pero que nada harían para evitarlo ("pero no por esto dejó cada uno de acudir a su oficio y a hacer la faena que vieron ser necesario, si no para escusar la muerte, para dilatar la vida") hasta que ya fuese demasiado tarde para ellos. Sin embargo, no todos los marineros (habitantes del barco = la tierra-occidente en esa época) mostrarían esa misma actitud, pues de entre ellos hubo algunos que, descreídos del discurso más generalizado ("los atrevidos que de unas tablas la fían"), se acogieron a la doctrina de sus antepasados (la

Tradición) simbolizada en ese madero desclavado de la nave ("la sustentan cuanto pueden, hasta poner su esperanza en un madero que acaso la tormenta desclavó de la nave"); a cuya tarea se encomiendan con la esperanza puesta en que su sacrificio no sería en vano ("con el cual se abrazan y tienen a gran ventura tan duros abrazos"). Y todo lo que hemos comentado, en donde se percibe un escenario en el que la salvación espiritual se reviste de incertidumbre y precariedad frente a la seguridad de las doctrinas plenamente consolidadas en el seno de las sociedades organizadas, puramente esteticistas y/o acomodaticias, podría aludir tanto a un pasado remoto como a la propia época de Cervantes (conflicto religioso entre literalismo-ortodoxia-catolicismo frente alegoría-heterodoxia-Reforma). En cuanto al primero de los contextos temporales, teniendo en cuenta el cataclismo atmosférico en ciernes y la argumentación que precede, creemos plausible situarlo en el cambio de era: el final de la era de Tauro y el comienzo de la era de Aries.

Y, tras la tormenta, poco antes de la calma, el simbolismo de la muerte hace acto de presencia en el relato:

> Mauricio se abrazó a Transila, su hija; Antonio, con Ricla y con Constanza, su madre y hermana; sola la desgraciada Auristela quedó sin arrimo, si no el que le ofrecía su congoja, que era el de la muerte, a quien ella de buena gana se entregaría si lo permitiera la cristiana y católica religión, que con muchas veras procuraba guardar (pp. 279-280).

¿Deberíamos interpretar aquí literalmente que la protagonista deseaba suicidarse? Por supuesto que no, pues ni siquiera desde la superficialidad del texto se sostiene tal conducta motivada por unos celos tan poco fundados. No es, por tanto, la muerte física lo que pide Auristela sino la mística: aquella que es necesaria en el proceso de iniciación y que faculta al iniciado en los misterios de la divinidad a escalar cada nueva fase de su evolución espiritual[281].

Otro factor a tener en cuenta, además, tenemos que destacar de la cita anterior, y es el hecho de que Auristela sostenga la idea aparente de que suicidarse iría en contra de los preceptos de la "cristiana y católica religión"; los cuales ella no estaba dispuesta a trasgredir. Es decir, de forma literal, el pasaje da a entender que Auristela no podría suicidarse porque la Iglesia se lo prohíbe. Esto, sin duda, resulta ser de tal simpleza que no se corresponde ni con el genio de Cervantes, acostumbrado a vuelos retóricos de mayor trascendencia, ni con la actitud de Auristela. No en vano, observamos una clara ironía al respecto cuando nuestro autor, después de la citada afirmación de Auristela, se reafirma diciendo: "que con muchas veras procuraba guardar"; es decir, ¿acaso esas "veras" no aludiría a "apariencias", osea, una verdad a medias como así mismo se presenta formalmente el término *veras*: una síncopa de la expresión *verdaderas*?

Porque esa pretendida "verdad a medias" de Auristela se relacionaría con la doble forma que tiene nuestro autor de referirse a la religión: "cristiana y católica", como si la segunda fuese una marca de especificidad de la primera y no su completa asimilación. Y ese matiz que la distingue del tronco madre es lo que centra la crítica de nuestro autor, pues lo considera un desvío (el catolicismo) de la fuente (el cristianismo). Esta reflexión podría justificar la deseada muerte (mística) de Auristela, en el sentido de que en su literalidad constituye un acto reprobable; sin embargo, desde una perspectiva gnóstica-alegórica, remite a un acto ritual necesario en los procesos de búsqueda espiritual.

El fragmento que citaremos a continuación nos devuelve al contexto macrocósmico, que serpentea a lo lago del relato asomándose cuando la ocasión lo merece. Y es el caso:

> y, así, se recogió entre ellos y, hechos un ñudo o, por mejor decir, un ovillo, se dejaron calar hasta la postrera parte del navío, por escusar el ruido espantoso de los truenos, y la interpolada luz de los relámpagos, y el confuso estruendo de los marineros (p. 280).

Sea como fuere, los personajes que simbolizan las virtudes de la civilización se unen en una piña ante la catástrofe que acontece. Y, entre todos, parece ser Auristela el factor de cohesión del grupo, pues, con su abrazo parece envolverlos ("se recogió entre ellos") ante el peligro de

---

[281] "Plutarco escribe: << La muerte y la iniciación se corresponden estrechamente>>. Freke / Gandy, 2000, n. 65, p. 355.

muerte inminente. Y no sólo eso, sino que a través de ese abrazo intuimos que les estaría trasmitiendo la fuerza necesaria para superar el tránsito, no de la era de Tauro a Aries, sino de la de Aries a Piscis. Circunstancia, esta última, que Cervantes parece sugerir cuando, con intención de querer precisar lo dicho, manifiesta: "o, por mejor decir, un ovillo" (de lana: el hilo de la Tradición en la era de Aries > oveja > lana).

No debe sorprendernos, llegados a este punto de nuestro trabajo, estos juegos de palabras y sentidos a los que ya estamos bastante habituados dentro de la estética persilesista. Perseverando en esta línea interpretativa, que es la que Cervantes, apelando a nuestra "dormida" percepción de una realidad que se revela poliédrica, trata de transmitirnos, encontramos en la cita anterior ciertos elementos diegéticos que podrían aludir a ese proceso de cambio de era citado. Pues, ¿acaso no podría interpretarse de ese modo la acción desesperada de un grupo humano huyendo despavorido de una inundación global hasta un lugar de la tierra ("se dejaron calar hasta la postrera parte del navío") donde la fuerza de la tormenta se manifestara con menor virulencia ("por escusar el ruido espantoso de los truenos, y la interpolada luz de los relámpagos") y lejos de la violencia desatada entre los todavía supervivientes ("y el confuso estruendo de los marineros")?

Lo que sigue a continuación no hace sino confirmar nuestras primeras hipótesis:

> Y en aquella semejanza del limbo se escusaron de no verse unas veces tocar el cielo con las manos, levantándose el navío sobre las mismas nubes, y otras veces barrer la gavia las arenas del mar profundo. Esperaban la muerte cerrados los ojos o, por mejor decir, la temían sin verla (p. 280).

Porque el lugar al que huye el "ovillo" (Mauricio, Transila, Antonio, Ricla, Costanza y Auristela) no es otro que el "limbo", que, para la doctrina católica, señala al mundo entre los vivos y los muertos, y que la teología cristiana identifica como el lugar en donde habrían residido las almas de los justos anteriores a la redención en la cruz, hasta que fueron rescatados por Jesús tras la muerte de este. Surge, pues, la obligada pregunta: ¿cómo interpretar ese limbo en el texto de Cervantes?, porque, no lo olvidemos, es el propio autor quien invita a realizar tal comparación ("Y en aquella semejanza del limbo".

Pero continuemos analizando la cita y veamos a donde nos lleva. Porque, resulta que desde ese limbo, "se escusaron de no verse unas veces tocar el cielo con las manos, levantándose el navío sobre las mismas nubes, y otras veces barrer la gavia las arenas del mar profundo", es decir, se nos transmite una idea de *vuelco de la embarcación que los sustenta*, situados nuestros protagonistas, es de creer, en algún rincón apartado (postrera parte) de esa nave.

Ahora bien, dado que el navío viene simbolizando en el *Persiles* a la Tierra en su constante singladura por el espacio, ¿cómo se supone que deberíamos interpretar ese vuelco tan evidente? ¿Como una simple hipérbole literaria tendente a magnificar la furia de una tormenta colosal, aunque sin función fuera del plano de la literalidad?

Pero volvamos al texto, porque allí se nos dice que la tripulación: "Esperaban la muerte cerrados los ojos o, por mejor decir, la temían sin verla"; es decir, que los esforzados marineros sufrirían esos efectos devastadores de la tormenta, pero no sabrían su procedencia. De igual modo, tampoco habrían de saber que un corrimiento del eje de la Tierra se estaba produciendo, pues el fenómeno no puede apreciarse a simple vista ("cerrados los ojos") sino con los medios y una técnica muy concreta: "No había allí reloj de arena que distinguiese las horas, ni aguja que señalase el viento, ni buen tino que atinase el lugar en donde estaban" (p. 280). Traducido a nuestro entendimiento: el fenómeno aludido podría apreciarse en relación al paso de las horas (retraso o adelanto), en cuanto a la diferente dirección de los vientos (soplarían de direcciones distintas a las habituales señaladas tradicionalmente en la rosa de los vientos), y por medio de los procedimientos habituales de orientación en relación al sol, respectivamente.

La imagen del Diluvio cubriendo toda la tierra es manifiesta en:

> Atrevióse el mar insolente a pasearse por cima de la cubierta del navío y aun a visitar las más altas gavias, las cuales, también ellas, casi en venganza de su agravio, besaron las arenas de su profundidad (p. 281).

Porque la imagen más evocadora del relato bíblico no anda muy lejos de la apocalíptica inundación:

> Finalmente, al parecer del día (si se puede llamarse día el que no trae consigo claridad alguna) la nave se estuvo queda y estancó, sin moverse parte alguna, que es uno de los peligros, fuera del de anegarse, que le puede suceder a un bajel (p. 281).

Nos referimos al arca varada en la cima del monte Ararat: símbolo más representativo de la certeza de este apocalipsis diluvial y sobre el que Cervantes no solo ofrece una simétrica alegorisis, sino que volcará también sobre ella el resumen de lo acontecido:

> Finalmente, combatida de un huracán furioso, como si la volvieran con algún artificio, puso la gavia mayor en la hondura de las aguas y la quilla descubrió a los cielos, quedando hecha sepultura de cuantos en ella estaban (p. 281).

Es decir, podríamos hallarnos ante la alusión (el navío vuelto literalmente del revés) a un cataclismo de consecuencias apocalípticas originado por un fenómeno de corrimiento o inversión del eje de la Tierra.[282]

El canto elegíaco del narrador, que siente compasión por la ruina que ha asolado a la civilización, nos deja una nueva pista acerca del carácter cíclico que adquieren estas catástrofes globales:

> Sosegaos, pasos, tan honrados como santos; no esperéis otros mauseolos ni otras pirámides ni agujas que las que os ofrecen esas mal breadas tablas (p. 281).

En tal caso, según se desprende de la cita cervantina, agujas u obeliscos, mausoleos y pirámides estarían ya antes de producirse la fatal inversión. Testigos mudos ("sepultura de cuantos en ella estaban") del nivel de civilización alcanzado en períodos cíclicos anteriores, su mención nos sirve de referencia para la datación del fenómeno cataclísmico en un tiempo posterior a esos monumentos de la Antigüedad, por lo que no se descarta que pueda corresponderse con la época inmediata posterior a la señalada diegéticamente a través de esos Juegos Olímpicos con los que nuestro autor cierra el libro I: el tránsito del final de la era de Aries (año 700 a 200 a. C.).

Pero regresemos, antes de dar por finalizado el análisis de este capítulo primero, a la perspectiva microcósmica que corre paralela a la cosmológica o celeste (recordemos, en este sentido, el axioma de Hermes Trimegisto: "lo que está arriba es igual a lo que está abajo")[283]; donde, la presunta inversión geológica se traduciría en una conmoción trascendente que tendría lugar en la psique del iniciado, y que sería expresada de esta forma tan visual: "Finalmente, combatida de un huracán furioso, como si la volvieran con algún artificio, puso la gavia mayor en la hondura de las aguas y la quilla descubrió a los cielos, quedando hecha sepultura de cuantos en ella estaban."

El barco, símbolo aquí de la voluntad del individuo de caminar en pos de su evolución espiritual, debe, obligatoriamente, atravesar esa violenta tormenta que se desata en lo más profundo de su mente para llegar a conseguir la necesaria inversión de sus esquemas de percepción (el vuelco de la embarcación). Solo de este modo, el peregrino-náufrago puede llegar a comprender que una vida sustentada sobre lo físico o material es una visión errónea o limitada de una realidad mucho más amplia. Se hace necesario, en tal caso, invertir los papeles;

---

[282]   La ciencia actual, que reconoce el fenómeno, se muestra reacia a considerarlo en su aspecto acelerado (vuelco), definiéndolo como un proceso lento (millones de años) sin consecuencias catastróficas a corto plazo.

[283]   Ana Suárez afirma que fue Ficino quien, antes de traducir y comentar a Platón, introdujo la ciencia de Hermes Trimegisto (creador de la Hermenéutica) en la corriente de pensamiento humanista: "Hermes Trimegisto, el patriarca de la mística de la naturaleza y de la alquimia, y creador de la Hermenéutica, representaba la escritura jeroglífica y el saber oculto del que había sido él depositario, como un nuevo mesías, en unas tablas artísticas (de los siglos VI y VII) que contenían los saberes de la Antigüedad egipcia. La traducción al árabe circulaba ya por el Occidente cristiano desde el siglo XIV y, entre los mandamientos impresos en esas tablas, había una frase críptica donde se afirmaba, como el mayor milagro del Uno, "la igualdad de lo de arriba con lo de abajo", como origen y fin de todas las cosas. La frase contenía un carácter simbólico para el pensamiento y el arte." Suárez, 2015, p. 23.

es decir, dar prioridad a los aspectos espirituales (la quilla de la embarcación, en relación a su función de soporte de toda la estructura de la nave, se eleva) frente a los materiales (la gavia mayor, metáfora del lugar elevado en el que se sitúa la engañosa percepción humana, pues es desde ese lugar donde el marinero percibe la realidad que se extiende a su alrededor, se hunde en la tierra).

Y, comoquiera que, tras la necesaria inversión trascendente la quilla queda arriba y la gavia abajo, el éxito de la prueba resulta evidente. En tal caso, solo nos resta por saber las consecuencias de ese "trance" espiritual o, dicho de otro modo, la noticia de la muerte del iniciado: "quedando hecha sepultura de cuantos en ella estaban".

La expresión de júbilo del héroe no se hace esperar, que, como si estuviera haciendo un alto en ese viaje ("Sosegaos pasos, tan honrados como santos"[p. 281]) para contemplar el camino recorrido, se despide de su vida pasada ("¡Adiós, castos pensamientos de Auristela! ¡Adiós, bien fundados desinios!" [p. 281]) y abraza a su nueva realidad revestida de esa sabiduría que desprecia lo material ("no esperéis otros mausoleos ni otras pirámides ni agujas que las que os ofrecen esas mal breadas tablas" [p. 281]).

Un resumen literal de todo el proceso trascendente que se ha desarrollado en este comienzo del segundo libro lo encontramos al final del primer capítulo, cuando el narrador, dirigiéndose a Ricla, afirma lo siguiente:

> Y tú, ¡Oh Ricla!, cuyos deseos te llevaban a tu descanso, recoge en tus brazos a Antonio y Constanza, tus hijos, y ponlos en la presencia del que agora te ha quitado la vida para mejorártela en el cielo (p. 282).

Es decir, una sucinta manifestación de los misterios que constituyen la síntesis del proceso iniciático desde la Antigüedad: la muerte y la resurrección.

Termina Cervantes este apocalíptico capítulo con una expresa declaración de las dos perspectivas que ha desarrollado en el pergeño de este singular episodio:

> En resolución, el volcar la nave y la certeza de la muerte de los que en ella iban puso las razones referidas en la pluma del autor desta grande y lastimosa historia, y ansimismo puso las que se oirán en el siguiente capítulo (p. 282).

Donde, las alusiones a "volcar la nave" y "la certeza de la muerte", junto a las expresiones "grande (historia) y "lastimosa historia", remiten, respectivamente, a los conceptos de macrocosmos y microcosmos que nosotros hemos utilizado en nuestra interpretación.

Y si el libro I comenzaba con una muerte y un renacimiento, el segundo seguirá esa misma disposición; pues, si en el capítulo 1 de este nuevo libro sucumbían todos los personajes víctimas de una violenta tormenta, ahora, en el capítulo 2, se nos vuelve a mostrar el pertinente renacimiento de una manera igualmente impactante e ilustrativa: desde el interior del "vientre de una ballena":

> Vieron los de la ciudad el bulto de la nave y creyeron ser el de alguna ballena o de otro gran pescado que, con la borrasca pasada, había dado al través (p. 283).

Pero antes de relatar lo acontecido en esta cita, Cervantes nos explica, pues no desea que el lector se pierda entre las brumas de este mito, en qué consiste ese vuelco que había dejado la nave "al través":

> Parece que el volcar de la nave volcó o, por mejor decir, turbó el juicio del autor de esta historia, porque a este segundo capítulo le dio cuatro o cinco principios, casi como dudando qué fin en él tomaría. En fin, se resolvió diciendo que las dichas y las desdichas suelen andar tan juntas, que tal vez no hay medio que las divida (p. 282).

Es decir, el propio autor, en una de sus frecuentes intromisiones como narrador omnisciente, ejerce de hermeneuta de su propia alegoría; y lo hace para avisarnos de que el vuelco de la nave ha de interpretarse, en efecto, de la forma que ya habíamos deducido en páginas atrás: una especie de inversión en la forma de percibir el mundo ("turbó el juicio") provocada por la experiencia iniciática en curso , y, paralelamente, un cataclismo ("el volcar de la nave") que anuncia el cambio de era cosmológica.

Y, puesto que la prueba señalaría, una vez más, a los misterios que se escenifican mediante la representación de una "muerte y una resurrección" (la idea de que las "dichas y las desdichas suelen andar tan juntas"[284],es un modo de afirmar que el proceso ritual de muerte-resurrección es instantáneo y/o consustancial); en el mismo lugar en el que se ha escenificado la muerte diegética (la nave naufragada y/o invertida) se producirá el consabido renacimiento, idealizado, como a continuación analizaremos, a través de la imagen de "la ballena".

Una vez despejado el contexto simbólico en el que nos encontramos al comienzo de este nuevo capítulo, regresemos al naufragio y comprobemos de qué modo "se han muerto esos vivos" que yacen sepultados en una tumba tan singular:

> Sepultóse la nave, como queda dicho, en las aguas; quedaron los muertos sepultados sin tierra; deshiciéronse sus esperanzas, quedando imposibilitado su remedio; pero los piadosos cielos, que de muy atrás toman la corriente de remediar nuestras desventuras, ordenaron que la nave, llevada poco a poco de las olas, ya mansas y recogidas, a la orilla del mar, [diese] en una playa, que, por entonces, su apacibilidad y mansedumbre podía servir de seguro puerto (pp. 282-283).

Porque la imagen de un "muerto sepultado sin tierra" nos induce la idea de un espíritu trascendido, es decir, liberado del peso de la materialidad (pues se rompe uno de los principios tradicionales de la muerte, donde el cuerpo debe regresar a la tierra). Y, si a esto le sumamos la circunstancia de que el agua asumiría la identidad de "agente del cambio de estado" (en virtud de asumir el papel asignado a la tierra, en cuanto al lugar de descanso eterno del cuerpo), tendríamos que el catafalco presentado para esa muerte constituiría inversamente (como lo demuestra la propia inversión de la nave, cuyas gavias "besaron las arenas de su profundidad"), y en el mismo punto, el escenario de un nacimiento.

Y, qué mejor que el mito del profeta Jonás[285] y la ballena para ilustrar este misterio trascendente a la par que cosmológico:

> Vieron los de la ciudad el bulto de la nave y creyeron ser el de alguna ballena o de otro gran pescado que, con la borrasca pasada, había dado al través (p. 283).

Porque nos resulta muy ilustrativa la clamorosa alusión de Cervantes al mito bíblico aludido, al que en páginas subsiguientes se acompaña además de la preceptiva salida-parto una vez practicada la oportuna "cesárea" al vientre del leviatán: "Abrióse, en fin, una gran concavidad, que descubrió muertos muertos y vivos que lo parecían. Metió uno el brazo y asió de una doncella"(p. 285). Tan solo Forcione, según extraemos de una cita de Romero, parece relacionar este episodio con la Biblia, aunque se equivoca de ballena: "para Forcione (C, 1972: 74-74, nota), la nave volcada se presenta como un leviatán, el monstruo marino de los mares septentrionales de que habla la Biblia"(n. 1, p. 283).

En cualquier caso, nos decantamos por la pertinencia de la historia de Jonás al episodio que nos ocupa en función de varios factores: primero, por la época en la que la mayor parte de los investigadores datan el episodio referido por el profeta, en el siglo VIII a. C., que coincidiría con nuestra estimación temporal en relación al último cuarto de la era de Aries; segundo, por la idea de castigo o desobediencia que conlleva el suceso fabuloso relatado por el profeta, extrapolable a la sanción de la divinidad ante el abandono del antiguo pacto (religare) que venimos expresando a lo largo de este trabajo; tercero, la connivencia en ambos casos de una tormenta marítima, donde el propio profeta-náufrago acaba siendo engullido por la ballena

---

[284]   Esta misma idea constituye uno de los aspectos esenciales de la doctrina gnóstica que se desprende del mensaje alegórico desplegado por Cervantes (la experiencia iniciática de la muerte-resurrección = "las desdichas" y las "dichas", respectivamente). No en vano, se repite de diferentes modos a lo largo de la obra y, sobre todo (por motivo de su mayor carga conceptual), dando entrada a la tercera de las partes o círculo en que dividíamos la obra para su estudio: "Parece que el bien y el mal distan tan poco el uno del otro"(libro IV, p. 697).

[285]   "La tradición judía y patrística identifica al autor de este libro con el profeta Jonás, hijo de Amitai, natural de Guita Jefer, aldea del Reino del Norte (Jos. 19, 13), el cual predijo que Jeroboam II (783-743) restablecería las fronteras de Israel, desde Jamat hasta el Mar Muerto (2 Re. 14, 25). En este caso la actividad del profeta habría tenido lugar en el siglo VIII a. C." *La Santa Biblia*, p. 1.111.

("muerte") y luego expulsado de su vientre ("renacimiento"), al igual que los personajes del *Persiles*; cuarto, el hecho de que Jonás, ante la violencia de la tormenta, decidiera refugiarse, al igual que nuestros náufragos lo hicieran en la "postrera parte": "había bajado al fondo de la nave"(Jonás 1: 5); y, una quinta y no menos inquietante coincidencia: la circunstancia de que el naufragio de Jonás tuvo lugar cuando este se dirigía a Tarsis, que, en la actualidad, se asimila a Tartesos: situada al sur de España.

En resumen, la interpretación de todas estas circunstancias en su conjunto nos induce a considerar la posibilidad de que el parto simbólico de la "ballena" represente un acontecimiento a escala cosmológica: el comienzo de la era de Piscis[286]-Virgo[287] tras el final de la era de Aries-Libra:

> Grande fue la prisa que se dieron a serrar el bajel y grande el deseo que todos tenían de ver el parto. Abrióse, en fin, una gran concavidad, que descubrió muertos muertos y vivos que lo parecían (p. 285).

La alegoría del gran pez que se traga a los hombres para luego vomitarlos en tierra firme se ajusta al esquema cosmológico que venimos desarrollando; donde, el germen de la civilización (los personajes protagonistas del *Persiles*), que había embarcado en el navío de los corsarios (era de Aries), es ahora rescatado (o renacido) y, tras su muerte simbólica y cosmológica del interior del casco invertido de la embarcación, dirigido a tierra firme (hacia la era de Piscis).

Pero Cervantes, quizás espoleado porque creía haber dicho demasiado con la sonora alusión a una ballena fácilmente extrapolable con la leyenda de Jonás, podría haber tratado de contrarrestar su larguez mediante la noticia de un "anciano caballero" (p. 283), que, terciando sobre el fabuloso suceso, le encuentra una explicación -digamos- racional basada en la crónica de otro naufragio similar ocurrido a una galera de España en la ribera de Génova, donde, tras el vuelco de la nave:

> aserraron el bajel por la quilla, haciendo un buco capaz de ver lo que dentro estaba; y el entrar la luz dentro, y el salir el capitán de la misma galera y otros cuatro compañeros suyos fue todo en uno. Yo vi esto, y está escrito este caso en muchas historias españolas, y aún podría ser viviesen agora las personas que segunda vez nacieron al mundo del vientre desta galera (pp. 284-285).

Convence al rey Policarpo, no hay duda, el relato del "anciano caballero", que hace que el lector más sensibilizado con las emociones a un nivel de la literalidad del texto se olvide por completo de la posibilidad de una segunda lectura centrada en la leyenda de la ballena. Sin embargo, el juego de alternancia de sentidos que nos propone Cervantes no acabará con la crónica citada, pues, de la descripción del rescate practicado a través del "buco" aserrado del barco de Arnaldo se deduce otro sentido distinto al literal:

> Metió uno el brazo y asió de una doncella, que al palpitarle el corazón daba señales de tener vida; otros hicieron lo mismo, y cada uno sacó su presa, y algunos, pensando sacar vivos, sacaban muertos: que no todas veces los pescadores son dichosos (p. 286).

Porque el relato de este salvamento sería extrapolable al del místico en ese mismo trance del naufragio-muerte, donde el vuelco de la nave -como dijimos- constituiría el proceso necesario (el vuelco de los habituales esquemas mentales o percepción del mundo) para poder liberar de

---

[286] "El símbolo de Piscis es el pez y los cristianos obviamente veían su fe como una nueva religión para esta nueva era. El símbolo que más comúnmente se utilizaba para representar el cristianismo era el pez, la *vesica piscis* pitagórica, de la que ya hemos hablado (veánse pp. 62-63). Los apóstoles eran apodados <<pescadores de hombres>>. Los primitivos cristianos se llamaban a sí mismos <<pececillos>>. Los primeros cristianos usan la palabra griega "*icthys*", que significa <<pez>>, como nombre cifrado de <<Jesús>>. Este nombre se consideraba acrónimo de <<Jesucristo>>, Hijo de Dios, Salvador. El gran portavoz de la ortodoxia cristiana, Tertulanio, escribe: <<pero nosotros, los cristianos, somos pececillos que siguen el ejemplo de nuestro gran pez (*icthys*) Jesucristo, nacido en el agua>>. Con todo, ¡desde hacía siglos Icthys era el nombre griego de Adonis, el dios hombre de los misterios sirios!" Freke / Gandy, 2000, p. 106.

[287] "Al empezar la era de Piscis, su signo contrario en el zodíaco, Virgo, la Virgen, se hallaba en el horizonte occidental. La mitología pagana, por tanto, esperaba que el salvador de la era de Piscis naciera de una virgen. Freke / Gandy, 2000, p. 106.

las profundidades de sí mismo al alma encerrada en esa oscura bóveda ¿craneal? (la panza de la ballena o el casco de la nave siniestrada) construida por el ego. Ocurre, sin embargo, que el éxito del proceso nunca está garantizado, pues, "no todas veces los pescadores son dichosos". Y eso mismo podría deducirse cuando, una vez terminado el rescate, las parejas de personajes resultantes del naufragio no presentan ninguna afinidad:

> Y hallóse Auristela en los brazos de Arnaldo, Transila en los de Clodio, Ricla y Constanza en los de Rutilio y Antonio el padre, y Antonio el hijo en los de ninguno, porque se salió por sí mismo, y lo mismo hizo Mauricio (p. 286).

Así pues, este modo inesperado de representar la unión trascendente que supone el fin de la experiencia mística (la muerte-resurrección), donde, lo normal hubiera sido el abrazo "salvador" entre las parejas de enamorados en vez de ese enlazamiento discrecional que se nos muestra en el relato, nos provoca una lógica reflexión: ¿qué finalidad tendría el hecho de que Cervantes nos indique, a través de la alegoría, que en esta primera prueba iniciática a la que se somete el "personaje colectivo" ("el grupo de peregrinos") no se produzcan los efectos que cabría de esperar?

Creemos que la pregunta se responde desde esa misma particularidad que sitúa a esta experiencia como la primera de las pruebas iniciáticas ("muertes") a las que habrá de someterse al conjunto de personajes. Es decir, juzgamos que esa intencionada discrecionalidad que caracteriza a los inesperados emparejamientos revela la necesidad de repetir el proceso hasta conseguir la preceptiva armonía que el proceso espiritual requiere.

Y así lo expresaría Auristela, cuando al despertar del trance miró a su "salvador", Arnaldo, "y no conociéndole, la primera palabra que le dijo fue [...]: - ¿Por ventura, hermano, está entre esta gente la bellísima Sinforosa?" (p. 286). De donde podemos extraer dos conclusiones: la primera es que Auristela no reconoce a Arnaldo como a su salvador (su pareja mística); y, la segunda, que la experiencia "purificadora" de la heroína no se ha completado en el mítico trance acuático, pues sus celos (que habría que interpretarlos como los del alma-Auristela ante las dudas que le suscita la tentación que ejerce las pasiones-Sinforosa sobre su pareja mística-Periandro) por Sinforosa son prueba de la necesidad de una nueva purificación.

Para finalizar, señalaremos lo que se dice en el texto en relación a la extrañeza que produjo en Arnaldo los celos manifestados por Auristela:

> "[Arnaldo] no pudo alcanzar la causa por la cual Auristela preguntaba por Sinforosa: que, si alcanzara, quizá dijera que la fuerza de los celos es tan poderosa y tan sutil, que se entra y mezcla con el cuchillo de la muerte y va a buscar al alma enamorada en los últimos trances de la vida" (p. 286).

Como vemos, en la propia opinión del narrador de que Arnaldo "no pudo alcanzar la causa por la cual Auristela preguntaba por Sinforosa", se nos está invitando a tomar partido por la interpretación alegórica de ese proceder; pues, desde esa perspectiva sí encontraremos el preceptivo motivo. En cualquier caso, Arnaldo, personificación del poder temporal en la época de Cervantes (como así explicaremos en el próximo capítulo), si no alcanza a comprender la causa de los celos de Auristela es por una evidente falta de competencia en asuntos amorosos; entendiendo por tales a los filosóficos, según la visión neoplatónica propia del Barroco. Porque, si Arnaldo (Felipe II, según nuestra interpretación) llegase a comprenderla, o, comprendiéndola, se hubiese implicado en ella, otro hubiera sido el rumbo que habría tomado la evolución de la civilización occidental; y hoy, quizás, no gozaríamos con la lectura del *Persiles*, pues estamos convencidos de que Cervantes no habría tenido la necesidad de escribirlo.

2.2. El amor imposible del príncipe Arnaldo o la utopía religiosa en la monarquía de los "Austrias"

Llegados a este punto, juzgamos que es el momento de analizar al personaje que se oculta tras la figura de Arnaldo. Entre otras cosas, porque a la luz del episodio anterior nos parece que el príncipe heredero de Dinamarca funciona, más bien, como una especie de "convidado de piedra": alguien que figura al margen del drama interno (que no externo) que están viviendo el resto de personajes capitaneado por la pareja protagonista y en calidad de observador-vigilante del fenómeno.[288]

Y esa actitud "pasiva" de Arnaldo tras salir del "vientre de la ballena" podemos deducirla de: "Arnaldo quedó más atónito y suspenso que los resucitados y más muerto que los muertos" (p. 286). Es decir, aunque participa de la misma experiencia narrada, él no lo hace con la misma intención e intensidad que otros personajes más comprometidos. Este desafecto -digamos- a la causa, nos induce a pensar que su presencia solo obedeciese a una obsesiva vigilancia de su "deseada" Auristela. Su amor, pues, no está a la altura del profesado por Periandro, ya que su relación parece más una cuestión de simple posesión que de unión en esencia con la enamorada. Un amor, en tal caso, meramente testimonial: al nivel en el que su correlato histórico (personaje que podría representar en época de Cervantes un papel semejante) representará con lo simbolizado por Auristela. Lo cual, en nuestra opinión, constituye una pista importante para identificar a Arnaldo con su correspondiente personaje histórico.

Porque se nos dice que tras el "trance acuático" Arnaldo quedó más sorprendido que nadie, lo cual podría interpretarse, desde el punto de vista místico-gnóstico, como que no participó ni del fracaso de los que intentaban iniciarse (los "muertos muertos") ni del éxito de los que lo consiguieron ("los vivos que lo parecían"). Simplemente vigilaba los movimientos de Auristela.

Y, un príncipe heredero de un reino, que vigila en corto las evoluciones de su "enamorada" (Auristela) pero sin llegar a establecer con ella un vínculo lo suficientemente profundo como para que esta se sienta atraída por él, podría ser interpretado, ahora dentro del contexto histórico especificado en páginas anteriores, como la presencia del "poder temporal-real" vigilando alrededor (como Periandro pero con una intención exclusivamente posesiva) de esa "estrella dorada" (Auristela = símbolo de la doctrina de la salvación de las almas) con la intención de apoderarse de ella. Pero no con la finalidad de consumar un amor -digamos- en esencia o puro, sino, desde una perspectiva simbólica, para utilizarla en interés del buen gobierno de su reino, o, para evitar que otro pueda hacer lo mismo en su lugar.

Esta misma visión de un amor que no llega a percibirse como tal, por falta de ese hálito necesario a tal fin, lo apreciamos también en lo expresado por Redondo, cuando en relación al príncipe Arnaldo dice:

> Frente a los falsos hermanos - detrás de los cuales se perfila la imagen del andrógino primitivo - Arnaldo viene a ser, hasta cierto punto, en las aventuras propiamente septentrionales, un doble de Periandro, un falso gemelo, creando así una triangularidad en que cada uno de estos puede mirarse en el espejo del otro, según las circunstancias, pero sin que surja ninguna sensualidad de dicha contemplación. Esta refracción de los personajes en la dirección indicada permite que el relato escape de los condicionamientos clásicos de la triangularidad amorosa.
> Ésta solo desaparecerá cuando se casen Periandro y Auristela. Arnaldo aceptará entonces el matrimonio con la hermana menor de Sigismunda, doble de ésta[289].

La identidad del personaje, presentados de este modo tan evidente los argumentos, apuntaría a una figura principal en el contexto histórico de la época ¿Deberíamos, en tal caso, señalar (pues parece ser el perfil que mejor se ajusta a la situación planteada) a Carlos V como el doble histórico del príncipe Arnaldo? Nuestra respuesta no puede ser otra: sí y no. Y si nos mostramos ambiguos no es porque no queramos decantarnos en uno u otro sentido, ni por obrar con cautela ante la posibilidad de estar incurriendo en un error; sino porque, de manera general, es la propia naturaleza profunda del texto la que demanda estas soluciones bipolares.

Redondo señala un origen mitológico para Arnaldo, y lo expresa de este modo:

> Uno de los personajes que está presente en buena parte de la obra es el príncipe heredero de Dinamarca, Arnaldo. Él también remite a una tradición mítica, la de la <<cacería salvaje>>, tan difundida por tierras germánicas y nórdicas, según una de las modalidades marítimas evocada hace

---

[288]   De similar opinión se muestra Ana Luisa Baquero Escudero, cuando, analizando los "personajes - sin historia -, al servicio de la trama principal", dice sobre Arnaldo: " No como secundario puede ser catalogado el príncipe Arnaldo quien desempeña un papel importante en la historia de Persiles y Sigismunda [...]. A tal respecto el personaje de Arnaldo carece de su propia historia - como otros personajes -, ajena a la de los protagonistas. Es más, cuando surgen unos acontecimientos que desvían al personaje de la historia primera - necesidad de regresar a su patria por su conflictiva situación -, éstos no son totalmente escamoteados." Baquero, 2003, p. 229.

[289]   Redondo, Agustín, Ib., p. 78.

años por Leo Spitzer, a propósito del *Romance del Conde* (o del Infante) *Arnaldos*. En un principio, éste debía de estar en el barco y desempeñar el papel del marinero, atrayendo a sus víctimas con el canto mágico[290].

A continuación, el crítico sugiere una interpretación del mito aludido en relación a la actuación del personaje en la diégesis:

> No es pues extraño que, en la historia septentrional, el príncipe (el infante) Arnaldo aparezca capitaneando una nave de corsarios-mercaderes (I, 3, p. 147), trasunto modernizado de la << cacería salvaje >> marítima. De la misma manera, el que canta en el bajel del mismo Arnaldo, con << una voz extremada >> (I, 18, p. 241), es Rutilio - cuyo nombre es significativo -, el cual ha estado en contacto con el universo mágico, reminiscencia tal vez del canto mágico del romance[291].

Nosotros nos sumamos a esta interpretación, que, a su vez, aprovechamos para ponerla en relación con nuestros argumentos basados en una figura equivalente a la de Carlos V. A saber: que el poder real emanado del imperio español de los "Austrias" (simbolizado en el infante, título de heredero de la corona de España) ostentaba el domino de los mares (capitán de una nave), para lo cual debería imponer una autoridad sobre los hombres y las mercancías (corsarios-mercaderes). Pero un imperio no se gobierna con la sola imposición de una autoridad temporal, sino que necesita el respaldo de otra de naturaleza eterna o divina; y de ahí la necesidad de incluir en el mito ese "canto mágico" (el de Rutilio, según Redondo) para atraer a sus víctimas (el pueblo), que nosotros interpretamos como el mensaje armonioso (canto de sirena) dirigido a los corazones siempre necesitados de paz (la religión). Pero esa paz anhelada no son más que palabras vacías en el "canto del marinero", y su consecuencia no será otra que la guerra despiadada contra todo aquello que atente contra la artificiosa imagen de unidad que trasmite ese "engañoso canto" (la cacería salvaje del mito aludido).

Pero no adelantemos acontecimientos. Antes de continuar con esta aproximación al personaje y a sus circunstancias, retrocedamos en el texto y veamos en qué momento del libro I hace su aparición Arnaldo por boca del personaje de Taurisa:

> Escucha, que en cifra te diré mis males. El capitán y señor de este navío se llama Arnaldo; que es hijo heredero del rey de Dinamarca, a cuyo poder vino, por diferentes y estraños acontecimientos, una principal doncella, a quien yo tuve por señora, a mi parecer de tanta hermosura que, entre las que hoy viven en el mundo, y entre aquellas que pude pintar en la imaginación el más agudo entendimiento, puede llevar la ventaja. Su discreción iguala a su belleza y, sus desdichas, a su discreción y a su hermosura; su nombre es Auristela; sus padres, de linaje de reyes y de riquísimo estado. Esta, pues, a quien todas las alabanzas vienen cortas, se vio vendida y comprada de Arnaldo, y con tanto ahínco y con tantas veras la amó y la ama, que mil veces de esclava la quiso hacer su señora, admitiéndola por su legítima esposa, y esto con voluntad del rey, padre de Arnaldo, que juzgó que las raras virtudes y gentileza de Auristela mucho más que ser reina merecían; pero ella se defendía, diciendo no ser posible romper un voto que tenía hecho de guardarse virginidad toda su vida, y que no pensaba quebrarle en ninguna manera, si bien la solicitasen promesas o la amenazasen muertes. Pero no por eso ha dejado Arnaldo de entretener sus esperanzas con dudosas imaginaciones, arrimándolas a la variación de los tiempos y a la mudable condición de las mujeres, hasta que sucedió que, andando mi señora Auristela por la ribera del mar, solazándose no como esclava, sino como reina, llegaron unos bajeles de cosarios y la robaron y llevaron no se sabe adónde (pp. 135-137).

En principio, encontramos que la frase que abre esta cita es reveladora del sentido alegórico que debemos emplear para su comprensión, pues el propio narrador advierte que nos hallamos ante un texto previamente codificado ("cifra")[292]: "Escucha, que en cifra te diré mis males".

---

[290]   Redondo, Agustín, Ib., p. 77.

[291]   Redondo, Agustín, Ib., pp. 77-78.

[292]   Aunque bien es cierto que en época de Cervantes se empleaba la expresión "en cifra" de manera frecuente para referirse a la noticia resumida de un acontecimiento, en el caso que nos ocupa podría aplicarse el sentido "cabalístico" que sugiere el término (en cifra o en clave); pues, no solo el contexto alegórico-simbólico en el que se halla el episodio nos induce a ello, sino la propia función que se le atribuye a la expresión como resumen de un suceso o abreviación del mismo, que no casa bien con la   extensión que ocupa el relato de los "males" narrados por Arnaldo.

Porque, no debemos olvidar que, aunque el diálogo se dirige a Periandro, el texto lo hace al lector. En este sentido, y dada la evidente intencionalidad críptica de la frase, la exhortación de Cervantes por boca de Taurisa nos lleva a hacernos la siguiente reflexión: ¿tan grande llega a ser nuestra pérdida del saber probable de su época como para no advertir sus intenciones?, o, quizá, esa falta de compromiso con lo sugerido en el texto, ¿no respondería a una tácita actitud inmovilista, activada desde nuestra concepción realista del mundo, como respuesta ante la inexcusable presencia de un "segundo lenguaje" de naturaleza imaginaria?

Sea como fuere, todo apunta a que las referencias sobre la identidad de Arnaldo deban ser interpretadas en clave alegórica ("Escucha: que en cifra te diré mis males") ¿De qué "males", pues, querría avisarnos nuestro autor, que ni siquiera disimula en esta ocasión para decirnos algo que debería ser obligatoriamente conocido por el lector que aspirase a comprender el mensaje de su obra? Para nosotros resulta obvio: que el contexto político-histórico del *Persiles* se centra -una vez más- en los conflictos de religión que tuvieron lugar en la época en la que España se convirtió en un Imperio; es decir, durante el reinado de los tres monarcas de la casa de Austria que Cervantes "conoció" en vida: Carlos V, Felipe II y Felipe III, así como del hermano de aquel y heredero del Imperio Germánico, Fernando I.

No nos ocuparemos, en esta ocasión, de analizar la cita presentada más arriba para hallar el sentido correcto en relación a lo manifestado, pues no queremos repetirnos más de lo que se sería deseable. Recordaremos, no obstante, lo que venimos manifestando: que Auristela simboliza la "búsqueda trascendente"[293], que Arnaldo señala a la cabeza del poder temporal en época de Cervantes y que el extraño conflicto amoroso entre ambos personajes sería una alegoría de las luchas de religión que desembocaron en la "Guerra de los Treinta Años", cuyos efectos devastadores han llevado a considerarla como la "primera gran guerra mundial".

Pero volvamos a Arnaldo. Romero y Redondo coinciden en la etimología del nombre, atribuyéndole ambos un origen germánico derivado de *arn*, que significa águila, y de *wald*: "gobierno, poder y mando"[294]. En tal caso, el esfuerzo imaginativo no habrá de ser excesivo para ver en el nombre de Arnaldo al símbolo (el águila del escudo imperial) del poder emanado del Imperio Germánico.

Esta identificación etimológica, que acerca la opinión de los críticos aludidos a nuestra hipótesis, podría resultar concluyente[295]; sin embargo, la crítica no podría aceptarla en su clamorosa evidencia por motivo de la expresa manifestación que se hace en el texto sobre la ascendencia danesa (y no germánica, o española, como sería menester en un descendiente de la Casa de Austria) del príncipe Arnaldo.

En efecto, también en la valoración de esta hipótesis, volveríamos a toparnos una vez más con la dicotomía que viene obstaculizando la interpretación del *Persiles* desde sus comienzos: el conflicto entre el sentido literal (Arnaldo es el heredero de Dinamarca) frente al alegórico (Arnaldo es el heredero del Sacro Imperio). Nerlich tercia en el asunto, cuando, en relación al linaje de los reinos septentrionales, introduce una perspectiva sorprendente derivada de ese segundo lenguaje (alegórico) que la crítica realista se resiste a considerar: el factor godo[296]. Dice Nerlich al respecto:

---

[293]   El término "búsqueda trascendente", como sinónimo de *verdadera religión*, lo hemos adoptado para referirnos a la voluntad que anima al hombre a seguir la antigua Tradición o pacto con la divinidad. Timothy Freke y Peter Gandy se acercan a este concepto cuando manifiestan: "Clemente, el director de la primera escuela de filosofía cristiana en Alejandría, y su sucesor, Orígenes, fueron hombres muy respetados durante toda su vida y todavía se les considera dos de los filósofos más grandes de los primeros tiempos del cristianismo, aunque ambos predicaban algo que se parecía más al gnosticismo que a la corriente principal del cristianismo actual. Clemente incluso es venerado como santo por la Iglesia católica, pese a que escribió páginas y páginas sobre los <<gnósticos>>, a los que calificaba de <<verdaderos cristianos>>. Freke / Gandy, 2000, pp. 123-124.

[294]   Redondo, 2004, n. 49, p. 98.

[295]   El propio Redondo sugiere otra fuente en la creación del personaje de Arnaldo: "Lo que pasa es que el príncipe de Dinamarca se ha transformado en perfecto amador de Auristela, como también lo había sido Arnalte (dicho de otra manera Arnaldo) en la << novela sentimental >> de Diego de San Pedro. Y su dama se llamaba Lucenda. ¿No tendrá algo que ver la luminosa heroína del *Persiles* con la amada de Arnalte?" Redondo, 2004, p. 78.

[296]   "Los godos fueron antiguamente dichos getas, gente muy septentrional, que salió de aquella tierra y se esparció por toda Europa. Los que quedaron en Italia se llamaron ostrogodos que vale tanto como orientales en respecto de los que pasaron a España; los cuales fueron dichos vestrogododos, y corruptamente visigodos, que vale occidentales. pero unos y otros se llamaron godos, por cuanto salieron de la provincia de Gozia, que está en lo más septentrional del mundo, cerca del polo, en un gran seno que hazen el mar elado y el de Alemania, y confina con el reyno de Dinamarca. En la región Fimarchia está una gran provincia que llaman Scandia y Escandinavia, que en su

la historia de Johannes Magnus sobre todo, concebida como autoafirmación de Suecia como patria de los godos contra Dinamarca, cuya gloria había sido ya cantada en las *Gesta Danorum* de Saxo Grammaticus (1222), se convirtió en un auténtico libro de culto para la Suecia protestante en busca de una identidad histórica, y una curiosa casualidad hizo que en 1617, año de la publicación del *Persiles*, el rey de Suecia Gustavo II Adolfo organizara un gran torneo a la gloria de los godos y con ello del libro de Johannes Magnus en Uppasa.[297]

Es decir, la ascendencia goda de daneses y suecos era algo consabido en época de Cervantes, llegando incluso a disputarse entre ambos pueblos la primacía de esa paternidad. En este sentido, si el narrador nos dice que Arnaldo era el heredero del reino de Dinamarca, ¿no será menos cierto que también se esté refiriendo a su heredad en relación a aquellos primeros pobladores que mayor gloria dieron a su reino, los godos? y, más aún, ¿acaso Carlos V no era dueño de Dinamarca y Noruega hasta que renunció a ellas en virtud del tratado/Paz de Espira en 1544? En tal caso, nos hallaríamos ante un príncipe de ascendencia goda,[298] tanto como Persiles y Sigismunda, y no menos que el heredero al trono del Sacro Imperio Romano Germánico: Carlos V y/o sus sucesores en el trono imperial. Por ello, decir que Arnaldo es el heredero de Dinamarca es lo mismo que decir que es el heredero del Sacro Imperio.

Pero, con razón, se nos censurará en este intento de identificación de la figura de Arnaldo con alguno de los tres monarcas aludidos de la Casa de Austria, que aquel aparezca en el relato como protestante y estos otros firmes defensores de la fe católica. Esto, sin duda, debería de bastar -nuevamente- para invalidar nuestra hipótesis; sin embargo, a poco que escarbemos en la historia, comprobaremos que ni los católicos fueron siempre tan católicos, ni los protestantes "protestaron" tanto como debieran en esta época de oscuros movimientos geopolíticos.

Conflictos históricos entre estados aparte, y persuadidos de la necesidad de no perdernos por los meandros de una época convulsa que pueda enturbiar la claridad de nuestros argumentos, centraremos nuestro análisis, de manera preliminar, en la figura histórica del emperador Carlos V. Pues bien, en relación a la presunta aversión del primero de los Austrias hacia las ideas reformadoras que convergieron en el cisma protestante, es muy sabido que uno de los preceptores que enseñó al futuro emperador fue el afamado erudito y uno de los padres del movimiento protestante Erasmo de Rotterdam, el cual, compuso en su honor su *Institutio principis christiani* en 1515, cuando el heredero contaba con quince años de edad.

En tal caso, Carlos V no debió ser el fervoroso católico que estamos acostumbrados a escuchar[299], sino, más bien, que su catolicismo se deba a la necesidad de fortalecer su Imperio por encima de las creencias que incluso él mismo, tras la evidencia de su formación, llegase a profesar en su intimidad. Y no de otro modo se nos muestra en el episodio de la isla de las ermitas (c. 19 del libro II), cuando el propio Mauricio, que pasa por ser el "maestro ocultista" del "grupo de peregrinos", dice ensalzando su "particular religiosidad": "Si yo viera a un Anibal cartaginés encerrado en una ermita, como vi a un Carlos V cerrado en un monasterio, suspendiérame y admiráreme" (p. 414).

Y en este sentido, creemos, ha de entenderse esa lucha constante y obsesiva de Arnaldo por conservar el favor de Auristela. El emperador Carlos V, digno alumno de su maestro (Erasmo), no habría de olvidar las verdades que le habrían sido transmitidas. En tal caso, hubo de abrirse

---

lengua significa isla hermosa y deleytosa, y en ella ay otros reynos principales, conviene a saber: Gothia, Noruega, Suecia y Dacia, y de todas estas provincias fueron las que salieron; y por ser los de Gothia los principales de la liga se llamaron todos godos". Covarrubias, Sebastián de, *Tesoro de la lengua castellana, o española*, ed. Martín de Riquer, Barcelona, Horta, 1943, p. 638, en Nerlich, 2005, pp. 99-100.

[297] Nerlich, 2005, p. 99.

[298] "en el siglo XVI se llama "godos" a los "septentrionales": Olaf Magnus lo hacía, su hermano Johannes también, y los nobles españoles se llamaban ellos mismo "godos". Porque los reyes que habían fundado España - como hemos leído en *Covarrubias* - eran godos y porque veneraban a aquellos getas que - según Aelius Spartianus (biógrafo de los emperadores romanos)- eran godos: "Porque alabéys a Dios de la variedad de las cosas deste mundo", continúa Covarrubias con la entrada GETAS y tras haber citado a Aelius Spartianus: "antiguamente esclavos y bárbaros, después señores de lo mejor orbe, y tan estimados que para honrar agora a uno dezimos venir de los godos." Nerlich, 2005 p. 101.

[299] Un ejemplo de lo que decimos lo encontramos en el saqueo de Roma por el ejército imperial de Carlos V en 1527 en el trasfondo del conflicto entre el Sacro Imperio Romano Germánico y la Liga de Cognac.

una brecha muy importante en el pensamiento del Emperador, que se debatiría entre dar primacía a las cuestiones del alma frente a las del Estado[300].

Porque el Emperador consiente e insiste, con independencia e incluso en contra -en ocasiones- del papado, en lograr esa unión de todos los cristianos (como lo demuestra el gran numero de paces subscritas entre católicos y protestantes durante su reinado), aunque de manera infructuosa. Un conflicto universal, pues, el que nos plantea Cervantes en su última obra; donde el mundo occidental se debate entre esos dos ejes que son la monarquía universal[301] y la autoridad papal. Por los hechos históricos sabemos que la decisión de Carlos V y sus sucesores no fue la correcta; pues, en su afán de unificar la cristiandad bajo el yugo del catolicismo como mejor medio de conseguir la paz[302], no logró sino todo lo contrario: llevar a Europa a la guerra más cruenta que jamás se había visto (la Guerra de los Treinta Años) y, lo que aún es peor, no erradicar el problema religioso y pasarlo como una maldición a las generaciones siguientes. Y a ello se refiere la cita de Nerlich que sigue a continuación, donde el crítico, asimilando el androginismo inherente al personaje de Auristela[303], ve en la figura histórica de Sigismundo III Vasa[304] al referente histórico de nuestra protagonista en su decidida defensa de la verdadera espiritualidad:

> Porque esta evocación del Sigismundo III vasa, príncipe heredero (católico) de un país escandinavo (protestante), por el nombre de SEGISMUNDA, princesa heredera (medio gentil) de un país escandinavo (protestante), remitía a todo lector que dispusiera del saber posible y probable de la época a un problema político y moral que estaba en el centro del debate de la época y por el cual decenas de miles (y poco tiempo después, en la Guerra de los Treinta Años, millones) habían de morir: dada la imposibilidad de suprimir el movimiento cristiano protestante al que se habían aliado ya duques, príncipes y reyes de toda la Europa del norte y de Alemania que estaba -teóricamente - gobernada, hasta 1556, por un Emperador español llamado Carlos Quinto, se creía haber encontrado la solución - para poner fin a las guerras y guerrillas, en 1555, cuando el tratado de la Paz Religiosa de Augsburgo, decretando, con una fórmula que acabaría haciéndose funestamente célebre - que todo súbdito debía aceptar o adoptar la fe religiosa de su Señor. *Cujus regio*, decía, *eus religio*, y los protestantes no la aceptaron porque - según ellos - era contraria a la libertad religiosa del individuo cristiano que reclamaban[305].

---

[300]   Sin duda, Carlos V estaría al corriente de las tesis de Maquiavelo (*El príncipe),* que propugnaba el poder absoluto del monarca y la "razón de Estado" por encima de intereses de cualquier tipo (religiosos, sociales, etc); como también lo estaría de las de Tomás Moro, que, desde un planteamiento opuesto, dirigía su mirada a un orden menos artificioso o vigilado y más libre o natural (*Utopía).*

[301]   "Me parece que no se puede juzgar la idea de la 'monarquía universal' sin tener en cuenta la idea de la independencia del emperador respecto al poder papal que subyace a ella, una idea que no solo resultaba grata a Alfonso de Valdés y a los otros erasmistas de la corte del joven emperador, sino - como demuestra la lectura sin prejuicios del *Persiles* - también a Cervantes, quien, al parecer, concebía la estrecha alianza de la corona española con el papa, o más bien su sumisión incondicional a la Iglesia Católica, Apostólica y Romana, y por tanto su implicación en las guerras de religión contra los protestantes, como una catástrofe, y como es de suponer: probablemente a causa del 'fracaso' de que habla Escamilla. Francamente, pienso que había y que sigue habiendo razones para hacerlo, y sobre todo que hay que tener en cuenta todo esto para comprender el *Persiles*." Nerlich, 2005, n. 7, p. 705.

[302]   Carlos V trató de unir a luteranos y católicos, pero no lo consiguió, y tras diferentes acuerdos de paz se vio precisado finalmente a subscribir la Paz de Augsburgo (1555) que dejaba a los alemanes su decisión de unirse a uno u a otro bando.

[303]   "Sin excluir por nada del mundo la posibilidad de que Cervantes juegue además un juego filosófico-mitológico con el tema de la androginia, conocido desde la filosofía-mitología griega, yo deduzco aquí - partiendo de nuevo del *sensus litteralis*, y de la posible función de lo que se dice a ese nivel - que, en tanto que signo, este hombre que es una princesa "medio gentil" escandinava con el nombre de SIGISMUNDA *debería evocar automáticamente* el nombre de aquel SEGISMUNDO, príncipe heredero y rey católico de un país protestante escandinavo que, desde 1602, estaba unido a una CONSTANZA habsburguesa, y era conocido por todo intelectual europeo de la época que se respetase."Nerlich, 2005, p. 699.

[304]   "Sigismundo III fue efectivamente coronado rey de Polonia el 27 de diciembre de 1587, firmando una declaración estipulando que garantizaría la libertad religiosa en Suecia si alguna vez, como rey católico de la Polonia católica, sucedía a su padre en el trono de Suecia. Así que a la muerte de Juan III, rey protestante de Suecia, en 1592, este rey Sigismundo, su hijo, rey católico de los polacos, volvió a Suecia, país protestante, y fue coronado allí en 1594. Rey católico de la Polonia católica y de la Suecia protestante, quiso - en contra de las solemnes promesas hechas - imponer a sus súbditos protestantes suecos la religión católica de sus súbditos polacos, lo que desencadenó revueltas en Suecia." Nerlich, 2005, p. 698.

[305]   Nerlich, 2005, p. 700.

No se limitó, como cabría esperarse, nuestro autor a escribir una obra como reflejo de unos tiempos -los suyos- especialmente relevantes. Eso hubiera sido un simple ejercicio histórico - novela histórica que diríamos hoy en día-, carente de ese elemento de universalidad que, según dijimos, constituiría la diferencia entre una buena obra (novela) y una obra maestra (novela-epopeya). Y si apelamos a este sentimiento universalista no lo hacemos por un motivo puramente estético, sino por la complejidad que atesora al reunir en un mismo argumento una variedad de mundos o realidades diferentes.

Y, a los "mundos" que venimos aludiendo en este mosaico de sentidos y perspectivas diversas que es el *Persiles*, viene a sumarse otro, que, en íntima relación al conflicto religioso entre católicos y protestantes, constituye el refrendo "universal" de un problema tan antiguo como el hombre, y que podríamos resumirlo con la siguiente reflexión: ¿qué es más importante la salvación del hombre o la salvación de un Imperio?

Para dar respuesta a este gran problema que ha acompañado siempre a la Historia de la Humanidad, Cervantes tuvo la genial idea de hacer coincidir en su obra, dentro del mismo relato literal, la historia de los pueblos godos y la de los convulsos acontecimientos político-religiosos de su época. Concretamente, a constatar cómo tras mil años de historia del hombre la civilización no había avanzado en lo sustancial. A saber: que los conflictos entre católicos y arrianos que tuvieron lugar hace mil años en los reinos godos europeos eran un calco de los que ahora enfrentaban a católicos y protestantes en el Imperio germano-español.

En este contexto casi atemporal, la primera idea que nos asalta, en relación a la figura del príncipe Arnaldo, es que si, como venimos sosteniendo, este personaje simboliza al poder temporal en la historia real contemporánea a Cervantes (Carlos V), así como a una misma figura regia de la época de los godos; debería aparecer en el texto alguna referencia que lo relacione con estos últimos (un rey a la altura del Emperador español). Y lo encontramos, precisamente, al final del libro II, donde Sinibaldo cuenta a su hermano Renato lo acontecido en Europa durante la permanencia de aquel en su retiro en la isla de las Ermitas:

> Sinibaldo respondió que de lo que más se trataba era de la calamidad en que estaba puesto por el rey de los dáneos, Leopoldio, el rey antiguo de Dinamarca, y por otros allegados que a Leopoldio favorecían. Contó asimismo cómo se murmuraba que, por la ausencia de Arnaldo, príncipe heredero de Dinamarca, estaba su padre tan a pique de perderse; del cual príncipe decían que, cual mariposa, se iba tras la luz de unos bellos ojos de una su prisionera, tan no conocida por linaje, que no se sabía quién fuesen sus padres. Contó con esto guerras del de Transilvania, movimientos del Turco, enemigo común del género humano; dio nuevas de la gloriosa muerte de Carlos V, rey de España y emperador romano, terror de los enemigos de la Iglesia y asombro de los secuaces de Mahoma (pp. 422-423).

Y la figura regia que andábamos buscando no se hace esperar: Leopoldio, el rey antiguo de Dinamarca. Convencidos de la importancia de este fragmento, que hemos seleccionado para la comprensión no solo de la figura de Arnaldo sino de todo el *Persiles*, procederemos a su análisis de una manera más detallada.

Para empezar, no entraremos en la polémica suscitada en relación a la identificación o no de Dinamarca con Dánea[306] ("los dáneos"); pues, en el esquema que vamos a presentar, siguiendo esa premisa universal que habíamos señalado y que enlazaría los tiempos de los godos con los de Cervantes, ambos reinos serían lo mismo sin llegar a serlo; es decir, los dos se identificarían con los godos con un criterio de temporalidad, en una relación de origen (Dánea)[307] y descendientes (Dinamarca).

En tal caso, se nos dice que Leopoldio era el rey de ese reino ancestral de los godos (los dáneos) y que, además, era el causante de las desgracias de su homólogo en el presente

---

[306] Dice Romero: "Como se ve - y ya dejé escrito en II, 13 (368 y nota 6) - Dánea, en el *Persiles*, no es igual a Dinamarca. Molho (B, 1994) alude a ciertas guerras civiles combatidas en el último de los reinos citados. Tal vez tenga razón. Cabe pensar, también, que, aquí y ahora, Dánea signifique Suecia. Es decir, un país ligado en 1557-1559 (en régimen de unión personal) al reino de Polonia y...en guerra contra Dinamarca de 1563 a 1570" (n..5, p. 422).

[307] Los dánaos son el otro nombre dado a los aqueos o argivos, que fueron un pueblo de origen indoeuropeo que vinieron de los Balcanes alrededor del 1.800 a. C. y se asentaron en la región de Acaya, en la zona central norte de la península del Peloponeso, alcanzando gran prosperidad entre los siglos III y II a. C. Una de sus características fue el carácter expansivo de su cultura a través del Mediterráneo. Remitimos al capítulo 3.6.4., donde se amplía la información acerca de los dánaos.

cervantino (simbolizado bajo la figura de "el rey antiguo de Dinamarca") ¿Cómo podríamos interpretar, pues, este enrevesado entrecruzamiento temporal entre dos elementos diferentes que responden a una misma realidad? Creemos, a la luz de nuestros argumentos, que lo que quería decirnos Cervantes era que la causa que arruinaba al Imperio germano-español no era nueva, sino heredada de los tiempos de los godos. Nos referimos, una vez más, a las guerras de religión entre arrianos/protestantes (godos y descendientes doctrinales de los godos) y católicos.

Siguiendo este esquema, no resultaría muy complicado ver en la figura de Leopoldio a un rey visigodo que ha pasado a la historia, fundamentalmente, por protagonizar en el seno de su familia una lucha fratricida por el control del reino, donde la religión católica y la arriana jugaron un factor decisivo en la victoria final. Nos referimos a Leovigildo (rey de los visigodos entre 572 – 586), que no solo comparte raíz léxica con Leopoldio, sino también descendencia; pues, los hijos de aquel, Hermenegildo y Recaredo, protagonistas de las revueltas por el trono de su padre, señalarían (aunque en el texto no se especifique explícitamente, pues ello sería como anunciar "a voces" la herejía escondida) a los también hermanos Sinibaldo y Renato, respectivamente.

Si como señala Romero[308], "antiguo" significa viejo, "el rey antiguo (viejo) de Dinamarca" (heredero del reino de los godos en Europa) que se cita, dentro del contexto que proponemos, solo podría representar a una persona: el emperador Carlos V. Y de su estado de desahucio (estaba "tan a pique") tendría algo que ver la actitud de su hijo, el heredero de Dinamarca (Arnaldo = ¿Felipe II?), que "se iba tras la luz de unos bellos ojos de una su prisionera" (los oropeles y la pompa de una religión desviada de la "verdadera religión" o cristianismo primitivo: el catolicismo, personificada en una prisionera, en cuanto a su imagen de cárcel del alma que no posibilita su liberación) dejando el reino debilitado con las mismas guerras de religión que sufrieron sus ancestros los godos (los dáneos). Y, es por ello que Cervantes nos muestra, en el mismo párrafo, el momento histórico más importantes de toda la novela-epopeya: la noticia de la muerte de Carlos V, pero no sin advertirnos previamente -para que al lector le fuera más fácil practicar la necesaria correspondencia entre la historia de los godos españoles y el Emperador español- que era "rey de España" (godo-arriano = protestante en época de nuestro autor), en mayúscula, "y emperador romano" (católico), en minúscula: "Carlos V, rey de España y emperador romano".

En cuanto a los personajes de Sinibaldo y Renato, adelantaremos, pues los analizaremos en profundidad cuando sean protagonistas de sus correspondientes episodios, que, dentro de este escenario visigodo que hemos propuesto en nuestra interpretación, el primero de ellos se identificaría con el caudillo godo Hermenegildo y el segundo con el rey Recaredo.

En el proceso de nominación utilizado por nuestro autor para crear el nombre de Sinibaldo, comprobamos que no se ha recurrido al habitual anagrama, ni a la etimología, ni a la eufonía para presentar la preceptiva relación de equivalencia entre los dos nombres; sino que se ha sintetizado la característica más sobresaliente del personaje histórico para componer el nombre del personaje de ficción. En tal caso, la historia nos trasmite que Hermenegildo, a pesar de levantarse en armas contra su padre en repetidas ocasiones enarbolando la bandera del catolicismo, nunca llegó a ceñirse la corona de los visigodos, por lo que fue un príncipe que no reinó; es decir, un heredero sin trono: sin baldaquín[309] > sin *wald*/bald (aquí podríamos utilizar también la raíz germánica *wald* utilizada en la interpretación que daba Romero de Arnaldo, a la que atribuiríamos la pronunciación castellana [bald]) > sin-baldo > Sinibaldo.

El caso de Renato, que nosotros identificamos con el rey Recaredo, ofrece menos dudas; pues no solo heredó el reino de su padre Leovigildo, sino, lo que resulta aún más importante y por lo cual ha llegado a tener un gran protagonismo en la historia de los visigodos y del catolicismo: fue el primer rey visigodo que adoptó el catolicismo como religión oficial de su reino (la Conversión de Recaredo en 587). En tal caso, a la raíz RE que ambos nombres comparten se sumaría esa idea implícita de "renacimiento"que comporta la Conversión/Bautismo de Recaredo; lo cual se correspondería con el segundo miembro constitutivo del nombre del personaje en la ficción: NATO > RENATO > renacido tras su Conversión al catolicismo.

Volviendo al personaje de Arnaldo, creemos que ha quedado suficientemente demostrada su identificación con alguno de los tres primeros "Austrias" (más el emperador Fernando I)

---

308   "antiguo = 'viejo'. Cfr. I,2: 137 (y nota 14)" (n.4, p. 422).
309   Tela de seda que se suspende a modo de dosel sobre un trono.

reinantes; pues, tanto su ascendencia goda como su origen protestante (en Carlos V como cabeza de la dinastía) quedan probadas; sin embargo, todavía podríamos definir con más precisión al monarca (en plural) en cuestión.

En esta ocasión, practicaremos sobre el nombre un nuevo ejercicio cabalístico. En este sentido, comprobamos cómo todos los fonemas del nombre CARLOS (excepto el primero /C/ y el último /S/) están contenidos en ARNALDO, sobrando de ese ejercicio de transposición las letras "N-A-D". Es decir, tras este sencillo anagrama nos encontramos con que el nombre de Arnaldo contiene una explícita referencia al primero y más importante de los "Austrias": Carlos (-ARLO-). Pero, además, con los fonemas sobrantes se conforma la raíz del reino que, según decíamos más arriba, constituye el referente remoto o godo de Dinamarca como equivalente ficcional del Imperio germano-español: "DAN" (Dánea). Se nos censurará, sin embargo, que en este esquema falta por ubicar las letras /C/ y /S/ del nombre del Emperador "C-ARLO-S", por lo que la hipótesis quedaría invalidada. Y estaría en lo cierto quien esto advirtiera, a no ser que el propio Cervantes hubiese previsto intencionadamente esa carencia para expresar que lo simbolizado por Arnaldo no remite en exclusiva a Carlos; pues, la falta de la primera y de la última de las letras podría entenderse como que, en esencia, el primero de los "Austrias" y recuperador de la herencia del pasado godo, solo constituiría un eslabón (el central) dentro de una cadena: el que media entre el antiguo reino de los godos y sus propios descendientes en el trono.

Pero, aún podríamos seguir operando cabalísticamente sobre el nombre de Arnaldo, pues, a lo dicho, añadiremos también la presencia de la otra rama reinante del mismo tronco que Carlos V. Nos referimos a Fernando I, heredero del Imperio Germano a la muerte de su hermano. Lo cual, puede confirmarse al observar que el nombre de ARNALDO está compuesto en su totalidad por fonemas que provienen de los nombres CARLOS (ARLO) y FERNANDO (DAN).

En resumen, a través de la comprobación de los diferentes anagramas practicados al nombre, se constata la existencia de una relación en el plano de la forma que, como es habitual en los procedimientos nominativos de nuestro autor, implicaría también al plano del contenido; en concreto, aludiría a la figura del príncipe Arnaldo como personificación de los dos personajes históricos que "iniciaron" la dinastía germano-española: Carlos V. y Fernando I.

Pero, a pesar del mayor magnetismo que irradia la figura de Carlos V sobre sus descendientes directos, tiene, sin embargo, un papel menos activo y más emblemático que el asignado a Felipe II, y (menos) a Felipe III, que son los monarcas que ocupan (casi en su totalidad) el arco temporal en el que, en nuestra opinión, se desarrollan los acontecimientos históricos a los que se alude de forma directa o indirecta en la novela-epopeya.

Porque Carlos V es el espejo donde Cervantes proyecta la gloria del pasado godo, por ello lo compara con Leovigildo (Leopoldio), porque este rey representa los valores del príncipe sometido a los "Misterios" de la divinidad (el arrianismo podría considerarse un cristianismo más puro), a parte de presentar en su reinado una situación análoga a la del "César" español.

La determinación de Cervantes es manifiesta en su obra póstuma, que, como un escurridizo cronista que se mueve a caballo entre dos épocas tan distantes, utiliza esa comparación para revestir de trascendencia los sucesos que se narran; pues, la circunstancia de su repetición sugiere una mitológica incursión en la brumosa profundidad del tiempo, donde la actualización de sucesos tan decisivos para la Humanidad sugiere el concierto de una voluntad divina o universal por enmendar lo que un día significó un drástico desvío de mil años de evolución (la distancia temporal entre ambos reinados). Y, en este sentido, opinamos que podría haber utilizado Cervantes este recurso discursivo: una forma de manifestar que el grave problema religioso que amenaza la paz de Occidente es un conflicto universal, ante el que no cabe soluciones a medias y sí afrontar con responsabilidad y decisión lo que la tradición humanista considera como el verdadero destino del Hombre.

Y, ese episodio errado de la historia de la civilización occidental se nos cuenta a través de Renato y Sinibaldo (Recaredo y Hermenegildo, herederos de Leovigildo), protagonistas en el pasado de la misma tragedia que se cierne ahora en el siglo XVI sobre los herederos del "antiguo rey de Dinamarca" (el viejo Carlos V): el triunfo de una teocracia catolicista que niega toda posibilidad de salvación espiritual.

Pero Arnaldo no es Carlos V, sino solo parte de él: la esencia del sentir de un mundo antiguo que se debate en esa lucha inmemorial entre el espíritu y la materia. Arnaldo, pues, asume la personalidad de Carlos V como referente de un ideal civilizador que el hombre no debería

165

olvidar; por ello, el Emperador tiene el poder de hacerlo cumplir y la responsabilidad de no verlo fracasar. Esa fue su gran tragedia.

Y en ese camino decadente se dejan llevar sus sucesores directos, Felipe II y Fernando I, que, incluso conservando el ideal religioso del primero de los Austrias (como lo demuestra la proximidad de Felipe II con Arias Montano[310], seguidor del que fuera preceptor de su padre, Erasmo de Rotterdam), son incapaces de zafarse del acoso de los tiempos, los intereses personales y los malos/buenos consejeros. Y, en este sentido, podemos apreciar en el texto cómo Clodio, cuya figura identificábamos con Antonio Pérez (Secretario de Estado de Felipe II), aconseja al príncipe Arnaldo, con su particular ¿malicia?, para que desista en el empeño de cortejar a la bella Auristela. Sorprende -y nos alerta– en este punto, el arranque de paterna sinceridad con el que Clodio da comienzo a su plática, que nos muestra la otra cara de un consejero preocupado no ya por los "negocios" de su señor, sino por las cuestiones más íntimas: "quiero agora sin tu licencia decirte en secreto lo que suplico con paciencia me escuches, que, lo que se dice aconsejando, en la intención halla disculpa lo que no agrada" (p. 290). Porque, "decirte en secreto" revela, una vez más, una clara intención de avisar al lector de que lo expresará Clodio será -como diríamos hoy- "información reservada", y, en tal caso, solo quede la opción de comunicarlo a la manera tradicional: alegóricamente. Y con este propósito construye nuestro autor un discurso en boca del "maldiciente", es decir, pronunciado por el personaje que se caracteriza por denunciar "lo políticamente incorrecto":

> - Tú, señor, amas a Auristela (mal dije amas: adoras, dijera mejor) y, según he sabido, no sabes más de su hacienda ni de quien es que aquello que ella ha querido decirte, que no te ha dicho nada (p. 290).

En este primer fragmento del discurso-consejo de Clodio a Arnaldo, interpretamos que el consejero expone al príncipe la situación previa de la que parte, al objeto de mostrarle lo inadecuado de su conducta. Y empieza señalando (también al lector) la naturaleza del contexto significativo sobre el que versará su discurso: su amor o interés por Auristela (la verdadera religión). Ahora bien, el sentimiento amoroso que despierta en Arnaldo la figura de Auristela no es el del entregado enamorado renacentista, pues, Clodio matiza rápidamente el alcance de ese amor: "(mal dije amas: adoras, dijera mejor)"; porque adorar no es amar, y, en tal caso, más parece deslumbrado en la distancia por un objeto precioso que abrasado en la intimidad por un corazón ardiente. Y sigue Clodio con su exposición de los hechos:

> Hasla tenido en tu poder más de dos años, en los cuales has hecho, según se ha de creer, las diligencias posibles por enternecer su dureza, amansar su rigor y rendir su voluntad a la tuya por los medios honestísimos y eficaces del matrimonio, y en la misma entereza se está hoy que el primero día que lo solicitaste, de donde arguyo que cuanto a ti te sobra de paciencia le falta a ella de conocimiento (p. 290).

El discurso se centra ahora en lo inútil que supone seguir insistiendo en procurar sus favores, cuando la voluntad de su "enamorada" es otra ¿Podríamos ver aquí una velada descripción de los avatares del conflicto entre católicos y protestantes (Auristela como personificación de la necesaria reforma espiritual), cuyas disensiones hace imposible su unión bajo el catolicismo de los "Austrias" (el príncipe Arnaldo)?

> Y has de considerar que algún gran misterio encierra desechar una mujer un reino y un príncipe que merece ser amado. Misterio también encierra ver una doncella vagamunda, llena de recato de encubrir su linaje, acompañada de un mozo que, como dice que lo es, podría no ser su hermano, de

---

[310] "El mayor humanista español - quizás - del siglo XVI, célebre por su renuncia al vino y a la carne, que ocupó numerosos cargos en la corte de Felipe II, vivía en un eremitorio delante de una cueva en parte acondicionada con sus propias manos, tenía la reputación de ser un mago y taumaturgo [...] Visto el olvido en el que descansa hoy, hay que constatar que la jugada les ha salido bien, éxito al que contribuyó sin ninguna duda el hecho de que Arias Montano no haya juzgado oportuno nunca unirse a los representantes de la Contrarreforma más reaccionarios y sectarios, no distanciándose nunca realmente de la corriente erasmista que constituye una de las páginas de gloria de la historia filosófica y teológica de España, pero que fue sacrificada en los altares de la Contrarreforma española de los siglos XVI y XVII." Nerlich, 2005, pp. 483-484.

tierra en tierra, de isla en isla, sujeta a las inclemencias del cielo y a las borrascas de la tierra, que suelen ser peores que las del mar alborotado (p. 290).

Vemos aquí cómo Clodio pasa a explicarle a su mecenas la "extraña" conducta que muestra Auristela al rechazar un casamiento tan ventajoso. Pero el lector atento no debe relajar su atención en este punto, pues, entre las razones expuestas, que vuelven a remitirnos al conflicto religioso en ciernes, encontrarnos una clara alusión, por su evidencia, a la intención de Cervantes de manifestar literalmente la razón fundamental por la que el movimiento reformista no habría de aceptar el yugo "pacificador" del "Emperador" (Arnaldo): la condena de los Misterios ("algún gran misterio encierra desechar una mujer un reino"). Dicho de otro modo: la diferencia entre una religiosidad que solo es pompa y artificio (el catolicismo) y el cristianismo primitivo (a lo que aspiran los reformadores) es que la primera desconoce (¿u oculta?) y condena el método tradicional para la salvación de las almas (los Misterios); sin embargo, la segunda no solo no los condena sino que los considera como parte esencial de ese camino de salvación. Pero no solo se ocupa Cervantes, por boca de Clodio, en manifestar que son los "Misterios" lo que hace inviable la fusión con un catolicismo especialmente espoleado por esa cuestión -no resultaría muy difícil imaginar el porqué-, sino que, además, tiene la generosidad de mostrarnos (alegóricamente) un compendio de esos mismos misterios cuando dice: "Misterio también encierra...", donde todo lo que sigue a continuación hasta el final de la cita sería un resumen de lo que venimos diciendo. A saber: "doncella vagamunda" = la peregrinación (recordemos, en este sentido, al personaje de "la vieja peregrina"); "llena de recato de encubrir su linaje" = la necesidad de secreto o disimulo ante el acoso de la Inquisición; "acompañada de un mozo que, como dice que lo es, podría no ser su hermano" = la búsqueda del andrógino primordial; etc. Y concluye Clodio:

> De los bienes que reparten los cielos entre los mortales, los que más se han de estimar son los de la honra, a quien se posponen los de la vida; los gustos de los discretos hanse de medir con la razón y no con los mismos gustos (pp. 290-291).

Tras señalar a Arnaldo la extraña conducta que motiva el rechazo de su "amada", Clodio le dice que el origen de tal proceder se halla en la propia personalidad de Auristela: su honra. Pero Clodio (Antonio Pérez), metido a consejero "maldiciente" del príncipe Arnaldo (Felipe II) -digamos- "por exigencias del guión", volverá a arengar a su mecenas unas páginas más adelante y dentro del mismo contexto religioso que venimos aludiendo. Dice nuevamente Clodio:

> - El otro día te dije, señor, la poca seguridad que se puede tener de la voluble condición de las mujeres, y que Auristela, en efecto, es mujer, aunque parece un ángel, y que Periandro es hombre, aunque sea su hermano; y no por esto quiero decir que engendres en tu pecho alguna mala sospecha, sino que críes algún discreto recato (p. 298).

En esta ocasión, se entiende literalmente que Clodio aconseje a su señor que reconsidere su postura, en el sentido de que Auristela pudiera estar escondiendo sus intenciones amorosas hacia Periandro. Sin embargo, nosotros interpretamos aquí, que, tras los argumentos que aporta Clodio para "turbar o por deshacer los amorosos pensamientos de Arnaldo" (p. 298), Cervantes podría estar dándonos, en clave alegórica no exenta de ironía, su opinión acerca del rumbo que debería tomar el gobierno de Felipe II en relación al conflicto que enfrentaba a católicos y reformadores durante los graves acontecimientos que sacudieron la corte provocando la caída del secretario de estado Antonio Pérez. Y, para acceder a este mensaje, previamente habrá que realizar las oportunas descodificaciones; donde, "la voluble condición de las mujeres" podría referirse a la inestabilidad de ambas religiones enfrentadas (católicos y protestantes) por motivo de la politización que se ha hecho de las mismas; "Auristela, en efecto, es mujer, aunque parece un ángel", nos remite a la idea de que lo simbolizado por Auristela (la "religión verdadera") serviría para unificar-atraer al pueblo, aunque lleva implícita la idea de libertad, lo cual resulta nocivo para el buen gobierno de los Estados; y, "Periandro es hombre, aunque sea su hermano", indica que las facciones que se agrupan bajo la bandera de lo simbolizado por "Auristela" (los reformadores o luteranos) seguirían sus propios intereses políticos, a pesar de la noble defensa

167

que hacen de la "causa del espíritu". En tal caso, como dice Clodio, es necesario aplicar un "discreto recato": ¿Prudencia?

> y, si por ventura te dieren lugar de que discurras por el camino de la razón, quiero que tal vez consideres quién eres, la soledad de tu padre, la falta que haces a tus vasallos, la contingencia en que te pones de perder tu reino, que es la misma en que está la nave donde falta el piloto que la gobierne (p. 298).

El discurso profundiza más en la decisión que ha de tomar el príncipe-Emperador (en relación al acuciante problema religioso), aduciendo el ¿maldiciente? que si toma el "camino de la razón", ¿en vez de el del corazón?, se arriesga a una pérdida todavía aún mayor. Por ello, le exhorta a mirar dentro de sí mismo, en su más profunda intimidad antes de tomar una decisión tan importante, no solo para su imperio sino para el futuro de la civilización occidental. A continuación, como si le pusiera un espejo delante de su rostro con un letrero que dijese: *nosce te ipsum*[311], le dice: "quiero que tal vez consideres quién eres"; a lo que sigue una sucesión de situaciones muy concretas, relacionadas con el conflicto espiritual en ciernes, con la finalidad de realizar una cruda descripción de su entorno más íntimo. A saber: "la soledad de tu padre": el recogimiento en Yuste del emperador Carlos V es visto como el retiro de un ermitaño (¿un reformador afín a la "causa del espíritu"?); "la falta que haces a tus vasallos": la necesidad de no cercenar la libertad de sus súbditos para que puedan emprender el verdadero camino de la búsqueda espiritual (la necesidad de la Reforma); "la contingencia en que te pones de perder tu reino", ante la coalición europea de príncipes protestantes (peligro de perder todo lo material: el poder temporal); "que es la misma en que está la nave donde falta el piloto que la gobierne", de donde se desprende la idea de que el destino del reino está ligado a la firmeza con la que se traten los asuntos religiosos.

Queda claro, a tenor de nuestra interpretación, que la voluntad de Clodio para con su señor no es ni por asomo la que la crítica ha venido vertiendo sobre este personaje esquivo y contradictorio; sino que, una vez más, en la última obra de Cervantes los personajes aparentemente malos parecen ser los buenos y los buenos quizás no lo sean tanto. Y continúa Clodio:

> Mira que los reyes están obligados a casarse, no con la hermosura, sino con el linaje; no con la riqueza, sino con la virtud, por la obligación que tienen de dar buenos sucesores a sus reinos. Desmengua y apoca el respeto que se debe al príncipe el verle cojear en la sangre, y no basta decir que la grandeza de rey es en sí tan poderosa que iguala consigo misma la bajeza de la mujer que escogiere (pp. 298-299).

Donde exhorta al príncipe en su obligación como heredero de un antiguo linaje que debe mantenerse puro; aunque, la profundidad del mensaje, señale, más que al sometimiento a la preceptiva ley de la pureza de la sangre, a la nobleza del espíritu: entendiéndose ahora por "linaje" lo que une al hombre con la divinidad (el antiguo pacto o "hilo" de la tradición). En tal caso, de su valentía y abnegación para elegir el camino que realmente más conviene a sus súbditos (el de "la virtud") y no a él (el de la "riqueza"), depende "dar buenos sucesores a sus reinos". Finalmente, identifica la grandeza de un rey con los nobles ideales que es capaz de transmitir a su pueblo, utilizando la alegoría del rey que se une en matrimonio con la virtuosa y casta doncella (¿el ideal religioso?).

> El caballo y la yegua de casta generosa y conocida prometen crías de valor admirable, más que las no conocidas y de baja estirpe; entre la gente común tiene lugar de mostrarse poderoso el gusto, pero no lo ha de tener entre la noble; así que, ¡oh señor mío!, o te vuelve a tu reino o procura con el recato no dejar engañarte. Y perdona este atrevimiento, que, ya que tengo fama de maldiciente y murmurador, no la quiero tener de malintencionado; debajo de tu amparo me traes al escudo de tu valor se ampara mi vida; con tu sombra no temo las inclemencias del cielo, que ya con mejores estrellas parece que va mejorando mi condición, hasta aquí depravada (p. 299).

---

[311] "El mandamiento más importante en la senda espiritual de los misterios paganos estaba inscrito en el santuario de Apolo en Delfos: *Gnothi Seauton*, es decir, <<Conócete a tí mismo>>. La gnosis o conocimiento que buscaban los iniciados en los misterios paganos era el de uno mismo." Freke / Gandy, 2000, p. 136.

Y aquí termina el que parece ser el último consejo de Clodio a su "César". En el que nosotros, en verdad, y en la medida en que hemos interpretado el mensaje alegórico descrito literalmente -según parece- en clave celestinesca, vemos a un súbdito ejerciendo de sabio secretario de un más que posible Felipe II; por lo que nos sumaremos a lo que dice el propio consejero de sí mismo al final de este fragmento: "va mejorando mi condición, hasta aquí depravada".

Destacaremos, sin embargo, de esta última cita, lo que consideramos que pasa por ser la conclusión o resumen de la arenga del ¿ahora "biendiciente" Clodio?: "¡Oh señor mío!, o te vuelve a tu reino o procura con el recato no dejar engañarte." Donde nosotros percibimos el último ruego del secretario de estado Antonio Pérez, consciente de la gravedad de la decisión que ha de tomar su señor, pues debe elegir entre la vuelta al camino de la tradición que trató de imponer su padre Carlos V ("o te vuelve a tu reino") o seguir el camino artificioso creado por el hombre y desviado de la Tradición ("o procura con el recato no dejarte engañar"). La Historia nos muestra cuál fue la decisión que habría de tomar Felipe II, el más recatado de los monarcas hispanos, que fue apodado "El Prudente", precisamente, por su habilidad en el manejo del "recato" en sus reinos.

Hemos tratado de argumentar cómo el conflicto histórico más importante (el religioso) de los reinados de los primeros Austrias (también Fernando I) informaría la perspectiva macrocósmica aplicable al mundo "amoroso" en el que se desarrolla la figura de Arnaldo. Aunque no descartamos nuevas alusiones o simetrías en posteriores análisis, creemos que lo dicho resulta suficiente para suscitar, al menos, tal posibilidad. En cualquier caso, todavía nos faltaría por completar la referencia al príncipe Arnaldo con el tercero de los "Austrias" ¿Dónde podríamos encontrar, pues, a Felipe III?

Dado que tenemos la sospecha de que Cervantes haya estructurado el texto en relación al reinado de cada monarca, después de un primer libro introductorio: libro II: Carlos V, libro III: Felipe II; creemos que las referencias a Felipe III podríamos encontrarlas en el libro IV, por ejemplo, cuando se nos cuenta la suerte que correrá Arnaldo:

> Mucho sintió Arnaldo el nuevo y extraño casamiento de Sigismunda; muchísimo le pesó de que se hubiesen mal logrado tantos años de servicio, de buenas obras hechas en orden a gozar pacífico de su sin igual belleza; y lo que más le tarazaba el alma eran las no creídas razones del maldiciente Clodio, de quien él, a su despecho, hacia tan manifiesta prueba (p. 712).

En esta cita tomada de la penúltima página del *Persiles*, vemos la intención de nuestro autor de realizar una especie de balance de la actuación de Arnaldo en toda la *Historia septentrional*. Lo cual, traducido a nuestra visión histórica de los hechos narrados, podría interpretarse como un resumen de la crisis político-religiosa que atravesó el reinado de los tres primeros "Austrias" hasta un momento próximo a la conclusión de la obra (en torno a 1616). En este sentido, parece que asistimos al fracaso que supuso para los primeros Habsburgo españoles la solución del conflicto religioso que asolaba Europa, que, en el texto de Cervantes, se resuelve con "el nuevo y extraño casamiento de Sigismunda"; es decir, la desaparición para el mundo occidental de la "última" posibilidad de conformar la "nueva alianza"(*religare*) a través de lo simbolizado por Auristela, pues la pareja Persiles-Sigismunda se marcha desde Roma a sus "brumosos" reinos septentrionales para no volver. Por ello, Arnaldo/Monarquía Hispánica se queja de todo el trabajo echado a perder ("tantos años de servicio") en la solución del conflicto religioso, llegando incluso a arrepentirse del trato dado a su secretario más famoso, Clodio-Antonio Pérez; en el sentido de que reconoce que este tenía razón en sus juicios. Y, comoquiera que Felipe III comenzó a reinar en 1598, todo apunta a que Arnaldo, coincidiendo los hechos alegorizados en el texto con el tratado que "puso fin" al conflicto religioso: La paz de Vervins y el Edicto de Nantes, en 1598, encarne en este punto la personalidad del tercero de los "Austrias".

> Confuso, atónito y espantado, estuvo por irse, sin hablar palabra a Persiles y Sigismunda, más, considerando ser reyes y la disculpa que tenían, y que sola esta ventura estaba guardada para él, determinó ir a verles, y ansí lo hizo (p. 712).

Sin abandonar nuestra perspectiva alegórica de los hechos, y continuando el balance de los acontecimientos históricos anteriormente señalados, interpretamos que ahora nos ofrece ahora el narrador, ante la imagen de un Arnaldo contrariado ante los acontecimientos, una escueta y sorprendente alusión a cada uno de los tres monarcas hispánicos a través del modo en cómo fue asumido el conflicto religioso que convulsionaba Europa por cada uno de ellos: "Confuso" (Carlos V), "atónito"(Felipe II) "y espantado" (Felipe III). Lo cual se confirma cuando, más adelante, el narrador dice: "más, considerando ser reyes"; cuya alusión podría aplicarse tanto a "Persiles y Sigismunda" como a los tres monarcas señalados sutilmente bajo el velo de la alegoría ("Confuso, atónito y espantado, estuvo por irse").

> Fue muy bien recibido y, para que del todo no pudiera estar quejoso, le ofrecieron a la infanta Eusebia para ser esposa, hermana de Sigismunda, a quien él acetó de buena gana; y se fuera luego con ellos, si no fuera por pedir licencia a su padre, que, en los casamientos graves, y en todos, es justo se ajuste la voluntad de los hijos con la de los padres. Asistió a la cura de la herida de su cuñado en esperanza y, dejándole sano, se fue a ver a su padre y prevenir fiestas para la entrada de su esposa (pp. 712-713).

Y, por fin, llegamos al momento del discurso en donde mejor podemos atisbar la presencia del tercero de los reyes españoles; solo que no lo hallaremos de forma directa, sino a través de la "mujer" que Arnaldo tomará por esposa: Eusebia, la hermana de Sigismunda.

En este sentido, según veremos más adelante, Eusebia será también la "esposa" de Renato, que nosotros interpretábamos como el rey visigodo Recaredo (entre otros): símbolo de la arribada del catolicismo al reino visigodo peninsular. Pues bien, ahora, al final de la obra, Cervantes nos presenta otra Eusebia que viene a casarse con el príncipe que se constituye como heredero de lo denotado por el rey godo Recaredo (el doble del príncipe Arnaldo según nuestra exégesis), lo cual podría interpretarse como: la intención de nuestro autor por manifestar que la Historia se repite, de que al igual que Recaredo tuvo en su mano los designios de la civilización, ahora, Felipe III mil años después, mostraba una actitud similar, decantándose por la razón y no por el corazón. Es decir, el fin de la posibilidad de que una "verdadera teocracia" basada en la Tradición gobierne los designios de los hombres.

Pero no solo nos acogeremos a ese triángulo que relaciona a Eusebia con Recaredo y Arnaldo, sino que analizando el nombre de Eusebia podremos llegar también a identificar a Felipe III. En primer lugar, nos encontramos con la figura de San Eusebio, que fue un obispo del norte de Italia que pasó a la historia por ser un luchador incansable contra el arrianismo; lo cual, se pone en relación directa con lo simbolizado por Eusebia, esposa de Renato (Recaredo como liquidador del arrianismo peninsular).

Desde una perspectiva etimológica, también el nombre de Eusebia señalaría al tercero de los "Austrias". Dice Romero al respecto: "También el nombre parece conscientemente elegido: derivado del griego *eúsevés*, equivale a '[mujer] temeros[a] de Dios, pí[a] (n. 18, p. 405). Es decir, del análisis practicado por Romero encontramos que *Eusebia* significa "piadosa"; y, "Piadoso", ¿casualmente?, es el apodo por el que también se conoce a nuestro tercer monarca: Felipe III "el Piadoso".

Finalmente, y a modo de resumen de todo lo argumentado en relación a la presencia de los tres primeros "Austrias" en la figura literaria de Arnaldo, hemos encontrado una ineludible alusión a los monarcas hispanos en el último gesto que recoge el narrador en el curso de la conversación que Clodio sostiene con Arnaldo (y con ello regresamos al punto de donde partíamos al comienzo de este análisis en el capítulo 4 del libro segundo):

> Encogió los hombros Clodio, bajó la cabeza y apartóse de su presencia, con propósito de no servir más de consejero, porque el que lo ha de ser requiere tener tres cualidades: la primera, autoridad; la segunda, prudencia y, la tercera, ser llamado (p. 299).

No puede el lector atento más que asombrarse al comprobar cómo el oficio de escritor, llevando el ingenio hasta sus últimas consecuencias, es capaz de burlar y entretener, de enseñar y maravillar al mismo tiempo y sin perder en el camino un ápice de su frescura. Porque lo que describe aquí nuestro autor se interpreta como el comportamiento de un súbdito leal que le ha dicho a su señor más de lo que la discreción aconseja. Por ello Clodio se marcha cabizbajo, porque al igual que su doble histórico, Antonio Pérez, el "maldiciente" sabía demasiado. Y es este el momento en que, haciendo gala de un magistral ejercicio de "prestidigitación" retórica,

Cervantes nos revela, por boca del narrador, que "el que lo ha de ser [es decir, el rey: Arnaldo] requiere tener tres cualidades": "la primera, autoridad": ¿Carlos V, apodado "El César"?; "la segunda, prudencia": ¿Felipe II, "El Prudente"?; "tercera, ser llamado" (por Dios, se entiende): Felipe III, ¿"el Piadoso"?. En conclusión: Arnaldo.

En cualquier caso, esta última cita que hemos transcrito, además de señalar con motivada intención a los tres monarcas hispánicos coetáneos de Cervantes, nos transmite otro mensaje que ahora señalaría a la figura que, a tenor de su relevancia y protagonismo dentro de la obra, llega incluso a eclipsar a los reyes que se aluden. Nos referimos a Clodio como personificación del secretario de estado de Felipe II, cuya presencia, entre otros lugares del texto, podemos atisbarla en el siguiente fragmento:

> Y perdona este atrevimiento, que, ya que tengo fama de maldiciente y murmurador, no la quiero tener de malintencionado; debajo de tu amparo me traes, al escudo de tu valor se ampara mi vida; con tu sombra no temo las inclemencias del cielo, que ya con mejores estrellas parece que va mejorando mi condición, hasta aquí depravada (p. 299).

Porque no se entiende esa estrecha relación que se revela en el texto entre el príncipe Arnaldo y un exconvicto desterrado de Inglaterra (recordemos que Clodio llegó a Golandia encadenado a Rosamunda), que, además, se conocen solo de haber compartido la travesía que acabó en naufragio en la isla de Policarpo ¿A qué se debería, pues, ese alto grado de intimidad que parece relacionar a ambos personajes? No cabe duda de que, desde una perspectiva realista, esa relación resulta completamente inverosímil; en tal caso, será la alegoría la que haya de dotar al texto de la necesaria coherencia. Y todo apunta a que la estrecha relación que se aprecia entre consejero y aristócrata señale a la histórica entre Antonio Pérez y Felipe II. Los indicios, aparte de los ya señalados, que nos hacen sugerir tal identificación son: "debajo de tu amparo me traes", que revela la relación de subordinación al monarca así como la complicidad de ambos en un mismo camino o proyecto; "al escudo de tu valor se ampara mi vida", donde se daría noticia de su cargo al servicio del rey: valido ("tu valor") al servicio de la monarquía ("al escudo"); "con tu sombra no temo las inclemencias del cielo", y, cuyas decisiones de gobierno, por crueles que estas fueran, estarían subordinadas a un bien superior y contarían con la aprobación y protección del monarca (hasta cierto punto, como bien se sabe a través de la biografía de Antonio Pérez).

Tras este inciso aclaratorio, que nos acerca la figura de Clodio al perfil del íntimo colaborador de Felipe II, regresaremos a la cita en la que este personaje histórico parece prestar su último servicio al monarca. Pues bien, juzgamos que la noticia que nos ofrece el narrador acerca del fin de su actividad como consejero: "Encogió los hombros Clodio, bajó la cabeza y apartóse de su presencia, con propósito de no servir más de consejero", constituye una clara alusión a los graves acontecimientos que desembocaron en la destitución de Antonio Pérez como consejero de Felipe II. Porque, si nos fijamos en la actitud gestual del personaje en cuestión, podremos vislumbrar en los detalles los aspectos que motivaron el cese del Secretario: "Encogió los hombros", revela el sinsentido e impotencia de su destitución; "bajó la cabeza", es una señal de respeto y sumisión a la decisión adoptada y "apartóse de su presencia", constituye, no solo la lógica consecuencia de la pérdida de la confianza del monarca, sino también un símil de la realidad histórica que empujó al personaje a su destierro por las cortes de Europa (Inglatera y Francia).

Porque Clodio ha fracasado, como le ocurriera a su doble Antonio Pérez, en su principal misión de hacer ver al príncipe el riesgo que comporta enamorarse solo de la belleza externa de Auristela "(mal dije amas: adoras, dijera mejor)": el catolicismo o fachada externa del cristianismo, pues, la verdadera Auristela (el interior o gnosticismo cristiano) presenta un rostro mucho menos atractivo a los ojos de la razón (más propio de la "vieja peregrina" o de los viejos ermitaños), por lo que Arnaldo solo se sentiría atraído por las formas pero no por los contenidos. Y esto mismo es lo que se nos cuenta, convenientemente alegorizado, en la negativa de Arnaldo a seguir los consejos de Clodio:

> -Yo te agradezco, ¡Oh Clodio! -dijo Arnaldo-, el buen consejo que me has dado, pero no consiente ni permite el cielo que le reciba. Auristela es buena, Periandro es su hermano y yo no

171

quiero creer otra cosa, porque ella ha dicho que lo es, que, para mí, cualquiera cosa que dijere ha de ser verdad (p. 299).

Es decir, a nuestros dos consejeros, el histórico o real (Antonio Pérez) y el literario o alegórico (Clodio), no les queda otra opción que marcharse; porque ante una fe basada en unas simples proclamas morales ("Auristela es buena, Periandro es su hermano y yo no quiero creer otra cosa") propias de cualquier sistema social organizado pero no de una "verdadera religión" con fines soteriológicos, no hay nada que hacer, salvo dejar que el hombre que haya de regir los destinos de la Humanidad haga su voluntad y que la fortuna le acompañe.

2.3. El reino de Policarpo: el escenario en donde las pasiones se manifiestan

Son muchas y variadas las continuas referencias a ese mundo mitológico que, con ocasión ahora de la arribada de tan singular embarcación ("la ballena") a la isla del rey Policarpo, se suceden en el texto, y que entrarían dentro de este contexto místico-gnóstico que venimos señalando. Por ejemplo: "Ya despúes que pasó algún tanto el pavor en los resucitados (que así pueden llamarse)"(p. 287), donde, una vez más, nos hallamos ante una alusión a la experiencia del "renacimiento" que sucede a la "muerte mística", o, en un plano macrocósmico, podría señalar también al pertinente Diluvio en relación al arca/"ballena"; "Salieron a sí mismo a tierra toda la gente que ocupaba la quilla del navío"(p. 287), es decir, el momento del "parto espiritual", que se hace extensible en un contexto cosmológico al nacimiento de una nueva civilización (la era de Piscis); "si miras que, juntando a la belleza de mi cuerpo, tal cual ella es, a la de mi alma, hallarás un compuesto de hermosura que te satisfaga"(p. 288): el andrógino.

Y lo expresado solo es un ejemplo de la riqueza de ese lenguaje que se apodera abusivamente de la narración y que obliga al investigador a realizar una lectura más atenta.

Pero, a veces, esa atención se esfuma entre las brumas de un relato que conmueve o aburre dependiendo del lector y de su época. Por ello, sabedor de estas necesarias servidumbres fáticas, nuestro autor no se olvida de colocar de cuando en cuando un jalón bien alto (¿en el cielo?) para avisarnos de nuestra localización en este peregrinaje literario que es el *Persiles* y así no extraviarnos de nuestra ruta. Es el caso del fragmento que sigue a continuación.

> Iba Antonio invidioso de Periandro; Ladislao, alegre con su esposa Transila; Mauricio, con su hija y yerno; Antonio el grande, con su mujer y hijos; Rutilio, con el hallazgo de todos y, el maldiciente Clodio, con la ocasión que se le ofrecía de contar, dondequiera que se hallase, la grandeza de tan estraño suceso (p. 289).

No resulta nada esquivo observar que una idea de orden preside lo arriba expresado. Tras un nacimiento alborotado, según vimos al constatar los inusuales emparejamientos que se habían efectuado en la descripción de la salida de los náufragos del casco del navío, Cervantes nos muestra ahora, a través de unos emparejamientos de personajes acordes al grado de afinidad, que tanto la arribada "maravillosa" de la embarcación como el desembarco en la isla de Policarpo se halla en perfecta armonía con el curso correcto de los acontecimientos.

Y prueba de ello sería el refrendo estelar en relación a los personajes desembarcados; pues, si contamos todos los que aparecen en la cita veremos que suman catorce (incluido "el hallazgo de todos"). Es decir, siete más siete, que, como viene postulando Nerlich, son las estrellas que definen la presencia de las dos constelaciones u *Osas* en relación a la dependencia de ambas (percepción que tenemos desde la Tierra de que orbitan en círculo) de la Estrella Polar.

Y por fin los "peregrinos" llegan a la ciudad de Policarpo. Pero retrocedamos al mito antes de cruzar las calles de tan singular urbe, pues, como a continuación trataremos de argumentar, todo el episodio de la isla de Policarpo estaría íntimamente relacionado con el mito de Perseo y Medusa.

En este orden de cosas, y antes de entrar de lleno en el papel que cumplen los personajes originarios de esta isla fabulosa en la narración, hagamos la pertinente introducción al relato mitológico. Porque no debemos olvidar que el héroe Perseo era hijo de Dánae (¿acaso del linaje de esos mismos dáneos sobre los que reinaba Leopoldio/Leovigildo, es decir, los antiguos visigodos y su religión arriana o pagana?), y que el padre de esta, Acrisio, acuciado por la profecía de que su hija tendría un hijo que sería el causante de su muerte, construyó una cámara subterránea de bronce (¿el laberinto místico basado en la "forja" de la materia o "bronce", como símil de la vía iniciática del conocimiento?) para esconder a su hija (¿el ascesis espiritual), de forma que no pudiera tener ningún contacto con un hombre (¿el hombre en busca de su salación?). Pero el oráculo siempre se cumple: Zeus, convertido en lluvia de oro, entró por una grieta del techo y mantuvo relaciones con la princesa Dánae (¿resumen alegórico del proceso gnóstico?). Como fruto de esta unión nació un niño, Perseo (¿Periandro-Persiles: ideal que preside una civilización con plena conciencia soteriológica?). Dánae, con ayuda de su nodriza, pudo dar a luz al niño y mantenerlo oculto durante meses; pero un día el pequeño Perseo, jugando, dio un grito que su abuelo Acrisio oyó (¿"Voces daba el bárbaro Corsicurvo a la estrecha boca de una profunda mazmorra"?). Acrisio no creyó la seducción de Zeus: en primer lugar, mató a la nodriza como cómplice de la unión y, a continuación, encerró a su hija y a su nieto en un cofre de madera, casi como un ataúd, y lo arrojó al mar (¿la singladura de los libros primero y segundo del *Persiles?*).

Sigue el mito. El cofre fue flotando hasta la costa de la isla de Sérifos (¿Sinforosa, tierra-cuerpo en relación a la pasión que despierta los celos de Auristela-alma?) en Asia, donde gobernaba el tirano Polidectes (¿Policarpo?). Dictis, hermano de Polidectes, los recogió de la orilla y los cobijó en su casa, y con el tiempo educó al niño, que pronto se convirtió en un joven hermoso de enorme valor. El problema surgió cuando Polidectes (¿Policarpo?) se enamoró de su madre Dánae (¿Auristela?) y no se atrevía a violentarla porque Perseo (¿Periandro?), siempre guardián de su madre, evitaba cualquier acercamiento a ella. Entonces Polidectes ideó una artimaña (¿la gnosis o vía del conocimiento?) para alejar a Perseo de la isla de Sérifos (¿para erradicar la pasión terrenal?): en un banquete (¿el tradicional acto de celebración de los Misterios: la eucaristía?) propuso la pregunta de qué era apropiado regalar a un rey, en el sentido - debe entenderse - de qué era lo que el Hombre debería de hacer para ganarse el favor de los dioses o, dicho de otro modo más prosaico, ¿cómo podría alcanzarse la iluminación? Los asistentes dijeron que lo mejor era un caballo (¿el conocimiento especulativo-cabalístico = la cábala?), pero Perseo apostaba porque el mejor presente sería la cabeza de la Gorgona (¿el conocimiento empírico o ritual = la peregrinación?). Al día siguiente los concurrentes al banquete ofrecieron caballos al rey, mientras que Perseo apareció con las manos vacías. Entonces Polidictes le obligó a que le trajera la cabeza de la Gorgona, en caso contrario abusaría de su madre.

Obviamente, no todos los elementos narrativos del *Persiles* deben coincidir aquí perfectamente con el relato mitológico de Perseo que nosotros hemos interpretado en relación al relato cervantino (ya se comentó la existencia de otros mitos paralelos que también interaccionan en el relato)[312], pues, un excesivo celo en la correspondencia atentaría contra esa verosimilitud que constituye la norma en esta obra de Cervantes, donde todo se basa en aproximaciones a la realidad pero en ninguna certeza en concreto.

Y, al llegar a la ciudad fueron acogidos en el palacio del rey Policarpo, donde, como no podía ser de otro modo, Arnaldo tiene un trato especial y Auristela, más aún, llega a ser alojada casi en el mismo cuarto que Policarpo y su hija Sinforosa. Esto, sin duda, constituye una alegoría del lugar que ocupa "el poder temporal" (Arnaldo) y "la Tradición" (Auristela) en ese palacio como imagen de la civilización en los tiempos antiguos; pero, también, tiene su reflejo en la época de Cervantes, donde en el "palacio" (la civilización) debe cohabitar el poder imperial (los tres primeros "Austrias") y el celestial-espiritual (la religión).

Pero ese palacio mítico, como toda corte que se precie, no está libre de sus intrigas palaciegas, y por ello se verá envuelto en una red de episodios que tienen como eje principal la llegada de nuestros náufragos-peregrinos. Tres serán los anfitriones que los reciban: el rey Policarpo y sus dos hijas, Sinforosa y Policarpa. Del primero de ellos y protagonista del episodio-isla ya se habló en el capítulo 2.13., por lo que no volveremos sobre él. En cuanto a sus hijas, ambas constituyen sendas personificaciones del aspecto lúdico-cortesano propio del

---

[312] Como ya dijimos en páginas anteriores, no pretendemos limitar la inclusión de otros mitos o leyendas que, sin duda, serán empleados por nuestro autor para complementar o especificar a los ya referidos. Es el caso del episodio de Dido y Eneas de la *Eneida* de Virgilio, en relación al episodio que ocupa la parte central de este segundo libro: la isla de Policarpo. En palabras de Ana L. Baquero: "Que el famoso episodio de Dido y Eneas está presente en la mente cervantina al delinear esta parte de su obra, resulta obvio; es más si explícitamente el escritor se refirió a su atrevimiento al desear competir con Heliodoro, podría pensarse que al concebir estas páginas se marca un reto similar, respecto al clásico modelo latino. " Baquero, 2004, p. 208.

escenario en donde se desarrolla la acción. En general, la imagen que proyecta el reino de Policarpo tiende a destacar la preferencia por los placeres terrenos; lo cual, constituye el mejor escenario posible en donde representar una de las fases más importantes del camino iniciático: la lucha por dominar las pasiones (el tema central del mito de Perseo y Medusa). Y, en este sentido alegórico, creemos que debe interpretarse el papel de Sinforosa en el episodio: encarnación de las pasiones que desvían a los hombres del verdadero camino de la salvación espiritual.

Comoquiera que, tradicionalmente, desde el mito de Adán y Eva hasta nuestros días, se ha utilizado a la mujer para representar al símbolo de ese "magnetismo terrenal" que impide al Hombre (al género humano, hombre y mujer) "despegarse" y emprender el camino de la elevación espiritual, Cervantes no hace sino utilizar ese arquetipo para crear al personaje de Sinforosa; y no de otro modo nos la presenta en su papel de sanadora de la "enfermedad" de Auristela, acompañándola en todo momento con entretenimientos que le hagan olvidar o apartarse de su anhelo de unión espiritual (Periandro):

> Apenas supo Policarpo la indisposición de Auristela, cuando mandó llamar sus médicos que la visitasen y, como los pulsos son lenguas que declaran la enfermedad que se padece hallaron en los de Auristela que no era del cuerpo su dolencia, sino del alma; pero antes que ellos conoció su enfermedad Periandro, y Arnaldo la entendió en parte, y Clodio mejor que todos. Ordenaron los médicos que en ninguna manera la dejasen sola y que procurasen entretenerla y divertirla con música, si ella quisiese, o con otros algunos alegres entretenimientos. Tomó Sinforosa a su cargo su salud y ofrecióle su compañía a todas horas, ofrecimiento no de mucho gusto para Auristela, porque quisiera no tener tan a la vista la causa que pensaba ser de su enfermedad, de la cual no pensaba sanar, porque estaba determinada de no decillo, que su honestidad le ataba la lengua, su valor se oponía a su deseo (pp. 291-292).

Porque Sinforosa, aunque no se presenta como encarnación del mal, lo interpreta, digamos, por ingenuidad o desconocimiento del "bien superior". Es decir, su manifiesta inclinación al cultivo del aspecto lúdico de la vida constituye una perversión de la naturaleza humana; pues cercena la posibilidad de despertar la faceta espiritual, que permanece como adormecida debido a la ilusión que se proyecta sobre los sentidos.

En cualquier caso, el nombre de Sinforosa, a parte del sentido de utilidad que le atribuye Romero en función de su etimología,[313] señalaría algo mucho más específico en relación a nuestros argumentos. Es decir, la "rosa" como culmen de la belleza visual (el sentido de la vista) y la música ("Sinfo") en el mismo grado en el plano de lo acústico (el sentido del oído): SINFO-ROSA. En tal caso, en el propio significante del nombre, Cervantes, una vez más, nos ofrece una completa identificación de aquello que representa el personaje en la diégesis: los sentidos (los dos más significativos) son un engaño a la inteligencia, con la finalidad, como se deduce del papel que asume Sinforosa en la cita que hemos seleccionado, de adormecer o anestesiar el íntimo y verdadero anhelo del hombre por trascender a su naturaleza espiritual.

¿Y qué decir del beso tan poco casto que, de forma inopinada, le da Sinforosa a Auristela? ¿Acaso deberíamos interpretarlo en relación a una supuesta conducta homosexual? No en vano, se trata de una novela realista, ¿o no?

Decididamente no. En cualquier caso, al crítico realista se le presenta un problema de difícil resolución: si no estamos ante una manifestación de lesbianismo, ¿a qué podríamos atribuir esa conducta tan licenciosa para la época? La respuesta a esta pregunta ha sido la que habitualmente se ha seguido en la exégesis del *Persiles* en otros casos similares: pasar de largo y centrar la investigación en los libros tercero y cuarto, que son más claros, más pedestres y más aparentemente reales que los dos primeros.

Pero antes de elegir el recurso más práctico de saltar a la página siguiente, dejemos que se exprese nuestro autor y después decidiremos si da lugar a un segundo sentido o, si por el contrario, ese beso tan poco afortunado para el ortodoxo investigador solo se trate de una expresión desaforada de afecto/desafecto (no podríamos precisarlo) entre dos amigas/enemigas (tampoco ahora lo concretaríamos):

---

[313]   Dice Romero: "*Sinforosa* = del griego *symphoros*, 'que es útil, de provecho'. Como habrá ocasión de ver, la princesa no dejará de serlo, y mucho, para los héroes de la novela" (n. 4, p. 266).

Finalmente, despejaron todos la estancia donde estaba y quedáronse solas con ella Sinforosa y Policarpa, a quien con ocasión bastante despidió Sinforosa y, apenas se vio sola con Auristela, cuando, poniendo su boca con la suya y apretándole reciamente las manos, con ardientes suspiros pareció que quería trasladar su alma en el cuerpo de Auristela; afectos que de nuevo la turbaron (p. 292).

En primer lugar, hay que destacar la intención de Sinforosa de quedarse a solas con Auristela para realizar ese "acto amoroso". El "libertino" beso entre ambas mujeres, pues, parece ser algo secreto e íntimo que solo puede ejercitarse en soledad. A partir de aquí, no resultaría descabellado circunscribir dicho acto al ámbito de la alegoría mística, en concreto a la lucha del alma por combatir las pasiones de la carne. Y no de otro modo aparece Sinforosa, personificación de los placeres del mundo, que ataca-besa a Auristela en un momento de especial flaqueza para esta: cuando se siente vulnerable a causa de los celos. Periandro, el Hombre (su conciencia), es el objeto en disputa, y sobre él se centrará la batalla por su alma. Sinforosa tiene ventaja, pues el alma (Auristela) que anida en las profundidades de Periandro todavía está en una fase inicial de perfeccionamiento espiritual (en paralelo con la diégesis, cuyo suceso se relata a comienzos del libro segundo); por ello entra al asalto (el beso en la boca) insuflándole el hálito venenoso de los placeres terrenos[314], que se deja sentir "con ardientes suspiros" como si quisiera con ese acto "trasladar su alma en el cuerpo de Auristela".

En segundo lugar, y reafirmándonos en lo que habíamos dicho más arriba de que el "ataque" místico se realiza a través de los sentidos (engañosos) humanos, observamos en la cita cómo a los dos ya señalados en la etimología del nombre, el oído (Sinfo) y la vista (rosa), se suman en este acto licencioso del beso los tres que faltan: el gusto, que se halla en la boca ("poniendo su boca con la suya"); el tacto, que se experimenta con las manos ("y apretándole reciamente las manos"), y el olfato, que se ejercita sobre las partículas suspendidas en el aire ("ardientes suspiros").

El "beso lésbico", pues, debe interpretarse como un ataque directo de las pasiones humanas, a través de los sentidos, a la conciencia de Periandro, en un intento de someter y trastocar el "trabajoso" camino emprendido por el héroe en pos de la salvación de su alma (Auristela).

Y la respuesta de Auristela ante el "furtivo asalto" no pudo ser otra que:

-¿Qué es esto, señora mía? Que estas muestras me dan a entender que estáis más enferma que yo, y más lastimada el alma que la mía. Mirad si os puedo servir en algo, que, para hacerlo, aunque está la carne enferma, tengo sana la voluntad (p. 292).

Lo cual prueba, en primer lugar, que la confrontación espiritual se está librando en las profundidades de la conciencia (Periandro), donde dos vectores pujan por imponer su voluntad: el espiritual-vertical (Auristela) y el terrenal-horizontal (Sinforosa); y, en segundo lugar, que esa confrontación se lleva a cabo en un contexto exclusivamente dialéctico.

Y, de la cercanía y naturaleza de ambas litigantes nos da cuenta la propia Sinforosa, que, en su réplica a Auristela afirma lo siguiente: "Yo, hermana mía (que con este nombre has de ser llamada, en tanto que la vida me durare)"(p. 292), en clara alusión a la naturaleza metafísica de esas dos "hermanas gemelas" que operan en la conciencia de Periandro: el *eidolon* y el *daemon,* Sinforosa (Terrenal) y Auristela (espiritual), respectivamente. Y, más adelante lo ratifica Auristela: "Si tu pasión es amorosa, como lo imagino sin duda, bien sé que eres de carne, aunque pareces de alabastro"(pp. 292-293); lo cual confirma lo anterior, en el sentido de que, como apegada a lo terrenal, su amor solo puede ser sensorial ("de carne") y, aunque tal sentimiento goce de gran valor entre el género humano (el alabastro como joya semi-preciosa), este solo es materia inerte (piedra).

La conversación-ataque entre ambas llega al punto en que Auristela suscita la idea de que Sinforosa pueda actuar, en este "lance amoroso", de igual modo que Pasifae, la esposa del rey

---

[314]   Nótese aquí que la insuflación se realiza boca-boca, y no como se dice en el *Génesis* en cuanto a la leyenda de la creación del hombre, que fue boca-nariz: "Entonces Yavé Dios formó al hombre del polvo de la tierra, le insufló en sus narices un hálito de vida y así llegó a ser el hombre un ser viviente" (*Génesis* 2: 7). Y si llamamos la atención sobre este particular es por motivo de que Cervantes, perfecto conocedor de las Sagradas Escrituras, podría haber utilizado esta cita para dotar a su alegoría de un sentido muy particular: si el aliento vivificador entra en el hombre por la nariz, el nocivo lo hará de forma inversa por la boca.

Minos, en el mito de su devaneo amoroso con un toro consagrado a Neptuno[315]:"Dime, señora, a quién quieres, a quién amas y a quién adoras: que, como no des en el disparate de amar a un toro" (p. 293). Lo cual nos haría enlazar con el mito central que sustenta toda la narración persilesista en estos dos primeros libros: Teseo y el laberinto; pues, según la legendaria narración, de los amores bestiales de un toro y Pasifae nació el Minotauro.

No descartamos, sin embargo, otras interpretaciones que puedan hacerse desde los diferentes planos o sentidos que convergen en el episodio; pues, en ningún momento, limitar el abanico de posibilidades significativas viene siendo la intención de Cervantes, y no lo será la nuestra.

Y, de los efectos producidos tras el "beso mágico" nos da cuenta Auristela, que pasa de enferma a sanadora de su "nociva curandera": "estas muestras me dan a entender que estáis más enferma que yo, y más lastimada el alma que la mía". Lo cual, podría interpretarse como que a través de ese contacto o lucha entre ambas potencias (materializado en el beso), el espíritu del bien (Auristela) se antepone o eleva con respecto al espíritu del mal (Sinforosa), que percibe los efectos de su caída y por ello expresa la angustia que le produce el sometimiento mundano a "ley de la carne" (satisfacer las pasiones a través de los sentidos):

> ¿Díjelo? No, que la vergüenza y el ser quien soy son mordazas de mi lengua. pero ¿tengo de morir callando? ¿Ha de sanar mi enfermedad por milagro? ¿Es, por ventura, capaz de palabras el silencio? ¿Han de tener dos recatados y vergonzosos ojos virtud y fuerza para declarar los pensamientos infinitos de un alma enamorada? (p. 292).

Pero Auristela se compadece del funesto destino que le aguarda a Sinforosa, por lo que es ella ahora la que trata de socorrerla, y ambas se funden en una auténtica apoteosis de los sentidos, en la que se vislumbra la idea -tan mencionada en la obra- de que el bien y el mal puedan convivir en armonía: "Esto iba diciendo Sinforosa, con tantas lágrimas y con tantos suspiros, que movieron a Auristela a enjugalle los ojos y a abrazarla y a decirla" (p. 292). Y tras el abrazo amoroso o místico, Auristela conmina a su "hermana" a que le siga: "-No se te mueran, ¡oh apasionada señora!, las palabras en la boca; despide de ti por algún pequeño espacio la confusión y el empacho y hazme tu secretaria" [p. 292]).

Porque hacerla su "secretaria" significa abandonar la causa de la carne y abrazar la del espíritu, pues solo así abrirá sus sentidos a la nueva percepción que la "renovada vida" precisa. Y con ello llegamos al final de este choque entre dos fuerzas opuestas: "Estábala mirando Sinforosa. Cada palabra que decía, la estimaba como si fuera sentencia salida por la boca de un oráculo" (p. 294). Donde, no solo resulta bastante evidente ver en esa "sentencia salida por la boca de un oráculo" ciertas reminiscencias de aquellos lejanos cultos paganos; sino que, también, se constata la subordinación.

Finalmente, Sinforosa nos ofrece un resumen de todo el proceso gnóstico o simbiosis entre el bien y el mal: "Del vientre escuro de la nave te volvieron, a la luz del mundo, para que mi oscuridad tuviese luz y mis deseos salida de la confusión en que están" (p. 294).

Y la expresión sublime de todo este proceso místico-ritual se expresa por boca de la hermana de Sinforosa, Policarpa, que acompañada de un arpa entona un soneto que, una vez más, es entendido y/o traducido por el bárbaro Antonio.

El "insólito beso" entre los dos personajes femeninos, a la vista de los argumentos que hemos presentado, parece justificarse desde una perspectiva místico-gnóstica; pues desde una visión o lectura realista carece de un mínimo de sentido, a no ser que veamos en ello una conducta lésbica todavía por definir.

Pero la batalla por el dominio de las pasiones que se ha iniciado con ese beso ritual no ha hecho más que comenzar. Auristela, consciente de la justicia natural que avala los argumentos amorosos de Sinforosa (pues es justo unirse con el hombre que se ama, máxime si ese amor es noble), intenta, en un acto de renuncia amorosa por el bien del amado, terciar en favor de su rival en estos términos:

---

[315]   Como dice Romero: "Auristela se refiere, claro está, a *Pasifae* (o *Pasífae*, o *Pasife*), esposa de Minos, rey de Creta, que, habiendo concebido una vehemente pasión por un toro indebidamente Dejado de sacrificar a Neptuno, consiguió satisfacer su innatural deseo gracias a un artefacto construido por el ingenioso Dédalo. De la unión de la reina con el animal nacerá Minotauro."(n. 6, p. 293).

- Digo, hermano (que con este nombre te he de llamar en cualquier estado que tomes), digo que Sinforosa te adora y te quiere por esposo; dice que tiene riquezas increíbles y yo digo que tiene creíble hermosura (digo creíble porque es tal, que no ha menester que exageraciones la levanten ni hipérboles la engrandezcan) y, en lo que he echado de ver, es de condición blanda, de ingenio agudo y de proceder tan discreto como honesto (p. 301).

Para empezar, queremos llamar la atención ante una circunstancia que creemos relevante. Nos referimos al momento en el que Auristela dice a Periandro: "Digo, hermano (que con este nombre te he de llamar en cualquier estado que tomes)", donde Romero, en la edición del *Persiles* que venimos utilizando, realiza una anotación explicativa que remite a De Lollis, en relación al amor incestuoso de la pareja protagonista y que el crítico completa con el siguiente comentario:

> justo es reconocer que en el *Persiles* serpea, de manera al parecer inconsciente, por parte de C., una insistencia demasiado complicada en el hermano y el hermana en labios de quien sabe muy bien que no lo es del otro. Tan complacida que, en ocasiones, como en la presente (pero encontraremos otras más clamorosas, a lo largo de la obra), podría turbar la limpidez, queridamente ejemplar, del relato (n. 2, p. 274).

Porque el hecho de llegar a cuestionarse la "limpidez" del texto es ya, de por sí, una prueba evidente de la -digamos- aplicación sumarísima de la exégesis literal. Y es que tratar de explicarse el *Persiles* desde una perspectiva realista origina, una vez más, estos desafortunados desajustes, fáciles de enmendar, por otra parte, si abordásemos el texto desde una perspectiva profunda. Nos referimos al hecho - en relación a lo observado por Romero - de basar su nota sobre las circunstancias que se cuentan en la cita de la p. 301, a un supuesto "incesto" en que incurriría la pareja de "hermanos" protagonistas señalado por De Lollis (p. 274), en vez de relacionarlo con lo expresado en la cita de la p. 292, mucho más próximo a aquel (la cita de la p. 301) al encontrarse dentro del mismo episodio que se está relatando y más claro a la hora de establecer una relación de sentido; donde Sinforosa le dice a Auristela: "Yo, hermana mía (que con este nombre has de ser llamada, en tanto que la vida me durare)" (p. 292), es decir, dentro de un contexto simbólico-gnóstico, antes de sacrificar el "yo terrenal" en la consecución de la definitiva unión mística (el andrógino).

Pero Periandro, ante esta excelsa declaración de amor de Auristela, la cual llega incluso a renunciar -como ya dijimos- a sí misma en pos de la felicidad temporal de su amado (en favor de Sinforosa), siente que su peregrinación (la búsqueda o gnosis) se tambalea, sobre todo al escuchar las palabras de Auristela:

> nuestro camino a Roma, cuanto más le procuramos, más se dificulta y alarga; mi intención no se muda, pero tiembla, y no querría que, entre temores y peligros, me saltase la muerte y, así, pienso acabar la vida en religión, y querría que tú la acabases en buen estado (p. 301).

Porque la muerte citada aquí por Auristela no debe entenderse como el final de la vida, sino como la muerte ritual o "mística" antesala de la iluminación; además, en nuestra opinión, lo que teme Auristela no es la llegada de esa "muerte libertadora" sino todo lo contrario, su ausencia ("me saltase la muerte"); es decir, el miedo a no poder experimentar la muerte ritual, como parte fundamental de su camino de iniciación, por motivo de no hallarse lo suficientemente preparada para ello. Por eso nos dice que piensa acabar la vida en religión (no dice en el catolicismo o en la Iglesia), es decir, desea volver a unirse o "religarse" (*religare* > religión) con el Creador (vía unitiva). Y, por la misma razón, le desea también a su amado que acabe su vida "en buen estado"; es decir, no en su sentido literal que señalaría a su matrimonio con Sinforosa, sino en estado "de gracia" ("buen estado"), al que solo podrá acceder uniéndose a lo que ella misma simboliza (el bien).

Esta literal muestra de desdén, sin duda, no le debió de parecer muy bien a Periandro, afanado en procurarse el favor de su amada;

> El cual, viendo estos estremos, y habiendo oído sus palabras, sin ser poderoso a otra cosa, se le quitó la vista de los ojos, se le añudó la garganta y se le trabó la lengua y dio consigo en el suelo de rodillas, y arrimó la cabeza al lecho (p. 301).

Ahora bien, la velada declaración de intenciones de Auristela, oculta tras su aparente renuncia a su amor en favor de Sinforosa, sirve para provocar en la conciencia de Periandro la necesaria reacción de seguir a su amada por esos ásperos caminos de renuncia y sacrificio, lejos de la belleza aparente de Sinforosa.

Pero, si la batalla por el alma de Periandro no tuviese suficiente, un nuevo factor de distorsión viene a sumarse al tablero de juego: el amor declarado del rey Policarpo por Auristela. En este caso, y a diferencia del anterior (Sinforosa y Periandro), el amor pasional se nos muestra aquí aún más desviado, más caprichoso (una especie de símbolo de reconocimiento del poder y la riqueza) y menos natural (en función de la gran diferencia de edad).

Los amores entre el viejo rico y la niña es un tema recurrente en la literatura del Siglo de Oro, que Cervantes introduce en su última obra, después de haberlo ensayado en varios entremeses, y que dará lugar, al menos, a dos perspectivas o campos de acción en donde habrá de surtir sus correspondientes efectos: el de Periandro y el de Auristela.

En relación al segundo de los contextos citados, el anciano rey, cuya virtud estaba fuera de toda duda, se ve ahora cuestionado por su lascivia; al punto de llegar a ser despojado de su reino acusado de haber perdido la cabeza por una jovenzuela. Hasta aquí, la historia no deja de ser otra cosa que una versión más del tema erótico aludido; sin embargo, existe un factor que lo condiciona y sobre el que la crítica no se ha pronunciado, y, cuando lo ha hecho, ha sido para negar su existencia, o, al menos, para desearlo (como es el caso de Romero que citaremos a continuación). Nos referimos al manifiesto catolicismo del rey Policarpo:

> -Después, ¡oh hija mía!, que me faltó tu madre, me acogí a la sombra de tus regalos, cubríme con tu amparo, gobernéme por tus consejos y he guardado, como has visto, las leyes de la viudez con toda puntualidad y recato, tanto por el crédito de mi persona como por guardar la fe católica que profeso (p. 304).

Porque, ante el declarado catolicismo de Policarpo, Romero argumenta que:

> Aunque, por supuesto, no hay modo de demostrarlo, vienen ganas de pensar que esta alusión al catolicismo del rey podría ser un añadido no cervantino. Al menos, como <<innecesaria>> fue saldada por varios traductores (n. 10, p. 304).

No sabemos muy bien a qué obedece ese manifiesto interés del crítico por cuestionar la pertinencia y/u originalidad de la referencia al catolicismo que se hace en el citado fragmento ¿Quizás porque atribuirle a Policarpo una filiación católica significaría alejar el mensaje del *Persiles* de los cauces artificiosamente socavados por los partidarios de un Cervantes adalid de la Contrarreforma? Porque es la protagonista femenina de la novela-epopeya, Auristela, quien hace tambalearse al rey católico en su trono; atraído, es de suponer, tanto por su belleza externa como por la riqueza del mensaje que esconde en su interior. Ello, sin duda, nos lleva a considerar la confluencia de dos posibilidades, y de las dos no sale muy bien parado el catolicismo profesado por Policarpo. La primera se interpretaría como una alegoría de la corrupción del catolicismo (el viejo rey sometido por la belleza de la joven doncella: las pasiones); y la segunda, de naturaleza doctrinal y por ello aún más cara para los intereses catolicistas, se traduciría en que la atracción que genera en la voluntad del viejo rey lo simbolizado por Auristela (el camino de la iluminación o gnosis) es mucho mayor que el sentimiento que le sustenta a él y a su reino (¿la religión externa o literalista carente de un verdadero mensaje de salvación?).

Y qué decir de la "maldiciente" confesión de Clodio a Rutilio con la que nuestro autor cierra el capítulo quinto. Sinceramente magistral. Pues este personaje, en su función de propagador de la verdad aunque esta debiera ser callada, realiza una "confesión" acerca del verdadero papel que cada uno de los personajes principales interpreta en esta "farsa" (en relación a lo alegorizado).

Comienza manifestando que necesita gritar al mundo lo que sabe, a pesar de que es consciente de que mejor sería callarlo:

> ¿Qué mayor seguridad puedes tomar de que no se sepa lo que sabes sino no decillo? Todo esto sé, Rutilio, y, con todo esto, me salen a la lengua y a la boca ciertos pensamientos que rabian

porque los ponga en voz y los arroje en las plazas antes que se me pudran en el pecho o reviente con ellos (p. 308).

No resultaría una osadía pensar que detrás de las palabras de Clodio se alce también la voz del viejo "manco de Lepanto", cargando sus tintas contra un mundo (el de su época) que no se merece un destino tan aciago. Razón, esta, que motiva a nuestro autor, escondido tras la máscara de un personaje odiado (como luego en el libro III repetirá con la figura de la "vieja peregrina"), a contar, como bien reconoce Rutilio, ciertas verdades que no deberían darse a conocer. A saber: que Arnaldo pierde el tiempo yendo detrás de Auristela; que esta y su hermano pierden a su vez el suyo por demorar o encubrir la "verdad" de su relación al mundo; que tras la figura de Periandro se oculta la antigua y nueva Tradición ("¿Quién puede ser este luchador, este esgrimidor, este corredor y saltador, este Ganímedes, este lindo, este aquí vendido, acullá comprado, este Argos de esta ternera Auristela...?"[p.308]) que siempre acompañó al hombre en su aventura civilizadora; que a Auristela (el ascesis espiritual o camino de iluminación) apenas Periandro "nos la deja mirar por brújula"(pp. 308-309), en el sentido de que los iniciados no van enseñando los misterios a las masas, sino solo a quien sea capaz de mirar por la brújula (cuya aguja imantada siempre señala al Norte = Auristela); que la riqueza espiritual ("aquella cruz de diamantes y las dos perlas") debe primar sobre cualquier otro tipo de riquezas materiales; que Transila representa el espíritu revolucionario de unos tiempos que no aceptan el yugo de la mentira y la ignorancia, precisamente, por ser hija de quien ostenta el cetro de la sabiduría antigua: Mauricio ("que se precia de ser el mayor judiciario del mundo"[p. 309]); y que en lo representado por Antonio el bárbaro español funda Cervantes sus esperanzas de que el mundo pueda salir de las tinieblas y encaminarse a la salvación (se refiere al imperio de los Austrias), pues, si en esta "batalla de los tiempos" triunfa el bando de Auristela, la doctrina espiritual que ella misma representa habrá de ser impartida desde España ("ha de hacer corrillos de gente") con libertad ("bien ansí como hacen los que, libres de la esclavitud turquesca, con las cadenas al hombro, habiéndolas quitado de los pies, cuentan sus desventuras con lastimeras voces y humildes plegarias en tierra de cristianos"[pp. 309-310]), es decir, ¿tal y como hizo el propio Cervantes, que después de ser liberado de sus propias cadenas turquescas se empleó en propagar con su literatura esas mismas verdades que aquí se contemplan?

Abrumado por la confesión de Clodio acerca de todo lo que ha acontecido en el relato hasta ese punto (que podría sintetizarse en dos de las tres preguntas sapienciales tradicionales: quiénes son y de dónde vienen), la curiosidad de Rutilio se centra ahora sobre su interlocutor, preguntándole por su propio futuro, que, por extensión, podría interpretarse como la tercera de esas preguntas filosóficas: "-¿Adónde vas a parar, oh Clodio? - dijo Rutilio"(p. 310).

Debido a la importancia de lo que, a nuestro juicio, acontece en la respuesta de Clodio, y dada la necesidad de clarificar lo que de modo tan oscuro se da a conocer al lector; practicaremos un análisis pormenorizado del texto, con el fin de poder llegar a tener una idea más aproximada de los conceptos que aquí serpentean entre la diégesis.

> - Voy a parar - respondió Clodio - en decir de ti que mal podrás usar tu oficio en estas regiones, donde sus moradores no danzan ni tienen otros pasatiempos sino los que les ofrece Baco (p. 310).

En principio, se aprecia la firme decisión de Clodio de - digamos - llegar al fondo de la cuestión, y ello entraña advertir a Rutilio acerca de lo fútil que resulta seguir ejerciendo su oficio de maestro del danzar. Comoquiera que no sea necesario volver a explicar que la danza que aquí se expresa no tiene nada que ver con los bailes al uso, sino con el noble arte de *encaminarse siguiendo los ritmos universales* (la gnosis); intuimos que lo que realmente quiere decir Clodio es que quizá no sea este el momento más favorable (la convulsa época de Cervantes) para enseñar al vulgo la forma de trascender sin más intermediarios que uno mismo (sin el concurso de las religiones oficiales). Irónicamente, aparece el nombre de Baco como causante de tal desajuste; pues, ya, en época de nuestro autor, había sido intencionadamente asimilada (por la Iglesia) la figura de ese dios pagano como representante de la ebriedad (el vino) y de los estados alterados a ella asociada: depravación, obscenidad, etc. Sin embargo, y a pesar de la errónea e interesada imagen que nos ha sido transmitida y que ya era utilizada a comienzos del siglo XVII, encontramos que en los efectos que Clodio atribuye a Baco: "en sus tazas risueño y en su bebida lascivo" (p. 310), el genio de Cervantes hace posible que, en la

179

misma frase en la que aparece el concepto anatemático y/o condenatorio, se halle también su contrario, es decir, el recurso redentor o signo de la salvación espiritual en los antiguos misterios gnósticos: Baco, asimilación romana del Dioniso griego, dios de las iniciaciones y fuente de inspiración en torno al sincretismo efectuado sobre la figura del Jesús cristiano.[316]

Y, en la misma cita que hemos aludido a Baco y a sus efectos, que en su literalidad da a entender que las gentes no quieren danzar (en relación a Rutilio) porque empeñan su ocio en pasatiempos más sugerentes, como pueda ser la ingesta de vino y toda conducta asociada; Cervantes, por boca de Clodio, esconde un mensaje todavía más profundo. A saber: que en el mismo espacio diegético en el que -digamos- nos informa literalmente de la desviación que supone esa vida licenciosa asociada al consumo del vino, nos describe, alegóricamente, un pensamiento completamente contrario: la vía correcta que supone empeñar la vida en la búsqueda espiritual asociada al antiguo conocimiento de los misterios de Baco, cuyo símbolo cristianizado es la copa o taza: el Grial. Porque la copa mítica - según decíamos más atrás- no es solo un objeto sin más; sino un símbolo completo del correcto proceder en la gnosis. Por ello, la ironía de Cervantes consiste en presentarnos el misterio en su pervertida superficialidad, sin ningún tipo de cábalas, de forma completamente literal: "en sus tazas risueño y en su bebida lascivo". "tazas" y "bebidas" (continente y contenido = el Grial) junto a los efectos vulgares que provoca entre los que ignoran: risueño (perversión de la alegría ante la contemplación del objeto) y lascivo (perversión del amor ante los que experimentan el sentimiento).

De todo ello, extraemos la conclusión de que Cervantes, por boca de Clodio, proclama-denuncia que el Grial (la gnosis) se encuentra "en estas regiones" (el Occidente cristiano = el cristianismo), pero que en vez de utilizarlo para el fin que fue creado (la salvación de las almas) se usa como fetiche ("sus tazas" > la Copa > el literalismo católico) por ignorancia ("risueño" > que muestra risa o ríe con facilidad > ignorante) y con la finalidad de inculcar pasiones para someter voluntades enarbolando la bandera de un amor tan grandilocuente como superficial ("lascivo").

Alta doctrina, como vemos, y dura crítica la que destila la respuesta de Clodio. No en vano, interpreta a la perfección el papel del "maldiciente" en esta "farsa", ¿o no?

Tiene, finalmente, "el malo" de Clodio la sabiduría de hacerse su propia autocrítica antes de dar por terminada su intervención. Y lo hace de este modo:

> pararé también en mí, que, habiendo escapado de la muerte por la benignidad del cielo y por la cortesía de Arnaldo, ni al cielo doy gracias ni a Arnaldo tampoco, antes querría procurar que, aunque fuese a costa de su desdicha, nosotros enmendáramos nuestra ventura. Entre los pobres pueden durar las amistades, porque la igualdad de la fortuna sirve de eslabonar los corazones, pero entre los ricos y los pobres no puede haber amistad duradera, por la desigualdad que hay entre la riqueza y la pobreza (p. 310).

Porque Clodio es la voz de la Verdad, la gnóstica, la que nace desde la misma frontera de la muerte física ("habiendo escapado de la muerte"). Y la mayor de las verdades es que mientras existan desigualdades el hombre no podrá ser hermano de otro hombre y, por lo tanto, no se podrá bogar hacia el pretendido "ideal celeste". Por ello, el "maldiciente" desea la desdicha de los cielos (el Diluvio) y de Arnaldo (el fin del poder temporal separado de la Tradición), porque sumir al hombre en la pobreza generalizada constituiría el único modo de hermanar a la Humanidad erradicando las desigualdades y así poder comenzar de nuevo desde la pureza original.

Y, el tono filosófico que nosotros hemos advertido e interpretado a luz de la doctrina gnóstica, es también señalado por su interlocutor, Rutilio, que, de este modo, parece querer avisar también al lector del modo filosófico en cómo debe interpretarse el discurso de Clodio: "Filósofo estás, Clodio- replicó Rutilio" (p. 310), que, a pesar de ello, le toma la palabra y procede él mismo a dar término al capítulo. Y queremos llamar la atención en este punto en el sentido de que si la "verdad", por boca de Clodio, ha sido expresada en toda su hondura, ¿qué quedaría por decirse, de mayor autoridad filosófico-sapiencial a lo ya manifestado, como para concluir un discurso tan elevado?

---

[316] "Al igual que Osiris-Dioniso, Jesucristo también es Dios encarnado y Dios de la resurrección. También promete a sus seguidores el renacimiento espiritual si participan en su divina pasión." Freke / Gandy, 2000 pp. 45-46.

La respuesta nos lleva, una vez más, al simbolismo del Grial: continente y contenido; es decir, el concepto de Verdad que nos propone Cervantes solo puede entenderse desde esa doble perspectiva que afecta a la forma y al contenido. Y si la forma la representa Clodio en el relato a través de la palabra (el discurso del "maldiciente"), el contenido lo interpreta Rutilio con su actuación "danzante". Y esta es la razón por la que solo Rutilio debe cerrar este filosófico discurso: porque más que la vía especulativa (la palabra como vía de acceso al Conocimiento) es el ejercicio práctico (la "danza" como representación de los Misterios) lo que posibilitará que el hombre pueda alcanzar la iluminación. Y en este sentido se expresa Rutilio cuando dice:

> Yo no soy tan letrado como tú, pero bien alcanzo que los que nacen de padres humildes, si no los ayuda demasiadamente el cielo, ellos por sí solos pocas veces se levantan adonde sean señalados con el dedo, si la virtud no les da la mano (p. 310).

A continuación, alude, con manifiesta ironía, a las dos vertientes o vías necesarias y complementarias para "navegar" por la vía del gnosticismo (representadas por Clodio y Rutilio) y, en relación a ellas, al criterio de oportunidad necesario (en el sentido de que los tiempos no acompañan) para que ambas puedan llegar a desarrollarse en aras de un mundo civilizado:

> Pero a ti ¿quién te la ha de dar, si la mayor que tienes es decir mal de la misma virtud? Y, a mí, ¿quién me ha de levantar, pues, cuando más lo procure, no podré subir más de lo que se alza una cabriola? (pp. 310-311).

Para terminar con una visión pesimista de un futuro poco esperanzador:

> Yo, danzador; tú, murmurador; yo, condenado a la horca en mi patria; tú, desterrado de la tuya por maldiciente: mira qué bien podremos esperar que nos mejore (p. 311).

Es decir, de las citas que hemos transcrito podría interpretarse que los destinos de los dos sentenciados se hallarían unidos en ese aparente trágico final, donde el delito que los condena, "danzador" y "murmurador", dentro del contexto del problema religioso en el que se halla inmerso el episodio, podría señalar al denostado cristianismo primitivo, en las figuras de un maestro espiritual y de un propagador del mensaje alegórico, respectivamente; y cuyas condenas, "a la horca" y "desterrado", estarían justificadas en relación al abultado expediente de persecuciones, muertes, destierros y ajusticiamientos de todo tipo que sufrieron los cristianos gnósticos desde los comienzos de nuestra era.

A pesar del futuro poco o nada favorable que parece anunciarse a estos representantes de la antigua religión (*religare*), un último guiño de Cervantes lo encontramos, sin embargo, en esa profética declaración final, donde la referencia a ser "condenado a la horca" y a ser "desterrado", aparte de señalar la imposibilidad de poder ejercer sus respectivas profesiones (el ahogamiento impide hablar y "sin tierra" o "desterrado" no se puede danzar-caminar, respectivamente), nos acerca, empero, a la revelación de los conocimientos y misterios que deberían manejarse en la senda de la gnosis. Esto, sin duda, constituiría un mensaje de esperanza que nace de las profundidades de lo que en apariencia se muestra como una desesperanzadora lectura literal. Un juego malabar de sentidos y formas que esconde un mensaje subliminal: la idea de que aunque los tiempos no sean propicios otros sí podrán serlo, con lo que no debe olvidarse la Tradición inmemorial que siempre acompañó al hombre en su aventura civilizadora.

Porque un hombre "condenado a la horca" consiste en una sentencia a morir colgado, y, en torno a este tema radica la alegoría de Cervantes, que relaciona la sentencia del místico Rutilio con una muerte muy concreta: la muerte mística o ritual del iniciado como fase previa conducente a la iluminación.

En cuanto a la sentencia del otro condenado en terna, Clodio, cuya actuación, aducíamos, se interpretaría como la perspectiva empírica de la experiencia gnóstica (la pena de destierro), también nuestro autor se muestra especialmente irónico; pues, ¿acaso no es por definición peregrino aquel que está lejos de su tierra?, y, en este sentido, ¿un desterrado de su patria no constituiría la imagen de un peregrino que sabe que, de forma ineludible, la única manera de trascender siguiendo la antigua tradición de la "liberación de las almas" sea recorriendo tierras lejanas de forma piadosa?

2. 4. Los dos capítulos séptimo: ¿error de imprenta o erudición cervantina?

En el capítulo sexto, tras la sincera e íntima declaración de amor por Auristela, así como de su desdén por Sinforosa, Periandro sale de escena para dar paso al diálogo entre ambas pretendientes. Ahora bien, el lector atento, a estas alturas ya advertido de los diferentes planos que convergen en el texto, podrá comprobar que Periandro no se ha ido en realidad a ninguna parte; sino que es el tipo de discurso el que ha experimentado un cambio de estado y no él, que de la palabra recitada (*sensus literalis*): "En pronunciando esta palabra, se mordió la lengua y miró a todas partes, a ver si alguno le escuchaba y, asegurándose que no, prosiguió diciendo"(p. 312), pasa a la palabra escrita (*sensus allegoricus*): "Quitóse con esto algún tanto, pareciéndole que con más advertido discurso pondría su alma en la pluma que en la lengua"(p. 313). Lo cual podría interpretarse como que, mientras el relato da cuenta de la conversación entre Auristela y Sinforosa, Periandro, reducido aquí a conciencia en la que se gesta el diálogo entre ambas potencias inteligentes (el bien y el mal, respectivamente), se sumirá en una profunda e íntima reflexión, de cuyo trance se extraerán unas conclusiones por escrito:

Dejemos escribiendo a Periandro y vamos a oír lo que dice Sinforosa a Auristela (p. 313).

Y de este modo nos da cuenta el narrador, como decimos, de que lo que sigue a continuación: se trata de una nueva alegoría del combate que se libra en la conciencia del místico (Sinforosa contra Auristela). Pues, a pesar de haber perdido ese primer combate, la guerra por el alma de Periandro no ha hecho más que comenzar. Y ahora el ataque de Sinforosa es mucho más poderoso que el anterior, y se concreta en una propuesta amorosa: el doble casamiento de Auristela con Policarpo y de ella misma con Periandro. En resumen, belleza, riqueza y poder a cambio del alma de la pareja de enamorados ¿Acaso no se corresponde este episodio, de manera preliminar y en el sentido más básico de la expresión (el alma a cambio del mundo), con los términos del más antiguo de los contratos: el popular "pacto con el diablo"?

Porque el diablo que nos pinta aquí Cervantes no se corresponde con la espantosa imagen popular, sino con todo lo contrario, con nuestros deseos y apetencias, y su figura no produce repulsa sino admiración: Sinforosa y Policarpo = la belleza y el poder respectivamente. Y, siguiendo estas directrices, somos de la opinión de que nuestro autor ha escenificado la "ancestral tentación" (Adán y Eva y la serpiente, Jesús en el desierto, etc.) que viene a desviar a la virtud del camino de la Verdad.

En este orden de cosas, no debe sorprendernos ver aquí expresiones como: "- Mi hermano Periandro es agradecido, como principal caballero, y es discreto, como andante peregrino" (p. 314). Así comienza a responder Auristela a Sinforosa, que, con discreción (inteligencia) niega el "venenoso ofrecimiento", y donde podemos apreciar uno de los conceptos más caros a la exégesis de esta obra: la relación de Periandro con la peregrinación. Romero interpreta la figura de Periandro en relación a su faceta peregrina de este modo: "*andante peregrino*. Para Antonio Vilanova (C, 1949: 109-111), esta figura constituye una etapa intermedia entre el *caballero andante* y el *caballero peregrino*"(n. 7, p. 314). Lo cual denota, por un lado, cierta cautela en el crítico, y, por otro, alguna licencia a la imaginación. Quizá hubiera sido más fácil decir que Periandro representa los ideales de aquellos caballeros andantes que tanto influyeron en la visión místico-idealista de Cervantes (al igual que en Santa Teresa de Jesús, gran lectora también de las novelas de caballería), y que tienen su correlato, en el plano de la realidad, en la experiencia gnóstica por antonomasia: la peregrinación ("el andante peregrino").

Otra expresión que identifica, en esta ocasión, a Sinforosa, la encontramos en la misma respuesta de Auristela: "- ¡oh bella Sinforosa! (p. 314), donde la referencia a la belleza revela el engaño de los sentidos, es decir, ¿a la imagen arquetípica del "diablo" tradicionalmente oculto tras su máscara más amable?

Y, tras la intervención de Auristela, que, en un ardid para no desatar la ira de Sinforosa no responderá al ofrecimiento de su "hermana" hasta que no se haya pronunciado su "hermano" al respecto, el narrador nos devuelve al mundo de Periandro, "que en este tiempo, encerrado y solo, había tomado la pluma"(p. 315). Es decir, que durante la lucha mítica en la que estaba enfrascada su conciencia, su entendimiento solo podría aproximarse a describir lo que sucede en su interior a través de la escritura (¿una alusión de nuestro autor al papel de la literatura como medio de autoconocimiento de las verdades más profundas?: "y, de muchos principios que en un papel borró y tornó a escribir, quitó y añadió, en fin salió con uno que se dice decía desta manera"?[p. 315]); y, que lo escrito, además constituye en sí la respuesta al "siniestro" pacto ofrecido por Sinforosa a la pareja (andrógino) Periandro- Auristela / Adán-Eva:

> Sigamos nuestro viaje, cumplamos nuestro voto y quédense aparte celos infructuosos y mal nacidas sospechas. La partida desta tierra solicitaré con toda diligencia y brevedad, porque me parece que, en salir della, saldré del infierno de mi tormento a la gloria de verte sin celos (pp. 315-316).

Y esta es, en resumen, la situación previa a la entrada de los dos capítulos *séptimo* de este segundo libro. Impera, pues, en Periandro, un deseo de abandonar la isla de Policarpo como imagen de un paraíso para los sentidos que esconde un infierno en el que su príncipe (Sinforosa) amenaza con "la firma" del preceptivo *contrato de permanencia*.

Los peregrinos-viajeros necesitan, pues, reemprender el viaje por mar lo antes posible y alejarse de las tentaciones que se oponen a su partida, pues el riesgo es muy alto y la amenaza de su empresa cierta. Sin embargo, cualquier marino que se haga a la mar necesita antes consultar los astros y decidir sobre la ruta más favorable. Y en este sentido hemos de interpretar la oportunidad de Cervantes - y no el error, como muchos críticos afirman - de colocar dos capítulos siete en este punto concreto del relato, donde la referencia estelar a las dos *Osas* (el doble siete, en relación, como ya venimos aduciendo, a las estrellas observables en estas dos constelaciones boreales) sería algo casi obligado según se está desarrollando el argumento; tanto en su sentido literal (los marineros que van a emprender la singladura necesitan consultar el mapa celeste), como en el alegórico (los peregrinos, extraviados de su ruta, necesitan encontrar en las estrellas el correcto rumbo en su peregrinar). Y, por encima de todo, subyace esa necesidad de buscar en los cielos una respuesta a ese momento de gran confusión que se ha originado en la isla de Policarpo, y que constituye uno de los puntos climáticos de la novela-epopeya.[317]

En este orden de cosas, podríamos ver, en la "ingenua" repetición de los dos capítulos siete, la intención de Cervantes de referir su obra con arreglo a ese plan estelar: su sello personalísimo, que habría de alertar hasta al lector más despistado de su época.

Y, un momento tan señalado por nuestro autor debería justificarse por un desarrollo diegético diferente, así como por un contenido sensible de especial significación. Y no de otro modo el relato, que discurría con ligereza, se remansa en este punto de la narración. La ausencia de acción, pues, es la nota característica de estos dos capítulos, que se saldan con íntimos parlamentos orales y cruces de cartas entre parejas de personajes. En cuanto al contenido de dichas conversaciones, diremos que todas giran en torno a un tema central: el amor.

El efecto que produce este remanso narrativo, en relación al atropellado desarrollo diegético anterior, es el propio del que ha recorrido un frenético camino y, parándose en una encrucijada, debe decidir qué camino tomar. En tal caso, se nos permitirá la licencia de imaginar igualmente a Cervantes detenido en su escritura, observando esas mismas estrellas y tratando de encontrar en ellas (a imagen de Mauricio) los motivos más profundos que alienten a sus personajes a seguir caminando a través del *Persiles*.

En el primer séptimo, el deseo de unión amorosa, relatado en sus aspectos más íntimos por los diferentes amadores, encuentra su refrendo estelar en la dificultad para observar con nitidez las *Osas* en el cielo. Sin duda, asistimos a declaraciones amorosas en las que los amadores no parecen gozar del favor de la amada ni del consenso de los "cielos". Es el caso de Rutilio y Policarpa, y de Clodio y Auristela.

Por supuesto, no es necesario decir que el amor que aquí se trata no es el pasional sino el espiritual o platónico. Y que, por el cariz que adquiere el desarrollo del parlamento-carta, los

---

[317] Nerlich, que fue el primer crítico en observar el fenómeno, argumenta en este sentido que: "Para el lector de la época, acostumbrado al simbolismo numérico y que, tras la lectura del primer libro había comprendido sin duda el principio, los dos capítulos SIETE o el capítulo SIETE escindido en dos que conservan la numeración SIETE, debían señalarle un acontecimiento cósmico que tuviera relación con las OSAS MENOR y MAYOR." Nerlich, 2005, p. 702.

respectivos "amadores" no se hallan todavía lo suficientemente maduros -espiritualmente hablando- como para conquistar a su amada y elevarse a la misma altura que Periandro. Y de ello nos da cuenta el texto, cuando, después de leídas las dos misivas a sus respectivas amadas, establecen entre ambos un diálogo para comentarlas:

> Verdaderamente, nosotros estamos faltos de juicio, que nos queremos persuadir que podemos subir al cielo sin alas, pues las que nos da nuestra pretensión son las de la hormiga (p. 319).

Y las conclusiones de los dos desafortunados amadores las expresa nuestro autor filosóficamente con un ejemplo extraído de la naturaleza; pues, la presencia de la hormiga en el texto, como símil del grado de iniciación alcanzado en ese "proceso amoroso", no es sino una forma simbólica de referirse a la necesidad de seguir perseverando en el camino espiritual y de afrontar un compromiso mayor antes de encarar la definitiva unión.[318]

Termina este primer séptimo con un parlamento que ya empieza a contar con el beneplácito de los cielos. Nos referimos al diálogo entre la pareja de protagonistas Periandro y Auristela, en donde la confesión de fidelidad de Periandro frente a las intenciones de Sinforosa, en relación al doble casamiento, se saldará con la común decisión de los amantes de hacerse fuertes en su amor y en salir lo antes posible de la isla.

Pero veamos cómo los cielos (las *Osas*) se muestran favorables ahora con lo manifestado por Periandro:

> En tanto que Periandro esto decía, le estaba mirando Auristela con ojos tiernos y con lágrimas de celos y compasión nacidas; pero, en fin, haciendo efeto en su alma las amorosas razones de Periandro, dio lugar a la verdad que en ellas venía encerrada y respondióle seis o ocho palabras, que fueron (p. 320).

Porque, las amorosas razones de Periandro se manifestarán como la verdad a través de Auristela. Y, este es el motivo por el que la "estrella dorada", centro y norte místico de esa verdad, le responde con "seis o ocho palabras". Es decir, que, desde ese mismo centro que ella constituye y todavía no curada del todo de los celos de su amado, le contesta en lenguaje simbólico (numérico) con una aproximación a la verdad suprema: seis u ocho no son lo mismo que siete y siete (la imagen de las dos *Osas*), pero, sin embargo, la media aritmética (o centro) es la misma: siete[319] = *septentrio* = Estrella Polar.

Y, la presencia material del siete la encontramos en la respuesta sincera de Auristela:

> - Sin hacerme fuerza, dulce amado, te creo (p. 320).

Cuya frase consta, exactamente, de siete palabras: sin (1) - hacerme (2) - fuerza (3) - dulce (4) - amado (5) - te (6) - creo (7). Pero no es la primera vez -ni será la última- que nuestro autor utiliza el lenguaje numérico para referir mensajes de naturaleza gnóstica.

---

[318] La imagen de la hormiga que nos ofrece aquí Cervantes forma parte de un antiguo mito griego que, en opinión de algunos exégetas, podría interpretarse como una alegoría de aquellos antiguos recorridos de perigrinación que, además, señalarían a la tumba del apóstol Santiago. Nos referimos al mito de Zeus y de la ninfa Egina (cuyo atributo era la concha), que, tras seducirla y para librarla de la ira del padre de la doncella, la convirtió en una isla de forma triangular próxima a Atenas y la pobló de hormigas a las que transformó en mirmidones, los cuales destacaban por su gran industria (fundada por Dédalo) y su abnegación. En cuanto a la relación del mito con la peregrinación a Santiago dice Saint-Hilaire: "Semejantes cualidades [la de los fabulosos mirmidones] eran las que requerían los peregrinos, hombres-hormiga que corrían por los senderos de la concha". Paul de Saint-Hilaire, 2008, P. 106.

[319] Vemos en este sencillo ejercicio matemático que nos propone Cervantes, en donde se nos invita a realizar una media aritmética, cierta alusión al trabajo de los marineros antiguos de la era de Aries (la época de Policarpo), que utilizarían un método denominado la Esfera de Quirón para situar el norte celeste en una época en la que no habría ninguna estrella lo suficientemente brillante que coincidiera con el norte geográfico terrestre (la última estrella antes que la Polar, excluyendo la pequeña estrella doble llamada Jirafa, fue Kochab). Nos referimos a una época que se situaría entre el año 320 a. C. (en esta fecha, según los datos astronómicos, el norte celeste estaría marcado por la bisectriz que forma la dirección de la estrella Kochab y nuestra Estrella Polar) y el siglo IV o el V de nuestra era, donde la Estrella Polar ya se utilizaba como referente norte, aunque no fue hasta el año 1.000 cuando ocupó unívocamente el eje septentrional. Es decir, que las fechas que hemos dado en relación a esa ausencia de una estrella que señale el norte celeste se correspondería con el final de la era de Aries y comienzo de la de Piscis, que es la época que, según nuestra interpretación, se correspondería con el episodio de la isla de Policarpo.

Advertida, pues, la inclinación de Cervantes a conformar su obra en relación a un esquema u orden universal (cuyo lenguaje, tradicionalmente, es matemático), no tendría por qué sorprendernos la inclusión intencionada de estos dos capítulos siete; en donde, además de lo señalado, percibimos la presencia de un mensaje aún más sorprendente. A saber: que la falta de nitidez a la hora de identificar a los dos grupos de siete estrellas en el "cielo persilesista" -según aducíamos más arriba- obedecería a la intención de nuestro autor por significar que en el marco mítico-temporal en el que se desarrollan los acontecimientos (final de la era de Aries / principio de la era de Piscis) las dos constelaciones u *Osas* no girarían todavía simétricamente alrededor de la Estrella Polar (*Polaris*), puesto que en este tiempo aún no ocupaba el punto norte celeste. Esta dificultad para identificar una referencia clara en los cielos sería interpretada, sin embargo, como el preludio del "reinado" de *Septentrio* o Estrella Polar: estrella fija que señalará en los cielos la dirección norte (aproximadamente) a partir del siglo V de nuestra era, y que coincide con la era de Piscis y con la época en que las *Osas* le "rendirán homenaje" a través de su *danza circular* (giro de las dos constelaciones visible desde la Tierra debido al movimiento de rotación terrestre) durante cerca de 3.500 años.[320]

Advertido, pues, el celo de nuestro autor a la hora de adecuar las acciones de los personajes a los ciclos estelares; juzgamos que nuestro intento preliminar por definir el alcance semántico del título *Historia septentrional* se queda bastante corto (*hombre que gira alrededor de su "estrella dorada"*), siendo necesario cumplimentarlo desde una perspectiva macrocósmica como: *odisea de la Humanidad que, a partir del "reinado" de Septentrio como referencia del norte terrestre, se prepara para culminar su evolución antes de la llegada a esa Edad de Oro largamente anunciada.*

Sin duda, se trata de una apuesta arriesgada, gestada desde la interpretación de un texto alegórico que parece avalar un comportamiento mítico del desarrollo humano desde sus orígenes ¿Deberíamos, por ello, descartarla sin más dado que atenta contra nuestra forma "civilizada" de concebir-interpretar la historia-realidad?

Tratemos antes de contextualizar nuestros argumentos. Porque si decimos *odisea de la Humanidad* nos estamos refiriendo a un viaje épico: el del género humano a través de las diferentes eras que se van sucediendo, desde la marcada por el "bárbaro arquero" en los comienzos post-diluviales (Sagitario-Géminis), pasando por Taurisa (Tauro-Escorpión > SCIN-TA), la isla de "las cabras" de Policarpo (Aries-Libra), el vientre de la "ballena"(Piscis-Virgo), para terminar en la Edad de Oro prometida que Cervantes no pudo conocer (Acuario-Leo)[321]. En efecto, resulta demasiado mitológico para ser considerado como verdad, al menos desde los presupuestos que la modernidad nos proporciona para definirlo como tal. Sin embargo, no deberíamos olvidar que nos encontramos ante una "novela" bizantina o neo-griega escrita por nuestro autor con la intención de competir con Heliodoro, por lo que no puede descartarse *a priori* una finalidad oculta en la órbita de esas antiguas novelas helenísticas. Pues bien, como se sabe, entre las obras de Hesíodo destaca una cuyo título debería bastar para relacionarla con el *Persiles*: *Los trabajos y los días,* en donde se defiende una verdad que nos debe resultar bastante cercana a nuestras intenciones: el "trabajo" (en su sentido místico) es el destino universal del hombre (¿navegar es necesario, vivir no es necesario?). Pero además de esta aseveración, encontramos aquí algo de mucho más valor en cuanto a la oportunidad de su aplicación a nuestra "odisea persilesista". Nos referimos a la descripción que hace el poeta de las cuatro (cinco) Edades del Hombre (s. VIII a. C.)[322]. Porque, en efecto, son cinco las Edades

---

[320]   Todo este conocimiento cosmológico que hemos deducido a través del correspondiente análisis del texto, dada la falta de pruebas documentales que lo avalen, solo podemos suponer que Cervantes debería poseerlo, y, en tal caso, que su competencia en la materia solo sería aproximada -que ya sería mucho, a tenor del desconocimiento generalizado que se tendría del tema en cuestión-: la suficiente para saber que determinadas estrellas ocupan el norte celeste de forma sucesiva a lo largo de la trayectoria circular que describe el eje terrestre en los cielos a través del movimiento de precesión. En este sentido, suponemos que el saber de Cervantes a este respecto sería el suficiente como para expresar que la Estrella Polar aparece y desaparece cíclicamente en el firmamento en relación al paso del tiempo. Comoquiera que en los comienzos de nuestra era el norte geográfico no estaba materializado por ninguna estrella, pensamos que nuestro autor plasmó este hecho en su obra, en la creencia (basada en una tradición anterior) de que la "llegada" de *Septentrio* marcaría una especie de época crucial en la evolución de la civilización.

[321]   Desde esta perspectiva mítico-cosmológica, se postula que en la actualidad nos encontraríamos en los albores de esa nueva era de Acuario.

[322]   "Cuenta el poeta que la Humanidad ha ido empeorando a través de diversas edades, que se califican con nombres de metales: la Edad de Oro, la de la Plata, la de Bronce, la de los Héroes y la de Hierro. Los hombres, que

que contempla el poeta, aunque una de ellas, la de los Héroes, parece ser un añadido; pues la tradición oral que recoge esa leyenda resulta ser más antigua que la que transcribió el poeta en el s. VIII a. C. En cualquier caso, en las *Metamorfosis* de Ovidio se describe el mito de las Edades del Hombre[323] referido por Hesíodo excluyendo el "añadido"[324] y limitando las Edades a cuatro en relación a la pureza de los metales: Edad de Oro, Plata, Bronce y Hierro.

Que Cervantes, según la interpretación que hemos ofrecido más atrás de las diferentes eras, haya trazado en su obra una evolución de la Humanidad en relación simétrica al esquema mítico-temporal (cuatro edades o eras en ambos casos) referido por Hesíodo en el s. VIII (con la exclusión de la Edad de los Héroes) y ratificado por Ovidio en el s. I, pueda que haya sido debido a la casualidad o incluso a un mero ejercicio estético en su afán por imitar los modelos griegos, no podemos descartarlo; sin embargo, dado el rigor en la formulación de su "fábula", la cohesión de la misma y el cúmulo de argumentos que estamos presentando en favor del interés de nuestro autor por legar a la posteridad su mejor obra u Obra Total, juzgamos que no solo es posible considerar la intención de Cervantes sino necesario (a un nivel de estructura profunda) para lo correcta comprensión del sentido general del *Persiles*.

Porque nuestro autor nos presenta su obra como una huida constante. Un frenético discurrir en permanente riesgo de muerte. Y no es baladí lo que decimos, pues no solo las vidas de los protagonistas están marcadas por esa muerte que siempre acecha desde que aquella inmensa flecha apuntara al pecho de Periandro nada más salir de la cueva-prisión; sino que nuestro autor, en función de su edad y su salud, se vería también acuciado por la misma "sentencia" natural. En tal caso, flota en el ambiente de esta obra cierto destino trágico o predestinación: el mismo que se sabe de una civilización condenada, cuya degradación paulatina no solo se cuenta en el mito de las Edades de Hesíodo sino que constituye el tema principal de *Los trabajos de Persiles y Sigismunda. Historia septentrional*, pero a la inversa: la lucha del héroe por enfrentarse a la sentencia de los cielos y cambiar así el destino de la Humanidad.

Esto, sin duda, nos lleva a la consideración de la existencia, en relación a ese final idílico de nuestro héroe, de otro mito que tenemos que considerar: el de la búsqueda (recuperación) de la Edad de Oro perdida[325] (el Paraíso perdido). Porque el camino inverso (de la barbarie a la civilización) que recorre Periandro en relación al mito de las Edades del Hombre (de la pureza a la perversión), no es otra cosa que una descripción del método para obrar "el milagro": la gnosis o camino del conocimiento universal. Es decir, toda la obra de Cervantes se trataría de la búsqueda de esa primera Edad de Oro perdida: "la que cultivaba la lealtad y el bien, sin autoridad, por propia iniciativa, sin ley"[326], que es percibida como un ideal encarnado en el personaje de Auristela (Auri-stela).

La "estrella dorada", pues, es el norte, es el centro y es el símbolo del oro que ha de señalar en los cielos la llegada a la "tierra prometida", o deseada, o esforzadamente trabajada: *Septentrio*. Porque la Estrella Polar, según decíamos, rige durante 3.500 años aproximadamente como guía terrestre de la "navegación norte"; es decir, es la estrella que anuncia, ya entrada la era Piscis, la llegada de la Edad de Oro que culminará en la era de Acuario.

Nos encontramos, por lo tanto, en ese punto climático del *Persiles* que marca el cambio de era que desde el comienzo del capítulo primero de este segundo libro se viene anunciando (el barco invertido o "ballena"): de Aries a Piscis.

---

comenzaron, en tiempo de Crono, llevando una existencia próxima a la de los dioses, han ido de edad en edad pasando a un vivir más penoso y desamparado. La peor de todas las edades es la de Hierro, en la que vive el poeta, pero aún ésta es susceptible de una degradación, que él imagina y profetiza como próxima." García Gual, 1992, p. 92.

[323] Ovidio, *Las Metamorfósis*, pp. 70-71.

[324] Se cree que la inclusión de la Edad de los Héroes en el cómputo de las Edades, se debió al interés del poeta griego por introducir en su obra a los grandes héroes de la *Ilíada*.

[325] Luis Larroque coincide con nosotros, y así lo expresa cuando dice en relación al humanismo de Cervantes: "Y como humanista, manifiesta don Quijote, es decir Cervantes, en relación a su época, que vive en una «edad detestable como es esta en la que ahora vivimos» y recuerda con pasión aquella «dichosa edad y siglos dichosos aquellos a quienes los antiguos pusieron el nombre de Dorados, porque todo era paz entonces... todo amistad, todo concordia», lo que predefine, adelantándolo profética y genialmente, el concepto de una auténtica y deseable globalización o mundialización humanitaria. Y como tal humanista profundo se refiere Cervantes, a través de las expresiones del *Quijote*, a que hay que actuar «en pro del género humano» es decir, de los derechos humanos y por ello condena a «quien es enemigo del género humano» y mucho más, a quien puede «ser homicida de todo el género humano». Larroque Allende, Luis, Ib., p. 353.

[326] Ovidio, Ib,.(I 89-90), p. 70.

Se nos permitirá, ante lo abrumador del peso conceptual que venimos acumulando, que actuemos como Periandro y nos detengamos también ante la doble imagen de las *Osas* que con dificultad observamos en el *cielo persilesista* y, con la intención de no perder definitivamente el resuello ante una retórica alambicada que no parece dar tregua al crítico deseoso de verdades más tangibles, ¿tratemos acaso de replegarnos a posiciones más conservadoras dejando las alegorías de Cervantes reposar, al menos, otros cuatro siglos?

Pero, ¿y qué decir de los momentos de máxima exaltación poética (los poemas), donde el alma del vate se manifiesta tal cual en una especie de resumen estrictamente simbólico (dicho de este modo para diferenciarlo del cuerpo de la obra, que por su carácter alegórico adquiere también ese mismo matiz poético-simbólico, aunque alternando/cohabitando con el lenguaje realista, que es el que confiere su particular tono novelístico al texto) de los diferentes episodios? Pues bien, Cervantes, ¿de manera casual?, nos ofrece siete de estas composiciones repartidas a lo largo de su obra: un soneto en el libro I, dos en el II, dos cuartetas y unas estancias en el III y un soneto en el IV.

Pero volvamos al texto en el punto en que lo habíamos dejado. Entre los infructuosos deseos de los -llamémoslos- "falsos enamorados" (Rutilio y Clodio), expresados por escrito a sus respectivas amadas (Poilcarpa y Auristela), se abre camino la más sincera y verdadera historia de amor: la de Periandro y Auristela. Sin embargo, su amor, aunque por ambos correspondido, no llega a culminarse con la preceptiva unión, necesaria para que pueda triunfar por encima de las adversidades que lo acechan.

Este resumen debería bastar como explicación literal del argumento del primero de los capítulos siete, pero, comoquiera que conocemos la existencia de un segundo lenguaje dentro de aquel, expondremos a continuación un ejemplo evidente de esa perspectiva alegórica al objeto de definir el tema profundo que nos ocupa en este punto. Y de su presencia nos da cuenta el propio Periandro, cuando en su faceta de astrólogo (encubierto) da razón a su amada Auristela de la inminente salida de la isla que los tiene sometidos:

> Procura, señora, tener salud, que yo procuraré la salida de esta tierra y dispondré lo mejor que pudiere nuestro viaje, que, aunque Roma es el cielo en la tierra, no está puesta en el cielo, y no habrá trabajos ni peligros que nos nieguen del todo llegar a ella, puesto que los haya para dilatar el camino (p. 320).

Aunque podríamos practicar un análisis más detallado, nos centraremos en el fragmento que dice: "aunque Roma es el cielo en la tierra, no está puesta en el cielo",[327] pues creemos que es aquí donde pueda existir más controversia; aparte de que nos servirá mejor a nuestra causa de enseñar los rudimentos de ese lenguaje alegórico que imprime a esta obra su sello característico. Porque la frase en cuestión entraña en sí misma una reflexión sobre el "hecho religioso", que Romero despacha de este modo: "Nuestros peregrinos tendrán sobradas ocasiones para comprenderlo. Precisamente esta tensión entre símbolo religioso y realidad histórica constituye uno de los mayores atractivos del libro IV" (n. 5, p. 320). Es decir, una explicación generalista que, abarcándolo todo, no concreta nada. En tal caso, rezuma en esta nota cierta tendencia a la confusión más que a la claridad -como sería preceptivo-, y, sobre todo, la ya citada voluntad de "pasar página", en esta ocasión, hasta el libro IV.

No habremos de llegar nosotros, sin embargo, hasta el libro IV para explicarnos la cita que de forma tan evidente, en nuestra opinión, se nos manifiesta en el libro II. En tal caso, tampoco nos será necesario referir ninguna autoridad para justificar una frase: "aunque Roma es el cielo de la tierra", en donde la identificación de Roma con el catolicismo resulta tan evidente como la idea que se desprende de que el cielo habría de ganarse a través de aquello que Roma simbolice. Sin embargo, en el segundo término de la oración, el narrador contradice las expectativas que había despertado en un principio: "no está puesta en el cielo", donde podría interpretarse (casi leerse literalmente) que Roma/catolicismo no forma parte de la grandeza de los cielos; es decir, ¿que Roma no constituye, espiritualmente, el *axis mundi* de la civilización occidental durante la época en que rige *septentrio* en los cielos?

Todo este conocimiento estelar (la Tierra es una esfera, existencia del movimiento de

---

327 Esta misma frase volverá a ser analizada con mayor profundidad en el capítulo 4.4., dentro del episodio de la entrada de los peregrinos en Roma.

precesión terrestre, presencia de unos ciclos o eras en la medición del tiempo que sobrepasan los estrechos márgenes que daba la Iglesia, situación de la Tierra con respecto al cosmos: heliocentrismo, etc.) nos acerca a la idea, que ya avanzábamos al comienzo del análisis de esta cita, de que lo simbolizado por Roma no sea -digamos- la "religión verdadera" o religión del espíritu[328]; pues su falsedad se deduciría de su nulo refrendo estelar ("no está puesta en el cielo").

Pero la encrucijada estelar que informa las evoluciones de los personajes y sus acciones en estos dos míticos capítulos siete no debe analizarse de forma independiente; sino en conjunción con la perspectiva microcósmica, en el convencimiento de que las intenciones de Cervantes por crear una obra universal debería pasar de forma ineludible por la recreación de la doble perspectiva existencial (macrocósmica y microcósmica) en un único contexto ficcional. En este sentido, si en el primero de los séptimos el narrador se ocupaba en describirnos el lugar exacto (cuando las *Osas* comienzan a ser visibles) en el que los cielos indican al héroe (Periandro/Perseo) cuándo debe proceder a asestar el definitivo golpe al monstruo (las pasiones/Medusa) que lo tiene sometido; ahora, en el segundo de los capítulos marcados con el símbolo del siete, asistiremos a las mañas (la inteligencia/Atenea) de que se vale un amor tan noble (Auristela) para alcanzar los fines que solo el cielo reconoce. Recordemos, en este sentido, que en el mito de Perseo el ardid utilizado por el héroe para vencer a la espantosa Medusa fue utilizar un escudo de metal pulido a modo de espejo para no mirarla directamente; pues ello le podría dejar convertido en piedra-materia. Y, puesto que nuestro héroe Periandro no deseaba otra cosa que alcanzar a Auristela (lo que implica desprenderse de toda materialidad), no podría por más que alejarse de la mirada directa y penetrante del monstruo ¿Cómo podría, pues, librarse de Sinforosa?

La respuesta a esta pregunta creemos que se halla en Auristela. Porque, desde esta perspectiva metafísica, ella es también (como Sinforosa) parte de Periandro, su otra mitad "buena"; y, solo a través de ella, y enarbolando ese mismo espíritu que la caracteriza (el espejo-escudo = las apariencias solo son un reflejo en un espejo), el héroe conseguirá ver en la profundidad al otro ser que en esa oscuridad habita y así poder sacarlo de su conciencia con decisión (cortar la cabeza de Medusa-Sinforosa). No en vano, y como expresa manifestación de lo que aquí decimos, el centro temático de este segundo capítulo séptimo lo constituirá el diálogo-lucha entre ambas contrincantes femeninas.

Comienza, en este sentido, el capítulo con la semblanza que hace el narrador de un viejo e iluso rey atrapado en las redes de la pasión, donde se destaca la falta de armonía natural que la pretendida relación entre el viejo Policarpo y la doncella Auristela conlleva. Pero no debemos dejarnos llevar una vez más por la literalidad del tema amoroso que, así presentado, nos recuerda -como ya avanzábamos en páginas anteriores- al típico lance amoroso que triunfa en la literatura de la época de nuestro autor; sino que el texto debe entenderse en clave alegórica. Y para ello nos anuncia, en boca del narrador, un dato tan preciso simbólicamente como superfluo en su literalidad: la edad exacta de Policarpo y de Auristela:

> pero, entre todos los disinios, no tomaba el pulso a su edad, ni igualaba con discreción la disparidad que hay de diez y siete años a setenta; y, cuando fueran sesenta, es también grande la distancia (p. 322).

Porque, ni la noticia de la diferencia exacta de edad, ni los años justos de cada cual, constituye un dato importante a tener en cuenta en el desarrollo diegético, si no es para embotar todavía más a un lector ya abrumado por un torrente de datos numéricos y expresiones sin sentido en apariencia inoperantes ¿A dónde, pues, quiere llevarnos Cervantes, que es capaz de sacrificar el tambaleante ánimo del lector, llegado a este cabalístico capítulo, por unas cuantas cifras de más?

Creemos que la respuesta se halle en la importancia de los mismos números que intervienen en la cita: 17 - 60 - 70. Porque no debemos olvidar que el fragmento en cuestión consiste en la

---

[328]   Entendiendo por "religión verdadera", desde una perspectiva platónica que sería la que corresponde a una obra de corte bizantino o neo-griego, a la fundada sobre la creencia en la liberación de las almas, que, sin olvidar el sentido atávico inmerso en la teatralidad de sus representaciones externas (el ritual), da primacía a los aspectos internos sobre los externos, respondiendo así a la idea de "búsqueda espiritual" inmersa en aquel antiguo "pacto"con la divinidad del que dábamos cuenta al comienzo de este trabajo.

denuncia que hace el narrador de lo desviado de las intenciones del viejo rey de unirse con la joven doncella, en razón de la clamorosa diferencia de edad; lo cual es presentado como una especie de atentado contra natura. Es decir, de todo ello sacamos como conclusión que es el factor tiempo (la edad) el elemento en discordia o causante del desajuste natural. En tal caso, las cifras proporcionadas por nuestro autor deberían jugar un papel análogo en otro contexto, donde sí podrían tener un sentido completo.

Comenzaremos por Auristela ¿Qué podría significar, pues, el hecho de que el narrador nos diga que tiene "diez y siete años"? Si, como ya venimos argumentando, Auristela es el símbolo celeste de la "estrella dorada" que marca el norte: *Septentrio*, el número siete constituiría el referente simbólico-numeral que la define. En cuanto al número diez, su función habría que buscarla dentro de ese "reloj cosmológico"que es el movimiento de precesión terrestre y en relación a las doce subdivisiones de la eclíptica; donde, el número diez se correspondería, precisamente, con la era-constelación de Piscis, que es la nueva era que se está anunciando en la diégesis. Es decir, que la edad "cosmológica" de Auristela (diez y siete años) se interpretaría como la aparición de la Estrella Polar o *Septentrio* (el número siete) en la décima era (el número diez) dentro del cómputo del gran año o año platónico.

Vayamos ahora al viejo rey Policarpo, del cual se nos dice que tiene setenta años, pero que aunque tuviera sesenta sería igualmente demasiado mayor para Auristela ¿A qué apuntaría en esta ocasión el mensaje de Cervantes al expresar esa inoperante (en el contexto diegético) doble cifra? Resulta evidente: a ofrecer al lector dos magnitudes como invitación a practicar sobre ellas la pertinente operación aritmética. Nos explicamos. Esa intención de nuestro autor por señalar dos "edades" posibles para nuestro real pretendiente obedecería a su propósito de invitar al lector a realizar un nuevo ejercicio matemático: 70 + 60 : 2 = 65 ¿Y qué podría simbolizar esa cifra? Igual que en el caso anterior, en el que Auristela nos presentaba dos posibilidades numéricas ("te lo diré en seis u ocho palabras") con la finalidad de que el lector realizase sobre esas cifras un sencillo ejercicio aritmético, creemos que en esta ocasión se trata del mismo procedimiento; aunque en este caso no para hallar una orientación norte en el cielo sideral, sino para situar una época en el tiempo ¿Dónde queremos ir a parar? Fundamentalmente, a señalar que, así como la relación entre el viejo y la niña no es aceptable desde el punto de vista social-natural, dada la evidente diferencia de edad, ahora, desde una perspectiva cosmológica, el "desajuste natural" consistiría en que la Estrella Polar-*septentrio* (Auristela) no funcionará como referencia de la orientación Norte en la época que nosotros consideramos que es la de Policarpo (era de Aries), por lo que resulta imposible o "antinatural" sugerir tal conjunción (el matrimonio de Auristela y Policarpo); además, los sesenta y cinco años del rey, que resultan de realizar la operación mencionada, se corresponderían con un período cosmológico de 6.480 años[329] (¿64,8 años = 65?), es decir, convenientemente encriptado en la ficción persilesista, los casi sesenta y cinco años del rey Policarpo.

Creemos, pues, que Cervantes encriptó intencionadamente un mensaje de una gran relevancia para generaciones futuras, en donde, mediante el relato ficcional que representa lo inadecuado de la unión matrimonial entre el viejo Policarpo y la joven Auristela, se escondería una verdad de orden cosmológico a la que nuestro autor pudo tener acceso en función del nivel de conocimientos que venimos descubriendo (convenientemente ocultados de forma alegórica) en su última obra[330]. Nos referimos a la idea de que en la historia del hombre sobre la tierra, la

---

[329] La "edad sideral" de Policarpo es un concepto que nosotros aplicamos en función de la duración de las eras dentro del cómputo general del año platónico o equinoccial = 25.776 años (26.000 para redondear); en donde, tomando como referencia del inicio de la cuenta la era marcada como primera Edad de Oro del mito de las Edades del Hombre, que, según nuestro análisis derivado del *Persiles* ("el bárbaro flechero"), coincidiría con la era de Géminis-Sagitario, tendríamos que de Géminis-Sagitario a Piscis-Virgo van tres eras (Tauro-Escorpión y Aries-Libra quedarían en medio), lo cual significa multiplicar 2.160 años que dura cada era por tres = 6.480 años.

[330] Roso de Luna opina que este conocimiento extraordinario pudo haberlo adquirido Cervantes durante los cinco años que pasó como cautivo en Argel: "En todo cuanto antecede se muestra Cervantes cual verdadero sabio que era, y tal vez recibió la iniciación en su pobre y triste cautiverio, donde gracias a la raigambre ocultista de las gentes mahometanas pudo llegar a conocer las doctrinas de Oriente." Roso de Luna, 1917, p. 238.
Nosotros, sin embargo, que solo podemos suponer el acceso de Cervantes a ese saber exclusivo, añadiremos, a modo de indicio, lo analizado por Sliwa, en relación a la amistad que Cervantes trabó con los doctores Domingo de Becerra y Manuel de Sousa Coutnho durante su cautiverio en Argel. Sobre el prmero dice el crítico: "en Argel estaba el sevillano doctor Domingo de Becerra, humanista y presbítero, cautivo de Hasán Bajá, que ideaba la versión del *Tratado de M. Juan de la Casa, llamado Galateo, o tratado de costumbres*, realizada en Roma, dedicada a Francisco

civilización no alcanzará su mayor grado de evolución hasta bien entrada la era de Piscis y, sobre todo, en la de Acuario; por ello, cualquier intento previo (el de Policarpo, una era antes, al final de Aries) de querer anunciar la llegada de la esperada Edad de Oro será considerado como impropio o contra natura (representado en la diferencia de edad entre el viejo rey-el mundo y la doncella-el reino del espíritu) y por tanto condenado al fracaso.

En resumen, Auristela no puede casarse con el viejo rey de "65 años" porque, paradójicamente, es demasiado joven o inmaduro (la civilización al final de la era de Aries todavía no ha alcanzado el grado de madurez necesario para comprender y valorar el significado de lo simbolizado por Auristela), por lo que deberá abandonar la isla de Policarpo (la era de Aries) y dejar que su amante-hermano Periandro continúe la evolución del Hombre (la imagen de las *Osas* dando vueltas alrededor de *septentrio* en los cielos) a través de la era de Piscis hasta llegar a la ¿definitiva? era de Acuario.

Pero retomemos la diégesis tras esta nueva incursión astrológica. Decíamos que Auristela representaba a ese espejo que, según el mito de Perseo y Medusa, debería utilizar el héroe Periandro para decapitar al monstruo con la hoz que Atenea-inteligencia le había proporcionado ¿Y, qué es un espejo sino un instrumento para ver las cosas desde una perspectiva inversa o, al menos, diferente? Si el lenguaje se considera la expresión de la inteligencia humana a través de la palabra, ¿acaso los recursos retóricos como la ironía o la alegoría, frente al discurso literal o convencional, no asumirían la función especular que venimos apuntando? En tal caso, el duelo dialéctico que enfrenta a Auristela (la inteligencia/espejo de Perseo) contra Sinforosa (pasiones/Medusa) podría interpretarse bajo estos parámetros dialécticos que venimos aduciendo, y, cuyo asalto preliminar, una especie de exhibición gestual de las fuerzas que entran en litigio, sería el siguiente:

> En fin se vio Sinforosa con Auristela, y sola, que era lo que ella más deseaba; y era tanto el deseo que tenía de saber las nuevas de su buena o mala andanza que, así como entró a verla, sin que la hablase palabra, se la puso a mirar ahincadamente, por ver si en los movimientos de su rostro le daba señales de su vida o muerte. Entendióla Auristela y, a media risa (quiero decir, con muestras alegres), le dijo (p. 323).

Porque, resulta evidente aquí la intención petrificadora (el deseo) del monstruo (Sinforosa), cuando el narrador cuenta que: "se la puso a mirar ahincadamente, por ver si en los movimientos de su rostro le daba señales de vida o muerte". Y en esa soledad, como reflejo del necesario ejercicio de introspección del místico, es donde tiene lugar esa lucha trascendente. Que la estrategia de Medusa no se saldó aquí con una nueva víctima a su dilatada cuenta lo podemos comprobar en la actitud subsiguiente de Auristela: "Entendióla Auristela y, a media risa (quiero decir, con muestras alegres), le dijo"; es decir, que la conciencia del héroe, sabedor de la potencia letal del arma (la ahincada mirada de Sinforosa = las pasiones) con la que iba a ser atacado, utilizó su espejo (Auristela = la inteligencia al servicio del amor) para enfrentarse cara a cara con el monstruo. La sorpresa de este tuvo que ser mayúscula al percibir la "media risa" en el rostro de su oponente; pues, no solo no lo ha convertido en piedra, sino que se sonríe seguro/a de saber que ya nada puede hacer contra él/ella.

Y, comoquiera que en el relato del mito, es ahora a Perseo a quien le toca descargar su golpe definitivo, así se expresará en la diégesis; cuyo diálogo en boca de Auristela tendrá el mismo efecto que la mítica hoz empuñada por el héroe: "- Llegaos, señora, que a la raíz del árbol de vuestra esperanza no ha puesto el temor segur para cortar" (p. 323). Y el tajo que ha de separar la cabeza de sierpes de su tronco ("la raíz del árbol de vuestra esperanza") estará constituido por la argucia de Auristela, que consiste, básicamente, en hacer creer a Sinforosa que tienen que

---

de Vera y Aragón, del Consejo de Su Majestad, después de redactada en 1584, publicada en Venecia en 1585. Se ignora, ¿cómo y en qué circunstancias se hicieron amigos?, pero Miguel encomió a Becerra así [en el <<Canto de Calíope>>, *La Galatea*]". Sliwa, 2006, p. 346. En cuanto al segundo de los doctores: "Pero mientras Cervantes permanecía en poder de Hasán Bajá, conoció al doctor Manuel de Sousa Coutinho, portugués, de la estirpe de los Marialvas", Sliwa, 2006, p. 352. Sobre la influencia que este último pudo ejercer en el pensamiento de nuestro autor volcado en su obra póstuma, sirva de ejemplo la importancia que tiene en el *Persiles* el episodio del "portugués enamorado"; cuyo protagonista, del mismo nombre, informa uno de los episodios alegóricos más importantes de toda la obra, lo cual podría constituir un claro homenaje ¿de gratitud? a la figura del afamado doctor.

marcharse de la isla por orden de Arnaldo para luego regresar y disponer los respectivos esponsales.

Porque las razones que aquí expone Auristela, según decíamos, son como los *golpes de hoz* sobre la cabeza del monstruo, que cercenan de raíz los pensamientos que pretenden desviar al místico de su camino espiritual. Y no de otro modo ha de entenderse el acto de Sinforosa de echar "los brazos al cuello "de Auristela, pues el amor que proyecta la defensa del héroe frente a las pasiones debe considerarse de manera especular (contraria). En este sentido, el acto de medirle la boca y los ojos con sus hermosos labios debe interpretarse igualmente desde una perspectiva inversa; tanto en los efectos, que de caricia sensible pasa a horrenda decapitación, como en la identidad de los litigantes, pues la que recibe los besos (Auristela) pasa a ser la que devuelve el golpe.

En resumen, de este entrecruzamiento de percepciones mentales e identidades simbólicas expresadas en el texto a través de los diálogos aludidos, la impresión que quiere producirse en el lector -en nuestra opinión- es que el poseedor de esa conciencia (Periandro), en lucha fraticida (Auristela contra Sinforosa) por alcanzar la iluminación, -digamos- se "descabeza a sí mismo" como parte de un proceso introspectivo tendente a la máxima gnóstica: *nosce te ipsum*.

Y, a continuación, para indicarnos que ese triunfo íntimo goza del favor de los cielos -ahora sí-, el narrador pone en escena, entrando en tropel, a un número de personajes que suman, curiosamente, la cifra de siete:

> En esto vieron entrar por la sala a los dos al parecer bárbaros, padre e hijo, y a Ricla y Constanza, y luego tras ellos entraron Mauricio, Ladislao y Transila, deseosos de ver y hablar a Auristela y saber en qué punto estaba su enfermedad, que los tenía a ellos sin salud. Despidióse Sinforosa (p. 325).

En tal caso, suman siete los personajes que vienen a ver a Auristela, al tiempo que se despide Sinforosa: ¿la imagen de la Osa Menor?. Nos hallamos de nuevo en un contexto astrológico, donde Mauricio toma la palabra "después de haber pasado con Auristela las ordinarias preguntas y respuestas que suelen pasar entre los enfermos y los que los visitan" (p. 325); es decir, después de haber escrutado (visitado) los cielos y comprobar que la dirección norte celeste sigue siendo imprecisa, pues la Estrella Polar-*Polaris* (Auristela) todavía no ocupa su lugar en el firmamento como referencia septentrional (la enfermedad de Auristela).

Sin embargo, ya próximo el fin del capítulo, la propia Auristela nos da la noticia de que ya va sanando su enfermedad: "sin que sea parte de mi enfermedad (que ya es salud)" (p. 326), e intenta hacer una llamada a la serenidad y la calma ante el "grupo de peregrinos", que le piden una pronta partida de la isla. En este sentido, podríamos deducir el trasfondo astrológico en esa petición de sosiego por parte de Auristela, pues no podrán salir "En tanto, pues, que llega el felice día y punto de nuestra partida"(p. 326); lo cual, sería tanto como decir, en el contexto que venimos manejando, que no saldrán de la era de Aries (la isla de Policarpo) hasta el día que en los cielos se manifieste la constelación-era de Piscis, y, dentro de esa nueva era, la estrella *Septentrio* como punto fijo en relación al eje de rotación de la tierra (norte celeste).

Y los cielos, que en esta obra cervantina siempre reflejan sobre la tierra sus intenciones, hacen encender en el corazón del burlado rey las luces que alertan de la partida del "escuadrón de peregrinos":

> Entraron con el rey Arnaldo y Periandro, y dándole el parabién a Auristela de la mejoría, mandó el rey que, aquella noche, en señal de la merced que del cielo todos en la mejoría de Auristela habían recibido, se hiciesen luminarias en la ciudad y fiestas y regocijos ocho días continuos (p. 327).

Porque, ¿acaso esos ocho días de fuegos festivos en celebración de la mejoría de Auristela no podrían simbolizar la proyección de las siete estrellas visibles (más la doble) de la Osa Menor con su Estrella Polar o *Septentrio*, que, en tal caso, se encenderían-brillarían ("se hiciesen luminarias") en señal de que ya "iluminan" al mundo anunciando su nuevo reinado estelar?

Y, tras el éxito del héroe sobre las pasiones la mejoría de Auristela es evidente, en el sentido de que la posición de *Polaris*[331] en los cielos se va acercando al punto que marca el norte del eje terrestre, circunstancia que hace creer al iluso Policarpo que su reino (el de la era de Aries) gozará pronto de la presencia de la joven princesa.

Alta doctrina científico-metafísica, pues, conformada a base de los elementos que cabría esperarse en una época como el Barroco (astrología y mitos), reviste y justifica la escisión de estos dos capítulos siete; cuya repetición viene siendo considerada, por lo general, como un error de imprenta o descuido de su autor. Y nada más lejos de la verdad, pues la pretendida reiteración ha de interpretarse como una llamada o - mejor diríamos - "voz" de Cervantes que no quiere que el lector pase de "puntillas" por estos capítulos ignorando lo que con tanto trabajo codificó de forma magistral.

Nosotros solo nos hemos atrevido a asomarnos a algunos de los mensajes que la generosidad de nuestro autor dejó parcialmente al descubierto en este punto crucial de su obra, pero no dudamos de la existencia de otras informaciones, igualmente sensibles para su época, que un análisis monográfico y/o más extenso sobre el particular revelaría. No en vano, los dos capítulos siete que señalan este "alto en el camino" diegético, en donde el diálogo por parejas se convierte en íntimo ejercicio de reflexión vigilado desde las estrellas y refrendado por las dos constelaciones u *Osas*; podrían señalar, en cuanto a su simbolismo numérico (7-7), a un acontecimiento largamente esperado y aludido en las más antiguas manifestaciones literarias: el momento en que nuestra civilización se prepara para realizar el salto definitivo a la Edad de Oro referido en los mitos más antiguos.

2.5. La propuesta de matrimonio de Clodio a Auristela

Dejábamos, en el segundo de los séptimos capítulos, a Auristela bastante recuperada de su enfermedad; sin embargo, su mejoría pronto vendrá a ser enturbiada por la extraña declaración amorosa de Clodio. Porque, el amor de Clodio hacia Auristela, según decíamos cuando analizábamos el primero de los séptimos, no es el común de la literatura erótica, ni tampoco el espiritual de la preceptiva neoplatónica. Para poder tratar de definirlo analizaremos la carta que él mismo, a modo de declaración amorosa, le dirige a su "idolatrada" Auristela:

> Unos entran en la red amorosa con el cebo de la hermosura; otros, con los del donaire y gentileza; otros, con los del valor que consideran en la persona a quien determinan rendir su voluntad; pero yo por diferente manera he puesto mi garganta a su yugo, mi cerviz a su coyunda, mi voluntad a sus fueros y mis pies a sus grillos, que ha sido el de la lástima (p. 318).

Porque, en efecto, el amor de Clodio sobrepasa al humano en cualquiera de los modos en que este se manifiesta, que, además, entraña una idea de entrega, abnegación y servicio que los aventaja a todos en profundidad. Veamos, pues, a qué tipo de lástima se refiere:

> que, ¿cuál es el corazón de piedra que no la tendrá, hermosa señora, de verte vendida y comprada y en tan estrechos pasos puesta que has llegado al último de la vida por momentos? El yerro y despiadado acero ha amenazado tu garganta, el fuego ha abrasado las ropas de tus vestidos, la nieve tal vez te ha tenido yerta y, la hambre, enflaquecida y de amarilla tez cubiertas las rosas de tus mejillas y, finalmente, el agua te ha sorbido y vomitado; y estos trabajos no sé con qué fuerzas los llevas (p. 318).

Y, puesto que lástima mueve a la compasión, creemos, en función de lo manifestado por Clodio, que ese haya de ser el sentimiento que más se acerque a lo expresado por el "maldiciente". En tal caso, no parece que esta actitud piadosa, propia de santos y mártires, sea la que más convenga expresar aquí, sobre todo cuando la tradición crítica no ha visto en este personaje sino a su contrario: un ser depravado e inmoral.

Pero nosotros abogamos por la figura de un Clodio diferente, una figura que oculta, tras el velo de la alegoría, la identidad de un firme defensor de la grandeza de lo simbolizado por Auristela: un firme partidario de la Tradición. Razón, esta, que le mueve a amarla de ese modo

---

[331]   Estrella Polar.

extraño que aquí se expresa, y que remite, de manera simbólica, al conocimiento de los avatares que la Humanidad, guiada siempre de ese lazo con los cielos que es Auristela, ha tenido que sortear desde sus comienzos más remotos:

> El yerro y despiadado acero ha amenazado tu garganta, el fuego ha abrasado las ropas de tus vestidos, la nieve tal vez te ha tenido yerta y, la hambre, enflaquecida y de amarilla tez cubiertas las rosas de tus mejillas y, finalmente, el agua te ha sorbido y vomitado (p. 318).

No será necesario volver a explicar que tras la defensa amorosa de esa concepción superior de la vida en relación a la empresa civilizadora-espiritual del hombre (Auristela), se encuentra un personaje histórico que, al igual que Clodio, padecerá su mismo destino: el desterrado secretario de estado de Felipe II Antonio Pérez. Dada, pues, la asimilación de identidades, de la sincera y amorosa carta que "el maldiciente" escribe a Auristela, en donde previene a su amada de los peligros que le acechan, podría deducirse el ambiente de luchas internas que conspiraban dentro de la corte donde Antonio Pérez ejercía su cargo. Es el caso de:

> y estos trabajos no sé con que fuerzas los llevas, pues no te las pueden dar las pocas de un rey vagamundo y que te sigue por sólo el interés de gozarte, ni las de tu hermano (si lo es) son tantas que te puedan alentar en tus miserias. No fíes, señora, de promesas remotas y arrímate a las esperanzas propincuas, y escoge un modo de vida que te asegure la que el cielo quisiere darte (p. 318).

Donde, no resulta muy esquivo vislumbrar la presencia del poder temporal, siempre al acecho de poseer el dominio de las almas (Auristela) de sus súbditos como garante de su poder terrenal, en la figura de ese "rey vagamundo". Incluso le aconseja en relación a su "hermano", Periandro, ¿quizás en el sentido de que los defensores de la Tradición no siempre están acertados con las decisiones que se adoptan?

Y esta carta[332], que según explica el narrador más adelante llegó a manos de Auristela a través del engaño de que "eran unos versos devotos, dignos de ser leídos y estimados"(p. 328), fue la causante del enojo de la protagonista. Sorprende, sin duda, el desproporcionado encono que tal declaración formal de matrimonio ("Y, sobre todo, me ofrezco a ser tu esposo y desde luego te aceto por mi esposa"[p. 319]) desencadena en Auristela.

¿A qué se debería, por tanto, este arranque inusitado de ira de Auristela? Si observamos con detenimiento, comprobaremos que el contenido de la misiva no parece una declaración amorosa convencional, sino que, más bien, apuntaría a una especie de contrato de matrimonio por interés o de Estado, en donde se ofrece seguridad (Clodio) a cambio de Conocimiento (Auristela): ¿una nueva y/o definitiva teocracia basada en la verdadera religión (*religare*)?

Y en este punto radica, en nuestra opinión, la irascible recepción que hace Auristela de la carta de Clodio; en el sentido de que ella mejor que nadie sabe que los tiempos no son los del cambio (como así indican las estrellas, donde *Septentrio* todavía no habría ocupado su lugar en el norte celeste). Este seria el motivo de la muerte del "maldiciente", cuyo flechazo en la boca, propiciado por el mismísimo Antonio el hijo, es la señal característica con la que el tiempo/Cronos (el flechero) sentencia la falta de paciencia del hombre por alcanzar las metas a las que, presumiblemente, está destinado. Recordemos, en este sentido, el otro flechazo en la boca con el que fue despachado Bradamiro[333], aquel bárbaro protector del "andrógino" (Periandro disfrazado de mujer) en la isla bárbara.

No en vano, el trágico destino de Clodio ya le fue avisado por su compañero de cartas e infortunios, Rutilio, que le previno de que rasgara la carta y no se la hiciera llegar a Auristela: "Que el declararla y el ver nuestras gargantas arrimado el cordel o el cuchillo ha de ser todo

---

[332] En favor de nuestros argumentos, añadiremos que una de las obras importantes que escribió Antonio Pérez fue una colección de cartas: *Cartas de Antonio Pérez secretario de estado, que fue del Rey Catholico Don Phelippe II de este nombre: para diversas personas después de su salida de España.*, París, 1598.

[333] Se nos permitirá, llegados a este punto, suscitar la doble relación que une a Bradamiro con Periandro; pues, no solo ambos personajes se debaten en la lucha amorosa por preservar el "andrógino" (el ideal de unión amorosa o espiritual), sino que sus nombres guardan una relación análoga: las letras que componen BRADAMIRO se hallan también en PERIANDRO, con las siguientes salvedades: B/P - A/E - M/N (podrían convalidarse unas por otras en razón de su afinidad fonética: oclusiva bilabial, vocal abierta y consonante nasal, respectivamente).

uno; demás que, por mostrarnos enamorados, habremos de parecer, sobre desagradecidos, traidores" (p. 319).

Pero no siguió Clodio el consejo de Rutilio, "que tuvo el atrevimiento de poner en las manos de Auristela el desvergonzado papel que le había escrito" (p. 328), con lo que el vaticinio del italiano danzante no se hará esperar. Ahora bien, para mejor explicar el porqué del fatal destino de Clodio-Antonio Pérez, nuestro autor recreará una breve historia amorosa en la que una maga (no una simple hechicera) morisca exiliada de España, Cenotia, tratará de seducir a Antonio el hijo no con sus encantos femeninos sino con el ofrecimiento de su ciencia a su exclusivo servicio. Los avatares de esta no menos extraña historia amorosa podrían extrapolarse a las circunstancias políticas que, entre bastidores, decidirán la suerte que habrá de correr el Secretario de Estado de Felipe II.

El rechazo del mancebo a las intenciones amorosas de la maga Cenotia desencadena la tragedia, que no contento con rehusar su ofrecimiento: "fue a tomar su arco, que siempre o le traía consigo o le tenía junto a sí, y, poniendo en él una flecha, hasta veinte pasos desviado de Cenotia, le encaró la flecha" (p. 334).

La finta de Cenotia, ante el mortal disparo del arquero, hizo que la flecha pasara "volando por junto a la garganta" (p. 335); pero quiso la casualidad que en ese momento entrase en la sala Clodio, "que le sirvió de blanco, y le pasó la boca y la lengua, y le dejó la vida en perpetuo silencio"(p.335). En cualquier caso, y sin ánimo de profundizar en los pormenores de este desenlace, el juego que Cervantes nos propone quedaría manifiesto en esa máscara que se retira (la esquiva a tiempo de Cenotia) dejando al descubierto la verdadera identidad del que sufre el impacto: Clodio: ¿"cabeza de turco", como lo fue Antonio Pérez, de una historia en la que él no era el protagonista Real[334] de la acción; actuando el monarca, en tal caso, de manera encubierta o poco decorosa contra su secretario de estado con el fin de no ser él mismo descubierto en sus "extralimitaciones en el poder"?

2.6. El relato analéptico en torno a la figura de Periandro

Comoquiera que ya hemos manifestado con anterioridad la intención que tenemos de no repetir lo que otros críticos han dicho antes que nosotros, comenzaremos este capítulo con una cita de Soupault, que, de modo claro y conciso nos acerca a la perspectiva laberíntica que caracteriza al relato de Periandro:

> Por fin, el segundo nivel de interpolación, propio de Cervantes, y que marca la originalidad de la escritura de su última novela, es la interpolación compleja de un relato homodiegético dentro de una trama principal. La arquitectura se parece a una construcción en la que varios círculos irrumpen sobre la línea narrativa del hilo principal para luego volver a confundirse con la trama. Georges Molinié define, al estudiar la novela barroca, define esta variante del entrelazado caballeresco como <<des narrations bouclées>> o narraciones en bucle lo que de nuevo coincide con la imagen de la circularidad insular.[335]

En tal caso, nos hallaríamos en la parte más estructuralmente laberíntica de todo el *Persiles*: una especie de "novela" a escala dentro de otra mayor que la contiene y en la que se reproduce la misma disposición o estructura laberíntica, pero en sentido contrario en cuanto a su desarrollo temporal. Porque no hay que olvidar que, tanto la historia principal como la analepsis

---

[334]   El objeto de destacar el término "Real" con mayúscula obedece a la implicación del príncipe Arnaldo en los hechos en calidad de juez, pues el caso de la muerte de Clodio fue remitido a Arnaldo: "El cual, a ruego de Auristela y al de Transila, perdonó a Antonio y mandó enterrar a Clodio, sin averiguar la culpa de su muerte, creyendo ser verdad lo que Antonio decía, que por yerro le había muerto, sin descubrir los pensamientos de Cenotia, porque a él no le tuviesen del todo en todo por Bárbaro" (p. 337). Es decir, que Arnaldo (la monarquía de los Austrias: Felipe II) no solo no investiga la muerte de Clodio sino que, además, parece conocer la participación de Cenotia en los hechos; lo cual, al parecer le implicaría de algún modo: "porque a él no le tuviesen de todo en todo por bárbaro", es decir, ¿para que a él no le tuvieran como inductor, entre bastidores, del asesinato de Clodio? De aquí, como podrá deducirse, nuestra hipótesis acerca de que Cervantes estaría tratando de decirnos que Felipe II sería el verdadero culpable de los hechos que se le imputaron a su Secretario de Estado Antonio Pérez, que era, precisamente, lo que se murmuraba en la corte.

[335]   Soupault, 2004, p. 1010.

completiva que hace su protagonista dentro de ella, se sitúan en el mismo eje argumental: la historia de Periandro y de su "otra mitad" Auristela. Continúa Soupault en este sentido:

> La narración propone un vaivén entre un presente contado por el narrador, el del palacio de Policarpo, y un pasado, el de las aventuras anteriores que va contando Periandro. La originalidad de la escritura cervantina se pone de manifiesto cuando dentro del relato intradiegético de Periandro, irrumpen otros relatos homodiegéticos también, como el del rey Leopoldo (II, 13) o el de Sulpicia (II, 14). La polifonía alcanza su apogeo en esta parte ya que estos relatos se integran en lo que viene a ser una diégesis secundaria formada por el largo relato de Periandro.[336]

Es decir, la confusión que transmite esa alternancia entre los diferentes tiempos narrativos y las diversas voces que van asumiendo el protagonismo del relato nos acerca a la perspectiva del peregrino-héroe transitando esos espacios laberínticos; pero no solo la estructura narrativa reproduce esa sensación de incertidumbre, sino que los contenidos que habrán de informar todos y cada uno de los relatos que se encuentren -digamos- en la órbita del relato principal de Periandro, seguirán esa misma pauta, en cuanto a su función, dentro del tema principal de la obra, de servir de respuesta en su conjunto a la encrucijada en la que se encuentra el "escuadrón de peregrinos" postrados ante el lecho del enfermo Antonio el hijo.

Una vez hemos realizado la introducción a este capítulo (necesaria, dada su gran complejidad) y antes de entrar de lleno al texto en cuestión, veamos en qué punto del relato nos encontramos, a fin de buscar en los preliminares las causas que empujan a Periandro a narrar el episodio más laberíntico de cuantos componen el *Persiles*.

No parece que el sacrificio de Clodio (su muerte), confesado a través del sentimiento de culpa que recae sobre su matador, Antonio el hijo, goce del beneplácito de sus allegados; pues, no solo los personajes que se encuentran en el aparente bando -digamos- de los "buenos" censuran su actuación, sino que incluso también los "malos", como Cenotia (aunque por motivos más evidentes), pues ella es además la causante de la enfermedad (mediante sortilegio) que tiene postrado a Antonio el hijo.

En tal caso, la incomprensión de unos y otros hace necesario la intervención del único personaje que parece estar por encima de los acontecimientos, no dejándose llevar por las circunstancias. La ocasión de la enfermedad de Antonio el hijo, cuyo estado es reflejo de ese desorden o incertidumbre que se libra en su conciencia, será el pretexto que dé ocasión a Periandro a referir, a instancias de Sinforosa, el relato de toda su aventura hasta ese mismo momento en el que se encuentra la narración.

¿Que por qué haya de ser necesario que en este punto del relato Periandro cuente la historia de los avatares de su experiencia gnóstico-amorosa?, lo deducimos de la circunstancia (entre otras) de que Periandro haya sido requerido, en una especie de confesión, a contar de dónde viene: "un día, Sinforosa rogó encarecidamente a Periandro les contase algunos sucesos de su vida, especialmente se holgaría de saber de dónde venía la primera vez que llegó a aquella isla"(p. 339); pues, saber (o contar) de dónde se viene es el mejor modo de saber hacia dónde se va. En tal caso, Periandro accede a ello, ahora bien, si sabemos donde habrá de acabar el relato (el presente en el que se hallan todos los personajes que componen el "escuadrón de peregrinos" junto al lecho del moribundo Antonio el hijo), no conoceremos el comienzo: "porque éste no lo podía decir ni descubrir a nadie hasta verse en Roma con Auristela, su hermana" (p. 339).

En tal caso, la historia que habrá de relatar Periandro sería la explicación del motivo de su enfermedad, que, aplicando la perspectiva mito-historicista que venimos empleando, podría señalar a las causas que han ido minando a la Humanidad en su lenta odisea a través del tiempo a desviarse del pacto ancestral con la divinidad (el arco = *religare*). La enfermedad de Antonio el hijo simbolizaría, pues, esa pérdida del norte de la civilización personificada en el texto en la figura del joven mancebo, marcadamente hispánica, en relación al contexto temporal de Cervantes; donde Carlos V y luego Felipe II se erigieron dueños del mundo (con sus matices), y, evidentemente joven, en relación ahora al contexto temporal de los comienzos de la era de Piscis, donde la civilización se consume ante la demora de la aparición de *Septentrio* como guía del norte celeste.

---

[336] Soupault, 2004, pp. 1010-1011.

Y, comoquiera que actualizar el pasado siempre entraña un ejercicio de introspección, de ese modo se nos presenta el episodio analéptico dentro del argumento principal de la obra, además de las connotaciones sapienciales que tal experiencia supone para el personaje que lo ejerce, y que debe surtir efectos dentro de la consideración general del *Persiles* como libro en el que se describe alegóricamente un viaje de iniciación.

La finalidad, pues, de todo este largo y complejo episodio que aquí se inicia, sería reconducir la situación (recordando de dónde se viene) y esperar el momento propicio (la llegada de *Septentrio* en la la nueva era de Piscis) para continuar el viaje que ha de llevarlo a la conquista de su alma/Auristela. Esta sería una lectura simbólico-alegórica, aplicada al ámbito místico-cosmológico, pero existen otras según el plano o contexto que se considere.

Dado que, a lo largo del análisis que hemos practicado hasta este momento de la obra, ya conocemos la historia individual de los personajes co-protagonistas: la de Antonio el padre, la del portugués Sosa Coitiño, la de Rutilio e incluso la de Clodio; ha llegado el momento de abordar la de Periandro (al menos la que no se ha contado), que, en razón de tratarse del personaje masculino principal, será más larga, más profunda, más compleja y más elevada que ninguna otra.

2.6.1. La arribada del Grial a la isla de los pescadores

Periandro comienza su relato retrospectivo en el capítulo décimo de este segundo libro, donde, dirigiéndose a su auditorio, realiza una somera presentación de los puntos esenciales de su historia. Ahora bien, dado que el narrador nos pide expresamente que imaginemos ("nos contempléis") si queremos ("ya que queréis señores") que nos cuente su testimonio, intuimos que su relato debe leerse de manera "especular"; es decir, aplicando la pertinente descodificación alegórica:

> - El principio y preámbulo de mi historia, ya que queréis, señores, que os la cuente, quiero que sea éste: nos contempléis a mi hermana y a mí, con una anciana ama suya, embarcados en una nave, cuyo dueño, en el lugar de parecer mercader, era un gran cosario (p. 340).

En tal caso, lo que veremos en este capítulo será, en lo fundamental, un relato en torno a esos orígenes míticos o cuentísticos ("ya que queréis, señores, que os la cuente") sobre la "arribada" de la pareja protagonista del *Persiles*, como símil, según trataremos de argumentar, de esa otra mítica llegada de la semilla del cristianismo al continente europeo; el cual es simbolizado en el texto con una isla de bárbaros pescadores en relación al pez como símbolo de los primeros cristianos y a la barbarie asociada a la ausencia del espíritu civilizador presente en los recién desembarcados.

Y, comoquiera que ya sabemos, según dijimos más arriba, cuál es el motivo que impulsa a nuestro protagonista a contar su historia; trataremos aquí de adecuarla a nuestro esquema exegético al objeto de poder ofrecer una hipótesis interpretativa lo suficientemente válida.

Puesto que en el propio título que encabeza este capítulo ya viene señalada nuestra intención, antes de volver sobre el análisis de la cita con la que habíamos comenzado, es preciso que señalemos las fuentes a las que pudo recurrir Cervantes para narrar el episodio que abre el relato de su propia historia.

Y, no habremos de ir muy lejos para buscarlas, pues, es muy posible que se encontraran de algún modo interiorizadas o memorizadas en la mente de nuestro autor, dada la frecuencia y precisión de que hace gala a la hora de emplearlas en sus textos, y no solo en el *Persiles*, sino también en el resto de su producción literaria y sobre todo en el *Quijote*. Porque, nos estamos refiriendo a esas narraciones de caballería medievales y, en particular, a las leyendas del rey Arturo con sus caballeros de la Tabla Redonda y la búsqueda del Grial; donde, nos encontraremos con una extraña síntesis de mitología pagana, tradición celta, simbolismo judío, linaje mesiánico, alusiones a la antigua ciencia de la alquimia, cabalismo, y, a modo de fino velo recubriendo un conjunto ciertamente molesto a los ojos del catolicismo medieval, una evidente veneración hacia la más sagrada de todas las reliquias de la cristiandad: el Grial.

Dado que no es la primera vez que Cervantes recurre alegóricamente al tema del Grial en esta obra[337], no debe extrañarnos, pues, ni su inclusión ahora ni la gran relevancia que asumirá en el pergeño de la estructura profunda de este episodio. En tal caso, y puesto que el Grial que aquí se nos sugiere no se identifica (tampoco en esta ocasión) con un objeto o Copa en concreto, ¿a qué Grial se estaría refiriendo nuestro autor cuando pretende remitir la historia de Periandro a unos orígenes míticos y/o legendarios?

No nos cabe duda: la pareja de hermanos Periandro y Auristela personifican en el *Persiles* al símbolo del Grial.

Antes de explicar cómo hemos llegado a esta deducción, haremos una breve incursión en un subgénero muy concreto de esos libros de caballería que, además del más conocido por Cervantes, el *Amadís de Gaula*,[338] tanto recabaron su atención; porque, como iremos analizando a medida que avance no solo este episodio sino toda la historia relatada por Periandro, existen ciertas semejanzas que sugieren la citada asimilación. No de otro modo, ¿acaso el *Perseval* [339] de Chrétien de Troyes no es, al igual que el *Persiles* (además de su innegable parecido fónico), el relato de una búsqueda luminosa y trascendente (el Grial-Auristela)? Además, Persiles y Perceval son los dos protagonistas de sus respectivas historias, el segundo se dirige al reino del Rey Pescador, y el primero, a través de la isla poblada de bárbaros pescadores, tratará de llegar a la fortaleza donde se halla el otro "rey Pescador": el Pontífice de Roma.

Pero volviendo al Grial que queremos proponer desde las páginas del *Persiles*, encontramos que la versión de Chrétien es demasiado simbólica a nuestros intereses, por lo cual remitiremos nuestro análisis a versiones posteriores sobre el ciclo literario inaugurado por el supuesto clérigo francés. Y este es el caso de la obra de Robert de Boron, que, en su *Roman de l'estoire dou Saint Graal* (1190-1199), no solo proporciona la primera historia del Grial, sino que además cristianiza el tema al relacionar el símbolo griálico aludido por Chrétien con la Copa que se usó en la Última Cena. A partir de aquí, reelabora la historia de Jesús tras la crucifixión, explicando que la Copa fue transferida a José de Arimatea, el cual la llenó con la sangre del Crucificado dotando al objeto cualidades mágicas. Pero la historia prosigue, ahora para decir que José de Arimatea se convirtió en el custodio del Grial.

Relacionado con la versión de Robert de Boron, otro romance viene a confluir en esa idea de Grial como símbolo de los orígenes-implantación del cristianismo en Europa, y lo encontramos en un anónimo romance que lleva por título *Perlesvaus*, donde se da una gran importancia al linaje: "En numerosas ocasiones se califica a Perceval de <<sumamente santo>>. En otras partes se dice explícitamente que Perceval <<era del linaje de José de Arimatea>>"[340]

Finalmente, destacaremos el que pasa por ser el más famoso de todos los romances sobre el Grial, *Parzival*, compuesto por Wolfram von Eschenbach entre 1195-1216; donde, lo primero que se destaca es la voluntad de su autor por manifestar que su versión del Grial es la verdadera, en detrimento de la Chrétien, que la considera una fábula fantástica. Quizás, en ello tuviera algo que ver el hecho de que fuese el único de los transmisores de estos cuentos griálicos que visitó Tierra Santa y se cree que tuvo contacto allí con la Orden de los Pobres Caballeros de Cristo (el Temple). Ello, es de suponer, podría haberle dado una visión más "verídica" del tema en cuestión.

Pero no es nuestra intención aquí establecer una hipótesis perfectamente elaborada acerca de la influencia que en el *Persiles,* y más concretamente en el episodio analéptico de Periandro, tiene todo el ciclo de la literatura artúrica y del tema del Grial en especial; eso, obviamente, escaparía de nuestros presupuestos por su complejidad y por sus dimensiones. Nuestra finalidad, más modesta, se cifra en un intento por sintetizar el mensaje contenido en algunos episodios de estas narraciones medievales a fin de proceder a su correspondiente traslación al relato cervantino.

---

[337]   Recordemos las alusiones al Grial en el episodio de Leonora y el portugués Sosa Coitiño, o en el de Clodio en relación a los efectos que atribuye a Baco: "en sus tazas risueño y en su bebida lascivo" [p. 310]). Sin contar las que aguardan en capítulos posteriores.

[338]   *Los cuatro libros del virtuoso caballero Amadís de Gaula,* cuya primera edición conocida fue la de Zaragoza (1508), de Garcia Rodriguez de Montalvo, consiste, como buena parte de la crítica considera, en una refundición muy anterior que ya existía en tres libros desde el siglo XIV atribuida, según diferentes fuentes, a un autor de origen portugués.

[339]   Nombre que también suele darse a *El cuento del Grial,* de Chrétien de Troyes, obra que no llegó a finalizar.

[340]   Baigent, Leigh y Lincoln, Henry, 2005, p. 402.

Porque, retomando la cita que abría este capítulo, cuando Cervantes alude, a través de su narrador Periandro, a su intención de que sus acompañantes (los lectores incluidos) contemplen la escena que nos propone: "- El principio y preámbulo de mi historia, ya que queréis, señores, que os la cuente, quiero que se a éste: nos contempléis...", ¿acaso no parece estar solicitando a su auditorio un esfuerzo de imaginación suplementario, con la finalidad de que puedan entender algo más de lo que se aprecia tras una lectura superficial? En tal caso, ¿podría estar aludiendo, a través de ese rústico desembarco, a la mítica imagen de la llegada del Grial a las costas de Francia a comienzos de nuestra era?

Salgamos de dudas. Advertida la importancia de la cita que abre el comienzo de este fabuloso relato de la llegada de Periandro y Auristela a unas costas innominadas, procederemos a realizar un análisis cabalístico del texto; pues, tenemos la sospecha de que Cervantes pudo encriptar cuanto hemos avanzado en este primer párrafo que abre su historia. Y, para ello, solo nos fijaremos en el fragmento en donde se cuenta que: "nos contempléis a mi hermana y a mí, con una anciana ama suya", pues creemos que nuestro autor podría estar aludiendo aquí a la verdadera identidad que se esconde tras los personajes. Siguiendo, pues, las recomendaciones de Periandro-Cervantes, procederemos a "contemplar" la imagen que se nos propone, pues sugiere, en su conjunto, una idea de "retrato familiar", donde se vislumbra la identidad de los componentes de la misma: ¿acaso podría tratarse de la Sagrada Familia, la familia en sentido amplio de Jesús? Vayamos al caso. Pero para poder identificar a los dos hermanos, Periandro y Auristela, primero habremos de analizar el sentido que se oculta tras "esa anciana ama suya", porque, mucho nos tememos que haya de ser esta la clave de toda la interpretación. A saber:

- ANCIANA. Sin desechar la denotación que sugiere el término, pues es consustancial al sentido que queremos demostrar, la expresión podría segmentarse -una vez más- en dos miembros: ANCI - ANA. Pues bien, nuestra hipótesis radica en que cada uno de esos componentes aludiría a un personaje directamente relacionado con la vida de Jesús: por un lado ANCI, que remite al término *ancila*, que significa esclava,[341] lo cual se relacionaría directamente con la identificación de María, la madre de Jesús, que se hace en Lucas 1, 38 ("Anuncio del nacimiento de Cristo"): "Dijo entonces María: 'He aquí la esclava del Señor; hágase en mí según tu palabra". En cuanto al segundo miembro, ANA, la identificación es más evidente, pues alude a la madre de María, Santa Ana, la abuela de Jesús. Como vemos, nos hallamos con dos personajes fuertemente unidos por estrechos lazos familiares, lo cual justificaría su unión dentro del mismo término: ¿la madre y la abuela de Jesús?

- AMA. Según el Diccionario de Autoridades (tomo I, 1726): "AMA. La mujer que cría a sus pechos, dá leche y sustenta con ella alguna criatura". En tal caso, el término remitiría a una madre en ese estado y en relación a una criatura lactante: ¿la esposa de Jesús?

Llegados a este punto, y una vez hemos atisbado la posible identidad de los personajes que se hallan en la barca, solo nos resta situar a los hermanos Periandro y a Auristela dentro del esquema que estamos proponiendo. Y, para ello, volveremos de nuevo a esa leyenda que remite al desembarco de la Sagrada Familia acompañada de otros miembros afectos a la doctrina primitiva de Jesús, como fue el caso de Lázaro, a la sazón, hermano de María de Betania (¿María Magdalena?) y resucitado de la muerte (Juan 11: 32-44) directamente por Jesús. A la vista de estos argumentos, podría establecerse una asimilación de la pareja de hermanos bíblicos con nuestros hermanos protagonistas, Periandro y Auristela.

Porque nada de lo que estamos proponiendo contradice el normal discurrir del texto, todo lo contrario, pues, como iremos descubriendo en capítulos sucesivos, existen numerosos puntos en común entre "ambas ficciones" (la de la leyenda de la arribada de la "Familia de Jesús" a las costas francesas y la de Cervantes) que podrían corroborarlo. Y, ¿qué decir de la circunstancia de estar embarcados en una nave? Está claro que vienen de un largo viaje por mar, además, algunas líneas más adelante nos enteramos de que realmente tenían que abandonar forzosamente la embarcación, pues "el capitán quería deshonrar a mi hermana y darme a mi la muerte" (p. 341); es decir, que huyeron de la nave mayor resignándose a una pequeña barca por miedo al capitán de ese navío, "cuyo dueño, en el lugar de parecer mercader, era un gran cosario". Como puede apreciarse, el episodio es narrado literalmente en un contexto marinero, que es el gran escenario de los libros I y II del *Persiles* al servicio de la alegoría y la interpretación simbólica -según venimos manifestando-; por ello, no resultaría una temeridad

---

[341]   "ANCILA. s. f. Lo mismo que Esclava, ó sierva." *Diccionario de Autoridades*, Tomo I (1726).

practicar sobre el texto la oportuna lectura especular. En este sentido, y dentro del contexto bíblico de esos momentos posteriores a la "crucifixión de Jesús", ¿no cabría la posibilidad de considerar a ese gran barco o nave (metáfora de Iglesia) que abandonan nuestros protagonistas ante el temor de que Auristela fuera ultrajada, como a la doctrina de la que emana el cristianismo, el judaísmo, huyendo de su acoso en una barca menor, el cristianismo primitivo?

En tal caso, un terror de los mares como el "gran corsario" que se cita, podría señalar a la religión que asola los "océanos"(las conciencias) en esa época larvaria del cristianismo: el judaísmo, hundiendo o apresando cualquier barco que decida iniciar su singladura sin contar con su consenso y aprobación.

Pero volvamos al texto de Cervantes, porque, a continuación nos informa de que, como presumíamos, la- llamémosla así- "familia del Grial" desembarca en una costa innominada:

> Mi hermana, cansada de haber andado algunos días por el mar, deseó salir a recrearse a la tierra; pidóselo el capitán y, como sus ruegos tienen siempre fuerza de mandamiento, consintió el capitán en el de su ruego y, en la pequeña barca de la nave, con solo un marinero, nos echó en tierra a mí y a mi hermana y a Cloelia, que este era el nombre de su ama (p. 340).

Y, antes de proseguir, nos gustaría detenernos en la figura de ese marinero que les acompaña; pues, para una misión tan elevada, creemos que la elección del puesto no habrá sido una cuestión meramente discrecional. En este sentido, quizás deberíamos recordar lo que dijo Clodio unas páginas más atrás, cuando mostraba su intención de liberar a Auristela de la isla que la tiene prisionera:

> Mozo soy, habilidad tengo para saber vivir en los más últimos rincones de la tierra; yo daré traza cómo sacarte desta y librarte de las importunaciones de Arnaldo, y, sacándote deste Egipto, te llevaré a la tierra de promisión, que es España, o Francia, o Italia, ya que no puedo vivir en Inglaterra, dulce y amada patria mía. Y, sobre todo, me ofrezco a ser tu esposo y desde luego te aceto por mi esposa (pp. 318-319).

Porque, es precisamente Clodio el personaje que se había ofrecido a llevar a Auristela, ¿sacándola de Egipto?, a ¿"la tierra de promisión, que es España, o Francia, o Italia, ya que no puedo vivir en Inglaterra"?[342] Sin duda, la cita se revela inquietante, pues nos encontramos con Clodio, el más firme defensor del andrógino (como Bradamiro), ¿asumiendo en esta mítica historia griálica el papel de José de Arimatea?[343]

Sea como fuere, "la familia del Grial" llegaría a las costas de una isla que podría corresponderse con el escenario que, tradiciones de diferente sesgo, identifican con la costa de la Provenza francesa[344].

---

[342] Interpretamos aquí que la leyenda cristianizada en torno al Grial (como los descendientes de Jesús, derivado de la versión de Robert de Boron), en opinión de Cervantes a través del "mal-biendiciente" Clodio, se difunde por esos cuatro países europeos. Y de esta opinión se muestra un grupo de investigadores cuando manifiestan: "Hemos señalado cuatro raíces principales de transmisión del linaje: Roma, Provenza, España y Gran Bretaña. La romana y la provenzal constituyeron, evidentemente, el entronque de donde salieron más tarde las ramas principales de las casas nobiliarias y reales de Francia y de la Europa occidental. Las familias descendientes del tronco español establecieron alianza con otras familias Rex Deus y sentaron los fundamentos de la nobleza del Languedoc, del norte de España, de Aquitania y de la Bretaña." Hopkins, Simmans y Wallace-Murphy, 2001, p. 102.

[343] "La tradición medieval nos presenta a un José de Arimatea custodio del Santo Grial, y se nos dice que Perceval pertenecía a su linaje. Según tradiciones posteriores, tiene algún parentesco de sangre con Jesús y con la familia de éste." Baigent, Leigh y Lincoln, 2005, p. 502. "Una vieja leyenda francesa que circula por las bocas del Ródano nos asegura que José de Arimatea fue el custodio de Sangraal en la forma de una criatura a la que describe como egipcia, verbigracia <<nacida en Egipto>>. Hopkins, Simmans y Wallace-Murphy, 2001, p. 97.

[344] Tradiciones muy arraigadas en la población costera de la Camargue francesa, Les-Saintes-Maries-de-la-Mer, cuentan que: "En la cripta de la iglesia fortificada, que es el monumento más notable de ese pueblo, hay una curiosa <<virgen negra>>[...]. Se nos informa de que es una santa poco conocida, Sara la Egipcíaca, también llamada Sara Kali, la reina negra, venerada por todos los gitanos de Europa. La festividad, que se originó en la Edad Media a partir de una tradición oral muy anterior, celebra la milagrosa arribada a esas costas de una barca sin remos que llevaba un insólito pasaje. A bordo se hallaban María Magdalena, su hermana Marta y su hermano Lázaro, acompañados de <<una criatura egipcia>>[...]. Sara la egipciaca, la niña negra: palabras sencillas, pero que encierran ricos significados. En hebreo Sara es algo más que un nombre: es un título o rango, ya que significa <<reina>>, o <<princesa>>. Hopkins, Simmans y Wallace-Murphy, 2001, p.p. 98-99.

El resumen preliminar que podríamos realizar ante esta confluencia de leyendas y tradiciones en relación a los comienzos del cristianismo en Europa, nos hace suponer que nuestro autor podría haberlas conocido, utilizándolas alegóricamente en la narración de los episodios centrados en la pareja protagonista. Porque nos estamos refiriendo al "mito" que relaciona el Grial con la Sangre Real o descendencia directa de Jesús traída desde Palestina-Egipto a Europa. Y, donde, en relación al sugerente tema, se postula un corpus de información con el que se ha intentado reconstruir una historia del Grial en relación a los orígenes del cristianismo. A saber: que Jesús estuvo casado con María Magdalena o María de Betania (¿Auristela?); que María huyó de Palestina junto con su hermano Lázaro (¿Periandro?), José de Arimatea ("y, en la pequeña barca de la nave, con solo un marinero, nos echó en tierra a mí y a mi hermana"[p. 340]) y junto con la semilla de la Sagrada Familia, simbolizada, aparte de ella misma en cuanto a que esposa de Jesús, en "la anciana ama": la abuela (santa Ana), la madre (la Virgen María) y, se supone, pues el término "ama" sugiere la crianza de un lactante, ¿de al menos un vástago de Jesús (Sara)? Ahora bien, otras leyendas enlazan con esta que hemos bosquejado, sin llegar a invalidarla, y al objeto de justificar la presencia del Grial-descendencia en determinados territorios. Es el caso de la que cuenta que José de Arimatea marchó con el descendiente varón de Jesús a Inglaterra,[345] dejando a Sara al cuidado de su madre.

De este modo, juzgamos que nuestro autor podría haber referido el desembarco de sus personajes en relación a esas antiguas leyendas que circulaban y que Robert de Boron utiliza como argumento de su *Historia del Santo Grial*. Veamos, a continuación, cómo evolucionan los personajes cervantinos en relación al papel que aquellos míticos recién desembarcados jugaron en la implantación inicial del cristianismo en Europa.

Una vez la pequeña barca "desgajada" de la nave mayor se adentra por el curso de un río, y, tras recorrer la distancia de dos millas, se vieron rodeados por un grupo de canoas de apariencia rústica o primitiva, momento en que Auristela:

> Levantóse en pie mi hermana y, echándose sus hermosos cabellos a las espaldas, tomados por la frente con una cinta leonada o listón que le dio su ama, hizo de sí casi divina e improvisada muestra (pp. 341-342).

La presentación que hace Auristela ante la corte aborigen que viene a su encuentro, nos sugiere la imagen prototípica de una milagrosa aparición. Desde su elevación sobre la barca (atalaya de la nueva doctrina cristiana) hasta los escatológicos pormenores de su presentación ("hizo de sí casi divina e improvisada muestra"), todo apunta a la aparición milagrosa de una "Santa"[346] que ha venido a iluminar a esas pobres gentes o rudimentarios pescadores.

Y, muy sorprendidos hubieron de quedar aquellos rústicos moradores, pues lo que estaban contemplando podría ser la imagen simbólica o personificación del Grial en sus dos acepciones: el continente (la copa = la belleza de Auristela): "echándose sus hermosos cabellos a las espaldas" (la melena es un símbolo solar = oro); y el contenido (la sangre = el linaje de Jesús): "tomados por la frente con una cinta leonada o listón que le dio su ama" ¿Acaso una alusión al linaje de De David (la corona del león de la tribu de Judá = una cinta leonada en la frente) por vía de su ama (la familia directa de Jesús)?

La confusión, según se nos describe en el relato, será la primera actitud de todos los que contemplaban la imagen divinizada de Auristela ("Qué es esto? ¿Qué deidad es esta...?"[p. 342]); sin embargo, pronto saldrán de ese estado de perplejidad inicial, dando la impresión de que quizás ya conocían o participaban de lo simbolizado por Auristela.

Y ello podemos deducirlo, primero, de la declaración que se hace de que el marinero que acompañaba a nuestros protagonistas conocía la lengua de los nativos: "los cuales, a voces, como dijo el marinero que las entendía"(p. 342), y, segundo, de la información que se nos da acerca del grupo humano que allí habitaba: son pescadores ("que así lo mostraban ser en su

---

[345] Según una tradición de Cornwall, Devon y Sommerset, difundida por la Iglesia anglicana, Jesucristo viajó a Gran Bretaña cuando tenía 15 o 20 años, en compañía de su tío José de Arimatea, gran negociante, que iba a comprar estaño". Coadiç, Xavier, *El Grial. Mitos y simbolismo de la Búsqueda. las grandes figuras: Arturo, los caballeros de la Mesa Redonda...*,Editorial de Vecchi S. A. U. , Barcelona, 2005.

[346] "Otras leyendas arraigadas que sugieren lazos muy firmes entre María Magdalena, Lázaro y la Provenza son las que reverencian a aquélla como <<Santa Apóstol de la Provenza>>." Hopkins, Simmans y Wallace-Murphy, 2001, p. 99.

traje"). Es decir, dado que las "voces" -como venimos aduciendo- nos remiten a una afinidad de pensamiento en su estado inicial, y, los pescadores, señala alegóricamente a la profesión de aquellos que se dedican a la navegación mística en la era de Piscis; podríamos suponer que los que reciben a nuestros protagonistas se definirían por su pensamiento espiritual: un conjunto heterodoxo y confuso de creencias y doctrinas procedentes del Mediterráneo donde no habría de faltar el judaísmo[347].

Sea como fuere, vislumbraron la majestad de Auristela y decidieron postrarse ante ella:

"Apenas pusimos los pies en la ribera, cuando un escuadrón de pescadores (que así lo mostraban ser en su traje), nos rodearon y, uno por uno, llenos de admiración y reverencia, llegaron a besar el vestido de Auristela (pp. 342-343).

A continuación, y en relación a esa confusión de credos y creencias en la que estaría sumida toda la costa mediterránea[348] en la época en que situamos estos comienzos del cristianismo en occidente, viene a confluir el episodio del casamiento de dos parejas que habían trastocado sus sentimientos, y donde la intermediación de Auristela logra poner orden.

De la descripción que se nos hace de esas dos parejas que van a contraer matrimonio podemos hacer el siguiente resumen:

1º. Que los dos hombres son hermanos, los dos son "gallardos mancebos", "uno gallardo y gentil hombre y, otro, no tanto, "el más gentil hombre" habla con el corazón y el "pescador menos gallardo" se encarga de "dar orden a la demás turba a que levanten alabanzas". Carino y Solercio, respectivamente.

2º. "Que las dos mujeres son mozas, la una, hermosa sobremanera y, la otra, fea sobremanera". Selviana y Leoncia, respectivamente.

3º. Las bodas, inicialmente, serían: Selviana con Carino y Leoncia con Solercio.

De manera preliminar, podríamos interpretar estos datos desde una perspectiva religiosa o doctrinal:

1º. Los dos hermanos representan esa relación filial: dos partidarios o facciones diferentes derivadas de un mismo tronco. El hecho de que los dos sean jóvenes y gallardos, nos informa de la juventud y actividad de ambos; aunque resalta más uno que el otro, en relación a su elevado espíritu revolucionario. El diferente tipo de discurso que los caracteriza supone un claro rasgo distintivo: uno prestaría más atención a lo profundo de la actividad humana, mientras que el otro sería más externo o superficial.

2º. Las dos mujeres encarnan al espíritu que anima a esas dos doctrinas materializadas por los dos hermanos. La circunstancia de que una sea fea y la otra bella nos dice, de un modo harto evidente, que la primera será la imagen de una religión profunda y áspera, poco agradable a los ojos del vulgo; sin embargo, la pomposidad, lujo y ceremonial de la segunda gozará de la mirada de todos.

3º. En tal caso, y en función del análisis que hemos realizado de cada una de las identidades que van a contraer matrimonio, las "cuatro voluntades están trocadas, y esto ha sido por querer todos cuatro obedecer a nuestros padres y a nuestros parientes, que han concertado estos matrimonios" (p. 345).

En este orden de cosas, la arribada de Auristela a la "isla de los pescadores" ha de entenderse como la Luz que ha llegado de la diáspora a un nuevo mundo (la era de Piscis) necesitado de unión: el Grial. Porque, no debemos olvidar que el mensaje de Jesús como fundador del cristianismo fue anunciar la Nueva Alianza: la nueva religión (*religare*) basada en el respeto al

---

[347] "En aquellos tiempos [tras la muerte de Jesús], casi un veinte por ciento de la población del litoral mediterráneo era judía[...]. Así pues, en los primeros años del cristianismo, cuando la nueva religión era una pequeña secta, tolerada unas veces, perseguida otras, los distintos cultos se vieron obligados a coexistir y muchas veces se disputaban la misma parroquia." Hopkins, Simmans y Wallace-Murphy, 2001, p. 103.

[348] "En la diáspora judía repartida por diversas regiones de influencia griega y romana se hallarían pequeñas comunidades de <<gentes de Jesús>>, es decir, de iniciados en el Camino por el propio Jesús, por los primeros discípulos o por evangelistas con la acreditación de Santiago el Justo desde Jerusalén. Dispersos también entre las comunidades judías se hallarían los miembros de una organización rival y marcadamente distinta, la emergente Iglesia paulina, con un número creciente de seguidores entre los gentiles. No simpatizarían mucho esos dos grupos que predicaban doctrinas irreconciliables. Para aumentar la confusión teológica, contaríamos con un importante número de seguidores de los cultos mistéricos griegos y otras sectas gnósticas" Hopkins, Simmans y Wallace-Murphy, 2001, p. 103.

antiguo "Pacto" con Dios y que se materializa en esa unión de los cielos con la tierra. En este sentido, las bodas que nos presenta Cervantes, ¿no reproducen fielmente ese espíritu tradicional inmerso en la mítica alianza entre los dioses y los hombres? No de otro modo, el matrimonio de Leoncia y Carino (constelación de Leo y de Argo Navis, respectivamente) representa a los cielos, y el de Silviana y Solercio (la naturaleza salvaje y la manifestación de la radiación solar sobre la tierra) a la tierra.

Y, comoquiera que hablamos de los comienzos del cristianismo, dentro de la función que le atribuye Cervantes como guía de la civilización occidental durante toda la era que da comienzo en esa "isla de pescadores", la interpretación de los que van a desposarse debe realizarse en función de esa idea de orden que debe poner fin a la confusión doctrinal imperante.

Así, pues, los partidarios de un cristianismo que ignora los misterios internos no debe mezclarse con los que conocen los misterios en su totalidad. En tal caso, y para mantener la pureza de las enseñanzas de Jesús simbolizadas en Auristela (el Grial), los matrimonios han de practicarse entre "novios" de la misma naturaleza: Leoncia con Carino y Selviana con Solercio:

> Para prueba desta verdad, os presentaré a vosotras por testigos: tú, Leoncia, mueres por Carino, y tú, Selviana, por Solercio; la virginal vergüenza os tiene mudas, pero, por mi lengua, se romperá vuestro silencio y, por mi consejo (que, sin duda alguna será admitido), se igualarán vuestros deseos (p. 346).

Porque el cristianismo gnóstico simbolizado por Leoncia (símbolo de Leo = el sol) se corresponde con la idea de búsqueda del Conocimiento que lleva implícito el nombre de Carino (la constelación Carina o *Argo Navis*[349]), en cuanto a su alusión como navegante de esos espacios siderales que tanta importancia adquieren en el *Persiles*.

En cuanto a la otra pareja, creemos que Cervantes, aplicando el recurso de la asimilación semántica, transmitió la noción de *tierra* al nombre de "Selviana"(símbolo de lo material en relación a una doctrina superficial apegada a lo terrestre más que a lo espiritual: Selva); lo cual, entraría en relación con el nombre de su esposo, Solercio, que, utilizando el mismo procedimiento nominativo, simbolizaría al sol no-idealizado, es decir, al reflejo o efectos del mismo sobre la tierra (la luz en su aspecto más superficial).

Desde una perspectiva ideológica, el episodio relatado alegóricamente podría señalar al cristianismo literalista o superficial, simbolizado en Selviana y Solercio; frente al cristianismo gnóstico o primitivo, personificado en la figura de Leoncia y Carino. Y, por encima de esta dicotomía religiosa, la unidad simbolizada por la presencia de Auristela (de ahí la alegoría que completa el sentido del episodio, donde Auristela aporta la solución al discordante conflicto matrimonial o unitivo) terciando a través del conocimiento de las dos vía o misterios (exteriores-cristianismo literalista e interiores-cristianismo gnóstico) que su propia presencia simboliza (el Grial).

A continuación, y formando parte del contexto de la celebración de estas bodas, el relato todavía nos aguarda una última sorpresa: el episodio de las barcas que entran en competición. Porque aquí nosotros atisbamos el modo en cómo se haya de llevar a cabo la relación entre esas dos parejas de esposos en relación a la evolución del cristianismo, y, donde una serie de elementos interaccionarían de manera progresiva (Cupido, el Interés y la Diligencia) hasta - digamos- agotar la "relación matrimonial"; en cuyo caso ya solo intervendría la Buena Fortuna (el criterio cíclico de los cielos marcado en las estrellas): "En fin, la Buena Fortuna fue la que la tuvo buena entonces" (p. 351).

Deja en suspenso Cervantes el relato de Periandro durante todo el capítulo 11, quizás para dar tiempo al lector a asimilar los contenidos que en el 10 se le ofrecían, mientras, en el palacio del rey Policarpo, Cenotia acapara el protagonismo de la narración; en un principio, cediendo ante el "arrojo español" del mayor de los Antonios (apartando el "hechizo" que tenía postrado su hijo, que, fundamentalmente, era lo que sujetaba al "grupo de peregrinos" a no marcharse de la isla), y, después, recuperando ese mismo terreno perdido al influir en la voluntad del rey

---

[349]   "En su origen [Carina], esta constelación formaba parte de Argo Navis (El Navío de Argos)[...] fue descrita por primera vez por Ptolomeo en el siglo II d. C. [...]. Para los griegos, Argos era la nave del héroe Jasón y su tripulación, los argonautas." Geoffrey Cornelius, Ib., pp. 58-59.

Policarpo (sembrando ese mismo "hechizo", es decir, impidiendo que, a pesar de la recuperación de Antonio el hijo, el "grupo" pueda abandonar la isla).

En cualquier caso, el viaje aún no puede continuar (la evolución de la civilización), por lo que el héroe-peregrino Periandro deberá seguir profundizando en sí mismo (en la búsqueda del Grial) hasta dar con la clave que le permita salir de ese antro oscuro, simbolizado ahora en la pasión del viejo rey Policarpo por Auristela.

2.6.2. Transila: el tránsito del cristianismo tras la caída del Imperio Romano

Y, comoquiera que no puede existir héroe sin aventura que acometer, así nos presenta Cervantes los preliminares del capítulo 12:

> La que con más gusto escuchaba a Periandro era la bella Sinforosa, estando pendiente de sus palabras como con las cadenas que salían de la boca de Hércules: tal era la gracia y donaire con que Periandro contaba sus sucesos (p. 356).

No ha pasado desapercibida para Romero[350], en esta ocasión, la intención de nuestro autor por relacionar la identidad de Periandro con el mito de Hércules, aunque el crítico solo la circunscribe a la elocuencia que se deduce de tal imagen simbólica. Nada dice, pues, del papel de Hércules en relación a sus doce trabajos, ni de la circunstancia de que se nombre al héroe más importante de la mitología griega, precisamente, en el capítulo 12, ni de la posible relación que pudiera establecerse con la historia-trabajos de Periandro.

Sea como fuere, Cervantes nombra a Hércules antes de comenzar la segunda parte del relato analéptico de Periandro con una clara intención de referir la aventura a la gesta del héroe por antonomasia (y no solo en función de su elocuencia -como afirma Romero - que, además, pasa por ser el aspecto menos conocido del héroe). Porque Periandro, como Hércules, trabaja por esa empresa común (universal) de enseñar a los hombres cuál es el verdadero camino que ha de seguirse para alcanzar el ideal civilizador. Y ese "trabajo" consiste, según se desprende de nuestro análisis sobre el *Persiles*, en un doble "viaje" a los comienzos de la civilización (perspectiva macrocósmica) y a la esencia del ser (perspectiva microcósmica).

Y a esas profundidades nos devuelve Cervantes -continuando la historia de Periandro que habíamos comenzado a analizar en el capítulo anterior-, que, a bordo de las barcas lideradas por la "Buena Fortuna", hará arribar a sus personajes a una isla igualmente idílica en mitad del río.

Tras la preceptiva presentación de un *locus amoenus*, un nuevo suceso viene a romper la paz: el rapto de las principales mujeres protagonistas del episodio:

> los ladrones, los cuales como hambrientos lobos, arremetieron al rebaño de las simples ovejas y se llevaron, si no en la boca, en los brazos, a mi hermana Auristela, a Cloelia, su ama, y a Silvana y a Leoncia (p. 358).

Donde podríamos vislumbrar, en principio, la presencia de una alegoría muy concreta: las persecuciones de Roma a los primeros cristianos. No en vano, el lobo es el símbolo de Roma por antonomasia y el "rebaño de las simples ovejas" alude, sin grandes esfuerzos de imaginación, a esas primeras comunidades de cristianos asentados en tierras del imperio.

La circunstancia de que sean las "novias" o recién desposadas, junto a Auristela y Cloelia, las únicas mujeres raptadas en el relato de los hechos, revela la intención de Cervantes de centrar el episodio en el carácter trascendente que se oculta tras el suceso literal. Es decir, el rapto de las mujeres, en cuanto "amas" o dispensadoras de la continuidad de la vida, aludiría al secuestro del espíritu que anima a los pueblos a seguir evolucionando en relación a la antigua Tradición; lo cual, en los tiempos en los que estamos basando estos acontecimientos en función de la visible referencia a Roma ("hambrientos lobos"), podría interpretarse como la persecución primero y

---

[350] "Como S-B indican, se trata de una alusión al *Hércules Ogmios* de los celtas, <<descrito por Luciano en su opúsculo *Hércules* [...] El dios así figurado era el emblema de la elocuencia"(n. 1, p. 356).

apropiación después que hizo el Imperio del cristianismo para utilizarlo en su interés, ahogando de este modo la necesaria libertad espiritual que necesitan los pueblos en su avance civilizador.[351]

Se hace necesario, pues, empuñar la espada y emprender la aventura de la búsqueda-recuperación de las mujeres: ¿otra forma de concebir o expresar la búsqueda del Grial? En tal caso, cuando en el *Persiles* se reemprende la marcha, a escala macrocósmica solo puede significar una cosa: reanudar la aventura histórica de la civilización. Y, todo apunta, a que nos llevará a esos primeros siglos en los que el cristianismo romano (a partir del Edicto de Milán, más romano que cristiano), apegado por interés a la sombra que le proporcionaba el Imperio, vio cómo sus pretensiones de perdurar en el tiempo menguaban en proporción a los acontecimientos históricos que se iban a producir: la caída del imperio romano de Occidente en 476.

El episodio de la salida de la barca capitaneado por Periandro en busca de las mujeres raptadas que, a la sazón, iban en otro barco, podría haberle servido a Cervantes para detallar cuanto hemos dicho en el párrafo anterior; pues, en ese punto del relato, dice el narrador:

> Determinamos de esperar el venidero día, por ver si con la claridad descubríamos algún navío, y quiso la suerte que descubriésemos dos: el uno, que salía del abrigo de la tierra y, el otro, que venía a tomarla (p. 359).

Lo cual nos devuelve a la perspectiva macrocósmica, pues, esa intención que muestra el narrador de "esperar al nuevo día "es una clara alusión al paso del tiempo, y, en nuestra opinión, con el objeto de situar ese nuevo hito de la historia de la civilización en relación a los acontecimientos históricos aducidos más arriba. Nos explicamos. La conjunción de navíos que tiene lugar en esta cita no habría de ser casual, sino que obedecería a la voluntad de nuestro autor -como ya hemos señalado en otras ocasiones- de expresar, mediante los navíos que surcan los mares (alegoría del paso del tiempo en relación al aparente movimiento cíclico de las estrellas), un momento muy preciso en la historia de Occidente relacionado con el la historia del cristianismo en Europa. Y ello lo podemos atisbar, en principio, en detalles muy concretos de la narración: "el uno, que salía del abrigo de la tierra y, el otro, que venía a tomarla". Es decir, que el acontecimiento que se está relatando podría interpretarse como una especie de relevo entre dos corrientes de pensamiento espiritual (naves surcando los mares) que tuvieron lugar en un momento determinado de la Historia.

Pero el narrador sigue proporcionándonos información con respecto a ese momento tan significativo:

> Conocí que el que dejaba la tierra era el mismo de quien habíamos salido a la isla, así en las banderas como en las velas, que venían cruzadas con una cruz roja; los que venían de fuera las traían verdes, y los unos y los otros eran cosarios. Pues, como yo imaginé que el navío que salía de la isla era el de los salteadores de la presa, hice poner en una lanza una bandera blanca de seguro (p. 359).

En principio, debemos recabar en la afirmación que hace el narrador de que tanto el barco en que llegaron a la isla como el que ahora sale de ella son el mismo ("Conocí que el que dejaba la tierra era el mismo de quien habíamos salido a la isla"), aunque, sin embargo, sabemos que ha pasado el tiempo ("Determinamos esperar al venidero día"), por lo que el barco ya no será exactamente el mismo sino una evolución de él. Comoquiera que la nave que nosotros habíamos interpretado la relacionábamos con el judaísmo, la que ahora nos ocupa, no puede representar otra cosa que el catolicismo (la nave de la Iglesia).

---

[351] De igual modo, y mediante el habitual estilo cervantino de aludir a un pasado , un presente y un futuro en el mismo texto, al objeto de abarcar el concepto en toda su amplitud referencial (búsqueda del sentido universal de su discurso), el episodio del rapto de las mujeres evoca, en el contexto histórico de los comienzos del cristianismo unido a Roma, al episodio mitológico del *rapto de las sabinas*; donde los primeros moradores de la ciudad de las "siete colinas", acaudillados por Rómulo, raptarán a las mujeres de la tribu de los sabinos para fundar su ciudad. Este relato mitológico, que muestra de manera harto expresiva los pilares sobre los que se asienta la llamada "ciudad eterna", podría ser utilizado por nuestro autor como alegoría del otro rapto que pudo llevarse a cabo desde una perspectiva doctrinal: el que protagonizó el catolicismo al arrogarse para sí el patrimonio del cristianismo con una clara intención imperialista (El emperador de Roma Constantino I legalizó la religión cristiana por el Edicto de Milán en 313).

En cualquier caso, la descripción alegórica se centrará en señalar la identidad de los que, de manera alternativa, tendrán en su poder al valioso botín ¿humano? (las mujeres recién desposadas como símbolo de la "salvación" o "pacto con los cielos": el Grial). Dado que, según avanzábamos, el navío que "dejaba la tierra" era el mismo del que habían desembarcado antes y que llevaba cruces rojas; y, que "los que venían", las traían verdes ¿A qué obedece, pues, ese interés de Cervantes por señalar los diferentes colores que distinguen al mismo símbolo (la cruz) en el navío de los que se van y en el de los que vienen? Puesto que ambos navíos (el que sale y el que entra) portan el símbolo de la cruz, interpretamos que los dos habrían de compartir un mismo ideal o fundamentos espirituales: ¿el cristianismo? A hora bien, comoquiera que las cruces varían en los que salen ("rojo") con respecto a los que entran ("verde"), no sería una temeridad suponer que tras los primeros se esconda la identidad del imperio que acogió al catolicismo como religión oficial del estado (la cruz roja católica, cuyo color era el de la nobleza romana o patricios), y que los segundos simbolizaran al *nuevo orden* de aquellos tiempos protagonizado por los visigodos (la cruz verde visigodo-arriana)[352], que invadieron la Península en el siglo V[353]. En tal caso, la referencia alegórica que nos proporciona Cervantes podría acercarse a las circunstancias históricas que constatan la caída del Imperio Romano, con la salida del catolicismo (el navío de la cruz roja) y la llegada del arrianismo (cruz verde) de la mano de los visigodos, ambas ramas desgajadas del común tronco del cristianismo primitivo.

En resumen, creemos que podría hacerse la siguiente lectura de los acontecimientos desde la perspectiva mito-histórica que venimos aplicando: tras el desembarco del "Grial" en las costas francesas del Mediterráneo y su posterior fusión con la nobleza autóctona, los acontecimientos que siguieron a la caída del Imperio Romano propiciaron la huida del catolicismo de los territorios, a la par que que se instauraba la nueva-vieja religión de los conquistadores. En la Hispania romana estos sucesos tuvieron un papel principal, al constituir la Península el solar del poderoso reino Visigodo tras la caída del reino de Tolosa:

> Tres años antes, en 472, coincidiendo con la derrota y muerte del griego Antemio, el último emperador de Occidente que hizo todavía honor a su título, Eurico había procedido a la ocupación de la Tarraconense, el postrer residuo del poder de Roma en la Península Ibérica. Jordanes -como puede verse- no exageraba demasiado al escribir que Eurico llegó a poseer con pleno derecho -*iure propio*- todas las Españas y las Galias.[354]

Es decir, ¿podríamos considerar al año 472 (cuatro años antes de la caída del Imperio Romano de Occidente en 476) como la fecha -que Cervantes podría haber conocido a través de la obra de Jordanes- en que España deja de ser romano-católica (el barco "que dejaba la tierra [...] con una cruz roja") y pasa a ser visigoda-arriana ("los que venían de fuera las traían verdes").

La batalla naval que se narra en el texto entre las dos naves-bandos se hace necesaria, pues, para la comprensión del episodio, donde el resultado no podría ser otro que el que ya hemos adelantado y que la historia sanciona con su testimonio. La bandera blanca con la que irrumpe Periandro casi en medio de la contienda representa esa misma voluntad de evitar un choque violento entre ambas facciones, a fin de salvaguardar el "preciado botín" que en uno de los barcos se encontraría. Y esa será, precisamente, la propuesta de paz de nuestro autor ante la inminente batalla naval; pues, el acto de intentar recuperar pacíficamente a las "mujeres

---

[352] El arrianismo consiste en un cristianismo influido por las ideas de Arrio (256 - 336), un presbítero de Alejandría (Egipto) que fue condenado por herejía en el primer Concilio de Nicea (325). A pesar de las luchas entre niceos y arrianos, el arrianismo permaneció siendo religión oficial de algunos reinos godos en Europa tras la caída del Imperio Romano de Occidente. Hay que destacar que el reino visigodo de Toledo pervivió al menos hasta el III Concilio de Toledo (589), donde Recaredo se convirtió finalmente al catolicismo.
En cuanto al culto a la cruz por los visigodos, diremos que se remonta a su período arriano. Incluso el símbolo visigótico de la cruz fue empleado durante los primeros tiempos de la Reconquista española como uno de sus emblemas más importantes: el llamado lábaro de la reconquista, que suele representarse en metal de oro aderezado con piedras preciosas, predominando las de color verde; o en estandartes en los que se combina el color verde con el dorado.

[353] Con la ocupación por parte de los visigodos de la provincia romana de la Tarraconense en 472, se anexionan al Reino tolosano los territorios situados en el centro y suroeste de la Península. El visigodo Eurico, cuya muerte sucede en el 484, puede considerarse ya como el primer rey de España.

[354] Orlandis, 1987, p. 58.

robadas" debe ser interpretado como un intento de reconciliación entre las dos facciones en litigio por el bien de la evolución de la civilización en términos espirituales: la cruz roja (catolicismo) y la cruz verde (arrianismo), como expresión, también, del conflicto que en su época enfrentaba a católicos y reformadores.

Tras el choque naval, el barco vencedor huye con la presa, dando al traste con las intenciones de nuestro protagonista, pues: "No pude llegar a él, ni ofrecer imposibles por el rescate de la presa y, así, fue forzoso el volvernos, sin ninguna esperanza de cobrar nuestra pérdida." (p. 360). Y ese desánimo aumenta cuando el narrador manifiesta su imposibilidad de seguirlo, pues la "derrota" que seguía aquel navío dependía de la volubilidad de los vientos. A ello, sumará la desazón de no conocer siquiera la patria de quien (no olvidemos que anteriormente sí nos facilita el emblema de la cruz verde) ha huido con Auristela y las dos esposas: "no podíamos por entonces juzgar el camino que haría, ni señal que nos diese a entender quiénes fuesen los vencedores, para juzgar, siquiera, sabiendo su patria, las esperanzas de nuestro remedio" (p. 360). Finalmente, parece que asimila la situación de pérdida y deja que el destino siga su curso: "Él voló, en fin, por el mar adelante y nosotros, desmayados y tristes, nos entramos en el río, donde todos los barcos de los pescadores nos estaban esperando" (p. 360).

Y esta sucesión de acontecimientos que hemos detallado no tendría otra finalidad, en nuestra opinión, que la de representar el escenario histórico que le aguardaba a la correcta evolución de la civilización, simbolizada en esa luz que debería de alumbrarla (Auristela) y que ahora no se sabe muy bien en manos de quien permanece; pues, el vacío que ha dejado el Imperio Romano, en cuanto a que referente civilizador, no se ha llenado con ninguna nación o pueblo que lidere la "causa", hallándonos ante un teatro europeo fragmentado lleno de tensiones y luchas por alcanzar la hegemonía. Sea como fuere, nuestro autor centra sus pesquisas en el pueblo visigodo, no tanto desde el concepto de nación, siempre voluble (máxime entre los pueblos godos), como en el de religión, más próxima al cristianismo primitivo que el catolicismo, desde la que conseguir el fin anhelado de la civilización: una teocracia basada en la Verdad.

Pero, según se desprende del texto, poco le duró la congoja a nuestro héroe, que con nuevos bríos impulsa a sus marineros a echarse de nuevo a la mar y buscar a sus esposas por donde fuere a merced de los vientos. Y en este contexto, en donde nosotros percibimos, ahora desde una perspectiva microcósmica o mística, esa idea de fortalecimiento ante la adversidad que debe prevalecer en todo aquel peregrino que se lance en pos del camino del Conocimiento, situamos la arenga del recién aclamado capitán del navío a sus marineros:

> La baja fortuna jamás se enmendó con la ociosidad ni con la pereza, en los ánimos encogidos nunca tuvo lugar la buena dicha; nosotros mismos nos fabricamos nuestra ventura, y no hay alma que no sea capaz de levantarse de su asiento; los cobardes, aunque nazcan ricos, siempre son pobres, como los avaros mendigos. Esto os digo, ¡oh amigos míos!, para moveros e incitaros a que mejoréis vuestra suerte y a que dejéis el pobre ajuar de unas redes y de unos estrechos barcos y busquéis los tesoros que tiene en sí encerrados el generoso trabajo. Llamo generoso al trabajo del que se ocupa en cosas grandes (pp. 360-361).

Porque, el discurso de Periandro va dirigido a sus pescadores, los cuales simbolizan a un grupo humano espiritualmente puro al que Periandro trata de concienciar acerca de las grandezas que les aguardan más allá de la simple cotidianidad de sus vidas; es decir, abrazando el trabajo que lleva implícito la dedicación a la "verdadera religión".

Y, en este sentido, deberíamos interpretar un pasaje que nos recuerda, con bastante precisión, al episodio bíblico en el que Jesús recluta a sus primeros seguidores: "que dejéis el pobre ajuar de unas redes y de unos estrechos barcos y busquéis los tesoros que tiene en sí encerrados el generoso trabajo. Llamo generoso al trabajo del que se ocupa en cosas grandes"[355]. Como vemos, no es necesario que realicemos ninguna explicación alusiva.

De este modo, la posibilidad de que los pescadores recuperen a sus amadas mujeres (el Grial) reside, según se desprende de la arenga de Periandro, en la voluntad individual de cada cual (el libre albedrío): que deberán asumir el compromiso de que vivir no significa holgar y dejar que el "amor" regrese a sus corazones, sino que "vivir es navegar" (recordando la frase de Pompeyo

---

[355]   Nosotros encontramos un claro paralelismo en:Mateo 4: 28-22 y en Marcos 1:16-20.

referida por Plutarco), es decir, partir, a la manera de las aventuras bizantinas y/o artúricas, en busca de sus amadas atravesando mares y sorteando esos mismos peligros.

Instiga, pues, Periandro el ánimo de los "adormilados" pescadores con la intención de despertarlos, procurando remover sus conciencias con las razones que caracteriza a esa religiosidad interior que, avanzados los siglos, postulará la Reforma de la Iglesia a través de sus proclamas más celebradas: la riqueza está en el alma y no en lo material ("los cobardes, aunque nazcan ricos, siempre son pobres, como los avaros mendigos") y la doctrina de la salvación de las almas entendida como un esforzado trabajo individual ("y busquéis los tesoros que tiene en sí encerrados el generoso trabajo").

Él éxito de la arenga hace que Periandro sea aclamado por la muchedumbre de pescadores como capitán de ese renovado navío que volverá a perseguir el tesoro más estimado de todo "amador" que se precie: sus esposas > la búsqueda de su otra mitad espiritual para completar el andrógino místico > el Grial.

Y, llegados a este punto, tendremos que retomar la perspectiva histórica que se deriva de ese nuevo rumbo que toman los acontecimientos a partir de la entrada en escena de los visigodos en su papel de defensores de esa aproximación a la "verdadera religión; pues, cuando el narrador se refería a que el navío de la presa "voló, en fin, por el mar adelante"(p.360), estaría aludiendo, según nuestra propia visión, al tiempo en el que este pueblo trató de imponer una teocracia basada en el arrianismo.

En este orden de cosas, toda la arenga de Periandro a su pescadores, que nosotros interpretábamos desde una perspectiva gnóstica, también podría aplicarse en un contexto histórico; en el sentido de que el sentimiento que se dimana de su disertación podría extrapolarse a las circunstancias por las que atravesó el reino visigodo en España y que encontraría su clímax en los sucesos que desembocaron en otro de los hitos históricos en la historia de los reinos hispánicos y, sobre todo, en la historia del cristianismo: la conversión de Recaredo en 587. Es decir, nuestro protagonista, una vez más, se asomaría -permítasenos la imagen- desde la mítica atalaya de los tiempos que le proporciona el puente de su navío, para reprender la actuación de aquellos dirigentes arrianos con el objetivo de que cesaran en sus pretensiones de sacrificar el ideal religioso en beneficio del poder material (la teocracia). Comoquiera que la Historia sanciona esta actitud de Periandro (el fin del reino visigodo)[356], nuestro héroe se siente obligado a recuperar la "presa"(la "religión verdadera") utilizando en su búsqueda el mismo navío que aquellos habían saqueado (el de las cruces rojas), en el convencimiento de que la religión arriana, a pesar de considerarse doctrinalmente más apegada al mensaje del cristianismo primitivo (la "verdadera salvación"), no habría podido consolidar una teocracia dentro de un escenario tan hostil como lo era Europa durante los siglos posteriores a la caída del Imperio Romano.

Y, como refrendo de lo que aquí decimos, más adelante, nuestro autor realizará una fabulación de los hechos históricos mencionados en la que tomarán parte los tres protagonistas de la crónica: Leopoldio, Sinibaldo y Renato, y que nosotros interpretamos como los caudillos visigodos: Leovigildo, Hermenegildo y Recaredo, respectivamente, y según justificaremos en los capítulos siguientes.

El resumen amalgamado (histórico-gnóstico o macrocósmico-microcósmico) que nos ofrece Periandro de toda su experiencia relatada lo cifra el narrador de este modo:

> Veisme aquí, señores que me estáis escuchando, hecho pescador y casamentero, rico con mi querida hermana y pobre sin ella, robado de salteadores y subido al grado de capitán contra ellos, que las vueltas de mi fortuna no tienen un punto donde paren, ni términos que las encierren (p. 363).

---

[356] "Un círculo de potencias hostiles envolvía el Reino visigótico; por el norte, la Francia merovingia; al noroeste, los suevos, convertidos al Catolicismo y con capacidad renovada; en el mediodía, la provincia bizantina. Pero el mayor peligro parecía provenir del estado ya crónico de desintegración interna existente en el propio territorio visigodo, que agravaba los riesgos de las amenazas exteriores." Orlandis, 1987, p. 92.

2.6.3. Arrianismo & catolicismo: el curioso caso del marinero suicida

El capítulo trece comienza con una semblanza de la confusión que se ha creado llegados a este punto de la historia, donde Cenotia, principal instigadora del curso de los acontecimientos, continúa en su empeño de retener a todo trance a su deseado Antonio el mozo (ya recuperado de su enfermedad); lo cual, le llevará a volver a minar la voluntad del rey Policarpo con venenosos consejos.

Y con este ambiente de recelo retoma Periandro su relato, que lo situaba a él de capitán de un navío de "pescadores" navegando en la dirección que le marcaba el viento en busca de sus respectivas amadas. La visión gnóstica, pues, que proyecta esta navegación es clara, tanto como las consecuencias que se dimanan del suceso que acontece a continuación:

> vimos caer a un marinero, que, antes que llegase a la cubierta del navío, quedó suspenso de un cordel que traía anudado a la garganta (p.366).

La historia de este pescador "suicida" se completa con el relato de su congoja, que se resume en la añoranza del mundo que dejaba tras de sí en pos de la búsqueda valerosa que Periandro les había inculcado. También aquí podríamos vislumbrar, tras el velo del relato alegórico, las dramáticas vicisitudes que debe afrontar quien elige el sacrificado camino del gnóstico; pues, esta doctrina -llamémosla- de la "liberación", lleva implícita, entre otros preceptos, la ruptura de todo lazo afectivo que le impida "despegarse" de lo terrenal: de ahí que el marinero "suicida" haya dejado a su familia para marchar en busca del ideal gnóstico (las esposas).[357]

Y si el narrador centra el relato en este punto es porque Cervantes sabe que el camino iniciático pasa, de forma inevitable, por ese angustioso lugar; donde muchas voluntades desertan y regresan a su particular isla de "pescadores" mientras otros, los menos, deciden continuar la tempestuosa singladura. Ahora bien, lo que no se justifica de ningún modo (y que sirva como ejemplo del pensamiento de Cervantes a aplicar a episodios pasados y futuros en el *Persiles*) es la consideración literal de este episodio como un acto enfermizo de suicidio voluntario:

> les dije que <<<la mayor cobardía del mundo era matarse, porque el homicida de sí mismo es señal que le falta el ánimo para sufrir los males que teme (p. 366).

Porque, la circunstancia de que el relato se centre en la experiencia suicida de uno de sus pescadores nos induce a pensar, además de otras connotaciones que luego analizaremos, que la incursión analéptica de Periandro posea un trasfondo de lucha interior ciertamente dramático; tal y como se esperaría de quien asumiera el compromiso ritual de adentrarse en los abismos del "conocimiento de sí mismo". En tal caso, nos da la impresión de que Cervantes se ocupa de este problema en el texto porque supondría algún punto controvertido de la doctrina gnóstica, donde el postulante podría confundir algún concepto de naturaleza mística con la muerte física. Lo cual constituiría una aberración que nuestro autor, como así se expresa por boca de su narrador, estaba dispuesto a aclarar, aunque fuese literalmente oscurecido mediante el recurso de la alegoría.

Y continua el narrador ahondando en el tema, ahora con la intención de justificar lo disparatado de tal conducta:

> Y ¿qué mayor mal puede venir a un hombre que la muerte? Y, siendo esto así, no es locura el dilatarla: con la vida se enmiendan y mejoran las malas suertes y, con la muerte desesperada, no solo no se acaban y se mejoran, pero se empeoran y comienzan de nuevo (p. 366).

En tal caso, parece que Cervantes querría terciar en este espinoso asunto desde el conocimiento profundo que habría de tener de él -como "navegante" experimentado que suponemos que lo sería-. De este modo, afirma que los males se solucionan con sus antagonistas, los bienes, por ello, es necesario vivir para combatirlos; pues, "con la muerte

---

[357] Hallamos un eco histórico de esta conducta en las Cruzadas lideradas por la orden del Temple a Tierra Santa, donde, en muchos de los casos, el cruzado abandonaba a su familia para marchar en busca del ideal gnóstico materializado en la conquista de una Jerusalén con tintes idílicos o celestiales.

desesperada, no solo no se acaban y se mejoran , pero se empeoran y comienzan de nuevo". Es decir, siguiendo las ideas de Platón sobre la reencarnación de las almas expresadas en sus *Diálogos*, creemos que nuestro autor podría aludir a una circunstancia muy concreta según esos "bizantinos" postulados: que todo mal que no extirpemos en esta vida se continuará o empeorará en la siguiente, por lo que será mejor atajarlo en esta y no dejarlo para las subsiguientes.

Y si Cervantes pone tal énfasis en referirnos este suceso intercalado que, visto con objetividad, no tiene ninguna función aparente dentro del argumento general del episodio centrado en la búsqueda de las esposas de los pescadores, es porque necesitaba contarnos algo cuya naturaleza gnóstica no solo está relacionado íntimamente con el relato alegórico de la búsqueda espiritual, sino que constituye la clave de ese ritual dentro del pensamiento tradicional volcado sobre las SSEE: el mito de la crucifixión como el más excelso de los sacrificios gnósticos que coronan la iluminación del iniciado en la senda del Conocimiento.

Comoquiera que lo que decimos pudiera resultar bastante sorprendente, sobre todo en relación al tabú que constituye, incluso hoy en día, manifestar una opinión contraria a la opinión de la mayoría tratándose de asuntos religiosos (sea cual fuere la religión de que se trate); a continuación, señalaremos los mecanismos encriptatorios utilizados por Cervantes en el texto para referir esta cuestión. Y no tardamos en hallarlos en el momento en que el "suicida", tras ser salvado por Periandro en la misma frontera de la muerte física, realiza la confesión de los motivos que le han llevado a tomar su arrojada decisión.

> Dos hijos tengo, el uno de tres y el otro de cuatro años, cuya madre no pasa de los veinte y dos y cuya pobreza pasa de lo posible, pues solo se sustentaba del trabajo de estas manos (p. 366).

Recordemos que nos hallamos en uno de los momentos más elevados y sutiles de la experiencia gnóstica (el suplicio), donde el iniciado se entrega al ritual con el convencimiento de que su parte animal o terrestre debe morir para que su alma pueda elevarse. Porque, si examinamos el texto que da entrada a la cita que hemos transcrito más arriba, nos percataremos de que el "suicida", antes de pronunciar su discurso, ha sufrido una especie de muerte/resurrección: "Quedó como muerto, y estuvo fuera de sí casi dos horas, al cabo de las cuales volvió en sí"(p. 366); por lo tanto, es el espíritu del renacido unido al espíritu universal (del PADRE, según la doctrina cristiana) quien habla por su boca, tal y como se esperaría de un iniciado que antes de "expirar" se dirigiera a su "Padre" para encomendarle su espíritu...

En este orden de cosas, cuando "el espíritu universal" (el iniciado transcendido tras el acto "suicida") dice: "Dos hijos tengo, el uno de tres y el otro de cuatro años", en realidad estamos asistiendo no a la confesión del marinero reanimado tras el percance, sino al discurso del "PADRE" que, surgiendo de esos espacios ignotos reservados a la experiencia metafísica, viene a enseñarnos el verdadero alcance del sacrificio realizado por su "HIJO" (el "suicida" o suplicante). Porque, los dos hijos que aquí se citan, cuya edad parece ser un dato intrascendente dentro del relato superficial de los hechos, resultaría que en la lectura alegórica se revela como una información imprescindible para calibrar el verdadero alcance de lo que se dice (la doble naturaleza del HIJO). Y, esta es la circunstancia que, como viene siendo habitual en la dialéctica persilesista, nos avisa de la presencia de este segundo lenguaje velado; en donde podremos extraer el mensaje de que los hijos simbolizados por los números tres y cuatro solo pueden aludir al espíritu y al cuerpo, respectivamente, que unidos como hermanos bajo el suplicio ritual conforman el número del HIJO o fruto (tres más cuatro = siete: la unión de lo de arriba con lo de abajo = el andrógino)[358].

Pero la cita nos reserva todavía otra sorpresa cabalística, pues también resulta del todo innecesario que el marinero suicida nos revele la edad de la "madre": "cuya madre no pasa de los veinte y dos", en tal caso, ¿que podría ocultarnos Cervantes bajo esa cifra? Antes de contestar a esta pregunta deberemos hacer una precisión, que consiste en observar el detalle de que, a pesar de que en el relato literal se entienda que se esté aludiendo a la madre de esos dos hijos de tres y cuatro años como a la esposa del desgraciado marinero, sin embargo, la referencia alegórica nos hace percibir a esa madre en un sentido más universal; es decir, como a la madre del Hombre iniciado o, en un sentido más próximo a nuestra mentalidad occidental, al

---

[358] Recordemos que, según el simbolismo numérico, el cuatro representaba el aspecto físico y el tres lo espiritual.

Espíritu Santo o Universal asimilado al espíritu (Gaya) de la Tierra: la Virgen o Gran Madre. Hecha esta advertencia, y por tanto identificado el personaje a un nivel simbólico, los veintidós años que nos dice que tiene la madre (la Virgen) solo puede remitir a una cosa: la era de Virgo; pues, recordemos que la era que también se simboliza a través de su contrario, Piscis, ejercerá su influencia sobre la Tierra durante algo menos ("no pasa de") de veintidós ¿siglos?: 2.160 años, que es el contexto mítico-temporal en el que se sitúa el episodio.

Encontramos otras referencias de ese discurso metafísico proferido por el transcendido marinero, como podrían ser ciertas reminiscencias que nos acercan a esa imagen del Cristo "crucificado"[359] y a sus afligidos deudos postrados a los pies del madero:

> Y, estando yo agora encima de aquella gavia, volví los ojos al lugar donde los dejaba y, casi como si alcanzara a verlos, los ví hincados de rodillas, las manos levantadas al cielo, rogando a Dios por la vida de su padre y llamándome con palabras tiernas (p. 366).

Incluso, en un momento de la disertación, nos parece percibir la ironía de Cervantes que se mete en el propio discurso del marinero para, de una forma harto ingeniosa, revelarnos la existencia de lo que nosotros hemos tratado de expresar: "Esto imaginé con tan gran vehemencia que me fuerza a decir que lo vi, para no poner duda en ello" (p. 366).

No podemos disimular que todo el episodio del "pescador suicida" podría tener cierta intención irónica, en relación a la muerte de Jesús en la cruz narrada por un espectador de excepción, Periandro. Como tampoco descartamos las diferentes interpretaciones que puedan derivarse de la alusión que en este punto del relato ("Dos hijos tengo, el uno de tres y el otro de cuatro años") realiza nuestro autor, tanto en relación a la mítica descendencia de Jesús (ya señalada y sobre la que volverá a tratarse a lo largo del relato analéptico de Periandro), como a la posibilidad que se suscita de la no-muerte de Jesús en la Cruz: "Quedó como muerto, y estuvo fuera de sí casi dos horas" (p. 366), es decir, ¿que murió en apariencia y que después de dos horas-días, al tercero despertó?

Como vemos, quizás la posibilidad de llegar a entrever en el texto mensajes del tipo que nosotros estamos sugiriendo, sea lo que justifique la merecida fama de que gozó el *Persiles* en los primeros tiempos de su publicación. Cortados los lazos con la Tradición y "desterrado" el libro de su sentido original, apenas se nos presenta como un relato muy logrado de estética bizantina y ejemplo del lustre retórico de nuestro autor, pero carente de interés y difícil de leer.

Salvado el escollo "doctrinal" y reforzada, por consiguiente, la moral de la marinería (gnóstica), Periandro pasa a relatar ahora el encuentro en alta mar con un navío que, creyendo ser el de la ansiada búsqueda, resultó ser el del rey Leopoldio, el rey de los dáneos. Esto, sin duda, marcará un punto muy importante en el relato de Periandro, pues comenzará aquí otro relato homodiegético, el del rey Leopoldio, que nace de las mismas profundidades de esa introspección del héroe en busca de la luz (la verdad sobre la Historia) que ha de alumbrar el camino a las naciones venideras.

Porque si la arenga de Periandro a su pescadores, según dijimos, podría interpretarse también desde una perspectiva histórica en relación a los avatares del reino visigodo de Toledo, el episodio que se relata a continuación se centrará en las consecuencias de la mala gestión y peores propósitos de la teocracia en los tiempos del rey visigodo Leovigildo.

Pero vayamos al texto y analicemos esas imágenes míticas con las que nuestro autor nos introduce en esa nueva perspectiva temporal. En este caso, nos centraremos en el momento relatado por Periandro previo al abordaje del navío del rey Leopoldio:

> Agradecíles la respuesta, hice izar todas las velas y, habiendo navegado aquel día, al amanecer del siguiente la centinela de la gavia mayor dijo a grandes voces: <<Navío, navío>> (p. 367).

Es decir, el narrador nos dice que tras un día y medio de navegación ("habiendo navegado aquel día, al amanecer del siguiente") llegan a avistar un navío. Comoquiera que en nuestro

---

[359]   Como ya avanzábamos en el capítulo 3.3., en ningún texto de los que componen la Biblia se dice expresamente que Jesús fuese clavado a una cruz: En los Hechos de los Apóstoles, Pedro no dice que Jesús fuese crucificado, sino que lo habían matado << colgándolo de un madero >>, y lo mismo dice san Pablo en su Epístola a los Gálatas.

esquema temporal las distancias textuales se traducen en cosmológicas o macrocósmicas, deducimos que la historia de los pescadores comandados por Periandro, desde que los dejamos en ese punto de referencia que constituía el choque naval entre el navío que entraba (cruz verde) y el que salía (cruz roja), ha avanzado en un día y medio. Es decir, si queremos identificar la naturaleza real o histórica que se esconde tras este nuevo navío que aparece en la diégesis, no tendremos más remedio que realizar un cálculo de naturaleza simbólica o cabalística sobre las magnitudes que nos presenta nuestro autor.

En este orden de cosas, y partiendo de la deducción que habíamos practicado sobre los hechos narrados y que apuntaba al momento histórico de la anexión de España (la Tarraconense) al reino visigodo de Tolosa en 472, si queremos datar este nuevo acontecimiento estamos obligados a sumar, puesto que en un sentido alegórico la nave de Periandro navega en ese tiempo cosmológico, ese día y medio, previamente descodificado, al año 472. Ahora bien, ¿qué mecanismos habría utilizado Cervantes para encriptar estas magnitudes?

Una vez llegados a este punto del conocimiento de la dialéctica de nuestro autor, no se nos ocurre otra forma más universal de señalar la datación de los hechos que utilizando el sistema tradicional del cómputo del tiempo macrocósmico o de las eras cosmológicas a través del Año platónico o movimiento de la precesión terrestre, y al que nosotros solemos aludir con el término de "reloj cósmico". Nos explicaremos, si el año platónico tiene una duración de 26.000 años (redondeando para facilitar el cálculo), por analogía, cada una de las doce eras de 2.160 años que lo componen representaría (mediante un ejercicio de asimilación imaginaria en virtud de su equivalencia o similitud) a escala microcósmica un mes; por lo que, continuando en esa misma escala, un día equivaldría a 72 años (2.160: 30 = 72). Comoquiera que se nos dice que han navegado un día y medio, el total del tiempo navegado sería de 72 + 36 = 108 años. Lo cual, sumado a la fecha que nos servía de referencia nos daría un total de 472 + 108 = 580.

Es decir, según nuestra exégesis, los acontecimientos históricos a los que nos remite nuestro autor pertenecerían al reinado de los visigodos en Hispania en una fecha en torno a 580. Ahora bien, comoquiera que en la codificación de estas magnitudes una sola hora puede significar una variación de casi tres años, volveremos al texto y buscaremos alguna otra mención concreta del paso del tiempo, antes del contacto definitivo con esa nave que se avista. Y no tardamos en hallarla en:

> Hice luego cargar las velas y, en poco más de dos horas, descubrimos y alcanzamos el navío, al cual embestimos de golpe y, sin hallar defensa alguna, saltaron en él más de cuarenta de mis soldados, que no tuvieron en quien ensangrentar las espadas, porque solamente traía algunos marineros y gente de servicio. Y, mirándolo bien todo, hallaron en un apartamiento, puestos en un cepo de hierro por la garganta, desviados uno de otro casi dos varas, a un hombre de muy buen parecer y a una mujer más que medianamente hermosa (pp. 367-368).

Porque, justamente, se nos dice que aún tardaron "poco más de horas" en alcanzar el navío; lo cual constituye una invitación a realizar una sencilla adición de dos horas a la datación que habíamos realizado previamente. Por lo tanto, a 580 años deberíamos sumarle otros 6 (72 : 24 horas que tiene un día = 3, que multiplicado por esas dos horas darían 6 años), con el resultado de 586 (580 + 6 = 586); ahora bien, puesto que se nos dice que es un "poco más de dos horas", juzgamos que deberíamos añadir, al menos, un año más al cómputo total = 587.

Si diésemos validez a este ejemplo de descodificación temporal que hemos presentado, ya tendríamos al "navío de Periandro" puntualmente situado en la historia, donde un rey sin recursos (con "algunos marineros y gente de servicio") se dirige con su botín más preciado al ¿"exilio de los tiempos"? Porque Leopoldio, según nuestra interpretación, personificación del rey godo Leovigildo, representaría aquí el final del sueño unificador del reino visigodo de Toledo enarbolando la bandera de una teocracia que se aproximaría al concepto de "verdadera religión" (el arrianismo). En tal caso, el año que hemos deducido de 587 señalaría el fin de las esperanzas depositadas en el pueblo visigodo para liderar la correcta evolución de la civilización occidental a través de un "aceptable" camino de la búsqueda espiritual, que se extingue, tras la muerte del hijo "levantisco" Hermenegildo en 585 y la del propio padre Leovigildo en 586, con la conversión al catolicismo del rey Recaredo en 587.

Viajaría, pues, Periandro a través de su relato intradiegético hasta el pasado visigodo para dar cuenta, junto con sus corsarios-pescadores ("salteadores" que diría Transila), del fin de ese nuevo intento por instaurar, ahora mediante el símbolo del arrianismo, una teocracia que permita al hombre transitar en correcta evolución la era de Piscis. Comoquiera que el proyecto visigodo no cristalizó como debiere, el héroe Periandro se nos presenta con sus "pescadores" en este mítico viaje con el objeto recuperar a Auristela y a las esposas de los marineros; sin embargo, lo que encontrará en el barco del rey Leopoldio no será a ellas, sino los "restos de la vergüenza" del fracaso visigodo por instaurar el antiguo pacto con la divinidad.

A continuación asistimos a un pasaje que se revela de alto contenido conceptual, en relación a la identidad de reos que se hallaban sometidos en el barco de Leopolidio: un medio hombre ("de muy bien parecer"), lo que implica que le falta su otra mitad: el *ser* (el ser y el parecer se consideran popularmente como los dos aspectos formantes de la personalidad); y, separado de él, una mujer "más que medianamente hermosa", lo cual alude también a una sola mitad de esa mujer. Es decir, dada la voluntad de nuestro autor por sugerir la ausencia de la mitad de cada uno de estos personajes, ¿acaso la imagen que se quiere proyectar no sería la del andrógino intencionadamente separado? No en vano, cuando se nos describe el modo en que viajaban ambos cautivos: "puestos en un cepo de hierro por la garganta, desviados uno de otro casi dos varas", ya se nos está revelando esa idea de separación o de imposible reconciliación: ¿acaso la manifestación de la situación en la que quedó la esperanza de la civilización por alcanzar la idealidad espiritual o la unión del "andrógino", después de la decisión del rey visigodo Recaredo de dar la espalda al arrianismo en beneficio del catolicismo?

Pero la interpretación de este pasaje aún nos puede revelar un mensaje más sorprendente, pues, ¿a qué viene el hecho de que el narrador nos puntualice la distancia a la que se encuentran los reos el uno del otro? Dos varas[360] no es una grande ni corta distancia, por lo que decir que ambos presos se encuentran separados por algo más de un metro y medio no es significativo para la narración, a no ser que se pretenda decir otra cosa. Porque si dos varas son 1,6 metros aproximadamente (la vara castellana vale 0,836 m.), resulta que esa misma medida le corresponde a otro número que desde la antigüedad ha venido jugando un papel predominante en geometría y en filosofía: el número áureo o razón dorada: 1,618[361], que, además, es un número que define el valor de la constante que surge de la división en dos de un segmento; es decir, una especie de razón matemática que explicaría la unión de contrarios (¿el Conocimiento matemático como vía de la unión del andrógino místico?). Curiosa coincidencia, o quizá no tanto.

Recapitulemos: resulta que Periandro busca a Auristela (la "estrella dorada") en el "navío" que simboliza el fin de la religión arriana en los reinos visigodos peninsulares y se encuentra, ni más ni menos, que con el número áureo como "tesoro" matemático que define la relación que existe entre los dos prisioneros; los cuales, simbolizan a su vez a los dos elementos que deben unirse para conformar el andrógino-Grial, ¿si son capaces de quitarse-resolver la razón matemática-"cepo de hierro" que los separa...?

Por último, y en relación a los cepos que sujetan los cuellos de los reos, diremos que la circunstancia de que se especifique que sean de hierro nos recuerda al mito de las Edades del Hombre, donde Hesíodo calificaba a la Edad de Hierro como la más degradada de todas las edades, pues reinaba la injusticia y el hombre se había convertido en poco más que un esclavo de sus propios deseos: ¿la imagen atroz de un hombre y una mujer brutalmente encadenados por el cuello y "separados casi dos varas", lo cual simboliza la imposibilidad de realizar la vía

---

[360] La *vara* es una medida de longitud antiguamente empleada en España. Aunque equivale a tres pies, no era homogénea en todo el territorio. La vara castellana tenía aproximadamente 0,836 metros, pero la de Teruel 0,768 metros.

[361] También llamado divina proporción o media áurea. Se le representa por la letra griega *phi*, en honor al escultor griego Fidias. El número áureo surge de la división en dos de un segmento guardando las siguientes proporciones: la longitud total de *a+b* es al segmento más largo *a*, como *a* es al segmento más corto. El valor de esa constante es de 1,6180339895. También se representa con la letra griega *tau*. Aunque se cree que el número áureo pudo ser conocido en Babilonia y Asiria alrededor del 2000 a.C., y más tarde utilizado por Platón, se considera a Euclides (300-265 a. C.) como al primero en hacer un estudio formal sobre él. Ya en la edad Moderna, el astrónomo Johanes Kepler (1571- 1630), dentro de sus teorías de origen platónico sobre el Sistema Solar, dice sobre el número áureo: "La geometría tiene dos grandes tesoros: uno es el teorema de Pitágoras, el otro la división de una línea entre el extremo y su proporcional. El primero lo podemos comparar a una medida de oro; lo segundo lo debemos denominar una joya preciosa." (*El misterio cósmico*). Esta proporción áurea se encuentra en la naturaleza: en las nervaduras de las hojas de algunos árboles, en el grosor de las ramas, en el caparazón de un caracol, en los flósculos de los girasoles, etc.

gnóstica o unitiva, o, dicho de maner coloquial, la condena del género humano a no poder salvarse?

2.6.4. El relato homodiegético del rey Leopoldio

Y de cómo se llegó a ese "infierno" al que Periandro, como Virgilio, se atreve a asomarse, trata la historia homodiegética narrada por el propio rey Leopoldio; que empieza, irónicamente, pidiendo sosiego a los litigantes: "Manda, señor -respondió el anciano-, que esta gente se sosiegue y escúchame un poco, que en breves razones te contaré grandes cosas"(p. 368). Porque, como a continuación trataremos de argumentar, la voluntad de Cervantes no es otra que referir las circunstancias históricas que llevaron a los reinos visigodos a fracasar en la misión teocrática que le "fue transferida" por los romanos.

A pesar de que sobre la identidad que nosotros atribuíamos al rey Leopoldio ya se habló en el capítulo 3.2., añadiremos algunos datos que nos parecen pertinentes para reforzar el paralelismo que venimos señalando entre la época mítica del rey Leopoldio y la histórica del visigodo Leovigildo; así como, ahora en el contexto temporal de nuestro autor, su validez histórica para servir como ejemplo en la resolución del conflicto religioso (católicos y reformadores) que amenazaba con derribar los cimientos del Sacro Imperio durante los primeros "Austrias".

La situación de conflicto, pues, tanto en el reino visigodo hispánico como en el Imperio español de Carlos V es de una asombrosa similitud, sobre todo en relación a la problemática religiosa que amenazaba la unidad de los reinos y territorios en ambos escenarios históricos. Porque Leovigildo es considerado como uno de los grandes reyes de la España visigótica que, como el emperador Carlos V, quiso llevar a buen término su empresa de unificación de reinos peninsulares utilizando el poder de cohesión que la religión tiene sobre las conciencias de los súbditos; y, ello, a pesar de la libertad de culto que, tradicionalmente, había imperado en los reinos visigodos (catolicismo auspiciado por la influencia de los bizantinos asentados en el sur-sureste peninsular y el arrianismo asociado a la raza: la *fides gothica*). Fue entonces cuando Leovigildo, arriano desde la cuna, decidió apostar por su religión frente a la resistencia mayoritaria del catolicismo.[362] Y, en el marco de este intento de cohesión político-territorial liderado bajo la bandera de la reunificación religiosa, debemos situar el conflicto que enfrentó a Leovigildo con su hijo Hermenegildo.[363]

Pero antes de proseguir con la exposición de los motivos que llevaron a la instauración oficial del catolicismo, tras el intento fallido de los visigodos hispánicos por consolidar un teocracia arriana cuyo clímax se sitúa en el reinado de Leovigildo, vayamos al texto y veamos cómo Cervantes, a través del protagonista de los hechos relatados, el propio rey Leopoldio, nos sugiere estas mismas circunstancias referidas a un pasado mítico:

> El cielo me hizo rey del reino de Dánea, que heredé de mis padres, que también fueron reyes y lo heredaron de sus pasados, sin haberles introducido a serlo la tiranía ni otra negociación alguna (pp. 368-369).

Porque el rey nos habla de un derecho dinástico que ha recaído sobre él, legitimado en una estirpe regia que hunde sus raíces en un pasado remoto que podría remontarse a los tiempos míticos de aquellos dioses que se unían con las mujeres de los humanos para forjar héroes capaces de dirigir a los pueblos. Una dinastía lo suficientemente importante como para proyectarse con la misma fuerza hacia el futuro, pues, ¿acaso no dice el narrador que fue el cielo quien le hizo rey de Dánea? Y, en tal caso, ¿qué nos impide pensar que esa misma dinastía se hubiese prolongado hasta los tiempos de Cervantes proyectándose en la figura de los emperadores del Sacro Imperio germano-español?

---

[362] "El intento de Leovigildo no solo repugnaba al sentir religioso de la población hispano-romana, sino que se producía, además, en un clima de renovada tensión entre católicos y arrianos. La Iglesia española del siglo VI nunca compartió el sentido de religión racial, propio del Arrianismo barbárico, ni excluía a los germanos de su apostolado *ad fidem*." Orlandis, 1987, p. 101.

[363] "Baste ahora decir que la gran ofensiva arriana, lanzada por Leovigildo, se produjo inmediatamente después de la ruptura con su hijo: en efecto, la rebelión de Hermenegildo se inició, según el Biclarense, en 579, y al año siguiente se reunió en Toledo el sínodo arriano que constituyó un episodio clave de la política religiosa leovigildiana." Orlandis, 1987, p. 103.

Ya se analizó también el sentido que nosotros atribuíamos al reino de Dánea, que relacionábamos con Dinamarca en función del origen mítico de los pueblos godos (los aqueos o argivios), así como de la no menos descendencia mítica del héroe Perseo, cuya madre, Dánae, nos inducía a suponer (dado los habituales procedimientos encriptatorios de nuestro autor) que los dáneos, dentro de este esquema mítico-literario, fuesen los descendientes del semidiós Perseo; circunstancia esta que estaría en perfecta consonancia con el desarrollo profundo del argumento que venimos proponiendo, en cuanto a la interpretación alegórica del relato de Periandro: la lucha para erradicar las pasiones = la decapitación de Medusa a manos del héroe Perseo.

Continúa Leopoldio el relato de su congoja:

> Caséme en mi mocedad con una mujer mi igual; murióse, sin dejarme sucesión alguna [...], tropecé y caí en la de enamorarme de una dama de mi mujer, que, a ser ella la que debía, hoy fuera el día que fuera reina y no se viera atada y puesta en un cepo, como ya debéis de haber visto (p. 369).

Siguiendo este mismo orden que nos propone el texto, diremos, en relación a la historia de los visigodos, que Leovigildo enviudó joven y que volvió a casarse no con una igual; sino con la mujer que le proporcionó los necesarios apoyos para alzarse con la corona de los visigodos: la viuda del rey de los visigodos Atanagildo, Goswintha. Y sigue el monarca aportando datos a su relato:

> Ésta, pues, pareciéndole [no] ser injusto anteponer los rizos de un criado mío a mis canas, se envolvió con él y no solamente tuvo gusto de quitarme la honra, sino que procuró, junto con ella, quitarme la vida, maquinando contra mi persona con tan extrañas trazas, con tales embustes y rodeos que, a no ser avisado con tiempo, mi cabeza estuviera fuera de mis hombros en una escarpia, al viento, y las suyas coronadas del reino de Dánea (p. 369).

Porque lo que nos está relatando el rey Leopoldio podría ser la historia de la traición de Hermenegildo a su padre Leovigildo para usurparle el trono de los visigodos, y para ello se vale del relato de la infidelidad conyugal de su esposa como ejemplo popular de la máxima traición. Si examinamos el texto comprobaremos la pertinencia de lo que decimos.

Dado que el matrimonio con Goswintha le supuso a Leovigildo los necesarios apoyos entre los caudillos visigodos de clara tradición arriana, no podemos interpretar que Goswintha personifique a la esposa infiel de Leopoldio en el relato, sino que sea la religión lo que simbolice a la consorte traidora, en cuanto a su unión con el rey para poder gobernar (teocracia). En este sentido, el amante capturado tampoco debería ser considerado como al joven que ha seducido a la esposa del rey, sino al hijo ("criado de mis canas") "levantisco" de aquel (Hermenegildo) en su intención de derrocar a su padre del trono engañándole con su "esposa" (la religión).

En este orden de cosas, decir que la esposa del rey "se envolvió con él, y no solamente tuvo gusto de quitarme la honra", vendría a significar, dentro del esquema interpretativo que estamos proponiendo, que Hermenegildo utilizó (se adueñó) la religión (la esposa del rey) para conspirar contra su padre Leovigildo y usurparle el reino. Y no de otro modo ha de entenderse la gravedad del asunto ("sino que procuró, junto con ella, quitarme la vida"); pues, la historia nos cuenta que Hermenegildo se levantó en armas contra su padre en varias ocasiones, amparado por el catolicismo del imperio bizantino asentado en la Península, hasta que:

> Hallélos a cabo de diez días en una isla que llaman del Fuego; cogílos, y descuidados, y, puestos en ese cepo que habréis visto, los llevaba a Dánea para darles, por justicia y procesos fulminados, la debida pena a su delito (pp. 369-370).

A este respecto, debemos señalar que, antes de que los graves acontecimientos se desatasen, Leovigildo constituyó junto con sus hijos una especie de poder tripartito, donde los dos hermanos fueron hechos *consors regni* y donde a Hermenegildo le correspondió en el 573 el gobierno de la Bética de clara influencia catolicista (Imperio bizantino). Pues bien, pasados diez años (que podría asimilarse alegóricamente a: "Hallélos a cabo de diez días"[364]) desde que Leovigildo decidió enviar a su hijo lejos de la corte, fue cuando finalmente y tras duros combates pudo ser apresado por su padre tras rendirse en la ciudad de Córdoba (¿"una isla que llaman del Fuego", quizá por motivo de ser considerado tradicionalmente el lugar más caluroso de toda la península ibérica?)[365] en febrero de 584. Desterrado a Valencia, muere finalmente en Tarragona a manos de Sisberto un año después.

En este orden de cosas y debido a la propia declaración de Leopoldio: "por culpa mía, tropecé y caí en la de enamorarme de una dama de mi mujer, que, a ser ella la que debía, hoy fuera el día que fuera reina y no se viera atada y puesta en un cepo, como ya debéis haber visto" (p. 369), resulta obvio identificar a los dos reos que custodia el rey de los dánaos con las figuras de Hermenegildo y la esposa infiel, la religión católica. Pero, además, se nos induce a realizar una matización en la persona de la consorte traidora, en el sentido de que este personaje cumple el mismo papel que el que más adelante se le atribuye a Eusebia, la esposa ermitaña de Renato hermano de Sinibaldo (Recaredo y Hermenegildo, respectivamente): dama de una reina innominada. Por consiguiente, es muy verosímil que tras esa alegoría de la "sirvienta de la causa divina" se halle el instrumento que mejor pueda servir a la "Reina", es decir, "la administración del monopolio de la salvación de las almas"; ahora bien, el acierto del rey consistiría en escoger la más adecuada a sus fines y no la que demuestre más inestabilidad y menos lealtad a sus principios.

No descartamos, sin embargo, una interpretación más universalista de la figura de Leopoldio como rey de los dáneos/danáos, o incluso complementaria a la que hemos ofrecido, que señalaría a la imagen mítica de un dios universal protector de los héroes (los gnósticos); como así se desprende del siguiente fragmento en el que el rey dice quién es:

> Envainad, señores, vuestras espadas, que en este navío no hallaréis ofensores en quien ejercitarlas y, si la necesidad os hace y fuerza a usar este oficio de buscar vuestra ventura a costa de las ajenas, a parte habéis llegado que os hará dichosos, no porque en este navío haya riquezas ni alhajas que os enriquezcan, sino porque yo voy en él, que soy Leopoldio, el rey de los dáneos (p. 368).

En este contexto mítico, no supondría ninguna temeridad imaginar que Cervantes haya tratado de reflejar en la figura del rey Leopoldio a un descendiente del mítico linaje del héroe Perseo. No en vano, esta figura se considera en la mitología como un semidiós, hijo de Zeus y de la más que ¿casual? Dánae, por lo que el reino de Leopoldio debería corresponderse con el heredado por su madre: los dáneos, o, como sugieren en otras ediciones del *Persiles*,[366] los dánaos.

Pero retomemos la historia de los visigodos tal como nosotros la interpretamos del relato del rey Leopoldio, donde, a modo de resumen de la "verdad" que fundamenta todo lo narrado en su historia, nos dice:

> Esta es pura verdad: los delincuentes ahí están, que, aunque no quieran, la acreditan; yo soy el rey de Dánea, que os prometo cien mil monedas de oro, no porque las traiga aquí, sino porque os doy mi palabra de ponéroslas y enviároslas donde quisiéredes, para cuya seguridad, si no basta mi palabra, llevadme con vosotros en vuestro navío y dejad que en este mío, ya vuestro, vaya alguno de los míos a Dánea y traiga este dinero donde le ordenáredes. Y no tengo más que deciros (p. 370).

Desde una lectura literal, se entiende que el rey se halle retenido por Periandro y por ello ofrezca un rescate por su persona; ahora bien, Leopoldio entona este discurso a modo de

[364]   Justificamos aquí la correspondencia entre días y años en relación al contexto simbólico al que remite la navegación que tiene lugar en el episodio, donde las magnitudes temporales podrían considerarse en relación con un espacio circular o celeste. Desde esta perspectiva alegórico-simbólica, si un día se define por el giro de la Tierra sobre su propio eje (perspectiva microcósmica), el movimiento de traslación de la Tierra alrededor del Sol sería considerado como equivalente (perspectiva macrocósmica): en ambos casos se completa una circunferencia, símbolo, a su vez, de la perfección de lo celeste o universal (360º).

[365]   Incluso hoy en día se la da a Écija, un municipio situado a medio camino entre Sevilla y Córdoba, el sobrenombre de "la sartén de Andalucía" por motivo de lo extremado de sus altas temperaturas.

[366]   Madrid, 1719 (M5); Alcalá de Henares (AH), 1994: Madrid (M24), 1997 y Madrid, 1999 (M25).

declaración formal de una verdad, por lo que no se sostiene que la "pura verdad" con la que se abre la cita consista en una simple petición de rescate. En tal caso, ¿a qué verdad se estaría refiriendo el mítico monarca? En nuestra opinión, a dos verdades. Una de carácter histórico, en la que el rey afirmaría las conclusiones a las que nosotros hemos hecho referencia en relación a los graves sucesos acaecidos en el reinado de Leovigildo: "los delincuentes ahí están, que, aunque no quieran, la acreditan". Y la otra verdad sería de carácter gnóstico-espiritual, pues creemos que nuestro autor pone en boca del narrador el concepto de "verdad espiritual" ("Esta es pura verdad") como sinónimo de la mayor de las ganancias a las que puede aspirar el místico. Y para ello utiliza la alegoría de la "pareja primordial" encadenada (el hombre sin posibilidad de liberar su alma), cuya liberación (que en el relato se confunde con la liberación del propio rey) constituye, precisamente, la "pura verdad" (la Verdad con mayúsculas): el mayor de los tesoros que se pueda encontrar y que el rey Leopoldio cifra en cien mil monedas de oro. Comoquiera que ya vimos el significado del oro y de los tesoros escondidos en relación a la expresión de la "ganancia espiritual" dentro de la tradición literaria universal, no será necesario que volvamos sobre ello; tan solo realizaremos un apunte que nos servirá para cuantificar la grandeza de lo que se esconde tras la expresión: "cien mil monedas de oro".[367]

Pero además, podríamos aplicar a esta cita otro dato que corre paralelo a los analizados pues, en el contexto de la historia real de los sucesos en torno a la lucha entre Leovigildo y su hijo Hermenegildo, se halla un episodio que se relaciona estrechamente con lo narrado por Leopoldio. Nos referimos al soborno que Leovigildo tuvo que pagar al Imperio bizantino (el bando católico) para que estos retirasen el apoyo que venían dando a su hijo.[368]

En tal caso, gracias al soborno (¿el rescate de Leopoldio de cien mil monedas de oro como testimonio de los 30.000 *solidii*[369] de Leovigildo?) al Imperio bizantino (la teocracia católica), el rey Leovigildo pudo conservar su corona arriana frente al acoso del traidor de su hijo. Como vemos, el catolicismo bizantino no sale muy bien parado según se desprende del relato de los hechos históricos; pues, no solo el que luego será elevado a los altares del catolicismo como san Hermenegildo no pasa de ser un traidor a su propio padre, sino que la misma Iglesia, representada por Bizancio, se vio avocada a aceptar un soborno[370] (¿las treinta monedas de Judas = 30.000 *solidii*?) que significaba, en lo sustancial, tanto mantener en el poder a la herejía arriana representada por Leovigildo como traicionar al católico Hermenegildo. Y esta podría ser, en nuestra opinión, la otra cara (la histórica) de esa "pura verdad" que Cervantes a través de Leopoldio se afana en comunicarnos.

2.6.5. Periandro retoma su relato: el misterio del "suplicio" de la mano de Sulpicia

Y, por si hubiere alguna duda sobre el sentido gnóstico que adquiere el texto en este retrospectivo viaje a las profundidades de sí mismo (microcosmos), al comienzo del capítulo catorce nos dice el narrador:

> A todos dio general gusto de oír el modo con que Periandro contaba su extraña peregrinación (p. 371).

Porque peregrinar es el rito gnóstico por antonomasia, donde caminar solo representa el aspecto externo de un ritual (la lucha espiritual) que se libra, de forma "extraña", en las profundidades de la mente del peregrino. Y en este sentido ha de entenderse el retomado relato de Periandro a su pescadores, que, justificando el trabajo del místico en pos de la ganancia

---

[367] El valor de ese rescate podría cuantificarse desde una perspectiva simbólica triple: un número (símbolo de la perfección terrestre: el 10 y sus múltiplos), una figura geométrica (la más perfecta: el círculo de la moneda) y un mineral (el más puro: el oro, símbolo universal de la iluminación espiritual de la materia).

[368] "En 583, después de una larga preparación, se produjo el ataque en gran escala del ejército de Leovigildo. Previamente, la acción diplomática, y un soborno de 30.000 *solidii* al gobernador imperial había sustraído a Hermenegildo el apoyo de los bizantinos de España." Orlandis, 1987, p. 106.

[369] El sólido bizantino fue una moneda de oro creada por el emperador Constantino I el Grande (324-337). Su peso es de aproximadamente 4.5 gramos. La moneda llevaba la imagen del Emperador y, tras la legalización del cristianismo en el 313, en el reverso portaba una cruz griega o un ángel.

[370] Recordemos, en relación a este episodio, el otro soborno de otras 30.000 monedas (escudos) con el que Cenotia intentó comprar el amor de Antonio el hijo.

espiritual por encima de la más lucrativa empresa material, dice lo siguiente en relación a su decisión de no cobrar el rescate del rey:

> El pobre a quien la virtud enriquece suele llegar a ser famoso, como el rico, si es vicioso, puede venir y viene a ser infame; la liberalidad es una de las más agradables virtudes, de quien se engendra la buena fama, y es tan verdad esto, que no hay liberal mal puesto, como no hay avaro que no lo sea (p. 373).

Podría considerarse la actuación de Periandro, que se deriva de esta cita, como una victoria frente a las tentaciones (a la que sí sucumbió el catolicismo bizantino al aceptar el soborno del rey visigodo Leovigildo) que supondría el cobro del rescate de las cien mil monedas de oro; lo cual, reafirma nuestra hipótesis de otorgar al episodio un valor "purgativo", que es el que correspondería con esa primera fase (erradicar las pasiones) de la escala de elevación espiritual en la vía del Conocimiento que debe afrontar el peregrino.

Y, con ese mismo sentido de lucha interior continuará la narración desde la profundidad de su discurso, ahora, tratando de hacer fracasar al héroe a través del episodio de Sulpicia; que le ofrece a Periandro las riquezas que lleva en su nave a cambio de respetar su honra y la del resto de sus marineras. Como dice uno de los pescadores de la tripulación:

> ¡Que me maten si no se nos ofrece aquí hoy otro rey Leopoldio con quien nuestro valeroso capitán muestre su general condición! (p. 376).

Porque este nuevo capítulo podría interpretarse como una profundización en los misterios emanados de la liberación que se ha producido de los dos reos (hombre y mujer simbólicos) que venían encadenados en la nave del rey Leopoldio, y que, a petición de Periandro (aunque no se especifique con claridad, pues finalmente los reos no abandonan el barco del rey) ya son libres. Es decir, ha sido necesaria la intervención del héroe mítico Periandro para convencer al justo rey de que libere a sus reos, dando el monarca un ejemplo de misericordia que lo aproxima a la imagen de un Dios, que se apiada de sus hijos y que, a pesar de las graves faltas, libera al andrógino (se recupera la posibilidad de que el hombre pueda ser salvado espiritualmente) como símbolo de la esperanza que tiene depositada en el hombre.

Sin duda, la estructura profunda de este episodio del abordaje de Periandro del navío del rey-universal para liberar el tesoro del andrógino, nos remite a un mito muy concreto: el del héroe Prometeo, que robó el fuego a los dioses para dárselo a los hombres. Ahora bien, el mito griego parece que en este caso no se completa del todo, pues, finalmente, Periandro no se lleva al andrógino (el fuego de los dioses) en su nave como hubiese sido menester. En tal caso, ¿no podría deberse ese detalle que Cervantes nos ha dejado de manera ingeniosa, a su intención de decirnos que, a partir de ese momento de la Historia (fin del arrianismo hispano), el "fuego" (la liberación del alma = la salvación) permanecerá en los cielos (el barco de Leopoldio) aunque accesible (liberados los reos de sus cepos); pero que ningún héroe lo bajará a la tierra (a partir de ese momento el catolicismo, que relevará al arrianismo en su fin teocrático, no está cualificado doctrinalmente para conseguir esos efectos) para dárselo a los hombres, sino que será el propio hombre quien en la soledad de su experiencia haya de procurarse los rudimentos necesarios para alcanzar tan alto tesoro espiritual? Nosotros creemos que resulta bastante plausible esta apreciación que hemos suscitado. Además, significaría un perfecto engarce con el episodio de Sulpicia que, como veremos, conformará el clímax de esa experiencia gnóstica mitificada en ese "robo celeste" o universal. La dantesca escena que se nos muestra en la cubierta del barco de Sulpicia habla por sí sola:

> Llegando más cerca, vi en él uno de los más estraños espectáculos del mundo: vi que, pendientes de las entenas y de las jarcias, venían más de cuarenta hombres ahorcados. Admiróme el caso y, abordando con el navío, saltaron mis soldados en él, sin que nadie se lo defendiese. Hallaron la cubierta llena de sangre y de cuerpos de hombres semivivos: unos, con las cabezas partidas y, otros, con las manos cortadas; tal, vomitando sangre y, tal, vomitando el alma; éste, gimiendo dolorosamente y, aquél, gritando sin paciencia alguna (pp. 373 -374).

Decididamente, este siniestro cuadro nace de la voluntad de nuestro autor por proporcionarnos la imagen de una de las fases más duras y cruentas en esa lucha interna por

217

erradicar las pasiones que acosan al místico en su camino de elevación: el suplicio[371] (¿Sulpicia?). No en vano, la nave de Sulpicia presenta un aspecto que nos acerca al concepto de suplicio: hombres ahorcados de los mástiles y, sobre la cubierta, sangre, cuerpos mutilados y más hombres agonizando. Y, de la pertinencia de nuestras afirmaciones, podría servir de refrendo lo que sigue a continuación:

> Esta mortandad y fracaso daba señales de haber sucedido sobre mesa, porque los manjares nadaban entre la sangre y los vasos mezclados con ella guardaban el olor del vino (p. 374).

De lo manifestado en esta cita podríamos suponer que lo que realmente se quiere describir no es una orgía de sangre y mutilaciones, sino que el pensamiento de nuestro autor, tras la oportuna interpretación alegórico-simbólica, apuntaría directamente a uno de los temas más controvertidos de su época en relación a la doctrina cristiana: el sacramento de la eucaristía. Para sugerir tal hipótesis nos basamos en lo que literalmente se expresa al comienzo: "Esta mortandad y fracaso daba señales de haber sucedido sobre mesa". Porque, no solo en su literalidad la cita remite al contexto religioso (ocurrió cuando estaban sentados a la mesa de algún tipo de banquete o celebración), sino también en su profundidad; pues, la referencia a que las muertes y los "fracasos" habrían tenido lugar ("daba señales de haber sucedido") "sobre mesa" alude directamente a la inmolación en el altar (mesa de piedra) de los sacrificios. Por ello, no resultaría arriesgado suponer que detrás de esa sangrienta celebración se halle la intención de Cervantes por asignar al sacramento más importante del catolicismo, la eucaristía, un herético origen pagano basado en la experiencia gnóstica,[372] y en relación (entre otros) al antiguo ritual eucarístico de los misterios de Osiris-Dionisos: la sangre mezclada con el vino, en una especie de orgía de los sentidos, constituiría la prueba esencial de la celebración de esos misterios.[373]

Porque si volvemos a la- digámoslo así - "escena del crimen", comprobaremos que, tal como se alude en el mito de Osiris-Dioniso, la matanza que se reproduce en el barco constituiría una versión de esos misterios adaptada a la obra cervantina, y a cuya semblanza le habría servido como modelo la propia "carnicería" que él mismo experimentó en la batalla de Lepanto. En primer lugar, debemos señalar la presencia de los cuarenta ahorcados, que, como si fuera la bandera de ese mítico navío, cuelgan de los mástiles a modo de "aviso a navegantes"[374] ¿Y de qué habrían de avisar? Pues, como no podría ser de otro modo, de la naturaleza gnóstica del

---

[371]   "Lesión corporal, o muerte, infligida como castigo."*DRAE*. Repárese en el parecido fónico entre *Sulpicia* y *suplicio*; lo cual, avisados ya las intenciones de nuestro autor en sus procesos nominativos, nos lleva a sugerir la idea de que *Sulpicia* sea la personificación del concepto de *suplicio*.

[372]   "Cicerón, que era un iniciado más inteligente, se sintió obligado a explicarles que la equiparación del dios con el trigo y la vid era sólo simbólica. Cicerón, exasperado al ver semejante necedad, escribe: <<¿Hay alguien que esté tan loco que crea que el alimento que come es realmente un dios>>?" Freke / Gandy, 2000, p. 75.

[373]   "En muchos mitos, Osiris-Dionisos muere desmembrado. Con frecuencia se interpreta que esto significa la trilla del trigo para producir pan y el pisado de uva para producir vino. Sin embargo, los iniciados en los misterios interiores interpretaban este motivo a un nivel más místico: como cifra de enseñanzas sobre la desmembración del *daemon* universal por parte del poder del mal. En el mito de Osiris, por ejemplo, el dios hombre es asesinado y desmembrado por su hermano malvado Set, y luego la diosa Isis recoge todos los miembros de Osiris y los reconstruye. Este mito encierra de forma cifrada la enseñanza mistérica que dice que Dios debe ser <<re-membrado>>, que la senda espiritual es el proceso de reunir los fragmentos del *daemon* universal, de percibir al uno en todo [...]. Este tema pagano de la desmembración es totalmente ajeno al cristianismo tal como lo conocemos, pero era fundamental para los gnósticos. Al igual que sus predecesores paganos, los cristianos gnósticos creían que cada yo humano individual era un fragmento de un ser celestial único que había sido desmembrado por las fuerzas del mal, despojado de toda memoria de sus orígenes celestiales y obligado a entrar en cuerpos físicos individuales." Freke / Gandy, 2000, pp. 164-165.

[374]   Dado que el número cuarenta no es la primera vez que es utilizado por nuestro autor en el *Persiles*, y que de la cita en donde aparece no se aprecie ninguna necesidad de detallar de forma precisa tal cantidad, pensamos que su presencia en el texto pueda deberse al simbolismo inmerso en la cifra. En este sentido, el folklore nos transmite la idea de que los cuarenta personajes esculpidos en el tímpano de la portada principal de la catedral de Santiago de Compostela a ambos lados del "Cristo en majestad", representan al pueblo Redimido (salvado) por Dios según la visión bíblica de Isaías. En tal caso, la relación entre los cuarenta colgados del episodio y los cuarenta redimidos del profeta Isaías converge en un mismo punto: ¿un proceso gnóstico de depuración espiritual que deba interpretarse en función de la cifra 40? No en vano, ¿no podría interpretarse en este sentido los cuarenta días y cuarenta noches que estuvo Moisés en el monte con Dios (dos veces; una en Éxodo 24:18 y otra en Éxodo 34:28)?, ¿o Jesús en el desierto (Mateo 4: 1-2)?, ¿o la propia duración del Diluvio Universal en relación a la singladura marinera que tiene lugar en la psique del místico (Génesis 7: 12)?

barco del que cuelgan: son el símbolo del suplicio e imagen alegórica del hombre a merced (suspendido en el aire por el cuello) de los designios del universo. Porque el abordaje que realiza Periandro de la embarcación de Sulpicia (el suplicio) supone, alegóricamente, afrontar esa experiencia ritual como parte del proceso iniciático; por ello, el peregrino Periandro, cuando relata los pormenores del ceremonial, se refiere a los "hombres semivivos" que quedaban en la cubierta del barco en relación a los efectos que sobre la conciencia del iniciado habría de tener la dura experiencia del *suplicio*. Así, pues, el concepto de *semivivos* o *mediomuertos* señalaría a una doble entidad: la mitad de sí mismo que ha muerto para que la otra parte renazca.

Y no de otro modo ha de entenderse el *suplicio* como el sacrificio completo del gnóstico para obtener los dones del espíritu: el proceso trascendente que habría de señalar el modo en cómo el místico debe afrontar su camino de elevación espiritual:

> Hallaron la cubierta llena de sangre y de cuerpos de hombres semivivos: unos, con las cabezas partidas y, otros, con las manos cortadas; tal, vomitando sangre y, tal, vomitando el alma; éste, gimiendo dolorosamente y, aquél, gritando sin paciencia alguna (pp. 373-374).

Y el proceso, en nuestra opinión, parece ser explicado en función de los efectos que produce en el penitente según sea mayor o menor su grado de implicación en la experiencia trascendente. Es decir, que los que refieren a las "cabezas partidas" (conciencia) indicarían un mayor grado de implicación que los que se aluden en función de la mutilación de sus manos (capacidad de obrar); así, pues, mientras estos liberan los fluidos esenciales para la vida (la sangre), aquellos expulsan lo que anima a esos fluidos (el alma), y si estos expresan un dolor moderado (gemir), aquellos se quejan con gran espanto (gritar).

Al final del episodio, una nueva tentación sale al paso tras el abordaje del barco de Sulpicia: el ofrecimiento que ella misma hace de grandes riquezas materiales a condición de respetar la honra de las mujeres allí embarcadas.

La ocasión de que tal suceso ocurra tras la macabra escena descrita en el barco de Sulpicia, nos hace suponer que ambos episodios estén conectados, en una relación de sacrificio (suplicio ritual) y recompensa.

En resumen, el ataque de las pasiones que sufre el místico expresado en este capítulo 14[375] mediante la aceptación del tesoro ("cuatro cofres llenos de joyas y dineros"[p. 376]) que la propia Sulpicia ofrece a Periandro, se ha saldado de manera satisfactoria en relación a la perspectiva mística que nos ocupa; pues, el acto de negarse a aceptarlo, a través de la opinión de uno de sus pescadores ("Vaya libre Sulpicia, que nosotros no queremos más de la gloria de haber vencido nuestros naturales apetitos"[p. 376]), es revelador de lo que venimos manifestando en repetidas ocasiones: que la aparición de tesoros como premio comporta el símbolo de la ganancia espiritual, en tal caso, aceptarlo habría significado ignorar esta premisa, pues la recompensa ya se ha cobrado con "la gloria de haber vencido nuestros naturales apetitos" (¿el banquete eucarístico como símil de la dantesca escena sobre la cubierta del barco: "Esta mortandad y fracaso daba señales de haber sucedido sobre mesa"?).

Periandro y sus pescadores vuelven a salir triunfantes de la prueba, pues ni siquiera aceptaron el collar de oro para repartirlo entre todos ellos; lo cual, dará pie a nuestro autor a relatar en el siguiente capítulo el modo en cómo se llegó a la decisión de devolver el collar a su dueña Sulpicia.

Pero antes de saltar al siguiente capítulo, Cervantes nos deja una pista muy clara de cómo hemos de entender este suceso de Sulpicia en relación a la historia de aquellos primeros cristianos, que, como ya venimos apuntando, marcha en paralelo a la historia de la civilización y a la experiencia del gnóstico a las profundidades del ser. Y el sorprendente mensaje tiene que ver con lo relatado por Periandro a la hora de despedirse de su anfitriona:

> Finalmente, ella me pidió que le diese doce soldados de los míos, que le sirviesen de guarda y de marineros para llevar su nave a Bituania. Hízose así, contentísimos los doce que escogí, solo por saber que iban a hacer bien (p. 377).

---

[375] ¿Un nuevo "guiño" irónico de Cervantes en relación a las catorce estaciones del viacrucis? No en vano, ya vimos cómo utilizó los dos capítulos séptimo del libro II para manifestar un mensaje de orden cosmológico.

Porque, el sacrificio penitente es el sacramento máximo del cristianismo primitivo, y, aunque su verdadera práctica haya desaparecido del catolicismo tridentino, tras la adopción de fórmulas "más comerciales" (como lo es el simple arrepentimiento), Cervantes nos da cuenta de la importancia que tiene su recuerdo en la conservación y mantenimiento de un culto que, aunque desviado o desvirtuado de sus presupuestos fundacionales, bebe de esas mismas fuentes. Y esa podría ser la razón, creemos, por la que Sulpicia reclama para sí el "patrocinio" de esos doce marineros-guardianes ("pescadores" = cristianos gnósticos), pues, de igual modo, los doce Apóstoles constituyen el testimonio que da validez a un cristianismo fundado sobre el dogma del sacrificio máximo (la Crucifición). Y, en este sentido, deberíamos interpretar el fragmento en el que se expresa la intención de Sulpicia de que esos doce soldados-marineros "sirviesen de guarda y de marineros para llevar su nave a Bituania"; pues, no solo se alude a los doce Apóstoles como guías (¿timoneles?) de la comunidad cristiana, sino también como guardianes (sobre todo los cuatro evangelistas canónicos: Juan, Mateo, Marcos y Lucas) de la antigua tradición mistérica que Sulpicia representa. Porque, no olvidemos, que la misión de Sulpicia es llevar su nave a Bituania. En este sentido, ¿acaso el sagrado suplicio, simbolizado en la nave de Sulpicia, no sería la "llave" que da acceso a ese reino mítico de Bituania, del mismo modo en que se cuenta en los evangelios de Marcos y Lucas que Jesús, a los cuarenta días de su resurrección tras el suplicio en la Cruz (alegoría también de los cuarenta marineros colgados), ascendió a los cielos desde la aldea de Betania[376] (Bituania)?

Queremos destacar también, dentro de la cita que hemos trascrito, un fragmento que nos induce a pensar en la posibilidad de que Cervantes estuviere utilizando su fina ironía para realizar una crítica sobre el lugar principal que ocupa en el catolicismo la figura de los doce Apóstoles: "Hízose así, contentísimos los doce que escogí, solo por saber que iban a hacer bien." Donde se nos presenta a un grupo de seguidores satisfechos, no por participar del misterio del suplicio de su maestro (los misterios interiores o cristianismo gnóstico), sino solo por haber sido elegidos para "hacer el bien" (misterios exteriores o cristianismo literal: sentido tropológico).

En cuanto a la filiación o patria de la heroína: "Sulpicia es mi nombre; sobrina soy de Cratilo, rey de Bituania; casóme mi tío con el gran Lampidio, tan famoso por linaje como rico de los bienes de naturaleza y de los de fortuna" (pp. 374-375), no debe caerse en la cómoda asimilación que relaciona eufónicamente a Bituania con Lituania, más fundada sobre nuestra genética necesidad de encontrar soluciones próximas a nuestra habitual percepción de la realidad, ajena al texto de Cervantes, que en relación al verdadero y esquivo mensaje que atesora el genial libro. Por tanto, el término Bituania no debe ser confundido ni con este país ni con ningún otro tipo de isla situada al norte de Europa; pues, decididamente, aunque se trata de una verosímil aproximación a la geografía septentrional del texto en su literalidad, su verdadera función la alcanza en un sentido simbólico, al cual nos referiremos más adelante *in extenso*.

En relación a los nombres de Crátilo y Lampidio, baste decir que en el proceso de composición de la palabra se aprecia la misma intención simbólica que nuestro autor pudo emplear para crear el nombre de Sulpicia, pues los tres casos remiten a una cualidad específica y de capital importancia dentro del simbolismo gnóstico o vía del Conocimiento: Sulpicia = suplicio; Cratilo = crátera[377] (Grial); Lampidio[378] = lámpara.

---

[376] Véase el concepto de *Betania* analizado en el capítulo 3.6.10.

[377] "Del lat. *cratera*. En Grecia y Roma, vasija grande y ancha donde se mezcla el vino con agua antes de servirlo" D.R.A.E. "Muchísimos estudiosos han tratado de hallar la etimología de *Grial*. La teoría más aceptada es la que afirma que procedería del griego *Kratalis*, a su vez del griego *Krater*, <<vaso>>. También se habla de *cratella*, que viene del latín medieval y significa <<jarrón>>."Coadiç, 2005 p. 25.

[378] "Esta voz bajada del cielo la oímos nosotros cuando estábamos con ÉL en el monte santo, con lo cual nos confirmamos más aún en la palabra profética. Consiguientemente, vosotros mismos hacéis bien en poner en ella vuestra atención, como en **lámpara que luce en lugar tenebroso**, hasta que alboree el día y el lucero de la mañana despunte en vuestros corazones". Segunda Carta de San Pedro (1: 18-19). ¿Una alegoría de la iluminación que se halla junto al rito gnóstico del suplicio: la pareja formada por Sulpicia y Lampidio?

2.6.6. La "isla de los sueños": el mejor escenario para contar ciertas realidades

El refrendo de la interpretación que acabamos de realizar, en relación a la fuerte crítica que hace Cervantes de una religión abocada -dicho así- a las cosas terrenas más que a las celestes, lo encontramos unas páginas más adelante en el capítulo dieciocho:

> En este entretanto, los doce pescadores que habían venido en guarda de Sulpicia andaban entre la demás gente buscando a sus compañeros, abrazándose unos con otros, y, llenos de contento y regozijo, se contaban sus buenas y malas suertes: los del mar esageraban su hielo y, los de la tierra, sus riquezas. <<A mí -decía uno- me ha dado Sulpicia esta cadena de oro. >> <<A mí -decía otro-, esta joya, que vale por dos de esas cadenas. >> <<A mí -replicaba éste- me dio tanto dinero. >> Y aquél repetía: <<Más me ha dado a mí, en este solo anillo de diamantes, que a todos vosotros juntos. >> (p. 403).

La prosperidad material alcanzada por esos doce marineros al servicio de Sulpicia, en relación a la austeridad de los que se habían quedado junto a Periandro, es señal inequívoca de que nuestro autor nos quiso transmitir, a través de este episodio alegórico, un mensaje que, al igual que en el caso anterior, de haber sido descubierto por el aparato censor (la Inquisición) no tendríamos hoy oportunidad de conocerlo: la crónica de un cisma[379] que se produjo en los primeros siglos del cristianismo, que separó a "los del mar" (los partidarios de un cristianismo profundo, los cuales celebraban el misterio eucarístico -digamos- "en sus propias carnes" = cristianismo gnóstico)[380] de "los de la tierra" (los partidarios de un cristianismo literal, para los que la eucaristía era un ritual externo y pomposo, y liberado del sacrificio personal que comporta).

Pero regresemos al lugar en donde nos habíamos quedado. Comienza Periandro este capítulo quince con el relato de un extraño fenómeno atmosférico que les acontece en la navegación, y, sobre el que uno de los marineros, ante el asombro y la congoja de todos, se atrevió a vaticinar que:

> Sin duda alguna, esta lluvia procede de la que derraman por las ventanas que tienen más abajo de los ojos aquellos monstruos pescados que se llaman *náufragos* ; y, si esto es así, en gran peligro estamos de perdernos (p. 379).

No emplearemos nuestro análisis -tampoco en esta ocasión- en contrastar la diversidad de opiniones que la crítica ha venido vertiendo sobre este episodio -llamémoslo- mítico-atmosférico. Por lo tanto, y con la intención de esclarecer más que de rebatir argumentos interminables, continuaremos nuestra visión alegórica de los acontecimientos narrados evitando así digresiones que nada aportarían más allá de un bizantino ejercicio de retórica.

Porque, desde un principio Periandro nos avisa de que va a entrar en una especie de trance o éxtasis ante la contemplación del fenómeno: "Comenzaba a tomar posesión el sueño y el silencio de los sentidos" (p. 379), razón por la cual la crítica ha llegado a "bautizar" a la isla en

---

[379] "En el siglo I el motivo de las peleas en el seno de la comunidad cristiana era la relación de los misterios de Jesús con el judaísmo tradicional. A mediados del siglo II las peleas eran entre gnósticos y literalistas. La idea fundamental del cristianismo literalista es que la historia de Jesús, por extraña y mítica que pueda parecer, es, de hecho, la historia verdadera de acontecimientos milagrosos. Al insistir los gnósticos en que la historia de Jesús era en realidad una alegoría mística, los literalistas empezaron a aseverar categóricamente que Jesucristo sufrió y fue crucificado en tiempos de Poncio Pilato: afirmación que repitieron con tan fanática insistencia que revela hasta qué punto los literalistas se sentían débiles en aquella época." Freke / Gandy, 2000, p. 268.

[380] "La idea de que las enseñanzas místicas podían cifrarse en historias míticas era fundamental en los misterios paganos. El pitagórico judío Filón llama a la alegoría <<<el método de los misterios griegos>>>. El filósofo pagano Demetrio escribe: <<<Lo que es claro y manifiesto es fácil de despreciar, como se desprecia a los hombres desnudos. Por tanto, también los misterios se expresan en forma de alegoría>>>. Macrobio, asimismo, escribe: <<<la exposición sencilla y desnuda repugna a la naturaleza. Desea que sus secretos se traten por medio de mitos. así, los misterios mismos se esconden en los túneles de la expresión figurada, para que ni siquiera a los iniciados se les pueda presentar la naturaleza desnuda de tales realidades, sino que solo una élite pueda conocer el secreto real, por medio de la interpretación que proporciona la sabiduría, mientras que el resto se contenta con venerar el misterio, protegido por la banalidad por aquellas expresiones figuradas>>>. Esta forma alegórica que empleaban los paganos para abordar las Sagradas escrituras la adoptaron con entusiasmo los cristianos gnósticos [...]. Los cristianos literalistas, en cambio, tomaban las Escrituras como hechos históricos." Freke / Gandy, 2000, pp. 149-150.

donde se desarrollará el episodio con el nombre de *isla de los sueños*. Pero no adelantemos acontecimientos y vayamos ahora a los momentos previos antes de que los "pescadores-peregrinos" desembarquen en la única isla a la que nuestro autor consiente, de forma literal (como si el resto de las islas tuvieran otra consideración más realista), en calificarla como de un ¿sueño?

Una vez hemos realizado estas matizaciones, volvamos a la cita con la que abríamos este nuevo capítulo. Porque, tras describir Periandro los pormenores de una tormenta que apunto está de hacer hundir su barco y sin hallar explicación al fenómeno, toma la palabra alguien, al parecer, todavía más versado que él con la finalidad de aclarar el suceso. En tal caso, y puesto que previamente se han escrutado los cielos (Periandro dice que el suceso no es debido a una borrasca), será el "maestro y piloto" de la nave quien explique a modo de relato mitológico el origen de tan extraña tormenta.

Convendría, sin embargo, adoptar la pertinente visión simbólica a la que nos empujan los hechos narrados, pues, ¿cómo si no podríamos entender, por ejemplo, que el agua que cae ("lluvia") sobre el barco "procede de la que derraman por las ventanas que tienen más abajo de los ojos aquellos monstruos pescados que se llaman *náufragos*"? ¿Estará desvariando Cervantes? Afortunadamente, sobre todo para un amplio sector de la crítica realista, sabemos que todo este relato forma parte de un sueño así declarado por el propio narrador al final del capítulo. Ahora bien, se trata de un sueño muy especial, pues, a la pregunta de Constanza en relación a todo el relato maravilloso que se narra a lo largo de este capítulo 15: "-¿Luego, señor Periandro, dormíades?" (p.386), este responde: "-Sí - respondió -, porque todos mis bienes son soñados" (p. 386). En tal caso, esta contradictoria declaración nos obliga a no desdeñar el relato precedente, a pesar de su expresa naturaleza onírica; y a practicar sobre él los mismos procedimientos exegéticos que los empleados en un relato de esta tipología, a fin de analizar la especificidad de esos "bienes soñados" desde una perspectiva alegórica.

Porque, un monstruo como el descrito por el "piloto" podría señalar a algo muy concreto: un meteorito; por lo que el suceso acaecido en alta mar, en donde "llovían" "nubes enteras de agua sobre la nave, de modo que no parecía sino que el mar todo se había subido a la región del viento" (p. 379), podría haber sido provocado por el impacto de un cuerpo celeste contra el mar ¿Y cómo podríamos interpretar a ese "monstruo pescado" sino es en relación a la fuerza de la gravedad con que la Tierra atrae a los asteroides hasta que, como en este caso particular, impactan contra la superficie del mar? La alegoría, pues, del "monstruo pescado" parece tener sentido. Y, para reforzar nuestros argumentos, tenemos la definición que el narrador hace del fenómeno al que reconoce con el nombre de *náufragos* - y que hemos reproducido más arriba-. Pues bien, desde un punto de vista literal, ¿acaso un náufrago no es aquel que ha perdido su barco y navega precariamente a la deriva por un océano inmenso, hasta que las mareas lo arrastran a una playa? En este sentido, ¿no sería esta la definición en clave alegórica de un asteroide que, desgajado de un cuerpo celeste mayor, vaga por el espacio hasta que un planeta lo atrae hacia sí?

No podemos obviar, a pesar de lo extraordinario del fenómeno, la coherencia que un acontecimiento de estas características tendría dentro del esquema mítico-temporal que venimos aplicando sobre la obra; en relación a las eras cosmológicas y a los acontecimientos celestes que han marcado algunas de ellas y que todavía permanecen vivas en la memoria colectiva, como podría ser el caso.

Y, comoquiera que un acontecimiento cosmológico de este tipo, independientemente de la destrucción creada, siempre fue portador de determinados augurios o vaticinios proféticos; a continuación, nos encontramos, precisamente, con la descripción de una isla "soñada" o paraíso al que se ha accedido gracias a la fabulosa conmoción sideral:

>>Otro día, al crepúsculo de la noche, nos hallamos en la ribera de una isla no conocida por ninguno de nosotros y, con desinio de hacer agua en ella, quisimos esperar el día sin apartarnos de su ribera (p. 380).

Porque esa isla no es descrita como una isla común, sino como una especie de tierra preciosa a la manera con la que es presentada en el *Apocalipsis* "La Jerusalén celeste"[381], y

---

[381]   *Apocalipsis de San Juan*, 21 : 18-21.

donde no han de faltar: "granos de oro", "perlas", "esmeraldas", "diamantes", "cristal", "rubíes", "topacio", "ámbar" (pp. 380-381). Es decir, como si de un proceso alquímico se tratase, la isla "soñada" representaría la imagen simbólica de la irrupción de material celeste sobre la superficie de la tierra-atanor, dando lugar a una reacción a escala macrocósmica que podría interpretarse como el advenimiento de una Edad Dorada o ¿la llagada de la nueva "Jerusalén celeste"?

Terminado el relato que hace Periandro de esa isla maravillosa y aprovechando la interrupción de Ladislao, que extrañamente se acuerda del desaparecido Clodio para decir que el "maldiciente" solo diría parabienes de lo relatado por el narrador en esta historia, comienza la segunda parte de su intervención en este capítulo; pero no antes sin advertir a sus interlocutores que lo que viene a continuación es todavía más sorprendente que lo primero:

> -No es nada lo que hasta aquí he dicho - prosiguió Periandro -, porque, a lo que resta por decir falta entendimiento que lo perciba y aún cortesías que lo crean (p. 383).

El relato continua con el siguiente requerimiento de Periandro a su auditorio:

> Volved, señores, los ojos y haceros cuenta de que veis salir del corazón de una peña, como nosotros lo vimos, sin que la vista nos pudiese engañar; digo que vimos salir de la abertura de la peña, primero, un suavísimo son, que hirió nuestros oídos y nos hizo estar atentos, de diversos instrumentos de música formado; luego salió un carro, que no sabré decir de qué materia, aunque diré su forma, que era de una nave rota que escapaba de una gran borrasca; tirábanla doce poderosísimos jímios, animales lascivos. Sobre el carro venía una hermosísima dama, vestida de una rozagante ropa de varias y diversas colores adornada, coronada de amarillas y amargas adelfas. Venía arrimada a un bastón negro, y en él fija una tablachina o escudo, donde venían estas letras: *Sensualidad*. Tras ella salieron otras muchas hermosas mujeres, con diferentes instrumentos en las manos, formando una música ya alegre y ya triste, pero todas singularmente regocijadas. Todos mis compañeros y yo estábamos atónitos, como si fuéramos estatuas sin voz, de dura piedra formados. Llegóse a mí la Sensualidad y, con voz entre airada y suave, me dijo: <<Costarte ha, generoso mancebo, el ser mi enemigo, si no la vida, a lo menos el gusto>>. Y, diciendo esto, pasó adelante y las doncellas de la música arrebataron (que así se puede decir) siete o ocho de mis marineros y se los llevaron consigo, y volvieron a entrarse, siguiendo a su señora, por la abertura de la peña (pp. 383 -384).

Porque la intención que expresa Periandro cuando pide a su auditorio: "Volved, señores, los ojos y haceros cuenta", no es otra, en nuestra opinión, que la propia del que exige para ser entendido que su discurso se interprete de manera opuesta a como se suele leer; es decir, volviendo los ojos *hacia adentro* (¿al revés?): de manera alegórica. Y del mismo modo deberíamos interpretar la expresión "haceros cuenta", pues, ¿acaso no sugiere la idea de invitar, con el mismo propósito, a "hacer la cuenta", es decir, a utilizar el lenguaje simbólico o la cábala (numérica) para acceder al significado del texto?

Porque, en nuestra opinión, lo que debe interpretarse ahora de manera simbólica ("volved, señores, los ojos y haceros cuenta") no es otra cosa que el mismo relato fabuloso con el que comenzaba el episodio de este capítulo 15. Es decir, que nos hallaríamos ante una misma exposición de los hechos narrados, la primera en forma literaria a modo de relato fabuloso y la que ahora nos ocupa en estricto lenguaje simbólico.

Y, ¿cuál sería la naturaleza de ese mensaje, que nuestro autor se ve precisado a narrarlo de dos modos diferentes? Sin duda, algo lo suficientemente importante como para desplegar tal cantidad de recursos literarios. En cualquier caso, dado que el suceso en cuestión consiste en el relato de un cataclismo, pues los fenómenos metereológicos descritos no pueden considerarse como una tormenta ("Albortámonos todos y, puestos en pie, mirando a todas partes, por unas vimos el cielo claro, sin dar muestras de borrasca alguna" [p. 379]), se deduce que que el mensaje haya de ser de naturaleza apocalíptica.

En este sentido, creemos que la última cita que hemos transcrito, en relación al relato simbólico del fatal acontecimiento, podría corresponderse con dos pasajes del *Apocalipsis* de San Juan: 11: 15-19 y 12: 1-4, en relación a "La séptima trompeta" y a "La mujer y el dragón", respectivamente. Lo justificamos del siguiente modo:

1°. El hecho de salir del corazón de una peña el sonido citado ("primero, un suavísimo son, que hirió nuestros oídos"), podría señalar, más que a un objeto físico, a un símbolo relacionado con Apocalipsis 11: 19: "Entonces se abrió el Templo de Dios, el que está en el cielo, y se vio en su Templo el arco de la Alianza. Y se produjeron rayos, voces, truenos, terremotos y fuerte granizada."

2ª. La posterior salida de "un carro" tras los hirientes sonidos, que se describe como "una nave rota" tirada por "doce poderosísimos jimios, animales lascivos. Sobre el carro venía una hermosísima dama", se podría asimilar, siguiendo el contexto que venimos aplicando, con Apocalipsis 12: 1: "Una gran señal apareció en el cielo: Una mujer revestida de sol, con la luna bajo sus pies y una corona de doce estrellas sobre la cabeza." En cuanto a la imagen del carro sobre el que va montada la dama, podría corresponderse con Apocalipsis 12: 4: "Su cola arrastraba la tercera parte de las estrellas del cielo y las lanzó sobre la tierra. El Dragón se puso delante de la mujer en trance de dar a luz, para devorar al hijo tan pronto como le diera a luz."

En relación al críptico elemento que se detalla: "Venía arrimada a un bastón negro, y en él fija una tablachina o escudo, donde venían estas letras: *Sensualidad*", se sugiere la imagen de una especie de cartel anunciador ¿del momento en que se produciría el fatal acontecimiento apocalíptico?

De todo lo argumentado, entendemos que nuestro autor podría haber ocultado un mensaje de naturaleza profética, que señalaría a un momento del devenir cíclico de nuestro planeta señalado por ese jalón, y donde se anunciaría un suceso lo suficientemente importante como para ser advertido de ese modo. Trataremos de explicarnos a través del pertinente análisis del texto que hemos destacado:

- "bastón negro". La expresión podría ser portadora de un doble de sentido, por un lado "bastón", como instrumento de apoyo al caminar (como el báculo del peregrino), y, por otro, en relación a las connotaciones propias que el color "negro" transmite al objeto como símbolo de la muerte. La unión de ambos elementos se interpretaría como: instrumento que ayuda-señala al caminante la presencia de un peligro mortal. Lo cual, traducido al contexto cosmológico en el que hemos situado el episodio podría tener el sentido de: lugar en el tiempo especialmente nocivo para la vida en la Tierra, que podría localizarse en un punto concreto de ese reloj cósmico o eclíptica como expresión de ese imaginario "peregrinar" por el espacio de nuestro planeta atravesando las doce eras (¿las "doce estrellas sobre la cabeza de la dama" referida en Apocalipsis 12: 1?) que jalonan el gran año o año platónico.

- "tablachina o escudo". El sentido literal deja muy claro que el objeto en cuestión sería una especie de cartel anunciador, supuestamente, de algo que debería estar relacionado con el sentido que dábamos al "bastón negro"; pues en el texto se nos dice que ambos elementos se hallaban unidos. Comoquiera que una "tablachina o escudo" señala, en su apariencia más superficial, a esos escudos nobiliarios o de otro tipo que se dividen en cuarteles al objeto de simbolizar linajes o mensajes muy concretos; dentro de nuestro contexto cosmológico-espiritual, creemos que el citado elemento anunciador podría aludir a un mensaje encriptado a través de un conjunto simbólico conocido, que debería hallarse, además, dentro de determinados conjuntos iconográficos de los templos cristianos.[382] Puesto que el mensaje posee una connotación apocalíptica, juzgamos que habría que buscar qué tipo de escudo acuartelado presenta esa distribución o similar (¿Apocalipsis 4: 1-9?)[383].

Ahora bien, el sentido literal que hemos señalado en referencia a ese "escudo-cartel anunciador" no excluye otras posibilidades. Es el caso de la definición que nos aporta el *Diccionario de Autoridades*, tomo VI, (1739): "TABLACHINA. s.f. Arma defensiva, especie de broquél o escudo de madera con que se defiende el que combate, ó pelea". Es decir, que al sentido de soporte anunciador habría que sumarle, sin excluirse, el de arma para defenderse; lo cual, se relacionaría con el "bastón negro" al que ¿está fijo? como instrumento, este, de ataque (función que también se le atribuye al cayado o bastón del peregrino, según se vio). En tal caso, el sentido nos lleva identificar el aparente cartel anunciador con los pertrechos de un combatiente: maza ("bastón") y escudo ("tablachina").

---

[382]   Nos referimos a los conjuntos escultóricos representados en buena parte de los tímpanos de las portadas occidentales de las catedrales góticas, como Notre Dame de París o Santiago de Compostela. Nos referimos a la imagen compuesta por: el *tetramorfos*, los veinticuatro ancianos y el pantocrátor.
[383]   Al final del libro IV encontraremos un mayor desarrollo de lo que parece ser un mensaje profético a través de la referencia bíblica del *Apocalipsis*.

- "donde venían las letras: Sensualidad". Aquí también podríamos diferenciar entre lo evidente o literal y lo alegórico, es decir, que ese peligro que se sugiere estaría relacionado con la leyenda que se anuncia: "Sensualidad"; entendida como la atracción que se ejerce sobre los seres humanos debido a su propia naturaleza animal-pasional , y que les impulsa a anteponer los instintos a los ideales. Dicho lo cual, ese "bastón negro" fijado a una "tablachina o escudo" que sugiere el advenimiento de un suceso de carácter apocalíptico, ¿no podría considerarse la consecuencia de esa "Sensualidad" que se anuncia en lugar tan visible? ¿No trataría de expresarnos Cervantes que la sanción de los cielos está motivada por ese desvío que constituye la atracción de los hombres hacia las pasiones de los sentidos y el olvido del antiguo pacto con la divinidad (*religare*)?

En cuanto a la perspectiva alegórico-simbólica, que tampoco en esta ocasión excluye a la literal, deducimos que Cervantes podría haber encriptado en la misma expresión "Sensualidad" un compuesto - nuevamente- bimembre: SENSU-ALIDAD. ¿Qué queremos decir con ello? Lo siguiente: que si en la primera parte de la frase ("tablachina") se aludía alegóricamente a los pertrechos de un combatiente (maza y escudo), ahora, en la parte final, se sugiere la presencia del propio luchador que habrá de blandirlos. No de otro modo, tenemos: SENSU > sentido (en latín), ALIDAD > ADALID > defensor de una causa o jefe de guerreros. Es decir, vemos que el término "Sensualidad" podría identificar a ese guerrero o jefe de guerreros en lucha contra los sentidos, o sea, ¿contra las pasiones? ¿Nos hallaríamos, por tanto, ante la figura del gnóstico en lucha permanente contra esa *Sensualidad* que amenaza con arruinar la vida del género humano sobre la tierra? No en vano, el cara a cara con su rival no se hará esperar:

<<Costarte ha, generoso mancebo, el ser mi enemigo, si no la vida, al menos el gusto>>. Y, diciendo esto, pasó adelante y las doncellas de la música arrebataron (que así se puede decir) siete o ocho de mis marineros y se los llevaron consigo, y volvieron a entrarse, siguiendo a su señora, por la abertura de la peña (p. 384).

Porque, la afirmación que realiza el personaje que representa la Sensualidad no deja lugar a dudas, tanto en relación a la dureza del combate ("Costarte ha") como a la finalidad del héroe-gnóstico metido en esas lides: perder "el gusto", es decir, erradicar la atracción por las vanidades del mundo. La defensa de Periandro obliga a la Sensualidad, sin embargo, a desquitarse con guerreros menos instruidos ("arrebataron siete o ocho de mis marineros"), que serán devueltos a esa misma cueva-mazmorra ("volvieron a entrarse, siguiendo a su señora, por la abertura de la peña") de donde escapó Periandro, dando comienzo a su combate contra "Sensualidad" y al *Persiles in medias res*, todo en uno.

La aparición, en el siguiente párrafo, de Auristela (la Castidad) acompañada de "La Continencia y la Pudicia", podría señalar el modo en cómo el "guerrero gnóstico" (la civilización alumbrada con esos ideales) debe combatir a la Sensualidad y, ¿así evitar la ira de los cielos sobre el género humano, es decir, que se cumpla la profecía señalada sobre la "tablachina"?

Pero antes de despertar del "sueño "relatado por el héroe Periandro, recapitulemos antes lo acontecido a fin de poder situar convenientemente los sucesos narrados en torno a la "isla soñada". En este sentido, recordemos que el "grupo de peregrinos" partía de una situación de espera (que se materializaba en la narración en los dos capítulos siete), en donde los cielos son consultados (las dos constelaciones u *Osas* en relación a *septentrio*) al objeto de distinguir en ellos las señales que les indiquen que pueden por fin abandonar la isla del rey Policarpo. Comoquiera que las estrellas no les eran todavía favorables (las dos *Osas* no giran todavía en el firmamento sobre el eje de la Estrella Polar, lo cual indica que todavía *septentrio-Polaris* no rige como guía exacta de ese norte celeste) tuvieron que posponer la partida hasta mejor ocasión estelar; lo cual, fue aprovechado por Periandro para relatar su historia, a fin de hacer más amena la espera. Sin embargo, a medida que se "enlazaban" las historias por él contadas, nos fuimos percatando de que el relato del héroe era mucho más que un simple pasatiempos, pues constituía en esencia el motivo de la tardanza: la inmadurez espiritual del "grupo de peregrinos" como personificación de la civilización, cuya conciencia colectiva no estaría todavía preparada para dar el salto evolutivo que los nuevos tiempos demandaban, enfrascados en su lucha por vencer a la Sensualidad-pasiones.

225

2.6.7. La singladura de Periandro por el Camino de las Estrellas: el paraje de Noruega

Comienza el capítulo 16 con un Periandro apenas recuperado de su "somnolencia", que, además, aún tuvo que contarle ese mismo sueño a sus compañeros de travesía y de infortunio, Carino y Solercio. Y, en ese estado que media entre la realidad y el sueño, parece que nuestro héroe retoma su historia, que le llevará de los fuegos del "cometa incandescente" del anterior capítulo a los hielos más impracticables de este que comienza. No encontramos, sin embargo, en este episodio ningún suceso maravilloso que rivalice con lo acontecido hasta ahora, en donde todo parece orquestarse en función de un minucioso plan de acercamiento a un punto "espacial" muy concreto:

> más de un mes navegamos por una misma derrota; tanto que, tomando mi piloto el altura del polo donde nos tomó el viento, y tanteando las leguas que hacíamos por hora, y los días que habíamos navegado, hallamos ser cuatrocientas leguas, poco más o menos. Volvió el piloto a tomar altura y vio que estaba debajo del Norte, en el paraje de Noruega (pp. 387-388).

Antes de emprender el análisis de este fragmento, debemos recordar nuevamente que no nos hallamos ante una novela realista al uso, sino bizantina de marcada tendencia alegórico-simbólica, y si hacemos de nuevo esta advertencia es por causa de la naturaleza del análisis que emprenderemos a continuación, y que se centrará en una expresión muy concreta que aparece en el texto: "paraje de Noruega". Definitivamente, no debe cometerse el fácil error de identificar el "paraje" al que habría llegado la expedición de Periandro con ese país escandinavo; sino, al igual que ocurriese con Bituania, considerarlo como un topónimo imaginario, cuya evidente similitud formal se derive de la intención de Cervantes de adecuar su obra según los parámetros de la verosimilitud, y así ofrecer al lector la falsa sensación de que está leyendo una obra realista.

Nos explicaremos. Creemos que tenemos razones suficientes para afirmar que la mención a "Noruega" que aparece en el texto funcionaría como una especie de "falso amigo", pues, lo que Cervantes quiere señalarnos no es un lugar concreto en el globo terrestre sino un punto en el firmamento. En este sentido, el término *Noruega* habría que considerarlo en un sentido celeste y no terrestre: como una referencia estelar que, compartiendo la misma función (orientación norte) que la Estrella Polar (*Septentrio*), serviría de referencia no solo a los marineros de otras épocas sino también a los viajeros del tiempo en la ficción cervantina, como Periandro. Y, para ello, se vale de nuevo nuestro autor del lenguaje geométrico; donde, el principio de triangulación se considera el instrumento imprescindible para determinar posiciones de puntos o medir distancias en el terreno ¿Pero, dónde se menciona en el texto este antiguo principio matemático? En varios lugares. El más evidente lo tenemos en la palabra "paraje" que antecede a "Noruega", que no se diferencia en mucho de su casi homófona *paralaje*. En tal caso, si volviésemos a leer el texto con el cambio practicado en el significante nos hallaríamos ante el "*para(la)je*[384] de Noruega", que, desde esta perspectiva astronómica, ya no señalaría con esa evidencia al país noruego; sino que se correspondería más bien con un ejercicio de triangulación o paralaje cuyo resultado podría asimilarse con una latitud norte similar a la que tiene Noruega. Pero aún no hemos terminado de definir exactamente el concepto.

Este "paralaje" al que nos referimos no solo lo podemos constatar a través de ese ejercicio de epéntesis deliberado por el que *paraje* se transforma en *para(la)je*, sino que del propio texto se deduce, a través de las mediciones que se llevan al efecto, la conformación de la figura triangular con la que tal ejercicio geométrico se identifica: "un mes navegamos por una misma derrota" (cateto menor), "tomando mi piloto el altura del polo donde nos tomó el viento" (hipotenusa), "Volvió el piloto a tomar altura y vio que estaba debajo del norte"(cateto mayor).[385] Surge, de forma inevitable, la siguiente la pregunta: ¿a qué viene, pues, que Cervantes emplease su ingenio para codificar unos procedimientos que ya eran conocidos en su

---

[384]   Es un término empleado en astronomía para referirse a la distancia a la que se encuentran las estrellas de la Tierra y consiste en el ángulo formado por la dirección de dos líneas visuales relativas a la observación de un mismo objeto desde dos puntos distintos.

[385]   Recordemos que en el soneto de Sosa Coutiño, "Mar sesgo, viento largo, estrella clara...", ya ofrecimos una interpretación alegórica en donde se vislumbraba un mismo proceso de triangulación. Véase el capítulo 1.9.

época tanto para la navegación en alta mar como para la determinación de puntos y distancias en el terreno?

Antes de contestar a esta pregunta, es importante recordar que todo el ejercicio introspectivo que realiza Periandro a través de su relato, no solo nos ha de llevar al comienzo de su propia historia literal o diegética; sino, también, a las profundidades de ese "infierno cervantino" (¿como en la *Divina Comedia* de Dante?) como único modo de presentarnos una verdad que se nos revela con dos caras: la historia de nuestra civilización (perspectiva macrocósmica) y la del hombre por transcender a su animalidad o gnosis (perspectiva microcósmica). En resumen, el relato de Periandro constituye la imagen de un gigantesco y fabuloso viaje por laberinto del ser y de sus causas.

En este orden de cosas, y habida cuenta de la importancia que la expresión "para(la)je de Noruega" tiene en este punto de nuestro análisis, creemos que tal concepto debemos situarlo, dentro de las dos posibilidades argumentales que hemos aducido más arriba, en el contexto de la historia remota de nuestra civilización. Situados, pues, en esta temática, abordaremos ahora el análisis, siempre arriesgado, de los elementos mitológicos que nuestro autor va reutilizando en el relato en relación a las diferentes naves que cruzan ese vasto océano como imagen del Universo.

Porque, tras los sucesos apocalípticos que nosotros hemos interpretado de la llegada de ese "náufrago fabuloso", acaecidos en un pasado remoto y presentados como un acontecimiento cíclico (de ahí la referencia profética al *Apocalipsis* de San Juan), el narrador nos dice que:

> Dos meses anduvimos por el mar, sin que nos sucediese cosa de consideración alguna, puesto que le escombramos de más de sesenta navíos de cosarios, que, por serlo verdaderos, adjudicamos sus robos a nuestro navío y le llenamos de innumerables despojos (p. 387).

Ciertamente, la cita se revela de una inquietante arbitrariedad, donde hasta los más reputados críticos se estrellan si se empeñan en explicar lo que no puede hacerse sino desde la perspectiva alegórica. Es el caso de Romero, que en su afán literalista llega a estas curiosas deducciones: "En dos meses, resulta a uno por día. ¿No se le ha ido la mano a C.? Pero también Periandro se muestra -y se mostrará- <<poeta socarrón>> en no pocos momentos de su relato." (n.1, p. 387). Porque, hasta el propio crítico se sorprende de lo absurdo del mensaje literalista que se desprende del fragmento analizado ¿En dónde radica, pues, el sentido de esta cita?

Si abordamos el texto desde la consideración de que nos hallamos ante un texto pleno de simbolismo, quizás logremos persuadirnos de que cuando el narrador dice: "Dos meses anduvimos por el mar, sin que nos sucediese cosa de consideración alguna", nos podría estar indicando que: *en el viaje en el tiempo (la navegación) que se está llevando a cabo hacia los orígenes de la civilización, y, desde que acaeció el último cataclismo (que fabula nuestro autor), hemos retrocedido DOS MESES en ese tiempo cosmológico sin que hallemos ningún suceso significativo que haya enturbiado el normal progreso de la Humanidad.*

En tal caso, partiendo una vez más de que el Gran Año o Año platónico (la precesión terrestre = 26.000 años aprox.) se divide, al igual que el año terrestre lo hace en meses, en otros doce signos o eras; esos "dos meses" a escala platónica se considerarían dos eras cosmológicas. Es decir, que desde que ocurrió la (alegórica) caída del meteorito (¿era de Leo: 8.500 a. C. aprox.?) hasta el punto en donde comenzará a narrar Periandro la historia de la "isla helada" habrían pasado 4.320 años o dos eras cosmológicas (2.160 x 2 = 4.320 años). Comoquiera que el relato analéptico de Periandro consiste, en lo fundamental, en un "viaje" hacia atrás el tiempo, juzgamos que Cervantes podría haber llevado su historia de la Humanidad a unos comienzos "míticos" que tradiciones de diferente sesgo han venido postulando desde antiguo: que la aventura de la civilización tiene su principio en un "mundo helado" (era de de Virgo, sobre el 12.800 a. C.).

Sea como fuere, todavía no hemos respondido a la cuestión que nos habíamos planteado en relación al concepto de paraje /*paralaje* y a la intención de Cervantes de codificar en su obra tales procedimientos astronómicos. Por ello, volveremos sobre la expresión "para[la]je de Noruega", que fue el lugar a donde llegó el navío de Periandro después de recorrer "cuatrocientas leguas, poco más o menos" (p. 388). Pues bien, no solo el número 400 (4 x 10 x 10) nos remite nuevamente al simbolismo de la materia (4) en su posición correcta (10) y en su perfección terrestre (10); sino que, en esta ocasión, nos está indicando una cifra concreta a la par que inquietante. Y, para demostrarlo necesitaremos aplicar una sencillas operaciones de cálculo en relación a la medida de longitud aportada por nuestro autor: la legua. Según se recoge en el *Diccionario de Autoridades* de 1734, tomo IV (1734):

> Legua.- Medida de tierra, cuya magnitud es mui varia entre las Naciones. De las léguas Españolas entran diez y siete y media en un grado de círculo máximo de la tierra, y cada una es lo que regularmente se anda en una hora.

De la definición aportada, se deduce la confusión que en época de nuestro autor existiría a la hora de precisar esta medida de longitud. Ahora bien, no deberemos perder de vista el factor más natural a la hora de cuantificarla: "lo que regularmente se anda en una hora", pues, en tal caso, y tras las preceptivas comprobaciones, consideramos que la distancia recorrida se situaría en torno a los 6.000 metros.[386] Sea como fuere, se nos dice que las "leguas españolas entran diecisiete y media en un grado del círculo máximo de la tierra", lo cual significaría 6,349,2 metros/legua[387]. Pero no ha de ser este el valor que haya de considerarse, pues, Pedro Rodriguez Campomanes tercia en el siglo XVIII sobre la medición de la milla, y, haciéndose eco de las palabras del Maestro Florián de Ocampo (s. XVI), concluye diciendo que: "*así que cada legua tenga 20y.* [20.000] *pies de estos tales...,,*".[388] El problema se plantea a la hora de aplicar la medida del pie; pues, esta magnitud varía según la época y el lugar de que se trate. De este modo, tendríamos en principio el llamado "pie de Burgos" de 0,2786 m., seguido del "pie romano" (0, 2957 m.), que nos darían la horquilla de la medida de la legua castellana en el siglo XVI, entre 5.572 y 5.914 m. Pero no debemos olvidar un aspecto muy importante dentro de la estructura general del *Persiles*, y es el carácter griego que asume la narración en su perspectiva profunda; lo cual, hace que debamos considerar la medida del antiguo pie griego a la hora de realizar nuestros cálculos, cuyo valor medio era de 0,3 metros.[389] Este valor, como vemos (0,3 x 20.000 = 6.000), se ajusta notablemente a los 6.000 metros que son los que en un principio señalábamos como la distancia que puede andar un hombre en una hora.

Pero al hablar de leguas también debe considerarse el medio marino además del terrestre. Dado que en la época de nuestro autor la legua marina tenía un valor de 5,555 kilómetros[390], resultaría que la navegación descrita por Periandro abarcaría un total de 2.220 kilómetros (400 x 5,555). Esta cifra no parece indicarnos nada relevante, a no ser que leyendo el *Apocalipsis* de San Juan nos fijemos en las medidas de la "Jerusalén celeste" (21:16):

> La ciudad es un cuadrado y su largura es igual que su anchura. Midió la ciudad con la medida: Doce mil estadios. Su largura, su anchura y su altura son iguales.

Comoquiera que la "isla soñada" a la que llegó Periandro: "En fin, nos desembarcamos todos y pisamos la amenísima ribera, cuya arena (vaya fuera todo encarecimiento) la formaban granos de oro y de menudas perlas"(p. 380), es muy similar a la descrita en Apocalipsis (21: 21): "Las doce puertas son doce perlas; todas las puertas están hechas de una sola perla. La plaza de la Ciudad es de oro puro, como cristal transparente.", no supondría ninguna temeridad afirmar que las medidas que aquí tratamos de dilucidar se corresponderían también con las de la mítica

---

[386]   La falta de consideración de este aspecto, creemos, constituye la causa del error en el que incurre Alfonso Navarro Blázquez, quien, dentro de su tesis doctoral, *Ruta del Quijote por Sierra Morena*, establece la medida de la legua "terrestre" en el *Quijote* mediante un exclusivo trabajo deductivo-matemático, obviando la más pedestre de las indicaciones apuntadas en *Autoridades*; pues una persona es incapaz de caminar 7,408 kilómetros en una hora (sin llegar a correr), que es la medida propuesta por este investigador: "Significa esto que la *legua común o vulgar de quatro millas antiguas* mide: *1,852 kms./milla x 4 millas = 7,408 Kms.*" Navarro, 2007, p. 60.

[387]   Navarro Blázquez, 2007, p. 60.

[388]   Rodriguez Campomanes, *Itinerario Real de las Carreras de Posta, de dentro, y fuera del Reyno...*, pp. lxxx y lxxxj.

[389]   El valor del antiguo "pie griego" oscilaba dependiendo de la época y del lugar. Por ejemplo en Egina el valor era de 0,333 metros, mientras que en Atenas era de 0,296.

[390]   La legua marina llamada "20 al grado" (1/20 de grado de meridiano terrestre) comenzó a utilizarse en España en el siglo XVII en sustitución de la legua de 17,5 al grado.

ciudad bíblica.[391] No en vano, un estadio equivale a 185 metros, que, multiplicado por los doce mil estadios de la cita bíblica daría un total de 2.220.000 metros = 2.220 kilómetros. Es decir, exactamente la misma distancia recorrida por Periandro (400 leguas marinas) para llegar hasta ese punto justo debajo del Norte (¿polo Norte, por eso el paraje que se describe en este episodio es helado, en relación también al oro cristalino[392] que conforma la "Jerusalén celeste" según el *Apocalipsis*?) y que aquí se identifica con el nombre de Noruega.

En este orden de cosas, y dado que las cuatrocientas leguas recorridas por Periandro se corresponderían con la largura de la "Jerusalén celeste" referida en el libro del *Apocalipsis*, podríamos afirmar que la expedición de "pescadores-corsarios" se ha situado, justamente, en uno de los márgenes de ese espacio mítico que recoge el libro profético. Solo nos faltaría saber con qué se corresponde ese lugar exactamente.

Y, la respuesta nos vendrá en relación a la posición del "navío" con referencia al para(la)je de Noruega: "Volvió el piloto a tomar la altura y vio que estaba debajo del Norte" (p. 388); pues, de manera harto ingeniosa, en la misma palabra "Noruega" nuestro autor habría codificado un mensaje de naturaleza cosmológica que resulta, igualmente, sorprendente. Porque, si descomponemos el topónimo Noruega en NOR-UEGA, nos encontraremos con dos referencias muy inquietantes: por un lado NOR-, que remite a la dirección NORte; y, por otro, -UEGA o -VEGA[393], que es el nombre que recibía la estrella polar que señalaba el norte celeste alrededor del año 12.000 a. C.: VEGA[394].

Pero, las sorpresas no han de acabar aquí, pues si para la determinación de la distancia que habíamos consignado anteriormente, tras la reconversión de esas "cuatrocientas leguas" (2.220 kilómetros), utilizábamos como patrón la legua náutica (5.555 metros) en razón del contexto mitológico (el mar como metáfora del Universo) al que habíamos referido la medición (la cita del *Apocalipsis* de San Juan); ahora, en función del patrón terrestre que vamos a utilizar (legua terrestre castellana = 5. 914 metros), practicaremos una nueva reconversión. Con este propósito, procederemos de nuevo utilizando las mismas sencillas operaciones aritméticas: 400 x 5.914 = 2. 365,6 Km. Esta medición, en principio, no parece aportar ningún dato revelador; claro que nosotros partimos con una ventaja con respecto a Cervantes: sabemos que la distancia de la Tierra a Vega es de 25 años luz aproximadamente ("poco más o menos"[p. 388]), es decir, 236. 518.261.814.520 kilómetros. Como vemos, la correspondencia entre la distancia en kilómetros a la estrella Vega y las cuatrocientas millas recorridas por Periandro es exacta con referencia a las cuatro primeras cifras (2365 = 2365) ¿Estaremos ante una coincidencia? Aplicando las leyes de la probabilidad nos parece prácticamente imposible. En tal caso, ¿cómo habría de conocer Cervantes la distancia de la Tierra a Vega?, y, en el mejor de los supuestos, ¿qué finalidad tendría codificar ese conocimiento en el *Persiles*?

Porque el dato de esas "cuatrocientas leguas" aportado por Cervantes no parece ser una casualidad, sino que muestra, hasta donde nosotros alcanzamos a vislumbrar, su deseo expreso de referir la historia de Periandro en relación al *Apocalipsis* de San Juan y, en particular, al simbólico advenimiento de la "Jerusalén celeste".

Recapitulemos. Si, como hemos argumentado, la expresión "paraje de Noruega" debería interpretarse no como un país nórdico sino como el paralaje Norte en relación a la estrella Vega, ¿a dónde nos habría de llevar esta afirmación? En realidad, a nosotros no nos corresponde contestar a esta pregunta, puesto que es una vez más nuestro autor quien se ha encargado de despejar esa incógnita dentro de su relato: a la Edad de Hielo.

---

[391] Se recomienda, para tener una idea más completa de lo que decimos, leer el episodio completo del Apocalipsis (21: 1-27) y compararlo con el suceso completo de la llegada a esa isla "no conocida por ninguno de nosotros" (pp. 380-382).

[392] Apocalipsis (21:18):"La estructura de su muralla es de jaspe y la ciudad es de oro puro, semejante al del puro cristal".

[393] Dado que el fonema /v/ no existía en latín, utilizándose la semivocal /u/.

[394] Vega pertenece a la constelación de la Lira y es la quinta más brillante del cielo nocturno y la segunda del hemisferio norte celeste. El nombre parece ser una evolución de la palabra árabe *waqi* que significa "cayendo" o "aterrizando". El nombre árabe apareció posteriormente en las Tablas Alfonsíes, las cuales fueron dibujadas entre 1215 y 1270. Loa asirios nombraron a esa estrella polar Dayan-same, el "Juicio del Cielo".

<<Desdichados de nosotros, que, si el viento no nos concede a dar la vuelta para seguir otro camino, en éste se acabará el de nuestra vida, porque estamos en el mar glacial (digo, en el mar helado) y, si aquí nos saltea el hielo, quedaremos empedrados en estas aguas>> (p. 388).

Es decir, el viaje de Periandro va llegando a su fin tras recorrer esas últimas cuatrocientas leguas que se corresponderían con la medida de uno de los lados de la "Jerusalén celeste"[395] (lo que significa que se introduce dentro de ella o que llega a su extremo), para situarse en el cenit de Vega (el norte como referencia del cómputo) como si fuera la manecilla de ese "reloj cósmico" señalando la hora-era exacta: la del comienzo de la civilización en el 12.000 a. C.[396] aproximadamente, coincidiendo con el final de la última glaciación denominada Würm[397].

Juzgamos, por consiguiente, que, desde una perspectiva macrocósmica esta podría ser la posible respuesta al "paralaje" cervantino en torno al término de "Noruega": situar los comienzos de la civilización en función de una medición estelar.

Porque, más allá de ese tiempo no hay sino muerte y hielo: "Desdichados de nosotros, que, si el viento no nos concede a dar la vuelta para seguir otro camino, en éste se acabará el de nuestra vida". Y, no es otra la razón por la que el narrador se refiere a esos hielos como "mar glacial", en cuanto a su interés por señalar que realmente se trata de una GLACIACIÓN (entendida como un fenómeno cíclico o cosmológico); aunque, como suele ocurrir cuando en una expresión nuestro autor dice más de lo que debiere, realiza a continuación una explicación "más realista" entre paréntesis: "(digo, en el mar helado)".

Ante este cúmulo de información que podríamos calificar de sorprendente, que, a través de nuestro análisis deductivo-alegórico nos lleva a pensar más en un erudito del Renacimiento (o incluso en un sabio de la Edad Media) que en una figura exclusivamente circunscrita al ámbito de lo literario, no podemos dejar de preguntarnos: ¿y en verdad que Cervantes sabría todo esto? Ante esta pregunta solo nos cabe una posible respuesta: ¿y qué le impediría no saberlo, pues tuvo la voluntad (curiosidad y arrojo), la formación (humanística en Italia) y la experiencia necesaria para ello (viajes, vivencias, cautiverio, religiosidad, etc.)?

A continuación, el relato se centra en las duras condiciones climáticas que el grupo de pescadores-corsarios comandados por Periandro tuvo que soportar para sobrevivir en ese paisaje helado. Es interesante resaltar cómo en el momento en que las esperanzas empiezan a flaquear: "Casi como en un instante comenzó el hielo a entumecer los cuerpos y a entristecer nuestras almas" (p. 389), una nueva y extraña visión viene a "resucitar" sus maltrechos ánimos, a pesar de lo siniestro de la imagen:

Tendimos la vista por todas partes y no topamos con ella en cosa que pudiese alentar nuestra esperanza, si no fue con un bulto negro que, a nuestro parecer, estaría de nosotros seis o ocho millas, pero luego imaginamos que debía de ser algún navío a quien la común desgracia de hielo tenía aprisionado (p. 389).

Porque, ¿acaso un "bulto negro" puede tener algún tipo de connotación que lo relacione con la salvación o con algún concepto similar que signifique un alivio para esos desdichados marineros? Nosotros, en principio, no lo encontramos. No parece, pues, que nuestro autor haya estado muy acertado en esta ocasión a la hora de infundir ánimos a sus pescadores al límite de sus esperanzas. A no ser que ese objeto oscuro que se cita señale a una realidad más compleja de la que pueda deducirse de su literalidad. Porque, "bulto negro" remite a la imagen de *una masa inerte de color oscuro*, es decir, una metáfora de la muerte. Además, la visión que se transmite de una mancha negra en medio de un paisaje completamente blanco (helado) constituye un emblema muy evidente en la expresión simbólica de la experiencia gnóstica: la muerte y la resurrección. En tal caso, como viene siendo preceptivo, el paisaje helado que se

---

[395] "La ciudad es un cuadrado y su largura es igual que su anchura. Midió la ciudad con la medida: Doce mil estadios. Su largura, su anchura y su altura son iguales" Apocalipsis 21: 16. Es decir, las cuatrocientas leguas marinas (espaciales) recorridas por Periandro.

[396] "Esto nos lleva inmediatamente al final de la era de Virgo, a la era de Leo, en la que tradicionalmente la Humanidad, que sale de la época glacial que termina con al era de Virgo, vuelve a encontrar la luz y toma de nuevo posesión de su dominio natural, los verdes territorios y las animadas aguas." Poësson, 1976, p. 222.

[397] El último período glacial empezó hace unos 110.000 años y tuvo su apogeo hace unos 20.000. Tuvo un colapso drástico hace unos 12.000 años. Groenlandia y la Antártida retienen sus glaciares desde entonces.

nos describe podría simbolizar a la vida (la luz) y el "bulto negro" a la muerte (la oscuridad). A lo dicho, añadiremos que ese objeto siniestro se encuentra bastante alejado, a "seis o ocho millas", es decir, a unos nueve o trece kilómetros; lo cual, en principio, nos parece una distancia excesiva, no solo para distinguir a simple vista un cuerpo yerto en el hielo sino incluso la embarcación que más adelante dice el narrador que "imaginamos que debía de ser".

En tal caso, ¿a qué se estará refiriendo realmente Cervantes con esa visión casi fantasmal, que, paradójicamente, hace que los casi congelados marineros se dirijan hacia ella con fuerzas renovadas?

> Ésta [la muerte], pues, que nos amenazaba, tan hambrienta como larga, nos hizo tomar una resolución, si no desesperada, temeraria por lo menos, y fue que consideramos que, si los bastimentos se nos acababan, el morir de hambre era la más rabiosa muerte que puede caber en la imaginación humana y, así, determinamos salirnos del navío y caminar por encima del yelo y ir a ver si, en el que se parecía, habría alguna cosa de que aprovecharnos, o ya de grado o ya por fuerza (p. 389).

Si hacemos una escueta recapitulación de lo acontecido a Periandro en este capítulo dieciséis, comprobaremos que la intención de Cervantes ha sido llevar su relato profundo (alegórico) a dos lugares muy concretos en función de la perspectiva empleada: macrocósmica y microcósmica. En el primer caso, ha quedado suficientemente argumentada su intención de remitir la historia de Periandro a esos comienzos helados que marcarían el comienzo de la odisea de la Humanidad en la era de Virgo-Leo. En cuanto a la segunda perspectiva, trataremos de justificar que la entrada en la "Jerusalén celeste" que se deduce de la incursión marítima de Periandro, podría interpretarse como la experiencia gnóstica del marinero-peregrino en un escenario equivalente a ese mítica "ciudad-templo" celeste: ¿una ruta de peregrinación considerada como un itinerario sagrado desde la más remota antigüedad, y que podría identificarse con lo que hoy en día se conoce como Camino de Santiago?

Volviendo a la pregunta que nos hacíamos más arriba, en relación al por qué el grupo de Periandro se dirige, en tal caso, hacia la muerte simbolizada en ese "bulto negro"; diremos, ahora desde una perspectiva microcósmica, que nuestro autor no solo no se ha equivocado al colocar, paradójicamente, un símbolo oscuro como faro para guiar a sus personajes, sino que acierta otra vez y de la manera más sutil: sin ser apercibido. Porque, en esos "pescadores-peregrinos" casi congelados, nosotros vislumbramos, de forma preliminar, la alegoría del funesto destino de la Humanidad, que, sin embargo, podría tratar de corregirse con determinación y valentía: la que demuestra Periandro y su grupo de marineros al abandonar la incierta seguridad de su barco encallado en los hielos y salir en busca de esa esperanza depositada en la visión lejana de ese "bulto negro". Porque, ¿acaso ese "bulto negro" no marcaría el final (aparente) de ese recorrido de muerte, que es el Camino de Santiago que lleva hasta la tumba del Apóstol, y que es la vía elegida por el nauta-peregrino para alcanzar la "vida eterna"?

Situados en este punto del relato en el que el mito parece, nuevamente, fundirse con la realidad, y perseverando en nuestra tesis acerca de la intención que habría de tener Cervantes de mostrar que el concepto de "Jerusalén celeste" es de naturaleza psicológica (dentro de la perspectiva microcósmica), en relación a ese estado de idealidad que habría de alcanzar el místico transitando esa ruta sagrada de peregrinación; juzgamos que el "bulto negro" aludiría a la popular reliquia u osamenta que se custodia (supuestamente) en la catedral de Santiago de Compostela: fin del recorrido de peregrinación "programado" desde desde la rama literalista-ortodoxa del cristianismo (el catolicismo), que no desde la heterodoxa (el cristianismo primitivo o gnóstico), que se halla en el océano (unos kilómetros más allá).

En tal caso, el grupo de gnósticos encabezado por Periadro, alertados de que el "bulto negro" no simbolice el final de ese camino de iniciación (debido a la mala acogida con que son recibidos), sino, más bien, una meta artificiosa colocada poco antes de la verdadera y con la finalidad de engañar-frenar a las hordas de peregrinos en su intención soteriológica; sabe que su camino debe pasar obligatoriamente por allí.

Y ese "bulto negro", que luego el narrador afirma de que se trata "de otro navío, que lo era casi tan grande como el nuestro" (p. 389), en relación a la tradicional asimilación que suele hacerse de una iglesia o templo con una embarcación (¿la propia catedral compostelana?), sí que resultaría visible por los pescadores-peregrinos desde esas "seis u ocho millas" de distancia a la que estaban en el momento de partir.

Al final de la cita que más arriba hemos transcrito, observamos cómo nuestro autor, de una manera que ya suele ser habitual en su dialéctica, trata de ofrecer una explicación "razonable" o verosímil a fin de no mostrarse excesivamente "transparente" en sus heréticas conjeturas. Con este propósito, hace decir a su narrador en relación al "bulto negro": "pero luego imaginamos que debía de ser algún navío a quien la común desgracia de hielo tenía aprisionado" (p. 389); donde, la justificación se centra ahora en aclarar que no da lugar a entenderlo de otro modo, pues solo se trataría de algo tan común por esas latitudes como lo es un navío atrapado en los hielos. Sin embargo, la maestría del príncipe de los ingenios es tal, que, en el mismo punto en donde rebate un argumento con manifiesta objetividad, se reafirma su contrario. Nos referimos a la circunstancia de que la imagen que proyecta un barco atrapado en los hielos se identificaría aún más con la visión que proponíamos nosotros de lo representado por el templo compostelano, pero ahora sumándole un nuevo matiz: el que se desprende de la circunstancia de su apresamiento en los hielos, que aportaría un sentido de impotencia o falta de aliento ante su principal finalidad: "la navegación", entendida alegóricamente como la ocupación principal de quien se dedica a la verdadera búsqueda espiritual ("Navegar es necesario. Vivir no es necesario").

¿A dónde queremos llegar a parar con esta deducción? Fundamentalmente, a expresar las intenciones que habría de tener Cervantes al suscitar la idea de que el último bastión del catolicismo en la ruta jacobea, representado por la ciudad de Santiago de Compostela ("el navío al que la común desgracia del hielo tenía aprisionado"), no puede dispensar la salvación a los hombres; pues, no solo su simbolismo que excluye al océano como meta lo invalida,[398] sino que, además, el propio texto lo expresa de manera muy visual: la imagen de no poder navegar al estar bloqueado en los hielos.

Comoquiera que nuestros argumentos puedan resultar demasiado alambicados y nuestras deducciones sorprendentes, en función de nuestro empeño por mostrar la voluntad de Cervantes por desmentir verdades que en su tiempo parecían inmutables, y que aquí podrían apuntar a una hipotética falsedad u orquestación (político-religiosa: teocrática) maquinada desde Roma-Francia (la orden de Cluny) por controlar el *finisterrae* europeo cortando la vía natural de peregrinación jacobea a la altura de Santiago de Compostela; aportaremos el testimonio de Michel Moner, que, en el contexto del análisis de un pasaje del *Quijote* (el episodio de *don Santiago*, II, 58), argumenta que la ironía de Cervantes podría dejar en evidencia la veracidad de la figura del Santo compostelano:

> La imagen de Santiago que nos transmiten los textos cervantinos no se puede considerar como irreverente, pero lo cierto es que tampoco resulta muy halagüeña. Su aparición en el *Quijote*, bajo la forma de una talla de madera estimada en unos cincuenta ducados, viene envuelta en comentarios de don Quijote y reparos de Sancho, que no carecen de cierto humor y resultan por lo menos ambiguos (II, 58) [...] ¿Abogaría Cervantes a favor de don Santiago por boca de don Quijote? ¿O se burlaría de la creencia en las supuestas apariciones y hazañas celestes del Matamoros?[399]

Nos hemos remitido a este artículo de Moner, pues consideramos que constituye un aval de nuestros argumentos, al cuestionarse la dimensión mito-histórica que la ortodoxia católica viene ofreciendo del Santo Compostelano; es decir, tal y como se desprende del episodio del *Quijote* donde se descubre (¿tras el velo de la alegoría?) una talla del Santo.[400]

En resumen, juzgamos que lo simbolizado por el "bulto negro" no haya de ser el final del

---

[398] Acabar el camino de iniciación con una muerte (Santiago de Compostela) sin posibilidad de resurrección (la llegada al océano), constituye un grave atentado contra la Tradición del misterio de la muerte y resurrección"; pues anula el ritual convirtiendo su final compostelano en una farsa carente de sentido trascendente.

[399] Moner, 2000, pp. 604-605.

[400] "Rióse Don Quijote y pidió que quitasen otro lienzo, debajo del cual se descubrió la imagen del patrón de las Españas a caballo, la espada ensangrentada, atropellando moros y pisando cabezas". *DQ*, II, p. 648. Como puede apreciarse, la risa previa de don Quijote y el acto de quitar el velo-disfraz a la talla, sugieren, sin necesidad de cábalas ni esfuerzos imaginativos, una clara intención del narrador por cuestionar aquello que con tanto fervor religiosos se venera. No en vano, nuestro autor acompaña la descripción con una antítesis de lo que cabría imaginarse que es un santo: ¿un guerrero ensangrentado cercenando sin piedad cabezas de moros?

recorrido de nuestros peregrinos en la vía del gnosticismo (cuyo final sería el océano: el *finisterrae*), pero sí el de un cristianismo literalista centrado en las formas externas de la religión.

Nos hallamos, pues, en una encrucijada en donde el héroe civilizador Periandro debe decidirse ante lo que se revela como la dicotomía universal: arriesgarse o dejarse morir, es decir, ¿seguir mirando para otro lado mientras el destino vaticinado se precipita sobre la Humanidad o asumir la responsabilidad de la salvación sacrificando los placeres del cuerpo ("Sensualidad") en beneficio del espíritu?:

> Este peligro sobrepuja y se adelanta a los infinitos en que de perder la vida me he visto, porque un miedo dilatado y un temor no vencido fatiga más el alma que una repentina muerte (p. 389).

Dicho a la manera en que Cervantes nos presenta estos mismos argumentos: ¿debe quedarse Periandro y su pescadores a esperar una muerte cierta o por el contrario debe salir al encuentro de esa muerte misma (el "bulto negro") como único modo de hallar la vida?

Las razones que justifican nuestras hipótesis y que relacionan este episodio helado del *Persiles* con al Camino de Santiago o Camino de las Estrellas son:

1. La voluntad de Cervantes de referir el itinerario recorrido por los pescadores-peregrinos en relación a un camino marcado en las estrellas es manifiesto; pues, no solo la estrella Vega constituye ese final a través de la expresión numérica de su paralaje, sino que su situación en el firmamento se corresponde también con esa idea de término que preside la narración: Vega se encuentra en la constelación de Lyra en el extremo occidental de la Vía Láctea, también llamada Camino de las Estrellas o Camino de Santiago. Es decir, que el recorrido introspectivo que realiza Periandro de su propia historia narrada hacia esos comienzos de la Humanidad, sería una proyección de la que el peregrino realiza hacia el fondo de sí mismo.

2. El relato de la visión del "bulto negro" a una distancia de seis u ocho millas de su barco, como símbolo de la única esperanza de salvación del grupo de marineros es, sin duda, otra de las pistas más evidentes para identificar la ruta compostelana; pues, la expresión "bulto negro", como ya se explicó, alude a un difunto, por lo que no costaría un gran esfuerzo imaginar que lo que estuvieran observando desde su barco fuese aquella otra nave: la de la Iglesia portadora de las reliquias que en época de Cervantes constituiría una especie de faro al que todos los peregrinos (ortodoxos y heteredoxos) se dirigirían. Y, entre esos "faros" de la cristiandad, ninguno como Santiago de Compostela supo atraer hacia sí a esas legiones de andantes devotos deseosos de postrarse ante el más famoso de los "bultos negros": el apóstol Santiago.

En cuanto a la determinación de esas seis u ocho millas que separan a nuestros peregrinos del "bulto negro", aplicaremos el patrón o milla náutica que tiene un valor de 1,852 metros, lo que daría una distancia de unos once o quince kilómetros. En tal caso, esta sería la distancia desde la que Periandro nos dice que vio el "bulto negro" (¿las torres de la catedral compostelana?), que, además, sabemos que la visual la trazó desde el punto en el que su navío encalló con una ¿montaña de hielo?:

> "Apenas hubo dicho esto, cuando sentimos que el navío tocaba por los lados y por la quilla como en móviles peñas, por donde se conoció que ya el mar se comenzaba a helar, cuyos montes de hielo, que por dentro se formaban, impedían el movimiento del navío" (p. 388).

Pues bien, dado el conocimiento que tenemos del terreno en relación al lugar señalado, el único punto desde el que se puede observar la catedral de Santiago a la distancia indicada es el llamado Pico Sacro[401], que, no solo está situado dentro de esos márgenes aludidos; sino que, además, podría asimilarse a una montaña de "hielo", pues está formado enteramente de mineral de cuarzo.

3. En la determinación que muestra el narrador de salirse de la seguridad simbolizada por su barco para, a riesgo de su vida y de sus pescadores, adentrarse por la inseguridad del mar helado en busca de sus esposas, nosotros vemos una alegoría del ideal del gnóstico-peregrino: "y, así, determinamos de salirnos del navío y caminar por encima del yelo y ir a ver si, en el que se

---

[401] Lugar muy relacionado con el mito de la aparición de los restos del apóstol Santiago, y en cuyos dominios se decía que habitaba la fabulosa reina Lupa.

parecía, habría alguna cosa de que aprovecharnos, o ya de grado o ya por fuerza" (p. 389). Porque, la simpleza que entraña el rito de peregrinar esconde el mayor y más complejo de los misterios, por eso en todas las tradiciones orales y literarias se alude a ello de manera virtuosa, heroica y/o caballeresca (¿caballero andante?). Otros datos aparecen en esta cita para reforzar nuestros argumentos jacobeos, como lo son la naturaleza helada del medio ("yelo"): agua en forma de piedra, que lo relaciona con la mítica barca de piedra de la leyenda de la *Traslatio.*[402] Más adelante, alude a la posibilidad de que en esa meta (el "bulto negro") podría haber "alguna cosa de que aprovecharnos", pero, lo dice con tal ironía que ello mismo es prueba de su desconfianza; lo cual confirma el sentido que nosotros hemos manifestado en relación al "cuestionado" papel de Santiago de Compostela dentro del contexto de los antiguos misterios del cristianismo primitivo.

4. En la siguiente cita: "Púsose en obra nuestro pensamiento y en un instante vieron las aguas sobre sí formando, con pies enjutos, un escuadrón pequeño, pero de valentísimos soldados" (p. 389), interpretamos que el grupo de pescadores-peregrinos ha emprendido el mítico camino hacia Santiago de Compostela; pues, al igual que Jesús en la *Biblia*[403], se alude a que caminan sobre las aguas, dotando al itinerario, por asimilación, de un carácter sagrado.

5. A continuación, se nos describirá la llegada a ese destino compostelano tan mitológico como real: "y, siendo yo la guía, resbalando, cayendo y levantando, llegamos al otro navío, que lo era casi tan grande como el nuestro" (p. 389). Es decir, con este final en un barco tan grande y helado como el de la partida, se nos proyecta la imagen de un itinerario acotado por dos barcos empedrados (helados) de similares proporciones, uno al comienzo de la ruta y otro en el supuesto final (o final engañoso); pero que no dista mucho del verdadero (el océano), por lo que puede llegar confundirse. En tal caso, este acotamiento pétreo de un itinerario igualmente petrificado, ¿no se relacionaría de algún modo con los dos milagros pétreos que balizaban el comienzo (Este) y el final (Oeste) del itinerario iniciático tradicional (La Virgen del Pilar en Zaragoza[404] y la Virgen de la Barca en la costa gallega)[405]?

6. Pero había gente allí, es decir, no son los únicos peregrinos que habrían llegado a ese barco símbolo de esa muerte entendida como final (artificioso o parcial) del camino de iniciación (Santiago de Compostela); lo cual, es señal de que ese lugar es un punto de paso obligado de todo peregrino-pescador independientemente de su nivel de conocimiento doctrinal (ambos son cristianos: unos literalistas y otros gnósticos)[406]. Además, los que allí se encuentran parecen defenderlo desde lo alto en clara alusión a la imagen arquetípica del castillo asediado por el héroe que quiere tomar posesión de él. Quizás, en la tercera de las preguntas que lanzan los defensores, como si se tratara de un arma arrojadiza ("a voces comenzó uno a decirnos"[p. 389]), encontremos la clave del significado de lo que Cervantes nos querría transmitir: "¿Venís, por ventura, a apresurar nuestra muerte y a morir con nosotros?"

Porque, no es difícil vislumbrar en la imagen que proyectan esos altivos defensores de luto riguroso (el "bulto negro"), a un catolicismo arrogante y poderoso, aunque consciente de la proximidad de su final cosmológico[407] ("¿Venís por ventura, a apresurar nuestra muerte...?; que, encaramado al último baluarte de un gnosticismo *ligth* y viendo venir a los representantes del antiguo pacto con la divinidad (Periandro y sus pescadores), pregunte con soberbia y falsa

---

[402]   Nombre que recibe la leyenda alusiva del traslado de los restos del Apóstol desde Jerusalén hasta Padrón.

[403]   Mateo, 14: 22-33.

[404]   Popularmente conocida como "La Pilarica", constituye una advocación mariana de la Iglesia católica, cuya imagen se venera en la Basílica del Pilar de Zaragoza. La leyenda sobre sus orígenes se relaciona, como no podría ser de otro modo, con el apóstol Santiago; pues, sobre la columna o pilar de jaspe que dejó María a su paso por Zaragoza, Santiago y los siete primeros convertidos de la ciudad edificaron una primitiva capilla de adobe junto al río Ebro.

[405]   "La aparición de María a Santiago en su etapa de predicación de la fe en Hispania tiene lugar en Muxía y en Zaragoza, siendo difícil datar cuál de las leyendas es más antigua, pero en todo caso están directamente vinculadas. Salen de un mismo taller de confección de leyendas para el pueblo, con mimbres populares y clásicos." Lema, 2007, pp. 144-145.

[406]   Esa misma filiación cristiana que relaciona a unos y otros se comprueba en la circunstancia de que el navío al que llegan "era casi tan grande como el nuestro" (p. 389), por lo que el episodio sería también extrapolable a la realidad contemporánea que apunta al conflicto religioso que se dirime en época de nuestro autor entre literalistas-católicos y alegóricos-reformadores.

[407]   En relación a la tradicional asimilación de la era de Piscis con el cristianismo, cuyo primer símbolo, como se sabe, fue el pez.

condescendencia sobre los motivos de la llegada de los que de sobra saben qué han venido a buscar (a sus mujeres = restituir la salvación de sus almas). Y, no de otro modo ha de interpretarse, en nuestra opinión, la segunda parte de la pregunta: "¿...y a morir con nosotros?"; pues, los defensores del "bulto negro", sabedores de la proximidad del fin del cristianismo que habría alumbrado su era, así como del papel protagonista que habían ejercido como guías de la civilización occidental, consideran que ya está todo hecho (que la civilización, por unos caminos o por otros, ha llegado a donde tenía que llegar), y, por esa razón, hacen saber a su sitiador, Periandro, que es inútil seguir luchando por la bandera de un cristianismo que se extinguirá con la era que lo vio nacer.

7. La llegada y toma del navío se salda con un desenlace muy liviano: "arremetieron al navío, y casi sin recibir herida, le entraron y le ganaron" (p. 390), lo cual, constituye otro indicio a sumar en relación a que Santiago de Compostela ("el bulto negro") no pueda ser considerada como esa meta mística que el catolicismo se arroga para sí; pues, esa falta de un mayor sentido agónico y/o trascendente en el relato del choque entre ambas fuerzas (recordemos el gnóstico episodio de Sulpicia) carece del tradicional tono que suele darse a todo "centro de laberinto" como *axis mundi* de la religión que sea.

Y ese es el motivo por el cual Periandro no encuentra allí al objeto de su búsqueda, a pesar de que ese era el navío de corsarios que había escapado con su amada Auristela y el resto de las mujeres. El enfado y la desesperanza de Periandro al saber que el navío ("bulto negro") está vacío del contenido trascendente que tradicionalmente se le atribuye (las esposas = la salvación) es patente: "<< ¿Adónde tenéis, ladrones, nuestras almas? ¿Adónde están las vidas que nos robastes? ¿Qué habéis hecho de mi hermana Auristela, y de las dos, Selviana y Leoncia, partes, mitades de los corazones de mis buenos amigos Carino y Solercio?>>" (pp. 390-391).

Porque, de la primera de las preguntas se sugiere el latrocinio que los cristianos literalistas hicieron a los alegóricos del patrimonio de la salvación de las almas en los primeros tiempos del cristianismo (que ya fue oficial a partir del Concilio de Nicea), que, además, vuelve a escenificarse mil años después (en torno al final del primer milenio) con la usurpación de la única ruta iniciática-pagana que se había conservado más o menos pura en Occidente.[408] No es de extrañar, por tanto, que Cervantes centre el escenario de sus veladas reivindicaciones religiosas en el último vestigio vivo de esa antigua espiritualidad: el Camino de Santiago o de las Estrellas; el cual, no nos canseremos de repetir, atraviesa la parte ¿septentrional?[409] de la Península -permítasenos la ocasión del refrán- *de cabo* (el de Creus, en el extremo nororiental) a *rabo* (el del perro que conforma la constelación que lleva su nombre[410] y que ocupa en el firmamento una zona próxima al extremo occidental de la Vía Láctea o Camino de Santiago).[411]

En cuanto a las otras dos preguntas proferidas por un Periandro presa de la desesperación: "¿Adónde están las vidas que nos robastes? ¿Qué habéis hecho de mi hermana Auristela, y de las dos, Selviana y Leoncia, partes, mitades de los corazones de mis buenos amigos Carino y Solercio?", interpretamos, en conjunción con la primera que ya habíamos analizado, que nos hallamos ante un desgarrado testimonio del íntimo sentimiento de condena al que se ve relegada la civilización occidental, tras serle arrebatada mediante engaños la única causa digna que justifica la frase "vivir no es necesario, navegar sí es necesario": el Grial (las esposas).

Y, dentro de este contexto mítico-religioso habría que situar la respuesta que le da uno de los marineros: "<< Esas mujeres pescadoras que dices las vendió nuestro capitán, que ya es muerto, a Arnaldo, príncipe de Dinamarca>>"(p. 391); donde, nosotros atisbamos la presencia del poder

---

[408] En relación a la usurpación que hizo la Orden de Cluny, a partir de fines del siglo X, de lo que hoy conocemos como Camino de Santiago o Camino francés, véase el capítulo 3.6.11.

[409] El signo de interrogación obedece a nuestra intención de señalar la conexión que podría establecerse entre el título de la obra (*Historia septentrional*) y la voluntad de Cervantes de introducir ese espacio geográfico (el Camino de Santiago) como escenario mítico en donde narrar la doble experiencia macro-microcósmica en curso.

[410] *Canis Major*, cuya estrella principal, Sirio, es la más luminosa del cielo y, curiosamente, ocupa el lugar situado en la boca de ese perro imaginario con el que suele representarse la constelación.

[411] En relación a esta antigua tradición que establece un recorrido en el norte peninsular como imagen de la trayectoria que describe La Vía Láctea en el firmamento, Louis Charpentier dice lo siguiente: "Además, tradicionalmente, el camino de Santiago es la Vía Láctea, denominación de este aparente reguero de estrellas que atraviesa nuestro cielo hasta la constelación del Can Mayor[...]. Pues bien, los dos regueros de estrellas existen y se extienden desde el Mediterráneo al Atlántico. Siguen exactamente dos líneas paralelas dirigidas de Este a Oeste". Charpentier, 1974, pp. 31-32.

temporal representante de esa teocracia que se adueñó del patrimonio de la salvación de las almas en aras del buen gobierno de sus reinos y de, solo quizás, ¿un mejor momento histórico para llevar a cabo el necesario cambio de rumbo de la civilización?

Compostela, pues, en cuanto a la función que le ha sido otorgada desde círculos literalistas (el catolicismo) como centro de un laberinto engañoso (sin Minotauro), no-resucitador del peregrino, en la senda exclusivamente de una fe que excluye el concierto del Conocimiento, es vista por Cervantes, según nuestras deducciones, como una especie de siniestra sucursal ("bulto negro") de Roma. Y ese es, en nuestra opinión, el mayor de los engaños que nos quiere transmitir nuestro autor: morir sin saber que se ha vivido una vida en vano. Latrocinio, este, que sí parece ser consabido por Periandro, pues, a las mismas puertas del navío alza su "voz": "¿A dónde están las vidas que nos robastes?"

8. Finalmente, recordemos la interpretación que hacíamos de la incursión de esas 400 leguas de Periandro por ese océano universal como símil de la "Jerusalén celeste", cuya largura de de 2.200 kilómetros, ¿acaso no podría asimilarse, de igual modo, con la largura del recorrido que debe realizar el peregrino por esos antiguos senderos sagrados hasta conseguir el estado óptimo que le garantice su "despegue trascendente"?

Pero dejemos por ahora el relato gnóstico que nos acerca cada vez más a esa gran verdad que esconde este libro póstumo de Cervantes y que lo relaciona con la peregrinación jacobea, y pasemos de nuevo al contexto histórico; pues, dado que las mujeres raptadas (Auristela, Cloelia, Selviana y Leoncia) habían sido vendidas al príncipe de Dinamarca, ¿deberíamos interpretar, ahora dentro del contexto contemporáneo de Cervantes y en función de la asimilación que venimos efectuando entre Arnaldo y los Austrias, que estos primeros monarcas hispano-germanos tuvieron la llave de la salvación de la civilización occidental?

Cervantes, que sabría de las dificultades de sus lectores contemporáneos (y qué decir de los que leerán su obra cuatro siglos después) para no perder el hilo argumental de esta bizantina historia introspectiva, no duda, al final de este capítulo 16, en avisarles, al menos, de la complicación que alcanza en este punto el laberíntico discurso narrativo:

> - ¡Válame Dios -dijo Rutilio en esto-, y por qué rodeos y con qué eslabones se viene a engarzar la peregrina historia tuya, oh Periandro! (p. 391).

2.6.8. Del incendio de la isla de Policarpo a la isla de la Ermitas

Y, comoquiera que la expedición de esos "nuevos argonautas" ha llegado con éxito a la "última" escala de su viaje náutico en el tiempo y en el espacio, la narración vuelve a su presente en el palacio del rey Policarpo para mostrarnos que, gracias a ese ejercicio de introspección analéptica del héroe Periandro, se ha conseguido hallar la salida de la isla que los tenía sometidos. Y, esa liberación se representa en el relato como un choque de dos naturalezas contrarias, pues, de un paisaje helado se pasa al incendio del palacio de Policarpo, cuyo desastre será maquinado por el propio monarca como ardid para evitar la fuga de su deseada Auristela, con arreglo a estos términos:

> de allí a dos noches, tocasen un arma fingida en la ciudad y se pegase fuego al palacio por tres o cuatro partes, de modo que obligase a los que en él asistían a ponerse en cobro, donde era forzoso que interviniese la confusión y el alboroto, en medio del cual previno gente que robasen al bárbaro mozo Antonio y a la hermosa Auristela (p. 392).

Descuella de esta cita y del resto del episodio que la completa, cierto eco histórico en relación a la rememorización de un suceso que, debido a su gran trascendencia dentro de la historia de esos comienzos romanos del cristianismo, habría sido lo suficientemente importante como para ser alegorizado como parte de la historia intradiegética de Periandro. Nos referimos al Gran incendio de Roma en época del emperador Nerón en el año 64 de nuestra era.

En varios lugares del texto se nos ofrecen pistas que nos inducen a sugerir tal hipótesis:

1º. Aunque, del relato de los hechos históricos transmitidos a través de diferentes fuentes, no se sabe ciertamente quién fue el responsable del incendio, la tradición culpa al emperador Nerón del envío de hombres a incendiar la ciudad; lo cual podría extrapolarse a los acontecimientos narrados: "Dos hombres que tomaron a su cargo encender el fuego del palacio le tuvieron también de apagarle" (p. 395).

2º. Según el político e historiador romano Tácito, en el incendio ardieron cuatro partes o distritos de los catorce que tenía la ciudad: "y se pegase fuego al palacio por tres o cuatro partes".

3. Historiadores como Suetonio y Dión Casio cuentan que Nerón observó el fuego mientras cantaba el *Iliou persis* (Saqueo de Troya) y tocaba la lira. En este sentido, el simbolismo que define a Sinforosa (sinfonía: el canto) y a Policarpa (recordemos que tocaba el arpa)[412] podría asimilarse a la visión que se nos presenta de un rey exultante ante el crimen perpetrado. Otras versiones sitúan a Nerón tocando ese instrumento musical en lo alto de la torre de Mecenas. Y, no de otro modo encontramos al rey Policarpo subido en una torre: "Salteólas en esto el rey, su padre, que quiso ver de la alta torre también, como su hija, no la mitad, sino toda su alma que se le ausentaba, aunque ya no se descubría"(p. 395).

4. La magnitud del suceso y el descontento que provocó en la población hizo que Nerón lo aprovechase para culpar a los cristianos como autores del incendio, expulsándolos de Roma y comenzando una caza indiscriminada y cruel contra ellos: "acudió a mandar [Policarpo] que todos los baluartes y todos los navíos que estaban en el puerto disparasen la artillería contra el navío de los que en él huían, con lo cual de nuevo se aumentó el estruendo y el miedo discurrió por los ánimos de todos los moradores de la ciudad, que no sabían qué enemigos los asaltaban o qué intempestivos acontecimientos les acometían" (p. 393).

Podríamos presentar más pruebas, aunque estas nos parecen las más relevantes. Sea como fuere, el motivo de la inclusión en el relato de Periandro de este suceso que conmocionó a la capitalidad del mundo occidental en los comienzos del cristianismo, podríamos interpretarlo desde diferentes perspectivas. Dentro del contexto cosmológico que nosotros venimos refiriendo, el incendio de Roma significaría el fin de un época y el comienzo de otra que renacería sobre las cenizas de la primera: el tránsito de Aries a Piscis.

Históricamente, la ocasión del gran incendio de Roma le sirve a Cervantes para mostrar que, en los comienzos del cristianismo, la propia Roma, que luego pasará a fundirse con la Iglesia católica de la mano del emperador Constantino I a través del Edicto de Milán en 313, fue su mayor depredador. En tal caso, este incendio puede considerarse como la excusa perfecta para justificar la intención de Roma de sacudirse de un huésped no deseado (el cristianismo primitivo), según se desprende del relato de las acusaciones que señalan a Nerón como inductor[413].

Una vez referida la información histórica en torno al famoso episodio, y, comoquiera que el propio Policarpo confesaba practicar la religión católica[414] (la de Roma), tenemos suficientes elementos a nuestro favor para pensar que el incendio urdido por el emperador romano se asimile al de la isla de nuestro relato; y que, en función de este paralelismo, la inquina hacia los verdaderos cristianos se vuelva ahora hacia Periandro y sus seguidores.

Sea como sea, la expedición de Periandro tiene que salir como fugitiva de la "ciudad" ("se hicieron todos un montón y, puestos delante los varones, siguiendo el consejo de Policarpa, hallaron paso desembarazado hasta el puerto" [p. 393]) y perseguida a tiro de cañón; pues, nuestros "peregrinos" simbolizan el germen de aquel cristianismo gnóstico-primitivo o "verdadera religión". Porque, no debemos olvidar que lo que se unirá a Roma algo más de dos siglos después ya no será cristianismo, sino catolicismo. Y, en este sentido debe entenderse la confabulación entre Roma y ese "cristianismo" adaptado -digamos- para la ocasión imperial, en firme oposición contra el mismo cristianismo puro del que deriva; el cual, escondido o exiliado, no olvida ni al autor de la masacre (Roma) ni la traición de su propio hermano doctrinal (el cristianismo literalista).

Dentro de este contexto, de claras reminiscencias mitológicas en relación a esos turbulentos comienzos del cristianismo, resulta evidente la influencia que para Cervantes pudo tener el episodio de Caín y Abel que se relata en el *Génesis*; donde, los acontecimientos referidos por

---

412   "cantando al son de una arpa" (p. 294).

413   La historiografía cristiana sitúa a este hecho como la raíz de la primera persecución a los cristianos.

414   "-Después, ¡oh hija mía!, que me faltó tu madre, me acogí a la sombra de tus regalos, cubríme con tu amparo, gobernéme por tus consejos y he guardado, como has visto, las leyes de la viudez con toda puntualidad y recato, tanto por el crédito de mi persona como por guardar la fe católica que profeso (p. 304).

nuestro autor podrían condensarse en torno a esos dos polos arquetípicos (el bien y el mal): el asesinato de Abel (el cordero = el ideal) a manos de Caín (el lobo = lo material). Una misma versión más actualizada del mito la tenemos en ese otro asesinato "fundacional"[415]: el de Rómulo (el ideal) a manos de Remo (lo material), que, además, le serviría a nuestro autor para escenificar la traición que supuso para la Humanidad el asesinato del "ser espiritual"(el hombre por el sendero de la búsqueda espiritual) a manos de su hermano "pasional" (el hombre desviado del camino marcado por la divinidad), dentro del contexto del mito que inaugura la evolución de la civilización occidental en la nueva era de Piscis: la fundación de Roma. Y Cervantes así lo manifiesta cuando, en el momento en que el escuadrón de peregrinos se halla libre en su "saetía", hace decir a su narrador:

> Los del navío, viéndose todos juntos y todos libres, no se hartaban de dar gracias al cielo de su buen suceso. De ellos supieron otra vez los traidores desinios de Policarpo (p. 395).

Porque la misma traición amorosa se desarrolla tanto en la lectura literal como en la alegórica, solo que el referente amoroso cambia, en la primera es pasional y en la otra espiritual. Sin embargo, nuestro autor, en este segundo contexto, aunque parezca en un principio que carga las tintas contra un catolicismo traidor a sus orígenes (el de Policarpo), en realidad se muestra condescendiente, como si quisiera atenuarlo; en la creencia de que aquellos obrarían siguiendo los dictados de su fe, que, aunque equivocada, no puede achacarse a un delito doloso, sino a su tradicional ignorancia:

> pero no les parecieron tan traidores que no hallase en ellos disculpa el haber sido por el amor forjados: disculpa bastante de mayores yerros, que, cuando ocupa a un alma la pasión amorosa, no hay discurso con que acierte ni razón que no atropelle (p. 395).

Y, tras la huida en el barco, que, por su ligereza y su forma intuimos que no solo los sacaba de la isla en llamas sino que, de manera alegórica, también los desplazaba por el tiempo[416], la expedición llega a la isla de las Ermitas.

Comoquiera que el narrador, antes de arribar a las costas de la isla de las Ermitas, nos informa de la duración de la singladura: "Tres días duró la apacibilidad del mar y tres días sopló el próspero viento, hasta que al cuarto, a poner del sol."(p. 395), suponemos que esos fueron los días que tardaron en llegar en el contexto de una lectura literal. Sin embargo, dado que resulta una forma bastante arbitraria de expresar que han pasado tres días, pues da la sensación de que hayan pasado seis (tres y tres), creemos que la expresión temporal no sea aquí el parámetro que debamos interpretar, sino que pueda tratarse de una especie de ejercicio cabalístico que haya que realizar sobre esa cifra con alguna finalidad simbólica.

Y, todo apunta a que esta nueva interpretación esté en relación con la llegada a esa mítica isla. No en vano, el final del viaje introspectivo de Periandro, huyendo de esa isla en apariencia civilizada bajo el gobierno del católico rey Policarpo, le ha llevado hasta las profundidades de la doctrina que sustenta la base mistérica del cristianismo gnóstico: el movimiento eremítico. Dentro de este contexto doctrinal, al que Cervantes nos ha conducido de la mano de su protagonista, es donde podríamos interpretar esa "gratuita" reiteración numérica que se produce en el texto ("Tres días duró la apacibilidad del mar y tres días sopló el próspero viento, hasta que al cuarto, a poner del sol."); pues, creemos que se trata de un ardid de Cervantes para que practiquemos una operación, pero no de tipo aritmético sino cabalístico: 3 y 3 = 33, que, como se sabe, son los años que vivió Jesús,[417] alegorizados en el tiempo que duró "la apacibilidad del

---

[415]   Dentro de este mismo tema mitológico podríamos incluir al mito griego de los Dióscuros: Cástor y Pólux.

[416]   El nombre del barco, *saetía*, es casi homófono de *saeta* (flecha); lo cual se relaciona tanto con el vuelo como con el tiempo mitológico: Cronos = el arquero. Además, siempre que el narrador se refiere en el texto a esta embarcación enfatiza estas connotaciones aéreas: "vio volar la saetía donde iba la mitad de su alma"(p. 394), "El navío vuela, sin que le detenga la rémora de tu voluntad" (p. 395).

[417]   La edad de Cristo al morir (33 años) no deja de ser el producto de una convención, pues en ningún pasaje de la Biblia se especifica concretamente la edad en el momento de su muerte, ni tampoco existe un estudio deductivo que lo certifique de manera categórica. En tal caso, podría pensarse que es la cifra la que se adecua al óbito y no al revés. No en vano, la tradición simbólica del número 33 no es escasa en alusiones de naturaleza religioso-metafísicas: los años que gobernó el rey David, los cantos de cada una de las tres partes en que se divide la Divina Comedia de Dante, o, ya en nuestra época, el grado más alto de la Masonería, etc.

mar" y "el próspero viento", antes de los episodios de su Pasión y Muerte en la Cruz: el mayor suplicio de un gnóstico para liberar su alma y, no debe olvidarse, también, el mayor ejemplo de cómo transcender por esa vía eremítica o vía de la renuncia del "Yo" físico (*eidolon*) en beneficio del "Yo" espiritual (*daemon*).

Además, en refuerzo de esta hipótesis tendente a interpretar los acontecimientos relatados en el texto cervantino en relación al final de la vida de Jesús, en la misma cita se hallan nuevas cifras que operan en este mismo sentido anagógico; como por ejemplo: "hasta que al cuarto, a poner del sol" (p.395), donde, el número cuatro simboliza tradicionalmente a la cruz (los cuatro brazos), que es el símbolo del final del camino del gnóstico ("a poner del sol"), como lo será también de la singladura de Periandro.

En resumen, la lectura que podríamos realizar de la cita: "Tres días duró la apacibilidad del mar y tres días sopló el próspero viento, hasta que al cuarto, a poner del sol", sería la siguiente: *hasta los 33 años vivió-navegó (Jesús) por la senda del conocimiento de la unión (religare) de las cosas de arriba ("tres días sopló el próspero viento") con las de abajo ("tres días duró la apacibilidad del mar"), hasta que gracias al "suplicio máximo" ("hasta que al cuarto") pudo finalmente ("a poner del sol") alcanzar la vida eterna.* Es decir, ¿una forma cifrada de aludir al sacrificio gnóstico por antonomasia en la tradición occidental: el bíblico de Jesús?

Porque, si continuamos el relato de los hechos, tras identificar la identidad del personaje que se esconde tras la cifra "tres y tres" (33), veremos cómo:

> comenzó a turbar el viento y a desasogarse el mar y el recelo de alguna gran borrasca comenzó a turbar a los marineros, que la inconstancia de nuestras vidas y la del mar simbolizan en no prometer seguridad y firmeza alguna largo tiempo. Pero quiso la buena suerte que, cuando les apretaba este temor, descubriesen cerca de sí una isla, que luego de los marineros fue conocida, y dijeron que se llamaba la de las Ermitas (pp. 395-396).

Es decir, que después de ponerse el sol y tras la pertinente tormenta, circunstancias atmosféricas que anuncian metafóricamente el "despegue espiritual" ("Al punto el velo del Templo se rasgó en dos partes de arriba y abajo; la tierra tembló y las piedras se resquebrajaron")[418], el relato no continúa como así podría sugerirse según la descripción ortodoxa de los evangelios en relación a la muerte de Jesús en la Cruz; optando nuestro autor por un final menos trágico y más esperanzado, en relación a la doctrina gnóstica, con la arribada del héroe, sano y salvo, a la isla de la Ermitas.

En conclusión, esta versión alegórica de los hechos bíblicos que nos propone Cervantes por boca de Periandro, nos lleva a considerar el tradicional óbito de Jesús en la Cruz, dentro del contexto del gnosticismo inmerso en el cristianismo primitivo, como equivalente de la "muerte mística", salvando las distancias, que experimentaría el sacrificado ermitaño en su camino de iluminación.

Porque, si proseguimos la interpretación de la cita, podría deducirse que esos seguidores de Periandro, imagen de aquellos primeros protocristianos, víctimas del desconcierto ante los graves acontecimientos en torno a la nueva religión que se estaba formando tras la muerte de su Maestro, encontraron "cerca de sí una isla, que luego de los marineros fue conocida, y dijeron que se llamaba la de las Ermitas" (p. 396); es decir, que esos primeros seguidores del mensaje de Jesús encontrarían "cerca de sí" mismos (en las propias enseñanzas mistéricas o íntimas que les habrían sido transmitidas por Jesús) el camino de salvación que sus almas anhelaban (simbólicamente, "una isla"), fundado sobre los antiguos misterios gnósticos que todos los seguidores de esa religión aspiraban a conocer, aunque no todos lo harían al mismo grado.

El texto nos lleva a un punto en el que se sugiere la existencia de dos vías diferentes emanadas del mismo tronco fundacional del cristianismo, pues, en esa misma isla de las Ermitas que se cita: "estaban dos calas capaces de guarnecerse en ella de los vientos" (p. 396), nuestro autor, irónicamente, nos estaría informando, a través de esa dos "calas" o puertos seguros donde detener la navegación ("la búsqueda espiritual"), de las dos corrientes espirituales emanadas del movimiento eremítico: ortodoxa o desviada (el monje) y heterodoxa o pura (el eremita).

De lo señalado hasta ahora en relación a la isla de de las Ermitas, podríamos intentar realizar un esfuerzo de síntesis, a fin de poder focalizar el trasfondo real de la inclusión de este episodio

---

[418]   Evangelio de San Mateo 27, 51. Relato de lo que sucedió en el momento de expirar Jesús.

de temática doctrinal. En resumen, el episodio comienza con una navegación alegórica referida a los comienzos de la religión que se funda sobre el sacrificio de un mártir o maestro espiritual que nosotros identificamos con la figura de Jesús. A continuación, esa navegación se vuelve tempestuosa hasta la arribada a una isla (la idea de salvación espiritual) caracterizada por sus dos calas (dos formas de entender esa salvación atendiendo al diferente grado de implicación o compromiso del individuo). Allí arribarán los distintos barcos, según su filiación, a cada una de las dos calas o doctrinas (ortodoxia y heterodoxia).

Nos resulta bastante probable, tras la reconducción interpretativa llevada a cabo, considerar que todo el episodio de la isla de las Ermitas remita también, como ya vimos en relación al "bulto negro", a una realidad muy concreta: el Camino de Santiago. No en vano, el apóstol Santiago, figura muy próxima a Jesús, también padeció el martirio que simboliza la "renuncia máxima" del iniciado o eremita[419]. Además, la vida pública de Santiago se correspondería con esos turbulentos tiempos inmediatos a la muerte de su Maestro (la tempestad que se describe en el relato), en los que, tras su ajusticiamiento, y según nos ha sido transmitido a través de su leyenda (la *Traslatio*), su cuerpo fue trasladado desde Jerusalén en una barca de piedra hasta un lugar "sagrado" de la costa gallega (¿navegación y arribada a la isla de las Ermitas?): el antiguo lugar sagrado de la costa del Fin del Mundo en Galicia. No en vano, ¿acaso no se nos dice que la expedición marítima de Periandro "Llevaban la mira de su viaje puesta en Inglaterra" (p. 395), pero que ante el temor de una tormenta buscaron refugio en esa isla de las Ermitas, que, en tal caso, se hallaría antes de llegar a Inglaterra; como es el caso de la costa gallega, situada en medio de esa tradicional singladura que, desde el Mediterráneo (la Palestina origen del mito de la *Traslatio*) y bordeando las costas atlánticas de la península ibérica, se dirige hacia Inglaterra?

Con el tiempo, la meta gallega de esa vía de peregrinación creada desde antaño para transitar la vía del Conocimiento (la navegación mística) se escindió en dos (las dos calas): a una de ellas llegarían los "barcos" fletados de la ortodoxia católica (Santiago de Compostela) y a la otra los del gnosticismo heterodoxo (la costa de la Muerte o Finisterre), a pesar de que ambos pertenecerían al tronco común del cristianismo.

Una vez hemos identificado la isla de las Ermitas y las dos calas que la expedición de Periandro ha divisado, ahora, solo nos faltaría saber quién son esos dos ermitaños con los que se encuentran:

> Dijeron también que, en una de las ermitas, servía de ermitaño un caballero principal francés llamado Renato y, en la otra ermita, servía de ermitaña una señora francesa llamada Eusebia, cuya historia de los dos era la más peregrina que se hubiese visto (p. 396).

Resulta evidente, en nuestro contexto interpretativo, que la historia amorosa de los ermitaños Renato y Eusebia, a caballo entre el amor humano y el amor divino, habitando cada uno de ellos en una ermita diferente dentro de la misma isla "sagrada"; represente a cada una de las facciones o grupos que nosotros habíamos señalado más arriba en relación a las dos calas de la isla: la ortodoxa o catolicismo (Eusebia) y la heterodoxa o cristianismo primitivo (Renato).

Un dato importante a considerar es la filiación francesa de ambos ascetas, lo que los relaciona directamente con el Camino de Santiago o, también llamado, Camino Francés; dado que fueron los franceses quienes cristianizaron la vía (ya utilizada en la antigüedad pagana) a través de los monjes cluniacenses a partir del segundo milenio de nuestra era.

Y con este convencimiento, extraído de la información hábilmente codificada por el ingenio de nuestro autor, nos hallamos en situación de continuar la aventura introspectiva de un Periandro que, cada vez, se nos revela más Cervantes de lo que cabría suponerse. No de otro modo, algunos de los personajes más "celebrados", que se mueven en esta historia en torno a las directrices del narrador protagonista, rehusarán a participar en el episodio de la isla de las Ermitas quedándose en el navío, pues:

> fue parecer del bárbaro Antonio que él y su hijo y Ladislao y Rutilio se quedasen en el navío guardándole, pues la fe de sus marineros, poco experimentada, no les debía asegurar del modo que se fiasen dellos. Y, en efeto, los que se quedaron en el navío fueron los dos Antonios, padre e hijo,

---

[419]   Fue decapitado en Jerusalén por orden de Herodes Antipas en el año 44 de nuestra era.

con todos los marineros, que la mejor tierra para ellos es las tablas embreadas de sus naves: mejor les huele la pez, la brea y la resina de sus navíos que a la demás gente las rosas, las flores y los amarantos de los jardines (p. 397).

En nuestra opinión, la actitud manifestada por los cuatro personajes "gnósticos" que se quedan en el barco (los dos Antonios, Ladislao y Rutilio) constituye una reivindicación o denuncia de la pureza de la doctrina originaria, frente a la caricatura en que se ha convertido el movimiento eremítico: desviado paulatinamente desde la completa libertad de los primeros ermitaños (como San Antonio Abad) que no se sometían a ninguna Regla más que a la estrechez impuesta por las paredes de su cueva, hasta la paradójica reclusión del monje en los monasterios. Y, eso es, en nuestra opinión, lo que está denunciando nuestro autor a través de la renuncia de sus personajes a desembarcar, que, además, lo explica con los motivos que ellos mismos aducen (verdaderos ermitaños) para no pisar la isla de las Ermitas (¿los conventos?): "mejor les huele la pez, la brea y la resina de sus navíos que a la demás gente las rosas, las flores y los amarantos de los jardines"[420]. Es decir, una clara defensa de la vida austera del ermitaño en la cueva frente a la holgada del monje en el convento.

Pero esta cita que cierra el capítulo 17 preparándose para la sorprendente (más si cabe) revelación final, todavía nos ha de deparar alguna que otra sorpresa; pues, como podremos comprobar, nuestro autor parece que se ha olvidado de nombrar a Ladislao y a Rutilio, que han pasado a engrosar las filas de la anónima marinería. En tal caso, el narrador prescinde de estos personajes de manera intencionada para centrarse en "los dos Antonios", el padre y el hijo, como si fueran los capitanes de ese navío en ausencia de Periandro, que sí ha desembarcado en la isla. Y, no iremos muy desencaminados a la hora de destacar el protagonismo que asumen los "Antonios" en el relato que acontece; pues, estamos convencidos y así lo argumentaremos, de que esa intencionada focalización no tiene otro objeto que resaltar la doble figura histórica de San Antonio Abad, apodado "Antonio el Padre", y de San Antonio de Padua, conocido en España como "Antonio el Mozo".

Porque, la relación que habría de establecerse entre estos dos personajes históricos, apodados "el Padre" y "el Mozo" (asimilado con "el hijo"), con nuestros Antonios, padre e hijo, del relato cervantino, resulta ser de una simetría absoluta. No en vano, ambas parejas de personajes representan en sus respectivos contextos (histórico y ficcional) al verdadero sentido eremítico de los primeros cristianos frente al desvío que supone la transformación de un ermitaño (libertad) en un monje (prisión).

Y es este, justamente, uno de los puntos fuertes en la reforma espiritual que, tanto Cervantes, de manera velada o alegórica en su literatura, como los movimientos protestantes organizados al efecto (Erasmo, Lutero), denuncian frente a un clero cada vez más acomodado y desviado de sus planteamientos originales.

2. 6. 9. El reino glacial del rey del Grial

Bien parece, según la propia revelación de Periandro, que su relato introspectivo se va acercando al final:

> Los trabajos que yo hasta ahora aquí he padecido imagino que han llegado al último paradero de la miserable fortuna y que es forzoso que declinen: que, cuando en el estremo de los trabajos no sucede el de la muerte, que es el último de todos, ha de seguirse la mudanza, no de mal a mal, sino de mal a bien, y de bien a más bien; y éste en que estoy, teniendo a mi hermana conmigo,

---

[420] La comparación que nos ofrece Cervantes a un nivel olfativo resulta ser de una minuciosa genialidad; pues, el hecho de que el parámetro a aplicar sea el sentido del olfato, nos induce a considerar que se trata de una comparación en esencia (espíritu) o en profundidad. En cuanto a los elementos que se comparan, a pesar de la evidente rudeza de unos (los marineros) y la amenidad de los otros (los jardines terrestres), que señala abiertamente la aspereza de la verdadera búsqueda espiritual frente a las bondades de la vida retirada o conventual; existen otros rasgos que vienen a matizar cuanto decimos. En este sentido, tanto la pez, la brea como la resina son sustancias que se emplean con la finalidad de impedir que el agua penetre en el interior de la embarcación (extrapolado a un contexto místico tendría una función vital, pues evitan que el hombre naufrague), mientras que las flores no tienen más objeto que satisfacer el deleite de los sentidos (son completamente inoperantes). En tal caso, nuestro autor deja muy bien sentada la diferencia entre unas formas activas y otras contemplativas de asumir la vía de la liberación de las almas: la vía eremítica o "antoniana" frente a la vida monástica, respectivamente.

verdadera y precisa causa de todos mis males y mis bienes, me asegura y promete que tengo que llegar a la cumbre de los más felices que acierte a desearme (p. 398).

En verdad que esta cita nos parece de una pasmosa sinceridad, pues no de otro modo Periandro se confiesa victorioso de sus muchos combates espirituales que, si bien, hasta ahora no han acabado con él, es señal inequívoca de que es digno de merecer la mayor de las recompensas: el goce de la compañía de su "hermana" (la mitad de su alma: Auristela).

Y, tras confesar su merecido estado en la senda de la plenitud espiritual, Periandro afronta la última parte de su relato en el que vislumbramos, *a priori*, una escenificación de ese sentimiento de victoria sobre las pasiones, que podría resumirse con la llegada a un extraño reino en el que se gana el favor de su rey como materialización del símbolo de ese sentimiento de triunfo o conquista: ¿acaso no sería esta, en sus líneas maestras, una nueva versión del cuento del Grial?

Quizá el cuento no lo sea tanto -a tenor del celo de nuestro autor a la hora de encriptar sus mensajes- como verosímil haya de ser el Grial. Intentaremos, dentro de nuestras limitaciones, acercarnos lo máximo posible a este mítico símbolo que constituye, en nuestra opinión, el clímax de toda la aventura marítima de Periandro en estos dos primeros libros.

Continúa, pues, en este capítulo 18 la historia que quedó en suspenso al final del 16, con Periandro y sus "pescadores-corsarios" tomando posesión de la nave recién asaltada (el "bulto negro") presa de los hielos. En relación con esta circunstancia y al objeto de poder encarar con la suficiente claridad el episodio que ahora nos ocupa, diremos que, desde una perspectiva gnóstica, la imagen que proyecta Periandro y sus pescadores tomando al asalto el oscuro navío tras la mítica caminata por encima de las aguas (hielo) que lo separaba de su propio barco helado, simbolizaría, según dijimos, la llegada del peregrino a esa meta "artificiosa" (dentro de los postulados gnósticos, no así de los ortodoxos), que además es sentida como una conquista o triunfo (engañosos) sobre la propia conciencia o yo-terrenal.

En este sentido, y comoquiera que nos hallamos en un escenario alegórico muy concreto, podríamos afirmar que todo el episodio encuentra su refrendo cuando se lo compara con la experiencia de la peregrinación compostelana. Ahora bien, dado que para el catolicismo Santiago de Compostela constituye el final de ese camino de iniciación (la muerte simbolizada en la osamenta jacobea o "bulto negro"), ¿acaso con esta actitud no se trataría de impedir la posibilidad de acceder a la nueva conciencia proclamada en el ritual mistérico o verdadera peregrinación? En efecto, esa es la razón por la que Periandro y su grupo abandonará el barco (Compostela) y por la que, de manera inversa, los que allí se encuentran no solo no lo harán; sino que tratarán de disuadir a quienes lo pretendan.

En conclusión, nos reafirmamos en la idea que querría proyectar Cervantes con este increíble episodio surgido al amparo de su irrenunciable compromiso humanista: que el barco varado o "bulto negro" no simboliza el final del recorrido de peregrinación mejor conservado de Europa y en plena forma en época de Cervantes), sino que se trata de una especie de "barrera" previa con la función de detener a los "navegantes" y evitar que prolonguen su marcha hacia la herética luz del Conocimiento en la costa de Finisterre.

Pero antes de abandonar esa "artificiosa" nave (el "bulto negro"), Periandro nos ofrece una visión inquietante:

> a deshora y de improviso, de la parte de la tierra, descubrimos que sobre los hielos caminaba un escuadrón de armada gente, de más de cuatro mil personas formado. Dejónos más helados que el mismo mar vista semejante, aprestando las armas, más por muestra de ser hombres que con pensamiento de defenderse. Caminaban sobre solo un pie, dándose con el derecho sobre el calcaño izquierdo, con que se impelían y resbalaban sobre el mar grandísimo trecho, y luego, volviendo a reiterar el golpe, tornaban a resbalar otra gran pieza de camino (pp. 398-399).

En efecto, la visión de esas gentes y en tan gran número por parte de quien no sabe de las costumbres de los "boreales" a la hora de desplazarse, debería de ser inquietante; ahora bien, la imagen alegórica que proyecta este mismo suceso no habría de dejar al lector instruido de la época de nuestro autor en mejor estado, pues descuellan del relato ciertas alusiones que nos hacen suponer que lo que está relatando el asombrado narrador no sea otra cosa que el tramo final del camino que se dirige a la meta del Grial.

¿Y dónde está aquí la Copa? ¿Y, quién dijo que el Grial habría de ser una simple copa? Puesto que ya habíamos avanzado que el nombre de Cratilo se relacionaba etimológicamente con la palabra *Grial* (Crátera), no sería ninguna temeridad suponer, puesto que todo indica que nos hallemos en el reino helado del mítico "rey del Grial", que el escenario descrito por el narrador desde lo alto de esa tumba/nave helada (Santiago de Compostela) sea el nuevo camino que le ha de llevar, recorriéndolo de una manera diferente, a ese final griálico entendido como la conquista de su propia naturaleza espiritual. En este sentido, la imagen que describe Periandro de un "ejército" avanzando de forma "extraña" por el hielo constituye una especie de visión o alumbramiento que, desde la engañosa atalaya de ese navío, ilumina el pensamiento del héroe oscurecido como estaba ante la presencia del "bulto negro".

En este orden de cosas, cuando leemos que el suceso que se relata ocurre "a deshora y de improviso", deberíamos entender que esta especie de alumbramiento le sobreviene al místico cuando menos se lo espera. No de otro modo, la visión tuvo que ser del todo sorprendente: "de la parte de la tierra, descubrimos que sobre los hielos caminaba un escuadrón de armada gente, de más de cuatro mil personas formado". Nótese cómo Periandro en su descripción nos alerta de que el grupo de esquiadores no viene en la misma dirección que la empleada por ellos (de los hielos), sino que lo hace "de la parte de la tierra"; lo cual, nos induce a pensar que la percepción o naturaleza del lugar del que vienen es completamente diferente (inverso) al lugar que ahora ocupan (el "bulto negro"). Resuena, pues, ya en esta circunstancia preliminar, cierta intención de señalar un cambio de naturaleza que tal itinerario entraña: de los hielos (muerte) a la tierra (vida).

Porque, cuando dice que vieron venir: "un escuadrón de armada gente", donde, el epíteto (armada gente) es ya un indicio de que nuestro autor no se refiere a un ejército al uso, sino que ese "escuadrón" habría que considerarlo desde la propia subjetividad del término que lo complementa ("armada gente"), podría estar aludiendo a una sucesión ininterrumpida (camino de peregrinación) de gentes armadas (preparadas intelectual y espiritualmente) que se encaminan hacia un combate muy particular: el espiritual a través de la verdadera peregrinación con término en la costa oceánica.

Incluso, en la misma cita en la que se describe el característico avance por los hielos de ese escuadrón de "armada gente", atisbamos cierta intención de remitir la escena a la experiencia de la peregrinación: "Caminaban sobre solo un pie, dándose con el derecho sobre el calcaño izquierdo, con que se impelían y resbalaban sobre el mar grandísimo trecho, y luego, volviendo a reiterar el golpe, tornaban a resbalar otra gran pieza de camino". Porque, en nuestra opinión, la imagen del grupo deslizándose sobre unas tablas (esquiando) se revela, tal y como es referido por el narrador, como una especie de avance -dicho popularmente- "a la pata coja", que es una forma simbólica de referirse a recorrer los caminos de iniciación. En este sentido, la imagen que se proyecta al deslizarse sobre un solo pie resbalándose con un objeto de madera, ¿no podría asimilarse al andar de un cojo apoyándose en un bastón, es decir, que ese avance "a una sola pierna" remita al caminar del peregrino, que, gracias a la ayuda de su inseparable bastón de madera, pueda recorrer esas increíbles distancias? Una larga tradición sustenta este misterio,[421] no exento de comicidad, por otra parte, en la versión que Cervantes nos ofrece. No en vano, ¿quién habría de percibir la gravedad del asunto donde se enseñorea el "calcaño" y se sugiere la "pata coja" ("Caminaban sobre solo un pie")? Sea como fuere, la idea que transmite ese escuadrón de esquiadores es la de que avanzando de ese modo, como montado en un caballo/cábala de madera (los esquíes = ¿el caballo Clavileño del *Quijote* = el báculo del peregrino?), se pueden recorrer grandes distancias (místicas) en muy poco tiempo.

Continua el relato de esa visión fabuloso-trascendente, no exenta de verosimilitud, donde nuevos símbolos, cada vez de mayor altura conceptual, vienen a sumarse a los que ya hemos analizado, amenazando con llegar a un punto climático que haga rebosar la ¿copa mítica? dejando al descubierto ¿el contenido del Grial? Y eso es, creemos, lo que se anuncia cuando el capitán de los "esquiadores" se dirige al grupo de Periandro:

---

[421] En la mitología grecorromana se sugiere de la cojera declarada del dios Hefesto, y ya en la iconografía cristiana, en la elevada nómina de santos (trascendidos espiritualmente) que son representados mostrando una pierna (la rodilla) desnuda.

243

y uno de ellos (que, como después supe, era el capitán de todos), llegándose cerca de nuestro navío, a trecho que pudo ser oído, asegurando la paz con un paño blanco que volteaba sobre el brazo, en lengua polaca, con voz clara, dijo: <<Cratilo, rey de Bituania y señor destos mares, tiene por costumbre de requerirlos con gente armada y sacar de ellos los navíos que del hielo están detenidos, a lo menos la gente y la mercancía que tuvieren, por cuyo beneficio se paga por tomarla por suya (pp. 399-400).

Porque el acto de voltear un paño blanco con el brazo sugiere la conformación visual de un círculo de color blanco, que sería lo que un observador percibe a través de la vista cuando presencia ese movimiento rotatorio. Y, ¿qué queremos decir con ello? Aparte de consabida expresión universal del deseo de paz[422], el texto podría interpretarse desde una perspectiva más compleja: como la llegada del Conocimiento que viene a invadir la consciencia del iniciado para reconducirlo por el correcto camino que le llevará a la paz (bandera blanca) de su espíritu. En cualquier caso, el lector atento, ya familiarizado con el simbolismo gnóstico empleado por Cervantes, habrá practicado la siguiente reducción: si el "bulto negro" (materia = cuadrado) era el navío a donde había llegado Periandro y sus pescadores, y el "círculo blanco" simboliza la señal realizada por el capitán del escuadrón de esquiadores para que lo sigan, ¿acaso esto no constituiría una forma sutil de comunicación, donde el iniciado debería, en este punto, acceder al tránsito espiritual simbolizado en el paso del cuadrado al círculo (la tradicional transformación simbolizada en el ejercicio geométrico conocido como la cuadratura del círculo), y que nuestro autor podría haber ocultado en la cifra simbólica de ese "escuadrón de armada gente, de más de cuatro mil personas formado", donde el cuatro-cuadrado se transforma en círculo si se le somete a un número ingente de revoluciones (4 x 1000 = 4.000) sobre su eje?

Un dato que tampoco podemos dejar escapar es la circunstancia de que el narrador nos advierta, sin que en apariencia tenga ninguna función en el relato, que el capitán de ese escuadrón de esquiadores se dirigiese a Periandro y a su grupo de "pescadores" en "lengua polaca". En este punto, y perseverando en nuestro particular deseo de economía de esfuerzos en aras de clarificar la cuestión, evitaremos situarnos frente a quien defiendan argumentos literalistas centrados en el posible uso que de esa lengua se haya podido hacer en tierras escandinavas o septentrionales, por parecernos que están fuera de lugar. La cuestión, creemos, es mucho más compleja que la simple constatación del uso de una lengua en un entorno determinado. Nos explicaremos. Dado que el representante de lo que significa ese "círculo blanco" (el paño blanco volteado) es la misma persona que en el relato se dirige en "lengua polaca" a Periandro, deducimos que entre ambos elementos (lengua polaca y paño blanco) deba de establecerse una relación de sentido; lo cual, nos llevaría a sugerir la posibilidad de que la lengua polaca habría de tener cierta competencia en la expresión de esa doctrina gnóstica que se oculta tras el simbolismo del "círculo blanco". Porque, lo que queremos proponer tiene que ver con la estrella Vega que marcaba el comienzo de la simbólica singladura de Periandro por esos mares helados o reinos del Grial, donde, la aparición del capitán que habla en lengua polaca podría aludir a un personaje especialmente cualificado en ¿el lenguaje de los polos (polaco)?, es decir, el propio de alguien versado en el conocimiento de Vega como estrella que señala el Polo Norte celeste en la era de Virgo: un iniciado. así como ¿el inicio de la *Historia septentrional* de la Humanidad?

Pero, además de la perspectiva simbólica, la filiación polaca del capitán expresada a través de su lengua podría tener una explicación desde un plano realista. En este sentido, veamos qué dice Nerlich al respecto, cuando, en relación a los motivos de la inclusión en el *Persiles* de ese otro polaco que aparecerá en el libro III, Ortel Banedre, dice lo siguiente:

Pero si es absolutamente necesario hablar del contexto histórico, tal vez habría que recordar -en notas que pretenden explicar la presencia de un polaco en un texto escrito a principios del siglo XVII y en el que uno de sus protagonistas se llama Sigismunda- que el Estado polaco fue reconstruido, tras una de las numerosas desintegraciones en el curso de su historia, por los reyes Sigismundo I, llamado el Viejo (1506-1548), casado en segundas nupcias con Bona Sforza, hija de Isabel de Aragón, y Sigismundo II (1548-1572), su hijo, llamado el Augusto, y que para lograrlo, estos dos reyes instauraron la paz y la tolerancia entre católicos y protestantes, una paz que fue

---

[422]   Ya observado en: "Pues, como yo imaginé que el navío que salía de la isla era el de los salteadores de la presa, hice poner en una lanza una bandera blanca de seguro" (p. 359).

sellada por los Estados Generales de Vilna, en 1563(...). A partir de entonces, Polonia fue el único país de Europa sin persecuciones religiosas durante aproximadamente 130 años.[423]

Sirva, pues, lo dicho en esta cita por Nerlich tanto para Ortel Banedre como para nuestro capitán de habla polaca. En este orden de cosas, puede que el motivo de la intervención del polaco capitán de esquiadores enarbolando la bandera blanca de la paz pueda deberse, además de los efectos gnósticos ya señalados, a su relación con otra paz, ahora real o histórica: la que situaría a Polonia como paradigma, en la Europa de Cervantes, de la concordia entre católicos y protestantes.[424]

Una vez más, los diferentes temas o planos semánticos se yuxtaponen en el texto, cohabitando en una armonía de formas y sentidos difíciles no solo de percibir, sino increíblemente complejas a la hora de ser codificadas con esa cohesión, sutil belleza e increíble precisión. La historia contemporánea de nuestro autor asoma de nuevo en este episodio, como una especie de reivindicación de que lo imposible (la paz entre católicos y reformadores) pueda conseguirse si existe una verdadera voluntad de afrontar juntos la responsabilidad de la salvación de la civilización.

Y, llegados a ese punto al que la lectura del relato intradiegético de Periandro nos ha conducido, el narrador vuelve a incidir sobre un personaje del que ya nos había informado de su existencia en el capítulo 14 como tío de la heroína Sulpicia: "Crátilo, rey de Bituania". Puesto que existe una relación de parentesco entre ambos (tío y sobrina), no sería de extrañar, sabiendo del celo de nuestro autor tanto por las simetrías como por la coherencia, que esos mismos lazos se mantuvieran en relación a los diferentes planos de significación que venimos señalando. A ello, deberíamos sumarle la intención del narrador de presentar al personaje desde una doble perspectiva complementaria: nombre (Cratilo) y función (rey de Bituania). Y, si avisamos sobre estos pequeños detalles que suelen pasar desapercibidos en una lectura convencional, es para, de algún modo, ir redirigiendo la comprensión que debe realizarse de esta expresión hacia un contexto gnóstico-mitológico muy concreto, donde Cervantes parece revelarse como un verdadero hierofante.

La cuestión es la siguiente: ¿quién o qué representa Cratilo, rey de Bituania? Porque, como ya dijimos, el Grial era algo más que una simple copa, sea cual fuere el personaje que derramó sus fluidos sobre ella, si es que alguien lo hizo en algún momento; pues, recordemos, aunque a veces nos olvidemos de ello, que nos hallamos ante la presencia de un mito en sus diferentes ramificaciones y/o versiones, sean estas más o menos ortodoxas (el mito de la crucifixión de Jesús) o más o menos heterodoxas (el mito de la muerte del Minotauro).

Sea como fuere, dentro de este contexto mítico, toma fuerza la idea de que no pueda existir el concepto de *Grial* sin un reino que lo sustente. Y así podría sugerirlo el narrador, como decíamos, al presentar al rey junto al reino que gobierna (Cratilo, rey de Bituania). Porque, esas aguas congeladas por las que circulan filas de "armadas gentes", ¿acaso no nos sugiere la visión de una inmensa copa de cristal[425] en cuyo interior evolucionan o caminan "sobre un solo pie" los héroes de una clase especial de "caballería andante" en busca de las aventuras que les hayan de procurar el favor de sus amadas? Dicho de manera más prosaica, ¿no simbolizaría la "Copa" el escenario en donde el peregrino-ermitaño sufrirá el preceptivo ritual del suplicio en su camino o búsqueda del Conocimiento/iluminación? Porque, si la Copa solo es el continente, es decir, el reino helado del rey Cratilo, la "sangre mezclada con agua", que, según el relato del mito haya de llenar el Sagrado Cáliz, solo puede significar una cosa: el símbolo del sacrificio de Periandro y sus "pescadores" en busca de sus almas (Auristela, Leoncia y Silvana).

Alcanzado este punto en nuestra exégesis, es hora de que emprendamos el análisis del controvertido ¿topónimo? que ha venido centrando -según decíamos- los únicos debates que para un amplio sector de la crítica ha suscitado la presencia del vocablo *Bituania* en un contexto

---

[423] Nerlich, 2005, p. 319.

[424] A este respecto, la llamada Iglesia Reformada Menor o Hermanos Polacos, fue una corriente espiritual de base cristiana, pero considerada herética, difundida por el pensador y reformador italiano Fausto Socino e inspirada en las ideas de su tío Lelio Socino. Esta doctrina, que es de carácter antitrinitario, se pronunció en Polonia durante cien años, fundándose una Universidad y una importante imprenta que permitía la difusión de sus obras por toda Europa.

[425] La relación que existe entre el mar helado del reino de Cratilo y el mar de cristal descrito en el Apocalipsis de San Juan (4: 6) es manifiesta: "Delante del trono había como un mar de vidrio, como de cristal."

marcadamente "septentrional". Porque Bituania es el reino de Cratilo, por lo tanto, y sin más preámbulos, debemos considerar que el concepto de *Grial* está íntimamente relacionado con la Bituania persilesista. No la literalidad, pues, sino el sentido alegórico, es lo que debería trabajarse si queremos hallar la respuesta a la última gran pregunta que nos plantea el relato introspectivo de Periandro: ¿donde se encuentra Bituania? La respuesta no puede ser otra: en el pasado, en el presente y en el futuro.

Comenzaremos por el pasado histórico, porque Bituania no solo se asimila fonéticamente a Lituania, sino también a Britonia (y a Britania), que fue una de la sedes episcopales del reino arriano de los suevos en el noroeste de la península ibérica. Como vemos, la presencia de los antiguos pueblos que habitaban la Península (sobre todo los visigodos) es una constante en esta obra. Y ello, a parte de la voluntad de nuestro autor por rememorar el glorioso pasado godo, se debe aquí, fundamentalmente, a un punto muy concreto: mostrar cómo un suceso capital, ocurrido en el reino visigodo de Toledo dentro del contexto político-religioso, tendría su correlato en la España de los primeros Austrias. Como dice Nerlich comentando otro pasaje del *Persiles*:

> Evocar pues -como lo hace Persiles- el pasado de Toledo, la gloria de España, a los godos, así como la conservación y resurrección "de católicas ceremonias", quería decir obligatoriamente: evocar al mismo tiempo el recuerdo del primer cisma de la religión cristiana, y - si se quería seguir siendo buen español católico y no falsificar por tanto la historia - necesidad de relativizar la importancia del cisma de la época.[426]

Justifica el crítico la visión que habría de tener Cervantes del cisma godo, relacionándolo con la información proporcionada al efecto por el *Tesoro* de Covarrubias:

> Lo cierto es que el gran humanista hace explícitamente y sin el menor equívoco lo que el texto de Cervantes impone no menos claramente: establece, por una parte, un paralelo entre los arrianos y los protestantes, y con eso entre el cisma de aquella época entre el arrianismo y el catolicismo, y entre el cisma de su momento entre el protestantismo y el catolicismo por otra.[427]

Pero dejemos de momento a los visigodos y vayamos a los suevos. Porque Britonia no solo fue una sede episcopal más dentro de las diecinueve en que se dividía el antiguo reino del noroeste peninsular, sino que su situación, al norte de Galicia, constituía a través del cabo Estaca de Bares (nombre actual) el punto *más septentrional* de la península ibérica. Y ya tenemos, de manera preliminar, una Britonia-Bituania situada no en un norte cualquiera, sino en la parte norte del extremo occidental de toda la "tierra conocida" (el *finisterrae*).

En relación a la historiografía oficial, la fundación de este asentamiento de población de los suevos podría deberse a la insólita llegada de un grupo de celtas romanizados a finales del siglo V o principios del VI procedente de las islas Británicas (Britania), que huían de los anglosajones que en ese momento estaban conquistando Gran Bretaña. Pero existen otras versiones que circulan en un entorno más popular en relación a estos mismos hechos, por ejemplo, la leyenda irlandesa de Los Hijos de Milé, que situaba los orígenes irlandeses en el norte de España y no al contrario, que es lo que parece asegurar la historia "oficial". Hoy en día, autores como Bryan Sykes, afirman que la mayoría de celtas británicos proceden de una tribu ibérica de pescadores que habría cruzado el océano hace unos 6.000 años.

No descartamos, pues, que Cervantes, teniendo los conocimientos necesarios sobre la historia de los godos en la Península, haya podido utilizar el termino Bituania para señalar este enclave gallego de Britonia y, en particular, las estrechas relaciones que habría de mantener con su vecino ribereño de la isla de Britania.

Pero vayamos a la época visigoda del rey Leovigildo, porque este monarca fue uno de los grandes reyes godos que, aparte de reunificar el reino y protagonizar, junto con sus dos hijos, el primer cisma del cristianismo; tuvo el privilegio de pasar a la historia por ser también el monarca que acabó con el reino de los suevos tras su victoria en 585 sobre el rey Audeca.

---

[426] Nerlich, 2005, p. 107.
[427] Nerlich, 2005, p. 108.

En resumen, y con la intención de reforzar la unidad temática (en sus dos perspectivas: macrocósmica y microcósmica) que relaciona todo el relato intradiegético de Periandro con ese final que se anuncia en el "reino helado" de Cratilo, diremos que, tanto la referencia jacobea al Grial (Cratilo), como la histórica a la Britonia (Bituania) de origen suevo, como la que pasa por ser la referencia geográfica más genuinamente Norte de toda la *Historia septentrional* (el cabo de Estaca de Vares), coinciden en una misma zona geográfica: la Galicia española. Además, como testimonio de lo arraigada de esa tradición que sitúa a la Bituania/Britonia gallega como "patria del Grial", tenemos el legado del emblema que define al pueblo gallego desde hace más de ocho siglos.[428]

Pero los paralelismos y/o asimilaciones no acaban aquí, pues, como viene siendo habitual en la dialéctica cervantina, un mismo significante suele señalar a diferentes realidades; aunque siempre relacionadas las unas con las otras al objeto de reunir, en aras de ese sentido unificador, una información completa o universal de aquello que se pretenda definir como resultado de una experiencia intelectiva pluridimensional. Siguiendo, pues, esta compleja retórica persilesista, el fenómeno polisémico hace que retomemos nuestra atención sobre el vocablo *Bituania*; donde, a la expresada argumentación en torno al pueblo suevo de Britonia y su vecino costero Britania, deberíamos sumar la que se deriva de su relación con el casi homófono *Betania*.[429]

Alertados, pues, de la posible existencia de una relación que habría de articularse en función de su eufonía, ¿a qué podría deberse el empleo de esta localidad bíblica en este preciso momento de la aventura griálica de Periandro? La respuesta a esta pregunta podría realizarse desde el papel que se le atribuye a Betania dentro del contexto de la historia de Jesús; pues, en un sentido figurado, la llegada de Periandro al reino del Grial (de Cratilo) podría asimilarse a la Ascensión de Jesús a los cielos llevada a efecto en la citada localidad bíblica. Pero, además de esta simetría que relacionaría dos lugares geográficos, Betania y Bituania (Britonia = Galicia), en función de una misma idea de ascenso espiritual fundamentada sobre la doctrina del gnosticismo; tenemos también que la localidad de Betania señalaría a un personaje bíblico cuya existencia está rodeada tradicionalmente de un halo de misterio y de incomprensión: la figura de María de Betania, en cuanto a la asimilación que suele hacerse de este personaje como María Magdalena[430], y que ha pervivido en diferentes mitos y tradiciones como símbolo de una especie de Grial vivo o receptora (la Copa) de la verdadera esencia del Grial.

Continuando con la relación Betania/Bituania, y una vez analizado el aspecto espacial (ubicación) en donde convergen ambos conceptos: Betania > lugar de Ascensión de Jesús = Grial = reino de Cratilo < Bituania; nos ocuparemos ahora de la afinidad en un plano de mayor subjetividad: el mítico-espiritual, pues es aquí donde observamos una mayor dificultad: Betania-Bituania = María Magdalena o María de Betania = ¿la copa o contenedora del Grial?

Comoquiera que este espinoso tema, a caballo entre el mito y la historia, ha venido perviviendo en multitud de leyendas y tradiciones desde fechas que podrían remontarse a los primeros siglos del cristianismo, y, por tanto, es mucho y muy variado lo que se ha escrito sobre ello, intentaremos no salirnos del guión alegórico que nos propone Cervantes, y que, en nuestra opinión, se centraría en la asimilación de la figurara de María de Betania con María Magdalena como símbolo detentador del reino de Cratilo (el Grial).

Para tratar de situar la cuestión, realizaremos un breve recorrido sobre este mito muy difundido de la descendencia de Jesús en relación a la figura de María Magdalena o de Betania, que, como ya se avanzó, desde una perspectiva simbólica podría representar al recipiente (Copa simbólica) que habría de recoger la esencia del Salvador (el agua y la sangre que mana de la

---

[428]　El actual escudo de la Comunidad Autónoma de Galicia porta un gran cáliz dorado rodeado de siete cruces sobre fondo azul. En la parte superior de la copa aparece una Sagrada Forma circular de color blanco.

[429]　Es el nombre con el que en la Biblia se alude a dos localizaciones: la primera señala a la aldea situada a dos kilómetros y medio de Jerusalén en el camino hacia Jericó, y donde vivían Lázaro, Marta y María, y la segunda se corresponde con un lugar al este del río Jordán donde Juan bautizaba. En relación al primer caso, diremos que fue en la aldea de Betania donde se produjo el episodio de la Ascensión de Jesús a los cielos cuarenta días después de su resurrección, y que se recoge en los evangelios de Marcos y Lucas 24: 50-52, así como en Hechos de los Apóstoles.

[430]　"Hay razones de peso para pensar que la Magadalena y la mujer que unge a Jesús son una misma persona. Nos preguntamos si esta persona podía ser también la misma que María de Betania, hermana de Lázaro y de Marta. ¿Era posible que esas mujeres que, en los evangelios, aparecen en tres contextos distintos fueran en realidad una misma persona? La Iglesia medieval ciertamente opinaba que sí, y lo mismo hacía la tradición popular. Hoy en día muchos eruditos bíblicos son de la misma opinión. Hay pruebas abundantes que confirman esta conclusión." Baigent, Leigh y Lincoln, 2005, p. 472.

herida del costado del Crucificado); es decir, dicho de manera más prosaica: ¿un vástago del linaje de Jesús?

Porque, desde una perspectiva menos mitológica y más humana, si se analiza con rigor crítico e imparcialidad el episodio de María Magdalena dentro del texto bíblico, no tardaremos en persuadirnos de que la visión más extendida que se nos ha transmitido sobre este personaje quizás no sea la más verosímil, siendo necesario, al menos, replantearse una versión más consecuente con los hechos relatados.[431] Y, en esta dirección se encamina la cita que sigue a continuación, donde varios investigadores, después de analizar una serie de trabajos en relación a la estrecha amistad declarada en la Biblia entre Jesús y María Magdalena, concluyen:

> Los indicios apuntan abrumadoramente a la conclusión de que Jesús fue un hombre casado que engendró una familia, y no solo por cumplir la ley, sino también con uno de sus deberes como rabino, y con la suprema obligación de dar un heredero al linaje de David, que era el suyo. Y su esposa fue María Magdalena, que le dio al menos dos vástagos, hijo e hija.[432]

Como vemos, no existe en esta afirmación nada de naturaleza extraviada como para que no pueda calificarse de verosímil. Más aberrante, en nuestra opinión, nos parece el conjunto de informaciones que, de manera intencionada y con oscura finalidad, han ido vertiéndose sobre el personaje de María de Betania-Magdalena; cuyo único pecado confesable se derivaría de la "proximidad" con la que en los Evangelios es descrita junto a Jesús.

Es decir, creemos que no puede descartarse la intervención de ciertos mecanismos distorsionadores de la realidad histórica desde los comienzos del cristianismo, donde, detrás de estas poco decorosas intenciones, se hallaría el interés por la supervivencia de la Institución más que en las ideas de su fundador. No en vano, si se hubiese procedido de una manera más permisible o amable con la presunta "esposa de Jesús", no cabe duda de que ello hubiera afectado directamente a la dimensión divina atribuida por el catolicismo al Salvador.

Y esto es, en nuestra opinión, lo que Cervantes podría haber querido decirnos con la alusión velada que se hace de María Magdalena/Betania como reina-madre simbólica de Bituania en la ficción cervantina. Subyace, pues, en esta ya larga frontera entre el mito y la realidad que es el *Persiles*, el doble propósito de nuestro autor de reivindicar la filiación sagrada de este territorio peninsular (final del Camino de Santiago), así como la no menos sagrada estirpe de los míticos descendientes de María de Betania que pudo establecerse en estas tierras del *finisterrae* (Bituania/Britonia).

Pero continuemos indagando en este "mito", pues en relación a la supuesta descendencia de Jesús y María Magdalena existen unas tradiciones muy interesantes que, además, como veremos, encuentran su lugar en nuestra igualmente legendaria Bituania cervantina (Galicia). Continúan los investigadores, en la cita que ahora reproducimos, centrando su estudio sobre la familia de Jesús:

> María Magdalena y sus hijos no tuvieron más remedio que escapar para librarse de la venganza de los romanos y de la casa de Herodes. Las sagas Rex Deux cuentan cómo los hijos de Jesús fueron separados para mayor seguridad, con objeto de lograr la continuidad del linaje. Jacobo, hijo de Jesús, tenía dos años y medio cuando fue confiado al cuidado de Judas Tomás Dídimo, hermano mellizo de Jesús [...]. María Magdalena, embarazada en esa época, tomó la dirección contraria para buscar refugio entre quienes podían ofrecer la relativa seguridad de su silencio y protección, los Therapeutae de Egipto.[433]

Obviamente, el relato de estos acontecimientos se basa en tradiciones orales, leyendas que han circulado a través del boca a boca como aquella que conmemora la arribada de María

---

[431] " María Magdalena, mujer de linaje real y de condición sacerdotal, padece la brutal y nada caritativa supresión de todas las informaciones relativas a su matrimonio con Jesús y la calumnia de que "había conocido en su juventud las sendas amargas del pecado", como se lee con frecuencia en los devocionarios. En contra de la creencia habitual, ningún pasaje de las Escrituras justifica que hubiese sido prostituta." Hopkins, Simmans y Wallace-Murphy, 2001 pp. 95-96.

[432] Hopkins, Simmans y Wallace-Murphy, 2001, p. 94.

[433] Hopkins, Simmans y Wallace-Murphy, 2001, p. 97.

Magdalena con su vástago a la costas del sur de Francia[434], o la de sus restos encontrados en una cueva en la Provenza francesa.[435]

En tal caso, según podemos comprobar, existe un grupo de tradiciones que rememoran la llegada del Grial al reino de Francia a comienzos de nuestra era, y que señalarían a María Magdalena (María de Betania) con su hija; pero, por otro lado, nos encontramos con un corpus mítico en relación a la arribada del Grial acompañado de José de Arimatea a Inglaterra (Britania), procedente del reino gallego de Britonia ¿Nos hallaríamos, pues, con la historia mítica de la descendencia de Jesús a través de dos vías: la francesa y la inglesa? En cualquier caso, percibimos la intención de Cervantes de mostrarnos, desde esta última frontera que constituye el final del relato introspectivo de Periandro y a la par centro de su obra y del laberinto que toda ella simboliza, que las dos líneas sucesorias que conformarían el mito de la descendencia de Jesús podrían confluir en un lugar determinado del orbe: el reino de Bituania donde gobierna el rey del Grial (imagen simbólica del camino del gnóstico por alcanzar la luz y que se materializa en el Camino de Santiago y su final en el *finisterrae*).

En relación ahora al llamado Grial inglés, también existen tradiciones que hablan de la presencia del presunto vástago de Jesús, llamado Santiago (al igual que el Apóstol, lo cual resulta bastante sugerente), en España. Los autores de esta investigación refieren su relato de los hechos a la tradición legendaria que ellos denominan la saga Rex Deus[436]:

> Hasta cierto punto los viajes de Judas Tomás y su sobrino Santiago se basaron en el mismo principio que los de María Magdalena: seguir corriendo hasta encontrar un refugio seguro. Después de una estancia en Edesa cuya duración no se especifica, Santiago se encaminó bajo la tutela de su tío hacia las colonias de Celtiberia y llegó a las cercanías de lo que hoy es la ciudad de Compostela, en el noroeste de España [...]. Se sabe que siendo ya un hombre hecho y derecho pasó algún tiempo en Inglaterra con José de Arimatea, pero las leyendas Rex Deux aseguran que murió en España.[437]

Con la cautela que debemos adoptar ante tales informaciones de carácter legendario -no por ello desdeñables, como ya hemos demostrado a lo largo de este trabajo-, consideramos que la llegada de un "hijo de Jesús" a las mismas tierras que siglos después serán ocupadas por los suevos (Britonia), para desde allí desplazarse luego a Inglaterra y fundar una dinastía (Britania), no solo no deja de ser una circunstancia verosímil, sino que, además, no distorsionaría en relación a nuestro esquema alegórico que relaciona a Britonia / Bretania (el hijo de Jesús) con Bituania (reino de Cratilo = reino del Grial).

Porque la llegada de Periandro al reino de Cratilo, interpretado según nuestra visión gnóstica (extraída del pasaje bíblico que sitúa a Betania como lugar de Ascensión de Jesús) como el triunfo del peregrino o iniciación espiritual, significaría, por un lado, una asimilación con el mito que hemos referido de la fundación de Inglaterra a partir de la llegada de un hijo del Mesías (el Grial) procedente de Britonia[438]; y, por otro, la constatación de que la Bituania cervantina remitiría a la Betania bíblica por las dos vías que confluyen en María Magdalena. La primera, en el sentido de que las tierras gallegas próximas al *finisterrae* occidental (Santiago de Compostela) serían el lugar en donde, según el mito que hemos aludido, se asentó el hijo de María de Betania como representante del Grial antes de salir hacia Inglaterra. La segunda, se

---

[434]   "En una población costera de la Camargue, Les-Saintes-Maries-de-la-mer, se celebra todos los años, entre el 23 y el 25 de mayo, una festividad que conmemora la llegada a Francia de la criatura de Jesús el Nazareno con su madre, María Magdalena." Hopkins, Simmans y Wallace-Murphy, 2001, p. 98.

[435]   "Sigue contando la tradición que hacia finales del siglo XIII, Carlos III, conde de Provenza, redescubrió los restos de la santa en la cripta de Saint-Maximin-la-Baume. pero la cueva de la Magdalena en Sainte-Baume ya venía siendo lugar de peregrinación desde hacía varios siglos." ,Hopkins, Simmans y Wallace-Murphy, 2001 p. 100.

[436]   Consiste en el mito de tradición oral que defiende la hipótesis de la descendencia de Jesús, cuyos vástagos habrían emparentado, en mayor o menor medida, con las casas reinantes de Europa desde los comienzos de nuestra era.

[437]   Hopkins, Simmans y Wallace-Murphy, 2001, pp. 101-102.

[438]   "En cuanto a la rama británica del linaje de Jesús, se vincula a una de las leyendas más arraigadas de la tradición inglesa, la de la visita que hicieron José de Arimatea y el joven Jesús a Glastonbury, en la parte occidental de la isla. En la versión Rex Deus, la diferencia principal en comparación con el mito popular es que no fue el Nazareno quien pisó los verdes pastos de Inglaterra sino su hijo Jacobo, el heredero del trono de David." Hopkins, Simmans y Wallace-Murphy, 2001, p. 102.

conformaría en la idea de que la semilla (la descendencia) del Grial francés acabaría llegando a Galicia (Britonia) a través de la muy empleada política de matrimonios entre los francos y los pueblos godos (también los suevos) asentados en la Península.

De todo este conjunto de informaciones relativas a ese mítico mundo recreado por Cervantes, y que remite a esos libros de caballería de la Edad Media, donde, de manera alegórica, se alude como en el *Persiles* a las profundidades del ser y a los principios que han de regir en la civilización occidental con un claro objetivo de ¿mostrar la Verdad sin ser apercibida?; podríamos extraer la conclusión (otra, de las múltiples posibles) de que nuestro autor pretendiera desquitarse de la inmerecida fama como parodiador de la "excelsa" (no toda obviamente) literatura caballeresca que sirvió de argumento a su *don Quijote,* tratando el asunto ahora de forma inversa y con la gravedad debida.

Y, en esta posibilidad que aquí suscitamos, que escapa al entendimiento que en nuestra época tenemos de una realidad que ya apenas somos capaces de percibir, deberíamos interpretar la inclusión del episodio en torno al rey Cratilo o rey del "Grial" y a su reino de "cristal" o helado (¿Copa?) denominado Bituania: la confirmación de Cervantes de que las novelas de caballerías (en relación, sobre todo, a la Materia de Bretaña) no son simple literatura de entretenimiento, sino que podrían considerarse, al igual que este episodio por él pergeñado a imagen de esos libros, como un mensaje doblemente codificado: el de historia de la civilización occidental en relación al cristianismo, y el de la salvación del hombre a través de la doctrina gnóstica de tradición céltico-oriental.

Y el relato sigue su curso alegórico, que ya no es otro que el del *finisterrae*:

> y, poniéndonos a nosotros sobre otras pieles, alzando una alegre vocería, nos tiraron y nos llevaron a tierra, que debía de estar desde el lugar del navío como veinte millas. Paréceme a mí que debía ser cosa de ver caminar tanta gente por encima de las aguas a pie enjuto, sin usar allí el cielo alguno de sus milagros (p. 401).

Porque el peregrino que abandona Compostela buscando el herético océano, experimenta una mutación en sus esquemas mentales que nuestro autor cifra en ese cambio de piel ("poniéndonos a nosotros sobre otras pieles"); y las "voces" del bárbaro se convierten ahora en "alegre vocería" que, en tal caso, podría simbolizar una fase intermedia entre "voces" y "voz", y que señalaría cierta evolución positiva (por sus connotaciones alegres) en el camino de la gnosis.

Liberado del peso de falsas doctrinas, el peregrino del Conocimiento ya puede dirigirse a esa tierra mítica imagen del Grial ("y nos llevaron a tierra"); pues, definitivamente se encaminan hacia ese lugar donde ya no quedan más océanos que navegar (la navegación entendida como la vía iniciática que emprende el místico) y a donde llegarán después de recorrer, deslizándose sobre los hielos, la distancia real de 20 millas náuticas ("que debía de estar desde el lugar del navío como veinte millas").

Llegados a este punto, y debido al conocimiento directo que tenemos de la ruta compostelana, aportaremos un dato crucial en defensa de nuestra hipótesis -llamémosla-galaico-*septentrional*: las veinte millas que aprecia el narrador que debería estar la "tierra" final de su aventura (¿el *finisterrae*?), se corresponde con la distancia que existe entre Santiago de Compostela y la población costera más próxima (1,9 x 20 = 38 km), Noya[439], considerada como su puerto marítimo. Pues bien, este lugar al que llegan finalmente el grupo de "pescadores-peregrinos" tras el fatigoso caminar y tras comprender que Santiago de Compostela no habría de ser la meta de su viaje, es un lugar tan real como mítico.[440]

---

[439] Pueblo costero de Galicia, situado en la ría que lleva su nombre a 39 Kilómetros de Santiago de Compostela. La tradición sostiene que el nombre deriva de la nieta del patriarca Noé, Noela, que pasaría por ser la fundadora de la ciudad en la época posdiluvial.

[440] Dice el que puede ser considerado como el más prestigioso investigador de la peregrinación jacobea: "En el caso de Noya, hay indicios que nos llevan a la sospecha de que, durante los siglos de oro de las peregrinaciones jacobeas, fue meta fundamental en la que incidieron buscadores que sabían o intuían que Compostela era, más que un fin en sí mismo, una puerta abierta sobre los misterios que se encontraban más allá, donde la tierra celebra sus nupcias con el océano ([...]. Noya sería, para ellos, el núcleo desde donde, en tiempos remotos, se expandió un saber reservado a quienes fuesen capaces de captar la verdad que se esconde entre las líneas difusas del mito, el cual conectaba directamente con remotos recuerdos atlantes y convertía a Noé en representante de un reducido grupo de supervivientes, salvados del desastre cósmico de un mundo que se suponía poseedor de esos saberes que el ser

Pero existen dos lugares más que comparten con Noya el honor de ser considerados, al mismo nivel mito-histórico, metas gallegas o *finisterrae* de la antiquísima Ruta de iniciación que cruza el norte de la península ibérica hasta el océano Atlántico: Fisterra y Padrón (Iria Flavia). Y es este último, dada su mayor proximidad con Santiago de Compostela (28 Km.) y su gran tradición jacobea (en Padrón se halla el *Pedrón* donde la leyenda cuenta que Santiago amarró su barca), el que nos interesa; aunque su ubicación no es enteramente costera, sino que se encuentra a orillas de un río (el Sar) próximo a su desembocadura oceánica. En tal caso, somos de la opinión de que Cervantes, cuando alude a esas veinte millas medidas desde el "bulto negro" (Compostela), en realidad se podría estar refiriendo de forma doble a la distancia a las dos metas más tradicionales, en cuanto a que forman parte de las leyendas más difundidas (excluyendo Fisterra, que está bastante más alejada), y no solo a una. Y tal deducción la basamos, justamente, en la particularidad de que una de las metas de la ruta de iniciación es costera y marinera (Noya) y la otra de interior y filiación romana (Padrón/Iria Flavia); con lo que podríamos conjeturar que nuestro autor, conocedor de esos dos finales y con la intención de no obviar uno en beneficio del otro, utilizase la doble medición que se conoce de la milla, la náutica (1,9 Km. aprox.) y la terrestre o romana (1,4 Km. aprox.), para aplicarla con ese mismo criterio a las diferentes villas, costera e interior (romana), que representan el final del Camino de las Estrellas. De este modo, las "veinte millas" del relato nos llevarían, por un lado a Noya, que se encuentra a 39 kilómetros (1,9 x 20 = 38) de Santiago de Compostela, y por otro a Padrón, que se halla a 28 kilómetros (1,4 x 20 = 28).

Y en esta línea, en la que nada parece escapar al ojo entrenado y a la conciencia despierta, debemos tratar de comprender a Cervantes, dueño de un conocimiento que lo acercaba a una sabiduría siempre sospechosa ante una Iglesia recelosa del dogma; como otros místicos y filósofos de su época, pero con la particularidad de que él poseía las suficientes habilidades literarias como para burlar el cerco de la censura construyendo a la vez una genial obra literaria.

Finalmente, nuestro autor, por boca del narrador Periandro, no puede por menos que calificar de milagroso el hecho de que el peregrino alcance caminando su meta oceánica y consiga con ello esa "suerte" de renacimiento espiritual. Por esta razón, expresa al "incrédulo lector" lo insólito de ver caminar a tantos peregrinos ("ver caminar tanta gente") a "la pata coja" ("a pie enjuto") por esa tierras que siguen los cursos naturales de los ríos ("por encima de las aguas") hacia el océano.

Y, por fin el grupo de peregrinos comandados por Periandro llega a la meta soñada:

> En fin, aquella noche llegamos a la ribera, de la cual no salimos hasta otro día por la mañana, que la vimos coronada de infinito número de gente, que ver la presa de los helados y yertos habían venido. Venía entre ellos, sobre un hermoso caballo blanco, el rey Cratilo, que, por las insignias reales con que se adornaba, conocimos ser quien era; venía a su lado, asimismo a caballo, una hermosísima mujer, armada de unas armas blancas, a quien no podían acabar de encubrir un velo negro con que venían cubiertas (p. 401).

Resulta abrumador comprobar la cantidad de símbolos que vienen a confluir en esta cita sin que el lector perciba poco más que esa contenida satisfacción que parece expresar nuestro héroe. Pero hay mucho más aquí de lo que nuestro autor, de manera intencionada, ha expresado tratando de restarle importancia, en contra de lo que se supone que debería de ser una explosión de júbilo y una gran celebración. Porque, estamos convencidos de que Cervantes pensaría que dejarse llevar por la emoción significaría una grave indiscreción: sería como anunciar que ¡aquí se halla el Grial!.

Nos resulta correcta, pues, la contención anímica que se manifiesta en esta cita; lo cual, lejos de anular nuestras deducciones, no hace sino reforzarlas, pues creemos que en este punto esconde nuestro autor un resumen de aquello que signifique el Grial.

Y con esta cobertura emocional nuestro autor aprovecha para decirnos, seguramente, más de lo que debiere:

1. Que el Camino de iniciación o vía purgativa (la primera de las tres etapas) ha llegado en ese punto a su final ("En fin").

---

humano ha tratado de desentrañar para conocer las verdades que aún encierra el Universo." García Atienza, 1992, p. 391.

2. Que, en efecto, el lugar se corresponde con la costa oceánica ("llegamos a la ribera")

3. Que el sacrificio que ha supuesto llegar hasta tan lejos se justifica en la voluntad del peregrino de seguir el mismo instinto que movió a sus ancestros a emprender esa misma Ruta: seguir el recorrido solar de Este a Oeste, pues, imitar al Sol constituye el mayor de los ritos sagrados, donde el peregrino morirá con Él en el ocaso que anuncia la noche, para revivir en Él al orto del nuevo día. Y este mismo mensaje herético y pagano podría haber sido anunciado por Cervantes cuando dice: "aquella noche llegamos a la ribera, de la cual no salimos hasta otro día por la mañana".

4. Que nuestro autor alude a su llegada como si se hubiera coronado una cima, lo que se relaciona con el enigmático episodio del monte Tabor, cuya transfiguración es percibida como el sacrificio de los hombres por alcanzar esas "alturas místicas": "que la vimos coronada de infinito número de gente". La meta finisterrana, pues, debería considerarse como la primera de las "tres coronas" que ha de ceñirse el gnóstico en su búsqueda del Conocimiento.

5. Que lo único que queda de la "victoria" del gnóstico en esa "tierra del fin del mundo "es su cuerpo, que lo desechará como una piel muerta para poder despegar desde ese mismo lugar y elevarse hacia una conciencia superior. Y eso será, justamente, lo que el narrador-héroe dice que podrá verse de sí mismo tras haber llegado triunfante a su destino: "que a ver la presa de los helados y yertos habían venido".

6. Que el Grial recibe al héroe vencedor como a un "espíritu" digno de formar parte de su reino: "Venía entre ellos, sobre un hermoso caballo, el rey Cratilo, que por las insignias reales con que se adornaba, conocimos ser quien era". Es decir, en este fragmento, no solo Periandro reconoce su "trofeo" gnóstico; sino que Cervantes realiza una evidente declaración de lo que para él significa el Grial. No de otro modo, montar/domar el "hermoso caballo" y "adornar" con su propio nombre la "insignia" de la realeza (Crátilo = Grial) es, según todo nuestro análisis anterior, motivo más que suficiente para señalar en este punto la presencia de la "reliquia" más mítica del cristianismo.

7. Que el suplicio constituye la antesala del Grial, que, por tal motivo, supone la condición *sine quanon* de quien aspire al "Supremo trofeo": "venía a su lado, asimismo a caballo, una hermosísima mujer, armada de unas armas blancas, a quien no podían acabar de encubrir un velo negro con que venían cubiertas". Más adelante, como no podía ser de otro modo, el narrador nos dice que se trata de Sulpicia, la, no menos obvia, sobrina del rey Cratilo. Porque esta intrépida amazona no solo monta el caballo que representa la "doma de las pasiones", sino que también lleva las armas que simbolizan la necesaria herida que debe infligirse al héroe; pero es una herida por su bien, por ello las armas son de color blanco, que es el símbolo de la pureza anhelada (el Conocimiento), y por ese mismo motivo se cubre casi entera con un velo negro, porque del resultado de esa misma laceración (la penitencia) y de forma irrenunciable se debe "morir".

Pero tras el recibimiento de tan ilustres anfitriones, a continuación sucede la correspondiente fase de agasajos y premios, donde el héroe comparece ante un rey Cratilo que se representa mayestático y de cuya boca nunca sale ni una sola palabra, siendo su presencia y la actitud de los que a él se dirigen lo que define la naturaleza simbólica de este personaje, y que se asimila a una especie de imagen de la divinidad. Destacamos, por su acusado paralelismo en relación al episodio bíblico de la Transfiguración de Jesús en el monte Tabor (donde Jesús termina con el rostro enrojecido por la luz), la circunstancia de que Periandro, al postrarse en presencia del "divino monarca", presente también una evidente rojez en su rostro: "Yo, entonces (a lo que creo, rojo el rostro con las alabanzas, o ya aduladoras o demasiadas, que de mí oía)"(p. 403). En tal caso, parece que la experiencia gnóstica de Periandro pueda tener alguna equivalencia en relación a la de Jesús coronando el monte Tabor acompañado del apóstol Santiago, además de Juan y Pedro. Y, en este sentido, parece que Cervantes se muestre partidario de tal asimilación, pues en el acto del rey Cratilo de levantar a Periandro de su postración[441] y situarlo junto a él, hallamos el refrendo de lo que insinuamos: "no supe más que hincarme de rodillas ante Cratilo, pidiéndole las manos, que no me las dio para besarlas, sino para levantarme del suelo" (p. 403).

Pero las muestras de respeto y admiración por la gesta del héroe no acaban en el simple reconocimiento, sino que Cervantes no se olvida de dotar a Periandro de la renovada identidad que su bien ganado nuevo estatus demanda. En tal caso, si del sacrificio del suplicio ritual,

---

[441] "Jesús se acercó, los tocó y djo: Levantaos y no temáis." Mateo 17: 7 ("La transfiguración").

siguiendo los cánones de la tradición gnóstica, nuestro héroe salió "descabezado"[442] (recordemos que en el episodio de Sinforosa y Auristela, la "decapitación" que se escenifica en el plano intelectual luego será expresada en el físico en el episodio de Sulpicia), es necesario dotarle de una "nueva cabeza" como símbolo de esa nueva consciencia que a partir de este momento necesitará para completar las dos fases que le restan. Y, puesto que Sulpicia fue quien "físicamente" lo decapitó, ella misma será, ayudada por el rey del Grial (Cratilo), la que tome la iniciativa de -digámoslo así- volverlo a encabezar soldándole al cuello ("añudarme al cuello") su nueva consciencia:

> O yo no tengo vista en los ojos, o es éste mi libertador Periandro>> Y el decir esto y añudarme el cuello con sus brazos fue todo uno, cuyas estrañas y amorosas muestras obligaron también a Cratilo a que del caballo se arrojase y con las mismas señales de alegría me recibiese (p. 402).

Y, antes de dejar a Periandro marcharse con su trofeo "sobre los hombros" (su nueva conciencia), se entretiene nuestro autor en presentarnos una serie de temas que confluyen en esta meta espiritual alcanzada por el héroe gnóstico, como si quisiera expresar, desde esa atalaya mística que es el *finisterrae*, que la coronación de esa cima espiritual no solo constituye el fin real del recorrido del peregrino ya iniciado; sino que también representa la razón de ser del cristianismo desde sus orígenes: la salvación-liberación de las almas de la cárcel del cuerpo. Y con esa finalidad, creemos, introduce Cervantes en el relato a esos doce pescadores que remiten a los doce apóstoles ¿Quizás con el sentido de constatar que la experiencia personal e íntima que ha culminado Periandro a través de la peregrinación "compostelana" constituya la verdadera piedra sobre la que se funda el verdadero cristianismo, y no el trabajo especulativo y "aséptico" sobre el conjunto de lecturas que componen el canon doctrinal?

> <<En este entretanto, los doce pescadores que habían venido en guarda de Sulpicia andaban entre la demás gente buscando a sus compañeros, abrazándose unos a otros, y, llenos de contento y regocijo, se contaban sus buenas y malas suertes: los del mar esageraban su hielo y, los de la tierra, sus riquezas, <<A mí -decía el uno- me ha dado Sulpicia esta cadena de oro.>> <<A mí -decía otro , esta joya, que vale por dos de esas cadenas.>> <<A mí -replicaba éste - me dio tanto dinero.>> Y aquél repetía: <<Más me ha dado a mí, en este solo anillo de diamantes, que a todos vosotros juntos.>> (p. 403).

¿Los doce pescadores separados del grupo inicial? Ya vimos anteriormente que la cita es una clara alusión a los doce apóstoles. Lo novedoso aquí es el encuentro entre unos y otros, justamente, en ese mítico-real final que simboliza la cumbre del Conocimiento ¿A qué se debe, pues, ese sorpresivo hermanamiento relatado como una familia que vuelve a reencontrarse después de mucho tiempo? ¿Quizás a la intención de Cervantes por mostrar que los católicos y los cristianos primitivos (en algunos aspectos, podría aproximarse a lo reformadores) provienen del mismo tronco común, pero que unos han evolucionado hacia lo material y otros se han mantenido fieles a los principios de pureza y austeridad? Nuestro autor desea que algún día pueda romperse esa barrera que el olvido y el tiempo ha interpuesto entre ambas corrientes religiosas y, en ese sentido, creemos que debería interpretarse esta cita.

La llegada del rey Cratilo montado a lomos de un caballo bárbaro, "de color morcillo, pintado todo de moscas blancas, que sobremanera le hacían hermoso" (p. 403), constituye, sin duda, una genial alegoría del advenimiento del Conocimiento a la conciencia del victorioso Periandro. Porque, "montar el caballo" significa ejercer una clara voluntad de cambio (dominar al "animal", frente a la conducta habitual de ser el individuo dominado por las pasiones) a partir de la idea de desplazamiento (peregrinación). La oposición cromática blanco-negro que denota el color "morcillo" nos indica que para "dominar" al caballo, tal y como lo hace el rey, se debe "cabalgar" entre ambos conceptos: el negro simboliza a la fe y el blanco al Conocimiento (lo cual, según vimos, era simbolizado en el texto con "el bulto negro" y el pañuelo blanco, respectivamente). Finalmente, la circunstancia de que el narrador aluda al color blanco sobre la piel del équido con el apelativo de "moscas", además de remitir a un uso popular en relación a su anárquica disposición y a su pequeño tamaño, sugiere el tipo de naturaleza aérea que

---

caracterizará a lo espíritual en contraste con el resto del cuerpo del caballo, que es de color negro y simbolizaría el aspecto terrenal.

Y, a partir de este momento, el relato introspectivo de Periandro se interrumpe ("Aquí llegaba Periandro con su plática"[p. 404]), dando paso, como si no quisiera desconectar del todo con el escenario sublime a donde había llevado la historia de sus "pescadores", al relato de un suceso acaecido en el presente del personaje.

Aprovechando, pues, los efectos residuales dejados por el relato intradiegético que Periandro estaba relatando, vendrá a coincidir la historia de esos "dos bultos que no pudieran diferenciar lo que eran" (p. 404), y que responderán a los nombres de Renato y Eusebia. Comoquiera que en el siguiente capítulo nos dedicaremos a ellos en exclusiva, aquí solo adelantaremos las circunstancias que justifican su aparición en el relato, que podríamos extraerlas del siguiente fragmento:

> - No os alborote, señores, quienquiera que seáis, nuestra improvisa llegada, pues solo venimos a serviros. Esta estancia que tenéis, desierta y sola, la podéis mejorar, si quisiéredes, en la nuestra, que en la cima desta montaña está puesta; luz y lumbre hallaréis en ella, y manjares que, si no delicados y costosos, son, por lo menos, necesarios y de gusto (p. 404).

Dado que el empleo de la palabra *bulto* con la que se refiere el narrador a los recién llegados obedece, en nuestra opinión, a la imagen que proyectarían dos monjes vestidos con hábito oscuro acercándose en mitad de la noche (como así es relatada su aparición), la interpretación de esta cita podría abordarse desde esta suposición; no en vano, todo el episodio de la isla de las Ermitas gira en torno al movimiento eremítico y a la desviación que supuso en los primeros siglos de nuestra era su reconversión en las órdenes monacales.

Nos explicaremos. La situación que se está relatando en esta cita podría recrear, precisamente, ese momento de la historia de la religión en Occidente en que los antiguos ermitaños (representados aquí por el grupo encabezado por Periandro), depositarios de la pureza de la antigua religión, son tentados por el monacato para que dejen el desierto[443] ("esta estancia que tenéis, desierta y sola"), la privación y la soledad y vayan a recogerse a los conventos que, en tal caso, pasarían a convertirse en una especie de sucedáneo de la búsqueda gnóstica tradicional. No en vano, fue a partir de la fundación del monacato benedictino en el siglo VI (aunque antes ya funcionaba en la Península un heterodoxo monacato hispano-godo) cuando empezó a fraguarse esta idea consistente en "limpiar de ermitaños" los montes y las veredas de la antigua vía de iniciación que, más tarde, y de la mano de otra Orden monástica emparentada con aquella, los monjes franceses de Cluny, se conocería como Camino de Santiago.

Es decir, Periandro y sus seguidores, a través de ese viaje que también lo es al pasado de nuestra civilización, se convierten en los abanderados de la causa pura o "verdadera religión" (representada en el estado en que se encuentran acampados a la intemperie y expuestos a los rigores de los elementos), para llegar a un tiempo, que nosotros hemos situado en torno al siglo X, en el que se topa de frente con lo que ha llegado a convertirse esa "religión verdadera" o gnosticismo de sus mayores, y que Cervantes cifra en dos tipos o corrientes ("los dos bultos"): los cristianos que pretenden reconducir los desvíos actuales (Renato = los reformadores) y los que abogan por una mayor relajación del culto que les garantice la permanencia en el poder (Eusebia = catolicismo).

Seguramente, esta interpretación se considere demasiado intuitiva como para otorgarle el estatuto de certeza, por ello, en refuerzo de nuestros planteamientos, viene a sumarse la opinión de Arnaldo en relación al ofrecimiento de hospitalidad "conventual" que hacen los dos "bultos", Renato y Eusebia, a nuestros austeros "peregrinos":

> Arnaldo fue de parecer que se tomase el consejo que se les ofrecía, pues el rigor del tiempo que amenazaba les obligaba a ello. Levantáronse todos y, siguiendo a Renato y a Eusebia, que les sirvieron de guías, llegaron a la cumbre de una montañuela, donde vieron dos ermitas, más cómodas para pasar la vida en su pobreza que para alegrar la vista con su rico adorno (p. 405).

---

[443]   Los desiertos de Egipto fueron los primeros escenarios en donde se desarrolló el movimiento eremita en el cristianismo, con San Antonio Abad a la cabeza.

Antes de proceder al pertinente análisis alegórico, no olvidemos que Arnaldo simboliza en nuestro esquema al poder temporal (los "Austrias"), y, como tal, dentro del contexto histórico de la época de Cervantes, resultaría lógico que fuese el primer interesado (como así se expresa) en aceptar la invitación que los "dos bultos" le ofrecen para mejorar su situación de precariedad material. Porque, con este acto de aceptación de Arnaldo, no solo se está representando la necesidad "genética" que tiene el poder temporal de congeniarse con quien ostenta (o aparenta ostentarlo) el poder sobre la salvación de las almas, y así contribuir al buen gobierno de los reinos; sino que, además, en el caso concreto de la monarquía de los Austrias, estos deberían previamente lograr un consenso entre las dos facciones (Renato y Eusebia) que se disputan ese privilegio religioso. Y, es por esta razón que Arnaldo y no Periandro tome la decisión de seguir a los ermitaños, porque es el interés del Imperio y no la "causa divina", respectivamente, quien decide qué rumbo han de tomar los acontecimientos a partir de ese momento de la Historia. Época, por otra parte, en la que los nuevos peregrinos-ermitaños ya no coronarán montes como el bíblico Tabor, sino elevaciones menos ambiciosas, como "la cumbre de una montañuela", ni tampoco podrán acceder a esas cuevas concebidas desde antiguo como *úteros oscuros desde los que poder renacer a la luz*, sino habitar "ermitas, más cómodas para pasar la vida en su pobreza que para alegrar la vista con su rico adorno".

En resumen, por motivo de la "tentación" de los "dos bultos" y el interés mostrado ("pues el rigor del tiempo que amenazaba les obligaba") por Arnaldo para aceptarla, nuestros peregrinos (Periandro y compañía) son conducidos mansamente a sus respectivos ¿corrales? (las "dos ermitas" = monasterios), situados no en altos montes apartados, sino en "montañuelas", y lo suficientemente acogedores como para que los verdaderos ermitaños se olviden de los necesarios rigores de la iniciación, ofreciéndoles una "suave penumbra" por el precio de una "áspera iluminación".

2.6.10. El episodio de la isla de las Ermitas o el andariego Grial del caballero *don Cervantes*

De lo analizado en el capítulo anterior juzgamos que ya tenemos situado uno de los contextos argumentales en los que se va a desarrollar el episodio de las Ermitas: la polémica en torno al monacato católico como maniobra para apoderarse (y así cortar la vía de la verdadera salvación) de los últimos vestigios del gnosticismo representados por la pareja protagonista y sus acompañantes. Y, comoquiera que las peregrinaciones formaban parte sustancial de esos "trabajos" o misterios gnósticos propios de los ermitaños, creemos que la usurpación tendría como meta fundamental la apropiación, colonización y reconversión de la ruta iniciática pagana occidental más importante de la Antigüedad, a la vera de la cual vivían en soledad multitud de ermitaños: el Camino de Santiago.

Como ya habíamos adelantado en el capítulo 3.2., Renato, desde una perspectiva historicista (en relación ahora a la historia de los visigodos), podría interpretarse como la personificación del rey Recaredo en la escenificación alegórica que trata de recrear las circunstancias en que se produjo el primer cisma en el seno del cristianismo (el arrianismo). Nos referimos a la historia de los pueblos godos que comienza con el reino visigodo de Tolosa, su caída y su posterior transformación en el reino visigodo de Toledo. En este sentido, bajo el nombre de Renato, nuestro autor escondería, ahora refiriéndose a la historia de un modo más universal o simbólico, esa tradición espiritual que anida en la conciencia de los pueblos capaz de reinventarse o renacer de sus propias cenizas, en relación a los pueblos godos (del reino de Tolosa al de Toledo). Por último, practicando la pertinente focalización, Renato simbolizaría también la corriente eremítica menos contaminada por el catolicismo, aunque ya separada definitivamente de la "cueva fundacional" y ahora recluida tras los muros de un cenobio: los comienzos del monacato benedictino[444].

En cuanto a Eusebia, su nombre es un claro indicativo de la función de este personaje. Así pues, etimológicamente podría remitir a la figura de San Eusebio[445], gran perseguidor de

---

[444] Aunque los monasterios habían sido fundados ya en España por los reyes visigodos en la segunda mitad del siglo V, Mabillon sugiere la fecha de 640 como el momento de la introducción del monacato benedictino.

[445] "Toda la historia ficticia del cristianismo fue organizada y recopilada de forma definitiva en el siglo IV por el obispo Eusebio, al que se llama <<padre de la historia de la Iglesia>>. Fue uno de los obispos que cambiaron por

arrianos. Al hilo del guión que hemos utilizado para Renato, Eusebia se identificaría, en un principio, con la corriente eremítica más desviada del cristianismo primitivo, representada en las diferentes órdenes monásticas que se fueron sucediendo a partir del monacato benedictino (Cluny y el Císter). Y, no de otro modo nos presenta nuestro autor a sus dos oscuros "bultos": ¿portando el hábito negro que los identifica como pertenecientes a la orden de San Benito?

Desde este contexto histórico-religioso, Eusebia constituiría la cabeza visible del último vestigio de un gnosticismo *ligth* tolerado (las órdenes monásticas), aunque vigilado a corta distancia por la férrea autoridad de la curia romana, que no permitiría alardes místicos[446] y menos fuera de los recintos conventuales. Canalizando y sometiendo entre sus muros, pues, ese sentimiento de libertad espiritual que anida en el hombre, la Iglesia de Roma impulsó el monacato como respuesta (engañosa) a esas necesidades; a la par de servir de contrapunto a un gnosticismo todavía latente en aquellos lugares más alejados de la Ciudad Eterna. Y ese sería el motivo, como más adelante explicaremos, de la llegada de la francesa Eusebia a esas apartadas tierras en las que Renato vivía una religiosidad todavía bastante próxima a la de los primitivos eremitas del cristianismo.

En general, y con el ánimo de centrar el episodio antes de proceder a su análisis, reproduciremos una cita en donde se muestra lo que supuso la llegada de Eusebia al lugar de retiro a donde previamente vino Renato ("quise desterrarme y venir a estas setentrionales partes, a buscar lugar donde no me alcanzase la infamia"[p. 411]), en relación, según hemos manifestado más arriba, a esa apropiación que lideró la orden de Cluny (desde el siglo XI) de la heterodoxa Ruta que desde Francia llegaba hasta el *finisterrae* gallego:

> Recebíla como ella esperaba que yo la recibiese, y la soledad y la hermosura, que habían de encender nuestros comenzados deseos, hicieron el efeto contrario, merced al cielo y a la honestidad suya. Dímonos las manos de legítimos esposos, enterramos el fuego en la nieve y, en paz y en amor, como dos estatuas móviles, ha que vivimos en este lugar casi diez años (p. 412).

Porque, una vez logremos traspasar la primera impresión o sentido literal (en relación al tema del casto amor), esta cita nos sugiere una lectura en consonancia con la problemática religiosa planteada. En este sentido, interpretamos que la llegada de Eusebia (un monacato más coercitivo = Cluny) a la semi-libertad de la que gozaba Renato (el eremitismo todavía bastante puro), "hicieron el efeto contrario"; es decir, en vez de "aumentar la llama del amor" la apagó: "enterramos el fuego en la nieve".

Como consecuencia de este choque de doctrinas, el cristianismo más tolerante simbolizado por Renato, comprendiendo que no había otra posibilidad, se adapta a la nueva situación ("Dímonos las manos de legítimos esposos") que supondría la conversión *de facto* al nuevo monacato alentado desde Roma y que se traduciría en la aceptación resignada de una -digamos- "búsqueda menor" o de escaso vuelo espiritual ("enterramos el fuego en la nieve y, en paz y en amor, como dos estatuas móviles").

Una vez nos hemos aproximado a la escurridiza identidad de los protagonistas del episodio volvamos al texto, y, ahondando en esas primeras conjeturas, intentaremos explicar hasta qué punto la variedad de los argumentos que hemos señalado de manera preliminar (históricos: la historia de los visigodos y la historia del monacato benedictino; míticos: historia del Camino de Santiago, la descendencia de Jesús y el Grial; gnósticos: descripción alegórica de un proceso iniciático) se ajustan a la historia narrada por Renato.

Advertiremos, antes de comenzar, que la complejidad del episodio es tal que en un mismo símbolo nos podremos encontrar diferentes realidades según sea el contexto en el que se halle, aunque siempre obedeciendo a una misma e inalterable naturaleza.

---

completo de postura teológica en el Concilio de Nicea para ganarse el favor del emperador Constantino. Más adelante escribió la biografía de Constantino, cuyos asesinatos soslayó con obsequiosa adulación. Eusebio explicó a los fieles que del mismo modo que la Palabra de Dios guía y gobierna los cielos, el emperador romano expresa la voluntad de Dios en el gobierno del mundo civilizado. ¡El emperador era la voz de Cristo en la Tierra! La misión de Eusebio era proporcionar al cristianismo romano una historia adecuada, y la cumplió con poco respeto a la verdad."[...]. Si se cita a Eusebio como autoridad en materia de historia del cristianismo, se debe sencillamente a que su <<historia>> de la Iglesia durante los primeros tres siglos es la única que se conserva. Así pues, todos los historiadores de la Iglesia posteriores a él adoptaron su crónica, con lo cual perpetuaron las mentiras que se han convertido en la historia tradicional del cristianismo". Freke / Gandy, 2000, pp. 307-308.

[446] Recordemos el movimiento de los Alumbrados españoles del siglo XVI.

Comenzaremos por la filiación del protagonista y narrador de la historia, Renato:

> Nací en Francia; engendráronme padres nobles, ricos y bien intencionados; criéme en los ejercicios de caballero. Medí mi pensamiento con mi estado, pero, con todo eso, me atreví a ponerlos en la señora Eusebia, dama de la reina de Francia, a quien solo con los ojos le di a entender que la adoraba, y ella, o ya descuidada o ya advertida, ni con sus ojos ni con su lengua me daba a entender que me entendía P. 408).

No puede ocultarse, en estos inicios del relato, la intención de Cervantes de contar esta historia como si se tratara de un libro de caballería; donde, tras la pertinente filiación del héroe, se rememoran gestas y hazañas de hombres esclarecidos. Comoquiera que nuestro autor no gasta su ingenio en vano, creemos que el tono épico del episodio de Renato haya de estar en consonancia con el personaje en cuestión. De este modo, y mostrando nuestra predisposición a señalar la posibilidad de que pudiera existir un trasfondo histórico detrás de estos relatos legendarios, comenzaremos nuestra exégesis desde esa perspectiva historicista; la cual, debería de estar tan presente en este episodio como en toda aquella literatura épica que haría volar la imaginación de legiones de lectores en torno a un símbolo universal: el Grial.

Comenzando, pues, por el tema que venimos señalando en torno a la historia de los antiguos reinos de los visigodos, interpretamos en la presentación que Renato hace de sí mismo a la figura de un noble francés de buena cuna[447], que, según se desprende de su discurso, tuvo que heredar un reino (¿el reino visigodo de Tolosa?); pues, tendría que tomar decisiones de gran trascendencia: "medir mi pensamiento con mi estado", o, lo que sería lo mismo, intentar reinar de forma consensuada buscando un equilibrio entre la causa del espíritu (la religión arriana) y la razón de estado (el gobierno de los pueblos): una teocracia. Tras esta primera aproximación y en función del contexto visigodo que venimos aplicando, creemos, y así lo iremos argumentando, que Renato podría asumir la personalidad del rey visigodo Alarico II[448].

En este contexto, es de suponer que, en aquella época convulsa, las monarquías visigodas intentaran legitimar su linaje con la finalidad de perpetuarlo en el tiempo (que es el objetivo preferente de cualquier dinastía reinante); con lo que fijarían su atención en las nobles damas de los territorios conquistados para afianzar su derecho sucesorio sobre esos reinos en los que, sin los debidos enlaces matrimoniales, seguirían siendo considerados como bárbaros. Siguiendo este lógico guión al hilo de lo suscitado en el texto, los reyes visigodos elegirían de entre las candidatas a las más nobles o de linaje más puro o antiguo. Es decir, que tanto las monarquías visigodas como las francas asentadas en lo que ahora es Francia habrían emparentado con la nobleza autóctona. Y esta es, en nuestra opinión, la causa que motiva que Renato, en su papel de rey de los visigodos, diga en referencia a sus pretensiones amorosas: "pero, con todo eso, me atreví a ponerlos en la señora Eusebia, dama de la reina de Francia"[449]. Ahora bien, la intención de Renato por conquistar a esa presunta dama emparentada con la reina de Francia no ha de tomarse al pie de la letra; pues, detrás del sentido literal se hallaría la verdadera razón que sustenta esa actitud enamoradiza: la causa espiritual o unión con la religión capaz de unir o ¿enamorar? a las conciencias. Porque, desde esta perspectiva, lo simbolizado por Eusebia podría matizarse en el sentido de que una "dama de la reina de Francia", como lo es ella, asumiría la función de servir a los intereses de su reina. Ahora bien, para poder definir con exactitud el tipo de servicio que habría de prestar a su innominada y, por ello, "secreta" reina, deberíamos saber primero quién o qué se oculta tras el disfraz de tan alta dignidad. En tal caso, puesto que se trata de la reina de Francia, en un contexto mito-histórico solo puede señalar a una figura: Notre-Dame[450], venerada y aclamada por los franceses y, en determinados círculos

---

[447]   Recordemos que la figura de Renato, como la de Arnaldo o la de Antonio el bárbaro, no remite a una sola identidad histórica, sino que Cervantes utiliza el perfil que ha proporcionado del personaje (a través de la etimología del nombre, actitudes, características, etc.) para representar a la persona que interese en función del contexto diegético correspondiente.

[448]   Rey de los visigodos entre 484-507.

[449]   Repárese que Cervantes nunca pretende revelar la identidad de esa "reina de Francia", por lo que su filiación pertenece al campo de lo mítico o, quizás, ¿a ese conjunto de "secretos de estado" que no se puedan revelar?

[450]   San Bernardo de Claraval, creador intelectual y religioso de la Orden del Temple a comienzos del siglo XII, fue quién comenzó a difundir la expresión Notre Dame para referirse a la "esposa de Jesús". Dice Louis Charpentier al respecto: "No había nada estrecho en su doctrina, nada cojo en su cristianismo. Celoso del culto mariano, fue el inventor de la expresión <<Nuestra Señora>>. Nuestra Señora, para él, no era la <<Señora de José>>, sino la Esposa

gnóstico-místicos, personificación de María Magdalena (la María de Betania que analizamos en el capítulo anterior) y su presunta descendencia.

Eusebia, en este contexto inicial, representaría a un personaje o grupo muy allegado a la figura de esa mítica reina de Francia[451], por lo que ambos símbolos compartirían una misma naturaleza en una relación de vasallaje, y, con el poder suficiente para defender la causa de la monarca francesa de manera independiente y, quizá por ello, ¿desviada?

Una historia sorprendente, no nos cabe duda, pero dentro de los márgenes de la habitual verosimilitud persilesista, siempre a caballo entre la perspectiva histórica y la mítica.

De esta exposición preliminar, se deduce que las pretensiones amorosas de Renato, aquí personificando en el rey visigodo Alarico II, habrían de despertar las lógicas envidias de los reinos colindantes, los francos; pues, en igualdad de derechos legítimos y/o sucesorios sobre los territorios que ocupaban en lo que ahora es Francia, verían amenazadas sus aspiraciones dinásticas y expansionistas en la misma medida. Y eso es lo que parece sugerir Renato cuando dice: "Pero la envidia o demasiada curiosidad de Libsomiro, caballero asimismo francés, no menos rico que noble, alcanzó a saber mis pensamientos"(p. 408).

Pero volvamos a las pretensiones amorosas que centran el episodio de Renato, pues, de su propia versión de los hechos, se desprende, primero, que él no estaba especialmente interesado en ese matrimonio: "a quien sólo con los ojos la di a entender que la adoraba"; y, segundo, que al parecer Eusebia tampoco lo estaba, al menos al principio de la presunta relación: "y ella, o ya descuidada o ya advertida, ni con sus ojos ni con su lengua me daba a entender que me entendía". Esta insólita situación, que apenas deja margen para pensar que se trate de una relación sentimental al uso, más bien apuntaría al tradicional matrimonio de conveniencia en razón de estado; donde podríamos vislumbrar a la figura del arriano Alarico II que, sólo por interés de su reino tolosano, se habría fijado en la hermosa doncella casadera.

Alarmado por la situación se manifiesta Libsomiro, que también parece pretender a la misma "doncella" y sobre el cual nosotros hemos atisbado la figura del rey de los francos, Clodoveo I[452]; cuya desconfianza hacia las intenciones "imperiales" de su convecino Alarico II estaría fundada en la creencia de que su linaje merovingio[453] tendría prioridad sobre el visigodo. En tal caso, se entiende que Libsomiro no debería tolerar que otro pretendiente viniese a quitarle el trono legitimado a través de la supuesta "sangre real" de la dama por ambos pretendida.

En relación a la etimología del nombre Libsomiro, aduciremos que, partiendo de la evidencia de que el nombre "Clodoveo" en francés es *Clovis*, así como de la información al respecto, que sostiene que la /C/ inicial parece ser un añadido producto del error de un copista[454], pues debería haber transcrito *Louis* (Luis en español) en vez de *Clovis*; podríamos suponer que el nombre "Libsomiro" fuese una expresión bimembre: LIBSO-MIRO, cuyo primer elemento

---

del Verbo, y cuando defendía la Inmaculada Concepción lo hacía sin ambages: <<No convenía que la Esposa del Verbo fuera estúpida>>, decía." Charpentier, 1995, pp. 20-21.

[451]   Dado el contexto mítico del episodio, podríamos imaginar a la figura de esa reina de Francia ejerciendo su influjo no sobre los territorios sino sobre los corazones de los vasallos. Reinaría, pues, sobre las conciencias y no sobre los estados (¿la Notre-Dame?).

[452]   "El más famoso de todos los reyes merovingios fue el nieto de Meroveo, Clodoveo I, que reinó entre 481 y 511. El nombre de Clodoveo lo conocen todos los escolares franceses, pues fue durante su reinado que los francos se convirtieron al cristianismo. Y fue a través de Clodoveo que Roma empezó a instaurar su supremacía indiscutida en la Europa occidental, una supremacía a la que nadie desafiaría durante mil años.

[453]   En relación al origen del linaje de los merovingios: "El gobernante de quien los merovingios recibieron su nombre es sumamente elusivo y su realidad histórica ha quedado eclipsada por la leyenda. Meroveo (Merovch o Meroveus) fue una figura casi sobrenatural digna de los mitos clásicos. Hasta su nombre es testimonio de su nombre y carácter milagrosos. Es un eco de la palabra francesa que significa <<madre>> y, además, de las palabras francesa y latina que significan <<mar>>. El principal cronista franco y las tradiciones subsiguientes afirman que Meroveo fue hijo de dos padres. Cuando ya estaba embarazada por obra de su esposo, el rey Clodión, la madre de Meroveo se fue a nadar en el mar. Se dice que en el agua fue seducida o violada -o ambas cosas- por una criatura marina no identificada que llegó de allende los mares: <<bestea Neptuni Quinotauri similis>>, una <<bestia de Neptuno parecida a un Quinotauro>>, palabra esta última que no sabemos muy bien qué significa. Al parecer, esta criatura fecundó a la dama por segunda vez. Y, según se dice, Meroveo, al nacer, llevaba en sus venas una mezcla de dos sangres diferentes: la sangre de un gobernante franco y la de una misteriosa criatura acuática." Baigent, Leigh y Lincoln, 2005, p. 331.

[454]   "En el año 481, un reyezuelo franco de quince años, procedente de Bélgica, irrumpe en la escena de la Historia. Hasta hace poco no se conocía su verdadero nombre: se llamaba sencillamente Luis. Pero porque un copista distraído puso antaño una C donde no hacía falta, aquel conquistador es, para todos los franceses, Clovis (para los españoles, Clodoveo)." Sède, Gerard de, Ib., p. 77.

procede de practicar un anagrama sobre el nombre *Louis*: LOUIS > LIUSO > LIVSO > LIBSO, al que se le añade MIRO como equivalente de VEO (presente en Clodo-veo).

Identificado etimológicamente al adversario histórico de Renato, veamos ahora cómo Libsomiro (Clodoveo I)[455] se prepara para el enfrentamiento por la posesión de "la señora Eusebia". Porque la historia nos habla, en este punto, de un gran acontecimiento que sellará la supremacía de Roma en Europa durante los próximos mil años: la conversión al catolicismo de Clodoveo I[456].

Pero antes de que estalle el conflicto entre francos y visigodos, el rey de los ostrogodos, Teodorico el Grande, intentó apaciguar a ambos monarcas, aunque sin éxito. En tal caso, opinamos que las referencias del texto cervantino a un rey (que tampoco especifica su nombre, ni que lo fuera de Francia) en calidad de árbitro de la contienda ("un día se fue al rey y le dijo cómo yo tenía trato ilícito con Eusebia" [p. 409]) podría señalar a Teodorico. La guerra, pues, parecía inevitable:

> Remitióse la prueba a las armas. No quiso el rey darnos campo en ninguna tierra de su reino, por no ir contra la ley católica, que los prohíbe. Diónosle una de las ciudades libres de Alemania (p. 409).

Si la tierra de los francos era católica en virtud de la reciente conversión de Clodoveo I, es claro que allí no podría realizarse el presunto duelo, por lo que sería inevitable que este se hubiera de celebrar en las tierras de los arrianos; es decir, en el reino visigodo de Tolosa, cuya libertad ("Diónosle una de las ciudades libres") sería característica de su religión y la alusión a "Alemania" procedería del origen de los visigodos que se remonta a los pueblos germanos orientales.

El resultado de la confrontación entre ambos reyes lo sabemos por la historia: el ejército visigodo mandado por Alarico II fue derrotado por el de los francos capitaneado por Clodoveo I en la batalla de Vouillé en 507. Y, de esta forma tan propia de los libros de caballería, el narrador y a su vez perdedor de la contienda da fe de los hechos por boca de su verdugo, Libsomiro:

> <<Si no te rindes, Renato -respondió mi contrario-, esta punta llegará hasta el celebro y hará que en tu sangre firmes y confirmes mi verdad y tu pecado. >> (p. 410).

Que salvó la vida nuestro relator es prueba que vivió para contarlo (¿acaso no se llama Renato?), aunque su doble en la realidad no corriera la misma suerte, ya que Alarico II pereció en la batalla. Ahora bien, no olvidemos que esta versión alegórica de los hechos narrados se halla encuadrada en un episodio (el de la isla de las Ermitas) que se correspondería con un largo período de tiempo de la Historia, donde Renato irá asumiendo diferentes identidades pero siempre simbolizando ese espíritu arriano más apegado a la doctrina del cristianismo primitivo.

Antes de continuar, conviene que nos detengamos en una imagen que nos proporciona el texto muy evocadora, y que se reproduce en el momento en que Renato se ve vencido ante su oponente: "y no saber decir el cómo, me hallé tendido en el suelo y la punta de la espada de mi enemigo puesta sobre mis ojos, amenazándome de presta y inevitable muerte"(p. 410), y, cuyos efectos se dejan ver en la cita que hemos transcrito más arriba ("esta punta llegará hasta el celebro y hará que en tu sangre firmes y confirmes mi verdad y tu pecado"). Pues bien, no solo

---

[455] Rey de los francos entre el 481-511. Dice Sède en relación a los hechos que desembocaron en su conversión al catolicismo: "Su talento militar y su ambición sin límites atraen sobre este cruel pagano la atención del clero: se hará de él un nuevo Constantino. Se prepara minuciosamente su conversión; se producen en su presencia milagros oportunos en Tours, en la tumba de San Martín; el obispo Rémi, político sagaz, puede entonces administrarle el bautismo." Sède, Gerard de, El tesoro cátaro, Plaza y Janés, S.A., Barcelona 1972, p. 77.

[456] "En pocas palabras, el pacto entre Clodoveo y la Iglesia de Roma tuvo una importancia trascendental para la cristiandad: no solo para la de aquella época, sino también para la del milenio subsiguiente. Se consideró que el bautismo de Clodoveo señalaba el nacimiento de un nuevo Imperio Romano, un imperio cristiano, basado en la Iglesia de Roma y administrado, a nivel seglar, por la estirpe merovingia. Dicho de otro modo, se estableció un vínculo indisoluble entre la la Iglesia y el Estado, cada uno de los cuales prometió lealtad al otro, cada uno de los cuales se ató a perpetuidad". Baigent, Michael, Leigh, Richard, Lincoln, Henry, Ib., p. 344.

en las *Etiópicas* existe un pasaje similar,[457] sino que incluso puede encontrarse en una leyenda muy extendida hoy en día -es de suponer que en época de Cervantes, hace cuatrocientos años, con mayor razón-, en la que un descendiente de Clodoveo I, Dagoberto II, considerado el último rey legítimo de la dinastía merovingia, es asesinado por orden de su mayordomo Pipino de Heristal de manera similar a como nos es relatada en el *Persiles* la "casi-muerte" de Renato. Reproducimos la leyenda del asesinato de Dagoberto II:

> Sobre el mediodía el rey, vencido por la fatiga, se echó a descansar a la orilla de un arroyo, a los pies de un árbol. Mientras dormía, uno de sus sirvientes -se supone que su ahijado- se acercó furtivamente a él y, obedeciendo órdenes de Pipino, le clavó una lanza en un ojo [...]. No está claro hasta qué punto lograron sus propósitos. Pero no hay duda que el reinado de Dagoberto y su familia terminó de una manera brusca y violenta.[458]

Como vemos, existen ciertos paralelismos entre ambos relatos, la situación del arma frente a los ojos ("la punta de la espada de mi enemigo puesta sobre mis ojos") y la alusión al sol en su posición vertical en el momento de la lanzada ("partiéronnos el sol y dejáronnos" [p. 409]), constituye, en nuestra opinión, puntos muy importantes a tener en cuenta (por su relevancia simbólica) en la descripción de los hechos que se relatan. Por lo que creemos que nuestro autor pudo haberlo utilizado para referir, sobre este mismo hecho que narra la derrota de Renato, otra circunstancia de gran relevancia mito-histórica íntimamente ligada a la anterior muerte de Alarico II a manos de Clodoveo I: la muerte ahora de un descendiente directo de Clodoveo I que, en el año 679 y en virtud de su matrimonio con una princesa visigoda (Giselle) heredera de un gran territorio en lo que luego será el Languedoc, resultaba poco útil (por ser arriano) a los intereses de Roma. Dicho de otro modo, este segundo relato alegórico (el de la leyenda de la muerte de Dagoberto II), que emana de los mismos hechos narrados en el *Persiles*, podría interpretarse como una inversión del anterior; pues ahora, la facción auspiciada por el catolicismo (Pipino de Heristal) derriba del trono al último descendiente (Dagoberto II) de aquella misma dinastía merovingia que salvó a la Iglesia de Roma de desaparecer en tiempos de Clodoveo. Es decir, que en ambos casos, las diferentes dinastías ¿legítimas? que se disputaban, en lo que ahora es Francia, el poder temporal, francos y visigodos, fueron hábilmente "apartadas" por la misma mano: Roma.

Del desarrollo que estamos realizando del texto alegórico, creemos que la intención de Cervantes, a la hora de fabular estos comienzos europeos subsiguientes a la caída del Imperio Romano de Occidente, consistiría en mostrar a sus coetáneos los oscuros entresijos del catolicismo en sus comienzos; para, de algún modo (muy contundente, según iremos avanzando en nuestro análisis), desmitificar la idea que se tenía acerca de un catolicismo idealizado que, además, se vería continuamente cuestionado desde los círculos reformistas, seguramente más afines a nuestro escritor.

Históricamente, el relato de estos hechos tendría una importancia capital para el futuro del catolicismo y de sus relaciones con las monarquías europeas; pues, el asesinato del rey Dagoberto II[459] en 679, supondría -si diésemos el valor que parecen clamar las leyendas alusivas- el final de los derechos dinásticos de las monarquías merovingias como representantes

---

[457]   "Apenas habían cerrado los ojos, apenas un grato sueño se había apoderado de ellos, cuando un sueño se presentó a la mente de Cariclea, acostada cerca de Teágenes. Un hombre de larga y descuidada cabellera, de mirada feroz, con las manos ensangrentadas, sacaba su espada y le arrancaba el ojo derecho. Cariclea se puso inmediatamente a lanzar gritos, llamó a Teágenes, diciéndole que acababan de sacarle un ojo. A este llamamiento Teágenes se despertó sobresaltado y sintió a su vez el mismo dolor, como si él hubiera tenido el mismo sueño." Heliodoro, *Las Etiópicas*, p. 120.

[458]   Baigent, Leigh y Lincoln, 2005, p. 353.

[459]   La relevancia de este monarca en un contexto religioso-espiritual se deriva de lo insólito de su canonización: "En 872 -casi dos siglos más tarde- el cadáver fue exhumado y trasladado a otra iglesia. Esta nueva iglesia se convirtió en la de San Dagoberto, pues en aquel mismo año el rey muerto fue canonizado, no por el papa (que no reivindicó este derecho en exclusiva hasta 1159), sino por un cónclave metropolitano. El motivo de la canonización de Dagoberto sigue sin haberse aclarado [...]. Reconocen que Dagoberto, por el motivo que fuese, pasó a ser objeto de un culto en toda la regla y a tener su propia festividad: el 23 de diciembre, aniversario de su muerte. Pero no tienen la menor idea de por qué se le ensalzó de esa manera. Es posible, por supuesto, que la Iglesia se sintiera culpable a causa del papel que desempeñó en el asesinato del monarca. Por consiguiente, cabe la posibilidad de que la canonización de Dagoberto fuese un intento de expiar su culpa." Baigent, Leigh y Lincoln, 2005, pp. 353-354.

del linaje legítimo capaz de disputarle el poder en Occidente a la Iglesia, que siempre tendría a mano algún títere, como Carlomagno en el año 800, para llevar a cabo sus propósitos. ¿Podría ser este el germen de las luchas de religión que tuvieron en vilo a Europa en época de nuestro autor?

Siguiendo el guión pseudohistórico que estamos deduciendo del texto del *Persiles*, tras la no-muerte de Renato ("Llegaron en esto los jueces y tomáronme por muerto" [p. 410]), pues al parecer "resucitó" de las heridas, sus criados lo llevaron de vuelta a su perdida patria tolosona, donde al poco tiempo de permanecer tuvo que tomar la decisión de marcharse: "determiné salir de mi patria y, renunciando mi hacienda en otro hermano menor que tengo, en un navío, con algunos de mis criados, quise desterrarme y venir a estas septentrionales partes" (p. 411).

Porque la derrota de los visigodos tolosanos significaba la salida *de facto* de su reino, y, fundamentalmente, la renuncia a sus derechos dinásticos sobre suelo francés (que no sobre otros territorios) en beneficio de "otro hermano menor que tengo"(p. 411); pues, enlazando con la posterior historia de Dagoberto II, aunque con este monarca se extinguió el linaje más puro, líneas sucesorias más débiles[460] continuaron reinando de diferente modo hasta la usurpación del trono de Childerico III en 754[461].

Y, en este punto, terminan las referencias alegóricas del texto en relación al relato de la caída del reino visigodo de Tolosa, enclave -como se sabe- situado al sur de Francia y sobre el que tradicionalmente se ha venido proyectando una especie de símbolo de la defensa de una religión basada en el espíritu ("arrianismo") y no en la materia (catolicismo). En este sentido, recordemos que, después de ser erradicado el arrianismo de estos territorios del Mediodía francés, unos siglos más tarde brotará en el mismo lugar la semilla del catarismo (s. XII), con toda la literatura trovadoresca y ciclos artúricos alusivos a las leyendas del Grial que hoy se conocen y que llevará al Languedoc a un nuevo cisma de consecuencias "apocalípticas": la herejía albigense.

En conclusión, podríamos suponer que Cervantes nos presenta, con este relato alegórico perfectamente escamoteado en la narración, el germen primero de donde nace el conflicto religioso que sufre su tiempo y que, como la guerra que le costó un reino a los visigodos de Tolosa frente a los francos, bien pudiera costarle a los primeros "Austrias" el suyo propio si no son capaces de resolver ese mismo problema entre católicos y reformadores después de 1.000 años.

Situándonos de nuevo en el relato, observaremos que quien emprende la marcha desterrado de su reino es alguien que está muerto (Renato) o, al menos, así lo parece "("tomáronme por muerto"). Y, si decimos esto, es para poder situar con mayor objetividad la simbólica historia que acontece:

> Hallé esta isla acaso; contentóme el sitio y, con el ayuda de mis criados, levanté esta ermita y encerréme en ella. Despedílos, diles orden que cada un año viniesen a verme, para que enterrasen mis huesos (p. 411).

Renace, pues, Renato de una "no-muerte" escenificada -según nuestro análisis anterior- de manera similar a como la leyenda cuenta la de aquel lejano "descendiente" de los francos, Dagoberto II. Lo cual, podría señalar al conocimiento que habría de tener Cervantes de estos hechos, al relacionar los destinos de Alarico II y Dagoberto II como si fueran complementarios, dentro de la lógica oposición que representan las diferentes fuerzas en conflicto: visigodos contra francos, y que se unirán definitivamente a través del mito del presunto hijo "perdido", nacido de la esposa visigoda de Dagoberto, tras el regicidio: Sigisberto IV.

Sea como fuere, Renato emprenderá un viaje "mítico" que le llevará a un lugar que parece ser de su agrado, donde levanta una ermita y se hace ermitaño ¿Podríamos imaginar aquí a la figura de un personaje de noble ascendencia, que, tras haber sido despojado de su legítimo derecho al trono de Francia, se haya llevado la semilla de la "antigua religión" a suelo hispano para esperar

---

[460] "Asimismo, los últimos merovingios pertenecían a ramas menores en lugar de ser vástagos del linaje principal de descendientes de Clodoveo y Meroveo." Baigent, Leigh y Lincoln, 2005, p. 355.

[461] "Contando con la sanción de Roma, Pipino depuso a Childerico III, lo confinó en un monasterio y -para humillarle, para privarle de sus <<poderes mágicos>> o para ambas cosas- ordenó que le cortasen la caballera, que era [en la tradición de los reyes merovingios] sagrada. Al cabo de cuatro años Childerico murió y ya nadie pudo disputarle el trono a Pipino." Baigent, Leigh y Lincoln, 2005, pp. 356-357.

allí que germine y brote el fruto anhelado de una teocracia legitimada en el antiguo "pacto" con la divinidad? Nosotros subscribimos esta posibilidad. Incluso, para reforzar esta visión escatológica de alguien que se percibe como legitimado, Cervantes podría haber realizado un nuevo esfuerzo sincrético en su relato para que también se leyera en clave gnóstica. En tal caso, la extraña no-muerte de Renato, entendida como la muerte mística y el subsiguiente renacimiento propio de los ritos dionisiacos de iniciación, encontraría su sitio también en este episodio.

Dentro de este contexto espiritual, analizaremos una de las historias más "peregrinas" sobre la figura más importante del gnosticismo hispano y sobre la que creemos que Cervantes pudo inspirarse a la hora de estructurar el relato alegórico-gnóstico de Renato: la historia de Prisciliano.

Obispo de Ávila y mártir apócrifo del cristianismo, nació Prisciliano en la ¿casual? localidad de Iría Flavia (nuestro Padrón gallego o *finisterrae*) y, justamente 122 años antes de que Alarico II perdiese la vida y el sueño de una teocracia tolerante, él perdía su cabeza a manos de Roma[462] en la no menos sugerente localidad alemana ("Diónesle una de las ciudades libres de Alemania") de Tréveris en 385. Porque Prisciliano, como Renato, también puede considerarse noble y meridianamente francés, pues en su adolescencia fue enviado desde Galicia a "sentarse en los bancos de la universidad de Burdeos, convertido en brillante e inquieto alumno del retórico Delphidius"[463], lugar al que luego regresará junto a su maestro a vivir durante un tiempo su doctrina en una especie de comunidad gnóstica[464]. En cuanto a su ajusticiamiento, su muerte también podría asimilarse a la acaecida a Renato, en cuanto a que la decapitación del Santo (San Prisciliano) quedaría simbolizada en esa espada que señala a su cabeza ("me hallé tendido en el suelo y la punta de la espada de mi enemigo sobre los ojos"[p. 410]); pero también, en esa confesión previa a su muerte que anuncia a las claras la celebración de un proceso judicial:

> No esperes a que me rinda, que no ha de confesar mi lengua la culpa que no tengo. Pecados si tengo yo que merecen mayores castigos, pero no quiero añadirles éste de levantarme falso testimonio a mí mismo y, así, más quiero morir con honra que vivir deshonrado [...]. <<Si no te rindes Renato -respondió mi contrario-, esta punta llegará hasta el celebro y hará que con tu sangre firmes y confirmes mi verdad y tu pecado>>.
> Llegaron en esto los jueces y tomáronme por muerto (p. 410).

Y qué mejor que una espada como símbolo dúplice tanto de esa muerte aceptada como martirio (uno de los filos de esa espada) como de ese poder que nace de la entrega del ermitaño-peregrino a la prueba del suplicio (el otro filo). No de otro modo, la espada constituye uno de los símbolos más tradicionales del Camino de Santiago, al que también se le denomina Camino de Santiago de la Espada. La espada, pues, representa el símbolo de la justicia, que, además, era uno de los apodos por los que se conocía al apóstol Santiago: el Justo.

El destierro de Renato podría considerarse, en relación con la odisea prisicilianista que detallaremos a continuación, como una especie de recorrido simbólico: el que describe el alma del "no-muerto" hasta llegar a un lugar lo suficientemente apartado de su reino como para sentirse -digamos – "liberada" ¿Acaso una alegoría del propio Camino jacobeo o también llamado Camino francés?:

> determiné salir de mi patria y, renunciando mi hacienda en otro hermano menor que tengo, en un navío, con algunos de mis criados, quise desterrarme y venir a estas setentrionales partes, a buscar lugar donde no me alcanzase la infamia de mi infame vencimiento y donde el silencio sepultase mi nombre (p. 411).

---

[462] "Nunca en la historia de la joven Iglesia cristiana se había matado a nadie por razones ideológicas y teológicas". Sánchez Dragó, 1985, vol. I, p. 210.

[463] Sánchez Dragó, 1985,vol. I, p. 203.

[464] "Tres fueron asimismo los jóvenes españoles, carne ya de heterodoxia y ascetismo, que mediada la octava década del siglo aparecieron en Burdeos: el gallego Prisciliano, el andaluz Tiberiano y el dudoso portugués Latroniano. Todos siguieron las lecciones de Elpidio y todos, probablemente, abandonaron las pompas del mundo por influjo de su maestro". Sánchez Dragó, 1985, vol. I, Ib., p. 204.

Y, de nuevo, llegamos a un punto en donde las ideas que se "filtran" de una lectura alegórica significan una subversión de la historia oficial o de lo comúnmente aceptado como una verdad incuestionable. Nos referimos a la posibilidad, que ya intuíamos, de que sean los restos de Prisciliano los que reciban a los peregrinos que llegan a postrarse a la catedral compostelana, como así podría deducirse de la historia contada por Renato. Las razones que nos inducen a suscitar esta posibilidad, en relación a la cita que hemos transcrito más arriba, son las siguientes:

a). Cuando Renato dice que "determiné salir de mi patria y, renunciando mi hacienda en otro hermano menor que tengo", ¿acaso no querría decirnos nuestro autor que, tras la muerte de Prisciliano en Tréveris en 385, la Iglesia borró cualquier rastro del santo obispo de Ávila traspasándole los honores y la identidad a otro santo más afín al catolicismo que lo suplantó? En tal caso, ese "hermano menor" al que Renato le cedió todo lo que él había hecho en vida, ¿no podría ser un "guiño" de Cervantes señalando a la figura de Santiago el Menor[465], protagonista de la presunta suplantación de Prisciliano? Pues, no de otro modo, Prisciliano transitó y extendió su doctrina gnóstica en los territorios más allá de su Galicia natal y, al igual que en la leyenda jacobea, fue también martirizado y tras su muerte su cuerpo decapitado regresó a Padrón (Iria Flavia) de forma análoga (siguiendo el mismo Camino de las Estrellas) a como lo describe el mito jacobeo y como así nos lo relata el "no-muerto" Renato: "en un navío, con algunos de mis criados" (¿El relato de la *Traslatio*?).[466]

b). Porque la cita: "quise desterrarme y venir a estas setentrionales partes", podría interpretarse como que *quería quitarse la tierra de sí mismo*; es decir, que ese viaje a esas septentrionales partes tendría una finalidad claramente gnóstica: desprenderse de la materia (desterrarse) para poder transcender (¿no es esa la finalidad del peregrino jacobeo al transitar los caminos de iniciación que conducen a la meta oceánica en Padrón (localidad natal de Prisciliano) o Noya?)

c). Otro paralelismo entre la historia de Renato y la del mártir apócrifo la hallamos en: "a buscar lugar donde no me alcanzase la infamia de mi infame vencimiento y donde el silencio sepultase mi nombre". Porque, la infamia arrojada por la Iglesia de Roma sobre la figura del mártir gallego fue muy grande, lo suficiente como para tener que "esconderse" en el confín occidental del "mundo conocido": el *finisterrae* de Galicia, que fue el lugar donde más perduró la doctrina prisciliANISTA. El tiempo y la oportuna suplantación que se llevó a cabo, casi quinientos años después de su muerte a través del presunto descubrimiento en el año 813 de los restos del apóstol Santiago el Mayor (o el Menor) y su traslado a la localidad de Santiago de Compostela ("donde el silencio sepultase mi nombre"), selló la memoria del más que presumible titular de los huesos compostelanos: el hereje San Prisciliano.

Pero la simetría más importante entre Renato y Prisciliano se debe a la herencia dejada por el Santo herético después de su muerte: la peregrinación al *finisterrae*. Porque Renato es un no-muerto (pues le tomaron por muerto) que, en la filosofía platónica significa el estado de actividad propio de quien decide emprender el Camino del Conocimiento. Por ello, abandona todas sus posesiones más preciadas ("renunciando a mi hacienda") para peregrinar ("salir de mi patria" se corresponde con la antigua definición de peregrinar) desde Francia, a través de la ruta

---

[465]   "A Santiago el Justo, hermano de Jesús, que fue el verdadero dirigente de los seguidores después de la Crucifixión, se le margina llamándole Santiago el Menor."Hopkins, Marilyn, Simmans, Graham, Wallace-Murphy, Tim, Ib., p. 95. Dada la polémica acerca de cuál de las dos identidades citadas en el Nuevo Testamento, Santiago el Mayor o Santiago el Menor, es la que figura como titular del mito compostelano, no nos pronunciaremos al respecto, en la creencia de cualquiera de las dos candidaturas podría ser válida a los efectos míticos que tal leyenda aporta.

[466]   Como apunta Sánchez Dragó: "Cuatro años después de la tragedia, un grupo de gallegos aparece en Tréveris y pide permiso para exhumar los cuerpos de los mártires. Se lo dan. En cierto modo, termina ahí la historia de Prisciliano y empieza la del priscilianismo. Con unción y afluir de gentes, unos extranjeros de ojos azules escoltan el cadáver de su maestro por los campos de la Galia. Siguen, por determinismo geográfico y por obediencia a los antiguos dioses, el mismo camino que en la Edad Media trazarán las peregrinaciones jacobeas. El que los celtas habían vuelto a abrir. El que los romanos no se atrevieron a cegar, pero sí a secularizar con el nombre de *Vía Turonensis*. La procesión se detiene en París, Orleans, Tours y Burdeos. Luego, en el sur de Francia, desaparecen sus huellas. Es posible que vivos y muertos entraran por Somport o Roncesvalles en España. Eso manda el Camino. Es igualmente posible, y más probable, que se embarcaran rumbo a Galicia (y, en ella, Iria Flavia) ¿No dice la leyenda que Santiago el Mayor llegó a ese puerto desde el mar, sin cabeza y acompañado por sus discípulos? Ya tenemos a Prisciliano en el paisaje de su infancia, ya tenemos la capilla ardiente de un *gurú* para la cripta de Compostela." Sánchez Dragó, 1985, vo. I, p. 213.

más antigua de Occidente, hasta el *finisterrae* gallego. En tal caso, la experiencia mística de la peregrinación jacobea encontraría su justificación en el recuerdo del recorrido que siguieron los restos del mártir de Tréveris, siguiendo la antigua ruta pagana en dirección a la Britonia (¿Bituania?) de los suevos.

Después de haber realizado el análisis de esta primera parte de la historia de Renato desde una doble perspectiva mito-histórica y gnóstica, nos situaremos ahora al final de su relato, en el lugar en el que se ha establecido tras su destierro y que nosotros venimos identificando con el *finisterrae* del Camino de Santiago en tierras de Galicia:

<<Hallé esta isla acaso; contentóme el sitio y, con el ayuda de mis criados, levanté esta ermita y encerréme en ella. Despedílos; diles orden que cada un año viniesen a verme, para que enterrasen mis huesos. El amor que me tenían, las promesas que les hice y los dones que les di les obligaron a cumplir mis ruegos, que no lo quiero llamar mandamientos (p. 411).

La llegada de Renato al final de su recorrido no pudo ser más expresiva, ni tampoco más ingeniosamente señalada, pues, deducimos que esa "isla" está situada, aplicando los habituales procedimientos eufónicos de nuestro autor, en el **ocaso**: "Hallé esta isla **acaso**"; es decir, en el lugar mítico más apartado de la tierra donde el Sol se hunde definitivamente en el horizonte oceánico: el *finisterrae* de occidente. La razón de su alegría: "contentóme el sitio", apuntaría al tradicional sentimiento de gozo que experimenta quien llega finalmente a su meta iniciática[467]. En cuanto al fragmento de la cita que sigue: "y, con la ayuda de mis criados, levanté esta ermita y encerréme en ella", creemos que se podría estar evocando una de las leyendas más famosas en relación a una antigua ermita situada en lo alto de un monte en el Finisterre gallego: la ermita de San Guillermo.[468] Pero, todavía más esclarecedora de sus intenciones jacobeas nos parece esta frase: "Despedílos; diles orden que cada un año viniesen a verme, para que enterrasen mis huesos"; pues, esta petición que hace a sus criados, que se fundamenta no en la vida sino en la muerte del propio Renato, alude de forma inequívoca al culto a las reliquias, que fue moneda de cambio en la Edad Media y posterior para incentivar las peregrinaciones a las tumbas de los mártires. En este sentido y en relación al culto finisterrano a San Guillermo[469], el investigador Rafael Lema dice lo siguiente:

No abandonamos a san Guillermo, otro nombre que huele a caballeros templarios. Como demostró Satti-Bouzas, en 1151, Rain, abad de Saint-Guilhem-le-Desert, regaló una reliquia de este santo a los templarios de Sante-Eulalie-de-Cernon, al sureste de Millau. Más tarde, entre 1154 y 1199, los templarios traen a Finisterre una reliquia, un brazo guarnecido de plata, y construyen una ermita en una caverna en donde se realizaban ritos ancestrales de fecundación.[470]

Como podemos comprobar, la historia de Renato sienta como un guante (¿el de san Guillermo?) al culto a unas reliquias depositadas en una ermita en el Finisterre gallego, construida al efecto y traídas desde Francia con gran devoción. En tal caso, ¿quién habría de ser ese tal Guillermo que, "desterrado de su patria francesa", habría venido (como Renato) a recluirse como ermitaño al confín más alejado de la tierra conocida? A esta pregunta responderemos a través de la opinión de un selecto grupo de investigadores que, en su hipótesis tendente a demostrar la continuidad de la línea sucesoria de la dinastía merovingia después de la muerte de Dagoberto II en la persona de su hijo Sigisberto IV (en los territorios del Languedoc heredados de la madre de este, Giselle de Razès), sugiere la posibilidad de que San Guillermo sea un sucesor directo de Sigisberto IV y, por lo tanto, el único descendiente "legítimo" de la nueva línea sucesoria que consiguió unir a los dos linajes enfrentados desde antiguo: el de los visigodos y el de los francos.

---

[467] A unos pocos kilómetros de Santiago de Compostela se halla el llamado Monte del Gozo, que es el lugar del camino desde donde el peregrino veía por primera vez las torres de la catedral compostelana, mostrando su explosión de júbilo entonando: ¡Montjoie!

[468] La importancia que tuvo este santo peregrino es manifiesta por lo arraigado de su tradición: "pero el momento de auge de esta peregrinación al fin del mundo está vinculado con la devoción a san Guilllermo, ya que en la cima de un monte cercano a la Iglesia de Santa María existió una ermita dedicada a este santo varón." Lema, 2007, p. 72.

[469] Conocido por esos pagos como don Gaifeiros. Lema, 2007, p. 84.

[470] Lema, 2007, p. 75.

En todo caso, no hay ninguna duda de que en 790 el hijo de Teodorico, Guillem de Gellone, ostentaba el título de conde de Razès, esto es, el título que, según se dice, poseía Sigisberto, el cual lo transmitió a sus descendientes.[471]

Ante la evidencia que nos aporta esta información, una vez más a caballo entre el mito y la historia, no podemos más que volver a preguntarnos si Cervantes habría de saber todo esto. Obviamente no podemos asegurarlo, aunque fuentes literarias no le faltaron, algunas incluso dentro de las más celebradas por nuestro autor:

> Guillem de Gellone fue uno de los hombres más famosos de su tiempo, tanto es así, de hecho, que su realidad histórica -al igual que la de Carlomagno y la de Godofredo de Bouillon- se ha visto oscurecida por la leyenda. Antes de la época de las cruzadas, se compusieron como mínimo seis poemas épicos sobre él, *chansons de geste* parecidas a la famosa *Chanson de Roland*. En la *Divina Comedia* Dante le otorgó una categoría singularmente ensalzada. Pero incluso antes de Dante, Guillem había vuelto a ser objeto de atención literaria. A principios del siglo XIII figuró como protagonista de *Willebalm*, un romance épico inacabado que escribió Wolfram von Eschenbach, cuya obra más famosa, *Parzival*, es probablemente el más importante de todos los romances que se ocupan de los misterios del Santo Grial.[472]

En consecuencia, todos los caminos nos conducen a Finisterre. La tierra del Grial, la Britonia sueva a imagen de esa otra Betania (Bituania) origen de la leyenda de la descendencia del linaje de Jesús a través de la Magdalena (¿"la reina de Francia", cuyo emblema, la flor de lis, proviene de la estirpe merovingia a través del pueblo judío?)[473]. Y, si hiciésemos caso al mito, en este rincón de Occidente, en "la isla cervantina del ocaso" ("acaso"), habrán de confluir las dos ramas del mítico linaje. Los dos vástagos de la Magdalena: el varón, que desde allí pasaría a Inglaterra; y la hembra, que, desde la tierra de Notre Dame (Francia), habría de llegar más tarde en la persona de su descendiente Guillem de Gellone (San Guillermo)[474].

Sea cual fuere la verdad o la mentira de este conjunto de "relatos alegóricos" que convergen en el episodio de Renato, creemos que Cervantes pudo tener acceso a todos y cada uno de ellos y que, además, los empleó en su obra para justificar-como ya venimos apuntando- el origen de donde arrancan todas las disensiones que en los comienzos del siglo XVII amenazaban con destruir el Occidente civilizado.

Nosotros, que, en ocasiones damos más validez al mito que a la historia oficial, pues esta no deja de ser el producto de un testimonio individual, mientras que el mito responde a una labor colectiva cimentada en el tiempo, no podemos por menos que sorprendernos ante la evidencia de una leyenda atribuida a San Guillermo relacionada con su vida de ermitaño.[475]

En cualquier caso, ¿por qué habría de tomarse Renato tan en serio el hecho de que viniesen a visitarle cada año? ("diles orden que cada un año viniesen a verme, para que enterrasen mis huesos.") ¿Para darle a sus restos cristiana sepultura? ¡Si ni siquiera está enfermo y ya se preocupa por el destino de sus restos! ¿Obligaría, pues, a sus criados a realizar todos los años un viaje tan largo y penoso solo por si "acaso" hubiere muerto? No parece, pues, una actitud muy lógica o realista; razón por la cual nos vemos abocados a practicar una lectura o interpretación alegórica del texto. En esta línea, ¿no trataría Renato de animar a sus allegados con esa siniestra petición, a que emprendiesen una peregrinación desde Francia, no para ver si había muerto

---

[471]   Baigent, Leigh y Lincoln, 2005, p. 365.

[472]   Baigent, Leigh y Lincoln, 2005, p. 365.

[473]   En cuanto a la relación que podría establecerse entre esa "reina de Francia" innominada y el mito de una descendiente de la Magdalena y Jesús, nos remitimos a lo que ya habíamos comentado acerca de las tradiciones muy arraigadas en la población costera de la Camargue francesa , Les-Saintes-Maries-de-la-Mer.

[474]   Repárese, que el emblema de la flor de lis, símbolo de la realeza merovingia instaurado por Clodoveo I entre los francos, fue empleado más tarde por la realeza en Francia a partir del s. XII por Luis VII de Francia, y, de igual modo, por la casa de Lancaster (dinastía real inglesa) en el siglo XIV.

[475]   "Ese Guillermo ermitaño que tuvo ermita en Finisterre cuenta con varias y curiosas leyendas. El santo encontró un barril de vino a la orilla del mar y lo quiso subir a su residencia, en lo alto del monte. En estas, el demonio se le apareció en el camino diciendo que quería ayudar, pero lo que hacía era tirar el barril hacia abajo, hasta que logró que el barril rompiese contra unas peñas y manchara el mar, ahora del color del vino. En el lugar del accidente esta pigmentación aún se puede ver, por las algas de este color presentes en la zona". Lema, 2007, p. 120.

(recordemos que él era ya un no-muerto cuando emprendió su des(*finis*)tierro) sino para venerar sus restos con la finalidad de activar esa ruta de peregrinación? Incluso podríamos ir más allá, pues, el hecho de arrogarse para sí ser la causa o motivo de esa "marcha anual", ¿no podría entenderse como que Renato está legitimado a desempeñar esa función que apuntaría a su presumible santidad? Pero, ¿santidad de qué tipo? No nos consta en el relato ningún acto piadoso al respecto ¿Acaso motivada, como ya ocurriera con la santidad de Dagoberto II, por la sola circunstancia de ser un heredero directo de un linaje mítico que se remonta a los merovingios?

La peregrinación en la Edad Media debería realizarse preferentemente en época estival, pues hacerla en invierno podría significar algo más que una "muerte mística" para el arrojado peregrino. Por esta razón tan evidente, creemos que Renato "manda" realizar el viaje una vez al año (aprovechando el estío), y no para enterrar sus restos; sino para motivar a sus "criados" a enterrar los suyos propios (alegoría de la necesaria muerte mística del gnóstico-peregrino) a través del sacrificio de la peregrinación que culminaría a los pies de las reliquias de su "señor" en el Finisterre. Y, de este modo, creemos que deberíamos interpretar la trascendencia que para Cervantes tuvieron los misterios de la peregrinación; los cuales, como dice Renato: "no los quiero llamar mandamientos" (p. 411): ¿Quizás dicho de manera irónica al objeto de diferenciar su doctrina penitente de la liberación espiritual de la simple especulación canónica inmersa en las leyes o Mandamientos del catolicismo?

Dedicado, pues, nuestro ermitaño francés al más alto trabajo humano de la liberación de su propia alma, es sorprendido en medio de su éxtasis galaico: "¡Oh soledad, alegre compañía de los tristes! ¡Oh silencio, voz agradable a los oídos, donde llegas sin que la adulación ni la lisonja te acompañen! ¡Oh, qué de cosas dijera, señores, en alabanza de la santa soledad y del sabroso silencio!"(p. 412), por el retorno de sus criados (al año de su despedida) acompañados de su adorada Eusebia:

> dentro de un año volvieron mis criados y trujeron consigo a mi adorada Eusebia, que es esta señora ermitaña que veis presente, a quien mis criados dijeron en el término que yo quedaba, y ella, agradecida a mis deseos y condolida de mi infamia, quiso, ya que no en la culpa, serme compañera en la pena y, embarcándose con ellos, dejó su patria y padres, sus regalos y sus riquezas, y lo más que dejó fue la honra, pues la dejó al vano discurso del vulgo, casi siempre engañado, pues con su huida confirmaba su yerro y el mío (p. 412).

La llegada de Eusebia al lugar que nosotros interpretamos como el *finisterrae* gallego para reunirse con su antiguo pretendiente, tiene unas connotaciones de una importancia capital. Intentaremos sintetizar al máximo lo que Cervantes, en nuestra opinión, ya ha reducido al mínimo con una habilidad pasmosa; pues, hace coincidir en este único fragmento las diferentes interpretaciones que venimos conjugando.

En primer lugar, comoquiera que la expedición de los "criados" de Renato ha regresado al año según el "mandato" de su señor, de forma subliminal, se nos está dando a entender que a raíz de la fama que han alcanzado las "no-reliquias" del "no-muerto" Renato en esa parte de la tierra desde donde se contempla el "último ocaso", una muchedumbre se ha puesto en movimiento para cumplir sus deseos o "mandamientos". Es decir, nos hallaríamos ante el relato del comienzo histórico de las peregrinaciones jacobeas[476]. El hecho de que Eusebia acompañe a los "criados" en ese "viaje anual" podría interpretarse también como que la Gran Ruta pagana al *finisterrae* ha empezado a ser tomada por el catolicismo (s. X o principios del s. XI); pues, Eusebia, como instrumento -según dijimos- al servicio de la "causa divina" (la reina de Francia), intuiría que su misión pasaría por esa ruta sagrada hasta llegar a reunirse con su "pretendiente" Renato en el extremo del "mundo conocido" (el *finisterrae*). En este orden de cosas, la circunstancia de Eusebia de abrazar la vida eremítica por "amor" a Renato, vendría a significar - como ya hemos señalado en páginas atrás- el interés del monacato cluniacense por frenar y reconvertir los últimos vestigios del movimiento eremítico representados por Renato, justamente, en el mismo lugar en donde se genera la herejía: la isla de las Ermitas (la Galicia dueña del Grial).

---

[476]   Nos referimos a las que transitarían el antiguo Camino de las Estrellas a partir del ¿descubrimiento? de las reliquias del apóstol Santiago en 813.

En segundo lugar, no debemos olvidar la leyenda que relacionaba alegóricamente la muerte de Renato con el asesinato del último rey merovingio Dagoberto II, así como la leyenda que contaba que uno de sus hijos, Sigisberto IV, se salvó del regicidio; y, cuyo linaje pudo transmitirse hasta Guillem de Gellone: el san Guillermo del Finisterre. La justificación de la llegada de Eusebia, dentro de este contexto "mítico-dinástico", obedecería ahora a la intención de Cervantes por mostrarnos cómo el catolicismo intenta confundir o engañar en el mismo punto donde la verdad se abre paso. No de otro de modo, Guillermo I de Tolosa, canonizado en 1.066 (San Guillermo), muere en 812[477], curiosamente, un año antes de descubrirse el cuerpo del apóstol Santiago en 813.

Cervantes, a través del análisis que hemos practicado sobre ciertas estructuras alegóricas del texto (las que hemos creído más importantes o, al menos, más reveladoras), ofrece una versión de la Historia distinta de la que estamos acostumbrados a escuchar, asignando al catolicismo un turbio pasado de engaños, manipulaciones y guerras fraticidas difícil de encajar en el contexto espiritual que debería ser consustancial a su propia naturaleza religiosa.

En este orden de cosas, se percibe la intención de nuestro autor por manifestar (de la única forma que estos testimonios podrían levantarse en su época, es decir, de forma velada o alegórica) que el centro espiritual de su época ya no giraba en torno a Roma, sino que se había desplazado hacia el Occidente, a España: ¿la nueva "Jerusalén celeste" que los tiempos demandan, proyección sobre la tierra de ese reguero de estrellas (la Vía Láctea) llamado Camino de Santiago que cruza toda la Península de este a oeste por su tercio septentrional hasta llegar al *finisterrae?*

Como vemos, algo más que una simple leyenda debería minar la voluntad de nuestro autor, decidido con su *Persiles* a meterse en semejante fárrago histórico ¿A qué podría ser debido, pues, ese interés por anunciar el desplazamiento del centro simbólico de la espiritualidad en Occidente de Roma a "Santiago" (el Finisterre)? La respuesta a esta pregunta nos la ofrece la Historia, engavillada con el trasunto del descubrimiento de los restos de un apóstol Santiago que nunca vinieron mejor "a cuento".[478]

Porque en el extremo de Occidente, en el Finisterre gallego, se produjo en las postrimerías del siglo X una apropiación del "orbe" cristiano a espaldas de la voluntad de Roma. En realidad, la rebelión había prendido mucho antes de los sucesos que se citan en el reinado de Ordoño; nos referimos a la época en que Roma, ignorando los derechos legítimos a la sucesión de los descendientes de la línea visigodo-merovingia del conde de Toulouse Guillem de Gellone (San Guillermo en el Finisterre), servía en bandeja la corona imperial a Carlomagno en el año 800[479].

No cabe duda, a la luz de estos argumentos, que una facción importante de la cristiandad medieval consideraba que la Compostela de Santiago y no la Roma de San Pedro debería ser la

---

[477]   Antes de morir, en el 804 se retiró a un monasterio.

[478]   En este sentido se expresa Sánchez Dragó: " En el 954 - y sin duda se han perdido o no se han encontrado aseveraciones más antiguas- la Corona rubricó esta inaudita concesión de privilegios: *Yo, Ordoño, príncipe y humilde siervo de los siervos del Señor, a Vos, ínclito y venerable padre Sisnando, obispo de nuestro patrón Santiago y pontífice de todo el orbe, os deseo eterna salud en Dios Nuestro Señor.* Siervo de Éste, sí, pero no de su vicario en Roma. Ahí queda eso: ya tenemos al mitrado del Finisterre abanderándose con la Verdad universal [...]. A mediados del siglo XI, el Concilio de Reims tiene que excomulgar a Cresconio, acusándolo de exigir para su sede [compostelana] <<la cúspide del hombre apostólico>> Cien años más tarde, el magnífico Gelmírez -cuya égida cubre o abruma (cualquiera sabe) el momento cenital de la urbe- aspira también al orbe, viste su palacio con todo el oropel del pontificado, reparte púrpuras, nombra cardenales, calza a diario túnica y estola, acuña moneda, acapara derechos metropolitanos del obispado emeritense, *manu militari* roba reliquias en Braga (entre ellas el cuerpo de San Fructuoso), birla un despacho legacial a Toledo, obtiene la inmunidad para quienes residan entre el Ulla y el Tambre, reúne, concilios, llama a cruzadas, proclama emperador a Alfonso VII tras la misa de un domingo de Pentecostés y acoge a miles de peregrinos *apostolico more*, como solo el Papa podría hacerlo." Sánchez Dragó, 1985 ,vol. I, p. 277.

[479]   "Por alto, Carlomagno, que se huele a chamusquina, invoca guerra santa y organiza dos expediciones - militar la una y literaria la otra- respectivamente orientadas hacia el Ebro y el Finisterre. Y es que en ambos lugares se está cociendo el *ersatz* del Sacro Imperio." Sánchez Dragó, 1985, vol. I, p. 276. La expedición literaria se refiere, fundamentalmente, al *Codex Calixtinus* del monje Picaud, libro de una clara finalidad propagandística en el que se rememoran las gestas de Carlomagno y se ofrece una guía "afrancesada" de la Ruta jacobea hasta la tumba del Apóstol en Compostela,.

sede legítima del trono del "León de la tribu de Judá".[480] A las razones aportadas añadiremos otras que, lejos de excluirse se complementan. La primera ya la habíamos mencionado anteriormente al comentar la leyenda de la llegada de un hijo de Jesús (las sagas Rex Deux), llamado precisamente Santiago (Jacobo), al Finisterre acompañado de José de Arimatea y antes de partir hacia Inglaterra. La creencia en la veracidad de esta leyenda sería motivo más que suficiente para arrogarse el Finisterre para sí el cetro de la cristiandad.[481] Sin duda, esta cuestión debería ser tema de un análisis en profundidad, sin desestimar la posibilidad de que detrás de la arrogante autoproclamación de Enrique VIII como jefe de la Iglesia anglicana separada del Papa de Roma, se halle, precisamente, la fuerza de un linaje real del tipo referido por la leyenda. La otra circunstancia, sobre la que ya hemos realizado una suficiente disertación, apuntaría a la descendencia sueva o visigótica emparentada por lazos matrimoniales con la dinastía franco-merovingia, y que al parecer tendría un determinado desarrollo en este rincón apartado del extremo noroccidental de Europa.

Y ahí, precisamente, queríamos llegar; pues, si como venimos aduciendo, Cervantes en el *Persiles* pretende terciar con su crítica en el conflicto hegemónico europeo lastrado por las guerras de religión, ¿no perseguiría con ello dar una especie de toque de atención a su César Carlos V y, por extensión, a sus inmediatos sucesores, Felipe II y Felipe III (y también a su hermano Fernando I, heredero del Sacro Imperio Romano Germánico), recordándoles quiénes son y qué es lo que deberían de hacer para no caer en los mismos errores de sus antecesores en "el cargo": Clodoveo I y Carlomagno, decididos a implantar otra teocracia basada en el catolicismo de Roma y no en la "verdadera religión" (la del espíritu)?

En base a todo este caudal de información, donde el tiempo transcurrido hace muchas veces que sea imposible discernir entre lo mítico y lo histórico, no resultaría una temeridad plantearse la posibilidad de que nuestro autor intentase pergeñar, sobre todo en base a la historia introspectiva de Periandro, una especie de árbol genealógico de la Verdad y de la Falsedad; es decir, una historia de cómo la verdad y la mentira se han ido sucediendo desde la época de los francos y los visigodos en esa lucha inmemorial por imponerse en Europa como faro del mundo civilizado. Porque la verdad para Cervantes se halla en la antigua religión: la de Platón, la de los gnósticos, la de los cristianos primitivos, la de los ermitaños...Y la mentira solo puede ser su contrario: Roma y su siniestra cruzada en contra de cualquier iniciativa que suponga una intromisión en su monopolio "espiritual"[482].

Y la verdad de la España de Cervantes podría deducirse de la verdad histórica de la nación más poderosa de su tiempo, donde nada sería lo mismo sin el concierto de esos antiguos linajes que se fueron sucediendo tratando de conservar la pureza originaria y de esa religión que, acuciada por esa misma necesidad pero a la inversa (tratando de separarse de la fuente doctrinal), siempre buscó el amparo de los poderosos para perpetuarse. La teocracia, pues, fue la fórmula magistral donde habrían de converger las dos ramas desgajadas de ese mítico Grial: la herencia del linaje y la herencia de la doctrina, ambas, según nuestra interpretación del texto cervantino, completamente desviadas del verdadero Grial personificado por Periandro y Auristela.

Porque, dentro del contexto político-religioso de la época de nuestro autor, la visión del "César" Carlos V revestido de la divinidad propia de los emperadores romanos sería algo consabido o al menos tolerado; lo cual no carecería de alguna lógica, que podría apuntar al linaje de los Austrias como heredero de esa mítica descendencia a la que nos hemos referido en páginas anteriores.

---

[480] "¿Justificaciones de tanta osadía? solo una y, si cabe, aún más audaz: que Santiago -protomártir, predilecto de Dios, hermano de Cristo e Hijo del Trueno- ocupaba un escalón superior al de Pedro en la jerarquía de los apóstoles". Sánchez Dragó, 1985, vol. I, p. 277.

[481] "¿Cabría la posibilidad de que esta visita de Jacobo, el hijo del Mesías, fuese el fundamento verdadero de las otras leyendas posteriores, las que hablan de una visita del apóstol Santiago a la península ibérica?" Hopkins, Simmans y Wallace-Murphy, 2001, p. 102.

[482] Y de esta opinión se muestra Baena cuando, analizando el papel que cumple Roma en el *Persiles*, llega e esta conclusión: "Aún admitiéndole al *Persiles* el afán de alegoría omniabarcadora, vicaria plenipotenciaria de ese deseo indeterminable de saber, y de esa sed insaciable de sentido, o, precisamente por admitírselos, vemos en él, representados en esa Roma anticlimática, el deseo insatisfecho con la consecución de su objeto, y la sed más encendida que nunca tras haber bebido de lo que parecía Santo Grial y no era sino copa de agua salada." Baena, 1996, p. 128.

Se nos permitirá, y con ello trataremos de zanjar la cuestión, un penúltimo apunte en defensa de la hipótesis que acabamos de suscitar: ¿acaso el linaje de los Trastámara[483], cuya última representante fue la reina Juana I de Castilla, no está fundado sobre las tierras que fueron antes de los condes de Traba, una noble familia dueña del Finisterre gallego que no solo introdujeron al Temple en sus tierras, sino que además fueron los custodios del niño que llegó a ser el emperador leonés Alfonso VII[484]? Sin duda, el Finisterre clama a voces un monarca para ocupar el mítico trono del "Grial". No parecería, pues, una idea descabellada, suscitar la hipótesis de que Carlos I de España y V de Alemania, hijo de la reina Trastámara Juana de Castilla, fuese, al menos, uno de los candidatos en disputarse ese legendario privilegio.

Termina finalmente Renato su historia con un resumen de lo que supuso para él su unión con Eusebia, donde nosotros interpretamos una especie de recapitulación de los hechos históricos en torno a las circunstancias que llevaron a la "fagotización" del movimiento eremítico por el conventualismo católico en el norte de la península ibérica:

1. Unión del movimiento eremítico primitivo al monacato benedictino: "Dímonos las manos de legítimos esposos".

2. Consecuencias que tal "absorción" tuvo desde una perspectiva doctrinal: "enterramos el fuego en la nieve y, en paz y en amor, como dos estatuas móviles, ha que vivimos en este lugar casi diez años" (¿diez siglos desde el s. VI, fecha de la fundación del monacato benedictino, hasta la época de Cervantes en el siglo XVI?

3. Instauración del catolicismo en la antigua ruta de peregrinación que desde Francia llegaba al Finisterre: "en los cuales [esos diez años] no se ha pasado ninguno en que mis criados no vuelvan a verme" (p. 412).

4. Organización litúrgica y sometimiento de aquellos antiguos eremitas a la Regla de los nuevos monasterios: "Tenemos en la ermita suficientes ornamentos para celebrar los divinos oficios; dormimos aparte, comemos juntos, hablamos del cielo, menospreciamos la tierra y, confiados en la misericordia de Dios, esperamos la vida eterna (pp. 412-413).

Quedan suficientemente argumentadas, pues, las pretensiones de Cervantes en relación a este episodio narrado por Renato, y que centra su crítica en los dudosos beneficios espirituales que el moderno monacato pueda lograr en las aspiraciones trascendentes de sus miembros.

Poco antes de finalizar el capítulo 19, Mauricio responde a la alabanza que profiere Rutilio acerca de la vida retirada del ermitaño, donde muestra su escepticismo hacia las verdaderas razones que empujan al hombre a escoger esa vida, que termina resumiendo de este modo:

> Si yo viera a un Anibal cartaginés encerrado en una ermita, como vi a un Carlos V cerrado en un monasterio, supendiérame y admirábame (pp. 413-414).

Donde la comparación proporcionada por Cervantes, en lo que atañe a la identidad de los personajes históricos utilizados como ejemplo, no ha de ser gratuita. Porque, ¿a qué vendría ahora, al final del episodio de Renato, que Cervantes trate de "emparejar" dos personajes tan dispares en el tiempo, en el espacio y en el pensamiento, sirviendo como ejemplo -digamos- de la verdadera renuncia que habría de justificar -ahora sí- los deseos de soledad y enclaustramiento del monje?

Porque todo apunta a que Anibal representaría al antiguo movimiento eremita, y, Carlos V, al moderno o desviado monacato. No en vano, así parece exponerlo Mauricio cuando expresa, sutilmente, que el primero se halla "encerrado en una ermita" y el segundo "cerrado en un monasterio"; lo cual, como podrá comprenderse a luz de nuestros argumentos, no es lo mismo.

Pero, a pesar de la correcta utilización que hace Cervantes de estos dos personajes históricos

---

[483]   Enrique II rey de Castilla fue el primer monarca que inaugura la Casa de Trastámara. Antes de subir al trono, su padre, Alfonso XI le cedió el título de conde de Trastámara. El nombre de esta Casa proviene del latín, *tras tamaris*, que significa *más allá del río Tambre*, que se corresponde con los territorios al noroeste de Galacia a partir del río Tambre, los cuales pertenecieron antes a los condes de Traba.

[484]   "El conde de Traba, Pedro Froilaz, es el encargado de la custodia de Alfonso Reimúndez, hijo del cruzado Raimundo de Borgoña y de la infanta doña Urraca, el futuro Alfonso VII, nacido en 1105[...]. Era el pequeño Alfonso de la casa de Borgoña, por su padre, y sobrino del benito Guido de Borgoña, que iba a convertirse en el papa Calixto. Parte final de una operación orquestada por la abadía francesa para apretar en los derechos borgoñones a la corona castellana. Una batalla iniciada desde la boda de Urraca, dama que obtuvo la cosa condal de Galicia y la autoridad de la tumba del Apóstol." Lema, 2007, p. 78.

para expresar cuanto decimos, la cuestión sigue sin resolverse: ¿A qué viene este inopinado emparejamiento carente de algún tipo de coherencia? ¿Quizás al hecho de tratarse ambos de dos grandes guerreros o estrategas? No parece una razón de peso, dado el gran número de ejemplos que nos brinda la historia. Debería haber una razón más poderosa que lleve a nuestro autor a que el lector asimile, bajo un mismo concepto, a ambos generales, ¿adalides, cada uno en su tiempo, de la causa guerrera tanto terrenal como celeste?

Creemos que en esa dirección podría interpretarse la cuestión planteada. No en vano, ¿acaso la historia de Renato no la habíamos interpretado como la personificación de ese antiguo linaje griálico que se asentó en el *finisterrae* ibérico? El hecho, pues, de presentarnos Cervantes, al final de la historia de Renato, dos identidades reales separadas en el tiempo, que señalan a dos grandes caudillos líderes de empresas humanas que los equiparan a semidioses o héroes; ¿no podría constituir una manera de poner un rostro a lo que en apariencia solo se trataba de un mito?

Porque, si analizamos etimológicamente el nombre de Anibal (247 a. C. - 183 a. C.), veremos que procede del fenicio *Hanni-baal*, que significa: el que goza del favor de Baal ¿Y quién o qué representa Baal? Baal es una antigua divinidad muy extendida por el Asia Menor y su área de influencia (babilonios, caldeos, cartagineses, fenicios, filisteos y sidonios), y que en la Biblia es mencionado como uno de los "falsos dioses".

Siguiendo nuestra hipótesis tendente a buscar una afinidad que una a los dos "semidioses" hispano-germano y cartaginés, encontramos que, en tal caso, la filiación etimológica-mítica de Anibal a la antigua estirpe del dios Baal debería ser compartida de algún modo con Carlos V. Y así lo corroboramos avanzado el Libro en el capítulo 20, libro III ("Tenía los brazos aspados y atados con unas vendas a los balaustres de la cabecera del lecho"), y que analizamos dentro del capítulo 3.6. en relación al episodio de "posesión demoníaca" de Isabela Castrucha; donde, a través de la interpretación de una sugerente imagen alegórica (la postración de la endemoniada atada en el lecho) se deduce la filiación de Carlos V a la estirpe de Baal.

Y un último apunte realizaremos, que viene a unir simbólicamente, a través del antiguo dios Baal, a la figura histórica de Anibal y Carlos V con el mayor de los emperadores, Cratilo, el "rey del Grial" en la ficción cervantina. Porque si recordamos la aparición del rey Cratilo en el relato, observaremos que lo hace montado en un simbólico caballo "de color morcillo, pintado todo de moscas blancas"; y, como podría deducirse, un Señor o rey montado sobre un caballo de moscas podría considerarse como "un Señor de las moscas." Y esa es, precisamente, la definición de Belcebú. [485]

En resumen, Carlos V hace su aparición "a cara descubierta" en el *Persiles*, precisamente, como colofón al episodio de Renato, ¿quizás con la intención de mostrarse tal cual es...?

2.6.11. El episodio del caballo de Cratilo o el vuelo del *"Non Plus Ultra"*

Y la historia de Renato en defensa de esa vida retirada, que se convierte en un canto de alabanza al antiguo movimiento eremítico:

> !Oh soledad, alegre compañía de los tristes¡ !Oh silencio, voz agradable a los oídos, donde llegas sin que la adulación ni la lisonja te acompañen¡!Oh, qué de cosas dijera, señores, en alabanza de la santa soledad y del sabroso silencio¡ (p. 412).

pronto se verá truncada, como decíamos, por la llegada de las hordas benedictinas personificadas en Eusebia (luego Cluny y el Císter) a tomar al asalto la meta griálica del *finisterrae*: "Pero estorbámelo el deciros, primero, cómo dentro de un año volvieron mis criados y trujeron consigo a mi adorada Eusebia"(p. 412).

Y todo ello será visto por el "iniciado" Periandro de manera desigual en el siguiente capítulo: como un último engaño perpetrado contra la libertad del verdadero ermitaño de los comienzos del cristianismo, doblemente sometido ahora a los muros y a la regla de los monasterios. Razón esta que le dará pie, para, desde la atalaya de esa Noruega mitológica que podría equipararse con el norte de la península ibérica (el Finisterre gallego), reivindicar el verdadero fin del hombre en el mundo a través de su valiente salto a lomos del caballo del rey Cratilo. Aunque,

---

[485]   Del hebreo *Baal Zebub* = Señor de las Moscas.

no antes de haber escuchado el parecer de Rutilio, el cual parece compartir la misma opinión de Renato en defensa de la soledad como el gran valor del ermitaño: ¡"Oh vida solitaria -dijo-, santa, libre y segura, que infunde el cielo en las regaladas imaginaciones!" (p. 413); así como el juicio del más experimentado Mauricio, que, considerando la "vida solitaria" como algo necesario en el camino de iniciación, sin embargo, incide en que la práctica de la misma se haga con el conocimiento que se debiere: "Modos hay de vivir que los sustenta la ociosidad y la pereza, y no es pequeña pereza dejar yo el remedio de mis trabajos en las ajenas aunque misericordiosas manos" (p. 413); en el sentido de que el "oficio de ermitaño" debe ser administrado desde la propia individualidad, y no dejar la responsabilidad de los trabajos en manos de terceros (las órdenes conventuales) que, a pesar de sus nobles intenciones, privarán al peregrino-ermitaño de su más preciada posesión: su libertad.

Vayamos, pues, al salto fabuloso y examinemos el vuelo de tan inusual corcel. Porque, en efecto, mediante ese mítico y suicida salto de Periandro a lomos del caballo de Cratilo se nos transmite, alegóricamente, que el hombre que monta el caballo ha perdido el "miedo a volar" o, lo que es lo mismo, manifiesta su irrenunciable decisión de seguir el "camino de los cielos" a través de ese "peregrinar "por tierras peninsulares. Y ello, a pesar de que lo que se juega es el crédito de un mundo regido por la razón. De ahí la evidente falta de verosimilitud del episodio. En tal caso, el salto marca la voluntad inquebrantable de *elevación* a un nivel -digamos- de conciencia superior.

Después de nuestro intento por esclarecer el sentido de cada uno de los episodios que componen estos dos libros primeros del *Persiles*, y que hemos ido desbrozando capa a capa hasta llegar a este punto climático situado en el centro de la obra; quizás nos hallemos ahora en mejores condiciones para comprender en toda su hondura el mágico "salto" de Periandro. Toda la tensión acumulada durante estos dos intrincados, oscuros y desconcertantes libros se verá liberada a través de este "fin de fiesta" que constituye el salto sin red a un vacío universal materializado en la diégesis como un mar helado, frío y brillante: ¿imagen del caballero andante que se lanza al interior de la Copa de Cristal sabedor de que lo que haya de llenarla sea su propia sangre...?

Porque el caballo que tiene que dominar Periandro era "de color morcillo, pintado todo de moscas blancas, que sobremanera le hacían hermoso" (p. 403), lo cual, decíamos que constituiría una alegoría de la prueba final para alcanzar esa "primera corona" en el camino del Conocimiento; pues, recordemos que el contraste de colores negro-blanco nos remite a la forma simbólica tradicional de referirse a esa lucha inmemorial que se libra en la conciencia del místico que decida pasar de la oscuridad a la luz.[486]

En tal caso, parece que Periandro necesita dominar al caballo (obligarle a saltar) para ganarse el reconocimiento del rey ¿del Grial?: "

> la grandeza, la ferocidad y la hermosura del caballo que os he descrito tenían tan enamorado a Cratilo y tan deseoso de verle manso como a mí de mostrar que deseaba servirle, pareciéndome que el cielo me presentaba ocasión para hacerme agradable a los ojos de quien por señor tenía y a poder acreditar con algo las alabanzas que la hermosa Sulpicia de mí al rey había dicho (pp. 414-415).

Por consiguiente, y dada la fiereza del animal, la empresa se presenta doblemente dificultosa; pues, no solo hay que montarlo, sino que además hay que obligarlo, contra natura, a que salte por un precipicio. No cabe duda de que semejante hazaña, ya desde estos presupuestos, deba circunscribirse más al terreno de los mitos que al de la realidad; razón por la cual recurriremos en un principio al relato fabuloso que más se aproxima, por motivo de su naturaleza autóctona, a la idea que se desprende del increíble episodio. Nos referimos al mito de Santiago Matamoros, que representa, muy "a cuento", a la figura del Santo compostelano como adalid de la causa de

---

[486] Coincidimos con Ruíz-Gálvez cuando dice: "Ese caballo morcillo es evidentemente un trasunto del caballo negro apasionado que forma con el caballo blanco y razonable el metafórico tiro del alma humana en la teoría platónica. Vencer al caballo morcillo es vencer las pasiones, hacer que el caballo blanco y razonable tome la dirección de la trayectoria vital. Por lo demás, la lucha con el gigante o la doma del animal salvaje es episodio recurrente en cuentos, crónicas y relatos caballerescos. Me limitaré a citar la doma del jabalí por don Pero Niño, Conde de Buelna." Ruiz-Gálvez, 2004, 914.

la Reconquista de la península ibérica a los infieles. Pero, además, atendiendo a las abundantes e insólitas representaciones iconográficas en las que se muestra al Santo a lomos de un caballo blanco espada en mano y cercenando cabezas de moros, no podemos por más que atribuirle un sentido simbólico a tales manifestaciones del fervor jacobeo; pues, a pesar de que terminó la Reconquista el Santo Matamoros siguió (y sigue) inspirando a los fieles desde las hornacinas y pedestales de sus iglesias ibéricas. Subyace, pues, un sentido arquetípico en esa cruel imagen del Santo, que apuntaría, según nuestro parecer, a ese combate gnóstico que libra el místico en su interior; pues, no olvidemos que nos hallamos en el mismo Camino de Santiago en el que nosotros habíamos situado toda la historia retrospectiva de Periandro, por lo que su aventura "bélica" comandando al grupo de corsarios-salteadores no habría de diferir de la imagen del Santo ganando batallas a la morisma: héroes, ambos, a lomos de sendas cabalgaduras (uno de "color morcillo, pintado todo de moscas blancas" y el otro de blanco inmaculado) demostrando su arrojo y su valor.

Y, a partir de esta simetría ecuestre, es cuando deberíamos empezar a considerar la posibilidad de aplicar a ambos relatos maravillosos el concepto de "cábala"[487]; así como su equivalente más literario, la yegua[488] ("cavale", en francés poético), protagonista de infinidad de leyendas y de relatos de caballería.[489]

Y de yeguas y misteriosos caballos debemos hablar en este punto, pues, precisamente en el Finisterre gallego se alude al mito de un caballo que tras beber en las fuentes sagradas de una isla apenas separada de la costa, al volver a tierra todos lo ven rejuvenecido.[490]

Porque, recordemos que fue en el segundo de los dos séptimos capítulos cuando asistimos a esa sutil decapitación de Medusa: "Oyendo las cuales razones, Sinforosa, loca de contento, se abalanzó a Auristela y le echó los brazos al cuello, midiéndole la boca y los ojos con sus hermosos labios" (p. 325); y, continuando el relato del mito, sabemos que de la sangre del tajo propinado a la cabeza de la Gorgona nacieron dos criaturas mitológicas: el caballo alado Pegaso y el gigante Crisaor.

En este contexto mítico-maravilloso en el que nos hemos situado, y atendiendo al paralelismo antes suscitado, ¿podría asimilarse el mito de Pegaso con el relato de la historia que culmina con el salto del caballo de Cratilo? Nosotros creemos que sí. Y ello lo explicaremos en función de las simetrías que observamos en ambos casos:

1. Decapitación de Medusa. El héroe Periandro vence sobre las pasiones personificadas en Sinforosa (la isla de Sérifos). Auristela simbolizaría, en su papel de amante incondicional del héroe, las armas donadas por Atenea (la espada curva-hoz y el espejo: el amor y la inteligencia) para cercenar la cabeza de la Gorgona.

2. Nacimiento de Pegaso de la sangre del tajo propinado por el héroe. Periandro se convierte en caballero (con derecho a "montar la cábala") al haber sido acreditado su valor: el sacrificio que ha supuesto para el héroe vencer al monstruo (las pasiones). La circunstancia del salto sin sufrir lesión alguna se debe a la naturaleza aérea de Pegaso, pues las alas del équido impiden que montura y caballero terminen aplastados contra el hielo; lo cual, podría interpretarse como que desde el momento en que el gnóstico triunfa sobre una concepción limitada de la realidad (la percepción apegada a lo terrestre o Medusa), su imaginación le llevará (el vuelo mítico) a la comprensión de determinadas realidades vedadas a la razón. Comoquiera que mostrar en el relato de Periandro a un caballo que vuela rompería definitivamente la regla de la "aparente" verosimilitud, nuestro autor se acerca al concepto presentando una cabalgadura que no vuela

---

[487] "Es con los celtas -a causa del empleo del gaélico- cuando aparece el término cábala, ligado a caballo por los sutiles lazos de la fonética." Charpentier, 1974, p. 217.

[488] "Y es realmente la cavale (la yegua), la cábala, lo que van a buscar, a través de un camino que debe ser recorrido, esos antiguos peregrinos anteriores a Santiago." Charpentier, 1974, p. 218.

[489] "Fonéticamente, el *carbalier* (¿caballista?) es aquel que conoce los arcanos y el por qué y el cómo de la piedra de Dios; es un jinete, que monta la yegua. En francés, esto ha dado lugar a *chevalier* (caballero), con un sentido distinto de *cavalier* (jinete). Charpentier, 1974, p. 218.

[490] "Ésta es la leyenda de la isla de la Toja, que se encuentra a la entrada de la ría de Pontevedra: Se cuenta que un hombre que tenía un caballo muy viejo decidió cierto día dejarlo morir de muerte natural. para ello, cruzó el pequeño brazo de tierra, descubierto durante la marea baja, que unía la isla a la tierra (convertido actualmente en carretera) y abandonó el caballo en la isla. Unas semanas más tarde quiso averiguar lo que había ocurrido. Cuál no sería su asombro al encontrar al animal piafando lleno de vida y de vigor; un caballo totalmente rejuvenecido, como si hubiera ocurrido un nuevo nacimiento." Charpentier, 1974, pp. 218-219.

sino que salta, y que no se estrella sino que resbala por la superficie helada . Es decir, Cervantes no se decanta por el mito pero tampoco lo desmiente.

Pegaso, en conclusión, simbolizaría al caballo del rey Cratilo, que solo puede ser domado por quien previamente se halla domado así mismo (la decapitación de Medusa). Por esta razón aparece Sulpicia, la sobrina del rey, al final de la llegada victoriosa del héroe a "la ribera"; porque, ¿quién mejor que ella para dar testimonio del "suplicio" sufrido por el héroe, ya merecedor de ser presentado ante el "rey del Grial"?

Una abigarrada mezcla de gnosticismo, leyendas artúricas de tradición celta e historias más o menos reales, componen un mosaico que nuestro autor utiliza para describirnos los ignotos territorios abonados a la conciencia del místico. Sin duda, el mito equino con el que Cervantes pone fin a sus dos libros más simbólicos bebe de fuentes muy antiguas, aquellas tradiciones celtas en las que los reyes (como lo será Periandro) se coronaban en lugares mágicos del terreno (Finisterre) por intercesión del simbolismo de la yegua o caballo blanco (el caballo de Cratilo).

Al hilo de esta temática, podría interpretarse una leyenda irlandesa contada por el archidiácono Gerald Barry en su *Topographia Hiberniae* en relación a una extraña ceremonia de coronación, en donde el príncipe que va a convertirse en rey copula monstruosamente con una yegua en el centro de un círculo, y, tras abatir al animal, este es hervido y comido como parte fundamental de la ceremonia de consagración del nuevo rey[491].

Sin ánimo de escandalizar con escenas grotescas, encontramos en esta leyenda ciertos elementos que ya habíamos señalado en otras más conocidas, porque, ¿acaso el Minotauro al que Teseo tenía que matar en otro centro de un círculo mágico (el laberinto) no era el producto de otra cópula monstruosa entre Pasífae y el Toro de Creta? El mito, como vemos, nos hace regresar de nuevo al ancestro griego, donde las tradiciones celtas podrían interpretarse a su vez como una versión de esos pueblos que en su avance de oriente a occidente fueran incorporando nuevos elementos míticos (el caballo) a las antiguas tradiciones heredadas de sus antepasados griegos. Porque el Finisterre es la meta del viaje de los pueblos celtas: allí convergerán todas las leyendas de todos los pueblos. Y, en ese lugar, justamente, nuestro autor hace saltar a Periandro a lomos del caballo del "rey del Grial" (Cratilo) como acto evidentísimo de la consagración del hombre como rey de su propia naturaleza divina, una vez vencido al animal que lo tenía sometido.

Y ni el caballo ni su jinete han de sufrir ni un solo rasguño, porque lo que ha saltado no ha sido un hombre unido a una bestia, sino la conciencia del místico liberada del peso de la materia, y por ello se eleva y no se destroza contra el mar helado. Y, en este punto, Mauricio parece mostrarse receloso, pero no por el descrédito en el que pudiera incurrir Periandro ante un relato tan fabuloso; sino por las lógicas sospechas que un testimonio excesivamente ilustrativo como este podría levantar entre los enemigos del Conocimiento:

> Duro se le hizo a Mauricio el terrible salto del caballo tan sin lisión, que quisiera él, por lo menos, que se hubiera quebrado tres o cuatro piernas, porque no dejara Periandro tan a la cortesía de los que escuchaban la creencia de tan desaforado salto (p. 415).

No satisfecho Periandro por la proeza realizada, decide volver a coger su cabalgadura y repetir el proceso, lo cual, no solo es una muestra de la inquebrantable decisión del héroe por reafirmarse frente a las pasiones que lo tenían sujeto a este mundo material; sino, de una manera más didáctica, también significaría la observación de un proceso gnóstico que requiere la repetición del mismo trabajo hasta lograr la definitiva pureza (como dicen en el argot alquímico: *solve et coagula*):

> Volví a la ribera con el caballo, volví asimismo a subir en él y, por los mismos pasos que primero, le incité a saltar por segunda vez, pero no fue posible, porque, puesto en la punta de la levantada peña, hizo tanta fuerza por no arrojarse, que puso las ancas en el suelo y rompió las riendas, quedándose clavado en la tierra (p. 416).

---

[491]   Saint-Hilaire, 2008, p. 131.

Ciertamente, la imagen que se proyecta del caballo vencido es un tanto caricaturesca, razón, esta, que tiende a disimular la gravedad de lo alegorizado, según venimos expresando.

Comoquiera que en la historia de la literatura las cabalgaduras (caballo, yegua, asno, mulo, etc.) han ocupado siempre un lugar insustituible junto al héroe de todos los tiempos en relación a su papel de acompañante en sus aventuras más trascendentes; juzgamos que Cervantes, perfecto conocedor de esas tradiciones así como del sentido simbólico de las mismas, utiliza al caballo como símbolo/extensión de las pretensiones de su jinete. Un estudio de la función de la cabalgadura en relación a la diégesis podría revelarnos las verdaderas intenciones del héroe que lo monta, lo descabalga, le obliga o lo deja suelto.[492]

En este orden de cosas, tras este (primer) suplicio que culmina en la imagen de la doma del fabuloso caballo, sucede la primera gran transformación mística del héroe, "que le volvió de león en cordero"(p. 416); es decir, de animal fiero a animal manso, de hombre regido por el animal, a animal gobernado por el hombre: el espíritu triunfa sobre la materia. Razón por la cual, "el rey quedó contentísimo y Sulpicia alegre, por ver que mis obras habían respondido a sus palabras"; esto es, la constatación de que a través del suplicio se puede "coronar" la experiencia gnóstica y, a su vez, expresión del éxito en esta primera etapa o "vía purgativa" de las tres que conducen al Conocimiento.

Dada la gran afición de nuestro autor por la lectura del *Apocalipsis* de San Juan[493] (el más gnóstico, como se sabe, de todos los Evangelios), no podemos dejar de mencionar la posibilidad de que se hubiera fijado también en él a la hora de pergeñar el episodio equino de Periandro. Leemos, pues, en Apocalipsis 19: 11: "Luego vi el cielo abierto y aparece un caballo blanco. El jinete es llamado el Fiel, el Veraz, y juzga y combate con justicia", y continúa en Apocalipsis 19, 16: "Lleva sobre el manto y sobre su muslo un nombre escrito: <<Rey de reyes y Señor de señores>>". Sin necesidad de emprender un análisis más exhaustivo, solo diremos que la función trascendente que asigna Cervantes a Periandro y al caballo de Cratilo, podría asimilarse a la que se despliega en estos fragmentos del *Apocalipsis*, tanto para el caballo como para el propietario de la cabalgadura.

Y, Tampoco habrá que olvidar, dentro del contexto semántico del maravilloso caballo, la presencia del *Asno de Oro* de Apuleyo, cuyas deudas del *Persiles* no solo se cifran en cuestiones de índole general, que la crítica suele venir fundando sobre los más "realistas" libros III y IV; sino que el trasfondo alegórico, de clara intención gnóstica[494], pues el libro nos presenta a un personaje en evolución a través de una transformación o metamorfosis equina, señalaría a nuestro episodio del caballo de Cratilo de una manera bastante directa. Se trataría, pues, de una variante a la hora de expresar el mismo concepto, en donde la transformación de Lucio en asno representaría la imagen de las pasiones que el héroe (Lucio / Periandro) tiene que domar; y, el esfuerzo del asno por alcanzar ese ramo de rosas que conseguirá transformarlo en Lucio podría ser el equivalente del salto de Periandro con su cabalgadura.

Rotas las riendas del caballo ("rompió las riendas, quedándose clavado en la tierra"), Periandro se libera de la tiranía de las pasiones que lo mantenían unido a su lado animal, y, tras la pertinente celebración del éxito en la prueba, reflejada en el regocijo de todos los presentes (¿acaso un émulo del tradicional banquete gnóstico de coronación del nuevo rey tras haber accedido al trono del Conocimiento con su propio sacrificio?)[495], el héroe ya puede salir del centro del laberinto haciendo gala de una renovada y elevada conciencia, que se representa en el

---

[492]   Baena lo expresa de este modo: " Periandro y Auristela van a Roma, y han de pasar determinados trabajos para llegar a ella. Don Quijote no se va sino "a donde su caballo quería". Domar el caballo de Cratilo (o domar las pasiones, o domar el devenir, o domar el texto) es un trabajo. Montar a Rocinante es un trabajo solo en el sentido de que hay que impedir que vuelva siempre a la caballeriza, puesto que si a ella vuelve, acaba la novela, y si de ella no sale, nunca empieza." Baena, 1990, p. 56.

[493]   "Ya dijimos que era el libro favorito de Cervantes y desde luego, aunque a la chita, de todos los místicos y alumbrados. He aquí un tema casi virgen, que los clérigos ignoran y los historiadores evitan." Sánchez-Dragó, 1985, vol. 1, p. 276.

[494]   "La obra narra las desventuras del viajero Lucio, accidentalmente metamorfoseado en asno y que no volverá a tomar forma humana si no consigue, tras un largo período iniciático, pacer rosas. En realidad, se trata de algo semejante a un código utilizado por los gnósticos y que describía uno por uno los diferentes grados de la iniciación a los misterios isiacos." Saint-Hilaire, 2008, p. 133.

[495]   Véase Apocalipsis 19, 17-18. Y también, lo alusivo al banquete de la consagración del nuevo rey tras el sacrificio celta del caballo que hemos referido sobre la leyenda del archidiácono Gerald Barry en su *Topographia Hiberniae*.

texto a través de esa bilocación que tiene lugar en la mitad justa de la novela-epopeya: una proyectada hacia el futuro, con el comienzo del nuevo viaje a Portugal; y otra hacia al pasado, renaciendo en el capítulo 1 de la cueva extraído por Corsicurvo.

Y en estos últimos lances narrativos que completan el capítulo veinte, parece que a nuestro autor le han entrado unas prisas irrefrenables por terminar cuanto antes; pues, la celeridad con la que se cuentan en este punto los acontecimientos pasados sugiere la imagen de un fabuloso remolino que amenaza con tragarse de forma atropellada a todo lo que resta de la historia analéptica de su narrador.

Quedémonos, en este precipitado final que cierra la larga historia intradiegética de Periandro, con una cita que quizá logre salvarnos de ese mismo remolino que amenaza con tragarnos, en cuanto a que lectores que aspiran a comprender la compleja historia de su héroe protagonista, también a nosotros:

> -Barrimos todos los mares, rodeamos todas o las más islas destos contornos, preguntando siempre por nuevas de mi hermana, pareciéndome a mí (con paz sea dicho de todas las demás del mundo) que la luz de su rostro no podía ser encubierta por ser escuro el lugar donde estuviese y que la suma discreción suya había de ser el hilo que la sacase de cualquier laberinto (p. 418).

¿Acaso la "suma discreción" de Auristela no podría ser considerada como el modo utilizado por nuestro autor para referirse al necesario conocimiento del lenguaje simbólico-alegórico ("hilo de Ariadna") sin el cual nadie podría salir con éxito del interior del laberinto bizantino...?

2.7. La historia y el mito se dan la mano: Sinibaldo anuncia la muerte de Carlos V

Comienza el capítulo 21 con una intromisión del narrador, que parece mostrar su conformidad con la idea de finalizar la larga historia personal de Periandro, y, donde descuella una fina ironía en la que se sugiere la certeza-realidad de lo que se ha narrado, dada su remisión al juicio del "astrólogo Mauricio:

> No sé si tenga por cierto, de manera que ose afirmar, que Mauricio y algunos de los más oyentes se holgaron de que Periandro pusiese fin a su plática, porque, las más veces, las que son largas, aunque sean de importancia, suelen ser desabridas (pp. 419-420).

Tras un primer contacto con el texto o lectura literal, la imagen que se transmite de Mauricio es la del anciano cansado ante una historia excesivamente larga, que debería haberse acortado por tediosa o "desabrida". Sin embargo, si tiramos del oportuno hilo (la ironía-alegoría) comprobaremos cómo la actitud de Mauricio podría interpretarse de manera completamente opuesta; pues, de senil descreído pasaría a convertirse en una especie de celoso guardián del "secreto iniciático", recriminándole al propio Periandro su excesiva "largueza doctrinal".

La ironía culmina con el empleo del término "desabridas", que el narrador utiliza de manera superficial para caracterizar a las historias que son demasiado largas; pero que, dentro del contexto alegórico en el que nos encontramos, que es de las secuelas del todavía reciente salto equino de Periandro, señalaría a una historia "cabalística" o secreta que deba ser oportunamente oscurecida: el misterio que conduce a la liberación de las pasiones o, lo que viene a ser lo mismo, la ruptura de las "bridas" ("des-a-bridas") que mantenían atado al jinete a su cabalgadura.

Y, en este punto en que Periandro termina de relatar su pasado, el presente de la narración se vuelve a unir con una de las historias homodiegéticas que jalonaban el relato analéptico de nuestro protagonista: la de Renato en la isla de las Ermitas. Y el motivo de tal incursión no debe de ser baladí, pues, los personajes extraídos de este contexto que nosotros interpretábamos -entre otras- como una alegoría de los pueblos godos asentados en la península ibérica, serán los que cierren argumentalmente todo este extenso primer círculo o parte primera del *Persiles* (Libros I y II).

Porque, un nuevo navío se acerca a esa isla de las Ermitas convertida ya en una especie de "isla del fin del mundo" (el *finisterrae)*, cuyo velamen resulta conocido de Renato:

una nave que vieron venir por alta mar, encaminada a la isla, con todas las velas tendidas, de modo que en breve rato llegó a una de las calas de la isla y luego fue de Renato conocida (p. 420).

Renato, monje-ermitaño en aquel apartado rincón de la tierra, reconoce a los que llegan en el barco: "-Esta es, señores, la nave donde mis criados y mis amigos suelen visitarme algunas veces" (p. 420). Y, si los conoce es porque la nave que viene desde Francia simbolizaría -como dijimos- la llegada de esos mismos monjes benitos a los que él ya pertenece, aunque ahora ya más catolizados y, por consiguiente, más desviados de la pureza inicial (Cluny y/o el Císter) en función de los siglos transcurridos. Por ello, la algarabía que se describe por motivo del desembarco señalaría la irrupción del catolicismo romano en las antiguas tierras que fueron visigodas y suevas, es decir, de tradición pagana:

> Ya en esto hecha la zaloma y arrojado el esquife al agua, se llenó de gente, que salió a la ribera, donde ya estaban para recibirle Renato y todos los que con él estaban. Hasta veinte serían los desembarcados (p. 420).

Porque Renato, según dijimos, simbolizaba también a la primera avanzadilla de gnósticos monacales que, arrasado el reino visigodo de Tolosa en 507 por el católico Clodoveo I (Libsomiro), buscarían refugio fuera de las "fauces" de la Loba (Roma) a lo largo del Camino que conecta Francia con el extremo más occidental de Europa: el Finisterre gallego. Comoquiera que la llegada de Eusebia (la religión desviada al servicio, paradójicamente, de la causa divina-la reina de Francia) significó para esos monjes heterodoxos una primera reconversión a la doctrina de Roma; ahora, con la llegada del navío que se cita, se simboliza una segunda oleada mucho más efectiva que la primera y, fundamentalmente, definitiva y decisoria. Es decir, constituiría la completa consolidación de la Ruta jacobea y la conquista *de facto* de la heterodoxia peninsular por el catolicismo. Pero no adelantemos acontecimientos, pues la llegada de este barco, en su doble perspectiva temporal, nos ha de remitir primero a un período de tiempo anterior al católico desembarco: la España visigoda y arriana.

Los hechos godos a los que nos queremos remontar se justifican en la diégesis con la llegada del hermano de Renato, Sinibaldo: "Abrazóle Renato, porque conoció ser su hermano Sinibaldo" (p. 420). La circunstancia de esta relación de parentesco, ya advertida en el capítulo 3.2., identificaba a Sinibaldo con el príncipe visigodo hijo de Leovigildo (Leopoldio), Hermenegildo, hermano, por tanto, del rey Recaredo (Renato) y primero de los dos hermanos que osó imponer el catolicismo en el reino visigodo de Toledo enfrentándose en armas a su propio padre[496]; motivo que le costó derrotas, capturas y, finalmente, la vida:

> - Ningunas nuevas me pueden ser más agradables, ¡oh hermano mío!, que ver tu presencia: que, puesto que, en el siniestro estado en que me veo, ninguna alegría sería bien que me alegrase, el verte pasa adelante y tiene excepción en la común regla de mi desgracia (p. 420).

Porque, de manera preliminar, se sugiere la idea de que el diálogo que aquí se nos describe podría provenir de una identidad fabulosa: un "ser descarnado" ("en el siniestro estado en que me veo"); es decir, que Cervantes estaría resucitando la memoria de Hermenegildo en la persona ficcional de Sinibaldo, utilizándolo como narrador de su propia historia. Y esa sería la razón por la cual Sinibaldo arriba a las costas del Finisterre (lugar mítico al que se dirigen las almas después de la muerte) en un "navío espiritual" coronado por la victoria del martirio (Hermenegildo es considerado santo y mártir de la Iglesia católica), y de ahí la trascendencia de su aparición en el episodio; pues este caudillo visigodo puede considerarse el antecedente de la llegada del catolicismo a la Península: el adalid de la causa católica (silenciado por Roma por tratarse de un suceso turbulento y poco afín la moral católica) en la España visigoda poco antes de la conversión de su hermano Recaredo (Renato).

---

[496]   "parece patente que razones de alta política impedían en España presentar a Hermenegildo -según hacían los <<Diálogos>> de Gregorio Magno -como el precursor en la fe de su hermano Recaredo, que había permanecido siempre fiel a Leovigildo y de éste había heredado la corona; ni considerar tampoco la rebelión romano-gótica de la Bética como un antecedente glorioso de la conversión de los *gothi* del reino, que la habían combatido y dominado con las armas." Orlandis, 1987, p. 107.

El texto que sigue a continuación, por tanto, podría explicarse desde la perspectiva de uno de los hitos en la historia de los visigodos en España, fundamental en la evolución del catolicismo en Europa: la conversión de Recaredo en 587.

El abrazo de Sinibaldo a Eusebia (que antes se lo había dado a Renato) mientras este profiere su discurso, es sintomático de la unión entre la religión romana (Eusebia) y el príncipe visigodo (Sinibaldo/Hermenegildo) que la intentó imponer, con desigual fortuna, en el reino visigodo de Toledo: "-Dadme también vos los brazos, señora, que también me debéis las albricias de las nuevas que traigo" (p. 421). En tal caso, se entendería que los tres personajes se abracen, en cuanto a que lo hacen a la misma causa del catolicismo (Eusebia) como causa sustentadora de la nueva teocracia visigoda. Ahora bien, aunque el fin que unifica a los tres personajes es el mismo, los medios empleados por cada uno de ellos difieren diametralmente. Porque, aunque el enemigo muerto al que se refiere Sinibaldo señalaría (aunque no se dice expresamente, seguramente, porque nuestro autor no querría confundir en exceso al lector) a Libsomiro, en este nuevo escenario histórico, el papel que antes asignábamos a Clodoveo I sería ahora asumido por el propio Hermenegildo; el cual, al levantarse en armas contra su padre Leovigildo, también lo haría contra su hermano, ambos arrianos convencidos antes de que los acontecimientos (muerte natural del padre y ajusticiamiento del hermano) aconsejaran a Recaredo abrazar el catolicismo del mismo modo en que lo hizo en Francia Clodoveo I. Dice a continuación Sinibaldo a Eusebia:

> Sabed, señores, que vuestro enemigo es muerto de una enfermedad que, habiendo estado seis días antes sin habla, se la dio el cielo seis horas antes que despidiese el alma, en el cual espacio, con muestra de un grande arrepentimiento, confesó la culpa en que había caído de haberos acusado falsamente; confesó su envidia, declaró su malicia y, finalmente, hizo todas las demostraciones bastantes a manifestar su pecado (p. 421).

De la lectura de este fragmento, deducimos que, en efecto, el "enemigo muerto" de quien habla Sinibaldo no puede ser otro que él mismo ("en el siniestro estado en que me veo"), es decir, el príncipe visigodo Hermenegildo. Y ello lo afirmamos en base a que Sinibaldo, según decíamos, interaccionaría fabulosamente en el relato a modo de "espíritu que arriba a ese mítico puerto del más allá" (Finisterre) a comunicarle a su hermano Renato (Recaredo) que ya está muerto; lo cual significaría que el próximo rey de los visigodos será él. Pero esta asombrosa incursión escatológica de Sinibaldo, que viene a servir de cierre a los libros I y II, aún podríamos matizarla en base a otras simetrías que se aprecian en el texto. Es el caso del relato de la enfermedad que le cuesta la vida al propio muerto (Sinibaldo), que, además, lo cuenta como algo ajeno a sí mismo. Nos explicamos. Dado que la muerte de Hermenegildo está documentada como acaecida en la Pascua de 585, no resultaría aventurado pensar que esta circunstancia fuese conocida a la par que utilizada por Cervantes en el pergeño de este episodio; el cual, aprovechando el tema de la Pascua bíblica, trataría de establecer un paralelismo entre el martirio de Jesús y el que más tarde se le asignará al príncipe que no reinó entre los visigodos (Sinibaldo > sine-baldaquín > sin trono = San Hermenegildo).

En este contexto pascual, "habiendo estado seis días antes sin habla", es una clara alusión a la práctica del "voto" de silencio que solía hacerse como actitud de respeto durante la Semana de la Pasión o Semana Santa (siete días, exceptuando el domingo de Resurrección = seis días). Y, todavía se nos revela más esclarecedora la circunstancia que se nos cuenta acerca de que la recuperación de la facultad de hablar "se la dio el cielo seis horas antes que despidiese el alma"; lo cual, dentro del mismo contexto bíblico de la Pasión y Muerte de Jesús, señalaría a las seis horas que, según la tradición evangélica, estuvo Jesús clavado en la cruz hasta que expiró finalmente pronunciando esas últimas palabras que rompen definitivamente ese silencio de seis horas: "Era la hora tercia cuando lo crucificaron"[497],"Desde la hora sexta se oscureció toda la tierra hasta la hora nona. Y a la hora nona gritó Jesús con voz potente: <<Eloí, Eloí, lamá Sabajthani>>, que quiere decir: <<¡Dios mío! ¡Dios mío! ¿Por qué me has desamparado?>>"[498]. Es decir, en un principio, la voluntad expresada por Sinibaldo de que "el enemigo" antes de

---

[497]   Marcos: 15, 25.
[498]   Marcos: 15, 33-34.

expirar recuperó el habla durante las seis horas que le quedaban de vida, constituye un intencionado paralelismo con la Crucifixión de Jesús; con la finalidad, en nuestra opinión, de que todo el episodio bíblico de la Muerte de Jesús en la Cruz opere en su conjunto a modo de mensaje que -dicho de manera coloquial- "hable por sí mismo": el "habla", "que se la dio el cielo seis horas antes", al objeto de expresar simbólicamente una verdad incómoda a los ojos del catolicismo: que Hermenegildo fue el mártir que propició (antes que Recaredo) la implantación del catolicismo en Europa en el último tercio del siglo VI, y, lo que podría sugerir tal circunstancia; que Hermenegildo abrazase el catolicismo con el firme propósito de asegurar una teocracia con mayores garantías de mantenerse en el trono que la arriana de su padre Leovigildo.

En conclusión, de los evidentes y muy específicos detalles sobre la muerte del enemigo (innominado) de Renato que nos proporciona Sinibaldo, podríamos afirmar que la enfermedad de la que muere no es otra que el *martirio*; el cual, se nos describe a imagen y semejanza del primero de los suplicios: el de Jesús en la Cruz. Dado, pues, que San Hermenegildo fue ajusticiado en época de Pascua y que su figura fue elevada a los altares como mártir del catolicismo, la interpretación que hemos realizado del relato alegórico de la muerte del enemigo de Renato estaría plenamente justificado en la persona del propio Sinibaldo.[499]

El arrepentimiento subsiguiente que manifiesta el "presunto finado" (Sinibaldo) y la confesión de sus culpas: "confesó la culpa en que había caído de haberos acusado falsamente; confesó su envidia, declaró su malicia" (p. 421), nos acerca, igualmente, al personaje histórico de Hermenegildo; el cual, antes de desaparecer entre las brumas de la historia, necesita confesar su culpa: la traición contra su padre Leovigildo al intentar destronarlo, por causa, quizás, ¿de que el rey de los visigodos decidiera legar su reino al hijo menor y no a él, que tenía la primogenitura?

A la vista de los hechos que se narran y desde nuestra propia interpretación, no nos parece que la actuación de Hermenegildo sea lo suficientemente decorosa, menos aún pura o milagrera, como para ser elevada a los altares de la cristiandad[500]; por lo que podría pensarse, en nuestra opinión, que la interpretación martiriológica que habíamos efectuado del personaje no se ajustara a la realidad histórica ¿A qué podría deberse, pues, esa disfunción entre lo que aparenta ser en el texto un hermano afectuoso y perfecto cristiano arrepentido, y lo que en realidad se vislumbra como un traidor? Creemos que la respuesta solo puede ser una: la ironía. Cervantes nos presenta la figura de un caudillo católico-visigodo - digamos- molesto para la Iglesia (Hermenegildo)[501], sobre el que la historia habría pasado por encima en beneficio de su más discreto hermano Recaredo. En tal caso, el mensaje de nuestro autor, que se desprende de la irónica intervención de Sinibaldo, podría ser: *el catolicismo brotó en España del tronco del arrianismo con una siniestra trinidad: primero con la alta traición de un hijo que, sin embargo, será Santo; segundo, con el ajusticiamiento de ese hijo a manos de su padre; y, tercero, con la traición del hijo que quedaba a la memoria de su padre, que supuso su conversión al catolicismo.*

Desde nuestros presupuestos, juzgamos que no cabría mejor ilustración de una crítica de los orígenes del catolicismo hispano, ni más peligrosa para la época, que la que nos proporciona Cervantes a través de la alegorización de uno de los acontecimientos históricos más decisivos en la implantación del catolicismo en España. Circunstancias capitales, estas, sobre las que pesa la consigna del olvido; salvo para Cervantes, de cuyo nombre sí quiere acordarse:

---

[499] No debemos olvidar, a pesar del mayor paralelismo que se aprecia en el texto entre las dos figuras de Jesús y Hermenegildo, al apóstol Santiago, también martirizado y, no lo olvidemos, "hermano Menor", desde una perspectiva simbólica, que dijimos de Renato; el cual, tras su derrota frente a Libsomiro: "determiné salir de mi patria y, renunciando mi hacienda en otro hermano menor que tengo en un navío, con algunos de mis criados, quise desterrarme y venir a estas septentrionales partes" (p. 411), es decir, una sugerente versión de la llegada desde Francia del mito cluniacense del apóstol Santiago.

[500] "El paso del tiempo contribuyó a que se difuminaran los aspectos políticos de la conducta de Hermenegildo y cobrasen todo su relieve los aspectos religiosos inherentes a la conversión y el martirio[...] El texto de Valerio del Bierzo [*De vana saeculi sapientia*]es un testimonio indudable de la fama de santidad que el mártir Hermenegildo había alcanzado después de su muerte, al menos en ciertos ambientes de la España visigótica". Orlandis, 1987, p. 108.

[501] "parece claro que, a la hora de la conversión de los godos, el nombre de Hermenegildo tenía más de recuerdo inoportuno que de precedente glorioso, para los artífices de aquella página extraordinaria de la historia española."Orlandis, 1987, pp. 107-108.

Sinibaldo = Hermenegildo: el rey que reinó sobre las conciencias de los primeros católicos hispanos pero no sobre los territorios.[502]

Hecha la confesión y, por ello, liberado católicamente de su culpa, procede Sinibaldo a dar cuenta a su hermano de las intenciones del rey, "el padre de ambos", que se cifra en dos líneas: el acceso de Recaredo al trono de los visigodos: "la cual, sabida por el rey, también por público instrumento os volvió vuestra honra y os declaró, a ti, ¡oh hermano!, por vencedor" (p. 421); y la Conversión de Recaredo: "y, a Eusebia, por honesta y limpia, y ordenó que fuésedes buscados y que, hallados, os llevasen a su presencia, para recompensaros con su magnanimidad y grandeza las estrechezas en que os debéis de haber visto (p. 421). De esta última cita descuella una intencionada ironía que apuntaría al cambio del arrianismo por el catolicismo llevado a cabo por Recaredo, en relación a las "estrechezas" (austeridad y rigor de la doctrina) propias de los primeros, frente a la opulencia de los segundos.

Llegados a este punto, en donde nuestra interpretación del texto cervantino parece adecuarse a los episodios históricos que se citan, no podemos eludir la siguiente pregunta si queremos continuar por la senda que hemos trazado: ¿qué finalidad tendría que Cervantes "resucite al espíritu arrepentido" de Sinibaldo/San Hermenegildo en el mismo punto en donde converge toda la historia introspectiva de Periandro con el final de la primera parte de la novela-epopeya? La respuesta, creemos, apuntaría a la intención de nuestro autor de ofrecer un testimonio directo y veraz, de la mano del propio protagonista (San Hermenegildo), de las circunstancias que sellaron la "espiritualidad en Occidente" en el siglo VI, con la finalidad, por un lado, de advertir a su hermano y futuro rey de los visigodos, Recaredo/Renato, de los peligros que comporta abrazar el catolicismo en aras de la teocracia; y, por otro, de servir de ejemplo, a través de la inclusión de estos funestos sucesos acaecidos en la corte de los visigodos toledanos, a los primeros "Austrias" y posteriores monarcas catolizantes, en el sentido de que la Historia es testigo de cómo, en efecto, el "servidor" (el catolicismo) acabó fagotizando a su "dueño" (el reino visigodo de Toledo)[503], por lo que no hay razón que impida que la historia vuelva a repetirse y sea ahora el imperio de Carlos V el que acabe nuevamente bajo las fauces de la "Loba" (Roma), como así fue[504].

Y, tras el discurso del "mártir visigodo" (Sinibaldo/Hermenegildo) en defensa de una teocracia avalada por el catolicismo que él mismo habría utilizado para intentar hacerse con el poder, nos sorprende la repentina intervención de Arnaldo: "-Son tales -dijo entonces Arnaldo-, que no hay acrecentamiento de vida que las aventaje ni posesión de no esperadas riquezas que las lleguen" (p. 421); pues, no duda en sumarse a los parabienes de esa honra de "dudosa procedencia" que ha traído el "descarnado" Sinibaldo desde Francia, basada, según su propio testimonio, en la muerte de su enemigo y en el subsiguiente deseo del rey[505] de restituir a ambos personajes (Renato y Eusebia) su dignidad y grandeza perdida. En este sentido, la adhesión que parece mostrar Arnaldo, en relación a la causa católico-visigoda, sería también extrapolable al contexto -ahora- de la época de Cervantes; donde, Carlos V (y luego Felipe II) se identificaría con la actitud de Arnaldo a la hora de mostrarse partidario de asumir el liderazgo de una teocracia "imperial" (Eusebia) según los designios del catolicismo.

---

[502] Existe hoy en día una prueba documental de la idea que nosotros hemos manifestado en relación al reinado idílico de Hermenegildo, y lo hallamos en unos magníficos frescos que decoran el interior de la llamada Iglesia de San Antonio de los Alemanes (antes Iglesia de San Antonio de los Portugueses), fundada en Madrid por Felipe III a principios del siglo XVII. Se trata de un templo único de planta elipsoidal, donde se hallan retratados diferentes santos que también lo fueron reyes, entre los que destaca San Hermenegildo, el caudillo visigodo que no reinó.

[503] Aunque fue la invasión musulmana de 711 la causa del fin del reino visigodo español, bien es cierto que a ello contribuyó el estado agudo de debilidad interna que se vivía. Y a ese estado de deterioro de la institución monárquica contribuyeron muchos y diferentes factores, siendo uno de los más relevantes la crisis eclesiástica; donde, los jerarcas de la Iglesia romano-visigótica, más adoradores -una vez más- de lo material que de la causa de las almas, impulsaron un empobrecimiento moral y religioso que hizo añicos el ideal teocrático necesario para garantizar la unidad y la cohesión del reino.

[504] La guerra de los Treinta años (1618-1648) fue la gran guerra europea entre los estados partidarios de la Reforma y los de la Contrarreforma, que, además, supuso el fin de la primacía de la Casa de Habsburgo y el inicio del dominio de la Casa de Borbón; dejando en el camino, y no precisamente en el iniciático, a más de cuatro millones de almas.

[505] Vuelve a aparecer la figura de un rey "en la sombra": "La cual sabida por el rey"(p. 421). En tal caso, puede que se esté refiriendo a Leopoldio, el rey antiguo de Dinamarca, pero no podríamos precisarlo. De igual modo, dado que la noticia traída por Sinibaldo viene de Francia, podríamos conjeturar que se trata de aquel rey innominado que terciaba en el duelo entre Libsomiro y Renato ("un día se fue a ver al rey y le dijo"[p. 409].

279

En tal caso, subyace la idea de que Cervantes querría mostrarnos cómo una teocracia basada en una "falsa espiritualidad" constituye un alarmante desvío en la evolución de la civilización en ese punto crucial de los tiempos (los suyos), así como el mejor modo de precipitar su fracaso a medio-largo plazo. De ello se deduce el pertinente desarrollo que este tema ha generado en el relato ficcional, donde la religión arriana, más próxima a la pureza espiritual de la fuente, quizás hubiera sido -si se nos permite ahora a nosotros continuar la alegoría- mejor sirvienta de la "reina de Francia" que Eusebia; pero la causa arriana-visigoda se truncó con Recaredo y a partir de ese momento la "sirvienta" se vestirá con oropeles olvidando a quién servía, usurpándole su cetro espiritual y, lo que a la postre ha resultado más nocivo para la salud espiritual de Occidente, ¿creyéndose su propia mentira? Y, con este convencimiento, juzgamos que nuestro autor desconfía, con la certidumbre que le dan sus muchos años, sus andanzas, sus lecturas, sus muchas batallas perdidas y algunas ganadas, su espíritu de servicio, su humanismo hispano-renacentista, su "experiencia eremítica" en Argel, su ordenación como terciario, sus obras geniales..., de todo asomo de doctrina espiritual que conlleve aparejada una causa teocrática.

Responde luego Sinibaldo a las preguntas que los allí presentes le hacen sobre la actualidad en Europa: "y luego pasaron a preguntarle por nuevas de lo que en Europa pasaba y en otras partes de la tierra, de quien ellos, por andar en el mar, tenían poca noticia"(pp. 421-422). Curiosa "salida de tono", en nuestra opinión, que la crítica no ha observado como debiere; pues, sorprende esa actitud manifiestamente realista del discurso que, sin mediar digresión de ningún tipo, se incardina en el relato ficcional en un *continuum* que no hace sospechar que nuestro autor se haya llevado su historia de manera literal -y a nosotros con ella- al campo de la realidad. En este sentido, podríamos pensar que todo el relato visigodo que le precede es la respuesta a las tensiones políticas que se relatan en este punto originadas en el teatro europeo de la época.

Y, al hilo, pues, de este nuevo tono realista que adquiere el discurso, responde Sinibaldo que: "lo que más se trataba era de la calamidad en que estaba puesto por el rey de los dáneos, Leopoldio, el rey antiguo de Dinamarca, y por otros allegados que a Leopoldio favorecían"(p. 422). Es decir, la información que trae la "voz del pasado" (Sinibaldo, el espíritu de Hermenegildo que, por su propia naturaleza escatológica podría arrogarse el sello de la veracidad), nos hablaría de una Europa dividida desde los sucesos relatados en el reinado de Leovigildo; pues, la ruina que amenaza al antiguo rey de Dinamarca (el padre de Arnaldo = ¿el emperador Carlos V?) está fundada en la misma causa teocrática que golpeó al rey de los dáneos (los visigodos), Leopoldio (Leovigildo). Es decir, las luchas internas entre el padre y sus hijos, Hermenegildo y Recaredo, que finalmente se saldaron con la imposición de una teocracia basada en el catolicismo liderado por el converso Recaredo.

A renglón seguido, también nos cuenta Sinibaldo:

> cómo se murmuraba que, por la ausencia de Arnaldo, príncipe heredero de Dinamarca, estaba su padre tan a pique de perderse; del cual príncipe decían que, cual mariposa, se iba tras la luz de unos bellos ojos de una su prisionera, tan no conocida por linaje, que no se sabían quién fuesen sus padres (p. 422).

Aquí podríamos interpretar una situación de conflicto análoga a la que hemos presentado en la corte visigoda de Leovigildo, donde el rey, aludiendo al emperador Carlos V, sufre similares padecimientos en materia de política religiosa: otros dos hijos principescos que se desmandan, representados en los herederos directos de sus reinos[506], su hijo legítimo Felipe II y el bastardo don Juan de Austria.[507]

Tras unas muy claras referencias a las guerras que amenazaban Europa por aquella época ("guerras del de Transilvania, movimientos del Turco" [p. 422]) y en las que intervendrá Fernando de Habsburgo, hermano del emperador, nuestro autor nos sorprende, según noticia del "siniestro narrador" (Sinibaldo), con el dato histórico más real e importante -nos atreveríamos a decir- de todo el *Persiles*:

---

[506]   Aunque el hermano de Carlos V, Fernando I, heredará a la muerte de aquel el título imperial, no es hijo del emperador; por lo que no tendrá legitimidad sobre la sucesión al "sagrado" trono español.

[507]   D. Juan de Austria, hijo bastardo de Carlos V, apenas contaba con trece años a la muerte del Emperador; por ello, el conflicto entre ambos herederos no surge, como en el caso visigodo, en vida del padre, sino después de muerto.

dio nuevas de la gloriosa muerte de Carlos V, rey de España y emperador romano, terror de los enemigos de la Iglesia y asombro de los secuaces de Mahoma (pp. 422-423).

Lo cual, dada la trayectoria inexcusablemente alegórica del texto, donde ninguna información que pueda ser catalogada como histórica es presentada de forma literal, supone una puntual ruptura de la propia naturaleza del discurso ¿Qué pretendería, en tal caso, Cervantes con esta evidente salida de tono con ocasión de la muerte del "César" español?

Son varios, en nuestra opinión, los motivos que justificarían este inopinado afloramiento de la realidad histórica en el texto:

1. Constituir una especie de referente para la comprensión de todo el episodio intradiegético de Periandro, que, como hemos analizado, vendría a significar una suerte de análisis alegorizado del largo devenir de la civilización occidental en clave mito-histórica, al objeto de identificar las causas que convergen en el conflicto político-social de la época protagonizada por el emperador Carlos V y sus herederos directos.

2. Realizar un homenaje al emperador germano-español, que, descrito desde una perspectiva moderadamente hagiográfica: "gloriosa muerte", "como vi a un Carlos V cerrado en un monasterio", supone una evidente intención de nuestro autor de elevar al César a la categoría de mártir. Seguramente, no tanto por su vida ejemplarizante como por su linaje; pues, como venimos anunciando a lo largo de todo este libro II, algunos de los reyes y nobles históricamente emparentados con las antiguas dinastías merovingias fueron elevados a los altares del catolicismo.

3. Reflejar que con la muerte de Carlos V el sueño imperial español se desvanece, aunque Felipe II tratará de resistir a toda costa. Y, para ello, nuestro autor se vale, exclusivamente, del modo de aludir a los títulos del difunto soberano: "rey de España y emperador de los romanos"; donde, la predilección del primero sobre el segundo, no solo se advierte en la anteposición y el empleo de mayúsculas (Rey de España), sino que las connotaciones anejas al sintagma "emperador de los romanos" revela, no tanto la posesión *de facto* de un territorio como el ejercicio del gobierno sobre las conciencias. Lo cual se traduciría en el reparto de los reinos que hizo Carlos V a su muerte y el adiós definitivo al título de emperador para los reyes españoles; dejando a su hijo legítimo Felipe II el reino de España (además de otros reinos agregados a la Corona) y al hermano de aquel, Fernando I, el Sacro Imperio Romano Germánico. Pero también dejó, no lo olvidemos, el reconocimiento de don Juan de Austria como hijo suyo, a través de la recomendación que le hace a uno de sus consejeros para que sea presentado oficialmente a su hijo legítimo, Felipe II, con la finalidad de ampararlo convenientemente.[508]

En relación también a esa doble expresión de los títulos del monarca fallecido, observamos, ahora de manera más sutil, una segunda intención de Cervantes de hacer mención al doble modo con el que nuestro autor percibe el alma dividida del Emperador: por un lado, manifiesta (en mayúscula) las intenciones del monarca en relación a sus derechos dinásticos sobre una herencia-tierra mítica: España = reino de León/Galicia = el *finisterrae* = el Grial ("rey de España"); por otro, expresa la necesidad (en minúsculas) de tener que abrazar el catolicismo romano al objeto de mantenerse en el trono ("y emperador romano")

4. Finalmente, creemos que la alabanza de Cervantes al "mítico" emperador español constituye también una sonora muestra de ironía al régimen teocrático avalado por el monarca; fundamentalmente, para evitar suspicacias y las lógicas reservas que la lectura del *Persiles*, sin duda, habría despertado en los encendidos ánimos de los censores adscritos al régimen: "terror de los enemigos de la Iglesia y asombro de los secuaces de Mahoma" (p. 423).

Otro aspecto no tratado por la crítica, que también se revela como un claro indicio de la relación que une, desde nuestra perspectiva, al príncipe heredero con su padre, "el rey antiguo de Dinamarca"; lo constituye todo el fragmento en que Arnaldo realiza una especie de balance-confesión de los motivos del abandono de su reino y de su padre, y que nosotros interpretamos

---

[508] "La minuta es de mano de Eraso y está escrita a principios de 1559; es el borrador para contestar a Luis Quijada, señor de Villagarcía, en relación con la noticia que había mandado sobre la existencia de don Juan de Austria, tal como se lo había encargado el Emperador. Se trata de una larga minuta de la que copiaremos sólo los párrafos principales. Su interés radica en que se tachan y corrigen frases, dando señales de titubeo[...]: 'En lo de don Juanito he holgado de saber es mi hermano...y tengo por cierto le dotrinaréis y haréis criar en las letras y lo demás, como lo sabréis muy bien hacer...". Fernández Álvarez, 2000, pp. 812-813.

a modo de canto elegíaco: una soberana exaltación de los reinos de la Corona española que le acaban de ser transferidos al ya monarca Felipe II tras la noticia de la muerte de su padre, el emperador Carlos V (a pesar de que Carlos V ya había abdicado en favor de su hijo antes de morir). Es decir, en este concreto lugar de la narración, estaríamos asistiendo a una singular ceremonia de entronación, nacida desde las profundidades del sentimiento provocado por la pérdida del ser querido y por la inmensa responsabilidad que se cierne sobre su cabeza:

> Arnaldo, que, desde el punto que oyó la opresión de su padre, puso los ojos en el suelo y la mano en la mejilla y, al cabo de un buen espacio que así estuvo, quitó los ojos de la tierra y, poniéndolos en el cielo, exclamando en voz alta, dijo"(p. 423).

Dice, pues, Arnaldo (Felipe II) visiblemente consternado, tanto por la muerte (que en el texto solo se revela como ausencia) de su progenitor como por la responsabilidad de los reinos que habría de gobernar:

> - ¡Oh amor, oh honra, oh compasión paterna, y cómo me apretáis el alma! Perdóname, amor, que no porque me aparte te dejo; espérame, ¡oh honra!, que no porque tenga amor dejaré de seguirte; consuélate, ¡oh padre!, que ya vuelvo; esperadme, vasallos, que el amor nunca hizo ninguno cobarde, ni lo he de ser yo en defenderos, pues soy el mejor y el más bien enamorado del mundo(p. 423).

El amor, el honor y el dolor por la ausencia paterna centran el afligido canto de Arnaldo, que, además, adquiere el sentido de funesta herencia o carga adosada a su linaje. En nuestra opinión, la cita podría interpretarse del siguiente modo. Por un lado, ambos herederos directos (Felipe II / Fernando I) asumen el problema religioso que centró gran parte de las preocupaciones durante el reinado de su padre-hermano Carlos V (el conflicto religioso = el amor no correspondido por Auristela). Porque la complejidad del problema se extiende -nos tememos- a la propia intimidad de los monarcas, convencidos, por su formación humanista y por la lógica revelación de la herencia de su linaje, de su fin ¿mesiánico?[509]. En este sentido, no resultaría muy aventurado imaginarnos a esos primeros "Austrias" sometidos a la difícil decisión de sacrificar sus ideales (Auristela) en beneficio de sus reinos; aunque, no por ello ("que no porque me aparte te dejo"), en su fuero interno dejen de sentir la llamada de la "verdadera religión", más próxima a la Reforma, a pesar de que saben positivamente que no podrán llevarla a cabo durante sus respectivos reinados (por ello pide que le perdone: "Perdóname").

Por otro lado, Arnaldo-Felipe II hereda la responsabilidad del gobierno del "mundo civilizado", lo cual constituye el mayor de los honores, tarea a la cual no renunciará ("espérame, ¡oh honra!"), sacrificando su propia salvación espiritual ("que no porque tenga amos dejaré de seguirte"). Pero, también Felipe II podría haber heredado el sentimiento trágico que invadió a su antecesor: ¿conocer el "método platónico" para la salvación de las almas pero no poder utilizarlo ni con él ni con sus súbditos en la creación de ese "Estado ideal sobre la tierra"(la nueva Jerusalén)?

Al final de la cita se dirige a sus vasallos, y, si nos fijamos, lo hace del mismo modo que cuando se refería a la honra ("espérame, ¡oh honra!, que no porque tenga amor dejaré de seguirte"): "esperadme, vasallos, que el amor nunca hizo ninguno cobarde". Es decir, si comparamos el fragmento que acompaña a ambos imperativos del verbo "esperar", podríamos deducir que se produce una relación de complementación semántica entre las dos estructuras; donde, si en la primera se refería a sus reinos, en la segunda lo hace a quienes los pueblan, a los "vasallos", en el sentido de que su sacrificio por la renuncia a la salvación de su alma (Auristela) será por ellos.

El sentido discurso del afligido heredero se centra ahora en la exaltación "amorosa" de una Auristela que aparece aquí más idealizada que nunca como el símbolo de un "amor" imposible; al que, sin embargo, Arnaldo, sabedor de sus limitaciones "amorosas", no duda en ofrendarle el

---

[509]   Recordemos, a este respecto, a la figura de su antecesor Alfonso VII de León, llamado el "Emperador", y a su intento teocrático de conseguir a mediados del siglo XII (retomando la vieja idea imperial de Alfonso III y Alfonso VI), desde el extremo occidental de Europa (Galicia-*finisterrae*), la creación de un nuevo orden en el mundo desbancando a Roma de su trono.

fruto de su trabajo "mundano" cifrado en la grandeza de sus reinos: en la idea de que solo la "causa divina" podría triunfar si el estado es fuerte, porque si este es débil la empresa está condenada al fracaso:

> Para la simpar Auristela quiero ir a ganar lo que es mío y para poder merecer, por ser rey, lo que no merezco por ser amante: que el amante pobre, si la ventura a manos llenas no le favorece, casi no es posible que llegue a felice fin su deseo (p. 423).

Finalmente, Arnaldo nos resume cuál haya de ser su actitud, a partir de su coronación, en relación a Auristela; donde, podríamos escuchar un eco de la política de los monarcas Felipe II y Fernando I en relación a los problemas de religión que tanto acuciaban a sus reinos, y que Cervantes, testigo de excepción, pudo situarlo en el centro de su obra como nudo gordiano de los problemas que acabaron arruinando al imperio germano-español fundado por Carlos V:

> Rey la quiero pretender, rey la he de servir, amante la he de adorar y si, con todo esto, no la pudiere merecer, culparé más a mi suerte que a su conocimiento (p. 423).

Es decir, Arnaldo muestra su firme decisión de anteponer sus pretensiones reales a la "causa espiritual"; sin embargo, a pesar de su tajante declaración, no renuncia a su intención de servirla aunque sea en calidad de "amante" y no de esposo; en tal caso, ¿no se estaría refiriendo aquí a la formación de un estado teocrático basado en el catolicismo ("matrimonio de conveniencia"), a pesar de que el propio monarca se sintiera atraído por la Reforma ("amante no legítima"), sabedor de que estaba "casado" con la "dama" (Eusebia) y no con la Señora (Auristela)?

No resulta extraño que, después del exaltado discurso pronunciado por el heredero de Dinamarca en relación a los graves sucesos relatados por Sinibaldo, todos los presentes "quedaron suspensos oyendo las razones de Arnaldo" (p. 423); pues, creemos que sus intenciones habrían de ser interpretadas por los presentes desde esos mismos planteamientos que nosotros hemos expresado.

Y, por ello, Sinibaldo (San Hermenegildo, instigador en su tiempo del conflicto universal o "amoroso" que ahora se expresa en el relato) es el personaje que se muestra más sorprendido ("suspenso") ante el discurso de Arnaldo:

> Todos los circunstantes quedaron suspensos oyendo las razones de Arnaldo, pero el que más lo quedó de todos fue Sinibaldo, a quien Mauricio había dicho como aquél era el príncipe de Dinamarca (p. 423).

Sobre todo al enterarse, por el astrólogo Mauricio, de la identidad que se esconde tras el título de príncipe de Dinamarca (Arnaldo = Felipe II/Fernando I) y de "la prisionera que decían que le traía rendido" (p. 423) (Auristela = la "verdadera religión").

Es decir, de lo expresado en el texto podríamos interpretar que el espíritu de Hermenegildo viaja desde el pasado godo para reaparecer, a través de ese ónfalo o "puerta atemporal" que es el *finisterrae* donde ha desembarcado, en el presente de Periandro; para, encarnado en Sinibaldo -por exigencias del guión de Cervantes-, contar la historia que protagonizó junto a su padre Leovigildo y su hermano Recaredo en la rebelión religiosa entre católicos y arrianos por el reino visigodo de Toledo. No en vano, Cervantes, de una manera muy sutil propia de su genio, trata de decirnos que, en el conflicto visigodo, Hermenegildo puso más interés por la causa de la "verdadera religión" que la que manifiesta ahora Arnaldo: "Puso algo más de propósito los ojos en Auristela Sinibaldo"; lo cual, podría traducirse como que el príncipe godo Hermenegildo, llevando al extremo lo que para Arnaldo sería inviable, no dudó en enfrentarse en armas a su padre Leovigildo, utilizando de amante a la "sirvienta" (enarbolando la bandera del catolicismo) con la finalidad -suponemos- ¿de llegar algún día a sentar en el trono a la legítima "reina de Francia"?

Aprueba Sinibaldo, como ya lo hiciera Hermenegildo en su correspondiente contexto histórico, la solución que Arnaldo piensa dar a su reino de Dinamarca: "y luego juzgó a discreción la que en Arnaldo parecía locura, porque la belleza de Auristela, como otras veces se ha dicho, era tal que cautivaba los corazones de cuantos la miraban y hallaban en ella disculpa todos los errores que por ella se hicieran" (p. 423); es decir, su idea de utilizar al catolicismo como vía para conseguir la unidad necesaria antes de implantar -suponemos- la "verdadera religión".

En tal caso, puesto que la decisión de Arnaldo es manifiesta, ahora solo falta ponerla en práctica. En este sentido:

> Es, pues, el caso que aquel mismo día se concertó que Renato y Eusebia se volviesen a Francia, llevando en su navío a Arnaldo, para dejalle en su reino; el cual quiso llevar consigo a Mauricio y a Transila, su hija, y a Ladislao, su yerno, y que, en el navío de la huida, prosiguiendo su viaje, fuesen a España Periandro, los dos Antonios, Auristela, Ricla y la hermosa Constanza (p. 424).

Interpretamos en esta cita que el viaje que dividirá al grupo de personajes constituye la expresión del curso que seguirá la Historia de Occidente tras la muerte de Carlos V. Es decir, el definitivo "divorcio" entre la "razón de Estado": los personajes que encarnan a los representantes de la "sirvienta" (la falsa idea de la salvación espiritual) regresan de nuevo a Francia de la mano de sus principales valedores, Renato y Eusebia, que, al ser acompañados de Arnaldo, se certifica la nueva dirección de ese reino teocrático amparado por el catolicismo; y la salvación espiritual: los personajes que encarnan en sí mismos al "ideal salvífico" (Periandro y Auristela) junto con la familia (Antonio y Ricla y sus dos hijos) que representa la esperanza de que esos valores espirituales puedan cristalizar algún día en la sociedad.

En cuanto a la función que desempeñan el resto de personajes en esa huida final (Mauricio, Transila y Ladislao), observamos que el narrador no les asigna un destino concreto, como en el caso de los que se dirigen a Francia o a Portugal. En este sentido, y, teniendo en cuenta toda nuestra argumentación anterior, no resultaría pretencioso suponer que tras la figura de Arnaldo se halle ahora al que fuera el emperador Fernando I, el hermano de Carlos V, español de "pura cepa" que asumirá la responsabilidad del Sacro Imperio desde una posición ambivalente (por ello se nos dice que Arnaldo embarca con los que van a Francia, pero "para dejalle en su reino") tratando de conseguir un imposible consenso entre Roma y los reformadores.

La impresión que produce en el lector esa ruptura del grupo de viajeros que parte cada uno en direcciones opuestas, revela la intención de Cervantes por reflejar que a partir de ese punto climático simbolizado con la muerte de Carlos V la fractura de la civilización occidental será un hecho de consecuencias nefastas para su evolución.

Llegados a este punto, se nos podría señalar una falta de cohesión en nuestros planteamientos, pues, si la acción en estos dos primeros libros del *Persiles* se desarrolla (no de manera lineal y de modo más específico en la historia intradiegética de Periandro) en la imaginación de un peregrino que se dirige caminando hasta el Finisterre gallego (España); entonces, Periandro, Auristela y la familia de Antonio el bárbaro no podrían marcharse a España (como así se dice en el texto en relación a los personajes que embarcan hacia ese destino a través de Portugal) cuando ya están en ella. Y no le faltará razón a quien a esta lógica evidencia se acogiere, siempre que no olvidare que el *Persiles* es el menos evidente (literal) de los libros y que el Camino de Santiago (escenario real en donde se desarrolla la acción imaginaria de estos dos primeros libros), a pesar de su ubicación en el norte de España, es aquí considerado como una especie de lugar mítico: un espacio acotado al relato gnóstico (la peregrinación) y por ello mítico y/o universal. No en vano, en el texto nunca se dice que los navíos salgan de España ("Finalmente, convidándoles el sosegado tiempo y un viento que podía servir a diferentes viajes, se embarcaron y le dieron a las velas"[p. 425]), quizás, porque Cervantes pretendiera desvincular la imagen del Camino de peregrinación septentrional de cualquier tipo de referente geográfico o geo-político; porque, por el texto sabemos que la doble expedición parte, precisamente, de la isla de las Ermitas (el *finisterrae* gallego).

Por consiguiente, resulta verosímil situar la procedencia o salida de las dos embarcaciones de algún puerto septentrional (Atlántico norte o costas del Finisterre gallego), dado que la travesía hacia Lisboa, partiendo de alguna hipotética isla de los Mares del Norte, pasa ineludiblemente por delante de las costas gallegas. De igual modo, tampoco constituiría ninguna falta de cohesión señalar a Finisterre (España) como lugar de comienzo de esa nueva singladura, pues, en ningún lugar del texto se dice que los dos primeros libros discurran a través de territorio español; por lo que, desde nuestra perspectiva, la España simbolizada en el Camino de peregrinación que cruza todo el norte peninsular solo existe en la imaginación de Cervantes a través de los *trabajos septentrionales* de sus personajes. Circunstancia que se invertirá en los libros III y IV, en los que España "saldrá a la luz" con gran profusión y lujo de detalles.

Resumiendo, podría postularse que al final de estos dos primeros libros los "peregrinos" salen de una España imaginaria para entrar, al comienzo del tercero, en una España real; es decir, nos hallaríamos ante una especie de descripción de un doble proceso cognoscitivo, donde, desde la articulación de un discurso que se revela imaginario (la navegación entre islas) en la presentación de una experiencia real (la peregrinación a través de el Camino de Santiago), se pasa a otro discurso real (el relato del recorrido peninsular) en la presentación de una experiencia imaginaria (el intelecto abriéndose paso en la conciencia del místico); con la finalidad, suponemos, de abarcar con su discurso todo el espectro de la noción de realidad (lo aparente y lo profundo).

Sea como fuere, unos personajes que utilizan para desplazarse el "navío de la huida" no pueden equipararse a unos simples viajeros; pues, su imagen de "proscritos" se deduce de la función asignada a la embarcación ("el navío de la huida" [p. 424]), que, además, lleva el sugerente nombre de "saetía" (saeta = flecha = vuelo = tiempo = Cronos = el primero de los dioses), en relación al mítico viaje que debe emprender quien decida "echarse a la mar" en esa especialísima embarcación. En este sentido, no se nos ocurre mejor forma de catalogar a la "vía marinera" emprendida por el místico que como de una huida, pues, ¿acaso no persigue el gnóstico, a través de la alegoría marinera, el ideal platónico de "la fuga de su alma de la cárcel del cuerpo"? Incluso, el hecho de huir podría relacionarse ahora, desde el plano de la realidad, con la circunstancia de escapar; pero, ¿escarpar de quién?, ¿quizás de los intransigentes, es decir, de aquellos que no toleran otra forma de espiritualidad que la impuesta por ellos mismos a través de un estado teocrático sin fundamento, de aquellos que prohíben el derecho natural del hombre a alcanzar el Conocimiento, de aquellos cuya ignorancia les hace especialmente violentos frente a quienes los cuestionan? Creemos que Cervantes, dentro de un contexto social especialmente intolerante y represivo, pudo pensar de este modo, y que, a pesar de los graves riesgos y del ingente trabajo, decidiera fletar su propia nave del Conocimiento (el *Persiles*) mostrándonos con ello su compromiso consigo mismo y con la civilización que presentía desmoronarse.

Porque, las peregrinaciones en la Edad Media -decíamos en captulos anteriores- constaban de un recorrido de ida y de otro de vuelta, donde el primer tramo solía hacerse a pie y el segundo en barco o aprovechando otro medio de transporte. En este sentido, observamos cómo desde el "lugar narrativo" que nosotros habíamos interpretado como el Finisterre gallego, sería posible que partieran las dos embarcaciones, una para Francia y la otra hacia Lisboa-España. Es decir, nuestro planteamiento se ajustaría a lo que tradicionalmente se viene señalando en relación a las peregrinaciones a Santiago de Compostela; pues, el itinerario de Renato y Eusebia se correspondería con el devenir histórico de aquellos peregrinos que, viniendo de Francia y atravesando los Pirineos, cruzarían todo el norte peninsular hasta llegar a la Britonia de los suevos (Galicia), para regresar a sus casas embarcándose en el puerto más cercano.

Pero si el planteamiento que hemos referido es válido para el grupo de peregrinos que embarcan para dirigirse a Francia, ¿a qué obedece que el grupo liderado por Periandro y Auristela elijan el itinerario opuesto y, en vez de ir a Francia y de ahí hacia Roma, pues esta parece ser su meta, se dirijan a Portugal para desde allí, nuevamente a pie, encaminarse hasta la ciudad del Vaticano? La respuesta a esta pregunta, que ha suscitado gran controversia entre la crítica de todos los tiempos, ya fue parcialmente contestada cuando en el capítulo 2.8. aludíamos al triple recorrido iniciático que, en base a un episodio bíblico (La Transfiguración de Jesús en el monte Tabor ante los tres apóstoles: Juan, Pedro y Santiago), señalaría alegóricamente a un misterio gnóstico que relacionaría a cada apóstol con sus respectivos tramos de esa Gran Ruta de peregrinación que en la Antigüedad[510] cruzaría de Este a Oeste todo el continente europeo.

---

[510] Véanse también los cap´tulos correspondientes a los episodios protagonizados por Antonio el bárbaro, Rutilio y Manuel de Sosa, donde ya aludíamos a la posibilidad de que cada uno de estos tres personajes simbolizase, tanto a través de su nacionalidad como de los diferentes aspectos que se desarrollan en su aventura, a los diferentes "itinerarios bíblicos": España = peregrinación a Santiago de Compostela, Italia = peregrinación a Roma, y Portugal = peregrinación a Jerusalén, respectivamente.

Comoquiera que, según venimos argumentando, la peregrinación a Santiago de Compostela ha conformado el telón de fondo del relato alegórico durante buena parte de estos dos primeros libros del *Persiles*, no resultaría una osadía plantearse la posibilidad de que Cervantes haya tratado de mostrar, a través de esa navegación alegórica que se vuelve más intensa cuando los "pescadores" asumen el protagonismo en el relato analéptico de Periandro, una iniciación ritual a imagen del "misterio" que se oculta tras la figura de aquel otro "pescador", Santiago, subiendo con el "Gran Pescador", Jesús, al monte Tabor. Y, no sería otra la razón por la que nuestro autor nos presenta, en el conjunto de la obra, una narración imaginaria, a veces inverosímil y casi siempre confusa y carente de la linealidad propia o exigible a la expresión del pensamiento racional; porque está descrita desde la profundidad de la lucha que se está librando en la conciencia del peregrino, de ahí su anarquía frente al sometimiento a la norma y de ahí su necesidad de mostrarse laberíntica.

En resumen, se constata la intención de Cervantes de concluir la primera parte de su obra en un punto muy concreto donde convergerán el mito y la realidad, la tierra y el cielo: la muerte del "divino" emperador Carlos V el 21 de septiembre de 1558. Porque, en nuestra opinión, ese deseo de rubricar la aventura de Periandro con la más excelsa de las muertes (la del propio emperador), no es sino el reflejo de la doctrina gnóstica; donde la muerte mística o ritual se considera simbólicamente como la muerte de un rey. En tal caso, un óbito de tal altura trascendente solo puede manifestarse como frontera entre dos mundos; y, en el mundo ficcional o literario descrito por Cervantes no podría representar más que una cosa: el renacer a una conciencia iluminada a través de la perspectiva de presente que comienza con el no menos luminoso libro III, después del oscurantismo que supuso la navegación por esa perspectiva de pasado que informa los libros I y II.

Carlos V muere en medio de un debate político-religioso que sellará el destino de Europa en los próximos 500 años: el Concilio de Trento (1545-1563). Intuyendo el desastre que se avecina, Cervantes rescatará las brasas depositadas en el altar solar del Finisterre[511] y se las confiará, convencido de que la civilización todavía puede tener remedio, a sus protagonistas Periandro y Auristela, que continuarán el camino platónico de la salvación de las almas mientras el mundo, como el barco de Renato y Eusebia, continua su travesía en dirección a Scinta; que, en un contexto cosmológico, podría asimilarse a la destrucción que se presume de esa vuelta a Francia en el *Persiles*...

---

[511]   "En este sentido, el Extremo Occidente, como fin de un mundo y puerta a otro desconocido, fue una constante en los esquemas mentales del mundo antiguo y medieval desde el Camino de los muertos trazado por los sacerdotes egipcios hasta el Amenti a las innumerables migraciones e invasiones que se han producido a lo largo de la Historia, seguidoras casi sin excepción de la ruta Este-Oeste. Occidente y su Más Allá fue el núcleo protagonista de la leyenda tradicional atlante en el Critias platónico y, curiosamente, en muchos períodos clave del pasado se da el caso de que las estructuras creadoras de cultura lleguen también de Occidente, de la mano de los pueblos que recorrieron el camino hacia los Finis Terrae y volvieron, presuntamente empapados de los conocimientos que allí recibieron. Así, el camino a occidente fue como una querencia ancestral que tuvo su más definitiva expresión en el Camino de Santiago, que unía en sus motivaciones la suma de querencias que movieron desde los orígenes a los hombres y a los pueblos hacia el borde de lo Desconocido, hacia ese punto indefinido donde, tradicionalmente, se unía el fin con el Principio, la muerte con la Vida, la ignorancia con el saber." García Atienza, 1991, p. 108.

SEGUNDO CÍRCULO: LIBROS III Y IV (hasta cap. 11 incluido)

Introducción

La imagen solitaria del ermitaño Rutilio, "en lo alto de las ermitas" despidiendo a todos los personajes, constituye el broche a todo un ciclo diegético, pero también, desde una perspectiva simbólica, al largo devenir de la civilización occidental; la cual, atravesando diferentes obstáculos y etapas, como bien queda reflejado en la aventura de nuestros protagonistas a lo largo de estos dos primeros libros, ha conseguido llegar a esa misma atalaya "de los tiempos" desde la que el propio italiano contempla, no sin pesar, cómo se parten los destinos en busca de su idílica y genética evolución.

Para Rutilio, por lo tanto, la aventura *septentrional* parece terminar en ese punto, pues no se marchará ni con los que van a Francia ni con los que se dirigen a Portugal: quedará como una reliquia-custodio de la herencia de un pasado que no debe olvidarse, un testimonio en piedra (la de su ermita) que marcará, no solo el punto (el momento de la historia) en que ambos itinerarios ("corrientes de pensamiento") se bifurcan (simbolizado en el *finisterrae* gallego), sino también el "objeto" que las dos opciones dejarán como señal-trofeo (el mítico Grial como símbolo de la búsqueda trascendente) en su carrera por disputárselo.

Pero todo lo que sea materia está sometido a las leyes de la mutación. Y este libro, que en ocasiones rememora a las que se narran en las *Metamorfosis* de Ovidio, parece remitirnos a esta ley universal a través (también) de la figura de Rutilio; pues, de la nítida imagen del -digamos- "ermitaño a ultranza" defendiendo sus ideas desde lo alto de una peña "asomada al tenebroso océano", no quedará más que el recuerdo en la mente de los peregrinos que parten. Nos referimos al abandono que Rutilio hace de su puesto, que será expresado en páginas posteriores (capítulo 8, libro IV, p. 679), así como de su nuevo destino: Roma (aunque no la ciudad propiamente dicha, sino sus proximidades).

La llegada del relato a este libro III que ahora comienza nos transmite, pues, una clara sensación de que algo ha finalizado, y no sólo lo percibimos tras la correspondiente deducción a la que habíamos llegado en páginas anteriores; sino incluso de forma expresa mediante la evidencia del último párrafo que cierra el capítulo 21: "Y aquí dio fin a este segundo libro el autor desta peregrina historia" (p. 425), y, también, a través de la confirmación que hacen los propios personajes de que el viaje (el primero de ellos: el marítimo) había terminado.

En tal caso, la navegación, entendida desde la perspectiva místico-náutica que veníamos aplicando, no se prolonga con la singladura de nuestros protagonistas a Portugal; sino que este trayecto habría que considerarlo como una breve etapa de transición entre esos dos mundos opuestos que se suceden en la diégesis (mar / tierra). Porque, la aventura marinera finalizó en ese puerto fabuloso del septentrión gallego (el Finisterre), meta de todos los peregrinos que se adentran por el más septentrional de los caminos de iniciación en época de Cervantes. Pues, como hemos intentado demostrar a lo largo del análisis de los dos libros primeros, en efecto, existe un segundo lenguaje o lenguaje alegórico que conlleva múltiples posibilidades interpretativas, entre las que se encuentra la perspectiva estelar en relación al viaje que emprenden los personajes del *Persiles*.

Y en esa roca o ermita del fin del mundo quedó Rutilio, como una especie de baliza estelar o faro para ayuda a la peregrina "navegación",[512] a la par que fin de la tierra (la realidad terrena) y comienzo del tenebroso océano (la idealidad celeste): una reliquia semiencerrada en una ermita como recordatorio de lo que aún podía venir a buscarse a ese apartado rincón del *finisterrae*. Su permanencia en el puesto, por lo tanto, es directamente proporcional a la importancia del lugar del que se erige custodio; razón por la cual, la noticia posterior de su huida a Roma dejará al relato un tanto desahuciado: el abandono del último vestigio de esa antigua religiosidad que alumbraba desde el "faro del fin del mundo" (el mítico Finisterre) la esperanza del hombre depositada en el antiguo rito de la peregrinación.

---

[512] Curiosamente, en la costa del Finisterre gallego se encuentra una de las reliquias arquitectónicas que más podrían avalar la imagen que nosotros expresamos de la figura de Rutilio, en cuanto a su mítica función de ermitaño guardián de la también llamada "Costa de la Muerte": el faro de Hércules, que, debido a su antigüedad (se remonta, al menos, a la época de los romanos) Cervantes tuvo que haber conocido.

Sea como fuere, la "deserción" de Rutilio no debe interpretarse como un suceso individual, sino, probablemente, de manera simbólica, en el sentido de que nuestro "maestro del danzar", pasado el tiempo y en representación de esa facción heterodoxa para la que el Finisterre gallego constituiría ese *axis mundi* de Occidente, vería cómo la invasión de la doctrina literalista importada desde de Roma (la orden de Cluny) tomaba posesión de esos lugares míticos del gnosticismo (el llamado Camino de Santiago); por lo que su marcha a Roma podría tener un carácter reivindicativo: ¿el ataque del gnóstico justamente al corazón de la "bestia" que amenaza con tragarse el último asomo de espiritualidad en Occidente?

Y allí será, precisamente en Roma, donde vuelva a reaparecer Rutilio de manera inopinada haciendo lo que mejor sabía: "danzar":

> - No tienes, señor, para qué persuadirme de que en dos mitades se parte el día entero en Noruega, porque yo he estado en ella algún tiempo, donde me llevaron mis desgracias, y sé que la mitad del año se lleva la noche y, la otra mitad, el día. El que sea esto así, yo lo sé; el por qué sea así, ignoro (p. 698).

Porque, no creemos que Cervantes haya rescatado a este personaje desde este libro II hasta el IV solo para dejar constancia de los fenómenos físicos propios de la extrema latitud norte que tiene Noruega. Más bien, podría apuntar a la necesidad de nuestro autor de reafirmar con la presencia del ermitaño italiano la veracidad de un recorrido de peregrinación que, al menos, debería de unir Roma con Santiago.

No en vano, su discurso, que muestra la intención del susodicho por explicar los extraños fenómenos climáticos que tienen lugar en esos parajes norteños, revela su identidad como iniciado en la senda del conocimiento (no maestro); en cuanto al hecho de que a pesar de reconocer esos fenómenos todavía sea incapaz de comprenderlos: "El que sea esto así, yo lo sé; el por qué sea así, ignoro".

Pero no solo el abandono de Rutilio de ese puesto frontero entre dos mundos será clave para entender el sentido que debemos dar a la articulación de estos dos libros primeros con relación a los segundos, pues, no debemos olvidar que Cervantes pergeñó su fábula con arreglo a los modelos propios del género bizantino, y ello implicaba, entre otras cosas, ajustarse al comienzo *in medias res* característico de estas narraciones; es decir, que este final intermedio con el que nuestro autor despide a sus personajes no es sino el recuerdo de una verdad universal: todo final de un viaje no es sino el comienzo de otro nuevo que se inicia en ese mismo punto. Y, con esta certeza, no sólo termina el libro II hacia la mitad de la novela-epopeya sino que, poco antes (en el capítulo 20), el argumento ya había experimentado una suerte de dislocación expandiéndose en direcciones opuestas: una retrógrada que lo llevaría, tras el salto trascendente del caballo de Cratilo, a la cueva del comienzo de la novela-epopeya (cap. 1 del libro I); y otra, expresada en el capítulo siguiente (el veintiuno y último), que lo habría de impulsar hacia adelante: el anuncio de la nueva etapa (ahora narrada desde una perspectiva realista) que comenzará con la entrada en Portugal (capítulo 1, libro III).

Desde una perspectiva simbólica, nos hallaríamos en el mítico centro de ese Dédalo universal como imagen del camino que ha de recorrer el peregrino-místico en busca de la gnosis. Pero ahora el héroe debe avanzar, tras haber superado la legendaria prueba consistente en matar al Minotauro en el mismo centro del laberinto (el relato analéptico de Periandro en los libros I y II), para, guiado del hilo de Ariadna (el amor de Auristela), poder llegar a ese clímax luminoso simbolizado en la unión con su amada (libro IV, capítulos 12-14). Guillermo Serés, que también percibe este movimiento interno que confiere al relato su especial carácter iniciático, dice en relación a ello: "El fundamento teórico del viaje o movimiento interior, al centro del alma (donde está Dios), son algunos célebres lugares platónicos"[513]; sin embargo, más adelante el crítico parece redefinir su inicial postura, dando muestras de una clara predilección por referir el

---

[513] Dice Serés al respecto: "Sin embargo, la noción principal y la totalidad del proceso dinamicoespiritual que conduce al hombre al centro del mundo y del alma se deja autorizar especialmente con un centón de lugares agustinianos, pues el Obispo de Hipona es el que mejor ha ilustrado el movimiento centrípeto amorosamente suscitado." Serés, 2004, p. 974.

fenómeno a un convencionalismo ortodoxo de base agustiniana, en vez de a la fuente ideológica de la que emana, es decir, al pensamiento de Platón[514].

En cuanto a la dimensión universalista o macrocósmica que veníamos aplicando a los dos libros primeros, diremos que ahora, durante los libros III y IV y hasta el final del *Persiles,* el relato va a atravesar su definitiva "puerta cosmológica"; la cual, será narrada en perspectiva temporal de presente (con matices) y conformará un reducido espacio temporal dentro de la era de Piscis: el tiempo comprendido entre la muerte del emperador Carlos V(de la que nuestro autor nos avisa, literalmente, al final del libro segundo) y la propia de nuestro autor firmando su obra días antes de morir, pasando antes por la del rey Felipe II, que será descrita, como trataremos de argumentar, al final del libro III en la persona del tío de Isabela Castrucha, Alejandro Castrucho.

Y, comoquiera que la luz es sinónimo de claridad, así nuestro autor nos presenta el desarrollo diegético de toda esta segunda parte o círculo en que dividimos la obra (libros III y primeros once capítulos del libro IV), con apariencia de realidad, en oposición a la manifiesta subjetividad del primer círculo (libros I y II), y con referencia a la luminosidad propia de la latitud sur, como contraste a la oscuridad que va unida a esos espacios septentrionales de los primeros libros.

Decíamos en páginas precedentes que este segundo círculo se caracterizaría por un predominio de los aspectos intelectuales sobre los sensibles, en paralelo a la experiencia mística en curso; que, del "trabajo" por doblegar la tiranía de los sentidos (vía purgativa circunscrita al dominio de las pasiones: primer círculo) se pasaba al combate por conquistar esa luz (vía iluminativa) que sólo nace del "trabajo" intelectual. Es decir, de la "navegación" que caracterizaba a los dos libros primeros como imagen mental de la peregrinación-sacrificio a Santiago de Compostela-Finisterre, se pasaría a la peregrinación propiamente dicha (literal-real); es decir, a caminar en dirección a una Roma vista no como una meta final de la peregrinación, sino como una estación de parada obligatoria donde el peregrino habrá de batirse en una prueba decisiva, antes de completar la peregrinación con el regreso a sus correspondientes lugares de partida (con los matices que venimos señalando). En tal caso, puesto que no es la meta romana lo que se persigue y sí el camino que ha de llevar a los peregrinos hasta ella, la finalidad del calificado de "extraño o absurdo itinerario" no podría ser otra que: penetrar la realidad más allá de la evidencia, interpretar intelectualmente aquello que se ofrece a la vista y abordar uno de los principales axiomas de la ciencia-creencia mediante el cuestionamiento de las verdades en apariencia inmutables. Es decir, juzgamos que la larga peregrinación que nos presenta Cervantes en el *Persiles* tendría como objeto preferente sacar a sus protagonistas de la ignorancia a través de la vía del Conocimiento (gnosis). Por ello Roma se encuentra al final de ese camino diegético, porque constituye el paradigma de una mentira a escala universal: la última prueba que el héroe deberá afrontar antes de coronarse como Persiles.

La diferente presentación que se nos ofrece en el *Persiles* de esta doble peregrinación (la náutica y la pedestre) obedecería, como ya venimos aduciendo, al diferente contexto psíquico en el que se lleva a cabo la experiencia gnóstica y, en cualquier caso, el inicio de la "evidente" o luminosa peregrinación terrestre que se lleva a cabo a partir del libro III constituiría un nivel superior en la evolución de la conciencia del ya iniciado en el "andariego ritual". Así, pues, Cervantes en el primer círculo (libros I y II), salvo algunas alusiones dispersas que hace del grupo de viajeros llamándolos "peregrinos", nunca manifiesta abiertamente que la singladura entre islas deba interpretarse como el desarrollo psicológico de una peregrinación real. Y esto es así, aparte de la necesaria subordinación del relato al concepto de verosimilitud, porque nuestro autor quiere que su obra en este punto se ajuste con coherencia al contexto subjetivo en donde se produce el combate por erradicar las pasiones que caracteriza a este primer nivel o vía de iniciación: la mente del peregrino. Sin embargo, en el segundo círculo, la circunstancia varía, pues la conciencia del peregrino, liberada ya de su carga terrenal-pasional, se proyecta ahora

---

[514]   Nos referimos a las ideas que tuvo que extraer san Agustín del sabio ateniense en relación al significado de la vida: "Estas ideas [el orfismo y la noción de la vida como un proceso de purificación espiritual], de origen asiático posiblemente, las elabora Platón de forma que la vida humana se proyecta también a un más allá perfecto y se separa, así, de la visión, absolutamente pesimista, que no ve en el más allá sino la nada, después de los padecimientos de la vida. Resulta así que San Agustín y otros padres de la Iglesia pueden acercarse a Platón y que pensadores del Renacimiento concilian un cristianismo templado con pensamientos platónicos." Caro Baroja, 1985, p. 148.

sobre la creación, que es la realidad; pero no para deleitarse en su mera contemplación, sino para sublimarla en una especie de ejercicio cognoscitivo inverso al que hemos observado en los dos libros primeros: partiendo de un escenario u objeto real (dependiendo de su entidad) llegar a conformar su imagen ideal (en el primer círculo se partía inversamente de la imagen ideal para materializar el escenario real, es decir, de un mundo ficcional o puramente imaginativo se deducía una experiencia real).

Caminar, ese es el móvil que condiciona toda la acción y las evoluciones de los personajes. Caminar como imitación, no solo de lo simbolizado por esa *peregrinatio vitae* que viene siendo una de las principales consignas de esa visión pseudomística que responde a la necesidad de explicar el *Persiles* desde una "contenida" metafísica; sino, también, como expresión del camino que ha seguido la Humanidad desde el comienzo de su evolución. Y ese recorrido universal, ahora, tras la mítica andadura a través de las eras que nosotros hemos interpretado en relación al conocimiento que habría de tener Cervantes de la tradición cosmológica del movimiento de precesión terrestre; se centra, en estos dos libros subsiguientes, en una época concreta -según se vio más arriba-: la era de Piscis.

Pero antes de abordar el pertinente análisis exegético, deberemos precisar una circunstancia sobre la que ya venimos avisando, y es la especial atracción que presentan estos dos libros para la crítica en detrimento de los dos primeros; lo cual, no es causa de asombro, sino una especie de querencia hacia lo factible o naturalmente aprehensible; es decir, hacia lo más verosímil o realista según nuestra contemporánea forma de percibir la realidad. Se olvida, sin embargo, que esa realidad buscada con denuedo en el texto es tan solo un espejismo más dentro de este laberinto de espejos que es la *Historia septentrional*. En tal caso, el crítico, al analizar el fenómeno a través de una simple lectura literal, no puede más que describir la única cara visible de este poliedro cervantista, que le llevará, de forma irrevocable, a calificar esta obra como de una pésima novela u obra fracasada, aunque de grandes vuelos a la imaginación.

3. LIBRO TERCERO

Abriremos el análisis de este tercer libro con una cita de Dámaso Alonso, que, a la hora de catalogar al *Quijote* como una obra fruto de su tiempo y de sus circunstancias, dice lo siguiente:

> Pero España tiene todavía en el siglo XVI una fuerza y una creencia en el destino europeo, que unas veces con amor, otras con sangre, quiere imponer al mundo. España es el único país de Europa donde se produce un curioso fenómeno: que, empapada intensamente en las aguas del Renacimiento, conserva la conciencia universalizadora de la Edad Media. En una palabra: la España del siglo XVI es un producto de dos factores, aún vivos, los dos, entonces: Edad Media y Renacimiento. Por eso mantiene como ningún otro pueblo sus mitos medievales, sus héroes antiguos, sus canciones...
>
> No es una casualidad que los viejos mitos europeos se conserven (hasta cierto punto) o, mejor, se prolonguen en la novela caballeresca, es decir, en España. Y ahora don Quijote (lo viera Cervantes o no) es el héroe del poema medieval, y a él va a parar la grandeza unitaria de la fe en los ideales.[515]

Aunque don Dámaso solo pensaba en el *Quijote* en el momento de hacer esta reflexión, nosotros, con su permiso, la haremos extensible también al *Persiles*; en el convencimiento de que esta obra póstuma expresa más aún que su famosa "hermana especular" los auténticos ideales caballerescos inmersos en ese cruce universal de caminos (Edad Media y Renacimiento) que tuvo lugar sobre la mítica "piel de toro", que decía el geógrafo griego Estrabón, y más allá...

3.1. El desembarco de los peregrinos en Portugal o la lógica del epitafio

"En esto iban las naves, con un mismo viento, por diferentes caminos, que éste es uno de los que parecen misterios en el arte de la navegación."(p. 430). Se confirma, pues, al comienzo de este tercer libro, la ruptura que en el último capítulo del libro II se representaba con los barcos

---

[515] Dámaso Alonso, 1970, p.18.

liderados por cada uno de los pretendientes de la hermosa Auristela: el de Periandro y el de Arnaldo. Y los motivos de tal escisión se especifican al comienzo del primer capítulo, que podrían resumirse en la renuncia de Arnaldo al amor de Auristela: "pero no se puede decir que le dejó, sino que le entretuvo, en tanto que el de la honra, que sobrepuja el de todas las acciones humanas, se apoderó de su alma." (p. 429). De donde se deduce, según la perspectiva historicista que habremos de emplear, que los primeros Austrias, ahora con Felipe II a la cabeza tras la declarada muerte de Carlos V, renunciarán definitivamente a la "verdadera religión" en beneficio de una teocracia más fuerte; aunque sin desvincularse por completo de la fuerza de atracción que ejerce en los espíritus devotos el mensaje de los cielos (Auristela).

Porque, el tema que abre este segundo círculo reproduce con escrúpulo la imagen del laberinto conforme al pensamiento de Platón:

> Como están nuestras almas siempre en continuo movimiento, y no pueden parar ni sosegar sino en su centro, que es Dios, para quien fueron criadas, no es maravilla que nuestros pensamientos se muden, que éste se tome, aquél se deje, uno se prosiga y otro se olvide, y el que más cerca anduviere de su sosiego, ése será el mejor, cuando no se mezcle con error de entendimiento (p. 429).

Como vemos, un equilibrado y estético resumen de los dos libros que le anteceden, centrado en ese camino que a fuerza de viento y navegación se sublima hasta conseguir una bella imagen alegórica del misterio que más ejemplifica el mito jacobeo de la *Traslatio* o llegada del "Santo descabezado" ("no es maravilla que nuestros pensamientos se muden"): la decapitación mística ("que aquél se deje") y la adopción de una renovada identidad ("que éste se tome").[516]

A continuación, el narrador se centra en los detalles de la navegación que sigue el barco de Periandro antes de que la tripulación divise tierra y comience la aventura peninsular: "En esto iban las naves, con un mismo viento..."(p. 430). No se escatima, en el párrafo que comienza con la cita que hemos transcrito, en adjetivos que en nada refieren a la realidad náutica y sí a un "vuelo maravilloso". La referencia al espacio estelar y a su tránsito es, en cualquier caso, remarcable: "mismo viento" (aire), "misterios en el arte de la navegación" (ritual mistérico), "azules"(espacio), "mar acolchado"(nubes), "la nave suavemente le besaba los labios y se dejaba resbalar por él con tanta ligereza que apenas parecía que le tocaba"(elevación espiritual). Parece como si el narrador quisiera describirnos, más que los pormenores de una habitual singladura, los detalles de una especie de vuelo místico de la mano de una retórica al uso; donde, la superficie marina constituiría la imagen de la epidermis de un gigantesco ser sobre el que habría de levitar la embarcación en su avance ("y la nave suavemente le besaba los labios"[p. 431]). La alegoría sugiere ese tránsito místico, pues la imagen idílica reflejaría el estado de elevación espiritual alcanzado por el peregrino (grupo de peregrinos en la ficción cervantina) tras su victoria sobre el Finisterre al final del libro II. En cualquier caso, la descripción alegórica de este "vuelo místico" podría considerarse como la continuación lógica de ese otro vuelo con el que Periandro culminaba su "experiencia peregrina" tras lanzarse al abismo oceánico a lomos del caballo de Cratilo.

Queda, pues, bastante ilustrada la imagen de una voluntad, la de nuestro autor, que hace seguir a sus personajes los preceptos platónicos sobre el movimiento continuo de las almas en busca de ese centro universal. Pero, si las alusiones a la perspectiva microcósmica afloran en el texto sin demasiada discreción a través de esa poética navegación que en nada remite a los rigores de la marinería, es decir, a la realidad; la macrocósmica seguirá un proceso similar, y su referencia más clara la tenemos en la mención que se hace a los días de navegación:

> Desta suerte, y con la misma tranquilidad y sosiego, navegaron diez y siete días, sin ser necesario subir, ni bajar, ni llegar a templar las velas, cuya felicidad en los que navegaban, si no tuviese por descuentos el temor de borrascas venideras, no había gusto con qué igualalle (p. 431).

En cualquier caso, el narrador hace alusión a un período de tranquilidad que parece agotarse con la previsión de futuras desgracias ("borrascas venideras"). Y, precisamente, el límite de tal período se cifra en "diez y siete días".

---

[516] Véase la nota de Romero donde también se menciona la filiación platónica de la cita (n. 1, p. 429).

Para situarnos ahora en el nuevo periodo temporal que parece demandar el relato alegórico, tendremos que tener presente que, en efecto, la perspectiva temporal o percepción del paso del tiempo ha cambiado con respecto a lo señalado en los dos libros precedentes. Comoquiera que ya hemos señalado que, en los libros III y IV nuestro autor se centrará en una sola era (Piscis), y que a partir de la noticia de la muerte de Carlos V el discurso adoptará una perspectiva temporal de proximidad con la época de nuestro autor (una especie de presente percibido en relación al período de tiempo vivido por Cervantes), entendemos que la referencia al paso del tiempo debería realizarse en relación a esa fecha histórica de la muerte del emperador español en 1558, que marcaría el inicio del cómputo. Así, pues, aplicando los códigos temporales que venimos señalando en relación al simbolismo de la circunferencia (360º)[517], decir que han pasado diecisiete días sin ningún sobresalto en la navegación, equivaldría a decir que desde la muerte de Carlos V han pasado diecisiete años sin que la herencia del difunto se viera amenazada por la causa tradicional que puso al imperio en tales aprietos (la guerra o conflicto religioso). Ahora bien, a esos diecisiete años habría que sumarle dos más, en razón a la información que nos suministra el narrador al final del segundo libro: "Dos días tardaron en disponerse y acomodarse para seguir cada uno su viaje" (p. 424).

Sea como fuere, el piloto desde la gavia, transcurrido esos diecinueve días (diecisiete más dos) "o pocos más" (p. 431), reconvertidos en años (1558 + 19 = 1577), que nos situaría entre 1577 y "pocos más" ¿1580? (Cervantes tendría entre treinta y treinta tres años, y, la última de las fechas que hemos señalado coincidiría con el año de su liberación de Argel), grita:

> - ¡Albricias, señores! ¡Albricias pido, y albricias merezco! ¡Tierra, tierra! Aunque mejor diría: ¡Cielo, cielo!, porque, sin duda, estamos en el paraje de la famosa Lisboa (p. 431).

Si nos fijamos en el comienzo de esta cita, la palabra "Albricias" se repite en tres ocasiones, cuando con una hubiera sido suficiente. En tal caso, da la impresión de que Cervantes estuviera operando sobre este término con la intención de que no pase desapercibido para el lector. No en vano, en un sentido literal, lo emplea con dos acepciones diferentes: como interjección para mostrar alegría ("¡Albricias, señores!") y como regalo que se solicita para el que trae una nueva noticia ("¡Albricias pido, y albricias merezco!"). Ahora bien, ¿acaso no repite Cervantes tres veces la misma palabra? ¿No sería más lógico, advertido el celo de nuestro autor por la cohesión y las simetrías, que hubiese un tercer y escondido sentido para esta palabra? Creemos que sí. Y no solo un sentido más sino el mayor de todos, pues su referencia nominal podría definir a todo este segundo círculo en el que nos encontramos.

En este orden de cosas, si descomponemos la palabra *albricias* en dos étimos hallaremos por un lado a la raíz "alb" y por otro a la palabra "ricias". Pues bien, "alb" se corresponde con la raíz latina de *albus-album* (blanco); y "ricia", según el DRAE, tiene el significado de: "Campo que se siembra aprovechando las espigas que quedan sin recoger", y su derivado "ricial", según el *Diccionario de Autoridades* (tomo V, 1737): "adj. de una term. que se aplica a la tierra, en que, después de cortado el pan en verde, vuelve a nacer, o retoñar algún otro. Latín. *Ager repullulans, vel satum*". Es decir, tanto el nombre como su derivado adjetival están dentro del campo semántico de la agricultura o del trabajo de la tierra y, lo que resulta revelador, expresan un sentido de renacimiento. Si nos fijamos en la cita anterior al pasaje que estamos analizando, veremos que la última palabra que da entrada a las exclamaciones del grumete es, precisamente, "tierra": "Al cabo destos o pocos más días, al amanecer de uno, dijo un grumete que desde la gavia mayor iba descubriendo la **tierra**" (p. 431).

Existe, pues, bajo nuestro punto de vista, un tercer sentido atribuible a la palabra "Albricias", pero este no pertenece al campo de la literalidad, sino al de lo simbólico. Juzgamos, según lo expuesto, que Cervantes pretende informarnos de que su libro, siguiendo los dictados propios de una epopeya literaria, ha llegado a una fase crucial en la narración (tras el salto del caballo), en la que él mismo, los personajes de su *Historia septentrional* y el propio lector – llegados a este punto, si se ha comprendido la alegoría, también "peregrino"-, se funden en la emoción del

---

[517]   Dado que el componente fabuloso sigue presente en el relato, la reconversión de días en años se justifica en el sentido de que ambos periodos pueden ser reducidos a la imagen universal de una circunferencia (360º): el movimiento de rotación terrestre sobre su eje (un día) sería equivalente al de traslación alrededor del Sol (un año), en una relación de microcosmos/macrocosmos, respectivamente.

descubrimiento o revelación de las "primeras luces" (ALB: *albus-album* = blanco o luz) que señalan ese camino-tierra (RICIA: de renacimiento) en pos de la "estrella dorada".

Utilizando la jerga alquimista, la cual constituyó para los humanistas del Renacimiento un poderoso aliado a la hora de transformar la pureza del pensamiento filosófico de la Antigüedad en un nuevo cristianismo heterodoxo: la materia o el *compost* ha pasado de esa primera fase o *nigredo* (primer círculo según nuestra estructuración) al *albedo* (ALB-RICIA: "tierra teñida de blanco") que marca la entrada a esa segunda fase de la *Opus magnum*[518], así como al segundo círculo de nuestra estructura.

La alegoría está servida y el desarrollo diegético en perfecta sintonía. Lisboa, el "paraje" en donde desembarca el grupo de "peregrinos", representa, pues, la puerta de entrada a esa nueva "tierra celestial": la "Albricia" que gritaba el grumete al divisar desde la "gavia mayor" el blancor de esas tierras[519]. Grumete - sea dicho de paso – que, encaramado al palo mayor de su barco, nos recuerda a ese otro nauta: Odiseo.[520]

Y si las "Albricias" nos informan de la arribada a un "paraje" idílico o celestial, en ese mismo sentido deberíamos interpretar lo que sigue a continuación: "¡Tierra, tierra! Aunque mejor diría: ¡Cielo, cielo!". Es decir, existe una clara intención de Cervantes por relacionar dos elementos en apariencia opuestos como expresión o explicación de esa triple "¡Albricia!" manifestada por el grumete.

Dado que se percibe cierta intención en el texto de considerar a la tierra como lo contrario del cielo, de una manera más visual, ¿acaso el uno no sería la imagen del otro pero a la inversa?

Tradiciones muy antiguas dan cuenta de estas ideas, que se sitúan en los orígenes del pensamiento mítico.[521] Esta arcaica creencia especular[522] ha encontrado acomodo en numerosas tradiciones religiosas que, como la judeocristiana, ha visto en ello la proyección del mapa celestial (la morada de los dioses) sobre la superficie de la tierra.[523]

A partir, pues, de la interpretación general que hemos realizado de la emblemática llegada de

---

[518] La gran Obra es el término utilizado en alquimia para referirse al proceso de creación de la piedra filosofal. El proceso consta, generalmente, de tres fases: *nigredo* (negro), *albedo* (blanco) *y rubedo* (rojo). Existe, como se puede apreciar, una evidente correspondencia entre las fases de la obra alquímica y los tres círculos que hemos señalado como formantes de la estructura profunda del *Persiles*.

[519] En referencia a las "tierras blancas", tenemos el testimonio de una serie de narraciones antiguas, a medio camino entre el mito y la autoridad histórica de aquellos que las compusieron, que nos informan de unos antiguos pueblos colonizadores venidos del océano. Dice Gérard de Sède: "¿Cómo no fijarse, por último, en que aquellos pelasgos y las ciudades que fundaron llevan la señal de la blancura? La blancura, en griego argo. Los pelasgos son los Blancos (pelar- goi); fundan Argos y Alba, las ciudades blancas (Virgilio nos dice que Alba, la rival de Roma, fue fundada por Ascanio, hijo de Eneas), y son sus descendientes quienes habrían de dar nombre a Albania y Albión (Escocia se llamó antaño Albania, como el país ribereño del Adriático. Se cree que los tartesios fueron los primeros en establecer pequeñas colonias en las Islas Británicas y en dar su nombre a éstas). Ahora bien, sabemos que los etruscos eran de piel morena. Más que un rasgo de la naturaleza, la "blancura" de los pueblos en SK parece, pues, un atributo simbólico, señal sagrada de la que se consideraban investidos: el signo de la pureza". Sède, 1972, pp. 231-*232*. Más próximos a Lisboa y ya con un carácter completamente histórico, podemos hallar al pueblo de los Albiones, que eran una de las gentilidades de los Galaicos. Citados por Cayo Plinio y Ptolomeo (*Tablas Geográficas,*), su existencia se refrenda con el hallazgo de la estela de Nícer Clutosi, príncipe de los albiones, encontrada en 1932, en el concejo de Vegadeo, Asturias.

[520] Nos referimos, en concreto, al episodio de la *Odisea* de Homero en que Odiseo/Ulises se ata al palo mayor de su nave para no sucumbir al canto de las sirenas (personificación de las pasiones). Además de la aventura náutica de Odiseo y Periandro, no debemos de olvidar la de Jasón y los argonautas, sobre todo sabiendo que "argos", en griego antiguo, significa brillante o blanco.

[521] Desde las referencias en la *Tabla de Esmeralda*, atribuida al mítico Hermes Trismegisto: "*Lo que está más abajo es como lo que está arriba, y lo que está arriba es como lo que está abajo. Actúan para cumplir los prodigios del Uno*", hasta las teorías del *macrocosmos* y el *microcosmos* anunciadas por Demócrito, Platón y los neoplatónicos.

[522] "Gracias a la noción de espejo podía interpretarse el sentido trascendente de la Naturaleza y al mismo tiempo experimentar su misterio en cuanto que la imagen reflejada no era la realidad sino una copia. Algo semejante a lo que ocurría en arte entre un retrato y la persona retratada. Por ello, desde el Renacimiento, el espejo se convirtió en el símbolo más utilizado (pintura, emblemas) por su complejo contenido (pensamiento, facultad intelectual, imaginación) y por su valor físico: permitía interpretar los fenómenos ópticos y proporcionar imágenes del conocimiento y de la conciencia. Además permitía entender la Naturaleza (espejo del cielo) como visión inalterada, e incluso crear ilusiones ópticas, al modo en que las presentaba la propia Naturaleza en sus cambios." Suárez, 2015, pp. 115-116.

[523] La Jerusalén celestial, según el *Libro del Apocalipsis,* es la imagen del lugar en donde los hijos de Dios han de vivir su eternidad. En tal caso, podría representar una ciudad literal, un lugar espiritual o una alegoría de la culminación de la historia y la vuelta a la perfección original.

los peregrinos a Portugal, nos ocuparemos ahora de trasvasar esta información a cada uno de los moldes o contextos que venimos aduciendo como estructuras formantes de la realidad en sentido amplio y/o profundo: la perspectiva microcósmica y la macrocósmica.

En el primero de los casos (perspectiva microcósmica), nos centraremos en la actitud de Antonio el bárbaro español ante el fabuloso descubrimiento terrestre, pues, la emocionada descripción que realiza del sentimiento que provocó en sus compañeros de travesía la aparición de Lisboa constituye una imagen muy evocadora de la "conquista gnóstica" de esa nueva conciencia.

Porque, cuando se alude a: "Cuyas nuevas sacaron de los ojos de todos tiernas y alegres lágrimas" (p. 431), se podría estar aludiendo a la imagen de esa nueva conciencia que se ha conquistado con la arribada a esa tierra luminosa (la "albricia"); pues, se sabe que los ojos se consideran como el "espejo del alma" (en este juego de simbologías, las lágrimas, en cuanto a que agua = vida, representarían la metáfora del alma sacada de su morada). No en vano, como respuesta a ese vacío que, voluntariamente se ha creado en la conciencia de los "lacrimosos" peregrinos, más adelante asistiremos al -digamos- pertinente "encabezamiento" (toma de una nueva conciencia tras el vacío provocado tras la citada apoteosis lagrimal), en esta ocasión, de la mano del propio Antonio el bárbaro; que, en tal caso, actuaría como una especie de "hierofante" dentro del núcleo familiar: "Echóle los brazos Antonio al cuello, diciéndole" (p. 432), por lo que toda la disertación que realiza el bárbaro sobre los parabienes de la ciudad lisboeta debería considerarse como el fundamento gnóstico que ha de alumbrar a partir de ese momento la conciencia del nuevo renacido (el peregrino tras su paso finisterrano) a la luz del conocimiento en clave alegórica.

La aproximación del navío a tierra firme sigue su curso y, en un momento dado, llegan al extraño lugar denominado Sangián: "Mediodía sería cuando llegaron a Sangián, donde se registró el navío y donde el castellano del castillo y los que con él entraron en la nave se admiraron de la hermosura de Auristela" (pp. 433-434).

La crítica, siempre sensible ante la aparición de determinados topónimos que puedan arrojar algo de luz al "laberinto cervantino", no duda en atribuirle al lugar denominado como "Sangián" un más que probable San Julián.[524] Nosotros, que consideramos verosímil esta identificación, nos sorprende, sin embargo, que se haya formulado desde una visión subjetiva de la realidad: en función del parecido formal con la expresión "San Giaón o San Gián, documentada a través de diferentes fuentes en relación al fuerte portugués de San Julián.[525] Por esta misma razón, creemos, deberíamos juzgar igualmente pertinente la posibilidad de aplicar un mismo procedimiento subjetivo, aunque con diferente resultado, a la misma expresión. Y si decimos esto es porque hemos observado, tanto en el término en cuestión como en el contexto de la frase en donde aparece, cierta intención de nuestro autor por utilizar el término "Sangián" en relación a una tradición literaria muy concreta: los relatos legendarios en torno al tema del Grial.

No entraremos en un estudio extenso de la cita por entender que sobrepasaría, una vez más, los límites de este trabajo; aunque si mencionaremos algunos elementos que aparecen en el texto como lugares comunes dentro del género de los libros de Caballería (la materia de Bretaña) de la Edad Media, y que nosotros interpretamos alegóricamente. Es el caso de: "Mediodía": coordenada espacio-temporal en relación al sol, pues en su posición vertical-doce horas señala la dirección sur; "navío": simboliza al héroe y sus circunstancias dentro su camino de búsqueda; "castillo": representa a la fortaleza interior que debe ser conquistada por el místico[526]; "castellano": ¿personificación del enemigo defensor del castillo?, "Auristela": la princesa o la bella que se debe liberar (el alma de la prisión del cuerpo). Y, en cuanto a la expresión "Sangián"[527], según el contexto legendario que estamos aplicando, podría señalar a

---

[524]   "Aludiría Cervantes al fuerte San Julián, una de las defensas de la boca del río antes de llegar a Belém, edificado por Felipe II, pues los mapas de la época no consignan ningún lugar con el nombre de Sangián. (Nota de Schevill y Bonilla)." Uriarte, 2004, n. 3, p. 1078.

[525]   Véase Lozano-Renieblas, 1998, n. 55, p. 114.

[526]   Repárese, en este sentido, en el propio título de una de las cumbres de la mística cristiana y de la prosa española del Siglo de Oro: *El Castillo Interior o las Moradas,* de Santa Teresa de Jesús.

[527]   Dice Romero: "*Sangián.* Se trata del fuerte de San Julián […] y en la documentación castellana de la época -cfr. Allen: 88, nota 63- *Sangian, San Jiaon, San Jiant, San Jiao, San Giaio* y *San Jian*" (nota 14, p. 433).

una expresión muy concreta: el *Sangreal*[528] (Santo Grial), cuyo parecido formal con "Sangián" resulta más que evidente.

En refuerzo de esta visión de la llegada del grupo de ya "avanzados" peregrinos/navegantes a un paraje tildado de mítico bajo el sugerente nombre de "Sangián", viene a confluir el párrafo que sigue a continuación:

> Llegó el navío a la ribera de la ciudad y, en la de Belén, se desembarcaron, porque quiso Auristela, enamorada y devota de la fama de aquel santo monasterio, visitarle primero y adorar en él al verdadero Dios libre y desembarazadamente, sin las torcidas ceremonias de su tierra (p. 434).

Y, para mejor ilustrar las intenciones de Cervantes en esta cita, usaremos una conocida fábula de reminiscencias bíblicas que nos servirá de vehículo exegético. Porque, podríamos relacionar la arribada de los peregrinos con la leyenda de los Tres Reyes Magos (¿Periandro y los dos Antonios?) venidos de Oriente y llegando al portal (¿Portugal?) de Belén (¿la Belén del *Persiles*?) siguiendo una estrella (que aquí es triple: ¿Auristela, Ricla y Constanza?) para adorar al Salvador (¿"al verdadero Dios"?) recién nacido de una virgen (¿Auristela: "desembarazadamente"?).

En este orden de cosas, podría establecerse una relación entre la odisea marítima de nuestros peregrinos en los libros I y II y el largo viaje de la leyenda de los Magos venidos de Oriente; pues, en ambos casos, se trataría de simbolizar la aventura gnóstica del candidato (Mago, iniciado o peregrino) a la iluminación a través del pertinente sacrificio de la peregrinación oriente-occidente (siguiendo el recorrido de la luz: el Sol). Además, a través de otro de sus habituales "juegos nominativos" y dentro de la misma expresión del topónimo "Portugal", Cervantes podría haber sintetizado todo cuanto nosotros hemos manifestado; pues, si realizamos la siguiente división: PORT-UGAL, tendremos en el primer término una referencia léxica al concepto de *portal* como acceso -llamémoslo- a una realidad superior o conciencia superior (PORT > *porta, ae* (en latín: puerta), y, en segundo lugar, unas siglas (-UGAL) que agrupadas de otro modo conformarían el acrónimo G.A.L.U.[529] (Gran Arquitecto del Universo)[530], que, como se sabe, era (y sigue siendo) una forma alegórica de referirse a Dios en ciertos círculos intelectuales y/o artísticos de ideología heterodoxa.[531]

En tal caso, la expresión "Portugal", además de señalar un determinado lugar geográfico, aludiría también a ese concepto que nosotros relacionamos con la búsqueda del ideal místico-gnóstico y que podría identificarse con esa puerta o portal (PORT) por el que se accede a una realidad superior (G.A.D.U.); pues, así como nuestros peregrinos expresan su júbilo ante esa tierra lusitana que aparece a la vista ("- ¡Albricias, señores! ¡Albricias pido, y albricias merezco! ¡Tierra, tierra! Aunque mejor diría: ¡Cielo, cielo!, porque, sin duda, estamos en el paraje de la famosa Lisboa"), de manera similar nos es relatada en el *Apocalipsis* de San Juan 21 (1-2) la visión de la llagada de la Jerusalén celeste:

> "Vi un cielo nuevo y una tierra nueva, porque el primer cielo y la primera tierra han desaparecido y el mar ya no existe; y vi a la Ciudad Santa, la nueva Jerusalén, que bajaba desde el cielo del lado de Dios, dispuesta como una esposa ataviada para su esposo."

Como vemos, los paralelismos entre los dos míticos advenimientos resultan, en el contexto

---

[528]   "En muchos de los manuscritos más antiguos sobre el Grial, a éste se le llama el <<Sangraal>> o <<Sangreal>>; e incluso en la versión posterior de Malory [sir Thomas Malory, *La muerte de Arturo,* 1485], se le denomina el <<Sangreal>>." Baigent, Leigh y Lincoln, 2005, p. 426.

[529]   La "L" sería equivalente de la "D", pues ambas se encuentran en el artículo contracto "del", por lo que podrían utilizarse indistintamente en la construcción de la sigla, dado que "del" no es un término principal de la expresión.

[530]   La expresión "Gran Arquitecto del Universo" proviene de la época del Renacimiento. El término, que forma parte de las habituales denominaciones en el Renacimiento para referir a la figura de Dios (Gran Músico, Gran Alfarero, Gran Pintor, etc.), aparece por primera vez en el 1º Tomo de *L"Architecre* (1567) del arquitecto francés Philibert d´Orme y fue usado posteriormente por el astrónomo alemán Johanes Kepler dentro de su obra *Astronomía Nova* (1609).

[531]   Durante la época del Renacimiento fue práctica habitual identificar a la divinidad presidiendo los principios de las diferentes manifestaciones artísticas; así, pues, podemos encontrarnos con un *Deus píctor,* un Dios músico, un Dios orfebre o un Dios arquitecto (G.A.D.U.).

alegórico en el que nos hallamos, lo suficientemente ajustados como para considerar que se trate de una simple casualidad. En tal caso, esa intención que expresa Cervantes de unir la tierra con el cielo constituye una reinterpretación, juzgamos, de la idílica bajada a la tierra de la Jerusalén celeste.

Porque, además del libro profético de San Juan, resulta evidente que Cervantes utiliza también la tradición bíblica sobre el nacimiento de Jesús (la Epifanía) para ilustrar el comienzo de este segundo círculo; con la finalidad, en nuestra opinión, de otorgar al desembarco de sus peregrinos un sentido gnóstico de alumbramiento -como ya habíamos avanzado- de connotaciones similares a lo simbolizado por el mito del nacimiento del Niño Jesús:

> Después de haber nacido Jesús en Belén de Judea, en el tiempo del rey Herodes, unos magos de Oriente se presentaron en Jerusalén diciendo: "¿Donde está el que ha nacido, el Rey de los Judíos? Porque hemos visto su estrella en el Oriente y venimos a adorarlo".[532]

Pero las referencias al texto bíblico no quedan aquí, sino que nuestro autor seguirá, en estos capítulos que inician el libro III, el guión bíblico que detalla los episodios de los primeros años de Jesús después de su nacimiento: "La huida a Egipto. Matanzas de los inocentes y regreso a Nazaret" (Mateo 2: 13-23).

Desde esta perspectiva que venimos aplicando, la alegoría persilesista constituiría, además, una versión de estos sucesos bíblicos y sus personajes representarían los papeles principales. Por lo tanto, cuando el narrador dice que: "Ya salían de Belén el nuevo escuadrón de la nueva hermosura" (p. 435), podría interpretarse como que el grupo de peregrinos, renacidos tras -llamémosle- "el alumbramiento portugués", simbolizaría en su conjunto a ese Jesús místico que se nos presenta en las Escrituras revestido de similares constituyentes mitológicos: nacido de una Virgen, anunciado por una estrella y nombrado rey por unos magos que vienen a postrarse ante él.

Pero aún podríamos hacer otra lectura de la misma cita, que ahora apuntaría a una perspectiva cosmológica; pues, Belén, como referencia de la constelación de Aries[533], marcaría una fecha muy concreta en el calendario: el equinoccio de primavera, que constituye el punto vernal en donde los antiguos astrólogos comprobaban la certeza del movimiento de precesión terrestre o, dentro del contexto temporal que nos ocupa, la llegada, por aparente desplazamiento de la eclíptica, de la nueva constelación de Piscis anunciando el comienzo de una nueva era (el cristianismo o religión de los peces). No en vano, el narrador se refiere a los personajes que desembarcan con el apelativo de "el nuevo escuadrón de la nueva hermosura", en donde se aprecia cierta intención de definir al grupo en relación a un canon geométrico (escuadrón = escuadra grande) en connivencia con el ideal de belleza (hermosura); es decir, ¿no se podría estar aludiendo a la aparición en los cielos de una nueva porción de arco celeste (la era de Piscis) de 30° que contiene a todas las estrellas de esa constelación; lo cual, constituiría un ejercicio de triangulación a escala cosmológica o, lo que es lo mismo, la proyección sobre los cielos de la figura geométrica de una gran escuadra o "escuadrón"? En caso afirmativo, ese "escuadrón de la nueva hermosura" vendría a representar a la esperanza depositada en la civilización (representada por nuestros peregrinos) para transitar con éxito este nuevo período de la nueva era de Piscis.

Como vemos, la perspectiva macrocósmica no tarda en percibirse en el relato alegórico junto a su inseparable reflejo microcósmico, dentro de las intenciones que habrían de guiar al gran humanista, que fue Cervantes, por describirnos una visión completa y/o profunda de la realidad que, en el Barroco, solo puede entenderse desde esta doble concepción especular.

Decíamos más arriba, que nuestros peregrinos, a tenor del manifiesto paralelismo bíblico, podrían asumir un papel protagonista en el relato del nacimiento de Jesús; ahora bien, deberíamos tener en cuenta que en su conjunto, y dentro de esa visión caleidoscópica o multiforme que manifiesta tener Cervantes de la realidad, personifican tanto a la figura de los Magos venidos de Oriente como a la del "Recién nacido", en cuanto a que ambos papeles,

---

[532] San Mateo 2: 1-2.

[533] "En aquellos tiempos, muy remotos, el Gran Dios de las Galias, Uno e Incognoscible, era designado con el nombre de Belen porque el sol, en su carrera de precesión de los equinoccios, hacía su paso primaveral por la constelación de Aries, que en galo, conservado en el francés antiguo, se llama *bélin*." Charpentier, 2005, pp 28-29.

correctamente incardinados dentro del mito del nacimiento de Jesús, representan a su vez dos conceptos que se suceden en un orden preestablecido dentro del misterio del camino de la iluminación o Conocimiento: la muerte (simbolizada en el sacrificio de la peregrinación o viaje desde oriente a occidente de los Magos) y el renacimiento (a través del nacimiento a la luz en Belén simbolizado por el Niño Jesús).

Si continuamos la lectura del evangelio de San Mateo en el punto en que lo habíamos dejado, comprobaremos que el gobernante de Jerusalén (el rey Herodes), nada más enterarse del nacimiento, se interesa por tener noticias del recién nacido, para lo cual llama a los Magos a su presencia y les asigna una misión: "Id e informaros diligentemente sobre ese niño; y, cuando lo encontréis, avisadme, para que vaya yo también a adorarlo."(Mateo, 2: 8). Leemos ahora en el *Persiles*:

> Llegaron por tierra a Lisboa, rodeados de plebeya y de cortesana gente; lleváronlos al gobernador, que, después de admirado de verlos, no se cansaba de preguntarles quiénes eran, de dónde venían y adónde iban

El paralelismo, a poco que se reflexione sobre la literalidad del texto, no podría ser más acusado. Los elementos diegéticos que conforman el relato profundo se corresponden en ambos casos: "Lisboa" = Jerusalén, "rodeados de plebeya y de cortesana gente" = "Al oír esto el rey Herodes, se turbó, y con él toda Jerusalén" (Mat. 2: 3), "lleváronlos al gobernador" = "Entonces Herodes, llamando aparte a los Magos"(Mat. 2: 7), "que, después de admirado de verlos" = "se informó cuidadosamente de ellos del tiempo de la aparición de la estrella" (Mat. 2: 7), "no se cansaba de preguntarles quiénes eran, de dónde venían y adónde iban" = "Id e informaros diligentemente sobre ese niño"(Mat. 2: 8).

La respuesta a esa triple pregunta que realiza el gobernador a los recién desembarcados ("quiénes eran, de dónde venían y adónde iban") nos introduce de lleno en la perspectiva gnóstica (*nosce te ipsum*), cuya explicación no duda Periandro en remitirla a su propio relato de los hechos; sobre el cual, y en un alarde de sinceridad de nuestro autor, nos revela la necesidad de emplear claves encriptatorias (el texto cifrado[534] o alegoría) para ocultar el mensaje:

> a lo que respondió Periandro, que ya tenía estudiada la respuesta que habría de dar a semejantes preguntas, viendo que se la habían de hacer muchas veces. Cuando quería, o le parecía que convenía, relataba su historia a lo largo, encubriendo siempre sus padres, de modo que, satisfaciendo a los que le preguntaban, en breves razones **cifraba**, si no toda, a lo menos gran parte de su historia (p. 435).

A continuación, en el siguiente párrafo, de manera algo más confusa, pues entendemos que este es uno de los momentos bíblicos más famosos del mito-historia del nacimiento de Jesús y la discreción habría de ser máxima, se nos presenta, alegóricamente o en cifra (como dice el propio Periandro), la llegada de los Magos al "Portal de Belén" donde se halla la Familia del Salvador:

> Mandólos el visorrey alojar en uno de los mejores alojamientos de la ciudad, que acertó a ser la casa de un magnífico caballero portugués, donde era tanta la gente que concurría para ver a Auristela, de quien sola había salido la fama de lo que había de ver en todos, que fue parecer de Periandro mudasen los trajes de bárbaros en los de peregrinos, porque la novedad de los que traían era la causa principal de ser tan seguidos (que ya parecían perseguidos) del vulgo; además que, para el viaje que ellos llevaban de Roma, ninguno le venía más a cuento. Hízose así y, de allí a dos días, se vieron peregrinamente peregrinos (pp. 435-436).

Para empezar, nos encontramos con la denominación "visorrey" o virrey, que son dos formas de referirse al representante del rey en un territorio, lo suficientemente grande y apartado como para justificar su estatuto de semi-independencia, perteneciente al reino. Ahora bien, la elección de Cervantes de la primera forma, más arcaica, podría deberse al interés de nuestro autor por utilizar las particulares connotaciones de esta expresión que no posee la segunda; y que podría

---

[534]   "*CIFRAR*. v. a. Lo mismo que escribir en cifra. Lat. *Arcanis notis epistolam*". *Diccionario de Autoridades*, Tomo II (1729).

relacionarse con la figura bíblica del rey Herodes, que fue un rey "títere" al servicio de Roma al que, por tal motivo, podría asimilarse el título de virrey. En tal caso, ¿que finalidad habría de tener que nuestro autor aludiese de este modo a este personaje histórico? Creemos que podría deberse a la circunstancia de que Herodes solo era rey de Jerusalén en apariencia (viso > visión > viso-rrey), porque, el verdadero Rey, aquel que por nacimiento habrá de ostentar el cetro de la Jerusalén Celestial, era el Niño que había nacido y que venían buscando los Magos nada más llegar a la Ciudad Santa: "¿Dónde está el que ha nacido, el Rey de los Judíos?" (Mat. 2: 2).

La figura del "visorrey" vuelve a aparecer en el capítulo 5 del libro IV, dentro del contexto de la revelación de los "misterios de nuestra fe" que los penitenciarios hacen a Auristela en Roma (p. 658): "Trataron del poder del sumo Pontífice, visorrey de Dios en la tierra y llavero del cielo" (p. 658). Llama la atención, por la crudeza de las pinceladas con la que es retratado, que las únicas dos menciones que se hacen del Papa de Roma en todo el *Persiles* (una aquí y otra en la p. 713: ""habiendo besado los pies al Pontífice") tiendan a enfatizar su poder terrenal mediante la mención de los cargos que ocupa: "visorrey" -que ya hemos analizado- y "llavero del cielo" (sucesor de San Pedro), concepto que podría interpretarse con la misma ironía que el otro cargo que le precede ("llavero" = ¿carcelero?). Sea como fuere, la utilización que se hace aquí del término "visorrey" con un sentido irónico similar nos reafirma en nuestros presupuestos.

Y, en refuerzo de esa ironía que Cervantes trataría de que no pasase desapercibida al "**ojo** alertado", nuestro autor, tras el término "visorrey", podría haber colocado una sonora llamada de atención en cuanto a la visión de ese rey que no lo es sino solo en apariencia. Porque, nos estamos refiriendo a la aliteración: "al-**oja**-r en uno de los m-**ejo**-res al-**oja**-mientos", donde la reiterada alusión al "**ojo**" podría ser una prueba de sus intenciones. Además, desde este recurso retórico, la cita podría explicarse en relación a los hechos relatados en Mateo, 2: 8: "Id e informaros diligentemente sobre ese niño; y, cuando lo encontréis, avisadme, para que vaya yo también a adorarlo"; en el sentido de que es ahora el visorrey, en su papel de Herodes, quien manda alojar-ojear/informar a los peregrinos-Magos "en uno de los mejores alojamientos de la ciudad" (¿la casa-portal de Belén?)

En conclusión, creemos que toda la cita que hemos analizado respondería al episodio bíblico de la Epifanía. En realidad, no es la primera vez que en la obra de Cervantes encontramos una referencia alegórica a la figura emblemática de los Tres Reyes Magos. Michel Moner señala, precisamente, esta posibilidad a la hora de examinar un pasaje del *Quijote*:

> mirando [don Quijote] a todas partes por ver si descubría algún castillo o alguna majada de pastores donde gerse y adonde pudiese remediar su mucha hambre y necesidad, vio no lejos del camino por donde iba una venta, que fue como si viera una estrella que no a los portales, sino a los alcázares de su redención le encaminaba. (I, 2).[535]

Y, añade Moner, con respecto al nacimiento de Jesús, que con tal intención parece ser aludido en el texto: "Ahora bien, si se contempla como figura simbólica, el motivo de la estrella y del pesebre no parece tan incongruente: antes resulta de lo más adecuado en tanto que forma de representar o enfatizar el <<nacimiento>> del protagonista."[536]

El crítico, sin embargo, manifiesta su intención de desvincular los efectos de este pasaje con la vida de Jesús: "Pero aparte de que la escena da pie para otras interpretaciones o conexiones intertextuales (sobre la relación entre los libros de caballerías y la picaresca, por ejemplo), lo más probable es que esta alusión (deliberada o casual) no se haya de tomar demasiado en serio."[537] Sin embargo Moner parece contradecirse, pues, tratando de justificar su postura, llama la atención acerca de la permisibilidad de que gozaban tales comparaciones bíblicas, siempre que se hicieran en un contexto lúdico; aunque advierte que ya en la época de la redacción del *Quijote*.[538]

---

[535]   Moner, Michel, Ib. (1997), p. 46.

[536]   Moner, 1997, pp. 46-47.

[537]   Moner ,1997, p. 47.

[538]   "ya no era tan fácil que se aceptara, ni en filigrana, esta clase de «profanación» [...] Pero «todo lo puede el arte», y la forma en que la escena se inscribe en el texto cervantino es, desde este punto de vista, lo bastante discreta y bien «dosificada» como para no ofender la sensibilidad de ningún creyente, ni despertar la vigilancia de los censores." Moner , 1997, pp. 47-48.

Es decir, que el propio crítico asume lo ambiguo de sus argumentos, pues el momento de la redacción del *Quijote*, como la del *Persiles*, no gozaba ya de esa "licencia" de otra época; por lo que si un escritor quisiese perseverar en la crítica social-teocrática a través de la alegoría debería actuar con bastante cautela oscureciendo el texto de manera conveniente.

Volviendo al lugar en que lo habíamos dejado y retomando algunas de las deducciones que ya habíamos señalado, nos permitiremos, a continuación, la licencia de efectuar una interpretación resumida de la cita que veníamos comentando del *Persiles*: "Mandólos el visorrey [*en tiempos del virrey Herodes, que solo fue rey de Jerusalén en apariencia*], alojar en uno de los mejores alojamientos de la ciudad [*en el reino de Jerusalén*], que acertó a ser la casa de un magnífico caballero portugués [*la casa o linaje de José, noble descendiente del linaje de David[539], que se encuentra en el portal o puerta de la aldea de Belén*] donde era tanta la gente que concurría para ver a Auristela [*asimilada a la Virgen María, esta afluencia masiva de gente podría referirse a lo expresado en el episodio que se relata en el evangelio de San Lucas (2: 8-20), conocido como 'la adoración de los pastores'*], de quien sola había salido la fama de lo que había de ver en todos [*esta frase no podemos entenderla de otro modo que en relación a la madre de Jesús: la Virgen María. Ello se justifica en la intención de Cervantes de expresar su 'Inmaculada Concepción', pues, cuando se nos dice que: 'de quien sola había salido la fama', se nos está sugiriendo la ausencia del hombre en la concepción y posterior nacimiento de una criatura maravillosa ('fama'); y, en relación al segundo miembro de la frase: 'de lo que había de ver en todos', se suscita ahora la idea del papel principal que habrá de tener ese Niño en la religión cristiana como símbolo de la Nueva Alianza de todos los hombres con el Creador*]".

El resto de la cita que hemos transcrito podría interpretarse en torno a los episodios bíblicos subsiguientes: "La huida a Egipto. Matanza de los inocentes y regreso a Nazaret"; donde, en nuestra opinión, Cervantes podría estar sugiriéndonos una recreación de las persecuciones que, desde comienzos del cristianismo, la corriente gnóstica que informaba la primitiva doctrina del Salvador ha tenido que sobrellevar para escapar de la rama literalista emanada del mismo tronco común, aunque con una objetivo, método y mensaje diferente. De este modo, no ha de sorprendernos ese afán por el disimulo y la discreción que se observa en el texto, centrado en que "mudasen los trajes de bárbaros" (la doctrina del cristianismo primitivo) "en los de peregrinos" (el peregrinaje recoge la esencia de la doctrina de Jesús, que el catolicismo tridentino no dudó en apropiarse aunque solo en sus formas).

El suceso del epitafio del caballero portugués

Llegados a este punto en el que, según hemos analizado, ambas perspectivas (literal y alegórica) compartirían el mismo espacio textual para referirse a ese doble comienzo luminoso: el de Cristo en el Portal de Belén, inaugurando la nueva era de Piscis-cristianismo, y el de la vía iluminativa de nuestros peregrinos-místicos, que, tras haber culminado la vía purgativa-viaje por mar, comienzan su nueva andadura desde el mismo puerto portugués de Belén; viene a salirnos al encuentro un suceso fabuloso: la sorprendente "reaparición de la memoria"[540] del portugués enamorado, Manuel de Sosa Coitiño, que había muerto de amores en el cap. 11 del libro I.[541]

Desde esta perspectiva, a caballo entre lo escatológico o metafísico, que el recuerdo del episodio del difunto portugués imprime inexcusablemente a la narración, trataremos de analizar el episodio que sigue a continuación, en el que el personaje introductor de la historia, tras arrojarse a los pies de Periandro "llamándole por su nombre y abrazándole por las piernas" (p. 436), es decir, expresando gestualmente y mediante su actitud un desmesurado afecto, consigue que le acompañe a visitar la tumba del famoso portugués; lo cual, desde una primera aproximación al texto, podría significar cierta intención de Cervantes por dotar de sentido

---

[539]   San Mateo (1:16-17): " Y Jacob engendró a José, el esposo de María, de la cual nació Jesús el llamado Cristo. Por tanto, las generaciones desde Abraham hasta David son catorce; desde David hasta la cautividad de Babilonia catorce generaciones, y desde la cautividad de Babilonia hasta Cristo catorce generaciones."

[540]   El entrecomillado haría referencia a la posibilidad de que, quizás, en el texto, la aludida reaparición de la memoria del "difunto portugués" pueda ir acompañada de un personaje que la encarne en el texto: el "hombre portugués" que se arroja a los pies de Periandro.

[541]   Véase el capítulo 1.9.

realista o verídico a lo que en el libro I solo parecía ser un relato legendario: la muerte por amor del caballero portugués Manuel de Sosa Coitiño.

Dado que este sorpresivo reencuentro con la memoria del "portugués enamorado" viene a intercalarse entre medias del relato alegórico que nosotros hemos asimilado con el bíblico nacimiento de Jesús, juzgamos que deberíamos interpretar la oportunidad del mismo dentro de este mismo contexto; bien como matización de algún concepto alusivo o como expresión de una idea de carácter generalizante. Es decir, que la rememorización de la muerte amorosa o platónica del "portugués" debería de relacionarse de algún modo con el nacimiento-muerte del Mesías del cristianismo y, por ende, con todo el trasunto gnóstico generado en torno a su trascendencia simbólica, según venimos argumentando.

La noticia, pues, de la muerte real de Manuel de Sosa mediante la evidencia de su lápida mortuoria, se revela portadora de un mensaje que no solo vendría a clarificar la experiencia gnóstica de nuestros protagonistas en curso, en el sentido de que la lápida sería como una señal de reconocimiento o certificación de que han culminado, tras la meta penitente del *finisterrae*, la primera fase de iniciación simbolizada por la "muerte mística"[542]; sino que, además, ese empeño que muestra el narrador por certificar la muerte del "caballero portugués", haciendo aparecer en su relato a un personaje que frena de golpe el avance de Periandro ("un hombre portugués se arrojó a los pies de Periandro" [p. 436]) con intención de conducirlo ante la prueba testimonial (la lápida), podría corresponderse, puesto que parece relacionarse con el proceso iniciático de muerte-renacimiento que experimentan nuestros protagonistas, con otro muerto (o con varios a la vez, como más adelante argumentaremos) también fallecido por "causa amorosa" y que se hallaría simbolizado, con otro sentido, dentro de ese mismo mensaje que cumple la función de epitafio.

En tal caso, no somos ajenos a cierto aire de secretismo que desprende la intención de nuestro autor por revelarnos, después de haber dado carpetazo presuntamente a la historia del "portugués enamorado" en el libro I, la existencia "real" del protagonista de aquella ficción mediante la localización de su lápida y de su enigmático epitafio.

Conviene, sin embargo, antes de continuar con el análisis de este primer capítulo que abre el libro III, que regresemos sobre nuestros pasos y volvamos a aplicar al texto la perspectiva macrocósmica que nos propone nuestro autor; pues, los sentidos que podemos hallar en un relato alegórico concebido con intención panorámica son múltiples y variados. Porque, decíamos que desde el momento en que el narrador da noticia de la muerte de Carlos V hasta que el "escuadrón de peregrinos" divisa "el paraje de la famosa Lisboa" han pasado diecinueve días; a los que añadiremos algunos más: "Al cabo de estos o pocos más días" (p. 431).

Como ya expresábamos al comienzo de este capítulo, los días se podrían considerar en su perspectiva macrocósmica como años (equivalente cíclico reducido al simbolismo de la circunferencia), con lo que nos daría un total de diecinueve años y pocos más (¿tres más: 1577-1580?). En cualquier caso, ¿a dónde nos conduce esa datación? Precisamente, al momento más luminoso del reinado de Felipe II: la anexión del reino de Portugal a España en 1580[543]; a la par que al más oscuro: la derrota y muerte de don Sebastián de Portugal en la batalla de Alcazalquivir (1578), el asesinato de Juan de Escobedo[544] (1578) dentro de los turbios asuntos

---

[542] La piedra o lápida, que señala al "difunto enamorado" que yace en la costa portuguesa (Lisboa), remite al arquetipo del héroe-místico que, al final de su aventura marinera, deja su barca-cuerpo varada en la costa convertida en piedra como símbolo de la liberación del espíritu de la "cárcel" de la materia-cuerpo. A lo largo del litoral gallego abundan las leyendas de este tipo, comenzando por la más difundida del apóstol Santiago, que tras arribar a las costas gallegas con su barca de piedra dejó como testimonio pétreo del atraque el "Pedrón" al que ató la embarcación; hasta la leyenda de la Virgen de la Barca, en Muxia (Finisterre), donde su pétrea embarcación quedó también varada en las rocas de las rompientes. Ambos ejemplos forman parte de las leyendas que se circunscriben en el *corpus* legendario del Camino de Santiago.

[543] Arrogándose el monarca español un derecho preferente a la sucesión tras la muerte del rey Sebastián de Portugal, y enviando por delante a los tercios al mando del temido duque de Alba para tomar el reino *de facto,* Felipe II hace su entrada en Portugal el 5 de diciembre de 1580; y allí permanecerá hasta 1583: "La inesperada muerte de su hijo Diego [del otro pretendiente al trono portugués, el prior de Crato] y la necesidad de que las cortes portuguesas juraran príncipe heredero al postrero hijo de Felipe II, el príncipe Felipe, obliga al rey a permanecer en Portugal hasta entrado el año 1583." Fernández Álvarez, 2000, p. 532.

[544] La causa de su muerte está relacionada con la embajada que le trajo a Madrid en 1577 desde los Países Bajos en calidad de secretario del gobernador don Juan de Austria: "para presionar al rey y conseguir lo que ya un año antes había planteado: el apoyo para su intervención en Inglaterra, liberando a María Estuardo, y el ascenso en la

en los que se vería envuelto el secretario de estado Antonio Pérez y, no lo olvidemos, como telón de fondo, la muerte del hermanastro del rey don Juan de Austria ese mismo año (1578). Es decir, después de diecinueve años (diecinueve días en la ficción cervantina) y dentro de un estrecho margen de tres más (entre 1577 y 1580), Cervantes nos presenta, convenientemente alegorizado en este episodio, las luces y las sombras de la herencia de Carlos V en la persona de su hijo Felipe II.

Y, todos estos acontecimientos históricos que relatamos habrían de ser percibidos por Cervantes de una manera especial o, si se quiere, de manera privilegiada; pues, no debemos olvidar que nuestro autor coincidió en Lisboa con el monarca en fechas muy próximas a las que hemos señalado, como muy bien recoge Romero: "El propio Cervantes estuvo en la ciudad [Lisboa] entre julio de 1581 y febrero de 1582, como muy bien recuerda AA." (n. 12, p. 433). Ahora bien, ¿qué finalidad justifica ese viaje de nuestro autor a Portugal? Según la opinión de Martín de Riquer:

> En mayo de 1581 Cervantes se trasladó a Portugal, a Tomar donde estaba la corte de Felipe II, con el propósito de pretender algo con qué organizar su vida y pagar las deudas que su familia había contraído para rescatarle. Recibió 50 ducados y se le encomendó una comisión, tal vez secreta, en Orán, sin duda porque el Rey o sus secretarios vieron en él un hombre con gran experiencia de las costumbres y vida del norte de África. Su estancia en Orán apenas llegó a un mes.[545]

Es decir, sorprendentemente, nos encontramos a nuestro autor trabajando de "agente secreto" para el Rey en unas fechas muy próximas a las que se habían gestado los acontecimientos más importantes (y todavía coleaban, como era el caso de Antonio Pérez o la estancia del rey en Portugal) dentro de la política interna de la Monarquía Hispánica. Comoquiera que no conocemos los pormenores de la misión encomendada más allá de que tuvo que desplazarse hasta Orán (Argelia) para realizarla, no podemos aventurarnos en juicios de valor; ahora bien, el rédito que podamos sacar de estos hechos se traduce en el acceso que habría de tener Cervantes a determinados secretos de estado, los cuales, en manos de un literato de la altura de nuestro autor, que, además, no se sentiría obligado a guardar el debido secreto dado el carácter esporádico de su colaboración, no es de extrañar que acabaran formando parte de su última obra: su testamento alegórico.

Pero, si inquietante pudiera parecer la conexión espacio-temporal de los hechos "portugueses" que nosotros interpretamos con la realidad "secreta" vivida por nuestro autor, aún deberemos sumarle otro dato biográfico que, aunque no esté directamente ligado con las circunstancias concretas que hemos expresado, sí se relaciona con ellas, y, a un nivel tan íntimo, que bien pudiera demostrar que, en efecto, Cervantes tendría cierta conexión en determinados ambientes humanistas y/o cortesanos. Nos referimos a la relación que mantenía su sobrina, la hija de su hermana mayor Andrea[546], Constanza de Ovando[547], con Pedro de Lanuza; a la sazón, hermano del Justicia de Aragón Juan de Lanuza[548], el cual fue decapitado en Zaragoza en 1591 por orden de Felipe II por dar cobijo en ese reino al huido de la justicia Antonio Pérez, acusado del asesinato del secretario de don Juan de Austria, Juan de Escobedo, en 1578.

Y, aún podríamos seguir reivindicando para nuestro autor una mayor cercanía a los hechos narrados de lo que se creía hasta ahora, si sumamos a lo dicho lo expresado por Aurora Egido (también Carlos Romero), quien, en relación a su análisis sobre el desembarco de los peregrinos

---

corte con el título de Infante, lo que le daría ya acceso al derecho de sucesión al trono en el grado correspondiente."Fernández Álvarez, 2000, p. 595.

[545] Martín de Riquer, 2003, p. 59.

[546] La unión de la familia bajo la tutela del único varón, Miguel de Cervantes, está documentada a partir de 1603, pues todas sus hermanas, esposa, hija y sobrina convivían con él en Valladolid a partir de ese mismo año. Lo cual es prueba de la competencia que habría tenido nuestro autor en cuantos asuntos se relacionaran con las mujeres de su familia, y que le facultaría a despachar con los Lanuza en tan espinoso asunto.

[547] "Constanza de Ovando, la hija natural de Andrea, que entonces tenía treinta y ocho años, había recibido, en 1595, la suma de 1.400 ducados de don Pedro de Lanuza, hermano del famoso Justicia de Aragón, en reparación de la palabra de matrimonio que le había dado y que no había cumplido." Martín de Riquer, 2003, p. 70.

[548] El alzamiento aragonés auspiciado por la causa del huido Antonio Pérez fue reprimido por el rey, que mandó un ejército en 1591 al mando de Alonso de Vargas: "La orden que llevaba Vargas era terminante: que, sobre la marcha, el justicia mayor don Juan de Lanuza fuera preso y degollado."Fernández Álvarez, 2000, p. 609.

302

en Portugal y la subsiguiente aparición de los caballeros Francisco Pizarro y Juan de Orellana, llega a afirmar la relación parental entre los Pizarro y los Cervantes[549]; lo cual, al menos (pues no tenemos constancia documental que relacione a nuestro autor directamente con las dos afamadas familias), nos serviría para justificar el interés de nuestro autor por incluir a sus "parientes" en uno de los episodios de su *Persiles*.

No deberíamos olvidar, a este respecto, que la inclusión de hechos directamente relacionados con la vida y parientes directos de Miguel de Cervantes en sus diferentes obras literarias resulta ser un hecho constatado; como los sucesos acontecidos a su tía paterna María de Cervantes y por los que su padre (el abuelo de Miguel) el licenciado Juan de Cervantes tuvo que lidiar con un pleito por falsa promesa de matrimonio (con nacimiento de hija de por medio, a la sazón, Martina de Mendoza) contra Martín de Mendoza[550],"el Gitano": "Sin embargo, nuestro novelista impar nunca olvidó lo acaecido a su tía paterna, como prueban *La Gitanilla* y *Pedro de Urdemalas*, obras donde se transfigura a pie de la letra este acontecimiento".[551]

Sea como fuere, ese juego de luces y sombras, muerte y resurrección, mar y tierra, bárbaros y peregrinos ("mudasen los trajes de bárbaros a peregrinos"), que caracteriza a esa transición que tiene lugar en este capítulo 1 del libro III, también deja su impronta en esa visión histórica que alcanzaría al reino más importante de occidente en época de Cervantes; pues, la sucesión de muertes -digamos- escandalosas que se producen en torno a la figura del rey Felipe II a partir de ese año que hemos señalado de 1578[552](junto con las acaecidas en 1568: hijo y esposa), oscureciendo con su presunta implicación a la Monarquía Hispánica[553], anunciarían, sin embargo, el renacimiento de la Corona de Castilla con esa largamente esperada anexión del reino de Portugal (1580). Lo cual podría interpretarse también de manera simbólica como un renacimiento político-espiritual, ahora, de carácter macrocósmico.

Y, en esta nueva perspectiva espacio-temporal, más cercana a nuestra moderna percepción del concepto de realidad (diferente de los libros I y II, que señalaban a un pasado remoto), en cuanto a que lo alegorizado parece aludir directamente a las circunstancias contemporáneas de nuestro autor, situaremos ahora el episodio del "portugués enamorado"; donde se invita al lector a practicar un nuevo esfuerzo retrospectivo. Pues, a pesar de que los protagonistas históricos de los hechos que se alegorizan son castellanos o españoles, bien podría decirse que "entre portugueses anda el juego". No en vano, a Felipe II también se le conocía como "el hijo de la portuguesa" y a su secretario de estado Antonio Pérez,"el portugués"[554].

Porque, el episodio del "enamorado portugués", que se nos aparecía en el libro I con esa aureola fabulosa que suele revestir a las legendarias aventuras caballerescas, parece regresar al tercer libro depurado, en parte, de esa carga mitológica y con apariencia de realidad. Se comprende, pues, que en esos primeros compases de nuestro análisis no nos atreviésemos a identificar a Manuel de Sosa Coitiño con un personaje concreto de la realidad histórica; aunque, ya señalábamos su posible vinculación con la orden del Temple y con su heredera portuguesa la Orden de Cristo, cuyo gran maestre fue el rey don Sebastián de Portugal.

Pero vayamos al texto y tratemos de poner nombres y apellidos a lo que se nos presenta con apariencia de fábula, pues, no olvidemos que el presente episodio constituye una rememorización de la muerte de un caballero portugués víctima del amor "platónico"; y, en su memoria, sale al paso ese animoso personaje que se abalanza a los pies de Periandro con la

---

[549]   "33 *Persiles*, p. 288. Los Pizarros descendían, por un lado, de Francisco Pizarro, el conquistador del Perú, y, por otro, de los Cervantes, descendientes de la familia del cardenal Gaspar de Cervantes. Los Pizarros y Orellanas estuvieron emparentados con los Cervantes extremeños [...]. Sobre todo ello, Luis Astrana Marín, *Vida ejemplar y heroica de Miguel de Cervantes, Madrid, Ed. Reus, 1958, vol. VII, p.426 ss. y Apéndice XXVII, pp. 746-750."* Egido, 1997, nota 33, p. 27.

[550]   "Martín de Mendoza, de apodo <<el Gitano>>, hijo natural, pero legitimado en 1521, de Diego de Hurtado de Mendoza y de Luna y de la Vega, III Duque del Infantado (1461-1531), quien murió el 30 de agosto de 1531, y de María Cabrera, una gitana bellísima."Sliwa, 2006, p. 43.

[551]   Sliwa, 2006, p. 54.

[552]   El secretario de estado Juan de Escobedo (1578), su hermanastro don Juan de Austria (1578) y su sobrino el rey don Sebastián de Portugal (1578). Además de la prisión (y posterior condena a muerte) de su secretario de Estado y la reclusión de la princesa de Éboli.

[553]   Ya suficientemente oscurecida (recuérdese la "leyenda negra española") con otras dos muertes acaecidas justo diez años antes: la de su hijo el príncipe don Carlos y la de su esposa Isabel de Valois.

[554]   La consideración portuguesa que se tiene de Antonio Pérez se debía a su presunta ascendencia paterna: Ruy Gómez (en círculos cortesanos conocido como "rey Gómez"), príncipe de Éboli.

303

intención de que no siga adelante en la narración de su historia y se detenga a escuchar la que él tiene que contarle. Porque el "hombre portugués", que así es presentado por el narrador, parece conocerle muy bien, dado que le llama por su nombre y se atreve a abrazarlo. Sin embargo, el reconocimiento no solo no es recíproco, sino que, además, la utilización que hace el narrador de un nombre genérico para referirse al espontáneo personaje revela cierto secretismo y/o distanciamiento.

En tal caso, sorprende esa falta de reconocimiento mutuo, pues Periandro afirma que: "no se acordaba haberle visto en su vida" (p. 437). Es como si el narrador se estuviera refiriendo a ese personaje con cierto desdén, quizás con la intención de anular o reducir su presencia a una figura literaria de categoría inferior o, al menos, distinta: ¿quizá una sombra? En este sentido, podría intuirse que ese misterioso personaje que le sale al paso a Periandro para hablarle de la memoria de un muerto podría funcionar, diegéticamente, como una proyección material del propio muerto al que se está refiriendo, y que él mismo encarne a esa parte terrenal del difunto (¿el *eidolon*?)[555] que dirige a los vivos en presencia de su propia memoria grabada sobre la piedra (¿el *daemon*?): ¿la imagen trascendida o espíritu del caballero portugués?

Sea como fuere, lo primero que nos trasmite su intervención dialogada es una idea de relación entre el estado de prisión (¿la cárcel platónica?) en el que se encontraba Periandro en la isla bárbara y la imagen de la muerte de Manuel de Sosa como expresión de su recobrada libertad: "uno soy de aquellos veinte que cobraron libertad en la abrasada isla bárbara, donde tú la tenías perdida; halléme a la muerte de Manuel de Sosa Coitiño" (p. 436).

Es decir, con ello queremos sugerir la posibilidad de que Manuel de Sosa simbolice, desde una perspectiva gnóstica (microcósmica), una fase de esa lucha o viaje de Periandro por alcanzar la iluminación o Conocimiento; y, por lo tanto, ese hombre sin nombre que le sale al paso en Lisboa representaría el refrendo de esa experiencia, al objeto de trasladar al plano de la realidad su renovada identidad. Pero, también, y ahora desde una visión mítico-histórica (macrocósmica), esa figura descarnada, pues no tiene nombre, que se arroja a sus pies con intención de impedir su avance e implorar su atención, podría estar tratando de comunicar, a la única persona con posibilidad de hacerle justicia (el héroe Periandro-Persiles), un suceso ignominioso acaecido sobre la figura especular que esa "figura descarnada" representa; y a la que se alude en la losa blanca que sirve de soporte al epitafio: el caballero portugués.

A continuación, cuando el narrador nos informa de que: "Un hermano suyo, que heredó su hacienda, ha hecho sus obsequias y, en una capilla de su linaje, le puso en una piedra de mármol blanco, como si debajo della estuviera enterrado" (p. 436), nosotros interpretamos que ese "hermano suyo", en el contexto en que nos hallamos, solo puede señalar a una identidad: al linaje de los "Austrias", en la persona, ahora, de Felipe II.

Porque, si volvemos a realizar ese esfuerzo suplementario que consiste en reactivar esa imaginación dormida víctima de nuestro siglo actual, pero aún en buena forma en el Barroco cervantino, percibiremos en esta cita una escena completamente diferente a la que nuestros sentidos nos proporcionan: la materialización de un sacrificio ritual, en donde la víctima (el cordero) es el obsequio (las "obsequias") dado al sacrificio por el hermano[556] ("en una capilla de su linaje"), que será inmolado encima ("le puso") de una piedra de mármol blanco (símbolo de la pureza). Es decir, nosotros interpretamos, dado el contexto mito-histórico que venimos proponiendo, que este declarado "sacrificio ritual" podría estar aludiendo a una especie de "crimen de estado"; en donde es necesario inmolar a un personaje principal en aras de intereses superiores. En este sentido, cuando el narrador nos dice que "conté aquí a sus parientes la enamorada muerte", de forma irónica, Cervantes nos podría estar relatando los pormenores de la "muerte" de don Sebastián de Portugal, apodado "el César", como su abuelo Carlos V, señalándonos a su matador-inductor, ¿Felipe II?, así como a la causa del mismo: ¿los celos que provocaron la "enamorada muerte" del "hermano"[557] ante el temor de ser eclipsado por la mayor

---

[555]   Según la mitología griega, el *eidolon* es una copia astral de un difunto.

[556]   Recuérdese, en este sentido, el tema arquetípico del sacrificio del hermano, del que encontramos muchos ejemplos en las tradiciones de todos los pueblos: Abel y Caín, Cástor y Pólux, Rómulo y Remo.

[557]   El parentesco familiar (hermanos) estaría justificado por motivo de los fuertes lazos familiares que unirían al rey portugués con su tío Felipe II, según venimos señalando.

pureza del linaje de su sobrino?[558].

Pero, como viene siendo habitual en la compleja dialéctica desplegada por Cervantes en el pergeño de sus alegorías, todavía el texto podría reservarnos nuevas sorpresas; pues, creemos que lo alegorizado por esta enamorada muerte señalaría a las otras que situábamos en torno al año 1578: la de don Juan de Austria y la de su secretario de estado Juan de Escobedo, ambos al servicio del ¿celoso? "Demonio del Sur".[559]

Ya se vio como el personaje de Ladislao podría personificar la figura histórica de don Juan de Austria en la idealización del príncipe renacentista; así mismo, en páginas posteriores, argumentábamos la posibilidad de que el hijo bastardo de Carlos V asumiera también, ahora en relación al contexto histórico del reino visigodo peninsular, la personalidad del levantisco caudillo Hermenegildo. Y ello lo deducíamos a través del personaje de Sinibaldo, hermano de Renato, que, al igual que el "innominable" personaje portugués que se arroja aquí a los pies de Periandro clamando su atención, también se presentaba en el relato como si fuera alguien que ya está muerto: la memoria que reaparece en el presente con la finalidad de informar o advertir de un infortunio; es decir, se aprecia en ambos casos (Sinibaldo y el caballero portugués) una misma actuación diegética de un personaje que viene del pasado para denunciar un determinado suceso en torno a la figura histórica de don Juan de Austria.

Y, para despejar las lógicas reservas que suscita nuestra hipótesis acerca de la pertinencia del mensaje que Cervantes estaba revelando a través de su alegoría, insiste nuestro autor en sus intenciones mostrando a través de su "innominado" personaje portugués una clara voluntad de mostrar el cuerpo del delito junto con el testimonio de su "amorosa" muerte: "un epitafio que quiero que vengáis a ver todos, así como estáis, porque creo que os ha de agradar, por discreto y por gracioso" (p. 436). No en vano, vuelve a advertirnos el narrador que: "Por las palabras, bien conoció Periandro que aquel hombre decía la verdad, pero, por el rostro, no se acordaba haberlo visto en su vida" (p. 437): ¿quizás una expresa reflexión de Cervantes sobre la falsedad que se oculta tras lo más evidente? En tal caso, ¿no se trataría de la opinión de nuestro autor, que, además de la inquietante desaparición del rey de los portugueses en la batalla de Alcazalquivir, llegara a cuestionarse la "versión oficial" de la muerte de don Juan de Austria y de su secretario Juan de Escobedo, y que afectaría directamente a la acusación que pesaba sobre Antonio Pérez, en tal caso, cabeza de turco para exonerar al rey Felipe II?

Porque, la "capilla de su linaje", a la que todos los peregrinos se desplazan en procesión: "Con todo eso, se fueron al templo que decía y vieron la capilla y la losa" (p. 437), podría señalar a un lugar muy concreto: el panteón de infantes del monasterio de El Escorial, donde se halla el magnífico túmulo en mármol blanco que Felipe II erigió a mayor gloria de su "amado" hermano, al que solo consideró Infante de España a partir de su muerte, honrándole con un enterramiento acorde a su nobleza.

En cuanto a la insalvable distancia que separa al gran monasterio y centro del poder castellano del escenario portugués en el que se relatan los acontecimientos, resulta evidente que ello podría constituir una poderosa objeción a nuestra hipótesis. Ante ello, argumentaremos que, desde una perspectiva simbólica tal distancia no existiría, pues lo que se está narrando forma parte de esa misma unidad alegórica de temática intelectiva o gnóstica; y, en relación ahora al contexto macrocósmico o temporal, diremos que a partir de 1580, que es la fecha en la que se producen los hechos históricos, España y Portugal constituyen una unidad geopolítica, por lo que, de manera simbólica, al desaparecer las fronteras entre ambos reinos así lo harán también las distancias.

Queremos también remarcar la circunstancia de que sea Antonio el padre, y no Periandro, quien lea el epitafio que estaba escrito en lengua portuguesa, y que, además, lo haga "casi en

---

[558] Recordemos que Sebastián de Portugal era descendiente por vía paterna de Catalina de Austria, y, por vía materna, de Juana de Austria, ambas, hermana e hija, respectivamente, de Carlos V. En cambio, Felipe II solo era descendiente del Emperador español por vía paterna, aunque bien es cierto que de manera directa. También, si tenemos en cuenta la personificación que el personaje de ficción Manuel de Sosa Coitiño podría asumir del rey don Sebastián, recordemos que según la etimología del nombre, "Manuel" es un nombre de origen hebreo que significa "el Dios que está entre nosotros"; por lo que se justificarían los "celos" de otro monarca (Felipe II) que se viera con menos merecimientos dinásticos a la hora de acceder legítimamente a una futura corona imperial o ¿reinado del mundo?

[559] Apodo por el que también era conocido, en razón de su fría determinación a la hora de aplicar la todopoderosa "razón de estado", Felipe II.

castellano". En este sentido, es de suponer que nuestro autor quizás pretendiera revelarnos algún dato complementario y/o necesario para la correcta comprensión del episodio; pues, consideramos que no puede escribirse nada con más intención de aproximare a la verdad que lo que se redacte encima de una losa mortuoria. Y epitafios son también, en gran medida, las informaciones suministradas por ese "muerto en vida" (en su condición de desterrado) que fue Antonio Pérez en relación a los secretos de estado que se llevó con él en su huida desesperada lejos de España y de la condena a muerte que allí le aguardaba. No en vano, en el capítulo 1.6. ya aludíamos a la personificación (entre otras) que Antonio el padre asumiría de la figura del secretario estado (¿héroe o villano?) que tuvo Felipe II.

Llegados a este punto, juzgamos que en el epitafio que se muestra en el texto Cervantes habría podido encriptar la "verdad" (la suya, la de alguien con cierto acceso a determinados secretos de estado) sobre la muerte tanto de don Sebastián de Portugal como de don Juan de Austria, y, en tal caso, ¿quién mejor para leerla que el que pasa por ser presunto "cabeza de turco" (Antonio Pérez-Antonio el bárbaro) de la maquiavélica política de Felipe II? No en vano, Antonio el bárbaro no tiene dificultades para leer en portugués, a pesar de ser castellano: ¿acaso una semblanza del sentenciado secretario de estado de Felipe II, nacido en Castilla pero de "presunta" ascendencia portuguesa?

Reproducimos el epitafio:

> Aquí yace viva la memoria del ya muerto Manuel de Sosa Coitiño, caballero portugués, que, a no ser portugués, aún fuera vivo. No murió a las manos de ningún castellano, sino a las del amor, que todo lo puede. Procura saber su vida y envidiarás su muerte, pasajero (p. 437).

Porque, el mensaje comienza sugiriendo al lector la idea de que el muerto al que se honra su memoria falleció como consecuencia de su ascendencia portuguesa, es decir, ¿a causa de su legitimidad al trono de Portugal? Lo cual se cumple en la figura de don Sebastián, rey por derecho propio; pero también en la de don Juan de Austria, pues tenía el mismo linaje portugués que su hermanastro Felipe II, y, en tal caso, constituiría un obstáculo en sus pretensiones imperialistas si aquel fuese legitimado como Infante de España.

Finalmente, Cervantes, con su habitual ironía, podría estar dándonos alguna pista, a través del epitafio, de la identidad del presunto autor-inductor del crimen. Y lo dice negando, como así lo haría el asesino cuando viese cómo las sospechas se ciernen en torno a su persona: "No murió a las manos de ningún castellano, sino a las del amor, que todo lo puede." Porque, en justicia, no debería considerarse castellano puro a alguien que solo lo es en razón del lugar de nacimiento; pues, tanto por parte de madre (Isabel de Portugal) como de padre (Carlos V), portuguesa y alemán, respectivamente, a Felipe II no debería considerársele tal nacionalidad. En tal caso, creemos que la negación que se hace expresamente en el epitafio sería un indicio para identificar al presunto asesino.

Pero los reyes y los hijos de los reyes no se matan entre ellos con las manos sino con el "corazón", puesto este al servicio de la "razón de Estado" que, en el reinado de Felipe II, como se sabe, tuvo un papel muy importante. El "amor", pues, delata al culpable, que aquí se torna en celos y que arrastran al monarca más poderoso de su tiempo a hacer lo que mejor sabía: demostrar su implacable poder. No en vano, por celos (los de Felipe II), según expresábamos más arriba, Sebastián de Portugal podría haber sido persuadido para marchar a la batalla que le costó la vida[560]; y a una misma intención obedecería el óbito del gran héroe de Lepanto y ¿adalid de la tribu de Judá?[561] Serios rivales (a los que amaba por razón de sangre) para un monarca al que no le temblaba el pulso a la hora de despejar su propio camino ¿mesiánico?

Y termina el epitafio apelando a la reflexión del lector: "Procura saber su vida y envidiarás su muerte, pasajero". Es decir, interpretamos que aquí se podría estar aludiendo al doble contexto micro-macrocósmico que venimos aplicando al episodio en cuestión. A saber: *procura saber cuál fue la verdad sobre la muerte de Manuel de Sosa (las dos: la gnóstica y la histórica) y*

---

[560] La versión oficial difunde la versión de que en la reunión del monasterio de Guadalupe Felipe II trató de disuadir al joven monarca portugués de que no fuera a la batalla. Dado que no existen documentos que avalen tal información, tenemos el derecho a sospechar su validez. En tal caso, nos acogemos a la sanción de la Historia: *Cui prodest?* (¿quién se beneficia?).

[561] Recordemos la pintura de Sánchez Coello realizada en El Escorial, en la que don Juan de Austria aparece retratado junto a un poderoso león, símbolo, como se sabe, de la tribu de Judá.

abrazarás la causa que le llevó a ella. No de otro modo, ¿quién querría envidiar la muerte de nadie?

Tras mostrar Periandro su acuerdo con lo expresado sobre la losa ("Vio Periandro que había tenido razón el portugués de alabarle el epitafio"[p. 437]) y Auristela interesarse por la suerte de la desconsolada "novia", todos se dirigieron a casa de un famoso pintor, "donde ordenó Periandro que, en un lienzo grande, le pintase todos los más principales casos de su historia." (p. 437).

Y es que el episodio de la memoria del "enamorado portugués" inmortalizada sobre su lápida parece constituir una especie de meta en donde sea necesario, para el correcto discurrir de la narración, recapitular y dejar constancia impresa, escena por escena, de toda la experiencia viajera acumulada hasta ese momento.

Queda constatada, pues, la importancia del suceso relatado en el epitafio, que, por ello, podría considerarse como el símbolo del final de esa primera fase o etapa del viaje iniciático protagonizado por Periandro y el resto de acompañantes que componen ese personaje coral como expresión -según venimos argumentando- de la conciencia de un peregrino en la vía mística del Conocimiento; pero, también, como la necesaria verdad histórica en torno a unos episodios capitales ocurridos en época de Cervantes.

Se entiende, pues, la intención de nuestro autor por inmortalizar la historia de Periandro dando lugar a una écfrasis en la que, de forma ordenada, cada uno de sus elementos formantes ocupa su lugar en el cuadro como si se tratase de reflejar una especie de orden universal, común a todas las artes (*Ut pictura poesis*), que fuera necesario preservar para transmitir a la posteridad. De este modo, se representan en el cuadro una sucesión de escenas (alegorías) que, a modo de mosaico, van tamizando un lienzo de clara intención universalista. Comoquiera que nosotros hemos contado veintiuna[562] escenas o "estaciones", la mayor parte de ellas ocupando de forma independiente su posición en el cuadro y otras compartiendo un mismo espacio, puede que en el número nuestro autor nos ofrezca la clave de su interpretación[563]. Ahora bien, no debemos olvidar que el pintor también realiza un retrato independiente de Auristela: "Pero en lo que más se aventajó el pintor famoso fue en el retrato de Auristela" (p. 439), que el narrador no duda en ensalzar con una alabanza divina del autor y de la obra.

En cualquier caso, queda patente la voluntad del artista por representar en su pintura los hitos más importantes de la aventura de Periandro, quizás, como reflejo de una especie de escala simbólica que comenzaría en "la isla bárbara ardiendo en llamas" (p. 438), "hasta poner la ciudad de Lisboa y su desembarcación" (p. 439). La voluntad iniciática, pues, es manifiesta en esta representación de la "experiencia viajera" del protagonista; lo cual, sin muchos esfuerzos, nos remite a la más famosa de las escalas en esa mítica búsqueda del Conocimiento: Los doce trabajos de Hércules.

Pero vayamos al número, porque, si por un lado tenemos un cuadro pictórico compuesto de veintiuna escenas, como resumen de la "experiencia náutica" vivida por Periandro (relatada alegóricamente desde una perspectiva psicológica) y, por otro, un único retrato de Auristela; podríamos suscitar la posibilidad de que nuestro autor pretendiese comunicarnos que el sentido

---

[562] Según el orden en que aparecen en la descripción: 1. La isla bárbara ardiendo. 2. La isla de la prisión. 3. La balsa de Periandro. 4. La isla nevada, 5. La nave taladrada. 6. La división del esquife y la barca. 7. El desafío de los amantes de Taurisa. 8. El serramiento de la nave. 9. La isla soñada. 10. Los peces náufragos. 11. El empedramiento en el mar helado. 12. El asalto y combate del navío. 13. El acto de entregarse a Cratilo. 14. El salto del caballo de Cratilo. 15. Las fiestas de Policarpo. 16. La coronación de su victoria en los juegos. 17. La ciudad de Lisboa y su desembarcación. 18. El incendio de la isla de Policarpo. 19. Clodio transpasado por la saeta. 20. Cenotia colgada de la antena. 21. Rutilo en la isla de las Ermitas. Finalmente, y en un cuadro aparte: 1. El retrato de Auristela.

[563] El número 21 es considerado en simbología numeral como una cifra que remite a la idea de transformación: "así 21 expresa reducción de un conflicto (dos) a la solución (unidad)" Cirlot, Juan-Eduardo, Ib., p. 331. También, en relación con la simbología afín a la peregrinación a Santiago de Compostela-Finisterre, que, según decíamos, podría estar reflejado en ese viaje emprendido por Periandro a lo largo de los libros I y II y testimoniado en la pintura que ahora nos ocupa, encontramos que el número 21 + 1 podría remitir al emblemático juego de los tarots: "Nos encontramos, pues, en presencia de un Santiago del Bastón (bastos), de un Santiago de la Espada, de un Santiago de la Copa y de un Santiago de los Dineros (Oros). Los cuatro "palos" del juego de los tarots [...]. En este 'juego' hay dos partes; por un lado el juego propiamente dicho en el cada palo comprende rey, reina, caballo o caballero y criado o sota, más diez cartas numeradas del uno al diez. La otra parte, con la que no se juega, es infinitamente más misteriosa. Se compone de 21 láminas numeradas y una sin número [...]. El hecho que los cuatro "palos" se vuelvan a encontrar en los cuatro símbolos de las actividades del Camino de Santiago me induce a pensar que este juego, imitado de otros anteriores, fue creado en esta ruta..." Charpentier, 1974, pp. 248-249.

de lo manifestado en su relato ficcional deberíamos encontrarlo, precisamante, en algo que se exprese a través de esa relación numérica (21-1). En tal caso, y alertados por la evidente carga simbólica que confiere al relato esa intencionada sucesión de emblemas que responden al patrón numérico 21-1; recurriremos, una vez más, al más críptico de los escritos bíblicos que, según venimos demostrando, pudo haber sido utilizado por Cervantes en la composición de sus más veladas alegorías. Leemos, pues, en el Apocalipsis de San Juan ¡(21:1)!: "Vi un cielo nuevo y una tierra nueva, porque el primer cielo y la primera tierra han desaparecido y el mar ya no existe".

Como vemos, lo que ya habíamos anunciado en páginas anteriores, al relacionar el desembarco en Portugal (PORT-G.A.D.U.) de nuestros peregrinos con la visión de la Jerusalén celeste de San Juan, vuelve a repetirse ahora reflejado en la pintura y a través de una clave numérica muy concreta: 21-1.

Parece, pues, que todo apuntaría a esa intención de Cervantes de adecuar las acciones de sus personajes (el desembarco en Portugal) al desarrollo de la fábula apocalíptica. Y, si continuamos con Apocalipsis (21: 2): "y vi la Ciudad Santa, la Nueva Jerusalén, que bajaba del cielo del lado de Dios, dispuesta como una esposa ataviada para su esposo", aún percibiríamos un mayor grado de compenetración con el hipotexto, pues, ¿no podría relacionarse esta visión simbólica de "la Ciudad Santa, la Nueva Jerusalén, que bajaba del cielo", con las "¡Albricias!" gritadas por el grumete del barco de los peregrinos ante la inesperada aparición en el horizonte de la "famosa ciudad de Lisboa", del mismo modo en como ya indicábamos que también lo hacía la estrella Vega dentro de la referencia diegética "para(la)je de Noruega", y que ahora, mediante un proceso intelectivo similar ("paraje de la famosa Lisboa"), viene a señalar a la Estrella Polar como guía de la "navegación" norte en el tiempo en que situamos los hechos, es decir, en la época contemporánea a nuestro autor?[564]

Comprendemos, en contra de nuestra hipótesis, el lógico escepticismo de quien no vea en "el paraje de la famosa ciudad de Lisboa"(p. 431) una referencia formal válida a la Estrella Polar, en la misma línea en que identificábamos a la estrella Vega con "el para(la)je de Nor-Vega". Sin embargo, como muy bien parece advertirnos Cervantes a través de su narrador ("Por las palabras[...]decía la verdad, pero, por el rostro, no se acordaba de haberlo visto en su vida"[p. 436]), la verdad nunca resulta ser lo evidente en el *Persiles*, sino la imagen intelectiva que hagamos de aquello que se nos aparece a la vista.

Creemos, en función de lo manifestado en la última cita que hemos transcrito, que si realizásemos el pertinente juego anagramático sobre el otro nombre por el que es conocida la Estrella Polar: *Polaris*, comprobaremos que este término podría considerarse casi homófono de "Lisboa"; pues, solo sobraría la /r/, ya que los dos fonemas oclusivos bilabiales, a efectos fonéticos, podrían considerarse equivalentes: /p/ = /b/. En tal caso: POLA(r)IS > POLAIS > LISPOA > LISBOA.

Pero todavía el concepto podría especificarse más si a esta deducción que hemos practicado le sumásemos la correspondiente al término que lo complementa. Nos referimos a "famosa" ("famosa Lisboa"). Pues bien, FAM-OSA, podría aludir a la "familia" (FAM) de la "*Osa*" (OSA). Lo cual, trasladado a nuestro contexto cosmológico, se interpretaría como que la estrella *Polaris* resultaría ser de la familia de la *Osa*. Porque, ¿acaso *Polaris* no forma parte de la constelación de la Osa Menor, la cual, según el mito, sería además el hijo (Arkas) o familia directa de su madre la Osa Mayor (Calisto)?

Juzgamos que, tras nuestra última deducción, "el paraje de la famosa Lisboa", es decir, "el paralaje de la estrella *Polaris* en relación a las constelaciones de la Osa Menor y la Osa Mayor", podrá empezar a vislumbrarse en su doble aspecto macrocósmico y microcósmico: como una estrella que cíclicamente (cada 26.000 años o cada gran año o año platónico) señala el norte y como la necesaria ayuda a la navegación, tanto marítima como espiritual, durante el tiempo que dura su "reinado".

---

[564]   No se descarta la posibilidad, emanada de la evidente voluntad de Cervantes de presentar alegóricamente sendos paralajes estelares como anuncio del advenimiento de una nueva era (uno al comienzo del episodio intradiegético de Periandro: el de la estrella Vega, a partir de 12.000 a. C. aprox.; y el otro al final: la estrella *Polaris,* desde los primeros siglos de nuestra era); es decir, de que nuestro autor estuviera aludiendo a los límites temporales de la historia de la Humanidad mediante la inserción, convenientemente alegorizada en la narración, de esas dos estrellas aludidas, y que podrían corresponderse con los sígnos α (Vega) y ω (*Polaris*): ¿el principio y el final de los tiempos inscrito en uno de los símbolos más antiguos del cristianismo, el crismón?

Termina el capítulo con la salida nocturna de los peregrinos en dirección a Castilla, donde, no sería excesivamente arriesgado advertir la ironía de nuestro autor, que, de forma intencionada a través del narrador, podría estar avisando al lector atento de su voluntad de continuar el relato de esta segunda parte de *Los trabajos de Persiles y Segismunda* desde esa misma perspectiva alegórica que había utilizado en los libros primeros:

> Y esta partida fue menester hacerla de noche, temerosos que, si de día la hicieran, la gente que les seguiría la estorbara, puesto que la mudanza del traje había hecho ya que amainase la admiración (pp. 439-440).

Porque Cervantes estaba completamente persuadido de que su narración debería adoptar una forma discursiva mucho más evidente o realista que la manifestada en los más oscuros e imaginativos libros I y II; razón, esta, que nos lleva a pensar que nuestro autor nos podría estar avisando de que la apariencia de aquello que se nos presenta como un relato luminoso con visos de realidad no fuese más que un engaño aparente, siendo necesario buscar las evoluciones reales de los personajes dentro de esa nocturnidad declarada (la alegoría como único modo de orientarse por las revueltas del laberinto bizan/cervan-tino).

3.2. Por tierras de Extremadura: cuna de conquistadores

Empieza este segundo capítulo del libro III con una referencia a la magnitud del viaje que iban a emprender nuestros "peregrinos", que al parecer ha de terminar en Roma:

> Pedían los tiernos años de Auristela y los más tiernos de Constanza, con los entreverados de Ricla, coches, estruendo y aparato para el largo viaje en que se ponían, pero la devoción de Auristela, que había prometido de ir a pie hasta Roma desde la parte do llegase en tierra firme (p. 440).

La particularidad que se observa, en relación a la idea de peregrinación-penitencia frente a la consideración del viaje como una especie de recorrido festivo, es la decisión de Auristela de renunciar a la comodidad que supone la utilización de un medio de transporte ("coches"); que, además, "llevó tras sí las demás devociones y todos de un parecer, así varones como hembras, votaron el viaje a pie (p. 440). En tal caso, parece que de lo que se trata es de caminar para depurarse espiritualmente ("si fuese necesario, mendigar de puerta en puerta"[p. 440]), más que de otro tipo de finalidad menos devota.

Como puede apreciarse del análisis del comienzo de este capítulo, las intenciones de Auristela se centran más en la idea de un colosal camino a recorrer de manera penitente que en la llegada, meramente circunstancial y desprovista de cualquier tipo de referencia doctrinal-pues nada se dice de ello salvo el nombre-, a Roma.

Una mula ("un bagaje") suplirá a los "coches", que será la que lleve el liviano equipaje de los viajeros. Luego se dedica el narrador a describir el curioso bordón que utilizarán nuestros peregrinos: "que servían de arrimo y defensa y de vainas de unos agudos estoques" (p. 441), y cuya función "multiuso" recibirá, junto con el resto de bagajes, el apelativo de "cristiano y humilde aparato"(p. 441).

En este sentido, y puesto que el bordón es el único equipaje sobre el que el narrador centra su atención, quizás sería necesario recabar en lo desacertado que consiste calificar de "cristiano y humilde aparato" a un "agudo estoque", instrumento, este, de claras resonancias bélicas y/o violentas. Es decir, juzgamos que la manifiesta contradicción podría obedecer a la intención de Cervantes por significar otra cosa ¿Qué podría señalar, pues, ese "cristiano y humilde aparato, que, sin embargo, sirve para propinar agudas estocadas"? Tres son las funciones que el narrador le atribuye en relación a la peregrinación: "arrimo" (apoyo al caminar), "defensa" (ante una agresión), y "de vainas de unos agudos estoques". Comoquiera que las dos primeras funciones de arrimo y defensa ya han sido advertidas literalmente, ¿qué función podríamos atribuirle a esas "vainas", que, por definición, habrían de estar huecas?

Se nos permitirá que ahondemos en el análisis de este concepto, pues, aunque en apariencia parezca carente de valor dentro del contexto del discurso, en su profundidad esconde, quizás, uno de los secretos mejor guardados por Cervantes en relación a la dimensión cósmica de la peregrinación, y que tiene su reflejo en el *Persiles* en esa obsesión por señalar (alegóricamente, por supuesto) los cuerpos celestes, su descripción, su distancia y sus movimientos. Nos referimos al empleo del bordón peregrino como aparato de medición estelar, el llamado báculo de Jacob,[565] que, además, debería de adoptar la tradicional forma rematada en un pomo en forma de "T" (*tau*)[566]; que es la más antigua y la que porta, precisamente, el apóstol Santiago en su imagen esculpida sobre el parteluz de la entrada principal del Pórtico de la Gloria, en la catedral de Santiago de Compostela.

Y ya tenemos a nuestros "nuevos peregrinos" preparados a las puertas de ese colosal templo que se abre en Lisboa, pertrechados del necesario conocimiento estelar y deseosos de comenzar su particular odisea a través de un espacio sagrado que se ha abierto para ellos en Portugal. La idea, pues, de que nuestros protagonistas se han de adentrar en una península ibérica sentida y escenificada como un gigantesco templo dedicado a la mayor gloria de Dios, es manifiesta. Por tanto, la importancia de ese pórtico sagrado que recibe a los recién desembarcados y los prepara para el sacrificio místico resulta evidente.

Una crítica de Cervantes al "Arte nuevo" de hacer comedias de Lope de Vega

A continuación, y sin mediar digresión alguna, el grupo de peregrinos llega a Badajoz:

> Los cuales, entrando en la ciudad, acertaron a alojarse en un mesón do se alojaba una compañía de famosos recitantes, los cuales aquella misma noche habrían de dar la muestra, para alcanzar la licencia de representar en público, en casa del corregidor (p. 441).

Veamos, pues, en qué tipo de mesón se hallan los viajeros, quién son la compañía de recitantes y de qué recital se trata. Pero antes, nuestro autor realizará una semblanza de ese mundo de los comediantes de su época, en la que no faltará la figura del "reformador de comedias viejas", el cual, al ver la belleza de Auristela, provocará el siguiente comentario del narrador que se transformará en un elogio de la poesía:

> pero ninguno puso tan en punto el maravillarse como fue el ingenio de un poeta que de propósito con los recitantes venía, así para enmendar y remendar comedias viejas como para hacerlas de nuevo: ejercicio más ingenioso que honrado y más de trabajo que de provecho. Pero la excelencia de la poesía es tan limpia como el agua clara, que a todo lo no limpio aprovecha; es como el sol, que pasa por todas las cosas inmundas sin que se le pegue nada; es habilidad que tanto vale cuanto se estima; es un rayo que suele salir de donde está encerrado, no abrasando, sino alumbrando; es instrumento acordado que dulcemente alegra los sentidos y, al paso del deleite, lleva consigo la honestidad y el provecho (pp. 441-442).

Dado que la apología que nos ofrece el narrador de la poesía está motivada por la aparición de Auristela, deberíamos ponerla en relación con la definición poética de aquello que simbolice nuestra "estrella dorada". Sin embargo, después del vuelo poético centrado en la misma esencia de la poesía, el narrador no tarda en devolvernos a la rusticidad y rudeza de la realidad circundante, pues: "la necesidad había hecho trocar los Parnasos con los mesones y las Castalias y Aganipes con los charcos y arroyos de los caminos y ventas" (p. 442); y ello, seguramente, como expresión de que no es imposible hallar esos mundos soñados dentro de la más áspera cotidianidad. En tal caso, en vez de desechar como inútiles esos idealizados pensamientos surgidos en el poeta a raíz de la contemplación de la belleza de Auristela, decide incorporarlos a su mundo creando al efecto otro de transición a la medida de sus intereses: la comedia. Por ello, no duda en aceptar/adaptar a Auristela en ese microcosmos poético: "y, al momento, la marcó

---

[565]   "Era un aparato rudimentario de medida, que consistía en una vara recta, graduada, con una mira en el extremo. En el otro extremo había un travesaño deslizante, que se movía a lo largo de la vara. Uno o ambos extremos del travesaño se moverían en línea con el objeto u objetos que se deseaban observar. Después, se podía leer en la vara graduada un valor angular aproximado. Sobre este instrumento, véase Ioanes Spangeberg, *Brevis tractario de Baculo Iacob*, incluido a modo de Apéndice a la obra de Gemma Frisius: *De radio astronomico et geometrico*, París 1588." Taylor, 1992, n. 212, p. 129.

[566]   Esta forma del báculo fue anatemizada por la Iglesia, pues su forma remitía a las antiguos bordones empleados por los peregrinos para la medición-orientación estelar. Véanse los capítulos 1.7 y 2.5.

en su imaginación y la tuvo por más que buena para ser comedianta, sin reparar si sabía o no la lengua castellana" (p. 442).

Llegados a este hito poético al que nos ha conducido el narrador, fiel registrador de la divina luminosidad amorosa que despierta la belleza de Auristela, creemos que tras el personaje de ese poeta-director de comedias se hallaría un concepto que nosotros interpretamos como: "el Arte literario"; es decir, la cara y la cruz de un Parnaso en el que nuestro autor quiso retratarse junto a la figura de su más admirado rival: Lope de Vega. Porque, siguiendo las mismas pautas que caracterizan, a grandes rasgos, a uno y otro genio de la literatura universal; es decir, el respeto y la corrupción de los modelos clásicos en Cervantes y Lope, respectivamente, así identificaremos en lo aparente a Lope y en lo profundo a Cervantes.

Pero reconocer el genio de su rival no quiere decir compartirlo. Y así Cervantes podría arremeter contra ese "Arte nuevo", que para el autor del *Persiles* (en cierto modo, un homenaje a la literatura griega) constituiría un grave atentado contra el Arte que lleva alumbrando a la civilización desde Aristóteles, mediante esta hiriente semblanza del arte literario del Fénix de los ingenios:

> Digo, en fin, que este poeta, a quien la necesidad había hecho trocar los parnasos con los mesones y las Castalias y los Aganipes con los charcos y los arroyos de los caminos y ventas, fue el que más se admiró de la belleza de Auristela y, al momento, la marcó en su imaginación y la tuvo por más que buena para ser comedianta, sin reparar si sabía o no la lengua castellana (p. 442).

A continuación, como si fuera un ejercicio en el que nuestro autor pretendiera contraponer su arte al de Lope, completa el párrafo que había iniciado, pero ahora, imprimiendo al relato un aire mucho más fabuloso, imaginativo, con escenas sacadas de la naturaleza a la manera de los clásicos; es decir, mostrando con su arte que él también es capaz actualizar el "arte viejo" pero sin renunciar a los preceptos del clasicismo:

> Contentóle el talle, diole gusto el brío y, en un instante, la vistió en su imaginación en hábito corto de varón; desnudóla luego y vistióla de ninfa, y casi al mismo punto la envistió de la majestad de reina, sin dejar traje de risa o de gravedad de que no la vistiese, y en todas se le representó grave, alegre, discreta, aguda y sobremanera honesta: estremos que se acomodan mal en una farsanta hermosa (pp. 442-443).

Y, para demostrar que su arte literario cumple con el principal precepto de la Antigüedad: *enseñar deleitando*, nuestro autor recurre al ciclo biológico de determinados insectos (como el de las abejas o el de los gusanos de seda) para expresar verdades que tienen que ver con la transformación espiritual del individuo en la senda del Conocimiento.[567] Ya lo vimos en relación a los vestidos de Mauricio, en relación a los gusanos de seda; pero ahora, si cabe, se nos manifiesta con mayor animosidad o evidencia en relación al ciclo de las abejas: "la vistió en su imaginación en hábito corto de varón; desnudóla luego y vistióla de ninfa, y casi al mismo punto la envistió de la majestad de reina"; es decir, los tres estados en la metamorfósis del insecto: larva, ninfa o pupa y abeja reina.

Parece que Cervantes utiliza la capacidad fabuladora propia del poeta-narrador para introducir un mensaje a un segundo nivel de lectura. Así pues, esa triple muda a la que somete a Auristela nos recuerda, no ya a los bastidores donde el actor cambia de hábito acomodándose al papel; sino a la otra mudanza, a la que tiene lugar en lo profundo de la psique de aquel que emprende el camino del Conocimiento. De este modo, la mutación que se expresa en el relato a través de la imaginación del "rehacedor de comedias", y que va desde el "hábito corto de varón" a "reina" pasando por "ninfa"[568], debe situarse a un nivel metafísico o espiritual. En este

---

[567] La idea de Cerventas de utilizar a determinados insectos, como las abejas, en el pergeño de su discurso literario, pudo haberla tomado de la lectura del libro IV de la *Geórgicas* de Virgilio (219): "De esta señal y siguiendo este ejemplo, algunos dijeron que en las abejas hay una parte de la mente divina y del espíritu etéreo; y de hecho Dios penetra en cada cosa, en la tierra y el movimiento del mar y en el cielo profundo." Más tarde, el cristianismo de los primeros tiempos adoptó este pensamiento, extraído de la naturaleza, a su doctrina (véase, por ejemplo, uno de los más antiguos himnos de la tradición litúrgica romana, el *Exultet* o pregón pascual).

[568] En la mitología grecorromana, las ninfas son deidades femeninas menores que se atribuyen a accidentes del terreno determinados. En zoología, una ninfa o pupa es el estado que adopta una larva de abeja transcurrida una semana en el interior de su celda, antes de convertirse, dependiendo de la alimentación que se le proporcione, en

orden de cosas, el primero de los estados nos remitiría a la fase menos evolucionada y por ello más baja dentro de esa escala evolutiva ("hábito corto de varón" o gusano, en relación a su mayor apego a lo terreno o pasional, y que en el insecto se representa por su forma de avanzar: arrastrándose por la tierra); el segundo es un nivel intermedio, que se caracterizaría por su voluntad de transformarse en una criatura diferente, para lo cual construye un capullo en torno a sí y se aísla del mundo que había conocido (¿el ermitaño?); y, el tercero, es "la majestad de la reina", que ya puede volar además de gobernar a toda la colmena, lo que significa la anhelada elevación-iluminación.

A continuación, abordaremos un fragmento del texto donde parece que Cervantes quisiera ahora contraponer *El peregrino en su patria* de Lope de Vega con su propio *Persiles*, quizás, con la intención de expresar no solo la ignorancia del Fénix en materia de conocimiento - digamos- bizantino o griego que tales obras atesoran; sino, además, la degeneración o desvío que supone esta obra en relación a la pureza del género al que pretende adscribirse;[569] es decir, una obra literaria al servicio de la exclusiva vulgarización de un texto ya creado, sin más pretensiones que agradar a un auditorio lego. Y así lo expresa el narrador:

> ¡Váleme Dios, y con cuánta facilidad discurre el ingenio de un poeta y se arroja a romper por mil imposibles! ¡Sobre cuán flacos cimientos levanta grandes quimeras! Todo se lo halla hecho, todo fácil, todo llano y, esto, de manera que las esperanzas le sobran cuando la ventura le falta, como lo mostró este nuestro moderno poeta cuando vio descoger acaso el lienzo donde venían pintados los trabajos de Periandro. Allí se vio él en el mayor que en su vida se había visto, por venirle a la imaginación un grandísimo deseo de componer de todos ellos una comedia, pero no acertaba en que nombre le pondría: si le llamaría comedia, o tragedia, o tragicomedia; porque, si sabía el principio, ignoraba el medio y el fin, pues aún iban corriendo las vidas de Periandro y Auristela, cuyos fines habían de poner nombre a lo que dellos se representase (p. 443).

Se reafirma, pues, la presencia de nuestro autor en este párrafo "cargando las tintas" contra Lope, al que recrimina, precisamente, de lo poco equilibrado de su obra: deslumbrante ingenio pero carente de contenidos ("¡Sobre cuán flacos cimientos levanta grandes quimeras!"). Así mismo, la referencia a Lope en: "como lo mostró este nuestro moderno poeta", resulta tan factible como la que se deduce de su obra, *El peregrino en su patria*: "cuando vio descoger acaso el lienzo donde venían pintados los trabajos de Periandro"; donde, esa acción de "desplegar el lienzo" ("descoger") aludiría a la intención del "remendador de comedias" de utilizar esos materiales para refundirlos en "otra cosa". Comoquiera que el narrador se refiere a los "trabajos de Periandro", sabemos que la citada refundición lo será del género de la novela bizantina, dando lugar a la novela, que podría calificarse como una degeneración, titulada *El peregrino en su patria*.

La ironía de nuestro autor, en relación a la "peregrina" obra de Lope, habría de llegar a su cenit en el tratamiento de la figura del *lacayo* o *gracioso*; ya que, como el propio narrador manifiesta, su figura constituía un serio problema difícil de solucionar o incorporar a una obra grave como pretendía ser la novela del Fénix: "Pero lo que más le fatigaba era pensar cómo podría encajar un lacayo consejero y gracioso en el mar, y entre tantas islas, fuego y nieves" (p. 443). Aunque, no por ello Lope habría de renunciar a la figura más emblemática de su "Arte nuevo", pues, en su afán de incorporarlo a todo trance, provoca el siguiente comentario del narrador: "y, con todo esto, no se desesperó de hacer la comedia y de encajar el tal lacayo, a pesar de todas las reglas de la poesía y a despecho del arte cómico" (p. 443).

En lo que sigue del relato de esta historia asistiremos, tras esa primera fase en la que ambos genios de la literatura parecían medirse con su arte, al veredicto que habrá de dirimir la

---

abeja común o reina. En simbología, las abejas son desde los antiguos egipcios consideradas como sagradas, no en vano, en las tumbas de los reyes visigodos peninsulares aparecen abejas de oro entre su ajuar mortuorio.

[569] "*El peregrino en su patria* parece estar en el origen de una de la corrientes en que la novela bizantina española puede dividirse: de un lado, las obras en las que lo clásico aparece mediatizado por la presencia de motivos de la narrativa cortesana y el teatro de <<capa y espada>> (además de la obra de Lope, destacan la *Historia de Hipólito y Aminta* de Francisco de Quintana y la *Historia de Liseno y Fenisa* de Párraga Martel); de otro, las obras más fieles a la tradición clásica, según el modelo del *Persiles* cervantino (destaquemos en este grupo la *Historia de la fortunas de Semprilis y Genoródano* de Juan Enríquez de Zúñiga y *Eustorgio y Clorilene. Historia moscóvica* de Enrique Suárez de Mendoza). González Rovira, Javier, <<Mecanismos de recepción en *El peregrino en su patria* de Lope de Vega>>, en *Actas del III Congreso AISO*, 1993, Centro Virtual Cervantes, pp. 245-246.

rivalidad entre ambos; y, para ello, el narrador empleará al juez más justo en razón de los ideales que lo conforman: Auristela: "Y, en tanto que en esto iba y venía, tuvo lugar hablar a Auristela y de proponerle su deseo y de aconsejarla cuán bien la estaría si se hiciese recitanta" (pp. 443-444).

La naturaleza idílica de Auristela, terciando en el conflicto entre ambos literatos, constituye el mejor garante a la hora de impartir un veredicto justo. Con ese propósito, Auristela será introducida en el episodio para que, desde dentro (el mundo de la comedia y de los comediógrafos), pueda decidir qué actitud es más consecuente con los criterios del Arte: la del sonoro éxito de Lope o la de la callada sabiduría de Cervantes.

Y la decisión de Auristela, que antes ha sido tentada por el comediógrafo: "Díjole que, a dos salidas del teatro, le lloverían minas de oro a cuestas"(p.444), resulta insobornable, en cuanto a que: "sus pensamientos eran otros, que tenían puesta la mira en otros ejercicios, si no tan agradables, a lo menos más convenientes" (p. 445).

A continuación, el narrador nos da cuenta del estado en que queda el "rehacedor de comedias antiguas" tras la negativa de Auristela a formar parte de su compañía de teatro; lo cual, vendría a significar la condena del "Arte nuevo" de Lope a no alcanzar la Gloria literaria. En este sentido, no resultaría muy atrevido ver la imagen de un Lope de Vega expulsado del Parnaso por el propio Cervantes: "Desesperóse el poeta con la resoluta respuesta de Auristela; miróse a los pies de su ignorancia y deshizo la rueda de su vanidad y locura." (p. 445), por lo que el conflicto quedaría zanjado en este punto.

Por el Camino de las Estrellas en dirección al monasterio de Guadalupe

Prosigue el relato, una vez aclarada la cuestión sobre preceptiva literaria, con la asistencia de nuestros peregrinos a casa del corregidor, donde son invitados a la representación de la fábula de Céfalo y de Pocris: otro mito griego de carácter iniciático[570], en donde la esposa, Pocris, resulta ser abatida por la lanza de su esposo en un accidente de caza. Y, tras la comedia que rememora esa muerte simbólica, parte el "escuadrón de peregrinos" de Badajoz después de completar una estancia de tres simbólicos días en la ciudad.

Dado que el sentido alegórico del texto nos sugiere la idea, según venimos argumentando, de que el personaje colectivo que parte de Badajoz podría ser una imagen del peregrino ya más evolucionado (liberado de las pasiones terrenales) tras su éxito en las pruebas de los libros I y II; así Cervantes nos indica la meta de esa nueva etapa que tendrá que completar nuestro grupo de esforzados andariegos: el monasterio de "Nuestra señora de Guadalupe. Y, es, precisamente, en este punto de la narración, tras la mención del templo de mayor carga espiritual que ha sido citado desde el comienzo de la novela-epopeya, donde nuestro autor nos ofrecerá la esperada referencia estelar que certifique no solo la correcta dirección del camino iniciático que siguen sus protagonistas, sino también su intención de ofrecer al lector reflexivo un conocimiento astronómico demasiado avanzado para su época. Porque, se nos dice de una manera poco usual o enrevesada, que:

> Partidos, pues, de Badajoz, se encaminaron a Nuestra Señora de Guadalupe y, habiendo andado tres días, y en ellos cinco leguas, les tomó la noche en un monte, poblado de infinitas encinas y de otros rústicos árboles (p. 447).

En principio, debemos llamar la atención sobre la forma empleada por nuestro autor -ya utilizada en otros lugares de la narración- para expresar la salida de Badajoz: "Partidos". Sin duda, este modo de dar a conocer el inicio del viaje desde Badajoz resulta tan sugerente como intencionadamente polisémico. No en vano, las connotaciones de este término ("partidos") dentro del contexto iniciático en el que se halla inmerso el relato alegórico resultan muy evidentes; pues, si recordamos las circunstancias del mito del nacimiento de Atenea de la "cabeza partida" de Zeus, observaremos una acusada simetría con el estado de conciencia alcanzado por el peregrino en este punto (a la salida de Badajoz), que, además, se ha representado en la fábula de *Céfalo* (¿cabeza?) *y Pocris* (muerta de una lanzada) poco antes de partir.

---

[570]   Ovidio, *Céfalo y Procris*, v. 687-756, pp.239-241.

En segundo lugar, cuando el narrador alude a que habían caminado "tres días, y en ellos cinco leguas", consiste, en nuestra opinión, en una manera intencionada de llamar la atención sobre la forma de expresar el camino recorrido; pues, hubiera sido más lógico referir lo andado sin acudir a la inversión artificiosa que se manifiesta, al modo de: *habían andado cinco leguas en tres días*. En tal caso, ¿qué causa justificaría esa alteración artificiosa del orden más lógico de la frase? Vayamos de nuevo a la cita, porque, si se nos cuenta que habían caminado "tres días, y en ellos cinco leguas", podría interpretarse desde diferentes perspectivas:

1º. En un sentido literal: cinco leguas equivaldría a caminar 30 kilómetros, sin otra consideración, pues los tres días solo especifican el ritmo que se ha seguido, pero nada aporta al cómputo de la distancia.

2º. Desde una perspectiva simbólica, la artificiosa anteposición de los días (3 días) a la distancia (5 leguas) que se observa en la cita en cuestión, podría significar también una invitación al lector a que trate de percibir esa "impropia"expresión del camino recorrido en términos simbólicos con arreglo a los dos parámetros habituales a considerar en esta bizantina narración que es el *Persiles*: micro y macrocosmos. Porque, desde una perspectiva microcósmica o de la experiencia gnóstica del peregrino, nos hallaríamos, mediante la oportuna descodificación cabalística, no ante la expresión de una distancia física sino frente a la evolución de su conciencia en su camino de iluminación. Lo cual se comprueba en la voluntad de interaccionar la diferente naturaleza de las magnitudes que se citan (3 días y 5 leguas), pues, esa unión de un tiempo y un espacio podría conformar una noción de naturaleza universal en el sentido simbólico de la expresión. A saber: si en realidad han caminado 30 kilómetros ("tres días, y en ellos cinco leguas"), simbólicamente, se nos podría estar induciendo a practicar sobre esa distancia (cinco leguas = 30 Km.) la adición del tiempo transcurrido (3), con el resultado de: 3+30 = 33. Es decir, cabalísticamente nos hallaríamos ante un número compuesto de dos cifras que, tradicionalmente, ha pasado a ser considerado como la expresión universal de lo simbolizado por la muerte de Cristo en un contexto gnóstico: personificación del proceso que lleva de la muerte mística a la iluminación-resurrección".[571]

Por otro lado, es decir, desde una perspectiva macrocósmica, tendríamos la intención de nuestro autor por referirse a una distancia en términos cosmológicos. Porque, andar tres días y, en ellos, cinco leguas, resulta ser una forma muy sugerente de inferir el concierto de la tercera magnitud en discordia: la velocidad; lo cual, podría redundar en una especie de preparación para el cálculo de las distancias astronómicas o siderales (¿el año luz?).

En conclusión, la unión de ambas perspectivas simbólicas situaría al escuadrón de peregrinos en un espacio imaginario equivalente a un estado evolucionado de la consciencia del gnóstico, representado en el relato mediante un lugar boscoso a medio camino entre Badajoz y Nuestra Señora de Guadalupe (repárese que no especifica que se trate de un monasterio), y que equivaldría a la idílica realización renacentista de "lo de arriba" (perspectiva macrocósmica) y "lo de abajo" (perspectiva microcósmica) sobre la propia consciencia del peregrino. Dicho de manera más prosaica, el peregrino, habiendo superado el trance de la "muerte mística", cuyo sello, dijimos, lo constituía el epitafio mortuorio del caballero portugués; ahora, su alma ya puede elevarse ("resucitar") hacia esas mismas alturas que se sugieren de la expresión que nos ocupa.

Tras esta necesaria contextualización simbólica a partir de los datos numéricos, el episodio va evolucionando en su decidido afán de ir estrechando el círculo de su localización espacial, que en el relato literal aparece como aproximación a un lugar agreste: "les tomó la noche en un monte, poblado de infinitas encinas y de otros rústicos árboles."(p. 447), no exento de su correspondiente atmósfera simbólica ("noche", "monte", "infinitas encinas"): ¿una especie de antesala o lugar privilegiado del terreno desde donde poder observar las estrellas? Porque es Auristela quien obliga al escuadrón de peregrinos a escrutar los cielos; trabajo, este, alegorizado en la narración mediante el acto de abrirse paso el grupo de peregrinos a través del terreno boscoso.[572]

---

[571]   El mismo procedimiento cabalístico ya fue empleado por Cervantes en: "Tres días duró la apacibilidad del mar y tres días sopló el próspero viento, hasta que al cuarto, a poner del sol"(p. 395), según se analizó en el c. 2.6.8.

[572]   Y de esta opinión se muestra Nerlich cuando dice: " Porque Auristela les obliga a avanzar campo a través, lo que hace necesario una orientación por las estrellas. Y las estrellas se ven mejor por la noche, lo que explica el episodio siguiente, que nos ocupará todavía bajo otros aspectos y en el que la noche cae espectacularmente, hecho

Resulta ser un dato muy importante a tener en cuenta la mención expresa que hace el narrador de los equinoccios, que no solo describe de manera sencilla y natural:

> Tenía el cielo suspenso el curso y sazón del tiempo en la balanza igual de los dos equinoccios: ni el calor fatigaba, ni el frío ofendía y, a necesidad, tan bien se podía pasar la noche en el campo como en la aldea (p. 447).

sino que sirve también para justificar, en relación al factor tiempo, la decisión de Auristela de "que se quedasen en unas majadas de pastores boyeros que a los ojos se les ofrecieron" (pp. 447-448). Es decir, la ocasión de Cervantes de presentarnos en este punto concreto del relato un concepto astronómico complejo (sobre todo para su época) como lo es el equinoccio, revela su intención de relacionar la observación de esas "majadas de pastores boyeros" con un momento muy preciso dentro de la órbita terrestre: el equinoccio. No en vano, y, como viene siendo habitual, con la intención de llamar la atención del lector en este punto, nuestro autor repite hasta en tres ocasiones la palabra "boyero" en un corto período del discurso, pudiéndolo haber sustituido, como hubiera sido preceptivo para evitar la reiteración, por su equivalente, "pastor".[573]

Parece, pues, que esos "pastores boyeros que a los ojos se les ofrecieron" a nuestros peregrinos, estén relacionados, precisamente, con el "ganado celeste" que tengan que custodiar; es decir, con las estrellas que conforman la constelación de la Osa Mayor en el momento del equinoccio de primavera.

Porque, el relato sugiere una especie de conjunción estelar o alineamiento de las dos *Osas* en un momento muy preciso que coincide con el equinoccio de primavera, aunque, todavía no podemos aventurarnos a encontrarle una explicación. Regresemos, pues, de nuevo al escenario en donde se está produciendo la singular alineación cosmológica; porque la finalidad de Auristela no parece ser otra que dirigir a sus compañeros de peregrinación hacia un lugar espacio-temporal muy concreto: "y, apenas habían entrado por el bosque doscientos pasos, cuando se cerró la noche con tanta escuridad que los detuvo y les hizo mirar atentamente la lumbre de los boyeros, porque su resplandor les sirviese de norte para no errar el camino (p. 448). Es decir, que la idílica función de Auristela como guía y Norte de la expedición encuentra su explicación más científica -si se nos permite el término- en esa observación atenta de "la lumbre de los boyeros", que se materializa sobre el firmamento estrellado en la constelación de Bootes (El boyero); la cual puede identificarse fácilmente en los cielos gracias a la proximidad de la Osa Mayor.

Ahora bien, dentro de la constelación de Bootes, también conocido como "el guardián de la Osa", existe una estrella que destaca por su luminosidad sobre el resto, siendo utilizada como referente o representante de toda la constelación. Nos referimos a *Arcturus*[574]:

> *Arcturus* fue una de las estrellas más estudiadas en la Antigüedad, prueba de ello es que la mencione Hesiodo en el siglo VIII a. C. El nombre significa <<el que guarda osos>>, y se refiere al Boyero en su persecución de las Osas Mayor y Menor alrededor del polo norte.[575]

---

que realmente no ha interesado a una investigación que ha debido encontrar normal o "verosímil" que unos príncipes herederos del norte se abran -a pie- camino a través de la naturaleza salvaje de la meseta castellana." Nerlich, 2005, p. 142.

[573] Nerlich observa también el fenómeno, que no duda en atribuirlo, como nosotros, a la voluntad de Cervantes por atraer la atención del lector hacia una concreta referencia estelar: "Pero Cervantes ha repetido la palabra "boyero" para que el lector reflexione sobre ello [...]. Porque hay un sentido de evocación de los "boyeros" en este encuentro de las constelaciones en el silencio nocturno de Extremadura en los confines de la Mancha. "En la Antigüedad", dice el Meyers de 1894, "las 7 estrellas principales [de la Osa Mayor] se llaman también Septentriones y Bovis Icarii", y el *Diccionario de Autoridades* declara, como hemos visto, en su definición de OSSA MAYOR, que les "siete [estrellas] mui notables [...] se llaman los siete Triones". Es Preller quien nos da la siguiente explicación: "Lo que impresionó a los Antiguos en la constelación de la Osa Mayor fue que no desapareciese nunca y forma un movimiento circular eterno, lo que inspiró a los campesinos romanos la imagen de siete bueyes [septem triones] de batán o de trilla dando vueltas[...] y a los griegos la imagen de la Osa mirando ansiosamente hacia Orión [...]". Nerlich, 2005, pp. 143-144.

[574] *Arcturus (Alfa Bootis)* es la tercera estrella más brillante del cielo nocturno, después de Sirio y Canopus. Se trata, por lo tanto, de la estrella más brillante del hemisferio celeste septentrional.

[575] Geoffrey, 1998, p. 48.

315

Resumiendo, nuestros peregrinos, con Auristela al mando de la expedición, han llegado a un lugar en el camino en que la visualización de una particular alineación entre las dos constelaciones u *Osas*, coincidiendo con el equinoccio, hace necesario que salgan de esa ruta transitada y se adentren doscientos pasos en el bosque como alegoría de la incursión ocular que deben realizar en busca de una de las estrellas de la constelación de Bootes: *Arcturus*.

Una vez localizada la estrella que ha de guiar a los peregrinos de la mano de Auristela a ese Norte idealizado, y que nosotros identificamos con *Arcturus*, deberemos volver al texto y tratar de comprobar si, tal y como nosotros hemos deducido, nuestro autor nos ha dejado alguna precisa referencia que refrende nuestra hipótesis estelar. En este sentido, existe un dato en la diégesis que, por motivo de su aparente irrelevancia, ha sido pasado por alto. Nos referimos a: "Hízose lo que Auristela quiso y, apenas habían entrado por el bosque **docientos pasos**".

En tal caso, ¿a qué viene, pues, ese celo por contar los pasos exactos en medio de la espesura de la noche? ¿Es de algún modo necesario que el narrador nos proporcione ese dato tan preciso? Porque adentrarse en ese bosque como símil estelar de esas "majadas de pastores boyeros que a los ojos se les ofrecieron", consiste, alegóricamente, en dirigir nuestra vista a la constelación de Bootes hasta llegar a un punto que nuestro autor identifica con esos "docientos pasos" ¿Qué queremos decir con ello? Casi con toda probabilidad, que esos doscientos pasos deberían constituir algún tipo de clave a la hora de informar sobre una localización estelar.

Ahora bien, comoquiera que el "paso"[576] es una antigua unidad de longitud que equivalía a seis pies, si multiplicamos el valor de un pie[577](0,3 metros aproximadamente) por esos seis pies que tiene un paso y, a continuación, lo volvemos a multiplicar por los doscientos pasos que dice Auristela que se había adentrado en el bosque-constelación de Bootes, nos dará la cantidad de 360 (0,3 x 6 x 200 = 360). Es decir, una cifra de evidentes connotaciones simbólicas, pues representa desde antiguo a la circunferencia como imagen geométrica de la divinidad; que, además, podría descomponerse en otra menor para concretar su sentido: 36-0 = 36.[578]Pues bien, este número 36 no solo simboliza la imagen de la divinidad (emanada del 360), sino que su contrario, el 63, podría simbolizar también el reflejo especular de la imagen de esos cielos idílicos (macrocosmos) sobre la tierra (microcosmos). Y, si decimos esto es porque observamos que en el templo religioso más importante del mundo occidental en relación a la peregrinación (no olvidemos que el *Persiles* es un libro de peregrinación), la catedral de Santiago de Compostela, se repite, casi de manera obsesiva (y así se expresa el *Códice Calixtino*)[579], este patrón numérico dentro de la estructura del edificio.[580]

Una vez nos hemos persuadido de la validez de la cifra que aporta nuestro autor (cabalísticamente referida) a través de la información suministrada por el narrador y que se cifraba en esos doscientos pasos que se adentran nuestros peregrinos en ese bosque de claras connotaciones estelares -según se vio-; daremos un paso más en la comprensión del episodio, que ahora nos llevará a la confirmación de un dato numérico de naturaleza astronómica: la distancia desde la Tierra a la estrella *Arcturus* es, redondeando, de 36 años luz.[581]

---

[576]   El paso hebreo y el paso griego equivalían a seis pies, pero el paso romano mayor (*passus*) valía cinco pies, seis pulgadas y cinco líneas del pie de Burgos.

[577]   Oscila entre el pie romano: 0,296 m., el pie castellano: 0,2786 m., el pie actual: 0,3048 m. y el pie carolingio: 0.3327 m.

[578]   Simbólicamente tal reducción sería factible, pues, como dice Cirlot al referirse al cero: "Como cuantificador decimal eleva la potencia cuantitativa". Cirlot, 1992, p. 332

[579]   *El Codex Calixtinus* o *Códice Calixtino* es una obra manuscrita del siglo XII que contiene el más antiguo texto del *Liber Sacti Jacobi*. La copia del manuscrito original se le atribuye al monje Aymeric Picaud. Compuesto por cinco libros y dos apéndices, la obra destaca por el V., que consiste en una Guía del peregrinaje a Santiago de Compostela.

[580]   "La aplicación de los cánones sagrados supone la capacidad de crear, a niveles microcósmicos, la correspondencia con lo universal infinito en que se basa la Creación, pero también la posibilidad de realizar una obra a través de la cual aquellos que la utilicen puedan sentirse más cerca de sus necesidades trascendentes." García Atienza, 1992, p. 352. Pues bien, en el templo compostelano nos encontramos, entre otras estructuras numéricas y/o geométricas, con: nueve naves que quedan separadas por 63 pilares y columnas; y 63 vidrieras para iluminar las nueve naves. Es decir, que lo que soporta el peso del edificio y la luz que lo alumbra, con toda la carga simbólica que ello conlleva, remiten a la cifra de 63>36.

[581]   En relación a lo inverosímil que pueda resultar nuestra deducción, pues el conocimiento que habría de tener Cervantes del año luz como magnitud de medición estelar resulta improbable para su época, diremos que no fue hasta 1838 que el astrónomo Friedrich Bessel utilizó por primera vez el año luz como unidad de medida en la astronomía; pero que ya en 1671, el físico danés Ole Romer fue el primero en demostrar que la luz, en contra de la

Porque ahora sí podríamos entender la necesidad que tendría Cervantes por introducir esos datos numéricos (3 días y 5 leguas) sobre los que avanzábamos su intención de remitir a la expresión de una distancia recorrida expresada en relación a la velocidad (la de la luz).

Y, a partir de aquí, quién sabe, quizás todas esas leyendas que tanto gustaba de leer Cervantes acerca del mito del rey Arturo (*¿Arcturus?*) y sus caballeros de la mesa redonda (trasmutado en los más ibéricos *Amadises*) puedan cobrar un nuevo y revelador sentido.

Pero regresemos al "suelo" de nuestra obra, una vez hemos asistido al extraño escrutamiento estelar, porque a continuación se nos va a relatar la no menos sorprendente aparición de un hombre a caballo que, después de preguntar a los peregrinos: "¿Sois desta tierra, buena gente?", (p. 448), les dice lo siguiente:

> - Tomad -dijo, pues, el caballero-, tomad señores, esta cadena de oro, que debe valer doscientos escudos, y tomad asimismo esta prenda, que no debe tener precio (a lo menos, yo no se le hallo) y darle heis en la ciudad de Trujillo a unos de los dos caballeros que en ella y en todo el mundo son bien conocidos. Llámese el uno don Francisco Pizarro y el otro don Juan de Orellana (p. 448).

Como vemos, la introducción repentina de esa amalgama de símbolos, sentidos e historia de España producen cierta conmoción en el lector; una especie de explosión intelectual que viene a alterar el normal discurrir de la lectura. Y todo ello como consecuencia de ese escrutinio estelar intencionadamente provocado por la voluntad de Auristela. No resulta baladí, pues, esa lógica estelar que parece regir las líneas maestras por las que debe discurrir el *Persiles*.

Porque los personajes de Orellana y Pizarro, cuyos apellidos ilustres nos remiten a la grandeza de España alcanzada a raíz del descubrimiento del Nuevo Mundo, podrían haber sido utilizados en el relato como ejemplo de que esos otros mundos celestes imaginados por Cervantes podrían llegar a ser tan reales como esa parte del Nuevo Mundo conquistada por estos dos extremeños ilustres. Ahora bien, si consideramos a estas figuras de ficción como personajes reales, existe en su referencia algo que no termina de encajar. Y nos referimos a sus nombres, pues, aunque Francisco Pizarro se identifica con el famoso conquistador del Perú nacido en la localidad de Trujillo; Juan de Orellana no es nada de eso, sino un marino ilustre nacido en Talavera de la Reina y muerto en una batalla naval en 1625 ¿Acaso Cervantes ha podido equivocarse de nombre, confundiendo Francisco por Juan? Porque Francisco de Orellana sí que es un personaje equiparable a Pizarro, igualmente nacido en Trujillo y conquistador del Amazonas ¿A qué podría deberse, pues, este aparente error?

En nuestra opinión no existe tal despiste, sino, una vez más, la intención de nuestro autor por centrar el peso de su mensaje sobre este punto; evitando, pues, que el lector pase de largo sin advertir lo que de forma tan ingeniosa se nos ha de revelar. En este orden de cosas, dado que Cervantes nos ha presentado a dos figuras de claras reminiscencias a la realidad histórica compartiendo un destino común en la ficción, quizás su intención fuera, más que diferenciar a dos personajes de noble apellido y trascendencia histórica, unificarlos a través de un concepto que se identifique con la unión de estos dos nobles linajes.[582]

En relación a esta idea que hemos suscitado, podríamos ver en ello la intención de nuestro autor por mostrar la fusión de ambos ilustres apellidos en una única línea sucesoria; lo cual, desde una perspectiva simbólica, podría ser percibido como dos hombres diferentes que

---

creencia que afirmaba que se movía de manera instantánea de un lugar a otro, tiene una velocidad finita. Y si decimos esto es porque la ciencia oficial, durante la época del Renacimiento y sobre todo durante el Barroco en España, no podía dar a conocer determinados conocimientos que cuestionaran las posiciones de la Iglesia en determinados temas íntimamente ligados con los dogmas establecidos. Es por ello que los avances científicos evolucionaron de manera desigual dependiendo del ámbito en donde proliferasen (católico o heterodoxo). Dado que nuestro autor, a tenor de la basta cultura que despliega en el *Persiles* y en el resto de sus obras, debería de haber frecuentado determinadas academias que estaban en boga en Italia durante los cinco años que anduvo como camarero del cardenal Acquaviva y soldado de los tercios, no es improbable que haya podido acceder a este conocimiento de medición estelar (el año luz), máxime cuando en fechas cercanas (1671) ya se tenía constancia documental/oficial de que la luz se desplazaba por el firmamento.

[582] No se descartan otras hipótesis, como la de Aurora Egido, que, según el estudio de Luis Astrana Marín, *Vida ejemplar y heróica de Miguel de Cervantes,* encuentra una identidad real para ambos personajes de ficción dentro del numeroso linaje de los Orellana y los Pizarro, aunque no sean los dos más famosos conquistadores. Coincidimos finalmente con Egido en: "Pero lo fundamental es que la empresa americana quedaba recalcada con el mero enunciado de Trujillo y de los Pizarros y Orellanas que hacen de mediadores en esta historia, recalcando la prosapia familiar y local de una buena parte de la gesta española en América." Egido, 1997.

conforman una sola identidad.[583] El texto se muestra proclive a expresar esta idea cuando el jinete pone al "recién nacido" en manos de Ricla con el encargo de: "darle heis en la ciudad de Trujillo a uno de dos caballeros" (p. 448) Es decir, ¿a cualquiera de los dos o a uno que es caballero por dos vías diferentes, Pizarro y Orellana? Porque el caballero vuelve a avisarnos de que se trata de un solo personaje, y no dos, en el momento en que describe a sus destinatarios: "Llámese el uno don Francisco de Pizarro y el otro don Juan de Orellana; ambos mozos, ambos libres, ambos ricos y ambos en todo estremo"(p. 448); donde, la voluntad de presentar una unidad en la dualidad es tan evidente ("ambos en todo estremo") que da la impresión de que ambos personajes podrían compartir la misma identidad.

Argumentada la posibilidad de que en realidad se trate de un solo personaje, diremos que en la localidad de Trujillo se halla en la actualidad un palacete renacentista conocido como palacio de Orellana-Pizarro[584], propiedad que fue de Juan Pizarro de Orellana[585], descendiente de Francisco de Pizarro. Pues bien, en la fachada palaciega puede verse el escudo de los Orellana: diez monedas o roeles en azul, junto con el de los Pizarro: dos osos y un pino.

Y es aquí, precisamente donde queríamos llegar, a la fusión de ambos linajes a través del emblema que los representa; pues, somos de la opinión de que la aparición inopinada de ambos personajes en el relato está directamente relacionada con el significado simbólico de sus respectivos escudos nobiliarios. Comoquiera que el de los Orellana resulta, en apariencia, más genérico, no ofreceremos aquí nuestro análisis, pues podría resultar en exceso imaginativo y por ello dar la impresión de que estamos forzando coincidencias; sin embargo, sí nos atreveremos con el de los Pizarro, donde "los dos osos y el pino", ¿no constituirían la imagen simbólica del escrutinio estelar liderado por Auristela bajo las "majadas de pastores boyeros", es decir, las dos constelaciones u *Osas* custodiadas por la estrella o guardián de las *Osas*, *Arcturus*?

Recapitulando, tras el avistamiento de la oportuna conjunción estelar (las *Osas* alineadas en el equinoccio de primavera), Auristela obliga a todos a salir del camino y adentrarse doscientos pasos al bosque; desde donde vuelve a obligar a sus acompañantes a "mirar atentamente la lumbre de los boyeros" para distinguir en ella, según nuestra interpretación, a la estrella más brillante del hemisferio celeste septentrional, *Arcturus*. Tras la observación, un jinete hace su aparición en escena[586], el cual, además, trae consigo una cadena de oro y un recién nacido para que nuestros viajeros lo lleven a Trujillo y lo entreguen "a uno de dos caballeros" (Pizarro y Orellana), cuyos blasones de su casa solariega aparece representada por "diez roeles y dos osos con un pino".

La intención simbólica del episodio es manifiesta, pues, según decíamos en la introducción a este segundo círculo o parte en que estructurábamos la obra, ahora son los elementos intelectuales los que asumen el protagonismo y dotan del oportuno sentido a la narración. El

---

[583]   En este sentido argumenta Carlos Romero, quien, parafraseando a Astrana Marín hace suyo el comentario: "AM (VII, 431-433) don Juan de Orellana, llamado Pizarro por parte de madre, caballero de Santiago, y don Francisco de Orellana eran hermanos, hijos de don Fernando de Orellana (habitante y regidor de Trujillo en 1607) y de doña Francisca Pizarro. Los Pizarro y los Orellanas habían emparentado en Trujillo, donde en estos años era alférez mayor don Juan Pizarro y regidor don Pedro Orellana Bejarano, del que era hermano don Francisco Fernando de Cervantes y de la Cerda, uno y otro parientes de don Diego Pizarro de Hinojasa. Este parentesco de los Pizarros y de los Orellanas con los Cervantes de Extremadura induce a presumir que nuestro novelista debió mantener con ellos relaciones amistosas y que una vez, y ciento, noveló hechos de la vida real"(Apéndice XIII, p. 729).

[584]   La antigua casa de mayorazgo, propiedad de don Diego de Vargas y de su esposa doña Teresa de Castro, fue adquirida por don Juan Pizarro de Orellana cuando regresó de América, transformándola en un palacete renacentista. Según la página web sobre del citado palacete, se constata el alojamiento de Cervantes: "También residió durante unos días don Miguel de Cervantes, cuando pasaba a Guadalupe a dejar las cadenas de cuando estuvo preso en Argel". *www.grada.es >eb > el palacio de Juan Pizarro de Orellana de Trujillo. Revista 73.* Aunque no podemos contrastar esta información, no se descarta que Cervantes pasara por Trujillo en su viaje a Portugal (1581-1582) tras su liberación del cautiverio en Argel, incluso que se acercara al no muy lejano de allí monasterio de Guadalupe para ofrendar sus cadenas, como era costumbre entre cautivos liberados. De este parecer se muestra Aurora Egido (aunque en otras fechas), quien, en nota adjunta a su artículo, dice: "Astrana cree que Cervantes lo visitó [el monasterio de Guadalupe] en 1588, cuando viajó en enero y febrero de ese año, desde Lisboa a Madrid". Egido, 1997, n. 33, p. 27.

[585]   "Don Juan Pizarro de Orellana era primo de don Francisco Pizarro, al que acompañó en la conquista americana; participó en el reparto de Cajamarca y fue el primer Corregidor de Cuzco."*www.grada.es >eb > el palacio de Juan Pizarro de Orellana de Trujillo. Revista 73.*

[586]   No descartamos la posibilidad de que la inopinada aparición del jinete polaco, después del escrutinio estelar centrado en la identificación de la estrella *Arcturus*, pueda interpretarse en relación a lo expresado en Apocalipsis (20: 1): "Vi un ángel que bajaba del cielo; tenía en la mano la llave del abismo y una gran cadena."

camino del Conocimiento se perfila, en esta segunda fase, como un ejercicio gigantesco de "reflexión en movimiento", donde al peregrino se le plantean cuestiones que debe saber interpretar y/o resolver para poder continuar satisfactoriamente su camino de evolución. Sea como fuere, el blasón de los Orellana (diez roeles azules, colocados en filas de a tres y uno en solitario), dado el contexto gnóstico-estelar en el que nos encontramos, remitiría a una idea de sucesión de un mismo elemento, en donde parece que faltan dos por completar la figura en su perfección (12). Dado el color azul de los roeles, su figura esférica y el fondo plateado en el que aparecen dibujados, la alusión a la imagen de la tierra en su recorrido cíclico alrededor del sol y a través de la galaxia (el fondo plateado o blanco de la Vía Láctea) es inevitable, por lo que el blasón constituiría un símbolo del saber cosmológico[587]. En cuanto al blasón de los Pizarro, cuyos elementos simbólicos vienen a concretar ese conocimiento estelar, conformaría junto con el blasón de los Orellana un completo mensaje cosmológico en relación -si se nos permite la licencia de imaginar una historia fabulosa, que es obligación cuando de interpretar blasones se trata- a un acontecimiento relevante en relación con un momento cosmológico determinado; pues, ¿acaso la llegada de ese inopinado jinete tras el escrutinio estelar llevado a cabo sobre la estrella *Arcturus*, en relación a una misión que deben cumplir los Orellana-Pizarro, cuyos blasones explicarían los motivos de tal acontecimiento, no induce a plantearse la historia narrada alegóricamente en estos términos?

En resumen, creemos que una lectura universal de este episodio podríamos hallarla en la intención de Cervantes por expresar que el recién nacido (¿la nueva conciencia espiritual que ha de adquirir la Humanidad en esos tiempos tan difíciles tras la muerte de Carlos V?) debe ser entregado bajo la protección de un ideal muy concreto: la Tradición o Conocimiento, simbolizada en la cadena de oro que trae consigo el jinete, así como en la persona de ese "caballero doble" Pizarro-Orellana; pues, en su propio blasón está escrito la certeza de lo que habrá de acontecer, que es, precisamente, lo que conforma la historia que se está narrando.

3.3. Algunas consideraciones en torno al episodio de Feliciana de la Voz

Comienza la historia de Feliciana en el capítulo segundo:

> llegó a la majada una mujer llorando, triste, pero no reciamente, porque mostraba en sus gemidos que se esforzaba a no dejar salir la voz del pecho (p. 449).

Como puede apreciarse, hace su entrada en el relato otro personaje que llega de improviso, como el jinete con el recién nacido, y de manera muy peculiar. Podría decirse que ambas irrupciones siguen unos mismos patrones en relación al elemento sorpresa, a la nocturnidad, al estruendo y a la necesidad de interacción con el resto de personajes. En tal caso, según la lógica estelar que estamos aplicando, si el primer personaje a caballo se relacionaba con la estrella *Arcturus* de la constelación de Bootes, no sería una temeridad afirmar que la mujer sollozando podría identificarse con otro objeto estelar afín dentro del sentido cosmológico que está adquiriendo el desarrollo diegético.

Elementos simbólicos de naturaleza mítico-estelar

La descripción que nos ofrece el narrador nos acerca a esas primeras conjeturas, pues los elementos que intervienen parecen remitir alegóricamente a un objeto estelar concreto:

> Venía medio desnuda, pero las ropas que la cubrían eran de rica y principal persona. La lumbre y luz de las hogueras, a pesar de la diligencia que ella hacía para encubrirse el rostro, la descubrieron, y vieron ser tan hermosa como niña y tan niña como hermosa, puesto que Ricla, que sabía más de edades, la juzgó por de diez y seis a diez y siete años (pp. 449-450).

Porque, a raíz de la información aportada en esta cita junto con el contexto dramático en que

---

[587] En este contexto, el emblema de los Orellana tendría una función macrocósmica, y, en este contexto, podría señalar a la era de Piscis, que se corresponde con la décima de las divisiones (los diez roeles que tiene el blasón de los Orellana) del gran año y con la época de Cervantes y de los Orellana.

319

se incardina su aparición, juzgamos que podría tratarse de la constelación de Virgo. Los datos en los que basamos nuestra deducción son los siguientes:

- "Venía medio desnuda", en el sentido de que esta constelación tiene muy poca definición, pues las estrellas que la componen, a excepción *de Spica*, brillan con poca intensidad.

- "pero las ropas que la cubrían eran de rica y principal persona", revela la noble identidad con la que se identifica la constelación: Virgo, la Virgen, que en la doctrina cristiana asumirá el papel de la madre de Cristo.

- "La lumbre y luz de las hogueras, a pesar de la diligencia que ella hacía para cubrirse el rostro, la descubrieron", donde se aludiría a la particular forma que adopta la constelación mediante la disposición de sus estrellas ("la lumbre y luz de las hogueras"), pues, debido a que en la cabeza-rostro de la figura imaginaria del personaje femenino que se superpone al esquema estelar no se halla ninguna estrella destacable, podría interpretarse como que esconde el rostro, y que solo pueda adivinarse su posición a través del prisma imaginario que se forma en lo que sería el tronco de la figura de la Virgen.

- "y vieron ser tan hermosa como niña y tan niña como hermosa", donde se podría estar aludiendo a la figura virginal (niña-mujer).

- "Ricla, que sabía más de edades, la juzgó por de diez y seis a diez y siete años", nos informaría de un dato cosmológico en relación al tiempo que lleva rigiendo la constelación-era de Virgo-Piscis (recordemos la importancia que tiene para Cervantes el cómputo del tiempo en relación al movimiento de precesión de los equinoccios) sobre la tierra[588]: "entre diez y seis a diez y siete años", es decir, desde el nacimiento de Cristo, que se considera como el comienzo aproximado de la era de Piscis-Virgo, hasta la época de nuestro autor habrían pasado entre dieciséis y diecisiete siglos.

Como podemos apreciar, el contexto diegético podría remitir a una información de carácter cosmológico, que relacionaría al personaje de Feliciana con la imagen de la constelación de Virgo.

Además, si nos fijamos en la actitud del personaje que acontece, observaremos que no tiene nada que ver con su aparente imagen desvalida, pues viene dando órdenes e instrucciones a los allí reunidos, que, incluso, muestran con su actitud una voluntad mucho más que condescendiente:

> Lo primero, señores, que habéis de hacer es ponerme debajo de la tierra; quiero decir, que me encubráis de modo que no me halle quien me buscare. Lo segundo, que me deis algún sustento, porque desmayos me van acabando la vida.
> -Nuestra diligencia -dijo un pastor viejo- mostrará que tenemos caridad (p. 450).

"Lo primero" y "lo segundo" revela, pues, un modo de comportamiento imperativo, que nada tiene que ver con un ruego o súplica proferido por un ser vulnerable y sí con una orden de alguien que se siente poderoso ¿en su desnudez, como imagen evocadora de la Verdad? Porque, ese mandato en dos tiempos remite a la expresión más primitiva, mítica y espiritual del hecho religioso: la imagen de la *Magna Mater*. La niña-virgen, por un lado, ordena que le pongan "debajo de la tierra"; lo cual, constituye una muy concreta referencia tanto a la cueva primigenia como a la alegoría de la fecundidad de la vida sobre la tierra (diosa nutricia) escenificada en diferentes mitos agrícolas como el de Cibeles o Ceres. En segundo lugar, la diosa-niña manda también que le proporcionen alimento, pues, continuando la alegoría agrícola, la semilla solo puede llegar a germinar si resulta convenientemente regada y abonada.[589]

En tal caso, somos de la opinión de que Cervantes elabora un perfil alegórico de una figura divina revestida de una ancestral sacralidad[590], cuyo culto se pierde en la noche de los tiempos,

---

[588] Repárese, como ya venimos aduciendo a lo largo de este trabajo, que la identificación de cada una de las eras se hacía en relación a los dos equinoccios; por lo que la constelación de Virgo (la Virgen) sería la opuesta a Piscis, y ambas conformarían la referencia cíclica temporal.

[589] En este contexto agrícola al que el doble mandato de la niña nos remite: la siembra y la germinación de la semilla por el alimento (agua y abono), encontramos la justificación de la ramita o espiga de cereal que la imagen de Virgo suele portar en su mano, y que se corresponde con la estrella más brillante de la constelación: Espiga *(Spica)*.

[590] " <<La religión mediterránea de la Diosa Madre llegó a la península Ibérica traída por los colonos neolíticos (...) y con ella entraron en fermento creencias que más tarde se mezclarán a las aportadas por la evangelización megalítica.>> Empieza nuestra tantas veces demostrada y siempre sospechosa pasión por las deidades

pero, a la vez, parece gozar de una inquietante contemporaneidad.

La imagen simbólica de la semilla con el fruto divino en su interior adquiere su máxima expresión en la diégesis con la escenificación del encierro de la madre en el interior del árbol hueco. Porque además, el narrador no solo nos recuerda que nos hallamos ante la figura de la Madre de Dios o Magna Mater: "Ricla, viendo hecho esto [acomodando el alojamiento en el interior del árbol], habiendo conjeturado que aquélla, sin duda, debía de ser la madre de la criatura que ella tenía" (p. 450); sino que también nos especifica que el árbol es una encina: "Y, aguijoneando con presteza a un hueco de un árbol que en una valiente encina se hacía" (p. 450). Todo ello nos conduce directamente a una tradición cristiana muy arraigada: la de Virgen de la Encina, que es, precisamente, la Patrona de la comarca leonesa del Bierzo[591], con su capital Ponferrada a la cabeza, que fue sede de uno de los enclaves más importantes del Temple en la península ibérica[592].

Pero esta devoción mariana, instaurada por el Temple en las agrestes tierras de León, no surgió -digamos- por generación espontánea; sino que tuvo un antecedente, a nuestro entender bastante acusado, en el mito griego de Mirra[593], lo cual ya fue observado por Diana de Armas Wilson.[594]Sin embargo, la referencia al símbolo de la encina podría ser anterior al relato mitológico de Mirra.[595]

Queda, pues, identificado el personaje femenino en la figura de la "Virgen Madre", cuya autoritaria actitud contrasta de manera tan evidente con su aparente fragilidad: ¿"la mujer desmayada", otra forma de referirse a la Virgen Madre a través de la diosa Maya[596] de la mitología griega?; por lo que el refrendo estelar con la constelación de Virgo es casi una necesidad para poder representar el drama universal que el episodio de Feliciana de la Voz encarna.

Llevado el sentido profundo del relato a este extremo, debería considerarse la posibilidad de que Cervantes nos estuviera ofreciendo, con este episodio que aquí comienza de la "mujer desmayada", una versión -digamos- barroca del drama mitológico con el que los antiguos griegos escribieron en las estrellas, utilizando las constelaciones que hemos señalado, ciertas verdades cuya naturaleza universal encontraría su refrendo en el propio soporte estelar que les sirve de vehículo cognoscitivo. Y esa versión pedestre o adaptada a la época de nuestro autor

---

del sexo débil: Isis, Astarté, Tanit, Afrodita (destinataria, dice Costa, de danzas matriarcales y doncelliles que no brillaban por su honestidad), Artemisa y Cibeles alientan una liturgia de salitre y cabotaje en la que confluyen ritos del sol, la luna, la vida, la muerte y el *primum navigare*.". Sánchez Dragó, 1985, vol. 1, pp. 93-94.

[591] Comarca situada a orilla del Camino de Santiago en la provincia castellana de León, en cuyos montes existe una gran tradición anacoreta.

[592] "Independientemente de que la imagen originaria se haya perdido y de que la actual, labrada en el siglo XVI, sólo tenga en común con la primitiva el color oscuro de su tez, así como que el santuario donde actualmente se venera fuera también posterior a la desaparición de la Orden; parece correcto pensar que el culto a la Virgen de la Encina fue promovido por los templarios que, efectivamente, tenían el día de la Natividad de Nuestra Señora como uno de los más importantes de su vida litúrgica como monjes. El artículo 75 de sus constituciones fija esa fecha como una de las que <<deben ser guardadas en las casas del Temple>". García Atienza, 1991, p. 102.

[593] Según este mito, Mirra se queda embarazada de su padre sin que este lo sepa, y, para protegerla de la rabia de su progenitor, los dioses la transforman en árbol, bajo cuya forma da a luz a su hijo Adonis.

[594] Dice Nerlich al respecto: " En esta perspectiva totalmente ajustada del episodio, Armas Wilson se da cuenta también claramente de que Cervantes recurre al pasado pagano de la humanidad contra los estereotipos religiosos y dogmáticos de su época, y desvela la estrategia empleada que consistía -según ella- en recurrir al mito de Mirra, hija del rey Ciniras, tal y como lo articula Ovidio en sus Metamorfosis, para oponerlo al mito bíblico de la Virgen." Nerlich, 2005, p. 606.

[595] Según recoge Nerlich: " Pero Cervantes va más lejos aún, y si ha dicho ENCINA, quería que el lector pensase en ENCINA. Porque sabía evidentemente también que, en la visión mitológica y cósmica del universo que fue la de la Antigüedad, la humanidad -según ciertos mitos que nos cuentan Homero y Hesíodo (que Cervantes conocía, desde luego)- nació de la encina (y no de la pequeña y más bien ruin Mirra). Cervantes no necesitaba ni siquiera salir de su (o sus) edición(es) de las *Metamorfosis*, porque Ovidio lo cuenta igualmente en la leyenda de los Mirmidones (libro VII, v 622-660), y es una inmensa ENCINA lo que se ve en visión onírica, consagrada al más alto de los dioses, Zeus/Júpiter, como nos dice, por ejemplo, Covarrubias, y esto explica también por qué el hijo de Feliciana es amamantado por una cabra, porque Amaltea, la cabra más célebre del mundo, había amamantado a Zeus. Y de las ramas de la encina y de su tronco vientre de la humanidad, salen las hormigas para "humanam menbris inducere formam": para transformarse en un ejército infinito de seres humanos." Nerlich, 2005, p. 611.

[596] En griego Maya o Maia significa "pequeña madre". Es la mayor de las Pléyades, las siete hijas de Atlas y Pléyone. Según refiere el mito, Maya engendró a Hermes, hijo de Zeus, en el interior de una cueva.

321

tendría que ver, precisamente, con esa falta de alimento con que la civilización tiene desasistida a lo simbolizado por la joven madre del relato; es decir, el estado de dejadez o falta de verdadero compromiso espiritual del hombre para con su propia naturaleza trascendente.

Y, con el muy expresivo comienzo de: "Preñada estaba la encina (digámoslo así); preñadas las nubes, cuya oscuridad la puso en los ojos de los que por la prisionera del árbol preguntaron" (p. 451), comienza el capítulo 3; donde la máxima de Hermes Trimegisto, ya mencionada en otros lugares de este trabajo[597]: "la igualdad de lo de arriba con lo de abajo", tiene en esta cita un claro exponente de esa doctrina filosófica en la imagen comparativa que se nos ofrece de la preñez terrestre de la encina frente a la celeste de las nubes.

Cervantes sigue refiriendo datos, aparentemente dispersos, en relación a la naturaleza metafísica del episodio: "La criatura tomó los pechos de la cabra; la encerrada, el rústico sustento y, los peregrinos, el nuevo y agradable hospedaje" (p.451). En tal caso, la imagen que se nos transmite conformaría una especie de triada simbólica[598], donde "la criatura" se correspondería con el HIJO, "la encerrada" con el ESPÍRITU DE LA TIERRA-MADRE y, el grupo de "peregrinos", como personaje colectivo que personifica la búsqueda de la gnosis, se asimilaría al PADRE en cuanto a su voluntad por conseguir los frutos o dones de la tierra.

En relación a la forma de alimentar a la "criatura", recordemos que, de igual modo, en la mitología griega se nos describe a Zeus niño alimentándose de las pechos de la cabra Amaltea; y, en cuanto a la "encerrada", creemos que el "rústico sustento" que le es suministrado ("sopas en leche, y le dieran vino, si ella quisiera beberlo"[p. 450]) podría referirse, en un plano simbólico, a los rituales y/u oficios religiosos destinados a "alimentar" al espíritu: ¿la Eucaristía?

Pero no solo una interpretación de carácter humanista tiene cabida en este episodio marcadamente simbólico, sino que mitos posteriores emanados de la fuente más antigua que nosotros hemos presentado podrían incardinarse de igual modo en la narración. Nos referimos a los episodios bíblicos que recogen la tradición de esos momentos previos e inmediatos de la vida de Jesús, como ya veníamos apuntando.

Ahora bien, la interpretación alegórica de este episodio cervantino en clave bíblica tiene el inconveniente de que puede ser utilizado para defender ciertas proclamas que vienen enfrentando a la ortodoxia con la heterodoxia desde antiguo. Sea como fuere, los paralelismos son evidentes, lo que no lo son tanto son los usos particulares y con fines marcadamente literalistas u ortodoxos que determinados críticos puedan hacer de ello. Nerlich, consciente del peligro que supone para la exégesis este tipo de utilización -digamos- partidista de la riqueza conceptual que se despliega en este episodio, nos pone en sobre aviso acerca de esta mala praxis en la que se ha venido incurriendo de manera casi sistemática durante, al menos, los últimos decenios.[599]

Por lo tanto, y aunque reconozcamos el intento exegético de determinados críticos en la senda de la Contrarreforma siguiendo la línea piadosa de Pfandl, Casalduero, Avalle-Arce, Forcione, etc, el episodio de Feliciana de la Voz requiere para su comprensión una visión más universalista; y para ello habrá que comenzar por liberarla de determinados corsés tendenciosos que han venido reduciendo su carácter polisémico. Y en esta línea debemos situar la interpretación que propone Nerlich, quien ve en la confesión de Feliciana ("madre no tengo"[p. 454]) a:

> una mujer que es madre sin tener madre, y es incluso LA MADRE de la especie humana, EVA, la primera mujer que Dios formó de una costilla de Adán mientras Adán dormía, la misma Eva,

---

[597] Véase el capítulo 2.1.

[598] Este mismo concepto trino es analizado, según se vio, en el capítulo 2.6.3., dentro del episodio que nosotros hemos señalado con el título de: "El marinero suicida" (libro II, cap. XIII).

[599] "Diana de Armas Wilson habría visto todo esto si un piadoso colectivo exegético no hubiera querido hacer del *Persiles* un texto católico de la Contrarreforma que correspondiera a los decretos "mariológicos" de la Roma papal, transformando al/los *boyero(s)* en "shepherds" susceptibles de adorar al niño Jesús en el pesebre. Y habría comprendido que lo que Cervantes pone ante los ojos de sus lectores es de dimensión cósmica, y que el renacimiento de esta mujer en la encina simboliza el origen del mundo, la partida, el nacimiento cósmico de LA MUJER, un nacimiento que se sitúa en el pasado más pasado, en los orígenes del tiempo y del espacio, antes de toda alteración de la aceptación del cuerpo, mucho tiempo, por ejemplo, antes del nacimiento de la Dama a la que dicen Virgen y se llama María." Nerlich, 2005, pp. 611-612.

por otra parte, a la que "el anciano pastor" y "boyero" remite al hablar de Feliciana de la Voz. Y como Dios la creó así, de la costilla de Adán, bien puede ser considerado como su padre.[600]

Es decir, el mito de Eva parece encajar en estos esquemas simbólicos, pero no es el único que deba considerarse, dado que Feliciana también podría encarnar a la Virgen María, aunque debemos ser cautos a la hora de interpretar este personaje emanado de la órbita del cristianismo; pues, Cervantes juega con la doble visión que proyecta este personaje bíblico (por razones obvias), que por un lado encarna a la Madre Dolorosa de la ortodoxia católica y por otra a la heterodoxa figura femenina personificada en la esquiva y enigmática Notre Dame (¿Nuestra Señora: la Magdalena?).

Pero regresemos al mito y hagamos una recapitulación, porque en la órbita semántica del personaje de Feliciana hemos situado, al menos, tres mitos muy similares: el de la pléyade Maya, el de Mirra y el de la Virgen María/Notre Dame. Las cuatro figuras mitológicas presentan un perfil idéntico en sus respectivos dramas. Las cuatro son fecundadas por sus padres celestiales (en el caso de Feliciana, Rosanio, el padre de la criatura, simbolizaría al espíritu universal como extensión de la voluntad del Padre: el amor). Las cuatro van a "dar a luz" a sus retoños de una forma fabulosa y/o agreste: del interior del tronco de un árbol, o, en el caso de la Virgen María, de una forma -digamos- "más civilizada" y acorde con las ortodoxas intenciones de acercar el mito a algo más racional: en un pesebre. Las cuatro criaturas alumbradas: Hermes, Adonis, Jesús y el vástago de Feliciana son muy hermosas y, además, asumirán el papel de guías espirituales y/o personificaciones de cultos mistéricos. Sin contar otras funciones dentro del contexto peregrino, como en el caso de Hermes, que no solo es considerado como el mensajero de los dioses, sino que incluso roba los bueyes nada más nacer; lo cual, se relacionaría directamente con el escenario diegético de los boyeros (Bootes), a los que les roba el ganado (el de la Osa Mayor) para ¿dárselo a los hombres como el fuego del Conocimiento en el mito de Prometeo?

Tratemos ahora de traducir al medio físico lo que en apariencia solo es un relato fabuloso y vayamos ahora a los cielos, porque, en esa nocturna inmensidad, decíamos al comienzo de este capítulo, se podría estar escenificando también el mismo drama que tiene lugar en la tierra alegorizado a través de la ficción cervantina; pues, los elementos que conforman la estructura diegética del episodio: los bueyes, los boyeros, el jinete con el niño y la joven madre desmayada interaccionan de igual modo aunque ahora desde una perspectiva real o física: uniendo en una misma trayectoria sideral a la *vara del Carro* (con sus tres estrellas: *Alioth*, *Mizar*[601] y *Alkaid*) de la constelación de la Osa Mayor (los *bueyes*), con la estrella principal de la constelación de Bootes (los *boyeros*), *Arcturus* (el *guardián*) y con la estrella también más luminosa de la constelación de Virgo, *Spica*[602] (la *joven madre "desmayada"*). Es decir, las tres estrellas se hallan unidas mediante esa línea imaginaria que parte de la posición superior de las estrellas que componen la "vara del carro" hasta la inferior de *Spica,* pasando por la parte intermedia de *Arctutrus*. Y todo ello se escenifica en el hemisferio celeste septentrional.

En tal caso, la historia que se está relatando en el episodio encontraría su fundamento celeste en esa línea imaginaria que une en el firmamento a estas tres estrellas. A continuación, tras la observación que nuestros peregrinos realizan de las majadas de boyeros (la constelación de Bootes), surge de improviso la llegada de un jinete (¿Alkor-Mizar?) con un recién nacido (¿"la luz del conocimiento" robada de la Osa Mayor: bueyes o triones?) que posteriormente será puesto bajo la custodia del pastor (¿*Arctutrus?*) y al cuidado de su madre (¿*Spica?*).

En cuanto al carácter simbólico del nombre declarado por la propia protagonista del episodio: "Mi nombre es Feliciana de la Voz"(p. 453), sugerimos la segmentación del mismo para proceder a su análisis. En el primero de los elementos resultantes, constituido por el

---

[600] Nerlich, 2005, p. 615.

[601] Mizar cuenta con una estrella muy próxima de menor brillo con la que forma el sistema doble al que suele aludir Nerlich cuando el grupo de peregrinos suman ocho en vez de siete (que son las estrellas visibles a simple vista en "el carro" o "cucharón", cuyo nombre, Alcor, es conocido como "el jinete". En tal caso, esta estrella podría aludir al jinete que aparece furtivamente con el niño en la diégesis.

[602] Espiga o *Spica* (Alfa Virginis) es considerada como la estrella que utilizó Hiparco de Nicea para descubrir la precesión de los equinoccios. "Los árabes del desierto la denominaban Azimech, que proviene de Al Simak y quiere decir el <<indefenso>> o el <<desarmado>>[¿"desmayada"?], porque no está acompañada de ninguna otra estrella". Cornelius, 1998, p. 114.

nombre propio "Feliciana", encontramos una evidente intención de aludir al estado ideal buscado por todo ser humano a lo largo de sus vidas: la felicidad. Ahora bien, desde una perspectiva platónica y/o metafísica, y comoquiera que el término es femenino, podría precisarse esa utopía en la querencia ancestral a la que tienden las almas que habitan en cada ser. En cuanto al segundo de los segmentos constituyentes, "de la Voz", nuestro autor aprovecharía el complemento para especificar el sentido de esa idealidad manifiesta; pues, dado que el término "Voz", en mayúscula, forma parte de un campo semántico muy concreto: el del "Verbo"[603], no resultaría muy arriesgado suponer que Cervantes estuviera pensando en esos comienzos bíblicos del Hombre cuando ideó el nombre de la protagonista de este episodio. Se reafirma, por lo tanto, lo que más arriba ya habíamos sugerido: que el personaje de Feliciana de la Voz asumiría el papel de Eva como símbolo de la Gran Madre de la Humanidad.

En cualquier caso, la palabra "Voz" es utilizada a lo largo de todo el *Persiles* para referirse a una voz muy particular, no a la común sino a aquella que surge de las profundidades del intelecto. Recordemos que la novela-epopeya comienza con esa misma expresión: "Voces daba el bárbaro Corsicurvo a la estrecha boca de una profunda mazmorra,…".

Es decir, si en la primera parte de la novela-epopeya (libros I y II), aquella que decíamos que se caracterizaba por el desarrollo narrativo de la lucha inmemorial por vencer a las pasiones humanas, comienza la narración con unas "Voces" que daba un bárbaro; en la segunda parte de la obra, donde ahora se simboliza el despertar a una nueva percepción de la realidad mucho más elevada (intelectual) al verse liberada de esas pasiones que la tenían sometida, aparece la figura de Feliciana; la cual es calificada como "de la Voz", según su propia opinión, por el aprecio que todos hacen de su canto:

> No me le ha dado – respondió Feliciana – mi linaje, sino el ser común opinión de todos cuantos me han oído cantar que tengo la mejor voz del mundo, tanto, que por excelencia me llaman comúnmente Feliciana de la Voz (p. 462).

En tal caso, se constata que el "canto de Feliciana" (evolución del "Verbo" a partir del libro III), en relación a su consideración de voz acompasada o rítmica que produce un gran deleite a quien lo escucha, se diferencia de "voces", que aludiría a la consideración del "Verbo" en su estado más primitivo (al comienzo del libro I); pues, aunque ambas emanan de una misma capacidad fónica o conciencia intelectiva, difieren en cuanto al diferente grado de desarrollo que manifiestan.

Esta cita que hemos transcrito, además de refrendar cuanto decíamos más arriba acerca del simbolismo del personaje de Feliciana de la Voz, nos sirve para para centrar la atención en dos cuestiones. Una es la constatación de que la vía del Conocimiento no es patrimonio exclusivo de la nobleza de sangre, pues la propia Feliciana nos dice que el nombre "no me lo ha dado […] mi linaje", a pesar de ser presuntamente noble. Y la otra cuestión se halla en la afirmación que le sigue: "sino el ser común…", que parece la continuación lógica/adversativa de lo que se anuncia en el primer término, si se nos permitiese practicar la licencia de correr la coma desde "linaje" hasta "común", con el resultado de: "no me lo ha dado […] mi linaje sino el ser común, opinión de todos" Aplicando, pues, esta leve modificación, a pesar del riesgo de ser tildados de adaptar el discurso a nuestra conveniencia, podría percibirse, una vez más, la mano de Cervantes jugando con la expresión (en este caso la puntuación) para conseguir los "dobles efectos" deseados. Sea como sea, el sentido nos sugiere la idea de que "la Voz" (lo simbolizado por ella) no haya de ser patrimonio exclusivo de la "nobleza de sangre", sino que, más bien, pueda adquirirse por igual independientemente de la extracción social del postulante: "el ser común". Esta deducción nos llevaría a uno de los axiomas preferidos de nuestro autor, en el sentido de que todo hombre está capacitado para alcanzar ese estado de idealidad simbolizado en el "canto de Feliciana": "cada cual es hijo de sus obras".[604]

---

[603] Evangelio de San Juan (1:1): "En el principio existía el Verbo, y el Verbo estaba con Dios, y el Verbo era Dios."

[604] En relación a esta sentencia, Chul Park se hace eco de la misma en la aplicación que de ella hace Cervantes en el *Quijote: "*Podemos encontrar que en el Quijote aparece frecuentemente la frase hecha <<Cada uno es hijo de sus obras>>, lo cual nos da la clara idea de que Miguel de Cervantes niega a la nobleza histórica fundada en los linajes y árboles genealógicos desde el ángulo de su humanismo renacentista. Se nota que esta idea humanista es

Continuando con la interpretación del simbolismo aportado por la "desmayada madre" a la narración, la circunstancia de que Feliciana se sume voluntariamente a la escuadra de peregrinos en dirección a Roma es un indicador de que este personaje colectivo, en constante evolución (Periandro y compañía), ha adquirido en este punto de su viaje la -digamos-"Voz" de la sabiduría o inteligencia universal suficiente como para poder continuar con las debidas garantías de éxito por los senderos del Conocimiento alegorizados en el tercero de los cuatro libros que componen el *Persiles*.

Una vez hemos realizado este primer acercamiento de carácter general al universo simbólico que se despliega en torno al episodio de Feliciana de la Voz, abordaremos a continuación otros elementos discursivos donde nosotros pensamos que pueda haber mayor controversia.

Porque, de nuevo el texto que nos propone Cervantes puede interpretarse alegóricamente desde dos diferentes perspectivas: la gnóstica o espiritual y la histórico-temporal. Desde la primera que hemos señalado, el relato muestra claramente ese espíritu renacentista que llena con su humanismo neoplatónico, barroco y/o especular, cada una de las imágenes que se van sucediendo en la conformación de ese ideal gnóstico-amoroso que discurre a lo largo de todo el episodio de Feliciana. En cuanto a la perspectiva histórica, sugerimos una continuación espacio-temporal de los episodios narrados anteriormente en torno a la estancia de Felipe II en Portugal (1580-1583).

Una aproximación historicista al episodio de Feliciana de la Voz: en torno al "Sebastianismo" y al caso del "pastelero de Madrigal"

Comencemos por la segunda de las perspectivas aludidas, aunque muchas veces resulte imposible separar lo histórico de lo simbólico-espiritual. Porque, si los peregrinos han salido de Portugal es con la finalidad de peregrinar en ("extraña") dirección a Roma, y, para ello, se han puesto como primer objetivo, tras su visita a Badajoz, llegar al monasterio de NUESTRA SEÑORA de Guadalupe.

Nerlich expresa de forma muy nítida la imagen que transmite la Iglesia de la Virgen de Guadalupe en el relato:

> La religión católica que representa el episodio de la iglesia de Nuestra Señora de Guadalupe da, en todo caso, y bajo la imagen de la Virgen, una impresión de salvajismo a todos los niveles: el del comportamiento moral de quienes deberían ser -como dice la parte de la Biblia que evoca el canto de Feliciana- imágenes de Dios, es decir, el Padre y el Hijo, y el de una iglesia sin alma, sin sacerdote, sin servicio, pero con una acumulación de exvotos monstruosos, incitando todo ello a leer la eliminación de la parte del poema consagrada a la Virgen, la interrupción del canto por intrusos indignos, tan católicos como asesinos, y la evacuación de la iglesia, como una invitación a poner fin a ese culto a la Virgen que al parecer no sirve para civilizar a los humanos, del que no se volverá a tratar en el *Persiles*, eliminándolo -como las 8 estrofas a la gloria de María- de los templos cristianos, y volver al respeto a la vida y a la simplicidad de los primeros cristianos. Porque -y eso también es importante y debe ser subrayado- la voluntad de Cervantes de hacer que se fusione en el episodio de Feliciana de la Voz tanto el recuerdo del mundo primitivo, del origen y de la complexión terrestre y biológica del ser humano, con el Génesis bíblico, explicado por el amor a Dios y por su caridad, sólo puede constituir -en época de la Contrarreforma- una vuelta al cristianismo primitivo como modelo de vida cristiana no dogmática y no ritualizada, tal como se expresa por la aceptación general del matrimonio "por apretón de manos".[605]

Nada añadiremos a lo dicho, pues creemos que se ajusta a lo que transmite el texto. Sin embargo, quisiéramos llamar la atención sobre un punto muy concreto; pues el hecho de presentarnos nuestro autor el "santuario" de Guadalupe desde esta perspectiva casi dantesca, posee otras connotaciones muy específicas que, en nuestra opinión, Cervantes aprovechó para reflejar -si se nos permite la expresión- ese clima "sulfuroso" que impregnó un hecho histórico decisivo en el rumbo que habría de tomar Europa: la reunión[606] que tuvo lugar en el monasterio de Guadalupe entre Felipe II y don Sebastián de Portugal, a instancias de este último y como

---

subrayada de forma particular con un sentido de reforma social y pensamiento moderno dentro del *Quijote*." Park, 2008, pp. 231-232.

[605]   Nerlich, 2005, p. 632.

[606]   La conocida como las Vistas de Guadalupe, celebrada en diciembre de 1576.

caso anecdótico, pues el monarca español nunca asistía en persona a ese tipo de "cumbres", donde se decidió la expedición militar a Marruecos con el joven don Sebastián al mando y el apoyo "relativo" del rey de España. La posterior derrota en Alcazarquivir (4-8-1578), donde presuntamente perdió la vida Don Sebastián, originó la anexión de Portugal a España.

Y, todo este ambiente de conjuras que nosotros empezamos a atisbar a partir de estos primeros datos que afloran en el texto, intencionadamente relacionados con sucesos narrados en clave alegórica, fueron ya sugeridos por Lope de Vega de manera más prosaica en *La tragedia del rey Don Sebastián y bautismo del príncipe de Marruecos*[607]; en concreto, en el primer acto de esa comedia, donde se escenifica la reunión de Felipe II y su sobrino don Sebastián de Portugal en el monasterio de Guadalupe en 1576. En general, toda esta primera jornada es la que se corresponde con el título de la comedia.[608]

Antes de proseguir, recordaremos una vez más que en 1578 también falleció don Juan de Austria, según la versión oficial víctima del tifus. Y si juntamos estos dos relevantes sucesos históricos es porque creemos que juntos tendrán su función dentro del episodio de Feliciana.

Porque, el santuario extremeño no solo habría de interesar a Cervantes como paradigma de heterodoxias,[609] que, el propio cautivo liberado y por ello más que posible penitente de Nuestra Señora de Guadalupe,[610] pudo observar por sí mismo; sino también por su valor histórico como escenario donde se fraguó parte de la "leyenda negra" atribuida al reinado de Felipe II: la pérdida del reino y muerte de don Sebastián de Portugal, con un segundo acto centrado en la persona de la hija bastarda de don Juan de Austria, Ana de Mendoza, hija de María de Mendoza y reconocida por Felipe II en 1583 con el nombre de Ana de Austria y Mendoza; la cual, personificaría uno de los intentos más "serios" ideados por la facción pro-portuguesa en su afán de recuperar el reino sibilinamente ganado por Felipe II.

Pues bien, veamos a continuación cómo el argumento de la historia de Feliciana de la Voz se superpone a la vida de Ana de Austria (la hija bastarda de don Juan de Austria), aunque la perspectiva temporal no es lineal; es decir, que los elementos que forman parte de su biografía coinciden en la ficción pero no tienen por qué corresponderse temporalmente.

Una vez propuesto el tema histórico que vamos a desarrollar, comenzaremos señalando la actitud altiva que muestra el personaje de Feliciana, según decíamos, nada más irrumpir en la escena narrativa. Porque, ¿acaso ese tono imperativo no es propio de un personaje de elevada alcurnia, o sea, de alguien acostumbrado a mandar y a que se le obedezca?: "lo primero, señores, que habéis de hacer es ponerme debajo tierra; quiero decir, que me encubráis, para que no me halle quien me buscare". Partiendo de esta evidencia en relación al alto estatus de la joven madre, podríamos realizar un intento de identificación del personaje histórico en cuestión; pues, sabemos que a la tierna edad de seis años Ana de Mendoza fue recluida en el convento del Madrigal con el nombre de Ana de Jesús, para ser ocultada como prueba del deshonor de sus padres ("que madre no la tengo"). Y en ese convento del Real del Madrigal se encontraba también doña Juana de Austria[611], hija bastarda del emperador Carlos V y hermanastra de Felipe II que se ocupó de su custodia ("quedó concertado que el pastor que había llevado la criatura a procurar que las cabras fuesen sus amas la llevase y entregase a una hermana del anciano ganadero"(p. 452), con lo que el pastor anciano podría señalar a Felipe II, hermano de Juana de Austria ("una hermana del anciano ganadero") y responsable de la orden de reclusión de la niña ("Cubrióla y encubrióla el pastor y dejóla" (p. 452).

---

[607] Lope de Vega Carpio, Félix, *La tragedia del rey Don Sebastián y bautismo del príncipe de Marruecos,* en Biblioteca Virtual Miguel de Cervantes, editada por la viuda de Alonso Martín de Balboa, 1618.

[608] En el capítulo 3.4. volveremos a emplear esta comedia de Lope de Vega en relación al Santuario de la Virgen de la Cabeza en Andújar.

[609] Esta visión heterodoxa que nosotros proponemos del monasterio de Guadalupe está avalada por la descripción que realiza el narrador del gran número de exvotos, algunos de evidentes connotaciones macabras, colgados de los muros del citado cenobio, que imprimen una atmósfera lúgubre y/o mágica-ritual. No podemos desconectarnos, sin embargo, de la devoción popular que justifica la presencia de esos exvotos avalada por la Iglesia; sin embargo, lo que resulta remarcable en el texto de Cervantes es la utilización de ese escenario con fines opuestos al de la exaltación devota que los origina.

[610] Si nuestro autor no llegó físicamente, lo cual nos extraña, dado que estuvo de viaje a Lisboa tras el cautiverio en Argel, sí, al menos, lo hizo a través de su literatura.

[611] Dado que el personaje de Juana de Austria ya fue mentado en el episodio del portugués enamorado (capítulo1.8.), podría establecerse una relación de simetría entre los sucesos relatados en el libro I y estos del episodio de Feliciana de la Voz del libro III.

A continuación, y a partir de que Feliciana de la Voz comienza a narrar la historia de sí misma en estilo directo, la perspectiva temporal salta desde la niñez de Ana de Austria (todavía Ana de Mendoza) hasta este segundo acto caracterizado por la tragedia de la pérdida de la honra en la persona de este mismo regio personaje. Y, dentro este infame contexto es donde, en nuestra opinión, Cervantes introduce un suceso real que tuvo en su época una gran resonancia internacional: el proceso contra Gabriel de Espinosa, amante de la monja Ana de Austria y suplantador del "desaparecido" (¿muerto en la batalla de Alcazalquivir?) don Sebastián de Portugal.

Porque el asunto en cuestión se trataba de la suplantación que hizo el tal Espinosa, conocido como el "pastelero de Madrigal", en 1595, cuando contaba con cuarenta años de edad, de la identidad del "fallecido" rey portugués. Pero no quedó la cosa en una simple anécdota protagonizada por un vulgar farsante, pues, dentro del propio círculo de relaciones del convento en donde se hallaba recluida Ana de Jesús (de Austria) se reconocía como auténtica la identidad del suplantador. Obviamente, tanto la nobleza autóctona del reino lusitano como la íntima realidad vital de la enclaustrada, serían proclives a la suplantación *de facto* en la figura de un libertador. Sea como fuere, la cosa fue a mayores, pues ambos se hicieron promesa de matrimonio, llegando incluso a sospecharse la posibilidad de que hubieran tenido hijos en común.

Acusado de crimen de lesa majestad, Espinosa fue condenado a la horca y su cuerpo decapitado en 1595. También Miguel de Santos, el sacerdote del convento de Madrigal que afirmaba su regia identidad, corrió la misma suerte.

Estos son los hechos[612], que tienen su enlace temporal en relación a la exégesis histórica que proponemos dentro del entorno temático de la anexión de la Corona de Portugal a partir de 1583, que es el año en que Ana de Austria y Mendoza es reconocida por Felipe II y pasa a formar parte de la familia real. Ahora veamos la posibilidad de que Cervantes los haya literaturizado dentro del episodio de Feliciana. Y comenzaremos señalando cierta ironía en la descripción que hace la protagonista sobre los dos candidatos que la pretenden como esposa:

> Junto a la villa que me dio el cielo por patria vivía un hidalgo riquísimo, cuyo trato y cuyas muchas virtudes le hacían ser caballero en la opinión de las gentes. Éste tiene un hijo, que desde agora muestra ser tan heredero de las virtudes de su padre, que son muchas, como de su hacienda, que es infinita (p. 453).

Se nos describe, pues, de manera sintética, los rasgos que definen al candidato elegido por Feliciana, donde destaca su filiación como hidalgo, que, según viene recogido en *Autoridades*, significaría "Hijo de Algo"[613]; es decir, aparte de señalar una ascendencia noble muy poco marcada, se sugiere el rasgo de la indefinición. Incluso, se expresa la idea de que el padre del susodicho (su linaje) podría, por la educación y virtudes de que hace gala, pasar como caballero "en la opinión de las gentes"; es decir, ¿acaso no se está sugiriendo la posibilidad de que se trate de un pretendiente cuya apariencia (hidalguía) no revele su alta alcurnia, pero que su verdadera personalidad se manifiesta, como en el caso de su padre, no a través de sus títulos sino de la grandeza de su persona? En este sentido, ¿no respondería este perfil con la identidad de alguien de elevada posición que, por alguna necesidad, necesitaría ocultarse ante las gentes? Ahora bien, no debemos obviar el particular contexto "divino" que nuestro autor haya podido transmitir al relato de esta descripción, como así se aprecia en: "Junto a la villa que me dio el cielo por patria"; esto es, que la caracterización del pretendiente, cuya morada se relaciona con lo celeste, podría señalar a un concepto de naturaleza espiritual más que a un personaje en concreto. A ello sumaremos la riqueza que se le supone, que en ningún momento se especifica que sea dineraria o de bienes materiales en concreto; sino procedente de la heredad de su padre:

---

[612] Sobre los cuales, según el historiador Fernández Álvarez, el Monarca se interesó personalmente, llegando incluso a redactar de su puño determinados detalles que habría de aplicarse en la investigación para evaluar el alcance de la conspiración que sobre el caso se extendía: " De esta manera fue descubriéndose la conjura, aunque no toda, pues fray Miguel de los Santos tuvo tiempo de destruir no pocos documentos comprometedores, en relación, seguramente, con los contactos que había establecido". Fernández Álvarez, 2000, p. 933.

[613] "El origen desta voz es mui controvertidos entre los Autores: Unos siguiendo la ley 2. tit. 21. Partida 2. creen se dixo de Hi, palabra antigua, que valía Hijo, y Algo, que significaba bienes o hacienda, y que juntas las dos dicciones se dixo Hidalgo." *Diccionario de Autoridades*, Tomo IV (1734).

"su hacienda, que es infinita."Expresión, esta, que en su aspecto inconmensurable lo asimila a la divinidad.

Es decir, tenemos razones para pensar, a partir de la descripción que se nos proporciona y del contexto mítico-histórico que venimos aplicando, que el susodicho pretendiente de Feliciana pueda ser alguien de gran alcurnia que tenga necesidad de ocultarse, y que de algún modo se halle emparentado ("Junto a la villa que me dio el cielo por patria vivía un hidalgo riquísimo") con la propia Feliciana: ¿el mítico descendiente que se expresa en las legendarias sagas Rex Deus, que se habría asentado desde antiguo en las tierras del *finisterrae* de la península ibérica (Galicia y Portugal) y cuya supervivencia se viera obligada a unirse matrimonialmente con herederos de la misma sangre?

En cuanto al pretendiente impuesto por la familia de la muchacha, extraemos del texto:

> Vivía ansímismo en la misma aldea un caballero con otro hijo suyo, más nobles que ricos, en tan honrada medianía, que ni los humillaba ni los ensoberbecía. Con este segundo mancebo noble ordenaron mi padre y dos hermanos que tengo de casarme (p. 453)

Nótese el cambio en la morada de residencia con respecto al primer pretendiente, pues, de una villa se pasa a una aldea; es decir, de una morada de elevada condición se pasa a otra inferior: ¿no se estará refiriendo nuestro autor a la casa o linaje de ambos pretendientes, donde lo aparente nunca es sinónimo de verdad? De la descripción comprobamos que ocupa un puesto de mayor relevancia social que el anterior, sin embargo, no goza de la misma ¿riqueza espiritual? ("más nobles que ricos"). La "medianía" o término medio que aquí se expresa entre su nobleza y su riqueza, podría aludir a un tipo de vida caracterizada por un equilibrio entre lo espiritual y lo mundano; lo cual, trasladado al ámbito de la realidad histórica de la época en que ubicamos el episodio, no podría señalar más que a la personificación del poder teocrático: equilibrio entre el poder del monarca y la religión (la "honrada medianía").

En resumen, de los dos pretendientes entre los que tiene que elegir Feliciana, el primero podría simbolizar a una rama más pura del descendiente de la Sangre Real (el mítico linaje de la "reina de Francia" o la Notre Dame); y, el segundo, a un concepto mucho más mundano o desviado, aunque emparentado con aquel, la teocracia. Esta visión simbólica, trasladada a la objetividad del contexto histórico de la época de Cervantes, podría considerarse como un reflejo del conflicto que viene protagonizando esa oposición irreconciliable presente en toda la obra: Reforma (Rosanio) frente a catolicismo (Luis Antonio), respectivamente.

Pero la elección no le compete a Feliciana sino a su familia:

> Con este segundo mancebo noble ordenaron mi padre y dos hermanos que tengo de casarme, echando a las espaldas los ruegos con que me pedía por esposa el rico hidalgo (p. 453).

En tal caso, la decisión familiar se inclina hacia la teocracia, lo cual se comprueba en el normal devenir histórico de la época del reinado de Felipe II, donde prima la "razón de estado" por encima de los ideales. Ahora bien, comoquiera que nuestro autor utiliza también el relato ficcional para introducir, a parte de esa visión generalizadora, aspectos más concretos de la realidad histórica; creemos que también tendría cabida en este punto una alegorización de los sucesos que venimos sugiriendo en torno al caso del "Pastelero de Madrigal". Y es aquí donde nosotros percibimos la intención de Cervantes de reflejar la decisión adoptada por Felipe II, como hermano del fallecido don Juan de Austria y por ello tutor o "PADRE" putativo de la huérfana, de evitar que su ahijada-monja, Ana de Jesús, salga de su enclaustramiento para casarse con el "suplantador" del "rey perdido" de Portugal.

Porque este matrimonio no solo no favorecería a los intereses de la Corona de España sino que los pondría en grave riesgo, en cuanto a la legitimación que supondría tal matrimonio en las aspiraciones al trono portugués del presunto "pastelero". Y este podría ser el motivo por el que en la ficción cervantina el padre de Feliciana (¿Felipe II?) decida que su "hija" no se case con Rosanio (¿legítimo descendiente de la saga Reux Deus?) sino con Luis Antonio[614]; es decir, que

---

[614] La complejidad del episodio, de claro barroquismo, hace que en muchas ocasiones los personajes y las acciones entren en un juego de contrarios a veces difícil de percibir y, por lo común, casi imposible de discernir. En el caso del novio desechado por Feliciana, Luis Antonio, a pesar de que representa a la Iglesia católica, no debe

se decante por el linaje más noble en apariencia ¿Y qué linaje espiritual pueda haber más rico en virtudes dentro de la católica sociedad barroco-tridentina que el representado por la propia Iglesia? La decisión de Felipe II fue que Ana de Jesús (o Ana de Austria) se casara con "Jesucristo" (que profesara como monja de clausura).

Pero Feliciana se zafa de las imposiciones familiares:

> pero yo, a quien los cielos guardaban para esta desventura en que me veo y para otras en que pienso verme, me di por esposo al rico, y yo me le entregué por suya a hurto de mi padre y de mis hermanos, que madre no la tengo" (p. 453).

Porque no cabe duda de que nos encontramos ante un grave problema religioso, donde, como se sabe, Felipe II nunca pudo imponer su voluntad ante sus adversarios protestantes. En relación a la -digamos- historia más próxima a la intimidad del Monarca, de esta cita podría deducirse la veracidad de la historia amorosa del "pastelero" Gabriel de Espinosa con Ana de Austria, así como la presunta descendencia fruto de la relación: "Destas juntas y destos hurtos amorosos se acortó mi vestido y creció mi infamia"(p. 454). Además, existe un detalle al final de la cita que hemos transcrito más arriba que no debe pasar desapercibido: "que madre no la tengo". Porque, ¿a qué se estaría aludiendo Feliciana con esta afirmación? De un examen superficial de la cita se supone que se refiere a que la madre, ausente, no podría dirimir en la cuestión matrimonial. Ahora bien, ¿a qué viene, como remate de un suceso de alta carga conceptual, esta información sobre la falta de la madre?

Nosotros creemos que la interpelación que se hace aquí de la madre de Feliciana no solo no es insustancial, sino que es vital en la comprensión del episodio; pues, la intención de mentar a su madre como ausente de la decisión del padre y de los hermanos, podría señalar no solo a su desacuerdo con la decisión adoptada; sino incluso a la posibilidad de que tal solución haya sido, sino urdida por la madre, al menos apoyada por ella.

Y, comoquiera que esta deducción podría obedecer al uso exclusivo de la imaginación puesta al servicio de un relato poliédrico, daremos a continuación las oportunas referencias en el campo de la historia real del suceso. Porque nos estamos refiriendo a María de Mendoza, madre de la protagonista de los hechos (la monja Ana María de Jesús o de Austria y Mendoza) y pariente de la familia que lideraba las conjuras contra Felipe II, con la princesa de Éboli (esposa del portugués Ruy Gómez) y el presunto hijo del marido de esta, el secretario de estado de Felipe II, Antonio Pérez (muy aludido por Cervantes, como así hemos señalado en repetidas ocasiones, a lo largo de todo el *Persiles*), al frente. Comoquiera que en las próximas páginas desarrollaremos la posible implicación de ciertas casas nobiliarias en relación a los hechos que aquí se sugieren, no continuaremos ahora en la línea que, por tanto, dejaremos abierta.

Juzgamos, a la vista de los paralelismos que hemos presentado entre la ficción de Feliciana y la realidad histórica vivida por la hija reconocida de don Juan de Austria, que estos sucesos, conjuntamente con las intenciones que habría de tener don Juan de Austria, que viera que su hermanastro Felipe II trataba de ningunearlo apartándolo de la línea sucesoria, dentro del contexto de las luchas de religión en Europa; podrían constituir el armazón argumental del episodio que nos ocupa.

Pero aún aportaremos algunos datos más para reforzar estas hipótesis. Ahora en el plano simbólico. Porque nos referimos al nombre del elegido como esposo por Feliciana, Rosanio; el cual, dentro de la identidad que le habíamos adjudicado como posible descendiente de la mítica saga Reux Deux, podría aludir a ese mismo concepto en la figura del "Jesús místico", según se expresa a través del Cantar de los Cantares (2:2): "Yo soy el narciso de Sarón, el lirio de los valles. Como el lirio entre espinos así es mi amada entre las doncellas". Porque, desde una perspectiva simbólica, ¿un "lirio entre espinos" no podría asimilarse a la imagen de una rosa unida al espinoso rosal. Es decir: ROSA+ ESPINO > ROSA-(ESP)INO > ROSA-NIO (ESP) > ROSANIO ESP-añol. En tal caso, y dentro del contexto mito-histórico que venimos alumbrando, donde un vástago de origen español podría identificarse como el sucesor de la estirpe de Jesús, no sería muy atrevido realizar la siguiente lectura de ese "lirio entre espinos"

---

confundirse con Rosanio, que simboliza a la Iglesia primitiva. Es decir, que la oposición de los dos candidatos solo se da en el seno de un contexto muy concreto del cristianismo: ortodoxia-literalismo frente heterodoxia-alegoría.

equivalente del cervantino ROSA + ESP-INO : descendiente ESPañol del linaje de la ROSA entre el espINO.

En este sentido, la equivalencia no solo se justificaría en razón del juego anagramático practicado sobre el nombre de Rosanio, sino también en el plano del contenido; a través del propio significado que atribuíamos al personaje como heredero del linaje mítico de Jesús, así como del nombre de religiosa que adopta Ana María de Austria y Mendoza tras su enclaustramiento monacal: ANA DE JESÚS.

La unión, pues, que en el texto se expresa entre Feliciana y Rosanio, se manifestaría simbólicamente en el nombre de la monja en la vida real; testimonio, precisamente, de esa unión entre la mujer y la divinidad: Ana de Jesús = Ana de Rosanio.

En relación ahora a la familia de Feliciana, diremos que el nombre del padre, Pedro Tenorio, dentro del contexto histórico en el que nos hallamos, haría referencia a la fama (bien merecida) de seductor que tenía don Juan de Austria,[615] el padre de la monja Ana de Jesús (Ana de Austria y Mendoza). En cuanto a los dos hermanos que declara tener en un principio, de los que solo aparece uno al final del episodio en la Iglesia de Nuestra Señora de Guadalupe, diremos que podría aludir, uno de ellos, al hijo de Felipe II, el que será el rey Felipe III[616], y, el otro, al hermano natural de aquella, hijo no reconocido de don Juan de Austria con María de Mendoza: ¿Francesco?

El escamoteo deliberado que se produce de uno de los hermanos (Sancho) al final del episodio, y que muchos críticos denuncian como un nuevo error cervantino, podría apuntar en esa dirección de querer dejar constancia de la clandestinidad en la que la Monarquía tenía al hijo varón y no reconocido de don Juan de Austria y María de Mendoza.

Finalmente, existe un dato en el momento final de la resolución del episodio que refuerza nuestra hipótesis acerca de la presencia de la figura "todopoderosa" de Felipe II envolviendo a todos los personajes del núcleo familiar. Y lo hallamos en: "la alegría discurrió por todos los circunstantes; ganó fama de prudente el padre, de prudente el hijo" (p. 476), donde, la repetición de "prudente", apelativo por el que se conoce al segundo de los "Austrias", constituye una clara referencia de nuestro autor para definir la regia filiación del padre y del hijo, así como para situar correctamente a sus personajes en el contexto histórico de la época.

Pero dejemos, de momento, a la familia veladamente declarada de Feliciana, que nos situaba en el entorno de la Casa de Austria, y vayamos al resto de personajes que aparecen en la ficción; porque somos de la opinión de que también han de cumplir su papel dentro de la historia real.

Ya aludimos, en el capítulo anterior, al significado simbólico que los respectivos linajes de los Pizarro y los Orellana aportaban al relato; ahora bien, dado que Cervantes siempre utiliza los elementos que aparecen en la diégesis desde una perspectiva bipolar (como reflejo sutil de esa doble naturaleza humana), no podemos obviar la función terrena o histórica que asumen estos dos nobles personajes dentro del episodio de Feliciana.

Comenzaremos por la referencia que se hace en el relato a sus nombres, donde se aprecia -según decíamos en el capítulo anterior- una gran afinidad o amistad con el personaje que aparece a caballo (que es, presuntamente, el amante de Feliciana, aunque no se exprese literalmente en este lugar) entregando al recién nacido; pues, ¿a quién podría confiarse, pues, la vida de un hijo recién nacido si no es a alguien de la máxima confianza? En tal caso, solo una persona muy allegada al padre puede cumplir esa elevada misión. Siguiendo el orden lógico de los acontecimientos, ahora solo nos restaría por saber qué es lo que realmente une de forma tan íntima al padre de la criatura (Rosanio) con Francisco Pizarro y Juan de Orellana.

Porque estos dos personajes nobles no constituyen referentes reales en la narración, por lo que deberían considerarse desde una perspectiva simbólica y, como ya aducimos, de manera conjunta y en relación a lo que mayormente representan: el linaje de sus apellidos. Es decir, todo apunta a que nos encontraríamos ante un círculo de amigos o familias nobles: los Pizarro-Orellana, que, mediante los abrazos que intercambian con los otros dos nobles personajes ("don

---

[615] Desde el siglo XVII se dio crédito a la idea de que Don Juan Tenorio existió realmente. Tal idea fue recogida por el hispanista Louis Viardot en el siglo XIX, y posteriormente por Gregorio Marañón, que recoge la existencia de los Tenorio y la calidad de seductor de alguno de ellos, pues un tal Cristobal Tenorio tuvo amoríos con la hija de Lope de Vega e incluso se batió en duelo con él, hiriéndolo.

[616] Su consideración como hermano de Ana de Austria vendría del "apadrinamiento" que de la huérfana había hecho Felipe II, su padre. Por lo que su relación natural de primos hermanos se habría elevado a una mayor consideración.

francisco de Pizarro se abrazó con su padre, y don Juan de Orellana con su hermano" [pp. 475-476]), certificarían la amistad que los une; al primero con Pedro Tenorio (ahora, al final del episodio, en calidad de padre biológico de Ana de Austria y Mendoza, don Juan de Austria) y al segundo con su hijo Sancho, hermano a su vez de Feliciana (¿Francesco, el hijo no reconocido de don Juan de Austria?).

Una primera conclusión que podríamos sacar de esa amistad manifestada mediante ese gesto fraternal, es que, en verdad, habría de existir cierta unión entre las familias Pizarro, Orellana, Mendoza y la rama bastarda de los Austria; ahora bien, ¿ello habría de interpretarse como un complot dentro del contexto "sebastianista" en el que se está desarrollando el episodio?

Ahondando en esta posibilidad, comenzaremos analizando las familias de los Orellana y de los Pizarro, aunque no haremos un estudio detallado -que lo dejaremos para especialistas en este período concreto de la Historia de España-, dado la cantidad de datos que originaría, difícilmente asumibles por nuestro trabajo. Suscitar, pues, la viabilidad de nuestras hipótesis será el objetivo que se persiga, más que conformar un informe perfectamente argumentado sobre la cuestión planteada. Confesadas nuestras limitaciones y admitiendo la gran dificultad que supone el trabajo de seguir la pista de ambos linajes en un periodo en donde los matrimonios eran moneda de cambio entre familias de la nobleza, por la repetición de los mismos apellidos e incluso de los nombres en diferentes líneas de un mismo linaje[617]; diremos, en relación ahora al más antiguo de los dos personajes, que el Pizarro conquistador del Perú tuvo la oportunidad de unirse en matrimonio con la princesa inca Quispe Sisa[618], hija de Huayana Cápac[619],y de cuya unión nacieron dos hijos, sobreviviendo solo la hija, Francisca Pizarro Yupanki.

Haremos aquí un pequeño inciso al objeto de plantearnos una pregunta en relación al matrimonio indígena de Francisco de Pizarro: ¿qué motivaría que todo un conquistador español, que vería en los indios a seres inferiores alejados de la senda de la salvación católica, se uniera en matrimonio, precisamente, con uno de los máximos representantes de esa "barbarie"? Quizás, además de la versión oficial, que justifica la decisión de Pizarro por su deseo de consolidar y perpetuarse en las tierras de los incas, el motivo haya de encontrarse en un aspecto más alejado de lo mundanal y apegado a lo mítico-simbólico: la circunstancia de que desde su mismo desembarco fuese aclamado como el dios inca Viracocha[620]. En tal caso, y dado que el linaje de los emperadores incas se remontaba a esa antiguas divinidades que, según sus relatos mitológicos, habían llegado del mar para crear la civilización; no debería de sorprender que Pizarro, hijo bastardo y nunca reconocido, viese aquí la oportunidad de establecer un nuevo linaje entroncando con los propios "dioses" (tal y como ya lo hicieron los antiguos griegos, cuyos linajes se remontaban a las divinidades y héroes olímpicos) del Nuevo Mundo.

Muerto Francisco de Pizarro en 1541, "Doña Francisquita", que así era conocida la hija del conquistador del Perú, es heredera del Gran Marqués de la Conquista y de la Casa real Inca, así como de una inmensa fortuna, con lo que fue cortejada por los principales notables españoles del Perú. Tras casarse con su tío, el hermano de Francisco de Pizarro (Hernando), treinta años

---

[617] Romero advierte este mismo problema, centrado en la discrecionalidad en el empleo de los apellidos por parte de los descendientes de los Orellanas y de los Pizarros: "No ha de sorprender la diversidad de los apellidos de los dos hermanos". Romero, Carlos, Apéndice XIII, p. 729.

[618] Bautizada con el nombre de Inés Huaylas Yupanqui.

[619] Del quechua: "rey joven". Undécimo y antepenúltimo gobernante del incanato.

[620] Viracocha, Wiracocha o Huiracocha, también llamado el dios de los báculos o de las varas, era una divinidad que asumía entre los incas el papel de "Dios creador". Pero también era un dios nómada (¿peregrino?), encargado de entregar a los hombres los rudimentos de la civilización. En cuanto a la etimología del nombre, según la cronista Sarmiento de Gamboa, Viracocha significa "grasa o espuma de mar". De esta misma opinión son Allan y Sally Landsburg: "Cuando los hombres de Pizarro empezaron a entender la lengua de los incas, sacaron la conclusión de que Viracocha significaba algo así como "espuma de mar", porque la palabra inca *cocha* quiere decir <<mar>>. Aunque el hecho de llamar espuma del mar a unos hombres recién desembarcados podía ser sólo una fantasía poética, ello no explicaba por qué los amistosos indígenas pronunciaban aquel nombre con tanta reverencia y tan a menudo [...]. Cuando llegó a la corte del gran emperador inca Atahualpa, descubrió que los hombres más instruidos de allí habían dicho que él, Pizarro, podía ser el dios supremo inca bajado a la tierra; un dios llamado Viracocha, que llevaba el título de <<Antiguo señor, instructor del mundo, creador>>". Landsburg, 1975, pp. 79-80.

Nos hemos extendido en la etimología del nombre Viracocha, pues, más adelante, cuando analicemos la figura de dos personajes clave en el episodio que cierra el libro III (el de Isabel de Castrucho), Juan Bautista Marulo y Andrea Marulo, encontraremos un curioso caso de sinonimia entre el significado etimológico de la palabra Viracocha y Marulo.

más viejo que ella, y tras darle cinco hijos, enviuda y vuelve a casarse en 1581 con Pedro Arias Portocarrero, hijo de los segundos condes de Puñonrostro. De su primer marido tuvo a Francisco Pizarro y Pizarro, que emparentó con la misma familia que su madre al casarse con la hermana de Pedro Arias Portocarrero.

En cuanto a la familia de Orellana, sabemos que Juan de Orellana Meneses, 7º señor de Orellana la Vieja, se casó con María de Mendoza Portocarrero, hija de de Juan Portocarrero, segundo conde de Medellín (cuya madre fue la belicosa Beatriz Pacheco). Le sucedió su hijo Rodrigo y a este Juan de Orellana el Bueno. Este último murió sin sucesión abriéndose un conflicto sucesorio de cincuenta años (1549-1614). A partir de esta fecha Felipe III concede el primer título de Marqués de Orellana a Pedro de Fonseca Orellana y Figueroa.

De esta breve exposición podemos hacer las siguientes consideraciones:

1º. Que la familia Pizarro, a partir del matrimonio de Francisco con la princesa inca, presentaba una gran legitimación dinástica (sangre de emperadores Incas), la suficiente para, a través de las oportunas alianzas con las Casas de mayor nobleza españolas, formar parte de un nuevo y elevado linaje a la hora de fundar una nueva dinastía con fines reinantes.

2º. Que la muy antigua familia Orellana une su linaje con los Mendoza y con los Portocarrero. Y que estos últimos serán los que enlacen en un primer momento con los Pizarro, a través de los matrimonios de Francisca Pizarro Yupanki, la hija del conquistador, y de su propio hijo, Francisco Pizarro y Pizarro.

3º. Que la madre de la hija de don Juan de Austria pertenece también a la Casa de Mendoza (María de Mendoza), por lo que la unión de grandes familias nobles en torno a la figura de don Juan de Austria resulta manifiesta.

4º. Solo como dato a tener en cuenta, recuérdese que el propio Cervantes, a través de los Pizarro-Orellana, podría haber emparentado también con todo este entramado nobiliario. En este sentido, tampoco debe olvidarse la relación que mantuvieron las dos hermanas de Cervantes, Andrea y Magdalena, con los dos hijos de Pedro Portocarrero (uno de los comandantes de don Juan de Austria, muerto en los preliminares de la batalla de Lepanto), Alonso y Pedro, respectivamente.[621]

Es decir, como vemos, no solo la común querencia propia de las familias (plebeyas o hidalgos) que habían gestado su fama y su fortuna en la conquista del Nuevo Mundo podría constituir el motivo del lógico deseo de emparentar con determinados linajes nobiliarios; sino que, en el caso de los Pizarro-Orellana, parece que estas aspiraciones despiertan el interés de las familias de mayor raigambre sobre suelo peninsular ¿A qué podría ser debido tal propensión? Juzgamos que solo una causa pueda justificar ese interés: el linaje imperial Inca traído desde las Américas en la persona de Francisca de Pizarro Yupanki, en cuanto a que, en una escala simbólico-espiritual, su unión con las estirpes peninsulares representaría el puente entre esos dos mundos, el Viejo (Europa) y el Nuevo (América).

Pero esta lectura mito-histórica que hemos ofrecido de la interpretación de los hechos narrados no descarta la existencia de otras posibilidades. Porque, desde una perspectiva, ahora, mito-religiosa, ¿no podría constituir este relato, en torno a esos linajes que vienen de ese legendario Eldorado, el escenario ideal para escenificar la Parusía o segunda venida del Mesías en la visión de un mesiánico convencido como lo era Felipe II? Leemos en el evangelio de Mateo 24: 23-28:

> Entonces si alguno os dijere: "¡El Cristo está aquí o allá!", no lo creáis. Surgirán falsos Cristos y falsos profetas, y harán grandes señales y prodigios para engañar, si fuera posible, aún a los mismos elegidos. Mirad que os lo he predicho. Si os dicen que está en el desierto, no salgáis; si en un escondite, no lo creáis. Porque como el relámpago sale del oriente y brilla hasta el occidente, así será la venida del Hijo del Hombre. Donde estuviere el cadáver, allí se reunirán los buitres.

No cabe duda de que, a la vista de lo que nos dice el texto bíblico acerca de las "Señales de la segunda venida de Cristo", podría trazarse un paralelismo con la interpretación que nosotros estamos presentando sobre el episodio de Feliciana de la Voz. Empezando por el cadáver que se

---

[621] "Ironía del destino: uno de sus subordinados [de don Juan de Austria], don Pedro Portocarrero, se encuentra directamente vinculado a los asuntos de la familia Cervantes. Mientras se prepara para cumplir con su deber, sus dos hijos, Alonso y Pedro, que permanecen en Madrid, mantienen relaciones continuadas con dos de las hermanas de Miguel". Canavaggio, 1997, p. 73.

cita ("Donde estuviere el cadáver"), que aludiría alegóricamente al que remite el epitafio (el de Sebastián de Portugal), y que en la ficción se simbolizaría con el personaje de Diego de Parraces, como luego analizaremos, y terminando por los buitres ("allí se reunirán los buitres."), que serían los beneficiarios de sus despojos, cuya imagen se transmite en el relato con el aparente saqueo del cadáver de Parraces: "El hombre muerto, sus despojos en vuestro poder y su sangre en vuestras manos"(p. 466). Es decir, de manera preliminar, podría interpretarse esta señal bíblica de la segunda venida del Salvador como acaecida en el reino de Portugal, donde el cadáver de su rey alimentará (alegóricamente) las ansias de poder de los Austrias (¿los buitres de la cita del evangelio de san Mateo?), con Felipe II a la cabeza como heredero "legítimo" de la Corona de Portugal.

Pero existen más paralelismos que nos induce a pensar que Cervantes pensaba en la "Parusía"a la hora de escenificar literariamente los graves acontecimientos sobre los que nuestro autor, como dijimos, pudo haber tenido un conocimiento privilegiado. Porque, el celo que se muestra en la cita bíblica por desenmascarar a los falsos Mesías[622], ¿acaso no podría extrapolarse a la leyenda del "Sebastianismo", donde los suplantadores fueron apareciendo sucesivamente, a cada cual mejor pertrechado, quizás impulsados desde las mismas esferas de poder que querían desprestigiar la hipotética llegada de alguien con mayor legitimidad que quisiera arrogarse para sí el trono de Portugal y, luego, quien sabe, también el de España...?

Continuando con la cita de San Mateo, encontramos en la manera en cómo se nos dice que llegará el Mesías[623] otro paralelismo muy acusado con la interpretación alegórica que nosotros proponemos. Porque, ¿no podría considerarse ese puente entre el Viejo Mundo y el Nuevo, tendido a raíz de la conquista de Pizarro-Orellana (entre otros) y materializado con la unión de la sangre noble de uno y otro continente a través de la persona de Francisca de Pizarro Yupanki, una interpretación posible de ese "relámpago" que en la cita se nos dice que "sale del oriente" (Europa) "y brilla hasta el occidente" (América), y que cristaliza en la figura de un segundo Mesías en ese lugar mítico considerado desde antiguo como el final del mundo conocido (el *finisterrae*: la península ibérica)?

Porque, ¿no dijimos que el nombre de Rosanio remitía a la figura de Cristo: "Yo soy la rosa de Sarón, / el lirio de los valles./ Como el lirio entre los espinos, / así es mi amada entre las doncellas"[624] (*Rosa entre el espino*. ROSA-NIO)? Dado, pues, que los acontecimientos nos llevan a estrechar el círculo sobre el personaje de Rosanio, en la creencia de que lo representado por él en el contexto de la obra pueda llevarnos a definir un perfil muy determinado, haremos a continuación una breve incursión histórica en los candidatos que han dejado testimonio documental del intento de suplantación del monarca portugués en el período de tiempo referido. Porque tenemos la sospecha, conforme a lo establecido en la cita bíblica para la segunda venida de Cristo ("harán grandes señales y prodigios para engañar, si fuera posible, aún a los mismos elegidos"), que del propio engaño aparente podría surgir la verdad de esta historia.

Así, pues, cuatro fueron los "sebastianistas" puestos a disposición de la justicia tras su intento de suplantación. Todos, salvo el primero que fue rapado para escarnio público y enviado a galeras, fueron ejecutados por su osadía. Excesiva dureza, creemos, en la aplicación de las penas como para tratarse de una simple muestra de picaresca española, y demasiada osadía, juzgamos, para haber sido obra de un simple estafador ¿Qué fue realmente el "Sebastianismo"?

Comoquiera que este no es el lugar para entrar en profundidad en un tema de tal complejidad, nuestras deducciones deberán tomarse solo como un intento de aproximación y con unos efectos limitados exclusivamente a este trabajo. Dicho esto, para analizar el alcance de este movimiento orquestado, seguramente, desde los bastidores de las familias anteriormente citadas relacionadas con los Pizarro-Orellana, volveremos al texto de Cervantes; donde, en relación a la extraña y desaforada muerte de Diego de Parraces, podremos arrojar algo de luz al misterio que se oculta bajo el velo de uno de los episodios más inquietantes del *Persiles*. Esta es la descripción que el narrador nos ofrece del muerto:

---

[622] "Hijitos, es la última hora, y como habéis oído, el Anticristo viene, y ahora ya han surgido muchos anticristos; por eso conocemos que es la última hora." (Primera carta de San Juan 2: 18.).

[623] "Porque como el relámpago sale del oriente y brilla hasta el occidente, así será la venida del Hijo del Hombre."

[624] Cantares 2: 1-2.

la poca edad del muerto y su gallardo talle y parecer les acrecentó la lástima. Miráronle todo y halláronle, debajo de una ropilla de terciopelo pardo, sobre el jubón, puesta una cadena de cuatro vueltas de menudos eslabones de oro, de la cual pendía un crucifijo, asímismo de oro; allá entre el jubón y la camisa le hallaron, dentro de una caja de ébano ricamente labrada, un hermosísimo retrato de mujer pintado en la lisa tabla (p. 465).

Porque el tal Parraces, del que solo sabemos que era joven y gallardo, parece no aportar nada a la narración: es asesinado de forma violenta y nada se sabe del porqué, ni siquiera de la función que cumple en el relato: "Quedóse el delito sin castigo, el muerto se quedó por muerto" (p. 469). Menos aún de la trascendencia de su nombre. Tan solo Periandro atisba la posibilidad, tras la lectura de los versos que llevaba en una cajita, de "que de causa amorosa debía de haber nacido su muerte". Lo cual, de forma inexcusable, hace que retrocedamos al contexto del episodio de la muerte del "enamorado caballero portugués" (Manuel de Sosa Coitiño), al que aportaría la pista que aquí se expresa de haber sido asesinado a traición: "con una espada hincada por las espaldas, cuya punta le salía por el pecho" (p. 464); lo cual se hallaría dentro del contexto histórico de la "leyenda negra española", que nosotros venimos aplicando como telón de fondo del episodio.

Pero Cervantes, que nunca deja al lector desamparado, introduce al final del misterioso suceso del asesinato de Parraces un elemento esclarecedor fruto de la investigación efectuada sobre el caso: "Y, diciendo esto, me dio éste que entrego a vuesa merced, donde imagino que debe de venir alguna cosa que toque a este extraño suceso" (p. 468). Se refiere al papel escrito por el difunto que presentía su muerte, y que dio instrucciones a un compañero de hospedaje de mostrarlo a la justicia si en seis días no regresaba al mesón de donde habría partido a su aventura sin retorno.

Llegados a este punto, creemos que la información que se va aportando es lo suficientemente densa como para suscitar la posibilidad de que se nos esté refiriendo alegóricamente, y en su conjunto, a través de ese personaje (Parraces) que en apariencia no tiene ninguna función en el relato salvo morirse, no solo a la muerte del rey don Sebastián de Portugal, sino también al sacrificio de los que pasan por ser los mártires-suplantadores del propio monarca dentro de la leyenda del "sebastianismo". Los datos que nos induce a plantear esta hipótesis son los siguientes:

1º. Las cuatro vueltas de menudos eslabones de oro que presenta la cadena del muerto podría interpretarse simbólicamente como los cuatro candidatos formando parte de un mismo objetivo, y cuyo final los unió trágicamente en una especie de suplicio (de ahí el oro de las cadenas como símbolo de la ganancia espiritual o martirio) simbolizado en el crucifijo (instrumento simbólico del suplicio máximo) que pendía de la citada cadena.

2º. La muerte del personaje Parraces, según el valioso juicio aportado por Periandro, fue por causa amorosa. Lo cual, no solo enlaza con el episodio del portugués enamorado, del libro I, Manuel de Sosa Coitiño; sino que, además, unifica y da sentido a las intenciones de los "sebastianistas", que buscarían para legitimarse un matrimonio en consonancia con su pretendido estatus real, y donde no bastaría una simple doncella de la alta nobleza para conseguirlo, sino que solo una hija de reyes y nieta de emperadores podría servir a tales designios: la monja Ana de Jesús (Ana de Austria y Mendoza). Y este podría ser el motivo por el que el muerto porta entre sus ropas a la altura del pecho la imagen de una dama, junto al crucifijo; que, además, se nos dice que iba dentro de una "caja de ébano". Comoquiera que ya conocemos la sutileza de nuestro autor a la hora de expresar determinados mensajes, no descartamos la posibilidad de que esa "caja de ébano", cuya especificación nada aporta a la narración, tenga sin embargo una función alegórica muy precisa en función del parecido fónico con la "casa de Éboli" (CAJA > CASA; ÉBOLI > ÉBANO); pues, de la familia de los Mendoza era la esposa de Ruy Gómez, príncipe de Éboli y presunto padre del "levantisco" Secretario de Estado de Felipe II Antonio Pérez, gran amigo, a su vez, de la princesa-viuda de Éboli (Ana de Mendoza y de la Cerda)[625]. Y Mendoza era también la amante de don Juan de

---

[625]   El blasón de la Casa de Mendoza se caracteriza por la leyenda: "AVE MARÍA" - "GRATIA PLENA". Es decir, se constata en el lema de su linaje la devoción por María; ahora bien, comoquiera que pudiera aludir a los diferentes conceptos que se hallan en la órbita (la ortodoxa y la heterodoxa) de lo simbolizado por el término MARIA, solo aludiremos a la predisposición que habría de tener la más poderosa familia noble en época de Felipe II (junto con la Casa de Alba, que sería la facción contraria) para defender el lema de su linaje en la persona de una

Austria, María, la madre de la niña-monja que fuera reconocida por Felipe II como Ana de Austria y Mendoza.

Y, en este punto deberíamos hacer un inciso, pues encontramos un nuevo motivo para presuponer la intervención directa que pudo tener Cervantes en los hechos que estamos sugiriendo. Nos referimos al nefasto acontecimiento que vino a empañar, una vez más, la fama de nuestro insigne escritor: el asesinato del noble navarro Gaspar de Ezpeleta a las puertas del domicilio de nuestro escritor en Valladolid, en 1605. Pues bien, al parecer, de resultas de la pertinente investigación sobre el esclarecimiento del crimen, se constata que el domicilio vallisoletano de Cervantes era muy frecuentado por personajes nobles, tanto de día como de noche. Según recoge Sliwa:

> Isabel de Ayala, natural de la ciudad de León, viuda del doctor Espinosa, testimonió que en el cuarto donde vivía Cervantes habían algunas conversaciones de gentes que entraban en ella de noche y de día, algunos caballeros que ella no conocía y que había escándalo y murmuración, especialmente entre Simón Méndez, portugués, que está amancebado con Isabel, hija de Cervantes y le dio un faldellín que le había costado 200 ducados. Aseveró que en la casa entraban los caballeros de día y de noche, el III Duque de Pastrana Ruy Gómez de Silva y Mendoza, 1585-1626, el Conde de Cocentaina, el señor de Higares, y otros muchos caballeros que ella no conocía.[626]

El dato biográfico que hemos aportado, independientemente de la verdad sobre el asesinato del noble navarro[627], así como de la honorabilidad de las mujeres que convivían con nuestro escritor, nos sirve a un propósito muy concreto: constatar el trato o amistad del III Duque de Pastrana, Ruy Gómez de Silva y Mendoza, con Miguel o con su hija Isabel, o con ambos. Y si destacamos esta relación es porque estamos hablando del nieto de los príncipes de Éboli, cuyo abuelo, Ruy Gómez, fue el presunto padre del secretario de estado de Felipe II, el huido de la justicia Antonio Pérez (recordemos que Pedro de Lanuza, hermano del Justicia Mayor de Aragón que fue decapitado por dar asilo al "levantisco secretario", tuvo tratos matrimoniales con Constanza, sobrina de Cervantes); y, porque su padre, Rodrigo de Silva y Mendoza, participó junto al Duque de Medina Sidonia en la campaña de África destinada a recoger el cadáver del Rey Don Sebastián de Portugal.

Como vemos, ese trasiego declarado de personajes nobles por el domicilio de Cervantes en Valladolid, donde son asiduos los de ascendencia portuguesa, como Simón Méndez o el propio Ruy Gómez, este último muy relacionado con la "leyenda del Sebastianismo" y presunto sobrino carnal de Antonio Pérez, sumado a los oscuros sucesos, nunca probados, del asesinato del noble Ezpeleta, que además murió dentro de la casa del escritor mientras era atendido de sus heridas; todo ello, en su conjunto, nos hace, al menos, sospechar la posibilidad de la implicación de Cervantes en ciertos asuntos de carácter -que diríamos hoy en día- confidencial.

3º. Los "seis días" que da Parraces de margen ("si no vuelvo por aquí dentro de seis días"[p. 468]) para certificar su muerte *de facto*, así como la información que revela en la nota escrita de que: "salí de la corte de su majestad tal día -y venía puesto el día-[628] en compañía de don Sebastián de Soranzo" (p. 468), podría aludir, por un lado, a los seis años (equivalencia simbólica años/días) que tardó en aparecer el primer suplantador de don Sebastián (el conocido como "rey Penamacor") tras su "muerte" en la batalla de Alcazarquivir; y, por otro, a la expresión simbólica del nombre del monarca desaparecido a través de la doble figuración que

---

candidata que, de algún modo, tuviera la necesaria legitimidad para encarnarlo: ¿la monja Ana de Jesús, que, en la ficción cervantina asumiría el papel de la protagonista Feliciana de la Voz?

[626]   Sliwa, 2006, pp. 544-545.

[627]   "Es raro que el alcalde Valladolid se negó obstinadamente a seguir el rastro, quizás, verdadero de la causa de Ezpeleta, quien, y eso era de pública notoriedad en Valladolid, había seducido a la esposa de un escribano llamado Galván, y que había muerto de las heridas causadas por el cónyuge ofendido o por uno de los parientes de la mujer, de acuerdo con la declaración de Francisco de Camporredondo, criado de Ezpeleta. Sliwa, 2006, p. 547.

[628]   Nótese cómo Cervantes, a la hora de hacer transcribir fielmente la nota manuscrita por el difunto Diego de Parraces, omite intencionadamente la fecha de la salida hacia el encuentro de su consabida muerte ("y venía puesto el día"), pues si hubiese expresado el día concreto habría desvelado la clave para entender todo el episodio de Feliciana de la Voz: el día de la batalla de Alcazarquivir el 4 de agosto de 1578, donde, presuntamente, murió el rey Sebastián de Portugal.

conforman los dos personajes que son mentados en la nota manuscrita: Diego de Parraces y Sebastián de Soranzo.

Es decir, siguiendo la manida articulación dúplice que alcanza a todas las estructuras de la narración persilesista, la identidad de don Sebastián de Portugal estaría representada por una entidad terrestre (Diego de Parraces) y otra celeste (Sebastián de Soranzo). No en vano, el propio Romero, en una nota aclaratoria, repara también en el carácter excesivamente plebeyo o mundano (terrestre) del apellido Parraces[629], pues parece estar fuera de contexto en medio de apellidos tan ilustres. En cuanto a la entidad que nosotros calificamos como celeste, cuya referencia semántica alcanzaría no solo a lo simbolizado por el rey don Sebastián, sino también a la voluntad de todo un pueblo necesitado por el retorno de un monarca redentor (el "Sebastianismo"); Cervantes materializa ese sentimiento idealizado en la expresión del nombre Sebastián de Soranzo, y sobre el que Romero se pronuncia en este sentido:

> Allen (94) cree que la historia tiene un fundamento real, aunque reconoce la dificultad de averiguarlo. Yo creo que la clave podría estar en este Soranzo, miembro de una de las más ilustres familias del patriarcado de la República Véneta (n. 26, pp. 468-469).

Y no parece ir descaminado Romero con la opinión de Allen, que nosotros compartimos, pues el cuarto y último de los suplantadores de la identidad de don Sebastián apareció, precisamente, en Venecia en 1598. Porque, recordemos que la República de Venecia era un lugar muy querido para don Juan de Austria, sin cuya ayuda no hubiera podido imponerse en la crucial batalla de Lepanto. En este sentido, no sería muy aventurado suponer que esos mismos apoyos otorgados al padre se volcasen ahora en favor de su hija la monja Ana de Austria, a través del oportuno candidato veneciano. Comoquiera que en esta ocasión no indagaremos en linajes ni apellidos, nos quedaremos en la filiación veneciana del susodicho y en el apelativo por el que fue conocido su correspondiente suplantador: "El caballero de la Cruz". En este sentido, ¿no podría remitir el apodo al crucifijo que pendía de la cadena de cuatro vueltas que colgaba del difunto Parraces, y, en tal caso, constituir una pista dada por Cervantes acerca del último de los sebastianistas sacrificados?

4º. Siguiendo la máxima gnóstica que da comienzo a la Tabla Esmeralda[630], y realizando una suerte de ejercicio cabalístico con los dos nombres que nos propone Cervantes en relación a su expresada afinidad: "mi pariente" (p. 468), es decir, ¿mi par-i-ente?, podríamos llegar a deducir si no la identidad exacta, sí al menos la finalidad que tales personajes tienen en el episodio. Porque, desde esta perspectiva simbólica, en donde Diego de Parraces constituiría la materialización terrenal de lo simbolizado por el idealizado Sebastián de Soranzo, resultaría que el nombre del primero podría interpretarse como: *Diego > Santiago (el hermano del Señor)*[631] *de Parraces > se parece = se parece al "hermano"*[632]; y, Sebastián de Soranzo, como: *Sebastián de SOR > SOR (monja), AN > ANa de, ZO > MendoZA: SOR-AN-ZO*[633]. Es decir, el conjunto formado por el "par-i-ente" podría resolverse mediante este ingenioso juego de palabras, para mostrarnos la verdadera identidad del misterioso suplantador del rey don

---

[629] *"Parraces. No parece ser apellido noble: brilla por su ausencia en la Enciclopedia heráldica y genealógica hispano americana, de Alberto y Arturo Caraffa (Madrid y Salamanca, 1919-1947)". (nota 25, p. 468).*

[630] "donde se afirmaba, como el mayor milagro del Uno, 'la igualdad de lo de arriba con lo de abajo', como origen y fin de todas las cosas. La frase contenía un carácter simbólico para el pensamiento y el arte." Suárez, 2015, p. 23.

[631] Diego es un nombre propio derivado del latino Iacobus > Jacobo > Yago/Diego > Sant Yago > Santiago: "el hermano del Señor (Gálatas 1:19).

[632] No se descarta la interpretación dada por la estudiosa Lozano-Renieblas, que, aduciendo la autoría de Sebastián de Soranzo (su pariente) en el asesinato de Parraces, encuentra a la figura del homicida en la persona de un tal Diego García de Paredes: "La historia de la vida del tal Diego garcía de Paredes es, por decirlo brevemente, la historia de una pendencia que comienza en el año 1507 con una pelea con un pariente suyo, dándose <<tantas cuchilladas>> que <<descalabré a todos>> (*Breve suma de la vida...*255), y termina con su muerte a causa de una caída." Renieblas, 1998, p. 182. A pesar de la validez de sus afirmaciones, creemos que esta identificación no solo no resuelve el episodio, sino que lo reduce a mero escarceo anecdótico y, a nuestro modo de ver, gratuito.

[633] Dado que la dialéctica de nuestro autor se caracteriza por dar a conocer un mensaje comprometido sin renunciar a la verosimilitud que transmite la lectura literal, el anagrama que se forma debería adaptarse, en este caso concreto, a la disposición previa del apellido que deseaba conservarse íntegro (Soranzo y no Soranza, pues, aunque esta última forma hubiera sido la solución lógica, no existe en la realidad como referencia al apellido real; por lo que ya no sería verosímil).

Sebastián de Portugal: *el hermano de Sor Ana de Mendoza se parece a don Sebastián.* Dicho de manera más directa: Francesco, el supuesto hermano de Ana de Austria y Mendoza que nunca fue reconocido por su tío Felipe II.

5º. Sin duda, el candidato que en más aprieto puso a la monarquía de los Austrias fue el tercero en discordia, el español Gabriel de Espinosa, en 1594. Comoquiera que ya nos habíamos ocupado más arriba del caso del llamado "pastelero de Madrigal", donde suscitábamos la posibilidad de que Cervantes se hubiese servido de este suceso en concreto a la hora de crear el conflicto amoroso a desarrollar en el episodio de Feliciana, ahora trataremos de aspectos más abstractos o simbólicos.

Pero regresaremos a la imagen de Parraces que nos ofrece el texto. Porque su aparición en el relato posee ciertas resonancias mesiánicas. Empezando por el escenario en el que el personaje se despide de este mundo, previamente transformado en un *locus amoenus*, ("sitio agradable y necesario para su descanso"[p. 464], y que se reviste de todos los elementos simbólicos destinados al efecto con el objeto de mostrar esa trascendencia propia del estado de liberación alcanzado tras la muerte:

> cuando de improviso, rompiendo por las intrincadas matas, vieron salir al verde sitio un mancebo vestido de camino, con una espada hincada por las espaldas, cuya punta le salía al pecho. Cayó de ojos y, al caer, dijo:
> - ¡Dios sea conmigo! (pp. 464-465).

De este modo, la perspectiva gnóstica que reviste cada detalle de esta cita: la irrupción repentina (una "aparición"), la imagen del héroe saliendo de la intricada espesura (símil del laberinto), la referencia bíblica de sus vestidos (Juan 14: 6: "Yo soy el camino, y la verdad, y la vida"), el simbolismo de la espada en relación al Conocimiento, la herida a traición (la de Judas), la nueva visión de esa diferente realidad que provoca el acceso al nuevo estado ("cayó de ojos") y, finalmente, la alusión a las palabras proferidas por Jesús antes de expirar (Lucas 23: 46): "Padre, en tus manos encomiendo mi espíritu" ("Dios sea conmigo"); constituyen un claro indicador de cómo haya de ser interpretado este extraño suceso que viene a romper el sosiego de los esforzados peregrinos en su camino de peregrinación.

Porque el nombre de Gabriel de Espinosa, que nosotros creemos que podría haber sido adoptado como una especie de "santo y seña" o "marca de reconocimiento" entre los que urdieron la suplantación y con el ánimo de ocultar la verdadera filiación del regio candidato o suplantador "cuasimesiánico", es muy revelador de lo que acabamos de interpretar. Para empezar, Gabriel se llama uno de los tres famosos arcángeles, cuya función más recordada es la de la Anunciación de la Virgen María, donde aparece representado de rodillas ante ella y ofreciéndole un lirio (flor de Lis o rosa). Lo cual, y haciendo uso de la imaginación propia de estos *locus amoenus* -digamos- a la portuguesa, podría interpretarse como que el candidato asumiría la función del susodicho arcángel en un escenario mítico-histórico muy determinado, donde una joven monja (Ana de Jesús) interpretaría a su vez el papel de la Virgen María. A ello, sumaremos ¿la casualidad? de que en el nombre de Gabriel se halle inmersa la palabra Grial, o que en el lema del blasón de los Mendoza, "Ave María, Gratia Plena", se haga referencia al papel de la Virgen María desempeñado en la ficción por la Mendoza Ana de Austria.

En cuanto al apellido del "embaucador", Espinosa, las resonancias simbólicas son varias, en consonancia con el ya habitual juego retórico de Cervantes de juntar dentro de un mismo significante el mayor número de significados posibles. Para empezar, la muy evidente referencia al *espino* no solo pone al propio Gabriel de Espinosa en relación con la famosa parábola bíblica en la que Jesús se definía a sí mismo, sino también, y ahora dentro de la ficción cervantina, con la figura de Rosanio, que, en tal caso, cumpliría en la diégesis la función de *alter ego* de Parraces; en cuanto a que aquel constituiría la idealización amorosa del "sebastianismo" y este otro la trágica realidad de la suerte que corrieron todos los candidatos[634]. Pero además de lo dicho, aunque ahora de manera mucho menos visible, encontramos en el apellido otra referencia de mayor relevancia que la anterior, en cuanto a que podría ser

---

[634] Tomando a los cuatro suplantadores como un sólo personaje o símbolo del elemento terrestre (Diego de Parraces), y a Rosanio como el ideal celeste o transcendido.

337

portadora de una información verdaderamente confidencial, pues apuntaría a la familia de la cual partiría el presunto candidato: los Pizarro.

Dado que sabemos que el blasón del linaje familiar de los Pizarro está formado por dos osos (u osas) y entre medias un pino, no resultaría muy complicado deducir la emblemática relación que une al sebastianista Espinosa con el linaje del famoso conquistador: *ES un PINo entre OSAs* (ES-PIN-OSA). Es decir, que el tal Gabriel, aparte de representar al linaje (judío, como así se deduce de la flor de Lis que lleva el arcángel en sus representaciones) portador del Grial, pertenecería a la familia de los Pizarro, ya mezclada con los Orellana.

Recapitulando, hemos tratado de demostrar que todo el episodio de Feliciana de la Voz consiste, entre otras posibles atribuciones, en la crónica literaria realizada por Cervantes para dejar testimonio de los graves sucesos que pusieron en jaque los pilares sobre los que se asentaba la monarquía de los Austrias dentro del contexto histórico de la anexión del reino de Portugal. Porque, a raíz de la presunta traición de la que fue objeto su monarca, el pueblo portugués no aceptará de buen grado al supuesto traidor que envió a la muerte a su joven e impetuoso rey don Sebastián ("Yo, por no querer hacer verdaderas ciertas sospechas falsas que de mí tenía, fiándome en mi inocencia, di lugar a su malicia, y acompañéle. Creo que me lleva a matar"[p. 468]). La sibilina maquinación que el ya mayor Felipe II, apodado también el "demonio del Mediodía"[635], pudo haber orquestado sobre el ingenuo rey portugués en aquellas "piadosas" conversaciones que tuvieron lugar en el casi luciferino (según la descripción que se hace en el *Persiles*) monasterio de Nuestra Señora de Guadalupe, fue expresada de manera muy visual por nuestro autor a través de la mortal herida de Parraces ("con una espada hincada por las espaldas, cuya punta le salía por el pecho"). Consumados los ignominiosos hechos, la única posibilidad, pues, de hacer regresar a su reino a la figura de un más que seguro rey muerto en la batalla de Alcazalquivir, será la de resucitar, no al hombre, que es imposible, sino a su linaje; pero a la vez logrando devolver el golpe traidor con otra traición todavía mayor surgida desde el mismo seno de la familia de Felipe II: la hija del que se hizo retratar en El Escorial con el símbolo del león de la tribu de Judá, don Juan de Austria.

Conscientes de que solo hemos interpretado una mínima parte del extenso episodio de Feliciana de la Voz[636], donde son muchos y muy variados los elementos simbólicos que se conjugan, queremos manifestar que nuestra exégesis, sin ánimo de parecer dogmática, creemos que cumple suficientemente las expectativas por nosotros suscitadas acerca de la recreación de un escenario histórico muy preciso, así como de unas prácticas espirituales muy determinadas dentro del contexto gnóstico-bizantino que sitúa a esta obra a la altura de un manual de iniciación propio de la Antigüedad Clásica.

3.4. La "vieja peregrina"

El personaje más enigmático, nos atreveríamos a decir, de todo el *Persiles*, hace su aparición en el relato en el capítulo 6 de este libro III. El contexto en el que irrumpe es preparado a conciencia por nuestro autor, que, tras un episodio más volcado a lo histórico que a lo espiritual[637] (el de Feliciana de la Voz), prioriza ahora de manera casi exclusiva el tema iniciático presentándonos no sólo al personaje que más y mejor lo va a encarnar; sino, lo que resulta aún más sorprendente, revelándonos ciertas prácticas intelectuales aplicadas a la astronomía que nos llevarán, cuando menos, a resultados inimaginables para el contexto de la época.

Podría decirse que nos hallamos ante un episodio enteramente intelectual, donde las imágenes evocadas en la diégesis remiten, sin ningún tipo rodeos, al camino del Conocimiento que, incluso, es mencionado de manera literal sin que apenas medie en esta ocasión voluntad alguna de encubrimiento. Es como si Cervantes prefiriese en este capítulo quemar sus naves antes de que el lector naufragase en ese mar proceloso de la ignorancia para no poder volver a retomar el "sentido de la navegación".

---

[635] "En verdad, podía afirmarse que Felipe II era <<el demonio del Mediodía>>. Su poder era monstruoso, y la rebelión un deber sagrado." Fernández Álvarez, 2000, p. 397.

[636] Véase, para tener una idea mucho más completa del episodio de Feliciana de la Voz, el estudio que hace Nerlich en su libro citado en la bibliografía, en el capítulo III y IV de la decimocuarta parte, pp. 598-632.

[637] Si excluimos las estancias que constituyen el "canto" final de Feliciana de la Voz.

El contexto diegético del que surgirá el personaje de la "vieja peregrina" es el que sigue:

> La ida de Trujillo fue de allí a dos días, la vuelta de Talavera, donde hallaron que se preparaba para celebrar la gran fiesta de la Monda, que trae su origen de muchos años antes que Cristo naciese, reducida por los cristianos a tan buen punto y término que, si entonces se celebraba en honra de la diosa Venus por la gentilidad, ahora se celebra en honra y alabanza de la Virgen de las vírgenes (p. 483).

Cervantes nos remite a lo que queda de un mundo antiguo donde el hecho religioso centraba la vida de las gentes. El paulatino abandono de esos misterios trascendentes que mantenían al hombre unido con la divinidad, sin embargo, no lo ha hecho desaparecer del todo; y así nos lo refiere nuestro autor a través de su narrador cuando cita la "gran fiesta de la Monda", donde no se arruga a la hora de decir que es una fiesta cristiana derivada del culto a la diosa Venus.

Es decir, de manera preliminar y a modo de presentación de la historia que se va a narrar a continuación, podríamos decir que el episodio de la "vieja peregrina" sería la continuación lógica del relato de Feliciana de la Voz (también virgen como Venus); es decir, una especie de explicación de todo el episodio escenificado de la virgen-niña, que remite a una fuente antigua y pagana todavía latente en las cristianas fiestas de la Monda y de Nuestra Señora de la Cabeza.

En tal caso, nos encontraríamos ante una clara exposición del pensamiento religioso de Cervantes, donde su cristianismo solo sería tal en cuanto a que puente con la tradición pagana anterior y no como doctrina literalista crecida al amparo de la teocracia de turno.

Estamos parcialmente de acuerdo con Romero cuando, en relación a la *fiesta de la Monda*, dice: "Añadiré, por mi cuenta, que, en realidad, no se trata de una perduración cristianizada de culto a Venus, sino a Ceres (estamos ante una derivación de *Mundus Cereri*) como demuestra J. Caro Baroja" (n. 2, p. 484). Y tiene parte de razón en esta afirmación, aunque, no puede ocultarse cierto interés del crítico de, al menos, atenuar esa influencia pagana desplazando el foco de atención hacia el supuesto error cervantino.

Porque, la utilización que hace Cervantes de la diosa pagana Venus como antecedente de la *fiesta de la Monda* es correcto en el sentido de que simboliza a la *Magna Mater*, cuya figura se ha venerado siempre sobre suelo peninsular bajo formas femeninas diferentes (Isis, Astarté, Tanit, Afrodita, Artemisa, Cibeles, Venus, etc.), gozando la diosa Venus de una gran fama y tradición; por lo que pudo llegar a eclipsar al menos extendido culto a la Ceres romana, incluso como titular de su propio festival, como es el caso.

Pero vayamos a Ceres, que no es sino la versión romanizada de la griega Deméter. Porque la diosa ha dejado su impronta en esa *fiesta de la Monda* que se celebra en la localidad toledana de Talavera.[638] Dice de nuevo Romero en torno a esta fiesta: "Aquí bastará recordar que fundamentalmente consistía (y consiste) en la presentación a la Virgen del Prado de *mondas*, es decir, grandes cirios de distintos colores, como los de Pascua, por parte de cada una de las parroquias de la ciudad" (n. 2, p. 484). Pero lo que no dice el crítico, y nosotros recogemos del *Diccionario de Autoridades* (Tomo IV, 1734) en su entrada MONDAS, es que:

> Tomáronse estas fiestas de aquellas con que la antigua Gentilidad por la Primavera celebraba a la Diosa Ceres, con báiles, danzas y otros festínes, ofreciéndola juntamente con varias ceremonias unas colmenas llenas de miel y cera, reconociéndola por autora de la fertilidad de los campos, y frutos.

Es decir, que esos cirios (del latín *cereus-i*) que constituyen -digamos- "el alma de la fiesta", no son sino reminiscencias de esas ofrendas de miel y cera que los gentiles hacían a la diosa Ceres (repárese en el parecido formal entre Ceres > cera > cirio).[639] Por otra parte, los diferentes colores que exhiben esos cirios remiten en simbología a una escala cromática como símil de esa

---

[638] En tal caso, la fiesta de la Monda de Talavera sería una rememorización de las Cerealias, que eran las mayores fiestas celebradas en la antigua Roma en honor de la diosa del grano. Y, donde los cirios encendidos que en la actualidad portan los fieles hasta el templo en donde se halla la imagen de la Virgen del Prado, sería un remedo del acto central de aquella fiesta romana, que consistía en atar teas ardiendo en el lomo de zorros vivos para que una vez llegaban al circo máximo fueran liberados.

[639] Recuérdese el interés que muestra nuestro autor por aludir al ciclo biológico de las abejas como representación del camino del gnóstico: "la vistió en su imaginación en hábito corto de varón; desnudóla luego y vistióla de ninfa, y casi al mismo punto la envistió de la majestad de reina" (p. 442).

otra escala gnóstica que tiene en la descomposición espectral de la luz su más fiel reflejo. Al final, la cita conjunta de todos los cirios en un lugar caracterizado por hallarse allí la imagen de la Virgen del Prado[640], y, además, en unas fechas que se corresponden con los días posteriores a la liturgia de la Resurrección, parece seguir el guión que nosotros venimos proponiendo; en cuanto a la alegorización de un proceso de renacimiento espiritual que tuvo su comienzo con la arribada de nuestros nautas-peregrinos a las costas de Portugal.

En tal caso, quedaría patente la intención de Cervantes de aprovechar un acontecimiento religioso (la fiesta de las Mondas o de la Virgen del Prado) de claras reminiscencias paganas (el festival de primavera de la diosa Ceres) en la presentación del episodio de la "vieja peregrina".

Porque lo que ha quedado de aquellos antiguos misterios ya en pleno siglo XVII, es decir, el culto parroquial, apasionado, vistoso y festivo no interesa a Cervantes; pues lo considera carente de valor o enseñanza espiritual. Y esa es la razón por la que, a pesar de la expectación que había levantado sobre el tema, haga que sus personajes pasen de largo sin ni siquiera parar a postrarse ante la católica imagen virginal.

Pero ese desdén que manifiesta nuestro autor no debe confundirse con un rechazo hacia lo simbolizado por la Virgen del Prado, pues, apenas hace pasar de largo a sus protagonistas aparece en la narración la figura de una mujer que, puestos a definirla de manera esquemática o simbólica, representaría, en su fealdad y falta de armonía, lo contrario de la imagen idealizada y hermosa de la Virgen que se ha dejado más atrás.

La maniobra dialéctica, pues, orquestada por Cervantes a través de este recurso diegético de gran efecto visual, consistiría en expresar su intención de no dejarse deslumbrar por unas formas que solo son apariencia (no visitar a la imagen de la Virgen del Prado custodiada en su pomposo templo), en beneficio de unos contenidos que presentan en su aspereza sensorial (la figura de la "vieja peregrina") el sello de la verdadera belleza espiritual.

Pero veamos cómo el narrador da cuenta de la aparición y posterior descripción de la anciana protagonista de este episodio:

> Seis leguas se habrían alongado de Talavera cuando delante de sí vieron que caminaba una peregrina, tan peregrina, que iba sola, y escusóles el darle voces a que se detuviese el haberse ella sentado sobre la verde yerba de un pradecillo, o ya convidada del ameno sitio, o ya obligada del cansancio. Llegaron a ella y hallaron ser de tal talle, que nos obliga a describirle (p. 484).

Porque, si leemos despacio, en realidad se nos está describiendo -digamos- el reverso de la imagen de la "Virgen de las vírgenes" (la Virgen del Prado)[641], de la cual el narrador no se ha olvidado; pues así lo manifiesta al expresar que los peregrinos "se habrían alongado" seis leguas de Talavera (del lugar en donde se halla la Virgen); lo cual significa que se han alejado pero sin llegar a romper el contacto con el referente (alongado). No en vano, ¿acaso la imagen de la peregrina sentada "sobre la verde yerba de un PRADECILLO" no es suficiente prueba de lo que decimos?

Es decir, que el aparente desinterés que se muestra en la diégesis acerca de la visita de los peregrinos al santuario de la Virgen del Prado no sería sino un ardid de nuestro autor a la hora de centrar su descripción sobre el personaje de la "vieja peregrina"; que, en tal caso, asumiría la verdadera identidad de aquello que simbolice en su profundidad la imagen de esa Virgen como titular de los misterios que se desarrollan bajo el "nuevo formato" (barroco) de la *fiesta de la Monda*.

Pero analicemos la descripción de tan enigmático personaje:

> La edad, al parecer, salía de los términos de la mocedad y tocaba en los márgenes de la vejez; el rostro daba en rostro, porque la vista de un lince no alcanzaba a verle las narices, porque no las tenía, sino tan chatas y llanas que con unas pinzas no le pudieran asir una brizna de ellas; los les hacían sombra, porque más salían fuera de la cara que ella. El vestido era una esclavina rota que le besaba los calcañares, sobre la cual traía una muceta, la mitad guarnecida de cuero, que, por roto y despedazado, no se podía distinguir si de cordobán o si de badana fuese; ceñíase con un cordón de esparto, tan atado y poderoso, que más parecía gúmena de galera que cordón de peregrina; las

---

[640]   La imagen de la Virgen del Prado se debe a una donación del rey visigodo Liuva II.

[641]   Cervantes omite el nombre de la Virgen del Prado que preside la *fiesta de la Monda*, utilizando el más genérico de la *Magna Mater*, oportunamente catolizado en el de "Virgen de las vírgenes".

tocas eran bastas, pero limpias y blancas. Cubríale la cabeza un sombrero viejo, sin cordón ni toquilla, y, los pies, unos alpargates rotos; y ocupábale la mano un bordón hecho a manera de cayado, con una punta de acero al fin; pendíale del lado izquierdo una calabaza de más que mediana estatura y apesgábale el cuello un rosario, cuyos padrenuestros eran mayores que algunas bolas de las con que juegan los muchachos al argolla. En efeto, toda ella era rota, y toda penitente, y (como después se echó de ver) toda de mala condición (pp. 484-485).

Lo primero que se percibe es la gran extensión que utiliza nuestro autor para describir, por boca de su narrador, la fisionomía de un personaje que no pasa de ser poco más que un ser vil y despreciable. Como si Cervantes no quisiera dejar pasar por alto (al contrario de lo que ocurrió con la Virgen del Prado) el menor detalle de este siniestro ser. La crítica, prácticamente al unísono (excluyendo, entre otros, a M. Nerlich), se suma satisfecha a la evidencia literal, en su estéril propósito de consolidar sus peregrinos pre-juicios sobre el *Persiles*. Y en esta línea se expresa Casalduero, cuyo análisis sobre la figura de la "vieja peregrina" podría considerarse como paradigma de la crítica "realista": "A los peregrinos buenos se opone la peregrina monstruosa, a lo verdadero lo falso…"[642]

Analicemos, pues, esta cita convertida en "falso amigo" de la crítica literalista y dejemos que la "vieja peregrina" se exprese por sí misma…En principio, la información que se aporta sobre su edad nos resulta bastante sospechosa, pues su ambigüedad contrasta con la precisión mostrada en otros casos parecidos: "La edad, al parecer, salía de los términos de la mocedad y tocaba en los márgenes de la vejez". La horquilla, pues, de los años que debería tener resulta demasiado amplia ¿A qué podría deberse esa falta de interés del narrador, que, en otros lugares sorprende por su increíble exactitud para ajustar la edad de los personajes? En nuestra opinión, esta circunstancia -digamos- anómala o intencionada podría explicarse en el hecho de que si en la literalidad se nos está describiendo la imagen de una mujer que se halla, al mismo tiempo, entre dos edades diferentes; en su profundidad, se nos está sugiriendo una mayor atención sobre el carácter bipolar que ese concepto entraña como formante de una sola realidad temporal: mocedad y vejez son los dos polos que rigen los ciclos de la vida humana; de igual modo, la descripción del rostro de "la vieja-joven peregrina" nos remite a una idea universal o macrocósmica de la percepción del tiempo, cuya relatividad se expresaría con la unión en un mismo punto (la cabeza de la protagonista) de un pasado (la mocedad) y de un futuro (la vejez).

Para percibir la diferencia que existe entre una exégesis alegórica y otra literal aplicada al mismo concepto, transcribiremos a continuación el análisis de Romero sobre el particular: "Socorrido – y, ya, muy desgastado – juego de palabras: 'dar en rostro' = llamar la atención, pero también causar enojo y aún producir asco" (n. 4, p. 484). Como vemos, la literalidad pone, al menos, más fácil la tarea del crítico, que solo tiene que dejarse llevar por lo denotado por los términos que informan el discurso.

Porque, no puede ocultarse que Cervantes nos describe en su literalidad a un ser realmente horrible. Pero, ¿de qué fealdad se nos está hablando? ¿No se encuentra el oro en la mina rodeado de su ganga? Si para el sabio lo que cuenta es la belleza interior, ¿no trataría nuestro autor de avisar del peligro que supone para el hombre dejarse llevar por los sentidos, es decir, por las apariencias, sobre todo por las más hermosas?

La sabiduría, pues, es lo que en nuestra opinión se oculta con riguroso celo bajo los pliegues del más basto de los hábitos peregrinos. De ahí la actitud de repulsión ante el "ojo no entrenado", que, además, sirve de defensa ante eventuales intentos de adueñarse del "tesoro" por parte de voluntades codiciosas y poco dadas -si se nos permite el símil alquimista- a buscar el oro en donde solo se percibe la presencia del plomo. Y, comoquiera que son precisamente los mitos los depositarios de esa sabiduría tradicional, esa imagen que se proyecta de un "rostro que daba en rostro" solo puede señalar a uno muy concreto: el que se corresponde con el dios Jano, el dios bifronte de la mitología griega. Como dice la estudiosa Sandra Duarte, el emblema que alude al dios Jano en los *Emblemas* de Alciato simbolizaría a la divinidad que se vale del conocimiento del pasado para encarar el futuro con garantías y esperanza; es decir, constituiría la personificación de la sabiduría.[643]

---

[642]   Casalduero, 1975, p.154.

[643]   "En el dibujo aparece una cabeza con dos caras, una mirando hacia atrás y la otra hacia delante, para significar que esta divinidad – cuyo nombre está en el origen del mes de enero- miraba el pasado para afrontar el futuro con sabiduría." "(Dans la *pictura* apparaît une tête à deux visages, l'un regardant en arrière et l'autre en avant,

A continuación, la intención del narrador de centrar la descripción del personaje contraponiendo lo que le sobra (los ojos) y lo que le falta (la naríz), no habrá de dejarnos indiferentes. Y ello, a pesar de que la crítica siga empeñada en no ver en esta sutil definición-descripción otra cosa que una mueca grotesca.[644]

Comoquiera que nos hallamos, según hemos comprobado a través del análisis que precede, dentro de un marco inequívocamente emblemático, nos parece poco consistente la hipótesis venérea como explicación de la singularidad que presenta el rostro del personaje; sin embargo, no por ello dejemos de considerarlo como una posibilidad, aunque, bien es cierto, ceñida exclusivamente al marco de la literalidad.

Analizaremos, por tanto, el simbolismo de su fisionomía como si de un pictograma se tratase; donde, los rasgos aviares de ese jeroglífico cervantino a buen seguro habrán de contarnos una historia del todo sorprendente.[645] Y en esta línea se expresa Nerlich cuando dice: "Pues bien, un rostro con una nariz minúscula y chata, con ojos que parecen salir de sus órbitas, remite a un personaje emblemático conocido por cualquier lector de la época: la lechuza o el búho, el pájaro heráldico de Minerva, diosa de la sabiduría".[646]

En tal caso, aceptamos como ajustada al relato alegórico la explicación de Nerlich, que además el propio crítico se encarga de justificar apoyándose en obras como el *Tesoro* de Covarrubias[647] y la *Philosophía secreta* del matemático Juan Pérez de Moya; donde, en esta última, resulta evidente el simbolismo del ave nocturna en relación con la diosa grecorromana de la sabiduría:

> La corneja desechada de la compañía de Minerva[...] recibió la lechuza o mochuelo, porque esta ave se ve de noche, y al sabio, entendido por Minerva, ninguna cosa se le debe esconder por encubierta que parezca; y porque así como esta ave está de día escondida en lugares escuros, apartada de la conversación de las otras aves, así el sabio con deseo de la especulación se retrae a lugares solitarios, porque en la familiaridad y frecuencia de la gente no hay quieto reposo para filosofar, y porque el contemplar y considerar tiene más fuerza de noche que de día, y el ánimo muestra en este tiempo más vigor, por esto se denota esto más con estas aves nocturnas que con otras.[648]

Minerva/Atenea, en cuanto a ese espíritu que decíamos que sobrevolaba alegóricamente las páginas del *Persiles* adoptando su tradicional forma de lechuza, se materializa en el relato en la figura de la "vieja peregrina".[649] Minerva en Roma, y, antes que ella, Atenea en Grecia, son las diosas de la sabiduría: la encarnación de las aspiraciones más elevadas del hombre en cuanto a su deseo inmemorial por conseguir la elevación espiritual por la vía de la gnosis.

Pero continuemos con la descripción. Ahora Cervantes se afana por referirnos el vestido de la peregrina. Veamos de nuevo que nos dice Pérez de Moya acerca del vestido de la diosa Minerva:

---

pour signifier que cette divinité – dont le nom est à l'origine du mois de janvier – regardait le passé pour envisager le futur avec sagesse.)" Duarte, 2014, p. 152.

[644] En este sentido, Nerlich argumenta: " La investigación, es cierto, llevada por sus ganas de ver en el *Persiles* una novela que corresponda a los criterios de verosimilitud-realismo (balzaquiano) diegético, histórico y psicológico, no ha dudado en identificar la apariencia de la "vieja peregrina" como el resultado de una enfermedad venérea, y es cierto que el problema de la sífilis – el sida de la época – preocupó también a Cervantes, como nos demuestra *El casamiento engañoso*." Nerlich, 2005, p. 307.

[645] Consecuentes con las estrechas relaciones que se establecen en el *Persiles* entre las diferentes disciplinas artísticas (sobre todo entre pintura y poesía), remitimos como ejemplo de lo que proponemos a una de las obras pictóricas señeras del Renacimiento en relación al tema que estamos tratando: *El jardín de las delicias* (1500-1505), de El Bosco; donde, además de los singulares (monstruosos) motivos antropomorfos que se dan cita en la obra, su estructura tríptica nos remite, precisamente, a esa triple concepción temporal reflejada también en el rostro de "la vieja peregrina": el panel de la izquierda representa el paraíso terrenal (simboliza el tiempo pasado), el central alude a una época de desenfreno y pérdida de la gracia (el presente) y el panel derecho condena al infierno (el futuro).

[646] Nerlich, 2005, p. 308.

[647] Véase la explicación que proporciona Nerlich sobre las entradas MINERVA, LECHUZA y MOCHUELO. Nerlich, 2005, p. 310.

[648] Nerlich, 2005, p. 311.

[649] No descartamos la posibilidad de que tras la imagen AVIAR del denostado personaje que representa a la sabiduría-Conocimiento se halle una referencia a la Casa de AVIS, que es a la que pertenece el desaparecido rey don Sebastián de Portugal: último rey de esa dinastía en las tierras del "fin del mundo" sobre las que nuestro autor viene depositando -según venimos aduciendo- el mítico trono del Grial.

Atribuyen a Minerva tres vestiduras y una toca o cobertura llamada péplum, que era pintada de muchos colores. Por estas tres vestiduras se denotan los encubrimientos del saber, porque la sabiduría no es cosa manifiesta, mas es tan escondida, que apenas la pueden los hombres hallar; así lo dice Iob: *De Ocultis trahitur sapientia.* Quiere decir: La sabiduría se saca de lugares ocultos; y así como la vestidura encubre el cuerpo, así la sabiduría es encubierta; y porque no piensen ser encubrimiento pequeño, ponen tres vestiduras que cubren. Otrosí por este número tres denotan los muchos sentidos de las escrituras de los sabios que no tienen uno solo, más muchos, así como la santa Escritura tiene en algunos lugares cuatro o cinco sentidos, que son: Histórico o Literal, Alegórico o Tropológico, Anagórico, Parabólico o Metafórico [...] por los cuales los sabios entienden las tres vestiduras que da Minerva, poniendo número cierto por incierto, porque significase este número tres cualquiera muchedumbre, porque este número hace cumplimiento a la medida de las cosas, como el cuerpo, que es la cosa más cumplida de las cosas geométricas, que sólo consta de tres dimensiones, que son: largura, anchura y profundidad [...] El tocado o obertura que le dan de varios colores significa la elocuencia de los sabios, cuya habla va con ingenio y orden y composturas de figuras de Retórica; o píntala vestida porque el saber está muchas veces encubierto en personas que no pensamos. Según lo que hemos dicho, estos vestidos pertenecen a Minerva, en cuanto denota la sabiduría y no en cuanto era mujer.[650]

Una vez tenemos la fuente de la cual pudo haberse servido Cervantes para el pergeño de su personaje más emblemático, escuchemos lo que Nerlich dice al respecto antes de emprender nuestro propio análisis:

Examinemos las ropas, contémoslas, y escuchemos lo que desde 1737 no hemos querido oír porque estábamos seguros de que la "vieja peregrina" era "mala" y Cervantes estaba en plena decadencia[...]. Y la significación simbólica y filosófica supera con creces el estado miserable de las ropas, sin insistir en el hecho de que el texto de Pérez de Moya contiene todo un programa de hermenéutica que -si se hubiera aplicado al texto del episodio de la "vieja peregrina" - habría impedido que se la tratara de "puta"[651]

Continuemos, pues, allá donde Nerlich lo dejó. Comenzaremos por el número de ropajes: "una esclavina" (especie de capa o manto), "una muceta"(capa menor de cuero hasta medio brazo) y "tocas"(tela que cubre la cabeza); es decir, tres.[652] Al parecer, el número coincide con lo señalado para Minerva. En cuanto al "cordón de esparto" que ciñe sus ropajes al cuerpo, diremos que el simbolismo, sin entrar en mayores especificaciones, conlleva un mensaje de unidad como principio fundamental de la gnosis.

Complementario a los ropajes con los que se cubre la "vieja peregrina" son los colores con los que se identifica cada prenda. En la Tradición simbólica las diferentes etapas que conforman esa escala del Conocimiento viene siendo representada por un color determinado. Comoquiera que ya aludimos a ello en páginas precedentes, solo recordaremos aquí los colores que en el arte de la alquimia definen las tres diferentes fases o etapas: negro, blanco y rojo.

Pero no solo esta sucesión cromática surte efectos en el campo de la alquimia, sino que podría extenderse a toda manifestación - digamos- hermética en donde se manifieste esa misma voluntad o proceso iniciático de naturaleza universal. Es el caso de las peregrinaciones, como ya examinamos en el capítulo 2.6.7. de esta parte segunda, donde el grupo de navegantes-peregrinos liderados por Periandro atravesaba el reino de Cratilo recalando en tres hitos diegéticos marcados precisamente por los colores aludidos: bulto **negro** - paño **blanco** - el ocaso (**rojo**) del *finisterrae,* en relación a la peregrinación al Finisterre gallego o Camino de Santiago, según nuestra propia interpretación.

Pues bien, de igual modo, creemos que estos tres colores están alegorizados en los vestidos de la "vieja peregrina", en cuanto a su función de símbolo triple de acceso al Conocimiento-iluminación a través de la vía de la peregrinación. Dicho esto, encontramos, sin embargo, que la única referencia directa a uno de los colores se hace mediante "las tocas", que se dice que eran "limpias y blancas". En cuanto al negro, pensamos que se encuentra en la "muceta", pues el

---

[650]   Nerlich, 2005, p. 312.

[651]   Nerlich, 2005, p. 312.

[652]   Nerlich alude a cuatro, contando con "el cordón de esparto", que nosotros consideramos no como prenda sino como elemento de unión de las tres prendas. Véase Nerlich, 2005 p. 312.

hecho de no poder distinguirse entre "cordobán"(cuero duro) y "badana"(cuero blando), revela cierta oscuridad en la piel debido al uso y al paso del tiempo. Más esquivo se torna el color rojo, a cuya deducción se llegará mediante un proceso lingüístico (fonético), pues, cuando se nos dice en relación a la tercera de las prendas que "El vestido era una esclavina rota", ¿no querría decirnos que el vestido era una esclavina *roja*? Obviamente, el narrador no podía aludir al color de una manera directa, eso sería una indiscreción, además de que el color rojo no se presta a ningún tipo de hábito peregrino. En tal caso, "rota" y *roja* tan solo difieren en un fonema (/t/-/j/), o, ¿quizá la diferencia no sea tal, sino que obedezca a la diferente perspectiva de enfocar una misma realidad? Nos explicaremos, aunque para ello debamos emplear de nuevo el más eficaz instrumento cognoscitivo puesto al servicio de la interpretación alegórica: la imaginación. Situados en este contexto, si la oclusiva (/t/) "se rompiera" del mismo modo en que el sentido de la frase así nos lo propone en su conjunto ("El vestido era una esclavina rota"), el resultado lógico de tal ruptura, ahora a nivel fónico (no semántico), sería un sonido fricativo ([j]). Con lo que el recurso estaría justificado desde el punto de vista de querer ocultar ese conocimiento por los motivos aducidos.

Y ya tenemos, pues, el negro, el blanco y el rojo, asociado a cada una de las tres vestiduras que porta la sabiduría encarnada en la figura de la "vieja peregrina". Porque, no pretenderá el lector penetrar los misterios de la sabiduría, que Cervantes se ha afanado en ocultar tras el disfraz "aviar" de la "vieja peregrina", con el único instrumento de un razonamiento realista aplicado a la literalidad. Entiéndase, por tanto, la necesidad de aplicar determinados procedimientos simbólicos (que es el lenguaje de la sabiduría) para llevar a efecto la labor exegética en momentos en que el texto se revela portador de un sentido inequívocamente alegórico o cifrado.

En cuanto al calzado que porta el personaje, se sigue la pauta habitual de referir la pobreza y la rusticidad con la que se adorna la peregrina; imagen, en tal caso, de las interminables caminatas que deberá acometer el esforzado devoto de la diosa. El bordón y la calabaza son instrumentos/símbolos inseparables del peregrino, sobre los que ya se ha hablado *in extenso* a lo largo de este trabajo. En cuanto al rosario que lleva colgado al cuello, opinamos que Cervantes lo satiriza como elemento inútil para la elevación espiritual. Por ello dice: "apesgábale el cuello" (inclinar por el peso), o que sus cuentas eran como "bolas de las que juegan los muchachos al argolla", y que nosotros interpretamos como que ese ritual/rezo católico es poco más que un juego de niños comparado con la dificultad y dureza de los verdaderos misterios que entraña el "camino de la diosa de la sabiduría".

Por último, queremos llamar la atención sobre la última frase que, a modo de resumen, parece cerrar la descripción del personaje: "En efeto, toda ella era rota, y toda penitente, y (como después se echó de ver) toda de mala condición". Vayamos por partes, en primer lugar, "En efeto, toda ella era rota", además de constituir una forma un tanto forzada y/o artificiosa de calificar a la "vieja peregrina", pues parece aludir a un objeto más que a una persona; podría constituir un refrendo de lo que decíamos más arriba en cuanto al color rojo de uno de sus ropajes, ya que vuelve a repetirse "rota" con la misma función que *roja*; sin embargo, ahora el sentido alude a todo el vestido. En relación a ello, recordemos que en la Tradición alquímica el último color que señala la consecución del "objeto de la búsqueda" es el rojo; que, consecuentemente, impregnará todo el compuesto como señal de la finalización de los trabajos. En segundo lugar, la expresión "toda penitente", haría referencia a la forma en que se llega a la consecución de ese color rojo o ideal gnóstico.

Una vez el narrador ha dado cuenta de la descripción del personaje, comienza la "vieja peregrina" a interaccionar con el grupo de Periandro. Tras los pertinentes saludos de cortesía, Cervantes -por así decirlo- parece entrar en materia: "Preguntáronla adónde iba y qué peregrinación era la suya y, diciendo y haciendo, convidados, como ella, del ameno sitio, se le sentaron a la redonda" (p. 486). En principio, nos resulta bastante insólito el hecho de que el grupo de protagonistas, en vez de interesarse primero por la persona, lo hagan antes por su función (a dónde va, y por qué). Ahora bien, como ya dijimos más arriba, la identidad de la "vieja peregrina" es deducida por nuestros peregrinos-iniciados en función de la presencia del personaje "sobre la verde yerba de un pradecillo", por lo que resultaría lógico saltarse las preguntas de cortesía y entrar directamente a la cuestión que importa.

Avisados del contexto sapiencial en el que parece situarse la escena, no deberíamos sorprendernos ante la formación "en corro"[653] que adoptan los peregrinos en torno a la protagonista del episodio; reflejo, como puede deducirse, de la correcta predisposición del grupo en un contexto muy determinado: la imagen de un grupo de discípulos acomodados alrededor de su *gurú* prestos a recibir su consejo.

Y esa enseñanza, a imagen de lo que debe producirse a un nivel cósmico, parece proyectarse o escenificarse sobre la tierra a través del ritual de la peregrinación. Porque Cervantes sabe que solo existe una única y verdadera peregrinación, y que el resto son solo adaptaciones o desviaciones más o menos intencionadas, más o menos contaminadas y más o menos engañosas de la antiquísima vía de acceso al Conocimiento o gnosis. Por ello, nuestros protagonistas no comienzan la conversación, como exige el decoro, preguntando a la "vieja peregrina" quién es; puesto que ya lo saben, supuestamente, a raíz de ese primer contacto a nivel intelectual: "escusóles el darla voces a que se detuviese el haberse ella sentado sobre la verde yerba de un pradecillo". En tal caso, nuestros peregrinos no ignoran desde el principio quién se esconde bajo el disfraz de la "vieja peregrina", razón por la cual se saltan el protocolo entrando de lleno en el tema que les interesa ("adónde iba y qué peregrinación era la suya"); pues reconocen en ella a la guía universal (todos sentados a su alrededor) que ha de orientarlos por los intrincados caminos del Conocimiento.

Pero, por si aún tuviésemos alguna duda del tipo de peregrinación que se considera como la correcta o pura en el ritual, Cervantes pone en boca de su "odiado personaje" la primera de las grandes verdades mediante un efectista rodeo irónico: "Mi peregrinación es la que usan algunos peregrinos, quiero decir que siempre es la que más cerca les viene a cuento para disculpar su ociosidad" (p. 486). Porque su peregrinación, que también es la de "algunos peregrinos" (los menos, dado el grado de sacrificio que entraña), es la que se explica en los cuentos ("la que más cerca viene a cuento"); es decir, la fantástica, la imaginativa: la que se encuentra alegorizada en las diferentes tradiciones literarias que acompañan a la Humanidad, amoldándose a las épocas que se van sucediendo, en su andadura de la barbarie a la civilización.

Y es momento ya de que compartamos, junto con el grupo de Periandro, el conocimiento de la verdadera identidad de la "vieja peregrina". Porque no es suficiente reconocer que el espíritu de Atenea/Minerva reviste a nuestro personaje, pues necesitamos complementarlo con nuevas aportaciones que ayuden a matizar el concepto. Por lo tanto, es en este contexto sapiencial donde deberemos situar, precisamente, a la *fiesta de la Monda*, junto con su patrona talaverana, la Virgen del Prado; que decíamos que remitía a la arcaica *Magna Mater* y que Cervantes se refería a ella como a la diosa Venus del panteón romano.

De igual forma, continuando por esta línea, también aludíamos al acertado comentario de Romero en su corrección de la Venus cervantina por una más precisa Ceres-Deméter. Sin embargo, lo que Romero no llegó a percibir -obviamente- es que la figura de la "vieja peregrina" también se asimilaría a la diosa Ceres-Deméter, en el sentido de que la peregrinación descrita por la "vieja peregrina" podría considerarse como una adaptación cervantina de los antiguos misterios de Eleusis[654]; en concreto, escenificaría el episodio en que Deméter, transformada en una mujer anciana, vagó por la tierra en busca de su hija Perséfone hasta que finalmente la encontró. Nos hallaríamos, pues, ante un mito en donde se representa, nuevamente, el misterio de la muerte y la resurrección.

Porque, el itinerario que describe la "vieja peregrina" es tan poco convencional como el propio que siguen los protagonistas del *Persiles*, pues, en ambos casos, como dice Cervantes por boca de su anciana protagonista, "es la [peregrinación] que más cerca les viene a cuento":

> voy a la gran ciudad de Toledo, a visitar la devota imagen del Sagrario y, desde allí, me iré al
> Niño de la Guardia y, dando una punta, como de halcón noruego, me entretendré con la Santa

---

[653] Nos referimos a la imagen de un *microcosmos*, donde el principio regidor estaría simbolizado por la "vieja peregrina" situada en el medio, alrededor de la cual, habrían de sentarse los nuevos peregrinos muy atentos a escuchar las leyes por las que se han de regir los principios de la "peregrinación universal", convenientemente alegorizado en las fiestas religiosas que se citan.

[654] "Los misterios griegos que se celebraban en honor de la diosa Gran Madre y del dios hombre Dioniso eran los más famosos de todos los cultos mistéricos. El santuario de Eleusis fue destruido finalmente por bandas de fanáticos monjes cristianos en 396 d.n.e., pero antes de este trágico acto vandálico los misterios se celebraron allí durante durante más de once siglos."Freke / Gandy, 2000, p. 37.

Verónica de Jaén, hasta hacer tiempo de que llegue el último domingo de abril, en cuyo día se celebra en las entrañas de Sierra Morena, tres leguas de la ciudad de Andújar, la fiesta de Nuestra Señora de la Cabeza, que es una de las fiestas que en todo lo descubierto de la tierra se celebra. Tal es, según he oído decir, que ni las pasadas fiestas de la gentilidad, a quien imita la de la Monda de Talavera, no le han hecho ni la pueden hacer ventaja. Bien quisiera yo, si fuera posible, sacarla de la imaginación, donde la tengo fija, y pintándola con palabras y ponérosla delante de la vista, para que, comprehendiéndola, viéredes la mucha razón que tengo de alabárosla; pero ésta es carga para otro ingenio no tan estrecho como el mío (pp. 486-487).

En resumen, el peregrinaje de la "vieja peregrina" consistiría en un -¡cómo no!- triple recorrido rematado por tres metas sucesivas como avance de un final -digamos- apoteósico, aunque, en verdad, nunca definitivo ("Desde allí - prosiguió la peregrina- no sé qué viaje será el mío"[p. 488]). En tal caso, las tres vestiduras simbólicas, que asociaban a nuestra peregrina con la diosa de la sabiduría (Minerva-Atenea), se corresponderían también con una interpretación real o topográfica; en cuanto a la materialización de ese triple recorrido en un itinerario que culmina sucesivamente en: la imagen del sagrario en Toledo, el Niño de la Guardia y la Santa Verónica de Jaén.

Siguiendo la -llamémosla así- "lógica de los vestidos", el "cordón de esparto" que ciñe los de la "vieja caminante" se interpretaría aquí como la cuarta prenda en discordia; es decir, la que sujeta y une a las otras tres en un todo armonioso y coherente y por ello circular. Porque, el esparto simboliza también a la Madre Naturaleza, de ahí la imagen que proyecta el ansiado final en el monasterio de Santa María de la Cabeza; la *Magna Mater*, la Virgen negra (otra, como la titular de la iglesia de Guadalupe) dispensadora de los dones de la tierra a quien con espíritu piadoso, como la "vieja peregrina", sea capaz de recorrer el triple itinerario uniendo el cielo y la tierra tal y como "usan algunos peregrinos".

La celebración de la festividad de Nuestra Señora de la Cabeza habría que considerarla, pues, el "fin de fiesta" de toda la tragicomedia mistérica que se está escenificando en este episodio: "Tal es, según he oído decir, que ni las pasadas fiestas de la gentilidad, a quien imita la de la Monda de Talavera, no le han hecho ni le pueden hacer ventaja". Es decir, que los "misterios" de Ceres-Deméter (la Virgen del Prado) formarían parte de este culto panabarcador de la *Magna Mater* que es la fiesta de nuestra Señora de la Cabeza.

Porque, la intención de este triple recorrido o ruta iniciática dividida en tres etapas más el final unificador, perfectamente detallada alegóricamente por el denostado personaje cervantino, no solo nos serviría para justificar la presencia de un consabido pasado pagano como fundamento de una festividad católica (como ya vimos con la imagen de la Virgen del Prado en la fiesta de la Monda de Talavera, que remitía a la diosa Ceres); sino que su mayor interés residiría en el esquema simbólico que la prefiguración de ese itinerario tendría en relación al misterio más antiguo de la historia de la espiritualidad: el de la muerte-resurrección.

Resumiendo, si tres son los vestidos de la diosa pagana, tres serán también las etapas vertidas al molde de la tradición cristiana siguiendo, como es preceptivo, la línea evolutiva del mito adaptado a las creencias religiosas vigentes en la era de Piscis-cristianismo: La Virgen (negra) del Sagrario de Toledo, el Santo Niño de la Guardia (a 50 Km. De Toledo) y la Santa Verónica de Jaén. La primera etapa estaría representada por una virgen negra con un Niño sentado al modo "románico" sobre sus rodillas (como en un trono), que simbolizaría el estado inicial del peregrino que inicia su andadura al amparo de la Tierra-Madre; la segunda fase escenifica la leyenda del Santo Niño de la Guardia, que no es más que la rememorización de la Pasión y Muerte de Jesús en la Cruz a través de la leyenda del asesinato de un niño inocente que sufrió los mismos padecimientos (el misterio representado es el de la "Muerte iniciática"); y, la tercera etapa, sobre la cual nuestra generosa peregrina nos advierte de que para ritualizarla convenientemente será preciso realizar el pertinente "vuelo místico" ("y, dando una punta, como halcón noruego"), nos lleva a la prueba fehaciente y cierta del nuevo estado o de la nueva conciencia alcanzada por el peregrino en esta fase, y que se escenifica en la liturgia cristiana con la pervivencia de la imagen del rostro ensangrentado de Jesús recogido en el manto de la Verónica (¿alegoría cristianizada de la reencarnación platónica o de la no-muerte del alma?)[655].

---

[655] En el catolicismo ese mismo concepto podría constituir el origen de lo que dio en llamarse el misterio de la Resurrección.

Pero el acto final del ritual mistérico, al que todo lo anterior parece estar subordinado ("hasta hacer tiempo") y que se simbolizaba con ese cordón de esparto que mantenía unidos los tres vestidos de la "vieja peregrina", solo puede escenificarse en un lugar muy concreto y en un día señalado:

> que llegue el último domingo de abril, en cuyo día se celebra en las entrañas de Sierra Morena, tres leguas de la ciudad de Andújar, la fiesta de Nuestra señora de la Cabeza, que es una de las fiestas que en todo lo descubierto de la tierra se celebra(pp. 486-487).

Porque, en nuestra opinión, las referencias a la ubicación del santuario son reveladoras de un segundo sentido que podría indicar determinados detalles de la experiencia gnóstica en curso. Es el caso del topónimo "Sierra Morena", cuya literalidad nos remite a la propia imagen "morena" (negra) de la Virgen de la Cabeza, además de las connotaciones simbólicas que, tradicionalmente, se asignan a la Virgen como a la *Magna Mater* o personificación de la tierra (Sierra Morena = Tierra Morena = Virgen Negra). La distancia de tres leguas también podría explicarse desde el simbolismo contextual, en el sentido de que "tres leguas" aludirían aquí no a una cifra sino a un concepto: el simbolismo de la *yegua* (legua) como vehículo imprescindible en el peregrinaje gnóstico. En tal caso, se nos dice que son necesarias tres leguas-*yeguas* (¿tres fases o itinerarios en los que el peregrino deberá hacer uso de la cábala o *yegua*?) para llegar al santuario desde la ciudad de Andújar. Por otro lado, la última frase que cierra la cita ("que es una de las fiestas que en todo lo descubierto de la tierra se celebra"), podría interpretarse, además de su sentido más próximo o literal, como: *que la fiesta de Nuestra Señora de la Cabeza constituye la celebración de "todo lo descubierto", es decir, que podría considerarse como la fiesta del "Conocimiento supremo".*[656]

A continuación, alude la "vieja peregrina" a la inefabilidad propia de la experiencia ritual, simbolizada en la Virgen de la Cabeza, que ella desea comunicar al grupo de peregrinos: "bien quisiera yo, si fuera posible, sacarla de la imaginación, donde la tengo fija, y pintárosla con palabras y ponérosla delante delante de la vista, para que comprehendiéndola, viéredes la mucha razón que tengo de alabárosla"; donde, además de constituir un claro paralelismo en relación al intento de Don Quijote por describir a Dulcinea, dentro del episodio que se desarrolla en la casa del duque,[657] se nos informa de los mecanismos que deben operar en el intelecto para obrar - digamos- "el milagro" de su comprensión: la imaginación como acceso al Conocimiento. Pasa después la "vieja peregrina" a excusarse de su aparente falta de formación intelectual, pues, como ella misma aduce: "pero ésta es carga para otro ingenio no tan estrecho como el mío" (p. 487); donde, nosotros percibimos la ironía de nuestro autor cargando las tintas contra aquellos que se arrogan el patrimonio del Conocimiento desde posiciones exclusivamente especulativas (literalistas-realistas); esto es, sin el concurso de la experiencia empírica (alegórico-ritual).

La elección de la pintura, pues, como método para explicar el "fenómeno" constituye, al igual que ocurre en el *Quijote* dentro del mismo episodio al que hemos aludido anteriormente,[658] la

---

[656] La importancia que adquiere el culto a la Virgen de la Cabeza en el *Persiles* ha sido tratada, entre otros, por José Carlos de Torres. Este estudioso afirma que la devoción a la Virgen experimentó una exitosa difusión a partir de la conversión de Muley Xeque, Príncipe de Fez y Marruecos, tras su romería del año 1593; y que posteriormente ratificaría el propio Felipe II y su hija Isabel Clara Eugenia actuando de padrinos en El Escorial (bautizado D. Felipe de África). Concluye su artículo J.C. Torres con una opinión acerca del papel que desempeña el Santuario de la Virgen de la Cabeza en el *Persiles*: " Pero el texto relacionado con la fiesta no es una parodia, no se pretende por parte de Cervantes la comicidad. El texto sugiere lo que creo que es: unas páginas más, bellamente literarias, del conjunto total del *Persiles*. Donde sorpresivamente para el lector, Miguel describe, por boca de un personaje caricaturesco de aspecto, unos recuerdos sentidos, objetivos por los que conocemos de otras fuentes de época, poéticos y hasta muy personales (si no estuvo, bien que se informó de muy buenos devotos y romeros) de la fiesta en honor de Nuestra Señora de la Cabeza."Torres, 2006, pp. 157-170.

[657] En este episodio hallamos un fragmento en donde la duquesa, alertada por la fama de la belleza de Dulcinea, solicita de Don Quijote que le haga una descripción de la misma, a lo que este dice: "-Si yo pudiera sacar mi corazón, y pudiera ponerle ante los ojos de vuestra grandeza aquí sobre la mesa y un plato, quitara el trabajo a mi lengua de decir lo que apenas se puede pensar, porque Vuestra Excelencia la viera en él toda retratada". *DQ.*, cap. XXXII, Segunda parte, p. 523.

[658] "pero, ¿para qué es ponerme yo ahora a delinear y describir punto por punto y parte por parte la hermosura de la sin par Dulcinea, siendo carga de otros hombres que de los míos, empresa en quien se debían ocupar los pinceles de Parriso, de Timantes y de Apeles". *DQ.*, cap. XXXII, Segunda parte, pp. 523-524.

347

apuesta de Cervantes por la imaginación-simbolismo frente a la realidad-literalidad en la resolución de los grandes enigmas intelectuales; además de recordar que las artes plásticas simbolizan por sí mismas (constituyen la copia del original). En cualquier caso, juzgamos que la descripción pictórica que sigue a continuación revela los pormenores del misterio que se oculta tras la celebración de la fiesta de Nuestra Señora de la Cabeza:

> En el rico palacio de Madrid, morada de los reyes, en una galería, está retratada esta fiesta con la puntualidad posible: allí está el monte o, por mejor decir, peñasco, en cuya cima está el monasterio que deposita en sí una santa imagen llamada de la Cabeza, que tomó el nombre de la peña donde habita, que antiguamente se llamó el Cabezo, por estar en la mitad de un llano libre y desembarazado, solo y señero de otros montes y peñas que le rodeen, cuya altura será de hasta un cuarto de legua, y cuyo circuito debe ser de poco más de media. En este espacioso y ameno sitio tiene su asiento, siempre verde y apacible, por el humor que le comunican las aguas del río Jándula, que, de paso, como en reverencia, le besa las faldas. El lugar, la peña, la imagen, los milagros, la infinita gente que acude de cerca y lejos el solemne día que he dicho le hacen famoso en el mundo y célebre en España sobre cuantos lugares las más entendidas memorias se acuerdan P. 487).

Asumiendo, pues, el simbolismo inherente no ya al texto sino a la pintura que se está describiendo, utilizaremos ahora en nuestra exégesis un discurso de mayor altura mítico-simbólica para tratar de acercarnos al sentido último que, en nuestra opinión, trata de comunicarnos nuestro autor.

Hechas las pertinentes advertencias, introduzcámonos, como así parece sugerir el texto, "en las entrañas de Sierra Morena". Y en esa misma serranía, que parece confundirse intencionadamente con "el rico palacio de Madrid, morada de los reyes, en una galería, está retratada esta fiesta con la puntualidad posible"; es donde creemos que nuestro autor pueda estar insinuando los pormenores de esa pagana celebración incluso antes de comenzar la descripción del lienzo. En tal caso, la galería real en donde debería hallarse la obra de arte pictórica sería un reflejo de esas otras galerías más rústicas que la Sierra ofrece a sus "reales" ermitaños para iluminar sus correspondientes coronas espirituales. La cuestión consiste en llegar a ella (la obra de arte o cuadro como objeto de culto) a través de los túneles subterráneos que la atraviesan, es decir, sin perderse por el laberinto bizantino de su descripción.

Porque en esa pintura se nos describe el peñasco en donde se levanta el monasterio, que dice que lo llamaban "Cabezo", y que por esta razón pasó a llamarse "de la Cabeza" la imagen de Nuestra Señora allí venerada. La referencia es altamente reveladora de lo que se quiere dar a entender. Recordemos que, en la fábula mitológica del nacimiento de Atenea, fue el hachazo de Hefesto (dios del fuego) en la cabeza de Zeus lo que dio lugar al alumbramiento de la diosa-virgen, que nació de esa forma tan maravillosa. En tal caso, el Real Santuario de Nuestra Señora de la Cabeza e "inteligencia que reside en la cabeza" podrían considerarse como dos formas diferentes de aludir a una misma realidad trascendente.

Hemos analizado el escenario (la cabeza-Santuario) y también el instrumento (el hacha-inteligencia) del que se "parte". Veamos ahora cómo la fiesta de Nuestra Señora de la Cabeza se desarrolla por estos marcados cauces de la apertura de la consciencia (cabeza), tal y como parece sugerir alegóricamente la implicación mitológica derivada de la acción de Hefesto/Vulcano en el nacimiento de la diosa de la sabiduría. Porque, como cabría suponer, la vía de la gnosis entrañaría el conocimiento profundo de la naturaleza espiritual a partir del estudio del Cosmos y de sus leyes, haciendo valer, una vez más, el axioma renacentista de "la igualdad de lo de arriba con lo de abajo".

Y es el momento de dirigir nuestra atención a los cielos, pues, cuando se nos dice que: "allí está el monte o, por mejor decir, peñasco", no solo se podría estar señalando a ese accidente geográfico; pues, tenemos motivos para pensar que nuestro autor podría estar aludiendo también a algún tipo de cuerpo celeste de naturaleza rocosa. Y, si nos hemos aventurado a pronunciarnos en este sentido es porque hemos observado, en la descripción que hace la "vieja peregrina" de ese monte llamado "Cabezo", unos patrones numéricos que invitan al lector a adoptar una perspectiva matemática. Nos referimos a la medida que la "denostada peregrina" nos ofrece de ese "peñasco": "cuya altura será de hasta un cuarto de legua, y cuyo circuito debe ser de poco más de media". En tal caso, y a la vista de los datos proporcionados (altura y circuito), podríamos dilucidar que las medidas aportadas se adaptan a las que definen las dimensiones de un polígono. Concretamente de un cono. Donde la medida del circuito se referiría a la longitud de la circunferencia de la base de esa figura geométrica.

Llegados a este punto no podemos obviar la siguiente pregunta: ¿y a cuento de qué viene todo este asunto matemático en una obra literaria salida de la misma mano del autor del *Quijote*?

Y la respuesta no puede ser otra que: "a cuento" de que nos encontramos ante una obra no-realista de asunto gnóstico-universal y género neo-griego o bizantino.

Como vemos, a medida que discurre la narración de este tercer libro los enigmas intelectuales planteados van aumentando en su dificultad de una manera exponencial. De las sencillas operaciones aritméticas en la determinación de las distancias estelares hemos pasado a formas geométricas relativamente complejas. Sea como fuere, los datos están ahí, invitando al lector a resolverlos. Porque lo que parece que se nos está pidiendo es hallar el área de un cono, del que conocemos solo dos datos: la altura y la longitud de la circunferencia. Ahora bien, sabemos que para hallar la superficie de este polígono necesitamos conocer previamente el valor del radio de esa circunferencia-circuito. Lo cual no es problema, pues podemos despejar "r" de la fórmula "2π r", dado que tenemos el valor de longitud de la circunferencia: "poco más de media" legua = 3.000 m.[659] Nos saldría un valor de r (radio) = 477,7.

Una vez disponemos del valor del radio, a continuación debemos hallar otro dato necesario: g (la generatriz), para lo cual solo hay que adaptar el dato de la altura que nos ha proporcionado la "vieja peregrina": "cuya altura será de hasta un cuarto de legua" = 1.389 m.[660], y, a continuación, aplicar el teorema de Pitágoras. Lo que da un resultado de g = 1.468.

Y ya estamos en disposición de aplicar la fórmula general del área del cono (A = π. g . r + π r2), que daría un total de 2.913. 182 y que se correspondería con el área de ese "Cabezo" descrito por la "vieja peregrina".

Antes de proseguir, diremos que, como en casos anteriores, las magnitudes no interesan tanto como los números; pues, en el contexto gnóstico por el que discurre la narración estos simbolizan por sí mismos constituyendo la imagen del referente al que se quiere aludir. También, las cifras que se presentan son aproximaciones, lo cual se debe tanto a la aparente imprecisión de los datos suministrados en el relato como a los patrones de medida que hemos aplicado.

En resumen, diremos que, al igual que ocurría en el caso de la determinación de la estrella *Arcturus* ("el que guarda osos"), donde se escenificaba el mito relacionado con esa estrella a través de las evoluciones de los personajes en el relato; ahora, en relación al episodio de la "vieja peregrina", vuelve a reproducirse el mismo mecanismo diegético, en donde la identificación matemática del planeta Ceres (radio = 477, área = 2.913.182) podría constituir la "revelación" de los misterios de la diosa Deméter-Ceres (*Magna Mater*), escenificados en la diégesis mediante la alusión que se hace al "Cabezo" como lugar central en el desarrollo de los fastos de Nuestra Señora de la Cabeza.

En relación a las deducciones matemáticas que hemos aportado, diremos que el radio del planeta enano Ceres solo ha podido ser medido con exactitud a partir de 1984, con un valor de algo más de 476 Km. (todavía en la década de 1960 y 1970, se creía que su diámetro oscilaba entre 1020 y 1220 Km.), y su superficie es de 2.850.000 Km. cuadrados. Es decir, la medición que nosotros hemos efectuado en función de los datos aportados por el personaje de la "vieja peregrina" para el radio del planeta Ceres solo difiere en un kilómetro (477), y, en el caso del área, la diferencia es de 63.182 (poco más de un insignificante 2%).[661]

La complejidad de las operaciones geométricas empleadas en la identificación del planeta, pues no olvidemos que en época de Cervantes no se disponía de acceso directo ni a las fórmulas ni, obviamente, a medios avanzados para facilitar tanto los cálculos como la medición de las

---

[659]   Tomamos aquí el valor de la legua terrestre (6.000 metros aprox.), en función de la naturaleza terrestre que asignamos a la medición de la base del polígono.

[660]   Ahora tomamos el valor de la legua marína (5.556 metros), en función de la naturaleza aérea-sideral asimilada al simbolismo de la medición de la altura.

[661]   Téngase en cuenta el valor aproximado que nosotros damos a la "legua terrestre", que debería de oscilar entre los 5.920 m. (en relación al pie romano) y los 6.000 (pie griego). Es decir, que la cantidad que hemos calculado podría ser revisada ligeramente a la baja, con lo que la correspondencia con la medida oficial de la superficie del planeta enano Ceres podría ser más exacta.

349

distancias; sumado a la extrema precisión (en su aparente vaguedad: "hasta un cuarto de legua", "poco más de media legua") de los datos aportados por el personaje que asume el papel de iniciador o hierofante ("la vieja peregrina") de los personajes del *Persiles*; así como la actitud de los peregrinos, que permanecen sentados en corro atendiendo a su explicación; y todo ello inmerso en el contexto del simbolismo-misterio de la diosa que comparte el mismo nombre que el planeta objeto de la revelación: Ceres, hace que nuestra deducción no pueda ser considerada como un simple producto del azar, ni tampoco una consciente intervención del hermeneuta en busca de soluciones innovadoras y/o sorprendentes.

Sin embargo, la inevitable impresión que suscita el carácter insólito de esta hipótesis aún deberá enfrentarse a un obstáculo todavía mayor: Ceres, considerado en la actualidad como un planeta enano del Sistema Solar, fue descubierto en 1801 por Guiseppe Piazzi en una órbita situada entre Marte y Júpiter.

En tal caso, si nuestro análisis apunta a que Cervantes conocía a comienzos del siglo XVII la existencia de esa formidable roca estelar ("peñasco"), considerada como un asteroide hasta el siglo XXI; la cuestión consiste, pues, en saber cómo pudo acceder al conocimiento de la existencia de un planeta del que nada se supo hasta el siglo XIX.

Somos de la opinión de que el conocimiento que habría de tener de este planeta era perfectamente posible para su tiempo en determinados círculos humanistas; pues, se constata que a fines del siglo XVIII se predijo matemáticamente la presencia de un planeta entre la órbita de Marte y Júpiter. Es decir, existió una tradición científica anterior que propició el descubrimiento oficial de Ceres en 1801.

Y, aún podríamos realizar nuevas aportaciones al episodio de "la vieja peregrina", ahora dentro de un contexto histórico, a través de la información suministrada por Lope de Vega en el que pasa por ser "el primer texto literario importante donde se describe con gran fidelidad la romería de Nuestra Señora de la Cabeza"[662]: *La tragedia del rey Don Sebastián y bautismo del príncipe de Marruecos*; en concreto, en el episodio en donde se representa la fiesta de la Virgen de la Cabeza de Andújar centrado en la figura de Muley Xeque y, basado, como bien parece afirmar J. C. de Torres, en la relación de amistad que uniría al Fénix con el que fuera por un tiempo vecino suyo de Madrid, Muley Xeque (Príncipe de África)[663], hijo del desaparecido jerife Muhamad "El Negro" en la llamada batalla de *los tres reyes* (batalla de Alcazalquivir, 1578).

Porque, en nuestra opinión, la influencia que tuvo el segundo y el tercer acto de esta obra de Lope en el episodio en torno al personaje de la "vieja peregrina" resulta evidente, pues en ellos se representa la romería de Muley Xeque al Santuario de la Virgen de la Cabeza en 1593, así como su vida en Andújar; y en el tercer acto asistimos a su conversión en Madrid (El Escorial) en 1594 apadrinado por Felipe II y su hija Isabel Clara Eugenia y en presencia del que será Felipe III. En cualquier caso, existe un dato que justificaría el influjo de esta obra en el *Persiles*, y es la fecha de su publicación. Dice J.C. de Torres:

> Manuel Salcedo Olid, en su Panagérico historial de N. Señora de la Cabeza de 1677, escribe que se imprimió en 1604 y fue representado por el actor Manuel Villegas, quien fue muy amigo de Vega Carpio. Los hispanistas Morley y Brueton la consideran escrita entre 1595 y 1603.[664]

El hecho de que esta obra sea bastante anterior al *Persiles* es prueba de que Cervantes la tuvo que conocer. Es posible que la competencia que hubo entre Lope y Cervantes, que desembocó finalmente en un cruce de réplicas literarias y personales a través de sus obras, tuviese en este tema un campo de batalla especialmente sensible a la hora de ser abordado por uno u otro de los genios de las Letras Hispanas. Sea como fuere, sorprende el interés que ha despertado un tema tan concreto en Lope de Vega, así como la estructuración de esos tres actos en función de unos muy determinados sucesos que ponen en relación varios de los elementos que vienen jugando un papel prioritario a lo largo de este libro III del *Persiles*. A saber: la anexión del reino de Portugal a partir de la derrota de Alcazalquivir, la leyenda del "sebastianismo" o "la búsqueda

---

[662] Torres, 2014, p. 239.

[663] "A quien trató bastante en Madrid por el testimonio que se encuentra en algunas obras (poesías)" Torres, 2014, p. 243.

[664] Torres, 2014, p. 239.

del linaje perfecto" (los Orellanas-Pizarros) y el poder de atracción que ejerce entre los personajes la figura y el ritual (romería/peregrinación) de la Virgen de la Cabeza.

De Torres, que también se muestra sorprendido por el tema de la comedia así como por las conexiones que puedan establecerse entre sus tres actos, señala dos motivos que justificarían el desarrollo argumental: el primero, centrado en el primer acto, trataría del "enaltecimiento de la monarquía como base de su poder y grandeza de la sociedad"[665]; "el segundo tema que subyace en el argumento es que el Príncipe de Fez y Marruecos, de sangre real al descender en tres generaciones de jerifes marroquíes, renuncia a sus derechos dinásticos"[666] a raíz de su estancia en Andújar y de su experiencia espiritual (romería/peregrinación) en el Santuario de la Virgen de la Cabeza, posteriormente culminada en el no menos emblemático -como argumentaremos en los próximos capítulos- bautismo en el monasterio de El Escorial.

Recapitulemos: tenemos a Lope y Cervantes terciando en sus respectivas obras sobre un mismo asunto de carácter cortesano en relación al "espinoso" asunto de la sucesión al trono portugués, un príncipe moro en la corte del más católico de los reyes europeos (Felipe II) y un doble nexo de unión que habría de dar coherencia a todo el asunto: el santuario de la Virgen de la Cabeza en Andújar (segundo acto de la obra de Lope) y el monasterio de El Escorial (tercer acto). Comoquiera que el asunto da lugar a diferentes interpretaciones de las que no poseemos argumentos sólidos para respaldarlas, dejaremos el tema abierto en este punto. Quede, al menos, la constatación del interés que el mismo tema de "intriga cortesana" suscitó en las obras de ambos Genios.

Terminamos aquí este conjunto de aclaraciones que, en ningún momento, pretenden arrogarse ni la verdad sobre el personaje de la "vieja peregrina" ni, mucho menos, la explicación completa del episodio, que es mucho más largo y complejo y que se extiende o continúa a través del episodio del jinete polaco, Ortel Banedre.

3.5. De Ortel Banedre hasta Soldino: todos en el camino real

Después de la reveladora intervención de la sabia-"vieja peregrina", se nos dice, continuando dentro de ese mismo contexto alegórico:

> por el camino real, que junto a ellos estaba, vieron venir un hombre a caballo, que, llegando a igualar con ellos, al quitarles el sombrero para saludarles y hacerles cortesía, habiendo puesto la cabalgadura, como después pareció, la mano en un hoyo, doy consigo y con su dueño al través una gran caída (p. 488).

Porque nuestro narrador no se cansa de decirnos que todo ello sucede en el "camino real" ¿Deberíamos de entender por ello que los sucesos que se relatan tienen lugar a la vera de esas antiguas vías de comunicación? Resulta verosímil. Ahora bien, ello no implica que ese camino real pueda remitir también a otra realidad paralela a la más común o terrestre, como podría ser los senderos de la gnosis; en cuanto a su consideración como vía que conduce a la realeza[667] o iluminación.

Algunos apuntes sobre el episodio de Ortel Banedre

El episodio de Ortel Banedre, que a la sazón es el jinete que hace su aparición tras el "descubrimiento" del planeta Ceres en el horizonte persilesista, podría constituir la respuesta a la pregunta que nos habíamos planteado más arriba; pues, en relación a la figura del San Pablo, ¿acaso la caída del caballo de Ortel Banedre durante ese camino de iluminación o Conocimiento, materializado con la noticia de la existencia del planeta Ceres, no podría ser un símil del relato de la Conversión de San Pablo durante su camino a Damasco? Además, el contexto sapiencial en el que surge, derivado del descubrimiento de "otros mundos"

---

[665] Torres, 2014, p. 243.

[666] Torres, 2014, p. 244.

[667] La alquimia, también conocida como Arte Real, consideraba el trabajo del alquimista sobre la materia grosera con el mismo propósito filosófico que el peregrino lo hacía sobre sí mismo; en ambos casos, se trataba de un camino plagado de obstáculos que con sacrificio, perseverancia y voluntad se debía recorrer con el propósito de culminarlo.

desconocidos, sirve de escenario a la muy aguda deducción de Nerlich de identificar al personaje[668] con el descubridor-divulgador del nuestro propio:

> Casi resulta trágico que el emérito editor Romero, que sin embargo conoce a Abraham Ortelio (al igual que Lozano-Renieblas, centrada en las cuestiones geográficas) no haya captado que Cervantes ha hecho todo lo posible para dar a entender que (el nombre de) su personaje ORTEL Banedre es (también) un homenaje hecho a Abraham ORTELius quien -como nuestro polaco que habla español, como el mismo Miguel de Cervantes- "destacó particularmente en la inteligencia de las Lenguas & en las Matemáticas" y su "conocimiento de la geografía le hizo ser merecedor del elogio de Ptolomeo de su tiempo.[669]

Una vez conocemos la filiación intelectual del personaje, la siguiente acción a realizar por quien persiga el objetivo de leer el *Persiles* en profundidad consistirá en situar el relato narrado por el "polaco" en el contexto que le es afín. De este modo, quizás encontraríamos algún sentido extra a la narración si pensásemos que el escenario lisboeta en donde tiene lugar el suceso que el propio personaje nos relata fuese algo más que un mero elemento diegético, o que el aparentemente absurdo asesinato de don Duarte tuviera alguna finalidad, o que la herida practicada en la víctima no fuese casual, etc.

Y desde esta perspectiva alegórica deberíamos interpretar también la segunda parte de este drama protagonizado por el "forastero polaco" e inspirado en leyendas de gran tradición popular[670]; donde, doña Guiomar de Sosa (¿pariente del portugués enamorado Manuel de Sosa Coitiño?), madre del difunto don Duarte, asume el papel de la gran sufridora, la gran misericordiosa, la piadosa madre que es capaz de ayudar al matador de su hijo a ocultarse y luego a huir del escenario del crimen. En tal caso, y dada la rotundidad de los elementos diegéticos que se conjugan, confesamos que no podemos evitar la comparación: ¿cómo no ver en ese ejemplo, más propio del mito que de un comportamiento real, a la figura de la Gran Misericordiosa, a María, la madre de Jesús ejerciendo la gran perdonanza? Porque, doña Guiomar se dirige al asesino de su hijo por el nombre genérico de: "Hombre, quienquiera que seas", para decirle que le ha quitado "el aliento de mi pecho" (p. 493); pero que sin embargo lo acepta y lo ayuda como si todo ello formara parte de un plan divino que la supera a ella y a la misma condición humana. Es decir, una especie de designio universal del que el hombre no puede zafarse en cuanto a que es parte de ese mismo universo que lo condiciona.

Porque desde una perspectiva iniciática Doña Guiomar cumpliría la función espiritual de "guiar" a los peregrinos que deciden "echarse a la mar" (GUIO-MAR: "Navegar es necesario. Vivir no es necesario") en busca de su "otra mitad luminosa" que les debe complementar en su deseo de Unidad, como así se refleja en el *Persiles*. Por ello ayuda al esforzado héroe en su necesaria y "marinera" huida mística tras la obligatoria muerte ritual que ha consistido en cercenar su propio lado animal, personificado en la diégesis en la figura de don Duarte, el hijo de esa misericordiosa madre que acepta estoicamente el sacrificio de su Hijo:

> Salí por la mañana al río y hallé en él un barco lleno de gente que se iba a embarcar en una gran nave que en Sangián estaba de partida para las islas Orientales[...], y otro día me hallé en el gran navío fuera del puerto, dadas las velas al viento, siguiendo el camino que deseaba (p. 494).

La vuelta de tan singular odisea es revestida de cierto halo de realeza, en perfecta consonancia con la victoria que se presupone del héroe Ortel Banedre en su aludida experiencia vital. De este modo, Cervantes, para revestir su relato de autenticidad, hace coincidir la llegada

---

[668] Realiza Nerlich un preciso trabajo deductivo en relación al nombre del jinete polaco: "Y es evidentemente esta obra la que ha inspirado a Cervantes para el nombre de "Ortel BANEDRE" porque -al poderse escribir la b como v en español (y viceversa)- VANEDRE no es otra cosa que el anagrama alemán u holandés de (ORTEL[IUS]) TERRARUM, es decir, (ORTEL[IUS]) VAN ERDE: ORTEL (el cartógrafo) DE LA TIERRA." Nerlich, 2005, p. 324.

[669] Nerlich, 2005, p. 324.

[670] "La historia de quien salva al asesino de su propio hijo es una leyenda popular, vinculada con la que circuló en la Edad Media sobre Trajano y una pobre viuda, cuyo hijo había sido muerto por el hijo del emperador. Al pedirle justicia la viuda, el emperador le ruega que acepte a su propio hijo en lugar del hijo muerto. Dante recuerda esa tradición en el canto X del Purgatorio; Giraldi Cintzio se inspira en la misma tradición para uno de sus relatos de *Ecatommitti*, Ricardo Palma la reelabora en sus Tradiciones peruanas." Uriarte, 2004, p. 1076.

del jinete polaco de las Indias con el relato de la llegada del rey de España: "me pareció ser necesario para mi camino, que fue el que primero intenté venir a Madrid, donde estaba recién venida la corte del gran Felipe Tercero".

La importante referencia de esta información para establecer una datación de los hechos tendría, en nuestra opinión, un efecto contradictorio en la narración; por un lado, en cuanto a su objetividad (nos hallamos literalmente en el año 1606), serviría para revestir de verosimilitud al relato del jinete polaco; por otra, nos obligaría a cuestionarnos nuestra datación de los hechos, que situábamos en algún momento del reinado de Felipe II, sin precisar. Ahora bien, no debemos dejarnos llevar por esa falsa sensación de una perspectiva de presente que parece transmitirnos el relato, pues la historia de Ortel Banedre es, en lo fundamental, un relato alegórico; es decir, un discurso de naturaleza atemporal, con libertad para moverse de un lado a otro de ese arco que es el tiempo.[671]

Dado que resultaría muy arriesgado tratar de interpretar estos hechos de una manera objetiva, sí, al menos, podríamos proponer una aproximación al contexto histórico aludido; cuya referencia es la vuelta de la corte española a Madrid en 1606. En tal caso, del texto se deduce la intención de nuestro autor por relacionar al jinete (caballero) polaco con unos hechos ocurridos en 1606; lo cual, podría situarnos en la órbita de las relaciones de Felipe III con el -digamos- primer "caballero polaco" que haya de considerarse: ¿el rey de Polonia Sigismundo III Vasa, a la sazón, cuñado de Felipe III?

El tercer acto de la historia de Ortel Banedre consistirá en el pleito amoroso, a raíz de un mal casamiento, que le enfrentará a la moza Luisa llamada la "Talaverana" que, a la sazón, se había marchado con su amante y sus dineros a Madrid.

La necesidad de vengar el agravio, la ira, la burla social, son los condicionantes que esgrime el "jinete polaco" para viajar a Madrid y hacer justicia; pero el sabio consejo de Periandro le disuadirá de ello, eligiendo la más acertada decisión de regresar a Talavera. Después Ortel Banedre desaparece de la narración, aunque volveremos a encontrarlo al final en Roma.

Sobre el episodio de los "falsos cautivos"

Luego nuestros peregrinos pasan por la Sagra de Toledo, donde el recuerdo de los versos de Garcilaso introducen ese *locus amoenus* desde el que se despedirá del grupo la "vieja peregrina", pues dijo que ella quería hacer su propio viaje, que es el "que le venía más a cuento"(p.511).

Pasaron luego por Ocaña a visitar el monasterio de Nuestra Señora de la Esperanza y luego a Qintanar de la Orden, donde Antonio el padre se reencuentra con sus padres y decide, junto con su esposa Ricla, cerrar el círculo de su propia *peregrinatio vitae* en el mismo lugar en el que nació. En cuanto al episodio que se relata en este capítulo , podríamos resumirlo, desde una perspectiva alegórica, como el premio a una vida ejemplar, de sacrificio y honor, de alguien que ha entendido que alcanzar la sabiduría consistiría en un continuo ejercicio de retorno al lugar del que se parte. En tal caso, la boda de la hija de Antonio el bárbaro (Constanza) con el agradecido conde *in articulo mortis,* debe ser interpretada como el reconocimiento que la Fortuna hace al orgulloso padre, cuya hidalguía, que lo situaba en la escala más baja de la nobleza, lo eleva ahora, a través de la persona de quien lo va a continuar en este mundo (su hija, la ya condesa Constanza), al estatus que su nobleza de espíritu merece.

Ya entrados en el capítulo décimo, nuestro autor nos recuerda, aunque su narrador parece haberlo olvidado, que "el hermoso escuadrón de los peregrinos, prosiguiendo su viaje, llegó a un lugar, no muy pequeño ni muy grande, de cuyo nombre no me acuerdo" (p. 527). Obviamente, la referencia al *Quijote* es clara, en tal caso, y puesto que esta especie de baliza diegética nos avisa de la persona que hay detrás del que pasa por ser el autor del *best sellers* de la época (por ello el lector percibiría la relación que habría de establecerse entre el autor y el episodio que se le va a narrar); nosotros nos preguntamos: ¿cómo es posible que la crítica en general, ya avisada de la trascendencia que supuso para nuestro autor los sucesos en torno a su

---

[671] Sobre este particular la crítica viene demostrando su desconcierto. Véase Romero, Apéndice n. XVI, p. 731.

cautiverio en Argel, ya señalados, por otra parte, en algunas de sus obras[672]; no haya visto en el episodio de los falsos cautivos del *Persiles* a la figura de Cervantes como juez y parte en tan evidente y personal historia de presidiarios? Porque, a pesar de que críticos como Avalle-Arce[673], que señala sin ambages esa intención autobiográfica de nuestro autor, no parece que haya una voluntad por parte de la crítica de asumir lo que se revela como una evidencia: ¿quizás porque ello implicaría asumir, del mismo modo, un criterio de verdad en la multitud de episodios que se suceden a lo largo de la obra?

Romero, que también muestra su interés en este punto, comenta algunos de los trabajos que tratan de identificar ese innominado lugar con un asentamiento real relacionado con el *Quijote*, sin embargo, concluye: "Pero se trata de hipótesis sin el menor apoyo objetivo y...sin la menor relevancia para el buen entendimiento del episodio."(n. 1, p. 527)

Nosotros, sin embargo, somos de otra opinión, pero no en cuanto a la expresada falta de objetividad aducida por Romero, que secundamos; sino en relación a la relevancia de los datos aportados por Cervantes para la correcta comprensión del episodio. Porque, los elementos que nos remiten, según decíamos, a ese personal intervencionismo de nuestro autor en este episodio que ahora abordamos son abrumadores, empezando por las alusiones a los diferentes escenarios que evocan su intervención en la batalla de Lepanto, hasta la liberación final después de cinco años de cautiverio en Argel.

Pero antes de emprender este análisis regresaremos a ese lugar del que no se acuerda el narrador, pues creemos que podría corresponderse con Mota del Cuervo: localidad que se encuentra a dieciocho kilómetros[674] del lugar del que habían partido en Quintanar de la Orden de Santiago. Y ello se deduce de lo que se narra a continuación, pues, al día siguiente, el grupo de peregrinos "al salir del lugar, toparon con los cautivos falsos" (p. 540); es decir, que a la salida de Mota del Cuervo caminarían en compañía hasta que "Llegaron todos juntos donde un camino se dividía en dos; los cautivos tomarán el de Cartagena y los peregrinos el de Valencia" (p. 540). Porque resulta que es precisamente pasado Mota del Cuervo y poco antes de llegar a Pedro Muñoz cuando el Camino se divide en dos direcciones: una para Valencia y otra para Murcia-Cartagena.[675] González Mujeriego identifica el camino seguido por nuestros peregrinos con el actual Camino de Santiago del Sureste-Valencia[676], especificando que el citado cruce

---

[672]   Sliwa justifica la presencia de la experiencia argelina de Cervantes en varias de sus obras: "El primer texto literario cervantino que refleja la experiencia personal de la captura en la galera *Sol* es la *Epístola a Mateo Vázquez*, escrita en pleno cautiverio, en 1577." Sliwa, 2006, p. 292. Más adelante alude el crítico a *El trato de Argel* (p. 296), *La española inglesa* (p. 297), *Los baños de Argel* (p. 304), *La Galatea* (p. 346), incluso al propio *Persiles* (p. 298) y numerosas citas dispersas en las dos partes del *Quijote*. Véanse también pp. 262-362.

[673]   Según recoge Avalle-Arce en su análisis sobre el autobiografismo de Cervantes en relación al episodio de los falsos cautivos en el *Persiles*: "Las circunstancias reales de la captura de Cervantes aparecen aquí en la persona de don Sancho de Leiva, el histórico capitán general de la flotilla de *Sol*, y en el infructuoso alcance que dan sus galeras. Pero todo esto el novelista lo encuadra en un complicado y muy artístico marco. Porque el capítulo se abre con una disquisición acerca de lo histórico y de lo verosímil, para caer de inmediato en el aparente contrasentido de que el autor de esta obra es un historiador desmemoriado. A esto le sigue un amago de crítica social en la presentación de los falsos cautivos, conocida lacra de impostores en la sociedad de aquella época; y luego la mentira que representa el falso cautivo se agranda desmesuradamente, y por necesidad, ante la verdad que encarna el alcalde, hasta estallar como un globo de colores ante los pinchazos de la aguja inquisitorial del alcalde." Avalle-Arce, «La captura (Cervantes y la autobiografía)», 1975, pp. 279-333.

[674]   No se especifica en el texto la distancia recorrida de una manera precisa desde su partida de Quintanar de la Orden ("el hermoso escuadrón de los peregrinos, prosiguiendo su viaje, llegó a un lugar" [p. 527]), pero tampoco se dice que haya sido más de una jornada, que suele equivaler a tres leguas aproximadamente.

[675]   "Llegamos a la carretera que une Pedro Muñoz con Mota del Cuervo, la cruzamos y seguimos por el camino de enfrente, pasamos junto a una casa en ruinas y un poco más adelante llegamos a una bifurcación, vamos a la derecha. Este camino es conocido como Camino de los Valencianos o Pimenteros y camino de Las Mestas. Es posible que en este camino o uno muy parecido se encontrara Don Quijote (I. 4), con los mercaderes que desde Toledo se dirigían a Murcia y éste les exige reconocer: 'Que no hay en el mundo todo doncella más hermosa que la Emperatriz de la Mancha, la sin par Dulcinea del Toboso". Aliaga Martinez, Manuel José, *El Camino de Santiago. Peregrinar desde el Levante y Centro de la península ibérica. El Camino del Sureste*, p. 67.

[676]   " La Mancha que conoció Cervantes como tal, estaba atravesada también por el Camino de Santiago, en sus respectivos ramales: el del sureste, que parte desde Alicante, atraviesa el despoblado de Manjavacas, y sigue hacia el siguiente pueblo que es el Toboso; y el de Levante, que arranca en Valencia, pasa por Mota del Cuervo y sigue también por el Toboso. La confluencia de estos dos caminos de Santiago en el Toboso, y la afluencia de peregrinos por sus calles, quizás inspirara a Cervantes cuando denomina a Aldonza Lorenzo, Dulcinea del Toboso, y lo califica como un nombre músico, peregrino...: […]; 'nombre, a su parecer, músico y peregrino y significativo, como todos los

estaría situado cerca de la antigua población, hoy desaparecida, de Manjavacas, donde además de la ermita de la Bienaventurada Virgen María de la Antigua[677]se hallaba una venta.[678] En resumen, nosotros creemos que las referencias aludidas servirían para identificar a la localidad de Mota del Cuervo como el famoso lugar de la Mancha "de cuyo nombre no me acuerdo"; que además se hallaría próximo al Toboso de Dulcinea, como así se declara en *DQ*, I, p. 24.

Una vez hemos realizado esta aproximación a la toponimia que se despliega en el episodio, a continuación trataremos los paralelismos observados entre el episodio de los cautivos y la propia experiencia vital de nuestro autor:

a) Los dos cautivos podrían señalar a los dos hermanos, Rodrigo y Miguel de Cervantes, vistos desde una perspectiva de pasado. No en vano, se nos dice que: "uno de ellos debería de ser de hasta veinticuatro años"(p. 528), que son los que tenía nuestro autor en Lepanto.

b) Se alude directamente al que fue el lugar del cautiverio del príncipe de los ingenios: "esta que véis pintada, es la ciudad Argel"(p. 528).

c) El brazo que lleva el turco en la mano consistiría en una alusión a las heridas sufridas en la batalla de Lepanto, y que le dieron a nuestro autor el apodo de "el Manco de Lepanto": "cuyo dueño y capitán es el turco que en la crujía va en pie con un brazo en la mano, que cortó a aquel cristiano que allí véis"[p. 529]).

d) Los dos alcaldes podrían ser también una personificación de Miguel y Rodrigo de Cervantes, evocando desde un perspectiva de futuro o presente hipotético el suceso de su cautiverio: "Entre los que la larga plática escuchaban estaban los dos alcaldes del pueblo, ambos ancianos, pero no tanto el uno como el otro."[p. 528]). Uno de los alcaldes confiesa que él estuvo en la misma nave que cuenta el "falso cautivo", lo que podría interpretarse como la intención de Cervantes de juntar en un mismo punto la visión temporal del suceso; con lo que ambas parejas de cautivos y alcaldes se identificarán con el mismo sujeto pero desde perspectivas temporales diferentes (visto el tiempo como ese aprendizaje de la vida que hace ver las cosas de un modo más sabio): "Porque quiero que sepáis que yo iba dentro desta galeota y no me acuerdo de haberle conocido"[p. 531]).

e) Las galeras "de don Sancho de Leyva" que se citan en el relato (p. 531), fueron, precisamente, las que deberían haber traído a España a Cervantes en 1575; si no hubiera sido capturado antes por el turco.

f) El alcalde que habla dice que: "Yo he estado en Argel cinco años esclavo" (p. 534), lo cual, de forma inequívoca, nos remite al cautivero de cinco años de Cervantes en Argel.

En resumen, dando por suficientes los paralelismos observados entre la realidad de nuestro autor y la ficción por él presentada, creemos que el episodio de los "falsos cautivos" tiene claras reminiscencias de la vida de Cervantes. La oportunidad de su inclusión en la urdimbre peregrina, se debe, en nuestra opinión, a que la propia experiencia presidiaria de nuestro autor es reveladora de un concepto de libertad/prisión que constituye un ejemplo de liberación espiritual desde el punto de vista del humanismo neoplatónico.

Esta forma tan compleja de Cervantes de percibir y expresar la libertad (que supuso para él la ruptura de las cadenas, de las dos: las del turco y las de su espíritu; que le dieron acceso a su merecida y completa libertad), producto, en nuestra opinión, de la gran conmoción que supuso para nuestro joven escritor enfrentarse a la experiencia de la muerte al recibir varios disparos de arcabuz y luego afrontar el subsiguiente cautiverio, es presentada por Cervantes desde una perspectiva inversa a la propia experiencia vital que vivió; pues, si en la ficción los "falsos cautivos" forman parte del contingente turco (contra su voluntad, en razón de su cautiverio sirviendo de galeotes), en el momento en que el relato alude alegóricamente a la batalla de Lepanto (el gran hito del joven Cervantes en el uso de su libertad al servicio de una causa terrena) y son liberados coincidiendo con el dato histórico del apresamiento de nuestro autor, que iba en una de esas galeras de don Sancho de Leyva; quiere decir que el concepto de

---

demás que a él y a sus cosas había puesto."González Mujeriego, José Manuel, *Lo que Cervantes calló*, editorial Cultiva libros, 2015.

[677]   "La actual ermita de Nuestra Señora la Antigua de Manjavacas, data del siglo XVII. La anterior del siglo XIV estaba un poco más abajo, en una zona inundable. […] En la fachada, en los escudos, podemos observar la Cruz de Santiago. Por esta ermita pasó en marzo de 1580 Santa Teresa de Jesús cuando volvía de la fundación del convento de Villanueva de la Jara."Aliaga, p. 66.

[678]   "donde algunos autores cervantinos, recientemente, han situado la venta donde Don Quijote fuera armado caballero". González Mujeriego, p. 258.

libertad que tendría el Cervantes "mozo" (personificado en el joven falso cautivo) de la victoria de Lepanto en cuanto a la idea de servir al rey y aniquilar al infiel, estaría en las antípodas del Cervantes maduro (simbolizado en el alcalde viejo), que no vería más libertad que la del alma, libre de cualquier tipo de condicionamientos y servilismos en nombre de causas tan terrenas.

Tampoco descartamos la visión idealista que estos acontecimientos, intencionadamente contrapuestos o inversos, podrían tener en Cervantes: que se veía en su juventud (retratado en la historia falsa de los falsos cautivos, formando parte como galeote del contingente turco) sometido al yugo de unos falsos ideales (la teocracia) y arrastrado a luchar contra su verdadero yo (el ideal sublimado del joven Cervantes combatiendo heroicamente en el bando cristiano). Y solo el tiempo (la perspectiva que nosotros aducimos desde el simbolismo del personaje viejo del alcalde, que viene a denunciar la conducta, aunque en el fondo sabe que no puede juzgarla, pues reconoce que tiene su origen en algo que es común al género humano: la juventud/ignorancia) le dará a nuestro autor la certeza sobre la banalidad que mueve al ser humano a desgastarse e incluso sacrificar sus vidas en aras de un absurdo e intrascendente destino.

Y esa es la razón por la que desautoriza a los que considera como "falsos cautivos", condenándoles a escarnio público para purgar, fundamentalmente, su ignorancia ("Gil Berrueco, id a la plaza y traedme los dos primeros asnos que topárades, que, por vida del rey nuestro señor, que han de pasear en ellos estas calles estos dos señores cautivos" [pp. 533-534]); aunque, como se puede comprobar tras la réplica de uno de los sentenciados, el rigor cede a la compasión en el alma del alcalde, pues se reconoce a sí mismo, como decíamos, en ese ilusionado estudiante de Salamanca ávido de aventuras:

> No quiero que vayan a vuestra casa, sino a la mía, donde les quiero dar una lición de las cosas de Argel, tal que de aquí adelante ninguno les coja en mal latín en cuanto a su fingida historia (p. 538).

La astronomía rural de Bartolomé el Manchego

Y, por la senda de ese real camino continúan juntos el grupo de peregrinos hasta llegar a un punto, según decíamos, en "donde un camino se dividía en dos; los cautivos tomaron el de Cartagena y y los peregrinos el de Valencia" (p. 540). Es decir, nos encontraríamos ante una encrucijada del camino[679]: el escenario más apropiado para proceder a algún tipo de lectura estelar. Y no tardará en llegar, en esta ocasión, de la mano (o de la inteligencia) del rústico "guiador del bagaje", que, ensimismado ante la aurora que en ese punto da comienzo al día, eleva un discurso cosmológico, desde su aparente rusticidad, en el que se entremezcla un concepto que revela un conocimiento asombroso para la época en relación al Sol con otro menor sobre la Tierra; que, además, se reviste, este último, de cierto aire de rústica sabiduría tendente a la risa del auditorio, como así se expresa en la persona de Periandro: "Rióse Periandro de la rústica astrología del mozo" (p. 542).

Ahora bien, el primero de los conceptos aportados no debería provocar ninguna risa, pues se está refiriendo nada más y nada menos que a las medidas y, sobre todo, a la velocidad del sol:

> y por la grandeza de este sol que nos alumbra, que, con no parecer mayor que una rodela, es muchas veces mayor que toda la tierra, y más, que, con ser tan grande, afirman que es tan ligero que camina en veinticuatro horas más de trescientas mil leguas (p. 541).

Volvemos a sorprendernos ante la falta de interés de la crítica ante una información que, de manera tan evidente, no solo nos está proporcionando un dato literal y muy concreto sobre la velocidad del Sol (pues se nos aporta la distancia recorrida y el tiempo empleado); sino incluso de la visión de la Tierra en relación al Universo, porque, ¿acaso podría seguir sosteniéndose la teoría geocéntrica de Ptolomeo si, como se deduce de los datos aportados, la Tierra tiene orbitando a su alrededor a un Sol que no solo le supera en tamaño ("es muchas veces mayor que

---

[679] "Encrucijada. Se relaciona con la cruz. Entre los antiguos las encrucijadas tenían un carácter teofónico aunque ambivalente, ya que la reunión de tres elementos siempre presupone la existencia de los tres principios: activo (o benéfico), neutro (resultante o conducente) y pasivo (o maléfico). Por eso estaban consagradas a Hécate Triforme". Cirlot, 1992, p. 183.

toda la Tierra") sino también en energía ("la grandeza de este sol que nos alumbra")?

Podría objetarse a lo dicho que, de manera literal, la cita podría secundar, y no anular -como nosotros proponemos-, la teoría geocéntrica; en el supuesto de que el dato del espacio recorrido (trescientas mil leguas) se interpretase en relación a un día (veinticuatro horas), y que en tal caso aludiría a la órbita hipotética que describiría el Sol alrededor de la Tierra. Ahora bien, en respuesta a esta lógica objeción, aduciremos que si el "mulero" nos estuviera mostrando realmente el dato la distancia que recorrería el Sol alrededor de la Tierra, ¿acaso no debería tener también el dato de la distancia recorrida por la Luna, mucho más cercana, más grande y más estudiada a través de la historia? En este sentido, puesto que nuestro "rústico personaje" habría de saber también la distancia recorrida por la Luna en un giro alrededor de la Tierra (tarda veintiocho días aproximadamente en completarlo a una velocidad de 1 kilómetro por segundo), que es de 2.419.200 kilómetros (440.000 millas), resultaría que esa órbita hipotética del Sol alrededor de la Tierra (300.000 millas) sería más corta que la de la Luna, por lo que el astro rey se hallaría más próximo a nuestro planeta que el propio satélite. Algo que resulta ser completamente imposible. Queda demostrado, pues, que Cervantes, por boca del "mulero", no aboga en su discurso estelar por la teoría ptolomaica (geocéntrica) sino por la copernicana (heliocéntrica).

Porque, si realizamos una sencilla operación aritmética comprobaremos que el "mulero" que forma parte del "escuadrón de peregrinos" no iba mal encaminado en sus increíbles conocimientos siderales; pues, dando aquí a la legua el valor de 5.5 km., que es el que le corresponde en relación a la "navegación estelar", tendríamos que el Sol recorre en veinticuatro horas "más de" 1.665.000 kilómetros, y, aplicando la fórmula general de la velocidad ($V = S/T$) tendríamos que la velocidad del Sol sería de 69.375 kilómetros por hora. Ahora bien, el narrador nos dice que recorrió "más de trescientas mil leguas", es decir, que la velocidad sería un poco más elevada ¿Quizás con el propósito de redondear la cantidad a 70.000?

Pues bien, hoy en día sí sabemos que el Sol se mueve a una velocidad de 70.000 Km./h[680]; lo cual no es motivo de asombro; sin embargo, si debería extrañarnos que un "guiador de bagajes" de comienzos del siglo XVII lo supiera con esa increíble exactitud, y que además se atreviera a confesarlo aunque fuera de forma velada.

La fórmula de Cervantes de utilizar al personaje más serio y discreto del *Persiles* para corregir, de manera paternal con tendencia a la burla, al estereotipado personaje del "mulero inculto", se hace necesaria para poder seguir arrojando conceptos sorprendentes sin que medie el freno del censor de turno. El éxito de la técnica radica en intercalar de cuando en cuando aquellas proclamas tendenciosas que deben seguir siendo recitadas en beneficio de la transmisión del conocimiento, como por ejemplo: "y es que quiero que entiendas por verdad infalible que la tierra es centro del cielo" (p. 542).

La lógica estelar se impone de nuevo en este episodio que inauguraba el "guiador de bagajes" desde esa soleada aurora que daba comienzo al capítulo 11. Porque ahora aparece la Osa Menor, que con sus siete elementos apunta a esas siete estrellas que contiene a la Estrella Polar:

> Con estas y otras cosas iba enseñando y entreteniendo el camino Periandro, cuando a sus espaldas llegó un carro, acompañado de seis arcabuceros a pie, y uno que venía a caballo, con una escopeta pendiente del arzón delantero (p. 543).

Resulta muy ilustrativa la forma de presentar aquí el papel principal que tiene la Estrella Polar dentro de la constelación de la Osa Menor, la cual, dentro de la formación tradicional o *Carro menor*, ocupa el extremo de esa vara imaginaria que en esta cita se escenifica a través de un complejo aparato formado por un triple conjunto de "jinete-caballo-escopeta": ¿quizás en relación al triple sistema estelar que forma *Polaris* con dos estrellas acompañantes, *Polaris* B y

---

[680] En realidad este dato es muy relativo, pues el concepto de velocidad se mide en relación a una situación de reposo, la cual es imposible en el Universo. Para salvar este escollo, en astronomía se ha adoptado una convención o punto cero que se identifica con las siglas SRL (sistema de reposo local), y que haría referencia al movimiento medio de la materia de la Vía Láctea en las vecindades del Sol. Con respecto, pues, al SRL, el Sol se desplazaría con una velocidad de 70.000 kilómetros por hora en dirección a la estrella Vega (¿El paraje de Noruega al que llegaban nuestros peregrinos como alegoría de los comienzos de nuestra civilización, y que nosotros identificábamos con el paralaje de la estrella que en el año 13.000 a.C. señalaba el norte geográfico: Vega?).

Polaris C, siendo esta última observada en fecha reciente gracias al empleo del Telescopio Espacial Hubble?

El episodio de la "partida de dados"

Tras la llegada del escuadrón de peregrinos al reino de Valencia, donde se narra un episodio que sirve para ilustrar los motivos que llevaron a Felipe III a decretar la expulsión de los moriscos en 1609: "Digo, pues, que este mi abuelo dejó dicho que, cerca de estos tiempos, reinaría en España un rey de la casa de Austria, en cuyo ánimo cabría la dificultosa resolución de desterrar los moriscos de ella"(p. 548), estos llegan a las proximidades de la capital del reino, "en la cual no quisieron entrar, por escusar las ocasiones del detenerse" (p. 555). Acuciados, pues, por el deseo de acelerar su marcha, "Determinaron de alargar sus jornadas, aunque fuese a costa de su cansancio, por llegar a Barcelona" (p. 555), a donde tampoco hicieron escala, y de ahí a Perpiñán; escenario que será utilizado por Cervantes para volver a retomar al tema de la búsqueda de la libertad espiritual.

El episodio en cuestión despliega un simbolismo muy acusado, donde, en el contexto de una partida de dados, dos hombres rodeados de una muchedumbre expectante se juegan su destino de una manera temeraria y poco equilibrada; pues, lo que se gana apenas dará para cubrir las necesidades básicas del sustento familiar ("veinte ducados"), sin embargo, lo que se pierde es irreparable (se pierde la libertad durante los seis meses que debería permanecer como remero en las galeras del rey): "Preguntó Periandro la causa y fuele respondido que, de los que jugaban, el perdidoso perdía la libertad y se hacía prenda del rey para bogar el remo seis meses y, el que ganaba, ganaba veinte ducados."(p. 565).

En tal caso, dos podrían ser los sentidos que emanan de este emblemático episodio: uno dentro del contexto real y de naturaleza externa al individuo, que enfrentaría al hombre contra la cruel sociedad que lo sustenta; y otro en la órbita de lo espiritual y de naturaleza interna, en donde la lucha sería consigo mismo, tratando de vencer a su propia animalidad.

En relación a la segunda de las perspectivas, creemos que detrás de esta efectista imagen teatral se halla la intención de nuestro autor por mostrar el arrojo y la valentía que anima a los sacrificados peregrinos a la hora de aceptar el desafío de la "verdadera" peregrinación. No en vano, los dos hombres que juegan la partida simbolizarían a las dos partes platónicas que componen la identidad humana, la una apegada a lo terreno y la otra a lo celeste. El desequilibrio entre pérdida y ganancia es necesario para provocar esa primera criba de acceso de candidatos a los misterios de la divinidad, pues solo accederán los más valientes. La muchedumbre expectante alrededor de la mesa de juego representa a la mayoría del género humano, que prefiere permanecer en un estado de confortable pasividad (la "muerte" platónica) antes de asumir la responsabilidad de pensar que a la vida se viene a jugar (¿a navegar?) -digamos- "la gran partida de dados" por la salvación del alma. Ahora bien, para la correcta interpretación del ideal platónico perfectamente incardinado en la narración de este episodio, es necesario, una vez más, que consideremos el régimen de premios y castigos que aquí se dispensan de una manera inversa; pues, el castigo, que en el mundo de las apariencias equivale a la pérdida, en el universo espiritual simboliza la ganancia: seis meses en galeras olvidado de todos y de todo, ¿acaso no constituye una alusión a la experiencia "marinera" o ermitaña-peregrina necesaria para lograr la ansiada libertad? ¿No sufrió Cervantes una suerte similar con su cautiverio en Argel, cuando regresando exultante de Italia con la corona de la victoria ciñendo sus sienes, la fortuna le salió al paso trocando los laureles por las argollas y el efímero éxito social que le aguardaba por la fama eterna de sus obras? Los veinte ducados, dentro de este esquema simbólico, harían referencia, por lo poco que habrían de durar, a ese instante breve e ilusorio de engañosa libertad terrena.

La llegada a Francia: el episodio de la "mujer voladora"

Tras dar cuenta, a través del alegórico episodio de la partida de dados, del arrojo que anima a lo que, en apariencia, se muestra como un pobre y desvalido peregrino (o anciana y fea como el personaje de la "vieja peregrina") en el camino del Conocimiento, el narrador nos cuenta que los peregrinos llegan a Francia:

> Otro día pisaron la tierra de Francia y, pasando por Lenguadoc, entraron en la Provenza, donde en otro mesón hallaron tres damas francesas de tan estremada hermosura que, a no ser Auristela en el mundo, pudieran aspirar a la palma de su belleza (p. 567).

La entrada en el relato de las "tres damas francesas" sumará nuevos efectivos al escuadrón de peregrinos, que, junto al personaje del duque de Nemurs, que actuará de contrapunto argumental de las tres nuevas incorporaciones, protagonizarán su propia historia a lo largo del camino hacia Roma.

Los diferentes episodios homodiegéticos que se van sucediendo, a cada cual más inverosímil aunque siempre racionalizado de algún modo, parece que van aumentando en el grado de conmoción que son capaces de provocar, como si se pretendiese llevar al lector a un punto en el que perciba que lo maravilloso forma parte de las normales estructuras mentales al mismo nivel que la realidad comúnmente aceptada como tal.

Y, dentro de este ejercicio -digamos- "transmutatorio de la percepción normal de la realidad" que se está llevando a cabo de manera progresiva a través de la diégesis, podríamos situar el episodio de la "mujer voladora": "-¡Apartaos, señores, que no sé quien baja volando del cielo, y no será bien que es coja debajo!" (p. 573), cuya estructura episódica, emanada de una de una múltiple perspectiva a base de mitología, literatura y folklore de eficaz raigambre, es analizada por Roca Mussons, que destaca cuatro momentos diferenciados en la evolución del episodio: "De vuelo y caída. De muerte aparente. De rapto frustrado. De camisa hechizada"[681] , y a los que les asigna su correspondiente fuente en relación a los parámetros señalados.

Dado el carácter fundamentalmente emblemático del suceso protagonizado por "la mujer voladora", nosotros, que aceptamos el esquema referido por Roca Mussons, haremos un resumen de los pasajes en los que observamos una clara intención simbólica, más allá de la mera constatación de la fuente: "Era la hora de mediodía", "sentados a la redonda", "baja volando del cielo", "arrojada desde lo alto de la torre", "los semivivos", "vertiendo por los ojos, narices y boca cantidad de sangre","dividir los que ya pensaba ser cadáveres", "camino real". En tal caso, y haciendo gala una vez más del manido aforismo neoplatónico de la consecución de la "Unidad a través de la unión de lo de arriba con lo de abajo"[682], creemos que el episodio podría explicarse, entre otras formas, desde esta perspectiva barroco-renacentista.

Pero hablábamos de la intención de Cervantes de provocar, con esa técnica de relatos inverosímiles encadenados en grado creciente, una especie de corto-circuito en los esquemas mentales más apegados a nuestro concepto de realidad; lo cual, habría de provocar también en el propio autor una necesidad de justificarse:

> Cosas y casos suceden en el mundo que, si la imaginación, antes de suceder, pudiera hacer que así sucedieran, no acertara a trazarlos y, así, muchos, por la raridaz con la que acontecen, pasan plaza de apócrifos y no son tenidos tan verdaderos como son (p. 583).

La historia de Ruperta y Croriano

Así comienza el capítulo 16, advirtiendo al lector que lo que está leyendo puede considerarse como otra realidad, pero tan verdadera como la más evidente; aunque, como confiesa a continuación, es consciente de que lo mejor sería no contarlo, en el sentido de no hacerlo de manera literal:

> Las cosas de admiración
> no las digas ni las cuentes,
> que no saben todas gentes
> cómo son (p. 583).

---

[681]   Roca, 1997, p. 518.

[682]   La propia Roca Mussons, al comienzo de su artículo, llama la atención sobre el barroquismo especular que reviste no solo al episodio de "la mujer voladora" sino a todo el *Persiles*: "De improviso, el plano horizontal donde se movía la escena se ve trocado por un alzado grito que previene las consecuencias desastrosas de un peligro procedente de la cumbre del torreón. Grito y peligro quedan suspendidos en el aire ante los levantados ojos del grupo que han disgregado. Sol, sombra; paz, peligro; alto, bajo; cielo, tierra; silencio, clamor. Vaivén de opuestos con los que la lanzadera cervantina va tejiendo uno de los innumerables casos de admiración que, bajo forma de historias interpoladas3, componen y completan su novela bizantina, *Los trabajos de Persiles y Sigismunda."* Roca, 1997, p. 517.

Y en esta misma línea puede situarse la historia de Ruperta y Croriano, donde esa cabeza descarnada del conde Lamberto de Escocia ("mandóla mi señora poner en una caja de plata[683]"[p. 589]) centra el simbolismo de un episodio en el que convergen una gran cantidad de elementos procedentes de diferentes tradiciones literarias. Según la opinión de Enrique Rull, estas fuentes serían: el cuento milesio de Psique y Cupido, el mito de Diana y Endimión, el libro de caballerías *Partinuplês*, las *Sergas de Esplandián*, la historia bíblica de Jidhit y Holofernes, Perseo y Medusa, el *Amadís* e incluso el *Quijote*.

En cuanto a la interpretación que haya de hacerse de este enigmático y sorprendente suceso, quizás no sea una mala praxis, en esta ocasión, comenzarla por el final. Nos referimos al momento en el que por segunda vez (la primera lo hizo para presentar el suceso: "Señores, de aquí a dos horas..."(p. 587) sale el anciano cubierto de luto -digamos- a dar por zanjada con su actitud la circunstancia que había originado el suceso relatado:

> el anciano escudero que su historia les había contado, cargado con la caja donde iba la calavera de su primer esposo y con la camisa y espada que tantas veces había renovado las lágrimas de Ruperta, y dijo que lo llevaba adonde no renovasen otra vez en las glorias presentes pasadas desventuras (p. 597)

Porque, todo apunta, como bien parece expresar el anciano, a que el episodio remita a algún tipo de pendencia histórica de "largo recorrido", de gran sufrimiento, de gran Tradición y, por tanto, generadora de algún tipo de necesidad de venganza; sin embargo, y a pesar de su complicada resolución, se buscó para esta historia un presunto desenlace "feliz", que no es el que correspondería a las expectativas trágicas que se habían suscitado, como así lo sugiere el insólito sentimiento amoroso que habrá de unir a la desesperada viuda (Ruperta) con el hijo del asesino de su marido (Croriano).

Siguiendo esta línea exegética, no le será muy complicado al lector sustituir los diferentes elementos simbólicos que condicionan la actuación del anciano enlutado, en el papel de dueño de la llave que abre y cierra el significado del episodio, para ver en ellos, es decir, en la calavera, la camisa y la espada[684], a los símbolos que definen una de las causas históricas más polémicas todavía abierta en época de Cervantes: la extinción de la Orden del Temple por orden del rey de Francia, Felipe IV y ratificada por el papa Clemente V.

Soldino-Montano: ¿un sabio ermitaño en la corte del "rey Arnaldo"?

Y, tras la tensión acumulada en el episodio pasado, la intervención del "sabio" Soldino viene a calmar las aguas de la narración. Ahora bien, su aparición obedece al deseo que tiene de contar el porvenir, empezando por el poco favorable casamiento de Ruperta y Croriano[685]: "Mirad hoy por vuestra casa [le dice a la dueña del mesón], porque destas bodas y destos regocijos que en ella se preparan se ha de engendrar un fuego que casi toda la consuma" (pp. 598-599).

---

[683]   "Según M. R. Lida (C, 1956:161), la caja en que se conserva la cabeza del marido muerto deriva de la tradición artúrica"(n. 14, p. 589).

[684]   En relación al simbolismo de la "calavera", además de la primera y más evidente referencia al lugar en donde la tradición sitúa la crucifixión de Jesús (el Gólgota), también remite a la cabeza de San Juan Bautista, el cual era muy venerado en la Orden del Temple; al igual que la cabeza de un ídolo a la que se conocía con el nombre de BAFOMET. En cuanto al simbolismo de la "espada", diremos que ocupa un lugar principal en la Orden de los pobres caballeros de Cristo; no en vano, la Cruz de Santiago, que también es el emblema del Camino de Santiago, itinerario que el Temple no tardó en ocupar y ejercer su control, tiene la forma de la espada templaria (hoja de dos filos). Sobre el simbolismo de la "camisa", diremos que el famoso Sudario de Turín estuvo en poder de los Templarios entre 1204 y 1307.

[685]   Nosotros creemos que el inopinado matrimonio que se representa en la ficción entre Ruperta y el hijo del asesino de su marido, podría interpretarse, dentro del contexto histórico aludido, como la unión dinástica que, pasado el tempo,emparentó a los descendientes del rey Felipe IV de Francia, responsable de la supresión ("aniquilación") del Temple, con la casa dinástica francesa que representase algún tipo de legitimidad histórica digna de arrogarse un status -digamos- superior o "mítico": ¿la casa de Borgoña, la cual pertenecía a la casa de Austria?

Dado el carácter "apocalíptico" del vaticinio realizado por el "mago" Soldino[686] ("Éste sin duda debe ser mágico o adivino, pues predice lo por venir"[p. 599]), sobre todo si pensamos en el engarce argumental con el pasado episodio de Ruperta y Croriano[687], Cervantes se ve precisado a desautorizarse a sí mismo como mejor forma de escamotear la indiscreta revelación de Soldino. Y, el efecto se cumple de la mano del siempre bien venido, en el remate de estos contrapuntos caricaturescos, Bartolomé el mulero; pues, él mismo es quien da la alarma del incendio astrológicamente vaticinado: "- Señores, las cocinas se abrasan"[688](p. 599).

El rescate que hace Soldino del grupo de peregrinos, poniéndolos a salvo de las llamas en el interior de una gruta a la que se accede a través de una ermita, resulta, a pesar del intento del "mulero" por disfrazar cómicamente la escena, de un simbolismo abrumador; donde, el primitivo culto a las cavernas se suma al simbolismo de la cueva como lugar de retiro de los ermitaños, y, todo junto, nos induce a esa idea de salvación espiritual en medio de unos tiempos convulsos, los de Cervantes, que es la idea que, en definitiva, nuestro autor nos podría querer transmitir:

> Soldino, con todo aquel escuadrón de damas y caballeros, bajó por las gradas de la escura cueva y, a menos de ochenta gradas, se descubrió el cielo, luciente y claro, y se vieron unos amenos y tendidos prados que entretenían la vista y alegraban las almas (p.601).

Y es ahora el propio Soldino quien se encarga no de atenuar ni desmentir sino de refrendar la verdad de lo que están experimentando en el interior de la cueva. Previamente, el anciano "taumaturgo" ha posibilitado el éxito del ritual colocando, como ya hiciera antes la "vieja peregrina", a todos los presentes formando un corro: "- Señores, esto no es encantamiento y esta cueva por donde aquí hemos venido no sirve sino de atajo para llegar desde allá arriba a este valle que veis" (p. 601).

Ningún personaje, pues, desmiente o suaviza ahora el ritual mistérico que de manera tan evidente se ha escenificado en el interior de la cueva. Sea como fuere, el sabio Soldino, desde la profundidad de la gruta, pasa a explicar a los peregrinos los pormenores y las ganancias de su dedicación a la vida de ermitaño; donde, no falta esa idea suprema de libertad entendida como ausencia completa de manipulación sobre la persona y su propia vida, que permita al individuo centrarse tanto en sí mismo (*microcosmos*) como en el estudio del Universo (*macrocosmos*: las matemáticas, el movimiento de las estrellas, la predicción de acontecimientos, etc.). En fin, una completa declaración del oficio de ermitaño en la senda de la gnosis.

La incuestionable escenificación de la heterodoxa doctrina de Soldino lleva a Nerlich a identificarlo con la figura de Arias Montano[689]:

> ¿Cómo se ha podido no reconocer a quien remite el personaje de Soldino? El mayor humanista español -quizás- del siglo XVI, célebre por su renuncia al vino y a la carne, que ocupó numerosos cargos en la corte de Felipe II, vivía en un eremitorio delante de una cueva en parte acondicionada por sus propias manos, tenía la reputación de ser mago y taumaturgo, y se llamaba MONTANUS, razón por la cual Cervantes nos lo presenta como un "MONTÓN" de nieve": Benito Arias MONTANO, amigo íntimo de Ortelius o Abraham Ortel ["Banedre].[690]

Y, en relación al análisis etimológico del nombre "Soldino", Nerlich interpreta que podría tratarse de un anagrama compuesto de: "DON, la abreviatura habitual de DO[mi]N[nus], y de SOLIS, el señor del sol, nombre que le va perfectamente al mejor astrólogo judiciario de la

---

[686]   La descripción que nos hace el narrador de la figura de Soldino, al comienzo del capítulo 18, bien podría asimilarse a la de ese otro mago de la tradición artúrica: Merlín.

[687]   Los cuales, al menos Croriano, es persona principal en Francia: " porque Croriano, como se ha dicho, era pariente del embajador de Francia" (p. 659). Y, ambos, son inequívocamente franceses, como así se dice al final del libro IV: "Croriano y Ruperta, acabada su romería, se volvieron a Francia" (p. 713).

[688]   Nos hallamos en el tercer incendio de la novela-epopeya (el primero fue el de la "isla bárbara" y el segundo el de la ciudad de Policarpo).

[689]   Nerlich justifica la asimilación Soldino/Arias Montano del siguiente modo: "Soldino = monedita, y risa homérica de Cervantes porque, en 1541, a la edad de 14 años, un tal Benito Arias Montano escribió su primer estudio (arqueológico), el *Discurso sobre el valor y la correspondencia de las monedas antiguas con las nuevas*." Nerlich, 2005, p. 488.

[690]   Nerlich, 2005, p. 483.

época: Arias MONTANO[691] o SOLDINO MONTÓN"[692]. Esta deducción la basa el estudioso en relación a la segunda parte, ya póstuma, de la obra de Montano: *Naturae Historia, prima in magni operis corpore pars*, que, por motivo de su contenido que abarca los cuerpos celestes, Cervantes podría haber tomado de ella el apelativo del "rey de los astros", el Sol, para componer el nombre de Soldino.

Por otra parte, y siguiendo la habitual técnica cervantina tendente a utilizar la polisemia del término, Nerlich señala también la relación entre los términos SOLDINO y ALDINO, que atribuye ahora a la intención de Cervantes de ensalzar la figura del poeta Francisco de Aldana, cuyo pseudónimo, "Aldino", empleado en un poema pastoril dedicado, precisamente, a Arias Montano, habría sido utilizado por nuestro autor en la nominación del personaje.

A continuación, sin abandonar ese espacio mágico de la cueva y una vez persuadidos todos (los peregrinos que le acompañan y los lectores) de la verdad profunda que atesora su persona, sus hechos y sus palabras, comienza Soldino a referir sus vaticinios; que, de forma manifiesta, remiten a hechos previamente alegorizados en capítulos anteriores. Nos referimos a:

> Agora, agora, como presente, veo quitar la cabeza a un valiente pirata un valeroso mancebo de la casa de Austria nacido(p. 602).

¿A qué viene, pues, que como colofón al discurso-enseñanza del "hierofante" Soldino a su grupo de "ya avanzados peregrinos", se haga un elogio a la figura de don Juan de Austria[693], personaje al que nosotros hemos aludido en capítulos anteriores formando parte de una alegoría con visos de "secreto de estado"? ¿Acaso la ciencia desplegada por el famoso astrólogo judiciario es empleada por Cervantes, transmutada convenientemente en el discurso en forma de obligada alegoría, no para predecir el futuro (que ya se conoce, pues los hechos a los que se aluden son anteriores al presente de la narración) sino para esclarecer el pasado?

En este sentido, parece que en este pasaje no solo asistimos a una especie de homenaje conmemorativo de la figura de don Juan de Austria, sino que, además, existe la intención de relacionarlo, como ahora veremos, con la otra real víctima, don Sebastián de Portugal; que, al igual que don Juan, habría de sucumbir a los designios del "innombrable"[694] "demonio del sur" (Felipe II). Creemos, por tanto, que Cervantes querría llamar la atención acerca del destino aciago que unió a estos dos vástagos de Carlos V ("el uno nieto y el otro hijo del "rayo espantoso de la guerra", jamás como se debe alabado, Carlos V" [p. 603]), que murieron, al menos (a falta de pruebas que lo corroboren), a expensas del desdén y/o beneplácito del rey Prudente.

Es decir, que las artes adivinatorias de Soldino surtirían también efecto, aunque de manera más sutil, en el esclarecimiento del pasado. Y a ello se le suma, como ya dijimos más arriba, la otra figura histórica sobre la cual ya centrábamos nuestras pesquisas en relación a los "dardos" alegóricos arrojados por nuestro autor dentro del contexto de los -por así decir- "episodios portugueses":

> Pero, ¡ay de mí!, que me hace entristecer otro coronado joven, tendido en la seca arena, de mil moras lanzas atravesado (pp. 602-603).

La crítica en general también se muestra de acuerdo en este párrafo, en relación a la alusión que se hace en él al rey don Sebastián de Portugal; que, como ya dijimos, al formar parte junto con don Juan de Austria del mismo contexto diegético aludido por el propio Soldino como

---

[691]   La filiación ideológica de Arias Montano podríamos situarla en el entorno del hermetismo cristiano, dentro del contexto de la reforma y reunificación de la cristiandad y a pesar de la vigilancia del Santo Oficio para atajar esas conductas. En relación a ello argumenta Taylor: "Que no se logró del todo impedir que ciertas de estas ideas se infiltraran en España lo demuestra el conocido hecho de que Benito Arias Montano, una de las personas más allegadas a Felipe II, perteneciera a la *Familia Charitatis*". Taylor, 1992, pp. 34-35.

[692]   Nerlich, 2005, p. 489.

[693]   En relación a la identificación del personaje en esta cita, Carlos Romero señala que se trata de don Juan de Austria: "Se trata, claro está, de don Juan de Austria, vencedor, como generalísimo de la Santa Liga, en Lepanto, el 7 de octubre de 1571" (n. 10, p. 602).

[694]   Pues Cervantes, en el mismo párrafo en donde alude a don Juan de Austria, a Sebastián de Portugal y nombra literalmente a Carlos V, parece ¿olvidarse? del vástago más importante del común tronco de los Austrias: Felipe II.

narrador de la historia, nos sitúa en la senda exegética que venimos manifestando.

Ahora bien, después de este inopinado recuerdo histórico, que en apariencia en nada serviría ni a la historia general de los peregrinos ni a la particular de Soldino, que se centraba en su ejemplo de vida asceta o en "verdadera religión"; el personaje da la impresión como de querer plantarse y justificar con su actitud su competencia vaticinadora:

> Aquí estoy, donde sin libros, con sola la experiencia que he adquirido con el tiempo de mi soledad, te digo, ¡Oh Croriano! (y en saber yo tu nombre, sin haberte visto jamás, me acredité contigo), que gozarás de Ruperta largos años (p. 603).

Porque ese "Aquí estoy" de Soldino sugiere un plante del personaje, una vez expuestos sus motivos, que son los que sin poder decirlos abiertamente se sugieren a través de su alusión a las dos víctimas presuntamente sacrificadas por la excesiva "prudencia" de una monarquía donde primaba la "razón de estado". Por ello, dentro de este contexto histórico que forma parte de esos sucesos oscuros conocidos como la "leyenda negra española", no se descarta que el personaje de Croriano, al que se alude inmediatamente después de la referencia a los Austrias, (¿quizás como contrapunto?) simbolice el rumbo teocrático seguido por la otra rama dinástica que se disputaba el poder en Europa tras la muerte de Carlos V: la Monarquía francesa.

Sea como fuere, parece que exista una voluntad de Cervantes de referir determinados asuntos "confidenciales" de la política de los Austrias a través del personaje de Soldino. En este sentido, el "plante de Soldino" ante lo que parece representar los desmanes de la Monarquía de los Austrias, estaría justificado en la persona que encarna en la realidad Arias Montano; gran conocedor de los entresijos de la corte después de haber ocupado diferentes cargos en ella.[695]

Como vemos, Soldino-Montano debería estar perfectamente enterado de la política de Felipe II, en cuanto a su estatus de ministro del rey en asuntos de máxima trascendencia para la Monarquía.

Pero "el plante" de Soldino se muestra aún más revelador de la fuerza que llega a desprender su persona cuando se enfrenta al monarca "desnudo"; es decir, ataviado con la transparencia de la "verdad" que le ha proporcionado la experiencia (eremítica en la cueva) y no la ciencia (que también la poseía) acumulada a través de sus libros: "donde sin libros, con sola la experiencia que he adquirido con el tiempo de mi soledad". Porque los libros son aquí considerados como un arma potencial, en cuanto a su relación directa con el conocimiento.[696]

Desde su retiro final en la *Peña de Alájar*, Arias Montano-Soldino aparece en el *Persiles* para asomarse a esos "techos espirituales" desde el fondo de su cueva-ermita y revelarnos así la verdad que se halla en los vaticinios de los peregrinos que le acompañan.

---

[695] Argumenta Nerlich al respecto: "[Arias Montano] Actuando en los Países Bajos como consejero político de Felipe II, intentó influir en la política española en el sentido de una moderación y reconciliación con la población sediciosa, contribuyendo a la salida del siniestro Duque de Alba, gobernador de los Países Bajos. Vuelto en 1575, después de haber tenido que hacer -al haber sido denunciado como hereje- un viaje a Roma en 1572 para defenderse, y después de haber recorrido los países enumerados por Moréri, se retira de nuevo a la Peña de Aracena, pero se ve de nuevo solicitado por Felipe II para que intervenga en Portugal contra la expedición que el sobrino de Felipe II, el rey don Sebastián, quiere lanzar contra Marruecos. No pudiendo impedir la expedición trágica que se saldará también con la muerte del rey de Portugal, Arias Montano colaborará en la justificación política de la toma del poder en ese país por Felipe II, lo que tiene su repercusión en el *Persiles*, ya que los viajeros recorren el reino español desde Lisboa. Finalmente, hasta 1592 no pudo Arias Montano que -probablemente a consecuencia de intrigas en la corte- parece haber perdido el favor del rey, establecerse definitivamente en su célebre eremitorio, para morir el año de la Paz de Vervins." Nerlich, 2005, pp. 486-487.

[696] Nerlich lo define de este modo: "Empecemos por los libros, porque es cierto que Arias Montano tenía mucho que ver con los libros. No solamente con los libros que leyó, escribió o editó él mismo, sino también con los libros que el rey le hizo comprar para reunirlos en la célebre biblioteca de El Escorial. Fue en 1577 cuando se le encargó el catálogo de la biblioteca de El Escorial y la distribución de sus fondos, cuya base era la donación de 4500 obras hecha por Felipe II. El papel de Montano es particularmente interesante en relación al Soldino de Cervantes: "Las adquisiciones no se limitaron a teología y filosofía. Las matemáticas y otras ciencias afines constituían una de las secciones más importantes.", escribe René Taylor en su *Arquitectura y magia. Consideraciones sobre la Idea de El Escorial*: "Además, era tal la lista de las obras herméticas y ocultas que Arias Montano, primer bibliotecario, creó divisiones especiales dedicadas a la Astrología (distinguida de la Astronomía), Adivinación, Alquimia y *Ars Memorativa.*" Nerlich, 2005, pp. 487-488.

3.6. El episodio de la endemoniada Isabela Castrucho

Cervantes se dejó para el final de su libro III este sorprendente episodio, sobre el que el propio autor ya avisa de que: "Aquí aconteció a nuestros pasajeros una de las más estrañas aventuras que se han contado en todo el discurso deste libro" (p. 611). Porque, repárese en que los peregrinos son ahora calificados por el narrador como "pasajeros", es decir, un término empleado con cierta intención trascendente; en el sentido de que llegados a este punto del relato (la salida de los peregrinos tras el ritual-cena en la cueva del "hierofante" Soldino), nuestros personajes habrían alcanzado ya cierto grado de conocimiento como "pasajeros" preferentes de la idílica "navegación".

A modo introductorio y para poder focalizar el episodio dentro del contexto diegético que le corresponde atendiendo a la estructura del libro III, diremos que la historia de Isabela Castrucho/a podría considerarse como un ingeniosísimo episodio en el que de forma amalgamada, como gusta expresar a Cervantes, van a converger los personajes históricos que protagonizan los sucesos que darán lugar a la "leyenda negra" del reinado de Felipe II.

Víctima, pues, de la propia complejidad que culmina el necesario desarrollo intelectual característico de este segundo círculo o parte en la que dividíamos el *Persiles* desde una perspectiva profunda, el episodio de Isabela Castrucho ha pasado "de puntillas" entre la crítica, confundido entre la selva de historias que confluyen al final del libro III. Ahora bien, si aceptamos el compromiso de enfrentarnos al análisis de este episodio, asumiendo, como no podría ser de otro modo, el carácter simbólico del mismo, a poco que escarbemos en la superficie del texto veremos cómo la realidad aparece iluminando esos espacios narrativos que permanecían en la sombra. El efecto que produce en el lector, que percibe las claves de ese segundo lenguaje serpenteando entre las páginas de este "endemoniado" u oscuro relato, es de un clamoroso "fin de fiesta" que viene a cerrar el más luminoso de los libros que componen el *Persiles*.

Porque de luz hay que hablar aquí, de esa luz que para los neoplatónicos significaba la búsqueda del Conocimiento: *lucifer, era, erum*[697] (luminoso, brillante, el que lleva una antorcha). Pero este étimo latino, que solo definía un concepto relacionado con la "búsqueda espiritual", pasó a ser empleado con un sentido completamente opuesto (la imagen de la oscuridad) por parte de la facción cristiana más ortodoxa o literalista.[698] Esto ocurría durante los siglos en que esta corriente religiosa fue purgándose sucesivamente, dentro de ese proceso de separación de la rama alegórica-espiritual sustentadora del conocimiento de los misterios que alumbraban al cristianismo primitivo, de las heterodoxias que, paradójicamente, habían constituido los pilares de su doctrina en sus comienzos;[699] hasta convertirse en un eficaz instrumento al servicio del poder de turno, aunque de escasa competencia trascendente: un conjunto muy preciso de preceptos morales de obligado cumplimiento, verdadero demonio, este (la teocracia, basada en mantener al pueblo en la ignorancia), adaptado o desviado de la vía

---

[697] *Lucifer, eri,* es, en la mitología romana, el equivalente griego de *Fósforo* o *Eósforo* ("el portador de la Aurora"). Este concepto se mantuvo en la antigua astrología romana en la noción de *stella matutina* (el lucero del alba), que, junto al concepto de *stella verpertina* (*Héspero*, el lucero del atardecer) remitían al planeta más luminoso: Venus. En la Biblia también tenemos referencias que apuntan al planeta Venus ("lucero del alba") como al símbolo de ese Conocimiento necesario para alcanzar la "iluminación": "Yo soy Jesús, he enviado a mi ángel para testificar estas cosas acerca de las Iglesias. Yo soy la raíz y la descendencia de David, la estrella radiante de la mañana" (Apocalípsis 22: 16).

[698] "Antes de que en el siglo V el aquitano Próspero lo convirtiera en <<el Príncipe de las Tinieblas>>, en su odio contra el monje celta Pelayo y los gnósticos, Lucifer (el <<Portador de la luz") no era otra cosa que el planeta Venus, que acompaña muy cerca al sol en su recorrido y le precede en su salida". Saint-Hilaire, 2008, p. 78.

[699] En la segunda epístola de San Pedro, 1: 16-19 ("La segunda venida de Cristo") se cita a Lucifer con el sentido que se le atribuye desde las filas del cristianismo primitivo y coincidiendo con el episodio de la Transfiguración en el monte Tabor; solo que en las traducciones del latín se omite deliberadamente el término por el más "conveniente" de "lucero de la mañana": "Esta voz bajada del cielo la oímos del cielo cuando estábamos con El en el monte santo, con lo cual nos confirmamos más aún en la palabra profética. Consiguientemente, vosotros mismos hacéis bien en poner en ella vuestra atención, como en lámpara que luce en lugar tenebroso, **hasta que alboree el día y el lucero de la mañana despunte en vuestros corazones** [*ET LUCIFER ORIATUR IN CORDIBUS VESTRIS*]."

tradicional de la salvación de las almas para someter, esclavizar y reducir al hombre a su sola dimensión terrenal.

Y Cervantes, desde su humanismo reformista, da la impresión de querer dejar testimonio de esta visión deformada de la religión que el tiempo había enquistado en la conciencia de Occidente, impidiendo a la civilización dar los pasos pertinentes para la conquista de esa nueva Edad de Oro sobre la que se nos viene avisando desde el comienzo de su obra.

Este episodio de Isabela Castrucho, resumen, como ya hemos avanzado, de algunos de los más trágicos sucesos que se inscriben dentro de la órbita de aquella "leyenda negra" que marcó el reinado de Felipe II, constituye, de manera opuesta, la mayor revelación de la presencia de la luz del Conocimiento que Cervantes nos hace en todo el *Persiles*.

Luz y oscuridad, el juego de contrarios por antonomasia del Barroco, se dan cita en este -podría definirse- epílogo narrativo. Por ello, dejándonos llevar por esa mística oposición que parece revelarse como obligado recurso retórico en el pergeño del discurso humanista-neoplatónico del *Persiles*, comenzaremos nuestro análisis por el final, al objeto de señalar las líneas maestras por las que haya de discurrir la interpretación de este episodio.

Porque articular todo un discurso en referencia a una perspectiva bipolar entraña, indefectiblemente, un anhelo de situar un centro imposible de materializar en el plano de lo físico. Es, pues, el lenguaje poético o la alegoría el único modo de acercarse a una definición plausible del misterio que encierra ese punto central o *septentrio*, que se convierte en Estrella Polar en el "cielo" de la obra y en Auristela en el "suelo" del discurso.

Ahora bien, no todos los centros que aquí se describen son idílicos o luminosos, fundamentalmente, porque la existencia de uno entraña la presencia de su contrario; pues ambos extremos son necesarios, según la concepción barroco-renacentista, para encaminarse con éxito por la senda del conocimiento.

Y, en efecto, en eso va a consistir este episodio: en la identificación de ese otro centro o polo negativo como paso obligatorio para descubrir el positivo; pues, ambos, sin excluirse, forman parte de la realidad íntima del ser humano según la filosofía neoplatónica y según la opinión, varias veces expresada en el *Persiles,* de Cervantes:" Parece que el bien y el mal distan tan poco el uno del otro que son como dos líneas concurrentes, que, aunque parten de apartados y diferentes principios, acaban en un punto" (p. 697).

Nuestro autor, pues, al final del libro III, nos acerca a ese otro centro-norte terrenal (el polo negativo) a través de la concepción de un mundo reducido a su mera perspectiva antropocéntrica (la percepción de una simple reducción de la vida humana a los tres rituales de "paso"o cambios de estado: nacimiento, unión de contrarios-casamiento y muerte), cuyo referente sería el propio rey Felipe II, "sentado" sobre ese *axis mundi* que sería El Escorial: "unos a un mismo punto se bautizan, otros se casan y otros se entierran"(p. 624).

Veamos a continuación cómo nuestro autor desarrolla el tema que hemos presentado. Y, para ello, retrocederemos ahora desde el final del libro III hasta los comienzos del capítulo 19, concretamente al punto en que el narrador nos da cuenta, nada más abandonar la cueva los peregrinos y ser despedidos por el sabio Soldino, de la aparición de una extraña mujer vestida de "verde riguroso":

> Estando en esto, vieron venir por el camino y pasar por delante de ellos hasta ocho personas a caballo, entre las cuales iba una mujer sentada en un rico sillón y sobre una mula, vestida de camino, toda de verde, hasta el sombrero, que con ricas y varias plumas azotaba el aire, con un antifaz, así mismo verde, cubierto el rostro (p. 606).

Antes de comenzar el análisis de esta cita, resulta necesario realizar antes una precisión para poder contextualizar correctamente la aparición de la "dama de verde" y su séquito. Nos referimos a la necesidad de diferenciar tres espacios distintos en torno al concepto de ermita-cueva desplegado en la diégesis: en lo profundo de la gruta, arriba de la ermita y fuera de ella; a los cuales irán accediendo el grupo de peregrinos en un orden sucesivo y en compañía del "hierofante" Soldino como si estuvieran participando de un ritual. Es decir, si en la profundidad de la ermita-cueva experimentan "lo celestial" ("bajó por las gradas de la escura cueva, y, a menos de ochenta gradas, se descubrió el cielo") y, en un lugar intermedio en sentido ascendente tiene lugar la comida-comunión ritual ("vámonos arriba: daremos sustento a los cuerpos"); entonces, en la parte de afuera o exterior de ese espacio mítico ("salió Soldino, con todos los que con él estaban, al camino para despedirse de ellos"[p. 605]), siguiendo esta inversa articulación retórica, solo podría accederse a una experiencia contraria a la aludida en el fondo de la cueva. Es decir, si en lo profundo de la cueva se "descubrió el cielo", en el exterior, siguiendo la preceptiva especular del barroco, solo se debería acceder a un concepto: al infierno. Dicho de manera más prosaica: la verdad solo anida en el interior (lo oscuro o profundo), mientras que lo que se ofrece a los sentidos o lo externo induce al engaño (las falsas luces de la realidad).

En este orden de cosas, y dado el contexto previo que hemos señalado, podríamos adelantar que la mujer de verde simbolizaría a Lucifer; pero no nos referimos a la pueril caricatura sobre la que ya alertábamos al comienzo de este capítulo; es decir, una proyección de ese miedo atávico aliado de la ignorancia con el que los teócratas de la época de nuestro autor y anteriores trataban de gobernar a las masas[700], sino al símbolo de la luz del Conocimiento neoplatónico expresado en su estado puro y, por tanto, potencialmente pagano y hereje para la época de nuestro autor: Venus[701].

Porque, si nos fijamos en la descripción que nos aporta el narrador, se nos dice que vienen "ocho personas a caballo", y, tradicionalmente, "ocho"[702] es el número que define a la estrella de ese mismo número de puntas como símbolo de Venus: personificación, a su vez, del ideal perseguido por el hombre en la senda del Conocimiento[703]. Pero también, la circunstancia de que aparezcan ocho jinetes en formación o grupo es señal inequívoca del deseo de Cervantes por presentarnos, en otro contexto simbólico-estelar, una formación caracterizada por esos mismos elementos que aquí intervienen. Y en este sentido se expresa Nerlich cuando dice:

> La Osa Menor y la Osa Mayor, dos por siete, se encuentran tras el paso el paso de los viajeros septentrionales por la cueva de Soldino, se saludan en silencio y vuelven a partir, por separado, hacia el norte de Italia.[704]

Es decir, Nerlich manifiesta la intención de Cervantes de presentar las evoluciones de los dos grupos de personajes que se cruzan a la salida de la cueva de Soldino (los ocho a caballo y los acompañantes de Periandro y Auristela) como expresión de lo que se reproduce en los cielos. En tal caso, la conjunción estelar constituiría un refrendo de la altura filosófica del pensamiento que se despliega en el relato a través de la alegoría.

Y, en este contexto emblemático juzgamos que hemos de interpretar la aparición de la dama que aparece "sentada en un rico sillón y sobre una mula", pues, a diferencia de sus acompañantes, que montan a caballo, la mula simboliza aquí la mezcla de lo vil o terreno (el asno)[705] con lo ideal o celeste (el caballo); es decir, que el personaje femenino viajaría a lomos de una doble naturaleza celeste y terrenal, y, además, lo haría sentada en un trono ("rico sillón")

---

[700] Dice Caro Baroja al respecto: "La representación *caprina* del Demonio, a la imagen pagana que más recuerda es a la del dios Pan: Pan tiene, en efecto, cuerpo humano hasta los muslos y piernas, más orejas y cuernos. Escaso en cuanto a mitos viejos, Pan reproduce el terror <<pánico>>, envía sueños, vive en cavernas. La idea del <<demonio meridiano>> se asocia con él. En todo caso ningún dios de origen local (de Arcadia éste) ha llegado, por vías complejas, a adquirir más universalidad." (n. 35). Y continúa el antropólogo en su exposición de otras representaciones luciferinas: "Pero a lo largo del medievo y en los siglos XVI y XVII se popularizan otras muchas y en España [...] con figura fea, humana, cornuda; una tradición que seguirá [...]. Con forma de dragón el de la lucha." Caro Baroja, 1985, p. 77.

[701] Las referencias a Venus que hace nuestro autor a lo largo del *Persiles* son abundantes y nunca responden a una naturaleza negativa con lo simbolizado. Recordemos, por ejemplo, la comparación que el narrador realizaba de la figura de Ricla (cap. 6, libro I) o la rememorización de la fiesta de la Monda de Talavera (cap. 6, libro III).

[702] Dice Cirlot: "*Ocho*.- Octonario, dos cuadrados u octógono. Forma central entre el cuadrado (orden terrestre) y el círculo (orden de la eternidad); por ello, símbolo de la regeneración [...]. También simboliza, por dicha causa formal, el eterno movimiento de la espiral de los cielos (doble línea sigmoidea, signo del infinito). Por su sentido de regeneración fue en la Edad Media número emblemático de las aguas bautismales." Cirlot, 1992, p. 332.

[703] " Uno de los motivos de la execración que merece Lucifer para ciertos teólogos, hasta el punto de que su nombre sea uno de los del diablo, ha de estar en el límite que marca el lucero del alba entre la noche y el día. Para los gnósticos, el último resplandor nocturno, que se enrojece para anunciar al Sol, era la cuadratura entre las tinieblas y la luz, con el octógono que permitía el paso del cuadrado al círculo. Venus se representaba mediante una estrella de ocho ramas, o los ocho rayos del carbunclo, los colores de la brasa roja." Saint-Hilaire, 2008, pp. 78-79.

[704] Nerlich, 2005, p. 550.

[705] Recuérdese la función similar atribuida al asno en la obra de Apuleyo (*El asno de oro*).

como señal de su realeza y su poder sobre ese mundo inferior, según el paralelismo que habíamos señalado entre el exterior de la cueva de Soldino y el "infierno"-mundo terrenal.

En cuanto a lo que se dice de que iba "vestida de camino", diremos, siguiendo el habitual sentido simbólico dado por Cervantes a los vestidos de sus personajes, que el difunto "Diego de Parraces" vestía de igual modo ("vieron salir al verde sitio un mancebo vestido de camino"[p. 464]); por lo que nos remitimos a lo señalado para este personaje en relación a esa misma característica de sus vestidos.

En relación a esa -digamos- obsesión de Cervantes por el color verde (no solo en los vestidos), que alcanza en este episodio a la dama en su totalidad pero que también está presente en otros personajes y acciones del *Persiles*[706], diremos que en esta ocasión el color verde se manifiesta en el relato de una manera muy intensa, como si nuestro autor no quisiera dejar el menor espacio a la duda y por ello decidiera cubrir de verde toda la figura de la dama (vestido, sombreo y antifaz). Una peculiar forma de adornarse, no cabe duda, que la crítica ha interpretado desde sus planteamientos literalistas como una moda al uso especialmente indicada para viajar[707]; y, menos, desde posiciones -digamos- más comprometidas con el sentido profundo del texto.[708]

Argumentada, pues, la fijación de nuestro autor por el color verde en relación al ideario que se desarrolla bajo el mítico concepto "esmeraldino"[709], continuaremos en esta línea, sobre todo para situar convenientemente a la "dama de verde" en el contexto mito-histórico que le corresponde; el cual, no debería de andar muy lejos del asignado a otra famosa dama vestida de verde: Polia, la protagonista femenina de el *Sueño de Polífilo*: "Vestía esta ninfa, semejante al sol, su cuerpecito virginal y divino con una sutilísima tela de seda verde tejida con oro"[710]. Porque, existe otro objeto de color verde que brilla con el mismo fulgor que los vestidos de Polia o que la esmeralda de Trismegisto; y lo hallamos inmerso en una tradición literaria que arranca de la Edad Media y se prolonga, para regocijo de los ávidos lectores de libros de caballerías como lo fue nuestro autor, hasta el Barroco: el Grial.

Si analizamos el concepto de Grial que nos proporciona Wolfram Von Eschenbach en su *Parzival*, comprobaremos que Cervantes pudo tener muy presente esta lectura a la hora no solo de perfilar el personaje de la "dama de verde", sino de toda referencia a este color ya sea en el *Quijote* o en el *Persiles*:

> Ella [la Reina de la familia del Grial] llevaba un vestido de seda árabe. Sobre un achmardí de color verde intenso lucía la Perfección del Paraíso, tanto raíz como rama. Era una cosa llamada el Grial, la cual supera toda la perfección terrenal. Repanse de Schoye era el nombre de aquella a

---

[706]   Las manifestaciones del color verde en el *Persiles* son incontables, sirva como ejemplo el vestido nupcial de Leonora (capítulo 10, libro I), la doncella por la que el portugués enamorado moría de amores ("Venía forrada la saya en tela de oro verde" [p. 203]), o el del mancebo Periandro, ahora "travestido" ("Trujéronle un vestido de damasco verde" [p. 141]), o como el escenario en donde aparece la "vieja peregrina" ("escusóles el darla voces a que se detuviese el haberse ella sentado sobre la verde yerba"), o el otro en donde es asesinado Diego de Parreces ("vieron salir del verde sitio"), etc.

[707]   Romero alude a la preferencia de las señoras por el color verde en sus vestidos durante los largos viajes en función de la vistosidad y animosidad de los mismos en contraste con los de color negro, que eran los habituales en la ciudad (n. 3, p. 606).

[708]   La obsesión cervantina por el color verde en los vestidos también alcanza al *Quijote*, como, por ejemplo, en el episodio de "El caballero del Verde Gabán y su reino de Paradoja"(capítulos XVI a XVIII de la segunda parte), donde se vislumbra una recreación de este mismo simbolismo cromático que venimos aplicando. En relación a este episodio diremos, sin entrar en mayores disquisiciones, que el hecho de que ambos caballeros, el de la "Triste figura" y el del "Verde gabán", sean los dos de la Mancha y de la misma edad constituye una invitación al lector a practicar sobre el relato un ejercicio de "alteridad"; es decir, considerar a ambos caballeros desde una perspectiva especular, donde uno encarnaría la realidad y el otro sería el reflejo de la idealidad.
Otro ejemplo lo constituiría el personaje de la "duquesa cazadora" (¿una actualización del mito de Artemisa-Diana, hija de Zeus y hermana melliza de Apolo?), que, de una manera muy similar a Isabela Castrucho, hace su entrada en escena ataviada de verde: "Sucedió, pues, que otro día, al poner del sol y al salir de una selva, tendió Don Quijote la vista por un verde prado, y en lo último dél vio gente; y, llegándose cerca, conoció que eran cazadores de altanería. Llegóse más, y entreellos vio una gallarda señora sobre un palafrén o hacanea blanquísima, adornada de guarniciones verdes y con un sillón de plata. Venía la señora asimismo vestida de verde, tan bizarra y ricamente, que la misma bizarría venía transformada en ella." *DQ.*, cap. XXX de la segunda parte, p. 511.

[709]   Nos referimos a la *Tabla esmeralda* de Hermes Trismegisto.

[710]   Colonna, *Sueño de Polífilo*, p. 271.

quien el Grial permitía ser su portadora. Tal era la naturaleza del Grial que aquella que lo custodiaba tenía que conservar su pureza y renunciar a toda falsedad.[711]

Como vemos, para Eschenbach el Grial no parece que sea solo un objeto concreto, sino un concepto que se identifica con la mujer que lo porta y en relación al brillo y al color verde como principales señas de identidad. En tal caso, puesto que la "dama verde" de Cervantes responde a las expectativas que habíamos suscitado en relación a su identificación con el Grial del *Parzival*, solo nos faltaría identificar a las "ocho personas a caballo, entre las cuales iba una mujer sentada en un rico sillón". Y, para ello, nos será de gran ayuda saber que Eschenbach, aparte de ser un caballero de origen bávaro y poeta, hizo la peregrinación a Tierra Santa, donde pudo observar por sí mismo a los templarios en acción. No en vano, en el *Parzival* hace referencia a que los custodios del Grial son, precisamente, los caballeros del Temple: los temidos y respetados monjes-soldado que veneraban los mismos símbolos que el personaje de Ruperta (la cabeza, la camisa y la espada) en defensa-custodia de una espiritualidad de larga tradición que se expresa, entre otros, a través del simbolismo del número ocho[712].

No en vano, ese mundo de caballeros medievales en busca del ideal trascendente ya fue plasmado por Cervantes en su comedia *La conquista de Jerusalén por Godofre de Bullón*, donde el recuerdo de esa mítica primera cruzada que culmina con la toma de Jerusalén se complementa con el cariz simbólico que asumen las acciones y los personajes, algunos de los cuales adoptan nombres tan sugerentes como: Jerusalén (es figura de dueña), El Trabajo (que es un viejo), La Libertad, La Esperanza, etc.

En resumen, juzgamos que tenemos razones suficientes para pensar que el grupo de ocho personajes que cruza por delante de la cueva de Soldino constituya, desde esta primera perspectiva mítico-simbólica, la descripción de una tradición muy concreta: el concepto de Grial (la "dama de verde") custodiado por el Temple.

Ahora bien, dado que el Grial se identifica también con la luz del conocimiento (*lucifero*), según se vio al comienzo de este capítulo, también tenemos motivos para sugerir, y así lo iremos argumentando conforme vayamos avanzando en el análisis del episodio, que la "dama de verde" acompañada de su óctuple séquito se identifique ahora, dentro de un plano físico o material, con la más excelsa manifestación de la sabiduría realizada por los Austrias en época de Cervantes: la OCTAVA maravilla del mundo, el monasterio de San Lorenzo de El Escorial[713].

En cuanto al endemoniamiento de que hace gala la "verde señora", deberíamos situarlo en el contexto sapiencial que le es afín: el Conocimiento > *lucifero* > Lucifer. Incluso el propio Cervantes podría haber utilizado las leyendas que circulaban en su época, en relación a las especiales características telúricas del lugar en donde se asienta el monasterio[714], para justificar la presencia de ese demonio (¿de la ciencia o Conocimiento que ponía en serio aprieto a los dogmas de la Iglesia?) dentro de la persona de la "dama de verde". Una de esas míticas historias

---

[711]   Baigent, Leich y Lincoln, 2005, p. 411.

[712]   El principal símbolo distintivo de la Orden del Temple, la cruz paté, se compone de ocho puntas perfectamente identificables. Además, esa misma fijación por el número ocho se manifiesta en las plantas octogonales de los principales templos erigidos por la Orden a imagen de la Cúpula de la Roca de Jerusalén (asentada en los terrenos que otrora ocupase el famoso templo hebreo).

[713]   Dada la gran cantidad de información que existe sobre esta obra arquitectónica que constituye el símbolo de la grandeza del reinado de Felipe II, nos limitaremos a constatar que ya a fines del siglo XVI el monasterio era conocido como "la octava maravilla del mundo"; así como que los planos de su construcción comparten muchos elementos arquitectónicos con el Templo de Salomón y con la historia del pueblo hebreo, desde la basílica de su interior hasta las dos estatuas de cinco metros de los dos monarcas que jalonan la entrada al templo(seis en total): el rey guerrero David y su hijo el sabio rey Salomón (¿quizás una semblanza del "rayo espantoso de la guerra" Carlos V y de su hijo "el Prudente" Felipe II?). En relación a ello, nos queda el testimonio del padre Sigüenza, que califica al Escorial como: "otro Templo de Salomón, al que nuestro patrón y fundador quiso imitar en esta obra". Sigüenza, 1909, tomo II, Libro III, Prólogo, p. 403; o la opinión de Cabrera de Córdoba, personaje de los comienzos de la Real Fábrica, que "imitó curiosa y exactamente D. Felipe...lo que demuestra la descripción que hace la Sabiduría de la Santa Jerusalén...". Cabrera de Córdoba, *Historia de Felipe II, Rey de España*, tomo II, pp. 385-386. Pero la mayor evidencia la tenemos en los padres Jerónimos de Prado y Juan Bautista Villalpando, autores de la conocida como "reconstrucción de Villalpando", publicada en Roma en tres tomos entre 1595 y 1606 bajo el título de *Hieronymi Pradi el Ioannis Baptistae Villalpandi e Societate Iesu in Ezechielem Explanationes et Apparatus Vrbis, ac Templi Hierosolymitani*.

[714]   Cuyo emplazamiento fue escrupulosamente elegido por un astrólogo al servicio del Monarca, el padre del Hoyo.

que se relaciona con el emplazamiento de El Escorial, cuenta que Lucifer creó siete puertas para acceder a las Tinieblas, encontrándose una de ellas, precisamente, a los pies del monte Abantos[715], y que Felipe II, conocedor de las intenciones del "Maligno", ordenó la construcción de un magnífico monasterio con la intención de sellar esa entrada.[716]

No cabe duda de que, a tenor de lo que estamos planteando, podría realizarse una lectura preliminar de esa leyenda "satánica" escurialense: que el monasterio de El Escorial, paradigma del saber de su tiempo a través de su arquitectura y de las obras que atesoraba en su interior, materializara el empeño del Monarca más importante de su tiempo por centralizar no solo el poder tras esos muros, sino también todo el Conocimiento o el saber de su época.

Una vez hemos realizado una primera incursión al simbolismo que se despliega en el episodio a través de su personaje protagonista, continuaremos el complejo análisis de los diferentes elementos que van apareciendo en la diégesis, imprimiendo al relato la habitual amalgama semántica característica del discurso persilesista. Porque, a continuación el relato nos da nuevas pistas sobre la polisemia que se desarrolla alrededor del concepto central focalizado sobre la "dama de verde":

> El que allí va delante es el señor Alejandro Castrucho, gentilhombre capuano y uno de los ricos varones no solo de Capua, sino de todo el reino de Nápoles. La dama es su sobrina, la señora Isabela Castrucho, que nació en España, donde deja enterrado a su padre, por cuya muerte su tío la lleva a casar a Capua y, a lo que yo creo, no muy contenta (p. 606).

Dada la cantidad de datos expresados, así como las interrelaciones que se establecen entre cada uno de ellos, intentar aislarlos de manera preliminar para agruparlos sistemáticamente en cada uno de los contextos en que interaccionan nos parece de una dificultad quirúrgica; por lo que se nos disculpará la elección de un método más propio de unos "primeros auxilios", actuando sobre el texto conforme vayan irrumpiendo los elementos necesitados de análisis.

Comenzaremos por el nombre de la "dama de verde", "Isabela Castrucho", cuyo apellido revela, literalmente, cierta dicción italianizante, por lo que la crítica, quizás, no haya ahondado más en ello ante tal evidencia en consonancia con el texto. En nuestra opinión, sin embargo, creemos que se trata de un nuevo caso de "falso amigo" al servicio de la verosimilitud del discurso; pues, la riqueza connotativa del término aplicada a los contextos que venimos señalando (mítico-gnóstico e histórico) es de tal relevancia que no podemos por más que expresar nuestra sorpresa ante la práctica y casi general aceptación del concepto en su estrecho sentido literal.

En primer lugar, deberíamos tener en cuenta que el episodio se narra en un marco geográfico muy concreto: el Milanesado, que era la pieza clave del imperio español en época de Felipe II, pues estos territorios abrían España al centro de Europa, amenazaban a Francia y defendían las posesiones españolas en la península itálica. Porque, en el relato se nos dice que los peregrinos se desplazan desde Milán hasta Luca: "ciudad pequeña pero hermosa y libre que, debajo de las alas del Imperio y de España, se descuella y mira esenta a las ciudades de los príncipes que la desean." (p. 610); es decir, que a todos los efectos el episodio narrado se nos presenta con una apariencia italianizante de proximidad, pero con un sentido español directamente importado por Felipe II desde ese puesto de mando "terrenal-luciferino" que era el monasterio de El Escorial.

Y, en este ambiente hispánico, de naturaleza mítico-histórica, debe contextualizarse el episodio en el que una sobrina muy joven se dirige a desposarse, acompañada de su tío, a Capua, localidad situada a 20 km. de Nápoles. En tal caso, y haciendo gala de la coherencia argumental que sitúa el relato alegórico en el contexto histórico aludido, no resultaría una

---

[715] Monte de la sierra de Guadarrama en cuya vertiente sur se asienta el monasterio de El Escorial.

[716] Quizás, esta creencia popular que ha originado la leyenda esté basada en la gran estima en que tenía el Monarca a su genial monasterio, y que Fernández Álvarez lo corrobora poniendo el broche final a su voluminosa obra sobre el reinado de Felipe II: "Pero yo quisiera terminar aludiendo al aspecto con el que posiblemente él, Felipe II, quisiera ser recordado: como rey de las Españas y fundador del monasterio de San Lorenzo de El Escorial. Porque eso resulta innegable: con la imagen del Rey nos llega, al punto, la de su amada fundación escurialense. Como si dijéramos: algo de la grandeza de aquella imponente fábrica se vincula ya para siempre a su figura. De este modo, estaríamos tentados a titular por último a Felipe II como el hombre de El Escorial. Esa obra que es capaz de vencer las injurias del tiempo y que siempre nos hace evocar su reinado." Fernández Álvarez, 2000, p. 941.

temeridad trasladar los personajes de ficción (Alejandro Castrucho e Isabela Castrucho, tío y sobrina) a la realidad más íntima de Felipe II; porque, como iremos viendo a lo largo del episodio, hay motivos para creer que el casamiento en Capua sea un señuelo para referirse, por un lado, a la boda de Felipe II con su sobrina Ana de Austria en 1570, cuando contaba esta con veintiún años de edad.

Antes de continuar con nuestra argumentación diremos que, aunque muchos de los datos que iremos presentando encajan en cada una de las perspectivas que vayamos analizando, otros, sin embargo, no lo harán con la misma exactitud. Esto se debe, en nuestra opinión, tanto al carácter polisémico que adquiere el discurso como a la intención de Cervantes por mostrarse ambiguo y estrictamente verosímil; es decir, por reflejar esa falta de verdades absolutas a través del empleo de la contradicción aparente en el discurso como expresión de su visión barroca de ese universo inabarcable.

Hecha esta anotación y volviendo a Isabela Castrucho, nos reafirmamos en la posibilidad de que el personaje, entre otros, remita a la reina Ana de Austria; donde, en tal caso, la referencia a la figura histórica vendría dada a través del apellido "Castrucha": ¿una forma italianizante de identificar a la nieta del fundador de la casa de Austria (CAS-ASTRUCHA)? Pero, comoquiera que dijimos que la complejidad impera en este episodio como en ningún otro, observamos que el nombre de nuestro personaje podría también referirse a la otra protagonista de un nuevo casamiento con legítimos descendientes de Felipe II: al que le unió con Isabel de Valois[717], conocida como Isabel de la Paz, la hija del rey de Francia, Enrique II, cuyo matrimonio formó parte de los acuerdos que conformaron el tratado de paz de Cateau-Cambrésis en 1559.

La transcendencia histórica de este acuerdo, calificado como uno de los mayores logros diplomáticos conseguidos por España a lo largo de su historia, es tal, que logra consolidar la supremacía hispánica sobre Italia (Ducado de Milán, reinos de Nápoles, Sicilia y Cerdeña, del marquesado de Finale y de los presidios toscanos) y da inicio a una nueva etapa en la historia de Europa. Como vemos, la importancia de este tratado de paz es razón más que suficiente para su inclusión en el relato alegórico del episodio, que, además, tiene su desarrollo argumental en el escenario italiano objeto del acuerdo hispano-francés: Milán, Nápoles y Luca. En tal caso, la jovencísima Isabel de Valois, que se casó con Felipe II cuando contaba trece años, se quedó finalmente embaraza a la edad de dieciséis; que son los que en el relato se dice que tenía Isabela Castrucha, la muchacha endemoniada o, dicho de otro modo, ¿la adolescente que llevaba al "demonio" dentro de ella, es decir, una alegoría del aborto de dos gemelos que sufrió la reina en este primer embarazo como señal de la aberración que había supuesto su concepción, que, según la "leyenda negra española", podría señalar al hijo de Felipe II, don Carlos?[718]

Sea como fuere, creemos que en el nombre de "Isabela" nuestro autor pudo haber ocultado la identidad de Isabel de Valois, también de dicción italianizante en función de la filiación italiana de la reina por parte de madre (Catalina de Médici). En cuanto a la relación tío-sobrina que parece que no se cumple en este segundo caso propuesto (sí se cumplía con Ana de Austria y Felipe II), aduciremos que el parentesco habría de entenderse aquí desde una perspectiva simbólica y no física, y que alcanzaría a los personajes en función de los íntimos lazos generados entre los dos monarcas firmantes del tratado de Cateau-Cambrésis (Felipe II y Enrique II, padre de Isabel de Valois), hermanados, a partir de ese momento, por la promesa de ese matrimonio que garantizará la paz en Europa.

Pero la inclinación retórica de Cervantes por la polisemia no termina con los dos personajes históricos que hemos señalado, como posibles identidades de la figura de ficción Isabela Castrucho, sino que somos de la opinión de que, de algún modo relacionado con la Monarquía Hispánica y con la Casa de Austria, nuestro autor encuentra el momento apropiado en su relato

---

[717] Nerlich, que no llega a identificar a Isabela Castrucho con la esposa de Felipe II, Isabel de Valois; sin embargo, sí lo intuye como una posibilidad: "Me pregunto si la elección del nombre de *Isabela* no es un homenaje de Cervantes a Isabel de Valois, cuya muerte en el parto debió de traumatizarle". Nerlich, 2005, p. 533.

[718] En este sentido podría interpretarse la cita siguiente, que forma parte de la larga "confesión" que Isabela Castrucha hace al final del capítulo veinte del tercer libro: "Yo, por mi parte, he hecho lo que he podido: una legión de demonios tengo en el cuerpo, que lo mismo es tener una onza de amor en el alma, cuando la esperanza desde lejos la anda haciendo cocos" (pp. 616-617). Es decir, que esa "onza de amor" que tiene en su interior podría remitir alegóricamente a los demonios que la tienen poseída: ¿acaso una alusión a los dos (1+1 = 11: "onza de amor") gemelos aberrantes o abortos, fruto del amor de Isabel de Valois con el que había sido designado para ser su esposo, el príncipe don Carlos, hijo de Felipe II?

para presentarnos veladamente a un personaje histórico directamente emparentado con su mecenas el conde de Lemos: Isabel de Castro.[719]

Porque, los hechos a los que nos estamos refiriendo en torno a este personaje histórico son de una importancia capital, tanto para la supervivencia histórica del linaje de los Castro gallegos[720], que es la rama de los Castro castellanos provenientes de Castrojeriz[721], a la que pertenecía el VII conde de Lemos, como por las consecuencias que podrían derivarse del hecho de ser depositarios de un pasado antiquísimo[722] y de haber emparentado, en un punto crítico de su historia,[723] con el propio linaje hispánico del emperador Carlos V.[724]

Es decir, que la ocasión de tal referencia al linaje del mecenas de Cervantes a través de su ascendiente bastarda, Isabel de Castro, estaría justificada en cuanto a que podría constituir un serio alegato en favor de la nobleza de los Castro-Lemos por encima, incluso, de la de los Austrias; al menos en cuanto a su legitimación por cuestiones de sangre sobre suelo hispánico. Además, tampoco debe obviarse las connotaciones históricas derivadas de la guerra civil castellana que enfrentó a Pedro I el Cruel con Enrique II, donde los Lemos lo perdieron todo al apoyar al bando equivocado.

Toda esta esta historia de la supervivencia del linaje de los Lemos-Castro, encuentra, sin embargo, en la figura familiar de Isabel de Castro a la salvadora del linaje -digamos- perdido; pues su matrimonio con el sobrino del rey de Castilla (el mismo rey que condenó a su linaje al ostracismo), supuso un nuevo renacer de los Lemos en tierras gallegas.

Y este es el hito histórico, en nuestra opinión, que justificaría la inclusión que hace Cervantes del personaje que salvó a los Lemos en un episodio marcado por la presencia de miembros de la familia de Felipe II: todos descendientes del linaje hispánico de los Trastámara.

Ahora bien, se nos permitirá suscitar una duda: ¿cómo es posible que el sobrino del rey de Castilla eligiera para casarse a una mujer como Isabel de Castro, que no solo era la hija de un bastardo de la familia de los Castro, sino que, además, sus ascendientes lucharon contra el rey Enrique II al lado de Pedro I por el trono de Castilla...?

Sea como fuere, los hechos que hemos relatado encuentran su asiento en la ficción cervantina; donde, la dicción italianizante del apellido Castro, "Castrucha", se justificaría en el marco de las fluidas relaciones que mantenía la familia con otros linajes Italianos, que culminan, como se sabe, con el cargo de virrey de Nápoles ostentado por el VII conde de Lemos (1610-1616) y mecenas de nuestro autor.

Se nos objetará, en este nuevo caso que hemos presentado, la ausencia de la figura familiar del tío que en la ficción comparte el mismo apellido "Castrucho". Pues bien, frente a esta aparente falta de coherencia, aduciremos que la relación de parentesco tío-sobrina podríamos

---

[719]   Hija del último descendiente bastardo de la rama de los Castro gallegos a fines del siglo XIV, y, por tanto, ascendiente directo del VII conde de Lemos y mecenas de Cervantes en ese punto crítico de la historia de su linaje: " Gracias al matrimonio de Pedro Enríquez [sobrino del recién encumbrado Enrique II de Castilla, tras la guerra civil que le enfrentó a Pedro I el *Cruel,* a cuyo servicio lucharon los Lemos perdiendo todos sus bienes], titular de los condados de Trastámara, Lemos y Sarriá, con Isabel de Castro, hija de un bastardo de los Castro gallegos, se consigue perpetuar la sangre del linaje más allá de la pérdida de la gracia real y de la extinción biológica de la línea masculina y legítima de primogenitura." Enciso , 2002, p. 31.

[720]   "En el origen legendario de los Lemos se encuentra parentesco con los patricios romanos, los reyes godos y su relación con el apóstol Santiago, tal y como correspondía a un linaje con vinculación a la tierra gallega". Enciso Alonso-Muñumer, Isabel, Ib., p. 26. "Al extinguirse la rama castellana, la sucesión pasa a la rama gallega, a través del segundo hijo de Rodrigo el *Calvo,* Gutierre Ruiz de Castro, casado con Elvira Osórez, señora de Lemos." Enciso, 2002, p. 28.

[721]   "El matrimonio de Fernán Ruiz de Castro con María Ansúrez, a fines del siglo XI, es, según S. Moxó, el inicio del linaje de los Castro. Enciso, 2002, p. 25.

[722]   "S. Moxó llega a afirmar que 'ciertamente en esta época -siglo XII-, así como en los siglos XIII y XIV, iba a desempeñar el linaje tan brillante actividad política, ocupando los Castro -junto a los Lara, Haro y Meneses- un lugar destacadísimo."Enciso, 2002, p. 26.

[723]   "Fernando de Castro luchó a favor de Pedro I el *Cruel* hasta su muerte y, por ello, con el encumbrado Enrique II de Trastámara, los Castro son privados, una vez más, de sus estados y entregados al sobrino del nuevo monarca, Pedro Enríquez. Desposeído de sus bienes, 'en él -Fernando de Castro- termina la vieja estirpe de los Castro, ya que su hijo...murió sin sucesión y sin recuperar tampoco los estados familiares". Enciso, 2002, p. 30.

[724]   "Siempre cercanos al destino de la Monarquía, el primer hito en la historia de los Lemos lo constituye la supervivencia del linaje a través de la línea bastarda y femenina con el matrimonio de Isabel de Castro y el nuevo titular de la Casa Trastámara, Lemos, Sarria, Pedro Enríquez, sobrino del recién encumbrado Enrique II de Trastámara." Enciso, 2002, p. 8.

encontrarla en la figura del tío que fuera de su marido, Pedro Enríquez; es decir, el propio rey Enrique II, que, en tal caso, sería también su propio tío.

En resumen, creemos que Cervantes, de este modo tan singular y/o literario, pudo agasajar a su mecenas al incluir, veladamente (lo cual habría de complacer gratamente al conde como "primer" lector de la obra), un episodio concreto de la familia del conde a modo de reivindicación de un linaje que podría rivalizar con el de Felipe II. No se descarta, además, que tal alusión señalase a un propósito más concreto, como sería la confabulación a la que aludíamos en capítulos anteriores para derrocar al linaje de los Austrias (no en vano, el emblema de la familia de los Orellana es muy similar al de los Castro: un escudo con diez roeles en azur en el primer caso por otro con seis en el segundo) e incluso que ello pudiera ser la causa que alentara el famoso comentario de Lope de Vega con respecto a la muerte repentina del "septentrional" mecenas de Cervantes, el "séptimo" conde de Lemos.[725]

Continuando con el análisis nominativo sobre el apellido "Castrucho", mencionaremos la hipótesis literalista de Dominique Reyre, que aboga por atribuir al episodio una exclusiva función cómica centrada en la castración y motivada por el parecido formal entre el apellido "Castrucho"/castración y su localidad de origen "Capua"/capón, que, además, contrastaría con el nombre del tío de Isabela, Alejandro: "nombre de emperadores y de pontífices, cuya significación (del griego *alejandros*, 'auxiliador varonil o fortísimo') contrasta con el tema del antropónimo Castrucho (castrado) y del topónimo Capua (capón), redundancia que permite un chiste jocoso"[726]. Concluye Reyre: "Cervantes se complace en nombrar dos veces el linaje de los Castruchos en su relación con el topónimo Capua. La combinación de ambos pone de realce el tema de la castración, en el que estriba la comicidad del episodio".[727] En conclusión, aunque observamos cierta comicidad en el empleo de esos términos en función del parecido formal, no encontramos otra causa de mayor trascendencia en la diégesis que lo justifique; por lo que la consideramos al sentido de la castración atribuido por Reyre al texto como fuera de lugar.

Más pertinente nos parece la interpretación dada por Nerlich, que relaciona el apellido Castrucho con el personaje histórico Castrucho Castracani, y no solo por el hecho de compartir el mismo apellido sino por erigirse en uno de los héroes de la facción gibelina de la ciudad de Lucca. Concluye el crítico: "No, esta triada de los CASTRUCHO [tío, sobrina y padre] evoca, transferida a Lucca, la historia gibelina de la ciudad al lado del Emperador contra el poder papal y sus partidarios güelfos".[728]

La llegada de los peregrinos a Milán es -digamos- "metalúrgicamente" descrita por el narrador, que ensalza la riqueza de la ciudad de un modo un tanto peculiar, y que la crítica, una vez más, ha pasado por alto. Nos referimos a la intencionada reiteración de sus tesoros áureos: "Entraron en Milán; admiróles la grandeza de la ciudad, su infinita riqueza, sus oros (que allí no solamente hay oro, sino oros)" (p. 608). Porque, en efecto, el narrador se está refiriendo a la doble riqueza "aurífera" de la ciudad, la material y la espiritual. Y, a continuación, por si el lector todavía no se hubiese percatado de los terrenos mito-herméticos que anda transitando en su lectura, nuestro autor comienza una sintética descripción de la ciudad destacando lo que más fama le ha dado: "sus bélicas herrerías, que no parece sino que allí haya pasado las suyas Vulcano" (pp. 608-609). Porque, si bien, la fábrica de armas milanesa era famosa desde hacía mucho tiempo, no es menos cierto que sus "bélicas herrerías" posee unas connotaciones (sobre todo por la subjetividad que Cervantes imprime al sintagma a través de la anteposición del adjetivo) que lo sitúan en la órbita semántica de la emblemática; pues, el "buen combate" (el del místico en su camino de iluminación), siempre fue alegorizado a través del arquetipo del héroe en lucha contra la adversidad terrena en sus múltiples manifestaciones (caballero andante en defensa de su amada, intrépido marino a la búsqueda de El Dorado, Santo cercenando cabezas de moros en defensa de la Reconquista de España, etc.), y siempre blandiendo temidas armas de

---

[725] En relación a la repentina muerte del "séptimo" conde de Lemos en Madrid en octubre de 1622, diremos que fue el propio Lope de Vega quien, lamentándose de su muerte y quizás relacionado con este ambiente de conspiraciones y presuntos asesinatos encubiertos que engrosaron la nómina de los trágicos sucesos que vinieron a desembocar en la llamada "leyenda negra" del reinado de Felipe II, escribió en una carta lo siguiente: "Mucho ay que hablar, y que no es para papel".

[726] Pelorson / Reyre, 2003, p. 108.

[727] Pelorson / Reyre, 2003, p. 117.

[728] Nerlich, 2005, p. 544.

metal como símbolo de un espíritu bien forjado como principal seña de identidad[729]. Y, una prueba de la pertinencia de lo que decimos la encontramos en lo que el narrador dice a continuación, que, tratando de ponderar el alcance significativo de esas herrerías, las eleva al rango de lo mitológico: "que no parece sino que allí ha pasado las suyas Vulcano". Es decir, el mismo Hefesto de la mitología griega: aquel dios que utilizando la forja (su hacha) abrió el cráneo de Zeus para liberar (nacer) a Atenea/Minerva (la sabiduría).

La mención expresa que el narrador hace de la "Academia de los Entronados", a pesar del aparente error de Cervantes señalado por Romero en relación a su ubicación (Siena y no Milán)[730], podría entenderse como una forma disimulada de llamar la atención acerca del lugar o "mina" de donde se extraen esos "oros filosóficos", y, donde, más que a una academia en concreto (de ahí el supuesto error), se llamaría la intención sobre la institución en general: *la academia* como centro dispensador del saber hermético y/o conocimiento científico más avanzado de su época. Pero también, este supuesto error podría esconder la intención de nuestro autor por referirse a otra academia de carácter más exclusivo o selecto, cuyo nombre, sin embargo, deba permanecer en el anonimato por razones obvias. El propio Romero menciona la posibilidad de que se esté aludiendo a otra institución: la *Accademia degli Irrequieti*, que funcionaba en Milán en la época de la redacción del *Persiles*. Nosotros, que compartimos la idea de Romero, pensamos, sin embargo, que estas instituciones deberían tener previamente algún tipo de relación con Cervantes, como por ejemplo: la Academia de Los Ociosos[731], fundada en Nápoles en 1611 por el mecenas de nuestro autor, el VII Conde Lemos, o la Sociedad de la Niebla[732] , fundada en Lyon a comienzos del siglo XVI; aunque ninguna de las dos fuera visitada físicamente por nuestro autor. Sin embargo, sí pudo haber frecuentado en persona otras academias italianas durante su estancia en Italia.[733]

Recapitulando lo argumentado acerca de la visión mítico-gnóstica que se desprende del relato alegórico, tendríamos que Cervantes, tras la salida de sus personajes de la cueva ritual de Soldino, donde asistieron a la aparición del óctuple séquito de la "dama de verde", hace entrar a sus peregrinos en un espacio áureo (Milán) como símil del acceso a la sabiduría (la herrería de Vulcano).

A continuación, la oportunidad que nos brinda el texto de relacionar la sabiduría que emana de la "Academia de los Entronados" con una, en apariencia, vulgar disquisición en un tema tan mundanal como el planteado ese mismo día en la academia: "Dijo también que aquel día era de academia y que se había de disputar en ella si podía haber amor sin celos"(p. 609), no hace sino señalar las intenciones de Cervantes en relación al habitual foco bipolar que opera de manera permanente en el pensamiento de sus héroes-peregrinos en este segundo círculo o fase

---

[729]   Alegorizado a través de la forja de los metales y con imágenes arquetípicas como la de la espada Excalubur esperando al rey capaz de extraerla de la piedra.

[730]   Apéndice XXVI, p. 741.

[731]   "La iniciativa y participación del VII conde de Lemos en este proyecto resulta innegable. El virrey supo conjugar el control de la cultura con la libertad artística y literaria, ya que la Academia fue foco de proyección de las nuevas fórmulas del incipiente Barroco [...]. La Academia, también, y esto es relevante, fue ese lugar de intercambio entre artistas y literatos, nobles y letrados y autoridad virreinal." Enciso, 2002, p. 797.

[732]   Constatada la influencia del *El Sueño de Polífilo* en el *Persiles*, así como la temática que también gira en torno (¿Periandro?) a la búsqueda de la sabiduría universal (¿Auristela?); no podemos obviar, dada la presencia del *Sueño* en determinados "círculos humanísticos" de la época de Cervantes, la posibilidad de que nuestro autor pudiera haber establecido algún tipo de contacto con sociedades de este tipo -muy extendidas entre las élites intelectuales sobre todo en Italia- que utilizase la obra aludida como una especie de manifiesto fundacional, como es el caso de la Sociedad de la Niebla. En este sentido, debería estudiarse la relación que tendría Cervantes con el (más tarde) cardenal Acquaviva, que fue su benefactor en Italia tras su inminente huida de Madrid; así como con su pariente, el también cardenal Gaspar de Cervantes. No podemos olvidarnos, finalmente, de la estrecha relación que le uniría a otro cardenal, Ascanio Colonna, al que le dedicó su primera novela pastoril, *La Galatea*, y cuyo apellido se relaciona con otro Colonna, Francesco, el autor del *Sueño de Polífilo*.

[733]   "Referente a las academias literarias en Italia los españoles manifestaron su afición por las Bellas Letras, a pesar de encontrarse en tierra extraña. Por ejemplo, en Milán hubo *Círculo literario y musical*, sobre que Vicente Espines (1550-1624), natural de Ronda, hace mención en *Marcos de Obregón* (1618), cuando estaba en Milán en 1582, pasaba agradables ratos en reuniones de poetas, soldados y músicos en casa de don Antonio de Londoño, y en Nápoles existió la *Academia del Duque de Medinaceli*. Al llevar a sus viajeros a Italia, Cervantes demuestra que conocía bien una de las más importantes academias italianas, y dar tal vez un poco de auténtico color local, que recordaba, aunque imperfectamente, de su viaje a Italia. pero la más celebre academia antigua italiana es la *Accademia della Crusca*, vocablo que significa salvado o afrecho, fundada en 1582 en Florencia con el fin de depurar la lengua." Sliwa, 2006, pp. 289-290.

iniciática: por un lado lo espiritual, en donde los celos constituirían el nudo gordiano de la batalla del hombre por librarse de la atracción ejercida por lo terrenal; y por otro lo terreno, que serviría como explicación a la causa-episodio simbolizado en la persona de Isabela Castrucha, en cuanto a la interpretación que hacemos de la muerte de Isabel de Valois y de su presunto amante el príncipe don Carlos[734] dentro del contexto de la "leyenda negra" española, ¿que señalaría a Felipe II como inductor del doble asesinato movido por esos mismos celos sobre los que versa la disputa académica?

El capítulo 20 nos lleva hasta la localidad de Luca, donde asistiremos al insólito episodio de posesión diabólica que tiene lugar en la posada, protagonizado, precisamente, por el personaje que antes nosotros, aunque desde una perspectiva completamente opuesta, ya habíamos calificado de luciferino: la "dama de verde".

Y, para avisarnos del carácter emblemático del episodio, Cervantes se vale del número con el que suele designarse simbólicamente al "demonio" (en relación a la bestia del *Apocalipsis*); aunque, no antes sin proponernos un nuevo "acertijo" a imagen de lo que en el *Apocalipsis* (13: 18) se dice sobre el particular: "El que tenga inteligencia calcule el número de la Bestia". Y el número lo hallamos disimulado bajo el dato de la distancia hasta esa misma "posada endemoniada": "Sin escrúpulo puede vuesa señoría (que éste es el <<merced de Italia>>) apearse, porque de cien leguas se podía venir a ver lo que está en esta posada" (p. 611). Es decir, la circunstancia de que se haga mención al -digamos- penúltimo lugar o antesala antes de llegar hasta esa posada, especialmente caracterizada por el "demoniaco" suceso que tiene lugar en su interior, propicia que el lector pueda llegar a establecer una imagen simbólica de la distancia (cuya magnitud es numérica) que los separa de ese "endemoniado lugar". Nos explicaremos. Si la "huéspeda" dice que "de cien leguas se podía venir a ver lo que está en esta posada", deberíamos interpretar que tras la hipérbole[735] nuestro autor nos invita a practicar la pertinente incursión alegórica mediante la realización de una simple operación aritmética, para comprobar, según el texto, desde qué distancia-lugar simbólico se podría llegar a la posada de la "endemoniada".

En este sentido, comoquiera que la legua marina[736] equivale a 5,55 Kms., si lo multiplicamos por la distancia de esas cien leguas que indicaba la "huéspeda" obtendríamos el número 555, el cual, dentro del contexto emblemático en el que se está desarrollando el episodio, significaría la antesala de la llegada al mesón de la endemoniada; que, por lógica cabalística, llevaría el número siguiente: el 666: "un número de hombre. Su número es 666." (Apocalipsis 13: 18).

Ahora bien, no debemos confundir aquí, una vez más, el sentido de lo denotado por el signo desde una perspectiva superficial (666 = el número de la Bestia del *Apocalipsis* = imagen popular del demonio) con el concepto neoplatónico al que aludíamos al comienzo de este capítulo y que se relacionaba con la sabiduría: *lucifero* (el portador de la luz). Porque no es la "caricatura asustadiza" sino el símbolo del Conocimiento la idea que quiere transmitirnos Cervantes, pues, la referencia a la distancia de 555 kilómetros no solo debemos aplicarla de manera simbólica según aducíamos más arriba; sino que, además, deberíamos tener en cuenta, ahora desde el plano de la realidad, que la distancia de Luca a Nápoles es, hoy en día, de 545 kilómetros[737]

¿Dónde queremos ir a parar? Con las debidas reservas, a sugerir la posibilidad de que nuestro autor nos estuviera indicando que, precisamente, Luca podría constituir esa antesala del Conocimiento que de forma simbólica se expresa en el "endemoniado" (en su connotación

---

[734] El calado que tuvo esta leyenda auspiciada por el príncipe Guillermo de Orange, dentro del marco de las revueltas flamencas, y que en 1568 unió los fatídicos destinos de los dos jóvenes señalando a la figura del viejo y celoso padre Felipe II como actor/inductor del doble regicidio, fue tal, que: "Estamos ante uno de los acontecimientos de mayor relieve de la historia de España, de los que más han sido divulgados dentro y fuera de nuestras fronteras, con hondo eco en las artes y las letras, en especial en el teatro y la ópera, gracias sobre todo al genio de Schiller, en Alemania, y de Verdi, en Italia; no olvidemos que el Don Carlos de Verdi, sigue representándose, año tras año, en los grandes teatros de ópera de todo el mundo occidental." Fernández Álvarez, 2000, p. 396.

[735] No es verosímil que en cien millas no exista otra posada entre medias de un tramo tan largo, máxime cuando se expresa que se hallan transitando un "camino real", que son las vías de comunicación más concurridas de la época.

[736] Emplearemos aquí el valor de la legua marina y no el de la terrestre, en función del contexto de la navegación-distancia del viaje que le es afín.

[737] Distancia medida actualmente utilizando el sistema GPS y a través del itinerario más corto. Por lógica, esta distancia debería ser algo mayor en el siglo XVII, y, por tanto, más aproximada a esos 555 kilómetros.

sapiencial, según venimos argumentando, como *lucifer*o = luz del conocimiento) mesón ("cien leguas" = 555 kilómetros), que solo se alcanzará con la llegada a Nápoles: ¿verdadero "cielo en la tierra" para Cervantes en vez de Roma?

Y razones para pensarlo no nos han de faltar, pues, fue el séptimo conde de Lemos y mecenas de Cervantes quien ocupó el puesto de virrey de Nápoles entre 1610 y 1616: un tiempo en que la ciudad floreció en todos los campos, brillando especialmente por su cultura, su filosofía y su arte.[738] No en vano, ya argumentamos la posibilidad de que en este episodio se estuviera aludiendo a la casa de los condes de Lemos en la persona de la bastarda Isabel de Castro y de su tío (putativo) el rey Enrique II, respectivamente, Isabela Castrucho y Alejandro Castrucho en la ficción.

De todo ello podríamos extraer la siguiente conclusión: ¿estaría tratando nuestro autor de granjearse el aprecio de su mecenas a través de un episodio que don Pedro de Castro sabría descodificar, así como ponderar el buen quehacer literario de su protegido? No en vano, el séptimo conde de Lemos, cabeza de un linaje tan antiguo como el del propio titular de la Corona, era declaradamente un humanista convencido. En este sentido, y nuevamente transitando esos espacios cervantinos entre el mito y la realidad histórica, ¿no pretendería Cervantes con ello señalar la existencia de una ciudad ideal, luz de la civilización en el nuevo siglo que acaba de comenzar (el s. XVII), identificada en relación a una ciudad afín (Luca) y por tanto antesala (555) de ese "cielo en la tierra" descrito en el *Apocalipsis* como la "Jerusalén celeste", y que se correspondería simbólicamente con ese número 666 (lucifero = el portador de la luz = Nápoles), donde un descendiente legítimo de un antiguo linaje ejercería ese poder que los tiempos demandan? Y más aún, ¿podría ser el VII conde de Lemos ese misterioso descendiente que, además, según vimos, estaría emparentado con los Orellanas y los Pizarros?

Una vez argumentada la voluntad de Cervantes de situar su episodio en un contexto emblemático muy determinado, veamos cómo evolucionan los personajes que nosotros habíamos identificado como próximos al entorno más íntimo de Felipe II. Y lo haremos a partir de la descripción que nos ofrece el narrador del cuadro de la "diabólica posesión":

> Guió y siguiéronla donde vieron echada en un lecho dorado a una hermosísima muchacha, de edad, al parecer, de diez y seis o diez y siete años. Tenía los brazos aspados y atados con unas vendas a los balaustres de la cabecera del lecho, como que le querían estorbar el moverlos a ninguna parte; dos mujeres, que debían de servirla de enfermeras, andaban buscándole las piernas para atárselas también (p. 612).

La imagen, un tanto espeluznante, nos muestra la realidad inherente a un suceso de tal pretendida naturaleza diabólica, donde la víctima, una virginal muchacha, es inmovilizada en su cama para evitar que se pueda lesionar tanto ella como las personas que le asisten. En tal caso, la descripción que nos ofrece Cervantes es perfectamente verosímil con los hechos que se narran. Ahora bien, esa conseguida credibilidad que adquiere el relato no significa que ese sea el único sentido que deba aplicarse al episodio, ni mucho menos el más importante; sino solo la necesaria cobertura verosímil-realista como soporte al grueso de un relato que discurre a caballo entre el mito y la Historia, entre la verdad y la falsedad, y que será lo que trataremos de argumentar a continuación.

Y, para ello, realizaremos una primera aproximación a la cita que hemos transcrito desde una perspectiva filosófico-universal; pues, la imagen de la hermosa virgen poseída por el "espíritu del mal" nos sugiere la idea de un mundo sometido por las pasiones, incapaz de reaccionar ante el acoso incesante de que es objeto. Si enfocásemos más nuestra lente a la observación de este emblemático cuadro, percibiríamos que la "hermosísima muchacha" constituiría la metáfora del alma del mundo, y que su edad, "al parecer, de diez y seis o diez y siete años", haría referencia a

---

[738] "En estos años iniciales del Seiscientos, la Casa de Lemos era una de las más importantes en el ámbito político peninsular y en los territorios extra-peninsulares, especialmente en el reino de Nápoles, y era reflejo de las exigencias nobiliarias del incipiente Barroco hacia la cultura. [...] Pero fue el marco de la ciudad el espacio idóneo para la creación de una corte virreinal que se equiparaba en sus usos y costumbres a la corte de Madrid, por el impulso reformador y las iniciativas urbanísticas y culturales del VII conde de Lemos.[...] Pedro Fernández de Castro mantuvo en Nápoles sus inclinaciones artísticas e intelectuales y puso la cultura al servicio del poder." Enciso, 2002, pp. 1052-1059.

los siglos que en época de nuestro autor (fines del XVI y comienzos del XVII) habrían pasado desde el comienzo de nuestra era (el cristianismo): entre dieciséis y diecisiete siglos.[739]

En cuanto al lecho en donde yace sometida, podría interpretarse como el símbolo de la propia cárcel que ella misma (la Humanidad), desoyendo a su instinto celeste, ha construido para satisfacer sus pasiones y deseos que más la alejan de su naturaleza celestial. Dado que el relato de los sucesos alegorizados se sitúa en época de nuestro autor, todavía podríamos forzar algo más esa lente deductiva hasta visualizar la causa que motiva el sometimiento que tienen las almas, simbolizadas, como decimos, en la posesión diabólica de Isabela Castrucha, a evolucionar o liberarse. Nos referimos a la posición que adopta el cuerpo de la "endemoniada" sobre el lecho dorado: "Tenía los brazos aspados y atados con unas vendas a los balaustres de la cabecera del lecho". Pues bien, haciendo las necesarias concesiones a la imaginación, ¿acaso los "brazos aspados" de Isabela Castrucho no remiten a la cruz de Borgoña[740] asomando por la parte superior del escudo de Carlos V?, y, de igual modo, ¿las vendas que los sujetan a los balaustres no harían referencia a las dos columnas o balaustres que delimitan el escudo del fundador, Carlos V, así como a las vendas o cintas con la leyenda PLUS ULTRA?[741]

No nos parece, dado lo habitual de estos procesos de simbolización dentro del texto de Cervantes -como ya hemos analizado en otros lugares-, que nuestra propuesta interpretativa en este punto vaya muy desencaminada; pues, no solo se adapta al contexto alegórico que venimos propugnando, sino que, incluso, en la palabra "balaustres" (BAL-AUSTRES) bien pudo el genio de Cervantes codificar a la casa de "Austria" (AUSTRES) como portadora de un linaje -digamos- "demoníaco", en consonancia con el contexto de la posesión diabólica de que es víctima Isabela Castrucho. Nos referimos a la palabra "BAL" y "BAAL", que no solo son homófonas sino que se identifican con una antigua divinidad muy extendida por el Asia Menor y su área de influencia (babilonios, caldeos, cartagineses, fenicios, filisteos y sidonios), y que en la Biblia es llamado como uno de los "falsos dioses",[742] al cual los hebreos rindieron culto en algunas ocasiones cuando se alejaron de su adoración a Yahvé[743].

Pero la expresión utilizada por Cervantes para aludir -según nuestra interpretación- a las columnas sustentadoras de la dinastía de los "Austrias": los "balaustres", todavía puede darnos nuevas referencias en relación a esos ¿orígenes? o, como se dice en el texto metafóricamente, "cabecera del lecho" a la que está atada la endemoniada Castrucha. Porque, el segundo elemento del compuesto, AUSTRES, podría asimilarse a AUSTRO, que, según el *Diccionario de Autoridades*, Tomo I (1726):

> "AUSTRO. s. m. Uno de los cuatro vientos cardinales: y es el que viene de la parte del medio día, según la división de la Rosa náutica en dodce vientos, y en veinte y quatro según los antiguos. El Griego lo llama *Notos*, y el Latino *Auster*, de donde se ha tomado en Castellano. Lat. *Auster*. MEN. Copl. 11.

---

[739]   Medidos a través del habitual reloj cosmológico (la precesión terrestre) empleado en el relato profundo del *Persiles*, y comenzando el cómputo a partir de la era de Piscis y de la nueva religiosidad asociada a ella (el cristianismo).

[740]   También llamada Aspa de Borgoña, fue el emblema que ostentaba Felipe I de Castilla de su madre la duquesa María de Borgoña, y que pasaría a ser el emblema por antonomasia de la nueva nación, España, que heredó su hijo, Carlos I de España, a raíz del matrimonio de Felipe con Juana I de Castilla. Aunque antes, no lo olvidemos, el linaje borgoñón ya hizo entrada en la Península: de la mano de la esposa de del rey de León Alfonso VI, Constanza de Borgoña (1079-1093), madre de la reina de Castilla doña Urraca, cuyo hijo, fruto del matrimonio con Raimundo de Borgoña, fue el famoso "Emperador" Alfonso VII.

[741]   La validez de tal comparación, en la que un escudo nobiliario cumpliría la misma función que una pintura (écfrasis), viene refrendada por la opinión de Claudia Dematté: "La empresa del escudo puede asímismo desarrollar el mismo papel que el lienzo en el *Persiles*, puesto que por ejemplo Arquileo, alias Rogel de Grecia, desfila hacia la ciudad de Gaza con un escudo en el que sale historiado todo lo que ha pasado en la batalla con el gigante Bravosán." Dematté, 2004, p. 339.

[742]   Recuérdese, en este sentido, la asimilación que hacíamos en el capítulo 2.6.10. de la figura de Anibal con Carlos V:"Si yo viera a un Anibal cartaginés encerrado en una ermita, como vi a un Carlos V cerrado en un monasterio, supendiérame y admirábame" (pp. 413-414).

[743]   El término Baal (también Bael/Beel), se considera como uno de los elementos constitutivos del nombre compuesto Belcebú (Baal-zebul): "El discípulo no está sobre el maestro, ni el siervo sobre su señor. Al discípulo le basta ser como su maestro, y al siervo como su señor. Si al amo de la casa han llamado beelzebul, ¡qué no dirán de los de la casa! No los temáis; porque no hay nada oculto que no haya de manifestarse, ni secreto que no haya de saberse" (Mateo 10: 24-26).

Empero si el áustro commueve el Tridente,
Tornan en contra de como viniéron. [i.489]
Y en la annotació. Bóreas es viento que sopla de la parte septentrional, cuyo
contrário es el Austro que sopla del medio dia. "

Es decir, que este segundo nombre (AUSTRES) conformaría, junto al primer elemento (BAL) del término analizado, al menos, una unidad de sentido en torno al campo semántico de lo "demoníaco"; pues, si *Baal* remite al "Belzebú" bíblico, *Austro*, en cuanto a su identificación con el viento del sur, sería lo opuesto o invertido al viento septentrional o Boreal, es decir, asimilando alegóricamente viento a "fuerza impulsora en el camino espiritual"[744], significaría el contrario al que mueve a los personajes del *Persiles* en la senda del Conocimiento.

En tal caso, y con la intención de ordenar el complejo nudo de informaciones de diferente naturaleza que convergen en esta cita, se nos permitirá la licencia de realizar una lectura descodificada sobre la imagen que presenta la figura de la endemoniada Isabela Castrucha atada al lecho, con el siguiente resultado: "Tenía los brazos aspados y atados con unas vendas", *como símbolo del sometimiento al imperio de los Austrias. En el sentido de que Carlos V y sus sucesores, herederos de un "siniestro linaje" (bal-austres), condenaron a la civilización occidental, sobre la que ejercían su influencia y su dominio, al yugo de una teocracia basada en el sometimiento a lo terreno.*

Sea como fuere, quizás ahora, el apelativo por el que también se conocía a Felipe II, "el demonio del sur", tenga en los argumentos que hemos aportado en relación a ese "balaustre" que "encabeza" la imagen emblemática de esa "posesión demoníaca" a escala macrocósmica, su correcta justificación.

Pero nuestro autor -continuando la cita anterior-, que no es la primera vez que nos muestra en el *Persiles* un panorama poco esperanzador del Hombre, siempre se guarda la baza de una puerta abierta por la que la Humanidad pueda seguir su camino evolutivo conforme a su doble naturaleza platónica:

> dos mujeres, que debían de servirla de enfermeras, andaban buscándole las piernas para atárselas también, a lo que la enferma dijo:
> - Basta que se me aten los brazos, que todo lo demás las ataduras de mi honestidad lo tiene ligado.
> Y, volviéndose a las peregrinas, con levantada voz dijo:
> - ¡ Figuras del cielo, ángeles de carne! Sin duda, creo que venís a darme salud, porque de tan hermosa presencia y de tan cristiana visita no se puede esperar otra cosa. Por lo que debéis a ser quien sois, que sois mucho, que mandéis que me desaten; que, con cuatro o cinco bocados que me dé en el brazo, quedaré harta y no me haré más mal, porque no estoy tan loca como parezco, ni el que me atormenta es tan cruel que dejará que me muerda (p. 612).

Comoquiera que el contexto argumental del episodio hace que nos situemos, una vez más, en una frontera difusa entre lo real y lo imaginario (el tema de la posesión diabólica), por esa misma estrecha franja habrá de discurrir nuestro análisis si queremos llegar a vislumbrar, al menos, una pequeña parte de las posibilidades significativas que nos ofrece el texto. Con este convencimiento, hallamos que la intención de las "enfermeras" de sujetarle las piernas a la "endemoniada", una vez inmovilizados los brazos, obedecería a una muy sutil y disimulada forma de llamar la atención nuestro autor sobre el modo en cómo la "poseída" (la sociedad de su época) podría liberarse definitivamente de la influencia del "Maligno" (la teocracia que frena el camino de la libertad espiritual): caminando, esto es, peregrinando. De ahí el encono de la "posesa" por conservar libres sus piernas, sin importarle los brazos; pues estos simbolizarían el instrumento al servicio de las pasiones, ya que modelan el mundo según la voluntad de quien los dirige; sin embargo, aquellas simbolizan la "huida" y la búsqueda constante: la única parte del cuerpo al servicio exclusivo de la liberación del espíritu a través de la peregrinación.

---

[744]   Esta asimilación la realizamos en función de la relación de sentido que existe en el contexto de la navegación, entre el camino-singladura a recorrer y los vientos que empujan la embarcación, dentro de la alegoría trascendente que venimos señalando ("Navegar es necesario. Vivir no es necesario.") como formante del sentido profundo de los libros I y II del *Persiles*.

Y, esa podría ser la razón por la que después de terminado su discurso -titulémoslo- "en defensa de las piernas" ("Basta que se me aten los brazos, que todo lo demás las ataduras de mi honestidad lo tiene ligado"), que solo en apariencia parece imponerse el tema de la castidad sobre el de lo espiritual, Isabela Castrucha se dirige exultante a las peregrinas que se encontraban en la estancia con calificativos que vienen a refrendar nuestra hipótesis acerca del remedio contra la fatal y -llamémosle ahora- "Austriaca posesión": "-¡Figuras del cielo, ángeles de carne! Sin duda, creo que venís a darme salud, porque de tan hermosa presencia y de tan cristiana visita no se puede esperar otra cosa".

En resumen, parece que Cervantes trata de decirnos que el remedio para liberarse de la tiranía que tiene sumida en la ignorancia a la Humanidad (la posesión de Isabela Castrucho) pasa por lanzarse a la "antigua" peregrinación (la gnosis), es decir, la que enseñaba la "vieja peregrina"; lo cual, llevaría implícito un mensaje fundamentalmente herético, pues significaría una vuelta a la antigua religión (la Reforma) o cristianismo primitivo.

El carácter siniestro que adquiere la intervención del tío de Isabela, Alejandro Castrucho, que apenas deja entrever su verdadera identidad:"-¡Pobre de ti sobrina - dijo un anciano que había entrado en el aposento-, y cuál te tiene ese que dices que no ha de dejar que te muerdas! (p. 612), nos induce a plantearnos la posibilidad de que el "demonio" que la tiene poseída, el "primo" que la ha de desposar en Capua y el propio Alejandro Castrucho simbolicen en conjunto a la misma persona: ¿Felipe II?

El juego de palabras que Cervantes combina en relación a los términos "comer"/ "Encomiéndate" con el sentido de comulgar (la eucaristía): "Encomiéndate a Dios, Isabela, y procura comer, no de tus hermosas carnes, sino de lo que te diere este tu tío, que bien te quiere." (p. 612), constituye otra muestra de las intenciones de Alejandro Castrucho en su papel de "Príncipe de las Tinieblas"; pues, del texto se sugiere la idea de invitar a comulgar a su sobrina no del cuerpo de Cristo (sus propias carnes como imagen de la divinidad), sino de él mismo, ¿como imagen del Anticristo?[745]

A continuación, el siniestro ofrecimiento que Alejandro Castrucho hace a su sobrina, que equivaldría al mundo, en cuanto a la enumeración que se hace de los cuatro elementos constitutivos de la materia según Aristóteles: "Lo que cría el aire, lo que mantiene el agua, lo que sustenta la tierra te traeré: que tu mucha hacienda y mi voluntad mucha te lo ofrece todo" (p. 612); vendría a cerrar la tarjeta de presentación de aquel que, disimulado bajo el disfraz del anciano tío, atiende a la descripción del "demonio" que la tiene sometida.

En cuanto a la ausencia literal del elemento fuego (aire, agua, tierra y fuego) que se aprecia en la cita, diremos que, dado que se trata del elemento simbólico que define al infierno-demonio, su alusión se hallaría escamoteada en la expresión crematística que mejor lo define: "que tu mucha hacienda y mi voluntad mucha te lo ofrece todo". Es decir, el deseo de satisfacer las pasiones como símil de ese fuego que devora al espíritu.

En este mismo contexto, atisbamos un primer conato de posesión por parte de la "diabólica" entidad del anciano Castrucho en la persona de su sobrina: "La doliente moza respondió: - Déjenme sola con estos ángeles; quizá mi enemigo, el demonio, huirá de mí, por no estar con ellos" (p. 612); donde, tras haberle sido ofrecidos todos los bienes del mundo, la sobrina opta por expulsar de la habitación-cuerpo al Maligno-tío, desoyendo su tentadora oferta y respondiendo con el sufrimiento propio de una posesa ("La doliente moza respondió").

---

[745] "Figura elaborada esencialmente a partir de las *Epístolas* de Juan y Pablo, y del *Apocalipsis* de Juan, el Anticristo simboliza inicialmente al enemigo de Cristo que surgirá antes del Juicio Final para intentar desviar de su fe a los cristianos." Gilbert, 1996, p. 669.

En cuanto a la posibilidad de que Cervantes incluyera a la figura del Anticristo en el *Persiles,* no puede ser descartada; en base a la opinión de que el Concilio de Trento prohibió el anuncio de su llegada (bula *Supernae Maiestatis*), lo cual supuso una reorientación del concepto, que de señalar a personas o instituciones físicas de la época recuperó su dimensión arquetípica. En tal caso, las consecuencias de esta prohibición "genera una notable metamorfosis de la figura del Anticristo, que será llevada progresivamente hacia el mundo de la ficción literaria, hasta acabar adquiriendo el estatuto de verdadero personaje de ficción." Gilbert, 1996, p. 670.

Y, ya dentro de ese mundo de ficción, destaca, sobre todo por la relación directa de su autor con Cervantes, la comedia de Lope de Vega *El Antecristo*, donde: "Desarrolla los tópicos que pueden encontrarse en los textos citados u otros, como las homilías de Lanuza. El <<anticristo>> <<no será demonio, sino verdadero hombre...>>". Caro Baroja, 1985, p. 275.

Y, en este sentido debería entenderse, creemos, la salida de Alejandro Castrucho de la estancia donde yace maniatada su sobrina, aunque, como mandan los cánones de la posesión, contra su voluntad: "dijo que los demás se saliesen, como se hizo con voluntad y aun con ruegos de su anciano y lastimado tío; del cual supieron ser aquella la gentil dama de lo verde" (pp. 612-613); pues de aquí se desprende la idea de que el tío no estaba muy de acuerdo con su expulsión de la sala, que le afecta al punto de sentirse lastimado (los gritos lastimeros propios de la posesa cuya entidad se resiste a abandonar la habitación-cuerpo). Al final de esta cita se nos dice literalmente, como refrendo a nuestra hipótesis que señala al tío como a la entidad demoníaca que tiene sometida la voluntad de Isabela, que, en efecto, la "dama de lo verde" le PERTENECE a su tío: "del cual [de Alejandro Castrucho] supieron ser aquella la gentil dama de lo verde".

Formando parte del ritual de lo que podríamos llamar un exorcismo fingido (interpretación literal) con verdaderas connotaciones (interpretación alegórica), nos resulta un tanto inquietante la obsesión que muestra Isabela Castrucha por conservar el número exacto de personajes que le acompañan en la sala; pues, como puede deducirse a simple vista, no se trata de una cuestión de personas en concreto, sino de números: "Apenas se vio sola la enferma cuando, mirando a todas partes, dijo que mirasen si había otra persona en el aposento que aumentase el número de los que ella dijo que se quedasen"(p. 613). Porque se quedaron cuatro mujeres, Auristela, Constanza, Ruperta y Félix Flora, que, junto a Isabela sumarían cinco. Parece, pues, que Cervantes está muy interesado en que el número cinco se mantenga en la estancia ¿Quizás porque tras lo simbolizado por ese número se halle un mensaje de importancia capital en la resolución del conflicto que atenaza a la posesa? Nerlich, que también se fija en la obsesión de Isabela por que se respete ese número de personajes dentro de la habitación, lo interpreta de este modo: "resulta forzoso llegar a la conclusión de que evoca con este 'hermoso montón' de cinco 'hermosas damas' a las CINCO VÍRGENES PRUDENTES."[746]

La explicación del crítico nos parece acertada[747], aunque algo alejada de la profundidad de nuestros planteamientos, pues se limita a llamar la atención sobre la denuncia de un comportamiento social en relación al matrimonio entre Isabela y Andrea Marulo, que sería válido mediante el sí de los esposos en presencia de las cuatro testigos. Porque, no debemos olvidar que la parábola de las "Diez vírgenes"[748] a la que se refiere Nerlich (cinco son "PRUDENTES" y otras cinco "insensatas"), no solo fue una de las más populares en la Edad Media, sino que, además, se circunscribe en el contexto exegético de la segunda venida de Jesucristo; en concreto, se refiere a que la Humanidad debe de estar preparada para ese momento. En tal caso, comoquiera que en este episodio se cuenta finalmente la extraña aparición de un niño para bautizar, de manera preliminar, podríamos sugerir que el episodio de las "cinco vírgenes prudentes" podría relacionarse con este inesperado alumbramiento, al que deberíamos sumarle, además, la circunstancia de tratarse de vírgenes PRUDENTES; es decir, el sobrenombre con el que pasó a la historia el también llamado "demonio del sur": Felipe II.[749]

Nos reafirmamos, pues, en la existencia de un mensaje concreto tras esa obsesión de Isabela Castrucha por conservar el número cinco a través de los personajes que se hallaban en su habitación; lo cual, descartada (por no ser expresada literalmente) otra causa que lo motive, pensamos que podría deberse a la intención de Cervantes por llamar la atención sobre el simbolismo de un número al que ya Pitágoras y sus seguidores distinguían como señal de reconocimiento y salud: la estrella de cinco puntas[750]. Porque, salud-salvación, precisamente, es

---

[746]   Nerlich, 2005, p. 527.

[747]   Nerlich, 2005, pp. 525-529.

[748]   Evangelio de Mateo 25: 1-13.

[749]   No descartamos, dado el sentido que hemos atribuido a las cinco vírgenes en relación a Felipe II, que nos hallemos también ante una alegoría de las cuatro esposas legítimas más una quinta que no lo fue del Monarca español: María Manuela de Portugal, María I de Inglaterra, Isabel de Valois, Ana de Austria y la ilégitima (amante) Isabel de Osorio.

[750]   La estrella de cinco puntas representa en simbología, precisamente, esa idea de salvación, donde la punta que ocupa el vértice superior simboliza la hegemonía del espíritu sobre los otros cuatro elementos formantes de la materia. Y ahí radica la inversión de que hablábamos: en que para Alejandro Castrucho, "personificación del demonio", la materia está por encima del espíritu (por ello le ofrece a su sobrina solo los cuatro elementos que conforman la materia, excluyendo el quinto elemento o quintaesencia); sin embargo, para Isabela, que tiene necesidad de liberarse del "demonio", es la materia la que debe someterse al espíritu, y así lo expresa desoyendo el

lo que va buscando Isabela-la Humanidad como remedio a su "fingida-real" posesión diabólica-teocrática.

De este modo, nuestro autor vuelve a introducir la simbología numeral en el relato como instrumento cognoscitivo de naturaleza universal, para, valiéndose de las posibilidades inmersas en ese "lenguaje pitagórico", tratar de ilustrar al lector "amantísimo"[751] sobre el conocimiento de verdades de otro modo veladas al común entendimiento de su época. Así, pues, podríamos llegar a interpretar el episodio de una manera más visual en función de la imagen simbólica que conforman esas "cinco vírgenes" (amparadas bajo el espíritu de la peregrinación: "Y volviéndose a las peregrinas, con levantada voz dijo: -¡Figuras del cielo, ángeles de carne!") en relación a la estrella de cinco puntas; la cual, tiene su vértice medianero dirigido hacia arriba como símbolo del hombre pitagórico en la senda de la evolución del espíritu[752], frente a la misma estrella invertida o con la punta hacia abajo, que en la diégesis se expresaría con el ofrecimiento "terreno" que hace Alejandro Castrucho a su su sobrina.

A continuación, tras cerciorarse una vez más de que solo estaban las cinco mujeres en la habitación (dicho de otro modo, avisando al lector de que el episodio debe entenderse desde esta perspectiva gnóstica, en donde la estrella de cinco puntas constituiría la clave de su interpretación), Isabela se desmaya y entra en una especie de trance, momento que aprovecha para manifestarse la entidad que la tiene sometida.

Y, hasta aquí todo podría entenderse como una teatral puesta en escena con la única finalidad de conmover al lector-espectador, si no fuera por los evidentes paralelismos que se observan entre el relato de los hechos y los últimos momentos de la vida de Jesús en la Cruz antes de expirar; aunque en orden inverso a como son narrados en las Sagradas Escrituras. Un ejemplo de lo que decimos sería: "rompió la voz con un grande suspiro, que pareció que con él se le arrancaba el alma" (p. 612), "Y Jesús, dando de nuevo un fuerte grito, exhaló su espíritu" (Mateo 27: 50); "Entró el mísero tío, llevando una cruz en la una mano y, en la otra, un hisopo bañado en agua bendita" (p. 613), "En aquel momento, corriendo uno de ellos, tomó una esponja, la empapó en agua vinagre, la puso en una caña, y le daba de beber" (Mateo 27: 48), .

Es decir, antes de entrar en apreciaciones más profundas, lo primero que nos llama la atención es el protagonismo que asume en el relato el tío de Isabela como dueño y señor de la situación; lo cual es percibido a través de la actitud de portar en ambas manos (imagen de ese control) los símbolos que representan las dos columnas (o misterios) sobre las que se asienta el cristianismo primitivo: la muerte ("llevando una cruz en la una mano") y la resurrección ("y, en la otra, un hisopo bañado en agua bendita"). Por tanto, la interpretación nos lleva a plantearnos la siguiente pregunta: ¿no señalaría la actitud de Alejandro Castrucho a la ironía de Cervantes, que podría estar aludiendo a la mediación o intervención "humana", más que a la divina, en esos últimos momentos de la historia de Jesús que constituyen la piedra angular sobre la que se funda el cristianismo literalista?

Porque, al final de este mismo párrafo, el narrador nos dice que gracias al hecho de haber sido rociado el rostro de Isabela con agua esta "volvió en sí" (p. 613); aunque, no del modo que cabría esperar, pues es el tío-demonio el que parece responder por ella, como si fuera la manifestación del ente que la tiene poseída: "Escusadas son por agora estas prevenciones. Yo saldré presto, pero no ha de ser cuando vosotros quisiéredes, sino cuando a mí me parezca" (p. 613). En tal caso, el empleo del "hisopo resucitador" parece haber surtido los efectos contrarios

---

ofrecimiento mundano de su "engañoso" tío y conservando a todo trance el número de personajes que la acompañan en su habitación (cualquier otro número distinto de cinco anularía este mensaje metafísico) como símbolo del triunfo de lo espiritual (5) sobre la materia (4).

[751]   Así se dirige Cervantes en el prólogo de su obra a los lectores del *Persiles*, quizás, con el sentido de que solo a través de la ideología del "amor platónico" pueda interpretarse un texto escrito con esa misma vocación filosófica: "Sucedió, pues, lector amantísimo" (p. 118).

[752]   En la Edad Media proliferan las imágenes en las que se representa una estrella de cinco puntas o pentalfa sobre la que se superpone una figura humana, como el célebre grabado de Leonardo Da Vinci para el libro *La Divina Proporción* de Luca Pacioli (el conocido como "Hombre de Vitruvio"). Icono distintivo de los pitagóricos, la estrella o pentagrama constituye un diagrama que grafica varias leyes matemáticas (logaritmos, la sucesión de de Fibonacci, fractales, etc.), destacando su relación con el número áureo. En conclusión, podríamos afirmar que el pentáculo o estrella de cinco puntas representa un símbolo de reconocimiento intelectual, y que su inclusión en este punto concreto del relato, al final del libro III, obedecería a la intención de Cervantes por simbolizar la naturaleza intelectual, a través del clímax narrativo que se alcanza en el relato de la posesión diabólica de Isabela Castrucho, y que caracteriza a esta segunda fase o círculo dentro de la concepción general del *Persiles* como un libro iniciático.

(¿"volvió en sí" no podría interpretarse como mostrar la otra cara del sí, es decir, el no?), en el sentido de que ha sido aprovechado por el "Maligno"para mostrarse y no para devolver a Isabela la salud a la que estaba destinada. Sea como fuere, se atisba cierta intención de Cervantes de señalar, en relación al mismo episodio de la "caña y la esponja" del mito-historia de Jesús, que la historia podría ser diferente a como la ha difundido la corriente literalista del cristianismo, donde el papel asignado a la "esponja vejatoria rociada en vinagre" podría haber sido empleado con fines bien distintos.

Recapitulando, tenemos un supuesto caso de posesión diabólica que se sucede con escrupuloso paralelismo inverso en relación al relato bíblico de la muerte de Jesús en la Cruz, donde, además, cobra un acusado protagonismo el pasaje que se relaciona con el momento crítico en el que Jesús, justo antes de morir, es rociado con la esponja empapada en "vinagre"; pero, con la particularidad de que en el relato del *Persiles* el hisopo no está bañado en esa sustancia nociva sino en su contrario, es decir, en "agua bendita". No parece, pues, que nos hallemos ante un suceso aleatorio involuntariamente urdido y sin intención que lo sustente ¿Qué querría decirnos, por tanto, Cervantes con esta rememorización inversa de los últimos momentos de la vida de Jesús, convenientemente incardinados en el texto pero con un sentido opuesto al que cabría esperar de un relato emanado de las Sagradas Escrituras?

Conviene, pues, antes de continuar con la exégesis que venimos proponiendo, analizar la función de esos símbolos-instrumentos de la Pasión dentro del contexto aludido, pues no debemos descartar la posibilidad de que tras este insólito episodio se halle algún tipo de información especialmente sensible para la época. Porque, dado el amplio conocimiento de nuestro autor en materia de Sagradas Escrituras, es de suponer que previamente habría calculado a conciencia los efectos que pretendería provocar en un lector medianamente instruido en la Biblia; pues, en el texto no solo se había invertido el orden de los acontecimientos sino que también se había trocado el "vinagre" de la esponja por el agua bendita del hisopo. Pero insistimos, ¿con qué finalidad?

Dado que, desde las filas de la ortodoxia cristiana, el pasaje en el que se administra el "vinagre" a Jesús en la Cruz se ha interpretado siempre como un acto vejatorio causado por el odio, y que el "agua bendita" aplicada a este mismo contexto representaría lo contrario, es decir, un acto compasivo generado por amor, ¿no querría decirnos Cervantes con ello que el odioso acto de administrar el "vinagre" "al moribundo", dentro del mítico episodio de la Pasión y Muerte de Jesús, no sea tal sino su contrario; es decir, un acto de amor destinado a realizar un bien? Dicho de otro modo: ¿el episodio bíblico de "la caña y la esponja" no podría tratarse de una especie de bebedizo ritual[753] con el que suspender o disimular las funciones corporales, dando apariencia de muerte física hasta una posterior "resucitación" de esas mismas constantes vitales?[754]En tal caso, no sería difícil suponer que nuestro autor calificara de "bendita" a unas "aguas" provistas de semejantes propiedades.

Como vemos, el episodio, intencionadamente inverso en relación al que parece ser su referente bíblico, sugiere una interpretación igualmente contraria a lo que en época de nuestro autor constituiría una verdad incuestionable en el seno de una sociedad férreamente teocratizada ¿A qué vendría, pues, esta -digamos- temeraria incursión en terrenos pantanosos de un hombre ya muy mayor, como lo era Cervantes, que nada habría que ganar exponiéndose de este modo y sí mucho que perder si quien no debiera llegase a advertir el presunto "engaño" que esconde su literalidad?

En nuestro opinión, se trataría de un mensaje lo suficientemente importante como para compensar esos riesgos, y, todo indica que deba estar relacionado con el carácter iniciático del *Persiles*; donde, la erradicación de la ignorancia en la que está sumido el postulante es un

---

[753]   Solo en el evangelio de Mateo (27,34) se especifica que ese vinagre es vino mezclado con hiel. Y si hacemos esta observación es porque el episodio bíblico de "la caña y la esponja" podría constituir una alegoría de un ritual gnóstico muy concreto: "Justo antes de morir Jesús, alguien le da a beber vino mezclado con hiel . Los celebrantes de los misterios de Dioniso bebían ritualmente vino y al hierofante, que representaba a Dioniso, le daban a beber hiel." Timothy Freke y Peter Gandy, Ib., p. 76.
[754]   La creencia de la no-muerte física de Jesús en la Cruz, sustentada en el bebedizo administrado a través de la caña y la esponja en el relato bíblico, y que parece sugerirse en el *Persiles* a través de la alegoría del "hisopo con agua bendita", es tan antigua como la propia religión que la sustenta; por lo que, a falta de pruebas y/o trabajos que prueben científicamente esas teorías, consideraremos el tema adscrito al campo de lo mítico, y, en ese sentido, será abordado.

proceso intelectual que pasa de forma ineludible por derrumbar los muros de las verdades que se muestran como incuestionables, como paso previo que garantiza el acceso a la sabiduría-iluminación.

En conclusión, y dentro del contexto mítico-histórico en que nos encontramos, juzgamos que el personaje de Alejandro Castrucho podría ser una personificación del poder real en connivencia con esa facción del cristianismo que basó su doctrina -como ya apuntábamos en capítulos precedentes-, precisamente, en la exclusiva perspectiva literal del mito de la muerte y la resurrección de Jesús en la Cruz. Dentro de esta escena recreada por Cervantes, Isabela Castrucha personificaría el papel de la civilización occidental, prisionera en esa cárcel terrena (sin posibilidad de ejercer el legítimo derecho de salvar su alma) y estrechamente vigilada por el carcelero de turno. De ahí la obsesión de su tío por mantenerla sujeta al lecho, que, en tal caso, se interpretaría como la firme voluntad de la teocracia del Barroco (la católica en la Monarquía Hispánica) por mantener sometida a la civilización a través del ejercicio de las pasiones y de su fin animaloide o reproductor (¿ganado?); ausente, por tanto, de ningún asomo de libertad que permita al individuo zafarse de ese funesto destino. Pero también la imagen de Isabela atada al lecho simboliza a la sabiduría sometida por esa misma teocracia que impide al hombre evolucionar como debiere, vigilando muy de cerca a la ciencia de su época (consecuencia de la gnosis), tanto en el ámbito espiritual como en el estrictamente material[755]. Y, de aquí también derivaría la intención de impedir la boda de su sobrina con Andrea Marulo: "- ¿Qué es esto? - dijo Castrucho- ¿Otra vez? ¡Aquí de Dios! ¡Cómo! ¿Y es posible que así se deshonren las canas de esta viejo?"(p. 623).

A continuación, analizaremos el discurso que la presunta entidad que tiene sometida a Isabela Castrucho ("creyendo ser el demonio quien la fatigaba" [p. 613]) pronuncia al auditorio:

> - Escusadas son por agora estas prevenciones. Yo saldré presto, pero no ha de ser cuando vosotros quisiéredes, sino cuando a mí me parezca, que será cuando viniere a esta ciudad Andrea Marulo, hijo de Juan Bautista Marulo, caballero desta ciudad. El cual Andrea agora está estudiando en Salamanca, bien descuidado destos sucesos (p. 613).

Lo primero que puede apreciarse del parlamento proferido por esa presunta entidad demoníaca es su manifiesta falsedad; es decir, salta a la vista el engaño o "falsa posesión" urdida por Isabela Castrucha por motivo de su intención de casarse con Andrea en vez de con su tío-primo en Padua. Ahora bien, tal evidencia no debe confundir el normal discurrir del discurso alegórico que nosotros venimos proponiendo, pues, la "posesión demoníaca" se da de igual modo; aunque no de la manera oscurantista o supersticiosa que tras una lectura literal podría considerarse, sino que es de naturaleza psicológica y alcance universal: basada en el sometimiento (generalmente inadvertido) de la voluntad del hombre de todo tiempo y lugar a una vida sin excesivos sobresaltos y especialmente dirigida desde los pertinentes instrumentos teocráticos. Y esta sería, en nuestra opinión, la interpretación que Cervantes nos ofrece del concepto de "posesión demoníaca" a través de este último episodio que culmina su libro más intelectual o luminoso.

En tal caso, la liberación de ese "demonio" que asegura que: "Yo saldré presto, pero no ha de ser cuando vosotros quisiéredes, sino cuando a mí me parezca", estará supeditada a la incidencia de un factor decisivo producto del sacrificio y del trabajo constante: "que será cuando viniere a esta ciudad Andrea Marulo, hijo de Juan Bautista Marulo"; es decir, ¿cuando la Humanidad tome conciencia de su responsabilidad ante el Conocimiento? De ahí que la "liberación" se identifique con los personajes de Andrea y Juan Bautista Marulo, y de ahí también la circunstancia de que el futuro "salvador" (Andrea) se halle aún estudiando en Salamanca (alegoría de la necesidad que tiene la civilización de formarse intelectualmente antes de alcanzar el Conocimiento).

Porque, de nuevo tendremos que hacer referencia a ese monasterio de El Escorial, "centro del mundo", del poder y del saber, creado por el rey Felipe II, y que también identificábamos con la imagen del "cortejo sapiencial" (los ocho jinetes) que acompañaba a la "dama de verde" a su paso por la boca de la cueva del "sabio" Soldino, como queriendo rendirle cortesía; pues, los

---

[755]   Recuérdese, una vez más, y sirva como ejemplo de una extensa nómina de ajusticiados y/o sentenciados, la condena a muerte en la hoguera del astrónomo, filósofo, matemático y poeta italiano Giordano Bruno en 1600.

nombres del padre y del hijo apellidados Marulo remiten, literal y anagramáticamente, a los dos arquitectos responsables de la gran obra escurialense: el primero y padre del proyecto, Juan Bautista de Toledo (JUAN BAUTISTA), y el segundo su continuador, Juan de Herrera (juAN De herRErA = ANDREA). En cualquier caso, El Escorial simbolizaría, a imagen del Templo de Salomón -salvando las distancias-, un compendio de la sabiduría de la época de nuestro autor; tanto en lo representado matemáticamente en los planos arquitectónicos del colosal edificio como en los libros depositados en su magnífica biblioteca, así como por sus innumerables obras de arte.

En cuanto al apellido del pretendiente-libertador, "Marulo", dice Romero, desde su habitual perspectiva literalista: "El apellido no es luqués, ni siquiera toscano" (n. 5, p. 613). Luego añade que podría relacionarse con el poeta Michele Marullo, cuyos méritos a la causa se deben, según parece, a la circunstancia de haber muerto el susodicho poeta cerca de Pisa; aunque en un anacrónico año 1500. Finalmente, nuestro crítico busca el amparo de un hipotético error del "copista o cajista", pues, según dice, el apellido podría derivarse de Margherita Mérula, esposa de Juan de Urbina, bien conocido de Cervantes.

Como vemos, el desconcierto que se produce cuando se intenta resolver el texto alegórico desde posiciones literalistas resulta evidente. Más preciso se muestra Nerlich, que relaciona al personaje con otro poeta, pero de origen croata, Marko Marulié (1450-1524), "en la corriente reformadora del cristianismo, precursora de Erasmo".[756]

En cualquier caso, considerando las opiniones de Romero y de Nerlich, nosotros daremos un paso más, el que media entre el discurso literal y el alegórico, hasta situarnos en un plano imaginario: aquel del que partiendo de la etimología del nombre nos lleve a la aplicación de otros sentidos posibles. Porque "Marulo", según la entrada que consta en el DRAE, es un nombre que proviene del portugués *marulho*: "Movimiento de las olas que levanta el viento en la borrasca, mareta." Y, esta definición, que en un primer momento parecería irrelevante, sin embargo, podría resultar portadora de un sentido completo y adecuadamente ajustable a nuestros propósitos exegéticos.

En primer lugar, el significado de la palabra *marulho* se relacionaría con el mito de Venus (según Hesíodo), en relación al maravilloso nacimiento de la diosa de la espuma del mar. Lo cual, vendría a reforzar nuestra hipótesis que identificaba a Isabela Castrucho con Venus, en cuanto a que símbolo del Conocimiento alcanzado a través de la inteligencia.

En segundo lugar, el origen portugués del término *marulho* sería una invitación al lector a situar lo simbolizado por el apellido, de igual modo, en relación al reino de Portugal. Y, comoquiera que, según venimos argumentando en este y anteriores capítulos, una de las cuestiones esenciales dentro del sentido historicista que nosotros asignamos al *Persiles* lo constituye las luchas internas de poder en el seno de la Monarquía Hispánica entre las diferentes facciones o familias nobiliarias, creemos que el apellido "Marulo" podría señalar a ese hipotético linaje aristocrático (recuérdese la relevancia de los episodios portugueses en el *Persiles*) que habría de llegar en socorro de una Humanidad sometida. Y esta misma idea de la llegada de un mesías libertador se deduce de la respuesta dada por el "presunto demonio" (por boca de la posesa Isabela Castrucha) a la pregunta de ¿cuándo habría de abandonar el cuerpo de Isabela?: "cuando viniere a esta ciudad Andrea Marulo". En tal caso, Andrea Marulo será el personaje que mejor habría de encarnar la llegada de un hipotético mesías, en su función de libertador de la Humanidad (Isabela Castrucho) a través de la luz del Conocimiento (simbolizado en El Escorial) que ha de alumbrar las tinieblas (la ignorancia) en las que está sumida una civilización fuertemente teocratizada (Alejandro Castrucho).

Pero no solo el apellido "Marulo" interesa a nuestro análisis en relación a su origen portugués, sino que, además, la definición que hemos transcrito se adaptaría también a lo simbolizado por la familia nobiliaria cuyo linaje imperial, traído del Nuevo Mundo desde esa Extremadura frontera con Portugal, podría significar el oportuno desafío libertador (con las oportunas alianzas entre determinadas familias nobles españolas como la de los Mendoza) contra los antiguos emperadores del Viejo Mundo. Nos referimos a la casa de los Pizarro, emparentada con el linaje de los emperadores incas.

¿Y, dónde -nos preguntamos- se encuentra en los Pizarros ese "Movimiento de las olas que levanta el viento en la borrasca", que define etimológicamente al apellido Marulo y que

---

[756]   Nerlich, 2005, p. 547.

validaría la simbiosis Marulo-Pizarro? Y la respuesta nos llevará hasta el conquistador del Perú, Francisco Pizarro, cabeza del linaje a partir de su matrimonio con la princesa inca Quispe Sisa (bautizada como Inés Huaylas), y al que todos los indígenas identificaban con el dios VIRACOCHA[757]. Pues bien, dado que la cronista Sarmiento de Gamboa otorga al nombre del dios inca el significado de "espuma de mar", y que tal espuma se forma, como es sabido, por el movimiento de las olas al ser azotadas estas por el viento; juzgamos que la asimilación del significado de "Viracocha" con lo denotado por el apellido "Marulo" resulta inevitable.

En tal caso, en relación a esa "espuma de mar" provocada por oleaje orbitarían tres términos de especial relevancia simbólica en el episodio que nos ocupa: el apellido Marulo, el mito de Venus y el dios inca Viracocha que se identifica con el linaje imperial de los Pizarro.

Y ya tendríamos situado el concepto dentro de los dos contextos en los que podría interpretarse a la pareja de personajes, Juan Bautista y Andrea (padre e hijo), que responden al apellido "Marulo": el histórico, en referencia a las luchas internas en la corte por el control del poder efectivo de los reinos de Monarquía Hispánica, que se relacionaría, según nuestra hipótesis, con la leyenda del "sebastianismo" y que señalaría a Portugal como principal instigador o cabeza de las tramas junto a los linajes de los Pizarro, Orellana, el propio Juan de Austria y los Mendoza (con la princesa de Éboli y el secretario de Estado de Felipe II Antonio Pérez como principales protagonistas); y el contexto gnóstico-espiritual, que señalaría directamente a la búsqueda del Conocimiento (Venus), materializado en el monasterio de El Escorial y a través del nombre de los dos arquitectos (padre e hijo en la ficción cervantina, en relación simétrica de parentesco al grado de implicación en la planificación-construcción de la gran obra escurialense) que se consideran como padres del proyecto arquitectónico más ambicioso de la Historia de España: Juan Bautista de Toledo y Juan de Herrera[758], Juan Bautista Marulo y Andrea Marulo, respectivamente.

Llegados a este punto, creemos que los dos planos con los que Cervantes articula su discurso a un nivel de estructura profunda (mítico-histórico y gnóstico-iniciático) funcionarían con un mismo propósito o suma de esfuerzos: posibilitar la entrada en España de un nuevo linaje real que, enarbolando la bandera del cristianismo primitivo que todavía perdura en época de Cervantes en Portugal, posibilite la correcta evolución de la Humanidad a través del camino del Conocimiento como única forma de avanzar hacia la salvación de la civilización.

En el relato del episodio, asistimos ahora a la necesidad que tiene Isabela Castrucha de conformar simbólicamente la estrella de cinco puntas a través de sus acompañantes,[759] como símbolo de la curación de la enfermedad que la tiene sometida tanto a ella como -según decíamos- a la civilización occidental en época de nuestro autor: "Lo que quiero es -respondió Isabela- que me quiten estas ligaduras, que, aunque son blandas, me fatigan, porque me impiden" (p. 614); y esta idea se expresa en la narración a través de la unión física que solicita la endemoniada del conjunto de sus cuatro "peregrinas":

---

[757] Viracocha, Wiracocha o Huiracocha, también llamado el dios de los báculos o de las varas, era una divinidad que asumía entre los incas el papel de "Dios creador". Pero también era un dios nómada (¿peregrino?), encargado de entregar a los hombres los rudimentos de la civilización. En cuanto a la etimología del nombre, según la cronista Sarmiento de Gamboa, Viracocha significa "grasa o espuma de mar". De esta misma opinión son Allan y Sally Landsburg: "Cuando los hombres de Pizarro empezaron a entender la lengua de los incas, sacaron la conclusión de que Viracocha significaba algo así como "espuma de mar", porque la palabra inca *cocha* quiere decir <<mar>>. Aunque el hecho de llamar espuma del mar a unos hombres recién desembarcados podía ser sólo una fantasía poética, ello no explicaba por qué los amistosos indígenas pronunciaban aquel nombre con tanta reverencia y tan a menudo [...]. Cuando llegó a la corte del gran emperador inca Atahualpa, descubrió que los hombres más instruidos de allí habían dicho que él, Pizarro, podía ser el dios supremo inca bajado a la tierra; un dios llamado Viracocha, que llevaba el título de <<Antiguo señor, instructor del mundo, creador>>". Landsburg,1975, pp. 79-80.

[758] En relación a la ideología y a los conocimientos que poseía el arquitecto de Felipe II, Taylor afirma: "No se sabe con certeza cuándo Juan de Herrera se hizo lulista, pero no hay duda de que llegó a ser uno de los principales adeptos del país a la doctrina de Llul. Poseía más de cien obras lulianas en su biblioteca particular."(pp. 16-17). En función de la naturaleza de las obras que atesoraba Herrera, Taylor llega a la siguiente conclusión: "Es inconcebible, pues, considerar a Herrera bajo otro aspecto que como adepto de lo que se llamaba <<hermetismo cristiano>>. En el fuerte ambiente mágico de la segunda mitad del siglo XVI representaba un aceptable término medio entre el cristianismo y la llamada *prisca theologia*." Taylor, 1997, p. 31.

[759] Antes, con la aparición de los ocho jinetes acompañando a la "dama de verde", se había conformado la estrella de ocho puntas, que simboliza el Conocimiento-Venus.

Hiciéronlo así con mucha diligencia y, sentándose Isabela en el lecho, asió de la una mano a Auristela y de la otra a Ruperta, y hizo que Constanza y Félix Flora se sentasen junto a ella en el mismo lecho; y, así, apiñadas en un hermoso montón, con voz baja y lágrimas en los ojos, dijo (p. 614).

La referencia, pues, al "hermoso montón", así como a la "mucha diligencia" con la que se ha procedido al "apiñamiento" de los cinco personajes, sugiere una idea de orden natural (a-piña-das); lo cual, justificaría la presencia imaginaria de esa estrella de cinco puntas como símbolo de la quíntuple unión que da acceso a ese conocimiento matemático y, según se desprende del relato, también a la verdad del personaje encarnado por Isabela Castrucha: "Yo, señoras, soy la infelice Isabela Castrucha, cuyos padres me dieron nobleza; la fortuna, hacienda y, los cielos, algún tanto de hermosura..." (pp. 614-617), que, por extensión, alcanzará también a la verdad sobre el mundo manifestada alegóricamente más adelante por la pareja de "recién desposados" como broche final del episodio:

- Con todo eso -dijo el tío de Isabela-, quiero saber de la boca de entrambos qué lugar le daremos a este casamiento: ¿el de la verdad o el de la burla?
- El de la verdad -respondió Isabela-; porque ni Andrea Marulo está loco ni yo endemoniada. Yo le quiero y escojo por mi esposo, si es que él me quiere y me escoge por su esposa.
- No loco ni endemoniado, sino con mi juicio entero, tal cual Dios ha sido servido de darme (p. 623).

El capítulo 21, que cierra este tercer libro, discurrirá por los cauces que hemos señalado y en función de las claves que hemos tratado de exponer; lo cual, no excluye la presencia de otras interpretaciones, siempre que obedezcan a una coherente justificación y no supongan meros destellos estéticos, gracejos aislados u ocurrencias desaforadas. Sirva la cita que transcribimos a continuación como ejemplo de la aplicación de nuestros mecanismos interpretativos, que son los que el propio narrador nos induce a utilizar:

Con estas fue ensartando otras razones equívocas, conviene a saber, de dos sentidos, que de una manera las entendían sus secretarias y de otra los demás circunstantes: ellas la interpretaban verdaderamente y, los demás, como desconcertados disparates" (p. 618).

Tratando, pues, de seguir las directrices marcadas por Cervantes, en boca de su narrador, en relación al modo en que se ha de proceder a interpretar el texto, llegamos al punto climático en que el matrimonio entre Andrea Marulo e Isabela Castrucha se considera ¿consumado?:

Oyendo lo cual su tío, se le cayeron las alas del corazón y la cabeza sobre el pecho, y dando un profundo suspiro, vuelto los ojos en blanco, dio muestras de haberle sobrevenido un mortal parasismo. Lleváronle sus criados al lecho, levantóse del suyo Isabela, llevóla Andrea a casa de su padre, como a su esposa, y, de allí a dos días, entraron por la puerta de una iglesia un niño, hermano de Andrea Marulo, a bautizar; Isabela y Andrea, a casarse, y a enterrar el cuerpo de su tío (p. 624).

Porque, consumado resulta ser un matrimonio cuando existe prueba pericial de la consumación ¿Y qué mejor prueba que el testimonio de los dos sacerdotes que asisten al parto-exhorcismo: "Dos sacerdotes, que se hallaban presentes, dijeron que era válido el matrimonio" (p. 624)?

Es decir, según nuestra interpretación historicista, la unión carnal entre los dos jóvenes, el príncipe don Carlos e Isabel de Valois, se consideraría *de facto* (aunque, obviamente, extraoficial) desde el mismo momento en que existiese una prueba evidente que lo demostrara: ¿el doble aborto ("onza de amor") de la esposa del rey, que constituiría un acto aberrante (demoníaco) como es la cohabitación del heredero con la esposa de su padre? Pero, comoquiera que en el relato de los hechos que se recogen en esta cita los sucesos no obedecen a un patrón temporal homogéneo, en esta misma idea que hemos suscitado deberíamos englobar todos los embarazos de la reina hasta llegar al último, que también se saldó con un aborto (de cinco meses) y que fue la ¿causa?[760] que acabó con su vida en 1568.

Que la falta de su esposa fue muy sentida por el Monarca es algo que todas las biografías de Felipe II recogen, como de igual modo se interpreta que ese año de 1568 fue su *annus horribilis*, y que a partir de este momento es cuando su fama de prudente, taciturno y grave contribuyó a acentuar la *leyenda negra* que se había difundido sobre su reinado.

Pero continuemos con la exégesis de esta cita, que, como ya hemos indicado, parece que viene a centrarse en la descripción alegórica de ese año horrible para el monarca. Porque la muerte es aquí la protagonista, que, sin embargo, no alcanzará a todos los personajes de la misma manera. Es el caso de Alejandro Castrucho, el tío de Isabela (personificación, como decimos, de Felipe II), cuya muerte más parece serlo solo "a medias" o una especie de "muerte en vida", y sobrevenida en el momento en que se confirma el matrimonio de su sobrina con Andrea Marulo: "se le cayeron las alas del corazón y la cabeza sobre el pecho, y dando un profundo suspiro, vueltos los ojos en blanco, dio muestras de haberle sobrevenido un mortal parasismo. Lleváronle sus criados al lecho". La imagen que se describe, pues, se asimila al estado anímico en que habría de quedar el propio Felipe II como consecuencia de los nefastos sucesos que se alegorizan con el matrimonio de Isabela y Andrea Marulo: ¿la imagen de un hombre sin alma, quizás consciente de su "propia" ignominia?

Siguiendo, pues, la linea interpretativa que el texto nos propone en relación a la descripción de las muertes que jalonan ese *annus horribilis* del Monarca, encontramos que la de Isabel de Valois, encarnada en el personaje de Isabela Castrucha, no se expresa del mismo modo que la de su su tío, pues, el sentido de la frase nos hace ahora percibir lo contrario; es decir, si a aquel "Lleváronle sus criados al lecho", a esta "levantóse del suyo Isabela", si el primero representa una "muerte en vida", la segunda una ¿vida más allá de la muerte? Y, en este contexto metafísico debe entenderse ese matrimonio entre Isabela y Andrea: como un amor imposible que solo encuentra su consumación en la "otra vida". Y así se expresa en: "llevóla Andrea a casa de su padre, como a su esposa", donde el hecho de dirigirse a casa de su padre con su esposa se interpretaría como la muerte del príncipe don Carlos (1568), el cual fue enterrado en el monasterio de El Escorial junto (enfrente) a la tumba de (¿su esposa en la otra vida, una vez muertos los dos amantes?)[761] Isabel de Valois en el Pabellón de Infantes de El Escorial[762].

Y, todavía podríamos precisar más las ideas que se desprenden de este enigmático y contradictorio párrafo que viene a sintetizar, de manera atropellada nos atreveríamos a decir, algunos de los momentos más relevantes que habrían de influir no ya en el reino, sino en la intimidad de la persona del monarca más poderoso de su tiempo. Porque, si en nuestra primera incursión interpretativa sobre la cita en cuestión aplicábamos una perspectiva, mayormente,

---

[760] Se acepta hoy en día la mala praxis médica en el tratamiento de la enfermedad que padecía la reina durante su embarazo; lo cual, hace despertar nuestras lógicas reservas en relación a la versión oficial. Y esta misma idea se suscita, ya entrado el libro IV, cuando el narrador dice en relación a la opinión de Periandro sobre los hechos que se citan: "Pero lo que a él le había descontentado era la junta del bautismo, casamiento y sepultura, y la ignorancia del médico, que no atinó con la traza de Isabela ni con el peligro de su tío"(p. 627).

[761] En cuanto al matrimonio entre Isabela Castrucho y Andrea Marulo, nos atenemos a lo expresado por el "escudero enlutado" en relación a los matrimonios: "que yo para mí tengo que no hay mujer que no desee enterrarse [ENTERRARSE] con la mitad que le falta, que es la del marido" (p. 606); o, a lo manifestado por el propio Andrea Marulo al declararse a su enamorada Isabela: "sí, que vos sois señora de mi voluntad, descanso de mi trabajo y vida de mi MUERTE"(p. 622), o incluso, a lo referido por el narrador al final del cap. veintiuno: "Con todo eso, se puso LUTO Isabela, porque esta que llaman MUERTE mezcla tálamos con las sepulturas y las galas con los lutos" (p. 624). Resumiendo, y en función de lo expresado en las citas que preceden, creemos que el matrimonio de estas dos figuras de ficción podría interpretarse en el plano de la realidad histórica como la unión idílica de los dos presuntos amantes, el príncipe don Carlos e Isabel de Valois, tras la trágica muerte de ambos acaecida el mismo año de 1568; pero también, ahora desde una perspectiva gnóstica-universal, como la utópica liberación de la Humanidad a través del Conocimiento, simbolizada en la construcción de la Octava Maravilla del Mundo, el monasterio de El Escorial, por el arquitecto Juan de Herrera (partiendo del proyecto ya avanzado de Juan Bautista de Toledo, que murió a los cuatro años de comenzar su construcción).

[762] Podría ser un dato a tener en cuenta, en relación a ese triángulo amoroso sobre el que tanto se ha especulado, el hecho de que Felipe II no enterrase a su esposa con él en el panteón de reyes, y, sin embargo, sí lo hiciese en el de infantes junto al príncipe don Carlos. Recordemos que Felipe II ya había hecho algo parecido con su hermanastro don Juan de Austria, al que solo reconoció como infante de España con su enterramiento en el pabellón de infantes del El Escorial destinado a tal efecto.

histórica -con matices-, centrada en ese *annus horribilis* de Felipe II; la que realizaremos a continuación podría considerarse como una especificación de la anterior, donde, a la perspectiva histórica se sumará la míto-hermética, pues creemos que nuestro autor, alternando estos dos tipos de contextos, pudo reflejar en estos últimos compases del tercero de sus libros una especie de resumen de algunos de los hitos vivenciales del segundo de los Austrias.

Hemos articulado las ideas que se suceden en el texto con un criterio de temporalidad, al objeto de tratar de ordenar un mensaje que se presenta atropellado y caótico, producto, en nuestra opinión, de la idea de explosión final que nuestro autor querría dar al término de su libro más luminoso:

- 1568. "Lleváronle sus criados al lecho". Debido al "parasismo" que le sobrevino al Monarca como consecuencia de la muerte de su esposa Isabel de Valois, de su hijo el príncipe don Carlos y del presunto trato carnal entre ambos; lo cual le afectó de por vida.

- 1573. "levantóse del suyo Isabela". Interpretamos aquí el traslado de los restos mortales de Isabel de Valois, cinco años después de haber sido enterrada en el convento de las Descalzas Reales, al monasterio de El Escorial.

- 1576. "llevóla Andrea a casa de su padre, como a su esposa". Aquí aplicaremos la perspectiva mito-hermética, en el sentido de que el casamiento entre Andrea Marulo e Isabela Castrucha debe interpretarse -según se vio- como la unión de la ciencia (el Conocimiento) al servicio de la civilización: el monasterio de El Escorial. Ahora bien, no debemos obviar el matiz de que Andrea la lleva "como a su esposa"; lo cual, revela cierta intención de advertir que todavía no es su esposa efectiva, aunque esté en proceso de legitimarse la unión. En este contexto, diremos que Juan de Herrera (personificado en Andrea Marulo), fue designado por Felipe II en 1576 como aposentador real, trazador principal, matemático e ingeniero de las obras de la Corona, incluidas las del monasterio escurialense. A partir de este momento ya pudo modificar el proyecto original de Juan Bautista de Toledo, centrado en la simplificación y geometrización del edificio. En tal caso, desde esta visión mítica y en sus adquiridas funciones de "aposentador real", se entiende que Andrea "aposente" a la reina en la casa de su padre (Juan Bautista de Toledo), o sea, en El Escorial. Por otro lado, la noticia de que la lleve en calidad de esposa podría hacer referencia a su nombramiento como "arquitecto trazador", en relación a su autorización para poder modificar los planos originales del "padre" del proyecto: ¿la unión idílica del arquitecto con su obra, vista esta como la culminación del saber de su época ("la dama de verde"/Isabel Castrucha)? Creemos, pues, que Felipe II, muy centrado en el carácter "misiánico" de su reinado, donde levantar ese "tercer templo de Jerusalén"[763] no sería una cuestión para tomar a la ligera, la llegada del docto Juan de Herrera para culminar el proyecto del gran Juan Bautista de Toledo sería par él todo un acontecimiento de primer orden.[764]

- 1578. "y, de allí a dos días, entraron por la puerta de una iglesia un niño, hermano de Andrea Marulo, a bautizar". Dado que han pasado dos días (dos años, según venimos aplicando en este tercer libro), la fecha se ajustaría a la datación que nosotros proponemos (1578); que, en relación al papel histórico que también representaría Andrea Marulo (además del simbólico como uno de los padres de El Escorial, Juan de Herrera) como el príncipe don Carlos, coincide con otro de los hitos más importantes de la vida de Felipe II: el año del nacimiento y bautismo

---

[763] Nos referimos a la posibilidad de que Felipe II edificase el monasterio de El Escorial, quizás, ¿con la intención de levantar el tercer templo de los hebreos? No en vano, las seis estatuas de cinco metros que coronan la fachada del templo representan a seis monarcas hebreos del Antiguo Testamento (*Josaphat, Ezequías, David, Salomón, Josías* y *Manasés*), cuyo orden no obedece a un criterio temporal, sino que se debe a la decisión de Arias Montano, que también realizó las inscripciones que debían ostentar en el pie y que por circunstancias no aclaradas desaparecieron (las actuales no sabe a quien atribuírselas). Pues bien, en relación a la inclusión de estos monarcas en el conjunto escultórico escurialense, existe la opinión de que: "Estos reyes representan y simbolizan su esfuerzo por la restauración del Templo de Jerusalén". Aroni, 1994. p. 62.

[764] Al parecer, la relación personal entre el monarca y Herrera pudo ser más estrecha de la que se viene postulando: "Con los años fue desarrollándose un vínculo afectivo entre Herrera y el rey. El arquitecto llegó a serle *intime carus*, según nos dice el jesuita Juan Bautista Villalpando, que había sido discípulo suyo. El rey lo retenía junto a sí y utilizaba constantemente sus servicios. Esto indica que su talento debía ser superior al de un mero delineante." (p. 18). Continua el estudioso más adelante: " Si, como una parte importante de su biblioteca parece indicar, Herrera se interesó profundamente por este género de estudios y prestaba al rey ciertos servicios relacionados con ellos, es de suponer que estarían orientados principalmente hacia la astrología y la medicina, al igual que casi todos los demás soberanos europeos de su tiempo."Taylor, 1997, p. 21.

del que se consideraría el hermano de Andrea Marulo en la ficción, el heredero al trono español, Felipe III (14-04-1578).

- 1584. "Isabela y Andrea a casarse". En relación a lo manifestado en la fecha de 1576, el casamiento o unión ahora sí se interpretaría como completamente legítimo, pues se refrenda con la ceremonia a la que el sentido de la frase da lugar. Por este motivo, y dentro de esa perspectiva mito-hermética, ¿acaso la finalización de las obras del monasterio de El Escorial en 1584 no vendría a significar esa unión final del arquitecto (Andrea Marulo) con su obra (Isabela Castrucha, "la dama de verde"?

- 1598. "y a enterrar el cuerpo dc su tío". Obviamente, nuestro autor no podría olvidarse de referir la muerte de Felipe II (Alejandro Castrucho) al final de este tercer libro que aquí termina (como ya lo hizo, de manera más evidente, con Carlos V al final del libro segundo). Pero Cervantes no está interesado en enterrar del todo al personaje que lo encarna; es decir, que el espíritu que anima a su estirpe no ha muerto, y que será, precisamente este, viviendo en su obra dentro del personaje de Arnaldo, el que dé vida a este nuevo vástago surgido de ese antiguo linaje: Felipe III.

4. LIBRO CUARTO

4.1. Espacio y tiempo: un intento de periodización del *Persiles*

Y, tras los trágicos sucesos que comenzaban -según nuestra interpretación- con la descripción de ese *annus horribilis* en la vida de Felipe II, literariamente representado a través del inquietante episodio de la fingida posesión demoníaca de Isabela Castrucha, y que culminaban con el entierro "del cuerpo" del rey y el bautizo de ese "vástago" de los Austrias que parece "tomar las aguas" - según se desprende de la síntesis que se hace en el texto- en el mismo lugar en donde a su "antecesor" le administran los "óleos"; da comienzo el cuarto y último de los libros que componen esta *Historia septentrional*.

El protagonismo, pues, que debería adquirir en este último libro la figura de Felipe III, se deduce a partir de los libros anteriores; donde, cada libro, exceptuando el primero, que podría considerarse de carácter introductorio, se agrupaba, aunque sin excluir referencias a épocas sucesivas, en torno al monarca cuyo reinado serviría de telón de fondo al desarrollo argumental. Así, pues, si en el libro segundo -se nos permitirá el uso de esta licencia poética en relación a lo que más y mejor define a la acción de los personajes- "navegaba" el espíritu de Carlos V, y en el tercero "caminaba" el de Felipe II; en el cuarto, probablemente, comprobaremos cómo "reposará" el de el "Piadoso" Felipe III.

Ese "reposo", pues, que diferencia a este libro de los que le preceden, tiene su reflejo en la obra en la intención de nuestro autor por remansar la acción en torno a la ciudad de Roma a partir del capítulo 3: último escenario de esta "tragicomedia universal" que también es el *Persiles*, cuyo simbolismo constituirá la "piedra de toque" en donde se legitimarán y asumirán su verdadero valor las diferentes historias y sentidos que convergen en la narración.

La sensación que se percibe en estos primeros capítulos que dan entrada al libro IV, de que algo se precipita de forma inexorable arrastrado por una lógica terrena de la que los personajes (personificación de la civilización) no se pueden zafar, escapa por entre las líneas de un discurso de marcada intención profética. No en vano, la muerte de Felipe II supuso un antes y un después en el pensamiento de toda una nación (y parte de Europa) que en aquel momento transitaba hacia un nuevo período histórico: el Barroco.

Y esta nueva visión de un mundo diferente informa también a este cuarto y último libro, que, desde estos comienzos tan siniestros y en paralelo con la decadencia española, se precipita hacia un futuro incierto que en el *Persiles* culmina en Roma, aunque solo desde una perspectiva literal; pues, en ningún momento de la novela-epopeya se dice que ese haya de ser el final de este viaje.

Trataremos, a lo largo de estos capítulos en que hemos estructurado el análisis del libro IV, de argumentar esta "profética" afirmación; la cual, no es producto exclusivo del final que parece precipitarse en estos últimos capítulos, sino que, nos atreveríamos a decir, esa idea formaba parte ya del *Persiles* desde el mismo alumbramiento "cavernícola" de Periandro de la mano de Cloelia y Corsicurvo.

Y hacia Roma, precisamente, se dirige nuestro "escuadrón" de peregrinos, como una especie de ejército en miniatura acaudillado por ese doble símbolo (el caballero y su dama, Periandro y Auristela) que representa la idealización del hombre en el camino del Conocimiento (el gnóstico), decidido a enfrentarse a la bestia con las únicas armas que anidan en su inquebrantable voluntad:

> - Sola una voluntad, ¡Oh Persiles!, he tenido en toda mi vida, y esa habrá dos años que te la entregué, no forzada, sino de mi libre albedrío" (p. 628).

En cualquier caso, esos dos años "de amor callado" que dice Auristela que ha entregado a Periandro vendrían a significar, dentro del marco del simbolismo al que nos hemos referido, la duración aproximada de una peregrinación del tipo que aquí se presenta: el extraño circuito que, saliendo de tierras escandinavas y siguiendo el camino del norte o Camino de Santiago, llega hasta el Finisterre gallego; donde, como solía hacerse desde la Edad Media, se embarcaría de regreso a casa (a Francia Eusebia y Renato, y Arnaldo a su reino) o, como ocurre en nuestra obra, se desplazan en barco (el grupo de Periandro y Auristela) hasta las "puertas" de Lisboa para, una vez allí, continuar la peregrinación atravesando la península ibérica en dirección a Roma a través de Francia y el Milanesado, y de allí, finalmente, utilizando la antigua vía Francígena[765], regresar al punto de partida situado en el algún lugar del mar del Norte, Tule, Frislanda o cualquier otro topónimo afín.[766]

Ahora bien, no debemos olvidar la idea que subyace de continuar la peregrinación en dirección a Jerusalén a través del relevo que se sugiere de la nueva pareja de enamorados, Constanza y el cuñado de Sigismunda (el conde): depositarios, ambos, de la esperanza simbolizada en la cruz con diamantes (símbolo de la peregrinación a Tierra Santa) que Segismunda les entrega previa bendición de Periandro ("acarició a Constanza"[p. 713]).

Porque estas peregrinaciones de innumerables jornadas y "altísimos vuelos" no deberían ser algo desconocido para alguien que sabría, por ejemplo, de la importancia del Éxodo en la cultura hebraica, y no solo en su dimensión histórica, es decir, como movimiento migratorio del pueblo judío forzado, por circunstancias políticas, a huir de Egipto; sino también desde una perspectiva trascendente: en cuanto al valor de la peregrinación como instrumento de regeneración espiritual (gnóstico) -nos atreveríamos a postular- directamente proporcional a la altura del sacrificio practicado.[767]

Pero dejaremos en este punto los aspectos espaciales inherentes a la "extraña" peregrinación persilesista para volver a tratar los temporales, en concreto, a esos dos años que se nos dice en el relato:"- Sola una voluntad, ¡Oh Persiles!, he tenido en toda mi vida, y esa habrá dos años que te la entregué, no forzada, sino de mi libre albedrío" (p. 628), y que Romero interpreta como el tiempo que se ha de considerar en la duración de la novela-epopeya desde una perspectiva exclusivamente literal:

> Con algún mes añadido, ésta es efectivamente la duración de los Trabajos de Persiles y Sigismunda: un año -más o menos- como <<poema activo>>, como acción en el presente, y otro -más o menos- recuperado, a base de relatos de los dos protagonistas (n. 4, p. 628).

---

[765] También denominada como *itinerario de Sigerico*, es la ruta que desde la Edad Media utilizaban los anglosajones para, atravesando Europa, llegar a Roma. La primera descripción completa de este camino se debe al arzobispo de Canterbury Sigerico el Serio, quien lo utilizó en el año 990. La primera guía moderna se publicó en 1990 y cubre un total de 2040 km.

[766] Estimamos que la distancia recorrida por nuestros peregrinos, siguiendo el itinerario que hemos presentado, podría rondar en torno a los 7.000 kilómetros.

[767] Prueba de ello es la celebración de una de las fiestas más importante del calendario judeo-cristiano: la Pascua (llamada de Resurrección entre los cristianos y *Pésaj* entre los hebreos). Hasta el año 325 (Primer Concilio de Nicea, la Pascua se celebraba el mismo día en ambas creencias. Vestigios de la gesta de Moisés podrían considerarse, en cuanto a la incitación que se hace a imitar un camino de peregrinación, además de otros aspectos más específicos, la celebración cristiana de las procesiones durante el tiempo pascual. No debemos separar, sin embargo, de la fiesta central de la liturgia cristiano-judaica, la peregrinación que se lleva a cabo en la tercera de las religiones emanadas del Libro: el islam; donde los musulmanes tienen la obligación, al menos una vez en sus vidas, de peregrinar a la Meca, donde, una vez allí, deberán dar SIETE vueltas alrededor de un edificio en forma de CUBO y de color NEGRO (la Kaaba) antes de besarlo.

389

Antes que nada, debemos confesar nuestra perplejidad ante la seguridad que manifiesta el crítico a la hora de ajustar, en su literalidad, el cómputo general del tiempo en el *Persiles*. Obviamente, esta periodización obedece a la intención del estudioso de acotar, con una perspectiva propia de un discurso realista, un texto de naturaleza simbólica y referencia mitológica; es decir, y salvando las distancias, es como si pretendiésemos realizar una periodización exhaustiva de la *Odisea* de Homero: ambas obras griegas, ambas singladuras marítimas y ambas con propósito universal.

La afirmación de Romero constituye, en principio, un claro indicativo del estado de incomprensión en el que todavía se haya el *Persiles* a los cuatrocientos años de su publicación. Porque, sin ánimo de desmerecer el importante trabajo del crítico, nosotros vemos en su categórica opinión, más que el producto de un análisis pausado y exhaustivo del texto, una imperiosa necesidad de inmediatez; es decir, de someter una obra que no tiene más límites que los impuestos por la imaginación a los rigores de una razón reducida a los estrechos márgenes de una "aparente" temporalidad. Porque el tiempo en el *Persiles*, como en la *Odisea*, o como en la *Divina Comedia* de Dante, no es una magnitud absoluta; aunque para Romero, como para buena parte de la crítica realista, sí lo sea. No sorprende, en tal caso, la necesidad de tener que ajustar la acción de la novela-epopeya a un determinado patrón temporal como mejor medio de validar las hipótesis realistas ¿Y qué mejor para ello que utilizar las declaraciones más evidentes y literales de los propios protagonistas para elaborar, en torno a ello, una teoría convincente?

Porque, eso es lo que nos presenta Romero. Ahora bien, lo que el estudioso no alcanza a percibir, dado su exclusivo interés literalista, es que ese dato literal (los dos años) que él emplea como fundamento de su hipótesis realista, es extraído de un contexto simbólico muy específico: el del "amor platónico". No en vano, en la cita que hemos transcrito y que el crítico utiliza como basamento de su teoría, no encontramos ninguna alusión explícita a que la acción empiece en un punto y termine, luego de haber pasado dos años, en otro (menos aún que esa periodicidad de dos años deba, como dice Romero, escindirse en dos); sin embargo, sí se hace una mención expresa a un término que, no solo el crítico no parece tener en cuenta en su apreciación temporal, sino que condiciona el sentido que haya de darse a esos dos años: la voluntad ("Sola una voluntad").

Es decir, nosotros entendemos que el tiempo al que se refiere el texto no es el de la duración de la acción del *Persiles,* sino el del "sentimiento amoroso" (la voluntad) que mantiene unidos a Auristela y Periandro. Lo cual no es lo mismo, pues, en nuestra opinión, esos dos años harían referencia al tiempo real que habría de emplear un peregrino en completar la peregrinación ritual que informa el *Persiles;* que, además, es un tiempo que no tiene que corresponderse con una época histórica concreta, porque es de naturaleza psicológica, es decir, que solo hace referencia a la duración de ese proceso dentro de la mente del peregrino durante su experiencia. Y un refrendo de lo que decimos lo hallamos entre las mismas páginas del *Persiles*, pues, observamos que esos dos años parecen ser una constante en la duración del proceso iniciático relatado alegóricamente por otros personajes. Nos referimos a la historia de amor de Manuel de Sosa: "En fin, viendo yo pasado el término de los dos años, volví a suplicar a su padre me la diese por esposa" (p. 202); o a la del propio Arnaldo, según la opinión de Clodio: "Hasla tenido en tu poder más de dos años, en los cuales has hecho, según se ha de creer, las diligencias posibles por enternecer su dureza, amansar su rigor y rendir su voluntad a la tuya por los medios honestísimos y eficaces del matrimonio"(p. 290). En ambos casos, el fin matrimonial que se persigue en ese -llamémosle- "período de conquista" de dos años sería un claro indicio de los fines iniciáticos que se pretenden conseguir.

Porque, ahora sí, al margen de esta manifiesta duración de la peregrinación de dos años aproximadamente, las referencias temporales que se explicitan como historias contadas por los diferentes personajes que se van sucediendo en la narración, sí remiten a una época determinada en el tiempo; sobrepasando ampliamente el período temporal que abarca la experiencia real-psicológica.

Afanados, pues, en ese intento de datar una obra que se escapa, precisamente, de esos mismos convencionalismos a los que la crítica realista se resiste a renunciar, nunca se llegará a percibir la verdadera esencia de la temporalidad que aquí se nos transmite: la visión especular o juego de contrarios, cuya estética está presente en la concepción del mundo que se tenía en el Barroco. Porque son dos las dimensiones temporales que en el *Persiles* se hayan de contemplar (aunque en realidad solo exista una sola temporalidad universal): el "tiempo del mito" (dimensión macrocósmica) y el "tiempo del hombre"(dimensión microcósmica).

Y ese tiempo, que nosotros denominamos "del hombre", es el que podría asimilarse al de la perspectiva temporal de presente: la única dimensión temporal de la obra que podría identificarse como enteramente realista, aunque, bien es cierto, que percibido desde una perspectiva psicológica. Nos referimos, precisamente, a esos dos años declarados por Auristela como el tiempo que dura aproximadamente la experiencia de la peregrinación que se relata en el *Persiles*.

Por supuesto, esta percepción realista de la temporalidad, dado el carácter psicológico de la misma, no se corresponde con ninguna fecha ni de comienzo ni de final. Su naturaleza atemporal se proyecta como un torrente de pensamientos que se materializan en el mundo de lo sensible a través de la sucesión de episodios encadenados que conforman la *Historia septentrional*.

En cuanto a la segunda de las perspectivas temporales que hemos señalado, "el tiempo del mito", diremos, de manera preliminar, que se nos presenta de forma inversa al "tiempo del hombre". Porque el "tiempo del mito" se corresponde con lo que ya no es real; es decir, con el tiempo pasado. En este sentido, se comprenderá que la temporalidad no pueda definirse ni cuantificarse del mismo modo que si se tratara de una perspectiva de presente (el tiempo, propiamente dicho, de la percepción de la realidad), por lo que la expresión de la misma se atendrá a otros parámetros en consonancia con la naturaleza subjetiva del concepto: el símbolo.

En tal caso, el lenguaje simbólico y las asociaciones de sentido de los términos que se consideren constituirán el modo de cuantificar un tiempo que solo existe en la memoria de quien recuerda esos hechos memorables.

Y a esta original forma de expresar la temporalidad se debe la circunstancia de que algunas acciones narradas en los dos libros primeros encuentren su correlato en los libros segundos[768], inmersas en episodios distintos que remiten a un momento histórico diferente. La función de estas simetrías, entre otras finalidades señaladas por la crítica, sería la de transmitir al lector la idea de que lo que realmente importa en el texto son las acciones, que son las que perduran y se repiten en el tiempo adquiriendo de ese modo un estatus de universalidad; pero no así los personajes, que son prescindibles y por tanto sustituidos por otros para escenificar esa misma acción en otro tiempo.[769]

Con respecto a la posibilidad de practicar sobre el texto una suerte de datación aplicando este segundo aspecto de la temporalidad ("el tiempo mítico") a la acción que informa toda la novela-epopeya, diremos que esta no solo es posible, sino que, además, es intencionadamente requerida por el propio autor; como así lo demuestra la introducción, en determinados momentos del relato y con arreglo a una estudiada dialéctica que permite su localización, de diferentes conceptos simbólicos sobre los que se debe proceder a su descodificación. Porque, la acción que se desarrolla en el *Persiles* rebasa no solo el período histórico circunscrito a la vida de nuestro autor, ampliado o reducido en sus márgenes temporales según la opinión del crítico de que se trate; sino que, nos atreveríamos a decir, también los márgenes oficiales en los que la moderna historiografía sitúa los comienzos de la civilización: ese remoto mundo helado que tradiciones de todas las culturas parecen confirmar a través de su folklore.

En tal caso, mediante la aplicación de este concepto temporal ("el tiempo del mito"), pretendemos demostrar que es precisamente la historia de la civilización occidental lo que se nos presenta bajo el nuevo-viejo "disfraz" de la novela neo-griega o bizantina; émula, a través del modelo de Heliodoro, de las elevadas intenciones que convirtieron a la *Odisea* y la *Ilíada* de Homero en el Libro por antonomasia de la Antigüedad griega.

---

[768] Uno de los ejemplos más evidentes lo constituye el episodio del "portugués enamorado", cuya historia, narrada en el libro I con una "temporalidad mítica", reaparece en el libro III recreado desde una perspectiva temporal de presente ("tiempo del hombre").

[769] Véase, en este sentido, los capítulos 2.6.4. y 3.7., en los que argumentábamos cómo la narración de la historia del rey Leopoldio y de los que nosotros identificábamos como sus hijos, los hermanos Sinebaldo y Renato, contada en "perspectiva temporal mitológica", constituía el símbolo de una acción atemporal que podría proyectarse tanto en el pasado: el reino visigodo de Toledo (el triángulo lo formaría aquí: el rey Leovigildo y sus hijos Hermenegildo y Recaredo); como en el futuro: la España de los Austrias (los personajes que representarían ahora esa misma acción serían: el emperador Carlos V y sus hijos don Juan de Austria y Felipe II).

Hechas estas observaciones, encontramos que ese "tiempo mitológico" por el que discurre las páginas del *Persiles* abarca un período muy amplio, cuyas lindes son advertidas, según decíamos más arriba, de forma simbólica invitando al lector a su necesaria descodificación.

Así pues, hallamos dos tipos de cómputo temporal dentro de ese "tiempo del mito": uno lineal, que se superpone a todo el *Persiles*; y otro retrógrado, circunscrito a las historias contadas por los personajes que se van sumando de manera ocasional al "escuadrón de peregrinos. Comoquiera que de entre todos estos relatos retrospectivos el de Periandro es el que tiene una mayor transcendencia argumental, tanto por su amplitud como por la importancia en la comprensión general de la obra, solo consideraremos la historia por él narrada; pues aquí hallaremos unas referencias estelares que nos servirán para situar los márgenes temporales entre los que haya de discurrir la *Historia septentrional*.

El cómputo lineal de ese "tiempo mítico" presentaría la siguiente articulación:

- Libro I. Comprendería las siguientes eras: Virgo-Géminis, Leo-Acuario, Cáncer-Capricornio, Géminis-Sagitario, Tauro-Escorpión, Aries-Libra. Del 13.000 a. C. al 200 a. C. aproximadamente.[770] Los símbolos que aluden a las eras que se van sucediendo son: la mención que se hace de la tierra de Noruega, en relación al episodio de Rutilio,[771] que se correspondería con el período de tiempo en que en la tierra regía la estrella Vega como estrella polar (NOR-VEGA) en el año 13.000 a. C., coincidiría con la era de Virgo; el oro (dado que el león era un símbolo solar, la relación que se establece entre el oro al que se refiere el oficio del personaje noruego y la constelación de Leo parece evidente) y la referencia cabalística (Italia > I ATLA I > ATLÁntida)[772] al continente de la Atlántida, dentro del mismo episodio de Rutilio, nos sitúa en la era de Leo en el año 11.000 A. C.[773]; el Diluvio Universal, también dentro del relato de Rutilio,[774] cuyo acontecimiento se viene situando en torno a la era de Cáncer (según la cita del Génesis: "el día diecisiete del séptimo mes quedó anclada el arca sobre los montes de Ararat", el cataclismo habría tenido lugar en el año 7150 a. C. aprox.); el arco y la flecha y la alegoría de los comienzos post-diluviales de la civilización[775](Sagitario); Taurisa: personificación del espíritu de la civilización en la era de Tauro, pero también a través de la isla de Scinta (Escorpión-Tauro > eS-Cor-pI-oN-TAuro > SCINTA); la isla del rey Policarpo (*el rey de la isla de las muchas (POLI) cabras (CARP>CAPR>CAPREA)*: imagen de la civilización en el período de tiempo que se corresponde con la era de Aries (simbolizado por un carnero o cabra).

- Libro II. Abarcaría los comienzos de la era de Piscis hasta la muerte de Carlos V. Del 200 a. C. al año 1558. El símbolo más representativo del inicio de este período lo encontramos al comienzo del libro segundo: la ballena como imagen de la nave vuelta del revés[776], que remite al mito bíblico de Jonás y la ballena. En cuanto el final de este período, es literalmente manifestado al término del libro II con la muerte del Emperador en 1558.

- Libro III. Se centraría en el reinado de Felipe II, tras la muerte de su padre, hasta su propia muerte en 1598. El período temporal, pues, se establece entre las muertes de ambos monarcas; señalada literalmente la primera de ellas y, de forma alegórica la segunda en el personaje encarnado por Alejandro Castrucho, al final del libro III.

- Libro IV. La influencia del reinado de Felipe II fue tan grande que su estela se proyectará también sobre este libro, dejando entrever la presencia de su sucesor, Felipe III; el cual,

---

[770]   La periodización del tiempo se ha realizado en función de la tradicional partición del año platónico o ciclo equinoccial en doce divisiones o eras, cada una de las cuales con una duración de 2.160 años aprox.

[771]   Véase el capítulo1.7.

[772]   Según decíamos en el capítulo 1.7.: "creemos que la imagen que comporta el nuevo topónimo ATLA, flanqueado por las dos íes: I-ATLA-I (ITALIA), nos arroja una imagen muy sugerente: la que define Platón en relación a la situación del continente de la Atlántida pasadas las columnas de Hércules".

[773]   "Platón, por boca de Critias, asigna al mito nueve mil años de antigüedad, lo sitúa en una isla atlántica frente al estrecho de Gibraltar y atribuye a Poseidón el olímpico origen de sus habitantes. Sánchez Dragó, 1985, vol. 1, p. 45.

[774]   " En fin, a cabo de dos meses, corrimos una borrasca que nos duró cerca de cuarenta días, al cabo de los cuales dimos en esta isla de donde hoy salimos" (p. 192).

[775]   "Saltaron luego en los maderos y pusieron en medio dellos, sentado, al prisionero y luego uno de los bárbaros asió de un grandísimo arco que en la balsa estaba y, poniendo en él una desmesurada flecha, cuya punta era de pedernal, con mucha presteza le flechó y, encarando al mancebo, le señaló por su blanco, dando señales y muestras de que ya le quería pasar el pecho" (p. 130).

[776]   Véase el capítulo 2.1.: "Vieron los de la ciudad el bulto de la nave y creyeron ser el de alguna ballena o de otro gran pescado que, con la borrasca pasada, había dado al través" (p. 283).

alcanzará mayor protagonismo en el tercer círculo de nuestra estructura (cap. 12-14, libro IV). Se caracterizaría por la ausencia de referencias históricas, en contraste con la abundancia que se aprecia en el libro III, lo cual podría remitir a ese período histórico de "aparente calma" de la monarquía española conocido como la *Pax hispánica* (1598-1621).

En cuanto al "tiempo retrógrado" o tiempo de la historia contada por Periandro, diremos que se halla delimitado mediante dos "balizas" temporales: dos estrellas que materializan en el firmamento la orientación norte sobre la tierra entre dos periodos muy lejanos en el tiempo y con la función, estimamos, de servir de referencia al comienzo y al final de la historia alegorizada (la de la civilización) por Periandro. Es decir, lo que Cervantes ha dado en llamar, y así lo expresa en el lugar más visible de su obra (el título), la *Historia septentrional*.

Consecuentes con nuestros argumentos, encontramos en la diégesis dos referencias a sendas estrellas que cumplen este propósito mito-histórico:

- La estrella Vega: "Volvió el piloto a tomar altura y vio que estaba debajo del Norte, en el paraje de Noruega" (cap. 16, libro II, p. 388). La datación de este suceso cosmológico al que alude la cita alegóricamente, se refiere al posicionamiento de la estrella Vega en el firmamento como guía de la orientación norte, que se sitúa en torno al año 13.000-12.000 a. C.

- La Estrella Polar (*Polaris*): "estamos en el paraje de la famosa Lisboa" (cap. I, libro III, p. 431). La referencia septentrional que se materializa con esta estrella comienza, de manera aproximada[777], en el año 1.000 de nuestra era, y su influencia simbólica se proyecta a lo largo de los episodios narrados en los libros III y IV.

Como puede apreciarse, el establecimiento de una datación en el *Persiles* es un proceso mucho más complejo del que podría suponerse de una simple referencia literal ("habrá dos años que te la entregué"). En cualquier caso, la hipótesis que aquí hemos presentado no invalida otras que, desde planteamientos diferentes, puedan establecerse para la datación del *Persiles*; siempre y cuando se ajusten con coherencia y puedan abarcar la totalidad de los aspectos que interaccionan en la obra.

4.2. El encuentro con el gallardo peregrino a las puertas de Roma

Comienza el capítulo 1 del libro IV con un debate acerca de la verdad o la falsedad del casamiento de Isabela Castrucha, lo cual podría interpretarse, además de su consideración de enlace argumental con el libro III, como la intención de nuestro autor de volver a incidir en un episodio sobre el que lector, por motivo de su elevada complejidad, haya podido tener más dudas a la hora de sacar las debidas conclusiones; y ello con la finalidad de orientarlo acerca de la veracidad que tal mensaje pueda tener desde una dimensión alegórica, en relación a la propia opinión de Periandro al referirse a la legalidad del matrimonio de la "endemoniada": "a lo que Periandro muchas veces dijo que sí" (p. 627).

Después de realizar un escueto resumen del último episodio, el narrador nos presenta uno de los elementos diegéticos vertebradores de la trama a lo largo de todo este libro IV: el proceso de anagnórisis de los protagonistas Periandro y Auristela; el cual evolucionará mediante un procedimiento dialéctico que alternará las frecuentes alusiones de diferentes personajes interesados en desvelar la verdadera identidad de la aparente pareja de hermanos ("Andaban Croriano y Ruperta, su esposa, atentísimos, inquiriendo quién fuesen Periandro y Auristela, Antonio y Constanza" [p. 627]), con las intervenciones directas de sus protagonistas aportando datos sobre el esclarecimiento de la trama ("De mí te sé decir, ¡oh hermosa Sigismunda!, que este Periandro que aquí ves es el Persiles que en la casa del rey, mi padre, viste" [p. 628]).

Estas intromisiones del narrador, que se afana en avivar las intenciones de los personajes en relación al deseo que tienen de conocer la verdad sobre Periandro y Auristela, son características de este cuarto libro; y muestran la voluntad de nuestro autor por ir redirigiendo paulatinamente el interés del lector hacia ese clímax narrativo que coincidirá con la esperada revelación final.

---

[777] Si decimos de manera aproximada nos referimos a que la orientación norte en relación a la Estrella Polar comenzó a emplearse en la navegación antes de que esta ocupara en el firmamento su posición más septentrional (siglos IV y V), que solo llegó alcanzar a partir del año 1.000 de nuestra era, y que seguirá ejerciéndolo hasta bien entrada la era de Acuario.

No deberíamos subestimar, al hilo del tema que estamos tratando, la información que, tras la plática de la pareja de "fraternos enamorados", nos proporciona el narrador acerca del conocimiento que habría de tener un ¡resucitado Clodio! de la verdadera identidad de nuestros protagonistas:

> Auristela jamás dio ocasión a Periandro a que en secreto la hablase y, con este artificio y seguridad notable, solamente en el desalmado y ya muerto Clodio pasó la malicia tan adelante que llegó a sospechar la verdad (p. 630).

En tal caso, a través de esta inusitada reentrada del difunto"maldiciente", se podría constatar lo que ya veníamos avisando en capítulos precedentes: que el aparente papel representado por Clodio en el *Persiles* no casa con el de un vulgar charlatán; pues, a diferencia de los demás personajes, parece que solo él andaba muy próximo de conocer la verdad sobre Periandro y Auristela. Es decir, ¿a qué viene ahora esa reintroducción que hace Cervantes del odiado consejero una vez enfilada la recta final de su *Persiles*? ¿Podría pensarse, ya avistado el final diegético, que nuestro humanista y neoplatónico autor se viese obligado a ir desvelando las claves destinadas al lector como parte de ese proceso de anagnórisis en que se hallan envueltos los protagonistas de su libro? Dado que "conocer la verdad sobre sí mismo" (la anagnórisis) es un concepto que se halla más cerca de una idea de bondad que de maldad, ¿acaso Clodio, personaje denostado por su "aparente" maldad, no parece revelarse como poseedor de la verdad sobre Periandro y Auristela?

Porque, como viene siendo habitual en la dialéctica cervantina, cuando en el *Persiles* - digamos- se "resucita" o rehabilita a un "muerto"[778] es para revelar un misterio que debe entenderse desde su doble dimensión histórico-simbólica.

Y es precisamente desde esta última perspectiva simbólico-metafísica donde el recuerdo de la figura de Clodio podría tener ahora algún sentido, pues: ¿no podría interpretarse la mención que se hace del "maldiciente" como el Conocimiento que habría de tener un "des-almado y ya muerto", es decir, en un contexto simbólico, un iniciado o trascendido, de los procesos gnósticos simbolizados por la pareja platónica Periandro-Auristela?

Pero, a pesar de la mención ocasional de algún personaje de cierta relevancia en la diégesis, como es el caso de Clodio, el protagonista indiscutible de este capítulo que abre el libro IV es, sin duda, "el gallardo peregrino":

> estando todos sentados a una mesa, la cual la solicitud del huésped y la diligencia de sus criados tenían abundantemente proveída, de un aposento del mesón salió un gallardo peregrino con unas escribanías sobre el brazo izquierdo y un cartapacio en la mano y, habiendo hecho a todos la debida cortesía, en lengua castellana dijo (pp. 630-631).

Y de este modo tan original, como si se tratara de alguien que pretendiera colarse en una fiesta a la que no había sido invitado, nos presenta el narrador a este atípico peregrino. Pero antes de entrar en el análisis del personaje y de su función en el relato, deberíamos recabar en una cuestión que consideramos crucial para la comprensión del episodio: el momento diegético en el que surge. Porque, no debemos olvidar que nuestros peregrinos se encuentran -por así decir- frente a las mismas puertas Roma: "Aquella noche llegaron una jornada antes de Roma" (p. 630), tras haberse desplazado desde la última villa que se cita expresamente y que lleva por nombre Acuapendente ("Con esto, a más de medianas jornadas, llegaron a Acuapendente, lugar cercano a Roma [p. 627]).

Intentaremos, a continuación, aclarar la relación que pueda tener en el desarrollo de los acontecimientos el empleo de un marco geográfico muy determinado, y para ello haremos la siguiente recapitulación: los peregrinos vienen desde Luca, donde asistieron a la extraña posesión de Isabela Castrucha, cuya verdad de los hechos que allí tiene lugar no solo es refrendada por Periandro (a través de la validez que otorga al matrimonio) sino también por la "huésped", que pondera la importancia de lo que allí ocurre en términos de leguas ("de cien leguas se podía venir a ver lo que está en esta posada").

---

[778] Recuérdese, en este sentido, el episodio del epitafio del "caballero portugués". Véase el capítulo 3.1.

Es decir, da la impresión de que nuestro autor nos está proponiendo, a través de ese juego retórico que remite a la realización de un itinerario simbólico, que interpretemos el relato ficcional en términos de un juego iniciático. Comoquiera que ya se vio el sentido simbólico que nosotros atribuimos a esos "555" kilómetros en relación a la "posesión" que tenía lugar en la posada de Luca, intuimos que Cervantes, mediante el recorrido que deberán efectuar nuestros protagonistas desde esa villa italiana, podría querer presentarnos una especie de juego simbólico con un final en Nápoles, previo paso por Roma.

Y, dentro de este sugestivo juego diegético que Cervantes podría estar proponiéndonos, habría que interpretar la oportunidad de incluir en el relato el singular nombre de la villa a la que llegan los peregrinos:"Acuapendente" ("lugar cercano a Roma"), porque, ¿acaso esa alusión etimológica a "las aguas que se precipitan", no podría constituir una alegoría, dentro de ese juego de intención universal por el que parece discurrir el relato, de la vía que siguen las almas esclarecidas en el camino del Conocimiento? En tal caso, parece que Acuapendente, elegida de entre un buen número de localidades a lo largo de la antigua Vía Casia que se dirige desde Siena a Roma, no ha sido el producto de una decisión aleatoria; máxime cuando nada se dice de esta villa en el texto, salvo su exclusivo nombre.

No parece extraño, pues, que a las mismas puertas de la Ciudad Eterna y antes de entrar en ella, nuestro autor, que siempre vela por su creación (sus personajes), haya hecho detenerse a sus peregrinos para dar oportunidad a un "espontáneo asaltador de caminantes" de avisarles de la verdadera naturaleza del lugar al que son atraídos. La referencia, en tal caso, que Cervantes hace de la última población previa a la posada que se encuentra a una jornada de Roma, podría interpretarse como un aviso muy particular en relación al peligro que le espera al grupo de peregrinos que recorren la senda de la gnosis: la fuerza con que la "corriente" (Acuapendente) arrastra hacia la Ciudad Eterna (situada como una trampa en medio del camino de Nápoles) a todas esas almas ocupadas (los peregrinos) en la búsqueda del Conocimiento, actuando como una especie de imán y tratando de atraer-desviar para sí (concitando a fieles y laicos en esa apoteosis de los sentidos que es Roma) a todos esos espíritus deseosos de trascender.

Si analizamos la presentación que hace el narrador del espontáneo personaje que surge en el relato, quizás podamos dilucidar la verdadera identidad de la persona que lo encarna. Porque, a poco que agucemos los sentidos, no tardaremos en percibir la figura de un escritor que parece abandonar su "puesto de escritura" (sale de "un aposento del mesón", es decir, que estaba sentado-aposentado junto a una mesa-mesón grande o de trabajo), y que, además, se nos dice que es gallardo y peregrino; lo cual, casa mal con la figura de un pobre penitente, y sí muy bien con la de alguien dedicado a las "Armas" ("gallardo") y a las "Letras humanas o el Humanismo" ("peregrino"). Y, para refrendar lo dicho, el narrador nos aporta el detalle de que en su brazo izquierdo porta "unas escribanías".

Es decir, desde una perspectiva simbólica, ¿esas "escribanías" no podrían remitir a las heridas grabadas a fuego en el brazo izquierdo de Cervantes como "testimonio escrito" de la histórica victoria de Lepanto? Porque, la otra mano, se supone, aunque no se dice, que haya de ser la diestra; es decir, la que porta el "cartapacio" ¿Y qué es el *Persiles* sino un "cartapacio": la CARTA de despedida a la par que EPITAFIO (CARTA + ePitAFIO = CARTA-PAFIO > CARTAPACIO) de un moribundo que siente la muerte cerca y que lucha por poder llegar a terminar su obra llevando a buen puerto a sus protagonistas?

La descripción del personaje se completa con los pormenores de su aparición: "y, habiendo hecho a todos la debida cortesía", lo cual se interpreta, además de muestra de buena crianza (¿hidalguía?), como la acción de cortar, en este caso, el curso de los acontecimientos narrados con su inopinada intervención. Finalmente, su tarjeta de presentación se cierra con su rúbrica: "en lengua castellana dijo".

En nuestra opinión, no sería necesario desplegar un gran arsenal imaginativo para reconocer, en esta escueta presentación que hace el narrador de la figura del "gallardo peregrino", los trazos señeros de la biografía de Cervantes. Sin embargo, y a pesar de la evidente identificación que nosotros efectuamos del personaje, surgen otro tipo de opiniones a tener en cuenta; como la de Romero, que resuelve el episodio identificando al personaje con la "personajización de un amigo -o enemigo-"(n. 22, p. 635) de nuestro autor que, sin embargo, no llega a precisar. Afortunadamente, un sector importante de la crítica coincide a la hora de identificar a Cervantes con la figura del "gallardo peregrino"[779], aunque solo parece que Nerlich[780] y Egido[781] utilicen esta cita preliminar que nosotros hemos analizado a la hora de argumentarlo. No obstante, podemos acceder a la misma identificación, aunque de manera más extensa y visible, en el párrafo siguiente, donde ahora es el propio peregrino quien se presenta a sí mismo:

> Yo, señores, soy un hombre curioso: sobre la mitad de mi alma predomina Marte y, sobre la otra mitad, Mercurio y Apolo; algunos años me he dado al ejercicio de la guerra y, algunos otros, y los más maduros, en el de las letras; en el de la guerra he alcanzado algún buen nombre y, por los de las letras, he sido algún tanto estimado; algunos libros he impreso, de los ignorantes no condenados por malos, ni de los discretos han dejado de ser tenidos por buenos. Y como la necesidad, según se dice, es maestra de avivar los ingenios, este mío, que tiene un no sé qué de fantástico e inventivo, ha dado en una imaginación algo peregrina y nueva y es que, a costa ajena, quiero sacar un libro a luz, cuyo trabajo sea, como he dicho, ajeno y, el provecho, mío (p. 631).

En un primer análisis, podríamos entrever la voluntad de Cervantes de presentar a su personaje a la manera platónica, es decir, desde dos planos diferentes a la par que complementarios ("sobre la mitad de mi alma predomina...[...]y, sobre la otra..."). Tras esta primera división, y de forma incardinada dentro de esa estructura bipolar, se procederá a revestir al personaje de una serie de cualidades que remiten, como si de un arquetipo se tratase, a una determinada divinidad del panteón grecorromano. De este modo, por un lado tendríamos a Marte (dios de la guerra), y, por otro, a Mercurio (derivado del Hermes griego, también es el mensajero de los dioses y peregrino en su papel de psicopompo, así como patrón de los comerciantes sobre todo de cereal) y a Apolo (el dios de las iniciaciones y luz de la verdad, patrón de la música y de la poesía).

Una vez descrito el procedimiento que seguirá la descripción del personaje, interpretamos que el gallardo peregrino, desde una perspectiva terrenal, ocupó su vida de forma preferente como soldado (Marte), pero también en el comercio-recaudador de impuestos (Mercurio) y como poeta (Apolo)[782]. Ahora bien, esa otra mitad de su alma apegada a lo espiritual debería de estar también influida por esos mismos aspectos de naturaleza universal o mitológica, que le haría adoptar en todas sus empresas una actitud combativa (Marte), de búsqueda constante (Mercurio) y de anhelo de superación y/o iluminación (Apolo).

Lo que sigue de la cita va en esa misma dirección de perfilar la identidad del príncipe de los ingenios, que, como nos parece que se ajusta correctamente a la biografía de nuestro autor, no nos extenderemos más en ello; aunque sí en la creación literaria que justifica su incursión en el episodio: *La Flor de aforismos*.

Pues bien, si como ya hemos comprobado, la identidad del gallardo peregrino es un trasunto de la de Cervantes, por esta misma lógica y sin necesidad de entrar en mayores disquisiciones, la obra de sentencias peregrinas deberá corresponderse de igual modo con la peregrina historia que conforma el *Persiles*.

Como ya habíamos adelantado, la presentación que hace el gallardo peregrino de sí mismo se corresponde, en efecto, con lo manifestado previamente por el narrador; por lo que ahora podrá parecernos más cercano o real lo que antes se mostraba como una quimera; a saber: que Cervantes se levante de su escritorio (el aposento del mesón) para reaparecer en la última posada de su *Persiles*.

---

[779] Desde la propia condesa de Pardo Bazán (≪Cervantes, periodista a la moderna≫, en *El centenario del Quijote en Galicia*, Folleto publicado a expensas de la Liga de Amigos de La Coruña, 1905, p. 5.) hasta Michael Nerlich, pasando, entre otros, por Mary Gaylord Randel (Mary, *Ending and Meaning in Cervantes' "Persiles y Sigismunda"*, Romanic Review, 74/2, 1983, pp. 152-169), Aurora Egido, Armas Wilson o Ruffinato (*L'avventura infinita di Persiles e Sigismonda*, in: Miguel de Cervantes: *La avventure di Persiles y Sigismonda, Storia settentrionale*, ed. y trad. de Aldo Ruffinatto, Venecia, Marsilio, 1996, l. c., p. 613).

[780] "porque es "el manco sano" que ha perdido su mano izquierda en Lepanto, y para que se le reconozca es por lo que lleva las "escribanías sobre el brazo izquierdo". Nerlich, 2005, p. 666.

[781] "El último libro del *Persiles* recoge la figura de un gallardo peregrino con su escribanía a cuestas y un cartapacio en la mano lleno de aforismos, fiel reflejo del que el propio Cervantes habría ido elaborando al escribir el *Persiles* al cabo de los años." Egido, 1997, p. 35.

[782] Esta deducción fue señalada previamente por Diana de Armas Wilson y contrastada más tarde por Nerlich. Nerlich, 2005, p. 667.

Porque el asunto nos parece que debería ser lo suficientemente importante como para que Cervantes realizara este -digamos- "salto sin red": el que media entre la realidad y la ficción sin la debida seguridad que proporciona la correcta ocultación de la propia identidad.

¿A qué podría deberse, pues, tal muestra de valentía o de descaro o de desafío o de todo ello junto, que ha llevado a nuestro autor a hacer esta incursión en su propia obra mostrándose tal cual es? Porque, mucho habrá de confiar a partir de este momento en su ingenio, que en este libro IV deberá vérselas con la mismísima Roma "a pecho descubierto", si quiere ver su obra publicada libre del acoso de la censura; o, ¿acaso pensamos por ello que en este último libro nuestro autor desplegará en su discurso un talante más moderado al de los libros precedentes?

No solo no lo creemos sino que aventuramos -y así trataremos de argumentarlo en los próximos capítulos- lo contrario; pues, contestando a la pregunta que nos hacíamos en el párrafo anterior y remitiéndonos al "loco más cuerdo" de los personajes de Cervantes, solo a un "Gallardo Peregrino" se le ocurriría lanzarse de nuevo contra esos molinos universales liberado ahora del peso de su armadura (su disfraz).

Sea como fuere, la imagen que proyecta nuestro autor, metido por exigencias de su propio guión en las carnes del "gallardo peregrino", podría ser la de un hospitalero (identidad que no ha asomado en todo el *Persiles*)[783] que ha acudido a auxiliar a sus "hermanos peregrinos" en la preparación de la etapa decisiva -que no la última- de su peregrinación. Porque sabe que sus criaturas se hallan indefensas frente a las puertas de Roma, por ello, temeroso de que todo el trabajo de Periandro y Auristela pueda echarse a perder, decide aparecer a cara descubierta para infundirles el valor necesario para acometer la empresa, evitando que sea la empresa quien les acometa a ellos.

Y en estos términos, a medio camino entre el mito y la realidad, deberíamos abordar las intenciones de nuestro autor para con sus personajes: como unos últimos consejos que serán vitales para salir victoriosos de lo que se vislumbra como el asalto al castillo del Grial. No en vano, ¿cuál ha de ser, pues, la finalidad de esos adagios que atesora en su "cartapacio": agudas sentencias arraigadas en la tradición popular, donde se exponen de manera llana las más altas filosofías que han alumbrado a los hombres de todos los tiempos?[784]

Porque, la batalla que aquí se está preparando ha de entenderse en términos dialécticos, donde, el "gallardo peregrino", encarnación del *Deus pictor*, aparece desde la metaestructura o macrocosmos de la obra para impulsar a sus criaturas a tomar partido en defensa de la verdad frente a la mentira que les acecha; y aquella reside en un lugar muy concreto: la sabiduría popular.[785]

Serán, pues, estos aforismos, que nuestro autor va poniendo en boca de cada uno de sus personajes, la más sincera expresión de la libertad de su pensamiento frente a los límites de la ortodoxia de Roma; que aguarda, apenas a una jornada de camino, la llegada de esos caminantes sobre los que nuestro autor ha depositado sus últimas esperanzas.

La *Flor de aforismos*, *mise en abyme* o metatexto del *Persiles* ("sentencias sacadas de la misma verdad" [p. 631]), constituye la última lección de Cervantes, tal y como ya hiciera antes asumiendo el papel de la "vieja peregrina", a sus septentrionales peregrinos antes de la prueba definitiva: el espejo que ha de utilizarse, como Perseo contra Medusa, para no sucumbir ante los encantos de Roma (el Minotauro); y la más alta y generosa contribución de este humilde y "gallardo peregrino", que se da por recompensado con la contribución de sus personajes a la causa a través de la aportación de un refrán.

---

[783] Los hospitales de peregrinos eran los lugares en donde el peregrino era acogido y donde se le proporcionaba techo y lumbre para calentarse y para cocinar. También se atendía a su salud, tanto la del cuerpo como la del alma; la primera tratando sus enfermedades y la segunda ocupándose de que el peregrino participase en los actos litúrgicos del hospital. En el Camino de Santiago, fueron inicialmente fundados por la Orden benedictina, pero a partir del último tercio del siglo XIII comienza una tendencia en la que las parroquias y cofradías comienzan a hacerse cargo de las labores asistenciales, siendo sus gastos sufragados por laicos acaudalados.

[784] El refrán, en este contexto, podría considerarse como una forma especial de lenguaje cabalístico: "La misma experiencia, madre de las ciencias todas, de la que son hijos los refranes, es la de la Cábala (literalmente <<recepción>>, pues comienza verosímilmente con la recepción de un don, el de la *Palabra*) que el *Quijote* llama <<Ciencia de la Caballería andante tan buena como la poesía o aún dos dedos más [...] es una ciencia que encierra en sí a las más ciencias del mundo>>." Peradejordi, 1997, pp. 27-28.

[785] Leemos en el *Quijote*: "- Paréceme Sancho, que no hay refrán que no sea verdadero, porque todos son sentencias sacadas de la misma experiencia, madre de las ciencias todas" *DQ.*, I, p. 126.

Pero también, este momento diegético define la posición del propio escritor frente al mundo, que, armado con su propia obra, el *Persiles*, alenta a sus lectores a las puertas de Roma con el convencimiento de que él ha hecho todo lo que estaba en su mano; y que podría resumirse en la idea de que la única forma de enfrentarse a la verdad consista en permanecer fiel a sí mismo (a la pureza inmersa en la sabiduría popular), libre de discursos grandilocuentes, prédicas y doctrinas enlatadas.

El *Persiles*, como la *Flor de aforismos*, constituyen ambos, desde el plano de la realidad el primero y desde la ficción el segundo, el último arcabuzazo (disparo y herida) de nuestro escritor al servicio de la causa humanista. Sus personajes y sus lectores ya están avisados de lo que les espera en Roma, los primeros parece que han tomado buena cuenta de ello, a raíz de la colaboración que muestran a las peticiones del "gallardo peregrino":

> cuando, en el camino o en otra parte, topo alguna persona cuya presencia muestre ser de ingenio y de prendas, le pido me escriba en este cartapacio algún dicho agudo, si es que le sabe, o alguna sentencia que lo parezca (p. 631).

Los segundos, sin embargo, quizás podríamos empezar por tratar de entender el sentido que se oculta tras los dos primeros adagios, el de Luisa la Talaverana: "*Más quiero ser mala con esperanza de ser buena, que buena con propósito de ser mala*" (p. 632), y el de Bartolomé el Manchego: "*No hay carga más pesada que la mujer liviana*" (p. 632), y que, en nuestra opinión, habría que aplicarlo previamente dentro del contexto bíblico de la pareja primordial, Adán y Eva; en cuanto a la personificación que se hace del alma española en las figuras de Luisa y Bartolomé.

No en vano, los dos únicos personajes que manifiestan no saber escribir son los dos "peregrinos españoles": "y, ella me dijo que pusiese de mi mano (porque no sabía escribir)" (p. 632); lo cual, podría interpretarse como la intención de Cervantes por representar la sabiduría española en su estado más puro: ¿y qué mejor modo de expresarlo que a través de la pareja de rústicos moradores de la Mancha, pareja cuyo desarrollo diegético simboliza, como el mito de Adán y Eva, ese estado inicial del hombre tras su expulsión del paraíso por haber sucumbido a las pasiones, aunque siempre prevaleciendo ese deseo de enmendarse?

Porque, no deberíamos obviar el papel que cumple la Mancha, patria chica de Luisa y Bartolomé en el relato; en cuanto a la función que adquiere la tierra-espacio en la determinación del carácter de los personajes. Pues Bartolomé el Manchego simboliza también la adhesión al pensamiento heterodoxo que, desde tiempos inmemoriales, estuvo asentado en esta mítica "piel de toro" sobre la que Minerva ("la vieja peregrina") parece enseñorearse. Prototipo del español determinado por su entorno y por su historia, el "Manchego" hace gala de una sabiduría que no se aviene con la figura del "cateto" que buena parte de la crítica parece asignarle. Baste recordar las "rústicas" incursiones astronómicas en boca de este personaje para comprender el alcance del simbolismo que despliega su figura.

En cuanto a Luisa la Talaverana, recordemos lo que decía de ella su amiga Martina en respuesta a la curiosidad que mostraba el "jinete polaco" de saber de ella: "es algo atrevidilla y algún tanto libre y descompuesta" (p. 496). Y, en efecto, como luego habría de demostrarse en el episodio de Ortel Banedre, el personaje representa a la perfección el papel de la mujer algo díscola y pasional.

Una vez hemos trazado los perfiles que más y mejor definen a los dos personajes que simbolizan en conjunto el alma de España, trataremos de deducir de ello los vínculos que los unen de modo que podamos proceder a la pertinente interpretación alegórica de sus respectivos refranes.

Porque Luisa la Talaverana (en su papel de Eva), consciente de su pecado y arquetipo de la sabiduría popular adquirida a través de la experiencia en el tiempo, ahora, desde esa atalaya que le ha proporcionado el "gallardo peregrino" para resumir su recorrido vital (simbolizado a través de su peregrinar por diferentes hombres y situaciones adversas) a través de un aforismo; intuye que la vida (la *peregrinatio vitae*) es un camino que nos lleva desde el mal (el caos) al bien (el orden), y por eso en su sentencia parte de una idea de pecado y no de pureza, razón por la cual asume su origen desviado y reclama su derecho a redimirse ("*Más quiero ser mala con esperanza de ser buena*"). Y este pensamiento, que se muestra de manera universal como algo innato al género humano, es combatido por determinadas élites (la teocracia) que ven en ello una vía hacia la libertad del individuo que casa mal con sus intereses terrenos; y lo hacen a través de una cómoda propuesta soteriológica que garantiza al hombre su bienestar (en origen) si se cumplen unos determinados preceptos de naturaleza terrenal (*"que buena con propósito de ser mala"*).

Sin duda, esta interpretación podría extrapolarse al panorama que habría de presentar en España el "sempiterno" conflicto religioso entre ortodoxia y heterodoxia, que en época de nuestro autor se manifestaba bajo los nombres de Catolicismo y Reforma, respectivamente; y, donde las ideas reformistas conformarían la primera parte del adagio de la "Talaverana (*"Más quiero ser mala con esperanza de ser buena"*), mientras que las proclamas tridentinas surtirían a la segunda (*"que buena con propósito de ser mala"*).[786]

En el caso de Bartolomé el Manchego (el Adán de la pareja del Génesis), nos encontramos con esa otra mitad del "alma española": la que trata de contrarrestar con su juicio (bueno o malo) las ansias de libertad de Eva-Luisa. En tal caso, podríamos aventurar que Bartolomé simbolizaría el aspecto de ese espíritu colectivo (España y lo español) más apegado a lo terreno, y Luisa, la parte más volátil o espiritual. No en vano, ese esfuerzo por alcanzar el equilibrio entre ambas potencias, cuya finalidad se deduce de la interpretación que estamos efectuando y que, además, ya era un viejo conocido de la Antigüedad griega figurando en el frontis "de la sabiduría" del templo de Apolo en Delfos ("Nada en exceso"), constituye la idea que da sentido a la sentencia del "Manchego"; pues, el trabajo de contrarrestar un espíritu díscolo, fácilmente impresionable y con tendencia a escapar -como decía el narrador acerca de Arnaldo en el cap. 21 del libro II- "cual mariposa, se iba tras la luz de unos bellos ojos de una su prisionera" (p. 422), se halla reflejado en la sentencia que dona el "Manchego" a la causa humanista: *"No hay carga más pesada que la mujer liviana"*.

En resumen, juzgamos que los refranes ofrecidos al "gallardo peregrino" por los personajes de Luisa la Talaverana y Bartolomé el Manchego representan, como decimos, la forma de ser o idiosincrasia del pueblo español; además de constituir, en su sentido profundo, una reflexión acerca de cómo ese determinismo geográfico (la Mancha = España), que imprime el carácter de sus gentes, opera en relación a los preceptos morales y religiosos impuestos desde Roma tratando de redirigir las conductas y las voluntades.

Quizás ahora, tras esta breve incursión que hemos realizado en los dos primeros adagios aportados por el grupo de peregrinos, podamos ver con otros ojos esas simpáticas sentencias apuntadas por Cervantes a través de su personaje más personalísimo, el "gallardo peregrino", para instrucción de sus "criaturas" a las puertas de Roma y contento de los futuros lectores de su *Flor de aforismos peregrinos*.

4.3. El Duque de Nemurs frente Arnaldo: crónica de un enfrentamiento ancestral

Comienza esta ingeniosa alegoría, perfectamente equilibrada mediante el correspondiente correlato histórico que personajes y acciones representan, con una imagen emblemática fácilmente discernible dentro del contexto simbólico que venimos analizando:

> alzó acaso los ojos Auristela y vio pendiente de la rama de un verde sauce un retrato, del grandor de una cuartilla de papel, pintado en una tabla, no más del rostro de una hermosísima mujer; y, reparando un poco en él, conoció claramente ser su rostro el del retrato y, admirada y suspensa, se le enseñó a Periandro.(p. 637).

Previamente a los hechos que se describen, el grupo de peregrinos se había desplazado, como suele acontecer en otros casos similares en donde se transmite un mensaje de naturaleza trascendente, fuera del "real camino" hasta un "lugar ameno" antes de llegar a Roma, pleno de floresta y en un momento mítico que el lector ya debería reconocer ("Heríales el sol por su cenit" [p. 637]). Porque, la imagen que se nos está proyectando del retrato de Auristela colgado de una rama verde junto con la sangrienta descripción que lo complementa: "A este mismo instante dijo Croriano que todas aquellas hierbas manaban sangre, y mostró los pies en caliente

---

[786] Existe un dicho castizo que se aviene a lo manifestado en esta segunda parte del adagio de la Talaverana: "A Dios rogando y con el mazo dando".

399

sangre teñidos" (p. 637), entraña, sin ningún género de dudas, una intención emblemática de fuerte componente mito-hermético.

El objeto en litigio: los retratos de Auristela

Como parece querer mostrarnos el narrador, las circunstancias de la aparición del retrato centra más atención que el propio cuadro en sí, pues de su descripción no se desprende otra cosa que una escueta identificación de Auristela:

> alzó acaso los ojos Auristela y vio pendente de la rama de un verde sauce un retrato, del grandor de una cuartilla de papel, pintado en una tabla, no más del rostro de una hermosísima mujer; y, reparando un poco en él, conoció claramente ser su rostro el del retrato y, admirada y suspensa, se le enseñó a Periandro (p. 637).

Ana Suárez, en su artículo sobre la función alegórica de la pintura en el *Persiles*, argumenta en relación al retrato de Auristela:

> la visión del retrato suspendido en la rama de un árbol tiene otro significado que hemos visto registrado en la comedia novelesca atribuida a Lope de Vega, *Un pastoral albergue*. Allí, el retrato de la bella Angélica es utilizado para atraer a los enemigos y el lienzo de su retrato colgado de un olmo, por su "aspecto divino" y hacen creer a cuantos la contemplan que se trata de una santa. El recuerdo de la aparición de Angélica en el *Orlando enamorado* es inevitable, pero la imagen también nos remite a las apariciones milagrosas, a la iconografía religiosa, de obligado conocimiento en los pintores, y a las representaciones de la Gracia o de la Fama en los autos sacramentales, como alegorías de la Fe. En todos los casos la imagen está relacionada con la idea platónica de la belleza y su consideración por los teóricos del arte.[787]

Porque, en todos estos supuestos que recoge Suárez en su cita subyace, como ella misma reconoce, la idea de un mismo componente (la idea platónica de la belleza) que adopta diferentes papeles sea cual fuere el enfoque del observador; así la perspectiva ortodoxa (el milagro en la iconografía), la literaria (el retrato de Angélica en la novela de Lope), como la heterodoxa (representaciones de la Gracia, la Fama).

Sin embargo, y a pesar de las convincentes apreciaciones de Suárez, todavía podría ajustarse algo más esa lente en la observación del fenómeno; lo suficiente como para percibir que el retrato de Auristela colgado de la rama podría remitir a la imagen del Conocimiento, tal y como en otras ocasiones -ya analizadas en otras partes del texto- se aludía alegóricamente a la imagen del "hombre-dios colgado en el árbol de la sabiduría." No en vano, nuestro autor no se olvida de mencionar que la rama de la que pende el retrato, y con ella todo el árbol, es verde; y tanto empeño pone en constatarlo que coloca el adjetivo delante del nombre ("verde sauce"), dando la sensación de que, en efecto, parezca que el retrato penda no de un árbol sino más bien del propio color verde.

Y de verde vestía, de la cabeza a los pies, Isabela Castrucha, símbolo del Conocimiento cuya materialización en el reinado de Felipe II fue el majestuoso monasterio de El Escorial, según nuestra interpretación.

Vemos, por tanto, a través de este impactante comienzo, cómo el episodio en el que se va a narrar la lucha entre el Duque de Nemurs y Arnaldo por procurarse, no los favores de Auristela, que sería lo más lógico, sino solo el reflejo de su belleza pintada en una tabla, arranca desde esta imagen visiblemente desconcertante y simbólica. Razón, esta, que nos lleva a considerar la posibilidad de que el episodio que protagonizan ambos personajes deba interpretarse desde esta perspectiva intelectiva o simbólica que se despliega en torno al retrato aludido, aunque sin descartar otras, que serán igualmente necesarias y/o complementarias.

En tal caso, comoquiera que es la posesión del retrato de Auristela lo que alienta la mortal disputa entre los dos nobles personajes, comenzaremos por analizar el objeto en litigio antes de pasar a los litigantes.

Porque, un poco más adelante se nos dice que el retrato de Auristela acabó colgado del árbol a petición del duelista que no lo portaba (Arnaldo), pues, en su condición de tabla de madera le

---

[787]   Suárez, 2015, p. 1041.

daría ventaja a su oponente; bien como escudo o como talismán: "porque no me sirviese de reliquias y de escudo" (p. 638). En tal caso, será este sentido protector asignado al retrato lo que inicialmente analicemos.

Porque, en su condición de "reliquia" la tabla pintada remitiría, por definición, a "una parte del cuerpo o de la vestimenta de un santo que se venera como objeto de culto". Y esta misma idea la encontramos en el texto en las diferentes formas con las que el narrador se refiere también al retrato: "celestiales prendas", "hermosura del cielo", "incomparable belleza"; así como al modo de venerarlo: "la adoraré con mi alma" (p. 642). Como vemos, de este primer acercamiento al retrato en su consideración de "reliquia", se deduce la naturaleza divina y/o religiosa del cuadro en cuestión.

En cuanto a la función de "escudo" que el propio duque asigna al retrato, además de la primera connotación de naturaleza física que remite al objeto utilizado para protegerse el cuerpo de los ataques de diferentes armas, podría aludir a una imagen muy concreta de naturaleza simbólica: el escudo (égida) de Minerva, sobre el que la diosa de la sabiduría añadió como emblema de la lucha por el Conocimiento la cabeza decapitada de Medusa.

Del análisis de estos dos elementos definidores (la reliquia y el escudo) de la función asignada a la tabla-retrato por los mismos duelistas (el duque de Nemurs y Arnaldo), podríamos sacar una primera conclusión: el cuadro de Auristela, más que a resaltar la belleza aparente de una mujer, remite a la imagen simbólica de lo que ella representa; bien desde una perspectiva ortodoxa, tendente a enfatizar el componente "mágico" inmerso en el significado que suele asignarse a las reliquias de los santos; o desde la heterodoxa, que remite a la tradición pagana del mito de Minerva/Atenea, diosa de la sabiduría y portadora del "escudo" con la efigie de la victoria de Perseo sobre Medusa.

Es decir, resumiendo esta primera valoración, podríamos avanzar que el cuadro de Auristela, presentado de este modo, aludiría al doble aspecto o doble perspectiva espiritual que tendría para Cervantes lo simbolizado por el retrato: por un lado, remitiría a su consideración ortodoxa-literalista, dado que el componente "mágico"-reliquia solo surte sus efectos cuando se cree sin reservas de ningún tipo; y, por otro, serviría para colmar los anhelos trascendentes de una minoría dispuesta a sacrificarse por la consecución del ideal "amoroso" (platónico). En resumen, ortodoxia y heterodoxia.

Pero vayamos ahora al escenario en donde Cervantes ha situado, intencionadamente, los sucesos que se narran; pues, el sangriento duelo que ha enfrentado a los dos aristócratas por la "reliquia-escudo" de Auristela ha tenido lugar a las puertas de Roma. Subyace, pues, la idea de que Roma no quiera verse implicada en asuntos tan turbios y tan poco edificantes para su imagen piadosa; razón por la cual nuestro autor situaría la sangrienta disputa en los arrabales y no intramuros de la Ciudad Santa.

No ocurrirá lo mismo, sin embargo, cuando el enfrentamiento de los mismos personajes (Nemurs y Aranaldo) por la posesión de un segundo cuadro de Auristela se lleve la acción del episodio desde el capítulo segundo al sexto de este cuarto libro, y desde los arrabales al interior de Roma; claro que, en esta ocasión, donde las armas cederán el protagonismo a los dineros y las estocadas a las pujas, sí parece que estos asuntos sean competencia directa de los jerarcas romanos, pues los permiten en su propia ciudad.

Esta situación de permisividad que Cervantes parece tener la intención de reflejar dentro de Roma, en donde ahora, en vez de luchar, se comercia con el segundo cuadro de Auristela, podría evocar un episodio bíblico muy concreto: la expulsión de los mercaderes del Templo[788]. No en vano, la calle en donde se puja por el retrato de Auristela lleva el sugerente nombre de "calle de los bancos".

Pero regresemos a los pormenores del análisis que habíamos emprendido del retrato de Auristela, porque, según decíamos más arriba, ahora son dos los cuadros que debamos considerar. Esto, sin duda, aumenta y matiza el grado de exactitud que podamos alcanzar en la comprensión del episodio, al disponer de dos elementos tan similares a la par que distintos.

---

[788] La escena evangélica de la expulsión de los mercaderes del Templo es protagonizada por Jesucristo en vísperas de la Pascua judía, como consecuencia de la actividad económica de cambistas o banqueros de la época, además de otros comerciantes, que habían ocupado parte de las dependencias del Templo de Herodes para esos menesteres. Esta secuencia bíblica fue muy popular, lo cual se prueba en la circunstancia de que aparezca en todos los Evangelios.

Veamos, pues, cómo se presenta este segundo retrato de la que cada vez se va pareciendo más a la ya cercana Sigismunda:

> paseando un día por una calle que se llama Bancos, vieron en una pared della un retrato entero de pies a cabeza, aunque partida por medio la corona, y, a los pies, un mundo, sobre el cual estaba puesta. Y, apenas la hubieron visto, cuando conocieron ser el rostro de Auristela, tan al vivo dibujado, que no les puso en duda conocerla (p. 659).

Se nos permitirá la licencia de practicar, al hilo de la explicación ofrecida por Romero sobre el particular, la pertinente incursión exegética que el nuevo retrato de Auristela demanda. Porque, fue este crítico, de manera acertada, quien recurre a una imagen descrita en el Apocalipsis a la hora de interpretar el modelo que aquí se ofrece: "Cfr. II, 18 (405-406 y nota 19), donde se da el pasaje del Apocalipsis de san Juan a que con toda probabilidad se alude con estas palabras" (n. 4, p. 659). Y que se explica en otra nota a la que se remite desde la anterior: "(12: que, a su vez, toma un motivo del Génesis 3, 15) parece sacado el detalle de la mujer que apoya los pies sobre un dragón o diablo <<dominador del mundo>>" (n. 19, p. 406).

En este orden de cosas, y teniendo en cuenta las especificaciones de Romero en relación al Apocalipsis de san Juan, así como nuestra propia argumentación precedente, abordaremos el análisis de este segundo cuadro de Auristela desde una perspectiva simbólica, distinguiendo los siguientes elementos:

- "un retrato entero de pies a cabeza". Donde se aprecia el interés, además de aludir a una figura completa, de destacar de la misma unas partes del cuerpo humano muy concretas con un propósito simbólico-gnóstico determinado: la "cabeza", que remite a la inteligencia (mito de Minerva/Atenea); y los "pies", como símbolo de la necesaria peregrinación-sacrificio (¿el mito de Edipo[789], cuyo significado etimológico es *pies hinchados*?).

- "una corona en la cabeza, aunque partida por medio la corona". Con las debidas reservas, el simbolismo de la "corona partida" evoca la pertenencia de la imagen de Auristela a una doble filiación o linaje celeste; el cual se hallaría, en función del lugar que ocupa la "corona partida" en la parte más alta del cuerpo (la cabeza), en una misma supra-dimensión.

- "y, a los pies, un mundo, sobre el cual estaba puesta". Remite, como ya adelantaba Romero, al relato del Apocalipsis; donde el dragón es la imagen del mundo (y sus pasiones) que tiene sometido al hombre, y por ello Auristela, representación de la libertad a la que se llega a través del conocimiento, es representada sometiendo al dragón mediante la actitud de pisarlo bajo sus pies.

A pesar del análisis que hemos realizado de los formantes de naturaleza simbólica que conforman el retrato, no se descarta que, en su conjunto, la descripción del cuadro pueda relacionarse con la imagen pagana de Venus, o incluso con la que podría ser su versión cristianizada a través de la representación del dogma católico de la Inmaculada Concepción (la Virgen).[790] Ana Suárez lo expresa de este modo al analizar los atributos que componen este segundo cuadro de Auristela:

---

[789] La referencia más antigua del mito de Edipo se encuentra en la *Odisea* de Homero, en el capítulo *Evocación de los muertos*. Sófocles se ocupó también del mito en varias de sus tragedias: *Edipo Rey* (430-425 a.C.), *Edipo en Colono* (406 a.C.) y *Antígona* (442 a.C.). Las alusiones que se hacen en la obra de Sófocles a la peregrinación, convenientemente incardinadas en el argumento de cada una de sus tragedias, resulta bastante evidente: En *Edipo Rey*, aparte de compartir con nuestro Periandro un mismo proceso de anagnórisis, Edipo ha de marchar al destierro (peregrinar) por decisión de la Divinidad, dentro de un proceso que guarda similitudes con el mito de la Pasión y Muerte de Cristo; pues, en ambos casos, el sacrificio ha de entenderse como una expiación de las culpas (el pecado original, que en esta obra se representa mediante el asesinato del padre a manos del hijo, precisamente, en un cruce de caminos) de la colectividad. En cuanto a *Edipo en Colono*, se narra el peregrinaje de Edipo, ciego tras haberse arrancado los ojos él mismo (alegoría del que accede por sí mismo al Conocimiento y ya no se dejará engañar por las apariencias), culminando su camino de iluminación con esa muerte mística sucedida en uno de esos *topoi* a los que Cervantes nos tiene acostumbrados en circunstancias similares (véase, por ejemplo, el episodio del asesinato de Diego de Parraces): en un bosque cercano a Atenas.

[790] En relación tanto con el dogma de la Inmaculada Concepción como con la imagen que lo representa, diremos que, además de constituir un foco de tensión en el conflicto entre católicos y protestantes, centró muy particularmente la atención del rey Felipe II, devoción que ya estaba muy arraigada entre la realeza peninsular desde la época de los visigodos (Wamba).

La propia Auristela desconoce el significado de tales atributos, lo mismo por su dueño, que los juzga "fantasías de pintores". Sin embargo, en tales fantasías están fundidos los atributos de Venus y los de la Virgen para representar la Castidad (el velo insiste en ello) y la Gracia, justificada por la inmensa luz que desprende la imagen, y que transmite una teología simbólica tal como la denominó San Dionisio a una parte de la pintura. El hecho que fuese la Venus de Botticelli la primera imagen desnuda de una mujer diosa (enigmática por su aspecto virginal), se corresponde con el comentario de un romano al ver a Auristela: "Yo apostaré que la diosa Venus, como en los tiempos pasados, vuelve a esta ciudad" (428), pero coincide también con algunos modelos de la Virgen, como el que estaba en la sacristía del Escorial[791]

Después de practicar este intento de aproximación al símbolo que más y mejor define a Auristela, estamos en condiciones de establecer la oportuna comparación entre los dos cuadros que aparecen en el relato:

1. El primer cuadro que hace su aparición se revela como de un valor inferior, ya que solo aparece la cabeza, sin embargo, el segundo es de cuerpo entero: "de pies a cabeza". En este sentido, ¿no habrá en ello una voluntad de Cervantes por diferenciar los retratos en relación a lo que sobra en uno o falta en el otro? Es decir, que la circunstancia de que uno solo muestre su rostro podría redundar en una interpretación intencionadamente cercenada, donde, esa imagen focalizada de la cabeza podría reflejar un aspecto aislado del conjunto representado por la figura de cuerpo entero; o sea, el que se correspondería con un proceso exclusivamente especulativo, frente al retrato de cuerpo entero, que entrañaría, además del uso de la inteligencia, una experiencia empírica o vital-ritual simbolizada a través de los pies ("un retrato entero de pies a cabeza").

2. Desde el punto de vista genérico, el retrato de la cabeza (busto) sería de tipo realista, mientras que el de cuerpo entero, sin renunciar del todo a ello, se adscribiría además al género simbólico; dado la naturaleza de los elementos-aspectos que lo conforman.

3. En un contexto ontológico, el cuadro "realista" no reflejaría la verdadera belleza de Auristela, fundamentalmente, porque no sería una copia directa de ella misma, sino una invención extraída de la propia imaginación del pintor basada en la imagen residual que la modelo dejó en su mente cuando se conocieron en el mesón, con la contaminación que ello conlleva de la pureza del original.

4. Derivado del punto anterior y en relación a la imitación del modelo, se abre una reflexión: se da la paradoja de que el cuadro más realista (el del busto) sería una copia de la imaginación, mientras que el simbólico (cuerpo entero) lo es del original. Es decir, ¿no supondría ello una reflexión paralela de Cervantes acerca de la forma de percibir la verdad? Pues, si lo que percibimos como realidad (en relación al busto) es producto de nuestra imaginación y lo simbólico (el cuadro de cuerpo entero) el fruto de la contemplación más pura de la realidad, ¿cuál de las dos imágenes sería más representativa de la verdad, la aparente o la simbólica?[792]

5. En relación al lugar geográfico en que fueron pintados, el "realista" lo fue en Francia a instancias del duque de Nemurs, y el "simbólico" en Portugal, aunque comprado en Francia. Lo cual, como se explicará más adelante, tiene también su importancia en la consideración de los cuadros.

6. En resumen, se percibe la voluntad de Cervantes por significar un modo de aprehensión del conocimiento diferente dependiendo del cuadro de que se trate y de los diferentes factores pictóricos que hayan influido en su realización. Así, pues, distinguimos tres posibilidades o campos donde observar el fenómeno, que son: el género pictórico, el modo de acceder al modelo y el lugar en donde se pintó. Según el género pictórico, el retrato realista transmite una forma de acceder al conocimiento de tipo sensorial y el simbolista otro más elaborado que supone un grado superior (sensorial-intelectual); en relación al modelo utilizado, el cuadro que

---

[791]   Suárez, 2015, p. 1042.

[792]   Juzgamos que el asunto que hemos planteado en este punto podría ser revelador de la intención de Cervantes por introducir el "mito" de la Caverna de Platón en este capítulo (y en toda la obra: primer círculo, predominio de la experiencia sensitiva; y segundo círculo, la intelectual) dentro del planteamiento general del episodio que pretende escenificar esa lucha entre dos facciones enfrentadas (Arnaldo y Nemurs) por hacerse con el poder que infiere la posesión de la imagen-reflejo del Conocimiento. En tal caso, se comprende que nuestro autor trate de definir qué tipo de conocimiento se está disputando; motivo, este, de la utilización que se hace del relato -que no mito- platónico para representar cada uno de los dos cuadros de Auristela: conocimiento parcial o sensible (retrato de la cabeza) y conocimiento completo o sensible-inteligible (retrato de cuerpo entero).

es copia extraída de la imaginación (el busto) refleja un alejamiento de la fuente, mientras que la copia del original (cuerpo entero) revela una mayor pureza; finalmente, en cuanto al lugar en donde se pintaron, el que se pintó en Francia (el busto) reproduciría la corriente de pensamiento predominante en ese reino (catolicismo romano), mientras que el retrato portugués (cuerpo entero) entroncaría con la tradición "amorosa" inmersa en el pensamiento luso (platonismo-gnosticismo).

Podríamos seguir alargando esta lista, pero consideramos suficiente la mención de los datos aportados. En general, observamos la voluntad de nuestro autor por diferenciar el tipo de cuadro a disputarse en función de unos factores muy determinados; lo cual, daría lugar a una serie de argumentos que incidirían directamente en el modo en cómo haya de interpretarse este episodio que enfrenta al duque de Nemurs con Arnaldo.

¿Quién es el duque de Nemurs?

Una vez hemos analizado la naturaleza del concepto que se oculta tras el doble objeto que se disputa (los dos cuadros), estamos en condiciones de abordar la identidad de los dos nobles litigantes: el príncipe Arnaldo y el duque de Nemurs. Dado que el primero de ellos ya ha sido identificado como la personificación de la Monarquía de los Austrias, solo tendríamos que averiguar la identidad del duque de Nemurs.

Dentro del contexto diegético en el que aparece el citado duque en el libro III, asoma una personalidad colérica y orgullosa, seguramente, en razón de su linaje, que se atreve incluso a competir con el del mismísimo Arnaldo: "pues su estado no era inferior al de Arnaldo, ni en la sangre le hacía ventaja ninguna de las más ilustres de Europa" (p. 651). Y, a ensalzar esa nobleza viene la presentación que hace de él su criado: "El duque de Nemurs, que es uno de los que llaman 'de la sangre' en este reino, es un caballero bizarro y muy discreto, pero muy amigo de su gusto" (p. 554). Porque, "de la sangre" es un apelativo que se utilizaba para identificar, según *Autoridades*: "El que es de la familia Real de Francia, y puede suceder en el Reino. Lat. *Principe regio sanguine genitus.*"[793] Y ese estatus nobiliario, unido a un apellido aparentemente histórico, es el que ha llevado a la crítica a la búsqueda de un aristócrata coetáneo de Cervantes (o de los acontecimientos en torno a la Monarquía de los Austrias de este período) que responda al nombre de Nemurs y que se aproxime al perfil que se describe en el relato. Así, pues, Romero parece apostar por el "príncipe de la sangre" propuesto por:

> "André Lubac (C, 1951: 119-123) intenta la identificación de un Duque de Nemurs <<modelo histórico>> del personaje cervantino. Según él, podría tratarse de Jacobo de Saboya (1531-1588), príncipe de la sangre [...]. La hipótesis de Lúbac es sin duda sugestiva" (n. 9, p. 568).

Aunque no podamos descartar *a priori* esta identificación, pues tiene a su favor la evidencia que supone la utilización de un título nobiliario similar (Duque de Nemours), sí, al menos, tenemos razones para pensar que se halla fuera de los márgenes temporales por los que discurre este cuarto libro (el reinado de Felipe III hasta la propia muerte de Cervantes en 1616); por lo que nos resulta muy difícil secundar esta afirmación.

Nerlich también tercia en este asunto, aunque con un análisis más extenso y profundo:

> Porque el nombre de "duque de Nemurs" no es un nombre de pura fantasía, sino un nombre con connotaciones históricas y con una función deíctica que remite a acontecimientos de la época muy recientes, concretos e importantes, que evocan hechos trágicos de enorme alcance en el contexto de los problemas que agitan la época en que Cervantes sitúa su *Persiles*, es decir, el de las divergencias entre cristianos católicos y protestantes, las guerras de religión y finalmente el cisma que escindió a la cristiandad occidental en dos grandes iglesias, la de los católicos y la de los protestantes: 'En Nemours se firmaron dos famosos tratados en la historia de la liga'[794]

Para este estudioso, pues, el "duque de Nemurs" remitiría directamente al conflicto religioso que constituye uno de los más celebrados (por su constante presencia en el texto) *leit motiv* del *Persiles*. En este sentido, continúa Nerlich:

---

[793]   Ed. internet.,tomo V, 1737.
[794]   Nerlich, 2005, p. 557.

Este edicto [el *Edicto de Nemours*, 1585], que prohibía el culto protestante [en la Francia de los Valois], fue confirmado en 1588, y hay esperar hasta 1598 para ver restaurada la libertad de confesiones con Enrique IV por el *Edicto de Nantes*. El lector de la época sabía pues a qué remitía el nombre de Nemurs: a las Guerras de Religión en Francia, a la Liga y con ello al catolicismo más militante y sectario[795]

En este orden de cosas, valoramos los argumentos tanto de Romero como de Nerlich, porque, en ambos casos, constituyen un intento de aproximación a la identidad del personaje del duque de Nemurs. Ahora bien, creemos que la identificación final del personaje obedecería a un examen más complejo y sutil de la situación, donde no solo la causa histórica sería uno de los parámetros a tener en cuenta; sino que aspectos de naturaleza simbólica deberían también barajarse a la hora de perfilar al personaje.

Porque somos conscientes de que existe otra historia paralela a la más evidente o verosímil y cuyo concurso es igualmente necesario para poder aprehender el concepto que transmite el episodio en toda su amplitud; pues, la verdad verosímil, la que se deduce de la literalidad del texto, es la que señala Nerlich: "No puede haber duda: el combate entre Arnaldo y Nemurs representa la lucha entre catolicismo reaccionario y protestantismo radical"[796]. Lo cual, parece justificarse a partir de la filiación que manifiesta tener el propio Arnaldo como heredero al trono de Dinamarca, es decir, como príncipe protestante; así como de las referencias al nombre de Nemurs en relación a la Liga Católica[797] y a la defensa del catolicismo.

Pero, para poder terciar en profundidad en el conflicto que estamos planteando es necesario previamente haber identificado al personaje de Arnaldo desde una perspectiva alegórica (y no solo literal como príncipe heredero de un reino que atiende al nombre de Dinamarca); lo cual, según venimos aplicando, nos lleva a la consabida identidad de la Monarquía de los Austrias. De este modo, y aplicando este mismo principio, la identidad del duque de Nemurs también debería responder a un criterio simbólico -como más adelante argumentaremos-, que nos permita superponer a los aparentes esquemas históricos los alegóricos; como así parece demandar la estética barroca, siempre tendente a desdoblarse en el discurso persilesista.

Y es que Cervantes se empeña en presentarnos, a pesar del riesgo de no ser entendido por lectores menos exigentes o definitivamente olvidados -como es el caso actual- de su forma de pensar, una realidad a dos luces; porque, ciertamente, desde una perspectiva literal, resulta perfectamente convincente y verosímil que un duque católico francés se revele contra su señor para acaudillar al catolicismo en encarnizada lucha contra el protestantismo (como podría ser el duelo escenificado a las puertas de Roma entre Arnaldo y Nemurs). Ahora bien, si pretendemos vislumbrar la otra cara de la moneda, la necesaria imagen dúplice que siempre forma parte del discurso cervantino, habremos de aplicar al texto la oportuna descodificación que el simbolismo requiere. Porque, creemos que tras este evidente relato de los hechos se podría ocultar un mensaje de importancia capital, una especie de información de naturaleza míto-histórica que en la época de nuestro autor no podía ni debía "airearse" con entera libertad (literalmente); a la par de constituir el motivo real que justifique el enfrentamiento Nemurs-Arnaldo -ahora sí- en relación al trasfondo de las guerras entre cristianos, que, paradójicamente, más se alejaba de la doctrina sobre la que se fundaba el cristianismo.

Con ello, pretendemos decir que, pese a las aparentes evidencias literalistas, Nemurs no puede representar a la causa católica en lucha contra la causa protestante (Arnaldo), entre otras razones, porque la causa católica no es Nemurs, ni tampoco Arnaldo: la causa católica es el retrato "pequeño" de Auristela pintado en Francia, feudo tradicional del catolicismo; al igual que la causa protestante haya de ser, a nuestro juicio, el retrato de cuerpo entero que se hizo en Portugal, cuna de las heterodoxias.

---

[795]   Nerlich, 2005, p. 558.

[796]   Nerlich, 2005, p. 561.

[797]   También llamada Santa Liga, fue un movimiento armado surgido del seno del catolicismo y con el fin de aplastar el movimiento protestante en Francia para imponer el catolicismo. Creada formalmente en 1676, gozó de amplia financiación española, que sin embargo no logró su propósito, pues finalizó con la Paz de Vervins (1598) y con un rey protestante sentado en el trono de Francia (Enrique IV).

En tal caso, si, desde una perspectiva profunda, Nemurs y Arnaldo no desempeñan la función que aparentan representar como "comandantes de los ejércitos católico y protestante", respectivamente, ¿qué papel asumen en esta -podríamos ya empezar a llamarle- farsa?

Porque desde un contexto simbólico, la lucha entre los dos aristócratas se hace por la posesión de un objeto como imagen o reflejo del Conocimiento (el retrato de Auristela). Es decir, ambos próceres no lucharán por imponer un ideario o doctrina religiosa, sino por la posesión de esa doctrina como instrumento de poder que les haya de garantizar la supremacía de su propio linaje.

Sea como fuere, los nobles personajes, Arnaldo y Nemurs, saben que nunca podrán ofrecer a sus pueblos la verdad despojada del velo de la ilusión; lo cual se prueba al final del episodio, cuando los dos litigantes huyen del modelo original (la imagen de Auristela postrada ante la enfermedad) al observar la fealdad (como la de la "vieja peregrina") que se oculta tras la aparente hermosura reflejada en los desnaturalizados retratos de Auristela.

Y este es, en nuestra opinión, el motivo que da pie a todo el episodio que relata esa lucha sangriento-comercial por poseer el retrato de Auristela: el enfrentamiento mito-histórico entre determinados linajes (Arnaldo y Nemurs) en su intento por dominar el Occidente cristiano utilizando como principal poder de seducción una religión (el retrato de Auristela) a la que se postran en función de sus necesidades; pues, ambos no ignoran que la verdadera religión es la gnosis o Conocimiento (Auristela al natural), y cualquier "disfraz" (judaísmo, islam, cristianismo, catolicismo, protestantismo, como equivalentes de los cuadros de Auristela) sirve como vehículo para transmitirla.

En este sentido simbólico, no debe obviarse un factor sobre el que nuestro autor pone un gran énfasis: la cuestión de la sangre ¿Quizás en alusión a la posibilidad de que existan al menos dos herederos en época de Cervantes (Nemurs y Arnaldo), cuyo linaje, independientemente del título que se ostente, podría legitimar, mediante el oportuno casamiento, el acceso al mítico trono del "Rey del Mundo"?

Ha llegado el momento de que abordemos, continuando nuestra perspectiva simbólica, el significado etimológico de la expresión NEMURS. Pero antes de proceder a ello deberemos recabar en un aspecto que prácticamente ha pasado desapercibido para la crítica, y es la asimilación que suele hacerse de dos expresiones que, sin embargo, no son idénticas. Nos referimos al consenso que existe a la hora de utilizar "Nemurs" por "Nemours", lo cual, sin ser del todo un error, desvía de forma irremediable la atención del crítico hacia la hipótesis más verosímil o realista, anulando, con su ilusoria certidumbre, cualquier intento de adentrarse en el rico universo simbólico utilizado por Cervantes.

¿Qué significa Nemurs desde una perspectiva simbólica?

En principio, como ya hemos avanzado, diremos que Nemurs no es lo mismo que Nemours, pues resulta evidente la falta de la vocal /o/ en el nombre del duque en la ficción cervantina. Otra cosa sería su pronunciación francesa, donde la combinación de las vocales /ou/ se resuelve en [u]. Como vemos, el margen que ha dejado aquí nuestro autor para que el exégeta siga la pista correcta es muy corto, pues el riesgo de no darse cuenta de ese pequeño detalle, dada su poca relevancia, es muy alto; lo cual, a su vez, podría ser revelador de la importancia del mensaje que se pretende enmascarar.

Porque "Nemurs" podría tratarse de una palabra compuesta por dos étimos o raíces: NEM-URS; lo cual, no solo estaría en consonancia con el "juego retórico" seguido por nuestro autor a la hora de nominar (casi siempre a base de compuestos bimembres de fuerte componente simbólico), sino que también tal bipartición obedecería -como se verá- a la voluntad de nuestro autor por remarcar la naturaleza dinástica o legitimidad que le confiere el término.

Y con este propósito hemos localizado la raíz "NEM" en un linaje antiquísimo, tanto, que se considera el primero de los linajes reales sobre la tierra, en función de lo expresado en la Biblia: Nemrod (NEM-ROD). Descrito como hijo de Cus, nieto de Cam, bisnieto de Noé: "Cus engendró a Nemrod que fue el primero en ejercer el poder sobre la tierra" (Génesis 10:8). También se menciona en I Crónicas y en el libro del profeta Miqueas, capítulo 5, verso 6. Nemrod se dice que fue el fundador del primer reino formado después del Diluvio universal y, por ende, el primer rey que existió. El Génesis señala que edificó Babel, Urhuk, Akkad y Calneh en la región sur de Mesopotamia, y Nínive, Resen, Rehoboth-Ir y Calach en el Norte.

Pero existe, además de la referencia a la raíz de su nombre, un aspecto que relacionaría a aquel primer rey de la Humanidad, según el Génesis, con la actitud que manifiesta el duque de Nemurs a la hora de no acatar la decisión de su rey de casarse por mandato real: "ha propuesto de no casarse por ajena voluntad, sino por la suya, aunque se le ofrezca aumento de estado y de hacienda y aunque vaya contra el mandamiento de su rey"(p. 567). Es decir, que la misma actitud de rebeldía frente al poder superior que se aprecia en Nemurs lo observamos en Nemrod, que en los escritos rabínicos derivan el nombre Nimrod (Nemrod) del verbo hebreo *ma.rádh*, que significa "rebelarse", en su caso -es de suponer-, contra la soberanía de Dios.

Otro dato a tener en cuenta es el "terror" que suscita en Periandro la mención del duque de Nemurs y sus intenciones, que hace que un héroe de la talla de nuestro protagonista llegue incluso a temblar: "A lo que, temblando, respondió Periandro (p. 569). Esta reacción que provoca en Periandro podría justificarse desde la consideración del carácter colérico y sanguinario del duque de Nemurs, cuya personalidad podríamos poner también en relación con el personaje bíblico de Nemrod. Leemos del Génesis (10:9: "Fue un gran cazador delante[798] de Yavé y de ahí el proverbio: Gran cazador delante de Yavé como Nemrod". Es decir, que esta cita podría interpretarse como que Nemrod fue un poderoso cazador delante-frente a Dios; lo cual, unido a la función que se le asigna como "el primero en ejercer el poder", así como la alusión a la gran cantidad de ciudades bajo su jurisdicción, todo ello en su conjunto nos llevaría a forjarnos la imagen de un poderoso conquistador.[799]

Como puede apreciarse, el primer constituyente del nombre del duque de Nemurs (NEM), en función de la descripción que se nos hace en el *Persiles* de este "príncipe de la sangre" que parece actuar con total impunidad, podría remitir a esa figura del Génesis que responde al nombre de Nemrod. Pero además, con independencia de que nos pueda parecer más o menos correcta o ajustada esta asimilación, el discurso polisémico no se agota, tampoco aquí, con la identificación de un solo referente; pues hallamos otro significado para la raíz "NEM", ahora dentro del exclusivo campo de lo mitológico: el león de NEMea.

Sin ánimo de parecer que vayamos a la búsqueda de cualquier tipo de expresión que pueda servir para informar nuestras hipótesis, creemos que Cervantes, perfecto conocedor del mito de Hércules[800] -como ya hemos aludido en otros lugares de este trabajo-, podría haber tenido presente a la hora de perfilar al personaje del duque de Nemurs el aspecto legendario que, compartiendo una similar antigüedad e idéntica raíz léxica "NEM" con ese rey mencionado en la Biblia (Nemrod), adquiere el león de Nemea en cuanto a que podría significar, dentro del propio mito, una alegoría del primer adversario (¿pueblo o tribu?) derrotado por el legendario protagonista de los "doce trabajos".

Como vemos, el componente simbólico-etimológico va informando la característica que más y mejor define al personaje del duque de Nemurs (es un "príncipe de la sangre") en relación a la antigüedad de su linaje; pero solo hemos analizado la primera parte del nombre ("NEM"), todavía nos faltaría por examinar el segundo elemento de ese compuesto para dar por finalizado nuestro análisis etimológico. Nos referimos a "URS" (NEM-URS) ¿Qué es URS?

Ursus, i, es oso en latín, por lo que "URS" constituiría la raíz léxica de este étimo latino. Es decir, planteamos la posibilidad de que "URS", en cuanto a que "oso", podría señalar al segundo formante de ese nombre compuesto que, junto con "NEM" (Nem-rod / Nem-ea), conformaría el nombre de una entidad mito-histórica que podría identificarse con la idea de un remoto linaje transmitido a través del tiempo.

Y de "osos", nuevamente, debemos volver a hablar. Porque recordemos que eran esas *Osas* estelares las que guiaban a nuestros peregrinos en su continuo peregrinar, dirigiendo su camino

---

[798]   Una corriente interpretativa señala que "delante" procede del hebreo *lif.néh*: "en contra" o "en oposición a".

[799]   Las leyendas sobre Nemrod son abundantes a la par que contradictorias; sin embargo, existen algunos puntos de común acuerdo, como son: la consideración de que fue el primer monarca de la historia de la Humanidad, el primer constructor de las primeras ciudades (exceptuando a Caín) y su manifiesta oposición a Dios.

[800]   En cuanto a la interpretación que ha venido haciéndose del personaje mitológico de Hércules, podría servir la que sigue a continuación: "En verdad son muchos trabajos para un solo hombre, aunque sea un héroe... Ahora bien, un autor muy docto descubrió que la palabra <<herakles>> no designaba a un solo hombre, sino que además, en la Creta arcaica, era el título de un funcionario análogo al <<sufete>> cartaginés... Dicho autor afirma que hubo numerosos <<herakles>>. Todos estos trabajos -que tenían la finalidad, salvo la liberación de Prometeo y la bajada a los infiernos, civilizar, sin importar los medios empleados- podrían ser los de una larga serie de <<herakles>>, nombre que personalizaría epónimamente la función. Entonces el mito se hace verosímil..." Charpentier, 971, p. 17.

y participando en la diégesis como si fuera un oráculo de obligado cumplimiento. Pero el "oso" que aquí vamos a tratar parece escapar de esas regiones estelares, en su intención -poéticamente hablando- de "descender sobre la tierra". Porque pensamos que nuestro autor quizá haya querido recrear el mito de Arkas en la figura del duque de Nemurs. Recordemos que en la mitología griega Arkas era el hijo de Kallisto, una deidad cazadora, y que Zeus los convirtió a ambos en las constelaciones de la Osa Menor y la Osa Mayor, respectivamente. Pues bien, ¿acaso no nos aporta el Génesis el dato de que el legendario Nemrod se distinguía por ser, como Kallisto, un consumado cazador?[801]El Oso, pues, parece revelarse como ese tótem que viene a legitimar el linaje de un "conductor de pueblos".

Una vez hecha la introducción al concepto, vayamos a la información que se despliega alrededor de lo que, bajo la apariencia de un mito, podría ser revelador de un tipo de información extrapolable al contexto histórico de la época de nuestro autor.

Porque el asunto que aquí vamos a tratar ya fue expuesto en capítulos anteriores cuando nos referíamos al mito del "Rey del Mundo". Y ello nos llevará de nuevo a la dinastía de los reyes merovingios, cuya creencia de que hacían gala de descender directamente del patriarca Noé los relaciona directamente con la figura de Nemrod; también descendiente directo del patriarca bíblico según se documenta en el Génesis.

Para concretar la dimensión del concepto al que nos queremos remitir, es preciso que retrocedamos en el tiempo al objeto de rastrear la presencia del tótem (el oso) en la antigua cultura griega; lo cual, no sería causa de asombro en nuestra investigación, dado el género neo-griego o bizantino al que se adscribe nuestra obra. Sea como fuere, el "oso" aparece en una región muy determinada (y poética) de Grecia: la Arcadia, donde el oso era un animal sagrado y cuyo culto pudo haber sido importado por los antecesores de los merovingios, los francos sicambrios, a la región de las Ardenas donde se asentaron.[802]

Es decir, según nuestra hipótesis, podría existir cierta intención de nuestro autor por referir la figura de un mítico rey "Ursus" relacionado con la dinastía merovingia y de origen arcádico, como formante de una realidad histórica simbolizada por el personaje del duque de Nemurs. Es decir, alguien cuyo linaje esté fuera de toda duda y sea, no solo causa de asombro y terror (el de Periandro); sino motivo de la mayor disputa que tiene lugar en el *Persiles*: contra Arnaldo, el "demonio del Sur"(¿Felipe II y su hijo Felipe III?), por la mayor de las posesiones a las que se pueda acceder en este mundo terrenal: el Conocimiento (los dos retratos de Auristela, en función del grado de aproximación al concepto), en su doble función de instrumento de destrucción y de salvación de los pueblos .

Pero el desarrollo de estos argumentos nos obliga, de algún modo, a tener que poner un rostro a lo que hasta ahora solo se nos aparecía bajo el pertinente disfraz del mito. En tal caso, y comoquiera que ya hemos establecido los oportunos paralelismos entre la estirpe merovingia y la raíz URS formante del compuesto NEM-URS[803], consideramos que deberíamos seguir el rastro al mítico linaje merovingio para hallar una identidad válida que, dentro del contexto mito-histórico que caracteriza al *Persiles*, se pueda corresponder con el perfil del duque de Nemurs.

Pero no será esta una tarea fácil, pues el rastro de este linaje parece perderse con el asesinato del último rey merovingio, Dagoberto II, en 679. Y hasta aquí la historia oficial. A partir de este momento comienza el mito, que en resumen viene a señalar la descendencia de un presunto vástago fruto del matrimonio de Dagoberto con la visigoda Giselle de Razès en 670: Sigisberto IV. Pues bien, en relación al componente URS (oso) del nombre de Nemurs, añadiremos la

---

[801]　"Fue un gran cazador delante de Yavé y de ahí el proverbio: 'Gran cazador delante de Yavé como Nemrod". *Génesis*, (10:9).

[802]　"Dada la condición mágica, mítica y totémica que tenía el oso en la tierra merovingia de las Ardenas, no es extraño que el nombre <<Ursus>> -<<oso>> en latín- aparezca asociado [...] con el linaje real merovingio. Un poco más extraño es el hecho de que la palabra gala que significa <<oso>> sea <<arth>>, de la que se deriva el nombre de <<Arthur>> (Arturo). Baigent, Leigh y Lincoln, 2005, p. 336.

[803]　No podemos dejar de referir la circunstancia -que serviría de refuerzo a nuestra hipótesis-, de la relación que podría establecerse entre los dos símbolos fáunicos que se identifican con el término NEM-URS (león y oso) y la cita que en el Apocalipsis de San Juan describe a una de las dos Bestias: "La Bestia que vi era semejante a una Pantera; sus pies eran como los de un OSO y su boca como la de un LEÓN. El Dragón le dio su poder y su trono con un gran imperio." Apocalipsis, (13: 2). En relación a la pertinencia de tal cita, diremos que el propio Cervantes, como venimos aduciendo en otras partes del texto, era un gran conocedor del más enigmático de los libros bíblicos (El Apocalipsis); razón, esta, que justificaría su intención de expresar la gravedad de lo simbolizado por NEMURS en relación al hipotexto apocalíptico.

circunstancia de que el supuesto hijo sobreviviente de la dinastía merovingia fue conocido por el apodo de "el príncipe Ursus".[804]

Y el mito, revestido de historia extraoficial a través del supuesto árbol genealógico que dotaría de legitimidad a ese supuesto descendiente de Dagoberto II, parece atravesar esos "siglos oscuros" dejando la huella de la figura de un supuesto heredero en la persona de Guillem de Gellone (el San Guillermo gallego), conde de Razès y señor de unas tierras en el sur de Francia que coincidirían con el Languedoc que atraviesan nuestros peregrinos de camino a Roma. Pero el mito de ese vástago merovingio sigue su curso, que ahora, con las luces del nuevo milenio, parece revivir, cuatro siglos después en la persona de Godofredo de Boullón[805] y las Cruzadas a Tierra Santa[806](las cuales podrían haber sido aludidas, según vimos, en el episodio del "portugués enamorado", Sosa Coitiño). Es decir, que pasados cuatro siglos desde la muerte de Dagoberto II, la sangre real merovingia se extendería desde Francia surtiendo numerosos árboles genealógicos, cuya fuente más pura habría de localizarse dentro de la casa de Lorena[807], cuyo título de duque fue ostentado por el mismo Godofredo de Bouillon.

Es decir, nos hallamos una vez más frente a uno de los mitos que más páginas ha llenado -y sigue llenando- desde su aparición literaria en la Edad Media: el mito de la "Sangre-real" y/o el ciclo artúrico y las leyendas del Grial.

Sea como fuere, este famoso héroe de las cruzadas no parecía ser un desconocido para Cervantes, al que incluso dedicó, como ya avanzábamos, la comedia *La conquista de Jerusalén por Godofre de Bullón*; donde se rememora la gesta de la primera Cruzada a la par que se alegoriza sobre la trascendencia de esos hechos que adquieren de ese modo una perspectiva universal.

Y este es el resumen de la leyenda del "rey perdido" de los merovingios, en donde resulta muy difícil discernir qué parte de ella es puramente fantasía y cuál es realidad. Pero no podemos sustraernos a la evidencia, pues la noticia de los hechos está ahí, nunca olvidada y frecuentemente revisada y/o actualizada desde diferentes perspectivas y géneros artísticos, resistiendo el paso del tiempo, entrecruzándose con datos históricos contrastados e invitando a reflexionar sobre ello; no en vano, es muy posible que nuestro autor, que ya había mostrado su talante divulgador con su comedia centrada en el personaje de Godofredo de Bouillon, haya podido incluirlos en el *Persiles* con ese mismo propósito.

En virtud de la orientación que ha tomado el desarrollo de nuestros argumentos, nos permitiremos la licencia de aludir a la posibilidad de que tras la figura de ficción del duque de Nemurs se halle un personaje histórico unido a la casa de Lorena; lo cual, dado lo intrincado de la política de matrimonios en la Edad Media, hace que sea muy difícil seguir el rastro de todos los linajes emparentados de algún modo con la citada casa. Sin embargo, dada la relevancia que el citado duque asume en el *Persiles*, llegándose a medir con el propio Arnaldo (la Casa de Austria) y provocando el pavor del mismísimo Periandro, según decíamos; hace que este "príncipe de la sangre" deba ser considerado más que duque un rey en potencia, es decir, alguien perfectamente legitimado para sentarse en el trono de Francia.

Con esta convicción, y teniendo en cuenta el contexto histórico de los hechos que se alegorizan (las Guerras de Religión en Francia), donde la rama de los Valois fue apartada del trono de Francia ahora en disputa; encontramos en la figura del futuro monarca francés, el duque de Borbón (nombrado rey en 1589), un más que posible candidato a encarnar en la realidad al duque de Nemurs.

---

[804]   Baigent, Leigh y Lincoln, 2005, pp. 367-375.

[805]   Fue gobernador-rey de Jerusalén tras el éxito de la primera Cruzada por él liderada. Entre las leyendas que ponderaba su fuerza sobrehumana destacaba la creencia de que había vencido a un OSO. Considerado como personificación del ideal de caballero, es protagonista de dos canciones de gesta (la *Canción de Antioquía* y la *Canción de Jerusalén*). Su familia, como sus primeros años, han sido objeto de multitud de leyendas, como es el caso de *El caballero del Cisne*. También aparece en la *Divina Comedia*, donde Dante ve el alma de Godofredo en el cielo de Marte junto a otros *Guerreros de la fe*. Finalmente, destacamos la presencia de Godofredo de Bouillon como personaje principal del poema épico *Jerusalén libertada* (1575), de Torquato Tasso, obra, esta, muy estimada por nuestro autor; mencionada en el *Persiles* y que pudo haber sido utilizada en la composición de su ¿propia versión de los hechos?: *La conquista de Jerusalén por Godofre de Bullón*.

[806]   "Dicho de otro modo, Godofredo llevaba en sus venas sangre merovingia, descendía directamente de Dagoberto II, Sigisberto IV y el linaje de <<reyes perdidos>> merovingios: <<*les rois perdus*>>. Baigent, Leigh y Lincoln, 2005, p. 373.

[807]   "Y aquí, en la casa de Lorena, estableció un nuevo patrimonio". Baigent, Leigh y Lincoln, 2005, p. 373.

Porque los Borbones, al igual que los Valois, los Anjous, los Borgoñas y los Évreux, son todos descendientes del tronco común de los Capetos-Robertinos; es decir, son "príncipes de la sangre": esa misma sangre que, según se desprende de nuestro análisis realizado sobre el significado etimológico de la expresión NEMURS, habría corrido por las venas de no tan míticos antepasados.

Llegados a este punto, se comprende que el deseo del duque de Nemurs (según nuestra interpretación, el rey de Francia) por disputarle el retrato de Auristela al príncipe Arnaldo (la Monarquía de los Austrias) haga temblar a Periandro; pues, de esa actitud temerosa se deduce la sangrienta guerra que viene enfrentado a ambas monarquías por el control del poder en Europa[808], desde finales del s. XV y en diferentes escenarios europeos, teniendo el conflicto religioso como ¿decorado de sus oscuras intenciones dinástico-hegemónicas?[809].

Pero en el *Persiles* no se nos describe la figura de un rey, sino la de un duque, aunque bien es cierto que "su estado no era inferior al de Arnaldo, ni en la sangre le hacía ventaja ninguna de las más ilustres de Europa" (p. 651); razón, esta, por la que la crítica en general, más inclinada a las evidencias textuales, nunca se haya planteado la posibilidad de que fuese el rey de Francia el poseedor de la identidad del duque de Nemurs. Y en este sentido deberíamos considerar a la figura histórica de Enrique de Borbón, que antes de ser rey heredó el título de duque a la muerte de su padre, Antonio de Borbón en 1562. Además, combatió en el bando hugonote (protestante) durante la tercera guerra de religión francesa, que terminó con la paz de Saint-Germain (1570) y con el matrimonio pactado con Margarita de Valois en contra de sus deseos. Pues bien, tenemos razones para pensar que estos hechos históricos relacionados con su matrimonio, podrían estar siendo aludidos en el *Persiles* justo en el momento en que nuestros peregrinos tocan suelo francés (el "Lenguadoc"), en el capítulo 13 del libro III:

> El duque de Nemurs, que es uno de los que llaman <<de la sangre>> en este reino, es un caballero bizarro y muy discreto, pero muy amigo de su gusto; es recién heredado y ha prosupuesto de no casarse por ajena voluntad, sino por la suya, aunque se le ofrezca aumento de estado y de hacienda y aunque vaya contra el mandamiento de su rey (p. 567).

Se constata expresamente la legitimidad del duque de Nemurs como "príncipe de la sangre" (su legítima aspiración al trono de Francia), lo cual también se comprueba en el personaje histórico del duque de Borbón. También se nos dice que "es recién heredado", es decir, que acaba de hacerse cargo de la herencia debido al temprano fallecimiento de su padre, y que consistiría, para el Borbón, en los ducados de Vendôme y de Borbón. Y en medio de esas Guerras de Religión, donde el joven Enrique de Borbón habría de pelear en defensa del bando protestante, tiene lugar ese tratado de paz de Saint-Germain, cuya cláusula obligaba al duque protestante a contraer matrimonio en contra de su voluntad con la católica Margarita de Valois.

Ahora bien, sin desestimar el contexto histórico en el que se narra el episodio, no debemos perder de vista la perspectiva simbólica, donde el citado matrimonio no debería interpretarse solo en su sentido literal; sino también como la idílica unión del príncipe francés (y con él todo su pueblo) con la causa espiritual que sustenta la consolidación de cualquier monarquía (la religión). En tal caso, la negativa del duque de Nemurs de casarse por imposición real, se interpretaría como la intención del duque de Borbón de no aceptar el vasallaje que conllevaba su conversión al catolicismo. Actitud, esta, que forzará a su señor, ¿Felipe II, titular del linaje o "sangre real" más poderosa de Europa, dirigente, a su vez, de los designios de la Liga Católica desde su fortaleza de El Escorial?, a tomar una decisión en consecuencia; primeramente en el campo de las armas, haciendo valer el *Edicto de Nemurs* (1585), y después en el terreno de la diplomacia (tras recuperar París), con el *Edicto de Nantes* (1598)[810].

Y, no de otro modo debería interpretarse la "peregrina" situación en la que las "tres damas francesas" (simbolización de las armas del escudo de Francia) recorren el genuino "mediodía francés"[811] en busca de un marido apto (un monarca) para casarse con ellas (para gobernar el

---

[808]   Las Guerras italianas (1494-1559) y las Guerras de religión de Francia (1562-1598).

[809]   Recordemos el talante pro-reformista de los comienzos del fundador de la casa de Austria, Carlos V, que a lo largo de su reinado fue derivando hacia el lado opuesto, el católico; para terminar imponiéndose la causa tridentina con especial vehemencia, ya con el reinado de su hijo Felipe II.

[810]   Este edicto puso fin a las Guerras de Religión que convulsionaron Francia durante el siglo XVI.

[811]   El sur de Francia.

territorio francés simbolizado por ellas), dentro de ese caos bélico y fratricida (las Guerras de Religión) que asola la tierra de los francos y del que huyen buscando el único amparo posible de una Roma visiblemente "ligada" (la Liga Católica) por el "demonio del Sur", Felipe II, y su heredero, Felipe III.

Creemos que ahora, con los datos que hemos aportado, tenemos razones para pensar que ese duelo entre "titanes" que se libra en el *Persiles* por la posesión del retrato de Auristela (los dos cuadros), en dos escenarios distintos (a las puertas e intramuros de Roma) y de dos modos diferentes (por las armas y por la diplomacia), podría remitir a las figuras de los reyes de España, Felipe II y su sucesor Felipe III, frente al que fuera duque de Borbón y luego rey de Francia, Enrique IV, en la lucha de ambos por imponerse en Europa.

La importancia de los hechos históricos que se alegorizan, y por tanto su inclusión en el *Persiles*, vendría refrendada por la consecución que supuso para el reinado de Felipe III esta paz con Francia[812], que, junto con otros acuerdos de paz con Inglatera[813] y Paises Bajos[814], dio lugar a un período de paz "generalizada" que se conoce con el nombre de *Pax hispánica* (1598-1621).

En cualquier caso, entendemos que Cervantes narrara en este libro IV (y parte del tercero a modo introductorio) las circunstancias más relevantes del reinado de Felipe III, pues, ¿qué puede haber más importante para nuestro anciano escritor que una paz universal amparada bajo la tutela de la Monarquía española? En tal caso, se comprende que en este último libro se nos detallara literariamente los pormenores de ese proceso que culminó en el "fin de fiesta" que nuestro autor deseaba dar a su historia (la *Pax hispánica*), y que pudo acariciar por sí mismo hasta entregar definitivamente su alma en 1616.

Conscientes de lo arriesgado de estos planteamientos, basados en mitos y relatos legendarios, etimologías y asimilaciones fonéticas, no debemos olvidar, sin embargo, que nos hallamos ante una narración tan fabulosa como las obras de la antigüedad greco-romana a las que remite. Porque, si tuviésemos que hacer un resumen de este episodio en el que dos personajes caracterizados por su noble linaje luchan a muerte por la posesión del retrato de una dama frente a las murallas de una fortaleza (Roma); sin duda, nos hallaríamos ante el argumento de uno de esos cuentos fabulosos que con tanto éxito conformaron el género de los libros de caballería en la Edad Media.

Por tanto, asumiendo la necesidad de abordar el relato como si se tratara de un "cuento medieval", único modo, en nuestra opinión, de acceder a la realidad completa del texto; juzgamos que haya de ser, precisamente, el asunto del linaje "de la sangre" y, dentro de él, el enfrentamiento entre "ramas dinásticas" que se escenifica en el texto (Nemurs contra Arnaldo), lo que constituya la principal línea de investigación en el esclarecimiento de una historia sobre la que Cervantes habría puesto todo su ingenio para transmitirla con el máximo de fidelidad posible.

Contexto previo al enfrentamiento de Nemurs y Arnaldo: el episodio de Rubertino

Y, al hilo de lo que acabamos de decir, debemos situar la circunstancia previa al duelo que se producirá en el libro IV entre Nemurs y Arnaldo. Nos referimos a la aparición que hacen en el texto (en el cap. 15 del libro III) las tres "damas francesas" con claros intereses matrimoniales (¿dinásticos?), y donde una de ellas, Félix Flora, parece centrar el protagonismo en un episodio en el que será secuestrada por un personaje noble de nombre Rubertino, el cual:

> llevado no de perfecto sino de vicioso amor, había dado en seguirla y perseguirla y en rogarla le diese la mano de esposa; pero que ella, por mil esperiencias y por la fama, que pocas veces miente, había conocido ser Rubertino de áspera y cruel condición y de mudable antojadiza voluntad [y] no había querido conceder su demanda y que imaginaba que, acosado de sus desdenes, habría salido al camino a roballa y a hacer de ella por fuerza lo que la voluntad había podido; pero que la flecha de Antonio había cortado todos sus crueles y mal fabricados desinios, y esto le movía a mostrarse agradecida (pp. 580-581).

[812]   La paz de Vervins (1598).
[813]   El tratado de Londres (1604).
[814]   La tregua de los Doce Años (1609-1621).

411

Porque el tal Rubertino, "según Félix Flora contaba, era un caballero, señor de un castillo que cerca de otro suyo tenía" (p. 580). Es decir, nos encontramos en algún lugar de Francia y entre señores feudales que dirimen sus pretensiones matrimoniales recurriendo a la barbarie del secuestro de la doncella ¿Otro relato caballeresco surgido de la misma voluntad legendaria que alimentaba el enfrentamiento de Nemurs contra Arnaldo? Pero, ¿quién es Rubertino?

La crítica, que en general ha prestado muy poca atención a este personaje, suele recurrir en sus juicios a lo proferido por Dominique Reyre sobre el particular: "Juego alternativo Rubertino/rubio, nuevo empleo cervantino de este tema onomástico que simboliza el fuego del amor y los desórdenes de las pasiones (vide Rubicón y Rutilio)"[815]. Una opinión menos psicológica y más objetiva parece ofrecernos Nerlich, que alude a la posible influencia que pudo tener la novela de *Roberto el Diablo*, aparecida en 1509 en traducción española con el título de *La espantosa y admirable vida de Roberto el Diablo*, y que trata de la peregrinación a Roma de Roberto al objeto de redimirse de sus graves delitos.

Nosotros, que valoramos la opinión de Reyre, sobre todo en lo que respecta a la importancia que adquiere el simbolismo del color rojo en el nombre del personaje[816]; pensamos que pudiera haber una relación entre ese color y el apelativo, inequívocamente "rojo", con el que se asimila la novela señalada por Nerlich: *el Diablo*. Además, recordemos que los episodios que se sucederán en el tercer libro, a partir del que nos ocupa de Rubertino, tendrán un marcado carácter simbólico expresado bajo el signo de lo "rojo-diabólico" (otro "rojo" personaje, "Rubicón[817], asesinó al conde Lamberto de Escocia, esposo de Ruperta), que finalmente culminarán en esa "apoteosis del rojo" que constituye el "endemoniamiento" de la, sin embargo, "verde" Isabela Castrucha.

De todo ello, al menos, podríamos sacar una conclusión, y es que todos los personajes nobiliarios que aparecen caracterizados bajo el símbolo del color rojo presentan un perfil sanguinario, pero siempre teniendo como telón de fondo de su crueldad una -más o menos- evidente intención dinástica.

Llegados a este punto, es momento de escrutar la historia y buscar a ese "Rubertino" de alto linaje y no menos arrogancia. Comoquiera que el contexto se circunscribe a Francia, no resulta excesivamente complicado dar con un posible "Rubertino", si se nos permite la licencia de trocar la /u/ por una /o/, en la figura de un personaje-entidad colectiva: la Casa Robertina, que fue casa noble de origen franco fundada por Roberto el Fuerte (fallecido en 866), conde de Blois y casa madre de la dinastía de los Capetos a partir de Hugo Capeto, hijo de Roberto I y nieto de Roberto el Fuerte.

La dinastía de los Capetos, con sus diferentes ramas colaterales, ha reinado en Francia de forma casi ininterrumpida desde 888 hasta 1848. Pues bien, situándonos ahora en el contexto del episodio, la muerte de Rubertino por la flecha de Antonio el hijo para salvar a Félix Flora, podría interpretarse -con las debidas reservas- como el final de la rama Valois de los Capetos (cuya casa madre es la Robertina), desgastados por las guerras de religión y por la intervención de Felipe II, y que dio lugar a la nueva rama de los Borbón al frente del trono de Francia: Enrique IV de Francia y III de Navarra (1589-1610). No en vano, el personaje femenino de Félix Flora[818] remite a esa Francia a la que Rubertino ha pretendido "secuestrar," y que incluso

[815]   Reyre, 2003, p. 123.

[816]   Como se sabe, el nombre "Rubertino" remite al color rojo en lengua latina: *ruber, bra, brum*.

[817]   "Claudio Rubicón, caballero de los principales de Escocia, a quienes las riquezas y el linaje hicieron soberbio y, la condición, algo enamorado" (p. 587). Como vemos, las sangrientas disputas amorosas entre caballeros de alto linaje no paran de sucederse en este contexto previo que estamos presentando y que arranca del libro III, cuyos "enamoramientos" más parecen señalar a intereses dinásticos que a naturales sentimientos amorosos. En el caso de Rubicón, en el *Diccionario de Autoridades*, tomo V, 1737, nos aparece: "Rubicundo. Lo que tiene el color rubio", que podría considerarse sinónimo de pelirrojo (rojo).

[818]   Nerlich realiza un análisis muy convincente a la hora de identificar al personaje de Félix Flora: "Pero es justamente al tener en cuenta este conjunto de señales y los nombres anagramáticos de *Bella Armiño* y de *Flor de Lis* cuando el nombre anagramático de Deleasir revela su razón de ser: es el tercer elemento del blasón de la Dama de Francia, *De l'azur*, y al ser los otros dos el *Armiño* y el *Blanco del lirio* o *lis*, las tres hermosas francesas representan pues los tres elementos de las armas de los reyes de Francia tal como fueron consagradas por el valesano Carlos V, que reinó de 1364 a 1380, llamado el Sabio, y que redujo los lirios *a priori* ilimitados ("el sembrado" heráldico) que figuraban en las armas de los reyes de Francia desde 1179, a tres en homenaje a la Santísima Trinidad. Es decir, *las tres damas francesas* simbolizan a Francia y sus armas, representando los tres elementos que las componen:

ha llegado a costarle la vida (¿el fin de la casa de los Valois derivados del tronco madre de los Robertinos?).

Queda suficientemente probada, en nuestra opinión, la hipótesis de Nerlich tendente a señalar a Francia como referente de lo simbolizado por las "tres damas francesas". Obviamente, nuestros argumentos en relación al personaje de Rubertino necesitarían de un trabajo anexo mucho más detallado y completo para considerarlo como una opción perfectamente demostrada; circunstancia a la que renunciaremos en beneficio de la ligereza de nuestra investigación, que necesita discurrir con fluidez para llegar a conseguir un objetivo más general: una interpretación válida del conjunto de la obra.

Sirva, al menos, esta prospección superficial que hemos realizado sobre la figura de Rubertino para aumentar el escaso interés que este personaje ha venido suscitando, así como para contextualizar el episodio dentro del argumento que venimos proponiendo: las luchas entre linajes de la "sangre" para hacerse con el poder en Europa.

El enfrentamiento entre el duque de Nemurs y Arnaldo

Pero volvamos al duque de Nemurs, después de haber analizado la figura de esos personajes nobles tan necesitados -si se nos permite la expresión- "de sangre": de derramarla, como Rubicón, no dudando en asesinar a quien suponga un obstáculo a sus pretensiones ¿matrimoniales?; de aumentarla, como es el caso de Rubertino, que buscará la pureza de su linaje por la fuerza secuestrando a la mismísima Feliz Flora ("Flor de Lis"); y de exhibirla, como Nemurs, que se jacta de ser un príncipe "de la sangre" llegando a enfrentarse con el "todopoderoso" Arnaldo. Porque, ¿a qué podría deberse, pues, esta obsesión por la "sangre" que parece ser la causa de todos estos episodios?

Para responder a esta pregunta deberemos retomar esa doble visión mito-histórica que parece guiar los designios de esta dialéctica, siempre a caballo entre la fábula medieval y una realidad que se manifiesta, en su conjunto, bajo el signo de una aparente verosimilitud.

Porque, con apariencia de verdad histórica podría interpretarse el sangriento duelo que tiene lugar a las puertas de Roma entre Nemurs y Arnaldo por el cuadro "pequeño" de Auristela, en cuanto a que remitirían a las Guerras de Religión que enfrentaron a católicos y protestantes en Francia, dentro del marco de los acuerdos suscritos en el *Edicto de Nemours*. Y, de igual modo, la "subasta" del cuadro "grande" intramuros de Roma podría contextualizarse dentro de ese clima de "contenida" tolerancia que se acordó posteriormente en el *Edicto de Nantes*, donde, a pesar de concordia alcanzada, se legisló claramente en beneficio del catolicismo.

Pero la perspectiva historicista no es la única que interesa en el relato. Ni tampoco, creemos, la más importante. Porque la riqueza simbólica que se despliega en este episodio es tan rica y variada que resulta complicado discernir las líneas maestras que han de regir sus evoluciones. Intentaremos, pues, para no extraviarnos una vez más en el enmarañado laberinto de símbolos, aferrarnos al texto y recorrer sus galerías sujetando el cabo que mayores garantías nos pueda ofrecer.

Con este propósito, creemos que es necesario recordar antes cuál es el motivo que impulsa a los dos protagonistas de este episodio a obrar del modo en que lo hacen en la diégesis. Porque, en resumen, ambos personajes están movidos por un mismo e idílico fin: casarse con Auristela. No de otro modo, Arnaldo la viene persiguiendo durante toda la novela-epopeya con la esperanza de desposarla. Y, de forma similar, aunque a menor escala, el duque de Nemurs se afana en buscarla a través de la única referencia de un retrato. Ocurre, sin embargo, que tanto afán muestran en disputársela a través de la imagen que ella misma proyecta sobre los cuadros que parece que se han olvidado del modelo original en beneficio de la copia.

En tal caso, nos hallaríamos con dos nobles pertenecientes a un antiguo linaje que se enfrentan por la posesión de un objeto que, a su vez, es símbolo de un concepto espiritual que se revela como inalcanzable para ambos litigantes; de ahí la necesidad de poseer solo el retrato, pues nunca accederán al modelo original, que está reservado para Periandro. A ello habrá que sumarle el hecho de que el retrato "pequeño" (el más realista, que no es copia directa del

---

Belarmina *el Armiño*, Delasir el *Azur* y Feliz Flora-*Flor de Lis*, (568) que "hace gran ventaja a los dos en ser rica" (al ser en sí misma una unidad de tres lises) y que ofrece (605) "a Antonio de prestarle cuanto hubiese menester para su gusto", el *Oro*." Nerlich, 2005, p. 507.

modelo) es realizado en Francia; y que el "grande" (el simbólico, más puro al ser copia del original) haya sido pintado en Portugal.

Pues bien, en este orden de cosas, no nos parece muy práctico que nuestro autor, a estas alturas de su obra y de su vida, realice tal derroche de ingenio y de tiempo molestándose en plasmar detalles tan sutiles sin un motivo lo suficientemente importante que lo justifique. Creemos, pues, que todo ese esfuerzo aparentemente suplementario y/o superfluo deba tener un propósito, y que este se cifre en términos simbólicos en un contexto muy determinado. Un ejemplo de lo que decimos podríamos encontrarlo en el privilegiado tratamiento que adquiere en el *Persiles* el tema de los matrimonios o emparejamientos. Porque, si la obra orbita en torno al deseo de casarse que tienen buena parte de los personajes más importantes (como así se comprueba al final del capítulo 14 del libro IV, donde la mayoría acaban emparejados), toda la novela-epopeya consistiría en una especie de intrincado manual de cómo acceder a un matrimonio ventajoso. Y no andaremos muy descaminados con esta afirmación, pues, las teorías del amor neoplatónico del Renacimiento, que son las que informan las alegorías amorosas del *Persiles*, ¿no proponían la unión de contrarios con la finalidad de conformar el andrógino como clímax de ese ideal amoroso?

Resulta obvio, pues, la intención simbólica que Cervantes despliega en su obra, cuya obsesión "matrimonial", también presente en buena parte de su producción (sobre todo en los entremeses), llega a alcanzar a muchos de los episodios que se van sucediendo, siendo pocos los que se libren de este preceptivo interés; donde, precisamente, la falta del católico ceremonial que debería consumarlos sea quizás la nota que más defina la voluntad de Cervantes por significar otra cosa (la alegoría o doble lenguaje).

Por consiguiente, juzgamos que tras el deseo de casarse que manifiestan tener los dos nobles personajes con Auristela, podría ocultarse la voluntad de legitimar un linaje por encima del de su oponente. Es decir, que más que ante un duelo convencional entre dos bandos opuestos por imponer su criterio (catolicismo frente a reforma, desde una perspectiva historicista), nos hallaríamos ante un duelo dinástico de referencias bíblicas, como así hemos deducido del análisis etimológico del nombre "Nemurs".

Ahora bien, no debemos olvidar el componente "sagrado" con el que nuestro autor aborda el tema de la sucesión dinástica, en donde la imagen de Auristela simbolizaría el -digamos- "tronco madre" de ese linaje. En tal caso, ser aceptado por Auristela o poseer el retrato de Auristela habría de interpretarse en este contexto como la oportunidad del candidato de hacer valer sus derechos dinásticos por encima de los de su oponente; lo cual, podría surtir efectos en dos ámbitos diferentes: en el físico, mediante la oportuna alianza "de sangre"; y en el de las ideas, donde lo simbolizado por el reflejo Auristela (los cuadros) constituirá el vehículo-instrumento necesario para guiar a los pueblos imponiendo una teocracia derivada de su propio modelo de retrato (el "realista" u ortodoxo o el "simbólico" o heterodoxo). Porque, cada uno de los cuadros de Sigismunda (el pintado en Portugal y el pintado en Francia) simboliza, además, a cada una de esas ramas derivadas del antiguo linaje calificado de "sagrado": la portuguesa, liderada por Arnaldo (el origen portugués de la Monarquía Hispánica es obvio); y la francesa, por el duque de Nemurs (el duque de Borbón y rey de Francia Enrique IV).

El enfrentamiento a las puertas de Roma por la posesión del retrato "francés" de Auristela constituiría, pues, una alegoría de la lucha entre ambas facciones por la hegemonía en Europa, aprovechando el contexto de las Guerras de Religión en Francia. Pero se lucha por el retrato "pequeño", es decir, por el que presupone un conocimiento más alejado de la "verdad". En este caso, las -nos atreveríamos a decir- eternas facciones en litigio, utilizarían el catolicismo[819] como "manzana de la discordia" para arrastrar a sus correspondientes partidarios a una lucha fraticida.

---

[819] La equiparación que hacemos del cuadro "pequeño" como símbolo del catolicismo postridentino es en función de sus especiales características: al ser una copia mental sugiere el carácter especulativo o convención característica del catolicismo, al igual que el alejamiento de la fuente más antigua y pagana, que sería el modelo original; el hecho de figurar solo la cabeza alude también a esa ausencia de la necesaria implicación del resto del cuerpo (los pies), propia de una religión cercenada que no pretende transmitir un sentido completo del hecho religioso a través de la pertinente experiencia empírica (¿la obligada penitencia?); la circunstancia de ser un cuadro de tipo realista, nos habla del predominio de la belleza-apariencia (lo superficial o preferencia por la pompa y el ceremonial) por encima del sentido (lo profundo se asimila con lo feo, como "la vieja peregrina").

Porque el retrato francés de Auristela fue mandado pintar por el duque de Nemurs, que, en tal caso, simbolizaría la idea de la religión que querría difundir en sus feudos. Suyo era, pues, el cuadro, y, por tanto, también el derecho a llevárselo; sin embargo, Arnaldo, que no era poseedor del cuadro ni tampoco se hallaba cerca de sus dominios, lo reclama como suyo. Como vemos, el argumento o tema profundo se ajusta con precisión tanto a los hechos narrados como a los sucesos históricos; donde, el catolicismo era la pieza que se estaba disputando en un principio entre Felipe II y Enrique IV (desde su coronación en 1589 y tras las guerras de religión que asolaron Francia), en cuanto a su valor como instrumento teocrático. La circunstancia de que el enfrentamiento se salde con los dos personajes malheridos y prevalezca el retrato colgado del árbol, podría interpretarse como un final en donde no hay ganadores sino solo vencidos: ¿el pueblo?, y que dará lugar a un nuevo teatro en donde dirimir sus disputas hegemónicas.

Y ese nuevo escenario se trasladará a Roma, donde las armas cederán su protagonismo a los dineros y el enfrentamiento adoptará la forma de una especie de subasta, donde el nuevo clima de concordia (el *Edicto de Nantes*) posibilitará esos intercambios comerciales. Porque, ahora un nuevo invitado ha venido a sumarse a la "fiesta": el gobernador de Roma, el cual, según se desprende de la actitud que adopta frente al litigio en cuestión, bien pudiera simbolizar al emperador del Sacro Imperio Romano Germánico Rodolfo II[820]:

> Pasó en esto por Bancos el gobernador de Roma, oyó el murmurio de la gente, preguntó la causa, vio el retrato y vio las joyas, y, pareciéndoles ser prendas de más que de ordinarios peregrinos, esperando descubrir algún secreto, las hizo depositar y llevar el retrato a su casa, y prender a los peregrinos (p. 662).

El "secreto", pues, que se alude en la cita, podría hallarse en el retrato de Auristela, que, dentro de este nuevo enfrentamiento donde ahora los dos contrincantes pujan por su compra, lo simbolizado por el cuadro ha ganado en riqueza, al incluirse en este la parte que le faltaba al otro (pues ahora es de cuerpo entero) así como diferentes símbolos anexos. Pero, a pesar de presentarse esta nueva disputa con un talante -digamos- más civilizado, una vez más, los dos litigantes verán frustradas sus esperanzas de apoderarse del retrato; ya que, el vendedor del cuadro primero, el gobernador de Roma después y Periandro al final, lo impedirán.

En el primer caso, la causa de la falta de acuerdo para adquirir el cuadro será la puja desorbitada, que sembró las dudas tanto del mercader como la de los testigos presenciales: "-¡Santo Dios! -dijo uno de los circunstantes- ¿Qué retrato puede ser éste, qué hombres estos y qué joyas estas? Cosa de encantamiento parece aquesta" (pp. 661-662); y, donde nosotros percibimos, además de lo evidente en relación a la diégesis, el interés de Cervantes por llamar la atención del lector al objeto de replantearse el sentido que adquieren los elementos diegéticos especialmente señalados: el retrato, los dos litigantes y las joyas:

> - Tomad esta cadena, que, con esta joya, vale más de dos mil escudos, y traedme el retrato.
> - Ésta vale diez mil -dijo el duque, dándole una de diamantes al dueño del retrato-, y traédmele a mi casa (p. 661).

Porque, si hacemos caso a lo que parece proponernos Cervantes y nos paramos a reflexionar (en este punto sobre las joyas), se constata que, en ambos casos, el pago se intenta con una cadena, que, en Arnaldo es de oro con un diamante ("Oyendo lo cual, Arnaldo puso la mano en el seno y sacó una cadena de oro, con una joya de diamantes"[p. 661]) por un valor de más de dos mil escudos, y en Nemurs de diamantes por un valor de diez mil. En tal caso, ¿qué querría decirnos Cervantes con este pago tan peculiar y desorbitado? Proponemos la siguiente

---

[820]   La identificación que hacemos del gobernador con el emperador Rodolfo II no se debe solo a una cuestión de coincidencia temporal, pues en la época en que se contextualiza el episodio ocuparía el trono del Imperio (1576-1612); sino también en función del interés que en la diégesis el gobernador muestra por quedarse con el cuadro de Auristela: "oyó el murmurio de la gente, preguntó la causa, vio el retrato y vio las joyas, y, pareciéndole ser prendas de más que de ordinarios peregrinos, esperando descubrir algún secreto, las hizo depositar y llevar el retrato a su casa" (p. 662). Pues bien, en este sentido deberíamos valorar la más que afición, obsesión, de Rodolfo II por el hermetismo y por la alquimia en particular (educado durante ocho años en El Escorial bajo la tutela de su tío Felipe II); que ha sido perfectamente documentada hoy en día y que gozaría de gran fama en época de nuestro autor. En cualquier caso, la inclinación de Rodolfo II al hermetismo se corresponde con el interés que muestra el gobernador por adquirir el cuadro de Auristela "esperando descubrir algún secreto".

deducción. Dado que la "cadena" es la forma de pago y, puesto que nos hallamos ante un conflicto dinástico-hegemónico, podríamos aventurarnos a pensar que el precio a pagar esté directamente relacionado con la legitimación del candidato a la posesión de lo simbolizado por Auristela; es decir, que lo ofrecido por cada uno de los "subasteros" constituiría la presentación de las respectivas credenciales que certificarían sus derechos de posesión sobre el cuadro. De este modo, y haciendo las necesarias concesiones a la imaginación, creemos que el conflicto haya de dirimirse en relación a la antigüedad del linaje. Y en este sentido, comprobamos que la cadena de Arnaldo, entendida esta como la sucesión de "eslabones-reyes" en el tiempo, podría aludir a una época menos remota que la de Nemurs, pues al declarar aquel que es de oro se identificaría con la era de los metales; mientras que la del duque es de piedra-diamante, lo cual podría ser la causa de su datación neolítica. Además, el hecho de que la joya de Nemurs contenga también oro podría significar que su linaje contiene también al de Arnaldo, que, en tal caso, se revelaría como menos longevo.

Pero en medio de la confusión, dentro de un ambiente que parece creado *ex profeso* para facilitar determinados movimientos poco decorosos, el cuadro más emblemático (el "grande") de Auristela desaparece del relato, por un lado confiscado por el gobernador de Roma, y, por otro, comprado por Periandro ("Con todo eso, le ofreció por él cien escudos, con que quedase a su riesgo el cobrar" [p. 663])[821] al comerciante a pesar de no tenerlo físicamente. Obviamente, de este cuadro no volveremos a tener noticias en el relato, con lo que se presupone que quedó confiscado por la autoridad imperial. Sí tenemos, sin embargo, noticias del "pequeño" (aunque tampoco podríamos asegurar que se trate de la copia francesa)[822], que aparece, no sabemos muy bien cómo, debajo de la almohada donde reposa la cabeza Auristela: "lo más que hizo fue poner la mano debajo de su almohada y sacar su retrato y volvérsele al duque" (p. 687); aunque de nuevo Periandro, muy atento, impide que se lo lleve el duque de Nemurs en el último momento: "pero, alargando la suya Periandro, se le tomó [el retrato]" (p. 687).

Finalmente, el episodio se resuelve por sí mismo: extinguida la llama de la pasión por motivo de la enfermedad que tenía demacrada y postrada a Auristela en el lecho a punto de morir, el duque de Nemurs pierde el interés de casarse con ella y se excusa con pretextos ineludibles: "Mi madre me llama; tiéneme prevenida esposa; obedecerla quiero"(p. 686).

Despojada, pues, de sus galas (la enfermedad-encantamiento que ha borrado la belleza del rostro de Auristela) y exhibiéndose al natural, el ideal trascendente pierde su interés como instrumento al servicio del poder; razón, esta, que provocará la huida de los pretendientes (Nemurs y Arnaldo) que antes mataban por su simple reflejo (el cuadro pequeño) a las puertas de Roma, en busca de fórmulas más provechosas; como por ejemplo, las que se ensayan ahora dentro de la Ciudad Eterna con el concierto de nuevos invitados (el gobernador de Roma) al "banquete" dentro de un más que sugerente escenario que lleva por nombre "calle de Bancos"[823].

---

[821]   En cuanto a los cien escudos que paga Periandro por el cuadro "grande", podría servir de aplicación lo expresado para Nemurs y Arnaldo, interpretándose el valor de lo pagado como el símbolo de la legitimación de Periandro a la hora de adquirir el cuadro de Auristela, por encima, incluso, de la voluntad de los litigantes. Ahora bien, ¿en qué consistiría aquí la legitimación de Periandro con este pago, en apariencia, mucho menos cuantioso que el de los otros compradores? Para responder a esta pregunta nos remitiremos a la única moneda con la que podría hacerse ese pago en vida de nuestro autor: el centén de oro con un valor de cien escudos. Pues bien, creemos que lo simbolizado por esa moneda podría justificar el derecho de Periandro para arrogarse la posesión del cuadro de Auristela, y las razones que aportamos son las siguientes: es la moneda de oro más grande acuñada en toda Europa, con lo que, simbólicamente, constituiría el mayor pago en referencia a la Unidad como imagen de lo celeste; solo se acuñaron SIETE centenes en época de Felipe III (1609), lo cual es una clara referencia al objetivo simbólico que se persigue en el *Persiles*; y su peso en oro es de 359 gramos, es decir, ¿casi 360?: ¿360, el número que revela el conocimiento del universo y sobre el que Cervantes ha fundado algunas de sus alegorías, tanto a la hora de presentar determinadas proyecciones temporales (en función de los grados de la circunferencia), como a la hora de practicar la pertinente reducción del número a 36/63? Según lo expuesto, el derecho de Periandro sobre el cuadro de Auristela se justifica en el conocimiento que demuestra tener nuestro protagonista sobre las leyes que rigen en el Universo, cuyo significado quedaría reflejado en esa moneda de 100 escudos: el centén.

[822]   Al final del del sangriento duelo entre el duque de Nemurs y Arnaldo, en el capítulo 2 del libro IV, se alude a que el retrato "pequeño" quedaba en poder de Periandro: "Pero téngale mi hermano Periandro, que en su poder no tendrán entrada los celos, las iras y las soberbias de sus pretensores" (p. 641).

[823]   Lozano-Renieblas recoge en una nota adjunta la siguiente información: "Según Arturo Graf (1888,230), la calle *dei Banchi* era una de las principales calles romanas y también la más frecuentada por las cortesanas". Lozano-Renieblas, 1998, n. 124, p. 186-187.

En relación a este final al que parece abocado el sentido profundo de la narración, la interpretación más plausible nos acerca a la figura de un pretendiente, el propio duque, más interesado en la bella imagen que proyecta Auristela en ese retrato (la superficialidad de la religión que solo es apariencia) que en la crudeza de la experiencia del amor real o verdadero (la gnosis) percibido en el rostro mortecino de Auristela. Extrapolado al contexto religioso, podríamos ver en ello la intención de Cervanes por mostrar que la religión solo interesa al gobernante en cuanto a su función de sugestionar y conmover a sus fieles mediante la contemplación de los bellos objetos de culto y la interacción de los fieles en los pomposos ceremoniales; pero que esa misma religión, desnuda de artificio y mostrada de manera natural, no lograría los beneficios deseados para el buen gobierno de los pueblos. Recordemos, en este sentido, la frase pronunciada por Enrique IV de Francia en 1593, cuando tuvo que ceder a sus pretensiones protestantes en beneficio de las católicas, al objeto de recuperar una de sus joyas más preciadas: "¡París bien vale una misa!"

En el caso de Arnaldo su retirada será menos drástica que la de Nemurs, pues un sentimiento piadoso le impulsa a no abandonar a sus amigos en horas bajas: "más el amor y su generoso pecho no dieron lugar a que dejase a Periandro sin consuelo y a su hermana Auristela en los postreros límites de la vida" (p. 687); lo cual, podría remitir al rasgo de la conducta que más ha caracterizado históricamente a la figura de Felipe III (Arnaldo), y por el que ha pasado a la posteridad: "El Piadoso".

Además, este final de episodio es revelador de cómo la frustración se apodera del espíritu de Arnaldo, que no solo ve perdida su apuesta frente a un exultante Nemurs (que se despide victorioso de Periandro, a pesar de negarle el cuadro de Auristela); sino que, además, "estuvo muy determinado de acompañar al [duque], si no en su camino, a lo menos en su propósito, volviéndose a Dinamarca" (p.687). Es decir, convenientemente extrapolado, quizás podríamos ver en esta pesarosa actitud de Arnaldo a la Monarquía Hispánica en franco repliegue de sus aspiraciones hegemónicas tras la muerte de Felipe II.

En conclusión, comoquiera que todo el episodio del enfrentamiento entre el duque de Nemurs y Arnaldo se basa en la posesión del "reflejo" de lo representado por Auristela (los retratos), entendemos que lo que está en juego no es la "verdadera religión", sino un sucedáneo de la misma (su apariencia o reflejo en diferente gradación-implicación: Catolicismo y Reforma); y, más con la finalidad de contribuir a extender los dominios y la influencia de unas determinadas élites que lo fueron y lo son en época de Cervantes (Nemurs y Arnaldo), que con otros fines menos materiales y más altruistas; esto es, abriendo al común el natural derecho del acceso al Conocimiento-iluminación.

4.4. Roma: una visión desde la distancia

Y será antes de llegar a Roma cuando Cervantes, en su papel *Deus pictor,* se despida de sus "criaturas", aunque lo hará después de haberles reforzado en su fuero interno con una buena dosis de sabiduría popular (nos referimos al episodio del "gallardo peregrino español" y su *Flor de aforismos peregrinos*) al objeto de armarlos de "verdad" frente al engaño aparente que les espera al otro lado de esos muros. Porque, dentro del planteamiento del *Persiles* como una obra de iniciación, la Ciudad Eterna marcará la frontera de la jurisdicción del autor-hierofante sobre sus propios personajes, que ahora deberán enfrentarse "en solitario" al "combate final" que, sobre ellos (los sentidos y la inteligencia de los propios peregrinos), será lanzado amenazando con disolverlos entre las luces efímeras de la turba capitolina.

Pero antes de difuminarse en los márgenes de un camino cimentado a base de palabras ("En eso fueron hablando otro día que dejaron al español"[p. 636]), nuestro autor nos deja una última reflexión en boca del narrador, coincidiendo con el "ninguneado clímax" que constituye la primera aparición de Roma en el horizonte, que, además, redundará en su personal visión no exenta de ironía:

> y aquel mismo día vieron a Roma, alegrándoles las almas, de cuya alegría redundaba la salud de los cuerpos" (p. 636).

Porque, para ser las primeras palabras que se pronuncian en la obra ante la primera visión de Roma, no solo no nos parece que sean todo lo exultantes que debieran, sino que, además, en ningún momento aluden a un final de viaje; que solo más adelante se sugiere y de manera poco clara: "viéndose tan cerca el fin de mi deseo [...], por el buen suceso que prometía el fin próspero de su viaje"(pp. 636-637).

Ahora bien, lo que sí parece transmitir esta primera cita que hemos transcrito es que nos hallamos ante una visión poco espiritual, pues, según se expresa, son los cuerpos los que, por intercesión de las almas, se sienten beneficiados ante la aparición de Roma; es decir, una visión inversa a la que cabría esperarse, donde, más que a "merecer" la vida eterna, parece que se viene a Roma a conservar la terrena en un estado óptimo.

Y, a partir de aquí los personajes se prepararán para enfrentarse por sí mismos, sin la expresa intermediación de su creador, a la definitiva prueba del laberinto; que, como ya venimos aduciendo, se materializará en la ciudad de Roma, aunque su verdadera localización quizás haya que buscarla en el fondo de sus corazones:

> Alborozáronse los corazones de Periandro y de Auristela, viéndose tan cerca del fin de su deseo; los de Croriano y Ruperta, y los de las tres damas francesas, asímismo, por el buen suceso que prometía el fin próspero de su viaje, entrando a la parte de este gusto los de Constanza y Antonio (pp. 636-637).

Sorprende, como decíamos al comienzo, que nuestros peregrinos, ante la vista de Roma ("y aquel mismo día vieron a Roma"), no entonen ninguna "¡Albricia!" como sí hicieran cuando avistaron a lo lejos la "sagrada" ciudad de Lisboa. Tampoco el narrador aprovecha el momento para introducir un canto apasionado de algún personaje, ni exaltación de ningún tipo, ni siquiera existe aquí alusión, por insignificante que sea, que remita a un velado "paralaje estelar", como sí vimos cuando nuestros caminantes cruzaron esos simbólicos "parajes" de Noruega y Lisboa. No hallamos aquí, en definitiva, refrendo estelar de ningún tipo. Ante esta situación, que calificamos de anómala y/o conscientemente sugerida por nuestro autor, nos asalta la siguiente reflexión: ¿no pretenderá decirnos Cervantes, ahora con su intencionado silencio, que Roma no es lo que aparenta ser y, más aún, que no goza del beneplácito de los cielos...?

Porque se sabe que los peregrinos de Santiago cuando llegaban al monte del Gozo y divisaban desde allí las torres de la catedral compostelana exclamaban: ¡Mon Joie! ¡Mon joie!, como señal de alegría. Sin embargo, la actitud de nuestros presuntos "romeros" al divisar por primera vez la ciudad de las siete colinas en nada se parece a la de los "concheiros"[824] al avistar la metrópoli del Apóstol; lo cual, constituye un indicio muy evidente de la idea de que para nuestros peregrinos Roma no podría ser la meta de su peregrinación. Tan solo el narrador consiente en señalar el lacónico estado de alborozo que esa primera visión de Roma provocó en los corazones de todos los personajes, pero es algo interno, nunca exteriorizado, y más que de una alegría parece tratarse de un temor. Porque, aunque más adelante y ya desde un lugar más próximo a la ciudad sí asistiremos a una "presunta" celebración, aunque teatralizada, artificiosa y con ausencia total del pertinente sentimiento de alegría; ni antes ni después asistiremos a la preceptiva explosión de júbilo que la ocasión habría de merecer:

> Y los demás peregrinos de nuestra compañía, llegando a la vista della, desde un alto montecillo la descubrieron y, hincados de rodillas, como a cosa sacra la adoraron, cuando de entre ellos salió una voz de un peregrino que no conocieron, que con lágrimas en los ojos, comenzó a decir de esta manera (p. 644).

Nada. Nuestros personajes no dicen nada a la vista de Roma. Ni antes -repetimos- ni después. Tendrá que ser un extraño quien entone esos versos de exaltación romana, pero ese peregrino no forma parte del grupo. Su función, más que interaccionar con el sentimiento de "contención" que rige la actuación de nuestros peregrinos, parece ser la de salirse del grupo y actuar por su cuenta; como si se tratara de un "infiltrado" con la doble misión de, por un lado, erigirse en portavoz de un grupo del que no forma parte, y, por otro, "cubrir las espaldas" al "escuadrón de peregrinos" encargándose de las preceptivas loas a la mayor gloria de Roma. Es decir, en apariencia se trataría de un auténtico romero: un peregrino ortodoxo-literalista para el cual la Ciudad Eterna sí habría de constituir ese final anhelado.

---

[824]   Peregrinos de Santiago.

Porque Roma es dos veces avistada y ninguna aclamada por nuestro "escuadrón". Como si Cervantes quisiera, con esa intencionada repetición, incidir sobre esa actitud de desdén antes de que el lector pudiera extraviarse definitivamente y dejarse llevar por la creencia ampliamente difundida de que Roma sea el "cielo sobre la tierra". La actitud, pues, de nuestros peregrinos ante el "segundo avistamiento romano" es tan solo de respeto e incierta sacralidad. Porque el texto no expresa otra conducta más allá de lo que estamos manifestando, y, por lo tanto, no debe interpretarse otra cosa que lo que el autor, con extremo rigor, trata de transmitirnos.

Y si decimos esto es porque no debemos pasar por alto la escrupulosa utilización que hace Cervantes de la lengua, que en este momento de máxima tensión del relato habría de escoger las palabras con sumo cuidado para ser entendido pero, a la vez, no llegar a ser acusado de herejía. Porque, cuando dice: "como a cosa sacra la adoraron", revela, en principio, una relación de lejanía con el objeto; donde, tanto el comparativo ("como"), como el sustantivo común ("cosa"), y el sustantivo ("sacra")[825], inducen al lector a elaborar en su mente una idea de vulgaridad, diametralmente opuesta a lo que se presupone que debería simbolizar Roma. Además, si a ese sentimiento le sumamos la expresión corporal que adoptan los peregrinos en ese momento ("hincados de rodillas"), ¿no podríamos percibir en esta actitud, además de la más extendida y piadosa, una imagen hiperbólica del sentido que ha de dársele a aquello que origina la postración, en cuanto a ese incondicional "hincamiento"-adhesión a lo terreno?

Es decir, juzgamos que más que exteriorizar un sentimiento de júbilo, lo que hace nuestro autor con sus peregrinos a la vista de la Ciudad Santa es utilizarlos como espejo de lo que tienen frente a sí: la Roma terrenal.

Pero regresemos al punto de partida, pues esa expectación que hizo alborozar los corazones de nuestros peregrinos durante ese primer avistamiento no será infundada, pues, al momento el escenario se tornará en un sangriento paisaje con Roma como telón de fondo (el duelo entre Nemurs y Arnaldo). Pero antes de introducir a sus personajes en una suerte de episodio de inciertas consecuencias (tanto para sus protagonistas como para los propios lectores), nuestro autor ha preparado a conciencia la llegada a la mítica Ciudad Eterna, donde la "noche" y el "sueño" serán el mejor de los salvoconductos para adentrarse en la mítica metrópoli:

> Heríales el sol por cenit, a cuya causa, puesto que está más apartado de la tierra que en ninguna otra sazón del día, hiere con más calor y vehemencia; y, habiéndoles convidado una cercana selva que a su mano derecho se descubría, determinaron de pasar en ella el rigor de la siesta que les amenazaba, y aún quizá la noche, pues les quedaba lugar demasiado para entrar el día siguiente en Roma (p. 637).

La entrada, pues, a la ciudad de Roma, irá precedida en el relato por el preceptivo pasaje literario que enlaza con la tradición cuentística; donde, ese sol cegador ("Heríales el sol por cenit") posibilitará la entrada de nuestros peregrinos a ese mundo de ensueño ("la siesta"), siempre necesario a la hora de acometer la aventura universal que tendrá lugar en la conciencia del peregrino.

Porque creemos que la idea más extendida que se ha venido teniendo de la Roma del *Persiles* no solo es equivocada sino, nos atreveríamos a decir, contraria a las intenciones de Cervantes; que chocaría con buena parte de la crítica en esa visión tendente a ensalzar el triunfo del catolicismo romano con Casalduero a la cabeza:

> La urbe católica, blanco y meta de toda la peregrinación, se exalta de la manera máxima y más concisa; 'desde un alto montecillo la descubrieron y, hincados de rodillas, como a cosa sacra, la adoraron'. Y un peregrino desconocido dice un soneto: *¡Oh grande, oh poderosa, oh sacrosanta / alma ciudad de Roma!* La vista de Roma admira y suspende por su belleza. Roma es el relicario de la Tierra por los mártires que en ella murieron. Roma ha sido trazada (idealmente) según el modelo de la Civitas Dei, así sirve de ejemplo de santidad. [826]

---

[825] La utilización de "sacra" por "sagrada" es correcta, pues son sinónimos; ahora bien, la reducción de la expresión podría inducir, por efecto simpático, a una reducción de su denotación, que vendría a redundar en una relación de inferioridad con el término más largo. Además, no debemos olvidar la otra acepción del término "sacra", cuyo masculino ("sacro") podría aludir irónicamente a esa parte de la anatomía con un resultado peyorativo o pagano (este último, en razón de que el hueso sacro era el que se entregaba a los dioses en los sacrificios romanos).

[826] Casalduero, 1975 p. 201.

Si tuviésemos que señalar un punto climático sobre el que converge la crítica de estos últimos tiempos, en su visión de una Roma tamizada por las ideas tridentinas radicalizadas por Casalduero; sin duda, señalaríamos a la siguiente frase extraída del texto cervantino: "Roma es el cielo en la tierra", que "Avalle-Arce, en 1969, la hace suya y declara que 'la novela' acaba en 'Roma', 'el cielo en la tierra', según se llama en esta misma novela"[827].

A la vista de estos argumentos, nosotros pensamos que una lectura más reflexiva de esa frase podría haber arrojado algo de luz a la confusión que se cierne en torno a la idea de Roma en el *Persiles*. Porque, la frase completa dice: "aunque Roma es el cielo de la tierra, no está puesta en el cielo" (p. 320), y es muy importante que rescatemos del olvido al resto de la oración que cierra el sentido correcto del texto; pues, algo tan ¡denunciable! como es el hecho de extraer de su contexto un fragmento del discurso, ha influido de forma notable sobre el sentido que ha de aplicarse al conjunto de la obra.

Aunque la frase en cuestión ya fue analizada en el capítulo 2.4., se nos permitirá un último intento de aclaración, ahora que contamos con más datos con los que matizar nuestros primeros argumentos, antes de abordar el análisis de las evoluciones de nuestros personajes en Roma; pues, a poco conocimiento que pueda tenerse de los mecanismos semánticos que obran en el lenguaje, la frase en cuestión no dice sino lo contrario de lo que casi siempre se ha venido postulando:

- "aunque Roma es el cielo de la tierra": *aunque Roma es vista por el común como la imagen idílica de los cielos o la "Jerusalén celeste";*

- "no está puesta en el cielo": *en realidad, a poco que nos zafemos de ese pensamiento generalizado, se comprueba que no es más que un espejismo, pues la exaltación de lo terreno que allí ha de encontrarse no puede ser imagen de lo celeste.*

Quevedo lo sintetiza de este modo: "Buscas en Roma a Roma ¡oh peregrino! / y en Roma misma a Roma no la hallas."[828]

4.4.1. La entrada en Roma: una visión en profundidad

Comoquiera que podría parecer que nuestros juicios sobre lo simbolizado por Roma en el *Persiles* han sido algo superficiales, continuaremos aquí el mismo tema, pero ahora más centrado en el desarrollo de las actuaciones de nuestros peregrinos dentro de la urbe capitolina. Antes de ello, y con el objeto de identificar a las dos corrientes críticas que, tradicionalmente, más opiniones han suscitado en relación a la visión de la Roma que se muestra en el *Persiles*, ofreceremos un ejemplo, relativamente reciente, de esas dos visiones opuestas que venimos apuntando. Como dato anecdótico, aduciremos la circunstancia de que ambas opiniones se encuentran formando parte del mismo volumen que recoge diferentes trabajos críticos en torno al tema central del *Persiles*.

Comenzaremos por Antonio Gagliardi, que, desde una moderada perspectiva ortodoxo-literal, nos da su particular visión de la llegada a Roma:

> Luego se alcanza Roma y aparece el fin latente en todo este camino. Ver a Dios cuando el camino de virtud y de conocimiento se uniforma con la perspectiva cristiana. Periandro y Auristela llevan a cabo el itinerario virtual del hombre aunque tienen que rendir cuentas de la condición humana. Queda aún un espacio problemático porque Cervantes no echa cuentas con la historia y la contemporaneidad a fondo. De esta Roma no es posible ver la barbarie originaria. Queda en la memoria de cada uno y en la experiencia que ha permitido llevar a término un viaje que se ha vivido en una polaridad no mediable. Aunque no es posible para todos alcanzar la visión de Dios, es importante la vía de perfección que saca de la barbarie personal.
>
> En esta vía única Auristela, símbolo de la sabiduría pagana, se hace cristiana llevando a cabo la unificación de las ciencias y de las escatologías.[829]

A continuación, reproduciremos una síntesis de la corriente opuesta, a través de la incipiente visión heterodoxo-alegórica de Marculescu:

---

[827] Nerlich, 2005, p. 428.

[828] Del soneto de Francisco de Quevedo que lleva por título: *A Roma sepultada en sus ruinas.*

[829] Gagliardi, 2004, pp. 409-410.

Roma, por otra parte, está llena de imperfecciones y ambigüedades ("Roma es el cielo de la tierra, no está puesta en el cielo" - II,7), los peregrinos la descubren *desde* un alto montecillo" exterior a la Ciudad Eterna, mientras que el lugar purificador del Norte, el monasterio de Santo Tomás, está situado *justamente en* , alto montecillo". En este montecillo, los peregrinos escuchan un soneto de glorificación a Roma, contrarrestado por la evocación de otro soneto difamatorio (IV, 2). Entran en la ciudad por el barrio de las prostitutas, el Hortacho, cerca del barrio judío. En Roma no manda solo el Papa, sino también un gobernador civil, bajo cuya protección se derrochan antojos, venalidad y corruptela: la perdición tiende allí trampas igualmente peligrosas que entre los habitantes no catequizados del Norte; se puede decir incluso que, en la perspectiva de uno de los cuentos intercalados (a saber el de Rutilio[I, 7-9], Roma se manifiesta como un verdadero infierno, contrapartida activa de aquella Roma anhelada por los personajes durante su larga y movida *pregrinatio vitae y peregrinatio amoris*. Lo mismo puede decirse de un caso en que la peregrinación a Roma se transforma en huida" irracional hacia Roma, como lo hacen Bartolomé el arriero y Luisa Talaverana (III,18).[830]

Ninguna de las dos visiones de Roma que hemos dado a conocer son representativas de posiciones radicales en cada una de las perspectivas señaladas, aunque puede apreciarse de manera muy evidente las diferencias que las separan, por lo que no será necesario incidir en ello.

Comoquiera que es mucho lo que se ha escrito sobre la Roma del *Persiles*, poco de original nos queda por añadir. Por ello, trataremos de no repetir lo que otros, con mejores razones y mayores merecimientos, ya han pronunciado antes que nosotros. Y dentro de ese grupo debemos situar a Julio Baena, quien, en su mítico libro (tanto por el título como por su elevada intención exegética) *El círculo y la flecha*, llega a decir lo siguiente: "Toda Roma *escrita* es necesariamente decepcionante, y, en efecto, la Roma del *Persiles* lo es. Como telón de fondo para la apoteosis anunciada, Roma se despacha en unas líneas no exentas de ironía"[831]. Y, en otro momento dice el estudioso: "hay que decir que Roma en el *Persiles* es desconcertante. Es tan anticlimática, que ha hecho incluso pensar si todo el *Persiles* no es más que un cínico cuento de desengaño."[832]

Y esta misma línea se expresa también Lozano-Renieblas, que incluso llega a manifestar:

> Pero la Roma que presenta Cervantes, como viera con acierto Meregalli (1987-88), no es la Roma papal que ha querido ver la crítica (véase Banal 1923, 43), ni la Roma santa que auguraban los devotos deseos de los personajes, sino la otra cara de Roma, la que más le interesaba para poner a prueba a sus protagonista: la Roma de la prostitución.[833]

De estos ejemplos que hemos destacado, junto con la lectura de otros trabajos más genéricos, llegamos a la conclusión de que la crítica en general suele coincidir en la percepción de un desajuste entre lo que debería de ser la Roma "sagrada" y la realidad mundana con la que se van a encontrar nuestros protagonistas una vez crucen sus puertas.

Opiniones que pudieran parecer algo extremas, como la de Lozano-Renieblas, sin embargo, dan buena cuenta de las intenciones más bajas que condicionan las actuaciones de ciertos personajes principales en Roma; llegando, por la influencia que puedan ejercer en el desarrollo de los diferentes episodios romanos, a ser uno de los temas que polaricen la atención del lector. Ahora bien, quizás se le esté dando demasiada importancia a determinados aspectos que no lo merezcan tanto, como el tema de la prostitución; a pesar de su resonancia a un nivel de lectura literal, que, en nuestra opinión, debería considerarse más bien como un elemento al servicio del sentido profundo del texto.

Sin desmerecer un ápice la importancia del tema de la prostitución dentro del sentido general del episodio, creemos que la solución que propone Lozano-Renieblas, aunque acertada, no consigue despegar de la superficialidad del texto, por lo que no sería representativa de los intereses profundos de Cervantes en este punto; cuyos objetivos habrían de situarse en una cota más alta: quizás donde el sentido literal pierde su sentido para, sin perderlo del todo,

---

[830]   Marculescu, 2004, p. 520.

[831]   Baena, 1996, p. 127.

[832]   Baena, 1996, p. 116.

[833]   Lozano-Renieblas, 1998, p. 185.

transformarse en otra cosa (¿*de la Roma de la prostitución a Roma "la prostituta de Babilonia"?*)[834].

En realidad, no es nada nuevo lo que estamos sugiriendo, pues estas opiniones ya las habíamos expresado cuando analizábamos el personaje de Rosamunda. En tal caso, todo el tema de la prostitución romana, que para Lozano-Renieblas constituye la "prueba del laberinto" de Periandro, también podría funcionar como la imagen de prostíbulo que nuestro autor quiere proyectar de Roma en cuanto a que reflejo de la más fecunda y celebrada de las causas de su increíble supervivencia[835]: ¿la capacidad de venderse al mejor postor al objeto de conservar su privilegiada situación de poder?

Ya analizamos, cuando abordábamos el tema de los comienzos de la construcción europea a partir de las guerras entre visigodos tolosanos y francos, alegorizado en el episodio de Renato (Alarico II) y Libsomiro (Clodoveo I), como ese juego de alianzas y traiciones entre esos primeros reyes europeos en connivencia con el papa servían a los propósitos diegéticos de Cervantes para sentar las bases sobre las que se desarrollarán los poco decorosos principios que caracterizan a la urbe católica que se nos muestra en el libro IV. Y, es a partir de ese contexto histórico, que constituye los cimientos de buena parte del edificio de la moderna estructura socio-política del occidente cristiano en tiempos de nuestro autor[836], donde comienza a perfilarse en el *Persiles* las intenciones de Cervantes de presentar una historia de la evolución de las dos corrientes fundamentales del cristianismo, la ortodoxo-literalista (Catolicismo) y la heterodoxa-alegórica (Reforma, con matices), en su lucha constante por imponerse en las conciencias de los pueblos con la finalidad, creemos, de arrogarse el monopolio de la salvación espiritual en nombre del cristianismo: el primero de ellos potenciando su vertiente terrena y el segundo haciendo alguna concesión a lo espiritual, aunque ambas estrictamente vigiladas y utilizadas como instrumento al servicio del poder.

En nuestra opinión, la denuncia universal, pues, que parece transmitir el *Persiles*, se haría extensible a las dos corrientes religiosas que venimos proponiendo, en cuanto a que ambas constituyen un alejamiento de la fuente común del cristianismo primitivo; muy acusado en la "literalista" (a pesar de la existencia de corrientes espirituales como el misticismo dentro del seno del catolicismo) y menos en la "alegórica". Ahora bien, dado que la corriente religiosa más desviada del mensaje originario ha llegado a alcanzar tal grado de notoriedad que constituye la peor amenaza contra la propia religión que la sustenta desde sus orígenes; nuestro autor, cristiano "antiguo" (gnóstico), hijo de su tiempo (el Barroco) y heredero del legítimo derecho ancestral (inmerso en su humanismo) de alcanzar el Conocimiento-iluminación sin más intervención que la de su propia voluntad y sacrificio, carga las tintas contra ese clamoroso desvío que amenaza con desbordarse de su cauce y arrastrar con sus aguas a toda la civilización occidental.

Y, en este sentido, podríamos considerar la visión de una Roma prostituida que nos presenta Cervantes, que, haciendo las pertinentes concesiones a la imaginación, podría relacionarse con lo referido en el *Apocalipsis* ante unos hechos "míticos" similares: "Aquí la inteligencia y la sabiduría. Las siete cabezas son siete montañas sobre las que se asienta la Mujer" (Ap. 17: 9)

---

[834] Véase Apocalipsis 17,18.

[835] En relación a la depravación moral que se vivía en Roma en la primera mitad del siglo XVII, aportamos el testimonio de fray Lucas Fernández de Ayala, de su obra *Historia de la perversa vida y horrenda muerte del Antechristo* (1649), tratado I, discurso IX, pp. 40-41: "Llámanle Babilonia Latina, porque por ser tan grande, y avezindada de tanta y tan diversa gente, ocasiona muchos vicios, y mueve a varios desórdenes; estilo común de Ciudades grandes, en las cuales al compás que crece la gente, vezinos, tráfago, y tumulto, a esse mismo se aumentan los vicios, y desórdenes. Así assisten los soverbios, que no contentos con la passadia igual a su estado y linaje, aspiran a honras no devidas; chupando qual sanguijuelas la sangre de los pobres, oprimiéndoles con mil vejaciones y agravios. Ai está en su punto el fuego instinguible de la concupiscencia, comprando la honra de las donzellas; y aun lo que más es, y no se puede dezir sin gran dolor, vendiendo las madres sus hijas. Ai está el vilipendio a los sagrados Templos; haziendo la casa de Dios de conciertos indecentes, fraquentandola por ventura no por ver a Dios, sino por lo que se les antoja". Caro Baroja, 1985, n. 51, p. 273.

[836] No olvidemos que incluso en época actual (por supuesto en la de Cervantes), referir en España el origen de un linaje familiar a un antepasado godo es uno de los más apreciados signos de reconocimiento de "pureza de sangre" y/0 nobleza.

¿La ciudad de las siete colinas?, "Y la mujer que has visto es la Gran Ciudad, que reina sobre los reyes de la tierra" (Ap. 17: 18).[837]

No en vano, dentro de ese juego de analogías al que nos tiene tan acostumbrados Cervantes, no costaría mucho trabajo encontrar la que relacionaría ese ambiente de prostitución, tan asimilado a la ciudad eterna en aquella época, con la consideración de Roma como el final de una "engañosa" peregrinación.

Nosotros, partiendo de esa misma asimilación cervantina, ya hicimos algo parecido cuando analizábamos al personaje de Rosamunda, en relación a la rosa como emblema de los peregrinos o romeros que se dirigen a Roma (Rosamunda > Rosa inmunda > Rosa invertida > AMOR al revés > ROMA). Y ese "amor al revés" o invertido podría ser considerado como el opuesto al amor idealizado; es decir, el amor carnal: el mismo que señala Lozano-Renieblas como característico de esa Roma que amenazaba a Periandro con hacer fracasar su empresa. No de otro modo, apunta la estudiosa: "Los beatos Persiles y Sigismunda entran en Roma por el Hortacho: el lugar asignado a las prostitutas"[838], donde les esperan dos judíos (Abiud y Zabulón) para ofrecerles sus servicios de alojamiento. Lo cual, sitúa al episodio en un contexto opuesto a esa visión triunfante que la crítica tridentina ha venido ofreciendo.

Porque, como se desprende del análisis de Lozano-Renieblas, las connotaciones que se desprenden del "ofrecimiento hospitalario" de los judíos podrían remitir a la figura del demonio, en su visión arquetípica de la tentación y del mal[839] en general:

> La onomástica, que recuerda una de las diez tribus perdidas de Israel, es significativa. Según Covarrubias, el nombre Zabulón se toma por algunos escritores como sinónimo de demonio. Julia, la mujer de Zabulón, será, precisamente, la causante de la enfermedad de Auristela.[840]

Finaliza la estudiosa su alusión a ese "ambiente desviado "que rodea a la Roma del *Persiles* con esa descripción del antro en donde debería escenificarse el combate final del héroe: "Es en este espacio ambivalente, en el que la santidad convive con los placeres mundanos, donde Cervantes sitúa la prueba de castidad del protagonista: el encuentro con la cortesana Hipólita"[841].

Nosotros, que coincidimos con Lozano-Renieblas en la identificación del antro del Minotauro, sin embargo, le atribuimos un papel consustancial y no meramente estético o marginal en el desarrollo del episodio; pues, en la ambivalencia señalada por la estudiosa, nosotros encontramos una relación diferente: en donde los placeres mundanos constituirían la realidad de un mundo con apariencia de santidad: la Roma sugerida por Cervantes (¿el infierno en la tierra y no el cielo?).

Porque creemos que no se debe tomar el tema de la prostitución ni a su máxima representante, Hipólita, en su exclusiva dimensión literal. Recordemos que el *Persiles* se nutre de la verosimilitud de sus episodios para transitar esos espacios literarios que median entre el mito y la realidad, y en este caso no iba a ser diferente; donde la fama de santidad de Roma rivalizaba desde antiguo con la de sus cortesanas.[842]La prostitución en Roma constituye, pues, la alegoría más verosímil para servir de vehículo narrativo a la denuncia de una religión más inclinada a los pasiones del cuerpo (simbolizado en la conducta de la prostituta Hipólita) que a las renuncias del espíritu.

---

[837]   Porque, "la mujer" que se menciona, "que reina sobre los reyes de la tierra", podría señalar a un personaje muy concreto del *Persiles*, Hipólita (véase el capítulo 4.4.4.); cuyo reino "seductor" se ejerce, precisamente, sobre la ciudad de las siete colinas (¿"las siete cabezas son siete montañas"?).

[838]   Lozano-Renieblas, 1998, p. 186.

[839]   "La acción de un principio del mal está en la conciencia de todos los hombres antiguos: paganos o cristianos. Estos heredarán muchas ideas de aquéllos, y lo que en esencia les caracteriza es la interpretación general con respecto a sus orígenes y a las formas que hay no sólo para liberarse de él, sino también para alcanzar el Bien, en una vida perdurable, con resurrección de la carne y otros bienes unidos a ellas." Caro Baroja, 1985, p. 149.

[840]   Lozano-Renieblas,1998, p. 185.

[841]   Lozano-Renieblas,1998, p. 187.

[842]   "La Roma del 500 combinaba, paradójicamente, dos características contradictorias. Constituía el centro de la cristiandad y de la prostitución (Larivaille 1975). Lozano-Renieblas, 1998, p. 184.

Quizás, no sería una temeridad suponer que Cervantes estuviera pensando en simbolizar, a través del personaje de Hipólita, a la figura bíblica de la "Gran Prostituta": "Babilonia la Grande, la madre de las prostitutas y de las abominaciones de la tierra" (Apocalipsis, 17: 5).

Soneto a Roma

En cuanto al famoso soneto proferido por el "infiltrado" peregrino a la ciudad de Roma, dado que ya goza de suficiente labor crítica, trataremos de no extendernos más de lo estrictamente necesario.

Comenzaremos con una mención al análisis de Aurora Egido, en cuyos argumentos encontramos claros referentes de la corriente ortodoxo-literalista:

> El sentido de la peregrinación a la ciudad celeste, cuna papal, tierra de mártires y reliquia universal que adoran los peregrinos, se alcanza con el milagro último conseguido por su hallazgo al final del camino. La peregrinación vital y amorosa toca a su fin. La voz del recitante, «no como poeta, sino como cristiano» repite de nuevo el soneto, a petición de Periandro. Ignoramos quién es ese poeta-peregrino de reminiscencias familiares, como también a qué poeta se refiere cuando dice que éste compuso su soneto para paliar el de un autor que hizo otro contra Roma, pero lo cierto es que los versos de Cervantes son un antídoto contra una amplia literatura antirromana que había desarrollado el tema de la abundancia de la ciudad en pecados y lacras. Aquí cristaliza además la idea propia de la égloga que desarrollara *La Galatea* y consagraron las *Soledades* con anterioridad al *Persiles*, la del peregrinar-contar que deriva además en un poeta-peregrino, en pasos-versos y líneas de escritura; sólo que aquí se trata de una peregrinación cristiana que tiene un claro término salvífico en la ciudad santa.[843]

En general, el análisis de Egido nos parece que sigue muy de cerca la senda de Casalduero, en su propósito de "dejarse llevar" poéticamente por aquello a lo que remita el texto desde su "literal" visión tridentina.

Más contenido se muestra Romero, que, a pesar de dedicarle todo un anexo,[844] apenas llega su opinión personal para articular un lacónico: "Soneto durísimo, sin duda, pero que no debe sorprender demasiado al lector con cierta cultura" (p. 745); donde, a falta de de un compromiso mayor, parece achacar el crítico esa manifiesta falta de un aire más piadoso en la composición a la competencia cultural del lector, que, de algún modo, debería comprender tal omisión. Pues bien, nosotros no solo no comprendemos el empleo de esa dureza -por lo que deberíamos engrosar las huestes de la incultura-; sino que, de manera inversa, percibimos una clara intención de nuestro autor por expresar lo contrario de lo que de forma tan devota parece defender el crítico.

Además, somos de la opinión de que no puede interpretarse el soneto del desconocido peregrino de manera aislada, sino en relación al "contrapunto" que el propio Cervantes pone en boca de ese mismo poeta-peregrino una vez recitado sus versos:

> Cuando acabó de decir este soneto, el peregrino se volvió a los circunstantes, diciendo:
> - Habrá pocos años que llegó a esta santa ciudad un poeta español, enemigo mortal de sí mismo y deshonra de su nación, el cual compuso un soneto en vituperio desta insigne ciudad y de sus ilustres habitadores (p. 645).

Y en esta misma línea que nosotros postulamos parece que actuaría ese soneto -llamémoslo-inverso al que hace referencia el propio poeta-peregrino, pues, el contrapunto que representa en relación al soneto recitado redundará en la verdadera realidad que haya de definir lo representado por Roma. Como dice Molho: "el doble soneto contradictorio expresa bastante la ambigüedad de la urbe pontifical"[845].

---

[843] Egido, 1998, p. 36.

[844] "Soneto a Roma". Anexo XXX (p. 744).

[845] Molho, 1994, p. 46.

Porque, en nuestra opinión, creemos que el calificado por Romero como "Soneto durísimo" obedece, en efecto, a una clara intención de Cervantes por describir un poema carente de sentido piadoso.

Habrá de ser, por lo tanto, desde una perspectiva alegórica, cuando el soneto cobrará el sentido que le corresponda, con coherencia y sin necesidad de recurrir a apelaciones a la competencia cultural del lector, sobre todo cuando del análisis literal no se obtengan las conclusiones deseadas. Porque, desde esta perspectiva alegórica, la dureza que inspira este poema podría remitir al interés de nuestro autor por representar literariamente una visión de Roma en cuanto a su asimilación a lo terreno más que a lo celeste.

Las pruebas que aportaremos en defensa de esta hipótesis se deducen de la propia naturaleza significativa del texto (el soneto):

> ¡Oh grande, oh poderosa, oh sacrosanta
> alma ciudad de Roma! A ti me inclino,
> devoto, humilde y nuevo peregrino
> a quien admira ver belleza tanta (p. 644).

1. El primer cuarteto expresa la conmoción "de un peregrino que no conocieron"(p. 644) ante la visión de Roma. Ahora bien, desde un principio, se nos sugiere la idea de que esa visión no es la aparente sino la profunda: la del "alma ciudad de Roma"; lo cual, sin embargo, es expresado desde la superficialidad que tal sentimiento de admiración provoca en un observador directo: "a quien admira ver belleza tanta". Existe, pues, bajo nuestro punto de vista, una voluntad de Cervantes de aludir a Roma de manera contradictoria: desde su apariencia y desde su profundidad.

En tal caso, a través de la conmoción que provoca en el poeta la vista de Roma, nosotros percibimos la intención de Cervantes por identificar la verdadera realidad que se esconde bajo la aparente belleza capitolina: un "alma" apegada a lo terreno pero no a lo celeste; lo cual, se comprueba en los adjetivos que expresan ese sentimiento de admiración del poeta: "Oh grande, oh poderosa, oh sacrosanta", cuya triple referencia daría la imagen de un concepto más en consonancia con lo profano que con lo divino: la teocracia, constituida por la nobleza (el linaje), la fuerza (las armas) y la religión (la ley moral como mandato divino); o sea, "grande", "poderosa" y "sacrosanta", respectivamente.

Es decir, la ironía de Cervantes apuntaría en este primer cuarteto a denunciar al causante de la esclavitud del hombre occidental (la teocracia), ensalzando la figura del ente-cuerpo que lo simboliza: Roma.[846]

Además, podría interpretarse que este "nuevo peregrino", en oposición a la expresión "vieja peregrina", representa una religiosidad inversa a la que simbolizaba aquel denostado personaje al que nosotros atribuíamos, sin embargo, el papel de "hierofante" o iniciadora de nuestros peregrinos en los misterios de la "antigua" religión. Con ello, queremos sugerir la posibilidad de que este adulador de Roma, que se presenta como "devoto, humilde y nuevo peregrino", simbolice, en su literalidad"-y es muy importante este detalle, pues en su profundidad representará lo contrario- a la legión de peregrinos para los que Roma sí haya de ser el "cielo en la tierra".

> Tu vista, que a tu fama se adelanta,
> al ingenio suspende, aunque divino,
> de aquel que a verte y adorarte vino
> con tierno afecto y con desnuda planta (p. 645).

2. El segundo cuarteto parece consistir en una focalización del sentimiento que despertaba la devoción del "nuevo peregrino" en la estrofa anterior: el éxtasis ante la visión de la belleza aparente. Lo cual, según se desprende del poema, redunda en el motivo que imposibilita al peregrino adentrarse en la verdad, cegado por los falsos brillos de una engañosa realidad. Por

---

[846] No descartamos la posibilidad de que, acentuando esa ironía que parece desplegar nuestro autor en el soneto, haya tratado de codificar su particular visión de Roma a través de un acróstico (recurso muy frecuente en su discurso persilesista) compuesto en base a los tres adjetivos que más colman las expectativas de ese "nuevo peregrino": GRANde, POderosa y SAcrosanta; es decir, GRANPOSA > TRAMPOSA > MENTIROSA.

ello se nos dice que: "Tu vista, que a tu fama se adelanta", en el sentido de que la FAMA; es decir, el pasado glorioso de los primeros mártires del cristianismo, resulta eclipsado por el brillo de las formas y las riquezas que atesora la ciudad. Y, de igual modo actúa desluciendo al INGENIO (el Conocimiento), que, dato importante, llega a calificarlo de "divino".

> La tierra de tu suelo, que contemplo
> con la sangre de mártires mezclada,
> es la reliquia universal del suelo (p. 645).

3. En el primer terceto desarrolla el poeta el tema de la FAMA mencionado anteriormente. Existe aquí cierta voluntad del poeta por presentar una imagen de Roma ("tu suelo") como si estuviera conformada, desde antiguo ("reliquia universal"), por esa dualidad universal que se encarna en el hombre: el mal o lo terreno ("La tierra de tu suelo") y el bien o el testimonio dejado por los espíritus trascendidos ("la sangre de los mártires").

> No hay parte en ti que no sirva de ejemplo
> de santidad, así como trazada
> de la ciudad de Dios al gran modelo (p. 645).

4. En el segundo terceto el poeta aparenta ensalzar, en su literalidad, lo que Romero califica como: "el concepto de *Roma, cielo de la tierra*" (n. 5, p. 645). Sin embargo, lo que en su literalidad resultaría ser un análisis correcto de estos versos, desde una perspectiva profunda habría que interpretarlo de un modo completamente diferente. Nos referimos a la circunstancia de que el poeta (Cervantes) utilice este segundo terceto con el mismo propósito que el anterior; es decir, para explicar, ahora, el segundo de los aspectos que aludiría a esa "verdad sobre Roma" que adelantábamos en la explicación del segundo cuarteto: el INGENIO = CONOCIMIENTO.

Y en esta línea creemos que deberíamos interpretar unos versos de marcado acento -digamos- "geométrico" (en relación a los procesos intelectuales de aprehensión del conocimiento desde los antiguos griegos), en donde la frase: "No hay parte de ti que no sirva de ejemplo", podría aludir a los mensajes geométricos (simbólicos) inmersos en las estructuras arquitectónicas de esos divinos templos que embellecen a la Ciudad Eterna, en cuanto a su consideración de "ejemplo" (reflejo) de los cielos; lo cual, se refrenda en el siguiente verso: "de santidad, así como de trazada", donde la comparación pone de manifiesto lo que ya se decía en el segundo cuarteto acerca de la divinidad que el poeta otorga al ingenio-Conocimiento ("aunque divino"), y que ahora volverá a ser referido en términos similares a través de esta asimilación de la "trazada" geométrica como algo santo o sagrado.

El último verso de la composición nos lleva, una vez más, a la máxima de Trimegisto ("la igualdad de lo de arriba con lo de abajo"): "de la ciudad de Dios al gran modelo". Obviamente, nuestro autor, por boca del poeta, no se refiere al ejemplo de vida cristiana que la "desviada" y licenciosa urbe católica ofrecería en aquella época de la idealizada "Jerusalén celeste"; sino al mensaje simbólico (a escala del Universo = "al gran modelo") que se halla bajo esa misma belleza efímera que al "nuevo peregrino" (no a los antiguos, como a nuestros protagonistas, seguidores de la "antigua" o "vieja peregrina") parece arrebatarle el sentido: "¡Oh grande, oh poderosa, oh sacrosanta alma ciudad de Roma!"

Este es, en resumen, el análisis que hemos practicado sobre el soneto del "nuevo peregrino" a las puertas de Roma. En cuanto al otro soneto que se cita y que sirve de contrapunto al anterior, estamos moderadamente convencidos de que no haya de ser necesario buscar muy lejos a ese "poeta español, enemigo mortal de sí mismo y deshonra de su nación" (p. 645), al que atribuirle la citada composición, más allá de las líneas que componen este mismo soneto analizado. Porque, como ya podrá intuirse, es el propio Cervantes quien ha construido este -digamos- soneto reversible,[847] compuesto por una cara amable o literal ("*Roma, cielo de la tierra*") y otra alegórica: "en vituperio desta insigne ciudad y de sus ilustres habitadores" (p. 645).

---

847   En contra de nuestra opinión podría situarse Astrana Marín, quien, en palabras de Lozano-Renieblas, dijo: "haber encontrado en tres manuscritos anónimos de la Biblioteca Nacional de Madrid el soneto que se menciona, omitiendo las signaturas para dificultar su búsqueda. El soneto empieza: <<Un... electo a mojicones>> y termina

Se nos permitirá, como cierre a nuestro breve análisis sobre el poema, la licencia de imaginar al autor de la *Numancia* riéndose de su propia osadía al escribir lo que sigue: "pero la culpa de su lengua pagara su garganta, si le cogieran" (p. 645).

Entrada *de facto* en Roma del escuadrón de peregrinos

En cuanto a la deslucida ¿entrada triunfal? de nuestros peregrinos en Roma, diremos a modo de introducción, que la crítica en general no se ha prodigado especialmente en la tarea de abordar un análisis riguroso desde planteamientos -como ya avanzábamos en el capítulo anterior- distintos a los defendidos por Casalduero en defensa de sus tesis tridentinas: *"Roma, cielo de la tierra"*. Mención aparte merece las opiniones vertidas por Baena, Lozano-Renieblas, Molho, Nerlich o Sacchetti[848], entre otros; cuyos análisis manifiestan una firme voluntad de superar los modelos impuestos desde el púlpito de un pensamiento que parece arrogarse el patrimonio del orden y la moral.

Pero el texto habla por sí mismo, a pesar de que lo que se diga no sea del agrado de todos. Es el caso de lo manifestado por Lozano-Renieblas en relación a la "poco decorosa" entrada de nuestros peregrinos en Roma, tras el doble canto de alabanza-vituperio proferido por el innominado peregrino; donde, la docta cervantista ya nos previene de que Cervantes se proponía realizar una descripción veraz de la realidad de Roma y no un simple y acomodaticio panegírico a mayor gloria de la Ciudad Eterna: "Antes de que los peregrinos hagan su aparición en Roma, el autor toma sus precauciones con la mención del elogioso soneto a Roma del peregrino desconocido."[849]Porque el elogio aparente del poema constituye para Lozano-Renieblas la necesaria ocultación de las verdaderas intenciones de Cervantes a la hora de describir a la Ciudad Eterna desde una perspectiva que, de no haber tomado las necesarias medidas encriptatorias (alegorías, juegos de palabras, etc.), bien podría haberle costado un serio desencuentro con el aparato censor de la época.

Porque no debemos olvidar que nuestros peregrinos entran por el "arco de Portugal", que no solo refiere al "Hortacho: el lugar asignado a las prostitutas"[850]; sino que nos sugiere, además, otra lectura simbólica de ese "mitico" acceso a la fabulosa ciudad de Eneas, y sin abandonar esa línea de oposición a la idea más generalizada: "Roma es el cielo en la tierra", que señala Lozano-Renieblas.

Y en este contexto mítico deberíamos tener en cuenta el valor que Cervantes asigna en el *Persiles* tanto al concepto de "Arco"[851] como al de "Portugal"[852], por lo que, según el texto,

---

<<Esta es en suma la triunfante Roma>> (Astrana Marín 1958, VII, 443-444)." Lozano-Renieblas, 1998, n. 122, p. 185.

[848] "el supuestamente calumnioso soneto puede, por asociación, resultar verdadero y ofrecer una visión de Roma que la desacraliza, pero igualmente válida, socavando su papel aceptado como centro de la cristiandad. Un sutil contrapunto a la visión triunfante de Roma es introducido así en la fábrica de la novela". Sacchetti, María Alberta, *Cervantes' "Los trabajos de Persiles y Sigismunda"*. A Study og Genre, Londres, Támesis, 200, p. 82. Traducción en Nerlich, 2005, p. 432.

[849] Lozano-Renieblas, 1998, pp. 184-185.

[850] Lozano-Renieblas, 1998, p. 186.

[851] "Arco" no solo señalaría a la constelación de Sagitario (el arquero) en relación a esos comienzos de la Humanidad expresados en la Biblia a través del episodio de Noé -como ya venimos aduciendo- ; sino que, además, podría ser revelador de un conocimiento esotérico directamente relacionado con uno de los símbolos más enigmáticos del cristianismo: el crismón. En tal caso, el arco-crismón se constituiría como el símbolo de la Tradición o fundamento de la religión (*religare*) cristiana: la vía de la salvación o iluminación a través del conocimiento (Génesis 9: 13: "Mi arco he puesto en las nubes, el cual será por señal del pacto entre mí y la tierra."En este sentido, las letras que conforman la palabra ARCO conformarían una versión latinizada del griego: A(α)–P(ρ)–X(χ)–O(ω), que son las letras que figuran en el aludido crismón. Véase lo referido en el capítulo 1.2. en relación al "grandísimo arco" y a la "desmesurada flecha, cuya punta era de pedernal" (p. 130), que al principio de la novela-epopeya apuntaba al pecho de Periandro señalando de este modo su precario destino en relación a los astros (arco + flecha gigantes = símbolo de la constelación de Sagitario como anuncio de la llegada de la constelación de Escorpión-Tauro, SCINTA).

[852] La expresión "Portugal", además de señalar un determinado lugar geográfico, aludiría también a ese concepto que nosotros relacionamos con la búsqueda del ideal místico-gnóstico y que podría identificarse con esa puerta o portal (PORT) por el que se accede a una realidad superior (G.A.L.U.): PORT-UGAL.

427

hacer entrar en Roma a sus personajes por una "puerta" tan sugerente ("el arco de Portugal") podría señalar la intención de nuestro autor por mostrar que Roma constituye una prueba obligatoria dentro del proceso de iniciación-revelación de sus personajes; es decir, que nuestros peregrinos acceden, a través de ese "Arco", no solo a un mundo desviado o degenerado en relación a la prostitución, sino también, a lo simbolizado por Roma en un sentido profundo.

Y, no de otro modo, debería interpretarse las palabras que un anónimo romano profiere al paso de la simbólica comitiva, con Auristela al frente: "Yo apostaré que la diosa Venus, como en los tiempos pasados, vuelve a esta ciudad a ver las reliquias de su querido Eneas" (p. 647); donde, sin necesidad de alegoría, Auristela es asimilada a la diosa Venus en términos simbólicos y en función del sentimiento que despierta su belleza.[853]

En cuanto a los tres judíos que se citan, y que cumplen en el relato la función de aposentadores del escuadrón de peregrinos, la crítica, de forma inexplicable, ha pasado de puntillas[854] sin ni siquiera preguntarse quién son o qué representan en el relato; habida cuenta de la importancia que tienen al ser los primeros personajes que reciben a los peregrinos en su "entrada triunfal" en Roma. Porque, ¿podría achacarse a la casualidad la circunstancia de que nuestro autor hubiese elegido, precisamente, a tres representantes del pueblo hebreo para rendir los honores pertinentes a unos esforzados romeros que ven cumplida su peregrinación con la preceptiva llegada a la sede metropolitana del catolicismo en Occidente?

Como vemos, las piezas no parecen encajar como debieran ¿Judíos recibiendo a católicos a las puertas de Roma al final de su presunta "devota" peregrinación a comienzos del siglo XVII? La ironía de Cervantes parece no tener límite.

Dice Lozano-Renieblas al respecto:

> El encuentro con los judíos en el umbral de la ciudad santa también preludia y anticipa las sorpresas que Roma depara a los peregrinos. La onomástica, que recuerda una de las diez tribus perdidas de Israel, es significativa. Según Covarrubias, el nombre de Zabulón se toma por algunos escritores como sinónimo de demonio. Julia, la mujer de Zabulón, será, precisamente, la causante de la enfermedad de Auristela.[855]

Justifica Lozano-Renieblas, pues, la presencia de los personajes judíos como una antesala de la insólita realidad que les espera a nuestros protagonistas de puertas para adentro; sin embargo, aunque nos parece correcto este planteamiento, adolece esta incursión exegética de una visión más pretenciosa, pues, resulta evidente que nuestro autor no emplearía a estos personajes tan controvertidos si no primase en ello una causa de fuerza mayor a la presentada por Lozano-Renieblas. Nos referimos a la presentación que hacen de sí mismos los dos judíos ante el criado de Croriano, donde podríamos atisbar tanto sus identidades como sus intenciones:

> -Porque habéis de saber, señor -dijeron-, que nosotros somos judíos. Yo me llamo Zabulón y, mi compañero, Abiud; tenemos por oficio adornar casas de todo lo necesario, según y cómo es la calidad del quiere habitarlas, y allí llega su adorno donde llega el precio que se quiere pagar por ellas (p. 646).

Haciendo valer aquí lo argumentado por Lozano-Renieblas sobre la identidad de Zabulón como sinónimo de demonio, y en relación a sus poco onerosas intenciones ¿o tentaciones? ("Y allí llega su adorno donde llega el precio que se quiere pagar por ellas"), encontramos, en un principio, que la intervención de esos dos hebreos podría interpretarse desde la tradicional visión de las tentaciones: la imagen de unos esforzados peregrinos que son tentados en Roma a abandonar las asperezas de la "verdadera" religión en beneficio de las comodidades que les ofrece Roma.

---

[853] Como recoge Ana Suárez: "La magia de su rostro (adecuado a la doctrina de ficino sobre el amor) es el resultado final de toda carga cultural que desde Dante había identificado a la mujer con lo sobrenatural para expresar la fuerza del amor. Esta Venus celeste representaba, según la doctrina de Platón, al mismo amor que en la doctrina de Ficino resultaba la fuerza motriz del mundo, originada en Dios y transmitida al universo y, a la inversa, era la causa de que sus criaturas buscasen la unión con Él." Suárez, 2015, pp. 1042-1043.

[854] Mención aparte merece Lozano-Renieblas, que sí ha reparado en ello.

[855] Lozano-Renieblas, 1998, pp. 185.

Porque, de no mediar en esta llegada al lugar más santo de la cristiandad -después de Jerusalén y con el permiso de Santiago- una causa de fuerza mayor en relación a la actuación de los dos judíos, ¿acaso Cervantes no hubiera agasajado como se merece a sus personajes con una llegada en consonancia tanto a su linaje como a la grandeza del trabajo-peregrinación realizado? No en vano, una situación similar se produjo cuando llegaron a Lisboa, y allí sí fueron tratados como corresponde: "Mandólos el visorrey alojar en uno de los mejores alojamientos de la ciudad" (p. 435).

Por todo ello, pensamos que nuestro autor, quizás, tuviera otra intención a la hora de incluir a estos personajes judíos en su relato; pues, como hemos argumentado, el papel que desempeñan en la diégesis no parece ajustarse convenientemente a las circunstancias. Porque, si volvemos a fijarnos en el oficio declarado por los dos aposentadores (Zabulón y Abiud), parece que más que a buscar alojamiento a los caminantes que llegan a Roma se dedican a adornar convenientemente los que ya están ocupados: "tenemos por oficio adornar casas de todo lo necesario"; lo cual, podría remitir alegóricamente a una idea que justificaría, dentro del contexto mito-histórico que venimos aplicando desde el comienzo de este libro IV del *Persiles*, el recibimiento protagonizado por los judíos, y que nosotros interpretamos de este modo: *"tenemos por oficio adornar casas"*, es decir, *suministrar la doctrina religiosa oportuna (inmersa en las raíces del judaísmo) a las CASAS dinásticas o linajes nobiliarios para que, a cambio de facilitarle el acceso a los diferentes privilegios, títulos e incluso tronos europeos, se empeñen en la defensa de una religión a la medida de sus necesidades como mejor modo de defender nuestros intereses.*

Aunque no somos ajenos a lo peregrino de estas deducciones, el contexto mito-histórico que venimos empleando, desde el episodio del duque de Nemurs contra Arnaldo por la posesión de los retratos de Auristela, es un claro referente de la pertinencia de estos argumentos; que, además, podrían refrendarse si tomásemos en consideración los nombres de los judíos aposentadores, más allá de la simple generalización con la que suele identificarse peyorativamente su intervención en el relato.

Porque, ¿cómo creer que Cervantes, cuya dialéctica se basa en un perfecto dominio de la nominación a imagen de lo referido por fray Luis de León en *De los nombres de Cristo*,[856] habría de nominar a esos emblemáticos judíos de forma completamente arbitraria en un momento de su obra tan delicado como lo es la entrada en Roma de sus peregrinos?

Es momento, pues, de emprender el pertinente análisis en relación al nombre de los tres personajes judíos que se citan:

1. Zabulón. Además de lo señalado por Lozano-Renieblas (Según Covarrubias, el nombre de Zabulón se toma por algunos escritores como sinónimo de demonio), el nombre, de claras referencias bíblicas, se corresponde con el sexto hijo de Jacob y de Lía. Patriarca de Israel, dio nombre a una de las doce tribus establecida en Galilea. El símbolo de la tribu de Zabulón es una nave impulsada por remos y vela, con la leyenda: "Y él será puerto para naves".[857]

2. Abiud. Nombre también de referencias bíblicas. En concreto haría alusión a un ascendiente de la familia de Jesús (la tribu de Judá). Leemos en Mateo (1:12-13): "Después de la cautividad de Babilonia, Jeconías engendró a Salatiel; Saratiel engendró a Zorobabel; Zorobabel engendró a Abiud...". Recordemos que el símbolo de la tribu de Judá es un león.

3. Manasés. Este personaje es citado en el *Persiles* por el judío Abiud como compañero de negocios y propietario de la magnífica posada que ha contratado el otro criado de Croriano para alojar a los peregrinos. No interviene directamente en el relato: "Con esto pasaron adelante y, a la entrada de la ciudad, vieron los judíos a Manasés, su compañero, y con él al criado de Croriano"(p. 647). En relación a la Biblia, Manasés podría aludir al primero de los dos hijos de José (hijo de Jacob) y de su esposa Asenat; o bien, al rey de Judá, hijo de Ezequías, que reinó entre el 697 a. C. y el 642 a. C. Sin embargo, nosotros pensamos que la alusión apuntaría al rey

---

[856]   "-El *nombre*, si hemos de decirlo en pocas palabras, es una palabra breve que se substituye por aquello de quien se dice, y se toma por ello mismo. O *nombre* es aquello mismo que se nombra, no en el ser real y verdadero que ello tiene, sino en el ser que da nuestra boca y entendimiento". Fray Luis de León, *De los nombres de Cristo*, pp. 9-10.
[857]   Se sugiere, pues, una evidente relación de sentido entre la leyenda de la tribu de Zabulón: "Y él será puerto de naves", y la entrada de nuestros peregrinos en Roma por ese puerto-puerta que es el "arco de Portugal" y, precisamente, de la mano del "judío" Zabulón.

de Judá[858] más que a la tribu de Manasés, pues, la circunstancia de llamarse "compañeros" sería en relación a la pertenencia del rey Manasés a la misma tribu de Judá que Abiud, a su vez compañero de Zabulón. En este sentido, no debemos olvidar, en la interpretación que haya de hacerse del personaje de ficción creado por Cervantes con ese mismo nombre (Manasés); la circunstancia de que Felipe II mandase colocar una estatua de cinco metros (junto otros cinco reyes más de la tribu de Judá) en la fachada principal de la basílica del monasterio de El Escorial.

Recapitulando, Cervantes nos presenta a tres personajes de origen hebreo que, en contra de lo que se consideraría una conducta normal desde una perspectiva tridentina, dirigen los primeros pasos de nuestros peregrinos en la sede metropolitana del catolicismo.

Esta interpretación, que nosotros hemos extraído del análisis de los propios nombres de los hebreos que se citan, presupone, sin embargo, la relegación del catolicismo romano a mero disfraz, y, al judaísmo, al verdadero artífice o poder entre bastidores que alimenta la idea de Roma.

Y en ese espacio simbólico se adentran nuestros "regios" peregrinos, que serán indirectamente interceptados (a través de sus criados) por esos tres hebreos que podrían simbolizar la triple entrada a un templo como imagen de una Roma convertida en ¿"trampa para las almas" antes de que puedan percatarse del engaño? Porque, como se puede comprobar, estos "judíos" están particularmente interesados en ofrecer alojamientos nada austeros, como así se comprueba en: "si no, que ellos se la darían tal que pudiesen en ella alojarse príncipes"(p. 646), o en: "- Que me maten -dijo Abiud-, si no es éste el francés que ayer se contentó con la casa de nuestro compañero Manasés, que la tiene aderezada como casa real."(p. 646); es decir, como si su oficio de "aposentador" tuviera en Roma la función de embelesar a los peregrinos con las riquezas del mundo, evitando así que estos puedan distraerse y se decidan -cosa difícil- ¿a mirar por su alma y no por su cuerpo?

Pero todavía nos queda una cuestión por resolver, y se deriva del porqué Cervantes escogería a estos tres personajes bíblicos en vez de a otros de las mismas tribus que podrían representar de igual modo un papel similar. Para responder a esta pregunta deberemos antes volver al texto, donde, la diferente actuación que realizan los dos grupos de personajes hebreos, Zabulón y Abiud por un lado y Manasés por otro, podría arrojar alguna pista. Porque, si los primeros fracasan en su empresa de alojar a los distinguidos peregrinos no así Manasés, que ha cerrado el trato el día anterior ¿Qué queremos decir con ello? Fundamentalmente, que la entrada a lo simbolizado por Roma de nuestros peregrinos está condicionada a dos tipos de "intereses" (los dos grupos de hebreos), los cuales, trabajando en íntima armonía (entre ellos se llaman "compañeros"), tratarán de atraerlos a su posada (¿a su doctrina?) utilizando como cebo el lujo de la realeza: "y allí llega su adorno donde llega el precio que se quiere pagar por ellas".

En este orden de cosas, solo restaría por saber qué corriente de pensamiento, filosofía o tipo de conducta distingue a cada uno de los dos grupos de hebreos que hemos señalado; pues, estamos convencidos de que ello será el motivo que justifique la elección que hace Cervantes de esos personajes bíblicos para informar su relato. De este modo, llegamos a la conclusión de que, quizás, nuestro autor se hubiera valido de las iniciales de los nombres de esos personajes para significar un concepto de alto contenido mistérico. Lo cual, se comprueba en el nombre de los dos hebreos que no consiguen alojar a los peregrinos en la posada que ambos comparten: la "A" de Abiud y la "Z" de Zabulón, que se asimilarían con el "α" y el "ω" (ambas letras constituyen el principio y el final de sus correspondientes abecedarios, el latino y el griego,

---

[858] Sobre la historia de este personaje bíblico, y en relación al lugar en donde se halla su estatua en la basílica de El Escorial, Aroni Yanko dice lo siguiente, en una especie de recreación del personaje: "Mis padres fueron Ezequías y Jefsi-Bah. Se me conoce como el duodécimo rey de Judá. Subí al trono a los doce años, por lo que tuve muchos inconvenientes. Seguí caminos muy diferentes a los de mi padre. Toleré, fomenté los santuarios locales y el culto a BAAL, dios de cuatro ojos y cuatro alas al que sacrificaban niños que eran abrasados en el horno que formaba el pecho hueco de la estatua. Estos sacrificios se hacían porque según la leyenda, este dios había inmolado a su propio hijo por la salud del género humano. También permití el culto a otro dios pagano llamado Astarté. Reiné cincuenta años. Evoqué e hice magia. Toleré y alenté a nigromantes y adivinos para hacer mal a los ojos de Jahvéh e irritarle. También derramé sangre inocente e hice pecar grandemente a Judá. Fui prisionero y en ese estado comprendí el mal que había hecho y me arrepentí sinceramente de mis herejías. Destruí todo lo que hice contra Jahvéh y reparé los muros de la Ciudad Santa. Mi mano sostiene un compás y a mis pies tengo una escuadra. También muestro una cadena y los despojos de cautivo. Por eso mi leyenda reza: Manasés arrepentido restauró el altar y los sacrificios". Aroni, 1994, p. 62.

respectivamente) inmersos en el antiguo símbolo cristiano del crismón[859] y en la famosa cita del Apocalipsis (22: 13): "Yo soy el Alfa y el Omega, el Primero y el Último, el Principio y el Fin".

En tal caso, podría interpretarse que nuestros peregrinos, al rechazar el alojamiento que se les propone, lo hagan también de aquello que signifique el mensaje proferido en la cita apocalíptica (el "α" y el "ω") y en beneficio de lo simbolizado por el alojamiento ofrecido por Manasés.

Pero, ¿qué simboliza Manasés?

Para responder a esta pregunta utilizaremos ahora a la otra figura bíblica a la que remitía el nombre -según avanzábamos más arriba-: Manasés, rey de Judá (697 a.C.-642 a.C.) de la Casa de David. Porque, nos encontramos ante un monarca singular, cuyo reinado estuvo marcado por su vasallaje al rey de Asiria, Asurbanipal; lo cual propició una política religiosa opuesta a la ortodoxa de su padre (Ezequías): tolerando los cultos asirios, incluso en el templo de Jerusalén, e introduciendo elementos de la religión asiria, como la invocación a los muertos y los sacrificios de niños; mereciendo con ello la desaprobación de los profetas que le anunciaron la condena de la divinidad.

Es decir, en un primer momento, podríamos avanzar que nos encontramos ante la figura de un monarca marcado por una conducta reprobable en relación al uso que hace de la religión como instrumento teocrático, que no duda incluso en traicionar la voluntad-memoria de su progenitor inculcando en sus reinos unos dogmas opuestos a los defendidos por su predecesor.

Como vemos, esta breve historia que hemos presentado del rey Manasés posee claras reminiscencias con otras afines ya analizadas en este trabajo. Nos referimos a la protagonizada por el rey Leopoldio y los hermanos Sinibaldo y Renato, que decíamos que guardaba una evidente similitud con la historia del reino visigodo de Toledo, en la persona del rey Leovigildo y de sus hijos Hermenegildo y Recaredo; la cual, a su vez, podría haber sido utilizada por Cervantes como proyección de lo que estaba aconteciendo en su tiempo en relación al emperador Carlos V y a sus hijos, el "desgraciado" héroe de Lepanto, don Juan de Austria, y su hermano el rey Felipe II.

Y, en relación a ello, quizás podríamos entender ahora por qué Felipe II se decidió a colocar en ¿la entrada al templo sagrado?[860] que se halla dentro del centro de poder de la Monarquía de los Austrias, el monasterio de El Escorial, una estatua de cinco metros del rey Manasés, junto a otros cinco reyes judíos. Es decir, que el homenaje que rinde Felipe II a sus ancestros, ¿no podría justificar la propia filiación del Monarca a esa tribu, en cuanto a que heredero del trono de Judá?

En relación a la otra figura bíblica a la que remite el nombre de Manasés, nos hallaríamos ahora ante uno de los dos descendientes directos de José, cuya tribu se escindió en dos, Manasés y Efraín[861], dando lugar a un enfrentamiento bíblico por los derechos dinásticos sobre el trono de Israel.

Y, dentro de este conflicto dinástico (¿no cerrado aún en época de Cervantes?), que enfrentaría a diferentes ramas-tribus emanadas del mismo tronco del patriarca de Israel, no sería

---

[859] Además de lo referido en el capítulo 2.5. sobre el crismón, en este caso concreto, creemos que la presencia de Abiud y Zabulón encarnarían, con referencia a la cita bíblica que estamos utilizando, al "primero" y al "último" de un mismo y antiguo linaje, según apuntábamos cuando analizábamos la antigüedad asociada al simbolismo etimológico de NEMURS. No por otra circunstancia, Abiud ("el principio") es un ascendiente directo de Jesús, cuya tribu hebrea (Judá) dio comienzo a la era del cristianismo; y Zabulón ("el fin"), calificado como "demonio" en el *Covarrubias,* debería representar, en buena lógica, a los herederos de la tribu de Zabulón encargados de finiquitar lo que otrora crearan sus hermanos de la tribu de Judá. En este orden de cosas, la lectura que podría hacerse de la inclusión por parte de Cervantes de estos dos personajes, es que los dos pertenecen al mismo tronco o linaje antiguo ("Yo soy el alfa y el omega"): ¿uno abrió la puerta de la Historia (Cristo = Abiud) y otro habrá de cerrarla (Anticristo/demonio = Zabulón)?

[860] Queremos llamar la atención en este punto, pues, como es lógico, Felipe II no habría de ignorar las depravadas costumbres religiosas de su "antepasado" el rey Manasés; las cuales, al parecer, no solo no fueron razón de peso para excluirle de su memoria, sino que, increíblemente, gozarían de la aprobación del "demonio del sur", pues decidió colocar su estatua en la puerta del templo más sagrado del catolicismo en Occidente.

[861] No deberíamos olvidar que los hebreos asentados en España conocidos como sefardíes, los cuales fueron expulsados de la Península por los Reyes Católicos en 1492, eran descendientes de la tribu de José-Efraín. Y si decimos esto es porque la legítima heredera del trono de Israel era la tribu de Efraín y no la de Manasés: "Más Israel extendió su mano derecha y la puso sobre la cabeza de Efraím, que era el menor y su izquierda sobre la cabeza de Manasés, cruzando de intento las manos, a pesar de que Manasés era el Mayor" (Génesis 48, 14); lo cual, podría ser el origen de una disputa dinástica de consecuencias históricas, lo suficientemente relevante como para extenderse en el tiempo llegando a influir en la categórica decisión de su expulsión de la Península.

una osadía suponer que descendientes más o menos directos de las tribus que protagonizan la bíblica vendetta se confabularan para luchar por sus derechos ancestrales ¿Nos hallaríamos, pues, ante otro cuento del Grial como el relatado por Periandro en su historia retrospectiva, o, quizás, se trataría de la exposición de los argumentos históricos que habrían de avalar la veracidad del fabuloso relato de nuestro protagonista?

Sea como fuere, puede que en ese deseo de autoafirmarse en su derecho, que habría de tener quien se supiere depositario del mismo, ese supuesto descendiente a quien nos estamos refiriendo utilizara los propios vestidos a modo de estandarte, proclamando de ese modo la dignidad que pretendiese representar. Y, en este sentido, creemos que operaría esa costumbre, casi enfermiza, característica de Felipe II por vestir de negro[862]; pues, como se sabe, el color emblemático de la tribu de José es el negro, y, habida cuenta de las relaciones que podrían asimilar al rey Prudente con la figura bíblica de Manasés (en sus dos referentes históricos, según hemos visto), podría suponer la manifestación de su voluntad a la hora de arrogarse para sí una legitimidad que, quizás, no habría de corresponderle a él sino a un legítimo descendiente de la tribu de Efraín.

En cuanto a la opinión más extendida acerca de la costumbre del Monarca por vestir de negro riguroso, que ve en ello la autoafirmación del ideal de la Contrarreforma,[863] diremos que, en defensa de nuestros argumentos, se sabe que el negro hábito que el monarca hispano popularizó en todas las cortes europeas de su tiempo no fue una idea original suya; sino que esa costumbre de aparecer de negro ante sus súbditos fue copiada del modo de vestir de la corte borgoñona[864] a partir del siglo XIV.

En conclusión, nuestros peregrinos se alojarán en Roma en la posada del judío Manasés en vez de en la ofrecida por Zabulón y Abiud: ¿acaso una invitación de Cervantes a que el lector reflexione sobre el rumbo de los acontecimientos que a comienzos del siglo XVII estaban impulsando esos nuevos tiempos en relación a lo simbolizado por Roma, así como el papel que determinadas ramas-tribus del antiguo judaísmo podrían tener dentro del catolicismo tridentino?[865]

---

[862] Cervantes se vale de ese mismo recurso simbólico, trasladado de la realidad al texto literario, que consiste en aludir a los aspectos más profundos que caracterizan al pensamiento de un personaje a través de la descripción más externa que proyecta el individuo: sus vestidos.

[863] En contra de esta opinión, recuérdese que Mauricio y Ladislao eran descritos vistiendo esos mismos vestidos de color negro, lo cual constituiría una clara reivindicación de las tesis reformistas, dado que los personajes que nosotros identificábamos con las figuras de ficción eran Erasmo-Martín Lutero y Don Juan de Austria, respectivamente.

[864] Recordemos que la Casa de Borgoña no solo constituye una de las casas nobiliarias transmisora de esa herencia mítica de los reyes merovingios a través del famoso duque de Borgoña y creador del reino de Jerusalén, Godofredo Bouillon (rememorado por Cervantes en una de sus comedias); sino que, además, constituye la herencia directa de Felipe II a través de su padre Carlos V.

[865] A este respecto deberíamos hacer alguna consideración, y para ello partiremos de un hecho bíblico irrefutable: aunque el gobierno de los hebreos fue otorgado por Jacob a la tribu de Judá, la primogenitura o derecho dinástico de la nación de Israel es de la tribu de José (Manasés y Efraín). Y si decimos esto es porque los dos bandos de personajes hebreos que hemos analizado en el texto pertenecen unos al entorno de la tribu de Judá-Zabulón (Abiud y Zabulón) y otro a la de Judá-José (Manasés, en su doble filiación, según se vio), que, aunque se muestren como "compañeros" en el texto cervantino, no se oculta la rivalidad entre ambos a la hora de disputarse el alojamiento de los peregrinos. En la Biblia se expresa esa misma rivalidad entre las tribus de Judá y de José (Manasés y Efraín):"Manasés a Efraím, Efraim a Manasés, / y ambos a dos se lanzan a Judá. / Pero con todo no ha amainado su cólera, / su brazo aún está extendido". Isaías (9: 20). En tal caso, el alojamiento romano de nuestros peregrinos en la casa de Manasés y no en la de Zabulón, podría interpretarse como la intención de nuestro autor por referir la actualidad que todavía tiene ese antiguo problema dinástico en su época, y cuya gravedad podría redundar no solo en la causa de los enfrentamientos alegorizados en los personajes del duque de Nemurs y Arnaldo, sino incluso, desde una perspectiva realista, en el devenir histórico que ha venido enfrentando en Occidente a las diferentes "casas nobiliarias" -nos atreveríamos a decir que desde la caída del Imperio Romano de Occidente- por el dominio de los territorios. En cualquier caso, y a pesar de la citada rivalidad entre las dos tribus bíblicas por alzarse con el mítico trono de Israel; no debemos olvidar la política matrimonial que tanto éxito proporcionó en las aspiraciones dinásticas de las casas reinantes europeas, por ello: ¿no podría representar el judío Manasés el símbolo de una casa reinante que, a través de las oportunas alianzas matrimoniales, hubiese llegado a aunar en su seno a la tribu de Judá y a la de José? No en vano, en la descripción que hacíamos del personaje admitíamos una doble identidad: Manasés rey de JUDÁ, y Manasés presunto heredero de la primogenitura de JOSÉ. Ahora bien, como decimos, no hay que olvidar que, en todo caso, sería la tribu de EFRAÍN y no la de MANASÉS la heredera de la primogenitura al trono de ISRAEL.

No tardarán, una vez nuestros peregrinos se hayan establecido regiamente en la casa de Manasés, en acudir los dos pretendientes, Arnaldo y el duque de Nemurs, a las puertas ("Entre la demás gente que llegó a la puerta" [p. 648]) que "coronó la casa de los nuestros" (p. 648) a pedir a Periandro la mano de su "hermana" Auristela, portando, como no podría ser de otro modo, sendos hábitos de peregrino...

4.4.2. Luisa y Bartolomé presos en Roma o España sometida al catolicismo tridentino

Antes de entrar de lleno en el tema que se anuncia en el título de este capítulo, argumentaremos acerca de la identidad de los protagonistas del episodio; pues, de su correcta identificación redundará la certeza o la impostura de nuestros juicios.

Para empezar, tendríamos que llamar la atención sobre una circunstancia que ya debería de alertarnos sobre las elevadas intenciones de nuestro autor para con estos dos "vulgares figurantes", como ya se vio con el caso de "la vieja peregrina": el estatus de personajes denostados al que la crítica de todos los tiempos no ha dudado en condenar desde su incomprensible indiferencia.[866]

Una visión diferente aporta Nerlich, cuya argumentación al respecto constituye un avance importante en la consideración simplista que ha venido vertiéndose sobre la pareja de españoles; pues se basa en la asimilación de los personajes de Bartolomé el Manchego y Luisa la Talaverana como personificación del pueblo español en época de nuestro autor:

> En otras palabras, este arriero es -¿qué otra función podría tener sus nombres?- la encarnación del hombre español (bueno, trabajador, pobre, desarraigado), y Luisa (caprichosa, pero guapa y buena de su natural), vendida por un padre invisible y lógicamente indigno a cambio de riquezas estériles (perlas) traídas de las colonias de ultramar, es la encarnación de la mujer española, y por eso lleva -lógicamente también- ese otro nombre emblemático que remite a La Mancha: *la de Talavera o la Talaverana*. En resumen, *El Manchego* y *La Talaverana* encarnan -<<papel importante>> pese a lo que dice Harrison sobre ello- al pueblo español traicionado por su padre/rey, que pierde el norte, se exilia y se hunde en la miseria y el crimen, una pareja emblemática en torno a la cual se manifiestan los otros miserables de la época.[867]

Continúa el crítico en su análisis, que ahora se focaliza en el nombre de El Manchego:

> Bartolomé, <<hijo de Ptolomeo, el que abre surcos>> o <<labrador>>, y que este apóstol no solo es el patrono del campesinado, sino también de numerosos oficios como los mineros, tintoreros, zapateros, sastres, panaderos y viñadores, es decir: de un abanico social importante que completa la función simbólica del apodo <<el Manchego>>. Que el Bartolomé del *Persiles* sea, lo mismo que el santo, primero salvado de una condena a muerte, antes de morir miserablemente -igual que el santo- en tierra extranjera ha escapado por consiguiente, lógicamente, a la investigación, pero no pudo escapar al lector español de la época, que podía y debía establecer así el paralelo entre la inhumanidad de una sociedad pagana, la inhumanidad de su propia sociedad cristiana y católica en España, y la inhumanidad de la sociedad europea en general, desgarrada a sangre y fuego, en contraste con los mandamientos de la religión cristiana y de la religión católica, apenas visible en una Roma de la prostitución y de los crímenes.[868]

Una vez ha quedado suficientemente explicada, a través de la opinión del crítico que hemos transcrito, la función emblemática que Luisa la Talaverana y Bartolomé el Manchego habrían de cumplir dentro de la interpretación general que hacemos del *Persiles* desde una perspectiva

---

[866] Un ejemplo del tratamiento superficial que la crítica suele dispensar al miembro masculino de la pareja (Bartolomé), es el que sigue: "Bartolomé se revela como un campesino gracioso y simpático, muy aficionado a contar historias; entretiene a los peregrinos con un relato confuso sobre la forma del universo [...], y con un cuentecito ejemplar sobre un condenado por robo. [...] Parece que Cervantes, habiendo creado a Sancho, no se podía resistir al impulso de que un personaje parecido entrase brevemente en una novela de tipo muy diferente. Los discursos de Bartolomé son tan divertidos como los de Sancho [...]; pero Cervantes no podía permitir que un bagajero tuviese un papel importante en un romance mayoritariamente serio." Harrison, 1993, pp. 170-171.

[867] Nerlich, 2007, pp. 8-9.

[868] Nerlich, 2007, p. 14.

433

historicista; veamos ahora cómo, dentro del desarrollo de los acontecimientos que los han llevado a estar presos en Roma, toma fuerza la idea de que el pueblo español, es decir, el estamento más bajo de la sociedad del Barroco, que no gozaba ni por asomo de los privilegios de los poderosos, es arrebatado, en aumento de su desgracia, de lo último que habría de quedarle al pobre antes de perder definitivamente su esperanza en el futuro: la posibilidad de pensar libremente.

Porque, podríamos ver en todo el conjunto de sucesos desfavorables que se han ido sumando al infortunio de esta pareja, y que les ha llevado, no como si se tratase de una voluntaria peregrinación sino como una huida forzada, desde su Mancha natal hasta Roma, una especie movimiento inverso al seguido por el "escuadrón de peregrinos"; que, con una actitud y una conciencia opuesta, se dirigen de igual modo al mismo centro del catolicismo.

En tal caso, el involuntario camino emprendido por la pareja de manchegos hacia esa aparente seguridad que habría de hallarse tras lo simbolizado por Roma, se volverá en contra de ellos, mostrándose en toda su crudeza y desahuciándolos al punto de ser sentenciados a morir ahorcados.

Esta visión sintética que hemos efectuado de la evolución de estos personajes en relación al grupo de peregrinos encabezado por Periandro y Auristela, nos servirá a un propósito muy específico, que hallará todo su sentido en el momento de superponer sobre este esquema diegético la realidad del pueblo español en época de Cervantes. Porque, en la España de comienzos del XVII, al pueblo llano apenas se le dejaba una salida por la que escapar de una realidad miserable y soñar con esa trascendencia que, supuestamente, habría de igualar a todos los estados. Pero nunca fue nada gratuito para el pobre y sí, casi siempre, doblemente tasado para él; pues su único anhelo de libertad pasaba, de forma irremediable, por una férrea doctrina catolicista, muy apta para refrenar naturalezas ilusionadas en este mundo a base de promesas futuras a cumplir en el siguiente.

Y esta es la perspectiva que debió aplicar Cervantes, en nuestra opinión, a la hora de perfilar el viaje de la pareja Bartolomé y Luisa a Roma: una mítica entrada al laberinto de quien no posee los necesarios rudimentos o "bagajes" para transitarlo (el pueblo llano, programado-acosado en unos dogmas que cercenan su posibilidad de salvación), y mucho menos para enfrentarse con el Minotauro en su propio antro o centro (Roma).

El pueblo español, personificado en esa pareja de claras reminiscencias primigenias, no está ausente, pues, en esta epopeya cervantina, y, aunque se intuye condenado, no duda en llamar a las puertas de quien sabe que puede salvarlo:

> Al apartarse Periandro de Arnaldo, llegó a él un hombre español y le dijo:
> - Según traigo las señas, si es que vuesa merced es español, para vuesa merced viene esa carta.
> Púsole una en las manos, cerrada, cuyo sobreescrito decía: <<Al ilustre señor Antonio de Villaseñor, por otro nombre llamado el bárbaro>> (p. 652).

Y, entre españoles, como se ve, parece que ha de dirimirse la cuestión ¿Correspondería, en tal acaso, al español Antonio de Villaseñor, hijo del afamado Antonio el bárbaro, la responsabilidad de ese remedio?

La carta que escribe, o que dicta, Bartolomé el Manchego desde la cárcel en que se hallan presos en Roma en demanda de ayuda, constituye una confesión de los delitos que los han condenado a la pena capital. La muerte, pues, es el único futuro (como el de las víctimas en ofrenda al Minotauro) que aguarda a la pareja de españoles en esa torre de nombre tan singular: "Torre de Nona"(p. 652); cuya etimología parece actuar al servicio de la alegoría, pues alude al simbolismo que refleja el polo opuesto (Nona > nones = impar) de la armonía que debería reinar en una torre erigida en la supuesta Ciudad Santa de Roma, quizás, como reflejo de la propia historia de ese edificio, pues, según Romero, antes de ser utilizada como cárcel: "la torre de Nona pertenecía a una hermandad Sancta Sanctorum" (n. 1, p. 652).

Volviendo a los hechos, lo primero que se nos cuenta en la misiva del Manchego es su opinión acerca de que la culpa de sus desdichas la tiene la mala compañía de su pareja, Luisa la Talaverana:

> Quien mal anda, en mal para; de dos pies, aunque el uno esté sano, si el otro está cojo, tal vez cojea, que las malas compañías no pueden enseñar buenas costumbres. La que yo trabé con la Talaverana, que no debiera, me tiene a mí y a ella sentenciados de remate para la horca (p. 652).

En tal caso, y dado el proceso de simbolización que estamos aplicando en cuanto a la personificación del alma española en esta pareja de desahuciados amantes, podríamos deducir de ello, en un principio, el papel que desempeña Roma en este conflicto: será su juez, su carcelero y su verdugo. Por este motivo, y haciendo la oportuna asimilación simbólica, no resultaría muy complicado identificar esa triada diegética que hemos señalado con el catolicismo y su brazo ejecutor, la Inquisición.

Una vez hemos identificado a Roma con la entidad conceptual que gestiona la condena, vayamos ahora a los condenados. Pues, dentro de este mismo contexto simbólico al que nos ha llevado la exégesis de este episodio, vemos en la pareja formada por la figura de Bartolomé y Luisa a esa unión entre el pueblo español y la ideología que lo sustenta, respectivamente. Y es en ese contexto donde habrá de cobrar todo su sentido la cita que se expresa más arriba; pues, la queja del Manchego hacia su compañera podría extrapolarse a la noción de libertad espiritual presente en la idiosincrasia española; más proclive a abrazar el vuelo mágico, díscolo y aventurero inmerso en la antigua Tradición peninsular (Luisa la Talaverana)[869], que las leyes y preceptos propios de una ortodoxia siempre vigilante ante el menor asomo de libertad.

Y, en este sentido de seguir genéticamente (amorosamente) una doctrina heterodoxa que lo ha llevado a la condena, debe interpretarse lo manifestado en la carta del Manchego, que se siente engañado, en su desesperanza, por Luisa la Talaverana. Porque, no debemos olvidar que la pareja de españoles ha sido condenada por sendos asesinatos cometidos por amor. Un sentido del amor desviado desde una perspectiva literal, es cierto (ambos motivados por el sentido del honor), pero el componente erótico permanece, que será el que se utilice como base de la alegoría que haya de dotar al texto de un sentido completo, y que apuntaría a la defensa del ideal platónico (la heterodoxia) frente al acoso de Roma (la ortodoxia).

Porque la carta del Manchego obrará en el relato de esta historia a modo de "descargo de responsabilidad" de una España (la de Cervantes) que se siente traicionada ante la falsa promesa de salvación emanada de la esfera del catolicismo; pues, como pretendemos argumentar, tras la confesión de esos crímenes se hallaría un mensaje coherente, codificado alegóricamente, que informará no solo una completa guía del camino del peregrino por la senda de la gnosis, sino, además, la justificación de las actuaciones de la pareja de españoles en la línea que venimos manifestando: el acoso y aniquilación, por parte de la ideología importada desde Roma, de la idiosincrasia del pueblo español (su derecho natural a la libertad espiritual).

El comienzo de la carta deja muy claro el contexto simbólico que habrá de aplicarse en la interpretación de la misma: "Quien mal anda, en mal para; de dos pies, aunque el uno esté sano, si el otro está cojo, tal vez cojea, que las malas compañías no pueden enseñar buenas costumbres" (p. 652). Porque, además de la ocasión del refrán a la situación diegética que es presentada en su literalidad por el Manchego, no debe obviarse la alusión que se hace al caminar, que remitiría a la peregrinación como base de los misterios que alumbra al cristianismo heterodoxo. No en vano, "Quién en mal anda, en mal para", ¿no podría interpretarse como que: QUIEN ANDA EN penitencia tratando de purgar el MAL que existe dentro de sí (las pasiones), no conseguirá su propósito hasta PARAR, precisamente, EN ese lugar donde el MAL se manifiesta para poder enfrentarse cara a cara contra él: Roma? Y, esos dos pies que simbolizan el movimiento del caminante, ¿no aludirían a las dos voluntades que mueven la conciencia del místico en su lucha interior, la una sana (el bien) y la otra coja[870] (el mal).

Pero la carta del Manchego no escatima en referencias de naturaleza gnóstica, que remiten a los antiguos misterios de la peregrinación, pues, tras presentarnos la lucha inmemorial del hombre por su trascendencia, ahora se nos sugiere el objeto final que debe alcanzarse para culminarla con éxito: "La que yo trabé con la Talaverana, que no debiera, me tiene a mí y a ella

---

[869]   No olvidemos la asimilación que nuestro autor nos induce a practicar entre lo representado por Luisa la talaverana y las fiestas de la gentilidad que tienen su origen en la localidad de Talavera (Las Mondas).
[870]   La tradición de la cojera asimilada al concepto del mal está muy arraigada en la Literatura del Siglo de Oro, por ejemplo en la obra de Luis Vélez de Guevara: *El diablo cojuelo* (1641).

sentenciados de remate para la horca" (p. 652); donde, la alusión a la doctrina heterodoxa por él abrazada ("la Talaverana" > la virgen del Prado > ¿la vieja peregrina?), que confiesa ser la causa de sus males ("que no debiera"), debe ser culminada a través de un proceso -como venimos repitiendo a lo largo de este trabajo- triple (" me tiene a mí y a ella sentenciados de remate para la horca"), es decir, a través de dos fases previas o "muertes místicas" (sentenciados de re-mate = dos veces muerto) y una tercera o unitiva simbolizada en la imagen arquetípica del colgado ("para la horca").

A continuación, la carta nos informa de los pormenores de esas dos muertes previas o dos primeras fases del camino del Conocimiento, en las que subyace, en principio, una idea de distancia recorrida: "El hombre que la sacó de España la halló aquí, en Roma, en mi compañía" (p. 652); es decir, ¿nos hallaríamos ante la evidencia de la peregrinación que desde España llega hasta Roma, no para elevarse a los cielos, sino como parte de ese ritual conducente a matar al "animal" que habita en la conciencia del místico? No en vano, es precisamente en Roma donde Bartolomé dice que: "volví por la moza y, a puros palos, maté a su agraviador" (p. 652).

Porque, la rusticidad del asesinato ("a puros palos") y el hecho de que haya sido cometido solo por el Manchego, es un claro indicio, en nuestra opinión, de la presencia de esa primera fase de la iniciación; caracterizada por el dominio de las pasiones, sin más intermediación que la fuerza y determinación del penitente para doblegarlas (recuérdese el triunfo de Periandro en esta primera fase, a lomos del caballo de Cratilo).

Un mayor grado de sofisticación presenta, sin embargo, el segundo "asesinato ritual", donde, aparte ser delatada la figura de la víctima ("llegó otro peregrino" [p. 652]), lo cual constituye una evidente refutación de nuestras hipótesis, al ser declarado quién está muriendo en la realidad (el propio peregrino, simbolizado bajo la doble figura de Bartolomé-Luisa); se nos dice que la muerte se llevó a cabo no en Roma sino: "Estando en la fuga de esta pendencia"(p. 652), es decir, en la huida subsiguiente del primer asesinato. Todo ello nos lleva a la conclusión de esa idea de "muerte en movimiento" que venimos señalando, y que es lo que, precisamente, más caracteriza a la peregrinación como tal. Pero, continuando con este segundo proceso ritual, vemos que es ahora Luisa la que habrá de acabar con la vida del segundo encartado, y no "a puros palos" sino mediante: "un cuchillo, de dos que traía consigo siempre en la vaína" (p. 653). En tal caso, asistimos al relato de una muerte, como decíamos más arriba, mucho más elaborada que la primera, ¿quizás porque sea Luisa la autora, la inteligencia, y porque del bárbaro palo se pasa ahora a un arma de metal? No cabe duda que los elementos que se barajan en la alegórica muerte del que fuera su marido polaco, remiten directamente a la segunda de las fases de la gnosis, donde lo intelectual centra los esfuerzos del iniciado en la consecución de la segunda corona o vía iluminativa.

No queremos dejar de llamar la atención sobre una circunstancia que podría alertar a un lector minucioso, en relación al arma que porta la Talaverana, y que el narrador no se ha ahorrado en detallarnos: "un cuchillo, de dos que traía consigo siempre en la vaína". Porque no parece que sea gratuita la referencia a la sofisticada arma que porta la "asesina", que podría haberse eludido dejando la sola referencia del cuchillo. Y es este un tema en el que no es la primera vez que terciamos[871], donde parece que son las vainas las que asumen más protagonismo que los propios cuchillos, estoques o espadas que guardan en su interior. Sea como fuere, la vaina de Luisa porta dos cuchillos, uno sabemos que es para "matar": ¿quizás el otro lo sea para sanar...?

Y con estas dos muertes, según se nos dice en el texto: "en un instante, concluyeron la carrera mortal de su vida" (p. 653); es decir, ¿la parte de la peregrinación conducente a la definitiva erradicación de la carga terrena que tenía sometida el alma del peregrino a la cárcel del cuerpo? La idea platónica que puede extraerse de la cita es manifiesta, así como la preparación de la pareja española para asumir la tercera de las fases o vía unitiva: "Sustanciose el proceso, dándose más prisa a ello de la que quisiéramos; ya está concluso, y nosotros sentenciados a destierro, sino que es desta vida para la otra" (p. 653); es decir, el tercer tramo de esa peregrinación que ha de elevarlos definitivamente en la consecución del andrógino.

A continuación, el tono con el que se dirige Bartolomé a su libertador parece experimentar un cambio, como si, una vez relatado lo que le ha acontecido, y que es la causa que le ha llevado a esa situación desahucio, pretendiera centrar su discurso en lo que le espera en ese futuro

---

[871]   Y lo volveremos a retomar en el análisis que hagamos del prólogo al lector, al final de este trabajo.

inmediato: "Digo, señor, que estamos sentenciados a ahorcar, de lo que está tan pesarosa la Talaverana que no lo puede llevar en paciencia" (p. 653); es decir, dentro de la interpretación alegórica que estamos llevando a efecto, parece que lo que habrá de tratarse en lo que resta de carta tiene que ver con la tercera de las fases del camino iniciático: la vía unitiva.

La sentencia a morir ahorcados, que aguarda a los "gnósticos españoles asesinos de sí mismos" -simbólicamente hablando-, no es tampoco elegida de manera arbitraria por nuestro autor, que se atreve a hablar sobre el particular en relación a la opinión de Luisa la Talaverana; pues, esta considera deshonroso el ceremonial en comparación con el que suele "representarse" en España. Motivo, este, que será utilizado por Bartolomé para implorar, si no el perdón, al menos la ejecución de la sentencia sobre suelo español: "y ella querría, si fuese posible, morir en su tierra y entre los suyos, donde no faltaría algún pariente que de compasión le cerrase los ojos" (p. 654). Es decir, como venimos aduciendo, la elección del final elegido por Cervantes para ajusticiar a sus congéneres (el ahorcamiento), así como los pormenores que se derivan de su ejecución, constituirían un elaborado mensaje alegórico en relación al remedio trascendente para liberarse del yugo de la doctrina que los tiene sometidos y, por ello, condenados:

> Dice también que, si la sin par Auristela pone haldas en cinta y quiere tomar a su cargo nuestra libertad, que le será fácil, porque ¿qué pedirá su grande hermosura que no lo alcance, aunque la pida a la dureza misma? Y añade más, y es que, si vuesas mercedes no pudieran alcanzar el perdón, a lo menos procuren alcanzar el lugar de la muerte y que, como ha de ser en Roma, sea en España; porque está informada la moza de que aquí no llevan los ahorcados con la autoridad conveniente, porque van a pie y apenas los vee nadie; y, así, apenas hay quien les rece un avemaria (pp. 653-654).

Comoquiera que el tema de los ahorcados no es nuevo en el *Persiles*, y puesto que ya nos hemos ocupado de él en capítulos anteriores, baste recordar aquí la íntima relación que existe entre este tipo de muerte y la tradicional alegoría de la liberación trascendente del espíritu a través de lo que este símbolo representa. Dicho esto, no nos costará mucho esfuerzo hallar en la cita que hemos destacado los pormenores de ese ritual.

Para empezar, la solicitud de la intercesión de Auristela que piden los desahuciados en ese crítico momento es una clara señal del aspecto espiritual de lo que se va a relatar. Lo cual, nos es refrendado por el modo en que ha de emplearse en la causa la "sin par estrella dorada": "si la sin par Auristela pone haldas en las cintas y quiere tomar a su cargo nuestra libertad, que le será fácil". Porque, según nota adjunta de Romero, extraído a su vez del *Tesoro* de Covarrubias, "poner haldas en cinta" sería: "determinarse a hacer alguna cosa con mucha diligencia, tomada la semejanza de los que habían de caminar, que se enfaldaban, como lo hacen ahora los religiosos que caminan a pie" (n. 6, p. 653); es decir, nuevamente, caminar.

Y caminar "devotamente", esto es, peregrinar, es el tratamiento que solicitan los condenados a la sanadora de almas, simbolizada por Auristela, para curarse de sus males "terrenos"; los cuales, según venimos aduciendo, se expresan literalmente a través de la condena a muerte por los crímenes cometidos. Pero, todavía podría concretarse más el remedio que se solicita si nos fijamos en lo que sigue a continuación: "si vuesas mercedes no pudieran alcanzar el perdón, a lo menos procuren alcanzar el lugar de la muerte y que, como ha de ser en Roma, sea en España" (p. 654); donde, la alusión que se hace a "alcanzar el lugar de la muerte", podría constituir la metáfora de la peregrinación como vía tradicional de la liberación del espíritu, que, además, se ratificará mediante la señalización del recorrido penitente que haya de realizarse: "como ha de ser en Roma, sea en España".

Dado que, para un español del siglo XVII, decir España era lo mismo que decir Santiago, su patrón -y más aún para un soldado de los tercios, como lo fue Cervantes, que habría combatido en Lepanto al grito de ¡Santiago y cierra España![872]-; no resultaría una temeridad afirmar, dentro del contexto peregrino al que nos ha llevado nuestra interpretación, que la intencionada relación que nuestro autor nos ofrece de estos dos lugares geográficos, Roma y España (Santiago), pueda constituir una nueva invitación al lector a que haga la pertinente reflexión: ¿acaso el remedio para las almas de un pueblo sometido como lo era el español, no habría de pasar por zafarse de

---

[872] Leemos en el *Quijote*: "-Yo así lo creo, respondió Sancho, y quería que vuestra merced me dijese: ¿qué es la causa por la que dicen los españoles cuando quieren dar alguna batalla, invocando aquel San Diego Matamoros: <<Santiago y cierra España?>>. *DQ.*, cap. LVIII, Segunda parte, p. 649.

credos inútiles importados desde Roma para arrojarse, con la misma valentía de Periandro a lomos del caballo de Cratilo, a ese abismo que ahora sí se nos dice que comienza en Roma y termina en Santiago -y más allá?

"Remover Roma con Santiago" es una expresión popular utilizada para significar la voluntad de vencer las dificultades por insuperables que estas puedan llegar a parecer. Implica, fundamentalmente, una intención de cambio profundo: de transmutación de una realidad en otra. Con un sentido similar viene empleándose otro dicho que quizás nos pueda servir para explicar mejor el concepto que se desprende de este episodio: "Remover cielo y tierra".

Pues bien, dentro de este contexto simbólico, que es precisamente el de la "muerte mística" o, en términos peregrinos, también conocido como el da la "perdonanza"[873] ("Y añade más, y es que, si vuesas mercedes no pudieran alcanzar el perdón, a lo menos procuren alcanzar el lugar de la muerte"); estimamos que las intenciones de Cervantes para con sus personajes manchegos pasaban, precisamente, por *remover la tierra* (simbolizada por Roma) *para alcanzar el cielo* (simbolizado en España = Santiago de Compostela-*finisterrae*), a través del aludido recorrido ritual (peregrinación) inmerso en las más antiguas tradiciones de la Humanidad.

Como vemos, el rústico Bartolomé el mulero vuelve a ser el portavoz de las más elevadas revelaciones que tienen lugar bajo la superficie del texto. La idea de Cervantes de que la sabiduría no es patrimonio de las élites académicas queda patente, pues, en esta casi obsesión de ceder a Bartolomé, de entre todos sus personajes, el protagonismo de buen número de esas sorprendentes afirmaciones.

Al final, la liberación de los presos se debe, fundamentalmente, a las diligencias practicadas por Croriano y Ruperta a expensas de la petición de Auristela. Obviamente, todo este proceso de la liberación de los españoles merecería un estudio pormenorizado; pues, sorprende que haya de ser un francés (Croriano), que, además fue el hijo del asesino del marido de su ahora esposa Ruperta, quien consiga liberar a los reos. Sea como fuere, creemos que el juicio del narrador al respecto podría arrojar luz sobre estos insólitos hechos: "y en seis días ya estaban en la calle Bartolomé y la Talaverana: que, adonde interviene el favor y las dádivas, se allanan los riscos y se deshacen las dificultades" (p. 656).

Liberados finalmente de la doble prisión del alma (perspectiva simbólica) y del cuerpo (perspectiva literal), nuestra renovada pareja de españoles reaparecerá al final de la obra, aunque solo será un destello en las ilusiones de Cervantes; que los situará en la "Jerusalén celeste" instaurada por su mecenas, el VII conde de Lemos en Nápoles, y cuyo suerte de este, maquinada desde la otra metrópoli, Madrid (El Escorial), redundará en el futuro que haya de depararle la vida a nuestros manchegos protagonistas: "Bartolomé el Manchego y la castellana Luisa se fueron a Nápoles, donde se dice que acabaron mal, porque no vivieron bien" (p. 713) ¿Un punto y final a las esperanzas de Cervantes depositadas en sus paisanos, después del fracaso del gran español y virrey de Nápoles, don Pedro Fernández de Castro, en su intento de construir en Nápoles la España idealizada / "Jerusalén celeste"?

4.4.3. Lección de los penitenciarios a Auristela o ¿la "estrella dorada" encuentra en la "penitencia" la mejor de las lecciones?

La otra mitad del capítulo 5 del libro IV, tras la carta en demanda de auxilio de Bartolomé el Manchego, se ocupa en describir la enseñanza que recibió Auristela de manos de los penitenciarios, los cuales: "en la mejor forma que pudieren, le declararon todos los principales y más convenientes misterios de nuestra fe" (p. 657).

Alta doctrina católica, pues, será lo que textualmente nos dice el narrador que recibirá Auristela de mano de esos anónimos penitenciarios: "En este tiempo le tuvo Auristela de informarse de todo aquello que a ella le parecía que le faltaba por saber de la fe católica: a lo menos, de aquello que en su patria oscuramente se platicaba."(p. 656); sin embargo, a nuestro a juicio, no son pocos los lugares del texto en los que, al menos, cabría la posibilidad de plantearse otra cosa. No en vano, ¿por qué especifica el narrador desde un principio el tipo "especial" de catolicismo (el que "en su patria oscuramente se platicaba") que será enseñado a nuestra protagonista? ¿No se estará refiriendo a la enseñanza heterodoxa ("oscura" o velada)

---

[873] "PERDONANZA". s. f. Lo mismo que Perdón. Es voz antiquada, y la trahe Nebrixa en su Vocabulario. Latín. *Indulgencia." Diccionario de Autoridades*, tomo V (1737).

que se halla tras la literalidad de un mensaje intencionadamente señalado como católico para, dado la especial confusión que suscita el tema que se está tratando (los misterios), no dar lugar a que pudiera pensarse que se trataba de una herejía?

En cualquier caso, tenemos la impresión de que Cervantes elabora con sumo cuidado una "catequesis" que no llega a contentar ni a ortodoxos, ni tampoco a satisfacer las expectativas de los más heterodoxos. Porque, si por un lado, las presuntas *liciones* de los penitenciarios, los cuales aparecen en el texto como una institución anónima que, en apariencia, debería representar en el texto a la Iglesia Romana y Católica, adolecen, sin embargo, de un discurso inequívocamente ortodoxo en la senda más tradicional o extendida; por otro lado, los misterios ("los misterios de nuestra fe"), que constituyen la base de las antiguas religiones mistéricas, como la gnosis, por definición y por tradición no pueden ni deben ser revelados abiertamente, solo aludidos de forma intencionadamente confusa a través de los pertinentes recursos retóricos (alegoría, símbolos, juegos de palabras, etc.). Lo cual, como así lo demuestra la incomprensión que ha venido acompañando durante al menos este último siglo al libro póstumo de Cervantes, ha resultado completamente infructuoso. A pesar de ello, debe valorarse el titánico esfuerzo de nuestro autor, pues la ingeniosa alegoría que informa su *Persiles* supuso no solo la superación técnica y artística de los modelos literarios griegos; sino, lo que resulta todavía más sorprendente, la transmisión de un antiguo saber que nuestro autor, como venimos argumentando a través del análisis del texto del *Persiles*, da muestras de conocer, actualizándolo en su obra como ningún escritor coetáneo llegó a igualar, tanto en belleza estética como en accesibilidad.

Y, en la identificación y justificación de un sentido trascendente en estas ambiguas *liciones* dispensadas por unos no menos "oscuros" penitenciarios, deberíamos comenzar señalando cuál debería ser la finalidad perseguida por Cervantes en función de lo representado por los dispensadores de esa enseñanza. Porque, puede que Cervantes se estuviera refiriendo, con el nombre de penitenciarios, a las congregaciones de cristianos que, en la senda de las reformas emprendidas en el seno de la Iglesia católica, se agruparon en torno a uno de los movimientos más importantes que ya luchaba desde el siglo XIII por la reforma de la vida cristiana de acuerdo con los ideales del cristianismo primitivo: las congregaciones de ambos sexos, llamadas *terciarias* (*tertius ordo de poenitentia*), creadas por San Francisco de Asís y a las que nuestro propio autor, y toda su familia, llegó a pertenecer hasta el día de su muerte.[874]

Pero nuestro autor no elaboró este discurso, decisivo para situar convenientemente el sentido que haya de darse a lo simbolizado por Auristela, con la finalidad de defender la causa reformista frente a la católica; fundamentalmente, porque su actitud más elevada o idealista hace que se sitúe siempre por encima de ese conflicto político-religioso. En tal caso, entendemos que Cervantes, aprovechando tal alta ocasión diegética, como lo es la instrucción doctrinal del que pasa por ser el personaje más espiritual de todo el *Persiles* (Auristela), "no diera puntada sin hilo" a la hora de pergeñar sus *liciones* de los penitenciarios; como bien podría deducirse de la cita que, a modo de conclusión, expresa los beneficios que el conocimiento dispensado llega a obrar en la conciencia de Periandro y Auritela:

> Finalmente, no les quedó por decir cosa que vieron que convenía para darse a entender y para que Auristela y Periandro los entendiesen. Estas liciones ansí alegraron sus almas que las sacó de sí mismas y se las llevó a que paseasen los cielos, porque sólo en ellos pusieron sus pensamientos (p. 658).

Y, en esta línea de apreciar el texto en su aspecto trascendente, cabría considerar la cita que sigue acerca de la **primera lección** de las dispensadas por esos anónimos penitenciarios:

> Comenzaron desde la invidia y soberbia de Lucifer, y de su caída con la tercera parte de las estrellas, que cayeron con él en los abismos; caída que dejó vacas y vacías las sillas del cielo, que las perdieron los ángeles malos por su necia culpa" (p. 657).

---

[874]   Estas congregaciones de *terciarios*, que observaban una espiritualidad a caballo entre la vida de los frailes y de los legos, eran conocidas antiguamente con el nombre de *hermanos de PENITENCIA*.

En tal caso, parece que en el texto se aprecia cierta intención de transmitir una doctrina que podríamos definir como frontera entre la ortodoxia y la heterodoxia, una especie de conocimiento sobre la identidad de las estrellas que, desde la primera de las perspectivas (la literal) podría entenderse en términos de "ángeles buenos o malos"; pero que desde la segunda nos llevaría a un análisis mucho más complejo de las circunstancias que convergen en esa primera apreciación.

Romero tercia en el asunto, señalando la oportunidad del libro del Apocalipsis de San Juan en tan singular explicación: "Para el número de los <<ángeles caídos>>, cfr. S-B. La tradición, según dichos estudiosos, <<procede de la historia del dragón bermejo del Apocalipsis" (12,4)[875] (n. 13. p. 657). Entendemos, pues, de la explicación dada por Romero, que el mensaje de este primer misterio iría dirigido a catequizar a un profano en la materia, es decir, al pueblo llano: fácilmente impresionable a través de esas referencias demoníacas que infundían un temor irracional ante quien no poseía los conocimientos adecuados. Y a este grupo, pues, habría de pertenecer Auristela para buena parte de la crítica.

En cualquier caso, y frente a la idea generalizada de una Auristela católico-literalista, la referencia al *Apocalipsis* nos parece una enseñanza demasiado avanzada como para ser dispensada a un catecúmeno. A no ser que no lo fuera. No en vano, si leemos atentamente el comienzo del único párrafo que conforma todo este episodio veremos que Auristela no da muestras de ser ningún neófito: "En este tiempo le tuvo Auristela de informarse de todo aquello que a ella le parecía que le faltaba por saber de la fe católica: a lo menos, de aquello que en su patria oscuramente se platicaba" (p. 656). Es decir, volviendo sobre esta cita que ya habíamos analizado más arriba, el hecho de buscar en esos anónimos penitenciarios lo poco que "le faltaba por saber de la fe católica" revela, a las claras, no un estado de ignorancia, sino todo lo contrario: la posesión de un alto conocimiento en materia doctrinal. Ahora bien, si a ello le sumamos lo que se dice a continuación: "a lo menos, de aquello que en su patria oscuramente se platicaba", sabremos exactamente qué tipo de conocimiento ha venido a buscar para completar su formación: "el que oscuramente se platicaba".

Y aquello que en materia doctrinal se oscurece literariamente son los misterios, y, la alegoría, por lo tanto, sería el método empleado en la codificación de ese "hablar oscuro".

En conclusión, creemos que lo que busca Auristela en las *liciones* de estos anónimos penitenciarios no es una enseñanza a un nivel de catequesis de parroquia rural; sino la revelación de los antiguos misterios que se ocultan tras esa primera capa de la literalidad en las religiones del Libro: la iniciación.

Dicho esto, el lector atento de la época de nuestro autor sabría que el pasaje que el autor pone a su disposición bajo la tutela de esos "oscuros" penitenciarios constituye un compendio alegórico de los "misterios de nuestra fe", que habría de exigir, para su correcta comprensión, la aplicación de las claves oportunas inmersas en el libro de Cervantes.

Obviamente, nosotros no podemos arrogarnos la posesión de ese conocimiento, aunque sí lleguemos a atisbar, al hilo del conjunto de deducciones que hemos efectuado del texto cervantino, algunos de los procesos alegóricos que podrían servir de base a esa idea de revelación. Porque, el misterio de la "caída de Lucifer", ya aludido por Romero en relación a ese "dragón bermejo" del Apocalipsis, podría significar algo más que la simple constatación de la utilización por parte de Cervantes de un relato fabuloso para pergeñar el suyo propio. En tal caso, es muy posible que la historia contada por los penitenciarios acerca de "Lucifer, y de su caída con la tercera parte de las estrellas", pudiera remitir a un conocimiento cosmológico: una constelación determinada, y que nosotros nos atrevemos a identificar con Draco (Dragón). Los argumentos en que nos basamos son los siguientes:

1. El "dragón bermejo" del Apocalipsis aludido por Romero se corresponde con el nombre de la constelación, Draco (Dragón). Al igual que el color, que se dice que era: "color de fuego" (Apocalipsis, 12: 3); lo cual también podría asimilarse ahora con la estrella más brillante de la constelación, Eltanin (que significa "cabeza de dragón), considerada como una gigante naranja (color del fuego o bermejo, que es rojo anaranjado).

2. En cuanto a la caída de Lucifer "con la tercera parte de las estrellas", se entiende que son las del cielo; lo cual, constituye una hipérbole donde se pondera en exceso el número de las

---

[875] Apocalipsis, 12: 4: "Su cola arrastraba la tercera parte de las estrellas del cielo y las lanzó sobre la tierra. El Dragón se puso delante de la mujer en trance de dar a luz, para devorar al hijo tan pronto como le diera a luz."

estrellas caídas. Esto, sin duda, encuentra su correspondencia con la constelación de Draco, que pasa por ser una de las que mayor superficie ocupa en el firmamento. Además, dado que en el Apocalipsis (12:4) se dice que "Su cola arrastraba la tercera parte de las estrellas del cielo", podría entenderse que esa parte de su anatomía representada sobre el mapa estelar en la constelación de Draco, comprendería a las estrellas directamente afectadas en esa caída: "y las lanzó sobre la tierra" (Ap. 12:4).

3. La utilización que hace Cervantes del término "vacas": "caída que dejó vacas", podría interpretarse en su sentido literal como "vacantes" (libres); pero también en su sentido alegórico como "vacas": animal del género bovino. Nos explicaremos. Dado que la constelación de Draco, debido a su gran extensión, llega a rodear con su larga cola, entre otras, a la constelación de Bootes, a la Osa Mayor y a la Osa Menor, podría interpretarse que Lucifer, en su caída, arrastrara con él a los "Triones" (bueyes o vacas), que, según decíamos en capítulos anteriores, serían los constituyentes-estrellas de la Osa Mayor.

4. La importancia que Cervantes concede en su alusión alegórica a la constelación de Draco se justificaría en relación al protagonismo que ejercían otras constelaciones, igualmente alegorizadas por nuestro autor a lo largo de su obra, en relación a un rasgo que compartirían todas ellas: la posesión de una estrella que en una era determinada, en relación al año platónico de 26.000 años (la precesión terrestre), ocupará el norte celeste o polar. Nos referimos a la estrella Vega[876] (12.000 a. C. aprox.) de la constelación de Lyra, a la estrella *Polaris*[877] (1.000 d. C. aprox.) de la constelación de la Osa Menor y, por último, a la estrella *Thuban* (2.800 -1.900 a.C.) de la constelación de Draco. Se comprenderá que, en una obra literaria de género neo-griego o bizantino que lleva por título *Historia septentrional*, esta circunstancia de referir los acontecimientos sobre la tierra a un orden celeste materializado por esa búsqueda casi obsesiva del norte estelar, no habría de constituir un acto meramente circunstancial o fortuito; sino que implicaría una clara intencionalidad por parte de su autor.

Una vez argumentada la posibilidad de que Cervantes se estuviera refiriendo, a través de esta primera *lición* de sus penitenciarios, a un concepto de naturaleza universal relacionado con la constelación de Draco; pasaremos a analizar el tipo de relación que se deriva de esa mítica caída primigenia. Porque, la enseñanza dispensada a Auristela nos lleva a suponer que, tras la caída de Lucifer con esa tercera parte de las estrellas a los abismos, las "vacantes" dejadas en los cielos por esas estrellas, ¿acaso no se sugiere la expectativa, metafísicamente hablando, de volver a ser ocupadas ahora por el hombre?: "cuya alma es capaz de la gloria que los ángeles malos perdieron"(p. 657); lo cual, nos acerca a la idea del hombre en la senda de la gnosis que venimos señalando en el *Persiles*, que, además de caminar por la senda penitente (la peregrinación de Periandro y Auristela), procura no perder de vista ese norte estelar: ¿quizás porque tiene la certeza de que su alma pueda ocupar, en cuanto a que "es capaz de la gloria que los ángeles malos perdieron", un lugar en esas alturas?

Pero el misterio que explican los penitenciarios acerca de la "caída de Lucifer" -que aquí damos por concluido, aunque podría ampliarse, solo que no ofrecería ningún tipo de certezas y sí muchas dudas- no es más que la primera de las *liciones*, por lo que continuaremos con la exégeis de las restantes, a pesar de la menor extensión que emplearemos ahora en ellas.

En cuanto a la **segunda lección** que nosotros señalamos, la del misterio de la *Encarnación*, que, según se expresa, se relacionaría con "la verdad de la creación del hombre y del mundo" (p. 657); el relato conviene en determinar que se trata de un doble proceso "sagrado y amoroso", sobre el que el hermeneuta, en nuestra opinión, podría practicar su correspondiente interpretación en función de esos dos parámetros que se señalan.

La **tercera lección** se ocuparía del misterio de la *Santísima Trinidad*, que es el que presenta, en apariencia, un mayor grado de oscuridad. Lo cual no es de extrañar, pues este dogma se encuentra en el centro de todas los debates doctrinales. En principio, nos llama la atención la ironía que despliega nuestro autor, que se manifiesta con mayor intensidad que en otros casos analizados. Empezando por la sensación que transmite el texto, que parece inferir la idea de que

---

876   Alegorizada a través de la expresión "el paraje de Noruega".
877   Alegorizada a través de la expresión "el paraje de la famosa ciudad de Lisboa".

el concepto sea fruto de una conveniencia o elucubración nacida al amparo de la invención intelectual, y no como algo emanado directamente de la divinidad[878]:

> bosquejaron el profundísimo misterio de la Santísima Trinidad. Contaron cómo convino que la segunda persona de las tres, que es el Hijo, se hiciese hombre, para que, como hombre, dios pagase por el hombre y Dios pudiese pagar como Dios (p. 657).

Porque, como podemos comprobar, Cervantes, a través de los penitenciarios, nos transmite la doble idea de que, por un lado, la explicación de este misterio, por motivo de su profundidad, solo pueda bosquejarse o esbozarse; pero, por otro, nos induce la posibilidad de interpretar lo expresado con un sentido diferente: como un aviso al lector de que el *misterio* del que se va a tratar constituya un artificio elaborado especulativamente a base de "razones sobre la razón misma" ("Contaron cómo convino"). Es decir, a través de este segundo sentido que ahora estamos aplicando al texto, se nos sugiere la idea de que el citado misterio podría tratarse, en realidad, de una convención: "Contaron cómo convino que...".

En cuanto a lo que sigue a continuación de la cita que hemos transcrito, donde, presuntamente, se trata de explicar el misterio de la Santísima Trinidad (sin descartar el posible trasfondo alegórico), el texto se agrupa en una especie de intrincado juego retórico, ya anunciado desde el comienzo de la frase ("y, con razones sobre la razón misma, bosquejaron..."):

> Contaron cómo convino, que la segunda persona de las tres, que es la del Hijo, se hiciese hombre, para que, como hombre, Dios pagase por el hombre y Dios pudiese pagar como Dios; cuya unión hipostásica sólo podía ser bastante para dejar a Dios satisfecho de la culpa infinita cometida, que Dios infinitamente se había de satisfacer y el hombre, finito, por sí no podía, y Dios, en sí solo, era incapaz de padecer; pero, juntos los dos, llegó el caudal a ser infinito, y así fue la paga (p. 657).

Es decir, un conjunto expresiones de profundo contenido simbólico combinadas de diferentes modos (reduplicación, conduplicación, paranomasias, etc.) y durante un largo y "accidentado" período del discurso (nos referimos a la gran confluencia de signos de puntuación, cuya interrupción continuada produce la sensación de fragmentación del concepto) hasta llegar al paroxismo de una, creemos, intencionada y buscada confusión.

Sea como fuere, destacaremos del texto dos ideas fundamentales: la noción que se extrae de "pagar una culpa" de alcance universal (el *pecado original*), y la imagen de la Eucaristía que se filtra en medio de la confusión dialéctica. En ambos casos (*pecado original* y *Eucaristía*), creemos que podría remitir en un sentido profundo a la explicación del concepto de *penitencia*; lo cual supondría poner en relación la identidad de esos penitenciarios con el dogma de la Santísima Trinidad.

En resumen, juzgamos que Cervantes, jugando con el lenguaje en la elaboración de un discurso enrevesado como imagen formal de un misterio doctrinal así mismo considerado, podría manifestar su doble intención de, por un lado, desviar al lector poco avisado a perderse en el laberinto retórico de su explicación, y, por otro, señalar al observador instruido la verdad -su verdad- sobre el misterio de la Santísima Trinidad. Porque, en el primero de los casos, al lector extraviado en el "Dédalo bizantino" le hubiera sido prácticamente imposible fijarse en ese "hilo de Ariadna" que se le tiende en la primera frase que abre el discurso del narrador: "Contaron como convino". Pues, dentro de este "puzle" retórico que ha ideado nuestro autor sobre el dogma más importante de la Iglesia, "contaron como convino", resultaría ser una expresión portadora de un alto contenido irónico, propia del príncipe de los ingenios, que podría interpretarse como: *el misterio que se va a contar ("Contaron") se expresa en esa imagen eucarística en donde se come ("cómo") con vino ("convino")*.

---

[878] Lo cual, estaría en correspondencia con la visión que tendría del dogma de la Santísima Trinidad un humanista y reformador cristiano como Cervantes, que sabría que tal dogma no era originario del cristianismo primitivo sino solo el producto de una convención: Tertuliano fue el primero en utilizar el término "Trinidad" en el año 215 d.C., pero no fue hasta el Concilio de Nicea (325) cuando se decretó que "el Hijo era consustancial al Padre"; aunque esta afirmación no estuvo exenta de polémica hasta que finalmente se ratificó en el Concilio de Constantinopla en 381.

A continuación, la **cuarta lección** se centra en el misterio de la *Pasión y Muerte de Cristo*, donde nuestro autor también aprovecha para -digamos- "colar" su alegoría en el sentido de definir ese sentimiento penitente que conforma, en nuestra opinión, toda la *lición* de los penitenciarios. De este modo, se sugiere la idea -como ya venimos manifestando- de que el relato de la muerte de Cristo constituya una alegoría de los procesos gnósticos que conducen a la "muerte mística" del individuo en la senda del Conocimiento; pues, "Mostráronle la muerte de Cristo, los trabajos de su vida, desde que se mostró en el pesebre hasta que se puso en la cruz" (p. 657), revela una intención de remitir la experiencia mítica de Jesús al plano de la experiencia personal; donde, se alude a un recorrido vital como a un "trabajo" que debe realizarse (la *peregrinatio vitae*) dentro de un proceso simbólico que comienza en el nacimiento en el pesebre y termina en la muerte en la cruz. Los símbolos empleados nos inducen a pensar que, en efecto, ese recorrido debe ser trascendente: desde el comienzo en el "pesebre" (el animal-hombre deja de serlo en el momento en que vislumbra el camino de la luz) hasta el sacrificio "en la cruz" (el espíritu-hombre trascendido al culminar su camino de penitencia).

Como vemos, esta nueva explicación se suma al concepto de penitencia al que nosotros venimos aludiendo en la comprensión general de este episodio. Además, el propio narrador, a través de los penitenciarios, no pierde ocasión de recordárselo a Auristela, así como a todo lector llegado a este punto de la lectura: "Exagerándole la fuerza y eficacia de los sacramentos y señalaron con el dedo la segunda tabla de nuestro naufragio, que es la penitencia, sin la cual no hay abrir la senda del cielo, que suele cerrar el pecado" (p. 657).

En este caso en concreto, creemos que Cervantes se está refiriendo, con énfasis ("señalaron con el dedo"), a la *penitencia* como al camino de la salvación de las almas ¿Quizás en el sentido de anteponer (de ahí el énfasis del dedo) la penitencia ("segunda tabla de nuestro naufragio") al Bautismo ("primera tabla de la salvación cristiana)? Además, no descartamos la posibilidad de que la "tabla de nuestro naufragio", en función de la relación de sinonimia que une a los términos *tabla* y *pintura*, remita también a la "tabla-lienzo" pintado en Lisboa; en el que se reflejaba en veintiuna escenas toda la "navegación", naufragios incluidos, que, según decíamos, constituiría un resumen simbólico de la "vía penitente" seguida por el grupo de peregrinos (personaje colectivo) transitando por los dos libros primeros hasta la "muerte mística" escenificada en el salto de Periandro a lomos del caballo de Cratilo y subsiguiente atraque-renacimiento en el puerto-portal lusitano de Belén; previa señalización de la oportuna estrella, que, según los cánones de la ortodoxia católica, habría de posarse encima del portal: *Polaris* = Lisboa ("estamos en el paraje de la famosa Lisboa" [p. 431]).

El siguiente misterio, que ya sería la **quinta lección**, no podría ser otro (tras la muerte) que el de la *resurrección*:

> Mostráronle asimismo a Jesucristo, Dios vivo, sentado a la diestra del Padre, estando tan vivo y entero como en el cielo sacramentado en la tierra, cuya santísima presencia no la puede dividir ni apartar ausencia alguna, porque uno de los mayores atributos de Dios (que todos son iguales) es el estar en todo lugar, por potencia, por esencia y por presencia (pp. 657-658).

Aquí se aprecia cierta confluencia con lo manifestado en una cita del evangelio de san Marcos (16: 19), en relación al "Mensaje final. La Ascensión": "El Señor Jesús, después de haber hablado con ellos, fue elevado al cielo, y se sentó a la derecha de Dios". Por lo demás, plantea cierta controversia el fragmento en donde se explica: "(que todos son iguales)"[879], pues, siempre podrá asaltarnos la duda en relación a qué o a quién va dirigida esa precisión que se hace en el texto: ¿a los atributos de Dios o a Dios mismo? Porque, dado que la explicación constituye una evidente contradicción de lo que se dice acerca de los atributos de Dios (todos no pueden ser iguales cuando uno es el mayor), el sustantivo "atributos" sería invalidado como referente de la frase entre paréntesis en beneficio del otro término que se considera: "Dios", que, por lo tanto, dejaría de simbolizar una unidad para expresar una pluralidad. En tal caso, de aplicarse el sentido que la sintaxis parece indicar como correcto, nos hallaríamos ante una

---

[879]   Romero justifica la introducción de este, en apariencia, desaforado comentario entre paréntesis, en función de los siempre socorridos errores de imprenta: "No es improbable que se trate de una errata, por *aunque todos son iguales,* como en Quijote, II, 42. El modo abrupto de hacer la precisión (que, formalmente, contradice lo que se acaba de decir, a diferencia del citado pasaje) podría hacer pensar en un añadido de última hora, por parte del autor o...¿de otra persona?" (n. 15, p. 658).

sonada herejía; donde, al modo griego, el concepto de divinidad estaría conformado por un panteón bien surtido de dioses todos poseedores de similares atributos celestiales.

El último de los misterios, la **sexta lección**, haría referencia a la *Segunda venida de Cristo*: "Asegurándole infaliblemente la venida deste Señor a juzgar el mundo sobre las nubes del cielo"[880](p. 658), donde, en principio, destaca la seguridad que manifiestan tener los penitenciarios en la afirmación de la venida "deste Señor" con fines cuasi apocalípticos. De igual modo, produce cierta inquietud ahora el hecho de que el narrador utilice en su relato de las *liciones* de los penitenciarios el demostrativo "deste" como determinante de "Señor"; lo cual, imprime al sustantivo un matiz común o vulgar que, desde una perspectiva ortodoxa, no casa bien con la imagen de "Jesucristo, Dios vivo, sentado a la diestra del Padre" (p. 657). Porque, con este caso que hemos observado, ya serían dos las veces que los penitenciarios aludirían de manera -digamos- poco respetuosa a la figura "deste Señor" que habita en los cielos: "(que todos son iguales)", y "la venida deste Señor"; lo cual transmite una imagen de vulgaridad impropia de la naturaleza que suele atribuirse a la divinad desde los púlpitos de la ortodoxia.

Y, relacionado con el misterio de la infalible segunda venida "deste Señor a juzgar al mundo sobre las nubes del cielo", debería interpretarse el fragmento que continúa: "y, asímismo, la estabilidad y firmeza de su Iglesia, contra quien pueden poco las puertas o, por mejor decir, las fuerzas del infierno." (p. 658); donde, literalmente, se interpreta la llegada "deste Señor" a "su Iglesia" en relación al papel de esta como sustentadora o garante del mundo hasta su llegada.

Ahora bien, dada la naturaleza simbólica de los términos que aquí se utilizan, así como la costumbre de nuestro autor, muy extendida en el *Persiles*, de expresar las conductas heterodoxas de sus personajes a través de la repulsiva terminología empleada por el catolicismo del Barroco en la denuncia de esos comportamientos disidentes (presente en los episodios de la "vieja peregrina", Mauricio, Rutilio, Soldino, etc.); juzgamos que los conceptos infernales-demoníacos que aquí se expresan ("puertas", "fuerzas del infierno") cumplirían una función similar a la de los ejemplos aludidos: remitir a la perspectiva heterodoxa-alegórica a través de la visión herética-demoníaca que esos mismos términos provocan entre la masa de fieles, al objeto de poder referirse irónicamente, gracias a la cobertura que le proporciona el empleo de esas expresiones, a esa ¿presunta salvación-segunda venida? propugnada desde las filas de la ortodoxia literalista: "Asegurándole infaliblemente la venida deste Señor a juzgar el mundo sobre las nubes del cielo".

Porque, ¿acaso Soldino, con su "descenso" a través de la puerta de su ermita-cueva, no pretendía conducir a nuestros peregrinos a la contemplación de la verdadera imagen de los cielos solo visible desde lo más profundo de la tierra (según la ortodoxia cristiana, tradicionalmente el infierno)?

Parece, pues, que existe un interés muy marcado de Cervantes por trocar los cielos por los infiernos, de confundir las anunciadas venidas de salvadores con la llegada de seres poco menos que demoníacos, de presentarnos a sabios como Soldino que encuentran la luz de los cielos en lo profundo de la tierra. En fin, como puede apreciarse, en esta dialéctica cervantina nada parece ser lo que aparenta. En tal caso, ¿cómo poder afirmar la existencia de un sentido coherente en medio de tal ambigüedad? Porque, resulta obvio que, en apariencia, no lo tiene. Claro que, ante tal dilema, siempre nos quedará el recurso de los que nos precedieron: ¿acaso Menéndez Pelayo no estaría en lo cierto cuando tildaba de desvarío senil a este -si se nos permite la expresión- "cajón de sastre" lleno de conceptos contradictorios" que es el *Persiles*, por atreverse a atentar contra el más común de los sentidos...?

La que nosotros hemos contado como la **séptima lección**, que no es propiamente un "misterio de nuestra fe" (aunque sí entrañe un conocimiento más terrenal), lo reserva el narrador para referirse al "poder del sumo Pontífice, visorrey de Dios en la tierra y llavero del cielo" (p. 658). Huelga decir, que la gravedad con la que es definido el Papa nos recuerda más a la imagen de un riguroso gobernante custodio de un reino que a la figura amable y caritativa de quien ostenta el báculo de la cristiandad. Bien es cierto, que durante la época de Cervantes y mucho antes, el acceso al papado constituía un codiciado trofeo dentro de la esfera del poder en

---

[880]   Lo cual, guarda relación con: "Yo te conjuro ante Dios y Jesucristo, que ha de juzgar a los vivos y a los muertos, por su venida y por su reino". (Segunda carta a Timoteo 4: 1), y con: "y verán venir al Hijo del hombre sobre las nubes del cielo con gran poder y gloria" (evangelio de San Mateo 24: 30).

Europa, con gran autoridad e influencia sobre los estados cristianos. Aun así, se echa en falta, si es que este episodio debe considerarse en la línea catolicista, una actitud más devota o caritativa en la presentación del que pasa por ser el primer cristiano y cabeza de la Iglesia; salvo que se pretenda mostrar la realidad de un cargo meramente jurisdiccional, con independencia de sus atribuciones en materia espiritual, que, en función de lo expresado en el episodio, se ignoran.

En conclusión, creemos que ha quedado suficientemente argumentada la idea de que la *lición* de los penitenciarios no es, ni por asomo, un sencillo catecismo ideado para completar la formación de Auristela en la senda del catolicismo[881]; como sí podría considerarse (en apariencia), sin embargo, la instrucción que recibió Ricla a través de su esposo Antonio el bárbaro (pp. 176-177).

En tal caso, si no es lo que parece, ¿qué es, realmente, la *lición* de los penitenciarios? Dado que nos encontramos ya al final de ese segundo círculo de los tres en que estructurábamos la obra, donde, según decíamos, los aspectos intelectuales tenían una gran influencia en el desarrollo de los episodios; no debería de extrañarnos, ya casi al final de este ciclo diegético, que nuestro autor nos ofreciera una pieza maestra al servicio de la inteligencia escenificada en esta farsa o engañosa lección de catolicismo. Porque, nos atreveríamos a decir, no existe en este discurso una sola frase que pueda considerarse inequívocamente ajustada a la ortodoxia católica. Todas, en mayor o menor medida, contienen al menos un término que induce a plantearse otra posibilidad. Lo cual no se entiende si la voluntad del autor hubiese sido regalarnos un *credo tridentino*. Y es ese segundo sentido, en nuestra opinión, el que los anónimos penitenciarios deseaban transmitir a la ya iniciada Auristela al objeto de completar su formación, ya muy avanzada en los misterios del cristianismo primitivo (la gnosis).

Sea como fuere, y volviendo a trascribir la cita que utilizábamos al comienzo del análisis de este capítulo:

> Finalmente, no les quedó por decir cosa que vieron que convenía para darse a entender y para que Auristela y Periandro los entendiesen. Estas liciones ansí alegraron sus almas que las sacó de sí mismas y se las llevó a que paseasen los cielos, porque sólo en ellos pusieron sus pensamientos (p. 658).

Entendemos, pues, que la razón de ser de todo el episodio de los penitenciarios se explicaría en función del propio nombre de la anónima institución que lo dispensa: la penitencia, entendida como la peregrinación o vía del gnosticismo; que, además de verse reflejada en cada uno de los misterios que se han explicado, se hallaría resumida en las líneas finales que completan la *lición*:
- MUERTE: "Estas liciones ansí alegraron sus almas que **las sacó de sí mismas**".
- RESURRECCIÓN: "**y se las llevó a que paseasen los cielos**, porque sólo en ellos pusieron sus pensamientos".

4.4.4. ¿Qué simboliza realmente Hipólita la Ferraresa?

Conviene situar convenientemente el advenimiento de este episodio, pues, podría servir para definir la naturaleza del personaje que lo ha de co-protagonizar. Es el caso que, de manera fortuita, reaparece ahora en el capítulo 6 el poeta peregrino que cantaba el doble soneto laudatorio-difamante a la entrada de Roma. Y lo hace para mostrar a Periandro "una cosa digna de contarse" (p. 664), en relación a unos cuadros hallados en el museo de un "clérigo de Cámara", cuya particularidad consiste en que los citados lienzos, a pesar de estar expuestos, no están todavía pintados; aunque sí constan de un letrero en donde, como si fuera una profecía, pueden leerse los títulos de las obras literarias que harán famosos y dignos de ser retratados a sus respectivos autores: "una, <<Torcuato Tasso>> y, más abajo un poco, decía *Jerusalén libertada*; en la otra estaba escrito <<Zárate>> y, más abajo, *Cruz y Constantino*" (p. 664).

Comoquiera que esta inopinada aparición del -llamémosle- "doble poeta" se produce justo antes de la llegada del hebreo Zabulón, que será quien invite a Periandro a visitar a la bella Hipólita, creemos que el encuentro de Periandro con el vate peregrino, lejos de ser una

---

[881] Carlos Romero afirma lo contrario: "Por extensión y <<compromiso>>, éste es el más importante de los credos de la novela. Tridentino, a mi parecer, en todos los sentidos." (Anexo XXXIII, p. 748).

casualidad, obedecería a las intenciones de nuestro autor de, una vez más (aunque ahora de manera completamente enmascarada, puesto que la acción se sitúa en Roma), no dejar desatendido a su personaje protagonista ante el duro combate que le aguardaba contra la seductora "meretriz romana".

Es decir, juzgamos que es el propio Cervantes quien - como ya apuntábamos en el análisis del famoso soneto a Roma en el capítulo 4.4.1.-, asumiendo la personalidad de aquel poeta-peregrino que era capaz de contentar y vituperar al mismo tiempo, trata de equipar a su protegido con las armas que da el conocimiento inmerso en las dos obras que se citan. No en vano, el propio Cervantes escribe una comedia -como ya se vio- en la que aborda el mismo tema que Torcuato Tasso en la *Jerusalén libertada*: *La conquista de Jerusalén por Godofre de Bullón*[882], donde se evoca la primera cruzada que culmina con la toma de Jerusalén.[883]

Una vez hemos perfilado el contexto previo al episodio, pasaremos a analizar el personaje de Hipólita la Ferraresa. Para ello, comenzaremos estableciendo una relación con un posible antecedente griego que encontramos en una tragedia clásica de Eurípides basada en el hijo de Teseo: *Hipólito*, estrenada en las Dionisias de Atenas en el 428 a. C. Pues bien, en esta línea que hemos emprendido, Ofelia N. Salgado afirma que Hipólito, protagonista de la tragedia de Eurípides, podría ser el referente de la Hipólita del *Persiles*; aunque no de manera directa, sino a través de una relación de oposición vinculada a los caracteres de ambos personajes.[884]

Y será, precisamente, de esa relación de oposición entre el personaje de Eurípides y el de Cervantes, es decir, el casto Hipólito y la prostituta Hipólita, respectivamente; de donde nuestro autor, directamente del modelo de Eurípides aunque siguiendo también la senda de Heliodoro,[885] extraiga ahora la idea opuesta de lo que debería representar su Hipólita: "Cervantes, tal como Heliodoro, parece haber rescatado también la oposición euripidiana de aficiones, entre gusto por las mujeres o la caza"[886].

En relación a estas dos aficiones señaladas por Salgado, diremos que en la Antigua Grecia, la caza remitía al mito de la diosa Artemisa (Diana en Roma): hermana melliza de Apolo que suele ser representada como una cazadora portando un arco y flechas. Y, en relación ahora al otro aspecto de la citada oposición, el rechazo a las mujeres se interpretaría, alegóricamente, como la renuncia al mundo de las pasiones que implica el servicio a la diosa de la caza.

---

[882] A pesar del mayor consenso que existe en la atribución de esta obra a Cervantes, la opinión de la crítica muestra cierto escepticismo. Y ello se basa, fundamentalmente, en la opinión de Stefano Arata, quien, tras un riguroso análisis comparativo, llega a la conclusión de que no puede decantarse ni a favor ni en contra en la citada atribución: "Ninguna de las coincidencias estilísticas detectadas tiene la fuerza suficiente para asegurar, sin más, la autoría cervantina de la obra. Por otro lado, tampoco he podido encontrar algún argumento de peso que ponga en entredicho una hipótesis favorable a Cervantes." Arata, 1992, p. 28. Ahora bien, existe una ausencia en el artículo de Arata, a nuestro modo de ver, decisiva, que haría que el crítico decidiera inclinar finalmente la balanza de su opinión hacia la atribución cervantina de la obra. Nos referimos a la mención que hace Cervantes de "Torcuato Tasso" y de su obra la "*Jerusalén libertada*" en el *Persiles* (p. 664 de la edición de Romero), y que Arata no menciona en su artículo (increíblemente); pues, como se desprende de nuestro análisis, sería el propio Cervantes, personificado a través del "poeta peregrino", quien recomiende la obra a Periandro como ejemplo de esa luz (el conocimiento) que ha de alumbrar la tierra (a la civilización). En tal caso, la alta estima en que Cervantes manifiesta expresamente tener a esta obra, unido al decisivo contexto diegético en que se menciona (los instantes previos al enfrentamiento de Periandro contra las pasiones encarnadas por el personaje de Hipólita), sería un testimonio de peso a la hora de atribuirle su autoría; pues, la citada obra, se consideraría la lógica respuesta-homenaje de un escritor que siente como suyo el pensamiento que allí se recoge.

[883] El tema tratado en la obra de Tasso, dado el interés mostrado por nuestro autor así como la oportunidad que le brindaba el contexto diegético, podría corresponderse alegóricamente con la realidad que pretende describir-denunciar Cervantes en relación a la otra ciudad santa del cristianismo (junto con Santiago de Compostela): Roma.

[884] "Cervantes utiliza repetidamente el tema de la mujer rechazada y vengativa, central en el *Hipólito*, pero en ningún momento hace una referencia explícita a Eurípides. Solo lo insinúa en un hábil juego de opuestos, para atribuir a una de sus adúlteras el nombre del casto héroe euripidiano, "Hipólita", no de su madrastra Fedra, en *Persiles*." Salgado, 2004, p. 952.

[885] Heliodoro en sus *Etiópicas* también pudo utilizar esa misma oposición observada entre el casto Hipólito de la comedia de Eurípides y la prostituta Hipólita de la novela-epopeya de Cervantes, al objeto de revestir las cualidades de sus dos personajes protagonistas: el gusto por la caza de Cariclea (Hipólita) y el rechazo a las mujeres de Teágenes (Hipólito). Incluso en las *Etiópicas* nos aparece un personaje, Cnemón, cuya historia personal (narrada por él mismo) constituye una rememorización de la tragedia de Eurípides (*Hipólito*); y así lo reconoce el personaje que asume el papel de madrastra de aquel en la obra de Heliodoro, Demenetes: " -Joven Hipólito, mi querido Teseo". Heliodoro, *Etiópicas*, p. 79.

[886] Salgado, 2004, p. 951.

Pero en el personaje de Hipólita confluyen otras perspectivas, que, sumadas a la anterior, bien argumentada por Salgado, irán dando forma a una compleja figura de ficción con la finalidad de completar un símbolo a la altura de aquello que se quiere representar. Nerlich, que también ha tratado el tema de Hipólita, dice lo siguiente:

> Uno de los personajes más complejo, más sorprendente y -como hemos visto- más (trivialmente) verosímil es sin duda alguna Hipólita la Ferraresa, la gran Cortesana que reúne en sí misma belleza, riqueza y cultura. De dimensión mitológica, que evoca a la diosa Flora, incluso cósmica, propietaria de un palacio inmenso y de una colección de pintura desde la Antigüedad hasta el Renacimiento, es la encarnación de la Meretrix Romana a través de los tiempos, desde la Antigüedad hasta la Ciudad papal, en la que Hipólita, representante igualmente del comportamiento social civilizado, de (666) "la buena crianza", posee -como demuestra su paso por la casa del gobernador- una importancia política, sin estar implicada en la vida religiosa de la Ciudad eterna.[887]

Porque, como vemos, coincide el crítico con Salgado en su apreciación de una dimensión mitológica del personaje (anti-Artemisa y Flora) al servicio de la diégesis. En tal caso, no parece que la amplitud referencial que emana del personaje deba limitarse a la mera individualidad que lo identifica como a una cortesana presta a hacer fracasar la virtuosa empresa de Periandro, como buena parte de la crítica se contenta en afirmar. Por tanto, y sin dejar de tener en cuenta esa evidente lectura superficial, diremos que Hipólita podría simbolizar en su profundidad una noción lo suficientemente universal como para equipararse con la Ciudad Eterna, y que se deducirá de su actuación en el texto.

Valorando, pues, ese matiz mitológico que parece condicionar la identidad del personaje que se esconde bajo el nombre de Hipólita, creemos que Cervantes podría haber aplicado esos mismos patrones legendarios a la hora de emplear ahora el apelativo de "Ferraresa". Porque, a pesar del escrúpulo puesto por nuestro autor al servicio de la verosimilitud, como mejor garante para otorgar estatuto de veracidad a una realidad diferente que no puede ser definida de forma objetiva, *Ferraresa*, aparte de aludir a un conocido apellido italiano famoso en la época por la licenciosa vida sexual de sus miembros[888]; podría remitir, en relación a su etimología, simple y llanamente a la expresión latina del mineral de hierro: *ferrum-i*.

Desde esta perspectiva simbólica, tendente a considerar el aspecto emblemático del citado metal, deberíamos considerar ahora la utilización que podría haber hecho nuestro autor de la descripción de Hesíodo en *Los trabajos y los días* acerca de las cinco Edades del Hombre (s. VIII a. C.):

> Cuenta el poeta que la humanidad ha ido empeorando a través de diversas edades, que se califican con nombres de metales: la Edad de Oro, la de la Plata, la de Bronce, la de los Héroes y la de Hierro. Los hombres, que comenzaron, en tiempo de Crono, llevando una existencia próxima a la de los dioses, han ido de edad en edad pasando a un vivir más penoso y desamparado. La peor de todas las edades es la de Hierro, en la que vive el poeta, pero aún ésta es susceptible de una degradación, que él imagina y profetiza como próxima.[889]

Y ese empeoramiento o degradación de la Humanidad es el que, en nuestra opinión, trataría de representar Cervantes a través de su personaje, Hipólita la FERRARESA; cuyo apodo remitiría directamente a esa Edad mitológica caracterizada por el ferroso metal, así como a la "perversión" del mundo por ella simbolizado que encontraría su referente inmediato en la ciudad de Roma.

En resumen, de este análisis preliminar que hemos realizado del nombre de "Hipólita la Ferraresa", podríamos afirmar que se trata de una expresión de naturaleza mitológica y, por ello, de clara intencionalidad simbólica; donde, el primer término ("Hipólita") haría referencia a la

---

[887] Nerlich, 2005, pp. 417-418.

[888] Dice Romero al respecto: "Sobre el prestigio que, en la historia del erotismo italiano, han tenido las ferraresas se podría escribir un grueso libro -pero tal vez ya ha sido escrito. Cfr. Brantôme, *Les femmes galantes* (<<Quatriéme discours>>). La bella casa y el refinamiento de Hipólita no constituyeron, desde luego, un caso único en la Italia renacentista -y, aunque menos, también manierista y barroca. Cfr., p. ej., Paul Larivaille, *La vie quotidienne des courtisanes en Italie au temps de la Renaissance, Rome et Venise. XV el XVI siècles* (París, Hachette, 1975)." (n. 18, pp. 665-666).

[889] Garcia Gual, 1992, p. 92.

identificación del concepto en función de sus cualidades (Hipólita es lo contrario del Hipólito de Euripides, por lo tanto sería la anti-Artemisa[890]: no le gusta la "caza" pero sí las relaciones amorosas y/o carnales), y el segundo término ("Ferraresa") señalaría al contexto en donde habría de desarrollarse la noción planteada en el primero, es decir, en un lugar y un tiempo que se halle en relación con lo expresado para Hipólita: Roma, ¿principio y final de una Edad degradada, simbolizada por el Hierro, que parece tocar a su fin?

Y no de otro modo debería entenderse ese juego de contrarios tan sutilmente planteado por Cervantes -que no escapó al ojo crítico de Salgado-, en donde la diferencia de género en relación al más antiguo antecedente euripideano, Hipólito/Hipólita, señalaría esa oposición de alcance universal en donde el amor carnal, aquel al que renuncia Hipólito (de Eurípedes), Teágenes (de Heliodoro) y Periandro (de Cervantes), constituiría INVERSAMENTE la seña de identidad más remarcable del personaje de Hipólita la Ferraresa; presente también en la cabalística inversión: ROMA (amor lascivo = Hipólita) / AMOR (amor platónico = Hipólito) .

Porque, como muy bien dice Cervantes en relación a las cualidades que desplegaba Hipólita para seducir (hermosura, riqueza y cortesía):

> Cuando el amor se vista de estas tres cualidades, rompe los corazones de bronce, abre las bolsas de hierro y rinde las voluntades de mármol, y más si, a estas tres cosas, se les añade el engaño y la lisonja, atributos convenientes para las que quieren mostrar a la luz del mundo sus donaires (p. 667).

En tal caso, nuestro autor vuelve a dejar muy claro que Periandro no va enfrentarse a una meretriz cualquiera, sino que se medirá con un poderoso símbolo de seducción capaz de hechizar a los espíritus más duros ("rompe los corazones de bronce"), de engatusar a los menos interesados ("abre las bolsas de hierro") y de hacer sucumbir a las identidades más íntegras ("rinde las voluntades de mármol"). Además, parece que Hipólita tiene una especial predilección por seducir a un español, pues:

> Ya había visto Hipólita a Periandro en la calle, y ya le había hecho movimientos en el alma su bizarría, su gentileza y, sobre todo, el pensar que era español, de cuya condición se prometía dádivas imposibles y concertados gustos" (p. 667).

Donde se aprecia cierto interés en que la seducción recaiga, más que en un individuo en concreto (Periandro), en un colectivo identificado por lo español.[891]

Y la primera escaramuza orquestada por la encarnación de las pasiones para apropiarse de la voluntad de Periandro se librará en la corta distancia, mediante el ataque por sorpresa de Hipólita: "lo primero que hizo fue echarle los brazos al cuello" (p. 669), que Periandro consigue repeler a tiempo "poniéndole la mano delante del pecho a Hipólita" (p. 669); lo cual, provoca la reacción de la Ferraresa, sorprendida ante tan inusual defensa: "- Parecéme -respondió Hipólita-, señor peregrino, que ansí lo sois en el alma como en el cuerpo" (p. 669).

Es decir, de este primer choque entre ambas potencias (el bien y el mal) podría deducirse que esa intención de Hipólita de "echarle los brazos al cuello" a Periandro – cuya acción ya ha sido analizada en otros lugares de este trabajo[892]- suscita, además de lo que se evidencia literalmente, la idea de querer apropiarse de su voluntad, que, como se sabe, reside en su cabeza (la conciencia).

El rechazo subsiguiente de Periandro, a través del gesto de poner "la mano delante del pecho", es un claro indicador de la oposición del "peregrino" ante el "negocio" que le propone Hipólita, y que nosotros interpretamos de este modo: *tú renuncias al conocimiento-salvación*

---

[890]   No escondemos la asimilación que podría hacerse de Hipólita, cuya visión opuesta de la hermana melliza de Apolo (Artemisa-Diana) se relacionaría con la figura arquetípica del anticristo: "El <<anticristo>> <<no será demonio, sino verdadero hombre, vil y de baxo linage>>; será, a la par, inteligente, cauteloso y poderoso; el mayor pecador del mundo; hará milagros estupendos, aunque falsos; perseguirá a los predicadores de la fe y, en suma, saldrá con la suya cuanto quiera, para mayor condenación. "Caro Baroja, 1985, pp. 275-276.

[891]   No se descarta aquí una lectura histórica de esta especial predilección de la meretriz romana por lo español, dado el protagonismo de la monarquía de los Austrias en el contexto internacional así como su especial estatus como "defensor del catolicismo", que la situaba en una situación de privilegio en sus relaciones con la Santa Sede.

[892]   "Oyendo las cuales razones, Sinforosa, loca de contento, se abalanzó a Auristela y le echó los brazos al cuello, midiéndole la boca y los ojos con sus hermosos labios" (p. 325).

de tu alma (querer coger la cabeza de Periandro) y yo te ofrezco el mundo (simbolizado en el pecho de Hipólita). Además, deducimos de la última de las citas presentadas: "- Parecéme - respondió Hipólita-, señor peregrino, que ansí lo sois en el alma como en el cuerpo.", cierta voluntad de Cervantes de llamar la atención acerca de la existencia de dos tipos diferentes de peregrinos.[893]

Pero, a pesar de esta primera derrota, Hipólita no cejará en su empeño seductor, atrayendo ahora a su presa hacia su propia "guarida": "entraos conmigo en esta cuadra, que os quiero enseñar una lonja y un camarín mío" (p. 669). Pues bien, a pesar de este primer sentido que se nos transmite desde su literalidad, y que Romero define correctamente en términos que se corresponden con los aposentos de una mujer cortesana; nosotros encontramos una segunda lectura que podría adaptarse de igual modo al contexto, ahora alegórico, en el que venimos situando al personaje.

Y, para ello, procederemos al análisis de los diferentes términos que confluyen en la cita. Porque, entrar en una *cuadra* significa también acceder a una caballeriza, donde, la referencia al caballo como símbolo de las pasiones desatadas resulta tan evidente como el otro significado que podríamos atribuir también al término *cuadra*; en relación ahora a la imagen geométrica del cuadrado y su equivalente numeral, el número cuatro[894]. Es decir, dos significados derivados del mismo término *cuadra* que remiten simbólicamente a las fuerzas más primitivas, esto es, incontroladas.

En cuanto al significado del término *lonja*, observamos que no solo aludiría al rebuscado "galería" que propone Romero, que derivada del italiano *loggia*, sino también, y de forma más explícita y clara, a la *lonja* que se registra en el Diccionario de Autoridades tomo IV (1737) como: "El sitio público, donde suelen juntarse los Mercaderes y Comerciantes, para tratar de sus tratos y convenios".

Para terminar este análisis de los conceptos que, de forma más visual, podrían acercarnos a la percepción de ese segundo lenguaje que venimos anunciando en esta cita en concreto, nos fijaremos ahora en el término *camarín*. Pues bien, dado el escenario que se deduce en relación a los dos primeros términos analizados ("cuadra" y "lonja"): un lugar donde se comercia con las pasiones humanas (¿un prostíbulo?), y, debido a que se especifica intencionadamente la posesión del mismo como algo muy personal ("camarín mío"), creemos que la expresión *camarín* podría identificarse con el "tálamo" que simbolizaría el triunfo final de las pasiones sobre la virtud: la cama > *camerín*. Sin embargo, y a pesar del buen engarce que proporciona este sentido en el contexto que estamos aplicando, no podemos descartar el otro significado que nos aporta el término, y que situaría la escena en un ámbito religioso: el *camarín* es una capilla pequeña que se halla en las iglesias católicas situada detrás del altar, con la finalidad de rendir culto a una imagen muy venerada. Es decir, teniendo en cuenta los dos sentidos que hemos aportado, juzgamos que ese "camarín mío" podría estar aludiendo alegóricamente a la propia imagen de Hipólita, que, de manera simbólica y sin ser apercibida en su profunda realidad, sería venerada en los lugares más santos de los templos religiosos (¿Roma?): "Babilonia la Grande, la madre de las prostitutas y de las abominaciones de la tierra.".[895]

En resumen, la imagen que proyecta la morada de Hipólita en función del análisis que hemos efectuado de los tres términos que la definen, podría ser el que sigue: un lugar caracterizado por su naturaleza terrena inclinado a lo pasional ("cuadra"), donde se comercia o hacen tratos ("lonja") tolerados y/o amparados bajo el paraguas de un engaño de alcance universal (el "camarín mío").

La visión que se le ofrece a Periandro del suntuoso lugar bellamente decorado, donde ninguno de los sentidos escapa a la conmoción del momento, nos transmite esa idea de trampa que

---

[893] Por un lado, se hallarían los peregrinos que lo son por inducción o, como dice la cita, "por el cuerpo": incluimos aquí a los ortodoxo-literalistas, es decir, a aquellos que experimentan la peregrinación a un nivel exclusivamente sensorial y, por lo tanto, evolucionan solo en función de lo que perciben sus sentidos; y, por otro lado, se encontrarían los que lo son por convicción o "en alma y cuerpo": a este grupo pertenecerían los alegórico-heterodoxos, los que, como Periandro, comprenden que la peregrinación necesita del concierto de la inteligencia, una vez ha sido convenientemente erradicada la "tiranía de los sentidos".

[894] "*Cuatro*. - Símbolo de la tierra, de la espacialidad terrestre, de lo situacional, de los límites externos naturales, de la totalidad <<mínima>> y de la organización racional. Cuatro es el cuadrado y el cubo". Cirlot, 1992, p. 330.

[895] Apocalipsis 17, 5.

venimos aduciendo: "Abrieron la sala [la lonja] y, a lo que después Periandro dijo, estaba la más bien aderezada que pudiese tener algún príncipe rico y curioso en el mundo" (p. 670).

La alusión que hace a continuación el narrador de la riqueza de Hipólita, así como de su evidente asimilación a la figura de un gran príncipe: "riquezas donde las de un gran príncipe deben y pueden mostrarse" (p. 670), es nuevamente ensalzada, y comparada en su grandeza mediante las construcciones arquitectónicas que aparecen expuestas en los cuadros de la "galería"; razón por la cual, deberíamos considerar la posibilidad de que el foco de atención no sean las dependencias de Hipólita en sí, sino Hipólita misma como símbolo de las grandezas con las que se adorna: "Los edificios reales, los alcázares soberbios, los templos magníficos y las pinturas valientes"[p. 670]. Es decir, una vez más la imagen de Roma.

Esta evidente intención de constatar la grandeza de Hipólita puede ser reveladora de que lo simbolizado por la Gran Meretrix supera cualquier intento de asimilar al personaje con ningún tipo de cortesana al uso, por exitosa que se nos pueda presentar su carrera. Aún así, y dado que en aquella época existían en Roma mujeres de éxito, cuya opulencia también se cifraba en sus fastuosas colecciones de cuadros, reconocemos que el personaje se acerca mucho a esa perseguida verosimilitud que en algunos momentos del relato podría llevar al lector a decantarse, en exclusiva, por la interpretación literal del texto; por lo que en estos casos, juzgamos, se hace necesario emprender un estudio en profundidad del personaje y de sus acciones al objeto de vislumbrar las verdaderas intenciones de nuestro autor.

Porque, resulta evidente la asimilación que suscita la descripción que se hace de la grandeza de esa ciudad innominada (expresada en términos artísticos, arquitectura y pintura, al objeto de secuestrar con su belleza la capacidad de discernimiento) con el personaje de Hipólita; pues, sobre ella y su morada el narrador realiza este panegírico, volviendo incluso a mencionar -por si algún lector todavía no se hubiese percatado del propósito de Cervantes- que esas grandezas "son propias y verdaderas señales de la magnanimidad y riqueza de los príncipes" (670).

Pues bien, en relación a tan aristócrata comparación, juzgamos que el narrador (Cervantes) podría haber tenido la deferencia de nombrar como referente de todas esas grandezas a una princesa y no a un príncipe; a no ser que, de forma intencionada, quisiera dejar constancia de que las posesiones que se le atribuyen se corresponden con la condición masculina y no femenina, y con el propósito de asimilar a Hipólita a un concepto/ente de género masculino. Como así ocurre en las dos ocasiones en que se alude al noble título: "riquezas donde las de un gran príncipe" (p. 670) y "señales de la magnanimidad y riqueza de los príncipes"(p. 670). Es decir, el narrador utiliza todas las formas posibles a la hora de expresar el título que identifica a esa "dignidad" aristocrática, masculino, singular y plural; pero se olvida, justamente, de la que más la define: el femenino ¿A dónde habría de apuntar, en esta ocasión, el mensaje de Cervantes, que pretende identificar a Hipólita con un príncipe en vez de con una princesa?

Para responder a esta pregunta nos fijaremos, en principio, en el solícito ayudante de Hipólita, Zabulón, pues, recordemos que su identidad como demonio, señalada en el *Covarrubias,* lo delata. Este antecedente, dada la relación que une a este "demoniaco" personaje con Hipólita, podría justificar por sí mismo el título de príncipe (en masculino) que el narrador sugiere para Hipólita; ahora bien, en referencia a un príncipe muy concreto: "el de los demonios-Zabulón" (que es masculino y no femenino). Además, en relación a la interpretación que habíamos dado del apelativo de Hipólita, la "Ferraresa", podría deducirse que el reino de ese príncipe no es espacial sino temporal: la Edad de Hierro (simbolizada en la pervivencia de Roma). Es decir, juzgamos que Cervantes, a través de estas sutiles referencias, podría pretender mostrarnos la identidad de un personaje simbólico que figura en el imaginario universal, y que en la Biblia aparece bajo diferentes nombres, como por ejemplo, el "príncipe de este mundo": "Ahora es cuando será juzgado este mundo; ahora el príncipe de este mundo será arrojado fuera".[896]

Finalmente, la grandilocuente descripción nos aporta un dato que podría remitir a una temporalidad que se relacionaría con la verdadera o profunda identidad de Hipólita: "prendas [se refiere a las magníficas construcciones arquitectónicas de esa ciudad], en efecto, contra quien el tiempo apresura sus alas y apresta su carrera, como a émulas suyas, que, a su despecho, están mostrando la magnificencia de los pasados siglos" (670). Es decir, evoca la imagen de las

---

[896]   Evangelio de San Juan, 12, 30.

ruinas como testigo veraz de lo efímero de las humanas construcciones, que remite, por asimilación, a la propia Hipólita.

Pero el clímax de la descripción lo sitúa Cervantes en el momento en que el narrador se dirige a Hipólita por su nombre, después de los rodeos empleados en su identificación a través de la morada donde ejerce su poder de seducción: ¡Oh Hipólita, solo buena por esto! (p. 670).

Porque, como vemos, la exclamación solo puede entenderse en relación a la descripción que le precede; es decir, simbólicamente, en función de la actitud de Hipólita en cuanto a su voluntad de preservarse "viva" -a pesar del tiempo transcurrido-, como garante de un cuerpo (las magníficas construcciones) en decadencia ("contra quien el tiempo apresura sus alas") que anuncia su final, y al que nuestro autor solo reconoce su bondad ("solo buena por eso") en función de su papel de preservación de un pasado "glorioso".

Lo que sigue a continuación conseguirá disipar las dudas -si es que estas aún persisten- acerca de la verdadera identidad asignada por Cervantes a uno de sus personajes más controvertido: "Si entre tantos retratos que tienes, tuvieras uno de tu buen trato y dejaras el suyo a Periandro" (pp. 670-671); donde, el retruécano: "Si, entre tantos retratos que tienes, tuvieras uno de buen trato y dejaras en el suyo a Periandro", constituye la imagen formal o literaria que se correspondería con la expresión de un -digamos- "trato engañoso", que también podría interpretarse de este modo: *si de tantos tratos ("re-tratos": tratos sucesivos o renovados) o caras ("retratos" pictóricos) que ha ido asumiendo lo simbolizado por Hipólita a lo largo de la Historia, tuviera solo una que reflejara la bondad (el "buen trato"), no intentaría seducir a la bondad misma, representada por el empeño de Periandro en alcanzar a su "estrella dorada," tratando de retratarse en él (¿de asumir su identidad a través de lo que este representa para seguir manteniéndose en su estatus de poder?).*[897]

En cuanto al interés que parece mostrar Hipólita por "retratar" a Periandro: "y dejaras en el suyo [su retrato] a Periandro", cuya intención es observada por el propio narrador, y nosotros relacionamos con la idea renacentista del retrato pictórico como "captura del alma del retratado"; encontramos que aquel poeta-peregrino (¿el propio Cervantes?) que reaparecía por sorpresa para informar a Periandro de aquellos cuadros extraños que profetizaban "que presto se habría de descubrir en la tierra la luz de un poeta" (p. 664), podría estar aludiendo a esta afición "pictórica" de Hipólita cuando contaba que "un monseñor, clérigo de la Cámara, curioso[898] y rico, tenía un museo" (p. 664). Es decir, que ambos personajes, el clérigo de la Cámara e Hipólita, compartirían la misma afición de coleccionar en un museo extraños cuadros que representan a grandes personas, ¿cuyas "ideas luminosas" están por venir, como podría ser el caso de Periandro ante el empeño de Hipólita por "retratarlo", con la finalidad de alumbrar un mundo que no habría de beneficiarse de su luz, pues su retrato (su alma como sinónimo de la doctrina que las inspira) permanecería secuestrado en esas "demoníacas" dependencias?

Pero Periandro no caerá en la trampa de los sentidos minuciosamente preparada por Hipólita, pues: "como él andaba con el corazón sobresaltado (que bien haya su honestidad, que se le aprensaba entre dos tablas), no se le mostraban las cosas como ellas eran" (pp. 671-672).

Dado que no encontramos otro antecedente que remita a esas "dos tablas" que se citan, y, puesto que el contexto le es afín; juzgamos que las "dos tablas", que de forma expresa se revelan como las de la salvación de Periandro ("su honestidad") ante el acoso de Hipólita, podrían referirse a las "tablas preparadas para pintarse"(p. 664) aludidas por el poeta-peregrino ("entre las cuales tablas había visto dos"[p. 664]). Por lo tanto, el contenido de esos futuros retratos de los que nos hablaba el peregrino-poeta, constituidos por la obra literaria (la *Jerusalén conquistada* y *Cruz y Constantino*) de esos "personajes ilustres que estaban por venir"(p. 664), actuaría de escudo-doctrina protectora (como así sugiere la imagen de Periandro aprensado entre esas dos tablas) frente al poder de seducción desplegado por Hipólita.

Ante el intento de escapar de la trampa, la Ferraresa, pasando de las palabras corteses a la acción: "Trabó de la esclavina de Periandro y, abriéndole el jubón, le descubrió la cruz con diamantes, que de tantos peligros hasta allí había escapado, y así deslumbró la vista de Hipólita

---

[897] No debemos pasar por alto, pues, el juego de palabras creado a propósito entre *retrato* y *trato,* en donde se percibe la intención de Cervantes por mostrar que la imagen de aquello simbolizado por Hipólita (el *retrato*) va mudando en función de los tiempos; es decir, en función del *trato* dispensado por quien más interese.

[898] ¿Acaso una ironía de Cervantes para referirse a la CURIA romana? Romero alude a esta posibilidad a la hora de definir el significado de "clérigo de la Cámara": "De la *cámara apostólica*" (n. 16, p. 664).

como el entendimiento" (p. 672). Es decir, que la visión de la verdadera doctrina de la salvación, simbolizada en la "cruz con diamantes" que parece surgir del pecho de Periandro, deja como petrificada a Hipólita; pues reconoce al más preciado tesoro del que ella tanto anhela apoderarse.

La situación de Periandro se torna angustiosa, precipitando su salida y dejándose en la huida los símbolos de su identidad como peregrino: "El cual, dejando la esclavina en poder de la nueva egipcia, sin sombrero, sin bordón, sin ceñidor ni esclavina se puso en la calle" (p. 672). Porque, en efecto, Hipólita puede considerarse la "nueva egipcia"; es decir, la evolución lógica del otro personaje así mismo nombrado por Cervantes para simbolizar, en un tiempo pasado, el mismo concepto: Rosamunda, la "bárbara egipcia" (p. 256). Y, en cuanto a las prendas del peregrino que quedan en poder de Hipólita, deberíamos tener en cuenta que, sin embargo, la "cruz con diamantes" consigue ponerla a salvo; lo cual, podría ser un indicador del mensaje que nos quiere transmitir nuestro autor, y que nosotros interpretamos desde una doble perspectiva microcósmica: *tras la victoria final sobre las pasiones (simbolizada en el rechazo de Periandro y la huida de la casa de Hipólita: "que el vencimiento de tales batallas consiste más en el huir que en el esperar" [p. 672]), el peregrino ya puede despojarse de su "envoltorio humano"*[899] *para que pueda brillar su alma trascendida, simbolizada en la "cruz de diamantes" que se descubre junto a su pecho.* Pero también, macrocósmica: *Roma solo es el final de una peregrinación en cuanto a las formas (simbolizado en el hábito peregrino que queda en poder de Hipólita), pues el sentido verdadero del ritual está ausente de la llamada "Ciudad Santa", como así se prueba con la huida de Periandro portando la "cruz de diamantes", que, a juicio de la propia Hipólita, "vale una ciudad" (p. 673): ¿se estaría refiriendo a la "Jerusalén celeste"?*

El despecho que brota de la meretriz insultada en su ego seductor tiene su correspondiente lectura en los acontecimientos que se suceden, pues, no de otro modo ha de interpretarse la inquina que despliega en restituirse del agravio, acudiendo a las más perversas conductas con la finalidad de conseguir sus fines: "Púsose ella asimismo a la ventana y, a grandes voces, comenzó a apellidar la gente de la calle, diciendo: - ¡Ténganme a ese ladrón...!" (pp. 672-673).

La persecución de que es objeto Periandro, en cuanto a que portador de "la cruz de diamantes", podría aludir a unos hechos muy determinados dentro de este trasfondo argumental, que además se deducirían de la cita que continúa a la anterior:

> -¡Ténganme a ese ladrón, que, entrando en mi casa como humano, me ha robado una prenda divina que vale una ciudad! (p. 673).

Porque, la cita puede y debe explicarse desde una doble perspectiva. Desde una perspectiva microcósmica, nos hallaríamos en el cenit del enfrentamiento de Periandro con Hipólita, donde el rechazo total a las pasiones supone para el "peregrino" la condena del mundo (la falsa acusación de Hipólita) y la victoria de los cielos (simbolizada en la huida-liberación con la cruz de diamantes). Y así lo expresa el narrador cuando dice que Periandro ha llegado a la casa de Hipólita "como humano", pero, cual si fuera el mítico héroe Prometeo, "ha robado una prenda divina" (la acusación de Hipólita), es decir, el mítico fuego secreto (la cruz con diamantes).

En cuanto a la otra perspectiva o contexto historicista (macrocósmico) que se dimana de esta importante cita, diremos que la falsa acusación que ha recaído sobre Periandro al no transigir en los designios de la "todopoderosa" Hipólita, podría aludir a la situación de proscrita o desaforada que ha pesado siempre sobre la rama del cristianismo primitivo (simbolizada tradicionalmente a través del crucifijo engarzado en piedras preciosas), auspiciada desde las filas del catolicismo romano a partir del Concilio de Nicea (año 325) hasta la época, al menos, en la que se relatan los acontecimientos romanos del *Persiles*.

La implicación de la guardia vaticana en el prendimiento de Periandro: "Acertaron a estar en la calle dos de la guardia del Pontífice, que dicen pueden prender en fragante, y como la voz era de ladrón, facilitaron su dudosa potestad y prendieron a Periandro" (p. 673), corrobora nuestras

---

[899] Nos referimos a las prendas que el peregrino deja en poder de Hipólita, entre las que destaca "la esclavina", la cual, el narrador cita dos veces en el mismo período de la frase al objeto de avisar al lector del verdadero sentido que se transmite: con ese acto de rechazo de Hipólita-las pasiones, Periandro deja de ser en un ESCLAVO > "ESCLAVINA" de las mismas.

deducciones, en el sentido de la participación que habrían de tener los "guardianes de la fe"(simbolizado por los dos "tudescos") en los hechos que se relatan.

Pero, a pesar del aludido concierto de intereses, Hipólita no consigue convencer a los guardias vaticanos, que seguirán las indicaciones de Periandro de llevarlo en presencia del gobernador al objeto de que este pueda dirimir en el pleito. Este inesperado giro de los acontecimientos parece cambiar la estrategia de Hipólita, que ahora prefiere mostrarse arrepentida antes de ser descubierta en sus verdaderos intereses, pues: "de la crueldad no tendría disculpa y, del testimonio, sí, echando la culpa al amor, que por mil disparates descubre y manifiesta sus deseos y hace mal a quien bien quiere" (p. 674).

La propuesta de Periandro de remitir a su calumniadora a la prueba de reafirmarse en el conocimiento que debería tener de la cruz de diamantes, será el argumento esgrimido por Periandro ante el gobernador para justificar el falso testimonio levantado contra él:

> -Esta señora que aquí viene ha dicho que esa cruz que vuesa merced tiene yo se la he robado, y yo diré que es verdad cuando ella dijere de qué es la cruz, qué valor tiene y cuántos diamantes la componen; porque, si no es que se lo dicen los ángeles o alguno otro espíritu que lo sepa, ella no lo puede saber, porque no la ha visto sino en mi pecho, y una sola vez (p. 674).

Como vemos, la importancia que tiene esta cruz, sobre la que nosotros venimos posicionándonos desde su primera aparición, no es baladí; pues su sentido, deducido ahora de su forma, es utilizado por Periandro para librarse de la mentirosa acusación; a la par que constituye un modo de decir al lector en qué radica la importancia de ese objeto precioso, en cuanto a que símbolo de esa misma Verdad venerada por su portador.

De las palabras proferidas por Periandro en defensa de su inocencia, destacaremos la frase en la que, para forzar a Hipólita a confesar su delito de falsa acusación, le pregunta por el significado del objeto precioso; pues sabe que es imposible que conozca la respuesta: "si no es que se lo dicen los ángeles o alguno otro espíritu que lo sepa". Lo cual, nos lleva a una deducción: si la respuesta solo se la puede facilitar un ángel ("o alguno otro espíritu que lo sepa"), siguiendo la lógica especular característica de este episodio, quiere decir que ella debería ser un demonio; pues por su propia naturaleza tendente al mal le resultaría imposible acceder al conocimiento del bien ("la cruz de diamantes").

Huelga decir que Hipólita es incapaz de responder a Periandro sobre el significado del simbólico crucifijo, con lo que queda demostrada su falsa acusación; sin embargo, logra conmover al gobernador con un encendido discurso en defensa de un amor enfermizo hacia Periandro: "Con decir que estoy enamorada, ciega y loca, quedará este peregrino disculpado y yo esperando la pena que el señor gobernador quisiere darme por mi amoroso delito" (p. 675); lo cual, consigue disuadir al gobernador, más preocupado en recoger su parte del botín en tan lucrativo conflicto: "y él se quedó con el retrato [el de Auristela], porque estaba puesto en razón que se había de quedar con algo" (p. 676), que de su obligación de corregir el falso testimonio levantado.

Llegados a este punto del relato, que coincide con el final del capítulo 7 de este libro IV, estimamos que no sería necesario señalar, pues creemos que está suficientemente explicado a través del análisis precedente, qué es lo que representa Hipólita en el contexto de este episodio cervantino; aun así, y con la finalidad de reunir todas las connotaciones que convergen en el personaje, realizaremos una recapitulación de los argumentos que hemos presentado en su identificación:

- Hipólita es lo contrario de la castidad representada por el Hipólito de Euripides, es decir, la anti-Artemisa (o anti-Diana de la mitología romana).

- Personifica el triunfo de las pasiones sobre el espíritu.

- Constituye la encarnación de la Meretriz Romana a través de los tiempos.

- Su antigüedad queda patente tanto en su apodo, la Ferraresa (Edad de Hierro), como en lo expresado por el narrador a la hora de afirmar su voluntad de preservar las reliquias de otros tiempos: "¡Oh Hipólita, sólo buena por esto!" (las ruinas de Roma).

- La alusión que hace el narrador al trato (el "re-trato") que pretende Hipólita remite, en virtud de la naturaleza de los dos con-tratistas (Hipólita/el mal y Periandro/el bien), así como del contexto místico-gnóstico en que se desarrolla el mismo, al intento de llevar a efecto el tradicional trato-pacto, presente en el folclore de todo el Occidente cristiano, de "vender el alma al diablo": "Si, entre tantos retratos que tienes, tuvieras uno de tu buen trato y dejaras en el suyo a Periandro".

- La imagen que suscita los repetidos esfuerzos de Hipólita por llevarse a Periandro a su terreno (al camarín) es un claro reflejo de las tentaciones del diablo, que no ceja en su empeño de desviar al héroe de su camino virtuoso.

- La morada en donde reside Hipólita, en función a la interpretación que hemos efectuado de los tres términos que la caracterizan: "cuadra", "lonja" y "camarín"; define al personaje como a un ser de naturaleza negativa y pasional, que utiliza el engaño para secuestrar las voluntades más íntimas.

- Dentro de la lonja, la descripción que proporciona el narrador del suntuoso aposento de Hipólita podría remitir a la realidad representada por el personaje: "Los edificios reales, los alcázares soberbios, los templos magníficos y las pinturas valientes"; es decir, un resumen del poder teocrático que irradia el poder desde Roma a todo el Occidente cristiano: la nobleza y la fuerza de las armas, y el clero y su mensaje velado (valiente u osado) transmitido a través de las obras de arte (pintura), respectivamente.

- Hipólita es la "nueva egipcia", émulo de Rosamunda, la "bárbara egipcia". Lo cual, no solo expresa una continuidad histórica del concepto que ambos personajes simbolizan; sino que, además, nos induce la idea de un origen común en relación a la doctrina por ellas empleadas en sus poco honorables fines.

- Porque Hipólita, personificación del espíritu de Roma, no puede ser "el cielo en la tierra"; pues, aunque se hallen en su poder las prendas del peregrino (las formas religiosas), la cruz de diamantes está ausente de ella (está vacía de contenido).

- La persecución, a despecho, que hace Hipólita de Periandro como portador de la "luz que ha de alumbrar al mundo" ("la cruz con diamantes"), podría aludir a la doctrina religiosa que impera en Roma desde la antigüedad: la rama literalista del cristianismo, siempre "a la caza" de la ¿herejía? que pueda comprometer su estatus de poder.

- La crueldad que la propia Hipólita manifiesta haber empleado contra Periandro es una prueba de su natural inclinación, así como el engaño, que pasaría a ser su habitual forma de actuación: "y que antes quería parecer testimoñera que cruel" (p. 674).

- La alusión que hace Periandro de que solo un ángel podría enseñarle a Hipólita el significado de "la cruz de diamantes", asimila automáticamente al personaje con una figura demoníaca.

- La comparación que se hace de Hipólita con un príncipe, en vez de una princesa, nos lleva a la deducción, a través de la consideración de demonio atribuida a su "secretario" Zabulón, de que la meretriz romana simbolice al "príncipe de este mundo" citado en el Evangelio de San Juan (12, 30).

Finalmente, y en virtud del volumen y la especificidad de las pruebas presentadas, estamos convencidos de que en el pergeño de este episodio Cervantes pudo tener muy en cuenta lo que se expresa en la siguiente cita del *Apocalipsis*:

> Uno de los siete ángeles que tenían las siete copas vino a decirme: "Ven, que te voy a enseñar el juicio de la gran Prostituta, que está sentada sobre las vastas aguas, con la cual han fornicado los reyes de la tierra y la que ha emborrachado a los habitantes de la tierra con el vino de su lujuria." Y me transportó en espíritu a un desierto. Y vi una Mujer, sentada sobre una Bestia escarlata, llena de nombres blasfemos, con siete cabezas y diez cuernos. La mujer estaba vestida de púrpura y de escarlata, de piedras preciosas y de perlas; tenía en la mano una copa de oro llena de abominaciones y de las inmundicias de su lujuria. Sobre su frente, un nombre escrito -un misterio-: "Babilonia la Grande, la madre de las prostitutas y de las abominaciones de la tierra."[900]

Porque, en nuestra opinión, no resultaría una temeridad establecer un paralelismo entre lo referido en el *Apocalipsis* sobre la "Gran Prostituta de Babilonia" y la Roma del *Persiles;* donde, de manera similar, un "judío" de nombre Zabulón invita a Periandro a que le acompañe a ver a Hipólita ("Ven, que te voy a enseñar el juicio de la gran Prostituta"); cuyos atributos y acciones siguen muy fielmente -según nuestro análisis- lo expresado en el *Apocalipsis* para la figura de la "gran prostituta". Además, la asimilación que hemos realizado de Hipólita como un

---

[900]   Apocalipsis (17: 1-5).

ente totalizador que se identificaría con Roma, podría asimilarse con lo señalado en Apocalipsis (17: 18): "Y la mujer que has visto es la Gran Ciudad, que reina sobre los reyes de la tierra".

4.4.5. La necesaria ruptura de Periandro-Auristela como antesala de la unión de Persiles-Sigismunda

Partimos, en este capítulo, de una situación de desahucio, pues a ese estado ha llegado Auristela a consecuencia del hechizo que sobre ella y, a instancias de la despechada Hipólita, ha obrado Julia, la mujer del "judío" Zabulón.

Comoquiera que, de la lectura que habíamos efectuado sobre las circunstancias que han precipitado estos acontecimientos, sabemos que "la cruz de diamantes" que porta Periandro simboliza, ya de manera -nos atreveríamos a decir- inequívoca, al cristianismo primitivo en cuanto a que camino "veraz" de liberación espiritual; Hipólita, opuesta al héroe por su apego a lo terreno, no cejará en su empeño de evitar que un alma luminosa como la de Periandro se le escape, por lo que el ataque de la "Ferraresa" irá dirigido ahora directamente a esa preciada joya que pende del pecho del héroe, personificada, como bien podrá suponerse, en la persona de Auristela.

Interpretación historicista del hechizo de Auristela

Quizás, una vez hemos expuesto las líneas básicas por las que habrá de discurrir un argumento a caballo entre el mito y la realidad, podamos llegar a comprender cuál es el papel que cumple la hechicera Julia dentro de este relato alegórico, así como definir su identidad en el plano de la realidad. Porque, esa "bruja" que trabaja para Hipólita ("el espíritu del mal") es la mujer de un "judío"; ahora bien, en ningún sitio se especifica que ella también lo sea.

Comoquiera que, de forma tácita, ha venido interpretándose la filiación hebrea de Julia en razón de su matrimonio con Zabulón, y ello a pesar de las dudas que plantea el ejercicio de la hechicería entre personas de la etnia judía, pues esa ocupación era más propia entre los moriscos; la crítica nunca ha sentido la necesidad de plantearse otra posibilidad.

Pues bien, partiendo del mismo nombre de la hechicera, Julia, nosotros hemos observado una serie de indicios que, en su conjunto, podrían identificar a la mujer que hechiza a Auristela con la *gens Julia*: familia de patricios de la Antigua Roma que la tradición hace descender del troyano Ascanio, hijo de Eneas y Creusa, llevado a Italia por su padre después de la caída de Troya. Porque, existen motivos de peso para sospechar que Cervantes pensaba en esta familia de patricios romanos a la hora de referirse, a través de la inclusión de muy determinados personajes hebreos en su alegoría, a los comienzos del catolicismo romano; pues este sería el único contexto histórico en donde tendría sentido ese extraño matrimonio entre un "judío" y ¿una hechicera patricia? No en vano, la dinastía Julio-Claudia de emperadores romanos gobernó Roma entre el 27 a. C. y el 68 d..C., es decir, en las fechas en las que empezó a asentarse el cristianismo en Roma. Además, debemos tener muy en cuenta que fue bajo el poder del último de los cinco emperadores julios, Nerón,[901] cuando se produjo la primera gran persecución de los cristianos (64 d. C.) tras el famoso incendio que asoló Roma.[902] Un dato final aportaremos a nuestra hipótesis, y es que a todas las mujeres de esta familia de patricios se les daba el nombre de Julia.

En tal caso, dentro del plano simbólico en el que se está desarrollando el episodio, el estrecho vínculo que uniría a la pareja formada por Zabulón y Julia a través de la "sagrada" institución del matrimonio, podría constituir una perfecta alegoría a la hora de mostrar quién andaba detrás de la idea de crear una nueva religión (el catolicismo) que pusiera fin al peligroso ascenso del verdadero cristianismo (el gnóstico, que apelaba a la libertad del individuo en contra de la privilegiada situación de los patricios) en Roma, minando el movimiento desde dentro; es decir, provocando una escisión del propio cristianismo primitivo, que sirviera tanto al interés de los patricios (simbolizado en el personaje de Julia) por mantenerse en el poder como

---

[901] Los otros fueron: Augusto, Tiberio, Calígula y Claudio.

[902] Recordemos que estos hechos históricos ya fueron rememorados por nuestro autor, según nuestro análisis, en el episodio en el que se narra el incendio de la isla del rey Policarpo (cap. 17, libro II). Véase el capítulo 2.6.8.

a los "judíos" (simbolizado en Zabulón) por erradicar la ¿"poco comercial" doctrina del Galileo?

Y quizás, como testimonio escrito de este pacto, que habría de conformar una nueva alianza entre el pueblo hebreo y la elitista sociedad patricia en donde habría de asentarse la antigua religión hebrea, surgió, con el tiempo, esa otra alianza a nivel testimonial que es la Biblia: la unión del Antiguo Testamento y el Nuevo Testamento; es decir, el judaísmo representado por Zabulón y el catolicismo romano (patricio) simbolizado por la hechicera Julia[903], respectivamente.

En este orden de cosas, y dentro del conjunto de circunstancias que orbitan en relación al tema de la ruptura entre Periandro y Auristela, consideramos suficientemente fundada, a través de la responsabilidad directa que asume en el texto la pareja Zabulón-Julia como autores del intento de asesinato de Auristela (inducido por Hipólita), la intención de Cervantes por transmitir su versión acerca de cómo se gestó el catolicismo en Roma; así como las nefastas consecuencias, alegorizadas en la enfermedad-hechizo de Auristela, que supuso para el cristianismo primitivo el ascenso de esta nueva religión (el catolicismo) desgajada, intencionadamente por esa alianza entre "judíos" y patricios, de su trono fundacional.

Y, entre estas consecuencias históricas, sin duda, las que han dejado una huella más nítida en el imaginario popular fueron las persecuciones de que fueron víctimas los cristianos de esos primeros siglos de nuestra era. En este sentido, resultaría lógico que nuestro autor, que ya nos ha introducido el tema histórico a través de su alegoría, nos diera algunas referencias alusivas a estos ignominiosos acontecimientos. Y no tardaremos en encontrarlos en "los hechizos, los venenos, los encantos y las malicias" (p. 683) empleados por la esposa del "judío" Zabulón contra Auristela, porque, ¿acaso este conjunto de "oscuros" procedimientos, que parecen sobrepasar el ámbito de lo propiamente hechiceril para abarcar un campo mucho mayor (el de la maldad), no podrían considerarse, convenientemente interpretados, como la estrategia llevada a cabo por esa siniestra alianza (Hipólita-Zabulón-Julia = el mal-"judíos"-patricios) para sacrificar-expulsar, de forma progresiva, al cristianismo alegórico-primitivo de una Roma que pretende arrogarse para sí la consideración de "altar de la cristiandad"?

Y razones para pensarlo no han de faltar, y para ello proponemos un sencillo ejercicio comparativo de lo más representativo de esa primera época de persecuciones en relación a la cita que estamos analizando: la crueldad necesaria para traicionar a los que se consideran sus hermanos cristianos ("la maldad"), las falsas promesas de salvación espiritual ("los encantos"), la mentira y el falso testimonio en las acusaciones de herejía ("el veneno") y la pompa y el ceremonial desprovistos de contenido ("los hechizos"); cuyos pormenores, además, podrían estar siendo referidos por el narrador cuando dice:

> No se atrevió la enfermedad a acometer rostro a rostro a la belleza de Auristela, temerosa no espantase tanto la hermosura la fealdad suya y, así, la acometió por las espaldas, dándole en ellas unos calosfríos al amanecer que no la dejaron levantar aquel día (p. 684).

Donde, de manera harto expresiva, se nos sugiere los detalles de ese proceso: la traición y/o cobardía cometida ("rostro a rostro", "y, así, la acometió por las espaldas"), el conocimiento de la maldad que se está perpetrando ("temerosa no espantase tanto la hermosura la fealdad suya"), el cruel ensañamiento que empleará con su adversario ("dándole en ellas [en las espaldas] unos calosfríos"), el tiempo en que se produjeron esos acontecimientos ("al amanecer") en relación a los comienzos de nuestra era y las consecuencias de lo que supuso esa cruel persecución a lo largo de los siglos venideros ("que no la dejaron levantar aquel día").

Cervantes, como pretendemos demostrar, nos presenta una cifrada crónica, ingeniosamente pergeñada, de la traición y acoso sufrido por el verdadero cristianismo en los turbulentos comienzos de su andadura. La enfermedad de Auristela, víctima del hechizo de la mujer del "judío", constituye, pues, una alegoría de ese proceso de exterminio en la persona de nuestra protagonista. Y, en relación a ello, debería interpretarse lo que dice el narrador a comienzos del capítulo 10, en cuanto a que, en los cuidados dispensados a la enferma: "Las señoras francesas

[903] Esta idea ya fue sugerida en el capítulo 1.5., cuando otro hechicero nombrado por el narrador asume un papel principal en el curso de los acontecimientos que suceden en la isla bárbara:"(persuadidos, o ya del demonio, o ya de un antiguo hechicero a quien ellos tienen por sapientísimo varón)" (pp. 137-138).

atendían a su salud con tanto cuidado como si fueran sus queridas hermanas, especialmente Félix Flora, que con particular afición la quería" (p. 688), podría hallarse una crónica de cómo fue salvada de su completa extinción la "religión primitiva". Porque, si bien la doctrina inmersa en el cristianismo "fundacional" se declaró proscrita en todo el orbe cristiano, no por ello significó su completa erradicación en Occidente, que siguió evolucionando bajo el marchamo de las diferentes heterodoxias asentadas sobre suelo europeo.

Avanzado el tiempo, esta situación de resistencia, sin duda, tuvo que obligar a la facción ortodoxo-literalista a extremar sus medidas persecutorias; lo cual motivó, tanto la ocasión de la llamada a Cruzada por el propio Papa[904], como la expansión y el mayor rigor en la utilización de los temidos tribunales de la Inquisición. Y, en este sentido de tratar de proteger a esta exhausta doctrina (cuyo pertinaz acoso debería ser, por sí misma, la marca de su autenticidad) de la obstinada persecución de Roma, creemos que debería entenderse el celo de esas "señoras francesas" por atender la maltrecha salud de Auristela; pues, ¿acaso no sería la facción representada por esa Flor de Lis (Félix Flora, según se vio), la que habría de dar cobijo al cristianismo primitivo (los cátaros) en lo territorios del conde de Toulouse en el sur de Francia?

Interpretación simbólica del proceso de ruptura Auristela-Periandro

Pero Hipólita, viendo que se excedía en la aplicación del hechizo, pues este comenzaba a obrar de igual modo sobre su codiciada presa, Periandro, tuvo que aflojar su ímpetu; desistiendo en el castigo para evitar que el asunto se le fuera de las manos. Por este motivo, y dado que la propia Hipólita es quien confiesa que: "muriendo Auristela, moría Periandro y, muriendo Periandro, ella también quedaría sin vida" (p. 689), podríamos llegar a la conclusión de que la no-culminación de los propósitos de la Ferraresa con la muerte de Auristela obedecería a una cuestión de naturaleza filosófica: no puede existir el mal sin el concierto del bien, y viceversa.[905]

A continuación, Cervantes, por medio de su narrador, nos ofrece una semblanza del poder de Julia en relación a la petición que le hace Hipólita de que "templase el rigor de los hechizos que consumían a Auristela, o los quitase del todo (p. 689); donde, en contra de lo que cabría esperarse, se sugiere el concurso de Dios como algo propio en los misterios de la hechicería:

> Hízolo así la judía, como si estuviera en su mano la salud o enfermedad ajena, o como si no dependieran todos los males que llaman de pena de la voluntad de Dios, como no dependen los males de culpa; pero Dios, obligándole (si así se puede decir) por nuestros mismos pecados, para castigo dellos permite que pueda quitar la salud ajena esta que llaman hechicería, con que lo hacen las hechiceras (p. 689).

Es decir, la mención que se hace en este fragmento de una serie de elementos concatenados, como son: la figura de Dios, de la hechicera, de la hechicería, de "los males de culpa" y de "nuestros mismos pecados" (¿el pecado original, base la doctrina del catolicismo?),[906] resulta, cuanto menos, sospechoso de las posibles intenciones que podría esconderse bajo esta confusa cita; que, lejos de identificarse con a una típica conducta brujeril, apuntaría, en mayor medida, a un posicionamiento doctrinal muy concreto, en donde por encima de todo destaca la figura de un Dios vengador e inmisericordioso: "pero Dios, obligándole (si así se puede decir) por nuestros mismos pecados, para castigo de ellos permite...", el cual se asimilaría al Dios del Antiguo Testamento.[907]

Salió Auristela, finalmente, de ese trance crítico en el que a punto estuvo de perder la vida: "Comenzó, pues, Auristela a dejar de empeorar, que fue señal de su mejoría" (p. 689); lo cual,

---

[904]   Nos referimos al mayor holocausto de cristianos perpetrado por cristianos: la cruzada albigense o cruzada contra los cátaros en el sur de Francia (siglo XIII).

[905]   Cervantes lo expresa de este modo: "Parece que el bien y el mal distan tan poco el uno del otro que son como dos líneas concurrentes, que, aunque parten de apartados y diferentes principios, acaban en un punto" (p. 697).

[906]   La doctrina del "pecado original" se fijó en el concilio de Cartago, y se precisó posteriormente en el concilio de Orange y en el concilio de Trento.

[907]   Nahúm (1:2): "Dios celoso y vengador es Yavé, Yavé se venga y se arma de ira. Se venga Yavé de sus adversarios, y se enfurece contra sus enemigos". Entre otras muchas citas del Antiguo Testamento que tratan de esa misma visión de un Dios irascible y vengador.

es prueba del magisterio-poder de la hechicera, que nada más suspender el hechizo comenzó a sanar de su enfermedad.

A continuación, el íntimo parlamento que pronuncia Auristela a Periandro tras su retorno de una muerte casi asegurada, nos sugiere la posibilidad de que tal discurso se halle más próximo a la exposición de una teoría metafísica que al tópico del sacrificio de la amada al servicio de la divinidad (la clausura); tema, este último, ya suficientemente tratado en el episodio de Leonora y su enamorado caballero portugués, por lo que Cervantes no tendría necesidad de repetirlo, y menos al final de la novela-epopeya.

En tal caso, todo apunta a que los intereses de Cervantes ante este nuevo caso de renuncia del amor terreno en beneficio del divino, suponga la presentación de algún elemento extra, en el sentido de aportar una solución más en consonancia con lo avanzado de los procesos iniciáticos en este final de la segunda fase en curso[908]. No en vano, la primera información que nos da Auristela una vez "volvió a enterarse el órgano suave de su voz" (p. 690): "- Hermano mío, pues ha tenido el cielo que con este nombre tan dulce y tan honesto ha dos años que te he nombrado" (p. 690), constituye una posible referencia a la duración del ritual iniciático de la peregrinación en relación a la diégesis ("ha dos años que te he nombrado"), que, según nuestra interpretación y la propia evidencia de lo avanzado del texto, debería estar tocando a su fin.[909]

Llegados a esta altura del libro IV, donde, después de los numerosos episodios en los que hemos sido testigos de esa casi obsesión -por la persistencia del tema- de Cervantes por mostrarnos, por diferentes cauces, cómo los procesos de muerte-resurrección que alumbran los caminos del místico se abren paso por un escenario al que se accede sorteando diferentes obstáculos (reflejados en los diferentes episodios que componen la obra)[910]; encontramos en la "casi muerte" de Auristela y su subsiguiente sanación-resurrección, el paradigma que unifica a todos esos casos proporcionando, en nuestra opinión, la explicación que haya de dotarlos de un sentido completo.

Porque, desde esta perspectiva microcósmica, si tras la experiencia de la enfermedad-muerte mística de Auristela su sanación-resurrección significa, en su literalidad -y es muy importante recalcar este detalle-, la liberación de cualquier atadura que une al personaje a lo terreno (incluido el lazo que se considera como el más difícil de romper: su amor hacia Periandro-hombre); se entendería, en tal caso, que Auristela habría superado la vía iluminativa (segundo círculo de nuestra estructura) y que ya se encontraría preparada para acceder al último grado de la iniciación: la vía unitiva (tercer círculo). Y no de otro modo expresa el personaje su bien ganada promoción iniciática al manifestar, desde su recién conquistada atalaya del conocimiento, su particular sentido de la existencia:

> Nuestras almas, como tú bien sabes y como aquí me han enseñado, siempre están en continuo movimiento y no pueden parar sino en Dios, como en su centro (p. 690).

Es decir, no solo Auristela está aludiendo al eje central sobre el que gira la obra en su perspectiva macrocósmica: el norte como centro, que se manifiesta en el plano de la realidad en la percepción visual que se tiene desde la Tierra de las evoluciones de las estrellas circumpolares (las *Osas*); sino que, en un contexto microcósmico, sus argumentos remitirían también a la teoría pitagórico-platónica de la metempsicosis: "Nuestras almas [...] siempre están en continuo movimiento y no pueden parar sino en Dios".

Continúa Auristela relatando a Periandro su particular cosmovisión: "En esta vida los deseos son infinitos, y unos se encadenan de otros y se eslabonan, y van formando una cadena que tal vez llega al cielo y tal se sume en el infierno" (690). Lo cual, podría interpretarse como que el

---

[908] En este sentido gnóstico-iniciático, y dado a que el episodio de Leonora y de Manuel de Sosa Coitiño constituye el desarrollo del mismo tema que aquí se propone entre Auristela y Periandro; podríamos sugerir la idea de que aquel constituya una primera fase del que aquí se presenta como antesala de "algo" que se sospecha mayor (¿la tercera y última etapa de la vía del Conocimiento o fase unitiva?).

[909] Recordemos que ya al comienzo del capítulo primero de este cuarto libro se hacía referencia a esa misma temporalidad: "- Sola una voluntad, ¡Oh Persiles!, he tenido en toda mi vida, y esa habrá dos años que te la entregué, no forzada, sino de mi libre albedrío" (p. 628).

[910] Remitimos al análisis que hacíamos de los distintos personajes en cuyo desarrollo diegético observábamos esa doble experiencia de naturaleza trascendente (muerte/resurrección): Corsicurvo, Rutilio, Leonora, Sosa Coutiño, Taurisa, Clodio, Bradamiro, el marinero suicida, Renato y Diego Parraces, entre otros.

hombre parte de una situación pecaminosa, pues, "En esta vida los deseos son infinitos", y que, dependiendo de su libre elección y de la Fortuna, tal vez sea capaz de liberar su alma ("llegue al cielo"); aunque, por lo general, lo más habitual será que "se sume en el infierno", es decir, que vuelva a encarnarse en otro cuerpo a sumar a esa cadena simbólica.

Sigue su discurso "platónico", tratando de convencer a su "amado hermano" de la necesidad que tiene ella de liberarse de lo terreno y trascender; lo cual, se deduce tanto del éxito del camino recorrido (su actuación durante los cuatro libros del *Persiles*), como, irónicamente, de la circunstancia de haberla "traído a esta ciudad, donde he llegado a ser cristiana como debo" (p. 691). Aquí, nosotros interpretamos que, gracias a su experiencia con los "penitenciarios" (el Conocimiento) en el centro del catolicismo (el laberinto), Auristela ha conseguido entender finalmente que el "verdadero" cristianismo (AMOR) es lo contrario de lo que ROMA representa; lo cual, constituye en sí mismo el acto de liberación (muerte) de una doctrina (el Minotauro) que la tenía sometida sin posibilidad de trascender.

Pero Auristela no puede ejercer su derecho a la plena libertad si no cuenta con el consentimiento de Periandro, pues: "esto no podrá ser si tú no me dejas la parte que yo misma te he dado, que es la palabra y la voluntad de ser tu esposa" (p. 691). En tal caso, la lectura literal que nos hacemos de ello es que tal promesa de matrimonio obligaría a ambos al cumplimiento de lo acordado, y que solo la renuncia expresa de Periandro permitirá a Auristela consagrarse al servicio de Dios (aunque no se especifica, se entiende que debería referirse a profesar como monja); pues, como ella misma dice: "por quien te dejo es por Dios" (p. 692).

Sin embargo, y a pesar de lo verosímil que nos pueda resultar tal lectura a un nivel de la superficialidad del texto, no podemos disimular una segunda de carácter alegórico, que deberá analizarse de manera detallada. Porque, desde una perspectiva mística, la renuncia de Auristela no debe entenderse como el abandono de Periandro ("Yo no te quiero dejar por otro" [p. 692])[911], sino todo lo contrario: como un deseo de unión, pero con un Periandro igualmente trascendido ("por quien te dejo es por Dios, que te dará a sí mismo, cuya recompensa infinitamente excede a que me dejes por él" [p. 692])[912], para lo cual es necesario, de manera irremediable, la renuncia expresa a lo terrenal por parte de su amado y así posibilitar la unión de ambos en esencia: el andrógino.

Y es en este sentido, en nuestra opinión, cómo debería interpretarse lo que resta del discurso hasta concluir el capítulo 10; donde, la propia Auristela parece querer revelar los términos por los que ha de regirse esa "transferencia espiritual" o proceso místico de transformación de la conciencia del individuo:

> Querría agora, si fuese posible, irme al cielo sin rodeos, sin sobresaltos y sin cuidados, y esto no podrá ser si tú no me dejas la parte que yo misma te he dado, que es la palabra y la voluntad de ser tu esposa (p. 691).

Porque, mostrar su voluntad de irse "al cielo sin rodeos, sin sobresaltos y sin cuidados", manifiesta, de forma clara, su determinación de salir -por fin- de ese laberinto de la existencia (¿la rueda de las reencarnaciones sucesivas según la doctrina de Platón?)[913]. Ahora bien, vuelve el personaje a recordarnos que nada de ello será posible si: "tú no me dejas la parte que yo misma te he dado"; es decir, continuando en este contexto trascendente, ¿si no cuenta con el compromiso-autorización de la persona que comparte su alma en este mundo terreno?

---

[911] Romero, que señala con acierto en relación a esta frase de Auristela: "Es imposible no recordar las palabras de Leonora Pereira a Manuel de Sosa Coitiño (Cfr. I, 10:204-205)."(n. 10, p. 692); no consigue, sin embargo, atisbar la posibilidad de una mayor interconexión entre ambos episodios más allá de la alusión al "voto de virginidad" presente en otros episodios de la obra.

[912] Si ralentizamos nuestra lectura y reflexionamos sobre lo que propone el texto en cuestión, podremos percibir la similitud que se aprecia entre lo que se dice en esta cita y la doctrina mística que se desprende del poema de San Juan de la Cruz, *La noche oscura: ¡Oh noche que juntaste/ amado con amada,/amada en el amado transformada!* Donde, el deseo de expresar la unión con el amado se traduce, como en el texto de Cervantes, en un proceso transmutatorio de la propia personalidad.

[913] "Según un salmo gnóstico de los nácenos citado por san Hipólito, el ser humano es arrojado al mundo como al interior de un laberinto, por el que errará su alma sin conocer si existe una salida válida." Saint-Hilarie, 2008, p. 49.

Pero aún Auristela ha de revelar a su prometido el modo en que este ha de proceder a su liberación, que será, en nuestra opinión, devolviéndole "la palabra y la voluntad de ser tu esposa".

En principio, nada de especial parece transmitirse en esta cita más allá de lo que se entiende en su literalidad, que, además, se ajusta al argumento con coherencia. Sin embargo, el lector atento, ya avisado de las intenciones de nuestro autor cuando en casos similares (un corto periodo del texto) se repiten uno o varios términos, intuye que las expresiones "palabra" y "voluntad", repetidas aquí, podrían ser reveladoras de una inusitada connotación:

> y esto no podrá ser si tú no me dejas la parte que yo misma te he dado, que es la palabra y la voluntad de ser tu esposa. Déjame, señor, la palabra, que yo procuraré dejar la voluntad, aunque sea por fuerza, que, para alcanzar tan gran bien como es el cielo, todo cuanto hay en la tierra se ha de dejar, hasta los padres y los esposos" (p. 691).

Si analizamos esta cita desde una perspectiva simbólica comprobaremos lo siguiente:

- Auristela comparte con Periandro una especie de "esencia" o concepto abstracto ("la parte que yo misma te he dado"), que, además, sugiere haber sido "dejada" en una especie de "usufructo" a Periandro con un fin muy concreto.

- Esa "esencia" se compone de dos tipos diferentes de conceptos: "la palabra y la voluntad de ser tu esposa". Se interpreta, pues, que ese "espíritu" o "esencia" podría corresponderse con la capacidad de interaccionar o transformar las condiciones iniciales de que se parte, es decir, a través de la acción (palabra) y de la determinación de llevarla a cabo (la voluntad).

- Auristela le reclama a Periandro esa "esencia" que le había dejado en "usufructo" como parte del proceso de liberación espiritual; lo cual, entraña una especie de transmutación, donde lo simbolizado por Auristela debe asumir la personalidad de Periandro a través de la acción.

- En ese proceso de trasferencia: "Déjame, señor, la palabra, que yo procuraré dejar la voluntad, aunque sea por la fuerza", la noción de "palabra"[914] que aquí se emplea podría referir al "Verbo", en cuanto a la facultad del mismo para actuar-influir sobre los acontecimientos (de la abstracción a la materialización); idea, esta, que pudo haber sido recogida por nuestro autor a partir de la lectura del evangelio de San Juan (1: 1-3)[915]. En cuanto al concepto de "voluntad" ("voluntad de ser tu esposa"), dado que la propia Auristela es la que dice que "procuraré dejar la voluntad", entendemos que se estaría refiriendo a la voluntad que tiene sometida a Periandro a lo terreno (las pasiones); pues, al puntualizar que no lo hará sin gran esfuerzo ("aunque sea por fuerza"), deducimos de ello que podría referirse a la natural inclinación humana a resistirse a abandonar la seguridad que proporciona el mundo de la razón-sentidos, que, cual si fuera un potente imán, impide al hombre despegarse en esencia del "suelo".

En cualquier caso, de lo proferido por Auristela a Periandro dilucidamos la intención de aquella de animarle con su ejemplo a -digamos- que tome partido por la causa (la de ambos): despejar el último y definitivo obstáculo, que consistirá, básicamente, en imitar el proceso que a ella, tan enamorada como él, le ha llevado a sacrificar su amor (mediante el concierto de la hechicera) en beneficio de un fin superior. Y para ello es necesario que Periandro deje la PALABRA a Auristela, es decir, que tiene que ceder a su compañera la iniciativa para que esta actúe en su nombre (la acción-palabra se transforma en el Verbo dentro de sí mismo). La consecuencia de este proceder, que encaminará sus esfuerzos hacia una renuncia ("aunque sea por fuerza") de lo terreno, posibilitará la completa anulación de la VOLUNTAD que sujeta a Periandro a este mundo; por lo que ya será libre él también para unirse en esencia a Auristela: la anhelada consumación del matrimonio místico.

Pero, a pesar de la determinación y la gravedad con la que se expresan estos argumentos en la diégesis, en el pensamiento Cervantes (firme defensor de la doctrina religiosa que aquí solo hemos esbozado) la consecución del ideal místico no tiene por qué entrañar una renuncia completa del mundo y de sus placeres; sino que ambos caminos (el celeste y el terreno) pueden

---

[914]   Recordemos la importancia que adquiere el término *palabra*, a través de sus sinónimos "voz" y "voces", en todo el *Persiles*.
[915]   "En principio fue el Verbo,/y el Verbo estaba en Dios,/y el Verbo era Dios./Él estaba en el principio con Dios./Todo fue hecho por Él,/y sin Él nada se hizo."

y deben armonizarse, siempre que prime el anhelo de búsqueda trascendente y que el disfrute de los placeres de este mundo sea la consecuencia o premio a una vida virtuosa y de dedicación:[916]

> Una hermana tengo pequeña, pero tan hermosa como yo, si es que se puede llamar hermosa la mortal belleza. Con ella te podrás casar y alcanzar el reino que a mí me toca, y con esto, haciendo felices mis deseos, no quedarán defraudados del todo los tuyos (p. 692).

En esta cita, y dado el contexto místico en el que nos hallamos, esa hermana pequeña "tan hermosa como yo, si es que se puede llamar hermosa la mortal belleza", debería remitir a la propia naturaleza inferior o terrestre que anida, junto a la superior o celeste, en el alma de la propia Auristela, en el sentido platónico del concepto; perfectamente consciente, gracias a que su experiencia en Roma le ha llevado "a ser cristiana como debo", del significado que haya de atribuirse a sus palabras. En cualquier caso, la lejanía que muestra el "yo superior" de Auristela con respecto a su "yo inferior", que se manifiesta cuando dice: "Con ella te podrás casar", se traduce en el texto mediante la asunción de dos personalidades distintas, aunque convenientemente hermanadas.

El correcto desarrollo del argumento trascendente hace que el héroe rechace el ofrecimiento literal de Auristela, en cuanto a su deseo de ofrecerle ésta a su propia hermana como esposa. Este triángulo de renuncias (Auristela-Periandro-hermana), que en la diégesis se presenta como un fracaso que mina la voluntad de Periandro, a la par que conmueve la sensibilidad del lector; sin embargo, propiciará lo que veníamos avanzando en relación al modo en que opera el proceso iniciático que debería ser transferido de Auristela a Periandro:

> imaginó que Auristela le aborrecía, porque aquel mudar de vida no era sino porque a él se le acabara la suya, pues bien debía saber que, en dejando ella de ser su esposa, él no tenía para qué vivir en el mundo." (p. 692).

Es decir, juzgamos que se nos está transmitiendo una idea de naturaleza trascendente: la muerte como sinónimo de liberación de la angustia del ser y del padecer; al objeto de impulsar a su enamorado no al suicidio[917], sino al sacrificio máximo: la muerte mística, que, tradicionalmente, se ha venido representando a través de esa imagen que sugiere la idea de separar-liberar la cabeza (el intelecto) del resto del cuerpo (las pasiones)[918]:

> ¿Qué inclinas la cabeza, hermano? ¿A qué pones los ojos en el suelo? ¿Desagrádante estas razones? ¿Parécente descaminados mis deseos? (p. 692).

Porque, ¿no podría sugerir en su conjunto esta serie de cuatro preguntas (el número simbólico de lo terrenal) la imagen de un proceso de "decapitación mística"?: cabeza inclinada (momento previo a la decapitación, así como alusión a su inmediata "caída"); ojos que miran al suelo ("esencia" o "yo inferior", que deberá seguir el camino indicado con los ojos); "Desagrádante estas razones" (¿*desangrándote ritualmente*?); "parécente descaminados mis deseos" ("parécente" > perécete > *muérete al final del camino, ese es mi deseo*). Es decir, una especie de sugerente "manual de instrucciones" en donde Auristela le indica a esa otra mitad de sí misma

---

[916] Quizás, un ejemplo de esta reflexión lo podríamos encontrar en el episodio protagonizado por Antonio el Bárbaro y su esposa Ricla. Véase el capítulo 1.6.

[917] Dado que desde la más evidente literalidad esta actitud de Periandro y su posterior reflexión solo podría interpretarse desde la mente de un suicida, nos remitimos a lo que ya habíamos argumentado al respecto, y que se deduce de la necesidad de aplicar al texto la pertinente perspectiva alegórica. Véase el capítulo 1.1: "Bien querría yo no morir desesperado, a lo menos porque soy cristiano, pero mis desdichas son tales que me llaman y casi fuerzan a desearlo" (p. 129); el capítulo 2.1.: "sola la desgraciada Auristela quedó sin arrimo, si no el que le ofrecía su congoja, que era el de la muerte, a quien ella de buena gana se entregaría si lo permitiera la cristiana y católica religión, que con muchas veras procuraba guardar" (pp. 279-280); el capítulo 3.6.3.: "vimos caer a un marinero, que, antes que llegase a la cubierta del navío, quedó suspenso de un cordel que traía anudado a la garganta" (p.366); y el capítulo 2.6.11.: "Y, en mitad del vuelo, me acordé que, pues el mar estaba helado, me había de hacer pedazos con el golpe y tuve mi muerte y la suya por cierta"(p. 415).

[918] Las figuras emblemáticas son abundantes en este sentido: colgados (desde el mito de Dioniso al del propio apóstol San Judas, pasando por el episodio alegórico de Rutilio o el del "marinero suicida"), decapitados (muy común en el martirio de los santos: Santiago apóstol), cabezas que se veneran (San Juan Bautista), heridos en la cabeza con armas de metal (Zeus en el mito del nacimiento fabuloso de Atenea), etc.

(su hermano Periandro) cómo debe proceder a su "liberación" para poder casarse con ella: mortificando el cuerpo ("Desagrádante"/desangrándote) para depurarse del pensamiento terreno ("inclinas la cabeza" y "ojos en el suelo" / "decapitación mística") a través de un extenuante camino de penitencia-peregrinación. En resumen, una literaria imagen de las *liciones* de los *penitenciarios* que, en tal caso, ya habrían sido convenientemente asimiladas por Auristela.

Proceso de anagnórisis

Salió Periandro del aposento prácticamente desahuciado y sin ni siquiera despedirse de Auristela, que quedó allí, entre los que acababan de llegar, desesperada por el desenlace y esgrimiendo las razones que le habían llevado a renunciar de palabra, que no de pensamiento, a su enamorado Periandro. Y, entre los motivos aducidos, se le escapa la afirmación -que a continuación tratará de enmendar- de que: "yo no tengo ningún parentesco con Periandro" (p. 694); lo cual, dará pie a Constanza a fundar sus sospechas en la verdadera identidad de ambos enamorados.

Vuelve, pues, a avivarse la llama de la anagnórisis en estos primeros compases del capítulo 11, que Auristela trata de contrarrestar, pues todavía no ha llegado el momento de la revelación, quitando importancia a sus palabras y aduciendo que han sido fruto de su estado de confusión ("Acabó a esta sazón de volver en sí Auristela"[p. 694]). Además, resulta muy revelador, dentro del parlamento excusatorio de la recién sanada, el intento que hace de definir la relación que la une a Periandro:

> -No sé, hermana -dijo Auristela-, lo que me he dicho, ni sé si Periandro es mi hermano o si no; lo que te sabré decir es que es mi alma, por lo menos: por el vivo, por él respiro, por él me muevo y por él me sustento, conteniéndome, con todo esto, en los términos de la razón, sin dar lugar a ningún vario pensamiento ni a no guardar todo honesto decoro, bien así como le debe guardar una mujer principal a un tan principal hermano (p. 694).

Donde, a pesar de mostrarse confusa a la hora de determinar el citado parentesco en un contexto literal: "ni sé si Periandro es mi hermano o si no", se expresa, sin embargo, con determinación cuando alude a la relación en términos simbólicos: "lo que te sabré decir es que es mi alma"; lo cual, sin excluir la influencia de esta cita dentro de la moda literaria en época de nuestro autor[919], sugiere al exégeta-lector la posibilidad de sondear en los abismos de ese sentimiento de claras resonancias platónicas. Porque, en nuestra opinión, los argumentos presentados por Auristela para justificar su afirmación ("por lo menos: por él vivo, por él respiro, por él me muevo y por él me sustento"), constituiría la mejor de las definiciones que podría darse del doble platónico (*eidolon* / *daemon*) aplicado a nuestros protagonistas; pues, el hecho de manifestar que vive en él (en Periandro) y que nada puede hacer sin su concierto ("conteniéndome, con todo, en los términos de la razón"), consiste, básicamente, en afirmarse en su papel de "yo superior" (Auristela = *daemon*) junto a su "hermano" o "o inferior" (Periandro − *eidolon*).

Pero el interés entre los presentes por conocer la verdadera identidad de la pareja protagonista va en aumento, y ahora es Antonio quien se muestra desconfiado: "Dinos ya quién es, y quién eres, si es que puedes decillo" (p. 695). La persistencia de este personaje, que tras exponer sus argumentos se reitera en su pregunta: "otra vez te suplico nos digas quién eres y quién es Periandro" (p. 695), hace que Auristela, alarmada por la insistencia y, sobre todo, por el estado en que se encontraba Periandro tras su partida: "el cual, según le vi salir de aquí, él lleva un volcán en los ojos y una mordaza en la lengua" (p. 695), consienta en responder, al menos parcialmente y/o con rodeos, a la pregunta de Antonio:

> quiero que sepáis vosotros [se refiere a Constanza y Antonio], pues el cielo os hizo verdaderos hermanos, que no lo es mío Periandro, ni menos es mi esposo ni mi amante; a lo menos, de

---

919   Nos referimos a la lírica petrarquista, donde el poeta trata de documentar el amor por la dama siguiendo las teorías amorosas del platonismo: mostrando una evolución de lo sensual a lo espiritual.

aquellos que, corriendo por la carrera de su gusto, procuran parar sobre la honra de sus amadas (pp. 695-696).

Como vemos, el momento de la revelación se acerca y nuestro autor debe intensificar el deseo de conocer la verdad antes de llegar al clímax del proceso anagnórico. Por ello, en este fragmento que da comienzo a la respuesta, abordada con dudosa intención aclaratoria, Auristela se muestra lo suficientemente cauta como para afirmar lo que ellos no son, pero solo en relación a lo que podrían ser. Es decir, que la largueza de Auristela a la hora de satisfacer la curiosidad de Constanza y Antonio solo aclara una cuestión, pero esta no se halla en el plano de la literalidad sino en el de la alegoría, y podría resumirse del siguiente modo: que el camino que ellos recorren no es el de las pasiones ("aquellos que, corriendo por la carrera de su gusto"), cuyo único fin es consumarlas ("parar sobre la honra de sus amadas"), pues su parentesco no es de naturaleza física sino espiritual.

El resto de la respuesta dada por Auristela seguirá en esta misma línea, es decir, de tratar de identificar un concepto metafísico a través de la descripción de los caracteres terrenos que más se aproximen a esa idea de divinidad: hijos de reyes, linaje antiguo, nobleza de carácter y naturaleza virtuosa. La consecuencia, pues, que tuvo en los presentes la valoración de la información de Auristela, se traduciría en el nuevo trato dispensado a la que ya creían reina, así como en la intención de todos de salir en busca de su amado Periandro: "-Levanta, pues -dijo Constanza-, y vamos a buscalle, que los lazos con que amor liga a los amantes no los deja alejar de lo que bien quieren" (p. 696).

Vislumbrado, en parte, el misterio acerca de la identidad de Periandro y Auristela, ahora solo faltaría que Periandro se ratificara de igual modo; aunque, para ello sería necesario su presencia, lo cual resultará del todo imposible, al menos de momento, pues el héroe ha huido de la misma ciudad que ha sido testigo de su mayor desengaño: "Periandro, en tanto que era buscado, procuraba alejarse de quien le buscaba. Salió de Roma a pie y solo" (p. 696).

"Roma no es el cielo en la tierra"

Roma, pues, no solo pasa a representar el lugar en donde Periandro sufra la mayor decepción de toda la novela-epopeya, sino que, en contra de la idea más extendida de considerar a Roma como la meta idealizada de esta *Historia Septentrional*, tampoco será el escenario en donde haya de consumarse su unión con Auristela: no lo será ahora en el capítulo 11 ni tampoco lo será luego en el 14, cuando, ya como Persiles, le de el sí de esposo a Sigismunda "en mitad de la campaña rasa" (p. 711), poco antes de llegar a Roma -lo cual, aunque sea un lugar próximo a la ciudad, no significa que sea dentro de Roma- y frente al templo de San Pablo.

No parece, a la luz de unos sucesos que pasan por ser, dentro del esquema general de la obra, los más dañinos para la supervivencia de la relación sentimental de los dos personajes protagonistas, que el desarrollo de estos acontecimientos sean los más indicados a la hora de reivindicar esa idílica visión de Roma como tálamo de nuestros protagonistas y/o "Cielo en la tierra"; a no ser que esa manida visión fervorosa sea más el producto de un anhelo que de una realidad.

Sea como fuere, las circunstancias adversas que parecen ensañarse en Roma con la pareja de enamorados, a donde han llegado después de atravesar multitud de obstáculos y donde el héroe sufre la mayor frustración y la heroína su más aguda desesperación, más que identificarse con esa "Jerusalén celeste" símbolo del centro del catolicismo en Occidente, lo haría, salvando las distancias, con el centro del Dédalo mitológico de Oriente[920]; claro que, simbólicamente, eso ya no podría percibirse como un CIELO, sino más bien como un INFIERNO.

Veamos, pues, cómo sale Periandro de Roma, o del centro mismo del laberinto, o del propio "infierno personal" que amenaza con consumirlo:

> Salió de Roma a pie y solo, si ya no se tiene por compañía la soledad amarga, los suspiros tristes y los continuos sollozos, que estos y las continuas imaginaciones no le dejaban un punto" (pp. 696-697).

---

[920] En el sentido de que la ruptura que se ha dado entre Periandro y Auristela podría constituir un símil, a un nivel simbólico, del enfrentamiento en el centro del laberinto entre el Minotauro (yo inferior) y Teseo (yo superior).

Y, además, lo hace de noche y en dirección a Nápoles:

> Llegóse la noche en esto y, apartándose un poco del camino, que era el de Nápoles, oyó el sonido de un arroyo que por entre unos árboles corría, a la margen del cual, arrojándose de golpe en el suelo, puso en silencio la lengua, pero no dio treguas a sus suspiros (p. 697).

El propósito simbólico es doble en este final de capítulo y de etapa dentro de nuestra estructura (el segundo círculo), pues, así como se nos transmite la intención del héroe de abandonar un lugar aciago (Roma), con nocturnidad, para dirigirse a otro luminoso (Nápoles)[921]; también se manifiesta en el texto la voluntad que tiene ahora de pararse en un punto de ese camino al objeto, dado el ambiente que se recrea (un *locus amoenus*), de asistir a una nueva y definitiva revelación: la culminación de su proceso de anagnórisis:

> *Donde se dice quién eran Periandro y Auristela* (p. 697).

---

[921]   Sobre la importancia de Nápoles en el *Persiles,* véanse los capítulos 3.6. y 4.2. En cuanto a la huida de Periandro de Roma en medio de la oscuridad de la noche en dirección a Nápoles (donde, en aquella época, brillaba la corte del mecenas de Cervantes, el conde de Lemos), es posible, ya al final de un ciclo diegético que cierra toda una larga fase, que la intención de nuestro autor fuese sugerir al lector una imagen simbólica muy concreta: la de salir de las tinieblas en dirección a la luz.

TERCER CÍRCULO: LIBRO IV (cap. 12 -14)

Introducción

A partir del capítulo 12 el relato presenta un conjunto de particularidades lo suficientemente importantes como para que podamos considerarlo como un bloque independiente y por ello separado del resto.

Recordemos que en nuestra concepción general del *Persiles* como un libro de marcada intención iniciática, nos guiábamos por un criterio holístico y no lineal a la hora de conformar la estructura de la obra. Ello nos llevó a considerar la posibilidad de adoptar una forma intencionadamente laberíntica a la hora de tratar de reproducir, en ese intento de aproximación al pensamiento de Cervantes volcado en su obra, la evolución de esos procesos simbólicos de los que nos hemos ocupado.

De este modo, la proyección de ese holograma universal que es la imagen del laberinto, adopta en nuestra estructura la forma esquemática de tres círculos concéntricos, en relación al triple proceso de que consta la iniciación tradicional[922]; el menor de los cuales, liberado enormemente de un cuerpo de escritura en paralelo a lo avanzado del proceso de depuración espiritual que tiene lugar en su interior, es el que ahora ocupa el centro de ese laberinto imaginario.

Apenas tres capítulos, como decimos, bastarán para conformar el tercero de los círculos que componen nuestro esquema; lo cual, dada la evidente descompensación que se aprecia con respecto a los otros dos círculos o partes podría despertar nuestras dudas acerca de su correcta adecuación al conjunto, máxime cuando son tantos, y tan aparentemente bien fundados, los trabajos críticos que abogan por la bipartición de la novela-epopeya.

Comoquiera que ya se analizó la cuestión bipolar en la estructura de la obra no volveremos sobre ello; además, llegados a este punto de nuestro trabajo, consideramos suficientemente justificados nuestros argumentos en favor de un modo de percibir el *Persiles*, al menos, de manera más abierta y sin las limitaciones impuestas por esa necesidad imperiosa de reducir una obra, de fuerte componente simbólico, a su exclusivo componente literal e ideología en consonancia.

No obstante, y a pesar de que consideremos que el modo en cómo Cervantes ha resuelto esta tercera parte o círculo de nuestra estructura, con tan solo tres capítulos, se ajusta adecuadamente al plan general de la obra; no somos ajenos a esa sensación que se nos transmite, compartida con buena parte de la crítica, de que quizás nuestro autor tuviese, una vez hubo terminado el libro III, cierta prisa por acabar el cuarto lo antes posible.

No entraremos a valorar aquí, sin embargo, la circunstancia de si la enfermedad que habría de costarle la vida a Cervantes pudo influir en la necesidad del acortamiento de su obra; pues necesitaríamos emprender un examen lo suficientemente exhaustivo como para posicionarnos en uno u otro sentido, que en estos momentos no realizaremos. Sin embargo, sí abordaremos una idea que ya habíamos planteado en otro lugar: la intención de Cervantes, al final de su obra, de sugerir la continuación del recorrido iniciático tradicional (Jerusalén), aunque no con sus protagonistas, que se entiende de manera velada que lo han culminado con su experiencia en Roma y sus arrabales en dirección a Nápoles, así como con el anuncio de su regreso a su patria septentrional. Y para esta deducción, según decíamos, nos basábamos, principalmente, en "la cruz de diamantes" entregada por Auristela a Constanza al final del texto: símbolo de la prolongación del viaje-peregrinación hasta Jerusalén (entiéndose en su dimensión simbólica y no geográfica, como la Nueva Jerusalén).

---

[922]   En un contexto ortodoxo (el misticismo) este triple proceso viene designándose como: la vía purgativa, la vía iluminativa y la vía unitiva. En otro de naturaleza heterodoxa (la alquimia) se denomina: obra en negro, obra en blanco y obra en rojo. Sin embargo, el que los aúna a ambos lo hallamos en las páginas de la *Biblia*, dentro del episodio de la Transfiguración en el monte Tabor y en relación a las tres peregrinaciones tradicionales del cristianismo: Pedro (Roma), Santiago (Compostela-Finisterre) y Juan (Jerusalén).

Que nuestro autor hubiera deseado desarrollar este tema en un libro más antes de dar por finalizada su obra, nunca lo sabremos; lo que sí podemos afirmar es que dentro del esquema profundo del *Persiles*, un desarrollo diegético más elaborado de ese tercer trayecto, quizás, hubiera sido lo más correcto, sobre todo a la hora de que el lector pudiese identificar con mayor claridad el triple proceso gnóstico que sustenta toda la narración desde una perspectiva profunda.

Pero insistimos, el final, a pesar de estos presuntos desajustes, resulta del todo correcto y coherente. Es más, el genio de Cervantes es capaz de presentarnos todo ese hipotético desarrollo jerosolimitano en su esencia más pura; es decir, aligerado de su "cuerpo de escritura" y reducido solo al "espíritu" que le infunde el símbolo: "Persiles [...] acarició a Constanza, a quien Segismunda dio la cruz de diamantes y la acompañó hasta dejarla casada con el conde su cuñado" (p. 713). Porque, como puede apreciarse, la caricia y el acompañamiento dispensados por los ya "trascendidos" Persiles y Sigismunda a Constanza sugiere una idea de realización de un nuevo recorrido (de acompañamiento) hasta ese definitivo final, que, comoquiera que se identifica con "la cruz de diamantes", podría señalar a Jerusalén. No en vano, en el texto no se especifica dónde será la boda (símbolo de la vía unitiva o tercera fase de la iniciación) de Constanza con su innominado conde; y, si no es en Roma, ¿dónde pues...?

Otra cuestión que recaba nuestra atención en este tercer círculo es el aspecto temporal. Pues, así como la extensión narrativa disminuía paulatinamente conforme avanzaban las partes de la estructura hacia ese centro circular, de igual modo, el tiempo parece experimentar un proceso de deceleración; que, de la ligereza de los primeros libros (recordemos como se sucedían las eras cosmológicas hasta llegar a esa primera meta temporal balizada intencionadamente con la muerte de Carlos V) se pasa a una ralentización del tercero (se ciñe a los años del reinado de Felipe II) y, tras remansarse en el cuarto (el período de Felipe III correspondiente a la *pax hispánica*), apenas tiene un valor significativo/objetivo en los tres últimos capítulos que ahora nos ocupan, y que en el texto parece acotarse en relación a las siguientes expresiones: "llegóse en esto la noche" (p. 697) y "Llegó en esto el día"(p. 707).

Es decir, en virtud de las dos citas con expresión de la temporalidad que hemos transcrito, y sin otras referencias temporales que podamos utilizar[923], la duración de este tercer círculo sería, expresamente, de un día y de una noche; es decir, una magnitud intencionadamente simbólica: una rotación completa de la tierra sobre su eje especificada en su relación al sol (día y noche). Lo cual sería equivalente a una circunferencia (360 grados: el número que simboliza lo celeste, así como sus equivalentes, 36-63). En tal caso, se constata la intención simbólica de este tercer círculo de la estructura, que no solo parece dotar de universalidad a lo que va a contecer durante el tiempo que dure ese giro completo de la tierra sobre su propio eje (un día y una noche); sino que, además, servirá para justificar la pertinencia de tal división estructural, una vez señalada la unidad de tiempo que lo hace singular.

En cuanto a la justificación de esta tercera división de la estructura en su dimensión simbólica, como ya venimos aduciendo, nos hallaríamos en ese centro mítico como materialización del cenit del camino iniciático emprendido por los dos protagonistas, Periandro y Auristela, junto con el resto de acompañantes que, en un momento u otro, han formado parte del "escuadrón de peregrinos". De este modo, la apoteosis matrimonial con la que se cierra la obra constituiría la señal más evidente del éxito en la consecución de los objetivos espirituales propios de esta tercera fase del Conocimiento o vía unitiva.

Pero antes de comenzar el análisis de los diferentes episodios que tienen lugar en este último círculo central, queremos llamar la atención sobre unas cuestiones que nos parecen relevantes. Primero, resulta remarcable el hecho de que el capítulo que abre este último círculo sea el único que Cervantes haya titulado en este libro IV: "Donde se dice quién eran Periandro y Auristela". Es decir, Cervantes nos avisa, a través del título, de que a continuación se va a revelar la verdadera identidad de los protagonistas de la narración. Esto podría interpretarse –con las reservas propias que tales deducciones merecen- como un posible doble sentido, pues revelar la

---

[923]   Encontramos otra manifestación explícita de la temporalidad en: "y el gobernador, de allí a cuatro días, le mandó llevar a la horca" (p. 709), pero el valor temporal que aquí se consigna, en relación al personaje de Pirro, se expresa en perspectiva de futuro, por lo que no influiría en el cómputo que hacemos de la temporalidad de presente.

verdadera identidad de dos personajes tan íntimamente relacionados con los "cielos"[924] nos sugiere la idea de esa otra revelación: la del verdadero nombre de Dios. Pero las referencias de Cervantes, tendentes a remarcar estos últimos capítulos de su obra como centro y lugar de mayor concentración conceptual, no terminan aquí. También, el hecho de hallarnos en el libro IV y de tratarse del capítulo 12 nos indica, según la simbología numeral, a cuya filosofía Cervantes no era ajeno[925], de que aquí en la tierra (tradicionalmente representado por el número 4) se hallará la perfección en relación al Cielo (3), es decir, el número 12 (3 x 4 = 12). Dicho de otro modo: la imagen de los cielos y su reflejo especular en la tierra, siguiendo la filosofía platónica, tendrá su desenlace final en este tercer círculo o fase. Por último, haremos mención a la circunstancia de que este tercer y último círculo se compone de tres capítulos (12, 13 y 14), lo cual, además de transmitir la idea de resumen o concentración del triple proceso (los tres círculos) en uno solo, introduce el valor simbólico atribuido universalmente al número tres: la divinidad[926]. Es decir, a través de la interpretación anagógica (mediante los números en este caso), aquella que ya utilizaba Filipo para interpretar la obra que Cervantes seguía como modelo (la *Historia etiópica*), el lector podrá tener la certeza de que se halla transitando esos "espacios sublimes" que la tradición heterodoxa sitúa, como venimos aduciendo, en el mismo centro del laberinto mitológico, y que tradiciones de sesgo ortodoxo, como la judeo-cristiana, atribuyen a la Jerusalén celestial[927].

Sea como fuere, la marca más evidente que indica al lector que va introducirse en un espacio/tiempo diferente de los dos que venían sucediéndose en el texto, es la existencia de un título, a diferencia del resto de capítulos que componen el libro IV que no lo contemplan; donde se expresa la voluntad de Cervantes de querer revelar el "secreto" del proceso de anagnórisis de sus protagonistas.

4.5. La teogonía de Cervantes: *"Donde se dice quién eran Periandro y Auristela"*

Pero atravesemos, finalmente, el último de los círculos propuestos por Cervantes. Comenzaremos abriendo la puerta imaginaria de ese "templo" que se materializa en la diégesis al inicio del capítulo 12:

> Parece que el bien y el mal distan tan poco el uno del otro que son como dos líneas concurrentes, que, aunque parten de apartados y diferentes principios, acaban en un punto (p. 697).

La idea fundamental que se desprende de esta frase inicial es que nos encontramos ante un *axis mundi*. En tal caso, el "bien" y el "mal"[928] al que se refiere Cervantes aludiría, según

---

[924]   En función, como ya se vio, de las referencias estelares que afectan tanto a los nombres de Periandro y Auristela como a los episodios.

[925]   M. Nerlich se reafirma, con nosotros, acerca del conocimiento que tendría Cervantes de la simbología numeral, cuando dice: "Pero, se nos preguntará, ¿Cervantes sabía todo esto? La respuesta es clara, simple y categórica: sí. Los intelectuales de su época estaban al tanto del simbolismo numérico, y para convencernos de ello volvamos a nuestro trabajo arqueológico de reconstrucción de un saber medio probable de un lector del *Persiles* de la época y consultemos un manual de saber mitológico, *el teatro de los dioses de la gentilidad*, de Fray Baltasar de Vitoria, publicado por primera vez en 1620-1623, que nos explica a propósito de la diosa Minerva…". Nerlich, 2005, p. 134.

[926]   Estos números que dan entrada al tercer círculo o fase central de nuestra estructura (3, 4, 12) nos estarían anunciando, ahora desde una perspectiva anagógica, la entrada a un templo universal en cuanto a sus formantes simbólicos. Dado que el más universal de los templos, dentro de la cultura occidental, es el de Jerusalén, creemos que Cervantes nos introduce con su relato alegórico en ese templo hasta llegar al *sancta sanctorum:* lugar en donde, según la tradición hebrea, el gran Sacerdote de Israel pronunciaba en secreto el nombre de Dios: ¿"Dónde se dice quién eran [en secreto o, lo que es lo mismo, de forma alegórica] Periandro y Auristela"?.

[927]   De la descripción que se hace en el *Libro del Apocalipsis* de la Jerusalén celestial: "La ciudad brillaba con un brillo similar de una piedra preciosa, una piedra de jaspe, diáfana como el cristal. Tenía un muro muy alto con **doce** puertas. En las puertas estaban escritos los nombres de las **doce** tribus de Israel. Había **tres** puertas en cada lado [repárese en los **cuatro** lados], tres al este, tres al norte, tres al sur y tres puertas al oeste. El muro de la ciudad tenía **doce** cimientos, en la que estaban inscritos los nombres de los **doce** apóstoles del Cordero".

[928]   La referencia aquí al maniqueísmo es clara, en cuanto a que su base doctrinal se articula en relación a estos dos conceptos del "bien" y el "mal". El influjo de esta religión universalista en movimientos religiosos posteriores,

468

nuestra propia visión, a la posibilidad del hombre de obrar, a través de sus decisiones, en uno u otro sentido. Por ello "distan tan poco el uno del otro", porque ambos conceptos se gestan en el mismo lugar (la mente) y responden a un mismo proceso evolutivo, aunque en direcciones opuestas.[929]

Siguiendo este esquema filosófico, las "dos líneas concurrentes" que "acaban en un punto" compondrían también la imagen idealizada del símbolo de la Cruz, en cuanto que unión de esos dos principios a los que aludía Platón en el mito de la caverna (el mundo de lo sensible/Tierra/línea horizontal y el mundo del intelecto/Cielo/línea vertical). El resultado de esa unión, simbolizada en ese vórtice universal, es lo que Cervantes nos relatará a continuación, en referencia al desenlace final y victoria del hombre, Periandro, ya declarado héroe y por ello digno de llamarse Persiles (Perseo/Teseo).

Tratando, pues, de transitar esos mismos espacios que Cervantes parece proponernos, podríamos imaginar al lector del *Persiles* como si fuera un devoto peregrino que, tras la lectura-peregrinación de los tres primeros libros, habría accedido durante el desarrollo de los episodios en Roma a ese espacio simbólico como imagen del fastuoso templo hebreo[930]; y que, una vez recorrido su nave principal, penetra, al descorrer el velo que da entrada a este capítulo 12 del libro IV, al lugar más santo del templo: el *Sanctasanctórum*. No en vano, solo en ese espacio sagrado del templo "el gran Sacerdote de Israel pronunciaba en secreto el nombre de Dios"; circunstancia, esta, que nosotros poníamos en relación directa con la frase/título que da acceso al capítulo 12 de este libro IV: *"Dónde se dice quién eran Periandro y Auristela"*.

Porque todos estos argumentos alegórico-simbólicos que estamos presentando podrían tener, en su conjunto, una función muy determinada en este punto concreto de la diégesis: revestir de sacralidad el momento más importante de toda la obra, de forma que la revelación sobre la "verdad" de Periandro y Auristela se convierta, por extensión, en la "verdad" sobre los dioses, los hombres y sobre el mundo que nos rodea: una teogonía[931].

Ahora bien, el hecho de centrarnos en la más importante perspectiva alegórica del episodio por encima del relato literal, no significa restar importancia a este último; pues, no debemos olvidar que en este capítulo asistiremos a la culminación del proceso de anagnórisis de la pareja protagonista, que, ahora, y tras aquellas vacilantes referencias dadas por la propia Auristela en el capítulo 11, le corresponderá a Periandro asumir el protagonismo de la revelación.

Entran, pues, en este capítulo 12 nuestros peregrinos a un "templo" cuyo "velo" solo debería descorrerse con permiso de nuestro autor, que, en calidad de *Deus pictor*, le correspondería ese privilegio frente a sus "criaturas". Pero, además, otra similar potestad podría atribuírsele a Cervantes, ahora frente a sus lectores; pues, la posibilidad de abrir esa "puerta imaginaria" por la que se accede a la comprensión del *Persiles* depende de la voluntad de aquellos por asumir con inteligencia, libre de cualquier dogmatismo, la lectura de un libro que, en palabras de su propio autor: "ha de ser o el más malo o el mejor que en nuestra lengua se haya compuesto". Es decir, que en la comprensión de estos últimos capítulos del *Persiles* debe asumirse, previamente, lo que decía Roso de Luna en relación al propio juicio de Cervantes sobre su obra: "la mejor si llegaba a entenderse su simbolismo, acaso velado para escapar a la censura inquisitorial, y la peor o más absurda en el caso contrario".[932]

---

como el catarismo, es manifiesta; así como la influencia de esta última en las corrientes espirituales que confluyeron en la Reforma Protestante en época de Cervantes (franciscanos espirituales, alumbrados españoles, misticismo, etc.).

[929] Este mismo concepto dúplice es desarrollado por Caro Baroja desde una perspectiva cristiana: "Bien y vida de un lado, Mal y muerte de otro; pero he aquí que, durante la vida del hombre sobre la tierra, el Mal hace estragos y el Bien supremo y absoluto no es sino el premio prometido al justo, más allá de esta vida física, en la vida de ultratumba. La inmensa transmutación tiene orígenes remotos: varios, complejos. Pero es la que puede considerarse como *el símbolo primario más importante en la concepción del mundo* cristiana. El Mal *está aquí*. El Bien fuera, *más allá*, porque los bienes de la vida son efímeros. No obstante, el cristiano más cristiano, el místico más despegado de las cosas terrenas, no sabe pensar en la vida de ultratumba sino como una suma de los bienes de ésta, terrena y efímera, mejorados y desprovistos de su carácter pasajero". Caro Baroja, 1985, p. 149.

[930] Dada la filiación hebrea de los personajes que salen a recibir a nuestros protagonistas nada más entrar en Roma, juzgamos que la referencia simbólica debe realizarse en relación al templo de Jerusalén y no a un templo católico.

[931] Los modelos que habría podido utilizar Cervantes para pergeñar su propia teogonía son, dentro de la tradición griega: la *Teogonía* de Hesiodo y el relato del demiurgo en el *Timeo* de Platón; y, en la tradición judeocristiana: el *Génesis* y el *Apocalipsis*.

[932] Roso de Luna, 1917, p. 226.

Una vez hemos identificado la naturaleza de esos espacios simbólicos que dan entrada al capítulo 12, lo primero que nos encontramos es la descripción de un típico escenario bucólico que remite a la tradición literaria grecolatina; es decir, el género que nuestro Genio de los Letras ya había ensayado en su primera novela "pastoril" (la *Galatea*), y al que no duda en recurrir cuando la ocasión lo requiere en la expresión de los asuntos más elevados:

> Sollozando estaba Periandro, en compañía del manso arroyuelo y de la clara luz de la noche; hacíanle los árboles compañía y un aire blando y fresco le enjuagaba las lágrimas; llevábale la imaginación Auristela y, la esperanza de tener remedio sus males, el viento (pp. 697-698).

Porque nos hallamos ante un nuevo *locus amoenus*, que es el escenario más propicio para revelación, según venimos constatando. Y en ese ambiente, a medio camino entre la ensoñación y la realidad, escucha Periandro, oculto al amparo de la noche, una conversación entre dos personas en lengua de Noruega que, en principio, no parece estar relacionada con los acontecimientos que provocaron su huida de Roma a raíz del desencuentro con Auristela; sino, más bien, con una especie de discurso, en apariencia fuera de lugar, sobre el clima de Noruega:

> -No tienes, señor, para qué persuadirme de que en dos mitades se parte el día entero de Noruega, porque yo he estado en ella algún tiempo, donde me llevaron mis desgracias, y sé que la mitad del año se lleva la noche y, la otra mitad, el día. El que sea esto así, yo lo sé; el porqué sea así, ignoro (p. 698).

Es decir, en medio de ese "lugar ameno", a donde Periandro ha llegado huyendo en su desesperación, resulta que reaparece el italiano Rutilio, que, a la sazón, es quien pronuncia esas palabras para referirnos una evidente y desaforada información acerca de la actividad del sol y su incidencia en el clima de Noruega.

La reacción de perplejidad en el lector, provocada intencionadamente por nuestro autor, está perfectamente calculada; pues aquel no puede por menos que sorprenderse ante el inesperado y absurdo (por el contenido aparente de su conversación) retorno de Rutilio; personaje con el que nuestro autor cerraba el libro II desde aquella ermita del *finisterrae*. En tal caso, si Cervantes, como vemos, "no suele dar puntada sin hilo", ¿a qué habría de obedecer esta nueva ironía salida del autor de la *Galatea*?

Nosotros creemos que la oportunidad de reaparecer Rutilio, desde ese lejano libro II donde quedó el "danzante" al pie de aquella ermita como símbolo del final del también conocido como "camino de muerte",[933] que es el que termina en Finisterre-Santiago de Compostela -según nuestra propia interpretación-; redundaría, entre otras, en la intención de Cervantes por expresar el necesario engarce, a nivel simbólico, entre la vía de peregrinación que termina en el *finisterrae* gallego y la subsiguiente que pasa por Roma en dirección a Jerusalén.

La presencia de Rutilio, pues, parece ser necesaria para que el lector perciba, debido a lo absurdo de su reaparición, que para alcanzar a comprender la idea general que se nos quiere transmitir resulta obligatorio dar validez a lo que en apariencia no la tiene.

Y, desde este convencimiento, emprenderemos nosotros la tarea de interpretar lo que parece mostrarse como un mensaje lo suficientemente importante para que, al menos, haya tenido que desplazarse Rutilio desde el extremo de Europa hasta Roma para contarlo. Nos referimos a la posibilidad de que lo proferido por este personaje redunde en la revelación anagnórica en curso, que también podría asimilarse con esa otra frase que habría de dar entrada al otro templo de la espiritualidad de Occidente; esto es, el de Apolo en Delfos: *nosce te ipsum*, o, dicho a la manera de Cervantes: *"Donde se dice quién eran Periandro y Auristela"*.

Porque, como ya avanzábamos al comienzo de este capítulo, solo en el lugar más santo (el *Sanctasantórum* de la tradición hebrea) puede revelarse el verdadero nombre de Dios...

---

[933] El Camino de Santiago.

La teogonía de Cervantes alegorizada / codificada en sus personajes protagonistas

Empezaremos aquí por la cita que hemos trascrito de la intervención de Rutilio, donde, del resumen que hace de su historia, contada *in extenso* en los capítulos 7, 8 y 9 del libro I[934], podríamos extraer una explicación coherente de ese, en apariencia, desaforado discurso sobre el clima de Noruega; en el sentido de que toda la información que se aporta redundaría en la intención de nuestro autor por definir uno de los conceptos cosmológicos más utilizados en su obra: el gran año o año platónico, aludiendo al aspecto cíclico que tiene el movimiento de precesión terrestre ("y sé que la mitad del año se lleva la noche y, la otra mitad, el día"). Es decir, que mediante la referencia a las especiales condiciones climáticas que se manifiestan en al año terrestre percibido sobre Noruega, donde la mitad del año luce el sol y la otra se esconde, se podría estar aludiendo a esa misma especificidad en relación al año platónico (ciclo de 26.000 años aprox.); que, por lo tanto, alternaría igualmente períodos de luz y de oscuridad ("en dos mitades se parte el día entero de Noruega").

En realidad, esta información, convenientemente alegorizada, no es nueva en el libro póstumo de Cervantes; pues, sobre la misma ya nos posicionamos en el capítulo 1.14., donde, en relación al episodio de los juegos de la isla del rey Policarpo (cap. 12, libro I), aportábamos una leyenda (*La Historia de María-Job Kerguenou*, extraída de las *Leyendas de la muerte*, de Anatole le Braz), convenientemente interpretada en relación al conocimiento antiguo que se tenía del movimiento de precesión terrestre. Pues bien, Paul Poëson, que recoge en su obra ese relato legendario, llega a conclusiones muy sugerentes en relación a esa misma idea expresada por Cervantes por boca de Rutilio; en cuanto a la alternancia de esos ciclos regulares, como en el caso de Noruega, de luz y oscuridad.[935]

Volviendo al texto, la afirmación ahora de Rutilio de que él ya ha estado en Noruega ("porque yo he estado en ella algún tiempo"), aparte de remitir a esos espacios verosímiles creados *ex profeso* por nuestro autor en virtud de la necesaria cobertura narrativa, señala, como ya se vio cuando analizábamos su correspondiente episodio, a la experiencia trascendente que se expresa en la diégesis mediante ese "vuelo hechiceril" que hacía escapar al "danzante italiano" de la cárcel (¿la platónica?) para reaparecer en esas tierras septentrionales de Noruega.

En tal caso, desde una perspectiva simbólica, se entiende que Rutilio nos diga que él ya ha estado en Noruega, pues, solo cuando el iniciado se adentra con decisión en esos caminos de penitencia y peregrinación ("donde me llevaron mis desgracias") puede llegar a alcanzar a comprender la verdadera dimensión del universo que le rodea; es decir, dicho de manera más prosaica, que solo el que es iniciado podrá llegar a comprender el concepto de la precesión terrestre y su histórica relación con la Humanidad ("sé que la mitad del año se lleva la noche y, la otra mitad, el día"), a pesar de que el "italiano danzante", en su condición de discípulo-alumno que nos presenta el texto no alcance aún a comprender los procesos que lo originan ("el porqué sea así, ignoro").

Porque el término "Noruega" ha de entenderse aquí en el sentido simbólico de *tierra primordial*, es decir, la tierra en el momento en que el hombre comenzó su aventura civilizadora; y no como el topónimo que, en la esforzada labor de nuestra crítica literalista, trata de adaptarse, a veces con poco escrúpulo y nula consideración del contexto literario que le sirve de soporte, a una realidad geográfica concreta.

Pero las revelaciones sorprendentes que se están sucediendo y que forman parte de este diálogo, el cual, a juicio de Periandro, adquiere el estatus de "razón" ("y la primera razón que llegó a sus oídos fue" [p. 698]), en vez de ensoñación o cuento, que quizás hubiera sido lo más apropiado dada la naturaleza simbólica-legendaria de lo que se contará a continuación, no han

---

[934] Véase el capítulo 1.7.

[935] "Lo que debe leerse así:
- que durante los 13.000 años que van desde el principio de la era de Cáncer hasta el final de la era de Acuario, la Humanidad tiene todas las posibilidades de un prudente éxito.
- que durante los 9.750 años que van desde el principio de la era de Capricornio hasta la mitad de la era de Virgo, el caos procedente de Acuario penaliza toda evolución.
- que durante los 3.250 años que separan la mitad de la era de Virgo del final de la era de leo y la de Cáncer un acontecimiento de excepcional gravedad sanciona imperativamente esta renovación embrionaria.
Depende exclusivamente del hombre de Acuario, de su sabiduría o de su locura, que la duración de las noches pares sea tan positiva como la de las impares". Poësson, 1976, p. 226.

hecho más que comenzar; pues, ahora será el personaje que comparte conversación con Rutilio en ese "ameno lugar", quien, a modo de maestro iniciador, tratará de disipar la ignorancia que confiesa tener su ocasional discípulo italiano.

En este sentido, comprobamos que las razones aportadas por este misterioso personaje constituye una revelación que deberá interpretarse siguiendo la habitual perspectiva especular con la que Cervantes viene estructurando su obra a un nivel profundo: microcósmica (sobre la persona), que incidirá en un conjunto de datos biográficos en relación al proceso anagnórico de Periandro; y macrocósmica (sobre su entorno espacial), constituida por la consideración de esa misma información ahora con intención cosmológica. Es decir, como puede apreciarse, desde esta perspectiva simbólica que nos proponemos aplicar al texto, la desaforada intromisión de Rutilio estaría ahora sobradamente justificada.

Y la lección del docto personaje no se hace esperar, que, en un principio, se centra en disipar las dudas de Rutilio acerca de las circunstancias que motivan esa alternancia de los ciclos planetarios (luz / oscuridad, calor / frío), que él confesaba ignorar:

> Si llegamos a Roma, con una esfera te haré tocar con la mano la causa dese maravilloso efeto, tan natural en aquel clima como lo es en éste ser el día y la noche de venticuatro horas" (p. 698).

Porque, lo que le está diciendo es que cuando lleguen a Roma, utilizando una esfera, le mostrará sobre su propia mano el "movimiento de cabeceo" propio de la precesión terrestre; el cual, produciría una alternancia (a nivel cosmológico) de períodos de luz y oscuridad similar al clima de esas regiones terrestres de latitud norte como es Noruega. Es decir, la explicación del sabio a Rutilio consiste en la revelación de un misterio que pertenece, hoy en día (pues no es aceptado por la ciencia moderna), al campo del mito: la alternancia, durante cada ciclo de 26.000 años que dura el llamado año platónico, de un periodo de luz y otro, de similar duración, de oscuridad (¿glaciación?).

A continuación, la "lección geográfica" del sabio acompañante de Rutilio se torna mucho más críptica, pues, se atreve a situar, mediante un conjunto de referencias a medio camino entre lo verosímil y lo fantástico e incluso acudiendo a la autoridad de Virgilio, la localización de una serie de enclaves "espaciales" relacionados con la patria de Auristela y Periandro, como por ejemplo: "la última parte de Noruega", "debajo del Polo Ártico", "Tile"/"Tule", "Inglaterra"y "Frislanda":

> También te he dicho cómo en la última parte de Noruega, casi debajo del Polo Ártico, está la isla que se tiene por última en el mundo, a lo menos por aquella parte, cuyo nombre es Tile, a quien Virgilio llamó Tule en aquellos versos que dicen, en el libro 1 *Georg.*:
>   ...ac tua nautate
> *numina sola colant: tibi serviat ultima Thule (*pp. 698-699).

En nuestra opinión, la intención que se muestra aquí por situar una serie de referentes topográficos en un aparente escenario septentrional, no debería tomarse en su literalidad como algo objetivo que pueda traducirse en una localización geográfica; pues, plantearse esa posibilidad no solo constituiría un atentado contra la especial sensibilidad que caracteriza al texto, sino que, además, significaría la constatación de que, en efecto, todo el conjunto de la obra no tendría ningún sentido; lo cual, nos llevaría a considerar seriamente aquellos juicios decimonónicos que condenaban al *Persiles* a desvarío senil del autor del *Quijote*.

Pero todavía pesa demasiado la herencia de esa crítica, que, más centrada en la tarea de acomodar el *Persiles* en los confortables sillones de la sociedad de la Contrarreforma, se resiste a dar paso a una obra que nació con clara vocación "andariega". Sin embargo, y a pesar de la línea exegética más celebrada, ya se empieza a notar cierta intención de plantearse, al menos, otra posibilidad.

Un ejemplo de ello lo constituye el nuevo enfoque adoptado por Lozano-Renieblas, que, analizando este mismo pasaje que ahora nos ocupa, llega a afirmar lo siguiente: "Los estudiosos del *Persiles* han identificado Tule con Islandia. El afán de hacer coincidir el espacio ficcional con un referente real, sin tener en cuenta ni la época ni la obra, ha inducido a errores de lectura"[936]. Del conjunto del artículo del que hemos extraído esta cita, observamos que, a pesar de que la aportación de Lozano-Renieblas supone un avance en la superación de esas posiciones tan enquistadas, sin embargo, intenta no salirse de esa literalidad que, sin llegar a percibirlo, ahoga de raíz sus esforzadas pretensiones esclarecedoras.

Otros críticos, sin embargo, parecen mostrar una mayor aceptación en la consideración de la naturaleza simbólica del contexto nórdico en el que se desarrolla la novela-epopeya, como Díaz de Alda[937], o Miguel Alarcos.[938]

Tras esta breve semblanza de las dificultades que plantea la interpretación de ese legendario referente,[939] de decidida intención toponímica para buena parte de la crítica, volveremos al texto; pues, estamos convencidos de que a través de él, y, en concreto, del pertinente análisis de esos términos que hemos subrayado más arriba, podría deducirse el papel asignado en la diégesis a este conjunto de referencias simbólicas más propias de los libros de caballerías[940] que de una novela moderna.

Porque, el conocimiento que el sabio Serafido dispensa a Rutilio es muy superior al que la crítica suele asignar desde su única perspectiva literal. Un ejemplo de esta limitada visión literalista lo tenemos en la opinión de Avalle-Arce acerca del término "clima", que aparece en la cita que venimos analizando:"*Clima*: según el sistema tolemaico, el clima décimonoveno, alrededor del Norte, tenía seis meses de día y seis de noche."[941]

Es decir, la explicación de Avalle-Arce, que no tiene en cuenta el evidente contexto simbólico de donde se extrae el término (un *locus amoenus)*, se circunscribe en exclusiva al ámbito literal del clima de Noruega. Lo cual es prueba, sobre todo, de la impotencia del estudioso a la hora de interpretar el pasaje en su conjunto, pues, ¿cómo justificar que Rutilio se hubiese desplazado desde su lejana isla de las ermitas hasta ese punto cercano a Roma, con la única intención de manifestar, a modo de "absurdo" de secreto iniciático (maestro y discípulo en un *lugar ameno)*, que en Noruega se vive medio año al sol y otro medio a la sombra, y que no sabe por qué?

Decididamente, ni Rutilio era tan simple como para emprender ese largo viaje desde la isla de las ermitas (¿el Finisterre gallego?) hasta Roma para contar que el sol sale y deja de salir de manera diferente en Noruega, ni Cervantes se hallaba (próximos los dos finales: el de su obra y el de su vida) en situación de perder su valioso tiempo contándolo. En tal caso, ¿a dónde apunta todo esto?

---

[936]   Lozano-Renieblas, 1998, p. 93.

[937]   "Cervantes no pretende ajustarse a la veracidad histórica de los hechos que narra, ni ≪retratar≫ la geografía de los países septentrionales, muy poco conocidos entonces. Quiere recrear un ambiente verosímil, pero que se mantenga en los presupuestos de la novela de aventuras fantástica. Es significativo que el único periplo mencionado en el *Persiles*, el de los Zeno, se inserta en la narración como un dato histórico por todos conocido, cuando parece ser, en realidad, el único ficticio." Díaz de Alda, 2000, pp. 882-883.

[938]   Que define la fabulosa Tule como: "espacio legendario que ya en la Antigüedad cuajó como imaginario de lo desconocido, hasta el punto de configurarse como la meta y escenario nuclear de la peculiar novela utópica o fantástica de Antonio Diógenes (posterior a Virgilio, probablemente del s. II d. de C.), titulada *Las cosas increíbles más allá de Tule* (Fusilo, 1990), y que, por tanto, se difundió en Occidente como tantos otros motivos literarios, atractivos para la cosmovisión del Renacimiento y el Barroco, a lo que contribuyó de forma decisiva la producción de Olao Magno, esto es, la *Carta marina et Descriptio septetrionalium terrarum* (1539), que citamos en la edición de Kroom (1949) y la *Historia de gentibus septentrionalibus* (1555), a disposición del público moderno en Monto (2001)." Alarcos, 2014, p. 235.

[939]   Entre las referencias más antiguas a Tule realizadas por la crítica, además de la reseñada por el propio Cervantes en Virgilio (1 *Geórgicas*, s. I a. C.), puede documentarse en textos anteriores: Pytheas de Massalia (s. IV a. C.), Hiparco de Nicea (s. II a. C.) y posteriores: Estrabón (63 a. C. - 19 d. C.), Séneca (s. I), Plimio el Viejo (s. I), Pomponio Mela (s. I), Tácito (s. II), Ptolomeo (s. II) o Procopio de Cesarea (s. IV).

[940]   De esta misma opinión se muestra Alarcos, cuando, en su argumentación, que compartimos, acerca de que los dos primeros libros del *Persiles* estaban terminados para 1605 (edición del primer *Quijote*), dice lo siguiente en relación a los libros de caballerías y el *Persiles*: "El indicio más decisivo, por lo que atañe al primer Quijote, se encuentra en el pasaje I, 47, donde el cura que quema la biblioteca del hidalgo dialoga con un canónigo, quien, a su vez, traza las líneas generales de lo que ha de ser un libro bueno de caballerías, mostrando ingredientes característicos de la novela grecobizantina, que guardan semejanza con elementos análogos del *Persiles*."Alarcos, 2014, n. 12, p. 261.

[941]   Miguel de Cervantes, *Los Trabajos de Persiles y Sigismunda*, Edición, introducción y notas de Juan Bautista Avalle-Arce, Editorial Castalia, Madrid, 1969, n. 545, p. 464.

Sin duda, al Norte. Y así lo expresa el sabio acompañante de Rutilio, pues su explicación se centra ahora en tratar de identificar la "Noruega" antes referida en relación a Tule, la patria de Periandro.

Porque, si aplicamos aquí la noción de "Noruega" que habíamos deducido de la expresión "paraje de Noruega" en el capítulo 16 del libro II: "Volvió el piloto a tomar altura y vio que estaba debajo del Norte, en el paraje de Noruega" (p. 388), como: *paralaje Norte de la estrella Vega*, veremos que la cita, e incluso toda la explicación que la continúa, comienza a tener un sentido muy marcado de naturaleza sideral. No en vano, recordemos cómo del análisis que hacíamos de los datos convenientemente codificados en el texto ("tomando mi piloto el altura del polo donde nos tomó el viento [...], hallamos ser cuatrocientas leguas, poco más o menos"[p. 388]), deducíamos la distancia desde la Tierra a la estrella Vega (25 años luz); así como, desde una perspectiva simbólica, la distancia-medición de la "Jerusalén celeste" según el relato del *Apocalipsis*.[942]

A tenor de lo expresado, parece existir cierta intención por parte de nuestro autor de relacionar la estrella Vega, que forma parte de la constelación de la Lira, con el simbolismo de la "Jerusalén celeste" del *Apocalipsis*. Y no en otro sentido, como veremos, parece ir encaminado este simbólico -¿o habría que llamarlo "celeste", en función del simbolismo numeral que tradicionalmente se asigna a ese número?- capítulo 12[943].

Sea como fuere, en el texto se nos dice -a Rutilio y al lector- que Tile o Tule, patria de Periandro, se halla "en la última parte de Noruega, casi debajo del Polo Ártico"; lo cual, aplicando -por así decir- nuestra "clave" descodificadora a la que hemos llegado a partir del análisis del término "Noruega", podría significar lo siguiente:

- Que Tule remitiría a un concepto de naturaleza simbólica, formado por una doble realidad compuesta por un microcosmos y un macrocosmos.

- Que la imagen de ese macrocosmos sería de naturaleza sideral, compuesta por una localización celeste situada al Norte de la prolongación del eje de giro de la Tierra.

- Que la imagen de ese macrocosmos, siguiendo las leyes de Trimegisto, se proyectaría sobre la Tierra para crear el microcosmos en donde habitaría Periandro; es decir, una realidad existencial en una época-era determinada.

- Que la localización del macrocosmos estelar de Tule es posible a partir de los datos que se nos proporciona: está "en la última parte de Noruega, casi debajo del Polo Ártico". Lo cual, tomando la estrella Vega (NOR-VEGA) como el comienzo[944] de las -digamos, empleando el mismo término que Cervantes- "islas" o "estrellas fijas" que se van sucediendo como referentes de la orientación Norte en un ciclo completo o año platónico (debido al movimiento de precesión terrestre), podría deducirse que esa "última parte de Noruega" se correspondería con la estrella que señalaría al Norte en el momento en que el período de "bienestar" (condiciones aptas para el desarrollo humano sobre la tierra), inaugurado por la estrella de Vega en el año 13.000 a. C., se acerca ("casi debajo del Polo Ártico") al final de su recorrido (era de Acuario, según la Tradición) antes de que la tierra vuelva a ser un lugar inhóspito para la vida; dentro de esa alternancia señalada por Rutilio en referencia al clima de Noruega: "la mitad del año se lleva la noche y, la otra mitad, el día".

- Que dicha localización podría precisarse en función de lo que se dice en el texto: "casi debajo del Polo Ártico, está la isla que se tiene por última en el mundo, a lo menos por aquella parte"; lo cual, podría interpretarse como que, según se dice, Tule no sería la última isla cosmológica[945] que rige sobre el microcosmos de la Tierra, pues, cuando dice que esa presunta estrella está "a lo menos por aquella parte", se refiere a que habría de regir poco como estrella polar ("a lo menos") en ese tiempo sideral considerado como último en época de Cervantes (la era de Piscis), y que, además, durante su tiempo de vigencia no habría de estar debajo justo de ese "Polo Ártico"(referencia al polo norte). Esta circunstancia señalaría a una estrella que no

---

[942]   "La ciudad es un cuadrado y su largura es igual que su anchura. Midió la ciudad con la medida: Doce mil estadios. Su largura, su anchura y su altura son iguales." Apocalipsis 21, 16.

[943]   "*Doce.*- Orden cósmico, salvación. Número de los signos zodiacales, modelo de las ordenaciones en dodecanario. Ligado a la idea de espacio y tiempo, a la rueda o círculo." Cirlot, 1992, p. 331.

[944]   En la Tradición se viene aceptando que en la época en la que la estrella Vega marcaba el norte celeste (13.000 a. C. aproximadamente), la civilización, saliendo de la última glaciación (conocida como Würrn), comenzaba su andadura.

[945]   Esta idea luego se refrenda al hablar de Frislanda.

ocupa, durante el escaso periodo de vigencia histórica que sirvió de referente del norte celeste en la era de Piscis (que no en la anterior de Aries), una posición norte exacta, sino solo aproximada.

- Finalmente, la intención de Cervantes por expresar el conocimiento que habrían de tener de la existencia de esa misma estrella, tanto la civilización griega como la romana, Tile y Tule, respectivamente; supondría la definitiva pista en la identificación de ese objeto celeste.

En conclusión, y considerando todos los datos aportados, creemos que el término Tule, en su dimensión simbólica, podría referir a una realidad física perfectamente identificable y demostrable a un nivel cosmológico o macrocósmico, y ello sin perjuicio de otras correspondencias que puedan establecerse en un contexto geográfico, legendario, místico o sea de la índole que fuere; siempre y cuando resulte suficientemente demostrado. Nos referimos a la estrella *Kochab* (*Beta Ursae Minoris*), perteneciente a la constelación de la Osa Menor.

La justificación de *Kochab* como referente simbólico de Tule, a la vez que patria estelar-macrocósmica de Periandro, se deriva de:

-La relación de parentesco con Auristela (el Norte = *Polaris*). Pues, nuestros dos protagonistas, que se identifican como hermanos en la tierra, de manera simbólica, también lo serán sobre los cielos: *Polaris* y *Kochab* no solo son las estrellas más importantes de la Osa Menor, sino que además tienen una misma intensidad de brillo y, sobre todo, comparten una misma función: asumen en un momento determinado de la Historia (en relación a los ciclos originados por el movimiento de precesión terrestre) el papel de guía de la navegación o referencia estelar Norte; es decir, las dos son estrellas polares.

- El propio nombre de Periandro, cuya etimología apuntaba, según nuestros primeros análisis, a "ese hombre alrededor de...", se materializa en el firmamento a través del movimiento circumpolar que la estrella *Kochab* parece describir alrededor de la estrella *Polaris*.

- En efecto, como se deduce del texto, *Kochab* se encontraría "en la última parte de Noruega", es decir, que puede visualizarse como una estrella fija en el firmamento (simbólicamente una "isla", dada la percepción que desde la tierra un observador tiene del estatismo de la estrella polar frente al movimiento del resto de los cuerpos celestes) casi al final (en la era de Piscis) del período de vida sobre la tierra inaugurado por la estrella Vega.

- En relación a la función de *Kochab* como estrella polar, diremos que esta nunca coincide con el eje de la tierra a un nivel de exactitud como lo hace *Polaris*; lo cual, sumado a la idea de que en la época de Cervantes *Kochab* hacía más de mil años que ya no ocupaba la referencia al norte celeste (desde el año 500 d. C. aproximadamente), se correspondería con la idea que se expresa en la cita: de que la isla de Tule se encuentra "casi debajo del Polo Ártico", pero nunca coincide con él.

- La vigencia de *Kochab* como referente Norte o estrella polar cubre un período histórico que va del año 1.500 a. C. al 500 d. C. Esto, sin duda, pone en relación directa a la estrella con el conocimiento que habrían de tener sobre ella primero los griegos y después los romanos, en cuanto a su importante papel en la navegación. En el texto, esta circunstancia se expresa con el nombre por el que, en la ficción cervantina, se dice que era conocida *Kochab* en la civilización griega (Tile) y, pasado el tiempo, también en la romana (Tule)[946] :"Que Tule, en griego, es lo mismo que Tile en latín" (p. 699).

En cuanto a la afirmación que se hace en el texto, y que señala a Tule como un lugar de apariencia real al compararlo con Inglaterra: "Esta isla es tan grande, o poco menos, que Inglaterra, rica y abundante de todas las cosas necesarias para la vida humana."(p. 699), no debemos dejarnos llevar por esa falsa sensación de realidad que proporciona la mención de Inglaterra; pues, aunque sea una isla conocida y de latitud septentrional, no puede asimilarse sin más a una referencia válida en la identificación de Tule.[947] Y de igual parecer se muestra Alarcos, que de su estudio comparativo con la obra (con el epítome de la misma, pues hoy en

---

[946]   En relación a las formas Tile y Tule utilizadas por Cervantes para referirse a la Thule de Virgilio, Alarcos, a través de un análisis filológico, avala la corrección de las dos expresiones en cada una de las lenguas a la que remite: griego y latín, respectivamente. Véase Alarcos, 2014, nota 7, p. 239.

[947]   Sobre todo si tenemos en cuanta lo que se dice unas páginas más adelante, donde ahora la isla que parece asumir la identidad de Tule es Islandia: "Volviólo a repetir [...] cómo la isla de Tile o Tule, que agora vulgarmente se llama Islandia, era la última de aquellos mares setentrionales"(p. 706).

día no se conserva el original) de Antonio Diógenes, *Las maravillas más allá de Tule*, afirma lo siguiente:

> el Persiles [a diferencia de *Las cosas increibles...*] no estaría interesado en ser explícito y exacto -en términos geográficos-, procurando más bien sugerir todo un mundo desconocido, en una especie de calculada indefinición cartográfica, que no promueve la inclusión de datos de localización reales y sí, en cambio, impregna el imaginario configurado con una profusión de islas e islotes inventados[948]

Y, dentro de esa indefinición que caracteriza a ese espacio simbólico de Tule, Alarcos juzga que, en cualquier caso, más que señalar a un lugar caracterizado por el desarrollo de un asentamiento humano; Tule, en su dimensión simbólica, apuntaría más a un espacio del terreno especialmente calificado por sus condiciones simbólicas y geofísicas: un *finisterrae.*[949]

Quizás ahora, sumando la opinión de Alarcos a la nuestra, encontremos una mayor justificación en la idea de Cervantes de traer a Rutilio hasta los arrabales de Roma. No en vano, el italiano vendría -según nuestra hipótesis- desde el mismo lugar en que su sabio maestro ha centrado su particular lección de geografía: ¿Tule = *finisterrae?*

Desde un plano, ahora, más histórico que simbólico, la ocasión de nuestro autor por relacionar Inglaterra con ese reino cosmológico de Tule ("Esta isla es tan grande, o poco menos, que Inglaterra") podría obedecer a una cuestión de índole histórica: la resultante de la tradición marinera que llevó en el pasado tanto a griegos como a romanos a las islas de los mares del norte (donde se halla, entre otras, Inglaterra), ricas en estaño,[950] sirviéndose, tanto los unos como los otros, ¿de la oportuna ayuda a la navegación que les proporcionaría la estrella *Kochab*?[951]

En cuanto a la mención expresa que se hace del libro 1 de las *Geórgicas* de Virgilio: *"...ac tua nautate / numina sola colant: tibi serviat ultima Thule"*(p. 699), nos remitimos a la opinión de Alarcos, basada en la idea de que Cervantes transcribió (con alguna modificación) el texto de Virgilio para, dado que el pasaje del hipotexto versaba sobre la divinidad del emperador, revestir de sacralidad a la figura de Periandro a través de lo representado por el "divino" Augusto.[952]

 Es decir, según la opinión de Alarcos, la función de la cita de Virgilio aportada por Cervantes vendría a refrendar la idea que venimos postulando acerca del proceso de anagnórisis de nuestro protagonista: el conocimiento que Periandro va a tener de sí mismo constituye una

---

[948]   Alarcos, 2014, pp. 263-264.

[949]   "la identificación entre "Tule" y el *finis terrae*, cuyo eslabón virgiliano era el más prestigioso y el eje, por así decirlo, de la idea, tras generar a la larga una cadena de emulaciones y reelaboraciones, por ejemplo, la de Séneca, por vía de la antítesis, no menos conocida en la época, o bien, la de Góngora en sus *Soledades* de 1613, no solo la más fiel al concepto original, sino incluso coetánea de las *Novelas Ejemplares* cervantinas y del primer anuncio que hace Cervantes de la próxima publicación del *Persiles*."Alarcos, 2014, p. 264.

[950]   La alusión que se hace en el texto a la abundancia de "las cosas necesarias para la vida humana" que posee la isla de Inglaterra, podría señalar a la gran revolución que supuso en la historia de la Humanidad el descubrimiento del bronce. No en vano, la estrella *Kochab* comienza a ser utilizada como referente de la navegación norte en el año 1.500 a. C., que es cuando comienza el período llamado Bronce Medio o Pleno, momento de mayor esplendor de la civilización minoica. En tal caso, el estaño necesario para producir el bronce que no había en la isla de Creta, tuvo que buscarse en unas lejanas tierras sobre las que ya existía una tradición anterior: "Pronto los iberoetruscos llevaron sus naves a la conquista del valioso estaño hasta Bretaña, Irlanda y Albión." Séde, 1972, p. 41.

[951]   En relación a que la *Odisea* de Homero pudiera referir a esa Inglaterra relacionada con los tiempos en los que la estrella-mito de *Kochab* ejercía de estrella polar, Pillot dice lo siguiente: "El número 22 de la revista Planète (1), cristalizó mis intenciones y mis convicciones. Robert Philippe, agregado de Historia, sostenía ahí la tesis de que la *Odisea* no podía desarrollarse en el Mediterráneo. Ulises, sin lugar a dudas, habría pasado el estrecho de Gibraltar y la *Odisea* describía un periplo atlántico en dirección al Norte, principalmente Bretaña." Pillot, 1975, p. 14.

[952]   "La funcionalidad estética de la cita no se agota en un mero prurito de exhibición cultural libresca, en boga en los Siglos de Oro, que proporcionaba *authorictas,* prestigio y ornato a la prosa de los escritores, sino que revela una intencionalidad mucho más compleja, y una aspiración calculada y en absoluto tangencial: fundamenta la versión cervantina del tópico espacial y legitima el imaginario septentrional de la ficción, de principio a fin; propicia la articulación del motivo convencional de la anagnórisis, y, a su vez, el desarrollo de éste, a lo largo de IV, 12; y, sobre todo, nutre de sentido alegórico a la reminiscencia *ac tua nautate / numina sola colant: tibi serviat ultima Thule,* contribuyendo a la creación de esas transposiciones simbólicas o paralelismos [Periandro / Augusto]." Alarcos, 2014, pp. 241-242.

alegoría del conocimiento gnóstico, y, por tanto, una vez consumado el proceso anagnórico lo elevará a él a la figura de un "dios" a la altura del antiguo emperador Augusto.[953]

A continuación, la explicación del sabio personaje se centra ahora en la otra patria que interesa al propósito anagnórico: la Frislanda de Auristela:

> Más adelante, debajo del mismo norte, como trescientas leguas de Tile, está la isla llamada Frislanda, que habrá cuatrocientos años que se descubrió a los ojos de las gentes, tan grande que tiene nombre de reino, y no pequeño (p. 699).

Porque ahora sí se nos dice que "la isla llamada Frislanda" se encuentra, a diferencia de Tule, "debajo del mismo norte"; lo cual nos lleva a la deducción de que aquello que simbolice el término Frislanda debería encontrarse, en la época de nuestro autor, en el lugar exacto determinado por la dirección norte. Comoquiera que nos hallamos en un contexto estelar, la única estrella que marca el norte en ese tiempo es *Polaris*. Además, dado que esta estrella forma parte de la constelación de la Osa Menor o "Carro menor", resultaría que, en efecto, su posición se correspondería con lo que se dice en el texto; pues, *Polaris* está situada "Más adelante, debajo del mismo norte". Es decir, que su localización se deduce tanto en un contexto temporal, pues se entiende que se halla "más adelante" en el tiempo, como en otro espacial; dado que la locación de *Polaris* en el extremo de esa vara imaginaria que compone la figura del "Carro menor" se encuentra "más adelante" con relación a Kochab, que ocupa la parte trasera de esa figura.

Como vemos, si en el caso de la patria de Periandro el macrocosmos expresado bajo el término Tule apuntaba a la estrella *Kochab*; en el caso de Auristela señala a la Estrella Polar (*Polaris*): ambas estrellas, estrechamente unidas en virtud de una serie de sutiles lazos cosmológicos[954], podrían haber sido aprovechadas por Cervantes para construir un complejo universo de relaciones entre los dos personajes que las encarnan (Periandro y Auristela).

Pero aún la cita puede aportar nuevas pistas en la asimilación Frislanda / *Polaris*, pues, se nos dice "que habrá cuatrocientos años que se descubrió a los ojos de las gentes"; lo cual, en nuestra opinión, supone un dato muy objetivo a la hora de proceder a su identificación, o, ¿quizás lo contrario?

Nos explicaremos. La experiencia exegética con el *Persiles* nos dice que cuando nuestro autor aporta un dato en apariencia real, como es este de los "cuatrocientos años", en realidad, lo que origina es un efecto contrario: perplejidad. Y si decimos esto es porque la crítica en general, a la hora de tratar de ubicar en un mapa al esquivo término "Frislanda", suele perderse en esos mismos mares (las referencias literales del texto) en donde muchos marineros naufragaron antes por no saber mirar a las estrellas. Se nos disculpará la alegoría no exenta de ironía, pero creemos que es el mejor modo de introducir la siguiente reflexión: ¿por qué ese afán de mirar al "suelo" (la literalidad del texto) cuando en realidad Cervantes nos está indicando que lo hagamos al "cielo"(el sentido alegórico del texto)? Es decir, que esos "cuatrocientos años" que se nos dice que hace que Frislanda "se descubrió a los ojos de las gentes", no significa que una isla que remite a ese nombre se descubriese en medio del océano en una fecha próxima al año 1.200[955](1.600 – 400 = 1.200); sino que, en relación a ese otro océano, el simbólico (el universo), hace cuatro siglos que la estrella *Polaris* ocupó su lugar "debajo del mismo norte" (su punto de mayor aproximación a ese norte celeste o polar al que se viene aproximando desde que comienza a utilizarse, después de Kochab, como referencia de la orientación norte para la

---

[953] No en vano, la filiación divina de los protagonistas del *Persiles* es un rasgo que comparten, en parecido proceso anagnórico, con la pareja de enamorados en las *Etiópicas*: "Nuestros primeros antepasados, son entre los dioses, el Sol y Baco, y entre los héroes, Perseo, Andrómeda y Memnón." Heliodoro, *Etiópicas*, p. 177.

[954] Un ejemplo del uso que ha hecho el hombre de la consabida relación entre ambas estrellas lo tenemos en el instrumento ideado por Ramón Llul en el siglo XIII para medir los ángulos recorridos por *Kochab* en relación al centro de giro situado en *Polaris*, y, en consecuencia, calcular la hora nocturna: el nocturlabio.

[955] Romero, firme defensor de la exégesis literalista, se empeña en asimilar la Frislanda del texto con una Frislanda rescatada de fuentes antiguas poco fidedignas por Nicolò Zeno <<el joven>> en 1558. Y ello, a pesar de que él mismo, consciente de la imposibilidad de que se trate de la isla referida, a tenor de los cuatrocientos años que se nos dice en el texto que se descubrió, que no concuerdan con la fecha que se da de su descubrimiento (1383); decide, en referencia a los cuatrocientos años que se especifican en el relato, achacar el error esta vez al cajista: "este pasaje tiene la apariencia de ser un mero error material de lectura (por el probable doscientos del original), imputable al cajista más que a Cervantes." (Anexo XXXVI, pp. 750-751).

navegación), lo cual se consideraría, como dice el texto, un descubrimiento "a los ojos de la gente".

Otro dato a tener en cuenta lo encontramos en la siguiente afirmación sobre Frislanda: "tan grande que tiene nombre de reino, y no pequeño"; donde, ahora nos remitimos al análisis que hicimos del anagrama LISBOA > BOLA(r)IS > POLARIS, cuya asimilación fonética no solo es posible sino que, además, justificaría lo que se dice en el texto; pues, Lisboa es la capital del gran reino-imperio de Portugal ("tan grande que tiene nombre de reino"), cuyos territorios ("no pequeños") se extienden por ultramar.

En relación a la otra referencia, en este caso espacial, que aparece en el texto: "como trescientas leguas de Tile", creemos que podría tratarse de un dato oportunamente codificado de la distancia estelar que separa o relaciona de algún modo a *Kochab* con *Polaris*.

Continúa el relato del sabio personaje en esa misma línea de resolver el proceso anagnórico, ahora, ya centrados en la figura de Persiles:

> De Tile es rey y señor Maximino, hijo de la reina Eustoquia, cuyo padre no ha muchos meses que pasó desta a mejor vida, el cual dejó dos hijos, que el uno es Maximino que te he dicho, que es el heredero del reino, y, el otro, un generoso mozo llamado Persiles (p. 700).

Porque, el simbolismo que se revela en esta cita podría ser esclarecedor de ese doble aspecto especular que venimos señalando, en el sentido de que la "Tile" que aquí se muestra no es la macrocósmica, según decíamos más arriba; sino su proyección sobre la tierra; es decir, la microcósmica: el reino de Maximino, doble de Periandro y su *alter ego* sobre la tierra.

En cuanto al resto de cuestiones que se dimanan de esta cita, podríamos hacer una primera aproximación exegética, aunque, dada la escasez de datos, habrá que esperar a la segunda parte del discurso del sabio cuyo nombre todavía no es revelado para poder refrendar estas hipótesis preliminares.

Sirva, como adelanto, la deducción que podría extraerse de los lazos de parentesco que aquí se expresa; en el sentido de que los hijos de Eustoquia, el rey Maximino y el "generoso mozo llamado Persiles", son hijos de un padre anónimo, que, a la sazón, "no ha muchos meses que pasó desta a mejor vida". Es decir, tras esta información de carácter familiar, resulta que la ascendencia paterna apenas interesa lo suficiente como para decir que el progenitor ha muerto hace pocos meses.

Como vemos, la noticia hace un flaco favor al proceso de anagnórisis de Periandro, pues la rama paterna es la que más suele considerarse en la heredad del linaje en la antigüedad. En tal caso, podía afirmarse que nuestro autor no ha estado acertado a la hora de excluir a la figura paterna, o, ¿quizás esa omisión sea intencionada al objeto de anular al padre en beneficio de los hijos? Dicho de otro modo, ¿acaso no podría estar manifestándonos Cervantes, en relación a la intencionada orfandad paterna de Maximino y Persiles, esa máxima que reza: "cada uno es hijo de sus obras"?

En tal caso, según nuestra hipótesis avalada por la frase aludida, se entendería que tanto Maximino como Persiles son hijos de un padre cuyo nombre/linaje, pese a su nobleza, no interesa tanto (por eso no se dice su nombre) como su obra; la cual, podría apuntar directamente al nombre de la madre, en cuanto a que los hijos son obra natural de ella: Eustoquia. Y, para remarcar aún más el carácter prescindible del padre, en ningún momento se especifica que el susodicho sea esposo de Eustoquia, por lo que podría suponerse que el vínculo que haya de relacionar al padre con la madre no sea de naturaleza física sino que, más bien, deba relacionarse con el mundo de las ideas.

Y es en este contexto donde, en nuestra opinión, habría de situarse cada uno de los nombres que forman parte de esta simbólica familia oriunda de la no menos fabulosa Tule; aunque, sin olvidarnos de la especial naturaleza plurisignificativa de los términos que los designan, que podrían ser portadores de un significado diferente en otro contexto paralelo o de algún modo relacionado con el que nos ocupa. Pues bien, la cuestión parece centrarse en averiguar qué concepto o qué personaje de trascendencia ideológica se identificaría con el padre de esos hijos (Maximino y Persiles) que, según el dicho que venimos utilizando como base de esta deducción, se disolvería en lo simbolizado por sus hijos.

Para responder a esta pregunta nos serviremos del personaje de Eustoquia, pues, a través de ella, cuyo nombre remite a Santa Eustoquia[956], llegaremos hasta San Jerónimo; cuya muerte se produjo meses antes de la de su discípula Santa Eustoquia, es decir, en el año 420, cuando San Jerónimo, al igual que el padre de los dos hermanos -citamos del *Persiles*- "no ha muchos meses que pasó desta a mejor vida".

Como vemos, podría existir cierta intención de Cervantes a la hora de relacionar el dato de la muerte del padre de Maximino y Persiles con el que fuera considerado Padre de la Iglesia San Jerónimo, teniendo como nexo de unión entre ambos a la figura de Santa Eustoquia; a la sazón, madre de los dos hermanos en la ficción y seguidora fiel del Santo (¿por ello simbólicamente esposa?) en la realidad.

Sea como fuere, de esta relación de sentido que hemos suscitado, se extraería una evidente conclusión en función de la frase que venimos aplicando ("cada uno es hijo de sus obras"), y todo apunta a que esa Gran Obra del personaje histórico que inspiró la fundación de la Orden de los jerónimos podría estar simbolizada en la figura de Eustoquia.

Pero antes de continuar con el análisis del personaje que en la diégesis representa el papel de madre de esos dos grandes héroes, veamos cómo en la etimología del nombre de sus dos hijos Cervantes podría haber codificado al innominado padre de esas "criaturas". Porque, en las letras que componen los términos que identifican a los dos hermanos, "generoso" (utilizamos el apelativo que sustituye al nombre de Persiles, según indicaciones del propio autor: "un **generoso** mozo llamado Persiles") y "Maximino", encontramos, mediante la aplicación de un nuevo anagrama, el nombre de Jerónimo. A saber: GENEROso > GENERO > GEROne > GERO > **JERO**; y, maxiMINO > MINO > **NIMO**; es decir, JERÓ-NIMO: un nombre compuesto por dos miembros idénticos (dos sílabas cada uno), tal y como nos sugiere lo representado por cada uno de los hijos nacidos de ese mismo tronco u obra que simboliza Eustoquia.[957]

Siguiendo en esta misma línea deductiva, si del análisis cabalístico resulta que el nombre del padre se divide a partes iguales entre sus hijos, cada uno de ellos habrá de representar la mitad de la obra del padre; es decir, que el propio San Jerónimo podría manifestarse a través de lo simbolizado por cada uno de los hermanos. Partiendo de esta lógica, y, en relación ahora a la doble forma con la que suele ser representado San Jerónimo en la iconografía (que Cervantes no habría de ignorar), ¿no podría remitir la figura de "San jerónimo estudiando"[958] al personaje de Maximino, mientras que la del "Santo en penitencia"[959] lo haría a Periandro-Persiles?

Porque motivos para pensarlo no nos han de faltar, empezando por la visión simbólica que venimos atribuyendo a Maximino como el "yo inferior" de esa supra-entidad que es Persiles, y por ello asimilado al mundo de la razón-objetividad que nos transmite la imagen de "San Jerónimo escribiendo" (la literalidad); y, terminado por un Persiles/Periandro que representa al "yo superior", es decir, al mundo de la intuición-subjetividad (la alegoría). En conclusión: ¿dos hermanos cuyos caracteres escenifican el diferente modo de interpretar la obra que habría de inmortalizar a San Jerónimo a finales del siglo IV: la *Vulgata*?[960]

---

[956] Santa Eustoquia o Eustoquio fue una fiel seguidora de las enseñanzas de San Jerónimo, al que no solo siguió a Palestina en compañía de su madre, Santa Paula; sino que, además, falleció en Belén en el año 420, justamente, unos meses después de que lo hiciera su maestro San Jerónimo, en ese mismo año.

[957] Encontramos en este punto un claro paralelismo entre Eustoquia en el *Persiles* y Dulcinea en el *Quijote*, pues ambas expresan el mismo concepto de *hijas de su obra*; la primera de manera velada (propio de la naturaleza simbólica del libro póstumo de Cervantes) y la segunda de forma explícita (que es el tipo de discurso predominante de la obra que le abrió a nuestro autor las puertas de su fama universal). Dice, pues, Don Quijote, a la pregunta del duque de si existe la tal Dulcinea o solo es producto de su imaginación: "- A eso puedo decir, respondió Don Quijote, que Dulcinea es hija de sus obras, y que las virtudes adoban su sangre, y que en más se ha de estimar y tener un humilde virtuoso que un vicioso levantado." *DQ*, cap. XXXII. p. 525.

[958] Se representa al Santo escribiendo en su gabinete rodeado de una serie de objetos de naturaleza simbólica: la calavera, el león, el sombrero, la calabaza, etc. Por ejemplo en las pinturas de: *San Jerónimo en su estudio*, Domenico Ghirlandaio, 1480; *San Jerónimo en su gabinete*, Alberto Durero, 1514.

[959] Aquí el Santo se representa sometido a mortificación como penitencia, bien en el desierto o en una cueva, y también rodeado de símbolos trascendentes, como el león, el crucifijo, la calavera, etc. Lo hallamos en *San Jerónimo*, Leonardo da Vinci, 1480; *San Jerónimo en oración*, El Bosco, 1482-1499; *San Jerónimo penitente*, Caravaggio, 1605.

[960] Traducción de la Bíblia hebrea y griega al latín vulgar que San Jerónimo hizo por encargo del papa Dámaso I, que fue publicada en 382.

Y es momento ahora de volver sobre el personaje de Eustoquia, pues, teniendo en cuenta la interpretación que hemos propuesto desde una perspectiva historicista en relación a la figura del que se considera Padre y Doctor de la Iglesia, San Jerónimo; creemos que el nombre que ostenta en la diégesis en el desempeño de su papel de madre de los dos héroes constituye un nuevo compuesto de naturaleza simbólica. Y esto lo podemos comprobar procediendo del siguiente modo: EUS-TOQUIA. Porque, "EUS", procede del griego $\varepsilon\upsilon$, que significa bueno; y, TOQUIA, remitiría a una localización geográfica indispensable en lo representado por San Jerónimo: el desierto de Antioquía[961] (anTiOQUÍA) donde el santo alcanzó la iluminación.

Recapitulando, tendríamos que, desde esta perspectiva simbólica que nos sitúa en el mundo de las ideas, Cervantes habría diseñado una familia idealizada alrededor de ese reino fabuloso de Tule, cuyos lazos de parentesco remiten a la trascendencia que tuvo la publicación de la *Vulgata* de San Jerónimo en la construcción de una nueva religión, el catolicismo, en ese tiempo en el que la estrella *Kochab* daba sus "últimos estertores" como guía de la orientación norte.

Por ello San Jerónimo es visto por Cervantes como alguien anónimo que solo "vive" a través de su obra, es decir, de los hijos de Eustoquia (la *Vulgata*), simbolizando cada uno de ellos la corriente de pensamiento a que dio lugar la difusión en Occidente de la Biblia traducida al latín vulgar; el primero (Maximino) como imagen del rédito que la teocracia supo sacar del Padre de la Iglesia, y el segundo (Persiles) como el espíritu de salvación que el Penitente quiso transmitir con su ejemplo.

Pero no adelantemos acontecimientos. Dejemos que sea el texto quien nos vaya arrojando más claves con las que poder informar nuestros argumentos.

A continuación, la información que aporta el sabio interlocutor acerca de la relación que le une con Persiles podría servir, dentro de este contexto simbólico que ahora parece acentuarse, para situar a nuestro héroe (ya casi trascendido) en una especie de Olimpo mitológico: "por haber sido su ayo y criádole desde niño, me pudiera llevar a decir mucho, todavía será mejor callar, por no quedar corto" (p. 700). Porque, el papel que aquí se asigna el propio relator como "ayo" de Persiles remite a la tradición legendaria del sabio maestro del héroe, como es el caso del centauro Quirón; que fue el instructor de muchos de los héroes del panteón griego, entre los que destaca Hércules, Teseo y el propio Prometeo.

Ahora bien, comoquiera que en esta obra de Cervantes ni los mitos son completamente fantasía, ni la historia debe considerarse como paradigma de la objetividad; juzgamos que el ayo de Persiles, aparte de su vertiente mitológica y/o ficcional, debería remitir a algún tipo de referente que se pueda concretar. En este sentido, nosotros creemos haberlo encontrado en la propia expresión que determina su función en la diégesis: "ayo".

Porque "ayo" es una palabra que, aparte de definir la relación maestro/discípulo que se expresa en el texto, es portadora de un sentido simbólico que, en un determinado contexto de marcada naturaleza hermética, podría expresar por sí misma ese aspecto docente al que el término remite. Es decir, que, según nuestra opinión, la propia expresión funcionaría como una especie de "guía" en la revelación de una enseñanza que, como afirma su propio protagonista: "todavía será mejor callar, por no quedar corto" (p.700). En tal caso, ¿a qué nos estaríamos refiriendo con este nuevo símbolo que parece actuar como si fuera una clave que debe descodificarse para acceder al conocimiento/docencia inmersa en la propia naturaleza del sabio personaje? ¿Quizás a la posibilidad de aprehender la palabra "ayo" desde su dimensión simbólica? A saber: la expresión esquematizada del Alfa – Y – Omega = AYO.

Llegados a este punto podríamos preguntarnos: ¿qué relación podría tener esta expresión, inmersa en el antiguo símbolo del crismón, con el "ayo" de Persiles?

Para contestar a esta pregunta, primero deberemos tener en cuenta que toda esta escena que se está narrando en el texto en relación al proceso anagnórico de Periandro tiene lugar fuera de Roma. Y es muy importante este detalle, pues, recordemos que dentro de Roma asistíamos a otra representación del simbolismo del "alfa y el omega"; en esta ocasión de la mano de los personajes hebreos que la encarnaban, Abiud y Zabulón (A-Z = A–ω). Pues bien, lo que ocurre es que en aquella ocasión (dentro de Roma) el simbolismo del *alfa y el omega* fue rechazado

---

[961]   Antigua ciudad situada en lo que hoy es Turquía, en el Mediterráneo oriental. Llegó a ser la tercera ciudad del Imperio romano detrás de la propia Roma y de Alejandría. Fue también, aparte del escenario de la penitencia de San Jerónimo, el lugar donde Pablo predicó su primer sermón cristiano en una sinagoga y donde por primera vez los seguidores de Jesús fueron llamados cristianos (*Hechos de los Apóstoles* 11, 26).

por Periandro, como así se deduce de la doble negativa del héroe a aceptar el alojamiento que le proponían los dos hebreos primero y los favores de Hipólita después; sin embargo, ahora (fuera de Roma), lo simbolizado por el "*alfa y el omega*" sí será aceptado, lo cual se afirma mediante la asimilación que hace Periandro del discurso de su ayo, que hará posible la vuelta del héroe en busca de su amada Auristela.

En tal caso, cabría preguntarse: ¿qué tiene este "alfa y omega" ("ayo,") que no tenga el que hemos presenciado en el interior de Roma? Y la respuesta solo puede contestarse en función del nombre del "AYO" de Periandro: SERAFIDO > SEFARAD[962] > SEFARDÍ. Es decir, con ello queremos sugerir la posibilidad de que Serafido encarne la personalidad de un hebreo español, un sefardí[963]; los cuales, tradicionalmente, han pertenecido a la tribu de Efraín[964]: los verdaderos herederos del trono de Israel.

En conclusión, tendríamos que dos grupos de hebreos podrían compartir/competir por el simbolismo del "alfa y el omega" dentro de la órbita del cristianismo occidental con Roma como referente: uno de naturaleza "negativa" que operaría desde el interior de la ciudad eterna, compuesto por las tribus de Judá (Abiud) y Zabulón; y otro "positivo" desde las afueras, a medio camino de Nápoles (donde se halla el VII conde de Lemos), integrado por la tribu de Efraín-sefardíes (Serafido), el menor de los dos hijos de José.

En cuanto al tercer grupo de hebreos que se dan cita en el texto, el que se corresponde con el personaje de Manasés (la tribu de Manasés), diremos que da la impresión como de estar al margen de la disputa que mantienen sus "compañeros" por el -llamémosle- "alfa y el omega"; es decir, como si él ya gozara de una posición de privilegio que lo situase al margen de esa rivalidad. No en vano, parece que asume un papel conciliador entre ambas facciones, pues, no solo se reconoce como compañero de Abiud y Zabulón ("-Que me maten -dijo Abiud-, si no es éste el francés que ayer se contentó con la casa de nuestro compañero Manasés" [p. 646]); sino que, además, se dedica a alojar en "su casa" de Roma ("que la tiene aderezada como casa real"[p. 646]) a todos los peregrinos pertenecientes al grupo de Periandro.

Esta actuación de Manasés, que parece situarlo por encima de los demás personajes hebreos, podría aludir a unos hechos muy concretos; pues, tenemos la sospecha que, bajo esa aparente cordialidad del judío Manasés para con el grupo de peregrinos ¿sefardíes? encabezados por Periandro, Cervantes nos estuviera escenificando uno de los dramas que más ha marcado la Historia de España: la expulsión de los hebreos sefardíes en 1492.

Y, para demostrar nuestras suposiciones, deberemos regresar al capítulo 3, del libro IV, donde Manasés, solícito y condescendiente con esos ¿"expatriados" que vienen caminando desde España (Periandro y el resto de acompañantes simbolizando a los sefardíes)?, les ofrece un real alojamiento: "por donde vinieron en conocimiento que la posada que los judíos habían pintado era la rica de Manasés y, así, alegres y contentos, guiaron a nuestros peregrinos, que estaba junto al arco de Portugal"(p. 647).

Porque, si tras la figura de Manasés se hallaba -según venimos aduciendo- la herencia de la Casa Austria (los Reyes Católicos), no resultaría atrevido en exceso imaginar la actitud de esos judíos, Abiud y Zabulón (encarnación de las tribus de Judá y Zabulón, enemigos bíblicos de la tribu de José-Efraín, el legítimo heredero de Israel), "alegres y contentos" al observar como su compañero-aliado Manasés (que se disputa el liderazgo desde la antigüedad bíblica con su hermano Efraín, por ello aliado de aquellos) se "ensaña" con su histórico enemigo de la tribu de Efraín (los sefardíes).

En este contexto, "la posada que los judíos habían pintado" podría hacer referencia a la península ibérica, la cual Manasés (Arnaldo = la herencia de la Casa de Austria)[965] "tiene aderezada como casa real" (el "Imperio católico"). De este modo, se explicaría el éxodo que supuso la expulsión de cerca de doscientos cincuenta mil sefardíes de España en 1492, ochenta mil de los cuales fueron guiados ("guiaron a nuestros peregrinos") a buscar asilo en Portugal;

---

[962]   Nombre dado por los hebreos a la península ibérica arabizada, equivalente al *al-Andalus* de los árabes.

[963]   No debe olvidarse la expulsión de España decretada por los Reyes Católicos en 1492 de los hebreos pertenecientes, en su mayoría, a la tribu de Efraín (los llamados sefardíes).

[964]   Hijo menor de José, cuya tribu habría de escindirse en dos: la de Manasés y la de su hermano menor, el designado por el patriarca Jacob como heredero del trono de Israel, Efraín.

[965]   Recuérdese las estatuas de los seis reyes judíos, incluido Manasés, que coronaban la entrada del símbolo del poder por antonomasia de la Casa de Austria: el templo del monasterio de El Escorial.

siendo unos quince mil los que entraron por un lugar fronterizo conocido como la puerta de Portagem[966] de Marvao (¿"el arco de Portugal"?).

Este dato que nos proporciona Cervantes y que nosotros relacionamos con la expulsión de los sefardíes, serviría al propósito de contextualizar y definir la naturaleza del conflicto ancestral que se está escenificando en relación a esta serie de episodios que gravitan alrededor de lo simbolizado por Roma.

De lo que sigue a continuación se deducirá la identidad de quien ostenta el lado positivo de esa -digamos- "emanación de la divinidad"; es decir, aquella entidad que, guiada por un sentimiento amoroso ("que, puesto que el amor que le tengo") se considera a sí mismo como el ayo de Persiles ("por haber sido su ayo y criádole desde niño"): "Esto escuchaba Periandro y luego cayó en la cuenta que el que le alababa no podía ser otro que Serafido, un ayo suyo"(p. 700). Porque, en este preciso lugar del texto, no solo Periandro/Persiles se reencuentra a sí mismo a través de la persona que fue su "criador"; sino que, también, el lector atento podrá identificar en el personaje que abandera "el principio y el fin" (el "AYO") a la figura mitológica de ¿un ángel?[967]

Y, no de otro modo, el personaje que encarna "el principio y el fin", doctrina, esta, sobre la que Periandro ha fundado su inquebrantable voluntad de trascender espiritualmente, se llama "Serafido"; nombre que, además de señalar a su filiación hebrea (sefardí), podría remitir también a una criatura mitológica propia de la teología del cristianismo: los serafines. Pues bien, dentro de la angeología cristiana, los serafines pertenecen al orden más alto de la jerarquía más elevada. Se les considera como ángeles del conocimiento y la sabiduría y se les representa cantando sin parar la música de las esferas.

Recordemos, en este sentido, que al principio del relato de su aparición en el texto, el narrador, al escuchar esa voz en la oscuridad, alude a que no podía "distinguir si murmuraba o si cantaba" (p. 698); lo cual, constituye una pista a la hora de identificar la naturaleza mítica de la entidad que pronuncia ese discurso, pues, dado que luego nos enteramos que se trataba de Serafido, podría comprenderse que su voz sonase a un canto, siendo un "serafín" quien lo entona.

Una vez hemos identificado a la entidad encargada de revelar, y "revelarse",[968] la verdad sobre Periandro y Auristela, continuaremos el análisis de su relato; donde, ahora será Sigismunda quien centre las pesquisas sobre su filiación y su patria:

- Eusebia, reina de Frislanda, tenía dos hijas de estremada hermosura, principalmente la mayor, llamada Sigismunda (que la menor llamábase Eusebia, como su madre)"(p. 701).

En relación al nombre de Eusebia,[969] nótese que tanto la madre de Persiles, Eustoquia, como la de Sigismunda, comparten una misma raíz o ¿matriz? léxica. Es decir, dado el citado parecido nominal, creemos que esta asimilación pueda deberse al interés de nuestro autor por reflejar un origen común en la filiación de sus protagonistas (de sus madres). No en vano, la

---

[966] Pequeña localidad portuguesa a 14 kilómetros de la frontera española (Cáceres). Portagem significa peaje en español, que es el que habría que pagar por acceder a Portugal por ese lugar; situado, además, a cinco kilómetros de Marvao, que asumiría la función de acotamiento geográfico de ese acceso. Lo cual podría dar esa imagen de arco de entrada a Portugal que es referida en el *Persiles*.

[967] La oportunidad de identificar a Serafido con la mítica figura de un ángel no obedece a una decisión arbitraria, más o menos sugerente; sino que es fruto, además de las referencias etimológicas que a continuación argumentaremos en relación a su nombre, a un criterio de oposición con respecto a la noción contraria que la facción judía (Abiud y Zabulón), partidarios de Hipólita (personificación de las pasiones), encarnaba en Roma de la frase bíblica "Yo soy el principio y el fin": el alfa y el omega. Además de la alusión que su presencia podría suponer en relación al ángel que en el *Apocalipsis* anuncia la caída de Babilonia la Grande (Apocalipsis 18: 1-5).

[968] Hemos entrecomillado la expresión para significar que el propio Serafido constituye en sí mismo, por la altura simbólica de sus afirmaciones, la viva imagen de la revelación.

[969] La etimología del nombre *Eusebia* ya fue abordada dentro del contexto del personaje que encarnaba a la esposa de Renato (cap. 18, libro II), en el capítulo 2.2.; cuya opinión de Romero transcribimos a continuación: "También el nombre parece conscientemente elegido: derivado del griego *eúsevés*, equivale a '[mujer] temeros[a] de Dios, pí[a] (n. 18, p. 405). En este caso, la definición aportada por el estudioso la poníamos en relación a una posible asimilación de la esposa de Renato con la hermana de Sigismunda (ambas llamadas Eusebia), al objeto de basar la hipótesis interpretativa que señalaba a esta última como esposa "piadosa" de un Arnaldo encarnando la figura histórica de Felipe III el "piadoso".

simetría se da en el primer miembro del término (EU); es decir, en la raíz, que, por definición, es el constituyente esencial que da origen a una familia léxica.

Dado que ya conocemos la identidad de Eustoquia, podría deducirse que Eusebia podría constituir un concepto hermanado con aquel e interpretado en función de la raíz léxica que ambas comparten (EU: el bien). En cuanto al segundo componente del término, "SEBIA", habría que situarlo temporalmente en el contexto que le corresponde; es decir, si Eustoquia lo hacía en función de la estrella *Kochab* (hasta el año 500 d. C., por ello se corresponde con la vida de San Jerónimo), Eusebia lo hará con respecto a algún acontecimiento relacionado con *Polaris* (a partir del año 500 en adelante).

Comoquiera que nuestras deducciones acerca del término *Eusebia*, aplicado a este contexto, no son todavía lo convincentes que debieran, nos quedaremos con esa noción general que nos aporta el carácter simbólico del término, a la espera de la aparición de nuevas informaciones que puedan utilizarse en su resolución.

Llegados a este punto, y, una vez Serafido nos ha brindado una copiosa información; a saber: el verdadero nombre de nuestros protagonistas, sus respectivas patrias, sus ascendientes (la identidad de Eusebia se precisará más adelante), sus hermanos, información sobre sí mismo y sobre el personaje que actúa como su "discípulo-oyente", Rutilio; a continuación, y una vez han sido identificadas todas las piezas importantes sobre este simbólico tablero de juego, se dispone Serafido a emprender -digamos- un segundo momento dentro del proceso que ha de llevar a Periandro a convertirse en Persiles: el relato de los comienzos como justificación de los trabajos que informan el sacrificio-peregrinación de la pareja protagonista a lo largo de toda la obra.

En resumen, podría afirmarse que toda la estructura que adopta la narración desde el momento en que Serafido asume la responsabilidad del relato no se diferenciaría, en lo sustancial, de la manera en la que los poetas griegos afrontaban el relato de sus orígenes a través de sus teogonías o cosmogonías; pues, tanto los los dioses-héroes protagonistas (Auristela y Periandro remiten a las estrellas Polaris y Kochab, respectivamente) como las acciones fabulosas (todas a las que da lugar la feliz unión entre Periandro y Auristela), sean estas orientadas al bien como al mal, no han de faltar en este esquema. Solo es necesario actualizar la fábula al pensamiento del Barroco para crear esa sensación de que el tiempo no ha pasado, pues la esencia del hombre es la misma en cualquier caso.

En este orden de cosas, y puesto que el relato de Serafido parece aludir en su conjunto a una antigua teogonía como base del conocimiento que deba poseer Persiles para poder titularse como tal; encontramos que la historia de nuestros protagonistas por él contada tuvo su origen, como así también se expresa en la *Teogonía* de Hesíodo,[970] en una guerra: "tomando ocasión de que querían hacer guerra ciertos enemigos suyos [de Esusebia], la envió a Tile, en poder de Eustoquia" (p. 701).

Es decir, Serafido nos revela el dato de que el inicio de toda la *Historia septentrional* se debió a la expatriación de Segismunda (y para la ocasión asume el nombre de Auristela) al reino de Tule, a consecuencia de la guerra que se cernía sobre Frislanda. Y queremos recalcar este punto, porque no nos consta la existencia de ningún trabajo crítico sobre este hecho; cuya importancia radica, como vemos, en la intención de Cervantes de equiparar su fábula a una teogonía, como la del griego Hesíodo.

Pero, a pesar de la razón esgrimida por Serafido, es decir, la guerra como causa del exilio de Sigismunda y, por tanto, origen remoto de la aventura de nuestros protagonistas; luego parece sopesar la posibilidad de considerar otro motivo aún mayor: "puesto que yo para mí tengo que no fue ésta la ocasión principal de envialla, sino para que el príncipe Maximino se enamorase della y la recibiese por su esposa" (p. 701). Que más adelante parece especificar cuando dice: "A lo menos, si esta mi sospecha no es verdadera, no me la podrá averiguar la experiencia, porque sé que el príncipe Maximino muere por Sigismunda" (p. 701).

De esta última cita que hemos transcrito se sugiere la idea de que Serafido sabe, de antemano, que Maximino va a morir por Sigismunda, y no solo poéticamente de amores "humanos", como así parece sugerirse al hilo del argumento literal; sino platónicamente, en el sentido de que el ayo de Periandro, dentro de la idea universal de que solo una muerte puede dar lugar a una

---

[970] Nos referimos a las luchas por el poder celeste, donde Urano, esposo de Gea, fue depuesto de su trono y castrado por su hijo el titán Cronos.

resurrección (aplicable tanto al contexto macrocósmico como al microcósmico), sabe que aquel (alter ego de nuestro héroe) debe morir para que este pueda alcanzar finalmente la "dignidad" de llamarse Persiles.

En este orden de cosas, la causa, pues, que Serafido más considera como inicio de la odisea de nuestros "peregrinos" es de índole amorosa; pero es este un amor universal de claro simbolismo metafísico: el que podría deducirse del exilio-huida de Auristela a Tule (el mundo gobernado por la civilización que emergió de los tiempos en que *Kochab* señalaba el norte) desde su patria Frislanda (la llegada de los nuevos tiempos simbolizados por la era en la que rige la estrella *Polaris*), ante los graves desórdenes que ponían en peligro la correcta evolución de la civilización (las guerras a las que alude Eusebia en ese presente, que son causa de los desórdenes del pasado), al objeto de infundir el AMOR necesario al duro corazón de los hombres (simbolizado en la figura de Maximino) que, abandonados de un norte al que seguir (la estrella *Kochab* había dejado de ser referente norte desde el año 500) necesitaban un nuevo norte que les alumbrase en el camino de la Historia (*Polaris*, la siguiente estrella en asumir esa función a partir del año 1.000 aproximadamente).

Y es este reino de Frislanda, que ha venido a relevar al de Tule, el mundo de Cervantes: el escenario sobre el que nuestro autor ha centrado el relato fabuloso de estos acontecimientos en una época que va desde el año 500 hasta el 1.616. No en vano, recordemos que los episodios que se alegorizaban a través de los personajes de Renato, Libsomiro, Leopoldio, Sinebaldo y Eusebia remitían, según argumentábamos, al antiguo reino de los visigodos en Europa, como germen del conflicto que ahora aquí parece justificarse.

Maximino, pues, *alter ego* de Periandro y, por tanto, personaje real en este hipotético mundo real creado por Cervantes, representaría a ese mítico rey ¿del mundo? durante toda la franja temporal del largo período histórico al que estamos haciendo referencia. Así, pues, en relación a la última parte de la "cosmogonía"-relato de Serafido:

> Partióse el príncipe Maximino en dos gruesísimas naves y, entrando por el estrecho hercúleo, con diferentes tiempos y diversas borrascas, llegó a la isla de Tinacracia y, desde allí, a la gran ciudad de Parténope, y agora queda no lejos de aquí, en un lugar llamado Terrachina, último de los de Nápoles y primero de los de Roma; queda enfermo, porque le ha cogido esto que llaman mutación, que le tiene a punto de muerte (p. 704).

nos parece correcta la opinión de Nerlich:

> Desde luego, estos lugares -y sobre todo Terracina de la que Mayer's de 1854 nos dice "que se pueden ver en ella los restos pintorescos de una fortaleza de Teodorico, rey de los ostrogodos" – no han sido escogidos al azar, y como Maximino es tan godo como Persiles, no carece de interés saber que Teodorico se convirtió en rey de Italia a partir del 493 y que estabilizó su reino con la conquista de Thinacracia, isla conocida por otro nombre como Sicilia, y de Nápoles, donde la calle más importante llevó durante siglos el nombre de *strada di Toledo*, lo que debió de encantar a Cervantes. Rey arriano adorado por los ostrogodos y respetado por los romanos (católicos), Teodorico ayudó a los visigodos a defender Septimania de los francos., y él mismo realizó la conquista de la Provenza. Después de su muerte, su reino, estado civilizado, no resistió a los conflictos que estallaron entre católicos y arrianos, pero su nombre fue venerado en leyendas y poesías épicas (como los *Nibelungen*), y su apodo era Teodorico el Grande, lo que se refleja en Maximino ("el pequeño grande").
>
> No puede haber duda de que Cervantes, en una construcción audaz del espacio y del tiempo, evoca con el periplo de Maximino, godo llegado –en contra de lo que a veces ha pretendido la investigación cervantista- con las mejores intenciones del mundo a Italia, el otro imperio de los godos, el de los ostrogodos, y que su fin trágico, la cesión de su poder a Persiles y el matrimonio que realiza entre Persiles y Sigismunda, evocan esa constatación histórica en la que el imperio de los ostrogodos desapareció y el de los visigodos hizo que naciera España.[971]

No en vano, Maximino y Persiles son hermanos, es decir, godos; cuya gesta comienza, precisamente, en el año 493: fecha del entronamiento de Teodorico como rey de Italia, pero, también, fin del período de vigencia de la estrella *Kochab* (año 500) como guía de la navegación norte. Además, recordemos que en el capítulo 2.6.10. realizábamos un análisis de

---

[971]   Nerlich, 2005, pp. 201-202.

estos mismos acontecimientos referidos por Nerlich a través del conflicto entre Libsomiro (el rey franco Clodoveo I), Renato (el rey visigodo Alarico II), Eusebia (¿dama de la reina de Francia?) y un innominado rey de todos ellos (¿el ostrogodo Teodorico el Grande?).

Y esta es, en nuestra opinión, una parte de la verdad sobre la *Historia septentrional* que quería comunicarnos Cervantes. Y, para contarla, nuestro autor eligió al único personaje con autoridad suficiente para hacerlo: un "ángel" de la mayor jerarquía, un serafín (Serafido); así como el lugar más simbólico para transmitirla: un *locus amoenus,* oportunamente situado fuera de Roma y de camino a Nápoles, dentro del simbólico capítulo 12 del libro IV: *"Donde se dice quién eran Periandro y Auristela".*

Cerraremos aquí este capítulo con las últimas palabras pronunciadas por Serafido, que, una vez terminada la primera parte de su relato "cosmogónico"y como no podía ser de otro modo, nos dice que ha llegado desde la mítica Lisboa (¿*Polaris*?):

> >>Yo, desde Lisboa, donde me desembarqué, traigo noticias de Persiles y Sigismunda, porque no pueden ser otros una peregrina y un peregrino de quien la fama viene pregonando tan grande estruendo de hermosura que, si no son Persiles y Sigismunda, deben de ser ángeles humanados (pp. 704-705).

4.6. La segunda parte del revelador discurso de Serafido

De una gran eficacia persuasiva podría calificarse el conjunto de razones pronunciadas por Serafido, pues, sin tiempo siquiera para saludar al que fuera su ayo, hizo que Periandro, saliendo de su escondite, se volviese de nuevo a Roma en busca de su enamorada Auristela:

> y en tanto que Periandro, porque allí no le hallasen, los dejó solos y volvió a buscar a Auristela, para contar la venida de su hermano y tomar consejo de lo que debían de hacer para huir de su indignación, teniendo a milagro haber sido informado en tan remoto lugar de aquel caso. Y así, lleno de nuevos pensamientos, volvió a los ojos de su contrita Auristela, ya las esperanzas casi perdidas de alcanzar su deseo (p. 705).

Y, tras el milagro, así calificado por el propio Periandro, que ha supuesto las reveladoras razones contadas por Serafido, nuestro héroe se predispone a afrontar la última etapa de su iniciación de la mano de su *alter ego* Maximino; del cual sabemos por Serafido que: "queda enfermo, porque le ha cogido esto que llaman mutación, que le tiene a punto de muerte" (p. 704).

Decidida ya la suerte de Periandro, a través de la noticia de la cercana muerte de su hermano, comienza el capítulo 13 con una reflexión del narrador -convenientemente escamoteada en medio de la angustiosa descripción anímica de nuestro protagonista-, que constituye una de las revelaciones más claras sobre el sentido profundo de la peregrinación y que además funcionará a modo de introducción literal de lo que, de forma alegórica, se transmitirá posteriormente del desarrollo de acciones y personajes en este capítulo:

> Lo mismo acontece a las pasiones del alma, que, en dando el tiempo lugar y espacio para considerar en ellas, fatigan hasta quitar la vida (p. 705).

Es decir, nos hallaríamos ante la conjunción de tres magnitudes que relacionan al hombre con la experiencia trascendente: "en dando el tiempo lugar y espacio", en relación a los principales parámetros a considerar en la cura de las pasiones del alma (la salvación del alma); y, cuya acción sinérgica, al parecer, consistiría en producir una fatiga ("en dando" = ¿andando?) tal que llegue a "quitar la vida": ¿el ritual de la "antigua peregrinación", que consistía en recorrer **andando**, durante un **tiempo** prolongado (los dos años que nos dice Periandro que hace que conoce a Auristela), un **lugar** previamente señalado a tal fin (un itinerario avalado por antiguas tradiciones: el extraño recorrido que siguen nuestros peregrinos que, desde el norte de Europa llegan al *finisterrae* gallego para, tras una pequeña travesía en barco hasta Lisboa, continuar a pie hasta Roma y vuelta a su lugar de origen...) siguiendo unas determinadas referencias estelares (un **espacio**) proyectadas sobre el camino terrestre?

Continua, pues, la "lección" que Serafido había iniciado en el capítulo 12, aunque ahora, ausente Periandro, cambie el discurso teogónico (centrado en la filiación de Periandro y

Auristela) por otro más pragmático de naturaleza gnóstica. Porque, a resultas de la curiosidad de Rutilio por conocer más noticias acerca de "la condición de las gentes de aquellas islas remotas de donde era rey Maximino y reina la sin par Auristela" (p. 706), tuvo a bien Serafido volver a incidir sobre el tema que más interés parecía haber despertado en el "italiano danzante":

> Volvióse a repetir Serafido cómo la isla de Tile o Tule, que agora se llama Islanda, era la última de aquellos mares setentrionales (p. 706).

En principio, esta afirmación que se hace aquí, que parece identificar a Tule con Islanda, podría considerarse, en nuestra opinión, un nuevo caso de "falso amigo" al servicio de la perseguida verosimilitud del relato; al igual que el resto de islas que se mencionan a continuación:

> -...puesto que un poco más adelante está otra isla, como te he dicho, llamada Frislanda, que descubrió Nicolás [Zeno], veneciano, el año de mil y trescientos y ochenta, tan grande como Sicilia, ignorada hasta entonces de los antiguos, de quien es reina Eusebia, madre de Sigismunda, que yo busco. Hay otra isla, asimismo poderosa y casi siempre llena de nieve, que se llama Goenlanda (p. 706).

Porque Frislanda, Sicilia y Groenlanda no tendrían, en nuestra opinión, una ubicación exacta del tipo que se esperaría encontrar en un atlas geográfico al uso, sea de la época que fuere. No por ello, sin embargo, debamos despreciar la evidente intención de algunos de estos topónimos por identificarse con un lugar real[972], dentro de la necesaria cobertura que aportan estos locativos a la verosimilitud del relato literal; aunque en el fondo sean poseedores de un sentido simbólico mucho más rico y plural.

Porque, no debemos olvidar que estamos asistiendo a la revelación del máximo secreto de Periandro/Persiles (la culminación del proceso de anagnórisis), que, además, parece centrarse de nuevo sobre una cuestión muy concreta: la naturaleza de las ubicaciones fabulosas que atienden al nombre de Tule y Frislanda.

Es decir, de algún modo, se nos está tratando de decir que el secreto sobre la verdadera identidad de Persiles y Sigismunda se halla en lo simbolizado por Tule y Frislanda. En tal caso, ¿cómo creer que Cervantes fuera capaz de ofrecer de manera literal la identificación-localización de unos referentes que, tanto por su propia naturaleza simbólica como por la importancia que se les asigna dentro del proceso anagnórico, constituyan uno de los misterios más celosamente guardados a lo largo de toda la obra?[973] Tule y Frislanda, pues, no se corresponden, como así parece deducirse previamente desde el sentido de la lógica, con localizaciones concretas ubicadas en los mares del norte de Europa. Ahora bien, dando por válida esta primera aproximación que hemos realizado al concepto, ¿qué haríamos, en tal caso, con el resto de las islas cuyo nombre sí remiten a una realidad concreta (Inglaterra, Islanda, Sicilia y Groenlanda)?

Dado que existe una manifiesta interacción entre los dos grupos de nombres de islas, las -digamos- fabulosas (Tule y Frislanda) y las de apariencia real, quizás deberíamos suponer que para la aprehensión del significado de estos topónimos de intención realista se deba, igualmente, proceder de la misma forma que con los propiamente imaginarios; es decir, cruzando información de naturaleza fabulosa o legendaria con otra de carácter objetiva o contrastable.

---

[972]   En relación al descubrimiento geográfico que se cita de Nicolás Temo (o Zeno), dice Larsen: "Para quien esté algo familiarizado con la literatura geográfica de los siglos XVI y XVII ha de resultar claro que una de las fuentes principales de Cervantes tuvo que ser el relato de los viajes de los hermanos Zeni, contado ya directamente, ya por referencias italianas o españolas. Este libro, que apareció por primera vez en italiano en Venecia y en 1558, pertenece a las obras de Geografía más difundidas y discutidas." Larsen, 1906, p.35.

[973]   Esta misma idea que nosotros suscitamos, sin embargo, aparece expresamente formulada en las *Etiópicas* de Heliodoro, cuando los propios protagonistas, Teágenes y Clariclea, acuerdan la utilización de un determinado código o segundo lenguaje para referir informaciones acerca del lugar al que deben llegar-regresar: "El país a donde debemos dirigirnos está, sin duda, muy lejos de aquí; acordemos determinados signos que nos permitan comunicarnos nuestros secretos en presencia de extraños y que nos informen acerca de la suerte del uno y del otro, sirviéndonos de guía en nuestras pesquisas por si llegásemos a vernos separados. Signos tales, dictados por el amor, imaginados para reunir a dos amantes pueden ahorrarnos muchas fatigas y son guías seguros en los viajes." Heliodoro, *Etiópicas*, p. 198.

Porque, cuando dice: "la isla de Tile o Tule, que agora vulgarmente se llama Islanda, era la última de aquellos mares septentrionales", se nos podría estar comunicando una información muy concreta de naturaleza mito-histórica: *que la época en la que la estrella Kochab (Tile o Tule) regía como estrella polar (a partir del año 1500 a. C. hasta el 500 d. C.), el Conocimiento estaba en poder de la civilización griega (Tile) y luego fue transmitido a la romana (Tule); pero que ahora, una vez Kochab ya ha dejado de ser estrella fija-isla para cederle el punto Norte celeste a Polaris, la herencia de la Tradición grecorromana se ha repartido por entre los diferentes pueblos ("vulgarmente") de la tierra, dando lugar a lo "que agora" se llama "Islanda".*

Ahora bien, dando por válida la interpretación aportada, aún nos quedaría el principal escollo por salvar: ¿qué simboliza realmente Islanda?

Pues bien, continuando con la única perspectiva posible desde la que resolver esta cuestión, la simbólica, comprobamos, utilizando para ello el método habitualmente empleado por Cervantes en sus procesos de nominación, que el término "ISLANDA" se compone de dos miembros: ISL-(L)ANDA. Y, ¿adónde nos conduciría este nuevo ejercicio de descodificación? En realidad, a una ubicación que no es de carácter topográfico sino conceptual: a la "tierra de las plantas/flores" ("LANDA")[974] de lis (ISL = LIS); es decir, a la identificación de una época de la historia de la Humanidad que podría definirse como la de la vigencia del símbolo de la flor de lis (el mundo en la época en que regía la estrella *Kochab*)[975], cuyo legado será transmitido a las épocas posteriores donde habrá de regir la estrella *Polaris*, y cuya marca distintiva distinguirá a quienes hayan de ostentar el poder: la flor de lis.[976]

Y así se nos aparece esta "Islanda", que nuestros críticos no aciertan a ubicar en ningún mapa, fundamentalmente, porque no existe en la realidad, sino solo dentro de un contexto simbólico. Por tal razón, no sorprenden opiniones más o menos dispares,[977] que, desde esta obsesión literalista, tratan de buscar un emplazamiento físico a lo que solo puede ubicarse aplicando los conceptos alegóricamente insertados en el texto por nuestro autor.

En tal caso, esa tierra-isla de la "flor de Lis" a la que hemos llegado a partir del juego "cabalístico" practicado sobre el presunto topónimo "Islanda", simbolizaría la voluntad de Cervantes por agrupar en torno a ese concepto a la herencia del pensamiento antiguo (babilonio, hebreo y grecorromano) regidor del destino de los hombres; que, en Occidente, y en la época que estamos abarcando, se identificaría con el poder teocrático: dueño y señor de la vida de los hombres y de sus conciencias, representado por el símbolo característico de la flor de lis.

Para la identificación del resto de los presuntos topónimos que aparecen en el texto se procederá de igual modo, siempre que tengamos en cuenta que no se trata de localizaciones objetivas sino de conceptos aplicados, según las estipulaciones de Trimegisto presente en el simbolismo persilesista, desde la idea de: "lo que es arriba es como lo que es abajo"; es decir, asumiendo la influencia que tuvo para Cervantes, formado en el Humanismo renacentista, estas antiguas leyes que parecen tener un lugar preeminente, al menos en la forma de ver el mundo en relación al universo circundante, dentro de la obra póstuma de nuestro autor.

El caso de Frislanda, ya analizado, se correspondería con la imagen proporcionada por Cervantes del mundo en la época en que la estrella *Polaris* ejerce como "guía del norte". Por ello se dice en el texto "que un poco más adelante está esa otra isla" (p. 706), es decir, que, desde una perspectiva espacial y dentro de la figura imaginaria que conforma la constelación Osa Menor o "Carro menor", la nueva estrella polar se hallaría en el extremo delantero ("un poco más adelante" con respecto a la localización de *Kochab* dentro de la figura del "carro") de

---

[974]   "Del galo 'Landa' tierra. Gran extensión de tierra llana en que solo se crían plantas silvestres." DLE. *Land* en inglés, alemán, sueco y neerlandés significa tierra, país.

[975]   La flor de lis fue un emblema que se utilizaba ya en la antigua Babilonia. Aparece, por ejemplo, en la llamada Puerta de Isthar mandada erigir por Nabuconodosor (575 a. C.).

[976]   Repetimos aquí, dado su importancia, la cita extraída del capítulo 2.6. 10. sobre el simbolismo hebreo del emblema de la flor de lis: "Repárese, que el emblema de la flor de lis, símbolo de la realeza merovingia instaurado por Clodoveo I entre los francos, fue empleado más tarde por la realeza en Francia a partir del s. XII por Luis VII de Francia, y, de igual modo, por la casa de Lancaster (dinastía real inglesa) en el siglo XIV."

[977]   Dice Romero en este sentido, que se muestra contrariado ante su infructuosa búsqueda: "Al llegar a este punto, no hay más remedio que preguntarse si el desinterés de Cervantes por la exactitud o, siquiera, por la verosimilitud de lo que está contando es tan grande como para inducirlo a *olvidar* cosas muy claras en la mente de quienquiera haya visto alguna vez un mapa donde aparezcan las tres islas aquí citadas" (Anexo XXXVII, p. 754).

487

la vara de ese "carro". En cuanto a su localización temporal, se situaría inmediatamente después del fin de *Kochab* (la estrella que regía en la época designada como Tule). Ahora bien, *Polaris* no alcanzará su lugar más próximo al norte celeste hasta entrado el segundo milenio. Conceptualmente, lo simbolizado por Frislanda vendría a poner fin a lo que representa Islanda.

En relación al acontecimiento cosmológico que constituye el comienzo del posicionamiento de *Polaris* como estrella polar, puede que la información literal que nos proporciona el texto acerca de que "Nicolás Temo [Zeno]" descubrió Frislanda en 1.380, cumpliría las expectativas de Cervantes de aludir indirectamente al momento en que Polaris -digamos- toma posesión del polo norte celeste. Y la forma que utiliza Cervantes para avisarnos de que no está refiriéndose a una isla geográfica sino a una localización celeste, consistiría en expresar un error deliberado[978] (que Romero llega a percibir, aunque, dado la perspectiva exclusivamente literal de su análisis, lo achaque a un nuevo error del copista de turno)[979]. No en vano, cuenta Serafido que esa isla de Frislanda era "hasta entonces ignorada de los antiguos"; es decir, que hasta ese momento, obviamente, ninguna de las civilizaciones de la antigüedad habría podido observar a la estrella *Polaris* situada en el polo norte celeste.

En cualquier caso, el intencionado corte que se produce en el relato de los hechos al comienzo del capítulo 13, es decir, el que media entre las noticias sobre Tule referidas por el narrador y las de Frislanda contadas por Serafido: "era la última de aquellos mares setentrionales, -...puesto que un poco más adelante está esa otra isla" (p. 706), constituiría una prueba evidente de la intención de nuestro autor por separar ambos contextos espacio-temporales: el que se corresponde con Tule-*Kochab* ("era la última de aquellos mares setentrionales"), y el de Frislanda-*Polaris* ("-...puesto que un poco más adelante está esa otra isla"). De igual modo, debemos advertir que la aludida intención de nuestro autor por separar ambos contextos diegéticos alcanzaría también a la naturaleza del discurso, que asumiría a partir de ahora un tono más imaginativo en relación a la descripción de un mundo a caballo entre lo mitológico, lo profético y lo real. No en vano, es realmente en este punto cuando Serafido cuenta que "un poco más adelante está esa otra isla" (Frislanda), es decir, la que se encuentra más allá de Tule. En tal caso, no puede evitarse la comparación con la obra de Antonio de Diógenes, que desde su mismo título nos invita a considerar esa posibilidad: *Las maravillas más allá de Tule*.

Y, en este sentido deberíamos interpretar la información que sigue en relación a Frislanda, que se correspondería con la época en que la estrella *Polaris* comienza a regir como referencia celeste del norte desde ese final de *Kochab* en el año 500, y aun sin ocupar el lugar más próximo de su posición norte (que lo alcanzará sobre el año 1.000-1.200).

De este modo, creemos que la descripción que traza Serafido de Frislanda a través de las comparaciones/relaciones con Sicilia ("tan grande como Sicilia") y Groenlanda ("Hay otra isla, así mismo poderosa y casi siempre llena de nieve, que se llama Groenlanda"), podría señalar, con las debidas reservas que tales deducciones merecen, la intención de Cervantes por acotar el –digamos- "periodo de influencia" de *Polaris* sobre la tierra a un tiempo simbolizado por esos dos términos de evidentes referencias geográficas (Sicilia y Groenlanda).

Comoquiera que Sicilia, según vimos a partir de las deducciones de Nerlich ("Teodorico se convirtió en rey de Italia a partir del 493 y que estabilizó su reino con la conquista de Thinacracia, isla conocida por otro nombre como Sicila"), funcionaría en este esquema que estamos proponiendo no solo como comienzo de ese período histórico que se correspondería con la vigencia de *Polaris* (ahora de manera aproximativa) sobre la tierra a partir de ese año 500, fecha en que *Kochab* deja de ejercerlo, sino también como comparación con Frislanda ("tan grande como Sicilia"); podría suponerse, en relación ahora al contexto histórico, que el esplendor alcanzado por el ostrogodo Teodorico el Grande sería equiparable ("tan grande") al de otro monarca, con el que posiblemente estaría emparentado, que ahora ejerciese su poder en los tiempos subsiguientes (los de *Polaris*).

---

[978] La percepción de ese error se basa en que el nombre del descubridor no es Nicolas Temo, sino Nicolás Zeno, y que el año del presunto descubrimiento de esa isla que él denomina Frislanda (resucitada de una tradición anterior) no sería 1.380, sino 1558, que es la fecha de la publicación de su "relación de islas" y que más tarde será reimpresa (1574) en la 2ª edición de las *Navigazioni e viaggi* de Ramusio.

[979] "Evidentemente se trata de una errata, no de un descuido de Cervantes, quien debe estar informado del nombre auténtico del <<descubridor>>, aunque no lo cite por extenso, en IV, 12 (699 y Apéndice XXXVI, pag. 750)." (n. 3, p. 706).

En cuanto a Groenlanda, podríamos avanzar que señalaría la "marca de identidad" de esos tiempos que habrían comenzado con el símbolo de Sicilia.

Ahora bien, ¿qué deberíamos entender, en tal caso, por Groenlanda? Puesto que, decididamente, Cervantes no se estaba refiriendo a la inmensa isla helada de latitud norte conocida por ese nombre (Groenlandia)[980]; creemos, en función del análisis previo que venimos realizando sobre el resto de topónimos de claras referencias septentrionales, que el término "Groenlanda" podría constituir un nuevo caso de simbolismo nominal. Es decir, una expresión compuesta por GROEN-LANDA. Comoquiera que ya sabemos el significado de "Landa", solo nos resta por hallar un sentido completo, coherente y perfectamente ajustado al contexto alegórico-simbólico en el que nos encontramos, de aquello a lo que remita "Groen". Y, no tardamos en dar con un posible candidato tras practicar un sencillo juego anagramático: GROEN > NEGRO.

Aplicando, pues, esta última deducción, tendríamos que Groenlanda podría significar "La tierra de lo negro"; es decir, nos hallaríamos ante la identificación simbólica de un período histórico que comienza con el final de los ostrogodos en Italia (unos años después de la muerte de Teodorico el Grande en 526) y que terminaría en una época, al menos, próxima a la vivida por nuestro autor, y que se caracterizaría, precisamente, por ese oscuro cromatismo.

Pues bien, los *Años oscuros o Edad Oscura* es la expresión con la que Francisco Petrarca en el siglo XIV se refería a la falta de carácter manifiesta en la literatura latina entre el 476 y el año 1.000; concepto, este, que los historiadores de época posterior hicieron extensible para referirse al período de transición entre la antigüedad romana clásica y la Alta Edad Media, en su intención de identificar una época caracterizada por la falta de historia escrita contemporánea. Es decir, juzgamos que con el término "Groenlanda" Cervantes podría estar refiriéndose a esa *Edad Oscura* ("la tierra de lo negro") con la que los historiadores identificaron a un período "falto de obras de interés para la Humanidad" (metafóricamente, ¿una época falta de luces?), que se extendería desde la caída del Imperio Romano de Occidente hasta el Renacimiento. Ahora bien, en la visión de nuestro autor, quizás esa misma denominación adquiera una connotación de mayor intensidad conceptual: más centrada en el mundo de las ideas que sobre el devenir histórico-cultural.

Y, precisamente, dentro de este contexto mito-histórico es donde debamos situar, en nuestra opinión, lo que dice Serafido en relación a un misterioso monasterio:

> Hay otra isla, asimismo poderosa y casi siempre llena de nieve, que se llama Groenlanda, a una punta de la cual está fundado un monasterio debajo del título de Santo Tomás, en el cual hay religiosos de cuatro naciones: españoles, franceses, toscanos y latinos: enseñan sus lenguas a la gente principal de la isla, para que, en saliendo dellas, sean entendidos por do quiera que fueren (pp. 706-707).

Porque, partiendo del dato histórico que nos remitía a esos años aciagos para la literatura latina y para la historiografía en general, es posible que Cervantes, dentro de este contexto oscuro característico del período histórico que estamos tratando, introdujese alegóricamente en esta cita la noticia de la aparición de una gran obra que habría de marcar el fin de esa oscuridad y el comienzo de un nuevo período luminoso. Y todo apuntaría a ese hipotético monasterio de "Santo Tomás".[981]

Para empezar, nuestro autor nos informa del lugar en el que se encuentra el citado monasterio: "a una punta de la cual [de Groenlanda] está fundado un monasterio debajo del título de Santo Tomás". Es decir, que aquello que signifique esta expresión está situado en un extremo de lo que nosotros entendemos por Groenlanda; lo cual, podría analizarse desde dos

---

[980] Etimológicamente, *Groenland* (en neerlandés) > *Greenland* (en inglés) > Groenlandia (en español): "tierra (o país) verde", en relación a la vegetación que presenta el sur de la isla no cubierta por glaciares durante la estación de verano.

[981] Dice Carlos Larsen en relación a la existencia real de este monasterio: "La descripción del monasterio de Santo Tomás en la costa de Groenlandia, con sus diferentes y maravillosos fenómenos, tiene que provenir de Zeno, tanto más cuanto que es seguro que el tal monasterio jamás existió en aquella costa, fuera de la fantasía de Zeno. A mayor abundamiento, cita Cervantes al veneciano Nicolás Temo, que descubrió Frislanda en 1380, el año precisamente que da el joven Zeno. Larsen, Carlos, Ib., p. 40.

perspectivas diferentes, aunque siempre partiendo de la naturaleza simbólica del término: objetiva (localización espacial) y abstracta (el mundo de las ideas). Desde una perspectiva espacial, nos situaríamos en esa "tierra de lo negro", donde, en época de Felipe II, el mundo Occidental estaba regido por la Casa de Austria, muy proclive, como ya hemos manifestado en otros lugares de este trabajo, a aparecer vestido de negro (sobre todo Felipe II). Con todo ello queremos manifestar nuestra hipótesis de que ese monasterio de Santo Tomás podría remitir al "centro del mundo político-espiritual" en época de nuestro autor: el monasterio de San Lorenzo de El Escorial. Pues, en efecto, ¿acaso el lugar en donde tiene su ubicación el cenobio escurialense, la península ibérica, no podría considerarse como la "punta" o extremo de todo el Occidente cristiano en esa época en que el citado monasterio, símbolo y sede del poder de los Austrias, pugnaba por erigirse en regidor del destino del mundo?

En cuanto a la perspectiva abstracta que emplearemos para interpretar el mensaje que se halla detrás de ese monasterio que hemos identificado físicamente como el de El Escorial, diremos, de manera preliminar, que el sentido que adquiere en este contexto la expresión "a una punta" de Groenlanda se correspondería con una ubicación temporal: el hito cultural que marcaría, con esa gran apertura al conocimiento que este acontecimiento comporta, el final (extremo o "punta") del largo período de evolución de la Humanidad conocido como *Edad Oscura* (Groenlanda). En tal caso, solo restaría una cuestión por dilucidar: ¿a qué acontecimiento nos estamos refiriendo?

Para concretarlo, solo tenemos que leer las indicaciones que nos dice Cervantes en relación al monasterio: "a una punta de la cual está fundado un monasterio debajo del título de Santo Tomás", pues, nuestro autor, como ahora detallaremos, parece que vuelve a proponernos un juego retórico para adivinar el nombre del protagonista de la hazaña.[982] A saber: si nos fijamos en la cita, se nos dice que aquello que buscamos está fundado debajo del título, esto es, del conjunto de letras que forman el nombre "Santo Tomás". Pero también se especifica que debe hacerse especial hincapié en la "punta" de ese título, o sea, en los extremos de cada uno de los términos que conforman la expresión ¿A dónde queremos ir a para? En este caso concreto, a destacar la presencia de un anagrama a partir de las letras "Santo Tomás" para formar el nombre del famoso bibliotecario de El Escorial: Benito Arias Montano.[983]

Siguiendo estas pautas en el reordenamiento y selección de los fonemas que hemos señalado, es decir, "a una punta", en relación al lugar en el que se debe operar cabalísticamente (las puntas o extremos de las palabras), señalaremos primero la relación entre el "titulo" del monasterio y el nombre y primer apellido del sabio políglota:

sanTO - tomAS

beniTO - ariAS.

A continuación procederemos con el segundo apellido del "sevillano ilustre", MONTANO, que se completa, a falta ahora de las dos últimas letras (es decir, al contrario de como se había procedido con el nombre y el primer apellido), con las que sobran del santo menos una:

MONTANO > MONTA-no > MONTA

SAN-TOM > MONTAs. > MONTA

Pero nuestro autor, que no deja nada al azar, podría haber empleado también la referencia a la figura de Santo Tomás para remitir, doblemente, a las enseñanzas del apóstol Tomás y/o a las de Santo Tomás de Aquino. En cualquier caso, ambos santos cifran sus enseñanzas en un campo abonado por la gnosis; el primero a través de su evangelio apócrifo[984] y el segundo mediante una ingente obra escrita en donde destaca su estudio de la metafísica de Platón y sus contribuciones a la armonización de la filosofía y de la fe (en relación a Aristóteles). Finalmente, no queremos dejar de mencionar a otro Tomás al que Cervantes debería conocer por su filiación terciaria, que, si bien, no alcanzó la santidad, sí recorrió esos caminos de

[982] El propio Carlos Larsen, tras un elaborado trabajo deductivo tendente a justificar las fuentes utilizadas por Cervantes en la recreación del mundo septentrional del *Persiles*, llega finalmente a la siguiente conclusión: "La presente investigación a grandes rasgos que señala las fuentes capitales, seguras y probables, podría tener algún interés, y esto en doble sentido." Larsen, Carlos, Ib., p. 45.

[983] Comoquiera que ya fue identificado Benito Arias Montano con la figura del personaje del ermitaño Soldino (c. 18, libro III), véase el capítulo 3.5.

[984] El evangelio del apóstol Tomás, también conocido como "el gemelo de Jesús", fue considerado herético por los Padres de la Iglesia, pero aceptado por los gnósticos y los maniqueos. Fue descubierto en 1.945 en Nag Hamnadi.

penitencia conducentes al mismo fin. Nos referimos a Tomás Succio, monje ¡terciario franciscano de Siena! a quien se le debe la implantación, a través de su visión profética, de la Orden de los Jerónimos en España.[985]

En tal caso, la correspondencia entre el monasterio de El Escorial y la noción doctrinal que se despliega en torno a lo denotado por Santo Tomás parece fundirse en la persona de Arias Montano; lo cual, dada la estrecha relación del "políglota" con la fundación escurialense, hace que debamos fijarnos en la Orden de los jerónimos. Porque, no olvidemos que los dos monasterios emblemáticos del *Persiles*, el monasterio de El Escorial (al que no se cita de manera explícita) y el de Guadalupe, estaban dirigidos por congregaciones de frailes jerónimos; que es una orden contemplativa exclusivamente española de gran tradición entre la Monarquía Hispánica, cuyo emblema es un LEÓN (el emblema de la tribu de Judá), y una da las figuras más importantes a las que se venera es Santa Eustoquia.

Recapitulando, tendríamos que esa referencia textual al monasterio de Santo Tomás nos estaría señalando, por un lado, al monasterio de El Escorial, situado en el extremo- "punta" de Europa, y, por otro, a la doctrina que viene a cerrar una época de oscuridad (la *Edad Oscura* > Groenlanda) a través de la intervención del que fuera religioso jerónimo (de adopción) y gran erudito Arias Montano.

Como podemos comprobar, del análisis de ese simbólico monasterio que atiende al título de Santo Tomás, hemos llegado, a través de Arias Montano y del monasterio escurialense, de nuevo a San Jerónimo; es decir, al Santo que atribuíamos en el capítulo anterior la paternidad ideológica de lo simbolizado por los hermanos Persiles y Maximino.

En este orden de cosas, solo nos faltaría por saber a qué se está refiriendo exactamente Cervantes con ese acontecimiento que se nos viene sugiriendo alegóricamente y que ha de poner fin a toda una larga época de oscurantismo. Nosotros, basándonos exclusivamente en el texto, creemos haberlo encontrado en esta cita: "en el cual [en el monasterio] hay religiosos de cuatro naciones: españoles, franceses, toscanos y latinos: enseñan sus lenguas a la gente principal de la isla"; donde, la alusión expresa que se hace a la función que tendría este hipotético monasterio en relación a la docencia de cuatro lenguas diferentes, nos pone en la pista de aquello que se quiere comunicar de forma codificada: la *Biblia Políglota de Amberes*, editada por Benito Arias Montano entre 1568 y 1572, con versiones de la *Biblia* en hebreo, griego, arameo y latín.

Puesto que partimos de la certeza de que es Arias Montano quien se oculta "debajo del título de Santo Tomás", y que la doctrina espiritual (la religión > *religare* > volver a unir) que se imparte en cuatro lenguas en ese simbólico monasterio de la orden de los Jerónimos se concreta en su edición de la *Biblia Políglota de Amberes;* nos preguntamos cuál sería el motivo que habría de impulsar a Cervantes a codificar este mensaje en el lugar del texto de mayor trascendencia de toda la obra: la revelación del "divino" Serafido sobre la "verdad" de Periandro y Auristela.

Llegados a este punto, deberíamos recordar que la *Bíblia Políglota de Amberes* también es conocida como la *Bíblia regia*, debido al interés que tuvo en su publicación el que pasa por ser su principal impulsor y patrocinador: Felipe II. Pues bien, la citada obra fue un encargo del monarca a Arias Montano, dado el auge de los estudios humanísticos en esa época y al agotamiento de ejemplares de la *Biblia Políglota Complutense*[986], donde los humanistas podrían acceder a las "fuentes del Conocimiento" a través del estudio de los Textos Sagrados en su lengua original. La reimpresión que hizo el equipo de eruditos liderado por Montano del citado texto, que aumentó con nuevos códices superando en exactitud a la de Cisneros en el uso de esas mismas cuatro lenguas originales, supuso el necesario impulso "iluminista" que los tiempos demandaban. No puede obviarse, dado el patrocinio de Felipe II a este proyecto

---

[985] La Orden de San Jerónimo fue fundada en 1373 por un grupo de ermitaños castellanos, siguiendo el espíritu de San Jerónimo y la regla de San Agustín. Se trata de una orden religiosa exclusivamente hispánica, puesto que solo se implantó en España y Portugal. Aunque no pertenecía a esta Orden sino a la de Santiago, Benito Arias Montano se sintió ligado espiritualmente a la Orden de San Jerónimo, tras diez años como bibliotecario en el monasterio jerónimo de El Escorial.

[986] Encargada por el Cardenal Cisneros a la Universidad de Alcalá a principios del siglo XVI (1514-1520), es la primera edición multilingüe (griego, hebreo, arameo y latín) impresa de la Biblia completa, y está considerada como uno de los testimonios más relevantes del humanismo cristiano del Renacimiento y el mayor monumento tipográfico de la imprenta española de su época.

humanista, el interés que habría de tener el monarca por reafirmarse, desde El Escorial, como nuevo mecenas/adalid del hermetismo cristiano.[987]

Y aquí es donde tendría cabida nuestra interpretación, que hacíamos en el capítulo anterior, en relación a que la Bíblia traducida por San Jerónimo desde su lengua original al latín vulgar (la *Vulgata*, 382) iba a plantear un doble efecto en su recepción posterior: como instrumento al servicio de la teocracia y como ejemplo de vida penitente de su autor. Con ello queremos decir que cada una de las Biblias, la de San Jerónimo y la de Arias Montano, constituye para Cervantes un hito cultural en la historia del pensamiento espiritual en Occidente; la primera se correspondería con el fin de los tiempos en los que la estrella *Kochab* "reinaba" sobre el norte, dando así comienzo a una época de oscurantismo, y la segunda señalaría al resurgimiento, con *Polaris* rigiendo ya con todo su poder, de una nueva época de iluminación. La primera es fruto de un inmenso esfuerzo de traducción desde la lengua original de los Textos Sagrados (hebreo y griego) al latín vulgar, y la segunda significaría (junto con la *Biblia Complutense* de Cisneros) la intención de devolver al texto su pureza original a través de sus lenguas primitivas.

Porque la *Vulgata* es hija de su tiempo y de sus circunstancias, por ello no debe interpretarse que el ánimo de San Jerónimo fuese ocultar el mensaje original ofreciendo una versión *light* (latín vulgar) de la "palabra de Dios" destinada a las masas; aunque no pueda decirse lo mismo del papa que hizo el encargo a San Jerónimo, Dámaso I, que acuciado por un arrianismo en aumento necesitaba dar un golpe de efecto en la creación de un catolicismo que unificara (y purgara) el cristianismo. La *Bíblia regia*, al contrario, partía de intereses completamente diferentes, como lo era el hecho de considerar que la única forma de recuperar la civilización su correcto camino evolutivo pasaba por volver las cosas a su estado original; es decir, traduciendo de nuevo la Bíblia a sus lenguas originales.

Un proceso inverso, pues, el que nos presenta Cervantes a través de estos dos monumentos que representan el anhelo de trascender del hombre por la senda del cristianismo, anclados en el tiempo como dos hitos que marcan no solo una forma diferente de concebir el mensaje de esa religión, sino también el fin de una época (simbolizada con el término Tule) y el inicio de la siguiente (Frislanda).

En resumen, tendríamos que esa *Edad Oscura* (Groenlanda), que daba inicio a unos tiempos señalados con el fin del "reinado" de *Kochab* (año 500 aprox.), se correspondería con la publicación de la *Vulgata* (año 382) de San Jerónimo; y que el fin de ese período de oscurantismo, algo más de mil años después, estaría marcado por la publicación de la *Bíblia Políglota* de Arias Montano (1568-1572) en la época en que *Polaris* ya regía plenamente sobre el norte celeste.

Creemos, por los motivos expuestos, que Cervantes conocería las verdaderas razones que habrían impulsado a Felipe II a favorecer el auge del Humanismo patrocinando la *Bíblia* de Montano, en contra de lo que cabría esperarse de un monarca que ha pasado a la historia como adalid del catolicismo más ortodoxo y represivo ¿Acaso no pretendería decirnos Cervantes que Felipe II se movía a caballo de dos religiones, una destinada al gobierno de las masas y otra para uso exclusivo de unas élites que, siguiendo la vía de San Jerónimo, buscasen el antiguo camino de la liberación de las almas tal y como nos lo presenta a través del personaje de la "vieja peregrina"?[988] No en vano, la Orden Jerónima fue el principal órgano doctrinal al servicio

---

[987]   Lo cual, paradójicamente, casa mal con la imagen externa que se proyecta del monarca: azote de herejes y adalid del catolicismo más extremista. Ejemplo claro, en nuestra opinión, de la prudencia y discreción de Felipe II en materia de política religiosa, que es capaz de sancionar con una mano lo que aprueba disimuladamente con la otra. Como aduce Taylor: "El mero hecho de saber el hebreo e incluso el griego podía dar lugar a sospechas de heterodoxia [...]. Esto explica la extrema cautela adoptada por Roma frente a la Políglota de Amberes y las acusaciones de cabalismo que pesaron sobre Arias Montano en cuanto a su *Apparatus*." Taylor, 1992, p. 156.

[988]   El asunto no es nuevo, pues esa misma idea ya ocupaba el pensamiento de Platón a la hora de dar una solución a la reforma religiosa que sus tiempos demandaban. Y así lo expresa E. R. Dodds en su argumentación en torno a la reacción del sabio ateniense ante la decadencia de las creencias que se declaró en el s. V a.C.: "No necesitamos suponer que Platón creía en la inspiración verbal de la Pitia. Yo diría que su actitud respecto de Delfos se parecía más a la de "católico político" de nuestros tiempos respecto del Vaticano: veía en Delfos una gran fuerza conservadora de la que podía hacerse uso para estabilizar la tradición religiosa griega y contener a la vez la extensión del materialismo y el desarrollo de tendencias deformadoras en el interior de la tradición misma. De aquí su insistencia, tanto en la *República* como en las *Leyes*, en que la autoridad de Delfos ha de ser absoluta en todos los asuntos religiosos. De aquí, asimismo, la elección de Apolo para compartir con Helios la posición suprema en la jerarquía de los cultos del Estado: mientras Helios suministra a los pocos una forma de culto relativamente racional,

directo de la Monarquía Hispánica, que, desde su cuartel general en el monasterio jerónimo de El Escorial, irradiaría su doble poder: sobre las naciones (a través del Monarca) y sobre determinadas conciencias (mediante la difusión de la *Bíblia Políglota*), al objeto de reforzar sus -digamos- plazas fuertes europeas.

Y esta idea es la que, a nuestro juicio, podría indicarnos el texto cuando dice: "en el cual hay religiosos de cuatro naciones: españoles, franceses, toscanos y latinos: enseñan sus lenguas a la gente principal de la isla, para que, en saliendo dellas, sean entendidos por do quiera que fueren"; porque, en efecto, los lugares que han de ser reforzados en una Europa convulsa asolada por el conflicto religioso son los dominios españoles más allá de los Pirineos. A saber: los territorios "franceses"del ducado de Borgoña y el Milanesado (este último enclave estratégico entre Francia e Italia); los territorios "toscanos", es decir, los Presidios de Toscana y las antiguas repúblicas de Lucca y Siena (plazas fuertes de la facción gibelina frente a los güelfos florentinos); y los territorios "latinos": el reino de Nápoles.

Resulta muy esclarecedor, en beneficio de nuestra hipótesis, la circunstancia de que nuestros protagonistas, fieles seguidores que se muestran de las enseñanzas de San Jerónimo (sirva de ejemplo el episodio de la "vieja peregrina" o el de "Soldino"), recorran en el mismo orden un itinerario de peregrinación que sigue lo señalado en el texto para las "cuatro naciones" que conviven en ese simbólico monasterio dedicándose a la enseñanza de sus respectivas lenguas; las cuales, una vez aprendidas por esa "gente principal","en saliendo dellas, sean entendidos por do quiera que fueren": España, Francia, la Toscana y el reino de Nápoles (este último expresado a través de la intención de Periandro de encaminarse en esa dirección, así como en el destino que el narrador asigna a Luisa la Talaverana y Bartolomé el Manchego, encarnación del "alma española", al final del libro).

Llegados a esta altura de nuestra argumentación, donde los símbolos que informan el texto literario se revelan portadores de un sentido coherente con los tiempos y con el pensamiento de nuestro autor, surge la necesidad de plantearse los motivos que llevarían a Cervantes a codificar un texto de la trascendencia que aquí se nos presenta. Porque, ¿acaso no se nos estará diciendo, a través de la revelación de Serafido, que la única forma de salir de la isla de Groenlanda (la *Edad Oscura* que impera en Europa como sinónimo de la "ignorancia") sea difundiendo la vida y obra de San Jerónimo, cuyo ejemplo constituya la verdadera vía para la salvación de las almas? Ello explicaría la actividad intelectual proyectada hacia Europa desde ese simbólico monasterio de Santo Tomás (¿El Escorial?), en su afán por remitir al doble proceso gnóstico que impulsa por un lado al hombre a una gran peregrinación atravesando diferentes naciones; y, por otro, a una empresa intelectual que llevaría al estudio de las Sagradas Escrituras (a través de la *Bíblia Políglota* de Arias Montano).

Y si sorprendente pueda resultarnos la interpretación que venimos realizando en el uso exclusivo de la información que nos proporciona el texto, el desconcertante enfoque que adopta a continuación el discurso de Serafido constituirá un grado más en la consideración del *Persiles* como un libro de marcado carácter iniciático. Nos estamos refiriendo a la sugestiva percepción que transmite el narrador en la recreación de un paisaje de clara actividad volcánica, donde podríamos vislumbrar la ocasión de nuestro autor de referir un acontecimiento de naturaleza apocalíptica:

> Está, como he dicho, la isla sepultada en nieve y, encima de una montañuela está una fuente, cosa maravillosa y digna de que se sepa, la cual derrama y vierte de sí tanta abundancia de agua, y tan caliente, que llega al mar y, por muy gran espacio dentro dél, no solamente le desnieva, pero lo calienta, de modo que se recogen en aquella parte increíble infinidad de diversos pescados, de cuya pesca se mantiene el monasterio y toda la isla, que de allí saca sus rentas y provechos. Esta fuente engendra asimismo unas piedras conglutinosas, de las cuales se hace un betún pegajoso, con el cual se fabrican las casas como si fuesen de duro mármol. Otras cosa te pudiera decir -dijo Serafido a Rutilio- destas islas, que ponen en duda su crédito, pero, en efeto, son verdaderas (p. 707).

Porque, aunque la descripción que aquí se aporta adopta una apariencia de realidad, pues recuerda a un típico paisaje islandés de clara naturaleza volcánica, Groenlanda (Groenlandia),

Apolo dispensará a los muchos, en dosis reguladas e inofensivas, la magia ritual arcaica que demandan ." Dodds, 1997, p. 209.

que es la isla a la que se está refiriendo el narrador, no posee la misma actividad volcánica que Islandia. Además, parece fuera de lugar que una revelación de la altura filosófica a la proferida por Serafido, que no olvidemos que constituye *per se* la clave del proceso anagnórico de Periandro, consista en la simple descripción de un volcánico paisaje septentrional.

Una vez más, da la impresión de que se nos esté entreteniendo-desviando con una información insustancial, aunque verosímil dentro del contexto geográfico septentrional, por lo que pueda sospecharse la intencionalidad de nuestro autor, que aprovechará el momento diegético para introducir nueva información de carácter relevante sin ser apercibido. Porque es el propio Cervantes, por boca de Serafido, quien, después de la descripción de esos fenómenos geológicos, parece ser consciente de la dificultad del lector para interpretar el pasaje de otro modo distinto del literal; razón, esta, que justificaría su intención de remansar la lectura en ese punto mediante el juicio de Serafido: "Otras cosas te pudiera decir – dijo Serafido a Rutilo- destas islas, que ponen en duda su crédito, pero, en efeto, son verdaderas". Es decir, que esta advertida voluntad de Cervantes por reafirmarse en su descripción, a pesar de la intrascendencia que supone el discurso literal, debería alertarnos de la presencia de un segundo sentido. Y todo apuntaría al carácter profético que podría adquirir el relato en relación al final de este período de tiempo en la tierra al que nuestro autor denomina con el nombre de"Frislanda", es decir, el final de esa era cosmológica (Groenlanda) bajo la influencia de la Estrella Polar (*Polaris*).

Porque, del análisis de los elementos diegéticos que aparecen el texto, se sugiere la posibilidad de que el personaje más literalmente "divino" de toda la obra (después de Auristela), el serafín (Serafido), a cuya análisis dedicó San Jerónimo una de sus Cartas al papa Dámaso I[989], se esté refiriendo al advenimiento de algún tipo de cataclismo. Un fenómeno apocalíptico que, además, podría situarse en un tiempo relativamente concreto, donde tradiciones de diferentes culturas vienen situando ese ¿mítico? final de los tiempos: la era de Acuario.[990]

Veamos, a continuación, cómo partiendo del texto y de la rotunda afirmación de Cervantes a través de Serafido ("pero en efecto son verdaderas") llegamos a esta deducción. Y, para ello, nos apoyaremos en los relatos mitológicos y en el particular sentido de la lógica aplicado por Cervantes en sus continuos juegos de palabras.

Dicho esto, y, avisando de que a partir de aquí y hasta el final del discurso de Serafido utilizaremos como guía de nuestro análisis la edición del *Persiles* de Juan Nadal de 1.768,[991] por parecernos, de algún modo, menos contaminada de añadidos ni de comentarios posteriores, encontramos que la frase en la que Serafido dice: "Está, como he dicho, la isla sepultada en nieve", podría interpretarse en esa línea que ya venimos avanzado; es decir, que esa isla (Frislanda) "sepultada en nieve" (metafóricamente, acción o influencia que habría de tener la Estrella Polar > polo norte > hielo-nieve, sobre la tierra) simbolizaría a un período de tiempo en el que se verían muy reducidas las condiciones para la vida humana, ¿al punto de provocar un cataclismo = "sepultada"? De igual modo, dado el contexto apocalíptico en el que encuadramos la cita, no se descarta que esa idea de "blancura" que se sugiere de la nieve que cubre la isla por completo pueda provenir de Apocalipsis "El último juicio"(20: 11): "Vi un gran trono blanco y al que estaba sentado sobre él. El cielo y la tierra huyeron de su presencia, sin que se encontrase su lugar".

En la siguiente cita: "y encima de una montañuela está una fuente", creemos que, además de la pertinente referencia apocalíptica (21:10, 22:1)[992], Cervantes podría haber alegorizado el nombre de la era-constelación en la que el mundo, avanzado ya en un tiempo en el que *Polaris* habría de regir sobre la tierra, sucumbe a un cataclismo muy concreto. Nos referimos al que podría tener lugar en la era de Acuario, y que en el texto podría ser referido a través de una

---

[989] La Carta XVIII de San Jerónimo al papa Dámaso I se fecha en el año 381 en Constantinopla. En ella, además de explicar algunos detalles del capítulo sexto del Libro de Isaías, se estudia el significado del término *serafín*.

[990] En relación a la observación de la sucesión de las constelaciones a lo largo de la eclíptica, con respecto al movimiento de precesión terrestre, se considera que en nuestra época actual acabaríamos de entrar en la era de Acuario regida por la Estrella Polar (*Polaris*), cuya duración, dentro de las doce divisiones del año platónico, sería de 2.160 años.

[991] Cervantes, Miguel de, *Historia de los trabajos de Persiles y Sigismunda*, Juan Nadal, Barcelona, 1768.

[992] Apocalipsis (21: 10): "Y me llevó en espíritu sobre un monte grande y excelso y me mostró la Ciudad Santa, Jerusalén, que bajaba del cielo de junto a Dios". Apocalipsis (22:1): "El ángel me mostró un río de agua de la vida, límpida como el cristal, que manaba del trono de Dios y del Cordero."

versión cervantina, a la par que sintética, del mito del rapto de Zeus a Ganímedes; que es uno de los que remiten al origen de la constelación de Acuario.[993] Pues bien, cuenta el mito que Zeus, disfrazado de águila[994], secuestró al joven efebo Ganímedes llevándoselo al monte Olimpo (¿"montañuela"?) para convertirlo en su copero[995] (¿"fuente"?) personal.[996]

Siguiendo la aplicación de nuestro esquema mitológico en la identificación de la era de Acuario con ese final apocalíptico, a continuación, y utilizando ahora un método diferente al practicado en la cita anterior, vuelve Cervantes a proponernos un nuevo trabajo deductivo; ahora, para que practiquemos sobre el texto la correspondiente exégesis cabalística (tras la alegórica o a través de textos mitológicos que habíamos utilizado en la cita anterior), y al objeto de describir los pormenores de un presunto cataclismo así como las consecuencias cosmológicas a las que daría lugar dentro de la sucesión cíclica de las eras dentro del gran año o año platónico (el movimiento de precesión terrestre).

Y esta hipótesis interpretativa que estamos proponiendo podría deducirse de la cita que sigue a continuación, donde Serafido comienza afirmando que el suceso que va a describir: "es cosa maravillosa". Porque: **ESC-OSA-MAR-AVILLO-OSA**, constituye un juego cabalístico muy ingenioso y en perfecta sintonía con el argumento apocalíptico que desea comunicarnos nuestro autor. En este sentido, y una vez reorganizados los términos que aparecen en la cita, la lectura que pudiera hacerse de ello es la que sigue: *en el tiempo en que desde la tierra se vería el movimiento circular de las dos constelaciones u Osas (OSA-OSA)*[997]*, llovía (AVILLO > LLOVÍA) un MAR sobre el planeta debido al desplazamiento de su eje de giro en dirección a Escorpión*[998] *(ESC),*[999] dejando a "la [Tierra] isla sepultada en nieve". Es decir, ¿el advenimiento de un cataclismo de manera más o menos rápida[1000] que provocaría lo que suele denominarse como un "deslizamiento polar" (cambio o corrimiento del eje de rotación de la Tierra); que, para un observador terrestre, se traduciría en la visualización de la constelación de Escorpión (ESC) en un lugar del firmamento que debería corresponder, según la sucesión cíclica de las eras derivada del movimiento de precesión terrestre, a la constelación de Acuario? Y, no de otro modo, juzgamos, se nos podría estar revelando este mismo suceso cosmológico cuando, en *Apocaliopisis* (20: 11), se nos dice: "Vi un gran trono blanco y al que estaba sentado sobre él. El cielo y la tierra huyeron de su presencia, sin que se encontrase su lugar". En tal caso, esa imagen de caos o falta de correspondencia entre la tierra y los cielos que la cita apocalíptica nos propone, resulta muy reveladora del fenómeno que hemos interpretado a

---

[993]   "Para el poeta latino Manilo (siglo I d. C.), este signo <<es la juventud que se derrama, y que fue sustraída de la Tierra (por el Águila)>>. Esto hace referencia al mito del niño Ganímedes." Geoffrey, 1998, pp. 40-41.

[994]   El águila, aparte de simbolizar a Zeus, constituye uno de los símbolos por los que se reconoce tanto a la era-constelación de Escorpión como a la figura del apóstol autor del *Apocalipsis*, San Juan; el cual, metamorfoseado en ese animal, suele aparecer en los tímpanos de la entrada de las iglesias góticas formando parte del conjunto iconográfico conocido como *tetramorfos*.

[995]   La imagen de Ganímedes portando una jarra o copa (copero de Zeus), es similar al símbolo de Acuario: un hombre que porta una jarra de agua en actitud de derramarla. De igual modo, se utiliza la imagen de un hombre (esta vez sin jarra) como símbolo iconográfico del apóstol san Mateo, dentro del conjunto emblemático del *tetramorfos*.

[996]   En la tradición cristiana, el mito del rapto de Ganímedes podría ser escenificado simbólicamente mediante los conjuntos iconográficos que aparecen en los tímpanos de las portadas principales de muchos templos góticos. Nos referimos a la representación del *tetramorfos* (Véase la visión de Ezequiel,1:10; y Apocalipsis 4:1-9), donde se representa al autor del *Apocalipsis, S*an Juan, metamorfoseado en un águila (¿Zeus?), y a su lado san Mateo en forma de hombre-niño (¿Ganímedes?). En tal caso, la especial situación de ambos santos dentro del esquema del *tetramorfos* sugiere la idea alegórica de "rapto"; es decir, la materialización de un mismo mensaje de naturaleza cosmológica volcado desde la tradición griega al molde del cristianismo. Véase al respecto la interpretación que hacíamos del soneto de Rutilio (capítulo. 18, libro I) en el capítulo 1. 12.

[997]   Recordemos que las dos *Osas,* en la era en que *Polaris* rige como estrella polar, producen el efecto visual, para un observador desde la Tierra, de que giran en círculo alrededor de *Septentrio*.

[998]   No es la primera vez que las iniciales "ESC" son utilizadas por nuestro autor para referirse a la era-constelación de Escorpión. Recuérdese el nombre dado a aquella isla, Escinta, que, según nuestro análisis, sería un compuesto anagramático formado por ESCIN (**ESCORPIÓN**) y TA (**TAURO**). Véase, al respecto, el capítulo 1. 13.

[999]   En relación a esa idea de inundación o diluvio a la que, tradicionalmente, se asimila el simbolismo de la constelación de Acuario (imagen de un hombre derramando un jarrón de agua), un antiguo mito babilónico dice lo siguiente: "En el segundo milenio a. C., los babilonios representaban el jarrón como una urna que se desbordaba, y asociaron a Acuario con su undécimo mes (equivalente a nuestro enero-febrero) del año, cuyo nombre era <<CURSO DE LA LLUVIA>>." Geoffrey, 1998, p. 40.

[1000]   Este tipo de fenómeno, que si es reconocido por la ciencia en una dimensión temporal a muy largo plazo, no lo es, sin embargo, cuando el acontecimiento es rápido o producido en un corto espacio de tiempo.

495

través de esa "huida" de los cielos de la constelación (Acuario) que debería ocupar su lugar según el orden normal marcado por el movimiento de precesión terrestre.

A continuación, la explicación de los hechos a los que nos hemos referido más arriba se centran en la descripción de una general inundación, lo cual, resulta verosímil tanto en el contexto literal de la narración (la descripción de un deshielo localizado en una isla volcánica de latitud septentrional) como en el alegórico (un diluvio apocalíptico provocado por ese corrimiento de los polos en una época en que la tierra se hallaría regida por la estrella *Polaris*); y terminando con los"inquietantes" beneficios que, en uno u otro sentido, podrían derivarse del cataclismo descrito: "de modo que se recogen en aquella parte increíble infinidad de diversos pescados, de cuya pesca se mantiene el Monasterio, y toda la isla, que de allí saca sus rentas, y provechos." Cuya interpretación, por parecernos demasiado "peregrinos" los argumentos sobre los que deberíamos basar la explicación, la dejaremos abierta al criterio personal.

En lo que respecta a la última parte de la revelación de Serafido: "Esta fuente engendra assimismo unas piedras conglutinosas, de las quales se hace un betú pegajoso, con el qual se fabrican las cosas, como si fuessen de duro marmol."(p. 347)[1001], confesamos, en principio, nuestro general desconcierto; pues, si desde una perspectiva literal no encontramos una interpretación verosímil, desde la alegórica ocurriría otro tanto, en cuanto a la recreación ahora de ese ambiente apocalíptico. Y la razón de ello es que aquí se habla de construir ("con el qual se fabrican las cosas[1002]") y no de destruir, que sería lo más adecuado dentro de ese presumible contexto catastrófico. Ahora bien, en relación a esto último, quizás nuestra pretendida falta de coherencia pueda deberse a que la destrucción que aquí se está sugiriendo sea más devastadora de lo que habíamos señalado en un principio, que apuntaba a una especie de diluvio. Con esto queremos decir que esa inundación global es posible que solo fuese la consecuencia de un fenómeno destructivo todavía mayor: ¿una especie de lluvia ígnea de material rocoso incandescente? En tal caso, la "construcción" (y no destrucción) a la que se refiere tendría sentido; pues, como se sabe, en el pasado remoto de la Tierra, fue el bombardeo continuo de meteoritos ("unas piedras conglutinosas, de las quales se hace un betú pegajoso") lo que originó la "construcción" ("con el qual se fabrican las cosas") de nuestro planeta tras un largo proceso de solidificación ("como si fuessen de duro marmol.").

Y, en refuerzo de esta hipótesis, podría considerarse la cita que no hemos analizado en su momento por no encontrarle el sentido adecuado. Nos referimos a la segunda parte de la frase: "cosa maravillosa, y digna de que se sepa" (p. 347)[1003], porque, si el primer miembro de esta cita señalaba a *una lluvia caída del cielo en la época de Polaris* ("cosa maravillosa"), el segundo, utilizando un procedimiento similar, no hace sino concretar el tipo de material que habría de precipitarse: Y diGNA dE QUE SE SEPA / *IGNEA QUE SE SEPA*; es decir, ¿una lluvia de fuego o de material incandescente?

En conclusión, lo que pretendemos demostrar es que la intervención de Serafido se revela como algo más que el simple discurso de un personaje que, viniendo de un lugar fabuloso (Lisboa –*Polaris*), llega a otro innominado y misterioso a medio camino entre Roma y Nápoles: al único objeto responder a los enigmas planteados por un "reaparecido" Rutilio, llegado, según nuestra hipótesis, desde algún rincón del *finisterrae* de Europa, mientras Periandro permanece oculto escuchando la lección (sobre sí mismo) del que finalmente reconoce como su ayo.

Es decir, creemos que si nos basáramos solo en lo más evidente o literal que transmite el texto sin tener en cuenta el necesario trasfondo alegórico-simbólico que le da su verdadero significado, ¿qué crédito podría darse a un texto con tal cúmulo de sinsentidos argumentales?, ¿dónde se hallaría aquí la pretendida novela realista? ¿Quizás – se nos excusará la ironía- en el salto del "caballo de Cratilo", o en los diferentes personajes lobunos que toman la palabra, o en esa "cosa maravillosa, y digna de que se sepa"?

Afortunadamente para los exégetas de todos los tiempos, la novela realista (aunque mejor habría que llamarla "verosimilitista") existe, pues, gracias a la genialidad de Cervantes, que logró conquistar también a csc público al que, de manera indirecta, iba dirigida "la peor de sus obras" (la lectura literal del *Persiles*), hoy podamos leer también la "mejor" (la lectura

---

[1001]   Se corresponde con la p. 707 de la edición de Romero.

[1002]   En la edición de Romero en vez de "cosas" aparece "casas". Nosotros juzgamos, en función del sentido alegórico que asume el relato en este punto, que lo correcto sería transcribir "cosas".

[1003]   Se corresponde con la p. 707 de la edición de Romero.

alegórica); no en vano, ¿no se trata del mismo libro que él calificaba como "el más malo o el mejor que en nuestra lengua se haya escrito"?

Asumiendo, pues, el concepto de verdad que el propio Cervantes asigna no solo a la recepción de su obra póstuma, sino, en el caso que nos ocupa, también a la profética revelación que nos hace por boca de Serafido: "en efecto son verdaderas"[1004]; no podemos por más que sorprendernos de que a estas alturas, y en cuatrocientos años, no se haya tratado de emprender el análisis completo de la novela-epopeya de Cervantes desde la perspectiva alegórico-simbolista que nosotros proponemos, siempre desde la más estricta observancia del texto.

Quedémonos, si pudiera realizarse algún tipo de resumen del discurso de Serafido en relación a la patria de Periandro y Auristela, con que Tule y Frislanda son conceptos simbólicos de naturaleza universal, que podrían materializarse en nuestro mundo terreno a través de las conciencias de los hombres que vivieron y viven en esas épocas. Tule simbolizaría la mentalidad del hombre antiguo que, desviada ya de su camino correcto de evolución desde esa isla de Islandia, somete las conciencias al yugo de la "flor de lis" (la teocracia), impidiendo durante mil años la salvación de los almas por la vía de la "palabra revelada"; pues, no supuso otro predicamento la traducción de la *Vulgata* ("que ahora VULGARMENTE se llama Islanda" [p. 706]) en el año 380, la cual, además, exhibe en la portada de su primera edición una grande y sugerente flor de lis.

Pero el espíritu de Eusebia (cuyo nombre va emparejado a la conciencia de la Humanidad que hizo posible el advenimiento de la *Bíblia regia*) no podía dejar que la civilización se precipitara a su destrucción sin antes haber intentado reconducirla. Por ello decidió enviar a su hija Sigismunda desde Frislanda a Tule, es decir, la nueva conciencia (la de la era de *Polaris*) debía transformar a la antigua (*Kochab*). Y, para ello, se valió del más sabio de los hombres de su tiempo, Benito Arias Montano, y del mejor de los instrumentos, su *Biblia Políglota*; la cual, vino a poner fin a esa *Edad Oscura* (Groenlanda) cuando, en época de Cervantes, *Polaris* ya constituía la guía septentrional de todos aquellos "intrépidos marineros" para los que "vivir nunca fue una prioridad," según la máxima filosófica de Pompeyo citada por Plutarco en sus *Vidas paralelas*: "Navegar es necesario- vivir no es necesario".

4.7 La "pasión y muerte" de Periandro

Y, comoquiera que la revelación de Serafido, "que no oyó Periandro, [pues] lo contó después Rutilio" (p. 707), ha terminado en este punto; se supone que todo lo que debería saber Periandro sobre sí mismo (el proceso de anagnórisis como símil de Conocimiento) se encuentra recogido en el discurso de su ayo. No en vano, el comienzo de un nuevo día alumbrando el templo del apóstol de los gentiles (San Pablo) extramuros de Roma, junto con el número de personajes que se se dan cita en ese templo con Periandro (7), sería un indicador del consenso de los cielos a través de la formación de la Osa Menor:

> Llegó en esto el día y hallóse Periandro junto a la iglesia y templo, magnífico y casi el mayor de Europa, de San Pablo, y vio venir hacia sí alguna gente, en montón, a caballo y a pie; llegando cerca, conoció que los que venían eran Auristela, Félix Flora, Constanza y Antonio, su hermano, y asimismo Hipólita, que, habiendo sabido la ausencia de Periandro, no quiso dejar a que otra llevase las albricias de su hallazgo y, así, siguió los pasos de Auristela, encaminados por la noticia que dellos dio la mujer de Zabulón el judío, bien como aquella que tenía amistad con quien no la tiene con nadie. Llegó, en fin, Periandro al hermoso escuadrón, saludó a Auristela, notóle el semblante del rostro y halló más mansa su riguridad y más blandos sus ojos; contó luego públicamente lo que aquella noche le había pasado con Serafido, su ayo, y con Rutilio; dijo cómo su hermano, el príncipe Maximino, quedaba en Terrachina, enfermo de la mutación y con propósito de venirse a curarse a Roma y, con autoridad disfrazada y nombre trocado, a buscarlos; pidió consejo a Auristela y a los demás de lo que haría, porque de la condición de su hermano el príncipe no podía esperar ningún blando acogimiento (pp. 707-708).[1005]

[1004] Apocalipsis. "Epílogo." (22:6): "Y me dijo: 'Estas palabras son ciertas y auténticas. Y el Señor Dios de los espíritus de los profetas ha enviado a su ángel a mostrar a sus servidores lo que va a suceder en seguida."

[1005] Dejaremos por ahora la edición del *Persiles* de Juan de Nadal (1768) para volver a la de Romero.

497

Y, en este ambiente de perfecta sintonía con los cielos es cuando deba producirse la necesaria conmoción, que, alegorizada en el texto desde una doble perspectiva microcósmica y macrocósmica, posibilite el advenimiento de esa nueva conciencia universal que venga a iluminar tanto a los nuevos tiempos como al Hombre encargado de alumbrarlos.

Porque, Periandro, héroe del *Persiles* e instrumento diegético al servicio de este plan universal, será el encargado de escenificar sobre sí mismo la imagen arquetípica de la "Pasión y Muerte" de quien se sacrifica por el bien de la Humanidad.[1006] Obviamente, todo ello será puntualmente aludido en el texto a través de sutiles analogías, que, sin embargo, pasarán desapercibidas desde una lectura literal; de manera que no permita percibirse ni la altura del sacrificio que se está llevando a cabo, ni, mucho menos, la tradición espiritual a la que remite.

En resumen, cuatro serán los personajes que interaccionen de manera coordinada para ejemplificar simbólicamente el sacrificio ritual que aquí se nos va a representar: Pirro[1007], que encarnará la figura del matarife; Serafido y Rutilio, juntos, como símbolo del altar/cruz del Conocimiento sobre el que será inmolado el iniciado, y, Periandro-Maximino, víctima del holocausto o "cordero"[1008] entregado en ofrenda a la divinidad.

La "pasión" de Periandro

Llegados a este punto, donde ya el trágico destino del héroe y el cercano final del libro corren parejos a través de la pluma de un Cervantes que, no lo olvidemos, también moría a la par que su obra; seremos testigos de cómo nuestro autor, cristiano convencido (en la más estricta y antigua concepción penitente del término), se dispone a ofrecernos su testimonio más personal en este momento crítico del final de sus días. Y lo hará, como no podría ser de otro modo, a través de la literatura: muriendo con Periandro dentro de su obra y resucitando con su *Persiles* en esos campos fabulosos reservados a los héroes.

Y el escenario elegido por nuestro autor para representar el sacrificio final no ha sido producto, ni mucho menos, del azar. Porque el templo de San Pablo no es el de San Pedro, ni encontrarse fuera de los muros de Roma consiste en estar dentro. Es decir, que Cervantes escoge con sumo cuidado el lugar en donde representar el acto final de su tragedia: lo suficientemente transgresor como para suscitar la duda, pero lo más cerca posible de Roma como para contrarrestar esos mismos efectos. Porque, en contra de toda lógica que pretenda ver en el *Persiles* una obra en la órbita de la Contrarreforma, en ningún momento del texto aparece la iglesia de San Pedro, y, esto es así, simplemente, porque ello no forma parte del mensaje de salvación que nos propone Cervantes[1009]: Roma no es el "cielo en la tierra", por ello el sacrificio

---

[1006] La comparación de la figura de Periandro con la de Jesús resulta inevitable.

[1007] En relación al personaje que encarna en este punto del relato la idea de barbarie, diremos que, según la mitología griega, Pirro era el nombre de un gran guerrero hijo de Aquiles, que al cumplir doce años pasó a llamarse Neoptólemo. Su acción bélica más famosa consiste en el ataque a Troya, donde dio muerte a Príamo, rey de los troyanos. En cuanto a la etimología del nombre, Pirro proviene del griego antiguo y significa pelirrojo o rubio (recordemos el valor simbólico del cabello en cuanto que símbolo solar, así como el significado del color rojo o *rubedo* en relación a la tercera y última fase de la alquimia). Por último, quizá deberíamos señalar que todas las letras que forman el nombre de Pirro se encuentran en Periandro. Recapitulemos: tenemos que Pirro es un guerrero mítico que mata a un rey, que a la simbólica edad de 12 años cambia de identidad, que además simboliza el color rojo, y cuyo nombre forma parte de Periandro. Creemos, por las razones que venimos aduciendo, que lo simbolizado por Pirro se ajusta, al igual que el resto de personajes analizados, a los criterios filosóficos que venimos planteando. No obstante, no cerramos la puerta a otras interpretaciones que puedan completar dicha visión, como es el caso de considerar la acción de Pirro en relación a Judas Iscariote (Discípulo de Jesús), pues ambos son definidos como traidores y sufren idéntico final: son ahorcados.

[1008] En realidad, no es la primera vez que en el *Persiles* aparece Periandro transfigurado simbólicamente en cordero para representar el sacrificio máximo presente en todos los misterios de la antigüedad, incluido, lógicamente, en la tradición hebrea. Recuérdese el episodio con el que comenzaba el capítulo 1, del Libro I, donde Periandro era izado del fondo de la cueva-mazmorra adoptando con su cuerpo una postura que remitía intencionadamente a la figura de una res preparada para el sacrificio. Véase el capítulo 1.1.

[1009] Podríamos considerar como correcto el comentario de Romero en relación al motivo que justificaría la ausencia de la iglesia de San Pedro en el relato: estaba en fase de remodelación.; siempre y cuando tomásemos como válida la más que dudosa datación que propone, de 1559, como el año en que nuestros peregrinos protagonistas llegan a Roma. Pero además, incluso siendo acertada su hipótesis, olvida el crítico que no solo interesa en el texto el templo al que remite la figura del Obispo de Roma, sino Roma misma como símbolo de un catolicismo ausente en toda la obra. Véase la opinión de Romero *in extenso* en el apéndice XXXIX (p. 757), así como la contestación de sus argumentos por Nerlich en: Nerlich, 2005, pp. 207-209.

de Periandro se realiza fuera de sus muros (en San Pablo); pues, dentro de ellos, nada de santo se dice en el texto más allá de la caterva de personajes que mejor lo representan: mercaderes judíos, cortesanas y rufianes. En tal caso, el mensaje que nos querría transmitir Cervantes resulta bastante evidente: la visión de Roma como centro de la cristiandad constituye un engaño o desvío del verdadero camino para la salvación de las almas. Y esta podría ser la razón por la que aparece la iglesia de San Pablo en lugar de la sede del obispo titular de Roma (San Pedro), como hubiera sido lo correcto desde una perspectiva genuinamente tridentina.

Pero, en contra de la hipótesis que nosotros venimos proponiendo de un Cervantes descreído de un catolicismo inoperante y a favor de un cristianismo puro ("primitivo"), podría aducirse que, históricamente, el apóstol San Pablo fue un firme defensor de la doctrina emanada desde Roma[1010], por lo que su protagonismo en estos capítulos finales podría asimilarse al de San Pedro. Es decir, que el catolicismo simbolizado sobre la iglesia de San Pablo serviría al mismo propósito de justificar la transformación espiritual del héroe en la senda de la Contrarreforma.

Ahora bien, para validar este razonamiento, primero habría que asegurarse si realmente la figura de San Pablo da el perfil que para sí demanda la ortodoxia católica o, si por el contrario, se trata de un cristiano primitivo que, con ciertas reservas, hubiera sido sutilmente asimilado al bando literalista para, desde allí, posibilitar la fagotización de toda una corriente de pensamiento (el cristianismo primitivo) que podría ensombrecer a la nueva rama del catolicismo en auge. De esta maniobra de suplantación, tendente a asimilar, en lo fundamental, el culto que ya se vendría practicando (los cultos paganos de Roma, como el mitraísmo) bajo la apariencia de un nuevo disfraz, se deducirá el ambiente de confusión que ello habría de generar en aquellos primeros siglos. Es decir -si se nos permite la comparación no exenta de ironía-, los comienzos del cristianismo conformarían un escenario de confusión de credos y doctrinas, una especie de *Totum revolutum* donde tendría perfecta cabida lo proferido por el refrán: "A río revuelto, ganancia de pescadores", y donde esos pescadores darían la imagen del cristianismo romano emergente, cada vez más alejado de los peces[1011] pero más cerca del anzuelo...

Baste una biografía del Santo para salir de dudas. Porque, Saulo Tarso (San Pablo)[1012], conocido como el Apóstol de los gentiles o el Apóstol de las naciones (recordemos las cuatro naciones que decía Serafido que irradiaban su saber desde el monasterio de Santo Tomás), es una de las máximas figuras representantes del cristianismo primitivo.

Pero vayamos al acontecimiento de la vida San Pablo que más nos interesa en razón del momento diegético que estamos analizando; pues, podría servir, tanto para precisar la filiación religiosa del Santo, como de referente de la decisiva experiencia gnóstica que llevará a cabo Periandro junto a la fachada de la iglesia que lo inmortaliza. Nos referimos al conocido episodio bíblico de "La conversión de San Pablo.[1013]

Pues bien, en este relato se nos presenta a un judío ortodoxo muy celoso de su fe, que, encontrándose en plena persecución de cristianos y camino de Damasco, un resplandor venido del cielo le hizo caer del caballo dejándolo ciego, mientras oía una voz que le decía: "Saulo, Saulo, por qué me persigues". Llegado a Damasco y a través de una curación mediante el método de la "imposición de manos" en nombre de Jesús, recupera la vista y se bautiza.

Ya se aludió, en el capítulo 3.5., a la posibilidad de que la historia de Ortel Banedre remitiera al relato legendario de la Conversión de San Pablo. En tal caso, nos reafirmamos ahora en aquellas primeras hipótesis, y no solo por la simetría que se observa en ambos desarrollos argumentales; sino también por la pertinencia del contexto polaco del personaje -digamos- a la causa histórica de Segismundo III Vasa, rey de Polonia y paradigma de la controversia religiosa europea en época de Cervantes (catolicismo y protestantismo), así como de la referencia que

---

[1010] Así lo expresa Romero cuando, en defensa del papel que interpreta en el *Persiles* la iglesia de San Pablo como representante (junto con la de San Pedro) del catolicismo romano, afirma que: "A mi parecer, la novela termina en San Pablo Extramuros", justificando a continuación su razonamiento en estos términos: "así resultan más evidentes las dimensiones paulinas de la novela" (Apéndice XXXIX, p. 757).

[1011] Símbolo de reconocimiento entre los primeros cristianos.

[1012] Judío de nacimiento (entre el 5 y 10 d. C., en Tarso de Cilicia y muerto martirizado bajo el gobierno de Nerón entre los años 58 y 67) y de vocación, e influenciado por la cultura helénica, pasa por ser, sin embargo, el artífice de la mayor expansión del cristianismo en el Imperio romano. Su pensamiento conformó el llamado *cristianismo paulino*, es decir, una de las cuatro corrientes básicas que terminaron por integrar el canon bíblico. Su figura está asociada con la cumbre de la mística experimental cristiana.

[1013] Véase Hechos de los apóstoles (9: 1-18) y Primera epístola a los corintios (15: 8-9).

nuestro autor haya podido dejar de la figura de San Pablo en una de las identidades por las que se suele aludir a Ortel Banedre: el "jinete polaco". A saber: POLACO > PAOLO-C (Pablo Cristiano)[1014].

En resumen, creemos que nuestro autor se habría valido del episodio bíblico de la conversión de San Pablo para situar la trascendente experiencia gnóstica de Periandro en ese preciso lugar de la iglesia en la que el Santo ejerce como titular y no en otro. La finalidad de Cervantes sería, por lo tanto, simbolizar con la mención de ese templo toda la experiencia penitente de Periandro, a imagen de la de San Pablo (simbolizada también por Ortel Banedre en su correspondiente episodio), a lo largo de todo su viaje a través de esta *Historia septentrional*: sus trabajos penitentes = su "Pasión".

Y, no de otro modo, los símbolos más relevantes que están presentes en el relato milagroso del Santo se encuentran diseminados a través de toda la experiencia diegética de Periandro: el camino a Damasco (la peregrinación); la caída del caballo (la liberación de las pasiones: la de Ortel Banedre o la del episodio del caballo de Cratilo); la luz procedente del cielo ("- Gracias os hago, ¡oh inmensos y piadosos cielos!, de que me habéis traído a morir adonde vuestra luz vea mi muerte"(p. 129); la ceguera (el don de la visión interior, que anula la evidente como engañosa: a partir de aquí el relato se abre al mundo de los sueños o al escenario nocturno, muy presente en el *Persiles*); la revelación de la palabra de Dios (de ello podría servir de ejemplo los tres últimos capítulos de la obra); el agua del bautismo (desde el primer bautismo, el de Periandro, alegorizado en su primer naufragio tras ser liberado de la cueva-mazmorra, o el de Ricla en: "Diome agua del bautismo en aquel arroyo" [p. 176]; y la recuperación de la vista ("O yo no tengo vista en los ojos, o es éste mi libertador Periandro>> Y el decir esto y añudarme el cuello con sus brazos fue todo uno"(p. 402). Juzgamos, a tenor de las evidentes muestras que hemos presentado, que la intención de Cervantes de referir la gesta de San Pablo a la experiencia vital de Periandro quedaría suficientemente probada.

Una vez hemos identificado el lugar en donde será realizado el sacrificio de Periandro (frente a la iglesia de San Pablo, fuera de Roma), veamos ahora qué causas son las que habrán de desencadenar el obligatorio desenlace. Porque, ante la inminente llegada de Maximino en busca de su "prometida" Auristela, Periandro, sin saber qué hacer, pide consejo a sus compañeros de peregrinación:

> Todos los demás circunstantes discurrieron en su imaginación qué consejo darían a Periandro, y la primera que salió con el suyo, aunque no se lo pidieron, fue la rica y enamorada Hipólita, que le ofreció de llevarle a Nápoles con su hermana Auristela y gastar con ellos cien mil y más ducados que su hacienda valía (p. 708).

La celeridad de la decisión de Hipólita, así como su insólito ofrecimiento de llevarlos a Nápoles, podría apuntar a un propósito muy concreto, ahora dentro del contexto histórico de la época de Cervantes. A saber: dado el éxito llevado a cabo por el conde de Lemos en Nápoles, que podría asimilarse a un nuevo resurgimiento civilizador en Europa de la mano de un "legítimo descendiente"[1015] de origen español, ¿acaso la mudanza propuesta por Hipólita, que de Roma quiere irse a Nápoles en compañía de nuestra pareja de protagonistas, no podría interpretarse simbólicamente como esa obsesión del "mal", habida cuenta los dos mil años de convivencia teocrática en la Ciudad de las siete colinas, de pegarse a quien mejor pueda encarnar el bien? No de otro modo, el ofrecimiento de la cortesana romana se cifra en los dineros que tiene pensado gastarse con ellos; lo cual revela su intención de comprarlos.

Sea como fuere, para Pirro el Calabrés, asesino al servicio de Hipólita, no pasó desapercibido el generoso ofrecimiento de la potentada meretriz a la pareja protagonista, que lo sintió como

---

[1014] Pablo en lengua italiana se traduce por Paolo. En este sentido, la expresión "jinete polaco" podría hacer referencia a la experiencia gnóstica (jinete, simbólicamente, alude a quien se inicia en los caminos iniciáticos mediante el uso de la cábala>*caballum*>caballo) de San Pablo en su camino hacia Damasco. En la actualidad, la expresión "ir por el camino de Damasco" se utiliza para referirse al camino espiritual que conduce al místico a la iluminación o Conocimiento.

[1015] Subrayamos aquí la legitimidad del conde de Lemos en función de la identificación que hicimos del personaje de Isabela Castrucha como Isabel de Castro, que, según se argumentó, simbolizaría el eslabón de unión entre la Casa de los Castro y la de los Trastámara en el siglo XIV. En tal caso, el linaje del que fuera mecenas de Cervantes, el VII conde de Lemos, rivalizaría con el del mismísimo Felipe II.

una traición a su persona; celoso como estaba de la influencia que Periandro ejercía sobre su señora.

En tal caso, los celos vuelven a constituir, en este final del libro, la causa de la tragedia que se cierne sobre el héroe. Pero antes de que esos celos desencadenen el proceso iniciático conducente a la muerte mística del héroe, Rutilio y Serafido, personajes que suelen aparecer sin saber muy bien de dónde y cuando menos se los espera, entrarán de nuevo en escena con ¿el único propósito de abrazar y zarandear a Periandro?:

> Llegaron en aquel instante Rutilio y Serafido y, entrambos a dos, apenas hubieron visto a Periandro, cuando corrieron a echarse a sus pies, porque la mudanza del hábito no le pudo mudar la de su gentileza. Teníale abrazado Rutilio por la cintura y, Serafido, por el cuello; lloroba Rutilio de placer y, Serafido, de alegría (pp. 708-709).

En tal caso, muy efusivo tuvo que ser el recibimiento dispensado a Periandro, que, sin ser necesaria otra actitud, palabras, ni desencuentros, engendró en Pirro, que andaba zaherido por el desdén de Hipólita, tal sentimiento de odio que se vio empujado a las armas como única forma de satisfacer su angustia.

Antes de analizar el intento de asesinato de que es objeto Periandro, y, con la finalidad de situarlo convenientemente en el contexto gnóstico (microcósmico) que nos ocupa, analizaremos "el estraño y gozoso recibimiento" (p. 709) con el que es agasajado el héroe; pues, de la propia descripción que nos hace el narrador podría deducirse un segundo sentido en la interpretación de esos gestos tan afectuosos. A saber, si Rutilio, personaje cuya experiencia diegética podría interpretarse en función de una religiosidad tendente al ascetismo (solo él quedó en la isla de las ermitas), y, Serafido, en calidad de "ayo" de Periandro, se consideraría la encarnación doctrinal de lo simbolizado por el "verdadero" "alfa y omega" (el crismón); ¿no podría interpretarse que cada cual abraza una parte distinta del cuerpo de Periandro como una especie de gesto de reconocimiento de las dos vías superadas dentro del camino de penitencia o "Pasión"? Es decir, si el asceta Rutilio abraza la cintura y el sabio Serafido la cabeza a través del cuello[1016], ¿no constituiría ese doble gesto una especie de celebración de la victoria del "héroe-místico" sobre las pasiones (cintura) y sobre la ignorancia (cuello-cabeza), respectivamente?[1017]

Como acabamos de argumentar, la presencia de Rutilio y Serafido, en apariencia, de escaso interés, resulta ser necesaria dentro del contexto de la narración; y no solo desde una lectura literal como detonante de los encendidos ánimos de Pirro: "Sólo en el corazón de Pirro andaba la melancolía atenazándole con tenazas más ardiendo que si fueran fuego" (p. 709), sino, desde una perspectiva alegórica, como refrendo de las dos pruebas o fases superadas por el héroe en el camino del Conocimiento.

Antes de continuar con la cita que sigue a esta última, realizaremos ahora una aproximación a la figura de Pirro, cuyo análisis nos servirá para deducir las verdaderas intenciones que se esconden tras este aparente intento de asesinato pasional. Porque Pirro hacía su aparición en el capítulo 7 del libro IV:

> Tenía la señora Hipólita (que con este nombre la llamaban en Roma, como si lo fuera) un amigo llamado Pirro Calabrés, hombre acuchillador, impaciente, facineroso, cuya hacienda libraba en los filos de su espada, en la agilidad de sus manos y en los engaños de Hipólita, que muchas veces con ellos alcanzaba lo que quería, sin rendirse a nadie (pp. 667-668).

[1016] Tampoco es esta la primera vez, como ya venimos señalando, que nuestro autor utiliza el gesto de abrazar por el cuello con una intencionalidad simbólica. Recordemos en: "hincándome otra vez de rodillas ante ella, casi por fuerza le besé la mano; y ella, cristianamente compasiva, me echó los brazos al cuello" (p. 205). Véase el capítulo 1.9. O cuando: "Oyendo las cuales razones, Sinforosa, loca de contento, se abalanzó a Auristela y le echó los brazos al cuello, midiéndole la boca y los ojos con sus hermosos labios" (p. 325). Capítulo 2.4. Y también en el abrazo de Sulpicia a Periandro: "O yo no tengo vista en los ojos, o es éste mi libertador Periandro>> Y el decir esto y añudarme el cuello con sus brazos fue todo uno"(p. 402). Capítulo 2.6.9.

[1017] Una intención similar ya fue observada en el episodio del "enamorado portugués", en relación a los tres aderezos que portaba Leonora en su vestido de novia: "la cintura, collar y anillos que traía, opiniones hubo que valían un reino" (p. 203). Capítulo 1.9.

Como puede comprobarse, el narrador no ahorra en detalles a la hora de describir la pérfida figura que se esconde tras este personaje, al que Romero, con acierto, atribuye la siguiente filiación:

> Como Rutilio (*a partir del latín rutilus*), así *Pirro* (a partir del griego *pyrhos*) significa <<rubio>> o, mejor, <<pelirrojo>>. En el caso del calabrés, C. podría haber sido perfectamente consciente de las connotaciones del nombre. Como en cierto -sólo cierto- sentido Hipólita, la Ferraresa, Pirro, [el] Calabrés, se presenta en seguida connotado: negativamente, al menos para los españoles de la época, entre quienes su región nativa tenía fama de criar <<mala gente>>. Tan mala como que entre ella se contó el propio apóstol traidor de Jesús. A quien, además se le atribuía -precisamente- la característica de pelirrojo (n. 3, pp. 667-668).

Del análisis etimológico que hace Romero del nombre del personaje, existe un aspecto que influirá decisivamente en la interpretación de los acontecimientos que aquí se narran: su identificación con la figura de un personaje histórico que responda al nombre de Judas, entre los que destacaría el "supuesto" apóstol traidor de Jesús. Y, si hacemos hincapié en esta circunstancia es porque observamos, y no solo a través del sentido etimológico del nombre, que la actuación de Pirro en el desarrollo de los acontecimientos que se suceden podría suscitar una analogía con el papel asignado a Judas en el relato bíblico. A saber: el apodo de "Calabrés", de claras connotaciones negativas, con el que nuestro autor especifica a la figura del "sicario" de Hipólita, podría aludir al sobrenombre por el que era conocido el apóstol San Judas: *Iscariote*; en tal caso, la palabra *sicario*[1018] podría derivar de *Ishkariot* (Iscariote),[1019] y, por lo tanto, señalar la posible filiación de Judas a la secta de los *zelotes*.[1020] Y no es baladí esta suposición, a la luz de los motivos que desencadenan la cólera de Pirro, cuando se sabe que la palabra *zelote*[1021] significa "celoso".

Y a la complejidad de estas analogías, que hubiera podido emplear Cervantes de manera intencionada a los efectos de remitir la "muerte" de Periandro como símil de la de Jesús, viene a sumarse también la consideración (cuestionada) que se tenía (y se tiene) de que la figura bíblica de Judas pueda remitir a la de uno de los supuestos hermanos de Jesús.[1022]

Resumiendo, creemos que nuestro autor haya podido emplear al personaje de Pirro con la finalidad de representar la escena de la muerte de Periandro con arreglo a las estipulaciones que son propias en el pensamiento gnóstico: el sacrificio del "hermano inferior" para resucitar al superior.[1023]

La "muerte" de Periandro

Veamos, a continuación, cómo se desarrolla el argumento según la hipótesis que hemos fundado sobre el episodio bíblico de la muerte de Jesús en la cruz, y, no lo olvidemos, también

---

[1018] "Se ha relacionado el término <<sicario>> (el que lleva la <<sica>> o puñal) con los zelotes. La palabra, en su sentido estricto, parece haberse referido propiamente a asesinos y extorsionadores no impulsados necesariamente por razones políticas. Seguramente eso explica que Josefo la refiera a los zelotes, sin duda por su contenido denigratorio. De nuevo, la palabra no puede ser identificada, sin más, con los zelotes. Vidal, 2008, p. 111.

[1019] "El sobrenombre Iscariote –*Ishkariot*- ha sido objeto de diversas interpretaciones. Algún autor imaginativo ha insistido en considerarlo una corrupción del término *sicarius*". Vidal, 2008, p. 91.

[1020] Un posible referente de ese Judas zelote, lo tenemos en: "Con todo, la historia de ese colectivo [los zelotes] ha venido opacada por una referencia contenida en Josefo (*Guerra II*, ii8; *Ant.XVII*,9,23) en el sentido de que Judas el Galileo, que se sublevó contra los romanos hacia el 6 d.C., fue el fundador de la <<cuarta filosofía>>, la de los zelotes. Vidal, 2008, pp. 109-110.

[1021] Un posible referente de ese Judas zelote, lo tenemos en: "Con todo, la historia de ese colectivo [los zelotes] ha venido opacada por una referencia contenida en Josefo (*Guerra II*, ii8; *Ant.XVII*,9,23) en el sentido de que Judas el Galileo, que se sublevó contra los romanos hacia el 6 d.C., fue el fundador de la <<cuarta filosofía>>, la de los zelotes. Vidal, 2008, pp. 109-110.

[1022] Nos referimos a Judas Tomás (significa "gemelo" en arameo) Dídimo (que significa también "gemelo" pero en griego), que fue uno de los doce apóstoles de Jesús. Se le atribuye el Evangelio de Tomás, apócrifo descubierto en 1945 en Nag Hammadi.

[1023] "Morir para el yo inferior es renacer espiritualmente: ésta es la enseñanza secreta fundamental que encierran de forma cifrada los mitos de Osiris-Dioniso. ¿Es posible que la historia de Jesús sea también un mito que contiene, cifrada, la misma enseñanza espiritual imperecedera?"Freke / Gandy, 2000, p. 87.

del mito que lo escenificaba mucho antes de la llegada del cristianismo: la muerte del Minotauro en el mismo centro del laberinto.[1024] Leemos del texto:

> Y llegó a tanto estremo el dolor que sintió de ver engrandecido y honrado a Periandro que, sin mirar lo que hacía, o quizás mirándolo muy bien, metió mano a su espada y, por entre los brazos de Serafido, se la metió a Periandro por el hombro derecho, con tal furia y fuerza, que le salió la punta por el izquierdo, atravesándole, poco más que de soslayo, de parte a parte (p. 709).

Porque, recordemos que en el mito de Teseo, Andrógeno también era asesinado por los CELOS que despertaron sus victorias en los juegos en honor de la diosa de la sabiduría. Es necesario, pues, que el héroe venza al monstruo para devolver el orden a un mundo condenado por ese crimen original, pero antes, alguien debe ayudarle para que se den las circunstancias propicias para dotar de sentido a ese plan universal; pues, ¿acaso la historia de Jesús hubiera sido la misma sin la "oportuna" traición de Judas? De igual modo, ¿podría escenificarse el "sacrificio universal" de Periandro sin el concierto de la traidora espada (pues el ataque es por la espalda) de Pirro?

Del análisis que venimos realizando de los elementos que intervienen en este episodio, encontramos que todos ellos podrían haber sido cuidadosamente seleccionados y situados por nuestro autor al objeto de reproducir la escena, en nuestra opinión, de mayor contenido trascendente de todo el *Persiles*. Porque, de una manera alegórica, Periandro va a ser "clavado a la cruz"; pero de tal modo que el lector, sin advertirlo, percibirá la hondura de la escena con una inquietante sensación de proximidad. Nos estamos refiriendo a la minuciosa descripción que hace el narrador de la estocada que atravesará el cuerpo de Periandro; donde, la posición de los brazos de Serafido pegado a la víctima (¿los brazos de la cruz?), las partes del cuerpo atravesadas (¿la unión del cuerpo al madero?) y el metal de la espada asomando por cada extremo del cuerpo de la víctima (¿los clavos de la cruz?) sugieren esa imagen de la crucifixión.

Porque, Serafido abrazando al "crucificado" (Periandro) por su parte superior (el *patibulum* o palo corto), junto con Rutilio que lo sujeta por la inferior (el palo largo o *stipes*), escenifican en su conjunto la imagen de la cruz como símbolo del sacrificio máximo; es decir, la última fase de la iniciación gnóstica puesta al servicio de Periandro para alcanzar su anhelada iluminación. Por ello, la presencia de Serafido vuelve a ser ahora tan necesaria como lo era al principio, pues así el lector atento podrá reconocer el tipo de sacrificio que aquí se está representando. Y no solo eso, sino que incluso, si somos capaces de proceder sobre la herida que se nos dice que fue practicada de "soslayo, de parte a parte" con libertad de criterio y "ciencia quirúrgica", comprobaremos que la cuchillada a "soslayo" dibuja sobre el cuerpo de Periandro la -digamos- señal o símbolo de Serafido: el crismón[1025]. Y lo comprobamos a través del análisis cabalístico del propio término "soslayo": SOSLAYO > S-SOL-AYO > S[1026] - SOL[1027] (cruz + círculo > X + letra *ro* griega en mayúscula, P[1028]) - AYO[1029] ("el alfa y el omega"). Resumiendo, podría formarse el siguiente anagrama: S-(X-P)-(A-O) > A-P-X-O-S > ARCOs[1030].

[1024] Este mismo concepto legendario que Periandro escenifica en su particular laberinto romano, es desarrollado de manera mucho más evidente por Teágenes en las *Etiópicas*; pues el mítico combate contra el Minotauro es representado al final de la obra mediante dos enfrentamientos sucesivos: primero contra un toro, al que vence solo con las manos, y luego contra el gigante etíope, inmovilizado de igual modo. Heliodoro, *Etiópicas*, pp. 366-372.

[1025] "Se cree también que éste era el famoso signo que Constantino, convertido al cristianismo, habría hecho grabar sobre su estandarte, el *labarum*, después que una voz le hubiera anunciado: *in hoc signo vinces*, <<con este signo vencerás>>, antes de derrotar a Majencio bajo los muros de Roma. Charpentier, 1974, p. 148.

[1026] La presencia de la letra "S" no siempre puede encontrarse en las manifestaciones iconográficas del crismón, por lo que su simbolismo no se considera imprescindible para la comprensión del criptograma. Cuando se representa, suele aparecer superpuesta al eje vertical (el palo de la letra *ro* griega mayúscula).

[1027] La imagen simbólica más antigua que se conoce del sol (incluso hay registros de la época neolítica) es la conocida como "cruz solar", compuesta por una cruz dentro de un círculo. La interpretación más aceptada del símbolo, muy presente en la iconografía celta, lo relaciona con el sol y su ciclo de cuatro estaciones.

[1028] "Lactancio, que relata la visión de Constantino, no habla, por lo demás, de la letra *ro*, sino de una línea que termina formando un círculo". Charpentier, 1974, p. 148.

[1029] Es decir, "al soslayo de parte a parte", podría interpretarse como que el símbolo del "alfa y el omega" inmerso en la palabra "sosl-AYO" se proyecta sobre los extremos del cuerpo de Periandro por donde asoma la espada.

[1030] Como ya dijimos más arriba, la letra "s" es prescindible, pues no siempre es representada formando parte del crismón.

Dada la especial significación que alcanza el discurso en este punto que estamos analizando, donde la descripción del sacrificio del héroe se transforma en símbolo grabado "a hierro" sobre la carne de Periandro, creemos que las intenciones de Cervantes deberían ser portadoras de un mensaje a la altura de lo que se representa de manera tan efectista. Nos referimos a la posibilidad de que esa señal imaginaria sobre el cuerpo de nuestro peregrino, aparte de constituir el símbolo que haya de resumir el misterio que se encuentra bajo los trabajos efectuados por el héroe para liberar su alma bajo el símbolo del crismón (expresado en la visión de Constantino: *in hoc signo vinces*), de algún modo, también podría constituir una especie de marca de reconocimiento de quien se presume salvador de una Humanidad necesitada de su ejemplo: ¿una especie de versión cristo-barroca del Teseo bizantino?

En tal caso, puesto que su ayo actúa en el relato como iniciador, hierofante y símbolo de la doctrina sobre la que Periandro funda la necesidad de su sacrificio; juzgamos que, de igual modo, nuestro héroe podría simbolizar a una figura directamente relacionada con la filiación que habíamos asignado a Serafido: ¿un hebreo sefardí (otro serafín) de la tribu de Efraín, que son los legítimos herederos del trono de Israel? ¿Sería Periandro, portador de la marca divina (el arco: "Dijo, pues, Dios a Noé: Esta es la señal del pacto que he establecido entre mí y toda carne que está sobre la tierra."),[1031] la personificación del mesías que ha de venir por segunda vez?[1032]

Y continúa lo que parece ser el ritual de la "pasión y muerte" de Periandro con una nueva versión de la frase pronunciada por Jesús en la Cruz antes de expirar[1033], en este caso por boca de Hipólita; personificación de las pasiones del cuerpo y, por tanto, a ella se le debe el protagonismo de la frase:

> - ¡Ay, traidor, enemigo mortal mío, y cómo has quitado la vida a quien no merecía perderla para siempre! (p. 709).

La alegoría, pues, nos sitúa en el interior de la psique humana: el lugar en donde se está librando la batalla definitiva por la liberación del alma del peregrino-Periandro. Pero todavía podríamos seguir adentrándonos por los laberintos alegóricos de esta cita. Fijémonos ahora cómo Cervantes "invierte los papeles" – una vez más- en relación a las dos citas postreras: la de Jesús en la Cruz y la de Hipólita. Es decir, si Jesús se dirige al "Padre", Hipólita lo hace al "Traidor", al "enemigo mortal", a la barbarie encerrada en el cuerpo del hombre, ¿"al Hijo"?; y si el Cristo pide que los perdonen "porque no saben lo que hacen", Hipólita no duda en juzgarlo como "traidor", aduciendo que sabía perfectamente lo que hacía.

La reacción de Auristela ante la aparente muerte de su enamorado constituye también un motivo de análisis, pues, "la cual, faltándole la voz a la garganta, el aliento a los suspiros y las lágrimas a los ojos, se le cayó la cabeza sobre el pecho y los brazos a una y otra parte" (p. 709). Es decir, resulta evidente que ese abrazo de Auristela al cuerpo "fenecido" de Periandro podría remitir a la iconografía cristiana que representa de este modo el tema de la "Piedad": Periandro se desvanece sobre el regazo Auristela, la cual, adoptando con su cuerpo una posición determinada, imita en sus formas la imagen más extendida del tema de La Piedad ("se le cayó la cabeza sobre el pecho y los brazos a una y otra parte").

En cuanto a la cita que sigue: "Este golpe, más mortal en apariencia que en el efecto, suspendió los ánimos de los circundantes y les robó la color de los rostros, dibujándoles la muerte en ellos" (p. 709), aduciremos que, aunque Periandro no muere en el atentado/ritual, Cervantes se apresura a proporcionar un muerto urgente en la narración: Pirro, al cual: "le enviaron a la prisión, y el gobernador, de allí a cuatro días, le mandó llevar a la horca por incorregible y asasino" (p. 709). En tal caso, y en relación a los procesos gnósticos que aparecen alegorizados en el texto, la muerte de Periandro, que se daba ya por cierta en función tanto de

---

[1031] Génesis 9, 17.

[1032] No en vano, en Apocalipsis 22, 12-13: "He aquí que yo vengo enseguida y traigo conmigo la recompensa, que voy a dar a cada uno según sus obras. Yo soy el Alfa y el Omega, el Primero y el Último, el Principio y el Fin.", podemos comprobar como, en efecto, el mesías que ha de venir se identifica con la señal del crismón: el Alfa y el Omega: ARCO.

[1033] "Padre, perdónalos porque no saben lo que hacen". Lucas 23, 34.

lo expresado por Hipólita como de la actitud del resto de personajes que asisten al "regicidio"; sin embargo, solo lo fue en apariencia...

Dado el abultado conjunto de referencias, convenientemente alegorizadas, que hallamos en un relato de marcada inspiración bíblica en relación al episodio de la "muerte" de Jesús en la cruz, cabría preguntarse: ¿qué podría significar, pues, esta no-muerte física de Periandro que parece apuntar al episodio más importante de la vida del fundador del cristianismo?

Comoquiera que este polémico tema ya fue abordado en otros lugares de este trabajo, aquí solo nos dedicaremos a analizar los hechos que se deducen de las evidencias que se expresan en el texto. De este modo, lo primero que nos llama la atención es la actitud que manifiestan todos los personajes ante la evidencia de su no-muerte, que se resume en una inquietante suspensión de "los ánimos de los circunstantes"; pues, la imagen que se proyecta es demasiado hierática o artificiosa, como si todo estuviera pensado de antemano y asistiéramos a una especie de escenificación de un sacrifico ritual previamente organizado.

Porque, lo que realmente provoca esa suspensión de los ánimos en los acompañantes de Periandro, que podría asimilarse a la acción involuntaria de contener la respiración ante la evidencia de unos hechos sorprendentes, viene determinado por lo que nos cuenta el narrador, y que se cifra en: "Este golpe, más mortal en apariencia que en el efecto"; es decir, que nuestros peregrinos, en vez de jalear, sollozar o maldecir ante el ataque criminal del que son testigos (el único personaje que alza la voz ante el atropello es Hipólita, pero ella no pertenece al grupo de peregrinos, sino a la facción que simboliza lo contrario de estos), adoptan una actitud como de "contener la respiración": ¿quizás manifestando esa misma actitud de Serafido a la hora de referirse a la verdad sobre Periandro: "todavía será mejor callar, por no quedar corto"(p.700)?

Es decir, creemos que nos encontramos ante la descripción de un ritual gnóstico[1034] donde se escenifica la muerte mística del "yo inferior" del iniciado;[1035]lo cual, podría asimilarse con la muerte iniciática, y por ello planeada previamente como parte de ese ritual, del que el episodio de la Pasión y Muerte de Jesús podría considerarse heredero de esas antiguas tradiciones mistéricas dentro del cristianismo primitivo.[1036]

Cervantes, pues, da sobradas muestras de ser conocedor, sobre todo a través de su "testamento alegórico-literario", el *Persiles,* no solo de esas antiguas tradiciones paganas, sino también del modo en que habrían sido transmitidas hasta su época a través del cristianismo. No ha de extrañarnos, por tal motivo, su irónica actitud ante un mundo, el de su época, regido bajo el yugo de un ¿engaño?- sirva la frase a este mismo propósito- de "proporciones bíblicas".

El final de este suceso trágico que viene a cerrar el capítulo 13, se resuelve, como ya avanzábamos, con el apresamiento del asesino, Pirro, al cual: "le enviaron a la prisión, y el gobernador, de allí a cuatro días, le mandó llevar a la horca por incorregible y asasino" (p. 709). Es decir, el mismo final (ahorcado) que la tradición bíblica asigna a la figura de Judas Iscariote.

[1034] "De las <<etapas>> de la iniciación cabalística [dentro de lo que podría denominarse <<judaísmo esotérico>>], una de las más importantes es la llamada *tiferet*. Durante esta experiencia, según dicen, el individuo va más allá del mundo de la forma y entra en el mundo amorfo, o, en términos contemporáneos, <<trasciende su ego>>. Hablando simbólicamente, esto consiste en una especie de <<muerte>>en sacrificio: la <<muerte>> del ego, del sentido de la individualidad y del aislamiento que tal individualidad entraña; y, por supuesto, un renacimiento o resurrección en otra dimensión de unidad y armonía que lo abarcan todo. En las adaptaciones cristianas del cabalismo, por tanto, el *tiferet* estaba relacionado con Jesús." Baigent, Leich y Lincoln, 2005, p. 424.

[1035] "Al igual que el cristianismo, los misterios tenían una doctrina sobre el <<pecado original>>. Platón explica que el alma es desterrada al interior del cuerpo como castigo por algún crimen antiguo que no nombra [...]. El sacrificio mortal del dios hombre, o el animal que mata, representa que el iniciado <<muere>> simbólicamente para la naturaleza <<animal>> inferior y renace en su naturaleza divina, que le une a Dios y sirve para expiar su crimen original." Freke / Gandy, 2000, p. 80.

[1036] "En los evangelios la muerte de Jesús se produce en un momento que resulta casi demasiado conveniente, demasiado oportuno. Se produce justo a tiempo de impedir que los verdugos le rompan las piernas. Y, al producirse precisamente en tal momento, le permite cumplir una profecía del Antiguo Testamento. Las autoridades modernas están de acuerdo en que Jesús, de modo muy descarado, tomó como modelo de su vida semejantes profecías, las cuales anunciaban la venida de un mesías. Fue por esta razón por la que hubo que proporcionarle un asno en Betania, para que, montado en él, hiciera su entrada triunfal en Jerusalén. Y los detalles de la crucifixión también parecen pensados con vistas al cumplimiento de las profecías del Antiguo testamento. En resumen, el aparente y oportuno <<fallecimiento>> de Jesús -que en el momento preciso le salva de una muerte cierta y le permite cumplir una profecía- es sospechoso por no decir algo peor. Es demasiado perfecto, demasiado preciso para ser una coincidencia. O se trata de una interpolación posterior, una vez ocurrido el hecho, o forma parte de un plan cuidadosamente trazado. Hay muchas pruebas complementarias que sugieren que se trata de lo segundo."Baigent, Leich y Lincoln, 2005, p. 498.

505

Pero no solo nuestro autor nos presenta una visión de la experiencia gnóstica (perspectiva microcósmica) a través de unos sucesos trascendentes de naturaleza universal, sino que, también, esos mismos hechos relatados podrían referir a aspectos percibidos desde un ángulo mayor (perspectiva macrocósmica). Nos referimos a la posibilidad de que tras el intento de acabar con la vida de Periandro podría hallarse un escenario socio-político muy concreto de luchas por el poder que arrancaría de los tiempos bíblicos, y que apuntaría a la filiación hebrea del héroe (Periandro) en cuanto a su pertenencia a la tribu de Efraín (los sefardíes): los legítimos herederos, como venimos manifestando, del trono de Israel.

Y, cómo haya de ser esto así, podría explicarse desde el análisis que habíamos efectuado del grupo de "judíos" y de sus simpatizantes (Abiud, Zabulón y su esposa Julia, Manasés y la "Gran Meretrix" Hipólita, en connivencia con un gobernador bastante interesado en quedarse con uno de los cuadros de Auristela); los cuales, actuando desde los bastidores en los acontecimientos que se escenifican en Roma, da la impresión, ante la inoperancia de un Papa que solo es nombrado como mero testimonio de su presencia y de su cargo (pontífice), que son ellos quienes dirigen los designios del mundo desde ese mismo centro del poder del orbe católico que es Roma.

A ello sumaremos la intención de nuestro héroe de huir de la ciudad en donde le han sobrevenido sus peores desgracias, como son: el último intento de las pasiones por doblegar su voluntad a través de Hipólita y el abandono de Auristela. Pero Periandro no emprende una huida, en apariencia, desesperada, pues escoge el camino que se dirige a Nápoles, es decir, al foco más importante del mundo Occidental en época de Cervantes; donde, a cargo de su mecenas, el VII conde de Lemos, se está llevando a cabo la empresa más ambiciosa del renacimiento humanista guiada de la mano de un español de antiguo linaje (¿quizás otro sefardí?)[1037].

No debería sorprendernos, por tal motivo, el ofrecimiento que hace Hipólita a Periandro de vender todo lo que tiene y con esa inmensa fortuna de cien mil ducados establecer un nuevo "reino del mal" fuera de las murallas de Roma, precisamente, allá (Nápoles) donde parece que está triunfando "el bien".

En conclusión, la intervención de Serafido en el episodio es clave en el desarrollo del argumento, y no solo en relación a Periandro y a su proceso de anagnórisis, sino también con respecto a los lectores; ávidos por saber a qué obedece toda esta maquinación entre lo fabuloso y lo verosímil ¿Nos hallaríamos, pues, ante la intención expresa de Cervantes de asimilar la identidad de Periandro, futuro rey de Tule-Frislanda, además de la figura del mesías, a la de un descendiente legítimo de la tribu de Efraín (como su ayo Serafido) y, por tanto, heredero del bíblico trono de Israel (el mítico rey del Mundo)?

Y no resultaría una temeridad formular esta pregunta, pues, el escenario que nos presenta Cervantes en este libro IV, de luchas e intereses entre facciones enfrentadas con Roma como telón de fondo, que nos remite a una antigüedad que parece legitimarse en relación a la nobleza de "la sangre"; apuntaría, precisamente, a la existencia de un conflicto contemporáneo a Cervantes que hunde sus raíces en el tiempo: esto justificaría no solo el enfrentamiento entre Nemurs y Arnaldo, literalmente expresado, sino otro tipo de rivalidad, apenas esbozada y sutilmente aludida, que sería la que realmente justificaría el combate entre los dos regios personajes (duque y rey, respectivamente) por la posesión del cuadro de Auristela (la religión como instrumento imprescindible para ejercer el poder). Nos referimos al conflicto de origen bíblico que enfrenta a las doce tribus de Israel por la hegemonía de un mundo del cual ellos, por "delegación divina", se consideran sus legítimos herederos.

No en vano, ya aludimos a la existencia de dos bandos de personajes hebreos agrupados en función de su afinidad o repulsa a lo representado por Roma. Los dos se atribuyen la heredad divina, que nuestro autor representa a través del símbolo cristiano del crismón. De este modo, dentro de Roma se hallaría la facción Abiud-Zabulón-Manasés-Hipólita, y fuera la de Serafido-

---

[1037] Justificamos la ocasión de aludir a la posible filiación hebrea (de la tribu de Efraín) del conde de Lemos en función de la voluntad manifestada por Periandro (presunto sefardí, según argumentábamos) de escapar fuera de una Roma regida, desde los bastidores, por hebreos de la tribu de Judá, Zabulón y Manasés, para dirigirse hacia Nápoples, que simbolizaría a la tribu contraria a las que se encuentran en Roma (¿la de Efraín, perseguida y acosada por motivo de ser los legítimos herederos de Israel?). Además, a ello añadiremos la circunstancia de que sea precisamente en el camino a Nápoles donde le esté esperando su ayo, ¿el sefardí Serafido?, para oficiar en la que parece ser su -llamémosle- ceremonia de graduación (el ritual de la muerte mística) junto a su ayudante Rutilio.

Rutilio-Periandro; los primeros remitirían a las tribus hebreas de Judá, Zabulón y Manasés, con evidente inclinación hacia lo terrenal, y los segundos a las de, Efraín y, quizás, la de Rubén (Rutilo)[1038],de clara propensión hacia lo espiritual.

Comoquiera que la aparición, en pleno siglo XVI-XVII (aunque el conflicto, según venimos argumentando, se remontaría a la antigüedad bíblica), de un presunto heredero legítimo al mítico "trono del Mundo" podría significar un incómodo contratiempo para quien ya se sentaba en esa misma silla ¿sin merecerlo?;[1039] es lógico que un conflicto ocasionado por los CELOS de quien viese a su rival con mejores merecimientos que sí mismo, se desencadenase a raíz de ello y con el resultado que Cervantes podría haber recogido a través de su alegoría.

4.8. La victoria-unión de Persiles y Sigismunda

Dejábamos en el capítulo anterior a Periandro malherido, que no muerto, de las heridas propiciadas por el ataque del celoso Pirro, ya ajusticiado por el crimen cometido. En tal caso, la pareja protagonista, amantes idílicos representando sobre sí mismos el tortuoso camino espiritual del místico-peregrino en busca de la iluminación, habría superado la barrera de esa "muerte iniciática" que libera al hombre de la cárcel platónica: Auristela, purificada a consecuencia del hechizo de Julia, que a punto estuvo por consumirla; y, Periandro, milagrosamente liberado-redimido por esa "espada de los celos" que lo atravesó de parte a parte.

Y este contexto simbólico, muy a conciencia preparado por nuestro autor para poder representar el acto final de esta especie de tragicomedia griega que también es el *Persiles*, constituirá el escenario en donde confluyan las últimas evoluciones de los personajes y de sus acciones. Empezando por su perspectiva macrocósmica, donde el relato alegórico sugerirá la existencia de un contexto estelar irradiando sus potencias sobre un mundo, el de Cervantes, en un punto crítico de su evolución, que, además, dejará su impronta tanto en la historia como en los mitos; y, continuando con la visión microcósmica, más próxima a la experiencia personal, donde por fin la pareja primordial se encuentra preparada para cruzar el umbral que habrá de unirlos por toda la eternidad conformando la mítica figura del andrógino.

Perspectiva macrocósmica: una visión cosmológica

Y, no con otra finalidad comienza el último capítulo que da fin a esta obra con una declaración de que, en efecto, las ilusiones de los hombres centradas sobre las cosas de este mundo carecen de fundamento: "Es tan poca la seguridad con que se gozan los humanos gozos que nadie se puede prometer en ellos un mínimo punto de firmeza" (p. 710). Por lo tanto, es preciso buscar esa seguridad que aquí no se halla en lo único que pueda representarla: lo fijo como sinónimo de aquello que es inmutable o no sujeto a la mudanza de los hombres. Y, para Periandro, la expresión de lo fijo e inmutable solo tiene un nombre: Auristela: "se imaginaba ser ella el clavo de la rueda de su fortuna y la esfera del movimiento de sus deseos" (p. 710).

Porque, si leemos despacio, comprobaremos que la imagen que se nos está describiendo en esta cita es la de un universo en el que Auristela representaría a ese punto fijo o estrella polar (*Polaris*); que, además, se corrobora en la percepción que se tiene desde la tierra de que todas las estrellas giran a su alrededor.

[1038]   Según el relato bíblico, fue Rubén, el hijo primogénito (aunque perdió sus derechos a la primogenitura al deshonrar a su padre) del patriarca Jacob, el único de los doce hermanos que se negó a asesinar a José, salvándole la vida. En este sentido, dado que Efraín es el sucesor legítimo de José, se entendería que Rutilio fuese de la tribu de Rubén; en su papel de "hermano" protector del heredero al trono, acompañándole junto a Serafido en este último trance de la experiencia ritual que habría de proclamarle como ¿verdadero heredero de dios sobre la tierra? Además, la silaba que da comienzo a su nombre "RU" podría ser una indicación de su pertenencia a la tribu de Rubén.

[1039]   Nos referimos a Felipe II y a su heredero Felipe III, pues, según todos los indicios que venimos analizando al respecto, podrían pertenecer al linaje de la tribu de Judá y de Manasés (incluso a otras como la de Dan o Leví), pero no a la de Efraín, que sería la legítima heredera del bíblico trono de Israel. No sería una temeridad, en tal caso, suponer que tras la persona a la que iba dedicada esta *Historia septentrional,* el VII conde de Lemos, se ocultara la identidad de ese legítimo heredero de la tribu de Efraín (personificado en la ficción por Periandro); el cual falleció, como se sabe, en extrañas circunstancias que incluso Lope de Vega, terciando sobre el asunto en una carta, aconsejaba silencio sobre ello ("Mucho ay que hablar, y que no es para papel").

Comoquiera que de nuestro análisis acerca de las estrellas *Kochab* y *Polaris*, pertenecientes ambas a la misma constelación de la Osa Menor, sabemos que, en la actualidad, la primera gira en rededor de la segunda describiendo una circunferencia en relación a cada rotación terrestre (es una estrella circumpolar); la alegoría que se desprende de la cita anterior, expresada en la firme voluntad de Periandro de vencer todas las adversidades que habrán de llevarlo a la consumación o aprehensión definitiva de ese centro desde donde todo se genera, que es Auristela; señalaría, en efecto, a ese movimiento circumpolar que describen en el firmamento las estrellas.

Declarado, pues, este primer contexto cosmológico, en donde se nos ha revelado la función estelar desempeñada por Auristela: estrella fija, y, por tanto, estrella polar o "clavo"; a continuación, el narrador detallará el modo en que las diferentes estrellas polares vienen ocupando su puesto norte en el firmamento, de manera sucesiva, dentro del ciclo del gran año o año platónico. Nos referimos a:

> Pero ¡mirad los engaños de la variable fortuna! Auristela, en tan pequeño instante como se ha visto, se vee otra de lo que antes era: pensaba reír, y está llorando; pensaba vivir, y ya se muere; creía gozar de la vista de Periandro, y ofrécesele a los ojos la del príncipe Maximino" (p. 710).

Porque, lo que aquí se está tratando de explicar, sirviéndose nuestro autor de las circunstancias que convergen en los cambiantes ánimos de Auristela, es que la "estrella fija" (la estrella que haya de ocupar ese punto en el firmamento que es el polo norte celeste) tampoco puede considerarse inmune a los cambios; pues, ese punto idealizado en el firmamento está sometido a similares cambios que los que rigen sobre el mundo terreno. Es decir, que la mutación es una ley universal que afecta a todo el cosmos (tanto a "lo de arriba" como a "lo de abajo"), aunque en diferente grado dependiendo de la entidad de los cuerpos. En este sentido, si para Periandro lo idealizado por la "celeste" Auristela es inmutable (¿como su amor por ella?); para la "divina" Auristela, la percepción que tiene de sí misma, en cuanto a que heredera de la tradición cosmológica (en relación a la precesión terrestre) que indica las diferentes estrellas que ocuparán cíclicamente la posición que ahora ella simboliza como NORTE o "CLAVO", le hace sentirse tan insegura como Periandro, y así lo hace saber el narrador cuando dice: "pensaba reír, y está llorando; pensaba vivir, y ya se muere".

Pero, además, el texto nos está revelando un aspecto muy concreto de esa visión cosmológica, que además resulta ser puntualmente avisado por el narrador a través de la exclamación: "¡mirad los engaños de la variable fortuna!". Nos referimos ahora a la circunstancia de que "Auristela, en tan pequeño instante como se ha visto, se vee otra de lo que antes era"; es decir, que Auristela, en cuanto a su simbolización del polo norte celeste, no siempre se identificó con *Polaris*, sino que antes fue *Kochab*, y antes *Thuban* (2.800 -1.900 a.C.), y mucho más atrás en el tiempo, en los comienzos de la civilización salida de la era glaciar, fue *Vega*: la estrella que inaugura, desde esa tierra simbólica identificada con Noruega, las esperanzas del hombre sobre un mundo igualmente cambiante, entre la vida y la muerte.

Llegados a este punto de la narración, no ha de extrañarnos, pues, que en medio de un discurso de tal altura cosmológica haya de ser precisamente el sabio Serafido quien anuncie la llegada de Maximino:

> ofrécesele a los ojos la del príncipe Maximino, su hermano, que, con muchos coches y grande acompañamiento, entraba en Roma por aquel camino de Terrachina y, llevándole la vista el escuadrón de gente que rodeaba a al herido Periandro, llegó su coche a verlo y salió a recibirle Serafido" (p. 710).

Porque Maximino simboliza al hermano especular de Periandro, pues, al igual que este, también invierte dos años ("Dos años, poco más, tardó en venir el príncipe Maximino a su reino"[p. 703]), no en andar detrás de Auristela sino en guerrear contra sus enemigos.[1040] Lo

---

[1040] Los dos años que atribuimos también a Periandro los hallamos en: "- Sola una voluntad, ¡Oh Persiles!, he tenido en toda mi vida, y esa habrá dos años que te la entregué, no forzada, sino de mi libre albedrío" (p. 628). Y vuelve a repetirse esa misma temporalidad de dos años en: "- Hermano mío, pues ha tenido el cielo que con este nombre tan dulce y tan honesto ha dos años que te he nombrado" (p. 690).

cual, en nuestra opinión, resulta un mensaje muy ilustrativo de la intención de Cervantes de expresar la experiencia gnóstica en curso desde dos perspectivas diferentes; es decir, las dos identidades que conforman el personaje completo de Persiles: Periandro, desde una actitud idealista-amorosa (el yo superior); y Maximino, desde otra física-guerrera (el yo inferior).

Además, según cuenta el propio Serafido, Maximino, al igual que su hermano Periandro, también persigue a Auristela; aunque, a diferencia de este, nunca dejará en su persecución la "vía marinera".[1041] Es decir, con ello queremos afirmar que, en efecto, la pareja Periandro-Maximino podría simbolizar las dos caras de una misma moneda: el iniciado, en su proceso anagnórico o de autoconocimiento, antes de autoproclamarse Persiles.

Y esta relación que aquí hemos extraído desde una perspectiva microcósmica, también podría establecerse desde la correspondiente macrocósmica (cosmológica); como así parece señalar Serafido cuando afirma ver llegar ¿el "coche"[1042] de Maximino? Porque, ¿a qué vehículo se estará refiriendo el ayo de Periandro?

Dado el contexto estelar que venimos aplicando, y, sabiendo que tanto Periandro como Maximino son hermanos, hijos de Eustoquia y herederos del reino de Tule; juzgamos, como muy probable, que sea precisamente *Kochab*, la estrella que señalábamos como referente cosmológico de lo simbolizado por Tule y "patria" estelar de Periandro, el término que deba utilizarse en la identificación de ese "coche" que ha sido visto por el astrónomo-sabio Serafido. No en vano, ¿"coche" y *Kochab* no son términos casi homófonos?

Perspectiva microcósmica: la unión de Persiles y Sigismunda

El aviso de la aparición física del rey de Tule por parte del "hierofante" Serafido prepara el escenario gnóstico en el que se va a representar el que decíamos acto final del *Persiles*. Maximino, interpretando simbólicamente el papel del "yo inferior" de Persiles, asume de manera individual su parte en este ritual. Es por ello que el "maestro de ceremonias" deba informarle previamente acerca de los actores que tomarán parte en el ritual, así como de lo que se espera de él:

> Este herido que ves en los brazos desta hermosa doncella es tu hermano Persiles, y ella es la sin par Sigismunda, hallada de tu diligencia a tiempo tan áspero y en sazón tan rigurosa que te han quitado la ocasión de regalarlos y te han puesto en la de llevarlos a la sepultura (p. 710).

Así, pues, una vez informado por Serafido de los pormenores del ceremonial, Maximino parece asumir su papel en la representación; pero antes debe salir del coche en el que ha llegado (*Kochab*), en el sentido alegórico de bajarse de ese mundo idealizado en donde se halla separado de su "hermano gemelo"(Periandro); para, descendiendo al plano de la exclusiva realidad del texto (el lugar en donde la aventura de Periandro tiene sentido y se desarrolla, adquiriendo por ello un determinado estatus de realidad), proceder a la ceremonia unitiva que debe celebrarse, de manera inexcusable, en ese mundo real que se ha creado en torno a la experiencia diegética de Periandro:

> sacando la cabeza fuera del coche, conoció a su hermano, aunque tinto y lleno de sangre de la herida; conoció asimismo a Sigismunda por entre la perdida color de su rostro (p. 711).

Y, comoquiera que, a la vista de las comprobaciones que se están realizando, Maximino podría tomar parte activa en el ritual como oficiante; en calidad de tal, comprueba los elementos sagrados que deben utilizarse en el ceremonial, donde, a la luz de los datos que nos

---

[1041] Esta circunstancia podría ser un indicio de que, en efecto, dentro del contexto gnóstico en el que nos hallamos, Maximino solo pueda representar el aspecto físico de la personalidad de Persiles; pues la navegación simbolizaba, como se vio, la primera de las vías en la iniciación del héroe: donde se trata de vencer a la naturaleza terrenal del individuo (las pasiones).

[1042] Recordemos que el concepto *coche* ya fue analizado en su dimensión estelar en: "Pedían los tiernos años de Auristela y los más tiernos de Constanza, con los entreverados de Ricla, coches, estruendo y aparato para el largo viaje en que se ponían" (p. 440); donde Nerlich lo asimilaba al *Carro* u Osa Menor. Véase el capítulo 3.2.

aporta el narrador, todo apuntaría a que se trata de representar lo que en el cristianismo se conoce como el "sacramento de la eucaristía".[1043]

El texto, de forma velada, nos remite a ello en la persona de cada uno de los esposos que van a contraer estas especiales nupcias. De este modo, encontramos el vino del sacrificio eucarístico en la sangre derramada por Periandro/Persiles: "conoció a su hermano, aunque tinto y lleno de sangre", donde, la referencia al vino es tan clara (TINTO) como lo representado por él (la SANGRE). Y, del mismo modo se procederá en la identificación de la hostia o pan ácimo[1044], que ahora lo hallamos, a través del oportuno anagrama, en el pálido rostro de Auristela: "conoció **asímismo a** Sigismunda por entre la perdida color de su rostro". A saber: ASÍMISMO A > ASI-MIS-MO-A > ASI-MO-MIS-A > ASIMO-MISA. Es decir, que Maximino conoció/identificó el pan ácimo (ASIMO) de la Misa (MISA) en el amarillento (pálido) rostro (redondo, por asimilación) de Sigismunda; pues, ¿acaso la hostia no tiene forma redonda y es de color amarillo pálido?

Tras comprobar visualmente que todo está según lo anunciado por Serafido, es decir, que la ceremonia que va a tener lugar es la de la eucaristía, Maximino se dispone a comenzar el ritual, pero para ello necesita antes salir de *Kochab*:

> Dejóse caer del coche sobre los brazos de Sigismunda, ya no Auristela, sino la reina de Frislanda y, en su imaginación, también reina de Tile; que estas mudanzas tan estrañas caen debajo del poder de aquella que comúnmente es llamada fortuna, que no es otra cosa sino un firme disponer del cielo (p. 711).

La caída de Maximino en los brazos de Sigismunda tiene un marcado simbolismo; pues, el acto de entrega que hace de su cuerpo a la ya reina Sigismunda podría interpretarse como que la soberana de esos nuevos tiempos simbolizados por Frislanda, acoge el final de los pasados en la persona de Maximino (Tile). Lo cual es expresado en la cita al referirse a: "estas mudanzas tan estrañas caen debajo del poder de aquella que comúnmente es llamada fortuna".

A continuación, el relato se centra en la descripción del viaje que Maximino emprende a Roma desde "Terrachina", al objeto de curarse de una extraña enfermedad que llaman "mutación" y que, según le han vaticinado, le causará la muerte antes de llegar a su destino:

> Habíase partido Maximino con intención de llegar a Roma a curarse con mejores médicos que los de Terrachina, los cuales le pronosticaron que, antes que en Roma entrase, le había de saltear la muerte, en esto más verdaderos y esperimentados que en saber curarle; verdad es que el mal que causa la mutación pocos lo saben curar. En efeto, frontero el templo de San Pablo, en mitad de la campaña rasa, la fea muerte salió al encuentro al gallardo Persiles y le derribó en tierra, y enterró a Maximino (p. 711).

Pero lo sorprendente de esta información que nos proporciona el narrador, además del carácter fabuloso de los datos que se aportan, es que esos mismos hechos que cuenta, en relación al último tramo del viaje de Maximino, parecen aludir también al viaje que Periandro emprendió desde el lugar en que se produjo la revelación de Serafido hasta el templo de San Pablo, y, precisamente, para "morir" de una muerte igualmente vaticinada.

Es decir, da la impresión de que, de algún modo, nuestro autor pretendiera relacionar ambas muertes místicas, la de Periandro y Maximino, como si fuesen dos vectores opuestos que convergen en un mismo punto. Lo cual remitiría a nuestra hipótesis acerca de las diferentes identidades con las que juega Cervantes para representar los procesos gnósticos en curso, donde el ente resultante o conciencia trascendida, Persiles, constituiría la identidad victoriosa nacida de ese choque de potencias de signo contrario: el ideal celeste (Periandro) y la realidad terrena (Maximino). Por ello, como así se especifica en el texto, el cuerpo de este último se desecha o

---

[1043] El tema de la eucaristía ha sido muy tratado por Cervantes a lo largo del *Persiles*. Véanse, al respecto, las alusiones alegóricas que nosotros hemos analizado en los capítulos: 1.6. (episodio de Ricla y Antonio el Bárbaro), 1.10. (la cena en la isla de Golandia), 2.6.5. (la masacre en el barco de Sulpicia) y 4.4.3. (la lección de los penitenciarios a Auristela).

[1044] Pan sin levadura que se emplea en la confección de las hostias para el ritual litúrgico de la eucaristía. En cualquier caso, la referencia al pan ácimo se presenta como propia del cristianismo primitivo y la del pan con levadura como más en la línea del catolicismo tridentino. Véase al respecto el capítulo 1.6.

se entierra ("y enterró a Maximino")[1045]; lo cual no quiere decir que el personaje que aparece en el texto con ese nombre sea físicamente enterrado, sino que es su conciencia o "yo inferior" el que regresa al lugar del que procede (a la tierra = enterrado).

En tal caso, ya puede comenzar el ceremonial:

> El cual, viéndose a punto de muerte, con la mano derecha asió la izquierda de su hermano y se la llegó a los ojos, y con su izquierda le asió de la derecha y se la juntó con la de Sigismunda, y con voz turbada y aliento mortal y cansado dijo (p. 711).

Y, de este modo tan visual da comienzo el ritual unitivo, en el que se trata de escenificar un matrimonio sagrado o gnóstico;[1046]el cual, deberá ser ratificado con el compromiso expreso de los contrayentes y a través de un oficiante muy particular: el "yo inferior" (Maximino), que ejercerá de intermediario nupcial entre ambas naturalezas en ausencia, como se ve, de ningún otro tipo de sacerdote sea del credo que fuere:

> - De vuestra honestidad, verdaderos hijos y hermanos míos, creo que está por saber esto. Aprieta, ¡oh hermano!, estos párpados y ciérrame estos ojos en perpetuo sueño, y con esotra mano aprieta la de Sigismunda y séllala con el sí que quiero que le des de esposo, y sean testigos de este casamiento la sangre que estás derramando y los amigos que te rodean. El reino de tus padres te queda; el de Sigismunda heredas; procura tener salud y góceslos años infinitos (p. 711).

En resumen, el narrador hace aquí una exposición de los preceptos por los que habría de regirse un matrimonio de naturaleza gnóstica. Empezando por la exigible honestidad de quien aspire a estas "nupcias sagradas" y terminando con la promesa de la ganancia espiritual cifrada en la heredad de un "reino superior".[1047]

Continua el ritual, que ahora será referido por el narrador, pues, en el momento álgido de la celebración el propio "oficiante", símbolo y lazo de esa unión, debe morir como parte del proceso simbólico por el que la Trinidad (Periandro, Maximino y Auristela) se transforma en la Unidad (los esposos = el andrógino):

> Estas palabras, tan tiernas, tan alegres y tan tristes, avivaron los espíritus de Persiles y, obedeciendo al mandamiento de su hermano, apretándole la muerte, la mano le cerró los ojos y, con la lengua, entre triste y alegre, pronunció el sí y le dio de se su esposo a Sigismunda (pp. 711-712).

Terminada la ceremonia, no resulta ajeno advertir en estas palabras una alusión al himno de mayor dignidad y exaltación espiritual dentro de la liturgia católica, el *Sanctus*[1048]: "Sanctus, Sanctus, Sanctus..."("Estas palabras, tan tiernas, tan alegres y tan tristes"); donde, el término "tan", que se repite en tres ocasiones, se combina con la letra "s" presente en el plural de cada uno de los adjetivos que lo acompañan ("tiernas", "alegres", "tristes"), dando como resultado el siguiente anagrama: TAN-S, TAN-S, TAN-S > SANT, SANT, SANT.

En este sentido, y puesto que es en la ceremonia litúrgica de la eucaristía donde el *Sanctus* adquiere su mayor relevancia, podría pensarse que lo que se está revelando sea, precisamente, un ritual análogo. Por tal razón, se deduce que el matrimonio gnóstico y la eucaristía podrían simbolizar, como ya avanzábamos al comienzo de este análisis, la misma experiencia

---

[1045] En este punto, Romero, que no acepta el trasfondo alegórico que la evidencia de la expresión: "y enterró a Maximino", imprime a la narración; se aferra al doble sentido de la cita (*"enterró = echó por tierra".* n. 3, p. 711) como única explicación de un relato carente de sentido desde su literalidad.

[1046] "Un tema mítico que tenía importancia en los misterios paganos era el matrimonio sagrado entre el dios hombre y la diosa, símbolo de la unión mística de contrarios. En Creta celebraban el matrimonio de la diosa Deméter con el dios hombre Yasión. A su <<llegada>> a Atenas todos los años, Dioniso era aclamado como <<el novio>>, y su matrimonio con la reina de la ciudad, que representaba a la diosa, se celebraba ritualmente."Freke / Gandy, 2000, p. 162.

[1047] "El matrimonio sagrado simboliza la unidad mística, que era el objetivo del gnóstico. En el Evangelio de Tomás, Jesús enseña a sus discípulos: *Cuando hagáis de los dos uno, y cuando hagáis el interior como el exterior y el exterior como el interior, y lo de arriba como lo de abajo, y cuando hagáis al hombre y a la mujer una cosa y la misma, de manera que el hombre no sea hombre, y la mujer no sea mujer, entonces entraréis en el Reino".* Freke / Gandy, 2000, p. 163.

[1048] El *Santo*, antiguamente llamado también Trisagio, es un himno en honor de la Santísima Trinidad.

511

trascendente: en ambos casos se precisa del cuerpo del sacrificado (Maximino) para interiorizar a la nueva identidad en curso (Persiles y Sigismunda), al objeto de transformarse (la consubstanciación)[1049], según los postulados del cristianismo primitivo, ¿en el Cristo (los esposos)?[1050]

Y, dentro de este proceso gnóstico que culmina con esta unión ritualizada, encontramos que el narrador proporciona información acerca del modo en cómo ha de desarrollarse el ritual: "la mano le cerró los ojos y, con la lengua, entre triste y alegre, pronunció el sí"; es decir, que "la mano", "ojos" y "la lengua", ¿no podrían ser una alusión al ejercicio de control sobre los sentidos que debe observar quien transite por esos caminos de la gnosis, de modo que a través del trabajo personal ("la mano") pueda apagarse esa visión engañosa del mundo de las apariencias ("le cerró los ojos"), y así poder visualizar a través de la mente-inteligencia ("con la lengua")[1051], no sin esfuerzo y grandes dudas ("entre triste y alegre"), la meta mística anhelada (la unión expresada en el "sí" de los esposos?

Finalizada la ceremonia de tan singular casamiento, el narrador se centra ahora en los invitados al evento, empezando por el sentimiento que habría de despertar en los allí presentes la contemplación de tan insólito espectáculo nupcial:

> Hizo el sentimiento de la improvisa y dolorosa muerte en los presentes [su efeto] y comenzaron a ocupar los suspiros el aire y a regar las lágrimas el suelo (p. 712).

Terminando por recoger los restos del "banquete":

> Recogieron el cuerpo de Maximino y lleváronle a San Pablo, y el medio vivo de Persiles, en el coche del muerto, le volvieron a curar a Roma (p. 712).

Resulta lógico, pues, que el cuerpo del mártir Maximino acabe, como el de su homólogo San Pablo (también mártir), en el templo de su nombre. En cuanto a Persiles, ya trascendido ("medio vivo", en el sentido de que ya se ha depurado de su otra mitad, la que estaba muerta)[1052] a través del "sacrificio del hermano", ocupa el lugar dejado por este como rey de un mundo material (Roma); aunque cohabitando con ese otro mundo celestial (el coche = *Kochab*): "en el coche del muerto, le volvieron a curar a Roma".

Perspectiva mítico-legendaria

Aprovecharemos aquí para realizar un breve inciso en relación a las referencias legendarias que hemos observado cohabitando en el texto junto con las otras perspectivas analizadas. Porque el tema gnóstico de las dos naturalezas que se enfrentan para salir reforzado, renacido o trascendido, son una constante en la literatura fabulosa de todos los tiempos; desde el mito egipcio de Osiris, Set e Isis (Periandro, Maximino y Auristela, respectivamente), hasta el de Jesús, Judas (el hermano del señor) y María, pasando por el griego de Teseo, el Minotauro y Ariadna.

[1049]   Es la doctrina teológica opuesta a la transustanciación defendida por los católicos, en el sentido de que tal sacrificio simbólico se trata de una coexistencia y no de una sustitución. Este posicionamiento teológico fue defendido por Lutero, constituyendo una de sus principales disidencias con la Iglesia católica.

[1050]   "El ritual de comer y beber el <<cuerpo>> y la <<sangre>> de Jesús es la eucaristía de los cristianos. Esta <<santa comunión>> se practicaba también en los misterios, como medio de llegar a ser uno con Osiris-Dioniso. Los no iniciados que interpretaban mal estos ritos acusaban a los misterios de practicar el canibalismo, exactamente la misma acusación que más adelante se lanzaría contra los primeros cristianos porque celebraban la eucaristía."Freke / Gandy, 2000, p. 73.

[1051]   La lengua, dentro el proceso purgativo o de depuración de las pasiones, deja de considerarse como un instrumento al servicio del sentido del gusto para convertirse en el símbolo de la inteligencia, en cuanto a que órgano generador del lenguaje.

[1052]   "Heráclito escribe:<<Los mortales son inmortales y los inmortales son mortales; mientras el uno está vivo el otro está muerto, y cuando uno está muerto el otro está vivo>>, véase C.H. Kahm, 1979, p. 71. Píndaro también declaró que: <<Mientras que el cuerpo está sujeto a la muerte, el alma permanece viva, porque sólo ella proviene del dios. Pero duerme mientras los miembros son activos>>, véase S. Cranston, 1977, p. 208." Freke / Gandy, 2000, n. 56, p. 377.

Pues bien, creemos que tras el relato de este fabuloso episodio, podría ocultarse la voluntad de Cervantes por aludir, al final de su obra, a uno de los temas que más haya podido influir en el significado profundo que pueda atribuirse al *Persiles* en su conjunto: el mito del Grial y la literatura aneja del rey Arturo y Perseval.

Porque el mito del rey Arturo, Perseval y el Grial sigue, en general, esos mismos patrones duales que venimos señalando; aunque volcados al molde de la época en la que deberían surtir los efectos oportunos: el Medievo. No es la primera vez, por tanto, que analizamos el tratamiento que Cervantes pudo haber realizado del mito de *Perseval* a través del personaje de Persiles. En tal caso, las alusiones al caballero Perseval podrían completarse con las que ahora nos ocupa. A saber:

- La alusión que se hace al comienzo: "Habíase partido Maximino", sugiere, en el contexto diegético donde se halla inmersa, literalmente, la idea de comenzar un viaje; pero, también, el empleo del verbo reflexivo induce a la percepción de que el "partido" sea el propio Maximino. Lo cual reafirma nuestra hipótesis acerca de la dislocación simbólica del personaje de Persiles en dos identidades: Maximino y Periandro. Es decir, que las acciones que aquí se narran para Maximino también remiten a Periandro.

- Perceval es llamado el "Hijo de la Viuda", y los hermanos Maximino y Periandro, de igual modo, también son huérfanos de padre:"cuyo padre no ha muchos meses que pasó desta a mejor vida" (p. 700).

- Los nombres de sus respectivas damas están relacionados semánticamente: Blancaflor y Auristela; atendiendo a la fórmula de: resplandor-luz (blanco / oro) + objeto bello idealizado (flor / estrella).

- Perceval, como Periandro-Maximino, parte a una peregrinación en busca del Grial -Amor.

- Perceval acude al castillo del Grial, donde un enfermo rey "Pescador" le hace pasar una prueba que no supera. De igual modo, Periandro llega a Roma donde un "cristianismo desviado" (simbólicamente, ¿un pez enfermo?) impregna todas las acciones que allí suceden, terminando con el fracaso y la huida del héroe.

- Ambos, en su camino, se encuentran con un ermitaño, que, de igual modo, les revela información sobre la verdad de su persona (Serafido).

Comoquiera que el objeto de este análisis no es realizar un estudio monográfico de las influencias de la obra de Chrétien de Troyes en el *Persiles*, sino solo justificar su presencia en determinados pasajes, como este que nos ocupa, daremos aquí por finalizado este breve análisis, a pesar de vislumbrar un amplio horizonte de expectativas que podría utilizarse a nuestros efectos.

4.9. Un retorno al sentido historicista: a vueltas con el final

A partir de este momento, una vez que el polémico matrimonio ha tenido lugar felizmente para los contrayentes, aunque haya dejado unos cuantos cadáveres por el camino..., y, tras las preceptivas muestras de dolor de los allí presentes; el relato se transforma en una espiral en donde las aparentes prisas por cerrar el episodio impide, en buena parte de los casos, poder establecer unos criterios nítidos sobre las acciones y los personajes que convergen en este final de la obra.

Subyace, sin embargo, cierta voluntad de querer explicar lo que se ha narrado desde una perspectiva profundamente simbólica para convertirlo en algo concreto, de forma que pueda deducirse de ello una lectura histórico-contemporánea (nos referimos a la época de Cervantes) de los sucesos que se relatan.

Porque, somos de la opinión de que la imagen teatral que se ha escenificado con el "extraño casamiento" de nuestros protagonistas, aparte de representar la consumación del ritual gnóstico que mejor define la presencia de esos antiguos misterios todavía en un estado de forma aceptable en determinados círculos socio-culturales (humanistas), podría señalar al panorama histórico de su tiempo (la conciencia espiritual de una época); que se debatía entre -digámoslo así- continuar el "engaño" en el que se tenía al vulgo o afrontar los nuevos tiempos que comienzan (el siglo XVII) con las necesarias reformas tendentes a poner la "salvación" al alcance de todos (a través de los misterios simbolizados por el matrimonio gnóstico) y no solo de unas élites privilegiadas.

Y esta exaltación de los misterios que dan sentido a la antigua religión, que, en los ánimos de Cervantes, pretende reinstaurar como mejor cura para una civilización que se siente enferma, podría ser la razón que daría sentido a esa especie de "frenesí matrimonial" que experimenta el *Persiles* en su última página: una exaltación simpática cuyo detonante ha sido el matrimonio gnóstico entre Periandro y Auristela. Ahora bien, la traslación de esta explosión de júbilo, que se deduce de la interpretación de estos hechos ficcionales, no habrá de tener, sin embargo, su correspondiente correlato histórico (no al menos de manera efectiva); pues, el inicio para Europa de un nuevo período, pretendidamente reformista (Paz de Vervins y Edicto de Nantes, 1598), cuyo objeto habría de ser la tolerancia religiosa, no pasó de ser una vana ilusión dentro de las acuciantes necesidades de una Europa asolada por las guerras y un pueblo necesitado de paz.

Y esta misma idea parece mostrarse en el texto cuando el "medio vivo" Periandro acude presto a curarse a Roma de sus heridas: ¿una imagen de ese pacto entre católicos y protestantes, donde la tolerancia religiosa no sería más que buenas intenciones carentes de efectividad (el "medio vivo" Periandro como simil de esas "medias tintas"), en cuanto a que este acuerdo, bien dirigido desde Roma, trataría de ahogar al movimiento reformista desde dentro?

El desconcierto que hubo de provocar esta maniobra política dirigida desde Roma en los intereses de la casa de Austria (Felipe II-Felipe III), tras muchos esfuerzos y vidas en el intento de imponer de manera efectiva el catolicismo en Occidente, podría haber sido reflejado por nuestro autor en la cita que sigue:

> Mucho sintió Arnaldo el nuevo y estraño casamiento de Sigismunda; muchísimo le pesó de que se hubiesen mal logrado tantos años de servicio, de buenas obras hechas en orden a gozar pacífico de su sin igual belleza; y lo que más le tarazaba el alma era las no creídas razones del maldiciente Clodio, de quien él, a su despecho, hacía tan manifiesta prueba. Confuso, atónito y espantado, estuvo por irse, sin hablar palabra a Persiles y Sigismunda, más, considerando ser reyes y la disculpa que tenían, y que sola esta ventura estaba guardada para él, determinó ir a verles, y ansí lo hizo (p. 712).

Porque Felipe II, que había utilizado la "sangrienta" Liga Católica en su lucha por imponer el catolicismo en Francia y en toda Europa, veía como sus deseos por implantar la romana religión en tierra de los francos se esfumaban con la firma, ya con su hijo Felipe III como protagonista de los acontecimientos, de la Paz de Vervins y del Edicto de Nantes (1598). No en vano, estos acuerdos, aparte de poner un fin aparente al conflicto religioso permitiendo la libertad de culto, hacía sentarse a un protestante, que solo en las formas había abjurado del protestantismo, en el trono de Francia: Enrique IV.

Y, la interpretación que hemos realizado de estos hechos, podría ser aludida en el texto a través de la imagen que se nos transmite de un duque de Nemurs de vuelta al reino al que debe tomar posesión (Francia): "donde no hallaron [en Roma] a Belarminia ni a Deleasir, que se habían ya ido a Francia con el duque" (p. 712).

Dentro de este contexto histórico, no debería sorprendernos que, tras los personajes de las dos damas que acompañan al duque (ya rey de Francia, Enrique IV), Belarminia y Deleasir, se oculte la identidad de las dos consortes del Monarca: Margarita de Valois (reina de Francia entre 1589-1599) y María de Médici (1600-1610, y regente de su hijo, Luis XIII, entre 1610-1617).

Ahora bien, si de nuestro análisis sobre las tres damas francesas, haciéndonos eco de las deducciones de Nerlich,[1053] decíamos que en su conjunto simbolizaban a Francia a través de las armas de su escudo; la circunstancia de que el duque de Nemurs no cuente con Félix Flora a la hora de marcharse a sus dominios solo puede significar una cosa: que los territorios simbolizados por Félix Flora estén excluidos de esa nueva Francia regida por el protestante (hugonote) Enrique IV (el duque de Nemurs).

En este orden de cosas, solo cabría saber qué territorios franceses están siendo simbolizados por el personaje de Félix Flora, y, para ello, recurriremos al *Tesoro* de Covarrubias, donde, en la

---

[1053] "las tres damas francesas francesas simbolizan a Francia y sus armas, representando los tres elementos que las componen: Belarmina el *Armiño*, Delasir el *Azur* y Feliz Flora-*Flor de Lis*, (568) que "hace gran ventaja a las dos en ser rica"(al ser en sí misma una unidad de tres lises) y que ofrece (605) "a Antonio de prestarle cuanto hubiese menester para su gusto", el *Oro*." Nerlich, 2005, p. 507.

entrada *Gallia* (en relación a la Francia actual) leemos que, en época de los romanos, el territorio se dividía en tres partes:

> GALLIA, vulgo Francia, dixole assi por la blancura de los habitadores della, que como hemos dicho en otras partes, γαλα, gala, es lo mesmo que leche. Dividenla en tres provincias, en la Togata, Comata, y Braccata.

Tres, como podemos apreciar, son las divisiones territoriales de Francia en época romana (la *Gallia citerior* o *Togata*, París o la *Gallia Comata* y la *Gallia Braccata* o *provincia narbonensis*), al igual que las "tres damas francesas"; ahora bien, ¿cuál de ellas habría de simbolizar a la ausente Félix Flora? Creemos que la circunstancia de que Enrique IV tuviera que abjurar y convertirse al catolicismo en 1593, al objeto de recuperar la parte más emblemática del territorio francés todavía en poder de la Liga Católica, sería una prueba de peso con la que avalar la hipótesis de que París, la *Gallia comata* de los romanos, constituye el territorio simbolizado por Félix Flora. No en vano, como dijo Enrique IV en su ceremonia de abjuración: "París bien vale una misa".

A esta deducción, sumaremos la circunstancia de que Félix Flora parece sintetizar sobre sí misma la esencia del conjunto de las tres damas: "(al ser en sí misma una unidad de tres lises)". En este sentido, podemos comprobar en cualquier manual de heráldica que, en efecto, existe un escudo perteneciente a un antiguo linaje francés que aúna en su interior tres flores de lis, combinando los tres colores característicos de cada una de las "damas francesas" (blanco-Belarminia, azur-Deleasir y oro-Félix Flora: la casa de Valois,[1054] cuya ubicación se corresponde, con las pertinentes fluctuaciones, con los dominios reales heredados por la Casa de los Capetos en el entorno de París (la Isla de Francia).

En cuanto a la frugal aparición que hace el denostado Clodio, a modo de escarmiento moral de un Arnaldo arrepentido ante el casamiento de Auristela: "y lo que más le tarazaba el alma eran las no creídas razones del maldiciente Clodio, de quien, a su despecho, hacía tan manifiesta prueba"; viene, de algún modo, a limpiar la inmerecida fama del "maldiciente", en el sentido de que decía la verdad.

Del modo en cómo se está resolviendo el final del *Persiles*, observamos también que Arnaldo no sale muy bien parado (en consonancia con los acontecimientos históricos que desembocan en la Paz de Vervins y el Edicto de Nantes, 1598), a pesar de ello, no parece que su poder haya experimentado una merma significativa; lo cual, se comprueba en la intención de los felices esposos por que el poderoso rey de Dinamarca no se vaya de Roma con las manos vacías: "Fue muy bien recibido y, para que del todo no pudiera estar quejoso, le ofrecieron a la infanta Eusebia para su esposa, hermana de Sigismunda, a quien el acetó de buena gana"(p. 712).

Pero hagamos el ejercicio, siempre arriesgado en un texto de estas características, de ponerle rostro a las figuras de ficción; pues, con arreglo a nuestros argumentos, defendidos a lo largo de todo este trabajo, Arnaldo (la casa de Austria) podría encarnar aquí al rey Felipe III, y, la esposa que -digamos- se le entrega en pago de su propio fracaso en la resolución del conflicto religioso europeo, Eusebia, no solo señalaría simbólicamente a la nueva conciencia espiritual del monarca tras el fin de las sangrientas guerras de religión[1055] (Felipe III el Piadoso); sino que, además, en calidad de hermana de Sigismunda en la ficción, y, por tanto, dueña de un rancio linaje, podría encarnar a la figura histórica de una doncella que, reuniendo el requisito imprescindible de "la sangre"(la herencia de la casa de Austria) tuviera los méritos suficientes para desposarse con el nieto del glorioso emperador Carlos V. Estamos refiriéndonos a Margarita de Austria-Estiria (reina de España desde 1599 hasta su fallecimiento en 1611), nieta del otro emperador del Sacro Imperio, el hermano de aquel, Fernando I.

Porque fue el propio Felipe II quien concertó el matrimonio de su hijo antes de morir. Ahora bien, ¿en qué nos basamos para afirmar la posibilidad de que la esposa de Felipe III pueda ser el referente real de Eusebia, la hermana de Sigismunda? En una cuestión muy evidente: en que nuestra protagonista Sigismunda (personaje de naturaleza polisémica, con la que nuestro autor

---

[1054] Tras la muerte del último rey de la casa de Valois, Enrique III, dentro del contexto histórico de las guerras de religión francesas, fue Enrique IV quien ocupó el trono de Francia.

[1055] Dice Romero en relación al nombre de Eusebia (futura esposa de Arnaldo): "También el nombre parece conscientemente elegido: derivado del griego *eúsevés*, equivale a '[mujer] temeros[a] de Dios, pí[a] (n. 18, p. 405).

se refiere al entorno idílico-espiritual-femenino que rodea al reinado de Sigismundo III Vasa) encarna a su vez al personaje histórico de Constanza de Habsburgo, a la sazón, hermana natural de Margarita de Austria-Estiria y esposa que fue del rey de Polonia y de Suecia SIGISMUNDO III.

Obviamente, se nos objetará que Sigismundo es hombre y nuestra protagonista es mujer, lo cual, invalidaría de raíz cualquier intento coherente de asimilación. Pero nada más lejos de la realidad (la que acontece en el *Persiles*), y para argumentarlo nos remitimos a lo proferido por Nerlich, que también aboga por esta hipótesis:

> Sigismunda, al entrar en el texto [capítulo 4 del libro I], nos aparece bajo la figura de un *varón o mancebo*, lo que quiere decir: HOMBRE. Sin excluir por nada del mundo la posibilidad de que Cervantes juegue además un juego filosófico-mitológico con el tema de la androginia, conocido desde la filosofía-mitología griega, yo deduzco aquí -partiendo de nuevo del *sensus litteralis* y de la posible función de lo que se dice a ese nivel- que, en tanto que signo, este hombre que es una princesa "medio gentil" escandinava con el nombre de SIGISMUNDA *debería evocar automáticamente* el nombre de aquel SIGISMUNDO, príncipe heredero y rey católico de un país protestante escandinavo que, desde 1602, estaba unido a una CONSTANZA habsburguesa, y era conocido por todo intelectual europeo de la época que se respetase.

Nosotros añadiremos, a lo proferido por Nerlich, un detalle que, en nuestra opinión, daría la altura concreta de la asimilación que se propone. Nos referimos a que Sigismundo III se casa con dos hermanas de forma sucesiva, primero con con Ana y después con Constanza de Habsburgo; lo cual, redundaría en la imagen de un hombre doblemente influenciado por el linaje de las dos hermanas. De ahí a imaginar a un Segismundo III asumiendo la identidad femenina del entorno de su esposa Sigismunda va un paso. No ha de olvidarse, también en favor de estos argumentos, la presencia de la inseparable Constanza junto a Sigismunda a lo largo de toda la obra, cuya intima relación contribuye a formar esa idea de la existencia de un vínculo familiar.

Luego, el relato continúa con una breve exposición de la suerte que correrán los nuevos y los viejos emparejamientos: Félix Flora se casará con Antonio el bárbaro, Croriano y Ruperta se volverán a Francia, Bartolomé el Manchego y la castellana Luisa se marcharán a Nápoles y Constanza se casará con un anónimo conde, del que tenemos la única referencia de que es cuñado de Sigismunda.

Como vemos, la resolución argumental de la novela-epopeya, llegados a este punto, no se demora con ningún tipo de alarde retórico, ni tampoco se nos ofrece alguna de las habituales historias intercaladas (que se reservará para informar el *prólogo al lector*): nuestro autor solo piensa -tenemos la impresión- en terminar su obra antes de que la muerte lo haga con él. Y este es el motivo, juzgamos, de que se adueñe del discurso un simbolismo en exceso concentrado y lacónico, sin apenas desarrollo argumental con el que poder cotejar informaciones y dejando un amplio margen tanto al desconcierto como a la imaginación.

Pero vayamos por partes. En relación al futuro de la pareja Félix Flora-Antonio el bárbaro, el texto nos dice: "Félix Flora determinó casarse con Antonio el bárbaro, por no atreverse a vivir entre los parientes del que había muerto Antonio" (p. 713); es decir, que el matrimonio no es por amor, sino que es una cuestión de intereses, donde Félix-Flora-"la triple flor de lis" (¿alguien procedente de la casa de Valois?) buscará la protección del belicoso "caballero español" Antonio el bárbaro.

Estos acontecimientos, en nuestra opinión, se relacionarían con lo que habíamos analizado del enfrentamiento entre el duque de Nemours y Arnaldo, es decir, entre el protestante Enrique de Borbón (futuro rey Enrique IV de Francia) y el católico Felipe II, respectivamente; en concreto, nos referimos al matrimonio impuesto al futuro monarca francés a raíz de la Paz de Saint-Germain (1570), donde se le obligó a contraer matrimonio con la católica Margarita de Valois, hermana que fuera de la ya fallecida esposa de Felipe II Isabel de Valois.

Como cabría de esperar, las fuertes disensiones que provocó este matrimonio dentro del contexto de las guerras de religión en Francia, donde la católica Margarita llegó a conspirar contra su propio esposo, el protestante Enrique IV; hizo que se creara en torno a esta reina una especie de leyenda alimentada tanto por su determinación catolicista como por su -llamémosle- "largueza cortesana": la reina Margot.

Pues bien, dado que la propia reina confesaba ser la única heredera de la raza de los Valois y una especie de transición, durante esos últimos años, no solo entre su dinastía y la de los Borbones sino también entre el espíritu del renacimiento y el del Gran Siglo francés; creemos que el personaje histórico se ajusta correctamente tanto al contexto diegético como a las características que hemos señalado de la figura de Félix Flora.

En tal caso, la determinación que muestra el personaje de "no atreverse a vivir entre los parientes del que había muerto Antonio", como justificación de su casamiento con Antonio el bárbaro, nos acerca a muy concretos episodios de la reina Margarita de Valois (la reina Margot), como son: su viaje a los Países bajos (1576), donde traba amistad con el hermano de Felipe II, don Juan de Austria; la ayuda solicitada a la Liga Católica en 1585; el encarcelamiento dictaminado por su propio hermano Enrique III y bajo el consentimiento de su marido (1586), que se relacionaría en el texto con el episodio del intento de secuestro de Rubertino[1056]; o la anulación de su matrimonio decretada por su propio esposo el rey Enrique IV (1599), que abriría la puerta a esa huida final que podría ser aludida en el fragmento del texto que estamos analizando. Es decir, juzgamos que la necesidad de la última representante de la Casa de Valois de recurrir a la belicosidad de los españoles, hondeando la bandera del catolicismo como mejor instrumento para asegurar sus pretensiones políco-territoriales, señalaría directamente a la figura de Antonio el bárbaro.

En relación a la pareja Croriano y Ruperta, que: "acabada su romería, se volvieron a Francia, llevando bien que contar del suceso de la fingida Auristela", la interpretación se torna compleja en exceso; dada la naturaleza de los hechos que la pareja protagonista de los mismos simboliza, según se analizó en el capítulo 3.5. (capítulo 16 del libro III). No obstante, podríamos realizar algún tipo de aproximación interpretativa; pues, el texto nos informa, y en ello debemos incidir, que son los únicos personajes a los que el narrador se dirige en calidad de romeros, puntualizando además que su peregrinación ha terminado. Es decir, en su caso quedaría patente su filiación católica, en cuanto a que romeros o peregrinos para los que Roma sí haya de ser un final espiritual.

Ahora bien, dado el contexto simbólico en el que situábamos a Croriano: hijo del asesino del primer marido de su pareja Ruperta (el conde Lamberto de Escocia, que nosotros asimilábamos con la orden del Temple); ¿qué habría querido decir Cervantes cuando el narrador afirma que "acabada su peregrinación, se volvieron a Francia, llevando bien que contar del suceso de la fingida Auristela"? ¿Acaso podría ser una alusión al Edicto de Nantes? No en vano, Croriano "era pariente del embajador de Francia"(p. 659), es decir, familiarizado con la transmisión de los secretos de estado y con los de Roma en particular. En este sentido, podríamos deducir, en relación a ese final de peregrinación que se cita, que se estaría aludiendo a una peregrinación en sentido simbólico: el sangrante camino que ha llevado al bando catolicista francés (los mismos que dos siglos antes acabaran con el Temple) a ese final de trayecto que constituye la paz de Vervins y el Edicto de Nantes (1599), llevándose a Francia la noticia de un acuerdo engañoso ("el suceso de la fingida Auristela") donde la tolerancia religiosa no sería más que una vana ilusión.

A esta formulación habría que sumarle el papel que desempeñaron Ruperta y Croriano en la liberación de los españoles Luisa y Bartolomé el Manchego, presos como estaban en la cárcel de Roma, o, deberíamos de decir, ¿sometida como estaba la conciencia española al catolicismo romano? Es decir, juzgamos que tras esta pareja ficcional podría hallarse la unión de dos conceptos de naturaleza simbólica, Croriano, que señalaría al ente activo (el poder teocrático), y, Ruperta, el sujeto pasivo (la ideología): ¿quizás, una semblanza de la orden monástica que, surgida del seno del catolicismo, constituya uno de los focos más preclaros de heterodoxia, origen de movimientos espirituales tendentes al misticismo como el de los Alumbrados españoles del siglo XVI? ¿Estaríamos hablando de la Orden de San Francisco, a la cual pertenecía Cervantes como terciario, ambos tratando de "liberar de la prisión" al pueblo

---

[1056] No descartamos que tras la figura de Rubertino, pueda hallarse el personaje histórico del rey de Francia Enrique III, el cual muró apuñalado por Jacques Clément, fraile dominico perteneciente a la Liga Católica. Nos basamos para ello en que este Monarca, hermano de Margarita de Valois, fue quien, literalmete, la "secuestró"/recluyó en una cárcel; lo cual estaría en consonancia con el papel desempeñado en la ficción tanto por Rubertino, que tras intentar secuestrar a Félix Flora murió de las heridas propiciadas por el "bárbaro-español" Antonio el hijo.

517

español; los primeros actuando sobre las conciencias, para liberarlas de la ignorancia, y el segundo sobre los lectores, a través de su *Persiles*?

En tal caso, en la mente de nuestro autor, el ejemplo del fundador de los franciscanos, San Francisco de Asís, simbolizaría la única vía posible en la liberación de las almas sometidas al yugo de Roma. Circunstancia, esta, que podría haber sido aludida en el texto a través de la insólita liberación que posibilita Croriano, por mediación de Ruperta, de los españoles Luisa y Bartolomé presos en Roma. De igual modo, la noticia que nos proporciona el narrador de que Croriano y Ruperta "se volvieron a Francia", podría señalar ahora a hechos muy puntuales relacionados con el fundador de los franciscanos; pues, la Provenza francesa (Languedoc) fue un lugar de especial atracción y objetivo preferente en la expansión de la Orden de San Francisco (debido a su ascendente materno), que él mismo se adjudicó para infundir su doctrina (la del cristianismo primitivo) en la lengua autóctona que él conocía.

No se descarta, a la vista de la asimilación que hemos planteado, en cuanto a la identificación de la pareja Croriano-Ruperta y su vuelta a Francia con la orden de los franciscanos, que el nombre de aquel sea una corrupción fonética en la pronunciación del término *franciscanos*. No en vano, realizando un juego de transposición fonética entre los términos FRANCISCANO y CRORIANO, encontramos, después de comprobar las letras que ambos comparten, que las que sobran conforman el término FRANCOS: ¿quizás podría indicar que el antiguo linaje de los francos reviste al personaje de Croriano?

En cuanto al destino que el narrador asigna a la pareja formada por Bartolomé el Manchego y la castellana Luisa, nos parece que su interpretación plantea menos problemas que la anterior, fundamentalmente, debido al mayor desarrollo que han tenido estos personajes a largo de la novela-epopeya, así como a la claridad con la que parece resolverse su final diegético: "se fueron a Nápoles, donde se dice que acabaron mal, porque no vivieron bien."

Porque, como ya hemos argumentado en otro lugar de este trabajo, Bartolomé y Luisa simbolizan con su unión al alma de España; en tal caso, Cervantes, consciente de la poco esperanzadora situación a la que se enfrenta España al comienzo del nuevo siglo XVII (ciñéndonos al contexto espiritual, aunque también se corresponda con el político-social), no podía hacer regresar a la pareja de españoles a una tierra extraña a su propia esencia (el concilio de Trento significaba el fin de la tradición heterodoxa hispánica). Y ese es el motivo por el que los hace marchar a Nápoles: la misma Nápoles donde decíamos que se encontraba en ese momento ocupando el cargo de virrey don Pedro Fernández de Castro, VII conde de Lemos y benefactor de Cervantes, humanista convencido -como nuestro autor- que transformó el reino napolitano en un lugar de prosperidad que incluso hoy en día es recordado; y, donde, a pesar del catolicismo tridentino irradiado desde la corte madrileña, supo dotar a su virreinato de una armonía y una concordia que vino a inaugurar -o, a terminar de consolidar- lo que luego se dio en llamar el Barroco.[1057]

Porque, el virreinato instaurado por el conde de Lemos podría haber sido visto por Cervantes como la solución ideal a los problemas que la casa de Austria no sabía o no podía resolver. La armonía, pues, que el "Séptimo" conde fomentó en Nápoles en los comienzos de esa nueva época bajo el signo de la cultura humanista[1058], constituiría el modelo a imitar por la Monarquía

---

[1057] "Desde cualquier perspectiva se nos descubre una capital que bulle en su expresión artística y literaria, que es centro de cultura y proyección de artistas y escritores. La actividad reformadora del VII conde de Lemos dio cauce al menos a una parte de esa cultura [...]. Al margen de la 'oficialidad', el pensamiento político, literario artístico se desarrolla con personalidad propia, se deja influenciar por los modos y costumbres españolas, pero revaloriza el dialecto [...]. Nápoles es, también, lugar de predominio eclesiástico y de difusión del mensaje católico a través del arte, de la imagen y a través de los sermones y procesiones, fiestas religiosas y ceremonias. La *Napoli sacra* es, a su vez, lastre y carril de las nuevas tendencias culturales. Los inicios del XVII fueron una época de contrastes y eclecticismo hacia los nuevos ideales, estética y mentalidad de lo que se ha denominado "Barroco". Enciso, 2002, pp. 782-783.
[1058] "Especialmente complejos fueron los comienzos del nuevo siglo [el XVII en Nápoles]. En ellos descubrimos un intento por encontrar la novedad y romper con el mundo establecido y precedente. Son momentos de ensayo en el arte y la cultura por descubrir nuevas claves interpretativas en el saber, aunque desde diversas perspectivas. Estos tímidos contrastes con el pasado encuentran su máxima expresión, aunque con sus diferencias y matices, en precursores como Galileo, G. Bruno, G. B. Marino, G. B. Basile, T. Campanella, G. B. Della Porta, G. C. Fontana, A. Carracci, Caravaggio o Guido Reni, todos vinculados por unas razones u otras al reino de Nápoles, que pertenecen al mundo tardo manierista o del incipiente barroco." Enciso, 2002, p. 785.

Hispánica[1059] (o, a un nivel simbólico, ¿por la monarquía universal?) como mejor modo de lograr la deseada concordia entre las dos eternas facciones enfrentadas (la ortodoxia y la heterodoxia):

> Esta ciudad es Nápoles la ilustre,
> que yo pisé sus ruas más de un año;
> de Italia gloria, y aun del mundo ilustre,
> pues de cuantas ciudades él encierra,
> ninguna puede haber que así le ilustre
> apacible en la paz, dura en la guerra,
> madre de la abundancia y la nobleza,
> de elíseos campos y agradable sierra.[1060]

Por desgracia, al igual que la malograda relación entre Bartolomé el Manchego y la castellana Luisa ("acabaron mal, porque no vivieron bien"), también el idílico reinado napolitano del conde de Lemos tuvo su final infeliz; pues, el que fuera mecenas de nuestro autor y de otras personalidades del mundo de la cultura de la época[1061], fue destituido del cargo de virrey a causa de las intrigas por el poder entre las habituales facciones enfrentadas en la corte madrileña.[1062]

Pero es tiempo ya de afrontar el complejo y muy críptico párrafo que cierra el *Persiles*:

> Persiles depositó a su hermano en San Pablo, recogió a todos los criados, volvió a visitar los templos de Roma, acarició a Constanza, a quien Sigismunda dio la cruz de diamantes y la acompañó hasta dejarla casada con el conde su cuñado y, habiendo besado los pies del Pontífice, sosegó su espíritu y cumplió su voto, y vivió en compañía de su esposo Persiles hasta que bisnietos le alargaron los días, pues los vio en su larga y feliz prosperidad (pp. 713-714).

En principio, observamos que la imagen que el narrador nos proyecta de Persiles en este último fragmento no se corresponde con la del héroe exultante de felicidad ante el éxito de su empresa, materializada en su casamiento con Auristela; como si los esposos, después de su unión matrimonial, hubiesen dejado de mostrar (y mostrarnos) su lado más humano en beneficio de una imagen mayestática circunscrita, en exclusiva, al ámbito de lo simbólico.

Pero no acaban aquí las especiales percepciones que produce esta lectura, pues, si nos dejamos llevar por el *continuum* de su discurso, observaremos que no existe una intención muy marcada del narrador por separar el contexto en el que se desarrollan las actuaciones de ambos personajes protagonistas. A ello sumaremos la aparición de ambos personajes al principio, en medio y al final del párrafo (Persiles-Sigismunda-Persiles), imprimiendo al discurso cierta idea de circularidad en la percepción de ese sentido de unidad que parece irradiar la pareja de recién casados.

Alertados, pues, por esta idea de universalidad que transmite el texto en este final diegético, donde la identidad de los protagonistas podría estar definida simbólicamente por esa misma voluntad unitiva que sugiere el discurso (el andrógino), no descartamos la posibilidad de que, tras el relato que nos hace el narrador de los pormenores de la despedida, se oculte una especie de enumeración de acontecimientos interpretables desde el punto de vista histórico.

[1059]   Dijo Cervantes sobre Nápoles: "ciudad a su parecer y al de todos cuantos la han visto, la mejor de Europa y aun de todo el mundo". Miguel de Cervantes, *Novelas ejemplares, El licenciado Vidriera*, I, edición de Harry Sieber, Madrid, Cátedra, 2001.

[1060]   Miguel de Cervantes, El *Viaje del Parnaso*, vv. 254-261.

[1061]   Aunque no llegó a serlo de Galileo, sí se constata una relación entre ambos: "También Galileo tuvo relación con la ciudad de Nápoles. Se conocen sus contactos con el virrey y con la corte de Madrid, ya que pidió la protección del valido Lerma y de Felipe III."Enciso, 2002, p. 799.

[1062]   "El conde de Lemos regresó a la Península en 1616. La sustitución en el virreinato de Nápoles por el duque de Osuna se debía a una maniobra calculada desde Madrid por la facción Uceda y Aliaga. El nombramiento del duque de Osuna como virrey de Sicilia, en 1611, se había debido a una estrategia del duque de Lerma, que había acordado el matrimonio de su nieta, hija del duque ¿de Uceda, con el marqués de Peñafiel, hijo del duque de Osuna. Sin embargo, a la altura de 1614 y 1615, la situación en la privanza y las fidelidades habían cambiado." Enciso, 2002, p. 1043.

Cabría, pues, plantearse la siguiente pregunta: ¿a qué podría deberse, tanto la ausencia de algún tipo de expresividad afectiva propia de unos recién desposados como la intencionada confusión de identidades? Porque Constanza, sin embargo, sí parece recibir las atenciones cariñosas de Periandro ("acarició a Constanza").

Creemos que esta pregunta podría contestarse desde la perspectiva histórica que venimos señalando, es decir, desde la asimilación de la unidad simbólica formada por del matrimonio Persiles-Sigismunda con el entorno histórico que rodea al reinado de Sigismuno III Vasa.

Porque este monarca, rey de Suecia y de Polonia, tras la derrota de su tío protestante Carlos de Södermannland por los suecos en 1598, fue desposeído de su trono de Suecia. Además, se da la casualidad de que ese mismo año coincide con la del Edicto de Nantes (1598)[1063]. Es decir, en base a estas circunstancias capitales en el conflicto entre católicos y protestantes, juzgamos que Sigismundo III, el cual tuvo que aunar en su persona un espíritu católico para gobernar Polonia y otro protestante para Suecia, fue consciente del fracaso que supuso todo el sacrificio en vidas y sufrimientos para llegar a ese año tan significativo de 1598; en donde no solo perderá su reino protestante de Suecia, sino, lo que resulta más grave aún, la circunstancia de que el protestantismo, en cuanto a su mayor proximidad doctrinal a la "verdadera religión", sea enterrado definitivamente por el catolicismo.

Y no desde otra perspectiva se explicaría la primera idea que se desprende de la frase que da comienzo a este críptico párrafo: "Persiles depositó a su hermano en San Pablo"; donde se entiende que Sigismundo III deposita sus esperanzas reformistas en el templo que mejor las simboliza, como si fuera una reliquia que brilló en el pasado pero que es imposible de reactivar en el presente.

Y esa podría ser la razón por la que Persiles no muestra ningún tipo de entusiasmo a pesar de su aparente éxito, porque, simbólicamente, depositar a su hermano en el templo de San Pablo (el sacrificio del hermano propio de los misterios del cristianismo primitivo) significa su renuncia definitiva a la causa de la "verdadera" religión; es decir, que Persiles, a pesar de que ha conseguido casarse con Sigismunda, es muy consciente de que ha fracasado en su empresa civilizadora (como así parece expresarlo el narrador cuando se refiere al "suceso de la fingida Auristela"). Pero, a pesar de la decepción que venimos señalando, Cervantes es consciente de que no puede terminar su *Persiles* sin ofrecer al mundo un testimonio veraz de lo que tuvo que haberse instaurado en esa época en el Occidente cristiano y no fue posible. Porque nos estamos refiriendo al mítico Grial, cuya representación más sincera podría constituirlo el matrimonio místico de nuestros protagonistas, así como el largo camino de los amantes hasta llegar a consumarlo.

La descripción de estos momentos finales del "mejor" libro de Cervantes sigue avanzando por esa misma línea que separa el mito y la historia, si es que en el *Persiles* existió alguna vez esa línea; así, cuando el narrador dice que: "recogió a todos sus criados", no puede estar refiriéndose a los que le acompañan, pues nada se dice de ellos en el texto, salvo de su ayo Serafido. En tal caso, ¿a qué criados se estaría refiriendo? En nuestra opinión, dado el desarrollo de los acontecimientos históricos que venimos superponiendo al desarrollo argumental, no descartamos que ese "repliegue"o recogida de criados pueda aludir, precisamente, al abandono por parte de Sigismundo III del que fuera su reino de Suecia, tras la derrota aludida de 1598, y, por extensión, de todo el movimiento protestante. Ahora bien, desde una perspectiva simbólica, centrada en las ideas del cristianismo primitivo, consideramos que esa recogida podría aludir a la de los "papeles" que habrían informado la doctrina abrazada por cualquier seguidor que se precie de las enseñanzas de San Francisco (representante del cristianismo primitivo, como así lo demuestra el símbolo de la *tau* con el que firmaba, como también lo era Cervantes), cuando ya de nada sirven en ese escenario (Roma, después del fraudelento Edicto de Nantes) y sea preciso trasladarlas a otro más propicio (¿Santiago?). Nos referimos a la mejor obra atribuida al Santo de Asís: *Laudes creaturarum* (*El Cántico de las criaturas*)[1064], donde la asimilación del término

---

[1063] Además de la muerte de Felipe II, la muerte de Benito Arias Montano, la boda por poderes de Felipe III, la boda del VII conde de Lemos, la Paz de Vervins y el citado Edicto de Nantes.

[1064] Compuesto por San Francisco de Asís entre finales de 1224 y 1225, es un canto religioso cristiano compuesto en dialecto umbro, en un momento de la vida del Santo particularmente difícil: enfermo y casi ciego, fuertemente decepcionado por la marcha de la Orden que había fundado, solo y atormentado. La obra en sí constituye una expresión de alabanza a todas las criaturas terrenales así como a las fuerzas de la naturaleza.

criaturas a "criados" estaría justificado según hemos aducido. En resumen, cuando en el texto se alude a que Persiles "recogió a todos sus criados", podría referirse, históricamente, al abandono del reino protestante de Suecia por parte de Sigismundo III; y, desde una perspectiva religiosa, al repliegue de la doctrina "reformadora" (el cristianismo primitivo) que alumbró en época de Cervantes ese intento por instaurar la deseada Tradición espiritual de sus antepasados presente en la obra de San Francisco.

Tampoco nos resulta muy esquivo ver en "volvió a visitar los templos de Roma", a este mismo monarca, Sigismundo III, que, derrotado por unos protestantes más interesados en el poder terreno que en la reinstauración de los antiguos misterios del cristianismo, vuelve a aliarse con el catolicismo romano en el convencimiento de que la civilización nunca dará el paso a la necesaria reforma espiritual; por lo que es necesario, al menos, poner a salvo lo que queda de sus reinos reactivando su alianza con Roma.

Más complejo se muestra el texto cuando el narrador nos dice que: "acarició a Constanza", pues, ¿acaso es propio de un recién casado acariciar a la mejor amiga de su mujer, máxime, cuando no se prodiga en esos gestos hacia la propia esposa? Sin duda, esto haría saltar las chispas, y no solo las de Sigismunda, doblemente agraviada por la falta de ese tipo de muestras de cariño en su persona mientras las presencia sobre Constanza; sino también las de determinados lectores: aquellos que, en época no muy lejana a la publicación de la obra -es decir, cuando todavía se entendía-, podrían intuir el mensaje que trataba de transmitir su autor.

En nuestra opinión, juzgamos que la aparición de Constanza en medio de un discurso protagonizado o proferido en relación a la pareja Persiles-Sigismunda, debería obedecer a una razón muy íntima; es decir, que aquello que simbolice Constanza debe formar parte de lo representado por el "andrójino"(el matrimonio simbólico Persiles-Sigismunda), puesto que de forma tan íntima (a través de la caricia de Persiles) se introduce en medio de ambos. En tal caso, dentro del contexto histórico al que nos estamos refiriendo en relación al entorno de Sigismundo III, el aspecto más íntimo que podría mediar en esta inusitada intromisión solo podría obedecer a la figura de un hijo.

Pero, se nos objetará que el personaje de Constanza ya es hija de Ricla y Antonio el bárbaro, con lo que no procedería señalar una nueva paternidad. Y no estarían faltos de razón quienes así se pronunciaran; ahora bien, no olvidemos que nos hallamos ante un discurso de naturaleza simbólica, donde los límites entre la realidad y lo idílico se difuminan llegando incluso a desaparecer. Y ese es, en nuestra opinión, el caso que aquí acontece. Constanza, desde esta perspectiva simbólica, formaría parte del "matrimonio místico"formado por nuestros protagonistas, pero no desde un punto de vista físico sino de manera simbólica; es decir, como si fuera hija de sus obras: una de la virtudes conocida como la CONSTANCIA:

> "la virtud que nos conduce llevar a cabo lo necesario para alcanzar las metas que nos hemos propuesto, pese a dificultades o a la disminución de la motivación personal por el tiempo transcurrido. La constancia sustenta el trabajo en la fuerza de voluntad y en el esfuerzo continuo para llegar a la meta propuesta".

Porque, recordemos que Constanza ya fue definida simbólicamente junto a Auristela y Transila como personificación de la constancia, en este caso, de la Tradición (el ideal platónico inmerso en la pareja protagonista).

Situados, pues, en esta perspectiva simbólica, se entendería que un personaje tan cercano a Sigismunda como lo es Constanza pueda llegar a asumir, en este final de la obra, un papel relevante dentro de la órbita conceptual que se identifica con la pareja Persiles-Sigismunda. En tal caso, la caricia dispensada por Persiles a Constanza solo podría interpretarse como la NO-RENUNCIA al ideal amoroso (la doctrina del cristianismo primitivo) dentro del fuero interno del propio Sigismundo III, a pesar de la evidencia externa constituida por su aceptación del catolicismo (Edicto de Nantes).

Y es ahora, precisamente, cuando se introduce Sigismunda en medio de un discurso que, en principio, parecía pronunciado para Persiles. Y lo hace para reforzar esa idea "amorosa" defendida por su esposo y centrada sobre la figura de Constanza: "a quien Sigismunda dio la cruz de diamantes y la acompañó hasta dejarla casada con el conde su cuñado". Porque, esa introducción -digámoslo así- del lado femenino del ente-andrójino Persiles-Sigismunda

521

terciando en la misma dirección que su otra mitad masculina, debe tener un claro objetivo: llamar la atención sobre esa virtud de la CONSTANCIA, en cuanto a que expresión, no solo de la perseverancia de las convicciones del rey Sigisberto III; sino de su propia proyección sobre una figura femenina surgida del propio entorno del matrimonio del monarca.

Creemos que esa mujer sobre la que habría de recaer las esperanzas de Sigismundo III por transmitir el legado de la Tradición (el Conocimiento o antigua religión: *religare*), podría apuntar a la hermana de su esposa Constanza de Habsburgo. Nos referimos a Margarita de Austria, esposa de Felipe III. No en vano, la Constanza de la ficción persilesista, la misma que fuera titulada condesa en *articulo mortis para* después, según vaticinio del sabio Soldino: "A ti, ¡Oh Constanza!: subirás de condesa a duquesa" (p. 603), ¿no habrá de convertirse también en duquesa a partir de su matrimonio con el rey Felipe III, a la sazón, también DUQUE DE BORGOÑA?

Esta última deducción nos plantea una pregunta sobre la que ya habíamos terciado en este trabajo: ¿no esconderá este título de Borgoña algún tipo de clave, que el propio autor del vaticinio, el sabio Soldino, lo anteponga al de rey a la hora de identificar la futura nobleza que habrá de alcanzar Constanza? Decíamos al respecto: "Recordemos que la Casa de Borgoña no solo constituye una de las casas nobiliarias transmisora de esa herencia mítica de los reyes merovingios a través del famoso duque de Borgoña y creador del reino de Jerusalén, Godofredo Bouillon (rememorado por Cervantes en una de sus comedias); sino que, además, constituye la herencia directa de Felipe II a través de su padre Carlos V."[1065] A lo cual sumaremos lo que aducíamos acerca de la herencia borgoñona del emperador leonés Alfonso VII (siglo XII), cuyo imperio centrado sobre el *finisterrae* gallego remitía al mítico trono del Grial.[1066]Finalmente, no esconderemos la devoción de la casa de Austria por el emblema de la Casa de Borgoña, siempre presente en los momentos en que la "sangre" habría de regar la tierra en defensa de la causa religiosa: la Cruz de Borgoña o Aspa de Borgoña, presente en el escudo de Carlos V y símbolo de los tercios españoles en Flandes. No debe olvidarse, a este respecto, la interpretación "diabólica" que hacíamos del Aspa de Borgoña materializada sobre la sometida figura de la posesa Isabela Castrucha.

En cuanto a la simbólica "cruz de diamantes" que le entrega Sigismunda a Constanza, según nuestra hipótesis, debería interpretarse como la transmisión de la Tradición (el Conocimiento de los antiguos misterios de la religión: *religare*) de Sigismundo III a Felipe III, simbólicamente, a través de la persona de Margarita de Austria.

A continuación, lo que se dice acerca de que Sigismunda "la acompañó [a Constanza] hasta dejarla casada con el conde su cuñado", debe analizarse en ese mismo contexto, pues, como se sabe, la boda entre Margarita de Habsburgo y Felipe III se celebró en Valencia (España), precedida de un largo viaje de la novia acompañada por – simbólicamente hablando- la "mayor de las Sigismundas"; es decir, la madre de Constanza de Habsburgo y Margarita de Austria, María Ana de Baviera, cuya sangre habsburguesa la legitimaba triplemente: como nieta del emperador Fernando I; como esposa del hijo del Emperador, su tío y a la par hermano de su madre; y como abuela de tres vástagos: la emperatriz del Sacro Imperio, la reina de Francia y del rey de España (Felipe IV).

Existe, como puede apreciarse, cierta intención en volver a unificar (en relación a la sangre o linaje) los restos diseminados del Imperio que inauguró Carlos V en la persona de Felipe III, a través de su boda con la -digamos- descendiente más pura de la otra rama del linaje (el procedente del hermano de Carlos V, el emperador Fernando I), Margarita de Austria. Y no solo eso, sino que, además, el glorioso matrimonio que haría resucitar la pureza de los Austrias no se celebró en cualquier sitio; sino en Valencia: lugar en donde se custodia una de las reliquias más importantes del cristianismo, el Santo Cáliz (¿el Santo Grial de la Tradición?), traído en 1424 por Alfonso el Magnánimo desde Zaragoza y depositado en la capilla del palacio real.[1067]

Porque Valencia habría de ocupar para Cervantes un lugar importante en su vida, como así queda reflejado en la fervorosa mención que hace de la ciudad y de sus gentes en el cap. 12,

---

[1065]   Véase el capítulo 4.4.1. (Entrada *de facto* en Roma del escuadrón de peregrinos).

[1066]   Véase el capítulo 2.6.10.

[1067]   Hoy se puede visitar en la catedral de Valencia.

libro III.[1068] En este sentido, recordemos, en relación ahora a la vida de nuestro escritor, que recién llegado de su cautiverio en Argel en 1580 el primer sitio a donde se desplazó tras su desembarco en Denia fue a Valencia, donde se quedó cerca de dos meses antes de partir para Madrid. La presencia de Cervantes en la ciudad del Turia se justifica en relación a la procedencia de sus libertadores, pues fueron frailes trinitarios valencianos los que partieron del Grao de Valencia el 22 de mayo de 1580 a rescatar cautivos cristianos en Argel, así como valencianos fueron también, en su mayor parte, los mercaderes que contribuyeron a pagar el elevado rescate de nuestro escritor. Y otro suceso habrá que sumar ahora, pues, un descubrimiento reciente a través de un documento encontrado por Jesús Villalmanzo en el Archivo del Reino de Valencia, que además contiene la firma más antigua que se conoce de nuestro escritor (8-11-1580), hace compadecer a Cervantes ante la justicia en un nuevo caso de presunto asesinato en la persona de un pescador valenciano, declarando en calidad de testigo en un turbio asunto -digamos- portuario. Como vemos, la vida de nuestro autor fue todo menos monótona. En cualquier caso, se constata, a falta de documentos que avalen la actividad real que ocupó el tiempo de Cervantes en la capital del Reino de Levante, su gratitud a Valencia y a sus gentes; ambos piezas clave en la liberación de su cautiverio argelino.[1069]

Retomando el hilo tras el inciso valenciano de Cervantes, se volverá a objetar que el futuro esposo de Constanza, según se expresa en el texto ("y la acompañó hasta dejarla casada con el conde"), es conde pero no rey; lo cual supondría un nuevo problema en su correcta interpretación. Nosotros, sin embargo, no vemos en ello mayor problema. Por un lado, la referencia al futuro esposo podría explicarse en función del título que ya ostentaba Constanza, casada con un conde *in articulo mortis*; pero también, el citado título podría apuntar al personaje de Arnaldo, que, aunque ya rey de Dinamarca, no solo remite, en cuanto al citado título nobiliario, a la figura legendaria del Conde Arnaldos[1070], sino que, además, en la personificación que hacíamos aquí de este personaje como el tercero de los "Austrias", Felipe III, recordemos que a su título de rey de España habrá de sumarse otros -digamos- genuinamente septentrionales: Conde de Habspurg, de Flandes y de Tirol (además de Barcelona).

En cuanto a la relación de cuñados señalada expresamente por Sigismunda ("hasta dejarla casada con el conde, su cuñado"), tampoco vemos en ello una información fuera de contexto, siempre que se considere el término "Sigismunda" como símbolo del entorno íntimo del rey Sigismundo III, según venimos manifestando; pues, Felipe III, futuro esposo de Margarita de Austria, ya podría considerarse como cuñado de Sigismundo III, ambos casados con sendas hermanas.

Un nuevo tema de debate, dentro del críptico fragmento que estamos analizando, constituiría la afirmación que nos hace el narrador dentro de lo que se revela como el final de su relato de los hechos: "y, habiendo besado los pies del Pontífice". Pues bien, dado que el acto de sumisión al Pontífice[1071] es posterior al casamiento de Constanza, debemos entender, dentro de la perspectiva histórica que venimos aplicando, que, puesto que la boda de Felipe III y Margarita de Austria fue en Valencia, el Pontífice debería de encontrarse allí y no en Roma. Sin embargo, esta deducción podría considerarse del todo imposible, puesto que nunca hubo una sede papal en Valencia, ¿o quizás sí? Porque papa sí lo hubo, aunque de manera extraoficial: el polémico

---

[1068] "Cerca de Valencia llegaron, en la cual no quisieron entrar, por escusar las ocasiones del detenerse; pero no faltó quien les dijo la grandeza de su sitio, la excelencia de sus moradores, la amenidad de sus contornos y, finalmente, todo aquello que la hace hermosa y rica sobre todas las ciudades, no solo de España, sino de Europa. Y principalmente les alabaron la hermosura de las mujeres y su estremada limpieza y graciosa lengua, con quien solo la portuguesa puede competir en ser dulce y agradable" (p. 555).

[1069] De los documentos existentes se extrae la información de que Cervantes desembarcó en Denia el 27-10-1580, y al día siguiente se traslada a pie a Valencia, donde se aloja en el convento trinitario del Remedio, a las afueras de la ciudad. Desde allí, todos los cautivos liberados marcharán en una fastuosa procesión hacia la misma catedral donde se halla custodiado el Santo Cáliz o Grial del que venimos hablando.

[1070] "Uno de los personajes que está presente en buena parte de la obra es el príncipe heredero de Dinamarca, Arnaldo. Él también remite a una tradición mítica, la de la <<cacería salvaje >>, tan difundida por tierras germánicas y nórdicas, según una de las modalidades marítimas evocada hace años por Leo Spitzer, a propósito del *Romance del* **Conde (o del Infante) *Arnaldos*.**" Redondo, 2004, p. 77.

[1071] Besar los pies al Pontífice es un acto protocolario destinado a reafirmar el poder absoluto del papa dentro del ideario teocrático inspirado por el papa San Gregorio VII (1073-1085) y recogido en el artículo IX de los <<Dictatus papae>>: ' Que todos los príncipes deben besar los pies solamente del Papa'.

523

Benedicto XIII, el papa Luna (1328-1423)[1072], el cual, podría haber servido a Cervantes como ejemplo de papa al servicio de la causa del cristianismo primitivo.

En cualquier caso, produce no poca extrañeza que las dos únicas menciones[1073] que se hagan al Papa (Pontífice) en toda la obra, a pesar de todos los episodios romanos que se dan cita en el texto, sean en circunstancias poco claras o incluso contradictorias y siempre destacando los aspectos mundanos de su cargo por encima de cualquier asomo de espiritualidad.

En relación al trato marginal o distante que Cervantes parece dispensar al cabeza de la Iglesia a lo largo de toda su obra, se nos permitirá sugerir la pertinente hipótesis. Nos referimos a la expresión que venimos analizando: "habiendo besado los pies al Pontífice". Porque, creemos, desde una perspectiva alegórica, que la cita podría aludir al larguísimo camino recorrido por los personajes del *Persiles*: ¿una rememorización de la "triple peregrinación mistérica", simbolizada a través del episodio bíblico de la Transfiguración de Cristo en el monte Tabor, como expresión de la peregrinación que uniría las ciudades de Santiago, Roma y Jerusalén? Porque, el hecho de besar los pies, ¿no posee, además del literal sentido de sumisión, la connotación de atribuir el carácter de sagrado a los pies en cuanto a que símbolo de la liberación del místico a través de la peregrinación?

Y esta idea podría hallar su justificación en la intención expresada por Sigismunda (la Tradición encarnada en este personaje) de acompañar a Constanza (peregrinar) a su boda (en busca del ideal gnóstico) en la tierra del Grial (la península ibérica > Valencia), portando consigo el símbolo penitente de los peregrinos ("la cruz de diamantes") de camino a ¿la Nueva Jerusalén?

Porque, según nuestra interpretación de "la cruz de diamantes" como símbolo de los peregrinos de camino a Tierra Santa, no parece que este destino se corresponda en el texto con la Jerusalén geográfica; sin embargo, como ya hemos argumentado desde una perspectiva histórica, sabemos que Margarita de Austria, acompañada de su madre María Ana de Baviera, sí emprenderá un largo recorrido con el propósito de contraer matrimonio (simbólicamente, un acto de unión amorosa que podría asimilarse a la peregrinación compostelana, y que sería aludida en la expresión no menos "amorosa" de: "besando los pies al Pontífice") con Felipe III en España. En tal caso: ¿nos hallaríamos ante la nueva Tierra Santa o Nueva Jerusalén en el extremo del Occidente cristiano, la península ibérica, avalada por la única vía de peregrinación que se conserva en perfecto estado en la cristiandad y por la presencia del Cáliz/Grial en Valencia? No en vano, la opinión del jadraque valenciano que presta auxilio a los peregrinos en el lugar costero de "la marina, en el reino de Valencia"(c. 11, libro III, p. 544), parece abogar en este sentido cuando manifiesta que España: "sola es rincón del mundo donde está recogida y venerada la verdadera verdad de Cristo" (pp. 547-548).

Pero analicemos la frase de manera pormenorizada, porque el término *Pontífice*, que suele usarse para referirse al Obispo de Roma, entraña unas connotaciones que no tiene el más común de *Papa*; pues, aporta el sentido de "conocimiento" presente en los antiguos constructores romanos (hacedores de puentes, que sería su significado etimológico).[1074] Y, ¿qué es la gnonis sino el puente que utiliza el peregrino para unir, sobre sí mismo, el mundo superior o celeste con el terrestre o inferior? Es decir, creemos que con el uso de este término y no con el más convencional de *Papa*, nuestro autor, humanista convencido, trataría de llamar la atención del lector al objeto de indicarle que no son los pies del obispo de Roma los que besa Sigismunda, sino los de Santiago (símbolo de la gnosis en la península ibérica); santo que suele ser representado en la iconografía con los pies desnudos y con una "vara de medir"o *tau* como

---

[1072] Juzgamos pertinente mencionar aquí la existencia de una leyenda entorno al establecimiento del destituido (¿ilegalmente?) papa Benedicto XIII en la fortaleza de Peñíscola (en el antiguo reino de Valencia); el cual, al no considerar legal su destitución como Obispo de Roma, continuó su ministerio en esas tierras del levante español inaugurando una dinastía de papas, digamos, en la sombra.

[1073] La otra sería: "Trataron del poder del sumo Pontífice, visorrey de Dios en la tierra y llavero del cielo" (p. 658).

[1074] Nos referimos a los *Collegia fabrorum*, que eran unas corporaciones de constructores de la antigua Roma que rendían culto al dios Jano, cuyos responsables sacerdotales eran los Pontífices. Estos, elegían entre ellos al "*Pontifex Maximus*", que era un cargo vitalicio y estaba considerado como el auténtico jefe de la religión en Roma. Posteriormente (12 a. C.), el cargo pasó a ser desempeñado por el emperador Augusto, a quien se le recuerda, entre otras cosas, por inaugurar el famoso período de paz, sin precedentes en época anterior, conocido como *Pax romana* (27 a. C. - 180 d. C.). No se descarta, pues, que Cervantes tratara de remitir a estos hechos de la antigüedad de Roma al objeto de caracterizar a los nuevos tiempos que comenzaban con el reinado de Felipe III: la *Pax hispánica*.

símbolo distintivo de los arquitectos constructores de puentes (pontífices),[1075]y, no lo olvidemos, también símbolo de San Francisco de Asís y de la orden fundada por él.

Y, no desde otra perspectiva se entendería lo que a continuación se nos dice acerca de que Sigismunda: "sosegó su espíritu y cumplió su voto"; pues, solo cuando el verdadero peregrino se postra y besa los pies del Apóstol una vez completada la preceptiva peregrinación puede llegar a entenderse el verdadero alcance de lo que aquí se expresa.

Finalmente, será de nuevo el alma de España, encarnada en aquel espíritu sometido de Bartolomé el Manchego preso como estaba en la cárcel de la Ciudad Eterna antes de su liberación, quien mueva los resortes de esta puerta imaginaria que Cervantes nos abre entre Roma y Santiago. Porque viene a "cuento" que recordemos las palabras que informaban aquella carta en la que Bartolomé rogaba por su liberación: "Y añade más, y es que, si vuesas mercedes no pudieran alcanzar el perdón, a lo menos procuren alcanzar el lugar de la muerte y que, como ha de ser en Roma, sea en España" (p. 654). Pues, como decíamos en el capítulo 4.4.2. y aquí lo refrendamos, lo que trata de transmitirnos Cervantes es la obligación que tiene la civilización de "Remover cielo y tierra", pero para ello se debe besar previamente "los pies al Pontífice": ¿quizás la última alegoría del *Persiles*, en el sentido de materializar sobre la tierra ese "arco en las nubes" que es la imagen de la Vía Láctea describiendo ese "río lechoso" que ha de morir en el mar: el Camino de las Estrellas o Camino de Santiago[1076]? En definitiva: "Remover Roma con Santiago".

Ahora bien, en relación al personaje de Sigismunda, personificación del entorno histórico del monarca Sigismundo III, parece que los deseos de nuestro autor no se cumplieron como él hubiera querido, y así lo expresaría en el cierre de su obra:

> y vivió en compañía de su esposo Persiles hasta que bisnietos le alargaron los días, pues los vio en su larga y feliz prosperidad (pp. 713-714).

Pues, la realidad del reinado de Sigismundo III fue completamente diferente a esa prosperidad vaticinada, donde, a pesar de una descendencia abultada (seis hijos nacidos en época de Cervantes, lo cual pudo ser la causa de su optimista escrutinio), no tuvo ningún nieto legítimo que lo continuara. A lo que habrá de sumarse la abdicación y desmembramiento de su reino (la Mancomunidad polaco-lituana) en la persona de su hijo Juan II Casimiro, en 1668.

Y esta es, en nuestra opinión, la idea que podría extraerse de este simbólico final diegético: la expresión sincera de la fe de Cervantes en una Humanidad que se debate en similar proceso de anagnórisis, a cuyo rescate acude nuestro autor ofrendando el testimonio veraz de una Tradición tan antigua como el hombre.

[1075] Véase la imagen esculpida del Santo apoyado sobre una vara o bastón en forma de *tau* en el parteluz del Pórtico de la Gloria, en la catedral de Santiago de Compostela.

[1076] Dentro de las hipótesis que se barajan sobre los inicios de la ruta de peregrinación conocida como Camino de Santiago, toma fuerza aquella que lo sitúa en el entorno a la época de la Roma imperial; concretamente, en el ámbito del emperador Augusto, *Pontificex Maximus* (jefe de la religión en Roma) del culto al dios Jano (*Ianus*). Dentro de este contexto religioso (*religare*), a este emperador se le debería la activación de un camino iniciático, el *"Callis Ianus"* (el "Sendero de Jano"), que abría de unir Oriente (Éfeso) con Occidente (*Lucus Augusti*: Lugo, en el *finisterrae* de la península ibérica) a través de un punto intermedio situado en Roma. Una prueba que avalaría esta hipótesis, lo constituye el propio título de la obra más antigua que trata sobre la peregrinación compostelana, El *Códex Calixtinus* (1160-1180); cuya presunta autoría (cuestionada) podría señalar al papa Calixto II, pero que un estudio fonético podría revelar que se trata de una derivación de la expresión CALLIS IANUS > CALIXTINUS: el *"Sendero de Jano"* o parte de esa ruta de peregrinación que recorre el norte de la península ibérica, oportunamente ganada para la causa teocrática liderada por Carlomagno a través de la acción (fundación de monasterios) de los monjes benedictinos a partir del supuesto descubrimiento de los restos del apóstol Santiago en 813.

PRÓLOGO AL LECTOR Y CONCLUSIONES

1. EL PRÓLOGO AL LECTOR

1.1 Introducción

La importancia de un estudio detallado sobre el prólogo que nos ocupa es capital a la hora de comprender la obra prologada, y así lo expresa José Montero Reguera cuando dice:

> Olvidados frecuentemente por la crítica tradicional, los preliminares de los libros áureos, el paratexto, como ahora los denominan la moderna crítica y teoría literarias, ofrecen datos de primer orden para comprender mejor un texto clásico.[1077]

Con esta convicción, hemos asumido la tarea de analizar el prólogo desde los mismos presupuestos alegóricos que habíamos empleado en el *Persiles*, si bien, consciente de la especial singularidad de este breve texto, no escondemos -vaya por delante- nuestra perplejidad ante determinados momentos diegéticos.

Lo primero que nos llama la atención es que este pequeño relato introductorio parece pergeñado a la manera de una de las historias intercaladas que componen la narración principal. No en vano, esta técnica dialogada y ficcional para prologar su obra ya la había utilizado Cervantes en anteriores ocasiones, como es el caso de la primera parte del *Quijote*, donde el autor acude a un amigo para que le ayude a comenzar su obra, o en la Adjunta al *Parnaso*, cuando del diálogo de Cervantes con Pancracio de Roncesvalles surge este suplemento al *Viaje del Parnaso*.

El argumento de este breve relato resulta, en apariencia, muy sencillo: Cervantes y otros dos amigos se dirigen desde Esquivias a Madrid, y, en un punto de ese camino, se juntan con un cuarto viajero que responde al apelativo de "el estudiante pardal", con el que nuestro autor, personaje protagonista, y los otros dos acompañantes entablan una escueta conversación hasta llegar a su destino. Como vemos, en apariencia se trataría de un relato de sencilla estructura y argumento adecuado. Ahora bien, lo que complica la cuestión son los temas aludidos en la conversación, los personajes que intervienen en ella y la vaguedad del discurso, que convierte una divertida anécdota viajera con retazos autobiográficos en, al menos, otra cosa. Porque, el genio de Cervantes no se conformará con ofrecernos aquí un simple prólogo al uso, sino, más bien, un nuevo relato fabuloso desgajado del texto que viene a prologar; que, dando entrada a la obra principal, constituya a la vez el prólogo y el epílogo, la cara y la cruz de una misma moneda, la puerta de entrada y de salida en donde converjan y se sinteticen las intenciones más caras y reveladoras de su autor como reflejo de las no menos reveladoras páginas que informan su *Persiles*.

Pero, lo verdaderamente sorprendente de este homenaje a la literatura que es el prólogo, único por su brillantez e ingenio desbordado, es que nuestro autor haya sido capaz de utilizar su propia muerte como materia literaria, muriendo a la par que "daba vida" a estas páginas, como ausente de su tragedia personal; subordinada, esta, a un fin superior del que es testigo documental el prólogo que nos ocupa.

Muy altas, pues, parece que hemos puesto las miras de este prólogo; y, aún creemos habernos quedado cortos, pues incluso podríamos asimilar este opúsculo persilesista con la voluntad de nuestro autor por crear un *Persiles* -digamos- a escala reducida.[1078]

[1077] Montero, 2003, p. 69.

[1078] De esta opinión se muestra Julio Baena: " He de recordar aquí cómo el prólogo es en muchos casos un mini-*Persiles*, otro epiciclo. Avalle Arce lo nota, al ver que constituye una alegoría de la gran alegoría ("*Persiles* and Allegory" 14-15). No es, por otra parte, la primera vez que Cervantes hace eso, habiendo comenzado su Quijote con ese "Desocupado lector..." que conectará para siempre el mundo del lector con el del protagonista, otro lector empedernido en "los ratos que estaba ocioso, que eran los más del año." Baena, 1996, n.8, p. 131.

Bien es cierto, que, para comprender el alcance de lo manifestado por Cervantes en esta pequeña obra que se perfila como de materia y alcance universal, se hace necesario cierto compromiso del lector en cuanto al sentir de un erudito de la época de nuestro autor; pues, sin lugar a dudas, conoció, experimentó y transmitió el saber de la antigüedad clásica, como ya hemos argumentado a lo largo del trabajo que nos precede, antes de que la modernidad enterrara, después de una larga andadura de varios milenios, la tradición filosófica que siempre acompañó al hombre en su perpetua tarea de civilizarlo y alejarlo de la barbarie.

Por ello, de forma inexcusable, la exégesis que practicaremos sobre esta breve pieza introductoria nos lleva a la perspectiva alegórico-simbólica, la cual, como ya se vio en el cuerpo del estudio precedente, condiciona toda la obra fundiéndose con el relato literal. No debe de resultarnos extraño, pues, que sea este recurso literario la clave para desvelar el sentido oculto de esta ingeniosísima historia des-intercalada que, como si fuera una llave, abre y cierra la puerta que da acceso a todo el *Persiles*.

1.2. Cervantes dedica el "suceso" del prólogo al "lector amantísimo"

Pero vayamos al texto, donde la primera palabra escrita ya nos alerta sobre lo que nos vamos a encontrar en su interior:

> Sucedió, pues, lector amantísimo, que, viniendo otros dos amigos y yo del famoso lugar de Esquivias (p. 118),

Porque, el empleo del término "Sucedió" de manera aislada y al comienzo del texto posee, en nuestra opinión, unos efectos muy concretos. Como son, en principio, los que se derivan del significado del verbo *suceder*: "Entrar en lugar de otro, o seguir a él "(*Autoridades*, tomo VI, 1739); o del sustantivo *suceso*: "Cosa que sucede, especialmente cuando es de alguna importancia" (*DLE*, 2014), donde, la idea que venimos atisbando de que el prólogo se convierta en una especie de prolongación del *Persiles* encontraría ese primer engarce a través del término que da comienzo a este texto, *Sucedió*. En cualquier caso, creemos que la primera definición que hemos aportado (*suceder*) estaría en consonancia con esa imagen de un Cervantes que, dueño y señor de la escena literaria que se está representando, pues actúa como autor, narrador, personaje y referente real, "entra en lugar de otro o sigue" al protagonista trascendido que dio fin a su novela-epopeya: el andrógino (Persiles-Sigismunda). En cuanto a la segunda definición aportada, "Sucedió" (*suceso*) haría referencia a la importancia que nuestro autor concede a los hechos que se van a contar en el prólogo.

También, la circunstancia de que aparezca el término de manera aislada y al comienzo del texto, dado el sentido que le hemos dado en función de las definiciones aportadas, sugeriría, por un lado, una idea de engarce en relación a un elemento diegético ajeno a este prólogo (¿el final de la novela-epopeya?); y, por otro, la percepción de que lo que se dispone a contar podría considerarse la consecuencia de otro suceso anterior.

Tras esta primera toma de contacto, directa, cortante y cargada de unas connotaciones que alientan las expectativas en torno a un relato que solo acaba de empezar, Cervantes se dirige a un lector muy concreto: el "lector amantísimo". Porque, la especial mención que hace Cervantes de este auditorio podría ser revelador de sus intenciones. Montero Reguera también señala esta intencionada apelación:

> Frente al lector <<curioso>> de *La Galatea,* <<desocupado>> del primer *Quijote*, o <<ilustre>> y <<plebeyo>>, del segundo, Cervantes emplea en el prólogo del *Pérsiles* el mismo adjetivo en grado superlativo que califica al lector de las *Novelas ejemplare*s: <<amantísimo>>.[1079]

[1079]   Montero , 2003, p. 75.

Es decir, parece que Cervantes utiliza el apelativo "amantísimo" con una finalidad muy concreta, y no solo como dice Montero Reguera por "la relación lector-autor que Cervantes había conseguido intensificar a través de una comunicación reiterada y mantenida con la publicación de seis obras en apenas diez años."[1080]; sino, también, por motivo del "especialísimo" mensaje que querría hacer llegar a determinados lectores. En este sentido, "amantísimo", frente a los otros apelativos utilizados por Cervantes en el resto de sus prólogos para dirigirse al lector: "curioso", "desocupado", "ilustre" y "plebeyo" revela, sin entrar en mayores disquisiciones, una idea de mayor y más íntimo compromiso (el amor) entre el autor y el lector.

En este orden de cosas, y dado que el amor es lo que genera la acción principal en el *Persiles*, sería lógico pensar que nuestro autor hubiera dedicado su prólogo a un lector más sensibilizado con este sentimiento; ahora bien, ¿de qué amor estaríamos hablando aquí? ¿Quizás de un amor que trasciende al humano y por ello Cervantes se refiere a él en grado superlativo ("amantísimo")? ¿Un amor filosófico o metafísico, panabarcador y a la vez generador de la materia que anima al universo? En cualquier caso, juzgamos que el referente textual a ese amor totalizador lo encontramos en la filosofía de Platón, como ya hemos venido apuntando a lo largo de nuestro trabajo con numerosos ejemplos.

Como vemos, esta breve "historieta" introductoria, en relación al lector "amantísimo" a quien va dirigida, podría ser algo más que un simple prólogo al uso. Porque, no esperará el lector que un libro de la dificultad del *Persiles* sea introducido-explicado en apenas unas líneas sin otra particularidad que la de servir de soporte a una presunta anécdota ocurrida a nuestro autor en un no menos hipotético viaje de Esquivias a Madrid. En nuestra opinión, un libro de la altura filosófica del *Persiles* debería ir precedido de un prólogo en consonancia, es decir, de un texto pergeñado a base de esos mismos recursos literarios que lo facultan para crear un discurso reversible: capaz de expresar la verdad desde lo absurdo como la mentira desde lo racional. Sin embargo, no toda la crítica es de este parecer. Romero se plantea esta misma cuestión en los siguientes términos:

> ¿Constituye el bellísimo prólogo la relación de un viaje de veras llevado a cabo por el casi moribundo Cervantes, o se trata, en cambio, de una ingeniosa ficción, con dimensiones claramente simbólicas? (n. 59, pp. 123-124).

Obviamente, nosotros no podemos aceptar la veracidad literal de lo que se cuenta en el prólogo, pues, sin necesidad de aportar mayores argumentos, no creemos que Cervantes se hallara, coincidiendo con el final de su obra, en las condiciones físicas necesarias para poder realizar ese viaje; por lo que, en relación a la pregunta planteada por Romero en la cita que hemos transcrito, nosotros abogaremos por la dimensión simbólica del texto. De esta opinión también se muestran, según este estudioso: "Ramón León Mainez [...] y Mack Singleton (C. 1947: 248, donde en el <<estudiante pardal>> se reconoce al mismísimo autor, joven). Alban K. Forcione (C, 1970: 157-158) propone una fecunda síntesis de ficción y alegoría"(n. 59, p. 124). En cuanto a la opción contraria dice Romero: "Por relato auténtico lo tienen Azorín [...], más AM [Astrana Marín, Luis]" (n. 59, p. 124).

Pero nosotros, insistimos, desarrollaremos aquí la hipótesis simbólico-ficcional. Hagamos, pues, ese esfuerzo de abstracción que requiere abordar un discurso que se sitúa en esa frontera difusa entre la ficción y la realidad psicológica (el símbolo) y abordemos el texto, una vez más, armados de ese instrumento cognoscitivo imprescindible para poder progresar entre estos sinuosos meandros por los que discurre el *Persiles*: la imaginación.

Situándonos previamente en el final del libro prologado, veamos de qué modo el autor enlaza la novela-epopeya con el prólogo, dando la impresión de que esta introducción forma parte, de una manera especial, del cuerpo mismo de la narración principal.

Porque, si desde una perspectiva alegórica, Cervantes concluía su obra con una especie de apoteosis matrimonial que alcanzaba a la mayor parte de los personajes que acompañan a la

---

[1080] Montero, 2003, p. 75.

pareja protagonista (Persiles y Sigismunda), es por que constituía el mejor modo de escenificar esa idea unitiva como reflejo de esos mismos conceptos que se habían alegorizado -según se vio- a escala universal (macrocósmico y microcósmico). Y, para ello, nuestro autor eligió el lugar que mejor podría representar, dentro del contexto de su época, esa idea de centro de laberinto o lugar de transformación de la materia en espíritu: Roma y sus arrabales, símbolo en la tierra de ese altar imaginario heredado de la Antigüedad donde escenificar simbólicamente la "Pasión" de Teseo y la "Muerte" del Minotauro.

Localizado, pues, nuestro foco de atención en ese final unitivo escenificado en Roma, nuestra hipótesis interpretativa del prólogo parte de la idea de que Cervantes presenta el *Persiles* al lector como si el propio autor saliese de él, asumiendo la personalidad de su héroe trascendido en el mismo punto en que termina la obra; es decir, desde su gozosa culminación, que para Cervantes se convertiría también en una especie de matrimonio: el contraído consigo mismo, al ser juez y parte en la conciliación de su propia conciencia, trascendida desde el momento en que se cumple su compromiso para con la Humanidad: el *Persiles*.

1.3. En torno a la localidad de Esquivias

Comoquiera que no somos ajenos a cierto grado de escepticismo que estas primeras hipótesis puedan suscitar, regresaremos de nuevo al texto, pues es allí de donde extraemos la información con la que basar nuestros argumentos. Porque, si identificábamos a Roma con ese centro del laberinto desde el que -por así decir- Cervantes "escapaba" del *Persiles*, en el prólogo, nuevo escenario de su reentrada, debería hallarse alguna referencia viable que pudiera utilizarse con un propósito similar: ¿quizás el lugar en donde él mismo contrajo matrimonio, el pueblo manchego de Esquivias ("viniendo otros dos amigos y yo del famoso lugar de Esquivias")?

Nos sorprende el hecho de que muy pocos críticos hayan recabado en las importantes relaciones que se establecen entre la ficción y la realidad consustancial a la vida de Cervantes dentro del prólogo. Empezando por el propio pueblo de Esquivias. Porque, ¿acaso alguien todavía puede llegar a pensar que su presencia en el relato sea meramente circunstancial? Pero no censuraremos nosotros a quien opine de este modo, sino que será la propia realidad de lo simbolizado por Esquivias, reivindicando para sí el papel que le corresponde en esta historia.

A continuación, ofreceremos unos pocos datos que nos parecen relevantes en relación a la citada localidad:

- Cervantes se casó en Esquivias en 1584 con Catalina de Salazar y Palacios.

- La situación geográfica de este enclave manchego es muy singular, pues se halla prácticamente en el centro entre Madrid y Toledo (42 kilómetros, aproximadamente, de ambas localidades).

- Se encuentra situado en la antigua y mítica comarca de la Sagra de Toledo, aludida en el *Persiles*.

En tal caso, Cervantes comienza diciéndonos que viene de Esquivias. Dado que ya hemos señalado la idea de que el autor realiza el prólogo a modo de "aparición literaria" tras dar por terminada su obra "felizmente", y, puesto que ese final tiene lugar en un centro mítico u ónfalo (Roma) donde se ha representado esa -llamémosle- "unión máxima" (representada ficcionalmente mediante una cadena de matrimonios), podríamos aventurar que su reaparición en el prólogo vendría ligada, precisamente, a esos dos elementos esenciales de la diégesis: la unión matrimonial y la idea de centro. Comoquiera que ya hemos aludido al más evidente matrimonio de Cervantes en Esquivias, ahora lo haremos a la situación geográfica de esta misma localidad toledana, que también es un centro, el que media entre las dos capitales del mismo reino de España que se citan más o menos directamente en el *Persiles*: Toledo, ciudad imperial donde estaba ubicada la corte de Carlos V, y que dista 42 Km. de Esquivias; y Madrid, donde se estableció la corte de Felipe II y Felipe III, y que se encuentra a otros 42 Km de Esquivias (la distancia puede oscilar según la medición que se realice).

Utilizando esta información, deducida de la ¿casual? presencia de Esquivias en el relato, podría considerarse como plausible, dentro del contexto simbólico que estamos proponiendo, que Cervantes reapareciera en el prólogo como continuación de la identidad del trascendido Persiles, que, desde Roma regresaría a Esquivias para tomar posesión de su reino de Tule en

Madrid. La equivalencia, como puede observarse, estaría justificada en los pares: Roma = Esquivias, Tule/Frislanda = Madrid.

Porque Esquivias, a imagen de Roma, podría simbolizar aquí ese centro y símbolo del poder en época de Cervantes: el que media entre las dos cortes, Toledo y Madrid, que mayor prestigio y gloria han dado a España en el mundo (excluyendo el breve traslado a Valladolid, entre 1601 y 1606). Además, no debemos olvidar las especiales connotaciones simbólicas que supondría para Cervantes, metido en el papel de continuador de Persiles en el prólogo, esa vuelta a Tule/Frislanda para tomar posesión de su reino, que para nuestro autor equivaldría a Madrid, ¿quizás con el sentido, ya próximo a entregar su alma, de que su reino ya no sería de este mundo...?[1081]

Pero Esquivias no sólo simbolizaría en la ficción de Cervantes el centro de un poder real (Roma)[1082], sino también espiritual; pues esta localidad está ubicada en el centro de la comarca de la Sagra, que es citada en el *Persiles* como lugar sagrado desde la época de los romanos, así como punto de encuentro del episodio más misterioso y revelador de toda la obra: la aparición de la "vieja peregrina". Leemos en el *Tesoro* de Covarrubias en relación a esta comarca toledana:

> "SAGRA: En el reyno de Toledo ay cierto territorio llamado la Sagra; congetúrese averle puesto ese nombre los romanos en memoria, o por semejança, de otra que ay en Italia, en la parte que llaman Magna Grecia, por un río que allí por corre llamado Sagra, o se dixo *quasi sacra,* por alguna superstición de religión."

En tal caso, se constata la evidente relación que nuestro autor podría estar sugiriendo entre la Mancha y ese pasado greco-romano. No parece, pues, que la especial ubicación de Esquivias haya sido escogida al azar por nuestro autor entre las muchas por las que discurrió en su continuo "peregrinar".

Se percibe, pues, en estos preliminares, cierta intención de Cervantes de querer traspasar su obra para enlazar con el prólogo. Es decir, como si nuestro autor aprovechara ese ónfalo "amoroso" o matrimonial que él mismo ha construido en torno a la Roma del *Persiles* para reaparecer en el prólogo a través de esa misma "puerta" amorosa que ahora lo conecta con el mundo real: Esquivias, lugar donde nuestro autor contrajo matrimonio con Catalina de Palacios.

Y de la Roma del *Persiles*, a través de ese túnel espacio-temporal que constituye el sentimiento amoroso (como elemento imprescindible en los procesos de transformación espiritual), Cervantes reaparece en las tierras sagradas de la Mancha (la Sagra), en Esquivias: "puerta" que habrá de comunicar la obra prologada con el prólogo que la introduce y lugar mítico de la Mancha por el que Cervantes reaparecerá "renacido" de su obra culminada.

Una vez hemos trazado las líneas generales por las que habrá de discurrir el prólogo, y, después de la "amorosa" apelación que nuestro autor le dedica al lector ("lector amantísimo"), estamos en condiciones de enfrentarnos a un texto que debe explicarse desde los presupuestos que hemos señalado; es decir, desde el convencimiento de que nos hallamos ante una obra profundamente simbólica, de apariencia autobiográfica y naturaleza sapiencial.

1.4. Los "otros dos amigos y yo"

A continuación, Cervantes nos informa de que no viene solo por ese camino desde Esquivias: "que, viniendo otros dos amigos y yo" (p. 118), es decir, que viaja en compañía de dos amigos. Ahora bien, en la referencia literal que se hace de esos dos acompañantes no se aprecia una

---

[1081]   Empléese aquí el dicho castizo que dice: "¡De Madrid al cielo!".

[1082]   En este sentido, recuérdese que en el *Persiles* el poder en Roma estaba en manos de la facción hebrea, junto con Hipólita y en connivencia con el gobernador de la ciudad. Lo cual podría tener relación con la realidad etnográfica del pueblo de Esquivias, cuyo censo era, en época de Cervantes, de mayoría conversa. Véase Romero (n. 35, p. 119).

natural proximidad entre los viajeros, pues, si nuestro autor hubiese querido manifestar un matiz más familiar o íntimo entre el grupo de acompañantes podría haberlo expresado de otro modo, por ejemplo: *viniendo con, en compañía de*, etc. Porque, el empleo del indefinido "otros" antepuesto al sintagma nominal "dos amigos" causa cierto desajuste a la hora de transmitir esa idea de compañía, que se percibe como forzada o "antinatural"; pues, "otros" lleva implícito ese sentido de vaguedad o lejanía que contrasta con un verdadero viaje en compañía de dos amigos.

Otro aspecto a considerar es la voluntad expresa de separar numéricamente a los personajes que Cervantes nos presenta como a sus amigos: "dos amigos y yo", es decir, tres. O también, dos amigos que lo son (entre ellos), pero no de Cervantes. En resumen, parece existir cierta intención de nuestro autor, al menos, por no mostrarse claro a la hora de contarnos su historia; es decir, por referirnos un relato envuelto en un halo de misterio, donde, a las expectativas suscitadas en ese comienzo impactante ("Sucedió"), habrán de sumarse esos dos personajes "fantasmas" (pues solo uno de ellos interviene expresamente y de forma muy breve: "- El rocín del señor Cervantes tiene la culpa desto, porque es algo que pasilargo"[p. 120]) que acompañan a nuestro autor ¿Dónde queremos ir a parar con esta deducción? Fundamentalmente, a señalar el hecho de que los dos supuestos amigos no deberían considerarse como dos personajes reales, sino, más bien, como dos conceptos de naturaleza simbólica; es decir, la alteridad: el "Otro" es, en filosofía, una idea opuesta a la identidad, lo diferente dentro de sí mismo.

Recapitulando, creemos que tras la apariencia real de un viaje de Cervantes en compañía de dos amigos, se nos podría estar relatando otro simbólico o interior, donde sus "desnaturalizados" acompañantes representarían a esos "otros dos viajeros" que siempre acompañan al viajante por antonomasia, el peregrino, por esos íntimos trayectos de la conciencia personificada en nuestro propio autor, protagonista de su propia historia en su reflexivo peregrinar. Los "otros dos amigos", por tanto, funcionarían a modo de contrapunto de Cervantes, es decir, la necesaria presencia de esa íntima entidad de naturaleza dúplice que polariza la lucha del místico en su camino hacia la iluminación: el bien y el mal, la realidad y el sueño, la verdad y la falsedad del mundo de las apariencias. A ello sumaremos la prácticamente nula intervención de esos dos supuestos amigos de viaje durante todo el prólogo; pues, salvo la única intervención que hemos apuntado más arriba, no se constata ninguna otra. Ahora bien, el hecho de que de manera explícita no intervengan en el relato no quiere decir que no lo hagan, pues, como argumentaremos en páginas sucesivas, creemos que la identidad de esos "otros dos amigos" de Cervantes podría corresponderse con los dos interlocutores que cruzan sus diálogos como si tratara de una lucha por imponer su criterio: el propio Cervantes y el "estudiante pardal".

1.5. De vuelta a Esquivias: ¿de qué fama estamos hablando?

Dadas, pues, las posibilidades que nos ofrece esta hipótesis, acerca de la naturaleza metafísica de esos "otros dos amigos" que acompañarían a nuestro autor formando parte de sí mismo, perseveraremos en esta línea exegética; pues, a continuación se nos dice que esos tres amigos (incluido el propio Cervantes) vienen del "famoso lugar de Esquivias", explicándonos, entre paréntesis, en qué radica la fama de esa localidad: "por mil causas famoso (una, por sus ilustres linajes y, otra por sus ilustrísimos vinos)"(p. 118). Porque, ¿de qué fama se nos está hablando?, ¿de la de sus linajes nobiliarios y de la de sus vinos en sentido literal? Romero no duda de ello, aportando su correspondiente justificación[1083], que compartimos en sentido lato. Sin embargo, no creemos que Cervantes tuviera la intención de referirnos unos simples datos de carácter etnológico sin otra finalidad que ilustrar su discurso. Sus intereses apuntaban más alto. Porque, como ya hemos comentado, Esquivias simbolizaría esa "puerta" que comunica la realidad contemporánea de nuestro autor, a través de ese vínculo amoroso u "ónfalo universal" que se expresa mediante la idealización del matrimonio, con el relato mito-histórico representado en torno a la Roma del *Persiles*. Por tanto, dentro de este contexto simbólico, la fama a la que se hace alusión sería portadora, además del sentido literal, de otro de carácter

---

[1083]   "Los linajes de Esquivias (abundante en confesos) <<eran tan famosos para Cervantes como los del Toboso (lleno de moriscos)>>, escribe Américo Castro en *CCE* (168)." (n. 35, p. 119).

531

alegórico; es decir, algún concepto de naturaleza míto-histórica que deba relacionar el mundo ficcional desplegado en torno al concepto de Roma del *Persiles* con la realidad española, tomando a Esquivias como centro simbólico de esa idea íntima de lo que significaría España para nuestro autor.

En tal caso, dentro de esta asimilación que proponemos (Roma-Esquivias), esos "ilustres linajes" que se citan, de los que no se descarta una ascendencia hebrea, habida cuenta la gran cantidad de conversos en esa localidad toledana, según apunta Américo Castro (n. 35, p. 119), ¿no podrían remitir a aquellos míticos héroes que emprendieron en la antigüedad la aventura de la civilización, liderando pueblos y trasmitiendo el Conocimiento como parte de su empresa civilizadora? Y, comoquiera que "todos los caminos conducen a Roma", así también la historia remota de los pueblos de la Antigüedad; pues, en la Ciudad Eterna convergieron todas las tradiciones espirituales de Oriente y Occidente que más tarde dieron forma al escenario europeo sobre el que Cervantes viene centrando su obra.

Creemos, pues, que podría ser en este sentido como habría de interpretarse la fama de Esquivias en relación a "sus ilustres linajes". Y, para corroborar estas primeras conjeturas, acudiremos a la "obsesiva" afición de nuestro Genio de las letras por la capacidad plurisignificativa de las palabras, cuyos formantes segmenta, desplaza o incluso a veces no llega siquiera a modificar para ofrecer nuevos sentidos diferentes de la acepción que suele identificar al término. Y este sería el caso de "ilustres", que podría considerarse como un compuesto bimembre (ILUS-TRES) de claras reminiscencias mito-históricas; porque ILUS en latín significa ILO, hijo de Tros, rey de Troya. Lo cual, podría considerarse una coincidencia sin más, sin embargo, dado el contexto en que situamos esta deducción (los ilustres linajes de Esquivias-Hispania en relación a los linajes de los fundadores de Roma), nos lleva a pensar que pueda tratarse de un intencionado recurso semántico empleado por nuestro autor: "ILUS-TRES linajes" = el linaje de Ilo (ILUS), rey de Troya, a través de su padre Tros (del latín *tros, trois* > TRES). Porque estamos hablando de los fundadores de Troya[1084], que, a la sazón, se consideran los ascendientes de los fundadores de Roma a través de Eneas, casado con Créusa, hija de Príamo (nieto de Ilo-ILUS).

Pero esta noticia sobre la fama de Esquivias que nos ofrece Cervantes aún podría complementarse, pues, la alusión que se hace a "sus ilustrísimos vinos" viene a confirmar nuestras sospechas. Nos explicaremos, aunque, para ello sea necesario previamente que tengamos en cuenta el sentido de linaje en relación al concepto bíblico de "rama o retoño del tronco", así como a su fruto, en el caso de la vid: la uva > el vino. Pues bien, dado que "ilustrísimos" podría descomponerse del mismo modo en que lo hicimos con "ilustres", tendríamos que el compuesto ILUS-TRÍSIMOS aludiría, por un lado, a Ilo (ILUS), rey de Troya, y por otro a TRÍSIMOS; que, en sentido amplio, señalaría la intención de magnificar un concepto-ente de naturaleza ternaria. Es decir, dado el contexto en el que situamos el concepto en relación al linaje del rey Ilo (ILUS), ¿se podría estar haciendo referencia aquí a la TERCERA generación de ese linaje que arranca con el rey Ilo (ILUS)?

En este sentido, diremos que, a partir del rey Ilo de Troya, la tercera generación de reyes recae sobre la figura de Ascanio[1085], hijo de Eneas y de Creúsa, al que se le consideraba como el fundador de un largo linaje de reyes. No en vano, la familia Julia de Roma, y principalmente los emperadores de Roma Julio César y Augusto, incluían a Ascanio y Eneas dentro de su linaje. Ahora bien, no debe olvidarse que estas nobles familias romanas consideraban también que su estirpe procedía de dos vías diferentes: una real y otra divina. Dado que la primera ya la hemos analizado, consideramos plausible que la referencia a los "vinos", además de aludir al "fruto" de la rama o sucesores del linaje del rey Ilo de Troya, podría hacer referencia también a esa otra vía dinástica que hemos señalado, mucho más valorada por sus descendientes que el linaje real, y que sería la divina: VENUS[1086] > VINOS > "ilustrísimos vinos".

[1084]   Ya menos mítica a partir del descubrimiento de sus ruinas en la actual Turquía en 1871 por Heinrich Schliemnn.

[1085]   Aunque no podamos asegurar que lo haya hecho con este propósito, recordemos que Cervantes ya dedicó *La Galatea* a otro Ascanio, al que fuera el cardenal Ascanio Colonna.

[1086]   Según Suetonio (*Vida de César*, 6), el entronque de su linaje con la rama real y la divina, la explicita el propio César en el discurso fúnebre que pronuncia en el funeral de su tía Julia: "Por parte materna la estirpe de mi tía

532

Y, de este modo tan imaginativo, creemos que Cervantes nos da cuenta de los orígenes troyanos de Roma a través de lo más excelso que da fama a Esquivias, dentro de ese simbolismo que parece conectar a nuestro autor con un universo en el que la realidad y el mito se funden sin ningún tipo de escrúpulo y sin mediar más precepto que la observancia de esa idílica unión amorosa.

Cervantes, pues, se nos presenta a sí mismo y a su obra viniendo de esa Roma simbólica en la que acababa de despedir a sus personajes, como queriendo prolongar ese final con un epílogo donde, "anudando este roto hilo"(p. 124) que constituye el prólogo en relación a la obra prologada, se dé sentido a la recepción que haya de tener el *Persiles* en el futuro. Por ello, argumentalmente el prólogo adopta la forma de un camino que se ha de recorrer, porque, en su engarce con el final en Roma, es la forma lógica de expresar que el viaje, dentro de la doctrina platónica de la "rueda de la reencarnación de las almas"(metempsicosis), nunca tiene fin. Además, la aparición de nuestro autor "a cara descubierta" (interpretándose a sí mismo como personaje) en el prólogo a través de Esquivias, recién salido de Roma (del final del *Persiles*, asumiendo la identidad del andrógino: Persiles trascendido), constituiría el refrendo de nuestra hipótesis santiaguista; que asimila esa -llamémosle- "teletransportación intertextos" (del *Persiles* al prólogo) protagonizada por Cervantes con el efectivo camino de peregrinación que uniría Roma con Santiago (la península ibérica-*finisterrae*).

1.6. El "estudiante pardal"

Pero vayamos ahora en busca de la identidad de ese "estudiante pardal", que es, junto con el propio Cervantes, quien asume mayor interés en esta historia des-intercalada del *Persiles*. Comenzaremos analizando su entrada en el relato: "sentí que a mis espaldas venía picando con gran priesa uno que, al parecer, traía deseo de alcanzarnos"(pp. 118-119), de la que se desprende la idea de la llegada de un personaje que viene por detrás y con intención de alcanzar a nuestro autor; es decir, en apariencia, una situación perfectamente verosímil dentro del contexto argumental del viaje que se está narrando. Sin embargo, confluyen una serie de aspectos que deberían ser analizados de manera más minuciosa, pues podrían ser reveladores de una actitud muy determinada. Empezando por el hecho de que esa persona que se acerca lo haga por la espalada, con evidentes connotaciones siniestras, y que además su llegada se exprese como una premonición ("sentí") y no como algo objetivo a través de los sentidos (escuché): "sentí que a mis espaldas venía picando". En tal caso, podríamos avanzar que, en efecto, la llegada de ese viajero que ni se ve ni se oye pero que se presiente, podría pertenecer más al campo de lo simbólico que al de lo real. Además, el hecho de que venga con prisa es muestra de que "aquello" que represente ese viajero tiene urgencia por alcanzar a Cervantes en ese breve trayecto hacia Madrid ¿Quizás debido a que no solo el recorrido es corto sino también la propia vida que le queda a nuestro autor lo sea?

Partiendo, pues, del grado de subjetividad empleado por nuestro autor para presentar al personaje que se acerca: "uno que, al parecer, traía deseos de alcanzarnos", veamos ahora qué tipo de concepto podría encarnarse bajo la citada identidad. Porque, de manera literal, se entiende que el indefinido "uno" hiciera referencia al desconocimiento que tendría Cervantes de la persona que viene por detrás; aunque, sin embargo, no se descarta la posibilidad de considerarlo también de manera simbólica, en el sentido de que el citado viajero constituya la personificación de un concepto relacionado con el pensamiento de Cervantes, que lo presiente como algo que viene con prisas y en un momento decisivo de su vida ¿Quizás el doble anuncio de su muerte y del final luminoso e iluminante de su *Persiles*?

Y esta interpretación en clave simbólica parece que se va consolidando según avanza el relato: "al parecer, traía deseo de alcanzarnos, y aun lo mostró, dándonos voces que no picásemos tanto"(p. 119). Porque, Cervantes podría estar reconociendo a ese personaje que le

---

tiene origen de reyes, por parte de padre está emparentada con los dioses inmortales. Pues los Marcio Rex proceden de Anco Marcio y de tal linaje ha sido su madre; y del de Venus los Julios, a cuya estirpe pertenece nuestra familia. Existe por tanto en la raza la sacralidad de los reyes, que destacan enormemente entre los hombres, y también el encumbramiento de los dioses, bajo cuya potestad están los mismos reyes".

persigue en función de esas mismas voces que puso en boca de Corsicurvo[1087] al inicio de la odisea de su protagonista en el *Persiles*, de cuyo desarrollo posterior fue testimonio -como se vio- esa otra voz más evolucionada presente en el personaje de "Feliciana de la Voz". Por lo tanto, dado el carácter simbólico que se deriva del modo de expresarse ("voces"),[1088] sumado al resto de factores que nos hacían pensar en la naturaleza no-realista de este personaje, juzgamos que podría tratarse de un concepto relacionado con la adquisición de una determinada visión o conciencia en la senda del Conocimiento. Y esta podría ser la razón por la que nuestro autor remansa su relato con la descripción del susodicho: al objeto de que el lector pueda reconocer en él a la figura de un peregrino:

> Esperámosle y llegó sobre una borrica un estudiante pardal, porque todo venía vestido de pardo: antiparas, zapato redondo y espada con contera, valona bruñida y con trenzas iguales; verdad es no traía más de dos, porque se le venía a los lados la valona por momentos, y el traía sumo cuidado y trabajo en enderezarla (p. 119).

Ya dijimos que el prólogo estaba construido combinando elementos ficcionales y otros reales extraídos de la propia vida del autor. Es decir, que esta breve pieza introductoria presenta, en su literalidad, un desarrollo más quijotesco (realista) que persilesista (alegórico); no así en los contenidos, que se revelan rotundamente "septentrionales" o simbólicos. Y si llamamos la atención sobre esta circunstancia es porque hemos observado que Cervantes no construye a este personaje del estudiante, sobre el que nosotros hemos fundado una identidad seria que no parece corresponderse con lo expresado literalmente, a modo de un Periandro, sino más bien a la manera de un don Quijote. Ahora bien, el lector no debe dejarse llevar por esta primera impresión, pues, los elementos diegéticos que revisten de comicidad la aparición del estudiante podrían ser portadores, al mismo tiempo, de un significado muy concreto dentro del contexto simbólico de la peregrinación. A saber:

- La "borrica" haría alusión al empleo de la cábala, sobre la que ya hemos argumentado *in extenso* en relación a los procesos gnósticos que informan la experiencia del antiguo ritual de la peregrinación. El hecho de tratarse de la "montura" de un neófito (un estudiante), nos indica que este personaje aún no ha alcanzado el grado de conocimiento suficiente como para -digamos, aprovechando el ejemplo extraído del *Persiles*- montar el caballo de Cratilo y lanzarse a su particular abismo helado. No obstante, como se verá más adelante, al final de este prólogo asistiremos al "acto de graduación" que supone para este estudiante el privilegio de montar el caballo simbólico:"como él iba caballero en su burra" (p. 123).

- El calificativo de "pardal" del estudiante, además de las correctas aclaraciones de Romero desde el punto de vista literal,[1089] remitiría, además, a los hábitos que eran propios de un peregrino de Santiago[1090], que, indefectiblemente, eran de ese color pardo. En este sentido, la expresión "estudiante pardal" aludiría a una persona que se encuentra en su período de formación, con el objeto de aprender un conocimiento espiritual elevado; es decir, un peregrino: aquel estudiante que busca graduarse en la universidad más antigua del mundo (los caminos de peregrinación). Además, la explicación que proporciona el narrador acerca del propio calificativo "pardal": "porque todo venía vestido de pardo", nos recuerda a la vestimenta de aquella otra famosa andariega: el personaje de la "vieja peregrina", sobre cuya descripción el

---

[1087] "Voces daba el bárbaro Corsicurvo a la estrecha boca de una profunda mazmorra"(p. 127).

[1088] "Voces" y "voz" marcan simbólicamente una gradación en la senda del individuo implicado en el Camino del conocimiento (la gnosis), en el sentido de que el primero sería la expresión de un estadio inicial y el segundo de un nivel más avanzado. Véase lo argumentado al respecto en los capítulos 7.1. y 3.3.

[1089] "*pardal* significa, por un lado, 'pueblerino' (ya que de pardo solía vestir la gente de las aldeas) y, por ende, 'humilde', de poca importancia; por otro, 'bellaco, astuto' (*DA*)" (n. 36, p. 119).

[1090] La indumentaria del peregrino, que la tradición llegó a fijar como hábito de color pardo, servía de salvoconducto para moverse con libertad a través de los reinos que atravesaba la peregrinación ibérica más famosa: el Camino de Santiago. Y tal era el uso, y el abuso picaresco que de tal vestimenta se hacía, que el propio Felipe II tuvo que prohibirlo según recoge la pragmática de trece de junio de 1590.

narrador concluía diciendo que: "En efecto, toda ella era rota" (p. 485), en el sentido de que -como se vio- su vestimenta simbolizaba al color rojo ("rota" > roja: último en la escala cromática que simboliza la adquisición del Conocimiento en los procesos gnósticos). Pero no solo estos dos personajes salidos de la pluma de nuestro autor expresarían con su vestimenta la imagen de un peregrino, sino que, además, compartirían una misma consideración como personajes denostados, repulsivos y/o caricaturescos. En el caso del "estudiante pardal" resulta evidente tanto en lo estrafalario de su atuendo como en lo ridículo de su actitud; destacando su falta de contención emocional, sus pertrechos desbaratados y sus ropajes desparejados.

Dentro de este contexto peregrino al que hemos adscrito al "estudiante pardal", la comparación con la otra "estrafalaria" peregrina que asoma por entre las páginas del *Persiles* se hace casi obligatoria: la "vieja peregrina"; no en vano, el propio Nerlich señala dicha asimilación en función de la naturaleza aviar que parecen compartir ambos personajes: lechuza el primero -según se vio- y gorrión el segundo. Destacamos, de la interesante deducción del crítico, la definición extraída de *Autoridades* que relaciona al adjetivo *pardal* no ya con un gorrión -que también se recoge- sino con un ave especialmente acorde a nuestro propósito exegético -según se verá más adelante al tratar la enfermedad hidropésica de Cervantes:

> Añadamos que el Diccionario de Autoridades nos dice que el término "pardal" designa también a otro pájaro, "[una] ave aquátil, que también se llama pluvial, y completemos a continuación la definición dada aquí arriba -y contra el orden jerárquico del *Diccionario*- como "bellaco,astuto", que he dejado incompleta, pero que termina en realidad por "astuto, con alusión al gorrión, que se juzga la más astuta de las aves".[1091]

- Las antiparas, que son una especie de polainas que forman parte del atuendo del viajero, podrían aludir también, de manera imaginaria y considerando al propio término como compuesto por dos miembros independientes: ANTI-PARAS, a una cualidad que debe observar todo peregrino en la senda del Conocimiento: NO (anti) PARAR (paras). En este sentido, ¿no podría remitir las "antiparas", en cuanto a que parte de la indumentaria del peregrino que además se coloca sobre las piernas, a esa premisa obligatoria en toda peregrinación: nunca detenerse?

- El "zapato redondo", al igual que las "antiparas", alude a esa idea de centrar la acción del peregrino en sus miembros inferiores (pies y piernas). Recordemos que esa focalización ya fue analizada en el episodio de Isabela Castrucha: "dos mujeres, que debían de servirla de enfermeras, andaban buscándole las piernas para atárselas también, a lo que la enferma dijo"(p. 612); donde interpretábamos la necesidad de mantener las piernas libres para poder liberarse espiritualmente a través de la peregrinación. Volviendo a la expresión "zapato redondo", no debe desestimarse la alusión que supone la imagen de un zapato con esa forma geométrica, a pesar de la visión cómica de tal representación; pues, simbólicamente, podría dar forma a una idea fundamental en los misterios de la antigua peregrinación, como es la consideración de divino (redondo) que se consideraba a la noble tarea de peregrinar (simbolizada en el zapato). Recuérdese que en el mito de Perseo y Medusa, fue Hermes, el dios caminante, quien le proporcionó sus características sandalias aladas al héroe al objeto de culminar su propósito descabezador.

- La "espada con contera" podría aludir al bastón del peregrino. Pero no solo llegamos a este afirmación a través de uno de los símbolos por antonomasia de la peregrinación a Santiago de Compostela: la espada,[1092] la cual, ha pasado a compartir el nombre con esta misma ruta de iniciación: el Camino de Santiago de la Espada; sino también, en relación a la propia descripción del arma, pues, dado que la contera es una pieza metálica utilizada para cubrir tanto la punta de los bastones como las vainas de las espadas, creemos que Cervantes utiliza el término para referirse a lo primero y, en tal caso, la espada sería una forma "idealizada" de referirse al bastón, bordón o báculo del peregrino. Ahora bien, una vez identificado el objeto, cabría preguntarse: ¿por qué Cervantes no alude a la vaina de la espada en vez de a la contera?, pues, realmente, la contera no se encuentra en la espada sino en la vaina. Es decir, que la

---

[1091] Nerlich, 2005, p. 651.

[1092] Recuérdese que la cruz de Santiago tiene, precisamente, forma de espada.

expresión "espada con contera" empleada por Cervantes sería incorrecta, pues la espada no tiene contera sino la vaina. En tal caso, ¿se trataría de un descuido de Cervantes o nos hallamos ante un error deliberado? Dado que ya hemos identificado la espada con el bastón de peregrino, creemos que la expresión "contera" debería relacionarse, de igual modo, con algún concepto afín al campo semántico que rodea a la función que cumple el báculo o bordón en la peregrinación. Comoquiera que el tema ya ha sido analizado suficientemente,[1093] solo aludiremos a un aspecto muy concreto en relación a la descripción de la grotesca figura de la "vieja peregrina": "y ocupábale la mano un bordón hecho a manera de cayado, con una punta de acero al fin" (p. 485); donde, comprobamos una similar alusión a la "contera" que aquí se menciona, aunque expresado de manera diferente. Es decir, dado que la contera consiste en un refuerzo de metal que se coloca en la punta de las vainas de las espadas, juzgamos pertinente asimilar la descripción del cayado de la "vieja peregrina" a la "espada con contera" del "estudiante pardal": en ambos casos se trata del bastón o bordón del peregrino. Por último, y en refuerzo de nuestros argumentos, creemos haber encontrado en la expresión "espada con contera" un sutil mensaje simbólico en la dirección que venimos apuntado. Incluso, juzgamos que nuestro autor podría haber colocado una sonora cacofonía (con /con) en este punto del discurso al objeto de llamar la atención de su "lector amantísimo" y así detenerlo en su lectura antes de que pase de largo sin reparar en el mensaje. Porque nos estamos refiriendo a la expresión: "espada con CON-T-ERA", sobre la que podríamos aplicar la siguiente lectura: *ERA una espada CON forma de T*; pues, como ya hemos comentando, el verdadero bastón de peregrino adopta esa forma de *tau* (T), que es la que tiene el bastón de medir de los antiguos arquitectos y que también se utilizaba en la orientación y cálculo de los cuerpos celestes (mediciones angulares, posicionamientos, paralajes, etc.).

-La "valona bruñida", según apunta Romero en su definición extraída de *Autoridades*: "valona. Cuello grande y vuelto sobre la espalda, hombros y pechos" (n. 39, p. 119), sería una especie de adorno en el vestir. Sin embargo, parece que Romero no repara en el dato que especifica que la "valona" estaba "bruñida". Cualidad, esta, de un acabado liso y bien pulido. En este sentido, recordemos que la capa corta o muceta, hecha de recio material bruñido, formaba parte de la indumentaria del peregrino, que se colocaba sobre los hombros para proteger al peregrino del agua y del frío. Ahora bien, dado que el término bruñir se relaciona más con los metales que con los vestidos, creemos que tendría cabida un segundo sentido en la interpretación de esta prenda dentro del contexto gnóstico en que situamos la acción. Es decir, creemos que nuestro autor, a través de la descripción de esa prenda bruñida alrededor del cuello del estudiante, querría transmitirnos la imagen de una cuchilla de metal que amenaza con segar el cuello del personaje. La imagen simbólica, pues, de un descabezamiento en ciernes, parece planear sobre esta sintética expresión ("valona bruñida") que refleja el objetivo final del camino penitente por antonomasia: la muerte mística o decapitación (como el apóstol Santiago, San Payo y el propio Prisciliano; mártires descabezados directamente relacionados con la peregrinación a Santiago de Compostela) .

- La expresión: "y con trenzas iguales", se relaciona con lo que hemos argumentado sobre la "valona bruñida". Dice Romero al respecto: "la valona se cosía a la camisa o bien se sujetaba por medio de cuerdas trenzadas o de tiras de lienzo, llamadas cabezones."(n. 40, p. 119). Es decir, un complemento del vestir que se utilizaba para mantener derecha la valona y que Romero se limita a registrar sin más pretensiones. Porque, no recaba el crítico en el detalle de que las "trenzas" que se citan fuesen iguales, ni en las asociaciones semánticas que pudieran derivarse del sobrenombre "cabezones"; aunque, bien es cierto, esta deducción ya pertenece al dominio de lo alegórico, del que huye Romero para desconsuelo de Cervantes y de algunos "lectores amantísimos" que a buen seguro se preguntarán: ¿por qué pierde el tiempo nuestro autor en describirnos detalles tan insignificantes de la indumentaria del estudiante? Hagamos, pues, ese esfuerzo que consiste en traspasar la superficial frontera de lo evidente y entremos en el laberinto de la alegoría: "y con trenzas iguales; verdad es no traía más de dos, porque se le venía a un lado la valona por momentos, y él traía sumo trabajo y cuenta en enderezarla."(p. 119), porque, enlazando con lo que decíamos anteriormente, ¿acaso la imagen de esa "cuchilla" (la "valona bruñida") alrededor del cuello del "estudiante pardal", de cuyos extremos tiran

---

[1093] Véase el capítulo 1.7.

sendos "cabezones" ("trenzas iguales"), no podría constituir una alegoría de esa lucha entre el bien y el mal (el "yo superior" y "el yo inferior") que amenaza con imponerse sobre su opuesto, culminando con ese simbólico "descabezamiento" justo en el momento en que su entusiasmo se desborda ante la presencia de la figura de Cervantes?

Una vez hemos argumentado la posibilidad de que Cervantes, a través de la cómica aparición del "estudiante pardal", podría estar describiendo no solo la identidad de un peregrino sino también, mediante su indumentaria, los procesos utilizados por este en su camino de Conocimiento, nos centraremos en el diálogo que sostiene nuestro autor con el recién llegado; convencidos, a la luz de toda la argumentación que venimos aportando, de la posibilidad de que tras la figura de ese entusiasmado estudiante pueda hallarse no un personaje real sino el propio Cervantes, pero no en persona[1094], sino en esencia; es decir, formando parte de sí mismo como uno de los dos amigos "fantasma" que se mencionan al comienzo del prólogo y que acompañan (aunque sin advertirlo), como no podría ser de otro modo, a Cervantes en su continuo peregrinar por la vida.

Llegados a este punto, podríamos ya afirmar que uno de esos "otros dos amigos" que nuestro autor cita al comienzo del prólogo sería el propio "estudiante pardal", que se correspondería con el "yo superior" de la conciencia de Cervantes; el cual, viene con prisas, pues tiene miedo de no llegar a tiempo de alcanzar, por fin, a su fiel "amigo" en esta vida (la conciencia de Cervantes). Resulta obvio, por tanto, que la farsa escenificada por este atolondrado estudiante constituye una alegoría, no exenta de ironía, de la llegada de la luz del Conocimiento a la vida de nuestro autor: justo después de culminar su Gran Obra,[1095] el *Persiles*, y poco antes de su muerte física.

Pero no será esta la única dimensión simbólica que haya de aplicarse sobre el personaje del "estudiante pardal" (aunque sí, a nuestro juicio, la más importante); pues, como venimos señalando a lo largo de este trabajo, los símbolos en el *Persiles* nunca se interpretan en una sola dirección, lo cual da la altura de la universalidad de esta Gran Obra, en su intención de abarcar el mayor horizonte posible de significaciones.[1096]

Pero dejemos que sea el propio prólogo, a medida que vaya avanzando, quien nos muestre el resto de elementos que intervienen en lo que apunta a ser uno de los cuentos más ingeniosos, breves y bellos que se haya escrito, al menos, en lengua española.

1.7. La conversación cruzada entre Cervantes y el "estudiante pardal"

Una vez hemos perfilado la identidad del "estudiante pardal", y, puesto que el prólogo se centra, en lo fundamental, en el diálogo entre el personaje encarnado por Cervantes y el joven estudiante; desde una perspectiva simbólica, el contenido de la conversación podríamos agruparlo en los siguientes temas:

- Los "otros dos amigos" de Cervantes: una alegoría cómica de la lucha interior del místico.
- El "matrimonio místico" o la aceptación de lo que se es a través de lo que no se es.
- El secreto de Cervantes: la hidropesía, una enfermedad, paradójicamente, ¿de naturaleza curativa?

[1094] Nos referimos a la posibilidad, señalada por Mack Singleton, de que el "estudiante pardal" sea una personificación del propio Cervantes en su juventud; y que el encuentro entre ambos personajes en el prólogo haya de interpretarse desde una perspectiva psicológica, es decir, como el debate entre entre el Cervantes viejo y el Cervantes joven.

[1095] Los alquimistas daban el nombre de Gran Obra a todo el proceso conducente a la transformación de la materia grosera en "polvo transmutatorio" o piedra filosofal. De igual modo, dado el alcance simbólico de la misma materia filosófica tratada en el *Persiles* (los heterodoxos caminos de transformación de la materia en espíritu), así como la opinión que el propio Cervantes tenía de su obra ("la mejor"), unido a la compañía de su propia muerte, que lo respetó hasta ver culminado su increíble trabajo; juzgamos pertinente atribuir el calificativo de Gran Obra al libro póstumo de Cervantes.

[1096] Herráiz de Tresca aporta otro sentido, igualmente válido, para la figura del "estudiante pardal": "De hecho, puede decirse que el tal estudiante viene a ser el lector real de Cervantes, diferente del que constituía la expectativa habitual de un escritor, incluido el propio Cervantes: un modo de leer diverso de la lectura culta de entonces, con un entramado de citas, evocaciones y alusiones, su inserción en modelos conocidos y prestigiosos." Herráiz de Tresca, 1988, p. 57.

537

En tal caso, de resultas de la evolución de la conversación entre ambos interlocutores, se extraerán las consecuencias que hayan de dar la clave en la interpretación de este -podría llamarse, en función de su estructura formal, que recuerda a los *Diálogos* de Platón- opúsculo sapiencial.

Los "otros dos amigos" de Cervantes: una alegoría cómica de la lucha interior del místico

Lo primero que nos llama la atención es la gran ironía de que hace gala el discurso del estudiante, que, llegado a este punto del camino de Esquivias a Madrid (alegoría del otro camino, el de la conciencia de nuestro escritor en busca de su realización personal), juzgamos que querría pedirle cuentas al propio escritor por no haberle esperado ("dándonos voces que no picásemos tanto"); quizás, ¿demasiado centrado como estaba don Miguel en labrarse un porvenir acomodado? Porque, nos estamos refiriendo al simbolismo de la escena, donde el "yo superior"(el "estudiante pardal") le recrimina al "yo inferior" (el personaje de Cervantes) su falta de compromiso y su nefasta influencia en la "salvación" del alma de Cervantes (el alma-conciencia de nuestro escritor)[1097]. Y lo expresa en estos términos:

> - ¿Vuesas mercedes van a alcanzar algún oficio o prebenda a la corte, pues allá está Su Ilustrísima de Toledo y Su Majestad, ni más ni menos, según la priesa con que caminan? (pp. 119-120).

Porque la pregunta, de carácter retórico, constituye, como decíamos, una clara ironía en relación a los intereses terrenales que preocupaban a Cervantes a lo largo de su vida, y que habrían de alejarlo (evitando que el "estudiante" le diese alcance mucho antes) de lo que verdaderamente importa a los ojos de un humanista como lo fue Cervantes: los intereses celestes y/o la vida espiritual. Y, no de otro modo, el "descarado" estudiante le recrimina su interés por medrar en la corte de los poderosos, bien sea en la de los eclesiásticos o en la de los reyes y nobles ("pues allá está Su Ilustrísima de Toledo y Su Majestad")[1098].

Continua en esa misma línea la intervención del estudiante, que, ahora parece centrarse en la causa por la que Cervantes se dejara engatusar por ese mundo de boato y falsas apariencias. De este modo, y utilizando la burra para construir esta nueva ironía más sarcástica que la anterior, le recrimina a Cervantes el hecho de haber sucumbido al orgullo de haberse creído digno de los poderosos: "Que en verdad a mi burra se le ha cantado el victor[1099] de caminante en más de una vez" (p. 120); pues está documentado que el ingenio de Cervantes fue reconocido desde bien joven.

Y, es en este momento cuando la personalidad del "yo inferior" (el segundo "amigo" que acompañaba a Cervantes) asoma en el prólogo: "A lo cual respondió uno de mis compañeros: - El rocín del señor Miguel de Cervantes tiene la culpa desto, porque es algo pasilargo". Y lo hace, de algún modo, excusándose de su intervención y echándole la culpa al rocín, al que califica de pasilargo. Es decir, este personaje simbólico da muestras de lo que representa a través de esa conducta reprobable que consiste en echarle a otro la culpa de sus propios vicios,

---

[1097] En la identificación de los tres personajes que intervienen en el prólogo (los "otros dos amigos y yo"), Cervantes ha procedido del mismo modo que hiciera en el *Persiles* con el trinomio Persiles-Periandro-Maximino; es decir, los tres personajes constituirían aspectos diferentes pero necesarios en la conformación de la entidad-concepto denominado Persiles. De este modo, Maximino se asimilaría al personaje de Cervantes ("yo inferior"), Periandro al "estudiante pardal" ("yo superior") y Persiles a Cervantes trascendido (la conciencia-alma).

[1098] Romero señala (n. 41, p. 119) que la identidad del cardenal don Bernardo de Sandoval y Rojas (1546-1618) se hallaría tras la referencia que se hace a "Su Ilustrísima de Toledo", pues este ocupaba la sede primada de Toledo (1599-1618) a la par que la presidencia del Supremo Consejo de la Inquisición (1608-1618), con sede en Madrid.

[1099] "era palabra corriente en ambientes universitarios, donde se empleaba al ganador de una cátedra y, por extensión, andando el tiempo, también al nuevo doctor" (nota 42, p. 120).

los cuales, podrían ser aludidos en la idea de "rocín [...] pasilargo"; en el sentido de que un caballo que no ajusta su paso al criterio de quien lo monta resulta ser un caballo no-domado, por tanto necesitado de esa misma doma simbólica que propinó Periandro al caballo del rey Cratilo.

Esta será la primera y última vez que intervenga este personaje en el relato, con lo que se sobreentiende que la llegada del "estudiante pardal" simbolizaría el advenimiento de la luz del Conocimiento a la vida de Cervantes; lo cual se traduciría, en términos caballunos (cabalísticos o simbólicos), en la doma efectiva de ese "rocín" "pasilargo" (lo cual se comprobará más adelante, cuando ambos personajes concilien el paso de sus respectivas cabalgaduras: "tuvimos algún tanto más las riendas y, con paso asentado" [p. 121]).

Acto seguido, el relato se precipita hacia el clímax de esta concentrada historia "des-intercalada" que da entrada al *Persiles*:

> Apenas huvo oído el estudiante el nombre de Cervantes cuando apeándose de su cabalgadura, cayéndosele aquí el cojín y allí el portamanteo (que con toda esa autoridad caminaba), arremetió a mí y, acudiendo asirme de la mano izquierda, dijo (p. 120).

El estudiante al escuchar el nombre de "Cervantes" se comporta como si hubiese sufrido una conmoción, es de suponer, por motivo de la alta estima y la fama del insigne escritor. La lectura literal se revela, pues, completa en sí misma y perfectamente verosímil; sin embargo, desde el punto de vista simbólico, ese encuentro entre los "dos Cervantes", El "yo superior" y el "yo inferior", sería la causa que provoca la conmoción que se describe de manera tan teatral. Porque, no olvidemos que ese choque entre las dos naturalezas opuestas que operan dentro de la propia conciencia del místico era el modo de escenificar el clímax de la experiencia iniciática; como así se comprueba en el episodio de la caída de Periandro a lomos del caballo de Cratilo, que nosotros interpretábamos como la culminación de ese primer nivel (vía purgativa) del camino del místico. Ahora bien, a un nivel superior de esa escala iniciática (vía unitiva), ese mismo choque se escenifica a través de la imagen de los esposos contrayendo matrimonio desde el mismo trance de la muerte: la unión en la muerte (el sí de los esposos) representada mediante aquel corro entrelazado formado por Periandro-Persiles, Maximino y Auristela-Sigismunda.

Y, para mejor ilustrar esos momentos previos a la ceremonia del "sí nupcial", al igual que ocurriera en el *Persiles*, nada mejor que una nota de humor para contrarrestar los efectos dramáticos que tal escena supuso en la obra prologada. De esto modo, nuestro autor podría estar utilizando la comicidad inmersa en el popular dicho: "bajarse de la burra", para conformar una alegoría sarcástica sobre los procesos que conducen a la sabiduría. Porque la expresión "bajarse de la burra" constituye una frase hecha para referirse a quien reconoce que ha errado en su camino y tiene propósito de enmendarse; lo cual, podría aplicarse a la escena en la que el "estudiante pardal" se baja de la suya propia al escuchar el nombre de Cervantes: "Apenas huvo oído el estudiante el nombre de Cervantes cuando apeándose de su cabalgadura". El propósito trascendente de la escena se deja entrever en la actitud de un Cervantes arrepentido, que por fin se apea del pensamiento errado (de la burra) que había guiado su vida por la senda de la búsqueda incesante de las glorias terrenas para enfrentarse a sí mismo ("el nombre de Cervantes").

Parece, pues, que Cervantes estuviera utilizando el prólogo a su *Persiles* como una especie de púlpito donde entonar su personalísimo *mea culpa*, antes de emprender con ilusión lo poco que le queda de camino en este mundo; consciente, a partir de este alumbramiento post-persilesista, que su libro más difícil, del cual él no habrá de sacar ningún provecho material, será el que más beneficios haya de reportarle en la otra vida.

Sea como fuere, la escena en la que el estudiante se apea de su cabalgadura se acompaña de otros gracejos que se suman a ese cuadro popular que nuestro autor ha construido sabiamente en torno a tan alto mensaje filosófico: "cayéndosele aquí el cojín y allí el portamanteo (que con toda esta autoridad caminaba)"; donde, los pertrechos tienen también su asiento en ese puzle alegórico recompuesto de los trozos de este "choque" simbólico. A saber, puesto que nos hallamos ante la representación de un simbólico asalto emocional, podríamos imaginar que los restos de todo lo que ha caído a tierra desde la burra es lo que queda del citado choque. Por un lado el estudiante, cuya bajada no es accidental ni forzada ("apeándose"), y, por otro, sus pertrechos ("cayéndosele aquí el cojín y allí el portamanteo"): imagen de ese conjunto de ideas que conforman nuestras vidas y sobre las que nuestro autor ("que con toda esta autoridad caminaba") habría fundado sus propias expectativas, en la visión de un mundo a la medida de sus intereses terrenos. En tal caso, la circunstancia de que acaben los pertrechos tirados por el suelo haría alusión a la futilidad de esas mismas ideas, así como a su naturaleza perecedera o terrenal.

Porque, resulta aquí más fuerte la necesidad de avanzar, a pesar de la pérdida material (los pertrechos), para encontrarse consigo mismo, que dar media vuelta y regresar a la falsa seguridad de lo que se ha sido sin llegar a vislumbrar nunca la verdadera grandeza de la persona que se lleva dentro. Y así es, en nuestra opinión, como debería interpretarse la actitud del estudiante; que, dejando en el suelo los pertrechos, se dirige a estrechar la mano de Cervantes: "arremetió a mí y, acudiendo asirme de la mano izquierda, dijo".

En este sentido, la unión a través de la mano enferma (la estropeada en la batalla de Lepanto) constituye una señal de reconocimiento y/o reconciliación, en el sentido de que ambos se hallan en el camino de la virtud y se unen a través del vínculo de la penitencia (el sacrificio > la mano sacrificada al ideal). Recordemos que una imagen similar se recreaba en el final unitivo del *Persiles*: "El cual, viéndome a punto de muerte, con la mano derecha asió la izquierda de su hermano y se la llegó a los ojos, y con su izquierda le asió de la derecha y se la juntó con la de Sigismunda"(p. 711); donde, según decíamos, Maximino, *alter ego* terrenal de Periandro, debe morir para que Persiles pueda vivir en plenitud ¿No trataría Cervantes de decirnos en el prólogo que, de igual modo en que se resuelve su obra, la parte de sí mismo apegada al mundo material debe morir para que su alma pueda vivir en completa libertad?

El "matrimonio místico" o la aceptación de lo que se es a través de lo que no se es

La siguiente intervención del estudiante comienza tras la entrada del narrador (el propio Cervantes), que, después de pronunciar su: "dijo", hace hablar al "estudiante pardal" en estos términos:

> - Sí, sí, éste, éste es el manco sano, el famoso todo, el escritor alegre y, finalmente, el regocijo de las musas (p. 121).

Como puede observarse a simple vista, la especial particularidad que muestra esta frase, sin restar un ápice de verosimilitud a la expresión del emotivo momento, resulta que se halla conformada con arreglo a unas pautas simbólicas muy concretas; pues, tenemos razones para pensar que nos hallamos ante la verbalización de los procesos gnósticos que convergen en ese final unitivo que venimos anunciando.

Desde estos planteamientos, debemos señalar en un principio la importancia de la doble afirmación ("Sí, sí") como constituyente más importante de la fórmula unitiva del matrimonio, así como la duplicación del pronombre (éste, éste), que aludiría a la identidad de los dos contrayentes: el estudiante (la llegada de la luz del conocimiento o "yo superior") y Cervantes (el viejo escritor que es consciente, una vez liberado del peso que lo atenazaba o "yo inferior", de la trascendencia del momento). Recordemos que con una similar intención simbólica interpretábamos el "sí de los esposos" o "extraño matrimonio" de la pareja protagonista del *Persiles*.[1100]

En resumen, esa repetición intencionada de los términos "sí" y "éste" constituiría una clara alusión a la doble identidad de los contrayentes, que, además, emplearían una fórmula abreviada de la "ceremonia matrimonial" (reducida a la expresión del contrayente, "este", y de la aceptación, "sí"), pero invirtiendo el orden de los elementos en la frase (¿aceptas a ÉSTE por esposo?: SÍ). En tal caso, podría considerarse que este "encontronazo consigo mismo", que supone este primer contacto entre el estudiante y Cervantes en el camino de Esquivias a Madrid,

---

[1100] "- De vuestra honestidad [...] Aprieta ¡Oh hermano! estos párpados y ciérrame estos ojos en perpetuo sueño, y con osotra mano aprieta la de Segismunda y séllala con el sí que quiero que le des de esposo" (p. 711).

constituye una alegoría sintética de esas mismas "bodas místicas"que centraban la atención en los capítulos finales del *Persiles*.

A continuación, la emoción festiva del ritual del casamiento simbólico se deja sentir en el texto a través de una cadena de expresiones de idéntica estructura dúplice y naturaleza sarcástica, que, formando una unidad gramatical y de sentido completo, se suceden en número de tres cerrando el párrafo con una cuarta de estructura diferente. Nos referimos a: "manco sano, el famoso todo, el escritor alegre y, finalmente, el regocijo de las musas".

En general, y haciendo las debidas concesiones a la imaginación, podría decirse que la función real que cumple esta serie de calificativos que entona el estudiante como expresión de la emoción de encontrarse cara a cara con Cervantes, sería de naturaleza simbólica, y constituiría -digamos- la segunda parte de esa fórmula de matrimonio que daba comienzo a la frase; en concreto, atendería a todo lo relacionado con las cláusulas de ese "contrato". Pero, ¿de qué tipo de matrimonio estamos hablando en realidad?

Literalmente, de una especie de ceremonia ritual verbalizada por el propio autor como protagonista real de un tipo especial de confesión íntima, que, de este modo, nos transmite el compromiso que significó para él el hecho de aceptarse a sí mismo a través de la renuncia a la vanagloria de su vida anterior. Porque, la preceptiva de esa "boda mística" exige renegar de todo lo que se ha conseguido en este mundo engañoso, para, de ese modo purificado, aceptar la nueva personalidad que ha de unirse a la conciencia en aras de su objetivo trascendente (la unión con el Creador). Veamos, pues, las "cláusulas" de ese simbólico "contrato" con el que Cervantes-persona-autor, asumiendo la personalidad de su "yo superior" (el estudiante), se culpa así mismo como paso previo a recibir el perdón que habrá de liberarlo:

- "manco sano". Aquí el estudiante recrimina a Cervantes el exceso de vanagloria ante unos hechos que siempre calificó de heroicos (su actuación ejemplar como soldado en la batalla de Lepanto), en el sentido de que sacrificar su vida por un ideal terreno no debería considerarse un acto como para sentirse orgulloso; pues, solo el sacrificio por un bien superior (la penitencia) lo justifica.[1101] En tal caso, el calificativo de "manco sano" aludiría a la creencia de Cervantes de que su mano enferma de Lepanto era el testimonio del sacrificio máximo, ante el cual los demás deberían inclinarse en señal de respeto, en cuanto a ejemplo sin igual de gallardía, honor y dignidad.

-"famoso todo", haría referencia a la búsqueda de la fama, a la que siempre se había lanzado nuestro autor y que en sus últimos años logró conquistar. Su obsesión por alcanzarla, mantenerla y multiplicarla, quedaría patente en el sintagma que estamos analizando.

- "escritor alegre". En esta expresión, el estudiante parece centrar su crítica en el quehacer literario de Cervantes, en el sentido de que toda su obra anterior al *Persiles* (objeto de este prólogo) no podría calificarse como seria; es decir, no sigue las pautas clásicas que elevan la tarea de la escritura a un fin superior: el poeta como enlace entre el mundo de los hombres y de los dioses. Por lo tanto, la culminación de su *Persiles* significaría su compromiso de enmendarse y de renunciar a la etiqueta de "escritor alegre".

- El cuarto sintagma: "el regocijo de las musas", separado intencionadamente del resto, podría ser utilizado por nuestro autor a modo de broche unificador de los tres anteriores. Porque, dentro del contexto artístico al que suele adscribirse la figura de las musas, ¿la citada mención no constituiría la denuncia que realiza el estudiante del interés desviado que supuso para nuestro autor el cultivo de un arte supeditado a intereses mundanos, como lo fue el *Quijote*, sin duda, el mayor tributo que nuestro autor rindió al aludido "regocijo de las musas"?[1102]

[1101] Recordemos que en el episodio de los "falsos cautivos", ya sugerimos la posibilidad de que Cervantes estuviera expresando su arrepentimiento ante esa búsqueda desviada del ideal que supuso para él la entrega de su vida a la causa bélico-religiosa (la batalla de Lepanto). Véase al respecto el capítulo 3.5. ("Sobre el episodio de los falsos cautivos").

[1102] "Escritor alegre": "regocijo de las musas". Conviene evocar, con Stegman o Avalle Arce, la larga lucha de Cervantes por "lograr un puesto de alta estimación literaria, al cual el *Quijote* no podía aspirar" (Stegman). La *Galatea*, las *Novelas Ejemplares*, las obras dramáticas, el *Persiles* así prologado, casi todo el resto de su obra da testimonio de esa lucha. Sin embargo, en este prólogo al que consideraba "el mejor libro de entretenimiento escrito en lengua castellana", que "se atreve a competir con Heliodoro", no pone en boca de su ficticio admirador valores literarios serios; "erudición", "doctrina", "invención", "estilo", etc., sino lo que constituyó el éxito del *Quijote*: "escritor alegre"; regocijo de las musas". Valores que, ligados como están al que indudablemente constituyó el punto central de su vida -el comportamiento en Lepanto-, parecen adquirir una carga positiva, aunque no sin implicar que

541

Una vez se ha consumado la parte -digamos- declarativa de la ceremonia ritual del matrimonio "místico", se intuye que tras esa fusión de identidades que está teniendo lugar en la conciencia de nuestro autor, el personaje que asume en el relato el rol de Cervantes habría dejado de ser -en la ficción- persona individual para transformarse, a través de la aceptación de las citadas cláusulas sobre las que se pronunciará más adelante, en una entidad "superior" e inmaterial que terminará por iluminarlo completamente dando lugar a la figura gnóstica del andrógino.

Pero antes de proceder a la aceptación de sus culpas como acto previo a su liberación espiritual, Cervantes nos ofrece, ahora en la persona del narrador en primera persona, una visión distanciada del acto que se está llevando acabo (las nupcias místicas):

> Yo, que en tan poco espacio vi el grande encomio de mis alabanzas, parecióme ser descortesía no corresponder a ellas y, así, abrazándole por el cuello (donde le eché a perder de vista la valona), le dije (p. 121).

Porque, esta reflexión que realiza Cervantes ante los elogios proferidos por el estudiante podría esconder una nueva alusión a este decisivo momento espiritual que se está librando. Y no nos referimos al acto de agradecimiento de que hace gala, literalmente, un Cervantes visiblemente emocionado, sino a las especiales connotaciones que podrían derivarse de la escena que nos está describiendo.

Para empezar, deberíamos recabar en el pronombre personal "Yo" que encabeza el párrafo: "Yo, que en tan poco espacio vi el grande encomio de mis alabanzas"; pues, podría aludir a la expresión de esa nueva y robustecida personalidad de Cervantes tras la mística unión: un nuevo YO (Sí, sí, éste, éste = YO). También, es importante no pasar por alto la referencia que hace Cervantes a la reducida dimensión espacial ("en tan poco espacio") en la que se desarrolla esta unión mística; lo cual, se relacionaría con lo que se dice más adelante: " En fuerte punto ha llegado vuestra merced a conocerme" (pp. 122-123), en relación, ambas expresiones, a esa concepción del espacio en su dimensión universal y/o simbólica.

Volviendo a la cita que estamos analizando, si nos fijamos en el texto, Cervantes alude a que "parecióme descortesía no corresponder a ellas y, así, abrazándole por el cuello (donde le eché a perder de todo punto la valona), le dije"; donde, además de esa mezcla de un sentimiento de turbación y gratitud que se declara en su literalidad, nuestro autor podría estar tratando de sugerir todo lo contrario, o sea: decisión y sentencia. Asistimos, pues, al segundo acto de esta breve historia des-intercalada: la decapitación mística del estudiante (en su papel de proyección del "yo inferior" de nuestro autor) a manos del "yo superior" que ya reside en Cervantes; es decir, la anhelada transferencia por la que el "yo superior" y Cervantes se funden en Uno.

Fiel seguidor del género bizantino, no ha de olvidar nuestro autor la trascendencia que imprime a su obra el mito griego de Perseo y la decapitación de Medusa, cuya fábula se actualiza en el *Persiles*. Pero fijémonos ahora en el texto que reproduce "a lo manchego" el descabezamiento de la mítica Gorgona, en concreto, cuando Cervantes se disculpa: "parecióme descortesía". Pues bien, dado que la palabra *descortesía*, además del sentido literal, podría aludir de manera figurada al acto de *no cortar* (des-cortesía), creemos que en este contexto simbólico sería posible una lectura del tipo: cortar con todas las ideas preconcebidas que someten la voluntad del hombre y sus pasiones terrenales. Y ese proceso, indefectiblemente, se libra en la cabeza a través de la inteligencia[1103].

Y esa podría ser la razón por la que Cervantes expresa su voluntad de no ser "descortés", sino cortés; es decir, que nuestro autor se muestra partidario de cortar: "parecióme descortesía no corresponder". En tal caso, ¿qué es lo que tiene que cercenar? Según se dedujo del análisis que hicimos del atuendo del estudiante-peregrino, literalmente, "la valona": "y, así, abrazándole por el cuello (donde le eché a perder de todo punto la valona)"; es decir, el "cuello postizo" en

---

las metas alcanzadas a través de ellos no fueron las que Cervantes se había propuesto originalmente." Herráiz de Tresca, 1988, p. 56.

[1103] Recuérdese, una vez más, el nacimiento fabuloso de Atenea de la cabeza de Zeus, tras el hachazo propinado por Hefesto, dios del fuego.

relación a la cabeza postiza o falsa que pende de él[1104]: entendida como aquella parte de nosotros mismos que nos engaña en la percepción de un mundo ilusionante y apegado a lo terreno. Recordemos, en este sentido, otros abrazos aplicados sobre ese mismo lugar de la anatomía (en el cuello) con similares efectos simbólicos a lo largo del *Persiles*.[1105]

Unas líneas más adelante, Cervantes alude sutilmente (de manera figurada) a la circunstancia de que el estudiante acaba de ser "decapitado". Es en el párrafo que comienza: "Hízolo así el comedido estudiante"(p. 121); donde, dado que el adjetivo *comedido* es sinónimo de *cortés*, funcionaría en ambos casos el sentido aludido en el primer término. En relación al momento gnóstico que se está aludiendo, esta frase cabría interpretarse como: *Hízolo así el "recién decapitado" estudiante*; además, este sentido que nosotros proponemos podría reforzarse con la función que asume la anteposición del adjetivo ("comedido") al nombre ("estudiante"), que, por tanto, recibiría el peso semántico del sintagma en detrimento del sustantivo. A ello añadiremos otras connotaciones inherentes al epíteto aludido. Nos referimos al sentido figurado que adquiere el adjetivo *comedido* en relación a *mitad > seccionado*, que aportaría al sintagma, en cuanto a que núcleo del mismo, el significado de: *hízolo así el seccionado estudiante*.

Sea como fuere, esa imagen que venimos señalando del símbolo de la "decapitación" como ilustración de la victoria del hombre sobre la materia/pasiones, en cuya escenificación parecen participar los santos del cristianismo (Santiago Matamoros, San Payo, etc,) con un entusiasmo desbordado, y donde el propio Cervantes, personificado en su "estudiante pardal", se "descabeza" también en un ambiente entre festivo y de sorpresa; no es, ni por asomo, algo propio del catolicismo. Habría que remontarse a los antiguos rituales griegos o hebreos, de donde sin duda proceden los antecedentes de esas imágenes en relación al simbolismo de los procesos de elevación de la conciencia a base de "erradicar" los esquemas intelectuales primarios (las pasiones humanas).[1106]

Pero el trance o "ceremonia de transferencia" ya ha sido realizado con éxito, y de ello da buena cuenta Cervantes ratificando las cláusulas que decíamos de aquel contrato matrimonial que era presentado por el estudiante pardal antes de aceptar ser "decapitado". Es decir, nuestro autor, como expresión de esa nueva identidad que acaba de asumir, deberá renegar de lo que era para poder llegar a asumir la naturaleza celeste que le convertirá en un "iluminado".

Y, de este modo, comienza a entonar su particular declaración, empezando por reconocer el estado de ignorancia en el que se hallaba: "- Ese es un error donde han caído muchos aficionados ignorantes"(p. 121). Porque, a partir de este momento, nuestro autor ya sabe quién es: "Yo, señor, soy Cervantes". En este punto, y, habida cuenta del contexto místico al que nos

---

[1104] La iconografía cristiana es generosa en la recreación de este mito "descabezatorio", propio en la escenificación de ese nuevo alumbramiento por la vía penitente o camino del Conocimiento. Sólo tenemos que desplazarnos a una de las rutas sagradas más antiguas del mundo, en donde la tradición perdura y sigue viva para todo aquel interesado en leer en los símbolos: el Camino de Santiago en tierras ibéricas. Allí encontraremos al mismísimo Apóstol que, cabalgando a lomos de su blanco rocín, descabeza moros sin ningún tipo de piedad. Santiago Matamoros suele denominarse a esa imagen del Santo en pleno fragor de la batalla. Incluso en la misma fachada de la catedral de Santiago podremos encontrar otro santo descabezado y/o descabezador: San Payo de Antealtares, con su propia cabeza cercenada a punto de separarse del tronco y celebrando, paradójicamente, tan funesto suceso.

[1105] Es el caso del abrazo de Sinforosa a Auristela, de Sulpicia a Periandro, de Hipólita a Periandro o de Serafido a Periandro.

[1106] Svetlana Piskunova, analizando el origen genérico común del *Persiles* y de las *Almas muertas* de Gógol, dice al respecto: "Y en lo que toca a la novela griega, o sea, a las ficciones de Heliodoro, Aquiles Tacio, Jenofonte de Éfeso, no se trataba de narraciones de entretenimiento designadas para el vulgo o de fábulas milesias. Según demuestran las investigaciones de los últimos veinte años, estas novelas tratan en imágenes simbólico-alegóricas los mismos temas y problemas que los diálogos de Platón ("Fedro", "El Banquete"), las "Moralias" de Plutarco, los Evangelios apócrifos y los tratados gnósticos y neoplatónicos... Hablaban de la unidad primaria del Mundo encarnado en la figura de Eroto-Andrógino, de la destrucción de esta unidad debido a la caída del Alma (Mujer) en el hondo del mundo material, de su ansia del regreso a su Padre celestial después de numerosas y difíciles pruebas espirituales. Los misterios órficos e isídicos, que en muchos aspectos están reflejados en la novela griega, se basan en el ritual de la iniciación, que incluía tales etapas, como la muerte temporal, el paso del Alma a través de las tinieblas hacia la luz, la resurrección a la vida eterna, la unión de la pareja mística en bodas místicas después de la separación. Análogas son las etapas del desarrollo de la trama de la novela bizantina. El proceso de su cristianización empezó ya en la Antigüedad y continuó en la Edad Media y en el Renacimiento (especialmente en las obras de Marcilio Ficino, Giovanni Pico della Mirandola y gracias al descubrimiento del corpus Germeticum)." Piskunova, 2004, pp. 846-847.

ha conducido el mensaje alegórico de nuestro escritor, no resultaría excesivamente arriesgado relacionar esta frase cargada de simbolismo con lo manifestado por Dios a Moisés en Éxodo 3: 14: "Yo soy el que soy". En este sentido, la variante utilizada por Cervantes ("Yo, señor, soy Cervantes") en relación a la cita bíblica, tiene la particularidad de que parece incluir a otra "entidad" ("señor") entre medias. Por lo tanto, dado que se está refiriendo al estudiante, entendemos que Cervantes querría decir que: *Yo, una vez he asumido lo que no fui (el error en que se hallaba gracias a la denuncia-intervención del estudiante o "yo superior" = "señor"), ahora sí soy Cervantes.*

En relación con la cita anterior, donde nuestro autor afirmaba quién era, ahora nos mostrará una actitud opuesta; es decir, Cervantes nos dirá quién no es: "pero no el regocijo de las musas, ni ninguna de las demás baratijas que ha dicho" (p. 121); porque, ¿saber quién es uno (*nosce te ipsum*) no supone tener interiorizada la idea de lo que uno es y de lo que uno no es? Sea como sea, resulta evidente que nuestro autor reniega de las musas y de sus efectos; es decir, del interés por lo terreno y por todo aquello que pueda apartarlo de su ya esclarecido camino espiritual.

A continuación, el requerimiento que hace Cervantes al estudiante para que suba a su cabalgadura de nuevo es la señal de que el "trance místico" (la ceremonia de muerte-transformación) ha terminado: "Vuesa merced vuelva a cobrar su burra y suba"(p. 121). Pero ese estudiante que vuelve a subir a su montura ya no será el mismo. En la tierra quedan sus pertrechos, el "cojín" y el "portamanteo", que nada se dice de recogerlos. A partir de ahora cabalgarán juntos, pues los dos se han convertido en uno solo: "y caminemos en buena conversación lo poco que nos falta de camino" (p. 121).

La armonía (la "buena conversación"), pues, caracteriza a esta nueva conciencia que tantos esfuerzos tuvo que costarle adquirir a nuestro autor, próximo como se hallaba el final de su vida ("lo poco que nos falta de camino"). Ahora bien, en medio de ese clima de tranquilidad que suscita la escena, Cervantes podría estar lanzándonos un mensaje muy concreto: ¿que la "buena conversación" podría aludir a una *conversación acerca de cómo alcanzar el bien (lo bueno) como sinónimo de Iluminación*? Y esta idea que hemos suscitado se complementaría con lo que sigue a continuación: "Hízolo así el comedido estudiante; tuvimos algún tanto más las riendas y, con paso asentado, seguimos nuestro camino, en el cual se trató de mi enfermedad" (p. 121); porque, esa conversación de la que se nos está hablando no solo tiene lugar en sentido literal (caminando juntos), sino también en el alegórico (cabalgando juntos), pues la idea que se extrae de conciliar el viaje a un solo y único ritmo revela la intención de reducir las dos identidades que cabalgan a la unidad.

Desde este contexto metafísico, pues, habría que interpretar la conversación que continúa: como un diálogo consigo mismo habiendo aceptado ya la conciencia seguir los impulsos del corazón (el "estudiante pardal") más que los de la razón (el Cervantes caduco preocupado por los intereses mundanos); que, además, se centrará en los pormenores de ese camino en cuanto a su relación con la extraña enfermedad de Cervantes.

El secreto de Cervantes: la hidropesía, una enfermedad, paradójicamente, ¿de naturaleza curativa?

Y será, como dice el propio autor, en el camino ("seguimos nuestro camino, en el cual se trató de mi enfermedad"), donde nuestro autor sitúe uno de los mayores aciertos alegóricos de esta sublime pieza literaria que es el prólogo. Porque, en efecto, Cervantes parece referirse a una enfermedad real: la que padece el propio Genio y lo tiene al borde de la muerte.

En nuestra opinión, la inclusión en el relato de esa supuesta enfermedad constituiría un golpe de efecto sabiamente calculado. No en vano, no podría conseguirse mayor verosimilitud que la que alcanza Cervantes "jugando" con su propio óbito. Difícil, pues, se le presenta a la crítica aceptar, sobre la misma muerte del príncipe de los ingenios, la existencia de una segunda de naturaleza simbólica y al servicio de la narración. Pero Cervantes, juzgamos, así lo dejó consignado. Su enfermedad, por tanto, será un elemento diegético más, y, como tal, será utilizada para dramatizar literariamente el final simbólico de nuestro insigne escritor.

A partir de este momento y hasta la despedida de ambos personajes, la afección de Cervantes será el único tema que trascienda de entre toda la conversación. Y sobre ella departirán los dos protagonistas de esta historia, sin escatimar en detalles,"a caballo de un camino" que será aludido, y aquí radica la genialidad de esta alegoría, como si él mismo fuera la causa que alentara la enfermedad que haya de conducirlo a esa muerte sabiamente vaticinada. Y de ello da cuenta el estudiante cuando realiza el siguiente pronóstico:"- Esta enfermedad es de hidropesía, que no la sanará toda el agua del mar Oceano que dulcemente se bebiese" (pp. 121-122).

En época de Cervantes se consideraba a la hidropesía como causa común de mortandad.[1107] Hoy sabemos, sin embargo, que no es una enfermedad como tal, sino una afección asociada a diferentes estados carenciales que se caracteriza por la retención de líquidos en las capas internas de la piel; es decir, un síntoma y no una enfermedad en sí. Sea como fuere, desde la óptica de un hombre del siglo XVII, el agua (la retención de esos líquidos) sería el causante de esa afección que produce un hinchamiento del cuerpo y luego la muerte.

No cabe duda, pues, que la mención que se hace en este prólogo, tanto de la supuesta enfermedad de Cervantes como de sus síntomas y de su remedio, constituiría un eficaz modo de revestir el relato de una verosimilitud que, en ese empeño descriptivo, se aproximaría eficazmente a un criterio de verdad incuestionable. Sin embargo, sorprende que en una pieza literaria tan breve se emplee tanto espacio narrativo en la enfermedad que, supuestamente, habría de aquejar a nuestro autor; pues, desde una perspectiva literal, el tema no es apropiado para un prólogo, y menos para extenderse sobre él. En tal caso, ¿a qué se debería esa voluntad de explotar literariamente una enfermedad? Creemos que ese interés desmedido por tratar un tema carente de rédito literario obedecería a unos intereses que habrían de valorarse desde una perspectiva simbólica, en concreto, en relación al sentido que tradicionalmente se le atribuye al "líquido elemento" como sinónimo de vida; aunque en el relato, paradójicamente, sea utilizado como causa de la muerte de Cervantes. Trataremos de explicar lo que acabamos de sugerir a medida que avance el relato.

Comienza, pues, el estudiante desahuciando a Cervantes : "y el buen estudiante me desahució al momento, diciendo" (p. 121), es decir, dado que uno de los significados de la palabra *desahucio* es la opinión del médico sobre la inminente mortalidad de una persona aquejada por una enfermedad, observamos en el texto las siguientes conductas: primero, que el "estudiante pardal" ya no lo es tanto, pues se atreve con el diagnóstico de un enfermo, lo cual lo eleva a la categoría de "doctor"; segundo, que el propio Cervantes asume el papel de enfermo sin esperanzas. Esta doble conjunción de fuerzas que actúan sobre el mismo personaje (la conciencia del propio autor) tiene un sentido sinérgico; donde, la vigorosidad simbolizada en la juventud del estudiante se reviste de la "ciencia", mientras que la senectud, con entereza ("con paso asentado"), va asumiendo su trágico destino.

Porque, recordemos que nos hallamos en medio del proceso transmutatorio por el que una conciencia caduca cede su lugar a otra más vigorosa con la intención de renovarla, es decir, un renacimiento. Por lo tanto, según la preceptiva platónica que venimos aplicando como fundamento ideológico que conforma el relato alegórico, que considera que el alma humana está como muerta en un cuerpo vivo, para que el alma "viva"(renazca) el cuerpo tiene necesariamente que experimentar la muerte. Y eso es, en nuestra opinión, lo que querría transmitirnos Cervantes con esa escenificación de su propia muerte física: la celebración del nacimiento-liberación de su alma.

En beneficio de nuestros argumentos, aportaremos la actitud positiva y nada medrosa que muestra nuestro autor ante la certeza de su dramático destino, pues da la impresión de que lo estuviera deseando. Incluso, más adelante, relaciona su fortuna con los astros y sus ritmos ("al paso de las efemérides de mis pulsos […] acabaré yo la de mi vida"[p. 122]), como si el "fatal desenlace"estuviese previamente determinado.

Pero continuemos con esa enfermedad, que se torna quimera o bebedizo (en relación a su contenido acuoso) y sobre la que Cervantes funda la que parece ser su "muerte más deseada". Porque, a pesar de que el desarrollo diegético en torno a la citada afección presenta, según venimos postulando, una clara intencionalidad simbólica; no podemos descartar por ello la veracidad sintomática (hidropésica) de la misma, que aquejaría a un Cervantes de sesenta y nueve años ya muy mayor para su época y por lo tanto sufriendo los achaques propios de la edad y de una vida dura y agitada.

[1107] Véase Apéndice II, "Hidropesía, fantasmas de preñez, muerte y creación literaria", en Pelorson, Jean-Marc, *El desafío del Persiles*, Presses universitaires du Mrail, 2003.

Seguramente, nuestro autor sufriría realmente de hidropesía, cuyos síntomas describe el estudiante (ya doctor) de manera puntual: sed constante, así como de su remedio: moderación en las ingestas y dieta equilibrada ("ponga tasa al beber, no olvidándose de comer"[p. 122]). Ahora bien, no olvidemos la habilidad del príncipe de los ingenios para utilizar un suceso real y conformar, a partir de él, los argumentos de un episodio ficcional en extremo sutil. Ya lo vimos cuando analizábamos el papel de Esquivias en este prólogo, y no dudamos que pueda volver a repetirse con su famosa enfermedad: la hidropesía.

Examinemos, pues, la fórmula que nos presenta Cervantes para -digamos platónicamente- "bien morir". Pero antes deberemos recurrir al elemento más importante que constituye el basamento simbólico de todo el *Persiles*. Nos referimos al rito/experiencia de la peregrinación, que, como venimos argumentando, es el motor que impulsa y da sentido a la acción de los personajes de la novela-epopeya. Y, para contrastar la importancia de lo que decimos, volveremos al lugar del prólogo en donde Cervantes declara, parafraseando la cita del *Éxodo*: "Yo, señor, soy Cervantes"; lo cual, decíamos, constituye la aceptación de su nueva y elevada identidad. Pues bien, dado que el protagonista bíblico de la cita es Moisés, no debemos olvidar que el Éxodo constituye la peregrinación más importante y/o famosa de la Antigüedad; donde, no sólo un pueblo es liberado de la esclavitud, sino que, al mismo tiempo, todos los hebreos se someten al antiguo rito de la peregrinación durante el largo período de cuarenta años. Dicho esto, quizás podríamos llegar a comprender mejor la trascendencia (relacionado con la peregrinación) que se oculta tras el diagnóstico que ofrece el "docto estudiante" a Cervantes, cuando dice:

> - Esta enfermedad es de hidropesía, que no lo sanará toda el agua del mar Oceano que dulcemente se bebiese. Vuesa merced, señor Cervantes, ponga tasa al beber, no olvidándose de comer, que con esto sanará, sin otra medicina alguna (pp. 121-122).

¿Y, dónde se encuentra aquí la peregrinación? En verdad que necesitaríamos mayor espacio para ocuparnos de este particular, así que trataremos de ser lo más breve y claro posible. Aún así, no somos ajenos a la especial dificultad que este fragmento supone para su comprensión. Reiteramos, una vez más, que el diagnóstico que ofrece el estudiante resulta, en todo punto, verosímil desde la perspectiva de la ciencia médica; pues, en efecto, el aplacar la sed bebiendo mucho no curará la hidropesía, que sólo remitirá tras la preceptiva dieta. En tal caso, podríamos hacer una primera valoración en relación al sentido que se desprende de esta lectura literal, donde se evidencia la buena disposición de que hace gala el estudiante a la hora ofrecer un remedio para curar el mal que aqueja a nuestro escritor. Ahora bien, desde una perspectiva alegórica, esa misma lectura literal que hemos señalado se tornará en una segunda y de signo contrario, y donde el estudiante ya no tendrá intención de sanarlo sino de "matarlo" (según la preceptiva platónica, se entiende).

Tomando como ejemplo la peregrinación a Santiago de Compostela, que, aunque no haya referencias literales en el *Persiles*, nuestro autor, según venimos argumentando, no solo pudo haberlo utilizado ampliamente en el pergeño de la alegoría que constituye el viaje náutico (¿acuoso-hidropésico?) de los libros I y II, sino que, como analizábamos más arriba, también podría haber sido incluido en este prólogo a través de las alusiones peregrinas a la indumentaria del "estudiante pardal"; trataremos de justificar la sutil relación que existe entre el "diagnóstico del estudiante" y las particularidades esenciales de esta ruta jacobea como camino de iniciación. Se pretende con ello demostrar que Cervantes aludía a la peregrinación como método eficaz para conseguir la elevación espiritual que, como venimos apuntando, viene de una larga tradición y consiste, básicamente, en una mortificación del cuerpo a la par que una depuración del pensamiento racional.

Retomando la pregunta con la que habríamos este inciso jacobeo: ¿dónde se encuentra en el prólogo una referencia a la peregrinación?, creemos que Cervantes nos ofrece una simbólica alusión a ella cuando el estudiante-docto pardal expresa, en relación a la hidropesía que aquel padecía, una sonora frase hecha de clara intención contradictoria: "no la sanará toda el agua del mar Oceano que dulcemente se bebiere"; porque, dado que en el siglo XVII se aludía al océano Atlántico de ese modo ("mar Oceano"), podría pensarse que nuestro autor emplea este término con la finalidad de señalar el verdadero lugar (el más antiguo y tradicional), distinto de la cercana localidad de Santiago de Compostela (que dista algunas jornadas), en el que termina el Camino de "muerte"[1108]: las costas del *finisterrae* gallego. En cualquier caso, parece que esta alusión oceánica que se nos hace en el prólogo podría apuntar a la meta geográfica del Camino de Santiago: el lugar mítico en el que la tierra del extremo de Europa se junta con el temido océano Atlántico.

Ahondando en el interés que habría de tener Cervantes por aludir, según nuestras primeras conjeturas, a la meta oceánica de la ruta jacobea, podría servirnos de ejemplo las famosas *Coplas por la muerte de su padre*, de Jorge Manrique, que nuestro autor debería conocer, donde leemos: "Nuestras vidas son los ríos que van a dar en la mar, que es el morir"; pues, creemos que Cervantes podría haber pensado en este fragmento cuando manifiesta, a través de una metáfora extraída directamente del folklore: "que no lo sanará toda el agua del mar Oceano que dulcemente se bebiere".

En relación a las *Coplas manriqueñas*, ese agua que "dulcemente se bebiese" señalaría la presencia de un recorrido fluvial antes de su llegada a la meta salada del océano, donde aguardan las aguas que no se pueden beber. En cualquier caso, el estudiante parece dictaminar, desde su recién estrenada "sabiduría", que, de este modo, es decir, ¿peregrinando a caballo de los cursos fluviales hasta el océano?, Cervantes "no sanará" de hidropesía; lo que es lo mismo que decir que de este modo sí morirá, que, en resumen, es el fin último deseado por el humanista y tercero de San Francisco don Miguel de Cervantes: peregrino que un su prólogo se dirige a morir, una vez saciado en sus necesidades acuáticas (hidropésico, literalmente), a Madrid, y, en concreto, al curso fluvial que limita la entrada sur de la ciudad a través de dos puentes (el de Toledo y el de Segovia).

No en vano, el citado río (que no se nombra en el prólogo) tiene el sugerente nombre de Manzanares: ¿quizás un último guiño alegórico de nuestro autor, cuyo nombre remite a las manzanas de ese mítico Jardín de las Hespérides[1109], donde nuestro autor, emulando a Hércules y Perseo, podrá adentrarse y "robar" las manzanas doradas para ofrecérselas, al igual que hiciera ese otro héroe, Prometeo, al hombre en forma de fuego secreto: el *Persiles*?

El agua, pues, podría ser la clave de esta muerte- renacimiento cervantina venida de la mano de tan singular enfermedad. En relación a todo lo que venimos manifestado en torno al tratamiento alegórico que realiza Cervantes de la hidropesía y de su relación con el agua, se nos permitirá realizar la siguiente suposición: dado que en el itinerario de peregrinación que atraviesa el septentrión de la península ibérica son raros los trayectos que no discurran a caballo de algún río o riachuelo, y que las fuentes o pozos ubicadas estratégicamente en el centro de los claustros de los monasterios que jalonan esa ruta son tan imprescindibles como abundantes, ¿podríamos imaginarnos, pues, a ese peregrino que se ha nutrido tanto de esas aguas a lo largo de cientos de kilómetros que, cuando llega a las costas del *finisterrae* y contempla el océano, está a punto de "morir" a causa de tan elevada ingesta...? No en vano, uno de los personajes más queridos de Cervantes, Antonio el bárbaro (el padre), sobre el cual ya aducimos que podría representar al propio autor (entre otros personajes) dentro del episodio que protagoniza, resultaría ser otro "hidropésico convencido"; pues, como él mismo confiesa en uno de los pasajes más íntimos de todo el *Persiles*:

> Y en mitad deste aprieto, y en medio desta necesidad (cosa dura de creer), me sobrevino un sueño tan pesado que, borrándome de los sentidos el sentimiento, me quedé dormido (tales son las

---

[1108] El Camino de Santiago también era conocido como un "Camino de Muerte". Recuérdese que los presuntos restos hacia los que se dirigía caminando el peregrino con intención de postrarse ante ellos se identificaban con la imagen de un santo que había sido previamente descabezado (según la tradición jacobea), pues fue este el martirio al que fue sometido el apóstol Santiago (Hechos de los Apóstoles, 12:1-2), entre el año 42 y el 44 en Jerusalén y por orden de Herodes Agripa I. De este modo, se entenderá que peregrinar a una tumba (la del Apóstol) imprime a la experiencia ritual una idea de "avanzar hacia la muerte", que, en resumen, es lo que Cervantes nos transmite en su prólogo: donde dos jinetes van conversando, a lo largo de un camino, acerca de la enfermedad que ha de matar a Cervantes.

[1109] Según el mito, el Jardín de las Hespérides estaba situado en un lejano rincón de occidente, al igual que el *finisterrae* gallego.

fuerzas de lo que pide y es menester nuestra naturaleza); pero, allá en el sueño, me representaba la imaginación mil géneros de muertes espantosas, pero todas en el agua (p. 168).

A continuación, el "estudiante-doctor pardal" parece querer dar a Cervantes algunos remedios caseros que habrían de servir para sanar de su enfermedad: "Vuesa merced, señor Cervantes, ponga tasa al beber, no olvidándose de comer, que con esto sanará, sin otra medicina alguna"(p. 122). Lo cual, sin entrar a juzgar la validez del remedio, contrasta con la idea de desahucio manifestada por el propio Cervantes al comienzo ("y el buen estudiante me desahució al momento"[p. 121]) ¿A qué estaría jugando nuestro autor, que tan pronto nos confiesa su muerte inminente como su fácil sanación? Claramente, al despiste, a la confusión y a la contradicción aparente.

Si dividimos la valoración que realiza el estudiante de la enfermedad de Cervantes en dos partes, veremos que en la primera se dice explícitamente que "no la sanará toda el agua...", es decir, como ya habíamos avanzado, que morirá; sin embargo, en la segunda se expresa lo contrario, que "con esto sanará", o sea, que vivirá: "Vuesa merced, señor Cervantes, ponga tasa al beber, no olvidándose de comer, que con esto sanará, sin otra medicina alguna". Cabría plantearse, en función de las valoraciones realizadas por el estudiante, la siguiente pregunta: ¿cómo debería interpretarse, pues, esa enfermedad que no tiene cura pero de la que, paradójicamente, se puede sanar?

No cabe duda, pues, de que Cervantes tendría la intención de que su discurso, en este punto del texto, fuese lo suficientemente contradictorio y/o confuso como para decir lo más excelso y herético de su mensaje sin posibilidad de ser entendido más que a partir del necesario ejercicio de reflexión a cargo de sus "lectores amantísimos". Porque, nosotros creemos que la cita en cuestión podría hacer referencia a esa "muerte mística" que viene centrando las intenciones más caras de Cervantes en este prólogo; pues, si bien la hidropesía, por fortuna no tiene cura (es decir, que es la muerte mística anhelada) para esos espíritus inquietos (los peregrinos) que siguen los "acuosos" caminos de iniciación hasta alcanzar el océano (el *finisterrae*), no por ello haya de descuidarse el cuerpo encargado de realizar tan importante -llamémoslo así- "transporte". Es decir, que nuestro autor podría estar dándonos también instrucciones de cómo reconducirse por esos caminos de peregrinación al objeto de consumar con éxito el fin trascendente: "ponga tasa al beber, no olvidándose de comer, que con esto sanará, sin otra medicina alguna".

La respuesta que da Cervantes al estudiante: "- Eso me han dicho muchos – respondí yo -, pero así puedo dejar de beber a todo mi beneplácito, como si para sólo eso hubiera nacido. Mi vida se va acabando,"(p. 122), se explicaría desde la propia convicción que tiene nuestro autor de su estado de desahucio. Es decir, antes de entrar en otras valoraciones, se constata, también en la respuesta que ahora da Cervantes, que la solución a todo este -digamos- "enigma" creado en torno al tema de la hidropesía redundaría en un acto muy concreto: la ingesta masiva de agua. En el caso que ahora nos ocupa, se entiende que la sanación del enfermo, según se deduce de su intervención, pasa ahora por dejar de ingerir agua ¿a grandes dosis?[1110]. Lo cual, debido a la rareza de lo que se sugiere (no es verosímil), constituiría una invitación a practicar una segunda lectura sobre el texto; pues, ¿acaso se nos está sugiriendo la idea de que la causa de la enfermedad sea la ingesta masiva de agua?

Y de nuevo debemos regresar a esos caminos de peregrinación, donde la simbólica calabaza que porta el peregrino en su peregrinar podría resumir todo este celo "acuoso" que despliega nuestro autor en este episodio. Porque, el agua no solo es el constituyente más importante para el desarrollo de la vida, sino que, según se deduce del tema hidropésico analizado, también es necesaria para la muerte mística; por ello resulta obligatorio que el peregrino la beba a grandes dosis a lo largo de su camino.[1111] No en vano, en la contestación que da Cervantes al estudiante

---

[1110]   Queremos llamar aquí la atención en el sentido de que, la hipérbole utilizada por Cervantes para expresar que no beberá nada de agua-líquido ("pero así puedo dejar de beber a todo mi beneplácito, como si para sólo eso hubiera nacido") constituye una alusión, precisamente, al elevado consumo de agua. Que, además, se correspondería con la otra hipérbole proferida por el estudiante con el mismo propósito ("que no sanará toda el agua del mar Oceano que dulcemente se bebiese").

[1111]   Esta actitud, que podría considerarse absurda o meramente funcional, pues no tendría más objeto que satisfacer la sed; sin embargo, podría ser portadora, en su sencillez y en su obviedad, de un sentido muy particular: si

podríamos asistir a un posicionamiento ideológico en este sentido: "pero así puedo dejar de beber a todo mi beneplácito, como si para sólo eso hubiera existido."; donde, no sería incorrecto interpretar que Cervantes estuviera manifestándonos irónicamente la necesidad, en los procesos gnósticos de la búsqueda espiritual, de beber lo máximo posible. Esto, que literalmente puede resultar una idea absurda, alegóricamente podría tener un significado válido: la confesión de nuestro autor de que su misión en la vida no era otra que trascender espiritualmente ("como si para sólo eso hubiera existido"), y eso solo se conseguía, dentro de la tradición heterodoxa que habría de conocer nuestro autor, ingiriendo agua a grandes dosis a través de un extenuante recorrido de peregrinación.

1.8. La despedida de Cervantes o una forma ordenada de reconducirse al más allá

Luego, Cervantes se prepara para despedirse. Primero vaticina su muerte en relación a los astros:

> Mi vida se va acabando, y, al paso de las efemérides de mis pulsos (que, a más tardar, acabarán su carrera este domingo), acabaré yo la de mi vida (p. 122).

Lo cual, aparte de constituir un claro ejemplo de astrología judiciaria, es un indicio del estado de armonía universal que habría alcanzado su espíritu-conciencia en este punto culminante de su vida y de su obra; pues, como él dice, relaciona sus pulsos con los movimientos de las estrellas ("las efemérides")[1112], "que, a más tardar, acabarán su carrera este domingo". Incluso, de esta última cita entrecomillada podríamos atisbar cómo el genio de Cervantes se revela como un verdadero Hierofante, pues no sólo se atreve a vaticinar el momento exacto de su muerte física (que yerra por muy poco, pues murió dos días antes de lo previsto: la noche del viernes 22 de abril de 1616), sino también a hacerla coincidir con el fin de su obra más querida: el *Persiles*.

Pero la presencia real de la muerte "pisándole los talones", lejos de aplacarle en sus bríos, no le impide a nuestro autor mostrarse cortés en extremo: "En fuerte punto ha llegado vuestra merced a conocerme" (p. 122), que, en un alarde de entereza y determinación ante la muerte, incluso le da ocasión para excusarse ante su inminente ausencia: "pues no me queda espacio para mostrarme agradecido a la voluntad que vuesa merced me ha mostrado"(p.123). En tal caso, el conjunto de la cita que hemos transcrito podría ser revelador de la idea de la muerte que tenía Cervantes; donde, más parece tratarse de una eventualidad o contratiempo que de la tragedia sin igual que comporta su llegada. Además, nuestro autor aprovecha para explicar, sobre la idea literal que hemos sugerido de que la muerte física para él no sería más que un cambio de estado en la vida de las almas, otra noción; aunque ahora relacionada con la idea de muerte simbólica (mística) y no con la física. Nos referimos a la alusión que hace a un tiempo y a un espacio que no se concreta, precisamente, porque la coordenada espacio-temporal a la que se está haciendo referencia no existe físicamente; pues nos encontramos ante un mundo imaginario que solo tiene cabida en la mente de nuestro autor.

En este orden de cosas, aunque resulte correcto interpretar de manera literal la expresión: "En fuerte punto", en función de un criterio de falta de oportunidad (en mala hora o en un momento crítico), también sería posible efectuar sobre la misma expresión una segunda lectura; que ahora señalaría a ese lugar simbólico en donde se produce el encuentro que se nos está relatando. Es decir, una ubicación carente de espacio pero también de tiempo, puesto que nos hallamos ante la sola evidencia de un "punto". Además, se nos dice que esa simbólica localización, en efecto, no está sujeta a ninguna magnitud espacio-temporal: "no me queda espacio [como sinónimo de tiempo] para mostrarme agradecido". Como vemos, nuestro autor

---

el cuerpo humano está compuesto por un 70% de agua, ¿acaso la anhelada transformación espiritual de quien sigue estas vías iniciáticas no debería empezar por renovar su propio cuerpo?

[1112] Apunta Romero:"Las *efemérides* (o *efemérides*) son <<los cómputos de los movimientos celestes, que por tablas cuentan los movimientos del día, en los cuales se gobiernan los astrólogos>> (Cov.)" (n. 45, p. 122).

alude intencionadamente al tiempo utilizando una expresión espacial ("no me queda espacio"). Parece, como ya venimos apuntando, que Cervantes quisiera transmitirnos la idea de que se halla en un lugar imaginario donde no existe el tiempo ni el espacio, como si ambas magnitudes se hubieran condensado en ese "fuerte punto". Es decir, un lugar mítico como lo podría ser el centro mismo del laberinto, o el *Aleph* borgiano, o el norte estelar del *Persiles*. En este sentido, no debemos olvidar que el núcleo de la expresión "fuerte punto" no es "punto" sino "fuerte", lo cual hace recaer la mayor carga semántica del sintagma sobre este término, que equivaldría a *energía* (fuerza = energía).

Y, a partir de aquí las relaciones de sentido parecen encauzarse en una sola dirección, pues, ¿qué podría asimilarse a ese punto atemporal carente de espacio pero pleno de energía? Es decir, juzgamos que nuestro autor no solo narra este episodio desde una perspectiva intencionadamente simbólica, sino que alude, a través de su alegoría, a que ese encuentro-unión mística significaría también una unión con esa energía universal ("fuerte punto") que en la mayoría de las religiones podría asimilarse con el concepto de Dios.

Terminada la conversación, el narrador Cervantes se dispone a describir los pormenores de la despedida:

> En esto llegamos a la puente de Toledo, y yo entré por ella y él se apartó a entrar por la de Segovia. Lo que se dirá de mi suceso tendrá la fama cuidado, mis amigos gana de decilla y yo mayor gana de escuchalla.

> Tornéle a abrazar, volvióseme ofrecer, picó a su burra y dejóme tan mal dispuesto como él iba caballero en su burra, a quien había dado gran ocasión a mi pluma para escribir donaires, pero no son todos los tiempos unos. Tiempo vendrá, quizá, donde, anudando este roto hilo, diga lo que aquí me falta y lo que sé convenía (p. 123).

Y es aquí donde la crítica en general suele mostrar su mayor desconcierto, pues parece que Cervantes se despide dos veces del estudiante. Como recoge C. Romero:

> Tras una primera conclusión, C. parece haberse arrepentido. La evidente falta de lima de casi todo el *Persiles,* y más aún de estos "paratextos autoriales"(verdaderas última verba del autor), explican la incongruente reiteración de la despedida (n.56, p.123).

En estos casos y otros similares se evidencia la impotencia del crítico para penetrar el lenguaje simbólico empleado por Cervantes, por ello no censuraremos este tipo de opiniones, pues, comprendemos el grave dilema que supone el hecho de explicar una obra barroca de la altura filosófica del *Persiles* desde una concepción exclusivamente realista. No obstante, agradecemos al crítico su perspicacia al señalar estos pasajes "contradictorios", pues es una forma de alertarnos de que en ese lugar del texto se esconde lo más granado de su mensaje.

En efecto, como bien apunta Romero, se produce una incongruencia en los últimos párrafos del prólogo, pues parece que Cervantes se despide dos veces. Ahora bien, ¿tan despistado andaba Cervantes como para cometer semejante error, justamente en las últimas líneas que habrían de coronar su obra más valorada? Si el supuesto error se hubiera cometido dentro del cuerpo de la narración, quizás hubiésemos podido aceptar tal hipótesis; pero cometer el "despiste" en sus últimas palabras escritas, no sólo de su obra sino de su vida, nos parece un atentado contra el sentido común, no sólo de don Miguel sino de todos los lectores (y no solo de los "amantísimos") que se acercan al *Persiles* y a Cervantes con un mínimo de rigor.

Se hace necesario, pues, emprender un análisis desde la consideración de la maestría incontestable del príncipe de los ingenios, reconocida tanto por la fama que le precede (el *Quijote*) como, en mayor medida si cabe, por el dominio incontestable que manifiesta tener de la literatura al crear un texto a dos luces de extrema dificultad (el *Persiles*); y no desde planteamientos tan peregrinos y meridianos que tan flaco favor hacen a la memoria del mayor Genio de Nuestras Letras.

En este sentido, puesto que el mundo real y el mundo idílico o espiritual (encarnado en los "otros dos amigos" que acompañan a Cervantes en su viaje) se fusionan en el prólogo (la expresión de la conciencia de Cervantes trascendido tras la culminación de su hercúleo trabajo: el *Persiles*) para caminar juntos "lo poco que nos falta de camino"; no debería causarnos extrañeza que nuestro autor, coincidiendo con ese triple final que constituye el fin de su *peregrinatio vitae*, de su *Persiles* y de su prólogo, deseara despedirse de esos dos inseparables amigos que siempre le habían acompañado en su camino. Ahora bien, dado que nuestro autor, una vez llegado a este "fuerte punto" de su vida y de su obra, se podría considerar simbólicamente como un ser trascendido o renacido, también aprovechará para despedirse de sí mismo; en cuanto a la consideración de su bien ganada androginia, que se manifiesta en el prólogo mediante ese recíproco ceremonial de transferencia de gestos, abrazos y monturas: "Tornéle a abrazar, volvióseme a ofrecer, picó a su burra y dejóme tan mal dispuesto como él iba caballero en su burra".

Aflora, pues, a través de este aparente atentado contra la coherencia del discurso narrativo que supone repetir, a párrafo siguiente, una similar despedida, una clara intención de Cervantes por expresar simbólicamente que no son los mismos los personajes que se despiden; por lo que no existiría tal reiteración. Porque, en realidad, el único que aquí se marcha es nuestro autor, que morirá en pocos días. Y esta es la entidad que ahora, en estos últimos compases de su discurso, se dispone a despedirse. Y en primer lugar lo hará de sus dos inseparables compañeros de viaje, aquellos "otros dos amigos" que le acompañaban desde Esquivias y que nosotros identificábamos con el "yo superior" y el "yo inferior", en pugna constante en la conciencia del místico-escritor por imponer su criterio sobre su contrario. Y, en segundo lugar, se despedirá del "andrógino"; es decir, la entidad-conciencia resultante de la unión mística (casamiento) de las dos entidades que antes despidió por separado, su obra más íntima, fruto de la conciliación de los opuestos a través de una vida de trabajo, sacrificio, dignidad, resignación, renuncia, amor y perdón.

En relación a la primera despedida, donde Cervantes se despide, digamos, de su naturaleza terrenal; nos encontramos con un escenario elegido a conciencia por nuestro autor para representar el último acto de su epopeya (su última historia des-intercalada). No de otro modo, según apuntábamos, los dos puentes que se mencionan componen esa imagen mitológica del paso de las almas al más allá, que serían utilizados para escenificar la partida a esas regiones universales de cada una de las entidades que operaban en la voluntad de Cervantes.

Porque la despedida terrena de nuestro autor se expresa como un drama a dos caras, que son las de sus "otros dos amigos"; por eso Cervantes se centra en ellos a la hora de representar su muerte literaria, porque sabe que su vida encarnada fue dirigida por esos "dos inquilinos" que siempre vivieron en su interior y que solo al final de su vida tuvo la lucidez suficiente como para reconocerlos en su individualidad.

"¡De Madrid al cielo!", que reza un dicho castizo. Y nunca vino tan a cuento esta expresión que en este preciso momento, cuando Cervantes se dispone a entregar su "alma partida" a ese "almario madrileño" que debería hallarse tras esos dos puentes que se nombran de Segovia y de Toledo. Porque Cervantes ya ha llegado al "hespérico" río Manzanares, lugar simbólico que remite a ese jardín mitológico en donde se encuentran las famosas manzanas de la inmortalidad (el Jardín de las Hespérides), como la isla de Avalón en la mitología celta. Y por el puente de Toledo nos dice el narrador que entró él primero: "En esto llegamos a la puente de Toledo, y yo entré por ella", distinguiéndose en ese "Yo" al ente que nuestro autor más percibió y al que más obedeció en el camino de su vida, de ahí su aparente asimilación (el "yo inferior"). Y por el de Segovia despedirá al estudiante, al que nuestro autor no conocía pero presentía cerca, hasta que en aquel "fuerte punto" de su "camino" tuvo la suerte de conocerlo en persona: "y él se apartó a entrar por la de Segovia" (el "yo superior").

En relación a las direcciones marcadas por los puentes de Toledo y de Segovia, creemos que nuestro autor, gran aficionado a no regalar datos contrastados o reales -digamos- de manera gratuita, podría haberlas aprovechado con la intención de señalar un determinado recorrido; el cual, debería, además, corresponderse con cada uno de los personajes que se despiden por los diferentes puentes. Es decir, tomando Madrid como centro, si por el puente de Toledo entra el "yo inferior" de Cervantes, que representa lo que ha sido nuestro autor en su pasado terreno y que no tiene más recorrido pues el propio Cervantes viene por el camino de Toledo; por el de Segovia se accederá al futuro, que señalará lo que Cervantes será en su celeste prosperidad, en función de la ubicación de ¿la mítica ciudad del Acueducto?: pasado Madrid en dirección norte ¿Adónde queremos llegar a parar? De manera directa, a sugerir la posibilidad de que Cervantes

551

esté conminando a su "lector amantísimo", a través de la alegórica partida al más allá de "sus compañeros", a que los siga en su recorrido de presunta peregrinación a partir de la dirección marcada por los puentes. De este modo, Toledo, Madrid y Segovia conformarían también un sistema ternario al mismo nivel simbólico que el expresado por la "vieja peregrina", o, a un nivel mayor, al aludido en el *Persiles* en relación a la más antigua de las peregrinaciones: Santiago, Roma y Jerusalén.

Como podrá intuirse, la prolongación de la línea que une los puntos de Toledo, Madrid y Segovia en el mapa de la península ibérica nos conduce en dirección a Santiago de Compostela y/o el *finisterrae* gallego.[1113]

En cuanto a la aparente segunda despedida, como ya habíamos avanzado, Cervantes ni se equivoca ni se despista, precisamente, porque no se despide de los mismos personajes. En el texto, tras la partida de los "otros dos amigos" de Cervantes, ya solo queda el alma trascendida de nuestro escritor, que no quiere marcharse antes de estrechar a quien le ha hecho tanto bien: "Tornéle a abrazar, volvióseme ofrecer, picó a su burra y dejóme tan mal dispuesto como él iba caballero en su burra". Porque, nos hallamos ante la despedida de nuestro escritor del ser en que él mismo se ha convertido, una vez dirimido -digamos- el pleito existencial (el bien y el mal, el "yo superior" y "el yo inferior") que lo tenía sometido. En tal caso, la imagen simbólica del andrógino se deja colar entre los pliegues de un disfraz que se gira en su anverso y su reverso ("Tornéle", "volvióseme") con intención de reaparecer en cualquier momento "a pecho descubierto": "como él iba caballero en su burra".

Termina Cervantes con su famosa despedida:

> Adiós, gracias; adiós, donaires; adiós, regocijados amigos, que yo me voy muriendo y deseando veros presto contentos en la otra vida" (p.123).

Donde, lo primero que destaca es la fórmula triple que emplea para despedirse, que, en opinión de Montero Reguera, resulta de clara influencia garcilasiana[1114]: "De este contexto pastoril y, sobre todo, tras la formulación garcilasiana, es donde surge esta expresión de despedida".[1115]Ahora bien, puesto que resulta evidente la intención de Cervantes de recordar a Garcilaso al final de su prólogo, ¿deberíamos considerar por ello que se trata de un simple homenaje a la vida y obra del vate español, o, esa rememorización del género pastoril de que hace gala podría llevar aparejada, además de la adhesión de nuestro escritor a la "causa literaria" manejada con maestría por Garcilaso, un mensaje lo suficientemente importante como para conformar el último párrafo que da carpetazo a su última obra?

Sin desmerecer ni un ápice la labor consignataria de Montero Reguera, pues, salvo Romero, es el único estudioso que ha llamado la atención sobre este punto;[1116]creemos que este "triple adiós" que viene a cerrar el prólogo podría explicarse desde dos lugares estratégicos: desde fuera del texto, a través del fragmento de la Égloga II de Garcilaso; y, desde dentro, mediante el análisis semántico de sus formantes. Porque, en el primer caso: "Adiós, montañas; adiós, verdes prados; / adiós, corrientes ríos espumosos: / vevid sin mí con siglos prolongados", si se analiza lo que el poeta les desea a "los elementos naturales" (símbolos de la vida terrenal) de los que se despide, resulta que, en sentido llano, nos hallaríamos ante la idea que Cervantes viene manifestando como causa de su muerte mística: una ingesta colosal y fabulosa de agua ("vevid

---

[1113] El llamado Camino de Santiago de Madrid proviene de los caminos que desde el sur peninsular pasan por Toledo hasta llegar a Madrid, de donde arranca esta vía para, dirigiéndose hacia el norte pasando por la localidad de Cercedilla, llegar a Segovia. Desde allí se parte hacia Sahagún, donde se enlaza con el Camino francés que se dirige al Finisterre gallego.

[1114] "Adiós, montañas; adiós, verdes prados; / adiós, corrientes ríos espumosos: / vevid sin mí con siglos prolongados" (Égloga II, v. 638-640).

[1115] Montero, 2003, p. 729.

[1116] Dice Montero denunciando el olvido que este último pasaje del prólogo ha sufrido por parte de la crítica: "Me extraña por ello que no haya recibido, salvo en un caso, la más mínima atención por los modernos editores del *Persiles*. Montero Reguera, José, Ib., p. 722.

sin mí con siglos prolongados"), es decir, la consideración de la hidropesía (el agua como sinónimo de vida) como el mayor de los bienes que nuestro autor pueda desear a todo lo vivo que pueda quedar en este mundo inferior o terreno.

Desde el interior del texto la labor exegética se revela más compleja, pues, antes de acometer el pertinente análisis, debemos evitar dejarnos llevar por la opinión más generalizada; esto es, que Cervantes se despide aquí de todo y de todos, como así cabría esperarse de un moribundo a punto de entregar su alma. Porque, sin duda, las circunstancias que se relatan se perciben (y así lo consignó Cervantes) desde una perspectiva realista, que hace que nos inclinemos a aceptar la hipótesis -digamos- más formal de los hechos; sin embargo, esta visión no quiere decir que sea la única, y menos aún la más correcta. Un ejemplo de la interpretación de este fragmento desde esas posiciones "realistas" lo tenemos en el comentario de Romero al "triple adiós" que nos ocupa: "Si bien se mira, la formulación del "deseo" por parte de Cervantes contiene todos los elementos para preocupar a más de un lector-amigo supersticioso, que habrá tocado madera, hierro o lo que fuere." (n. 59, p. 123); donde, la visión superficial del crítico produce estos desajustes que a veces puedan rayar en lo grotesco.

Porque Cervantes juega en el prólogo una simbólica "partida a tres bandas"(las tres personalidades que interaccionan en el prólogo), a la que ni ustedes ni un servidor de ustedes estamos invitados, por lo que en calidad de lectores contemporáneos-realistas no deberíamos sentirnos aludidos en esta despedida; dado que Cervantes no se está dirigiendo a nosotros. Ahora bien, el propio autor nunca cierra la posibilidad para que estas circunstancias puedan revertirse, si, actuando con valentía, se acepta el compromiso de dejar de ser un lector "literalista" para pasar a asumir la identidad del "lector amantísimo"...

En estos últimos compases de esta breve pero intensa obertura literaria que es el prólogo, Cervantes no olvida el bien que se le ha hecho con esta iluminación *in extremis*, de la que somos testigos, sin saberlo, todos sus lectores a través de estas páginas; por ello, aprovecha sus últimas palabras para despedirse de aquello que ha posibilitado este inesperado "milagro".[1117]

Y, con este convencimiento dice adiós a sus compañeros más íntimos, a aquellos que siempre le han acompañado y le han permanecido fieles por muy adversas que se dieran las circunstancias de su vida. Se despide, pues, de las prendas más queridas de su alma, de aquello que le vino impuesto desde la cuna: las"gracias"[1118]("Adiós, gracias"); así como de lo que él mismo tuvo que desarrollar con mucho sacrificio y esfuerzo y que le sirvió para "liberar sus cadenas" a través de su última obra, el *Persiles*: su arte literario, los "donaires"[1119] ("adiós, donaires").

En cuanto al tercer "adiós" en discordia, el dirigido a sus "regocijados[1120] amigos", solo podría tratarse de los "otros dos amigos" que siempre guiaron a nuestro autor, bien o mal, en su largo peregrinar; y a los cuales despachó -digamos- "a pie de puente" sin haberles dedicado el oportuno adiós, seguramente, en el convencimiento de que no tardaría mucho en reencontrarse con ellos. Y así lo expresa finalmente cuando, viéndose ya solo en el trance, se dirige a ellos en estos términos: "adiós regocijados amigos, que yo me voy muriendo y deseando veros presto contentos en la otra vida."

[1117] Sorin Marculescu lo expresa de este modo: "Cervantes, al volcar su reloj de arena, se despide de sus largos caminos, enfermo, pero colmado de la admiración de gentes desconocidas, resignado y agradecido, y pasa por el puente de Toledo, su propio, y último, pasaje estrecho, entrando en su Madrid, que dentro de un par de días, se convertirá para él en su Ciudad Eterna. Lo demás es silencio de Dios." Marculescu, 2004, p. 529.

[1118] *"Gracia.* Don o favor que se hace sin merecimiento particular, concesión gratuita."DLE. El término "gracias" marcaría una pluralidad de esos dones.

[1119] *"Donaires".* Discreción y gracia en lo que se dice". DLE.

[1120] *"Regocijo".* Alegría intensa o júbilo". DLE. La expresión "regocijados amigos" haría referencia a una acción acabada en relación a los sujetos que la experimentan, lo cual, aplicando el significado de *regocijo*, definiría a esos mismos personajes (los "otros dos amigos") en su conmemoración jubilosa de un hecho que es compartido emocionalmente con el narrador-autor.

2. CONCLUSIONES

Tratar de concluir un trabajo sobre un libro que se revela inabarcable en sus dimensiones semánticas puede resultar, cuanto menos, una incongruencia; pues, ¿cómo poder reducir a unas líneas lo que nació con vocación circular? Reconocemos, vaya por delante, nuestra dificultad para trazar unas conclusiones finales que hagan honor a la obra analizada, pues este tipo de epílogos, quizás, no sea lo más apropiado para una obra de las características del *Persiles*; cuya naturaleza simbólica y vocación plurisignificativa impide practicar la síntesis que demanda la conclusión sin menoscabo de ese halo de perfección que solo se percibe en su conjunto.

Intentaremos, no obstante, ofrecer una visión lo más aproximada posible a la múltiple realidad que se da cita en este universo literario, creado por Cervantes con una firme vocación de servicio tanto a la sociedad de su tiempo como a la nuestra y a las subsiguientes. Por ello, trataremos de no desvirtuar en exceso los presupuestos y las intenciones más íntimas puestas por nuestro autor en su última obra, aunque, reconozcamos que no es lo mejor que podríamos hacer para concluir este trabajo; que, en sinceridad, terminaríamos aquí invitando al lector a emprender una lectura -digamos- "amorosa" del *Persiles*.

Porque debemos confesar que fue esa nuestra intención a la hora de acometer el análisis del libro póstumo de Cervantes: servir de guía al lector en su "amorosa" (alegórica) lectura, pues creemos, y así hemos tratado de demostrarlo, que en ello radica la clave interpretativa del *Persiles*.

Sin necesidad de volver a recordar la filiación filosófico-espiritual que conforma el pensamiento religioso de nuestro escritor, diremos que la idea de religión, como instrumento teológico al servicio de los pueblos (no nos referimos aquí al término *religare*) que subyace en la obra póstuma de Cervantes, se acercaría bastante a la que se recoge en la célebre frase de Séneca: "La religión es considerada por la gente común como verdadera, por los sabios como falsa, y por los gobernantes como útil." Y, en este sentido, juzgamos que Cervantes nos presenta, alegóricamente, su idea de religión en el *Persiles*: un instrumento carente de valor trascendente pero imprescindible para el gobierno de los pueblos; a cuya visión opone la "gesta peregrina" de Periandro y Auristela, verdadero manual de iniciación a la verdadera religión (*religare*) que informa al cristianismo primitivo o gnóstico.

Pero Cervantes hizo algo más que registrar el conflicto religioso que sacudía las conciencias de su época: se comprometió con su *Persiles* en una cruzada particular para hacer valer el derecho que tiene todo hombre a elegir su camino. Y, con ese propósito, creemos, pergeñó el sinfín de aventuras inverosímiles, rocambolescas, pero profundamente reales, que componen este vademécum[1121] literario; al objeto de servir de ejemplo del modo en que la mentira y los falsos ideales nos desvían del verdadero y único camino que todo hombre tiene el derecho universal de poder seguir sin ser coartado en su libre elección.

En tal caso, la cuestión religioso-espiritual planteada en el *Persiles* no consiste en si alineamos a Cervantes a la causa tridentina o la hacemos a la reformista, precisamente, porque nuestro autor no se decantó por ninguna de ellas; en el convencimiento de que ambas opciones abanderaban sendas causas teocráticas de similares efcctos represivos sobre la libertad de los hombres. Recordemos, a este respecto, la función que tenían los dos cuadros de Auristela dentro del sangriento conflicto que enfrentó al duque de Nemurs contra Arnaldo: ambos representaban a dos facciones distintas disputándose el instrumento más codicioso para ejercer el poder: el retrato de Auristela > la imagen mundana de la belleza de los cielos > la religión de los hombres. Por eso son dos los cuadros, como dos son también las religiones (en época de Cervantes) emanadas del cristianismo que se disputaron los dos personajes nobles del *Persiles*: el catolicismo, representado en el cuadro sobre el que la lucha se torna más directa y sangrienta (episodio que se escenifica en las afueras de Roma con el duelo entre Nemurs y Arnaldo); y la Reforma, cuyo litigio se debatió en los despachos y a través de conjuras de todo tipo (representado en Roma en la sugerente calle de Bancos, mediante una transacción comercial).

Es cierto que por su propia formación, conocimientos, carácter y forma de vida, pueda llegar a pensarse que nuestro autor estaba más cerca de la Reforma que del catolicismo; cuya doctrina,

---

[1121]   Del latín *vade*, "anda", y *mecum*, "conmigo".

esta última, más alejada, encorsetada y viciada que la de su hermana doctrinal la Reforma, sería un continuo invite a la chanza para un espíritu "liberado" como lo era el del ingenioso Cervantes humanista. Además, no debemos olvidar que el catolicismo validaba el régimen teocrático en un mundo, el de Cervantes y los Austrias (excepto Carlos V, que "cambió de chaqueta" cuando las circunstancias así lo aconsejaron)[1122], en el que poder y la religión iban de la mano y donde las fronteras entre ambos pilares que sustentaban el estado llegaban a ser lo suficientemente difusas como para temer a la una más que a la otra y viceversa. Un escenario, por tanto, poco esperanzador para un hombre de fuertes y nobles convicciones, como lo era Cervantes, que, sin duda, y antes de decidir "quemar sus naves" y terminar la obra (el *Persiles*) que había comenzado a fines del siglo XVI (la cual tuvo que dejar a medio por que no era su momento literario, y, seguramente, tampoco lo sería espiritualmente para él), se habría preguntado: ¿dónde queda el cielo y sus promesas de alcanzarlo en medio de este panorama de represión auspiciada por la dejadez o por la intervención interesada del propio estado?

Resulta obvio que Cervantes, otrora joven héroe de Lepanto en busca de un ilusorio ideal caballeresco basado en el reconocimiento social, se diera cuenta del engaño -digamos-universal; aunque, bien es cierto que ya algo tarde, como así él mismo reconoce en su prólogo al lector: "En fuerte punto ha llegado vuesa merced a conocerme, pues no me queda espacio para mostrarme agradecido a la voluntad que vuesa merced me ha mostrado". Sin embargo, a pesar de mostrase convencido de que el mundo se precipita hacia su final bíblico sin que nada ni nadie sea ya capaz de pararlo, ahí quedará su *Persiles*: testimonio veraz de la ignominia de las religiones al servicio de los estados, sea esta del signo que fuere, incluso, a igualdad de signo, todavía peor; pues de allí surgirá la más despiadada de las guerras y el más cruel de los odios (entre cristianos).

En conclusión, juzgamos que tratar de "secuestrar" al *Persiles* para la causa tcatólico-ridentina resulta ser una opción muy poco fundada en la obra, nacida más de la necesidad de asimilar a Cervantes con la imagen deformada de una nación creada artificiosamente al amparo de unos ideales acartonados que no se ajustan ni a la realidad del propio escritor ni a la del territorio ancestral, libre y heterodoxo, sobre los que se impone ese desviado criterio, y primando la finalidad de servir al todopoderoso ideal teocrático de turno. Porque en ningún momento de la narración podría asegurarse que Cervantes muestra una actitud inequívocamente católica; sin embargo, son muchos los pasajes alegóricos en los que se deja entrever su ironía y su sarcasmo en contra de los dogmas religiosos establecidos. Pero con ello no queremos decir que su actitud fuese pro-reformista, aunque, bien es cierto, reconocemos que nuestro autor sí podría haber considerado la posibilidad de que desde la Reforma fuese más fácil a la sociedad dar el necesario salto evolutivo que la civilización demandaba.

Porque la religión que Cervantes habría de profesar en su intimidad era la más pura, la más antigua, la más sacrificada, la más honesta, la más austera, la más desnuda, la más sabia, la que no necesita de intermediarios, la que no está escrita porque su dogma es la incertidumbre (de ahí el simbolismo de la navegación), la que no necesita de vistosos rituales, la que se nutre de la experiencia individual más que de la liturgia en grupo, la que hay que salir a buscar fuera de los templos, la que se profesa desde la aceptación de las propias flaquezas y errores, la que se sacrifica al bien común por amor al prójimo. Nos referimos a lo que podría asimilarse con el cristianismo primitivo, antes, siquiera, de ser llamado de este modo: la religión mistérica (la muerte-resurrección), crisol de cultos que convergieron en la nueva religión que alumbró a la nueva era de Piscis.

[1122]   Carlos V, como ya dijimos en la parte primera de este trabajo, fue un gran defensor y difusor de la causa erasmista frente al acoso de la Inquisición Tras la muerte de Erasmo en 1536, el Emperador fue desligándose de la causa protestante hasta que con el comienzo del reinado de su hijo Felipe II sus principales valedores cayeron en desgracia, persiguiendo la Inquisición todo vestigio de esa forma de Humanismo. Pero no solo Carlos V se limitó, en su mejor época, a proteger a erasmistas, pues incluso un erudito de la talla de Enrique Cornelio Agripa (escritor, filósofo, alquimista, cabalista, médico, nigromante y autor alemán de la célebre *De Occulta Philosophia)* trabajó a su servicio como historiógrafo oficial. La erudición del Emperador, o al menos la presencia de eruditos-heterodoxos en su corte, está fuera de toda duda, por lo que se supone que estaría enterado de las antiguas filosofías que vienen a confluir en el cristianismo, así como de los necesarios y pertinentes "desvíos" practicados sobre esta religión para el buen gobierno de los pueblos.

Quizás, la idea más próxima a esa primitiva religión mistérica podamos hallarla en el *Persiles* en el concepto de *penitencia*, al que Cervantes rinde homenaje a través del famoso episodio de "la lección de los penitenciarios a Auristela". Esta sería la única y verdadera religión a la que podríamos afiliar a nuestro autor, si tuviésemos que etiquetarlo con alguna. Primeramente, por que se centra en el ideal que debe cumplir el concepto desde su propia etimología: *religare* = volver a unir -al que nosotros añadiremos, en función de toda la investigación que precede- *la tierra con los cielos*. Y, en segundo lugar, porque la *penitencia* no existe como religión, sino como experiencia ritual y modo de vida del penitente-verdadero peregrino; por lo que no solo no puede ser aprovechada como instrumento al servicio del poder teocrático, sino, incluso, porque constituiría un atentado contra él; pues, la penitencia al modo en que nos la enseña Cervantes, sí podría garantizar la liberación del alma de la cárcel del cuerpo, según los postulados platónicos, en contra de las religiones literalistas emanadas del Libro, cuya finalidad sería engañar a las almas para rendir al gobernante el tributo de sus cuerpos. Recuérdese, en este sentido, el mito al que hemos aludido *in extenso* a lo largo de todo nuestro trabajo: Teseo y el laberinto del Minotauro; donde, no debería resultarnos ajena la utilización que hace Cervantes de él a la hora de ejemplarizar la situación a la que nos estamos refiriendo del hombre frente a su destino, pues, ¿acaso el sacrificio cíclico de siete jóvenes y siete doncellas al Minotauro no constituiría la escenificación del funesto destino de los hombres mientras Teseo no tome conciencia de su misión celeste...?

Y en toda misión mitológica que se precie el héroe debe, necesariamente, navegar. Porque atarse al palo mayor de la embarcación como Ulises equivale a aferrarse al bastón que ha de conducir al peregrino en su peregrinación. Peregrinar es ir en busca del Grial cervantino. Nuestra tesis aquí es rotunda: Cervantes era un "verdadero peregrino". No solo da muestras de conocer los detalles más escondidos de los antiguos misterios paganos que confluyen en la experiencia gnóstica de la peregrinación: las continuas referencias estelares en relación al "Camino de las Estrellas", el misterio del agua-hidropesía, la doble función celeste-terrenal del bastón en forma de *tau* (la espada con contera del "estudiante pardal"), la cabalgadura (el uso de la cábala), el culto al sol a través de las sorprendentes afirmaciones de Bartolomé el Manchego, su alusión oceánica al *finisterrae*, el triple atuendo del peregrino en relación a las tres fases o triple recorrido iniciático, continuas menciones a Venus/concha símbolo de la peregrinación jacobea, etc.; sino que, además, esos mismos preceptos los aplica con rigor sobre sus personajes asumiendo el propio autor el papel de un verdadero hierofante. Porque, aunque no tengamos conocimiento de si Cervantes hizo la peregrinación a Santiago de Compostela-Finisterre, ya que, como venimos diciendo, en el que pasa por ser el libro más "peregrino" de nuestras Letras hispánicas no existe ni una sola mención a la archiconocida peregrinación a Santiago de Compostela (lo cual, viniendo de Cervantes, no puede tratarse de un descuido); sin embargo, sí tenemos prueba documental de que Cervantes recorriera muchos cientos de kilómetros en distintas etapas de su vida y por motivos diferentes. Que algunos de esos recorridos los empleara nuestro autor con una finalidad "penitente" no nos resultaría extraño, dado que la mayor parte de los caminos por donde discurren las aventuras de los libros III y IV tuvieron que ser transitados antes por nuestro autor, como así lo prueban los continuos viajes que hizo en su vida.

Existe un dicho relacionado con el Camino de Santiago que dice: "el Camino de Santiago comienza en la misma puerta de la propia casa". Este sería, en nuestra opinión, el itinerario penitente que habría realizado nuestro autor como reflejo de una vida caracterizada por una actividad incesante, y cuya experiencia habría sido aprovechada por el escritor para materializar el recorrido de sus personajes así como su forma de percibir la transcendencia de este remoto ritual: la vida es un continuo peregrinar, pero no solo en el sentido idílico de la expresión (*peregrinatio vitae*), sino también en la realidad; a través de las necesarias marchas o caminatas que forjan al hombre-peregrino para afrontar la vida y sus misterios con la "espantosa" lucidez que caracteriza a nuestro autor.

Pero peregrinar, en un plano simbólico, también es navegar, como así hemos pretendido demostrar a lo largo de nuestro análisis de los dos libros primeros. Y, en relación a ello asimilábamos la famosa frase de Pompeyo: "Navegar es necesario. Vivir no es necesario", como un grito de guerra (al mismo nivel del que diera Cervantes en Lepanto: ¡Santiago y cierra España!) con la finalidad de reafirmarse en la verdad frente al engaño que supone una vida de esclavitud gobernada por el miedo. Las continuas tormentas, naufragios, islas, incendios, salvajismos, ajusticiamientos, canibalismos, enfrentamientos de todo tipo, cataclismos y todo un sinfín de terrores nacidos de la pluma de Cervantes no son más que eso: la imagen psicológica de nuestros miedos, que Periandro, encarnación de ese espíritu que anida en Cervantes y del que nuestro propio autor trata de contagiarnos, debe acometer con valentía y sin reparar en la pérdida ni en la ganancia que en el libre y honesto uso de su voluntad pueda incurrir su actuación.

Porque peregrinar no es caminar, por fatigoso que sea, sin más diligencia que poner un pie delante de otro, ni siquiera con devoción confesa a los huesos de ningún apóstol en demanda de perdón, acción de gracias o piadosa petición. La peregrinación del *Persiles* es algo infinitamente más elevado en términos espirituales. No es la simple experiencia religiosa que busca ayudar al hombre en su *perigrinatio vitae*, reafirmándolo en su fe (sea esta del signo que fuere); sino que es la propia *peregrinatio vitae* en sí misma la que, simbólicamente, habrá de matarlo y resucitarlo. Porque los "huesos" (como símil de los del apóstol Santiago) a los que se dirige Periandro en su recorrido de "muerte" no son otros que los propios: aquellos que le aguardan, si es capaz y tiene la fortuna de poder llegar, en el fondo de un acantilado (el *finisterrae*), al borde del cual se halla el caballo de un rey con nombre de Grial (Cratilo) que le espera para probar su valor y su entereza... Y si lo consigue, recogerá sus huesos del fondo y los convertirá en un nuevo navío (¿mentalidad o conciencia?) con el que podrá dirigirse a esas tierras blancas o luminosas (las "¡Albricias! > ALB-RICIA") donde una estrella marcará su posición ("el paraje de la famosa Lisboa" (p. 431) > el paralaje de la estrella *Polaris* que pertenece a la familia de la constelación de la *Osa*), que le saluda celebrando ese nuevo nacimiento a la luz del Conocimiento (en Belén), a la vez que le prepara para comenzar esa nueva singladura iniciática desde esa puerta (Portugal) que se abre, desde el luminoso sur peninsular, a la conquista de la segunda meta-corona que le espera amenazadora en ese otro centro del laberinto que es Roma.

Y, comoquiera que cada final de etapa representa una nueva "muerte", de mayores consecuencias que la anterior en la mente del peregrino que la ritualiza; así debe ser interpretada la experiencia romana de nuestros protagonistas: una nueva bajada a los infiernos del ser (Roma), donde le espera su Minotauro particular: Hipólita la Ferraresa (las pasiones), acompañada de su corte de hebreos (Abiud y Zabulón, y, a otro nivel, Manasés), nobles descendientes de "patricios romanos" (simbolizados en el personaje de Julia la hechicera, esposa de Zabulón), detentadores del poder (el gobernador de Roma) y comerciantes especializados en mercar con las almas de los conciudadanos (simbolizado en la compra del cuadro de Auristela).

Pero decíamos que Cervantes se habría servido del antiguo ritual de la peregrinación, a imagen de la parábola de bíblica de Jesús en el episodio de la Transfiguración en el monte Tabor, para estructurar su *Persiles* con arreglo a esa misma imagen triple de la experiencia trascendente; sin embargo, nuestro autor solo nos da cuenta de dos fases de ese proceso: finisterrae-Santiago (libros I y II) y Roma-Pedro (libros III y IV), ¿dónde se hallaría el tercero que se relaciona con Juan? Obviamente, en Jerusalén, como así se sugería con el símbolo de los cruzados a Tierra Santa ("la cruz de diamantes") que fuera entregado por Sigismunda a Constanza poco antes de finalizar la narración. Ahora bien, ¿dónde se halla Jerusalén en el *Persiles*?

Dado que, desde una perspectiva simbólica, la Tierra Santa solo puede identificarse con el lugar sagrado "regado" con la sangre de Jesús (recogida en el Grial), recordemos que, a la hora de situar geográficamente su ubicación, no solo la congregación de los monjes Jerónimos (a través de Tomás Succio en el s. XIV) alertó de este particular a sus correligionarios italiano al proclamar que el Espíritu Santo descendía sobre España (fundándose la Orden de los Jerónimos, muy apegada a la monarquía de los Austrias, a partir de este momento); sino que, además, la presencia física de los dos Griales (Santo Cáliz) que a día de hoy se consideran como verdaderos[1123], situados ambos estratégicamente en dos puntos del septentrión peninsular (¿como colofón de la *Historia septentrional*?), tendrían una función muy concreta: balizar un recorrido de peregrinación que tendría el carácter de santo, al estar comprendido entre las dos copas griálicas existentes, y con la finalidad de otorgar al itinerario que atraviesa la península ibérica por su tercio septentrional, el conocido como Camino de Santiago, el estatus de Tierra Santa: la Nueva Jerusalén.

[1123] El llamado de los Apóstoles, que del reino de Aragón fuera trasladado hasta el de Valencia; y el de doña Urraca, custodiado en la entrada al reino de Galicia, en la basílica de San Isidoro de León.

557

Y hacia allí, según nuestro análisis, partiría Constanza a casarse con ese conde innominado, que nosotros interpretábamos como Felipe III, cuya boda real con Margarita de Austria (¿Constanza?) tuvo lugar en el reino de Valencia (la Nueva Jerusalén, donde ahora se hallaba una de las copas griálicas), a donde asistió la novia acompañada de su madre María Ana de Baviera (¿Sigismunda?) en una especie de peregrinación desde el norte-centro de Europa parando por numerosas ciudades a su paso.

Porque todo en el *Persiles* está impregnado por el espíritu de la verdadera peregrinación, desde su propio autor, peregrino confeso en la piel de la denostada caricatura de la "vieja peregrina", hasta el prólogo al lector, en la figura del "estudiante pardal", pasando por los cuatro libros que lo componen como imagen de ese camino universal que es atravesado por sus personajes (todos en el "camino real": unos saliendo al paso, otros acompañando un tramo y unos pocos elegidos completándolo en su totalidad) en su empeño por formar parte de él.

Y, porque Cervantes nunca se hubiera atrevido a dar réplica a la novela bizantina de Lope de Vega, *El Peregrino en su patria*, si no hubiera dominado el tema sobre el que pretendía -digamos- corregirlo; pues, la obra del Fénix no solo atentaba contra la pureza de las formas o modelos clásicos (la materia grave la transformaba en vulgar), sino, lo que habría de resultarle todavía más irritante a nuestro estoico escritor, despojaba de sentido a un género (el bizantino como continuación del clasicismo griego) que había nacido al amparo de la Tradición, tal y como la entendía El Pinciano: "el oro de la sciencia los antiguos filósofos figuraron en la fábula, y al útil de la doctrina añadieron el deleite de la imitación poética".

Además, existía otra obra publicada igualmente por Lope en 1604 sobre la que nuestro autor también tenía intención de terciar: *La tragedia del rey Don Sebastián y bautismo del príncipe de Marruecos*, como así hizo aprovechando el libro III de su *Persiles*, y que nosotros hemos analizado en el capítulo 3.1. "El desembarco de los peregrinos en Portugal o la lógica del epitafio" (la muerte del rey Don Sebastián de Portugal), en el 3.3. Algunas consideraciones en torno al episodio de Feliciana de la Voz (el "sebastianismo") y en el 3.4. La "vieja peregrina" (en torno a la romería de la Virgen de la Cabeza en Andújar).

Concluyendo, juzgamos que la peregrinación es el tema central del *Persiles*, el cual se convierte, a través de una fábula caleidoscópica que discurre entre la ficción y la realidad, en una agónica búsqueda del Grial. Dado que este mítico concepto ha venido siendo asimilado tradicionalmente con la reliquia que constituye el Santo Cáliz, quizás, por motivo de la dificultad de aprehenderlo desde la inteligencia, creemos que el propio objeto de culto podría constituir un modo de referirnos al fin griálico perseguido por Cervantes: el mismo Grial al que Wolfram von Eschembach se refería en su *Parsifal* como la piedra desprendida de la corona de Lucifer en el momento de su rebelión contra Dios: el *lapis exillis* (literalmente, la piedra del destierro[1124] > ¿la materia-piedra en su prolongado desplazamiento hidro-terrestre con la finalidad de redondearse como un guijarro? > la peregrinación en sentido alegórico).[1125]

En otro orden de cosas, la etiqueta "Camino del Conocimiento" con la que identificamos la odisea de Periandro-Auristela narrada en el *Persiles* no debe constreñirse a su dimensión más estética, es decir, a la búsqueda del ideal trascendente que la pareja de enamorados platónicos escenifica como explicación del proceso ritual; pues, este Camino con mayúscula posee un campo de aplicaciones más amplio, que vienen a sumarse para conformar el concepto en toda su amplitud. Con esto queremos sugerir la idea de que los procedimientos gnósticos alegorizados en la obra póstuma de Cervantes puedan constituir un compendio de actuaciones sinérgicas llevadas a cabo sobre la misma materia literaria que les sirve de soporte.

[1124] Recordemos el destierro de Renato, que nosotros interpretábamos (capítulo 2.6.10.) como una alegoría de la peregrinación jacobea: "determiné salir de mi patria y, renunciando mi hacienda en otro hermano menor que tengo, en un navío, con algunos de mis criados, quise desterrarme y venir a estas setentrionales partes, a buscar lugar donde no me alcanzase la infamia de mi infame vencimiento y donde el silencio sepultase mi nombre" (c. 19, libro II, p. 411).

[1125] Repárese, en este sentido, en la función de las dos copas griálicas (la de los Apóstoles y la de Urraca) balizando el recorrido ibérico-septentrional (desde Aragón/Valencia-Este a Galicia-Oeste) que constituye ese gigantesco templo natural (¿la Nueva Tierra Santa o Nueva Jerusalén?) al que accede el peregrino para entrar en contacto con la (su) divinidad.

Porque, creemos que los procesos que encaminan al peregrino (Periandro-Auristela) en la senda del Conocimiento deberían de actuar sobre este desde diferentes direcciones, las mismas, en nuestra opinión, en las que la conciencia del individuo percibe la realidad que le rodea; pues, no olvidemos que el fin trascendente pasa, primeramente, por una fase de negación[1126] de todo aquello que la sociedad inculca al individuo a modo de prioridades esenciales que se perciben como verdades inmutables.

Y, no por otra circunstancia, en el camino iniciático que se nos describe en el *Persiles* la negación a la que nos estamos refiriendo se convierte en un proceso de revelación en relación a la Historia oficial de la Humanidad, que, comenzando con la alusión a una época remota en relación a ese reloj cosmológico que hoy conocemos perfectamente a través del movimiento de precesión terrestre, llega, siguiendo un orden estelar muy concreto (las eras cosmológicas), a la época de nuestro autor (período en el que coincidió con los tres primeros Austrias). Un camino jalonado por multitud de sucesos sobre los que impera la ley del silencio o la sanción de unos tiempos y unas voluntades a las que Cervantes, ya en la antesala de la muerte y esgrimiendo la más incisa de sus armas (el *Persiles*), parece revelarse.

Porque la Historia que nos presenta Cervantes en el *Persiles* tiene la intención de sacar al iniciado-"lector amantísimo" (aquel que sea capaz de leer-interpretar el "lenguaje de los pájaros"-alegorías dentro de su obra) de ese error, mostrándole -digamos- la otra Historia; es decir, la no-oficial, la que no se conoce pero se intuye, la que no está contaminada por el documento escrito y firmada por el gerifalte de turno, la intrahistoria de la que hablaba Unamuno, la historia que se cuenta a través del sentir de los personajes, la verdadera, la que está escrita en las estrellas, la que fuera transmitida oralmente por las antiguas civilizaciones, la que siempre se consignó en piedra (u otro soporte físico, a través de las artes, como la pintura); pero también, encontraremos en el *Persiles* la historia que el poder teocrático siempre quiso ocultar, la que va en contra de lo "políticamente correcto", la que da la medida real de aquellos que detentaron el poder y de sus actuaciones.

Nos estamos refiriendo a la visión privilegiada que tendría Cervantes acerca de la andadura de la civilización, desde unos presuntos comienzos helados en el año 13.000 a. C. hasta la época en que nuestro autor dejaría este mundo para marcharse a los más elevados. Y así lo anuncia desde el mismo título de la obra con la que se despide: *Historia septentrional*; pues, esta latitud será la que condicione el devenir de la civilización, simbólicamente representado en el *Persiles* como un fabuloso camino (de ahí que la crítica no acierte a encontrar sentido al contradictorio y/o absurdo itinerario de peregrinación seguido por Periandro) que, arrancando de esos comienzos prehistóricos identificados con la estrella que en esa época remota señalaba el norte celeste (Vega), termina en la otra estrella que, al menos catorce mil años después, ocupa el mimo punto septentrional en el firmamento bajo el nombre de *Polaris* (Frislanda, la patria de Auristela en el *Persiles*).

Y, entre medias de ambas estrellas, nos quedaría el relato de Periandro y del resto de personajes que se van sumando a la tarea de tejer ese cañamazo mito-histórico a base de unas sutiles hebras que, por su propia naturaleza sensible, no forman parte del corpus histórico que modela los esquemas mentales que rigen el pensamiento contemporáneo. De este modo, el *Persiles* debería adscribirse a la misma categoría a la que pertenecen otros relatos fabulosos creados con esa misma intención iniciática, como aquella historia de Platón en el *Timeo,* en relación a la existencia de la Atlántida; la cual, se nos dice que fue transmitida a Solón por los monjes de Sais en Egipto. O, de manera más general, la historia inmersa en los mitos y leyendas que inundan nuestro acerbo cultural de Occidente.

Desde esta perspectiva, caracterizada por un elevado espíritu humanista, Cervantes aborda su obra como si fuera un manual de historia -que diríamos hoy- novelada; es decir, un discurso creado a base de mezclar aspectos que remiten a la realidad con otros puramente fantásticos, aunque siempre razonados como posibles o verosímiles. La Historia, pues, que se nos transmite a través de sus páginas, es el producto de un juego continuo que pone a prueba al lector frente a sus propios esquemas intelectivos; el cual, advirtiendo la propuesta de Cervantes (la cábala, juego dialéctico o segundo sentido), tiene la oportunidad de "jugar" o permanecer impávido sin llegar a plantearse la magnitud real del "juego" que le propone el autor. Sin embargo, si el lector decide jugar la baza del "lector amantísimo" se sumergirá en otra lectura que constituye,

---

[1126] "Quien quiera seguirme, niéguese a sí mismo, tome su cruz y sígame" (Mateo 16,24).

además, el necesario complemento de la primera o literal, es decir, la verdadera versión de la Historia que Cervantes querría transmitirnos: ¿un comienzo helado en Noruega?, ¿la existencia de una Edad de Oro según el mito de las Edades del Hombre de Hesíodo, referido en boca de Rutilio?, ¿la referencia a la mítica Atlántida: esa Italia, también verosímil, pero simbólicamente evocadora de un pasado remoto?, ¿el Diluvio Universal, igualmente referido por Rutilio?, ¿la colonización posterior, la cual, no solo nos es referida por Rutilio; sino que constituye el comienzo de la novela-epopeya a través de la imagen que se proyecta de Periandro, recién salido de su prisión, echándose a la mar en esa frágil barca bajo la atenta vigilancia de un inmenso arco cuya flecha amenazadora sella su destino?, ¿las antiguas civilizaciones que se fueron sucediendo dentro del episodio de la isla del rey Policarpo? ¿los comienzos del cristianismo con ese barco puesto del revés, evocando el episodio bíblico de Jonás y la ballena?, ¿Libsomiro frente a Renato (Clodoveo I frente a Alarico II): las guerras entre francos y godos sobre suelo francés?, ¿el reino de los visigodos en la península ibérica en el episodio del rey Leopoldio-Leovigildo?, ¿la muerte de Carlos V al final del libro II?, ¿las oscuras intrigas del reinado de Felipe II: el caso de Antonio Pérez, la "leyenda negra"(las muertes de Isabel de Valois, el infante don Carlos, don Juan de Austria y el rey don Sebastián de Portugal), el "sebastianismo", Orellanas y Pizarros en el origen de una presunta conspiración para deponer a Felipe II, el duque de Nemurs contra Arnaldo o el duque de Borbón, Enrique IV, contra Felipe II ?, ¿la *pax hispánica* de Felipe III en los últimos capítulos del libro IV, pues ningún suceso externo irrumpe en la narración principal? y, finalmente, ¿el viaje de Sigismunda acompañando a Constanza a casarla con su cuñado o la boda final de Felipe III con Margarita de Habsburgo?, entre otros.

En resumen, el *Persiles* sería un texto donde convergen determinados sucesos relevantes de la Historia de la Humanidad vista por Cervantes, donde se contempla un orden cronológico al margen del oficial (libros I y II), así como el interés por remarcar aspectos de ese pasado remoto como si fueran paradigmas que son necesarios advertir como aprendizaje futuro; dado el carácter cíclico que nuestro autor no duda en atribuir a la Historia. En otro contexto histórico diferente, Cervantes aborda ahora la historia que mejor conoce (libros III y IV), aquella en la que él mismo fue testigo de los hechos; bien tomando parte activa en ellos, como lo fue su vida italiana, la gesta de Lepanto, el cautiverio en Argel o ¿su etapa como "agente secreto" al servicio del rey?, o bien de manera más pasiva haciéndose eco de las noticias que habrían de correr por una corte a la que nuestro autor siempre anduvo a la zaga en busca de ese puesto que nunca llegó.

El relato de la Historia remota de la Humanidad termina al final del libro II con la muerte del último gran emperador de los romanos, Carlos V. Pero no solo nuestro autor daba fin a ese largo período de la andadura de la civilización que, como venimos señalando, venía de muy atrás en el tiempo; pues, ese óbito real lo hacía coincidir también, dentro de la perspectiva iniciática que representaba la experiencia "marinera" de Periandro, con el final de esa primera fase del camino del Conocimiento o peregrinación materializado en ese acantilado donde el caballo de Cratilo debería ser domado finalmente.

Trataremos de explicar, a continuación, cómo en la obra póstuma de Cervantes estos dos elementos indispensables en la comprensión del mito del Grial (la peregrinación a Santiago y el linaje real de la casa de Austria) entran en contacto, así como las consecuencias que se derivan de ello.

Desde una perspectiva mítico-espiritual, con el final del *César* español acaba también ese intento de cambiar el mundo que el Imperio romano, con su iniciador a la cabeza, el emperador Octavio Augusto (antecesor en el cargo, por tanto, de Carlos V), en los comienzos de nuestra era: aquel plan casi divino que señalaba a Galicia (el *finisterrae* occidental) como la nueva Roma, la *Lucus Augusti* fundada por el emperador de Roma dentro de ese "plan iluminado", refrendado a su vez por las SSEE. (el episodio del la Transfiguración), para unir el Este con el Oeste en un vasto proyecto iniciático bajo los auspicios del dios Jano bifronte (el conocido como Sendero de Jano). Pero el plan fracasa, aunque la huella que ha dejado en las conciencias ya es imborrable. Prisciliano, en el siglo IV, abanderó la lucha por la espiritualidad desde ese mismo hespérico confín, pero su causa heterodoxa fue brutalmente sancionada desde Roma y sus restos regresaron decapitados (como en la leyenda de Santiago) de nuevo al origen, al Finisterre. Comienza la leyenda del mártir apócrifo (presunto propietario de los restos que se veneran en Santiago de Compostela), a la par que desde el eje Francia-Roma se empieza a mirar con recelo en dirección a la Ruta pagana de iniciación que termina en el océano. Paralelamente, Alarico II (Renato en el *Persiles*) sufre el acoso de la "loba", en la persona de Clodoveo I (Libsomiro), y su reino visigodo-arriano de Tolosa es arrasado en 507. La innominada reina de Francia en el *Persiles*,[1127] símbolo a su vez de la Notre-Dame y protagonista de la leyenda de aquella Dama desembarcada con la semilla del "Salvador" (la Magdalena o María de Betania), ve cómo sus más fervorosos defensores (los merovingios) son aniquilados por ese "matrimonio de conveniencia" (la teocracia católica) que amenaza con hacer fracasar la "causa divina". La solución pasa por fundar un gran imperio más allá de los Pirineos. Es el tiempo del reino visigodo de Toledo. Esperanza que se vino de nuevo abajo tras los sucesos de la corte de Leovigildo (Leopoldio en el *Persiles*), con la doble traición de sus hijos Hermenegildo (Sinebaldo) y Recaredo (Renato), este último convertido en el nuevo Clodoveo I pagado por Roma en 587. Pero, a pesar del duro contratiempo, un nuevo atisbo de luz vuelve a brillar, otra vez, desde los territorios francos, con los descendientes de los merovingios a la cabeza; sin embargo, estas, puestas a precio por Roma, no habrían de durarles mucho sobre sus hombros: el asesinato de Dagoberto II en 679 y de toda su familia parece constituir el fin de la sucesión dinástica de la mítica familia de Jesús (el Grial), si no fuera por la esperanza depositada en el presunto único superviviente del regicidio, Sigisberto IV. Y, a partir de aquí, comienza la leyenda de sus sucesores hasta, al menos, la época de Cervantes. Es tiempo de ocultación, de labor callada, de dejar que los acontecimientos se vayan sucediendo de forma soterrada, pues el enfrentamiento abierto contra el poder emanado del catolicismo se ha revelado como infructuoso.

Y la batalla entre ambas fuerzas se decide en un teatro de operaciones que nos resultará conocido: el Camino de Santiago, y el botín no andará muy lejos: el Grial. Francia contraataca primero y prepara el asalto del *finisterrae* de la mano de un Apóstol del que ninguna crónica visigoda anterior al siglo VI, a pesar de la riqueza documental, da cuenta de su ministerio en tierras hispanas: Santiago. La noticia del presunto hallazgo de sus restos en 813 constituye el pistoletazo de salida de una carrera por apoderarse del único foco de paganismo -digamos- autorizado. Le seguirán las hordas de monjes cluniacenses con la misión de "domesticar" la antigua ruta de peregrinación y cortar definitivamente el acceso al herético océano colocando la meta jacobea unos cuantos kilómetros antes de la llegada: nace así Santiago de Compostela. La fuerza del catolicismo es arrolladora, por lo que las expectativas fundadas sobre el mito de San Guillermo, auspiciado por la facción "merovingia" que reclamaría los derechos sobre la corona imperial en la persona del conde de Toulouse Guillem de Gellone en vez de sobre Carlomagno (año 800), apenas sobrevive en las costas del Finisterre y en algunos puntos intermedios de la ruta compostelana.

Porque el Grial se hallaba en Britonia (Galicia), la Betania de María Magdalena que en la ficción cervantina se denomina Bituania; pues fue en Betania/Bituania donde Jesús "ascendió a los cielos cuarenta días después de su resurrección"(el tiempo que se tarda en recorrer andando el Camino desde los Pirineos hasta el Finisterre). Y fue en la otra Betania/Bituania, en la Britonia sueva, donde cuentan diferentes tradiciones que llegaron ambos vástagos de la Magdalena: el varón, que de la mano de José de Arimatea pasa desde allí a la otra Britonia, a la Bretania inglesa, y que luego vuelve a terminar sus días al Finisterre; y la dama, que a través del tiempo y de su línea sucesoria merovingia llegará "metamorfoseada" en Cuillem de Gellone: San Guillermo.

Y en el otro extremo del Camino de Santiago, en el origen de la Ruta, en las mismas tierras que lo fueron del conde Guillem de Toulouse, brotará de nuevo la semilla del espíritu cristiano primitivo; en esta ocasión, con una fuerza tal que Roma se vería precisada a realizar el primer genocidio de que se tiene constancia en suelo europeo: el aplastamiento de la herejía de los cátaros a comienzos del siglo XIII. La posterior caída de la Orden del Temple terminaría por ahogar el único movimiento espiritual capaz de hacer frente al literalismo catolicista, condenado a esconderse a la espera de que los tiempos le ofrezcan una mejor oportunidad.

Nuestro autor, consciente del punto muerto en el que se halla esa antigua espiritualidad que presiente como la única capaz de liberar al hombre de sus cadenas, trata de reflejar en el *Persiles* cómo estos pierden el tiempo disputándose el pálido reflejo de la "Verdad" (los dos

---

[1127] "pero, con todo eso, me atreví a ponerlos en la señora Eusebia, dama de la reina de Francia" (p. 408).

cuadros Auristela: catolicismo y Reforma, ambas corrientes derivadas de la verdadera religión) ignorando la grandeza que se halla en el modelo original. Y para ello, Cervantes se refugia en el ideal tras el fracaso de la civilización, retomando de sus mayores (el género bizantino o neo-griego) la historia del héroe trascendido que, saliendo de esa prisión simbólica, emprende con valentía el camino que ha de llevarle de la barbarie a la civilización. Porque este es el tiempo de los héroes/magos (Periandro), que, siguiendo una estrella, (Auristela) se dirigen al portal (Portugal) para desembarcar (¿renacer?) no en el famoso e imponente puerto de Lisboa, sino en el más austero y desconocido puerto de ¿Belén?; pues, Auristela, avisada de la santidad de ese lugar, quería "visitarle primero y adorar en él al verdadero Dios libre y **desembarazadamente**" (p. 434). Pero también es el tiempo de los peregrinos como depositarios de la esperanza de la Humanidad en la "salvación de las almas", por ello atravesarán la Península rindiendo homenaje a la memoria de los visigodos que intentaron instaurar la "verdadera religión", la del espíritu, llegando hasta el último bastión arriano en Septimania (Perpiñán, Provenza) antes de entrar en una Roma que, paradójicamente, se revela como su contrario.

Cervantes hace entrar a su "escuadrón de peregrinos" en Portugal como si fuera la puerta de entrada a un gigantesco templo: la "Jerusalén celeste" en relación al *Apocalipsis* de San Juan. La escisión en dos barcos que se ha producido al final del libro II del escuadrón de peregrinos, prepara el escenario apocalíptico en el que comenzará el libro III, que se traducirá, como ya venimos manifestando, por un lado, en la huida desesperada (el viaje a Roma) de la última esperanza depositada en los personajes que encarnan la esencia de la pureza (Periandro y compañía); mientras, por el lado opuesto, la civilización seguirá su curso, que será regido por Arnaldo desde el viejo corazón de una Europa que agoniza ensangrentada por las guerras presentes y las futuras.

Carlos V primero se encierra en Yuste y luego muere sabiéndose consciente, y, seguramente, responsable de su fracaso. Acuciado por la enorme responsabilidad heredada de su padre y viendo cómo se desmoronaba su imperio y sus sueños mesiánicos, Felipe II practica una suerte de huida hacia dentro encerrándose sobre sí mismo en el monasterio de El Escorial, dejando los destinos de España y de Europa en manos de un matrimonio que él mismo arregló entre su hijo Felipe III y una doncella del entorno del rey Sigismundo III (la hermana de su esposa Constanza, Margarita de Habsburgo) y en el ilusorio destello de una paz que debería garantizar la tranquilidad de sus reinos: la Pax hispánica.

Ante tal cúmulo de información sorprendente, no podemos dejar de preguntarnos si en verdad Cervantes sabría todo esto. Porque, no cabe duda de que resulta bastante desconcertante, al punto de no llegar a reconocer con nitidez la imagen anodina (o al menos distante o falta de un mayor compromiso con aquello que cuenta) que se nos ha venido transmitiendo del autor del *Quijote* ¿Qué Cervantes, pues, nos estaría revelando el *Persiles*?

Dado que una de las aportaciones más famosas, dentro del uso que hace nuestro escritor de la sabiduría popular, inmersa en buena parte de sus obras (sobre todo en *El Quijote* y en el *Persiles*), es la que sigue: "Cada uno es hijo de sus obras", juzgamos que el *Persiles*, que pasa por ser su obra más querida, debería considerarse como el espejo más veraz en donde contemplar el verdadero rostro de don Miguel de Cervantes.

Y, no de otro modo, su particular forma de pensar y de sentir nos es continuamente manifestada a través de los diferentes personajes de los que nuestro autor se vale para cruzar la frontera de lo ficcional e introducirse en ese universo alegórico de su *Persiles*. Porque Cervantes, podríamos asegurar, se halla presente en toda la obra, operando sobre ella a varios niveles diegéticos y extradiegéticos como una especie *Deus pictor* que crea a su antojo el universo (literario) que mejor se aviene a sus intereses. Y, puesto que ha quedado demostrado que estos no "casan" bien con un mundo que se vislumbra como engañoso, su voz, como la del personaje de Feliciana, será también un canto en los oídos de ese "lector amantísimo" que asuma el compromiso de escucharlo.

Con ello quiero decir que, ante tan íntima confesión, no podemos encontrarnos más que con la verdadera identidad del hombre que hizo posible una obra de semejante envergadura.

Como cabría esperar, parece que la manida cuestión de la filiación de Cervantes al bando de los católicos o al de los protestantes se queda bastante corta a la vista de los argumentos que han sido expuestos a lo largo de este trabajo. De igual modo, creo que la imagen que se tenía de un Cervantes -diría- no implicado en su obra más que en calidad de creador de una fantasía increíble (una obra de entretenimiento), debería desterrarse de raíz; pues, el *Persiles* podría ser considerado, entre otras cosas, como un manifiesto que recoge un saber universal utilizando la literatura como vehículo de transmisión.

Dicho lo cual, y a riesgo de parecer exagerado, me atrevería a decir que todo el *Persiles* es Cervantes y que Cervantes es el *Persiles*. Porque el príncipe de los ingenios aflora, encarnándose en diferentes personajes, por muchos lugares de su obra. Por ejemplo, bajo la figura de Antonio el bárbaro o Antonio de Villaseñor, caballero español heredero de una estirpe que, como él, resulta ser más hijo de sus obras que de la sangre o de la cuna. Seguidor de un cristianismo puro o primitivo y condenado a un destierro-huida, como nuestro autor, a causa de unas cuchilladas dadas a una persona principal. Nos hallaríamos, pues, ante el peregrino español por antonomasia, otro *lapis exilis* que, como Cervantes, busca recogerse de su camino al final de sus días, una vez conseguido su fin unitivo junto a Ricla-Venus, desde el mismo lugar del que partió-nació: Quintanar de la Orden de Santiago (¿otro modo de señalar el *finisterrae* jacobeo?).

Pero Cervantes también es Clodio el maldiciente, del que se vale ahora para decir lo que de otro modo no podría, gozando, además, del salvoconducto que le proporciona la propia imagen de deslenguado que la historia ha sancionado en torno a este denostado personaje. Interesa, particularmente, la confesión que hace a Rutilio en el capítulo 5, libro II (pp. 307-310); donde se percibe la justificación de Cervantes por la escritura de su *Persiles* en clave alegórica, lo cual redunda en la identidad de Cervantes: un justiciero ante los desmanes del poder teocrático, a quienes acusa de impedir la natural evolución de la civilización.

¿Y qué decir del personaje de la "vieja peregrina? También es Cervantes, pero ahora en su faceta de buscador del Grial: andariego empedernido y escrutador de los cielos. ¿Y del episodio de los falsos cautivos, donde Cervantes establece un diálogo consigo mismo para confesar su arrepentimiento: el error en el que estaba al sentirse honrado por su entrega a la causa teocrática (la gesta de Lepanto)? O el caso del "gallardo peregrino", ¿Cervantes reapareciendo "a "pecho descubierto" a comienzos del libro IV para preparar a sus criaturas-personajes en el asalto final: Roma? O cuando nuestros peregrinos ya divisan la Ciudad Eterna, ¿cómo no presentirlo tras ese "poeta español, enemigo mortal de sí mismo y deshonra de su nación" (p. 645)?

Cervantes cuidó la redacción de su *Persiles* con un celo obsesivo, sabedor de que su tiempo se acababa y que la mejor de sus obras habría de constituir su testamento vital: lo más excelso de sí mismo y de su arte al servicio de la Humanidad.

Porque don Miguel fue mucho más que el famoso escritor del *Quijote* cuya suerte no discurrió en paralelo a su ingenio, pues, a eso podría reducirse (no en círculos académicos) la imagen de nuestro insigne representante de las Letras hispánicas. Conocemos muchos datos intrascendentes de la vida de Cervantes a través de la copiosa documentación que se conserva, pero muy pocos referidos a su persona individual; sin embargo, a pesar de que constituye una fuente a considerar, nada o muy poco se ha aprovechado (o ha trascendido) de las informaciones que, de manera más o menos velada, aparecen en el *Persiles*. Por ejemplo, en relación a su prestación de -digamos- servicios especiales a la Corona. Pues, la documentación que avala su misión en Orán después de su cautiverio en Argel es prueba de que Cervantes fue algo más que un escritor en busca del éxito y de la fortuna. Es decir, se constata su relación con la corte en asuntos -llamémoslo- "delicados", a donde no duda en acudir cuando esta se instala en Portugal tras la anexión de este reino por parte de Felipe II, o cuando se traslada a Valladolid. De la primera ubicación podría ser testimonio todo el episodio de los peregrinos en Portugal, donde se vio cómo el relato giraba en torno a la muerte (entre otras) del rey Don Sebastián y de la conspiración (el "sebastianismo") para recuperar el reino entre bastidores, y, donde Cervantes, sorprendentemente, podría estar relacionado, dado su parentesco (constatado documentalmente) con la familia de los Orellana-Pizarro, que también tienen su correspondiente papel en el *Persiles*. De la segunda ubicación de la corte nos queda el suceso del asesinato del noble Ezpeleta, donde, de la documentación existente (las tomas de declaración de los testigos) se comprueba, no ya la responsabilidad de Cervantes y su familia en la comisión del delito, que se limita a "su participación en socorro del herido de muerte"; sino la relación que nuestro escritor mantenía con determinados nobles de ascendencia portuguesa incluso con algún representante de la "levantisca" familia de los Mendoza, como por ejemplo el nieto de los príncipes de Éboli, el III Duque de Pastrana, Ruy Gómez de Silva y Mendoza ¿Y qué decir de los tratos matrimoniales que mantenía su sobrina Constanza con Pedro de Lanuza, hermano del otro levantisco, el Justicia Mayor de Aragón Juan de Lanuza, aquel noble que fue decapitado por ofrecer asilo al famoso secretario de estado de Felipe II Antonio Pérez? Recordemos, en este sentido, la identificación que nosotros practicábamos del personaje de Clodio con Antonio Pérez.

Quizás va siendo hora de tomar en consideración todas estas referencias en relación a la vida "secreta" de nuestro escritor, diseminadas formando parte del entramado narrativo, y emprender una labor objetiva y centrada en estos valiosos testimonios que, no por no adoptar la forma de un documento notarial al uso deban descartarse del corpus de informaciones que puedan utilizarse en el esclarecimiento de la verdadera identidad de Cervantes.

Llegados a este punto, se hace necesario practicar la oportuna síntesis de todos los materiales que venimos utilizando en nuestra argumentación, al objeto de tratar de ofrecer una visión objetiva del libro más subjetivo de Cervantes. Intentaremos, pues, abordar ese ejercicio de clarificación.

¿Qué es, en definitiva, el *Persiles*?:

Es una *Historia septentrional* que no debe considerarse como una novela realista, pues su filiación al género neo-griego o bizantino la delata; aunque, su apariencia y su intención más superficial pueda dar esa impresión. Cervantes se vale de la estricta verosimilitud para presentarnos una historia de apariencia real (engañosa) pero de sentido mítico o ficcional (verdadero). El objeto de tal inversión de los esquemas ontológicos (propia del Barroco), consiste en demostrar que el concepto de verdad es limitado a nuestra percepción; pues, con el único instrumento de la razón y sin el concurso de la imaginación, el hombre es incapaz de discernir lo real de lo irreal, ya que un mundo mítico o ficcional puede ser considerado tan verdadero como falso otro con apariencia de realidad.

Es una obra codificada, que además puede leerse como una obra realista o de sentido literal, cuya clave se cifra en ese norte simbólico (*Historia septentrional*) que condiciona toda la narración, y por ello nacida desde la inteligencia con la intención de colmar las ansias de conocimiento de un grupo poco numeroso de "lectores amantísimos".

Es un libro de clara vocación iniciática. Desde el nacimiento de Periandro del útero cavernoso (la salida del "mancebo" de la prisión-cueva), el relato muestra el esforzado camino del héroe, en su lucha constante contra una adversidad en aumento (la singladura marinera entre islas), en busca de esa luz celestial como premio a sus desvelos, a sus sacrificios y a su renuncia. Pero la iniciación no solo es penitencia sino también conocimiento, el cual, acompañará al esforzado peregrino como parte de ese proceso transmutatorio que ha de llevarle de la barbarie a la civilización. Y así nos lo muestra alegóricamente (y con diferentes recursos cabalísticos) Cervantes con el tratamiento simbólico que imprime a sus episodios: con continuas referencias cosmológicas (aportando datos que sobrepasan a la simple mención), informando sobre los orígenes de la civilización, de los acontecimientos más trascendentes de las diferentes épocas-eras, también a través del cuestionamiento de las verdades más absolutas y aportando su verdad acerca de los sucesos más comprometidos de su época. Y siempre aguardando un final de etapa donde el héroe debe "quemar sus naves" antes de ponerse nuevamente en ruta: muerte y renacimiento (*solve et coagula*). Ya lo vimos en esa primera fase de la dominación de las pasiones, con la ejecución del salto de Periandro a lomos del caballo de Cratilo; pero también en la segunda fase, la iluminativa, con el descenso de Periandro al antro (Roma) de la bestia (Hipólita); y, finalmente, vuelve a repetirse el fenómeno, esta vez con la conciliación de los opuestos que cierra esa tercera vía unitiva: el matrimonio místico Persiles-Sigismunda. Como vemos, una clara intencionalidad iniciática preside todo el *Persiles,* que condiciona su particular discurso alegórico con la finalidad de describir los procesos sensitivos e intelectivos que se originan en esas regiones septentrionales (oscuras o profundas) de la mente de un místico en su proceso trascendente.

Es la Historia de la civilización occidental, que, partiendo de los comienzos helados señalados por la estrella que marcaba el norte en la era de Virgo en el año 13.000 a. C. (la estrella Vega), recorre las siete eras hasta llegar a esa otra estrella que también marca el norte (la estrella *Polaris*) en la era de Piscis en el año 1.000 d. C. aprox.; cuya señal en los cielos vendrá acompañada por la "danza de las dos constelaciones u *Osas*" alrededor de la Estrella Polar. Es decir, la *Historia septentrional* podría definirse como el periodo de tiempo cíclico, comprendido entre dos estrellas polares o septentrionales (SIETE eras), durante el cual la Humanidad tendrá las condiciones óptimas para evolucionar.

Es la descripción imaginaria de la realización de un viaje, cuyo itinerario alude, de manera aproximada, a una realidad geográfica intencionadamente equívoca o imprecisa, por un grupo de personajes encabezado por dos septentrionales, que, partiendo de un lugar indeterminado en el mar del norte (Islandia, Noruega, Suecia, Dinamarca, Bélgica, etc.) enlaza con el camino que cruza la península ibérica por el norte hasta llegar a Finisterre, que se considera el extremo occidental del continente europeo. Pero también debe considerarse el regreso, que la pareja protagonista realiza escrupulosamente desde Portugal, atravesando nuevamente la península ibérica hasta Barcelona y pasando por el sur de Francia y Roma hasta regresar al norte de donde partieron.

Es la ofrenda de un humanista a la civilización, al objeto de contribuir a la empresa universal que constituye la -digamos- recuperación de su norte, entendido este como la cordura necesaria que nuestro autor se encarga en hacernos recobrar a través de su interés por mostrarnos la verdad de lo que somos, a fin de reconducir a la Humanidad en esa etapa que parece anunciarse como el fin de los tiempos y que los antiguos definían como la vuelta a la Edad de Oro.

Es la historia del cristianismo primitivo ligada al concepto de Grial, que, presentada a través del relato retrospectivo de Periandro, evoluciona a lo largo de los dos últimos libros de la obra hasta culminar en ese tercer círculo de nuestro esquema. La especial singularidad de la presentación que hace Cervantes del tema en cuestión radica en la doble perspectiva desde la que se trata de abordar el fenómeno: la macrocósmica o mítico-histórica, donde la alegoría remitiría a un origen remoto-legendario de un antiguo linaje que constituiría la herencia de un pasado que aún podría perdurar, al menos, en la época de Cervantes; y, la microcósmica o espiritual, donde se reproducen simbólicamente los procesos físico-intelectuales conducentes a la consecución del ideal místico que caracteriza al cristianismo de los orígenes: el andrógino o Grial (*religare* o la antigua alianza entre los dioses y los hombres).

Es la Gran Obra, a la manera de la Piedra filosofal de los alquimistas, de un hombre iluminado del Siglo de Oro español, que, al final de su camino existencial, descubrió que todo lo que había hecho en su vida por alcanzar la fama y el reconocimiento había sido en vano. Y así lo confiesa en su prólogo al lector, donde, sin embargo, no pierde ocasión de mostrar su deseo de enmendarse; aunque ya solo pueda hacerlo a través de ese trayecto sublime que separa Esquivias de Madrid...

Es el testamento de don Miguel de Cervantes Saavedra, que, desde su lecho de muerte, lo firma con la esperanza depositada en sus criaturas, sus evoluciones y en el acierto o la fortuna de quien lo leyere...

Finalmente, y a la vista de todos estos argumentos, no escondo la condición de *rara avis* con la que podría etiquetarse este trabajo dentro del panorama crítico que engloba a las aproximaciones exegéticas en torno a la obra póstuma de Cervantes. Si bien, dicha expresión, lejos de considerarla excluyente y/o sancionadora, me resultaría muy gratificante; pues parecería nacida de la misma pluma del creador del personaje de la "vieja peregrina": la otra "*rara avis*" que, en forma de lechuza simbólica, sobrevuela el texto cervantino que nos ocupa.

Con ello quiero manifestar que, quizás, habría que replantearse no solo los métodos, sino también las diferentes perspectivas a emplear a la hora de enfrentarse a una obra que ya desde sus fundamentos neo-griegos no obedece ni a la estética ni a las intenciones habituales que puedan encontrarse en un Cervantes más "amable" presente en buena parte de su producción literaria anterior. El análisis alegórico-simbólico utilizado en este trabajo tiene la finalidad de tratar de llegar, con alguna nitidez, a esos lugares profundos del texto donde la investigación convencional o realista solo es capaz de intuir y a veces de atisbar.

Aunque he tratado de analizar todo el *Persiles* siguiendo la secuencia lineal marcada por los libros y, dentro de cada uno de ellos, por los capítulos de que consta la obra, soy consciente de que todos los episodios que se suceden no han sido abordados con el mismo celo, incluso algunos de ellos prácticamente solo se han mencionado. El motivo salta a la vista desde la desmesurada extensión que ocupa este trabajo, que no admitía un mayor desarrollo en momentos en los que así convendría, o en otros en los que tuve que renunciar, con un criterio de priorización, a episodios que consideré menos importantes. Y si digo esto es porque estoy completamente convencido de la necesidad de que se debe continuar, desde la misma perspectiva alegórica-simbólica que yo he seguido, en el análisis del *Persiles*; pues, no solo he dejado (conscientemente) muchas lagunas sobre las que se deberían realizar estudios complementarios o iniciar, en los casos menos trabajados, un estudio completo y en profundidad, sino que, además, juzgo que solo desde el esclarecimiento de la obra póstuma de Cervantes podrá garantizarse la tarea de devolver al *Persiles* la gloria y el interés de que gozó en otros tiempos.

Confieso que no habría sido posible lograr este acercamiento al pensamiento de Cervantes que aquí desarrollo si no hubiera mediado esa voluntad de asumir una "conciencia barroca", o, al menos, una interiorización de sus aspectos más relevantes. Percepción, esta, necesaria en cualquier estudio que se emprenda de una obra alejada en el tiempo, ya sea desde una perspectiva literal o alegórica; pero que yo -digámoslo así- lo priorizo al punto de considerarlo como algo interno al texto y no solo como la consecuencia lógica de factores externos o temporales. Porque, en definitiva, de lo que se trata es de salvar esa distancia que se revela infranqueable desde nuestro modo de percibir (y concebir) la realidad, a cuyo horizonte, apenas asoma ya un débil resplandor de lo que en el pasado era un fuego que abrasaba, un norte que encandilaba desde las alturas siderales y una Auristela que invitaba, desde su belleza "sin par", a los "destierros más amorosos".

BIBLIOGRAFÍA

AGUIRRE DE CÁRCER, Luisa Fernanda, <<Vestido y disfraz como recurso narrativo y argumental en el Quijote. La cuestión morisca>>, *en III CINDAC*, 1998, pp. 364-374.

ALARCOS Martínez, Miguel, *Virgilio y su reelaboración cervantina en el Persiles. Hacia una aproximación inmanente*, Editorial Academía del Hispanismo, 2014.

ALCIATO, Andrea, *Emblemas*, Edición y comentario: Santiago Sebastián, Prólogo: Aurora Egido. Traducción actualizada de los Emblemas: Pilar Pedraza, Madrid, Akal, 1993.

ANDRÈS, Christian, <<Les personnages dans *Persilès* (1617) de Cervantès: ou du particulier à l'universel >>, *Lectures d'une oeuvre. Los trabajos de Persiles y Sigismunda de Cervantes*, Collectif coordonné par Jean-Pierre Sánchez, Editons du Temps, Nantes, 2003, pp. 256-257.

ANGEBERT, Jean-Michel: *Las ciudades mágicas,* Barcelona, Plaza y Janés, 1976.

ARATA, Stefano, <<La Conquista de Jerusalén, Cervantes y la generación teatral de 1580 >>, *CRITICÓN*, núm. 54, Centro Virtual Cervantes, 1992, pp. 9-112.

ARMAS WILSON, Diana: *Allegories of Love. Cervantes's "Persiles and Sigismunda"*, Princeton Nw Jersey, Princeton University Press, 1991.

ARMSTRONG-ROCHE, Michael, *Cervantes Epic Novel. Empire, Religion and the Dream Life of Heroes in Persiles*, Toronto, Toronto University Press, 2009.

ARMSTRONG-ROCHE, Michael, <<Un replanteamiento paradoxográfico de la ortodoxia religiosa, política y social en Cervantes: el mito gótico y el episodio de Sosa y Leonor en el *Persiles*>>, *en VII Congreso Internacional de la Asociación de Cervantistas*, 2011 pp. 15- 32.

ARONI, Yanko, *"El Escorial esotérico y hermético"*, Publicaciones Claretianas, Madrid, 1994.

AVALLE-ARCE, Juan Bautista: Introducción biográfica y crítica en: Miguel de Cervantes: *Los trabajos de Persiles y Sigismunda*, Madrid, Clásicos Castalia, 1969.

AVALLE-ARCE, Juan Bautista, *Nuevos deslindes cervantinos*, Ariel, Barcelona, 1975.

AZORÍN, *Con Cervantes*, Espasa-Calpe, Madrid, 1968.

BAENA, Julio, <<Trabajo y aventura: El Criterio Del Caballo>>, *en Bulletin of the Cervantes Sciety of America, vol X, n. 1*, Spring, 1990.

BAENA, Julio, *El círculo y la flecha: principio y fin, triunfo y fracaso del Persiles,* Departament of Romance Languagues, The Universit ynof North Carolina at Chapel Hill, Artes gráficas Soler S.A 1996.

BAIGENT, Michael, LEIGH, Richard, LINCOLN, Henry, *El enigma sagrado*, Ediciones Martinez Roca, S.A., Madrid 2005.

BAQUERO Escudero, Ana Luisa, << Personaje y relato en el *Persiles* >>, *en Lectures d'une Oeuvre. Los Trabalos de Persiles y Sigismunda de Cervantes,* coordonné par Jean-Pierre Sánchez, Editions du Temps, Nantes, 2003, p. 219- 247.

BAQUERO Escudero, Ana Luisa, << la estructura narrativa en el episodio del rey Policarpo >>, en *V CINDAC*, Asociación de cervantistas, 2004, pp. 207-220.

BATAILLON, Marcel: *Erasmo y España. Estudios sobre la historia espiritual del siglo XVI,* Méjico, Fondo de cultura Económica, 1966.

BOMBARD, Alain, Les grands Navigateurs, París, Presses de la cité, 1976.

BONILLA, Adolfo y Schevill, Rudholph: *Miguel de Cervantes Saavedra: Obras completas*, Madrid 1914-1941, 18 vols. I y II.

CABRERA DE CÓRDOBA, Luis, *Historia de Felipe II, Rey de España*, Madrid, 1876-1879.

CANAVAGGIO, Jean, Cervantes, Espasa Calpe, Madrid, 1998.

CANAVAGGIO, Jean, <<L'Espagne du "Persiles">>, *Les langues Néo-Latines*, Décembre 2003, pp. 21-38.

CARO BAROJA, Julio, *Las formas complejas de la vida religiosa (Religión, sociedad y carácter en la España de los siglos XVI y XVII)*, Sarpe, Madrid, 1985.

CASALDUERO, Joaquín: *Sentido y forma de "Los Trabajos de Persiles y Sigismunda"* [1947], Madrid, Gredos, 1975.

CASTILLO MATINEZ, Cristina, <<'Cuevas subterráneas', 'maletas abandonadas' y otros paralelismos entre el *Quijote* y algunas novelas pastoriles del siglo XVII>>, *en IV CINDAC*, 2001, pp. 470-478.

CASTRO, Américo: *Hacia Cervantes* [1957], 3º ed., Madrid, Taurus, 1966.

CASTRO, Américo, *De la edad conflictiva*, Taurus, Madrid, 1976.

CASTRO, Américo: *El pensamiento de Cervantes* [1925], Julio Rodríguez-Puértolas ed. , Barcelona-Madrid, Taurus, 1980.

CERVANTES, Miguel de, *Historia de los trabajos de Persiles y Sigismunda*, Juan Nadal, Barcelona, 1768.

CERVANTES, Miguel de, *Los trabajos de Persiles y Sigismunda,* Edición, introducción y notas de Juan Bautista Avalle-Arce, Editorial Castalia, Madrid, 1969.

CERVANTES, Miguel de, *El ingenioso hidalgo Don Quijote de la Mancha*, Edicomunicación, Barcelona, 1990.

CERVANTES, Miguel de, *Novelas ejemplares*, *I*, edición de Harry Sieber, Madrid, Cátedra, 2001.

CERVANTES, Miguel de, *El Viaje del Parnaso*, Edición de Florencio Sevilla Arroyo, en Biblioteca Virtual Miguel de Cervantes, 2001.

CERVANTES, Miguel de, *La conquista de Jerusalén por Godofre de Bullón,* edición de Florencio Sevilla Arroyo, Alicante: Biblioteca Virtual Miguel de Cervantes, 2002.

CERVANTES, Miguel de, *Los trabajos de Persiles y Sigismunda*, Letras Hispánicas 427, [1997], Edición de Romero Muñoz, 5ª edición, Madrid, Cátedra, 2004.

CHARPENTIER, Louis, *Los gigantes y el misterio de los orígenes*, Plaza y Janés, Barcelona, 1971.

CHARPENTIER, Louis, *El misterio de Compostela,* Plaza y Janés, Barcelona, 1974.

CHARPENTIER, Louis, *Los Misterios Templarios*, Ediciones Apóstrofe, S. L., Barcelona, 1995.

CHARPENTIER, Louis, *El enigma de la catedral de Chartres*, Editorial Planeta de Agostini, Barcelona, 2005.

CIRLOT, Juan Eduardo, *Diccionario de símbolos*, Editorial Labor, S.A., Novena edición, Barcelona 1992.

COADIÇ, Xavier, *El Grial. Mitos y simbolismo de la Búsqueda. Las grandes figuras: Arturo, los caballeros de la Mesa Redonda...,* Editorial de Vecchi S. A. U., Barcelona, 2005.

COLONNA, Francesco, *Sueño de Polífilo,* editado por Pilar Pedraza, Acantilado, Quaderns Crema, S.A.U., Barcelona, 2008.

CORCES Pando, Valentín, <<Astrología y sueño en el Persiles>>, en V CINDAC, Asociación de Cervantistas, 2004, pp. 291-314.

COVARRUBIAS, Sebastián de, *Tesoro de la Lengua castellana, o española*, Ed. Martín de Riquer, Barcelona, Horta, 1943.

CRUZ Casado, Antonio, <<Una interpretación ocultista de los trabajos de Persiles y Sigismunda>>, *en V CINDAC*, Asociación de Cervantistas, 2004, pp. 315-330.

DAMASO ALONSO, prólogo en, *Aproximación al Quijote*, Martín de Riquer, Salvat, 1970.

DE ABREU, María Fernanda, <<Cervantes en Portugal>> *en V CINDAC,* Asociación de Cervantistas, 2004, pp. 3-15.

DEMATTÈ, Claudia, << Memoria *ex visu* y empresas caballerescas (II): de los libros de caballerías al *Persiles* sin olvidar el *Quijote*>>, en *V CINDAC*, Asociación de cervantistas, 2004, pp. 331-349.

DE VITORIA/Águila, *Teatro de los dioses de la gentilidad*, 3 vols., II, p. 301.

DÍAZ DE ALDA, María del Carmen, <<'Última Thule' y el contexto nórdico de Los trabajos de Persiles y Sigismunda >>, en IV CINDAC, 2001, pp. 875-886.

DÍAZ DE BENJUMEA, Nicolás, *La estafeta de Uganda, o aviso de Cid Asam-Ouzad Benenjeli sobre el desencanto del Quijote,* Londres, Imprenta de J. Wertheimer y Cª, 1861.

DÍEZ FERNÁNDEZ, Ignacio, <<Libertad de percepción y realidad variable: algunas notas sobre la semiología del vestido en el *Quijote* >>, *en III CINDAC*, 1998, pp. 376-394.

DODDS, E. R., *Los griegos y lo irracional*, Alianza Universidad, Madrid, 1997.

DUARTE, Sandra, *Le roman néo-grec espagnol: entre déterminisme et libre arbitre. Les images enblémetiques de la Fortune (1604-1657)*, editado por Presses Académiques Francophones (tesis doctoral), 2014, p. 152.

569

ECO, Umberto, *La búsqueda de la lengua perfecta*, Barcelona, Editorial Crítica, 1994.

EGIDO, Aurora, *Cervantes y las puertas del sueño. Estudios sobre 'la Galatea', 'El Quijote' y 'el Persiles'*, Barcelona, PPU, 1994.

EGIDO, Aurora, <<Poesía y peregrinación en el *Persiles*. El templo de la Virgen de Guadalupe>>, *en III CINDAC*, 1998, pp. 13-41.

EGIDO, Aurora, << Los trabajos en el *Persiles*>>, en *V CINDAC*, Asociación de Cervantistas, 2004, pp. 17-66.

EL SAFFAR, Ruth, <<Retort: An Alchemical on the Lovers´Labors>>. *Bulletin of the Cervantes Society of America,* 1990, vol. X, number 1, pp. 17-34.

ENCISO Alonso-Muñumer, Isabel, *Linaje, poder y cultura. El virreinato de Nápoles a comienzos del XVII. Pedro Fernández de Castro, VII conde de Lemos*, Universidad Complutense de Madrid (Tesis doctoral), Madrid, 2002.

FERNÁNDEZ Álvarez, Manuel, *Felipe II y su tiempo*, Espasa Calpe, S.A., Madrid, 2000.

FITZMAURICE-kelly, James, *Littérature espagnole* (1898), Paris, Librairie Armand Colin, 1904.

FORCIONE, Alban K, Cervante' Christian Romance, A Study of "Persiles y Sigismunda", Princeton/New Jersey, Princeton University Press, 1972.

FÓRMICA, Mercedes, *La hija de don Juan de Austria (Ana de Jesús en el proceso del pastelero de Madrigal)*, Caro Raggio, 1973.

FÓRMICA, Mercedes, *María de Mendoza (solución a un enigma amoroso)*, Caro Raggio, 1973.

FREKE, Timothy, Gandy, Peter, Los misterios de Jesús. El origen oculto de la religión cristiana, Círculo de Lectores, Barcelona, 2000.

GAGLIARDI, Antonio, <<Humanismo laico y humanismo cristiano en el Persiles>>, *en V CINDAC*, Asociación de Cervantistas, 2004, pp. 399-412.

GALIANA Nuñez, Magdalena, *Trujillo. Guía histórica y artística. Pizarro y Orellana.* Editorial CISÁN, Alburquerque, Badajoz, 2006.

GARCÍA ATIENZA, Juan, *El legado templario. Una historia oculta*, Ediciones Robinbook, Barcelona, 1991.

GARCÍA ATIENZA, Juan, *La ruta sagrada,* Ediciones Robinbook, Barcelona, 1992.

GARCÍA GUAL, Carlos: *Introducción a la mitología griega*, Madrid, Alianza Editorial SA., 1992

GARCI RODIGUEZ DE MOTALVO, *Amadís de Gaula*, Cátedra, 2004.

GEOFREY, Cornelius, *Manual de los cielos y sus mitos. Guía práctica para observar el cielo nocturno, sus mitos y sus símbolos,* Blume, Barcelona, 1998.

GILBERT, Francoise, <<La integración de la figura del Anticristo en la literatura del Siglo de Oro>>, *en IV Congreso AISO,* 1996, internet, Centro Virtual Cervantes, pp. 670-676.

GIL LÓPEZ, Ernesto J., << Artes adivinatorias, brujerías y hechizos en *Los trabajos de Persiles y Sigismunda*>>, en *V CINDAC,* 2004, pp. 413-434.

GONZÁLEZ DE CARDEDAL, Olegario,<< "Navegar es necesario - vivir no es necesario": Reflexión sobre el sentido de la ética>>, *en Salmanticensis*, vol. 43, nº 3, 1996, pp. 365-394.

GONZÁLEZ MUJERIEGO, *Lo que Cervantes calló,* editorial Cultiva libros, 2015.

GONZÁLEZ Rovira, Javier, <<Mecanismos de recepción en *El peregrino en su patria* de Lope de Vega>>, en *III Congreso AISO*, 1993, Centro Virtual Cervantes, pp. 239-246.

GUILLERMO DE TIRO, *Historias de Ultramar, Tomo I, El camino de Jerusalén* (Libros 1 al 8), Introducción, traducción, notas y apéndices de Lorenzo Vicente Burgoa, Editorial ADIH, Murcia, 2015.

GÜNTERT, Georges, <<la pluridiscursividad del *Persiles*>>, *en VII Congreso Internacional de la Asociación de Cervantistas*, Centro de Estudios Cervantistas, 2011, pp. 37-49.

HARRISON, Stephen, *La composición de <<Los trabajos de Persiles y Sigismunda>>*, Madrid, Editorial Pliegos, 1993.

HELIODORO y LONGO, *Dafne y Cloe* y *Las etiópicas o Teágenes y Cariclea,* Editorial Iberia, Barcelona, 1987.

HERRÁIZ DE TRESCA, Teresa, <<Humor y muerte en el prólogo del *Persiles*>>, *en Criticón (Toulouse)*, 44, 1988, Centro Virtual Cervantes, pp. 55-59.

HESÍODO, *Obras y Fragmentos. Teogonía. Trabajos y Días. Escudo*, Traducción y notas de Pérez Jiménez, Aurelio y Martinez Díez, Alfonso, Bibioteca Básica Gredos, vol. 3, Editorial Gredos, S.A., Madrid, 2000.

HIDALGO DE LA VEGA, María José, <<Los misterios y la magia en Las Etiópicas de Heliodoro>>, *en revista Studia histórica. Historia antigua*, Universidad de Salamanca, nº 6, 1988 (internet: revistas.usal.es), p. 175-188.

HOMERO, *La Odisea,* traducción e introducción de Carlos García Gual, Alianza Editorial, Madrid, 2007.

HOPKINS, Marilyn, SIMMANS, Graham, WALLACE-MURPHY, Tim, *Los hijos secretos del Grial. Una conspiración de siglos alrededor de un linaje sagrado*, Círculo de lectores S. A., Barcelona, 2001.

JULIEN, Lucienne, *La increíble odisea de los cátaros*, Ediciones Tikal, Girona, 1995.

LANDSBUR, Alan y Sally, *En busca de antiguos misterios*, Plaza y Janés, S. A., Editores, Barcelona, 1975.

LARROQUE Allende, Luis, <<El humanismo universalista de Miguel de Cervantes>>, en *IV CINDAC*, 2001, p. 351-356.

LARSEN, Carlos, <<Ideas de Cervantes acerca de los países setentrionales>>, *en la revista España moderna*, año 18, tomo 207, Biblioteca Nacional de España, edición digital: http: hemerotecadigital.bne.es/pdf., Madrid, 1906, pp. 21- 47.

LEMA, Rafael, *El Camino secreto de Santiago. La ruta pagana de los muertos*, Edaf, S.L., Madrid, 2007.

LEUKER, Tobias, <<Exaltación y relativización de la vida solitaria en el Persiles de Cervantes >>, *en VII Congreso Internacional de la Asociación de Cervantistas,* 2011, pp. 83-95.

LOPE DE VEGA y Carpio, Félix, *El peregrino en su patria*, en Biblioteca Digital Hispánica (bne.es), Ed. príncipe, 1604.

LOPE DE VEGA y Carpio, Félix, *La tragedia del rey Don Sebastián y bautismo del príncipe de Marruecos,* en Biblioteca Virtual Miguel de Cervantes, editada por la viuda de Alonso Martín de Balboa, 1618.

LOPE DE VEGA y Carpio, Félix, *El Antecristo*, en Biblioteca Virtual Miguel de Cervantes, Alicante, 1999.

LÓPEZ DE LOS MOZOS, José Ramón,<<Datos curiosos para la historia de Lupiana>>, *en Revista de estudios de Guadalajara*, núm 1, 1974, pp. 49-55.

LOZANO-RENIEBLAS, Isabel, <<Las lecturas del *Persiles*>>, *en Lectures d'une oeuvre, Los trabajos de Persiles y Sigismunda, de Cervantes*, Jena-Pierre Sánchez, Editions du Temps, Nantes, 2003, pp. 9-20.

LOZANO-RENIEBLAS, Isabel, <<'Mar sesgo, viento largo, estrella clara, o la metáfora de la nave del amor en el *Persiles*>> en *Anales Cervantinos*, 36, 2004, pp. 299-308.

LOZANO-RENIEBLAS, Isabel, <<Sobre la naturaleza del discurso en el *Persiles*>>, *en V CINDAC,* Asociación de Cervantistas, 2004, pp. 483-501.

LOZANO-RENIEBLAS, Isabel, *Cervantes y los retos del "Persiles"*, editorial Semyr, Salamanca, 2014.

MARASSO, Arturo, *Cervantes: la invención del Quijote*, en Biblioteca Virtual Miguel de Cervantes, Alicante, 2002.

MARCULESCU, Sorin, << El paso por Lisboa: El mundo de *Persiles* >>, *en V CINDAC*, Asociación de Cervantistas, 2004, pp. 513-530.

MARTÍN DE RIQUER*, Aproximación al Quijote*, Salvat, 1970.

MARTÍN DE RIQUER, *Para leer a Cervantes*, Acantilado, Barcelona, 2003.

MAYANS Y SISCAR, Gregorio: Vida de Miguel de Cervantes Saavedra, ed. Antonio Mestre, Clásicos Castellanos 172, Madrid, Espasa Calpe, 1972.

MENÉNDEZ PELAYO, Marcelino: *Historia de los Heterodoxos españoles*, Edición digital, Biblioteca virtual Miguel de Cervantes, Alicante, 2003.

MIRCEA, Eliade, *Mito y realidad*, Barcelona, Labor, 1992.

MOLHO, Maurice, Préface, in Miguel de Cervantes: *Les travaux de Persille et Sigismonde. Histoire septentrionale.* Traduit et présenté par Maurice Molho, París, José Corti, 1994, pp. 7-68.

MONER, Michel: *Cervantès Conteur. Écrits et paroles*, Madrid, Casa de Velázquez, 1989.

MONER, Michel, <<El engendramiento del personaje en la narrativa cervantina>>, *en III CINDAC*, 1998, pp. 43-48.

MONER, Michel, <<Cervantes y el tema hagiográfico en el *Quijote:* cuatro bultos en un pradecillo>>, *en IV CINDAC*, 2001, pp. 601-611.

MONER, Michel, <<El tema religioso en la narrativa cervantina: posturas ideológicas y estrategias discursivas>>, *en VII Congreso Internacional de la Asociación de Cervantistas*, 2011, pp. 119-129.

MONTERO Reguera, José, <<Los preliminares del Persiles: estrategia editorial y literatura de senectud>>, e*n Lectures d'une oeuvre. Los trabajos de Persiles y Sigismunda*, de Cervantes, Jena-Pierre Sánchez, Editions du Temps, Nantes, 2003, pp. 65-78.

MONTERO Reguera, José, <<Entre tantos adioses: una nota sobre la despedida cervantina del *Persiles*>>, e*n V CINDAC*, 2004, pp. 721- 735.

NAVARRO BLÁZQUEZ, Alfonso, *Ruta del Quijote por Sierra Morena,* Tesis doctoral publicada en la Universidad Complutense de Madrid, 2007.

NERLICH, Michael, <<Los trabajos de Persiles y Sigismunda. Proyecto histórico-iluminado de una cultura europea>>, *en Eutopías 2ª época*, vol. 137, ediciones EPISTEME, S.L., Valencia, 1996.

NERLICH, Michael, << Una corona partida por medio, ou sur le rôle de la peinture dans *Los trabajos de Persiles y Sigismunda*>>, *en Lectures d'une oeuvre*, Coordonné par Jean- Pierre Sánchez, Editions du temps, Nantes, 2003, pp. 119-156.

NERLICH, Michael, *El Persiles descodificado o la "Divina Comedia" de Cervantes*, Madrid, Hiperión, 2005.

NERLICH, Michael, <<El homenaje de Cervantes al pueblo español, o Bartolomé "el Manchego" y Cenotia "arrancada de su patria". Sobre el "realismo" de "Los trabajos de Persiles y Sigismunda, historia setentrional">>, *en colección Clásicos Mínimos*, Archivo de la Frontera: Banco de recursos históricos (www.archivodelafrontera.com), 2007.

ORLANDIS, José, *Historia de España. Ëpoca visigoda (409 - 711)*, Editorial Gredos, Madrid, 1987.

OVIDIO: *Metamorfosis,* Edición y traducción de Antonio Ramírez de Verger y Fernando Navarro Antolín, Madrid, Alianza Editorial, 2003.

OZANIEC, Naomi, *El libro de la sabiduría egipcia*, ediciones Tikal, Girona.

PARK, Chul, << Cada uno es hijo de sus obras: concepto moderno del Quijote>>, *en XII Coloquio Internacional de la Asociación de Cervantistas. Con los pies en la tierra. Don Quijote en su marco geográfico e histórico. Homenaje a José María Cassayas*, 2008, Centro Virtual Cervantes, pp. 231-239.

PELORSON, Jean-Marc / REYRE, Dominique, <<*El problema de la comunicación lingüística, in: El desafío del "Persiles"*>>*,* Presses Universitaires du Mirail, Toulouse, 2003, pp. 41-48.

PELORSON, Jean-Marc / REYRE, Dominique: *El desafío del "Periles"*, Toulouse, Presses Universitaires du Mirail, 2003.

PERADEJORDI, Julio, *Los refranes esotéricos del Quijote*, ediciones Obelisco, Barcelona, 2005.

PÉREZ DE MOYA, Juan: *Philosophía secreta,* Eduardo Gómez de Barquero ed., Madrid, Los clásicos olvidados, 1928, 2 vols.

PHILIPPE, Robert, << Ulysse est-il allé en Bretagne>>, en *Planète*, nº 22, mayo-junio 1965.

PILLOT, Gilbert, *El código secreto de la Odisea*, Plaza y Janés, Barcelona, 1975.

PINCIANO, Alonso López, *Philosophia Antigua Poética*, ed. Alfredo Carballo Picazo, Madrid, CSIC, 1973.

PISKUNOVA, Svetlana, <<Motivos e imágenes de las fiestas vernales en el *Quijote*>>, *en IV CINDAC*, 2001, pp. 623-630. PISKUNOVA, Svetlana, <<El género de la novela y la tradición retórica. El caso del "Persiles" y de las "Almas muertas">>, *en V CINDAC*, Asociación de Cervantistas, 2004, pp. 839-849.

PLATÓN, *Fedón. Fedro*, Alianza Editorial, S.A. Madrid, 1998.

PLATÓN, *Crátilo*, en Biblioteca Virtual Universal (www. Biblioteca. org.ar).

PLATÓN, *La República*, (www. es > textos > Platon, Republica).

PLATÓN, *El Banquete, (*www.filosofía.org > pla).

PLATÓN, *Timeo*, (www. Filosofía.org > pla).

POËSSON, Paul, *El testamento de Noé*, Plaza y Janés, Barcelona, 1976.

REDONDO, Agustín, << *El Persiles* "libro de entretenimiento"peregrino >>, *en V CINDAC*, Asociación de Cervantistas, 2004, pp. 67-102.

REQUEJO CARRIO, Marie Blanche, <<De cómo se guisa una fábula: el episodio de los falsos cautivos en el *Persiles* (III, X)>>, *en V CINDAC,* 2004, pp. 861-877.

RILEY, Edward O., *Teoría de la novela en Cervantes,* 3ª ed., Madrid, Taurus, 1981.

RILEY, Edward C., <<Traducción e innovación en la novelística cervantina>>, Cervantes 17.1 (1997), *en Centro Virtual Cervantes (cvc. Cervantes.es)*, pp. 46-61.

REYRE, Dominique, *Estudio onomástico*, en Jean Marc PELORSON: *El desafío del 'Persiles'*, 1. c., pp. 97-127.

ROCA Mussons, María A., <<La mujer voladora del *Persiles*: maravillosa verosimilitud>>, *en III CINDAC,* 1998, pp. 517-532.

RODRIGUEZ CAMPOMANES, Pedro, *Itinerario Real de las Carreras de Posta, de dentro, y fuera del Reyno,* Madrid: Imprenta de Antonio Pérez de Soto, 1756.

RODRIGUEZ Marín, Francisco, <<Felipe II y la Alquimia>>, *en Boletín de la Real Academia de la Historia*, tomo 90, Año 1927, Biblioteca virtual Miguel de Cervantes, p. 443.

ROIG, Adrien, <<De la vida de Manuel de Sousa Coutinho al "triste y no imaginado suceso" del portugués que murió de amor en el *Persiles*>>, *en V CINDAC*, 2004, pp. 879-898.

ROMERO MUÑOZ, Carlos, <<Introducción en *Los Trabajos de Persiles y Sigismunda*>>, Letras Hispánicas 427, Cátedra, 2004, pp 11-60.

ROSO DE LUNA, Mario, *Wagner, mitólogo y ocultista*, Biblioteca de las maravillas, vol. III, Pueyo, Madrid, 1917.

RUIZ-GÁLVEZ, Estrella, << Hacia Roma caminan dos peregrinos...El *Persiles*, relato mítico y trayectoria amorosa>>, *en V CINDAC*, Asociación de Cervantistas, 2004, p. 911-930.

RULL, Enrique, <<En torno a un episodio del Persiles: Ruperta y Coriano>>, *en V CINDAC,* Asociación de Cervantistas, 2004, pp. 931-947.

SAAVEDRA FAJARDO, Diego de, *Obras completas,* ed. Ángel González Palencia, Madrid, Aguilar, 1946.

SACCHETTI, María Alberta, *Cervantes' "Los trabajos de Persiles y Sigismunda". A Study og Genre*, Londres, Támesis, 2001.

SAINT-HILAIRE, Paul de, *El universo de los laberintos*, Círculo de lectores, Barcelona, 2008.

SALGADO, Ofelia N.,<<Hipólito/Hipólita' (*Persiles IV, 7*): juego de opuestos y evocación literaria>>, *en V CINDAC*, 2004, pp. 947- 955.

SÁNCHEZ DRAGÓ, Fernando, *Gárgoris y Habidis. Una historia mágica de España*, vol. I y II, Editorial Planeta, Barcelona, 1985.

SANTA BIBLIA, LA, Editada por el Centro de Ediciones Paulinas, 17ª edición, Valladolid, 1973.

SCHEVILL, Rodolfo / BONILLA, Adolfo: *Introducción*, in *Miguel de Cervantes Saavedra: Persiles y Sigismunda, Obras completas,* Rodolfo Schevill / Adolfo Bonilla eds., Madrid, Bernardo Rodriguez, 1914, 2 vols.

SÉDE, Gerard de, *El tesoro cátaro*, Plaza y Janés, S.A., Barcelona, 1972.

SENDY, Jean*, La era del Acuario*, Plaza y Janés Editores, Barcelona 1975.

SERÉS, Guillermo, <<"La natural inclinación se olvida" (*Persiles*, I, 18). Peregrinación y anagnóresis>> en *V CINDAC,* 2004, pp. 983-984.

SEZNEC, Jean, *Los dioses de la Antigüedad en la Edad Media y en el Renacimiento*, Madrid, Taurus, 1983.

SIGÜENZA, fray José de, Historia de la Orden de San Jerónimo, Madrid, 1909.

SINGLETON, Mark, << El misterio del Persiles>>, *en Realidad*, Buenos Aires, III, 1947, pp. 237-253.

SLIWA, Krzysztof, *Vida de Miguel de Cervantes Saavedra*, vol. 95 de Teatro del Siglo de Oro, Editorial Edition Reichenberger, Barcelona, 2006.

SOUPOULT, Isabelle, << Peregrinar por las islas: el relato insular en el *Persiles*>>, en *V CINDAC*, Asociación de Cervantistas, 2004, pp. 1001-1016.

SPENCE, Lewis, *Introducción a la Mitología*, traducción del original de 1921, Edimat Libros, Madrid, 1998.

STOOPEN, María, <<El peregrinaje de Licaón>>, *en V CINDAC*, Asociación de Cervantistas, 2004, pp. 1017-1027.

SUÁREZ, Ana, <<Visualización teatral y alegórica en el Persiles>>, *en V CINDAC,* Asociación de Cervantistas, 2004, pp. 1027-1046.

SUÁREZ, Ana, <<Cervantes y el *Sueño de Polífilo*>>, *en* VIII Congreso Internacional de la Asociación de Cervantistas, 2014, pp. 255-266.

SUÁREZ, Ana, *La construcción de la Modernidad en la literatura española*, Editorial Centro de Estudios Ramón Areces, S. A., Madrid, 2015.

SUÁREZ, Juan Luis, <<Cervantes y el problema de la representación en el *Persiles*>>, *en VI Congreso de la* Asociación Internacional del Siglo de Oro (AISO), 2004, vol. 2, pp. 1697-1705.

TAYLOR, René, *Arquitectura y magia. Consideraciones sobre la idea de El Escorial*, Ediciones Siruela, Madrid, 1992.

TERESA DE JESÚS, Santa, *El Castillo Interior o las Moradas*, Biblioteca Virtual Cervantes (www. Cervantesvirtual.com), Alicante, 2008.

TEUBER, Bernardo, <<Más allá de la ortodoxia y la heterodoxia. Algunas pautas para una lectura teopoética de las novelas cervantinas>>, *en VII Congreso Internacional de la Asociación de Cervantistas,* 2011, pp. 131-141.

TIETZ, Manfred, <<*Fernando Rielo, su interpretación mística del Quijote y la novela en el Siglo de Oro*>>, *en VII Congreso Internacional de la Asociación de Cervantistas*, 2011, pp. 143-158.

TORQUEMADA, Antonio de, *Jardín de flores curiosas,* Palencia, Simancas Ediciones S.A., 2005.

TORRES, José Carlos de, <<"La fiesta de Nuestra Señora de la Cabeza" según Miguel de Cervantes (*Persiles*, III, IV)>>, *en Boletín del Instituto de Estudios Giennenses*, nº 193, 2006, pp. 157-170.

TORRES, José Carlos de, <<La Virgen de la Cabeza y Andújar en una comedia de Lope de Vega>>, *Boletín del Instituto de Estudios Giennenses*, nº 209, enero-junio 2014, pp. 239-264.

UNAMUNO, Miguel de, *Ensayos,* Madrid, Aguilar, 1958, 2 vols., II.

URIARTE Rebaudi, Lía Noemí, <<Lisboa y sus gentes en el *Persiles* de Cervantes>>, *en V CINDAC*, Asociación de Cervantistas, 2004, pp. 1071-1080.

VIDAL Manzanares, César, *Los evangelios gnósticos,* Ediciones Martinez Roca, S.A., Barcelona, 1991.

VIDAL, César, *Jesús y Judas, Un drama del siglo I*, Editorial Planeta, Barcelona, 2008.

VILLANUEVA Fernández, Juan Manuel, <<Ideas de Américo Castro>>, *en IV CINDAC*, 2001, pp. 1311-1318.

VILLAR Lecumberri, Alicia, <<Los viajes de Odiseo y don Quijote>>, *en VIII Congreso Internacional de la Asociación de Cervantistas*, 2014, pp. 882- 893.

VIRGILIO, *Las Geórgicas de Virgilio*, en Biblioteca Virtual Cervantes.